河南平顶山学院传播学重点学科资助项目
普通高等学校影视传媒学科跨界融合与协同创新标志性成果
中国戏剧影视学与应用法学深度交叉之创新前沿
中国传媒大学数位资深教授鼎立推荐

影视重大诉讼精选案例之实证研究

Positive Research to Selected Important
Lawsuits on Film & Television in China (1980~2017)

(1980~2017)

杨新磊　编著

编委：李红梅　万　鹏　李林博　张玉华　马玉洁　赵　轩

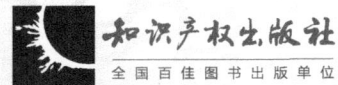
知识产权出版社
全国百佳图书出版单位

图书在版编目（CIP）数据

影视重大诉讼精选案例之实证研究：1980－2017／杨新磊编著．—北京：知识产权出版社，2017.9
ISBN 978－7－5130－5158－3

Ⅰ.①影… Ⅱ.①杨… Ⅲ.①电影工作—诉讼—案例—中国—1980－2017 Ⅳ.①D922.85

中国版本图书馆 CIP 数据核字（2017）第 232848 号

内容提要

这是一部专门探究影视重大诉讼的著作。

本书辑录 1980~2017 年我国各级法院审结的影视重大诉讼之裁判文书，从十多个文理学科予以多维剖析与深入评述，第一次让读者见识到影视诉讼领域除知识产权纠纷之外的民事诉讼、商事诉讼、行政诉讼甚至刑事诉讼，亦不乏涉外诉讼，令人耳目一新，发人深省。

本着因循投资→制作→发行→播映这一影视生产流程构建体例，更利于影视业人士把握脉络，发现规律，思忖真谛。

编著此作矢志于汲取教训，痛定思痛，明智慧聪，自勉共醒。

本书适合各类影视从业人员尤其投资人、制片人、导演、发行人借鉴，也可供法官、检察官、律师等参阅，是传媒业顶层设计与影视高端决策之锦囊。

作为工具书，本书材料丰富翔实，针对性强，实用性强，对业界与学界的指导意义显著。

责任编辑：彭小华　　　　　责任校对：潘凤越
封面设计：SUN 工作室　　　责任出版：卢云霞

影视重大诉讼精选案例之实证研究（1980~2017）

杨新磊　编著

出版发行	知识产权出版社有限责任公司	网　址	http://www.ipph.cn
社　址	北京市海淀区气象路 50 号院	邮　编	100081
责编电话	010－82000860 转 8115	责编邮箱	huapxh@sina.com
发行电话	010－82000860 转 8101/8102	发行传真	010－82000893/82005070/82000270
印　刷	北京中献拓方科技发展有限公司	经　销	各大网上书店、新华书店及相关专业书店
开　本	787mm×1092mm　1/16	印　张	49.75
版　次	2017 年 9 月第 1 版	印　次	2017 年 9 月第 1 次印刷
字　数	1304 千字	定　价	150.00 元
ISBN 978－7－5130－5158－3			

出版权专有　侵权必究

如有印装质量问题，本社负责调换。

前　言

1980年特别是1990年著作权法颁布以来，我国的电影、电视艺术发展十分迅猛，同时，也产生了很多矛盾，诉讼激增。本书辑录并评析1980~2017年我国各级法院审结的影视重大诉讼之裁判文书，约700个案例，共110万字。全书共9章，一节一案，每节都有"学者评述"；每章都有一个包含几十则案例的"类案集萃"；每章末都有"本章综评"。编者呕心沥血，历十一载，终成大作。

何谓"重大"？必须是高级甚至最高人民法院审理的案件，或涉案影视作品、影视机构、影视人物闻名遐迩，至少是多个原告与多个被告的二审案件。本书筛选案例比较严格，不会把一个原告诉一个被告那种常见的、普通的、非典型性案件纳入"重大"。这些重大诉讼，均是当时的舆论热点，产生了强烈的社会反响，长时间地引人深思。这些诉讼，主体身份、地位、影响显赫而突出，案情复杂而曲折，教训深刻而沉痛，折射出改革开放近40多年来中国影视事业探索之艰辛、发展之坎坷。

所谓"实证研究"，强调在大量的数据搜集、实际调查基础上展开分析，从个别到一般，透过现象看本质。本书编者搜集了数量庞大的案例，以各种方式调查了影视界诸多物事人，常年执教于高校的影视系部，始终密切关注影视一线与前沿，故而能看得透，坐得实，研得细，究得深。

所谓"1980~2017"，标明了本书选案的起讫时间。最早一案是第一章第十九节的第七十七个案例，案发于1980年年底。最近一案是第九章第八节的第二十八个案例，宣判于2017年4月19日。

近年来，著作权案例分析类专著出版了不少，但都是法学视角，大同小异。此书编者没有因循守旧，第一次以影视学视角审视审判实务，建构彰显影视本体特质的体例。笔者发现，把这几十年间的近700件案例简单地囊括为著作权纠纷，显然不当。很多影视纠纷，根本与著作权毫不相关，如演员讨薪，这是劳务纠纷或劳动合同纠纷；再如，几个影视投资人之间的纠纷，多为联营合同纠纷、借贷纠纷、股权纠纷。影视诉讼客体并不一定都是著作权。尽管著作权的内涵十分丰富，不仅影视作品享有著作权，剧本甚至插曲、歌词均各自享有著作权——但是，充其量，著作权纠纷只是影视之争的1/4。而且，影视诉讼并非都是知识产权诉讼，也并非都是民事诉讼，还有商事诉讼，还有行政诉讼，甚至刑事诉讼，亦不乏涉外诉讼。遗憾的是，法学界往往将其简单地归入著作权之诉，这是对影视了解得不够深入、不够全面导致的。随着我国法治建设的深化和公众法治意识的成熟，必须予以匡正。

编者没有低估当代影视人的法律知识水平，照搬几份法律法规及司法解释，罗列几份影视格式合同——这种幼稚的做法早已落伍，毫无价值。编者在自己的影视实践和学术研究中敏锐地感到，凡是专业的从业者，大都具备基本的法律知识，尤其是对著作权法的理解和运用比较到位。他们不仅能起草各种影视合同,还能时常引用法律条文捍卫自己的权利,以致无须律师可自行书写起诉与答辩状。诉讼并非都是歹意的、恶性的。法律是维护社会公平与正义的最后一道防线,也是最有效、最有力的保障,诸多错综复杂的分歧只有通过起诉、质证、辩论、一审、上诉乃至抗诉、申诉才会理越辩越明;影视行业的规则、秩序、利益在一次次生动而残酷的宣判与执行中,得到确立,得到张扬,得到尊重。可见,表面的、浅层的此类著作,没有什么实际意义和指导价值。

本书将编者对关涉影视的法律法规法释的理解融进著作的结构与体例之中,体现在每章尤其每节的标题之中,让文本自身客观地彰显编者的思想倾向,绝不施教,绝不强加。此著按照电影、电视剧生产的环节与流程,把影视纠纷分为剧本之争、投资之争、制作之争、发行之争、播映之争、音像传播之争、信息网络传播之争、衍生品之争八类。除此之外,还有一些纠纷,与影视剧生产无关,但却很独特,本书将这些单列为"其他诉争"。

编写此著,缘起于编者多年前曾亲历的一场复杂的电视剧诉讼。借此,一则自省与共勉,二则鞭策业界,激励同人,吸取教训,少走弯路,获得经验,明智慧聪。

本书颇具资料性、工具性,可读性强,适合投资人、制片人、发行人、导演等各类影视从业人员借鉴,也可供法官、检察官、律师及其他法律工作者检阅,亦是高校师生、科研人员案头必备的参考资料。反过来讲,笔者也真诚地期待这些领域的前辈、专家、学者不吝赐教,愿与之砥砺切磋,共进互惠。

限于学识与时间,本书难免瑕疵与纰漏。鉴于影视生产的复杂性与系统性,分类乏术,屡析不易,本书最有可能把某些重大案例归入"类案集萃",各章各节所选案例难免归位不当,敬请读者海涵。

第一章 剧本之争 ·· 1
- 第一节 识破"凤凰迷影" ··· 1
- 第二节 绝非文学青年 ·· 9
- 第三节 北京电影学院"受戒" ·· 11
- 第四节 北京广播学院"缺几角" ······································ 15
- 第五节 不能遗忘的"哨兵" ··· 22
- 第六节 剧本之"脊" ··· 27
- 第七节 《沙家浜》外传 ··· 29
- 第八节 叫板美国大片 ··· 33
- 第九节 "大鳄"作局终遁形 ··· 34
- 第十节 《上海风云》再起风云 ··· 40
- 第十一节 "大明"难振"雄风" ······································· 47
- 第十二节 "萤火虫"引火烧身 ··· 50
- 第十三节 人生再度"秋凉" ··· 52
- 第十四节 "盖世太保枪口下"的女人 ····························· 59
- 第十五节 "太阳"缺乏"激情" ······································· 64
- 第十六节 "特警"本色 ··· 71
- 第十七节 "江山"无义,"风雨"无情 ··························· 78
- 第十八节 琼瑶诉于正 ·· 80
- 第十九节 类案集萃 ·· 101
- 本章综评 ··· 149

第二章 投资之争 ·· 152
- 第一节 "蝴蝶"究竟是黑还是白 ····································· 152
- 第二节 有仇无情 ·· 154
- 第三节 "绿卡"卡在哪儿 ··· 156
- 第四节 较真的传真法师 ··· 162
- 第五节 执拗的"偏转" ··· 163
- 第六节 天苍苍,野茫茫,风吹草低不见钱 ··················· 167
- 第七节 《将门风云》的"借贷"风云 ····························· 168
- 第八节 追杀"开拓社" ··· 170
- 第九节 好心有好报 ·· 172

第十节　"观世音"继续"传奇" …………………………………………… 174
第十一节　吾蒙，吾缠，吾闹 ……………………………………………… 176
第十二节　"纷"临阁 ………………………………………………………… 180
第十三节　带不走，飞不起 ………………………………………………… 187
第十四节　糠稀"帝国" ……………………………………………………… 189
第十五节　"天马"坠地录 …………………………………………………… 196
第十六节　不愿平分"光头" ………………………………………………… 199
第十七节　"风雨"融资 ……………………………………………………… 202
第十八节　类案集萃 ………………………………………………………… 206
本章综评 ……………………………………………………………………… 214

第三章　制作之争 …………………………………………………………… 216

第一节　清官难断家务事 …………………………………………………… 216
第二节　"钦差大臣"忒难缠 ………………………………………………… 223
第三节　"杨大头"头大 ……………………………………………………… 229
第四节　不能无限"放大" …………………………………………………… 236
第五节　亲爱的，赔钱 ……………………………………………………… 241
第六节　一剧四诉讨片酬 …………………………………………………… 245
第七节　张艺谋讨薪 ………………………………………………………… 248
第八节　步步紧逼 …………………………………………………………… 257
第九节　别总拿"革命"说事 ………………………………………………… 259
第十节　Discreet 之 Dislike ………………………………………………… 273
第十一节　"樊梨花"真烦 …………………………………………………… 278
第十二节　假戏真做出人命 ………………………………………………… 286
第十三节　类案集萃 ………………………………………………………… 290
本章综评 ……………………………………………………………………… 328

第四章　发行之争 …………………………………………………………… 330

第一节　违约"铁血战" ……………………………………………………… 330
第二节　"关心"未能"拯救" ………………………………………………… 335
第三节　谎与缘 ……………………………………………………………… 338
第四节　少林"随心禅" ……………………………………………………… 341
第五节　票房深深深几许 …………………………………………………… 346
第六节　凋零的"百合" ……………………………………………………… 358
第七节　周易之"玄" ………………………………………………………… 363
第八节　"珠峰"一点也不高 ………………………………………………… 371
第九节　"剑"挑"流星蝶" …………………………………………………… 376
第十节　秦可卿之"谜" ……………………………………………………… 384
第十一节　我的一个"失误" ………………………………………………… 390
第十二节　"三·八"转让时差记 …………………………………………… 394
第十三节　我太善良 ………………………………………………………… 398

第十四节 违心"男儿" ······ 402
  第十五节 "怪物"要命 ······ 405
  第十六节 姐妹花谢 ······ 412
  第十七节 类案集萃 ······ 416
  本章综评 ······ 446

第五章 播映之争 ······ 447
  第一节 体制的"亚马逊"，孰能冲出 ······ 447
  第二节 把央视拉下马的"小燕" ······ 452
  第三节 "一路等候"公平 ······ 459
  第四节 "灵芝"拒进广告 ······ 461
  第五节 地方戏不认为地方人 ······ 464
  第六节 "虫草精"真精 ······ 468
  第七节 多为孩子想想 ······ 478
  第八节 "为尔"错与漏 ······ 484
  第九节 打断骨头连着筋 ······ 487
  第十节 "长影"常败 ······ 490
  第十一节 类案集萃 ······ 492
  本章综评 ······ 509

第六章 音像传播之争 ······ 511
  第一节 改头换面，难逃"终极审判" ······ 511
  第二节 好莱坞近在咫尺 ······ 516
  第三节 电影界的世界大战 ······ 520
  第四节 女人挣断绳，辘轳自坠井 ······ 525
  第五节 兄弟填海 ······ 526
  第六节 蜘蛛的诱惑 ······ 530
  第七节 影门男将 ······ 533
  第八节 代 价 ······ 536
  第九节 "羊肉串"只能这么烤 ······ 541
  第十节 七剑回天山 ······ 545
  第十一节 四大名著，八大上诉 ······ 550
  第十二节 "飞乐"飞诉 ······ 554
  第十三节 警察新故事 ······ 559
  第十四节 黄河九道弯 ······ 567
  第十五节 河北梆子不白唱 ······ 572
  第十六节 类案集萃 ······ 575
  本章综评 ······ 596

第七章 信息网络传播之争 ······ 598
  第一节 "慈文"不慈不文 ······ 598
  第二节 "sootv"搜出了麻烦 ······ 602

第三节 "大腕"断腕	607
第四节 无权"终结"	610
第五节 化敌为友，"迅雷"真迅	613
第六节 "霍元甲"频出拳	616
第七节 娱乐不宽心	622
第八节 上网不乐	625
第九节 "中凯"终奏凯歌	629
第十节 "梦通"长歌	643
第十一节 央视不白"普众"	648
第十二节 "敢死队"不死	652
第十三节 类案集萃	656
本章综评	667

第八章 衍生品之争 …… 669

第一节 "奥特曼"不服软	669
第二节 "神灵"大不起来	675
第三节 我为你狂	680
第四节 游戏软件不能"游戏"	684
第五节 谁的"930"	688
第六节 "CCTV"是我的	694
第七节 "声讯"生气	698
第八节 "电影沙龙"铩羽	706
第九节 MTV vs KTV	710
第十节 奥斯卡猜想	713
第十一节 中美"功夫熊猫"互踹	721
第十二节 类案集萃	723
本章综评	731

第九章 其他诉争 …… 733

第一节 尚未戴上的"面罩"	733
第二节 不拿白不拿，拿了也白拿	734
第三节 一只烂"苹果"	736
第四节 国家赔偿，国家不赔	737
第五节 电视台不可自办	742
第六节 讨要手稿廿五载	744
第七节 捍卫名誉	748
第八节 类案集萃	765
本章综评	779

参考文献 …… 781

后　记 …… 784

第一章 剧本之争

第一节 识破"凤凰迷影"

【原告】北京茂志广告有限公司
【原告】银都机构有限公司
【原告】中视传媒股份有限公司
【原告】东方神龙影业有限公司
【被告】中国国际电视总公司
【被告】中国广播电影电视节目交易中心
【被告】金盾影视文化中心
【被告】北京昊天纪元影视文化传播有限公司

原告北京茂志广告有限公司（以下简称茂志公司）、银都机构有限公司（以下简称银都公司）、中视传媒股份有限公司（以下简称中视公司）和东方神龙影业有限公司（以下简称东方神龙公司）诉被告中国国际电视总公司（以下简称电视总公司）、中国广播电影电视节目交易中心（以下简称节目交易中心）、金盾影视文化中心（以下简称金盾中心）、北京昊天纪元影视文化传播有限公司（以下简称昊天纪元公司）侵犯著作权纠纷一案，北京市第一中级人民法院于2005年8月4日受理后，依法组成合议庭，分别于2005年10月25日、2006年6月15日及6月30日公开开庭进行了审理。原告茂志公司的委托代理人刘冬云、孙唯露，银都公司（于2005年11月4日经法院追加为本案共同原告）的委托代理人胡刚，以及被告电视总公司的委托代理人刘三军、节目交易中心的委托代理人段一昕、金盾中心的委托代理人张瑛、昊天纪元公司的法定代表人于立清及其委托代理人谢京伟，到庭参加诉讼。中视公司（于2005年11月4日经法院追加为本案共同原告）与东方神龙公司（于2005年10月19日申请加入诉讼）经法院传票传唤，未到庭参加诉讼。本案现已审理终结。

【原告诉称】

2002年10月，茂志公司从中视公司处受让取得《梅花档》剧本及其改编剧本《梅花案件》的专有使用权，包括将剧本摄制成电视剧、发行播放、制作及销售衍生制品和出版图文资料的权利，以及与上述权利相关的获酬权及署名权。2003年3月，电视连续剧《梅花档案》（以下简称《梅》剧）摄制完成，2003年9月获准发行。原告是该剧的联合摄制人，共同享有该剧著作权。后经原告调查发现，被告电视总公司、节目交易中心、金盾中心、昊天纪元公司联合摄制的24集电视连续剧《滴血纹身》（又名《凤凰迷影》，以下简称《滴》剧）未经原告许可，大量使用原告《梅》剧剧情，被告的行为已构成抄袭。现被告的《滴》剧VCD制品已出版发行，侵犯了原告对《梅》剧依法享有的著作权，据此，请求判令被告停止侵权、赔礼道歉、赔偿损失100万元，并支付原告因诉讼产生的合理支出15万元。

【被告辩称】

被告电视总公司辩称：一、原告只是《梅》剧著作权人之一，尚有其他权利人存在，原告单独主张权利，主体缺乏完整性。二、我方《滴》剧发表于原告著作权有效期限之外，不产生侵权问题。三、我方对《滴》剧享有合法著作权，不存在与《梅》剧侵权意义下的雷同。因此，我方请求法院驳回原告全部诉讼请求。

被告节目交易中心辩称：《梅》剧与《滴》剧的表现形式不同，即使原告所做的两剧对比成立，也仅属于某些内容的相似，两剧不存在侵权意义上的雷同。不同意原告的诉讼请求。

被告金盾中心辩称：《滴》剧是公安部红色档案系列作品的第三部，是制作单位自主创作、经过立项审批、合法发行的一部电视剧。原告的《梅》剧与被告的《滴》剧是两个完全不同的作品，不具有相同或相似之处。于立清（即被告昊天纪元公司的法定代表人，笔名：老旦、余沥卿）拥有改编《梅花档》剧本的权利，是《梅》剧的著作权人之一。中视公司委托于立清对剧本进行改编。而根据于立清编剧《凤凰迷影》拍摄而成的《滴》剧同样也不构成侵权。原告对我公司的侵权指控不成立，请求法院驳回原告的诉讼请求。

被告昊天纪元公司同意上述三被告的答辩意见，并辩称，于立清参与了《梅花档》剧本第一、二稿的修改、统稿和创作，与委托方中视公司共同完成了送公安部文化宣传局报审稿的改编工作。而原告《梅》剧剧情完全出自于立清参写的第二稿剧本内容。中视公司违反与我方的口头约定，仅因其公司领导变更就随意终止约定，擅自将于立清参与修改的《梅花档》剧本予以出售。显然，我方没有侵犯原告著作权，请求法院判令驳回原告全部诉讼请求。

【事实】

张宝瑞是原著《一只绣花鞋》（又名《梅花党》）及其文学剧本《梅花档》的作者。双方对此没有异议。

2002年2月8日，中视公司以40万元版权价从张宝瑞处受让取得剧本《梅花档》的三年独家版权使用期。享有对张宝瑞《梅花档》剧本再行改编权、影视剧摄制权及其衍生附属产品的开发收益权。原告为此向本院提交了中视公司与张宝瑞签订的合同书。被告表示该证据超过原告举证期限，且原告未能提交原件，不认可其真实性。原告表示该证据正是被告请求法院调取的证据。被告表示该调取申请被法院驳回后我方已撤回了申请。但被告对中视公司具有《梅花档》剧本许可使用权一节不持异议。

2002年3月20日，中视公司（甲方）与傅琦（乙方）签订《关于20集电视连续剧〈梅花档〉（暂名）文学本改编的协议》约定：一、甲方授权乙方对20集电视连续剧《梅花档》文学剧本进行改编及再创作……四、甲方享有剧本版权的同时也享有该电视剧衍生产品的开发权和收益权，包括电子音像产品等……六、乙方的责任。1.乙方在与甲方签订此协议之日起，不得将《梅花档》交与第三方合作……七、乙方无权再用剧本中的人物、故事、情节另行改编为影视作品。傅琦作为本案证人，当庭出示了该协议原件。

上述事实有中视公司与张宝瑞的合同书、《关于20集电视连续剧〈梅花档〉（暂名）文学本改编的协议》以及当事人陈述等证据在案佐证。

2002年10月，中视公司（甲方）作为《梅花档》剧本独家使用人与茂志公司（乙方）签订协议约定："双方就剧本《梅花档》及其改编（再创作）的剧本《梅花案件》的整体版权转让事宜达成如下协议：1. 权利授予。1.1本合同转让的剧本为《梅花档》及其改编再创作的剧本《梅花案件》的整体（以下合称剧本）的版权。1.2甲方同意按合同的约定转让予乙方一项非独占性的、非排他性的、不可再许可的和再转让的甲方拥有的剧本的著作权。本条所述的转让的著作权包括将剧本摄制成电视剧、发行播放、制作及销售衍生制品和出版图文资料的权利，以及与上述权利相关的获酬权及署名权。1.4剧本的版权转让期限为自剧本交付之日起至2005年2月7日止。2005年2月8日起，剧本的版权归甲方所有。1.6乙方在行使第1.2条所述之权利时，不得以任何方式影响甲方之权利。4. 甲方权利保证。4.1合同生效后甲方不得对剧本行使任何已转让乙方的权利。"4.2甲方不得将第1.2条约定的剧本的版权转让予任何第三方。4.3若因甲方的原因与任何第三方发生版权纠纷，则甲方应承担一切相关责任，若因此对他方造成损失，甲方应承担损害赔偿责任。"被告认为：1. 该合同显示中视公司给予原告的是一项非独占、非排他的《梅花档》剧本使用权。原告无权排斥他人使用该剧本。2. 合同有效期至2005年2月7日，原告无权阻止他人在其期限外使用该剧本。3. 原告主张的是被告的《滴》剧侵犯了原告的《梅》剧，而非剧本侵犯剧本权利，且其对《梅花档》剧本没有版权；然而原告却时而主张电视剧侵权，时而主张剧本侵权，所诉不清。原告提交"补充协议"证明有关"非独占、非排他"的剧本使用权问题已为中视公司所更正，现原告已得到"独占的、排他的"《梅花档》剧本使用权。被告对其"补充协议"的真实性不予认可，理由是该协议落款处没有时间显示，且该证据是原告举证期限届满后提交的。

24集电视连续剧《梅》剧的联合摄制人是茂志公司、银都公司、中视公司、陕西电视台及东方神龙公司。该剧署名小说原著张宝瑞，编剧：傅麒名（傅琦笔名）、汪也迪（汪迪笔名）。原告提交的国家公安部公宣〔2002〕252号《关于20集电视连续剧〈梅花党〉（第三稿）的审批意见》显示，该剧申报立项时间为2002年8月30日。原告表示摄制完成时间为2003年3月。原告提交的陕西省广播电影电视局陕广局剧审字〔2003〕16号文件显示，批准发行22集《梅》剧的时间为2003年9月18日。后原告将22集变为24集。

24集电视连续剧《滴》剧的联合摄制人是电视总公司、节目交易中心、金盾中心、昊天纪元公司，编剧为于立清。被告提交的"公安部金盾影视文化中心（许可证号：甲第128号）"书证显示，电视连续剧《红色档案Ⅲ》（即《滴》剧曾用名）的计划投拍时间为2003年6月，计划完成时间为2004年6月。被告提交的（广播）剧审字〔2004〕第108号"国产电视剧发行许可证"显示，《红色档案Ⅲ之凤凰迷影》批准发行时间为2004年8月30日。被告表示该剧的正式发行时间为2005年2月17日。

为证明《梅花档》剧本的完成人为傅琦和汪迪，原告提交了原告代理人对二人的调查笔录，傅琦和汪迪表示《梅》剧的剧本从初稿到定稿都是二人完成的，传给于立清一份，是其要做导演台本用。被告对该证据的真实性不予认可。被告提交的傅琦的书面证词载明："我参与的《梅花档案》创作过程：1. 于立清先生将我介绍给中视传媒，对张宝瑞的《梅花档》剧本进行改编和再创作。2. 与于立清先生及中视的人去重庆看景。3. 我创作的故事梗概得到中视认可，遂于 2002 年 3 月 20 日与中视签订《关于 20 集电视连续剧〈梅花档〉（暂名）文学本改编的协议》。4. 我创作剧本初稿。5. 于立清先生在剧本初稿基础上修改数稿。6. 中视召开剧本研讨会，会后，中视通知我回到剧本初稿基础上进行修改。7. 我对剧本初稿进行修改至完成稿。"傅琦作为证人出庭陈述，认可其本人在原被告两方书证上的签名，并表示其于 2002 年 5 月左右完成《梅花档》剧本初稿，对于证词中关于"于立清先生在剧本初稿基础上修改数稿"一节，其表示"听说其（指于立清）一直在修改，为完成导演台本，于是在剧本基础上修改形成导演台本"。关于如何看待被告《梅花档》剧本报审稿署名傅麒名和老旦的问题，傅琦表示："在被告代理人找我谈话时我才看到修改稿，当时我觉得在其上有于立清署名也没什么，我尊重他，但我不认可于立清作为著作权人。"关于于立清在《梅花档》剧本上有过何贡献一节，傅琦表示："其作为导演修改过剧本，但在最后拍摄完成的电视剧版本上，其没有任何工作。"

被告为证明于立清参与改编了《梅花档》剧本，申请了北京人民艺术剧院孟秀、时任公安部宣传局文化处处长杨斌、沈阳军区政治部话剧团电视艺术中心导演伊琳等证人出庭和来院作证，并提交了三人及原中视公司工作人员鲍海鸣、刘威等人书面证词、1～13 集编剧署名傅麒名和老旦的《梅花档》剧本报审稿，以及公安部宣传局两次审查《梅花档》剧本给中视公司的《关于 20 集电视连续剧〈梅花档〉修改稿的审读意见》，上述证人均证明看到过署名傅麒名和老旦的《梅花档》剧本，时间在 2002 年 6 月。其中鲍海鸣在接受被告代理人调查取证时表示："我对于导说：我公司已经买下了张宝瑞写的剧本《梅花党》改编权，想让你改编并导演，我让他三天后找陈洁取剧本。""于立清写过约 2 万字的大纲。他的学生（指傅琦）按创作大纲写出两集为初稿，传给于导，修改成第二稿。完成五集时报送给我和公司陈洁各一套。共修改有三稿。"问："为什么改编、拍摄工作突然停下来？"答："公司领导指示暂停剧本创作。我调离了中视公司，公司老总崔屹平也调离了。后来的事我就不知道了。"原告表示被告的上述证人仅看过剧本封面署名，并未看过剧本内容，没有能力证明于立清参与改编剧本事实。公安部宣传局给中视公司的两次"审读意见"显示，时间分别为 2002 年 5 月 30 日和 6 月 21 日。于立清表示："2002 年 2 月，是我最先接触的《梅花档》剧本，是中视公司的鲍海鸣介绍的项目，双方口头约定由我出任该剧的导演和编剧，后发现所得剧本与过去的手抄本情况相去甚远，决定修改，遂用了 10 天左右的时间写了 2 万字的剧本大纲。搭建了摄制班子，定于 2002 年 4 月 20 日拿出初稿，因时间紧，我才将傅琦介绍给中视公司做改编。我未与中视公司签书面协议是因为业界习惯于条件成熟后就拨款开拍。两次送公安部审批的《梅》剧修改稿就是我参与写的，署名傅琦和我，但后来遇到麻烦，傅琦告知我中视公司说她违约，此后，中视公司召开的剧本研讨会也未让我参加。"

经将原告《梅》剧与被告《滴》剧对比，结果如下：两剧题材均为我公安部门粉碎国民党潜伏特务破坏我军事设施阴谋的反特题材。《梅》剧故事时间为解放初，《滴》剧故事时间为新中国成立前后。《梅》剧故事地点有白家老宅，《滴》剧故事地点有贾家老宅。《梅》剧故事主线为公安战士与敌特的斗争，副线为国民党特务内部存在的"中统"与"军统"的斗争；《滴》剧故事主线与《梅》剧相同，副线为国民党特务内部存在的火凤凰与红桃 Q 的斗争。

角色与情节对比结果如下：两剧故事情节均有敌特在老宅利用鬼魅形象恐吓当地群众，人心恐慌，无人敢进居老宅，特务两派间都想得到秘密组织的联络图，一派特务在老宅看守联络图，另一派特务伺机到老宅秘道中寻找联络图；《梅》剧的看守人为假扮看门人且脸有恐怖疤痕的刘佑德，《滴》剧的看守人为假扮看门人且脸有恐怖疤痕的王福生；《梅》剧为梅花图，《滴》剧为特遣图。两剧均有两公安侦察员主角，一个未公开身份，一个公开身份，《梅》剧为龙飞和肖克，《滴》剧为邓岳和周凯；两女特务主角，《梅》剧为南云和梅香，《滴》剧为欧阳逸云和冷寒；一个反面角色的特务家庭，却有着一个正面角色的女儿，《梅》剧为叶枫、朱娜夫妇和女儿叶蕾，《滴》剧为韩廷锋、吴玉茹夫妇和女儿韩雨婷。侦察员与女特务间有相同的情感纠葛，且结局相同。龙飞公开身份为某档案馆管理员，随档案馆搬进老宅；邓岳公开身份为某图书馆管理员，随图书馆搬进老宅。两剧都有特务在水里下迷药，致使侦察员深夜梦游，睡于室外，疑惑不得其解的剧情。《梅》剧特务常在现场有意留下一枝干梅花，《滴》剧特务常在现场有意留下一张红桃Q扑克牌。《梅》剧龙飞打入敌人内部，在与我公安方面战斗中打伤肖克，肖克请求通缉龙飞；《滴》剧邓岳打入敌人内部，在与我公安方面战斗中打伤周凯，赵局长下令通缉邓岳。《梅》剧尼姑庵有特务尼姑弱行，计使南云死而复生；《滴》剧尼姑庵有特务尼姑妙玉，计使欧阳逸云死而复生。《梅》剧朱娜并非真正特务头子"三号"，叶枫才是"三号"；《滴》剧吴玉茹并非真正特务头子红桃Q，韩廷锋才是红桃Q。南云背纹梅花，欧阳逸云背纹凤凰，均是特务组织名单，平时看不见，前者注射药水后浮现，后者饮酒后浮现。南云报了杀父之仇，最终结局是自杀；欧阳逸云报了杀父之仇，最终结局是死亡。

被告不认可上述内容雷同，理由是，两剧作品表现形式虽然都是电视剧，但导演、演员以及场景、剧情均不相同，无可比性；但同时表示，即便有些内容相似，也不属于侵权意义上的抄袭，被告《滴》剧是在被告独立完成的剧本上完成的。法庭询问于立清"《滴》剧是否使用了你说的《梅》剧修改稿"时，于立清回答："基本没有"。被告认为相反，原告的《梅花档》剧本却与于立清《梅花档》剧本修改稿存在大量相同之处。原告对被告的上述陈述表示反对，为此傅琦出示了所写的《梅》剧故事梗概（2002年2月）、分案梗概（2002年3月）和剧本修改方案（2002年7月）。傅琦表示，上述写作经过完全为其独立创作完成，未使用过于立清的修改稿。被告对上述证据的真实性不予认可，并认为傅琦陈述与客观事实不符。

为证明公众对两剧已产生混淆，原告提交了2005年2月1日《北京青年报》刊登的《反特悬疑剧"三板斧"有点钝〈凤凰迷影〉与〈梅花档案〉太相似》一文，文中写道："采访中不难发现，该剧无论情节安排还是人物设置都与《梅花档案》异常相似。"

被告为证明原告也认可于立清是《梅花档》剧本的著作权人，向本院提交了原告茂志公司给被告电视总公司的函件、2005年2月22日《信报》刊登的《结构、人物、情节惊人相似，"档案"、"迷影"连漏洞都一样》一文、2005年2月24日《法制晚报》刊登的《"梅花"、"凤凰"两剧情节似"孪生"，〈梅花档案〉方要告上法庭，〈凤凰迷影〉导演否认"盗版"，谁动了谁的奶酪?》一文、2005年3月2日《法制晚报》刊登的《"梅花"要与"凤凰"对簿公堂》一文。上述函件载明2003年11月15日，茂志公司向电视总公司指出："前不久，中国国际电视总公司正在投拍一部关于新中国成立前夕国民党特务的悬疑片《滴血纹身》，据电视台的许多同行说该片的某些情节和已经正在播出的恐怖、悬疑、反特言情片《梅花档案》的情节很相像。该片导演于2002年参加过中视传媒股份公司的20集电视连续剧《梅花档案》的前期筹备工作，但当时中视传媒并未与他（指于立清）签署合同。《梅》剧初稿完稿后他参与统稿和修改，后来中视公司因故未起用该导演，同时该项目于同年9月转给茂志公司……我们希望国际电视总公司在基于维护各投资方各自版权利益的前提下,查处此事。以便此类事件不再发生。"该函件上方有电视总公司法定代表人李建批语:"已经暂停合作查明情况。"上述报刊提到:"《梅》剧的制片人孙女士对此向媒体透露,《凤凰迷影》的导演、编剧于立清曾经参与《梅》剧的创作,他们正准备就此事打官司,并称这是一种盗版行为。"原告认为上述证据均无法证明被告的主张,同时反而证明公众已对两剧产生了混淆,2005年2月24日《法制晚报》说:有观众反映两剧"好像'孪生兄弟'一样"。

茂志公司为证明其为诉讼已支出律师费8万元,向本院提交了委托代理协议以及分别载有金额2万元、6万元的律师费发票两张。在合理支出方面银都公司未提交相关证据。关于索赔金额方面,原告没有提供任何证据,原告表示电视剧摄制商的经营规则多是买断剧本版权,获得专有拍摄权,几乎没有谁不如此操作,如果没有侵权发生,实现市场独占权,涉案剧目利益远远高于索赔金额。被告表示有关独占操作规程应看授予的是何种权利,但认可专有摄制权经营方式的存在。

在本诉讼中,陕西电视台于2006年3月3日表示:在本案中"放弃对该剧的全部著作权,也不参加该案诉讼",并就其意思表示进行了公证;中视公司最终于2006年6月15日明确表示不参加诉讼,放弃对被告的一切权利;东方神龙公司2006年6月16日申请撤回起诉。原告表示放弃要求被告公开致歉的诉讼请求。

在本诉讼中被告还提交了《别拿村长不当干部》宣传页、于立清授权金盾中心为《滴》剧拍摄单位的授权书、中视公司注有"计划投拍时间2002年11月,计划完成时间2003年3月"的《梅》剧立项登记表,分别用以证明"老旦"是于立清的笔名,于立清对《滴》剧剧本享有著作权,中视公司就《梅》剧编剧署名问题始终有争议。原告对上述证据的客观性不持异议,但认为仍不能证明被告不侵权。

【证据】

上述事实有中视公司与茂志公司的协议及补充协议,《梅》剧DVD〔2002〕252号《关于20集电视连续剧〈梅花党〉(第三稿)的审批意见》,陕西省广播电影电视局陕广局剧审字〔2003〕16号文件,《滴》剧VCD,公安部金盾影视文化中心(许可证号:甲第128号)书证,(广编)剧审字〔2004〕第108号《国产电视剧发行许可证》,原告调查笔录,傅琦、孟秀、杨斌、伊琳、鲍海鸣、刘威等人书面证词,傅琦的《梅》剧故事梗概、分案梗概和剧本修改方案,各报刊,茂志公司给电视总公司的函件,两剧剧情对比表,《梅》剧立项登记表,证人及双方当事人陈述,以及东方神龙公司、陕西电视台、中视公司等的弃权声明等证据在案佐证。

【法院观点】

我国《著作权法》第十一条第一款、第三款,第十五条第一款规定:"著作权属于作者,本法另有规定的除外。""如无相反证明,在作品上署名的公民、法人或者其他组织为作者。""电影作品和以类似摄制电影的方法创作的作品的著作权由制片者享有,但编剧、导演、摄影、作词、作曲等作者享有署名权,并有权按照与制片者签订的合同获得报酬"。根据《梅》剧的署名,茂志公司、银都公司、中视公司、陕西电视台及东方神龙公司是该剧的共同摄制人,该剧的著作权由其共同享有。依照最高人民法院《关于适用〈中华人民共和国民事诉讼法〉若干问题的意见》第 58 条之规定，应当追加的原告，已明确表示放弃实体权利的，可不予追加；既不愿意参加诉讼，又不放弃实体权利的，仍追加为共同原告。因中视公司与东方神龙公司只表示放弃诉讼权利，未表示放弃著作权实体权利，仍应作为本案原告。陕西电视台明确表示放弃全部著作权，不再作为本案原告。故此，本诉讼原告应为茂志公司、银都公司、中视公司与东方神龙公司，被告提出的原告主体不完整的程序抗辩，理由不成立，本院不予支持。

结合中视公司与张宝瑞签订的合同书、中视公司与傅琦签订的《关于 20 集电视连续剧〈梅花档〉（暂名）文学本改编的协议》以及双方当事人对中视公司作为《梅花档》剧本许可人的认可意见，本院认定中视公司获得依合同约定下的《梅花档》剧本专有使用权，并有权决定许可他人使用该剧本摄制影视剧。尽管被告不认可中视公司与张宝瑞合同书的真实性，但这与其主张于立清参与改编的《梅花档》剧本源自中视公司一节相矛盾，据此本院确认中视公司与张宝瑞合同书的真实性。

根据 2002 年 10 月中视公司（甲方）作为《梅花档》剧本独家使用人与茂志公司（乙方）签订的协议，中视公司将独家使用《梅花档》剧本摄制电视剧的权利让与茂志公司。但该协议存在以下矛盾之处："1.2 甲方同意按合同的约定转让予乙方一项非独占性的、非排他性的、不可再许可的和再转让的甲方拥有的剧本的著作权""1.6 乙方在行使第 1.2 条所述之权利时，不得以任何方式影响甲方之权利"与"4.1 合同生效后甲方不得对剧本行使任何已转让乙方的权利""4.2 甲方不得将第 1.2 条约定的剧本的版权转让予任何第三方"。上述内容表现出中视公司对于是否给予茂志公司"《梅花档》剧本专有使用权"问题约定不明。依照我国《著作权法实施条例》的第二十四条之规定，著作权专有使用权的内容由合同约定，合同没有约定或者约定不明的，视为被许可使用人有权排除包括著作权人在内的任何人以同样的方式使用作品。由此，本院认定，茂志公司对《梅花档》剧本享有依合约期限下的专有使用权，该权利包括由合同所给予的"将剧本摄制成电视剧、发行播放、制作及销售衍生制品和出版图文资料的权利，以及与上述权利相关的获酬权及署名权"。原告提交的补充协议虽缺乏时间要素，但可以证明中视公司对茂志公司享有《梅花档》剧本专有使用权的有效性问题作出了明确的意思表示。

根据〔2002〕252 号《关于 20 集电视连续剧〈梅花党〉（第三稿）的审批意见》、陕西省广播电影电视局陕广局剧审字〔2003〕16 号文件、《梅》剧立项登记表、公安部金盾影视文化中心（许可证号：甲第 128 号）书证、(广编) 剧审字〔2004〕第 108 号《国产电视剧发行许可证》以及当事人陈述等证据，可以认定《梅》剧于 2003 年 3 月摄制完成。《滴》剧于 2004 年 6 月摄制完成。《滴》剧完成时间晚于《梅》剧，两剧皆由剧本演绎而成，即《梅》剧由《梅花档》剧本演绎而成；《滴》剧由《凤凰迷影》剧本演绎而成。

经将《梅》剧与《滴》剧进行对比，两剧剧情结构安排、故事人物角色选择、悬念设计与布局等电视连续剧的故事情节独创部分均构成实质性近似，结合双方当事人提交的报刊证据，足以使本院形成两剧雷同的内心确信，其不同之处在于角色姓名、导演、演员、作词、作曲以及摄制场景的选择等演绎方式。就本案而言，两剧剧情均出自剧本，由剧本决定，由此可知，剧情的雷同源于剧本的雷同。由于被告对《滴》剧编剧兼导演于立清曾接触《梅花档》剧本一节无争议，且被告未对两剧雷同部分在创作中"存在合理出处"提供充分证据，本院对其摄制《滴》剧"基本未使用《梅花档》剧本"的陈述不予采信，并认定被告使用了《梅花档》剧本。

如前所述，中视公司依其与张宝瑞的合约享有《梅花档》剧本专有使用权，包括决定许可他人影视剧摄制权。被告虽提出中视公司曾先于原告许可其使用《梅花档》剧本摄制电视剧，但未签订书面协议，无证据证明"许可"关系成立。依照我国著作权法第二十四条和著作权法实施条例第二十三条的规定，使用他人作品应当同著作权人订立许可使用合同，许可使用的权利是专有使用权的，应当采取书面形式。本院认定在原告与中视公司专有许可使用《梅花档》剧本合同有效存在的前提下，被告尚不确定的口头协议的效力不能对抗原告的书面合同效力。结合傅琦、孟秀、杨斌、伊琳、鲍海鸣、刘威等证人证言以及被告的《梅花档》剧本报审稿、信函和报刊等证据，不排除于立清参与了《梅花档》剧本的改编，包括导演台本的改编等工作，但被告在未取得中视公司法律授权的情况下，基于商业目的所做改编不受法律保护；同时，其以中视公司已在先许可为由做出不侵权抗辩，并反称原告使用了其剧本，事实不能成立，本院不予支持。

中视公司与茂志公司协议中的专有使用期限对合同签约方具有拘束力，意味着中视公司在此期限内不得再行许可第三人使用该剧本；而此期限届满后，茂志公司不得限制中视公司再行实施许可。该约定与被告无关，没有证据显示被告的《滴》剧摄制完成于2005年2月8日上述专有使用期限以后，被告使用《梅花档》剧本的时间在原告专有使用期限内，不论其何时发表，都不能作为被告据以抗辩不侵权的依据。因此，被告主张其发表《滴》剧时间在茂志公司上述约定期满后，即不构成侵权的主张缺乏事实依据，本院不予支持。

由于茂志公司从中视公司处受让取得《梅花档》剧本的专有使用权，依法享有排除包括著作权人在内的任何人以同样的方式使用《梅花档》剧本的权利，因此，同样包括享有排除被告使用《梅花档》剧本的权利。根据茂志公司给电视总公司的函件，可以证明在被告摄制《滴》剧期间，茂志公司曾函告电视总公司要求"查处此事"。本院认定被告对原告作为《梅》剧著作权人的告诫已属明知。被告明知茂志公司提出告诫，仍将茂志公司享有专有使用权的《梅花档》剧本用于《滴》剧摄制，并以自己的名义予以发表，其行为已构成对茂志公司《梅花档》剧本专有使用权的侵害，以及由该权利直接导致的《梅》剧独占市场利益的损害，其过错明显，被告理应就此承担停止侵权，赔礼道歉、赔偿损失的民事法律责任。因原告主动放弃要求被告赔礼道歉，本院准予。

鉴于原告主张索赔100万元，没有提供任何证据，本院依据著作权法规定的法定赔偿原则确认原告损失数额。众所周知，影视作品的可视性受到观众新鲜感因素的影响是自然存在的规律，由此带来影视市场价值的升跌变化。因此，不难理解现在影视剧制作的交易习惯一般采取买断剧本版权和专有摄制方式，独占本剧市场，成为影视剧制作人的一般操作规则。对此，双方当事人均予认可，本院予以确认。上述市场利益一旦实现，常规下其价值将远高于法定赔偿额50万元，据此本院确定原告损失50万元，由被告予以赔偿，不足部分作为原告举证不利的后果由原告自行承担。原告茂志公司为诉讼支出的律师费8万元，作为因诉讼产生的合理支出包括在50万元法定赔偿额范围内。

【判决】

综上所述，2006年8月11日，北京市第一中级人民法院依照《中华人民共和国著作权法》第十一条第一、三款，第十五条第一款，第二十四条，第四十六条第一款第六、十一项，第四十八条第二款，以及《著作权法实施条例》第二十三条、第二十四条；最高人民法院《关于适用〈中华人民共和国民事诉讼法〉若干问题的意见》第58条之规定，判决如下：一、本判决生效之日起，被告电视总公司、节目交易中心、金盾中心、昊天纪元公司停止播放、传播、复制、发行电视连续剧《滴血纹身》。二、本院判决生效之日起30日内，被告电视总公司、节目交易中心、金盾中心、昊天纪元公司赔偿原告茂志公司、银都公司、中视公司、东方神龙公司经济损失50万元。三、驳回原告茂志公司、银都公司其他诉讼请求。案件受理费人民币15 760元，由原告茂志公司、银都公司、中视公司、东方神龙公司负担3 940元（已交纳）；由被告电视总公司、节目交易中心、金盾中心、昊天纪元公司负担11 820元（于本判决生效后7日内交纳）。

如不服本判决，银都机构有限公司于判决书送达之日起30日内，其他当事人于判决书送达之日起15日内，向本院递交上诉状及副本，同时交纳上诉案件受理费人民币15 760元，上诉于北京市高级人民法院。

一审判决后，四被告不服，提起上诉。北京市高级人民法院终审判决驳回上诉，维持原判。

【学者评述】

人性，humanity，是不依人的主观意志而转移的。能动的力量虽然强大，但绝对没有强大到颠覆人性的程度，因为，能动正是造成那种人性的力量之一。没有了能动，人则成了物，人性也就成了物性。

人性，其实就是人在的自然要求：只有通过人性才能最直接、最完满地实现人在；反过来，人性如果得以足够伸张，人在必然会得以顺利占有和实现。

那么，如何更好地实现人性呢？物性的实现，主要是依靠物自身在自然界的选择和寻找来完成的，这是自然界的规律。例如，芳草自然不会选择沙漠，老虎饿了就去找食。人性的实现则复杂化了，根本原因在于，人是一种能动之物，他固然可以通过到自然界去选择和寻找来求得幸福，还可以通过自身能动本能的发挥创造出自身的幸福来。而且，随着人类的不断发展，人性的实现越来越依靠后者，乃至到了今天，我们几乎都忘记了前种途径的存在。

人的自身能动具有复杂性，所以，人性具有复杂性。明知这一点，我们可以多几分冷静和理智。

（杨新磊）

第二节　绝非文学青年

【原告】 赵亮
【原告】 张小兵
【原告】 张蕾
【被告】 北京佳和盛世广告艺术有限公司
【被告】 中国人民解放军八一电影制片厂
【被告】 长影集团有限责任公司

文学剧本《青年毛泽东》作者张天民的妻子（赵亮）、两个女儿（张小兵、张蕾），称电视剧《青年毛泽东》的摄制方未按约定完全支付剧本使用费而起诉。近日，北京市第一中级人民法院作出一审判决：判令被告北京佳和盛世广告艺术有限公司（以下简称佳和盛世公司）、中国人民解放军八一电影制片厂（以下简称八一制片厂）、长影集团有限责任公司（以下简称长影集团）支付三原告尚欠的《青年毛泽东》剧本使用费6万元及利息以及诉讼合理支出5 000元。

《青年毛泽东》的作者张天民已于2002年3月因病去世，是国家一级编剧，创作的文学剧本有电影《开国大典》、电视剧《秦始皇》等。

2004年6月，张妻及两女儿起诉至北京市第一中级人民法院称，张天民是电视连续剧《青年毛泽东》（以下简称《青》剧）文学剧本的作者，该剧本共20集，21万余字。2001年5月，张天民将20集《青》剧剧本交给被告，并与被告约定使用费每集1万元，共20万元。但至2003年8月27日，被告仅支付了14万元，尚有6万元至今未付。请求法院判令三被告立即支付尚欠三原告的《青》剧剧本使用费6万元及经济损失2万元。

被告佳和盛世公司辩称，其委托张天民编写20集《青》剧，但该剧本没有完全符合要求，只有12集通过了重大革命历史题材影视创作领导小组的审批，对未通过审批的部分剧本，佳和盛世公司有权不支付相应报酬。

被告八一制片厂、长影集团辩称，该剧本是由佳和盛世公司委托张天民编写，八一制片厂、长影集团与佳和盛世公司只在拍摄该剧过程中有合作关系，不应承担连带责任。

北京市第一中级人民法院经审理认为：张天民与三被告之间就《青》剧剧本的许可使用及报酬支付问题已达成口头协议，应属有效。三被告理应按约付清20集《青》剧剧本的报酬。现张天民已死亡，其法定继承人即三原告有权主张三被告支付尚欠的6万元稿酬。三原告向三被告追索稿酬所支出的律师费系合理支出，三被告理应共同承担连带责任。

此外，被告佳和盛世公司没有充足有效的证据证明20集《青》剧剧本经重大革命历史题材影视创作领导小组审批后仅通过12集，亦不能证明第13~20集《青》剧剧本未被采用的原因是张天民创作不符合要求，因此，其关于有权不支付相应报酬的抗辩理由，缺乏事实和法律依据。

一审判决后，被告不服，提起上诉。2005年1月20日，北京市高级人民法院终审认为原审判决认定事实清楚，但适用法律存在错误，应予纠正；佳和盛世公司的上诉理由不能成立，对其上诉请求，不应支持。依据《中华人民共和国民事诉讼法》第153条第1款第2项，判决如下：

一、维持北京市第一中级人民法院〔2004〕一中民初字第6514号民事判决之第一项：佳和盛世公司、八一制片厂、长影集团于本判决书生效之日起7日内向赵亮、张小兵、张蕾支付尚欠的《青》剧剧本使用费6万元及利息（利息按中国人民银行同期逾期贷款利率计算，自2004年6月10日至实际付清之日止）。

二、1. 撤销北京市第一中级人民法院〔2004〕一中民初字第6514号民事判决之第二、三项；2. 佳和盛世公司、八一制片厂、长影集团于本判决书生效之日起7日内支付赵亮、张小兵、张蕾诉讼合理支出5 000元；3. 驳回赵亮、张小兵、张蕾的其他诉讼请求。

三、驳回原告的其他诉讼请求。

一审案件受理费2 910元，由赵亮、张小兵、张蕾负担410元（已交纳），由佳和盛世公司、八一制片厂、长影集团共同负担2 500元（于本判决生效之日起7日内交纳）；二审案件受理费2 910元，由赵亮、张小兵、张蕾负担110元（于本判决生效之日起7日内交纳），由佳和盛世公司负担2 800元（已交纳）。

本判决为终审判决。

【学者评述】

何谓"四两拨千斤"？

"四两拨千斤"是一个武术技法术语，初见于太极拳《打手歌》："任他巨力来打我，牵动四两拨千斤"。谓顺势借力，以小力胜大力。在太极拳推手过程中，凡加引化劲于对手动作上，诱其落空，或者先化后粘，逼使对方陷入不利地位，或者以横拨直，以直拨横，改变对方劲力方向等，均属"四两拨千斤"之法。此语经广泛传播，为各家拳派采用，泛指以少胜多的各种击法。

尚巧善变，是中国武术的重要技术特色。中华民族是一个崇尚智慧的民族，常以小胜大，以弱胜强，"四两拨千斤"即为一例。四两拨千斤是太极拳的核心技术之一，被看作太极拳练习者追求的高级目标，是衡量一个太极拳习练者精纯的标准。

小人物，往往具有大智慧。不可以貌取人，不可小觑任何人。

（杨新磊）

第三节　北京电影学院"受戒"

【原告】 北影录音录像公司
【被告】 北京电影学院

原告北影录音录像公司因与被告北京电影学院发生侵犯作品专有使用权纠纷，向北京市海淀区人民法院提起诉讼。

原告北影录音录像公司诉称：1992年3月，作家汪曾祺将其小说《受戒》的电影、电视剧改编权、拍摄权转让给原告。双方又于1994年12月续签了有效期至1998年3月的转让合同。根据合同，原告是小说《受戒》改编权及拍摄权的唯一合法享有者。为拍摄该作品，原告已完成了前期的准备工作，投入了相当的人力、物力。1995年1月14日，原告在总第729期《戏剧电影报》上读到了"《受戒》入围法国短片电影节"的报道。据此，原告得知北京电影学院未经权利人许可，擅自将小说《受戒》改编、摄制成电影，并组团携该影片参加法国朗格鲁瓦国际学生电影节，使该片入围法国克雷芒电影节。北京电影学院公然侵犯原告依法享有的作品改编专用使用权，并将其侵权行为由校内扩展到校外，由国内扩展到国外，给原告带来无法弥补的精神及财产损失，故要求法院判令北京电影学院停止侵权，销毁侵权影片拷贝；公开向原告赔礼道歉；考虑到北京电影学院的经济现状，要求其赔偿原告经济损失20万元，并赔偿原告为本案支付的一切费用；承担本案诉讼费。

被告北京电影学院辩称：被告八九级学生改编拍摄的《受戒》一片是学生毕业作业。拍摄该片之前，被告曾向原告征求意见，原告未明确表示反对。被告拍摄该片的行为，属于汪曾祺先生已发表作品《受戒》的合理使用，直接目的是制作学生毕业作业，没有侵犯原告的作品专有使用权。被告携带《受戒》等学生电影作品参加法国朗格鲁瓦学生电影节，该电影节的主题是"向北京电影学院致敬"。《受戒》是全长仅为三十分钟的短片,除被告在小剧场放映一次用作观摩教学外,在朗格鲁瓦学生电影节也只放映了一次。朗格鲁瓦电影节并非法国克雷芒电影节的预选电影节。总之,被告拍摄《受戒》一片主观上无恶意,事实上更未参加克雷芒电影节。原告称被告"将其侵权结果由校内扩展到校外,由国内扩展到国外"是毫无根据的夸大其词,并称"带来无法弥补的精神及财产损失"更是危言耸听。原告在既缺乏事实基础又未正确理解法律的前提下,对被告提起诉讼,严重损害了被告的声誉,已在社会上造成难以挽回的损害。请求法院驳回原告的诉讼。

海淀区人民法院经审理查明,原告北影录音录像公司(乙方)于1992年5月5日与汪曾祺(甲方)签订合同,合同规定:"一、甲方允许乙方对其拥有版权的作品《受戒》《大淖纪事》《徒》进行影视改编及拍摄。二、甲方保证三年内不将以上三篇作品的改编权及拍摄权转让他人。期限为1992年3月15日至1995年3月15日。"合同还规定:"由乙方向甲方一次性支付改编转让费人民币5 000元。乙方在合同期满后,如未对以上三篇作品进行改编拍摄,即丧失其改编权与拍摄权。如欲重新拥有以上权利,则需与甲方重新商定。"1994年12月30日,北影录音录像公司与汪曾祺就作品《受戒》《大淖纪事》《徒》的影视改编拍摄问题续订合同。在原合同中增加了下列条款:"甲方保证三年内不将以上三篇作品的改编权及拍摄权转让他人。期限为1995年3月15日至1998年3月15日,由乙方向甲方支付改编权转让费人民币5 000元,该影片摄制完成后,乙方再向甲方支付转让费5 000元,共计一万元"。1992年10月,北京电影学院文学系学生吴琼为完成改编课程作业,将汪曾祺的小说《受戒》改编成电影剧本。北京电影学院对在校学生上交的改编作业进行审核后,选定将吴琼改编的剧本《受戒》用于学生毕业作品的拍摄。吴琼与北京电影学院教师赵凤玺通过电话与汪曾祺取得联系。汪曾祺表示小说《受戒》的改编、拍摄权已转让给北影录音录像公司。赵凤玺与北影录音录像公司协商,该公司未明确表示同意北京电影学院拍摄《受戒》一片。1993年4月,北京电影学院投资人民币5万元,并组织该院八九级学生联合摄制电影《受戒》。1993年5月拍摄完成。影片全长为30分钟,用16毫米胶片拍摄,片头字幕为:"根据汪曾祺同名小说改编",片尾字目为"北京电影学院出品"。影片摄制完成后,曾在北京电影学院小剧场内放映一次,用于教学观摩,观看者系该院教师和学生。1994年11月,北京电影学院经广播电影电视部批准,组团携《受戒》等片参加法国朗格鲁瓦国际学生电影节。在该电影节上放映过《受戒》影片,观众系参加电影节的各国学生及教师,也有当地公民。放映该片时,电影节组委会对外公开出售少量门票。北京电影学院未参加法国克雷芒电影节。北京电影学院共制作《受戒》电影拷贝两个,其中一个拷贝封存于本院,另一个拷贝尚在由朗格鲁瓦电影节组委会寄往北京电影学院途中。北京电影学院有制作的《受戒》一片录像带一盒,也已封存本院。

上述事实,有双方当事人的陈述,汪曾祺与北影录音录像公司签订的小说《受戒》改编拍摄权转让合同,吴琼改编的电影文学剧本《受戒》,该片导演的分镜头剧本,广播电影电视部《关于法国朗格鲁瓦电影节组委会来北京电影学院选片参展情况和片目的汇报》的批件,电影《受戒》拷贝一个、录像带一盒等证据在案证实。

海淀区人民法院认为,原告北影录音录像公司通过合同,依法取得的以摄制电视剧、电影方式改编小说《受戒》的专有使用权受法律保护。未经该专有使用权人的许可,其他任何人均不得以同样的方式改编、使用该作品,否则即构成对该专有使用权的侵犯。《中华人民共和国著作权法》第二十二条第一款第六项规定:"为学校课堂教学或者科学研究,翻译或者少量复制已经发表的作品，供教学或者科研人员使用，但不得出版发行。"上述行为，"可以不经著作权人许可，不向其支付报酬，但应当指明作者姓名、作品名称，并且不得侵犯著作权人依照本法享有的其他权利"。被告北京电影学院从教学实际需要出发，挑选在校学生吴琼的课堂练习作品，即根据汪曾祺的同名小学《受戒》改编的电影剧本组织应届毕业生摄制毕业电影作品，用于评定学生学习成果。虽然该电影剧本的改编与电影的摄制未取得小说《受戒》的专有使用权人——原告北影录音录像公司的许可，但该作品摄制完成后，在国内使用方式仅限于在北京电影学院内进行教学观摩和教学评定，作品未进入社会公知的领域发行放映。因此，在此阶段，北京电影学院摄制该部电影的行为，应属合理使用他人作品，不构成对北影录音录像公司依法取得的小说《受戒》的专有使用权的侵犯。但是，1994 年 11 月，北京电影学院将电影《受戒》送往法国参加朗格鲁瓦国际学生电影节，电影节放映该片时，观众除特定的学生、教师外，还有当地公民，且组委会还出售了少量门票，这已超出在本校内课堂教学使用的范畴，违反了著作权法的规定，构成了对北影录音录像公司依法取得的小说《受戒》专有使用权的侵犯。北京电影学院对其侵权行为应向北影录音录像公司赔礼道歉。北京电影学院的侵权行为虽然对北影录音录像公司以后将以同样方式使用同名作品可能造成潜在的市场影响，但侵权情节轻微，应酌情予以赔偿。

据此，北京市海淀区人民法院于 1995 年 5 月 18 日判决如下：一、本判决生效后 10 日内，被告北京电影学院向原告北影录音录像公司以书面形式赔礼道歉（致歉内容需经本院审核）。二、被告北京电影学院制作的电影《受戒》拷贝及录像带自本判决生效之日起只能在其学院内供教学使用，不得投入公知领域。三、本判决生效后 10 日内被告北京电影学院赔偿原告北影录音录像公司经济损失人民币 1 万元。

原告北影录音录像公司不服第一审判决，向北京市第一中级人民法院提出上诉。

上诉人北影录音录像公司上诉称：著作权法规定的为教学目的合理使用他人作品，仅限于课堂教学，使用方式仅限于翻译或者少量复制。原审判决将被上诉人拍摄电影的行为，确认为合理使用，于法无据。原审判决不仅不能保护权利人的合法权益，而且会造成严重后果。请求第二审法院确认被上诉人的侵权行为，并赔偿损失 25 万元。

被上诉人北京电影学院辩称：上诉人没有拍摄电影的法定资格，不应享有小说《受戒》的电影拍摄权。被上诉人以教学为目的拍摄电影《受戒》及在校内放映属于合理使用。上诉人的上诉理由不能成立。朗格鲁瓦国际学生电影节纯系学术活动，被上诉人将电影《受戒》送至该电影节参展不属出版发行，未超出合理使用范围。原审判决认定该行为侵权根据不足，判令《受戒》只能在学院内使用于法无据，认定电影节组委会出售少量门票也与事实不符。要求撤销原审法院有关被上诉人侵权部分的判决。

北京市第一中级人民法院认为：上诉人北影录音录像公司与小说《受戒》的著作权人订有著作权许可使用合同，该合同真实有效。上诉人依合同取得了以拍摄影视的方式改编该小说的专有使用权。因为法律未对拥有此项权利的主体资格进行限制，所以被上诉人否认上诉人享有小说《受戒》拍摄电视专有使用权的主张不能成立。根据《中华人民共和国著作权法实施条例》第三十五条关于"取得某项专有使用权的使用者，有权排除著作权人在内的一切他人以同样方式使用作品，如果许可第三人行使同一权利，必须取得著作权人的许可，合同另有约定的除外"的规定，上诉人取得的专有使用权应受法律保护，有权排除他人以拍摄影视的同样方式使用小说《受戒》。

《中华人民共和国著作权法》第二十二条第一款第六项的规定，目的在于许可学校为课堂教学在一定范围内无偿使用他人作品，以保障教学活动得以顺利进行。被上诉人系培养电影人才的艺术院校，其教学方式具有相对的特殊性，练习拍摄电影应属于该校进行课堂教学活动必不可少的一部分。被上诉人组织应届毕业生改编小说《受戒》拍摄电影，其目的是为学生完成毕业作业及锻炼学生的实践能力，在校内放映该片也是为了教学观摩及评定，均为课堂教学必要的组成部分。所以，被上诉人在上述范围内的行为系对小说《受戒》的合理使用，不构成对上诉人专有使用权的侵犯。

被上诉人携《受戒》一片参加朗格鲁瓦国际电影节，且电影节上放映《受戒》时的观众除参加电影节的各国学生、教师外，也有当地公民，电影节组委会还对外公开销售了少量门票。对此，有法庭对参加电影节的北京电影学院副院长王传国、《受戒》一片导演邱怀阳的询问笔录证实。被上诉人携影片《受戒》参加电影节，使之进入公知领域，超出了为本校课堂教学而使用的范围，不属于著作权法规定的合理使用，侵犯了上诉人所享有的对小说《受戒》的专有使用权，给上诉人以同样方式使用该作品的潜在市场造成不利影响，构成侵权。对此，被上诉人应承担责任。

综上所述，原审判决认定被上诉人为课堂教学使用小说《受戒》拍摄电影属合理使用，认定被上诉人持此片参加国际电影节构成侵权是正确的。上诉人的上诉理由不足，不予支持。据此，该院依照《中华人民共和国民事诉讼法》第一百五十三条第一款第一项之规定，于1995年10月10日判决如下：

驳回上诉人北影录音录像公司的上诉，维持原判。

一审诉讼费5 510元，由北影录音录像公司负担2 204元，由北京电影院负担3 306元。二审诉讼5 510元，由北影录音录像公司负担。

【学者评述】

电影界，是一个很小的圈子。几乎所有艺术圈，大都如此，艺术家是自我封闭的。

自我封闭是一种环境不适的病态心理现象。自我封闭是指将自己与外界隔绝开来，很少或根本没有社交活动，除了必要的工作、学习、购物以外，大部分时间将自己关在家里，不与他人来往。自我封闭者都很孤独，没有朋友，甚至害怕社交活动，因而是一种环境不适的病态心理现象。

自我封闭心理有如下特点：(1) 普遍性，即各个年龄层次都可能产生。儿童有电视幽闭症，青少年有性羞涩引起的恐人症、社交恐惧心理，中年人有社交厌倦心理，老年人有因"空巢"和配偶去世而引起的自我封闭心态等。(2) 非沟通性。有封闭心态的人不愿与人沟通，很少与人讲话，不是无话可说，而是害怕或讨厌与人交谈。前者属于被动型，后者属于主动型。他们只愿意与自己交谈，如写日记、撰文咏诗，以表志向。随爱犬而去的男青年就属于这类心理障碍者。(3) 逃避性。自我封闭行为与生活挫折有关，有些人在生活、事业上遭到挫折与打击后，精神上受到压抑，对周围环境逐渐变得敏感和不可接受，于是出现回避社交的行为。

自我封闭必然导致排外，自身也会退步，最终落伍。

（杨新磊）

第四节　北京广播学院"缺几角"

【原告】李贯通
【被告】杨新磊
【被告】北京广播学院
【被告】北京飞天电视艺术中心
【被告】广西电视台
【被告】宁夏电视台

原告李贯通诉被告杨新磊、被告北京广播学院、被告北京飞天电视艺术中心（以下简称飞天艺术中心）、被告广西电视台、被告宁夏电视台著作权侵权纠纷一案，北京市海淀区人民法院于2004年4月1日受理后，依法组成合议庭，于2004年5月21日公开开庭进行了审理。原告李贯通的委托代理人官向东、程守法，被告杨新磊，被告北京广播学院的委托代理人齐向梅，被告广西电视台的委托代理人彭佩妮，被告宁夏电视台的委托代理人冯亚蓉到庭参加了诉讼。被告飞天艺术中心经传票传唤，未到庭。本案现已审理终结。

【原告诉称】

原告李贯通诉称：李贯通为中篇小说《天缺一角》的作者，该小说于1998年获得鲁迅文学奖。杨新磊、山西省宝鸡市委宣传部、北京广播学院、宁夏电视台、飞天艺术中心未经李贯通许可，擅自将小说《天缺一角》改编成同名电视剧，于2003年9月26日在广西电视台公开播出。被告的行为损害了李贯通的合法权益。请求法院判令被告停止侵权、销毁侵权拷贝等复制品、公开赔礼道歉；被告共同赔偿李贯通30万元；被告承担全部诉讼费用、律师代理费用及李贯通为调查被告侵权行为支付的全部费用。

【被告辩称】

被告杨新磊辩称：杨新磊对李贯通为小说《天缺一角》的著作权人没有疑义；李贯通称该小说获"中国最高文学奖——鲁迅文学奖"，但出示的获奖证书不能证明此奖为"中国最高文学奖"；李贯通称"1999年冬被告杨新磊来济南找到原告"与事实不符，杨新磊是在1999年5月19日以飞天艺术中心签约导演的身份与李贯通见面，因无法满足李贯通提出的条件，未能达成协议；杨新磊在完成电视剧《天缺一角》后，请北京广播学院的15位老师、教授予以指导并融合他们的意见认真修订。该剧被推荐至广西电视台，感谢广西电视台的支持，将该剧由6集修改成2集，无偿播出。将飞天艺术中心的刘桂琴主任署名为"出品人"是为了感谢她对杨新磊的帮助；电视剧《天缺一角》确于2003年9月26日在广西电视台卫星频道播出，但是是在下午的非黄金时间播出，且只有2集，播出影响有限；杨新磊一直想将此问题早日解决，并非态度极为恶劣毫无解决问题诚意；杨新磊是一名在读研究生，整个行为是拍摄学生作品，没有发行，不以营利为目的。杨新磊承认侵犯了李贯通作为小说《天缺一角》著作权人的合法权益，愿：立刻停止侵权；当庭向李贯通赔礼道歉；李贯通索赔30万元过高，杨新磊无力承担，愿意支付每集1 000元共计2 000元整；愿意承担本案部分诉讼费用。

被告北京广播学院辩称：北京广播学院内部不存在"北京广播学院影视艺术中心"，以该单位名义进行的行为与北京广播学院无关；杨新磊拍摄电视剧《天缺一角》未经北京广播学院的授权，不是以北京广播学院的名义进行的，北京广播学院对该电视剧不负法律责任；杨新磊将北京广播学院院长刘继南列为该电视剧总顾问、将所谓"北京广播学院影视艺术中心"列为联合摄制单位，是杨新磊的个人行为，北京广播学院及院长刘继南均不知情。因此，北京广播学院不承担责任。

被告飞天艺术中心辩称：飞天艺术中心对李贯通起诉中提及的内容一无所知，没有证据证明飞天艺术中心参与了其他被告对李贯通的侵权行为；飞天艺术中心与其他被告之间没有任何合同约定使用李贯通的任何作品，电视剧《天缺一角》使用飞天艺术中心名义的字幕，是其他被告冒用；飞天艺术中心从未就使用李贯通作品问题与李贯通或其他被告有过任何接洽协商。飞天艺术中心不存在对李贯通侵权的事实，请求法院查明事实，驳回李贯通对飞天艺术中心的起诉。

被告宁夏电视台辩称：宁夏电视台没有任何部门、人员与此事有关；李贯通的证据材料不能证明宁夏电视台与本案侵权事实有关；宁夏广播电影电视局没有给宁夏电视台出过（宁）剧审字〔2002〕005号许可证，宁夏电视台也没有申请过该文号的许可证；宁夏电视台与宁夏电视剧制作中心不是一个单位。李贯通所诉侵权事实和宁夏电视台没有关系，宁夏电视台不应是本案的被告。请法院查明事实驳回李贯通对宁夏电视台的起诉。

被告广西电视台在答辩期内未提交书面答辩意见。

【事实】

经审理查明，李贯通系中篇小说《天缺一角》的作者，该小说发表于由云南人民出版社主办、云南人民出版社大家文学杂志社编辑出版、1996年1月25日出版的《大家》杂志1996年第1期总第13期上。1998年4月《天缺一角》获由中国作家协会举办的鲁迅文学奖中的1995~1996年全国优秀中篇小说奖。为证明以上事实，李贯通提交了1996年1月25日出版的1996年第1期总第13期《大家》杂志、《天缺一角》获奖证书。对上述证据，杨新磊、北京广播学院、广西电视台、宁夏电视台未提出异议。本院对上述事实予以确认。

1999年5月，北京广播学院2001级硕士研究生杨新磊以飞天艺术中心签约导演的身份与李贯通就《天缺一角》改编成电视剧一事进行协商。为证明该事实，杨新磊在本院2004年5月21日开庭审理时陈述："我当时的身份是飞天的签约导演，当时我是在飞天的刘桂琴的家中与飞天签的与涉案电视剧有关的协议，我手中没有该协议的复印件，现在应该在飞天手中，我曾为飞天运作过电视剧《白洋淀》。"李贯通、北京广播学院、广西电视台、宁夏电视台对杨新磊的上述陈述没有异议。本院根据杨新磊的陈述及李贯通对杨新磊陈述的认可，认定杨新磊在与李贯通协商将小说《天缺一角》改编成同名电视剧时，向李贯通表明的身份是飞天艺术中心的签约导演。

1999年5月12日，李贯通就将其小说《天缺一角》改编成电视剧一事写信给顾黎力，并请顾黎力转给杨新磊。李贯通在信中表示："①电视剧的制作单位（出品人）只能是中央电视台，或在中央电视台与地方电视台合拍；不允许仅仅是某地方台。②电视剧的长度必须是6集。③电视剧一定要在中央电视台播放，并争取好的频道、时段。④为保证不糟蹋原著，保证电视剧的艺术质量，你们应充分做好筹备工作。如资金，所有的行家都说，50万~60万元的资金，如果不能全部到位，就根本不能开机，这方面的教训多而又多。⑤男、女一号演员保证是腕级人物。摄像及重要角色，保证是专业影视人员，以保证每一个环节都过得硬。⑥电视剧改编的版权费为最低价5万元（税后），与我签约后一次性以现金支付。⑦与我所签的合同时效为一年，即从签约开始，一年内在中央电视台播出。如到时不能播出，我即收回电视剧的改编权。如果为了质量而延误，可推迟至18个月。上述条件，主要是为了保证艺术质量……如果你们完全接受以上诸项，即可在五、六月份与我签约，如果不能完全接受，就只好放弃，咱们争取今后再合作。希望你们慎之又慎，三思再三思，切不可意气用事，急于求成。"此后，杨新磊与李贯通未能就小说《天缺一角》改编成电视剧一事达成协议。为证明以上事实，杨新磊提交了李贯通于1999年5月12日写给顾黎力、杨新磊的信件。李贯通、北京广播学院、广西电视台、宁夏电视台对该证据未提出异议。本院对上述事实予以认定。

2002年夏，杨新磊自任导演和制片人开始拍摄电视剧《天缺一角》。对此，2002年8月1日出版的《陕西日报》第3版进行了报道。该报道题目为《电视剧〈天缺一角〉在扶风开拍》，其中载明："由中央电视台影视部出品，宝鸡市委宣传部、宝鸡话剧团支持拍摄的六集电视连续剧《天缺一角》7月20日在我省扶风县博物馆内开机拍摄。《天缺一角》改编自山东作家李贯通曾获鲁迅文学奖的同名中篇小说，叙述了一个发生在某基层文化馆内的感人故事，是我国首部反映文物保护法内容的电视连续剧。担任该剧导演兼制片人的杨新磊介绍……"为证明上述事实，李贯通提交了2002年8月1日出版的《陕西日报》。杨新磊、广西电视台、宁夏电视台对该证据没有异议，北京广播学院认为该证据证明杨新磊的身份是北京广播学院的研究生，不能证明是北京广播学院拍摄的电视剧《天缺一角》，但该学院未对该证据的真实性提出异议。本院对上述事实予以认定。

2003年9月15日出版的第37期《中国电视报》载明2003年9月26日15时20分广西电视台卫星节目播放电视剧《天缺一角》（上、下集）。为证明上述事实，李贯通提交了2003年9月15日出版的第37期《中国电视报》刊登的2003年9月26日节目预告。杨新磊为证明电视剧《天缺一角》（上、下集）的播出时间，提交了2003年9月16日出版的《广西广播电视报》第4版刊登的对该电视剧的简介和播出时间，该报载明广西电视台卫星频道9月26日15点20分播出2集电视剧《天缺一角》。对李贯通提交的上述证据，杨新磊、北京广播学院、广西电视台、宁夏电视台予以认可。对杨新磊提交的上述证据，李贯通、北京广播学院、广西电视台、宁夏电视台予以认可。本院对上述事实予以认定。

2003年9月26日15时20分，广西电视台在其卫星节目播出了2集电视剧《天缺一角》。对该事实，李贯通、杨新磊、北京广播学院、广西电视台、宁夏电视台在本院2004年5月21日开庭审理时均予以认可。本院对该事实予以认定。

广西电视台播出的2集电视剧《天缺一角》导演、制片人署名为杨新磊；联合摄制单位署名包括中国视协北京飞天电视艺术中心、宁夏电影电视剧制作中心、北京广播学院影视艺术中心，制作许可证注明是004号。该电视剧中还署名总顾问刘继南、李兴国，顾问吕学武、任金洲、毕根辉、倪学礼、刘晔原、曾庆瑞、周华斌、张凤铸、龙耕、周月亮、张晶、蒲剑、吴辉、刘书亮、廖明君。出品人署名为赵周荣、刘桂琴。该电视剧片尾注明"（宁）剧审字005号"。对上述事实，李贯通、杨新磊、北京广播学院、广西电视台、宁夏电视台均予以认可。对上述事实，本院予以认定。

【证据】

在本院审理过程中，李贯通提交了北京市国信公证处出具的〔2004〕京国证民字第04024号公证书及该公证处封存的光盘和《六集电视剧〈天缺一角〉》宣传单。〔2004〕京国证民字第04024号公证书载明，该公证处公证员及工作人员2人于2004年3月30日对北京电视台文艺节目中心工作人员朱礼庆进行证据保全，并对朱礼庆提供的从杨新磊处得到的6集电视剧《天缺一角》片段的光盘和《六集电视剧〈天缺一角〉》宣传单进行了封存。本院在2004年5月21日开庭审理时当庭打开北京市国信公证处于2004年3月30日封存、贴有该公证处封条的信封，从中取出光盘一张、《六集电视剧〈天缺一角〉》宣传单一张。《六集电视剧〈天缺一角〉》宣传单载明："六集电视剧天缺一角根据李贯通同名获奖小说改编；（宁）剧审字〔2002〕005号；总顾问刘继南、李兴国，顾问吕学武、任金洲、毕根辉、倪学礼、刘晔原、曾庆瑞、周华斌、张凤铸、龙耕、周月亮、张晶、蒲剑、吴辉、刘书亮、廖明君；出品人赵周荣、刘桂琴；导演·制片人杨新磊；中共宝鸡市委宣传部、中国视协北京飞天电视艺术中心、宁夏电影电视剧制作中心、北京广播学院影视艺术中心联合摄制；制作许可证：004号"。李贯通、杨新磊、北京广播学院、广西电视台、宁夏电视台对上述光盘和《六集电视剧〈天缺一角〉》宣传单的真实性未提出异议。本院对上述事实予以认定。

杨新磊在本院2004年5月21日开庭审理时陈述：其曾经向北京广播学院的老师讲过要审批的情况，但没有人说不能拍。其在自称是尤墨的人的剧本的基础上定下了剧本，这个剧本也给老师看了。在电视剧《天缺一角》拍摄完成后，给老师看了，做好了母带，后来把带子交给了学校。杨新磊当时征求了老师的意见后，决定署北京广播学院影视艺术中心。署名总顾问的李兴国时任北京广播学院下属的二级学院——影视艺术学院的院长。署名顾问的任金洲时任北京广播学院的副院长。署名顾问的吕学武是北京广播学院的院长助理。杨新磊将《六集电视剧〈天缺一角〉》宣传单送给除刘继南之外的其他总顾问、顾问看过，均未提出异议，杨新磊就将该宣传单印刷了。北京广播学院对杨新磊的上述陈述予以认可。李贯通、广西电视台、宁夏电视台对杨新磊、北京广播学院的陈述未表示异议。本院对杨新磊陈述的上述事实予以认定。

杨新磊在本院2004年5月21日开庭审理时陈述其请除刘继南之外的其他总顾问、顾问观看6集电视剧《天缺一角》并看过《六集电视剧〈天缺一角〉》宣传单后，李兴国将该电视剧推荐给广西电视台。对杨新磊的上述陈述，北京广播学院、广西电视台均予以认可。宁夏电视台对杨新磊的陈述未提出异议。本院对杨新磊陈述的上述事实予以认定。

北京广播学院在本院2004年5月21日开庭审理时陈述电视剧《天缺一角》及该电视剧的宣传单中标明的"制作许可证：004号"是该学院持有的制作许可证号。北京广播学院对制作许可证的使用有相应的制度，但该制度未向在读的学生包括在读研究生公布过。对北京广播学院的上述陈述，李贯通、杨新磊、广西电视台、宁夏电视台未提出异议。本院对上述事实予以认定。

广西电视台在本院2004年5月21日开庭审理时陈述：北京广播学院推荐6集电视剧《天缺一角》给该台，当时称该电视剧所有手续是齐全的。该台进行审核认为该电视剧内容不违法，看到片头和片尾标明了制作许可证和发行许可证，符合广电部的要求，就播放了。推荐6集电视剧《天缺一角》的具体人员是该电视剧的总顾问李兴国。杨新磊对广西电视台的陈述予以认可。李贯通、北京广播学院、宁夏电视台对广西电视台的陈述未提出异议。

本院对于广西电视台陈述的事实予以认可。

广西电视台的委托代理人彭佩妮在本院2004年5月21日开庭审理时陈述:"开始我们并不想播,但因为是推荐的,后来就在他们知情的情况下压成两集在下午进行了播放。"对上述陈述,杨新磊陈述:"播出之前跟我说过会进行剪辑,但我看到报纸时才知道是压缩成两集,但当时已经快播了,也没有办法了。"对广西电视台的陈述,李贯通、杨新磊北京广播学院、宁夏电视台未提出异议。对杨新磊的陈述,李贯通、北京广播学院、广西电视台、宁夏电视台未提出异议。本院对上述事实予以认可。

宁夏电视台在本院2004年5月21日开庭审理时,根据其提交的证据陈述:(宁)剧审字〔2002〕005号发行许可证并不存在;2001年至2003年宁夏电影电视剧制作中心并不存在,宁夏电影电视剧制作中心与宁夏电视台没有任何关系。杨新磊在对上述宁夏电视台的陈述进行质证时陈述,《天缺一角》另外一个署名为编剧的尤墨,杨新磊以前见过,尤墨称自己是宁夏电视台电视剧制作中心的制片人,杨新磊拍摄《天缺一角》时就署了他的名字,与宁夏电视台没有关系。对宁夏电视台的陈述,李贯通、北京广播学院未提出异议;广西电视台不予质证。由于李贯通、北京广播学院对宁夏电视台、杨新磊的陈述未提出异议;由于广西电视台在本院受理本案后,经过证据交换,仍对宁夏电视台的就证据进行的陈述不予质证,也未提出相反证据,应视为对上述陈述的认可。本院根据宁夏电视台、杨新磊的陈述认定以下事实:杨新磊在电视剧《天缺一角》中将宁夏电影电视剧制作中心署名为联合摄制单位,未经宁夏电视台认可;宁夏电影电视剧制作中心不是宁夏电视台的内部机构;电视剧《天缺一角》中标明的"(宁)剧审字〔2002〕005号"发行许可证是杨新磊自行杜撰的。

杨新磊在本院2004年5月21日开庭审理时陈述:其拍摄6集电视剧《天缺一角》不以营利为目的,在该电视剧拍摄完成后,向中国儿童少年基金会捐赠了该剧的录像带两盒。为证明上述事实,杨新磊提交了中国儿童少年基金会2003年4月2日出具的、编号为0230763、盖有"中国儿童少年基金会结算财务专用章"的收据,该收据记载"今收到杨新磊交来捐赠六集电视剧《天缺一角》录像带两盒人民币(大写)价值壹万元正"。李贯通对杨新磊向中国儿童少年基金会捐赠6集电视剧《天缺一角》的陈述和提交的证据的真实性未提出异议,但认为不能以此证明杨新磊拍摄《天缺一角》电视剧是否赢利。北京广播学院、广西电视台、宁夏电视台对杨新磊的陈述和提交的证据未提出异议。本院根据上述当事人的陈述和提交的证据,认定以下事实:杨新磊于2003年4月2日向中国儿童少年基金会捐赠了录制有6集电视剧《天缺一角》的录像带两盒,价值10 000元。

李贯通在本院2004年5月21日开庭审理时陈述:其主张《天缺一角》剧本、6集电视剧《天缺一角》、2集电视剧《天缺一角》侵犯其小说《天缺一角》的著作权,但对其主张的《天缺一角》剧本侵犯其小说著作权没有证据。

【法院观点】

本院认为:任何人未经著作权人许可使用其作品,构成对该著作权的侵犯。如无相反证据,在作品上署名的人为该作品的作者。对电视剧作品而言,制片人为电视剧的著作权人,联合摄制单位亦为电视剧的著作权人。

本案中,李贯通为小说《天缺一角》的著作权人。

杨新磊拍摄6集电视剧《天缺一角》并署名制片人,其为该电视剧的著作权人之一。

杨新磊在明知广西电视台将其拍摄的6集电视剧《天缺一角》剪辑为2集时，未提出异议，应视为其同意广西电视台的剪辑行为，广西电视台的剪辑行为应认定是在6集电视剧《天缺一角》著作权人的许可下进行的行为，其行为的后果应由该电视剧的著作权人承担。由于杨新磊未经小说《天缺一角》作者李贯通的许可，擅自将该小说改编为6集电视剧，并通过广西电视台播出了由6集剪辑成2集的电视剧《天缺一角》，其行为侵犯了李贯通对小说《天缺一角》享有的著作权。杨新磊将6集电视剧《天缺一角》捐赠中国儿童少年基金会的行为，应认定为杨新磊许可中国儿童少年基金会复制、播出该电视剧，由于杨新磊拍摄的6集电视剧《天缺一角》为侵犯李贯通小说《天缺一角》著作权的作品，因此，其许可中国儿童少年基金会复制、播出该电视剧亦构成对李贯通小说《天缺一角》著作权的侵犯。

飞天艺术中心对杨新磊以飞天艺术中心签约导演的身份与李贯通协商改编小说《天缺一角》的事实未提出相反证据。对于在6集和2集电视剧《天缺一角》中署名联合摄制单位，飞天艺术中心至本院开庭审理本案时未就该中心不同意在6集和2集电视剧《天缺一角》中署名联合制作单位提交证据，也未就此事向任何人主张过任何权利，因此，应认定飞天艺术中心是6集和2集电视剧《天缺一角》的联合制作单位。飞天艺术中心的行为未经小说《天缺一角》著作权人李贯通的许可，故该中心的行为构成了对李贯通对小说《天缺一角》享有的著作权的侵犯。

杨新磊在6集电视剧《天缺一角》及该电视剧宣传单上的署名及拍摄许可证的使用情况，除刘继南之外的其他总顾问、顾问均清楚，均未提出异议，且作为该电视剧总顾问的北京广播学院影视艺术学院的院长还以北京广播学院的名义向广西电视台推荐该电视剧。北京广播学院也未对在读研究生以学校的名义拍摄电视剧提出过明确的要求，对该学院所有的甲字第004号拍摄许可证的使用制度也未向在读研究生进行告知。杨新磊作为北京广播学院的在读研究生，在其所在学校的教师明知其行为而未提出异议时，可以确信该行为得到学校认可。北京广播学院在得知广西电视台将6集电视剧《天缺一角》剪辑为2集后，未提出异议，应视为其同意广西电视台的剪辑行为。广西电视台的剪辑行为应认定是在6集电视剧《天缺一角》著作权人的许可下进行的行为，其行为的后果应由该电视剧著作权人承担。根据现有证据，应认定北京广播学院对杨新磊在6集和2集电视剧《天缺一角》中将北京广播学院影视艺术中心署名为联合摄制单位并使用该学院的拍摄许可证是知道并认可的。由于北京广播学院没有影视艺术中心这一部门，故北京广播学院应对此承担责任。北京广播学院的行为未经小说《天缺一角》著作权人李贯通的许可，故该学院的行为侵犯了李贯通对小说《天缺一角》享有的著作权。

广西电视台在接到6集电视剧《天缺一角》后，未尽到审查义务，并将该电视剧从6集剪辑为2集播出，导致未经小说《天缺一角》著作权人许可的改编作品2集电视剧《天缺一角》的播出，其行为构成对李贯通享有的小说《天缺一角》著作权的侵犯。

杨新磊、飞天艺术中心、北京广播学院、广西电视台的行为均构成对李贯通享有的小说《天缺一角》著作权的侵犯，应承担侵权的民事责任。本院根据杨新磊、飞天艺术中心、北京广播学院、广西电视台的侵权范围，李贯通为制止侵权行为而支出的必要费用以及小说《天缺一角》仍可授权他人使用等情况，酌情确定赔偿数额。

根据本案现有证据，宁夏电视台与在电视剧《天缺一角》联合摄制单位中署名的宁夏电影电视剧制作中心不是同一法人，宁夏电视台内部也没有宁夏电影电视剧制作中心这一部门。宁夏电视台没有宁剧审字第005号发行许可证。杨新磊在本院开庭时承认其在署名时冒用了宁夏电影电视剧制作中心的名义，宁剧审字第005号发行许可证是其编造的。原告李贯通也无证据证明宁夏电视台播出了电视剧《天缺一角》。宁夏电视台未构成对原告李贯通《天缺一角》小说著作权的侵犯。

【判决】

2004年7月15日，北京市海淀区人民法院依据《中华人民共和国著作权法》第四十五条、第四十六条第一款第六项、第四十七条第一款第一项、第四十八条第一款的规定，判决如下：

一、被告杨新磊、被告北京飞天电视艺术中心、被告北京广播学院停止复制、发行6集电视剧《天缺一角》和2集电视剧《天缺一角》；

二、被告杨新磊停止许可他人复制、发行、播出6集电视剧《天缺一角》；

三、被告广西电视台停止播出2集电视剧《天缺一角》；

四、被告杨新磊、被告北京飞天电视艺术中心、被告北京广播学院、被告广西电视台共同赔偿原告李贯通18.3万元（自本判决生效之日起7日内支付）；

五、被告杨新磊、被告北京飞天电视艺术中心、被告北京广播学院、被告广西电视台自本判决生效之日起15日内在《中国电视报》上向原告李贯通赔礼道歉（内容须经本院审核。逾期不履行，本院将在一家全国发行的报纸上刊登本判决主要内容，所需费用由不履行此义务的被告负担）；

六、驳回原告李贯通对被告杨新磊、被告北京飞天电视艺术中心、被告北京广播学院、被告广西电视台的其他诉讼请求；

七、驳回原告李贯通对被告宁夏电视台的诉讼请求。

案件受理费7 010元，由原告李贯通负担2 730元（已交纳）；由被告杨新磊负担1 070元（自本判决生效之日起7日内交纳）；被告北京飞天电视艺术中心负担1 070元（自本判决生效之日起7日内交纳）；被告北京广播学院负担1 070元（自本判决生效之日起7日内交纳）；被告广西电视台负担1 070元（自本判决生效之日起7日内交纳）。

如不服本判决，可在判决书送达之日起15日内，向本院递交上诉状，并按对方当事人的人数提出副本，交纳上诉案件受理费7 010元，上诉于北京市第一中级人民法院。如在上诉期满后7日内不交纳上诉案件受理费的，按自动撤回上诉处理。

一审判决后，被告北京广播学院不服，提起上诉。北京市第一中级人民法院终审判决驳回上诉，维持原判。

【学者评述】

此案中的被告杨新磊，就是此书的编著者杨新磊，即笔者本人，这就是我为什么这么多年一直关注影视诉讼及其相关法律的根由。

事情已经过去13年了，但依旧记忆犹新，教训也是深刻的。这些年来，我与母校一直存在各种各样的联系，始终感到她的管理不够科学，不够严谨。从学院跻身大学，成为"211"乃至"985"重点学科扶持高校，中国传媒大学的发展速度十分惊人，但质量并未与之同步提升。传媒永远是聒噪而悸动的，而法律永远是冷静而理智的。传媒注重的是名声与名头，法律追求的是公平与正义。记者永远在繁忙奔走的路上，法官总是在平和深思的案头。此案的判决是公正的，执行时法院选择被告北京广播学院一次性执行到位支付给了原告李贯通,后被告广西电视台感到自己是播出该剧的最大的获利者遂支付了北京广播学院十几万元,差额几万元由我本人陆续偿还母校。截至2008年9月,本案几位被告之间平息了资金与人情上的各种亏损,互不相欠,事息人宁。

笔者对宋鱼水法官的判决尤其执行方案深表钦佩,心思绵密,她真的是一位优秀法官,名副其实,实至名归。

唯一觉得对不住的就是李兴国院长,尽管他未促成广西电视台播出本剧6集全本,但始终是我人生征途上的恩师与良师,不论是在影视专业上还是在为人处事上均令我受益匪浅,获益良多。

祝愿培养并教诲我的诸位老师尤其恩师李兴国健康快乐,祝愿母校中国传媒大学稳健发展!

(杨新磊)

第五节 不能遗忘的"哨兵"

【原告】张玉英
【原告】吕明明
【原告】吕明朋
【原告】吕明晶
【被告】上海电影制片厂
【被告】中国三环音像社
【被告】北京北影录音录像公司

原告张玉英、吕明明、吕明朋、吕明晶与被告上海电影制片厂(以下简称上影厂)、中国三环音像社(以下简称三环社)、北京北影录音录像公司(以下简称北影公司)著作权侵权纠纷一案,上海市第一中级人民法院于2000年2月29日受理后,依法组成合议庭,于同年5月16日公开开庭进行了审理。原告吕明明、吕明晶及四原告的委托代理人游闽键,被告上影厂委托代理人张杰、陈午雄,被告北影公司委托代理人陈午雄到庭参加诉讼,被告三环社经本院合法传唤未到庭参加诉讼。本案现已审理终结。

【原告诉称】

四原告系作家吕兴臣的合法继承人,吕兴臣是著名话剧《霓虹灯下的哨兵》的编剧之一。该剧上演后获得好评,后由天马电影制片厂(现上影厂)改编为同名电影。1999年10月被告三环社出版发行了新中国成立50周年系列光盘,并将话剧《霓虹灯下的哨兵》列为其中之一,但该光盘在编剧一项中却没有吕兴臣的署名。原告曾多次与该被告交涉,其承认错误并致歉,却不予更正。原告还于2000年1月13日在市场上购得由被告北影公司出版发行的《霓虹灯下的哨兵》光盘,内也无吕兴臣的署名。原告认为,作家吕兴臣是话剧《霓虹灯下的哨兵》的编剧之一,对其作品的改编均应征得其本人同意并支付合理报酬。但三被告在对原作改编和演绎时既未保留著作权人的署名更未支付报酬,其行为已违反了《中华人民共和国著作权法》关于邻接权保护的有关规定，为维护原告的合法权益并保护已故作家的合法署名，遂起诉请求判令：被告三环社、北影公司立即停止出版发行《霓虹灯下的哨兵》激光视盘，尚未发行的光盘封存销毁；三被告共同支付原告稿酬费人民币10万元、律师费和调查费人民币5 000元。

原告对其诉称的事实提供了下列证据：

1. 上海市公安局户籍证明，证明四原告系吕兴臣的合法继承人。

2. 1959年7月23日吕兴臣发表的通讯《南京路上好八连》；解放军文艺出版社1963年出版的《霓虹灯下的哨兵》剧本封面和1977年11月上海戏剧学院实习演出的九场话剧《霓虹灯下的哨兵》剧本封面，封面上均写有"沈西蒙（执笔）、漠雁、吕兴臣"；上海戏剧学院戏剧文学系编选的《中国话剧选》，内有"霓虹灯下的哨兵（九场剧）沈西蒙（执笔）、漠雁、吕兴臣"及上述三人在一起的照片；江苏文艺出版社出版的《沈西蒙剧作选》，内有"七、霓虹灯下的哨兵（多场次话剧沈西蒙、漠雁、吕兴臣合作，沈西蒙执笔于一九六一年苏州裕社）"；文化部1964年3月31日颁发给优秀话剧《霓虹灯下的哨兵》作者沈西蒙、漠雁、吕兴臣的奖状。上述证据证明吕兴臣系话剧《霓虹灯下的哨兵》的作者之一，其对该剧享有著作权。

3. 《新中国舞台影视艺术精品选系列光盘宣传手册》中的目录，该目录内页中有"话剧25部，8.《霓虹灯下的哨兵》"，目录封底印制的联合出版单位中有被告三环社；被告三环社出版的《霓虹灯下的哨兵》激光视盘及其封套以及原告购买该激光视盘的发票，该封套上印有"话剧"、"编剧：沈西蒙"；被告北影公司出版发行的《霓虹灯下的哨兵》激光视盘及其封套以及原告购买该激光视盘的发票，该封套上印有上影厂摄制、北影公司出版发行。上述证据证明三被告侵害了吕兴臣的著作权。

4. 原告聘请律师的费用为人民币4 500元的收据、律师调查取证费用金额为人民币287元的发票。上述证据系原告要求被告支付律师费、调查费的依据。

【被告辩称】

被告上影厂辩称，电影《霓虹灯下的哨兵》是由其前身之一的上海天马电影制片厂经国家有关部门的组织安排，对话剧《霓虹灯下的哨兵》进行改编后于1964年摄制出品。而话剧《霓虹灯下的哨兵》的著作权人应当是南京军区前线话剧团。该电影是由作家沈西蒙独自一人改编。无论是在改编的过程中还是电影出品之后的近40年的时间里，吕兴臣本人或原告也均未提出过任何异议，也未要求署名或稿酬。在这种情况下，被告上影厂的改编行为是合法的，不构成对话剧剧本作者之一的吕兴臣的署名权的侵犯，而且对吕兴臣是否为该话剧剧本作者持保留意见。由于上影厂对其摄制出品的电影《霓虹灯下的哨兵》享有著作权，因此其授权被告北影公司发行该片的激光视盘的行为也是合法的。至于被告三环社的行为，其不甚了解。此外，原告主张赔偿不能举证，本案亦已超过诉讼时效，因此，原告的诉请不符合事实，其理由不能成立，请求法院判令驳回原告的诉讼请求。

被告上影厂对其辩解提供了下列证据：

1. 1963年9月12日文化部对电影《霓虹灯下的哨兵》文学本初稿进行审定的会议记录，证明参加这次会议的是编剧沈西蒙。

2. 文化部电影事业管理局〔1963〕电陈产字第152号文：《对剧本〈霓虹灯下的哨兵〉的意见》、上海市电影局〔1964〕沪影蔡创字56号文：《报送对〈霓虹灯下的哨兵〉文学本

（三稿）的意见》，证明沈西蒙对《霓虹灯下的哨兵》的电影剧本已写了三稿。

3. 电影《霓虹灯下的哨兵》的编剧以及话剧剧本《霓虹灯下的哨兵》的编剧之一的沈西蒙的证词，证明当时话剧剧本的创作是在部队领导的安排下进行的。在此期间，沈西蒙读到了吕兴臣同志写的《南京路上好八连》报道文章，话剧《霓虹灯下的哨兵》是由沈西蒙、漠雁合作完成了全过程，南京军区前线话剧团参加演出的演员也参与了话剧剧本的修改。吕兴臣同志参加两次剧本研讨会，照顾到其作出过贡献，故在剧本最后定稿后署上吕兴臣的名字。电影完全是由沈西蒙一人负责编写。作品《霓虹灯下的哨兵》属于前线话剧团，影片属于上影厂。

被告三环社未到庭参加诉讼，其向法院递交了两份书证，分别是《关于〈霓虹灯下的哨兵〉VCD著作权一事的说明》和新闻出版署音像和电子出版物管理司的《关于请支持"新中国舞台影视艺术精品选"系列光盘出版工作的函》，说明其仅仅是按照新闻出版署的要求提供了版号而并没有介入《霓虹灯下的哨兵》激光视盘的制作发行。

被告北影公司辩称，其是在征得电影《霓虹灯下的哨兵》的著作权人上影厂的同意后，发行了该片的激光视盘，此行为合法。对被告上影厂的辩解意见表示同意。因此，请求驳回原告的诉讼请求。

庭审中，双方对上述证据提出如下质证意见：

被告上影厂、北影公司对原告提供的证据的真实性没有异议。但认为，话剧《霓虹灯下的哨兵》的著作权人是南京军区前线话剧团；如果吕兴臣参与创作，其所享有的也仅仅是这个话剧作品中的著作权中的署名权。此外，原告提供的这些证据不是原始创作的作品，不能证明剧本完成时的原始状态，原告提供的奖状不能直接证明吕兴臣系合作作者的身份，故吕兴臣是否是话剧剧本的合作作者有待于进一步证实。

被告上影厂、北影公司对被告三环社提供的证据的真实性没有异议，并认为被告三环社的行为与其无关。

原告对被告上影厂的证据2的真实性没有异议。对证据1认为该会议纪要出现了两个人的笔迹，且会议参加者亦未签名，故不能证明编剧沈西蒙参加会议。对证据3有异议，证人应出庭作证，且该份证词末尾打印的是沈西蒙与漠雁两个人的名字，但漠雁没有签名，故对该份证词的证明效力应不予认可。

原告对被告三环社提供的证据的真实性没有异议。根据双方对证据的质证意见，本院认为，对原告提供的证据的真实性被告均无异议，应予确认；对被告上影厂提供的证据2、被告三环社提供的证据的真实性原告也无异议，本院予以确认。对被告上影厂提供的证据1，原告提出异议，鉴于该会议纪要上没有会议参加人签名，故不能确定该会议记录是当时记录还是事后整理，故对此证据的真实性本院无法予以确认。对于被告提供的沈西蒙证词，该证词中与原告提供的证据不相矛盾的是话剧《霓虹灯下的哨兵》剧本最后定稿后署上了吕兴臣的名字。沈西蒙认为电影《霓虹灯下的哨兵》由其一人编写，原告虽有异议，但没有提供证据证明吕兴臣也参加了电影剧本的编写，故对沈西蒙证词中上述两部分内容的证明效力应予确认。

【事实】

根据本院确认的上述证据，查明下列事实：1959年7月23日，吕兴臣发表了通讯《南京路上好八连》。1963年解放军文艺出版社出版的《霓虹灯下的哨兵》剧本封面上写有"《南京路进行曲》之一""沈西蒙（执笔）、漠雁、吕兴臣"。1964年3月31日，文化部颁发给优秀话剧《霓虹灯下的哨兵》作者沈西蒙、漠雁、吕兴臣奖状。1977年11月，上海戏剧学院实习演出的九场话剧《霓虹灯下的哨兵》剧本封面上写有"编剧：沈西蒙（执笔）、漠雁、吕兴臣"。上海戏剧学院戏剧文学系编选的《中国话剧选》，内有"霓虹灯下的哨兵（九场剧）、沈西蒙（执笔）、漠雁、吕兴臣"及上述三人在一起的照片。江苏文艺出版社出版的《沈西蒙剧作选》，内有"七、霓虹灯下的哨兵（多场次话剧沈西蒙、漠雁、吕兴臣合作，沈西蒙执笔于一九六一年苏州裕社）"。

1999年10月17日，原告从上海三辰影库音像制品销售有限公司购买到《霓虹灯下的哨兵》激光视盘1套（2碟），该激光视盘封套上印有"话剧"、"编剧：沈西蒙"、"中宣部、文化部、广电总局、新闻出版署、中国文联、中国作协共同主持编选"、"中国三环音像社出版"、"天马电影制片厂摄制"以及导演、主要演员、发行单位等内容。2000年1月13日，原告从上海新音符影音有限公司购买到《霓虹灯下的哨兵》激光视盘1套（2碟），该激光视盘封套上印有"优秀战斗故事片"、"出品时间：1964年"、"上海电影制片厂摄制"、"北京北影录音录像公司出版发行"以及导演、主要演员、总经销单位等内容。庭审中，本院对上述两盘激光视盘的片首部分进行了播放，两片首内容均显示"上海天马电影制片厂出品、霓虹灯下的哨兵、根据同名话剧改编、中国人民解放军前线话剧团演出、编剧：沈西蒙"。双方均对播放的内容无异议。

双方当事人对被告上影厂系由原上海天马电影制片厂和海燕电影制片厂合并成立不存异议。

庭审中，原告对电影《霓虹灯下的哨兵》的编剧为沈西蒙的事实予以认同，并承认吕兴臣生前未对上海天马电影制片厂将话剧《霓虹灯下的哨兵》改编成同名电影及未向其支付报酬的行为提出过异议。本案涉讼前，原告亦未就上述问题向被告上影厂或有关主管部门提出过意见。

庭审中，本院要求原告提供支付人民币10万元稿酬的依据，原告表示由三被告酌情共同赔偿。

另查明，吕兴臣于1984年11月21日去世，四原告系吕兴臣的合法继承人。

【争议焦点】

本院认为，本案当事人争议的第一个焦点是，吕兴臣是否是话剧《霓虹灯下的哨兵》剧本的著作权人之一。该剧本实际创作于20世纪60年代初，在时隔30多年后对当时的作品的著作权人作出认定，只能依据现有的证据加以判断。首先，从20世纪六七十年代出版、演出的话剧《霓虹灯下的哨兵》的有关材料上的署名看，该话剧剧本为"沈西蒙（执笔）、漠雁、吕兴臣"。其次，在《沈西蒙剧作选》中，也写明《霓虹灯下的哨兵》由"沈西蒙、漠雁、吕兴臣合作"，且沈西蒙证词中也承认"在剧本最后定稿后署上吕兴臣的名字"。最后，文化部颁发的奖状上亦写明该话剧作者为上述三人。根据《中华人民共和国著作权法》第十一条第四款的规定，"如无相反证明，在作品上署名的公民、法人或者非法人单位为作者"。因此，根据现有证据，应认定话剧《霓虹灯下的哨兵》的剧本系合作作品，作者为沈西蒙、漠雁、吕兴臣。至于三人中由谁执笔，只是合作创作中的一种分工。被告上影厂认为中国人民解放军前线话剧团为该话剧的著作权人，其未能提供有效证据予以佐证，故该辩称不能成立。综合上述证据，原告认为吕兴臣系话剧《霓虹灯下的哨兵》的著作权人之一的主张，应予支持。由于吕兴臣已去世，本案原告系吕兴臣的合法继承人，根据《中华人民共和国著作权法》第十九条第一款的规定，吕兴臣去世后，其享有的著作权中的财产权依照继承法由其合法继承人即本案原告继承。

本案当事人争议的第二个焦点是，被告上影厂将话剧《霓虹灯下的哨兵》改编拍摄成同名电影后，在影片片首未署原作品作者的姓名是否侵犯了吕兴臣的署名权。由于该影片摄制发行时，我国著作权法尚未颁布，当时的法律法规对此未作规定，且本案中，原告未提出署名权的诉讼请求，故本院对此问题不作处理。

本案当事人争议的第三个焦点是，原告主张被告上影厂将系争的改编剧本拍摄成电影时未征得吕兴臣同意，也未支付报酬是否超过了诉讼时效。《中华人民共和国民法通则》第一百三十五条规定："向人民法院请求保护民事权利的诉讼时效期限为二年，法律另有规定的除外"。第一百三十七条规定："诉讼时效期间从知道或者应当知道权利被侵害时计算"。电影《霓虹灯下的哨兵》由上海天马电影制片厂1964年出品，该片放映后，在社会上产生了较大影响。作为系争话剧的作者之一，吕兴臣不可能不知道话剧已被改编摄制成电影，但其生前未对该改编行为表示过异议，也未向上海天马电影制片厂提出支付报酬的主张。《中华人民共和国民法通则》于1987年1月起实施至今已10多年，现在原告向法院起诉要求被告上影厂支付30多年前使用原作品的报酬已超过法律规定的诉讼时效。因此，被告的抗辩理由成立，本院予以采纳。

本案当事人争议的第四个焦点是，被告三环社、被告北影公司的行为是否构成侵权。吕兴臣是《霓虹灯下的哨兵》话剧剧本的合作作者之一，他与其余合作作者共同享有该剧本的著作权。吕兴臣去世后，应由本案原告继承其享有的著作权中的部分财产权。被告三环社、北影公司系电影《霓虹灯下的哨兵》激光视盘的制作者，根据《中华人民共和国著作权法》第三十七条第三款的规定，录音录像制作者使用改编、翻译、注释、整理已有作品而产生的作品，应当向改编、翻译、注释、整理作品的著作权人和原作品的著作权人支付报酬。鉴于该电影系话剧的改编作品，被告三环社、北影公司在使用该电影作品时，依法应向原话剧《霓虹灯下的哨兵》剧本的作者支付报酬。但上述两被告均未向本案原告支付相应的报酬，根据《中华人民共和国著作权法》第四十五条第六项的规定"使用他人作品，未按照规定支付报酬的"系侵权行为，故上述两被告对此应承担相应的民事责任。被告三环社出版的虽是电影《霓虹灯下的哨兵》的激光视盘，但其封套上印有"话剧""编剧沈西蒙"的字样。由于吕兴臣系话剧《霓虹灯下的哨兵》的作者之一，故被告三环社在激光视盘的封套上的署名有误。鉴于原告和被告三环社、北影公司均未提供电影《霓虹灯下的哨兵》激光视盘的销售和利润情况，且原告在法庭上要求酌情赔偿，故本院根据原告享有系争话剧剧本著作权中部分财产权的实际情况，综合被告三环社和被告北影公司的过错程度、损害后果以及侵权激光视盘的市场需求等情况，酌情确定赔偿数额。

【判决】

2000年8月24日，上海第一中级人民法院法院依照《中华人民共和国民法通则》第一百三十五条、第一百三十七条，《中华人民共和国著作权法》第十九条第一款、第三十七条第三款、第四十五条第六项之规定，判决如下：

一、被告三环社销毁库存的印有"话剧《霓虹灯下的哨兵》""编剧沈西蒙"的激光视盘的封套；

二、被告中国三环社赔偿原告张玉英、吕明明、吕明朋、吕明晶经济损失人民币5 000

元，于本判决生效之日起 10 日内履行完毕；

三、被告北影公司赔偿原告张玉英、吕明明、吕明朋、吕明晶经济损失人民币 5 000 元，于本判决生效之日起 10 日内履行完毕；

四、原告的其他诉讼请求不予支持。

本案诉讼费用人民币 3 610 元，由原告张玉英、吕明明、吕明朋、吕明晶负担人民币 1 633 元，被告三环社、北影公司各负担人民币 988.5 元。

如不服本判决，可在判决书送达之日起 15 日内，向本院递交上诉状，并按对方当事人的人数提出副本，上诉于上海市高级人民法院。

【学者评述】

此案让笔者深思后现代主义的负面性。

"后现代主义"（postmodernization）一词，最早出现在西班牙作家德·奥尼斯 1934 年的《西班牙与西班牙语类诗选》一书中，用来描述现代主义内部发生的逆动，特别有一种现代主义纯理性的逆反心理，即为后现代风格。

20 世纪 50 年代，美国在所谓现代主义衰落的情况下，也逐渐形成后现代主义的文化思潮。受 20 世纪 60 年代兴起的大众艺术的影响，后现代风格是对现代风格中纯理性主义倾向的批判，后现代风格强调具有历史的延续性，但又不拘泥于传统的逻辑思维方式，探索创新造型手法，讲究人情味，常夸张、变形，或把古典的抽象形式以新的手法组合在一起，即采用非传统的混合、叠加、错位、裂变等手法和象征、隐喻等手段，以期创造一种溶感性与理性、集传统与现代、揉大众与行家于一体的即"亦此亦彼"的形象。

后现代主义的概念至今没有一个确切的定义，这是由后现代主义的多元性和复杂性决定的。不确定性是后现代主义的根本特征之一，这一概念具有多重含义。后现代主义对当代人的精神冲击是全方位的，在思维理论层面上可以肯定后现代主义的批判否定精神和异质多样的文化意向；后现代主义完全抛弃了现代主义的严肃与简朴，往往具有一种历史隐喻性，刻意制造出一种含混不清、令人迷惑的情绪，强调与空间的联系，使用非传统的色彩；它所具有的矛盾性常使人产生厌倦。

（杨新磊）

第六节　剧本之"脊"

【原告】王喜凤，太原电视台电视剧艺术中心编导
【原告】郁旭光，新华社山西分社记者
【被告】郎云，中国艺术研究院作家
【被告】张强，山西省影视艺术中心编辑
【被告】中央电视台
【被告】上海易阳文化发展有限公司

原告王喜凤、郁旭光以西沟党支部、李顺达、申纪兰为原型，经三稿创作了电视剧本

《西沟故事》。2001年5月该剧本由太原电视台申报拍摄，后中央电视台中国电视剧制作中心拟予参与。经中国电视剧制作中心推荐，同年8月，王喜凤以太原电视台电视剧艺术中心第八创作室的名义与郎云订立合同，委托郎云在原剧本基础上创作17集电视剧本《天脊》（暂定名）。合同约定剧本创作在中国电视剧制作中心的指导下进行；郎云为该剧编剧，太原电视台原创作人员为剧本原著，署名为编剧郎云、王喜凤，原著王喜凤、刘亚玲、郁旭光、张强，双方同时约定原著的署名问题郎云不予过问；剧本稿酬为每集1万元，签订协议之日付17 000元，提出剧本梗概后付51 000元，前三集通过后付51 000元，全部完成并经中国电视剧制作中心审查通过后付51 000元；完成时间为2001年12月15日前；剧本应于通过后三年内投拍。合同签订后，王喜凤个人出资分三次向郎云支付稿酬10万元。2002年1月中国电视剧制作中心决定不参与该剧拍摄，郎云向太原电视台催要剩余稿酬，太原电视台表示此事与其无关。后郎云将剧本修改为《天之脊》，由中央电视台与上海易阳文化发展有限公司投资拍摄，2002年6月，郎云与上海易阳文化发展有限公司订立合同，将电视剧本的拍摄及播出以及因电视剧衍生的音像制品等权利授予上海易阳文化发展有限公司，报酬18万元。电视剧业已拍摄完毕。

诉讼中，当事人均愿意尊重原合同约定的署名，同时王喜凤表示原剧本王春荣、王德旺、曹钧及邵秉华付出过劳动，愿将他们署为原著作者，经征询上述四人意见，四人均表示不参加本案诉讼，对剧本的修改、使用及本案的解决不持异议。有关王春荣、王德旺、曹钧及邵秉华四人的稿酬问题系四人与王喜凤之间的事，由王喜凤负责（不含张强、刘亚玲），与本案无关。郎云、中央电视台、上海易阳文化发展有限公司均表示理解和尊重，同意该署名方式。王喜凤表示在编剧署名时不署名，当事人均不持异议。

2003年8月11日，经北京市海淀区人民法院主持调解，当事人自愿达成如下协议：

一、电视剧本《天之脊》的编剧为郎云（执笔）和王喜凤，剧本及电视剧制作时王喜凤不署名；电视剧原著署名为：王喜凤、刘亚玲、郁旭光、张强、王德旺、王春荣、曹钧、邵秉华。

二、郎云向原告王喜凤支付因前期投入支出的补偿金40万元人民币（已执行）。

三、对于中央电视台、上海易阳文化发展有限公司拍摄、播出电视剧《天之脊》及基于电视剧而享有的权利王喜凤、郁旭光、张强均不持异议。

四、当事人保证不再就本纠纷发布任何对对方不利的言论。

案件受理费15 010元（原告预交），由原告王喜凤负担7 505元，由被告郎云负担7 505元（已交纳）。

以上协议，符合有关法律规定，本院予以确认。

本调解书经当事人签收后即具有法律效力。

【学者评述】

乡愁（homesickness / nostalgia），是文学艺术永恒的母题之一，可能仅次于爱情吧。

乡愁，是一种情愫，一种胸怀；更是一种赤诚，一种童贞，是人类艺术创作的一个永恒范畴。余光中先生回忆道："写诗歌《乡愁》，我用的是孩子的视角，一种近乎童话的天真。我想，做一个诗人应该怀着广泛的同情，不设防，不世故，好的诗人应该一辈子天真，在这种前提下，所有的比喻都将成为可能。"习近平总书记之所以要求美丽乡村要让人们记得住乡愁，正是看中乡愁里包含着人生之初的童真、人性之初的本真。

乡愁，在城市化、全球化日益加深的今天，尤其珍贵。其实，这也正是农村题材电视剧深受观众喜爱的根本原因。

（杨新磊）

第七节 《沙家浜》外传

2006年上半年，根据沪剧《芦荡火种》改编的30集电视连续剧《沙家浜》在全国各地方电视台陆续播出。借助红色经典家喻户晓的故事背景以及陈道明、许晴、程前、任程伟等著名演员的加盟，该剧一经播出收视率全线飘红。而就在电视剧热播的当口，一场因原著剧本而引发的著作权纠纷也一跃进入公众视线。

2006年5月，沪剧《芦荡火种》的执笔人、已故剧作家文牧先生的遗孀筱惠琴女士，携膝下六名子女连同上海沪剧院一起向上海市第二中级人民法院递交了一纸诉状，将包括电视剧《沙家浜》的投资方北京朱氏联合传媒有限公司、北京幻聪影视文化有限公司在内的多家单位起诉到法院。红色经典作品的版权保护问题再次受到社会关注。

起因为改编引发侵权诉讼。

20世纪60年代，京剧《沙家浜》《红灯记》《智取威虎山》，芭蕾舞剧《红色娘子军》《白毛女》等一批"革命现代"题材的戏剧陆续登上我国文艺演出的舞台。此后十余年，高频率的演出和全国范围的传播使得那些耳熟能详的旋律和脍炙人口的人物、剧情留给人们一份挥之不去的红色情结。

1958年，上海人民沪剧团根据崔左夫的纪实文学《血染着的姓名——三十六个伤病员的斗争纪实》、上海警备区副司令员刘飞的回忆文章《阳澄湖畔》创作抗日题材沪剧《芦荡火种》，由沪剧团专职编剧文牧先生执笔，讲述1939年秋留在阳澄湖畔养伤的数十名新四军伤病员面对日伪顽匪相互勾结的险恶环境，在地方党组织和群众的支持帮助下，不畏艰苦，重建武装，坚持抗日斗争的事迹。1960年1月，《芦荡火种》首演获得成功，并在此后成为上海沪剧团久演不衰的保留节目。剧中郭建光、阿庆嫂、胡传魁、刁德一、沙奶奶等生动的人物形象将敌我周旋的故事情节刻画得惟妙惟肖，"芦苇疗养院，一片好风光"等唱段更是传唱开来。

1964年1月，沪剧《芦荡火种》进京演出。随后，北京京剧团将其改编为现代京剧《芦荡火种》。1964年，毛泽东主席观看了该剧并提议把剧名改为《沙家浜》。1968年，现代京剧《沙家浜》被拍成电影在全国各地上映。同一时期，现代交响音乐《沙家浜》创作完成并开始全国巡演。

时光流转，曾经火热的这些戏剧在历经岁月洗礼之后渐渐淡出历史舞台，但每当人们提及这些戏剧时，昔日的余音总会伴随着缓缓开启的记忆闸门萦绕耳畔。

2005年3月，根据沪剧《芦荡火种》改编的电视连续剧《沙家浜》在江苏常熟开机的消息通过媒体报道不胫而走。就在开机消息发布不久后的几天，"文牧家人叫停《沙家浜》""电视剧《沙家浜》拍摄牵涉侵权"等为标题的报道纷纷见诸报端。据报道，电视连续剧《沙家浜》的改编和开拍并未获得文牧家属和上海沪剧院的同意。面对外界的各种传闻，剧组回应称电视剧的拍摄是得到广电总局立项许可的，并表示将与文牧家人、上海沪剧院进行协商以消除误解。而与此同时，剧组的拍摄工作仍在常熟芦苇荡景区紧张进行着。几个月后，拍摄杀青。

2006年4月22日，剧组在拍摄地举行了热闹的首播仪式。

紧随其后，文牧家属和上海沪剧院向上海市第二中级人民法院递交诉状，以原告享有的对沪剧《芦荡火种》剧本的修改权、保护作品完整权和改编权受到侵犯为由，请求判令被告北京朱氏联合传媒有限公司、北京幻聪影视文化有限公司、沈阳电视台、江苏省广播电视总台、中国新四军和华中抗日根据地研究会等停止侵权，不得自行或许可他人以复制、发行、出版、出租、展览、表演、放映、广播、信息网络传播、摄制、改编、翻译、汇编等方式使用电视连续剧《沙家浜》，公开向原告赔礼道歉，共同赔偿原告人民币70万元；判令被告齐鲁电子音像出版社停止出版、发行、经销电视连续剧《沙家浜》音像制品，赔偿原告人民币20万元；判令被告广州优乐文化传播有限公司停止销售电视连续剧《沙家浜》音像制品，赔偿原告人民币10万元；判令被告上海韵丽音像制品有限公司停止销售电视连续剧《沙家浜》音像制品。

争辩——三大焦点各执其词

新时期，红色经典作品需要颂扬传承的舞台，但面对无休止的纷争，人们不禁发出感叹，这些不和谐之音何时能画上休止符？

2006年12月19日，以上海二中院副院长吕国强为审判长的合议庭公开开庭审理此案。在持续了整整一天的开庭审理过程中，原、被告双方围绕本案三大争议焦点问题进行了激烈辩论。

焦点之一：上海沪剧院和文牧是否是沪剧《芦荡火种》共同著作权人？

原告发表意见称，1964年《芦荡火种》剧本首次公开发表，署名"上海人民沪剧团集体创作，文牧执笔"。根据我国著作权法的规定，除法律另有规定外，著作权属于作者，如无相反证明，在作品上署名的公民、单位为作者。文牧先生生前并未就《芦荡火种》剧本的著作权和沪剧团作过约定，但在1997年的一场诉讼中，法院出具的诉讼调解书明确写明"上海沪剧院、文牧系沪剧《芦荡火种》剧本的著作权人"。原告还提到，在电视连续剧《沙家浜》的片头有字幕"根据上海沪剧院文牧执笔创作的《芦荡火种》改编"，VCD封面也印有相同内容的文字，说明被告是明确知道《芦荡火种》著作权人的。

对此，被告搬出1999年上海沪剧院状告扬子江音像出版社的诉讼判决书予以反驳，该判决书中认定《芦荡火种》剧本是法人作品，著作权归上海沪剧院所有。被告认为，如果本案再将这一权属问题纳入审理范围，将违背一事不再理原则。

焦点之二：被告北京朱氏联合传媒有限公司、北京幻聪影视文化有限公司、沈阳电视台、江苏省广播电视总台、中国新四军和华中抗日根据地研究会是否是电视连续剧《沙家浜》的共同制片人？各被告的行为是否构成共同侵权？

原告在庭审中说，电视连续剧《沙家浜》得到国家广电总局立项许可证和发行许可证，但这并不能改变电视剧是侵权作品的事实，获得许可证和侵权之间没有必然的关联关系。电视剧片尾字幕显示"中国新四军和华中抗日根据地研究会、沈阳电视台、江苏省广播电视总台、北京幻聪影视文化有限公司、北京朱氏联合传媒有限公司等联合摄制"，表明这几家单位就是电视剧的制片人，即便只是挂名，也应共同承担法律责任。

被告辩称，本案的制片人应以国家广电总局下发的发行许可证为准，而许可证上所列的只有幻聪和朱氏两家公司，且电视剧的投资和拍摄都由这两家公司实际操作。

焦点之三：被告齐鲁电子音像出版社、广州优乐文化传播有限公司、上海韵丽音像制品有限公司出版、发行《沙家浜》VCD 与 DVD 的行为和其他被告是否构成共同侵权？

三被告表示事先对电视剧是否构成侵权并不知情。原告对此予以驳斥称，电视连续剧《沙家浜》的侵权纠纷曾几度被媒体报道，文牧家属和上海沪剧院还曾发表声明，被告作为出版社和音像公司不可能不知道其中存在的法律问题，其出版、发行行为对著作权的侵犯起到推波助澜的作用。

就原告要求被告停止出版、发行、放映电视连续剧《沙家浜》并赔偿损失、赔礼道歉的诉讼请求是否具有事实和法律依据这一争议，原告代理人发表意见认为，由于目前我国法律制度的局限和律师调查制度的限制，原告无法提供被告违法收入的证据。电视连续剧《沙家浜》在全国广泛播放、发行。从违法收入的来源来看，至少包括出售电视连续剧和音像作品两方面，而电视连续剧出售是全国性的，请求法庭在确定赔偿数额时对此有所考虑。此外，在上海沪剧院和文牧家属不同意改编的情况下，被告坚持拍摄并播出电视剧，侵权行为性质恶劣。

对此，被告方再次重申愿意向上海沪剧院赔礼道歉和赔偿损失。赔偿数额的确定关键是市场行情，被告愿意在市场行情的基础上加上合理开支进行赔偿。

和解——定分止争互谅共赢

经过庭审，与本案有关的事实和争议已全部呈现在公众面前，外界对于纠纷最终会如何收场有着各种说法和猜测。庭审中，被告曾向法庭表示出调解的意愿，但原告文牧家属却态度强硬地予以拒绝，使得很多人认为形势发展已没有任何回旋的余地，只有等待法院作出判决。

时间又过去了整整一年，一年间法官与双方当事人合力寻求妥善解决的途径：审判长吕国强就连续主持了三次调解，承办法官陆萍更是频频协调各方。出乎所有人的意料，山穷水尽之后等来的并不是法院的判决，而是原告文牧家属和上海沪剧院与本案各被告一同拟订的一份和解协议。在分清是非、明辨责任的前提下，被告充分尊重原告上海沪剧院、文牧家属对《芦荡火种》剧本各自享有的权利，愿一次性赔偿原告上海沪剧院、文牧家属经济损失；北京朱氏联合传媒有限公司、北京幻聪影视文化有限公司在本协议签订之日起一周内在《新民晚报》刊登致歉声明。原告对诸被告在中国大陆境内播放电视连续剧《沙家浜》表示许可。

原告上海沪剧院和文牧家属之间也就《芦荡火种》剧本著作权达成共识，一致确认双方都是沪剧《芦荡火种》剧本的共同著作权人，上海沪剧院在对剧本享有著作权的同时充分尊重文牧先生的署名权。

诉讼进展到此双方鸣金收兵，2007 年 12 月 20 日，文牧家属和上海沪剧院正式向上海二中院申请撤诉，这一申请获得法院准许。

从剑拔弩张到握手言和，一年的时间何以使双方摒弃前嫌，吕国强透露了庭审之后的诸多细节。

本案的侵权事实是清楚的，被告也承认其行为构成侵权。按照我国著作权法的有关规定，对于像本案这样的侵权行为通常的处理是依法判令停止出版、发行、放映，但本案具有特殊性。

电视连续剧《沙家浜》在整个拍摄过程中投入了大量资金，播映后的社会效果也比较好，如果简单地判令停止出版、发行、放映，不利于作品的传播。究竟是否应当判令被告停止出版、发行、放映该电视剧，出现了截然不同的两种观点：一种观点认为既然认定被告实施了侵权行为，理所当然就该停止侵权，具体地讲就是停止出版、发行、放映电视连续剧《沙家浜》；另一种观点认为电视连续剧《沙家浜》是红色经典剧目，而且是为纪念抗战胜利而拍摄的，具有一定的社会影响和积极意义，是否"封杀"应当慎重处之。根据近期最高人民法院知识产权审判工作会议有关精神，对于一些在诉讼中继续存在的侵权行为，如果判决停止侵权会造成当事人之间的利益极大失衡，或者不符合社会公共利益，或者实际上难以执行，可以根据案件具体情况进行利益衡量，在采取充分切实的全面赔偿或者支付经济补偿等替代性措施的前提下，可不判决停止侵权行为。因此，本案作品应当继续放映，可以通过加重被告侵权赔偿的方式给予权利人补偿。

鉴于本案的上述特殊情况，合议庭在审理过程中对双方做了大量的工作，讲明道理，分析利弊，促使达成原告许可被告继续播放电视连续剧《沙家浜》、被告赔偿原告一定经济损失的和解协议。

另外，法院在审理过程中不能就案论案，而要最大限度追求法律效果和社会效果的统一。在谈到沪剧《芦荡火种》剧本的著作权归属问题时，吕国强说，这一问题虽然不属于本案的审理范围，但为了实现案结事了，我们通过调解也将这一历史纷争"一揽子"予以解决。虽然1999年曾有法院判决认定沪剧《芦荡火种》剧本著作权属于上海沪剧院，但在本案中上海沪剧院和文牧家属达成《芦荡火种》剧本共同著作权人的共识。我们认为，本案的著作权归属问题是涉及历史上一批剧本作品权利归属的问题，对类似问题的处理应当充分尊重历史与现状。

本案是上海二中院受理的首例涉及红色经典作品的著作权纠纷案，也是首例涉及如何确定红色经典作品被侵权的法律责任案，社会影响大，处理难度大。这起备受社会关注的案件经过合议庭努力，最终得以圆满解决，化解了原被告之间的侵权纠纷。

【学者评述】

"红色经典"之所以能够成为经典，应该是自20世纪初开始的几代人不断努力、奉献、牺牲的结果。

评定是不是经典作品是有一些大家共同认可的条件特征的，诸如经典文本所应具有的超越时间性、内涵普适性、民族文化史诗性等品性。就红色经典而言它具有时空上的超越性，因为它不可避免地或深或浅地打上了那个时代的烙痕；红色经典的作品在认识结构、知识水平、世界观、价值观等形成了一定的系统，并且普遍影响了一代又一代人；红色经典并没有随着时间的推移为人们所遗忘，也没有因思想原则、舆论的变迁而过时；"红色经典"以经典的方式触及、思考和表达了人类生存的基本问题，展示出鲜明的时代精神，同时又具有"超越而开放的人类文化品格"，渗透着人类、民族和个人生存语命运的深层关系，揭示了人类精神探索的伟大历程，是推动人类走向文明的有力力量。

任何一个文化都有其经典。经典的产生都要经过相当漫长的时间，通过历史的积淀与考验，大浪淘沙，千锤百炼，真金闪烁，终成正果，堂皇步入经典之殿堂，被后代景仰、供奉，反复诵咏，成为文化传统中的瑰宝和精华、文明的象征。

经典不是真理，只能说它有某些优越性，不一定是完全没有缺点错误的。就像传统经典文化一样，它的优越性绝对要高于红色经典，因为它传承了几千年。但红色经典有它的先进性，因为它是在与时俱进中产生的，但并不表明它是完全的正确，真理是要靠时间来检验的。正确的精华我们要保留，错误的糟粕我们要坚决剔除，来保证红色经典的纯粹性。

一代又一代过去了，红色经典传承的重任又落在了我们的肩上，不知道我们是否有能力唤起红色经典时那激情燃烧的岁月，也不知道我们是否能保证严肃的历史记忆和反思不完全演变成脱离现实的怀旧时尚。但我坚信这样的时代、这样的经典、这样的一群人会创造别样的辉煌。

（杨新磊）

第八节　叫板美国大片

【原告】李建敏，山东省东营市作家
【被告】美国二十世纪福克斯电影公司
【被告】罗兰德·艾默里克，电影《后天》导演兼编剧
【被告】中国电影集团公司
【被告】华夏电影发行有限责任公司
【被告】胜利石油管理局电影发行放映公司
【被告】广东泰盛文化传播有限公司
【被告】山东省东营市鸿雁音像店

2003年7月13日，山东省东营市作家李建敏状告美国福克斯《后天》情节抄袭案一审宣判。

原告李建敏诉称，被告美国二十世纪福克斯电影公司制作的《后天》科幻电影的剧情，主要来自原告享有著作权的两部作品的故事情节。为此，原告将美国二十世纪福克斯电影公司、该片导演以及中方发行公司等七被告告上了法庭。

原告诉称，他于2001年和2002年完成了两部影视科幻文学剧本《岁点》《陨冰》。被告美国二十世纪福克斯电影公司制作的《后天》科幻电影的剧情，主要来自于他享有著作权的这两部作品的故事情节。《后天》的导演和编剧均为被告罗兰德·艾默里克。该影片于2004年5月26日开始在全球120个国家和地区放映。该片在中国由被告华夏电影发行有限责任公司、中国电影集团公司引进并在中国放映发行，中国境内电影版VCD由被告广东泰盛文化传播有限公司总经销。成为本案被告的还有胜利石油管理局电影发行放映公司和鸿雁音像店。原告在前者的电影院观看了该电影，并在后者那里购买了该片电影版VCD。原告认为这七个被告的行为侵犯了其著作权，请求法院确认七被告的侵权行为。

被告二十世纪福克斯电影公司等委托代理人出庭应诉，并辩称原告的主张缺乏事实和法律依据。

一审法院经审理后认为，虽然原告主张其作品《岁点》完成于2001年10月1日、《陨冰》完成于2002年10月7日，但《岁点》《陨冰》手稿上注明的时间是原告自行标注的时间，不能证明作品完成的真实时间。由于原告创作的剧本《岁点》《陨冰》未予公开发表，对于该作品的完成时间及公开时间以及报送参加2003年第六届夏衍电影文学奖评选活动时作品的具体内容，原告尚不足以提供充分的证据予以证实；原告亦不能证明第一被告有接触

和取得其作品的途径。原告主张第一被告制作的电影《后天》剽窃其作品《岁点》《陨冰》,侵犯其摄制权、改编权的证据不足。

山东省东营市中级人民法院一审法院判决,驳回原告李建敏的诉讼请求,并承担案件受理费。

宣判后,李建敏当庭表示不服一审判决,并上诉至山东省高级人民法院。法院终审驳回上诉,维持原判。

【学者评述】

中国自古就有"有勇无谋""勇而无谋"两个成语。

有勇无谋的人难成大事。《三国志·魏志·董卓传》载:"相攻击连月,死者万数。"裴松之注引《献帝起居注》载:"近董公之强,明将军目所见……吕布受恩而反图之,斯须之间,头县竿端,此有勇而无谋也。"唐·陆贽《论两河及淮西利害状》载:"(王)武俊蕃种,有勇无谋。"罗贯中《三国演义》第十一回"刘皇叔北海救孔融 吕温侯濮阳破曹操"载:"吾料吕布有勇无谋,不足虑也!"第九十二回"赵子龙力斩五将 诸葛亮智取三城"载:"吾料赵云有勇无谋,不足为虑。"清·李渔《闲情偶寄·饮馔·肉食》载:"世所谓有勇无谋者,虎是也。"清·陈忱《水浒后传》第五回载:"毕丰有勇无谋,极贪酒色,不恤下人,喽啰尽皆离心。"以上这些史论或史实,说的都是有勇无谋导致失败的教训。

有勇无谋的人为什么会惨败呢?根源在于,他不是专业人士,自然干不了专业的事。文学与电影,是两个行当,都需要专业的人干专业的事。

何为专业?专业就是通过深入全面的学习,某人对某方面的知识、技能彻底掌握,能在实战中展露出过人才华和优秀业绩。每个专业都其固有的特点与规律;专业人士肯定要比非专业人士、业余人员在某个专业方面的工作要做得更好,毕竟他们对专业的了解的深度与广度,要比一般人高许多。既然是专业的人做专业的事情,首先就得要求专业人士自身的专业水准要够,要能够真正懂得专业的特点与规律,要能够站在一定的高度来审视专业的现状与未来发展的趋势,要能够很好地把控当下专业出现的状况并能够及时作出适合的选择与调整。这是专业人士必须具备的最基本的一点。各行各业都有各自的特点,隔行如隔山,很多貌似简单的行业其实依然需要日积月累的经验。

电影是一个专业性很强的行业,且技术含量较高,远非文学尤其一般作家所能胜任。如果本案的原告在起诉之前对电影制作、电影发行下点功夫的话,对美国好莱坞的运作流程与机制有所了解的话,有些事情就不会发生了。

(杨新磊)

第九节 "大鳄"作局终遁形

【上诉人,原审原告】郑小龙,中国作家协会会员

【被上诉人,原审被告】张玉顺,北京顺华伟业影视艺术发展有限公司总经理

【被上诉人,原审被告】北京顺华伟业影视艺术发展有限公司

【被上诉人,原审被告】齐鲁音像出版社

【被上诉人，原审被告】哈尔滨电视台

上诉人郑小龙因侵犯署名权纠纷一案，不服北京市第二中级人民法院〔2005〕二中民初字第14042号民事判决，向北京市高级人民法院提起上诉。本院2006年3月15日受理本案后，依法组成合议庭，于2006年5月17日公开开庭进行了审理。上诉人郑小龙、被上诉人张玉顺及其委托代理人安永勇、被上诉人北京顺华伟业影视艺术发展有限公司（以下简称顺华伟业影视公司）的委托代理人安永勇、被上诉人哈尔滨电视台的委托代理人王连清到庭参加了诉讼。被上诉人齐鲁音像出版社经本院传票传唤，书面声明不参加开庭审理。本案现已审理终结。

北京市第二中级人民法院判决认定：

张玉顺是小说《无罪的死囚》的作者。2001年10月，北京顺华伟业投资管理有限公司（以下简称顺华伟业投资公司）拟将小说《无罪的死囚》改编为电视连续剧，于是授权张玉顺负责该项目的具体运作。2002年3月9日，顺华伟业投资公司与郑小龙签订了委托改编剧本的协议书。郑小龙于2002年12月创作完成了27集电视连续剧《作局》的剧本初稿，并将剧本交付给顺华伟业投资公司。2003年3月间，郑小龙又将上述剧本改为24集电视连续剧《大鳄无形》剧本，内容与27集电视连续剧《作局》剧本基本一致。

2003年2月17日，顺华伟业投资公司更名为顺华伟业影视公司。2003年7月28日，顺华伟业影视公司与哈尔滨电视台签订《合作拍摄电视连续剧〈大鳄无形〉协议书》，约定双方共同拍摄涉案电视剧。在拍摄涉案电视剧之前，顺华伟业影视公司聘请张玉顺对电视剧剧本进行了重新改编。改编完成的剧本保留了郑小龙改编的剧本中的大量内容，删除了一些不当的人物和故事情节，调整了一些场次、场景、数字、时间和人物称谓等。2003年11月，该电视剧拍摄完成。

2003年，郑小龙就顺华伟业影视公司不支付剩余编剧费及使用其改编的剧本拍摄涉案电视剧构成侵犯其著作权等事项向北京市第二中级人民法院提起诉讼。北京市第二中级人民法院分别于2005年3月15日作出了〔2004〕二中民初字第11181号民事判决（以下简称第11181号判决）、于2005年6月15日作出了〔2005〕二中民初字第6515号民事判决（以下简称第6515号判决）。上述判决认定了以下事实：郑小龙在2002年12月完成并交付了27集电视连续剧《作局》的剧本，之后又将该剧本修改为24集电视连续剧《大鳄无形》剧本，郑小龙改编剧本的合同义务已经完成；顺华伟业影视公司主张郑小龙所改编的剧本不符合拍摄要求，其多次向郑小龙提出了修改意见和建议的主张证据不足；顺华伟业影视公司交给哈尔滨电视台据以拍摄涉案电视剧的剧本大量使用了郑小龙改编完成的27集电视连续剧《作局》剧本的内容；顺华伟业影视公司有权按照双方所签协议的约定收回涉案电视剧剧本的使用权，郑小龙无权依据其改编的剧本向顺华伟业影视公司就拍摄涉案电视剧问题主张权利。上述两判决均已生效。

2004年4月2日，郑小龙购买了齐鲁音像出版社出版、发行的涉案电视剧VCD盘一套。该光盘盘封上没有为编剧署名。该光盘播放时显示该电视剧的编剧为张玉顺的笔名华建。

北京市第二中级人民法院认为：郑小龙于2002年3月9日接受顺华伟业投资公司的委托，创作完成了《作局》的剧本，之后又将该剧本修改为《大鳄无形》剧本。郑小龙对其创作改编的剧本享有包括署名权在内的著作权。因郑小龙违反了其与顺华伟业影视公司2002年3月9日所签委托改编剧本协议的约定，顺华伟业影视公司有权根据双方所签上述协议收回涉案电视剧剧本的使用权,郑小龙无权依据其改编的剧本向顺华伟业影视公司拍摄涉案电视剧问题主张权利。顺华伟业影视公司与哈尔滨电视台共同拍摄涉案电视剧时,虽聘请张玉顺对郑小龙改编的剧本进行了重新改编,但该剧本保留了郑小龙剧本中的大量内容,故张玉顺是在郑小龙创作的剧本的基础上进行了修改和创作,涉案电视剧的编剧应署名为郑小龙和张玉顺。

综上,在顺华伟业影视公司与哈尔滨电视台合作拍摄的涉案电视剧中,以及齐鲁音像出版社出版、发行的涉案电视剧音像制品中及其包装的封面上,未为郑小龙署名编剧,侵犯了郑小龙所享有的署名权,应承担停止侵权、向郑小龙赔礼道歉的法律责任。张玉顺作为涉案电视剧的制片人和编剧,仅表明自己是涉案电视剧剧本的作者,此行为构成对郑小龙所享有的编剧署名权的侵害,故同样也应承担相应的法律责任。法院酌情支持郑小龙为诉讼支出的合理费用(包括律师费)。

北京市第二中级人民法院依据《中华人民共和国著作权法》第十条第一款第二项、第四十六条第十一项之规定,判决:一、张玉顺、顺华伟业影视公司、齐鲁音像出版社、哈尔滨电视台立即停止涉案侵犯郑小龙在电视连续剧《大鳄无形》中编剧署名权的行为;二、张玉顺、顺华伟业影视公司、齐鲁音像出版社、哈尔滨电视台在《北京青年报》上共同向郑小龙公开赔礼道歉,消除影响;三、张玉顺、顺华伟业影视公司、齐鲁音像出版社、哈尔滨电视台共同赔偿郑小龙为本案诉讼支出的合理费用1 000元;四、驳回郑小龙的其他诉讼请求。

郑小龙不服原审判决,向本院提起上诉。请求撤销原审判决,并依法改判。理由是:已经生效的判决已经认定郑小龙是电视剧《大鳄无形》的唯一的著作权人;张玉顺并未创作文学剧本,不应认定电视剧《大鳄无形》的编剧是郑小龙和张玉顺;被上诉人也一直认可郑小龙是涉案电视剧的唯一编剧;原审法院未判决被上诉人赔偿郑小龙精神损失费是错误的。张玉顺、顺华伟业影视公司、齐鲁音像出版社、哈尔滨电视台服从原审判决。

经审理查明:1999年4月6日,顺华伟业投资公司成立。顺华伟业投资公司的股东张玉顺是小说《无罪的死因》的作者。2001年10月29日,顺华伟业投资公司授权张玉顺负责将小说《无罪的死因》改编为电视剧项目的具体运作。

2002年3月9日,顺华伟业投资公司(出品人)与郑小龙(编剧)签订了协议书,约定顺华伟业投资公司聘请郑小龙担任编剧及制片人的工作。协议签订后,顺华伟业投资公司分别于2002年3月15日和2003年1月9日向郑小龙支付了编剧费共20万元。郑小龙于2002年12月创作完成了27集电视连续剧《作局》的剧本初稿,并将剧本交付给顺华伟业投资公司。2003年3月间,郑小龙又将上述剧本改为24集电视连续剧《大鳄无形》剧本,内容与27集电视连续剧《作局》剧本基本一致。

2003年2月17日,顺华伟业投资公司更名为顺华伟业影视公司。

2003年4月7日和2003年4月9日,顺华伟业影视公司与郑小龙签订了聘请郑小龙担任《大鳄无形》电视剧的总导演、艺术总监和制片人的合同书。2003年7月24日,顺华伟业影视公司以郑小龙在未经其许可的情况下,私自与他人签订了合作拍摄电视剧《大鳄无形》的协议书,严重违反了双方所签合同的约定为由,通知解除了郑小龙制片人、总导演、艺术总监等职务,但该通知中载明:保留协议中的编剧身份,其编剧费另行商议。2003年7月28日,顺华伟业影视公司与哈尔滨电视台签订《合作拍摄电视连续剧〈大鳄无形〉协议书》,约定双方共同拍摄涉案电视剧。2003年11月,该电视剧拍摄完成。

2003年9月22日，郑小龙以顺华伟业影视公司不支付剩余编剧费及顺华伟业影视公司和哈尔滨电视台使用其改编的剧本拍摄涉案电视剧构成侵犯其著作权为由向北京市第二中级人民法院提起诉讼。北京市第二中级人民法院于2003年12月19日作出〔2003〕二中民初字第08832号民事判决。郑小龙不服，向北京市高级人民法院提起上诉。

北京市高级人民法院经审理，认为一审判决认定事实不清，于2004年7月15日裁定撤销一审判决，发回北京市第二中级人民法院重审。北京市第二中级人民法院重审期间，郑小龙对其诉讼请求作出了变更，针对顺华伟业影视公司及哈尔滨电视台分别提出了不同的诉讼请求，北京市第二中级人民法院分案进行了审理。针对郑小龙诉顺华伟业影视公司委托创作合同纠纷一案，该院于2005年3月15日作出了第11181号判决；针对郑小龙诉哈尔滨电视台侵犯著作权纠纷一案，该院于2005年6月15日作出了第6515号判决。上述两判决先后均已生效。

顺华伟业影视公司称，由于郑小龙提交的27集《作局》剧本不符合拍摄要求，又拒绝进行修改，于是只有聘请小说《无罪的死囚》的作者张玉顺自行将原著改编成24集《大鳄无形》，该公司按照该剧本拍摄完成了27集电视连续剧《大鳄无形》。

郑小龙称，顺华伟业影视公司所称的张玉顺改编完成的24集《大鳄无形》实际上就是对导演栾逢勤所做的分镜头剧本的抄袭，因而该剧本实际上并不存在。郑小龙在第11181号和第6515号民事案件的审理过程中，向法院提供了导演栾逢勤所做的分镜头剧本。双方当事人于2004年12月8日庭审时对郑小龙提供的导演栾逢勤所做的分镜头剧本的证据进行了质证。顺华伟业影视公司和张玉顺对郑小龙提交的导演栾逢勤所做的分镜头剧本的真实性不予认可。

第11181号判决认定：郑小龙改编的27集电视剧《作局》的剧本虽因循了张玉顺创作的小说《无罪的死囚》的总体故事框架，但在文字表述上有很大不同，而张玉顺所改编的24集电视剧《大鳄无形》剧本绝大部分内容与《作局》剧本相同，只增加了约20场戏、1万余字的新内容，删去了《作局》剧本中部分故事内容和个别人物，另外在个别场次的前后顺序上和个别人物的名称上做了简单调整。

2004年4月2日，郑小龙在北京市场上购买了齐鲁音像出版社出版、发行的涉案电视剧VCD光盘一套。单价168元。该光盘盘盒的彩色封面上印有："27集电视连续剧《大鳄无形》根据小说《无罪的死囚》改编""八一电影制片厂、哈尔滨电视台、南京电视台联合摄制""音像出品：满园彩公司""齐鲁音像出版社出版发行"等字样。盘封上有主演人员及部分主创人员名单，但没有为编剧署名。该光盘播放时显示该电视剧的编剧为张玉顺的笔名华建。

本院开庭审理过程中，张玉顺和顺华伟业影视公司称本案被控侵权的电视剧VCD光盘使用的剧本是张玉顺重新改编完善后的剧本。

顺华伟业影视公司称其将涉案电视连续剧的音像制品版权转让给了广州市满园彩文化传播有限公司，并于2004年2月2日交付了母带。但郑小龙对此事实不予认可，郑小龙认为光盘盘盒彩色封面上标明的出版发行单位就是齐鲁音像出版社。

另查，郑小龙为本案诉讼支出了1万元律师费。

上述事实有郑小龙创作的《作局》剧本和《大鳄无形》剧本、顺华伟业投资公司和郑小龙签订的协议书、第11181号判决、第6515号判决及当事人陈述等证据在案佐证。

本院认为：郑小龙创作完成了电视连续剧27集《作局》剧本，又依约将该剧本修改为

24集电视连续剧《大鳄无形》剧本；郑小龙和顺华伟业投资公司签订的委托改编剧本的协议中明确约定郑小龙系以编剧身份签订合同并约定了郑小龙作为编剧的相关义务；顺华伟业影视公司在解除郑小龙制片人、总导演、艺术总监等职务的通知中仍然明确保留了郑小龙在原协议中的编剧身份；生效判决认定郑小龙对其创作改编的27集《作局》剧本和24集《大鳄无形》剧本享有包括署名权在内的著作权。因此，可以认定郑小龙为其创作改编的27集《作局》剧本和24集《大鳄无形》剧本的唯一编剧。

双方当事人在本案中对此并无争议。双方争议在于，顺华伟业影视公司所称实际拍摄涉案电视剧所使用的张玉顺改编完成的24集《大鳄无形》剧本是否存在；如果张玉顺改编完成的24集《大鳄无形》剧本存在，那么张玉顺改编完成的24集《大鳄无形》剧本与郑小龙创作改编的27集《作局》剧本和24集《大鳄无形》剧本之间是什么关系、顺华伟业影视公司实际拍摄涉案电视剧是否使用以及在多大程度上使用了郑小龙的剧本、在实际拍摄涉案电视剧所使用的剧本中是否包含了张玉顺的创作；如果在实际拍摄涉案电视剧所使用的剧本中包含了张玉顺的创作内容，张玉顺是否应当署名为实际拍摄的电视剧《大鳄无形》的编剧。

在顺华伟业影视公司和张玉顺已经向法院提供了其所称张玉顺改编完成的24集《大鳄无形》剧本的情况下，郑小龙主张该剧本实际上就是对导演栾逢勤所做的分镜头剧本的抄袭，因而该剧本实际上并不存在，其应当提供充分的证据。经查，郑小龙向法院提供了导演栾逢勤所做的分镜头剧本，但顺华伟业影视公司和张玉顺对郑小龙提交的导演栾逢勤所做的分镜头剧本的真实性不予认可，在栾逢勤未出庭作证的情况下，本院对该分镜头剧本的真实性不予确认。故郑小龙关于张玉顺改编完成的剧本24集《大鳄无形》剧本并不存在的主张缺乏事实依据，本院不予采纳。

根据生效判决认定的事实，张玉顺最终完成的24集电视剧《大鳄无形》剧本绝大部分内容与郑小龙创作的《作局》剧本相同，只增加了约20场戏、1万余字的新内容以及做了一些删除和简单调整。因此，可以认定顺华伟业影视公司实际拍摄的涉案电视剧主要或基本上使用的是郑小龙的剧本的内容；张玉顺在郑小龙创作的剧本的基础上进行了修改和少量的创作。原审法院关于郑小龙改编完成的剧本"保留了郑小龙剧本中的大量内容，故张玉顺是在郑小龙创作的剧本的基础上进行了修改和创作"的认定基本上是正确的。

虽然实际拍摄涉案电视剧所使用的剧本中包含了张玉顺的创作内容，但是，由于郑小龙与顺华伟业投资公司的合同明确约定郑小龙为涉案电视剧剧本的编剧，张玉顺与郑小龙并无合作创作《大鳄无形》剧本的合意，双方也没有就张玉顺在郑小龙所创作剧本的基础上进行修改和创作的内容如何署名、张玉顺是否应当署名的问题进行约定，因此，张玉顺不能因为对涉案电视剧剧本进行修改和创作而成为剧本的合作作者之一，张玉顺不得在涉案电视剧上署名为编剧。一审法院仅仅基于张玉顺在郑小龙创作的剧本的基础上进行了修改和创作而认定涉案电视剧的编剧应署名为郑小龙和张玉顺是错误的，本院应予纠正。郑小龙关于其应为涉案电视剧的唯一编剧的上诉主张成立，本院予以支持。

顺华伟业影视公司与哈尔滨电视台在其合作拍摄的涉案电视剧中、齐鲁音像出版社在其出版及发行的涉案电视剧音像制品中及其包装的封面上，未为郑小龙署名，在涉案电视剧光盘播放时署名电视剧编剧为华建，其行为侵犯了郑小龙所享有的署名权，应承担停止侵权、向郑小龙赔礼道歉的法律责任。张玉顺明知与郑小龙未曾有过创作合意，对于电视剧的编剧署名问题未曾与郑小龙有过约定，且其本人对涉案电视剧的署名过程十分清楚，却在涉案电视剧光盘播放时表明自己为编剧，其行为同样构成对郑小龙所享有的编剧署名权的侵害，亦应承担相应的法律责任。根据本案的具体情况，在《北京青年报》上向郑小龙公开赔礼道歉、消除影响的方式已经足以弥补其所遭受的精神损害，故对郑小龙所提关于赔偿其精神损失的上诉主张，本院不予支持。本院将根据有关规定酌情支持郑小龙为诉讼支出的合理费用。

综上，一审法院认定事实不清，适用法律错误。郑小龙的部分上诉理由成立，其相关上诉请求，本院予以支持。2006年5月，北京市高级人民法院依据《中华人民共和国著作权法》第十条第一款第二项、第十三条第一款、第四十六条第十一项，《中华人民共和国民事诉讼法》第一百五十三条第一款第二项、第三项之规定，判决如下：

一、撤销北京市第二中级人民法院〔2005〕二中民初字第14042号民事判决；

二、张玉顺、顺华伟业影视公司、齐鲁音像出版社、哈尔滨电视台于本判决生效后在涉案电视连续剧《大鳄无形》VCD光盘中将编剧署名为郑小龙；

三、张玉顺、顺华伟业影视公司、齐鲁音像出版社、哈尔滨电视台于本判决生效之日起30日内在《北京青年报》上共同向郑小龙公开赔礼道歉，消除影响（内容须经法院审核。逾期不执行，本院将在一家全国发行的报纸上公布本判决主要内容，费用由张玉顺、顺华伟业影视公司、齐鲁音像出版社、哈尔滨电视台共同负担）；

四、张玉顺、顺华伟业影视公司、齐鲁音像出版社、哈尔滨电视台于本判决生效之日起10日内共同赔偿郑小龙为本案诉讼支出的合理费用1 000元；

五、驳回郑小龙的其他上诉请求。

一审案件受理费2 310元，由郑小龙负担210元（已交纳）；由张玉顺、顺华伟业影视公司、齐鲁音像出版社、哈尔滨电视台共同负担2 100元（于本判决生效后7日内交纳）；二审案件受理费2 310元，由郑小龙负担210元（已交纳），由张玉顺、顺华伟业影视公司、齐鲁音像出版社、哈尔滨电视台共同负担2 100元（于本判决生效后7日内交纳）。

本判决为终审判决。

【学者评述】

编剧应该具备什么样的特质呢？编剧，应该具备敏锐的观察力，应该有极为敏感而又丰富的情感世界，必须是一个热爱生活、阅历丰富的人。影视艺术的价值，就在于她可以直击人类的灵魂深处，折射深刻的社会问题，拷问人性，思索生命的终极意义。剧本，是最直接体现影视作品价值观的文本。一个情感细腻的编剧，故事里的感情会沁人心脾；一个正直善良的编剧，正能量的传递可以震撼人心。而一个行事卑鄙、心灵扭曲的编剧会写出什么样的故事呢？仔细梳理本案，邀请郑小龙编剧进行了历时数月的创作，最终通过更改公司名称，夺取编剧的署名权，欲加之罪何患无辞，这就是赤裸裸的"强盗逻辑"！然而，法律永远站在正义的一方，作局之人也终将困于局中，工于心计难免作茧自缚。

再高明的技巧，也无法弥补灵魂的残缺。只有心灵的真善美，才是普照艺术永不枯竭的阳光。

（万鹏）

第十节 《上海风云》再起风云

【上诉人，原审被告】任公伟，作家
【上诉人，原审被告】宁馨儿，作家
【上诉人，原审被告】张孟佳，作家
【被上诉人，原审原告】郭玉林，演员

上诉人任公伟、宁馨儿、张孟佳因确认著作权归属纠纷一案，不服北京市第二中级人民法院〔2005〕二中民初字第14155号民事判决，向北京市高级人民法院提出上诉。北京市高级人民法院2006年3月15日受理后，依法组成合议庭，于2006年4月27日公开开庭进行了审理。上诉人任公伟和宁馨儿及其共同委托代理人葛小鹰、陈东，上诉人张孟佳及其委托代理人曲洪波、陈东，被上诉人郭玉林及其委托代理人丁庆海到庭参加了诉讼。本案现已审理终结。

北京市第二中级人民法院认定：北京音像公司于1995年4月24日与北京九阳科贸公司签订《关于合作拍摄三十集电视剧〈梅辛格计划〉的意向书》及关于影视创作与拍摄合作协议书。1996年11月15日，双方签订终止合作协议书，协议约定北京音像公司向北京九阳科贸公司退还所有关于《梅辛格计划》的剧本。1996年12月24日，北京集萃文化发展有限责任公司（以下简称集萃公司）和山东福泰工艺制品有限公司（以下简称福泰公司）作为甲方与乙方编剧任北原、孟嘉、宁馨儿签订合同书，郭玉林作为见证人在该合同书上签字。合同约定，甲方出资购买乙方创作的《梅辛格计划》电视剧版权，甲方承认乙方的著作权，1997年6月该合同终止。

1997年6月4日，集萃公司作为甲方与乙方任公伟、张孟佳、宁馨儿签订《三十集电视连续剧〈梅辛格计划〉买断版权合同书》。任公伟、张孟佳和宁馨儿于合同签订当日出具了收取24万元的收条，现该款项未予退还。1999年4月30日，长春市凯铭木业有限责任公司（以下简称凯铭公司）作为甲方与乙方集萃公司签订《有关购买三十集电视连续剧〈梅辛格计划〉版权协议》。2000年12月24日，北京沃达丰科技开发有限公司（以下简称沃达丰公司）作为甲方与乙方凯铭公司签订《购买三十集电视连续剧〈梅辛格计划〉版权协议》。协议约定甲方以40万元人民币购买乙方《梅辛格计划》的版权。同日，沃达丰公司出具《关于公司购买〈梅辛格计划〉版权的说明》，载明郭玉林以该单位名义购买《梅辛格计划》一剧的版权，该款由郭玉林支付，版权也归郭玉林个人所有。2005年9月，凯铭公司出具证明表明由于任公伟、宁馨儿、张孟佳不能完成剧本，于2000年12月24日将该剧本意向性的版权转让给沃达丰公司。

2000年8月9日，张孟佳向郭玉林出具主要内容为"电视连续剧《梅辛格计划》30集文学剧本保证在8月24日之前全部交给郭玉林，若违约自愿交还人民币58万元"的保证。张孟佳主张该保证所载数额并非事实，是由于郭玉林要求修改剧本，盛怒之下所写的。

2001年4月16日，郭玉林作为甲方与乙方赵奔、蔡政签订《剧本创作合同》。赵奔、蔡政于2005年12月7日出具声明，表明电视连续剧《梅辛格计划》（现名《上海风云》）

的剧本著作权归属郭玉林所有。2005年7月28日，任公伟、张孟佳、宁馨儿向中央电视台总编室汪国辉主任致函，提出该台即将播出的《上海风云》电视连续剧与三人八年前创作的《梅辛格计划》剧本的核心内容、情节主线、人物关系、人物姓名雷同，目前的拍摄单位未取得三人的授权拍摄并播出该剧是侵犯三人著作权的行为。2005年8月1日，任公伟、张孟佳、宁馨儿三人的委托代理人向中央电视台总编室发去律师函，重申了上述主张。2005年8月1日，任公伟、张孟佳、宁馨儿作为甲方与乙方吉林市电视台、北京影视达电视节目交流中心签订协议书，乙方同意在其制作的《上海风云》片头中刊播"根据任公伟、张孟佳、宁馨儿创作的《梅辛格计划》改编"的字幕，并在该剧所有相关的出版物版权页上注明上述字样；乙方同意向甲方支付45万元，购买《梅辛格计划》剧本的改编权和改编后《上海风云》剧本的拍摄权。后中央电视台播出的电视剧《上海风云》片头中标注有"根据任公伟、张孟佳、宁馨儿创作的《梅辛格计划》改编"；编剧署名为"路远、赵奔、狄扬、唐大年、邢原平"；总制片人为"李志平、董强"；总策划的署名包括郭玉林。基于郭玉林向法院提出的调查取证申请，法院向涉案《上海风云》电视剧的总制片人李志平调取了路远、唐大年、邢原平与北京盛世和平影视文化传播有限公司（以下简称盛世和平公司）签订的协议书。协议约定盛世和平公司委托三人完成改编《上海风云》电视剧剧本的工作，委托方享有修改后剧本的著作权，三人享有编剧署名权。经将郭玉林主张权利的剧本和任公伟、宁馨儿、张孟佳创作的1997年定稿剧本进行比对，二者在故事主线、情节脉络、主要人物等方面基本相同，但文字表达不相同。

　　北京市第二中级人民法院认为，依据现有证据，郭玉林主张任公伟、宁馨儿、张孟佳在与集萃公司、凯铭公司以及沃达丰公司合作过程中，无法创作出剧本，因而其以沃达丰公司名义取得任公伟、宁馨儿、张孟佳创作的《梅辛格计划》剧本著作权后并未取得相关剧本，缺乏依据，不予支持。根据谈话录音、经公证的郭江的证言，以及电视剧《上海风云》的相关报批及审批手续，应认定郭玉林接触了涉案《梅辛格计划》剧本。经将郭玉林主张权利的剧本和任公伟、宁馨儿、张孟佳创作的1997年定稿剧本进行比对，二者在故事主线、情节脉络、主要人物等方面基本相同，但文字表达不相同，因此，前者构成对后者的改编。根据任公伟、宁馨儿、张孟佳与集萃公司所签涉案合同书，任公伟、宁馨儿、张孟佳将所创作的《梅辛格计划》剧本的著作权转让给集萃公司，后凯铭公司自集萃公司受让取得该著作权，凯铭公司又将著作权转让给沃达丰公司，沃达丰公司认可该著作权归属郭玉林，因此，郭玉林对任公伟、宁馨儿、张孟佳创作的涉案《梅辛格计划》剧本享有著作权。根据任公伟、宁馨儿、张孟佳与集萃公司的约定，任公伟、宁馨儿、张孟佳有责任根据集萃公司提出的要求对剧本进行修改，且自集萃公司取得的相关转让费用并未予以退还，此后张孟佳曾作出交付剧本的保证，上述行为应当视为任公伟、宁馨儿、张孟佳对此后的相关转让关系予以认可，并已就此承诺向郭玉林履行相关合同义务。因此，任公伟、宁馨儿、张孟佳的上述主张，缺乏依据。郭玉林自集萃公司继受取得的权利应包括对该剧本的改编权。根据郭玉林与赵奔、蔡政之间的约定以及二人出具的声明，该改编作品《梅辛格计划》的著作权应归郭玉林所有。因此，现任公伟、宁馨儿、张孟佳主张涉案《上海风云》剧本未经其许可改编，缺乏依据。根据本案查明的事实，中央电视台播出的涉案电视剧《上海风云》的编剧署名为"路远、赵奔、狄扬、唐大年、邢原平"五人，路远、唐大年、邢原平接受盛世和平公司的委托对该剧本进行了修改，且根据路远等三人与盛世和平公司的约定，修改后剧本的著作权归属盛世和平公司，三人享有编剧署名权。虽然郭玉林主张盛世和平公司无权对该剧本进行修改或委托他人进行修改，但其未能就此提供证据予以证明，亦未提供证据证明盛世和平公司或路远等三人与其之间存在关于涉案剧本著作权归属的约定。因此根据涉案电视剧《上海风云》的相关署名，郭玉林主张其为涉案《上海风云》剧本的著作权人，证据不足，不予支持。综上，郭玉林主张其为涉案电视连续剧《上海风云》剧本的唯一著作权人，涉案电视剧中署名编剧的作者并不享有著作权，并请求法院对此予以确认，证据不充分，不予支持。

北京市第二中级人民法院依照《中华人民共和国著作权法》第十条第三款，第十一条第一、二、四款，第十二条，第十七条之规定，判决如下：驳回郭玉林的诉讼请求。

任公伟、宁馨儿、张孟佳虽同意关于驳回郭玉林的诉讼请求的原审判决，但对原审判决中认定的部分事实有异议，向本院提出上诉，请求纠正原审判决中对相关事实的错误认定，纠正一审法院存在的程序错误，判令由郭玉林承担二审案件受理费。理由是：1997年与集萃公司签订的合同因电视剧未按约拍摄已失效，著作权仍归上诉人所有，张孟佳出具欠条是其个人行为，不能视为共同著作权人的行为，故原审判决对于集萃公司依据1997年6月4日签订的合同取得了《梅辛格计划》剧本的著作权，继而郭玉林通过一系列转让取得该剧本的著作权并享有改编权是错误的。一审法院审理超出了郭玉林的诉讼请求范围，剥夺了上诉人对《梅辛格计划》剧本的著作权。郭玉林服从原审判决。

经审理查明，1995年4月24日，北京音像公司作为甲方与乙方北京九阳科贸公司签订《关于合作拍摄三十集电视剧〈梅辛格计划〉的意向书》及关于影视创作与拍摄合作协议书。意向书及协议书约定，甲方认为乙方提供的任北原、何毕、宁馨儿创作的30集电视剧《梅辛格计划》的创意及写作提纲初稿，选题与立意独特，拟联合投拍该剧。乙方承诺在1995年9月底前提交不少于30万字的全部剧本。1996年1月中国电视艺术委员会印发的《一九九六年度全国电视剧题材规划汇编》中列明北京音像公司的《梅辛格计划》编剧为任北原，导演为王赤，剧本落实情况为"已完成"。1996年11月15日，双方签订终止合作协议书。协议约定，甲方向乙方退还所有关于《梅辛格计划》的剧本。

任公伟、宁馨儿、张孟佳主张北京音像公司录像编辑部主任郭江曾将涉案《梅辛格计划》剧本交付给郭玉林，并提交了经北京市公证处2005年11月23日出具的〔2005〕京证内字第13168号公证书公证的郭江的证言。此外，任公伟、宁馨儿、张孟佳还提交了郭江、郭玉林、王赤、任公伟、宁馨儿等人于1996年3月14日在郭江办公室的谈话录音带及文字整理稿，证明郭玉林曾谈到阅读《梅辛格计划》剧本的感受等内容。郭玉林对该录音的真实性予以认可，但主张其只看到了故事梗概。经查，该录音整理稿第7页、第8页包括郭玉林及导演王赤谈及的阅读剧本的内容。

1996年12月24日，集萃公司和福泰公司作为甲方与乙方编剧任北原、孟嘉、宁馨儿签订合同书，郭玉林作为见证人在该合同书上签字。合同约定，甲方出资购买乙方创作的《梅辛格计划》电视剧版权，甲方承认乙方的著作权。1997年6月4日，任公伟、孟嘉、宁馨儿出具关于终止合同的郑重声明，提出因对方违约应终止该合同。1997年6月5日，集萃公司出具同意终止该合同的函。

1997年4月7日的《新民晚报》报道，《梅辛格计划》剧本的编剧任公伟、张孟佳、宁馨儿已五易其稿。《解放日报》《大众电影》也对电视剧《梅辛格计划》开拍的情况进行了报道。

1997年6月4日，集萃公司作为甲方与乙方任公伟、张孟佳、宁馨儿签订《三十集电视连续剧〈梅辛格计划〉买断版权合同书》。合同约定，甲方出资买断乙方创作的30集电视连续剧《梅辛格计划》文学本版权，乙方将1996年6月稿本及软盘交付甲方。自1997年6月4日甲方支付转让费起，版权归属甲方所有，并拥有电视剧拍摄、宣传、发行等所有权和使用权。甲方承认乙方文学本著作权，不以任何理由和方式增加编剧署名。其中第五条约定，"本合约自双方签字之日起生效，有效期为贰拾个月。如贰拾个月期限内不拍摄，本合约自动失效"。第九条还约定，乙方有责任根据甲方提出的要求对剧本进行修改。乙方保证在1997年7月底前在达到甲方与导演满意后，将稿本及软盘交付甲方。任公伟、张孟佳和宁馨儿于合同签订当日出具了收取24万元的收条，现该款项未予退还。在本案审理过程中，任公伟、宁馨儿、张孟佳主张由于集萃公司违约未拍摄该剧，该合同自动失效，相关剧本著作权仍归属任公伟、宁馨儿、张孟佳。

1999年4月30日，凯铭公司作为甲方与乙方集萃公司签订《有关购买三十集电视连续剧〈梅辛格计划〉版权协议》。协议约定，甲方以26万元购买乙方《梅辛格计划》的版权，交款之日起《梅辛格计划》一剧的版权、制作与乙方无任何关系。甲方有权改编剧本，并有权在剧中署名，乙方编剧不得在该剧中署名。2000年12月24日，沃达丰公司作为甲方与乙方凯铭公司签订《购买三十集电视连续剧〈梅辛格计划〉版权协议》。协议约定甲方以40万元人民币购买乙方《梅辛格计划》的版权，交款之日起该剧版权、制作（包括影视作品）等与乙方无任何关系。同日，沃达丰公司出具《关于公司购买〈梅辛格计划〉版权的说明》，称郭玉林以该单位名义购买《梅辛格计划》一剧的版权，该款由郭玉林支付，版权也归郭玉林个人所有。2005年9月，凯铭公司出具证明表明由于任公伟、宁馨儿、张孟佳不能完成剧本，于2000年12月24日将该剧本意向性的版权转让给沃达丰公司。任公伟、宁馨儿、张孟佳主张上述合同涉及的剧本转让行为为无效行为，郭玉林无权据此主张权利。

2000年8月9日，张孟佳向郭玉林出具主要内容为"电视连续剧《梅辛格计划》30集文学剧本保证在8月24日之前全部交给郭玉林，若违约自愿交还人民币58万元"的保证书。张孟佳主张该保证书所载数额并非事实，是由于郭玉林要求修改剧本，盛怒之下所写的。

2001年4月16日，郭玉林作为甲方与乙方赵奔、蔡政签订剧本创作合同。合同约定甲方约请乙方创作《梅辛格计划》文学剧本，甲方向乙方支付稿酬24万元。甲方承诺尊重乙方的编剧署名权，乙方承诺不向除甲方以外的任何其他单位和个人出让剧本的版权和拍摄权。郭玉林认可赵奔、蔡政于2002年10月24日向其交付该剧本。在本案审理过程中，赵奔、蔡政于2005年12月7日出具声明称，电视连续剧《梅辛格计划》（现名《上海风云》）的剧本著作权归属郭玉林所有。

2001年4月4日，国家广播电影电视总局向长春电影制片厂颁发电视剧《上海风云》甲第013号电视剧制作许可证。2001年9月12日，中共吉林省委宣传部出具《关于30集电视剧剧本〈上海风云〉的审阅意见》，内容为该部已经审阅长春电影制片厂拟筹拍的《上海风云》剧本。2001年12月7日，中共中央统一战线工作部办公厅对国家广播电影电视总局办公厅《关于电视剧〈上海风云〉事的复函》中载明"对贵厅报审的《上海风云》电视剧本，我们组织有关同志进行了审读。……可以拍摄"。2001年11月13日，国家广播电影电视总局向国务院宗教事务管理局发出《关于请协助审查电视剧〈上海风云〉的函》，送请对《上海风云》剧本涉及的题材是否涉及有关宗教敏感问题进行审查，并附《上海风云》剧本。2001年12月4日，国家民族事务委员会发出的相关审读意见称，"30集电视剧《上海风云》剧本，经有关同志审读后认为：该剧本没有涉及我国民族问题方面的内容"。2002年1月11日，国家宗教事务局政法司的《对电视剧本〈上海风云〉的审读意见》表明"经请有关人员审读认为，该剧本内容不涉及我国现行宗教政策"。2002年2月国家广播电影电视总局《2002年度全国电视剧题材规划批复剧目表》中包括长春电影制片厂拟拍摄的《上海风云》，其中编剧一栏填写"赵奔蔡政"，集数为30集，计划投拍时间为2002年8月，计划完成时间为2002年12月，并注明"已经统战部、民委、宗教局审查"。

2003年8月1日，董强作为甲方与乙方郭玉林就联合摄制《上海风云》电视连续剧签订协议书。协议约定乙方投入《上海风云》剧本，占12%的股份，折算价格为180万元。乙方保证对该剧本拥有合法的著作权、摄制权和改编权，该剧本的作者只享有该剧编剧的署名权。甲方认可该剧本的基本状况，但仍须对该剧本进行必要的修改和调整。乙方负责完成按该剧组创作班子的意见和要求对该剧本的修改。

郭玉林提交了上海画报出版社于1995年11月出版的《犹太人在上海》画册，主张根据该画册第34页的相关介绍确定了《梅辛格计划》的相关选题。郭玉林还提交了赵奔、蔡政编写的《上海风云》故事梗概，证明该剧内容与任公伟、宁馨儿、张孟佳的《梅辛格计划》内容不同。

2005年7月28日，任公伟、张孟佳、宁馨儿向中央电视台总编室汪国辉主任致函，提出该台即将播出的《上海风云》电视连续剧与三人八年前创作的《梅辛格计划》剧本的核心内容、情节主线、人物关系、人物姓名雷同，目前的拍摄单位未取得三人的授权拍摄并播出该剧是侵犯三人著作权的行为。2005年8月1日，任公伟、张孟佳、宁馨儿三人的委托代理人向中央电视台总编室发去律师函，重申了上述主张。

2005年8月1日，任公伟、张孟佳、宁馨儿作为甲方与乙方吉林市电视台、北京影视达电视节目交流中心签订协议书，内容为鉴于乙方制作的30集电视剧《上海风云》与甲方创作的30集《梅辛格计划》剧本基本雷同，甲方对《梅辛格计划》剧本享有著作权，而乙方制作《上海风云》电视剧并未在任何情况下征得甲方许可的事实，充分考虑到目前正值包括中国人民在内的全世界人民庆祝反法西斯胜利60周年之际，出于对历史负责、对社会负责的目的，达成协议。协议约定乙方确认甲方拥有《梅辛格计划》剧本著作权，其制作的电视剧《上海风云》的剧本是根据甲方创作的《梅辛格计划》剧本改编而成的；乙方同意在其制作的《上海风云》片头中刊播"根据任公伟、张孟佳、宁馨儿创作的《梅辛格计划》改编"的字幕，并在该剧所有相关的出版物版权页上注明上述字样；乙方同意向甲方支付45万元，购买《梅辛格计划》剧本的改编权和改编后《上海风云》剧本的拍摄权。郭玉林对上述协议书的内容不予认可，主张涉案《上海风云》电视剧剧本系其委托他人创作的，著作权归属郭玉林。

2005年8月3日，任公伟、张孟佳、宁馨儿出具了收到45万元的收条。同日，三人及其律师向中央电视台总编室致函，告知相关协议内容并撤回2005年7月28日及8月1日的致函。后中央电视台播出的电视剧《上海风云》片头中标注有"根据任公伟、张孟佳、宁馨儿创作的《梅辛格计划》改编"；编剧署名为"路远、赵奔、狄扬、唐大年、邢原平"；总制片人为"李志平、董强"；总策划的署名包括郭玉林。广东音像出版社出版的35集电视连续剧《上海风云》VCD光盘编剧的署名为"赵奔 狄扬"。任公伟、宁馨儿、张孟佳主张该VCD光盘内容与电视台播出的电视剧内容相一致，只是由于剪辑不同增加了集数。

基于郭玉林提出的调查取证申请，一审法院向涉案《上海风云》电视剧的总制片人李志平调取了路远、唐大年、邢原平与盛世和平公司签订的协议书。协议约定盛世和平公司委托路远、唐大年、邢原平三人完成改编《上海风云》电视剧剧本的工作，委托方享有修改后剧本的著作权，三人享有编剧署名权。郭玉林对上述协议书的真实性没有异议，但提出郭玉林未授权盛世和平公司及路远等三人改编剧本，李志平作为《上海风云》的制片人，既为吉林市电视台副台长，又兼任盛世和平公司的董事长，其明知郭玉林拥有《上海风云》剧本的版权并以该剧本的版权出资的事实，仍以盛世和平公司的名义与路远等三人签订合同并约定剧本版权归盛世和平公司所有，因此上述协议书应为无效协议，且侵犯了郭玉林的合法权益。同时路远等三人所做修改仅为文字修改，对于人物、故事情节、场景、故事发展脉络、结局等均无变化，因此权利仍应归属郭玉林。任公伟、宁馨儿、张孟佳以超过举证时限为由，拒绝对上述协议书发表质证意见。

在本案审理过程中，郭玉林主张《上海风云》电视剧剧本系其委托赵奔、蔡政创作的作品，与任公伟、宁馨儿、张孟佳的《梅辛格计划》剧本无关，并提交了赵奔、蔡政创作的剧本。任公伟、宁馨儿、张孟佳主张《上海风云》剧本是根据三人创作的《梅辛格计划》改编而来，且改编未经三人许可。任公伟、宁馨儿、张孟佳提交了1995年5月28日完成的《梅辛格计划》（分集故事梗概）手稿、1995年10月交付北京音像公司的《梅辛格计划（初稿）》、1996年6月交付集萃公司的《梅辛格计划（修定稿）》以及1997年6月按照导演意图修改完成的《梅辛格计划》定稿，并主张郭玉林接触了上述各个版本的剧本，但为便于比对，主张以1997年的定稿为准。郭玉林对上述剧本的真实性予以认可，但主张上述剧本与其主张权利的剧本无关，1997年定稿剧本是任公伟、宁馨儿、张孟佳根据《上海风云》播出后重新整理的内容，且认为虽然与其剧本相比，个别人物的名字相同，但相关场景、时间、事件等不相同。任公伟、宁馨儿、张孟佳主张其创作的剧本中"计划"的提法以及相关人物的姓名和身份均是虚构的，但《上海风云》剧本亦使用了该名称，且出现了基本相同的人物，两剧本的主题、情节主线、故事等完全相同。经将郭玉林主张权利的剧本和任公伟、宁馨儿、张孟佳创作的1997年定稿剧本进行比对，二者在故事主线、情节脉络、主要人物等方面基本相同，但文字表达不相同。

另查：任北原系任公伟的笔名，张孟嘉、孟嘉系张孟佳的笔名，狄扬系蔡政的笔名。

上述事实，有任公伟、宁馨儿、张孟佳与北京音像公司、集萃公司、福泰公司所签涉案合同，集萃公司与凯铭公司所签协议，凯铭公司与沃达丰公司所签协议，沃达丰公司的说明，郭玉林与赵奔、蔡政所签委托创作合同及二人的声明，赵奔和蔡政创作的《上海风云》剧本及任公伟、宁馨儿、张孟佳创作的《梅辛格计划》剧本、谈话录音及整理文字，涉案电视剧播出的相关照片，盛世和平公司与路远等三人所签合同以及当事人陈述等证据材料在案证明。

本院认为，原审判决确认任公伟、宁馨儿、张孟佳于1997年创作了《梅辛格计划》，郭玉林接触了该剧本，其委托赵奔、蔡政创作的《梅辛格计划》（后改名《上海风云》）系由前者改编而来；郭玉林不能证明涉案电视剧《上海风云》的编剧中除赵奔、狄扬（即蔡政）外路远、唐大年、邢原平三人亦将著作权转让给郭玉林，其主张为《上海风云》剧本唯一的著作权人证据不足。原审判决驳回郭玉林的诉讼请求，即驳回郭玉林确认在电视台播出的《上海风云》电视剧剧本的著作权归其所有的诉讼请求。对原审判决上述事实的认定及判决结果，双方当事人均无异议。

任公伟、宁馨儿、张孟佳与集萃公司于1997年6月4日签订的合同涉及集萃公司，而集萃公司并非本案当事人，故对该合同是否失效。任公伟、宁馨儿、张孟佳是否同意集萃公司将剧本著作权转让给他人以及随后的著作权转让行为的效力等问题不应在本案中加以确认。

原审判决关于郭玉林主张其为涉案电视连续剧《上海风云》剧本的唯一著作权人，涉案电视剧中署名编剧的作者并不享有著作权，并请求法院对此予以确认，证据不充分，不予支持的认定是正确的。综上，原审判决据以驳回郭玉林诉讼请求的相关事实认定清楚，证据充分，判决结果并无不当，应予维持。

2006年6月15日，北京市高级人民法院依照《中华人民共和国民事诉讼法》第一百五十三条第一款第一项之规定，判决如下：驳回上诉，维持原判。

一审案件受理费1 000元，由郭玉林负担（已交纳）；二审案件受理费1 000元，由任公伟、宁馨儿、张孟佳负担（已交纳）。

本判决为终审判决。

【学者评述】

如今，同质化的东西越来越多，商品、艺术甚至教育就连我们的人生轨迹都趋于同质化。

所谓"同质化"（homogenization），是指同一大类中不同品牌的商品在性能、外观甚至营销手段上相互模仿，以至逐渐趋同的现象。在商品同质化基础上的市场竞争行为，称为"同质化竞争"。艺术同质化竞争的表现是艺术品的内容层次、典型特征是同一类型的简单重复，且内容替代性强，即差别不易分清，差异小。在管理上是指产品、服务趋同，尽管形式上有差别，但内容、品质、技术含量、使用价值一样。

同质化不利于消费者识别，无特色、无差异，如是知名品牌，尚有竞争力，但仍需进行品牌建设及产品、服务的提升。如是一般品牌，免不了要进行残酷的价格战，市场前景不容乐观。

同质化就像一个包围圈，对于有品牌意识的厂商而言，要突破这个包围圈的就需要在核心技术研发上多下功夫，提前对于终端消费市场作出预判，率先作出变革，以求在同质化现象下脱颖而出。

克服同质化的根本出路在于创新。但是，有太多因素制约创新。从主观上看，缺乏创新意识是束缚创新的主要因素，缺乏坚强的创新意志也是一个因素。从客观上讲，经济薄弱、资金不足、条件有限等也是制约创新的因素。世上唯一不变的就是变化，一成不变、抱残守缺终将被淘汰。因此，我们必须努力提高创新能力，培养创新意识，摆脱同质化；既要求同存异，又要标新立异、推陈出新。

笔者深感，作为学者，作为科研工作者，时刻都需要创新，"苟日新日日新"，盲目模仿、跟随他人永远只能步人后尘，邯郸学步，东施效颦，同质化正是中国影视剧难以真正走出国门占领世界市场、中国高校难以培养出大师、中国科学家很难斩获诺贝尔奖的根源。

（杨新磊）

第十一节 "大明"难振"雄风"

【上诉人，原审被告】北京长江映画文化艺术传播中心
【被上诉人，原审原告】南京市下关区旅游局
【原审被告】杨世光，北京长江映画文化艺术传播中心总经理

上诉人北京长江映画文化艺术传播中心（以下简称长江映画中心）因知识产权合同纠纷一案，不服北京市朝阳区人民法院〔2006〕朝民初字第27064号民事判决，向北京市第二中级人民法院提起上诉。北京市第二中级人民法院于2006年12月29日受理后，依法组成合议庭，于2007年3月12日公开开庭审理了本案，上诉人长江映画中心的法定代表人兼原审被告杨世光，长江映画中心的委托代理人都炳司，被上诉人南京市下关区旅游局（以下简称下关旅游局）的委托代理人葛小鹰、陈东到庭参加了诉讼。本案现已审理终结。

原审原告下关旅游局诉称，为纪念郑和下西洋600周年，我局决定委托他人创作《大明雄风》剧本拍摄电视剧。2004年年初，我局委托杨世光约请编剧刘彦武编写《大明雄风》剧本，杨世光承诺确保刘彦武在同年12月前完成剧本创作，并要求我局预付给刘彦武稿酬20万元，由其转交。2004年9月22日，我局通过南京市下关区财政结算中心支付20万元稿酬。按照财务制度，结算中心无法向个人账户付款，故我局将款项支付给杨世光所在的长江映画中心，并指明是《大明雄风》的预付稿酬。后，由于杨世光未能协调好刘彦武的创作工作，致使剧本未能按时完成，使得我局失去了创作拍摄该剧的现实意义。因此，我局诉至法院，要求长江映画中心作为实际收款单位、杨世光作为受托方退还我局已经支出的20万元预付稿酬。

原审法院经审理认定：杨世光以长江映画中心法定代表人的身份，代表长江映画中心接受下关旅游局的委托，因此对下关旅游局向杨世光个人提出的主张不予支持。在长江映画中心未能就其主张提交有效证据的情况下，确认下关旅游局仅委托长江映画中心联系刘彦武创作《大明雄风》剧本，并由长江映画中心转交给刘彦武预付稿酬20万元。现刘彦武并未履行剧本创作义务，且长江映画中心也未将20万元预付稿酬转交刘彦武，故下关旅游局要求长江映画中心退还20万元的主张，于法有据。原审法院依据《中华人民共和国合同法》第一百零七条的规定，判决：一、北京长江映画文化艺术传播中心于本判决生效之日起10日内返还南京市下关区旅游局20万元；二、驳回南京市下关区旅游局的其他诉讼请求。

长江映画中心不服原审判决，向本院提起上诉。其主要上诉理由是：下关旅游局的汇款是预付《大明雄风》剧本作者稿酬，刘彦武不是剧本唯一的创作者，该稿酬也不是仅针对刘彦武支付。下关旅游局应对其委托事务的指定性、唯一性承担举证责任。长江映画中心提交了已创作完成的剧本，已经全面履行了下关旅游局的委托事务，所收款项已用于支付《大明雄风》剧本相关创作作者的稿酬及相关组稿等费用。原审法院判决认定事实有误，请求二审法院撤销原审判决，驳回下关旅游局的诉讼请求。

下关旅游局服从一审判决。

北京市第二中级人民法院经审理查明：2004年6月24日，国家广播电影电视总局下发

《广电总局关于2004年（第二批）全国电视剧题材规划申报立项剧目的批复》，其中包括南京电视台报送的电视剧《大明雄风》。

从2004年6月起，南京市下关区副区长杜建仁即开始与长江映画中心法定代表人杨世光就电视剧《大明雄风》的有关事宜进行联系。8月中旬，杨世光、刘彦武、王增光等人商讨剧本创作事宜，由刘彦武、王增光合作创作剧本。8月17日，杨世光以"《大明雄风》组稿预付稿酬"的名义向王增光支付了3万元。

2004年9月15日，下关旅游局向南京市下关区政府上报《关于支付〈大明雄风〉剧本创作稿酬的请示》，内容为："为加快剧本创作进度，经研究，拟请北京剧作家刘彦武编写二稿；按约定，需先支付人民币20万元稿酬（定金），拟从我局《大明雄风》专项经费中列支。"

2004年9月20日，杨世光将刘彦武创作的剧本大纲以电子邮件的方式提供给杜建仁。9月22日，下关旅游局在得到南京市下关区政府的批复后，通过南京市下关区财政结算中心向长江映画中心电汇了20万元，汇款用途写明"《大明雄风》稿酬"。

2004年9月底，刘彦武明确表示退出剧本创作，王增光随后亦表示退出创作，但此时王增光已经创作完成《大明雄风》前10集剧本。10月7日，杨世光将王增光创作的前10集剧本通过电子邮件发送给杜建仁。

2004年10月10日，长江映画中心对收到的20万元款项出具收条，内容为"今收到南京方汇来的《大明雄风》剧本预付稿酬及组稿费20万元人民币"。收条上有长江映画中心的印章和其法定代表人杨世光的签字。

从2004年9月下旬起，杨世光开始与张平喜协商创作《大明雄风》剧本，并于10月9日向张平喜支付"约稿费"5万元；与张平喜共同参与剧本创作的还包括徐红、杨世明两人，10月13日，杨世光向徐红支付"预付稿酬"3万元、向杨世明支付"预付稿酬"2万元。10月14日，杨世光将张平喜创作的《大明雄风》剧本大纲发送给杜建仁。至2004年11月初，张平喜等人已创作完成了《大明雄风》前20集的剧本。

关于委托创作剧本的问题，下关旅游局认可委托刘彦武创作剧本，并对刘彦武邀请其他人共同参与创作没有表示异议；对委托张平喜等人创作剧本一事不予认可，认为这是杨世光的个人行为；同时，下关旅游局主张杨世光仅是受其委托将稿酬转付给剧本作者，杨世光个人及长江映画中心均不是委托创作合同的受托人。此外，下关旅游局对长江映画中心将前述剧本大纲、剧本均提供给杜建仁的事实予以确认。

2005年2月以后，杨世光与杜建仁终止联系，停止合作。

上述事实，有《关于支付〈大明雄风〉剧本创作稿酬的请示》、南京市商业银行电汇凭证、长江映画中心的收条、付款凭证、南京市下关区公证处出具的公证书、证人证言及双方当事人的陈述等在案佐证。

北京市第二中级人民法院认为：本案当事人之间没有签订书面合同，故应依据双方的实际行为确定合同关系。下关旅游局将20万元款项汇入长江映画中心，长江映画中心为此出具收条，说明在该两方当事人之间存在事实上的稿酬支付关系。杨世光作为长江映画中心的法定代表人从事具体工作，应视为职务行为。下关旅游局主张杨世光个人受其委托向作者转付稿酬并要求杨世光个人承担返还稿酬的责任，缺乏事实依据，本院不予支持。

下关旅游局向长江映画中心支付的20万元汇款注明的用途是"《大明雄风》稿酬"，应据此确定双方合作的事项及内容：下关旅游局委托长江映画中心负责《大明雄风》剧本创作并为此支付稿酬，双方的合同关系应确定在委托创作剧本、支付稿酬、完成剧本创作的基础上。存在合同关系，当事人应当遵循诚实信用的原则行使权利、履行义务。下关旅游局并未提交证据证明其在向长江映画中心支付稿酬时曾对具体创作人员、剧本完成时间、剧本内容等事项进行过限定，因此长江映画中心应本着诚实信用的原则，在相对合理的时间范围内委托适当的人员进行剧本创作。尽管下关旅游局向南京市下关区政府上报预付稿酬的请示时，曾注明"拟请北京剧作家刘彦武编写"的内容，但该请示本身是下关旅游局申请使用专项经费的内部报批手续，对长江映画中心不具有约束力。因此，下关旅游局提出的只认可刘彦武创作剧本的主张，缺乏事实依据，本院不予支持。

依据现有证据，刘彦武与王增光合作进行创作，刘彦武创作完成了剧本大纲、王增光创作完成了前10集剧本，该两项创作均提供给了下关旅游局；张平喜、徐红、杨世明三人合作进行创作，张平喜构想创作了新的剧本大纲，三人合作，至2004年11月初创作完成了《大明雄风》的部分剧本，其中的剧本大纲亦已交付。上述事实说明，从2004年8月至11月期间，长江映画中心为完成受托事项，联系相关创作人员进行剧本创作，并实际完成了部分创作工作。因此，长江映画中心以"预付稿酬"、"约稿费"的名义向王增光、张平喜、徐红、杨世明等四人支付13万元稿酬的行为，系完成受托事项的行为，上述费用应视为《大明雄风》剧本创作所支付的合理稿酬，属于下关旅游局应支付的稿酬款项。鉴于下关旅游局与长江映画中心于2005年年初已实际停止了双方之间剧本创作的委托关系，除上述稿酬外，长江映画中心没有提交充分证据证明实际支付了与涉案剧本创作有关的其他款项，因此，剩余稿酬款7万元应返还下关旅游局。下关旅游局主张长江映画中心未完成剧本创作，要求全部返还剧本创作稿酬20万元的诉讼主张，依据不足，本院不予支持。

综上，长江映画中心提出的上诉理由部分成立，本院予以支持。原审判决认定事实部分不清，适用法律有误，本院依法予以改判。

2007年6月20日，北京市第二中级人民法院依照《中华人民共和国合同法》第六条、第一百零九条，《中华人民共和国民事诉讼法》第一百五十三条第一款第三项的规定，判决如下：

一、撤销北京市朝阳区人民法院〔2006〕朝民初字第27064号民事判决；

二、长江映画中心于本判决生效之日起10日内返还南京市下关区旅游局人民币7万元；

三、驳回南京市下关区旅游局的其他诉讼请求。

如果未按本判决指定的期间履行给付金钱义务，应当依照《中华人民共和国民事诉讼法》第二百三十二条之规定，加倍支付迟延履行期间的债务利息。

一审案件受理费5 510元，由南京市下关区旅游局负担3 000元（已交纳），由长江映画文化中心负担2 510元（于本判决生效后7日内交纳）；二审案件受理费5 510元，由南京市下关区旅游局负担3 000元（于本判决生效后7日内交纳），由长江映画中心负担2 510元（已交纳）。

本判决为终审判决。

【学者评述】

在本节，案件的核心争议在于作品的"时效性"。时效性，timeliness / chronergy，我们常常在新闻学教材中看到这个词，一条新闻失去了时效性，便失去了新鲜和热度，最终也会失去其本身的价值。其实，对于影视作品来说，"时效性"同样重要，在很大程度上决定着一个影视剧的宣传效果和资金回笼。尤其在新媒体语境下,影视制作与传播所体现出的时效性及交互性、参与性等特征,让很多影视制作人都认识到选择恰当的时机对作品进行宣传和播映,是影视营销中必须考虑的重要因素。像本案这种为了纪念重大历史事件而拍摄的影视作品,对宣发、首映的时间设定非常明确,迂回空间是极小的,"时效性"对其成败至关重要,非同小可。

因坚持"新闻立台,导向第一",且与新闻、纪实节目同频同台竞争,我国的电视剧,说到底只是一种形式上不同于新闻的故事化影像,本质还是注重现实与纪实。因此,必须像新闻那样重视"时效性"。

(万鹏　杨新磊)

第十二节　"萤火虫"引火烧身

【原告】田英
【被告】北京萤火虫兴业传媒广告有限责任公司
【被告】中央电视台
【被告】广西电视台

室内剧《向阳照相馆》与电视文学本《新世纪大影楼》纠纷宣判。

北京市第二中级人民法院对比二作品的作品形式、主要故事场景、人物及人物关系、具体情节后认为:萤火虫影视公司系涉案作品《向阳照相馆》的联合摄制方,该公司注销后,其法定代表人另行成立了萤火虫广告公司,并表示由萤火虫广告公司承担有关《向阳照相馆》的全部民事责任,本案其他当事人均无异议,故萤火虫广告公司系本案适格被告。中央电视台、广西电视台均是《向阳照相馆》的联合摄制方,应与萤火虫广告公司共同享有权利、承担义务,其约定由萤火虫广告公司一方承担相应的责任,对协议之外的其他当事人不产生拘束力。

根据已查明的事实,田英作为剧本《新世纪大影楼》的作者,对该作品享有著作权。作为著作权人,对《新世纪大影楼》拥有摄制权及改编权等民事权利,有权禁止他人在未经许可的情况下以摄制电影或者以类似摄制电影的方式使用作品。著作权保护的是作品的表达形式,作品的思想内容不受著作权法的保护。故本院根据两部作品的对比情况判断二者在表达形式上是否存在相同或实质性相似之处,且这种相同或实质性相似是否达到一定程度并影响权利人的人身权和财产权益。

经对比涉案作品场景、人物设置等方面,二者之间存在一定的相似之处,考虑到涉案作品题材相近且均采用了情景喜剧这种形式,决定了主要场景集中在大影楼(照相馆)中,主要人物是大影楼(照相馆)工作人员,由于题材并非著作权法保护的客体,即使田英首先创作了涉案题材的作品,亦无权禁止他人就同一题材进行创作,对相关题材中必然会出现的场景、人物设置、情节等,亦无权禁止他人使用,故对于田英的相关主张,本院不予支持。本院根据涉案作品的具体情节和内容来判断被告是否侵权。经对比,涉案作品部分单元之间具体情节相同或相似,特别是相应集中多处台词等内容相同或近似,显然超出了偶然雷同的范畴，故本院认定《向阳照相馆》中存在上述情况的 8 集内容抄袭自田英创作的《新世纪大影楼》。《向阳照相馆》部分单元中还有部分细节设置、人物语言与《新世纪大影楼》相近似，但所占每集内容比例较少，就整部作品而言不构成实质性相同。

法院判决如下：一、被告北京萤火虫兴业传媒广告有限责任公司、中央电视台、广西电视台在删除侵权内容前立即停止播放、发行《向阳照相馆》；二、本判决生效之日起 30 日内，被告北京萤火虫兴业传媒广告有限责任公司、中央电视台、广西电视台在一家全国性媒体上刊登向原告田英致歉及消除影响的声明（声明内容须经本院审核，逾期不履行，本院将自行拟定一份公告刊登于相关媒体，费用由不履行义务的被告负担）；三、本判决生效之日起 10 日内，被告北京萤火虫兴业传媒广告有限责任公司、中央电视台、广西电视台赔偿原告田英 4 万元；四、驳回原告田英的其他诉讼请求。

近年来，北京萤火虫兴业传媒广告有限责任公司滋生了多起影视纠纷，且均败诉。

2005 年，原告刘永峥因室内剧《笑笑茶楼》（以下简称《笑》剧）委托创作合同纠纷，起诉该公司。法院认为，虽然涉案《室内剧〈笑笑茶楼〉委托创作合同书》开头部分写明甲方系案外人焦玉荣，但焦玉荣系被告的法定代表人，被告已在合同结尾甲方签字处加盖了其公章，且被告系《笑》剧的拍摄方，故涉案合同的甲方应为被告。因此，被告关于其诉讼主体不适格的主张，法院不予支持，并认定被告为涉案合同的甲方及权利义务的承受者。

涉案合同系本案双方当事人的真实意思表示，未违反法律规定，应属合法有效，双方均应依约履行其所负的合同义务。

由于原告没有提供被告接收其交付《笑》剧剧本的签收收据，而被告对原告关于其交付了 17 集剧本的主张不予认可，仅认可其收到了 13 集剧本。原告提交的稿酬结算单上没有任何人的签字或盖章，在被告对其真实性不予认可的情况下，本院对该证据不予确认。证人傅玉芝的证言仅能证明被告向原告付款的情况，不能说明原告向被告交付剧本的集数问题。原告提交的软盘因具有易于修改特性，在被告对其真实性不予认可的情况下，本院对该证据不予确认。此外，原告虽然对被告提交的《笑》剧播出顺序表不予认可，但原告没有证据证明被告拍摄或播出的《笑》剧中还有由其创作但在该表中未列出的其他剧集。基于以上理由，在原告没有其他充分证据的情况下，法院对原告关于其向被告交付了 17 集《笑》剧剧本的主张不予支持，对被告关于原告向其交付了 13 集《笑》剧剧本的主张予以支持。根据涉案合同的约定，被告应向原告支付 13 集剧本稿酬总计应为 52 000 元，现双方确认被告已向原告支付了 32 000 元，因此被告应向原告支付的尚欠稿酬为 20 000 元。此外，鉴于双方均同意在本案中一并解决原告尚欠被告 10 000 元借款问题，故法院确认被告应向原告支付的款项为 10 000 元。另，因双方在合同中约定其余稿酬应在《笑》剧开机时一次性支付，而该剧已于 2004 年 5 月 30 日开机，因此原告关于被告应就其延期付款行为向其支付利息的主张，法院予以支持。法院将根据同期银行活期存款利率及原告请求确定被告向原告支付欠款利息的具体数额。

2005 年 6 月 15 日，北京市第二中级人民法院判决如下：一、被告北京萤火虫影视文化有限责任公司于本判决生效后 10 日内，支付其尚欠原告刘永峥的稿酬 1 万元及利息 84 元；二、被告北京萤火虫影视文化有限责任公司于本判决生效后 10 日内，赔偿原告刘永峥合理诉讼支出 1 000 元；三、驳回原告刘永峥的其他诉讼请求。案件受理费 1 205 元，由原告刘永峥负担 500 元（已交纳）；由被告北京萤火虫影视文化有限责任公司负担 705 元（于本判决生效后 7 日内交纳）。

《笑笑茶楼》另一编剧董凌山也起诉该公司拖欠稿酬。法院判决被告北京萤火虫影视文化有限责任公司于本判决生效后10日内，支付其尚欠原告董凌山的稿酬3.6万元及利息302元；被告北京萤火虫影视文化有限责任公司于本判决生效后10日内，赔偿原告董凌山合理诉讼支出1 000元；驳回原告董凌山的其他诉讼请求。案件受理费3 081元，由原告董凌山负担1 000元（已交纳）；由被告北京萤火虫影视文化有限责任公司负担2 081元（于本判决生效后7日内交纳）。

《笑笑茶楼》还有一位编剧陈满秋，他也起诉该公司拖欠稿酬。法院判决被告北京萤火虫影视文化有限责任公司于本判决生效后10日内，支付其尚欠原告陈满秋的稿酬8 000元及合理诉讼支出1 000元；驳回原告陈满秋的其他诉讼请求。案件受理费1 288元，由原告陈满秋负担588元（已交纳）；由北京萤火虫影视文化有限责任公司负担700元（于本判决生效之日起7日内交纳）。

【学者评述】

面对恢恢法网，时时抱有侥幸心理的人，必定会常常被诉，过堂受审。本节中的萤火虫影视公司也好，更名换姓、改头换面后的萤火虫广告公司也罢，整日纠缠于官司和纠纷之间，又何谈一个企业的发展呢？如今，我们流行用"良心"一词来形容用心且优秀的作品和人，比如"良心剧组"、"良心电视剧"、"良心企业"。现代观众的艺术品位和欣赏水平在不断地提升，对今天的观众来说，一个作品的品质高低、制作团队用心与否，受众一看便知，一目了然，"良心"必然换来良好的口碑，反之亦然，这是一个颠扑不破的铁律。良心就是诚信。我国素以"礼仪之邦"著称于世，诚信是长久交往的根本保障，也是最大的社会资源。常常失信于人的人，也就是昧了良心的人，在他面前便横出了一道无法逾越的鸿沟，他也就失去了立足于社会的最大资本，最后终将一败涂地，一事无成。

（万鹏）

第十三节　人生再度"秋凉"

【原告】 刘育新，北京聚宝斋文物鉴定中心经理
【被告】 陈燕民，北京电视艺术中心编剧、导演
【被告】 中国煤矿文工团
【被告】 北京中视喜洋洋广告有限公司
【被告】 北京华风气象影视信息集团有限责任公司

原告刘育新诉被告陈燕民、被告中国煤矿文工团（以下简称煤矿文工团）、被告北京中视喜洋洋广告有限公司（以下简称喜洋洋公司）、被告北京华风气象影视信息集团有限责任公司（以下简称华风气象公司）侵犯著作权纠纷一案，北京市海淀区人民法院受理后依法组成合议庭公开开庭进行了审理，原告刘育新的委托代理人朱军、王宁，被告陈燕民、喜洋洋公司、煤矿文工团共同的委托代理人孙聪淇，被告华风气象公司的委托代理人王文彬、李广法到庭参加了诉讼。本案现已审理终结。

【原告诉称】

原告刘育新诉称：我是长篇小说《古街》的著作权人，该小说于2000年获得首届老舍文学奖，在文学界和社会上都有很高的知名度。该小说出版后，我仅与一家公司就该小说的影视改编权约定了两年的有限合作，并未与陈燕民等签订允许其将该小说改编成影视作品的任何协议。2004年6月，由被告华风气象公司、煤矿文工团、喜洋洋公司联合出品，陈燕民担任编剧和导演的电视剧《人生几度秋凉》（以下简称《秋凉》），在全国各地电视台播放，其相关音像制品也开始在市场上销售。我发现该剧在人物塑造、作品结构、故事情节和语言对白等多方面对《古街》进行了严重的抄袭和剽窃。上述四被告的行为侵犯了我的著作权，故请求判令四被告：立即停止侵权，停止电视连续剧《秋凉》任何形式的播映、发行或销售；在至少一家全国性媒体上公开向我赔礼道歉、消除影响；连带赔偿我财产损失及精神损失共计69万元。

【被告辩称】

被告陈燕民辩称：1. 我没有看到所谓的《古街》，不可能抄袭、剽窃我没有看到的东西，对方不能阻止他人进行同类作品的创作。我执导的电视剧《人虫之古玩虫》受到观众欢迎，应观众强烈需要，我拜书本为师，自己创作《秋凉》剧本，不存在侵权事实，对方不能证明我必然看到其作品。2.《秋凉》是我参阅除对方作品以外的很多历史资料和文学作品独立创作的，未抄袭对方的内容。3. 对于文学作品，即使雷同，也是创作上的巧合，作为同是反映民国古玩界的作品，创作手法相似纯属正常，对方把听到的人和事写成小说，我同样可以，对白相同也是正常的。因此，请求驳回刘育新的诉讼请求。

被告煤矿文工团辩称：《秋凉》系陈燕民独立创作，不构成侵权，我方不应承担责任，请求驳回刘育新的诉讼请求。

被告喜洋洋公司辩称：我方参加了《秋凉》的策划工作，参与了百余本历史资料的阅读工作，没有看到所谓《古街》，故请求驳回刘育新的诉讼请求。

被告华风气象公司辩称：1. 本案不构成侵权，答辩意见同其他被告；2. 我方只是投资方之一，已有协议约定他方承担侵权责任，故我方不应承担责任。

【事实】

法院经审理查明：

1998年11月8日，刘育新与北京出版社签订《古街》图书出版合同。1999年9月《古街》一书由北京出版社出版，刘育新著，33万字。2000年5月《古街》获得首届老舍文学奖。

刘育新支出复印材料及购买证据费用1 697元。

2003年8月，华风气象公司与喜洋洋公司签订电视剧制作合作合同书，华风气象公司作为投资方委托北京雅视通影视策划有限公司及喜洋洋公司制作电视连续剧《秋凉》。2004年6月，电视连续剧《秋凉》在北京电视台播放，该片DVD亦同时发行。该片署名华风气象公司、煤矿文工团、喜洋洋公司联合摄制。

《秋凉》与《古街》对比如下：

一、作品结构

《古街》以民国时代为背景，琉璃厂为舞台，主要塑造了陈紫峰、萧敬之、姚以宾三个性格各异的古玩商人，同时刻画了王爷、军阀、大工匠、书法家以及巨骗、破落户、兵痞、妓女、盗墓贼等形象。以古玩的收藏、鉴赏、交易为线索，反映了古玩界中关于鉴宝、藏宝、捡漏、窜货、做假、插钎高套、盗掘文物、巧取豪夺等鲜为人知的伎俩、手段和故事，通过博文斋、韫古斋、荟萃阁等几个古玩店荣衰沉浮的故事，在弘扬传统道德、鞭打邪恶的同时，揭示出了一个朴素的人生哲理，财为身外之物，一味追名逐利、占有欲过度将招致祸殃。

《秋凉》以民国时代为背景，以海王村（琉璃厂一部分）为主要活动场所，主要塑造了清室后裔富三爷及周彝贵、余旺财等古玩商人，以及戏剧演员、军阀、工匠、骗子、兵痞、妓女、盗墓贼、洋人等各种人物。围绕着古玩的收藏、鉴赏、交易、强取豪夺、京戏的线索，以及富嗣隆的女儿富格格的爱情线索，通过清室后代富嗣隆的荣辱命运以及尚珍阁、贾方轩、集萃阁的兴衰，揭示了城头变幻大王旗状态下的人物命运。

二、人物及人物关系

《古街》的主要人物有：陈紫峰，经营瓷器为主的古玩店主，为人正直，知识渊博的儒商；萧敬之，经营字画为主的古玩店主，为人温良，本分经营的商人；以经营假货为主的姚以宾，贪婪自私的奸商。另有蔡文孝、田守成、张将军、凌国玺、仓连长、木来、杨春华、巩师傅、约翰逊、萧敬之妻翠莲、妓女彩明等。其中人物关系如下：蔡文孝是萧敬之和田守成的师傅，因卖假画弃商离京，将韫古斋交给徒弟萧敬之和田守成；姚以宾与陈紫峰、萧敬之为邻，想霸占韫古斋挑拨萧敬之和田守成；陈紫峰将妹妹翠莲许配萧敬之为妻；清室后裔盛王爷，借助陈紫峰和萧敬之收集古珍；田守成是萧敬之的师弟，后来做了韫古斋的掌柜，萧敬之与妻另开一家荟萃阁；杨春华是姚以宾唯一的朋友，姚以宾通过杨认识约翰逊，帮洋人掠夺中国文物；本来是姚以宾从事不法勾当的合伙人后杀死了姚以宾；仓麻子是兵匪形象，在姚以宾盗割佛头回京时抓住他并上了大挂，后做了姚以宾的帮凶；张树勋大将军，军阀；凌国玺是张将军的副官，陷害陈紫峰的元凶；巩师傅，陈紫峰的朋友，身怀绝技，制造假碌耳骗过凌副官；破落户子弟烟鬼萨玉堂和三代官商之后贾美周，靠变卖文物为生，是琉璃厂的常客；妓女彩明是姚以宾固定相好。

《秋凉》的主要形象有：富嗣隆，清室后裔，颇有钱财不惜一切手段获得权力；乱世儒商周彝贵，踏踏实实的生意人，有眼力，有才华，经营瓷器和字画为主的古玩店；阴险小人余旺财，与周彝贵相反的奸商，唯利是图、不择手段；京剧演员牡丹红，敢于与恶势力做斗争的女中豪杰。另有田守长、富格格、周子贵、吴德章、梁有德、大帅、董副官、马师爷、富太太、含玉、奎五爷、妓女小素贞、丁二、约翰等。

人物主要关系如下：梁有德是周彝贵和田守长的师傅，因卖假画而弃商离京，将尚珍阁交周和田经营；余旺财与周为邻，总想打压周霸占尚珍阁并挑拨周与田的关系；田守长是周彝贵的师弟，后来做了该古玩店的掌柜，周和吴德章又开了一家集萃阁；身怀绝技的吴德章是周共患难的朋友，帮助周制造假的渣斗骗过董副官；富嗣隆和周、余交往频繁，主要依靠他们为他踅摸古董；余通过马师爷认识了富嗣隆，并靠富说情化险为夷并以此为机开始发财；富通过华大人认识约翰，互相勾结，帮助洋人收集中国文物；富格格是富的女儿，与周彝贵之子周子贵相爱，受到反对；董副官，大帅的副官，董老太太的儿子，是迫害周和富的元凶，喜欢富格格；大帅，民国时代的军阀；余盗墓回京时在德胜门被邱连长抓住并给上了大挂，后成为余的帮凶；丁二是余不法生意的合伙人，但余害死了丁二；三代官商之后烟鬼奎五爷，以变卖文物为生，是海王村的常客；妓女小素贞是余的固定相好后成为夫妻；牡丹红和含玉，富府戏班牡丹班的京剧演员，含玉是富的女儿。

三、主要故事场景

在《古街》中主要的故事场景有古玩店、王府、将军府、窜货场、妓院、烟馆、客栈、酒店、石窟、城楼、兵营、坟地、古庙；《秋凉》的主要场景有古玩店、王府、帅府、窜货场、妓院、烟馆、客栈、酒店、窑场、城楼、兵营、坟地、刑场。

四、主要情节及情节走向

《古街》从一颗假人头开始引出三个古玩店的老板陈紫峰、萧敬之和姚以宾；师傅蔡文孝因卖了一张假画告老回家将铺子交给徒弟萧敬之和田守成；姚以宾在四合院里碰到家道败落的胖子，姚花十块大洋买来一整箱子瓷器，其中有青花九龙盘，因此发迹；姚以宾挑拨萧敬之和田守成的关系，要拉田守成摆脱萧敬之，和他合伙干；姚以宾去山西砍佛头，回北京时在德胜门被兵痞仓连长抓住，上大挂吊打，想敲诈钱；杨春华得知消息，求大将军过问，仓连长释放了姚以宾，姚以此大发横财；陈紫峰不卖文物与外国人，主要精力放在做学问上，一片爱国热忱；凌副官为了得到陈紫峰的稀世之宝，将陈紫峰关进大狱，后来巩师傅造了一个假碌耳救出了陈紫峰；萧敬之购买假烟壶离开琉璃厂，店由田守成经营，萧与其妻在廊坊二条开了荟萃阁；萧敬之带着麈抒大翠册到日本参加东京国际博览会；姚以宾与欧阳波丽恋爱，痛打妻子胖娘们，姚与欧阳波丽结婚，被欧阳波丽骗去巨款；姚以宾勾结木来等兵匪盗劫了萧敬之存放宝物的仓库；仓库被盗，萧敬之财产受到极大损失，萧拿出价值连城的乾隆翡翠扳指，扳指被黑衣人骗走，对萧形成致命打击；木来将姚以宾杀死灭口。结局：萧敬之回家务农，陈紫峰病死，姚以宾被兵痞打死。

《秋凉》从牡丹班开始引出富府；周的师傅梁有德因卖一张假画，不敢在琉璃厂做生意回家务农，将铺子交给徒弟周彝贵和田守长经营；从一只假胳膊开始，引出两个古玩店的老板周彝贵和余旺财；周彝贵在一个四合院里碰到家道败落的董老太，以十块大洋买来一整筐瓷器，其中有宋汝窑笔洗，并为日后与董副官结怨埋下伏笔；余旺财挑拨周彝贵和田守长的关系，拉拢田守长与他合伙干；余旺财去东北盗墓，宝物装在棺材里回北京，在德胜门被邱连长抓住上了大挂；余称为富嗣隆做事，富应承邱释放了余，余自此大发横财；富嗣隆组织中国文物博览会给洋人看；富嗣隆为了当市长把古诗贴献给洋人，周和吴德章意欲阻止富；富为当市长，以京戏讨好大帅，不得不答应了董副官与富格格的婚事；富格格与周子贵相爱最终逃婚；董副官为了陷害周偷出帅府的渣斗，雇托卖给周。吴为了救周，仿制一个假渣斗，瞒过了大帅救了周；发财的余旺财赎出妓女素珍，小素珍用价值连城的成化斗彩鸡缸杯换了一副镯子，余痛打小素珍；田守长买珍珠衫被骗，被迫将尚珍阁倒给余；余勾结董副官、邱连长将奎五爷所藏财宝洗劫一空，余怕罪行败露又杀邱连长灭口；富当市长后后悔将古诗贴给洋人，周和吴德章倾所有帮助他赎回；周彝贵偷出尚珍阁的镇店之宝与吴重开一个集萃阁；一场大火烧了集萃阁，对周造成致命打击；富得罪洋人和军阀，家中夫人和管家背叛；周和富受到军阀迫害，被关进大牢。结局：周彝贵和富嗣隆双双被反动势力枪毙，余旺财罪恶多端怕被清算仓皇逃走。

五、具体情节列举

《古街》第一章为头颅、第二章为鬼市，描写了黑衣人以江米面做的人头行骗和萧敬之的师傅因卖假画而放弃该行；《秋凉》第一集的主要情节包括周彝贵的师傅因错卖一张假画不能再做这一行和棕衣人用江米面做的人胳膊敲诈行骗。其中行骗一节有多处相同：骗子携带一包袱,店主均以为是来卖东西的;来人匆匆打开包袱;《古街》中现出的是一颗血淋淋的人头,《秋凉》中现出的是一段带血的人胳膊;来人均称杀了人,想借点盘缠;来人均拿出刀来去蹭人头或人胳膊;店主均说有往日无冤近日无仇之类的话;骗子均出入不止一家店用同样方式行骗,《古街》中是一连走了三家店,即《古街》中三个主要人物的店,在第三家店被陈紫峰识破,《秋凉》中是走了两家店,被周彝贵识破;识破的具体方式均是撕下一块吃起来,《古街》中是撕下一块肉来,《秋凉》中则是撕下一根手指;谜底均是用江米面做的;骗子均跪地求饶,口中均称家中有老母;周与陈均称该伎俩在宋人笔记《江湖异闻录》中有记载。

刘育新称"宋人笔记《江湖异闻录》"一说系其虚构。陈燕民称听说过此书但未能找到。陈燕民提供《清稗类抄》《江湖丛谈》《黑幕大观》证明参考依据,上述文献中提及用泥或面做的人头行骗。

刘育新主张《秋凉》中另有如下情节出自《古街》:1. 周假扮打小鼓的到一个破落的清室宅子收东西,碰到家道败落的董老太,周以十块大洋买了一筐瓷器,其中有珍贵的宋汝窑三足笔洗;2. 余雇车买东西不给钱让田守长付钱;3. 周出门躲祸无意中发现一位大嫂用来盛皂水梳头的小碗是难得的宣德雪花蓝,用一块大洋买下;4. 周买鼻烟壶、买渣斗、赎小素贞用的袖里乾坤;5. 余利用掌握盗墓底细的机会盗掘了王家坟,回北京时在德胜门被邱连长扣住并上了大挂,富应承下来余被释放,余以此为机开始发财;6. 周等人给富东西不讲价只凭赏;7. 周的集萃阁被烧掉自我安慰镇店之宝没丢;8. 余没有朋友;9. 富的师爷来尚珍阁让周去富府,周很担心认为是富找宋定窑碗的后账到了富府才知道让甄摸东西放下心来;10. 周拿到富给的碗,富认为是仿的,周不好说破打算找个机会回送给富;11. 余要盘下尚珍阁,由田当掌柜,田多次表示和师兄是一个师傅教出来的像兄弟一样,最后余设计盘下尚珍阁田当了掌柜;12. 周又和吴德章开了一个集萃阁;13. 因小贩得罪富三爷,富派人砸了他的摊后扔下二十块大洋;14. 周得着一个鼻烟壶上面有六只喜鹊,马上判断出一共有三十个,初几出门就用带有几只喜鹊的鼻烟壶;15. 余让人钉了四只小棺材用来装盗来的财宝;16. 吴为不让渣斗流落洋人手中也为周躲过麻烦仿造了一个渣斗骗过董副官等人。

对《秋凉》的人物与故事,陈燕民提供《古玩谈旧闻》《文物话春秋》《鉴赏叙往事》证明其人物及故事参考了上述文献。其中有关于郭葆昌、岳彬及其弟子丁兆凯的描述,《古玩谈旧闻》记载郭葆昌主要有两件事,一是仿制官窑瓷器、一是赎回溥仪抵押在日本银行的中秋贴和伯远贴;评价丁兆凯有好眼力、学文人谈吐举止、仪表非凡、对人和气,但没有财力,记载了他巧遇奇珍弘治黄釉青花大盘的经历;《古玩谈旧闻》《鉴赏叙往事》记载了岳彬的生平往事中法华罐起家、收购北魏佛头、康熙三彩鹦哥、赎妓女小玲珑为妾等情节,描写了岳彬的重利轻义的性格和致富秘诀:收集稀有中的特殊、以假乱真卖仿制品,故事中提到他嫉恨雅文斋想把副经理范歧周请出来等情节;记载了夏山楼主既有眼力看古玩字画又好嗓子唱须生,提到民国年间做古玩生意的旗人贵族经常到琉璃厂古玩铺来的有毓二爷、桂三爷、衡四爷,尤其记述了未曾破落的旗人收藏家桂月汀忠厚好人的形象;程瑞卿从卖酸梅汤小贩处购得万历五彩大海碗;王殿臣将一位妇女梳头盛皂角水的杯子低价购得;另有一些关于民间仿制、外国人觊觎、江湖骗术、刘子恭买假豇豆红柳叶尊忧悒致死、袖内拉手、按每月之日序更换不同鸟虫数目的烟壶、凭赏、李茂亭摸不到古玩价格底弃商务农去,以及"打小鼓收货也能收到好古玩"等记述。

陈燕民曾受邀改编小说《古街》,后合作未成。

上述事实有《古街》、《秋凉》、获奖证书、《古玩谈旧闻》、《文物话春秋》、《鉴赏叙往事》、《收藏说史话》、《清稗类抄》、《江湖丛谈》、《黑幕大观》、《古玩指南全编》、《琉璃厂小志》、发票复印件及庭审笔录在案佐证。

【法院观点】

本院认为，从小说改编为电视剧本，再由电视剧本摄制为电视剧，均属于再创作，因此一般均存在不同。判断电视剧与小说的传承关系，应从作品结构、人物及人物关系、时间及地理场景、主要故事情节及情节走向之方面有无继承关系判断。

有无继承关系主要取决于《秋凉》是否基于与《秋凉》无关的独立创作。本院查明，陈燕民在创作《秋凉》剧本前曾受邀进行《古街》的电视剧本改编，尽管未达成协议，但陈燕民曾经接触并试图改编《古街》一节可以确认，这与陈燕民所述从未看过《古街》存在矛盾；另外，从开篇的骗子以假手臂行骗的具体细节包括故事设计和语言对白，均与《古街》存在相同之外，而上述相同之处系刘育新独立创作的虚构情节，陈燕民提供的来源证据不足以证明情节设计及语言对白的出处，因此可以确认，《秋凉》中的上述表达出自《古街》，此亦与陈燕民从未接触过《古街》的辩称不符。因此本院有理由认为，《秋凉》剧本的写作参考了小说《古街》。

《秋凉》与《古街》相比，出现了比较大的变化，但在基本结构、古玩商人形象、人物关系的刻画和处理上，与《古街》相比，有使用和借鉴之处。《秋凉》对《古街》的参考和借鉴是否构成《秋凉》作品结构、人物形象及主要情节的基础，是本院确认《秋凉》剧本是否基于《古街》改编的关键。

首先，在作品结构上《秋凉》围绕着两条线，一条是周、余作古玩生意，一条是富以古玩作为交易手段争取军阀和洋人的支持以攫取权力，而这两条线的交结是周、余均为富提供古玩，也因此卷入了与军阀及洋人的争斗。这其中以古玩店老板周、余为主的线索与《古街》以古玩商人陈紫峰、萧敬之、姚以宾为主的命运结构相似，尤其是故事的展开方式例如骗子行骗和师傅离开、余与姚相同的发家史、人物的命运关系等；其次，《秋凉》中的主要人物是富、周和余，其中周和余的形象在《古街》中都有体现，尤其是反面形象余旺财和姚以宾，人物的性格特征、人物的主要关系、人物的发家史及命运走向都基本相同，正面人物周的形象刻画及人物关系包括与师傅、师弟的关系、好朋友的身份及关系刻画亦与《古街》相同。从证据看，双方在创作中均借鉴了历史上的真实人物如岳彬，但与历史人物相比，《秋凉》中的人物更接近于《古街》，而这些构成了《古街》的主要人物和人物关系；再次，从具体情节看，刘育新主张的15处情节中，除1处陈燕民指出了具体情节的参考出处外，其余提供的参考资料均只提到一句话或一件事，而对这句话或这件事的描述，包括具体人物刻画和展开故事中设计的具体情节，如古玩店几经易主的关系，好朋友仿制古玩解危，余与周尤其是余采用挑拨周田关系以达到占有古玩店的方式，余借盗墓发家中关于盗墓回来被兵痞抓住后被富应承救下中的具体描述；周的人物关系中的周的具体刻画中有鼻烟壶鸟雀数字代表日期的方式表明其智慧，属于独创性表达。陈燕民提供之参考资料均只限于对某人某事的片段记述，《古街》尽管亦有真实人物命运作为参照，但将人物与具体故事相结合、人物与人物关系的构建、人物命运与特定时代和地理场景的结合则构成了其虚构的故事整体，属于有独创性的表达。

综上，上述有独创性的表达已然出现在《秋凉》中并构成了作品基础的主要部分，将其删除《秋凉》将只余一条故事线索而不再完整。因此《秋凉》对《古街》的使用应属于著作权意义上的改编。

陈燕民未经许可的改编，侵犯了刘育新的著作权。应当承担相关的侵权法律责任。《秋凉》剧本，在主要人物及人物关系上、故事结构及思想上均有新变化，此种变化业已构成新作品，但与原作品不可分割，故剧本应当停止再行使用。但对电视剧而言，是在华风气象公司、煤矿文工团、喜洋洋公司的投资下，在导演及演员的表演下、其他创作人员的共同劳动下形成，相比于剧本，电视剧也已构成了新作品，停止电视剧的使用将不可避免地损害其他劳动者的利益，且电视台业已播出上述作品，要求一概停止将造成远远大于可保护利益的其他方的损失，故关于停止电视剧使用的责任本院不予支持。

陈燕民亦当承担赔礼道歉、消除影响、赔偿损失的责任。在赔偿额度上，本院将参考电视剧改编使用费用的一般标准、电视剧不能停止使用以及给《古街》今后改编所造成的影响等情节予以确定。电视剧制作者使用了电视剧本，与陈燕民构成了共同使用，应当承担共同的侵权责任。

【判决】

综上，2006年1月20日，北京市海淀区人民法院依据《中华人民共和国著作权法》第四十七条第一项之规定，判决如下：

一、被告陈燕民、被告煤矿文工团、被告喜洋洋公司、被告华风气象公司不得再行使用《秋凉》剧本；

二、本判决生效之日起30日内，被告陈燕民、被告煤矿文工团、被告喜洋洋公司、被告华风气象公司在《中国电视报》上刊登向原告刘育新致歉及消除影响的声明（声明须经本院审核，逾期不履行，本院将自行拟定一份公告刊登于相关媒体，费用由不履行义务的被告负担）；

三、本判决生效之日起10日内，被告陈燕民、被告煤矿文工团、被告喜洋洋公司、被告华风气象公司赔偿原告刘育新40万元；

四、驳回原告刘育新的其他诉讼请求。

案件受理费11 910元（原告预交），由被告陈燕民、被告煤矿文工团、被告喜洋洋公司、被告华风气象公司负担，于本判决生效之日起7日内交纳。

如不服本判决，可于判决书送达之日起15日内向本院递交上诉状并按对方当事人的人数提出副本，上诉于北京市第一中级人民法院。

【学者评述】

我们可以将本章的第十五节、第十八节中的案例和本案例结合分析。对于侵犯著作权、抄袭、剽窃的这种案件，法院在进行裁决时，判断一个剧本是否抄袭他人作品，主要从两个方面来判断：一是侵权者是否能够接触到被侵方的作品；二是"实质性相似"。

实质，是指事物本身所必然固有的性质。在哲学中，本质又称为"实质"，即 essence，是指某一对象或事物本身所必然固有的特征。从根本上看，就是使该对象或事物成为该对象或事物的特定属性。先秦名家的诡辩"白马非马"之所以不能成立，就是因为颜色不是决定马能否成为马的实质性因素。

中西哲学史上都有很多名实之争，也就是围绕着形式与内容的关系展开的哲学争辩。孔子主张"正名"。墨子则强调不是名决定实，而是实决定名，主张"以名举实"，并从逻辑学的角度对名实关系做了深入探讨，极大地促进了名实论和形式逻辑理论的发展。荀子也提出"制名以指实"（《荀子·正名》）。西方哲学从亚里士多德、柏拉图到中世纪，"唯名论"与"唯实论"一直争论不休，伴随其间的语言学也在任意性与相似性之争中从传统的重字词、重语法走向了现代的重语境、重交际。中外历史惊人相似，殊途同归，人类始终相信的还是真实存在的、实实在在的实质与本质。

可见，"实质性相似"就是"本质相似"，而非名义、形式、形态上相似。实质性相似的两个事物，其实就是一回事。

（杨新磊　万鹏）

第十四节　"盖世太保枪口下"的女人

【上诉人，原审被告】 赵冬苓，山东电影电视剧制作中心一级编剧
【被上诉人，原审原告】 张雅文，黑龙江省作家协会副主席
【原审被告】 《电视电影文学》杂志社
【原审被告】 潇湘电影制片厂

上诉人赵冬苓因侵犯著作权纠纷一案，不服北京市第二中级人民法院〔2002〕二中民初字第7238号民事判决，向北京市高级人民法院提起上诉，现已审理终结。

【一审判决】

北京市第二中级人民法院判决认定：2000年7月6日，张雅文（乙方）与潇湘电影制片厂（以下简称潇湘厂）艺术策划中心（以下简称艺术策划中心）（甲方）签订20集电视剧文学剧本《盖世太保枪口下的中国女人》（以下简称《盖》剧）拍摄权转让合同，主要约定：乙方同意将其创作的《盖》剧文学剧本的电视、电影拍摄权转让给甲方。甲方具有独立影视拍摄权及影视出版发行权并保证拍摄质量。乙方享有著作权及独立署名权，并保证剧本质量。剧本应为甲方审定认可的完整电视文学剧本。在保证质量的情况下，乙方遵照甲方提出的修改意见对剧本进行全面认真的修改。合同还约定了稿酬数额和支付时间等问题。

合同签订后，潇湘厂按约定向张雅文支付了定金。2000年9月和12月，张雅文分别向艺术策划中心交付了修改后的《盖》剧剧本第一稿和第二稿。艺术策划中心对该剧本进行了审读，并召开了专家研讨会；专家们一致认为该剧本的题材很好，但剧本存在很多问题，不能投拍，需要修改。

2001年3月29日，潇湘厂、中国妇女发展基金会（甲方）与赵冬苓（乙方）签订合同书，主要约定：根据甲方所提供的20集电视剧《盖》剧文学剧本之基本内容，甲方约请乙方负责剧本的修改和创作。修改完成的剧本由甲方审定通过，达到甲方投拍标准。乙方享有该电视剧改编署名权，排名为：原作者编剧、乙方改编。

潇湘厂及中央电视台影视部曾向赵冬苓提供了署名张雅文编剧的19集《盖》剧剧本，供赵冬苓阅读，并要求赵冬苓在保留剧名、基本故事背景、基本人物名称的基础上，不要局

限于张雅文剧本,进行重新创作。

2001年6月,赵冬苓向潇湘厂交付了其创作的16集电视连续剧剧本《爱如大地》。该剧本得到了潇湘厂、中央电视台影视部、电视剧导演等多方首肯。

2001年7月14日,张雅文收到了潇湘厂寄来的赵冬苓修改的《爱如大地》剧本之后,曾多次向潇湘厂、中央电视台影视部、导演等提出意见,不同意在投拍电视剧时使用赵冬苓修改的剧本。潇湘厂仍以赵冬苓的修改稿为剧本,与中央电视台、中国妇女发展基金会联合拍摄了16集电视连续剧《盖》剧。张雅文参加了《盖》剧开机的新闻发布会。2002年3月《盖》剧在中央电视台正式播映。署名方式为编剧:张雅文,改编:赵冬苓。

在《盖》剧播映的同时,张雅文所著同名20集电视剧文学剧本由中国青年出版社出版发行。该书登载了张雅文所做的后序《此生不虚》。其中写道:"……我感谢中央电视台影视部、中国妇女发展基金会、潇湘厂,克服了众多困难,赴比利时成功地拍摄了《盖》剧……"

《盖》剧在中央电视台播映前,《电视电影文学》杂志社经与导演黄健中联系,获知《盖》剧已拍摄完成,即将播出,使用的是赵冬苓编剧的剧本,张雅文是原著。该社遂与赵冬苓联系,获得了赵的剧本,并以此署名方式在《电视电影文学》杂志2002年第2期登载了《盖》剧剧本1~8集。电视剧播出后,杂志社发现署名方式与导演说的不一致,因已经付印,故没有作出更改仍然进行了出版发行。张雅文购买到该杂志后,与杂志社交涉,杂志社遂在2002年第3期停止了连载。

将张雅文提交的第二稿剧本与《电视电影文学》杂志上刊登的署名赵冬苓为编剧的剧本进行对比,结果是赵冬苓的剧本在电视剧名称、基本人物的设置及姓名、故事发生的时间和地点、故事基本框架及部分故事情节等处沿用了张雅文所著《盖》剧剧本的内容,但在大部分的故事情节、剧情安排、场景及人物描写等处与张雅文所著《盖》剧剧本不同。

北京市第二中级人民法院认为:张雅文对其创作的20集电视剧《盖》剧文学剧本享有著作权,受法律保护。赵冬苓接受潇湘厂及中国妇女发展基金会的共同委托,在张雅文创作的《盖》剧剧本的基础上撰写的同名电视剧剧本,除保留了原作品的基本人物框架及基本故事框架外,在大部分的故事情节、剧情场景安排及人物描写等方面均与原作品不同,具有独创性,应认定赵冬苓改写剧本的行为构成改编,不构成对张雅文《盖》剧剧本修改权的侵犯。

因改编与采用简单的删除、增添等修改手法达到篡改作品的性质不同,且张雅文提供的证据不足以证明赵冬苓的改编损害了张雅文的名誉以及张雅文制作的《盖》剧剧本的荣誉,故赵冬苓的作品不构成损害张雅文作品的完整性。

艺术策划中心作为潇湘厂的下级单位不具有承担民事责任主体资格,其权利义务应由潇湘厂承担。张雅文在知道潇湘厂使用赵冬苓改编的《盖》剧剧本拍摄了电视剧的情况下,仅对改编本的内容提出过异议,从未就由赵冬苓改编剧本侵犯其著作权一事向潇湘厂提出异议,还出席了《盖》剧开机仪式的新闻发布会,在《盖》剧公开播映后,也没有就潇湘厂请赵冬苓改编剧本一事表示过反对,相反,对《盖》剧中"编剧:张雅文 改编:赵冬苓"的署名方式始终表示认可并依据此署名方式向潇湘厂追索稿酬。在其自行发表的同名《盖》剧剧本中,还表示了对潇湘厂的感谢。张雅文只是发现了赵冬苓在《电影电视文学》杂志上发表剧本并改变了署名方式后,才向法院提起诉讼。故从张雅文的行动推断,其对赵冬苓改编《盖》剧剧本的行为是认可的。赵冬苓的改编行为没有侵犯其著作权,但赵冬苓应当遵从其与潇湘厂及中国妇女发展基金会的合同约定,按照电视剧《盖》剧上的署名方式,在其发表的《盖》剧剧本上署名。

赵冬苓在《电视电影文学》杂志上发表自己改编的电视剧本不构成对张雅文《盖》剧剧本发表权的侵犯,但其在杂志上发表剧本的署名方式构成对张雅文署名权的侵犯,应承担公开赔礼道歉、消除影响的法律责任。《电视电影文学》杂志社同样侵犯了张雅文的署名权,亦应承担公开赔礼道歉、消除影响的法律责任。

北京市第二中级人民法院根据《中华人民共和国著作权法》第四十六条第一款第十一项之规定,判决:(一)赵冬苓以任何方式使用改编的《盖》剧剧本时均应在该改编作品作者署名的同时注明"编剧:张雅文,改编:赵冬苓";(二)赵冬苓及《电视电影文学》杂志社于判决生效之日起30日内共同在《电视电影文学》杂志上向张雅文公开赔礼道歉;(三)赵冬苓于判决生效之日起7日内赔偿张雅文为诉讼支出的合理费用1 600元人民币;(四)《电视电影文学》杂志社于判决生效之日起立即停止出版发行含有涉案侵权署名方式的《电视电影文学》杂志2002年第2期;(五)驳回张雅文对潇湘厂的诉讼请求;(六)驳回张雅文其他诉讼请求。

【二审判决】

赵冬苓不服原审判决,向北京市高级人民法院提起上诉,请求撤销原审判决,驳回张雅文的诉讼请求。其上诉理由是:1. 原审法院虽然认定应以影视作品及合同约定的形式发表剧本,但却忽视了两个方面的重要事实,其一是制作方根据赵冬苓与张雅文在该剧剧本创作中付出的实际劳动,与赵冬苓重新签订补充协议,确认赵冬苓是该剧的编剧,后来在该剧播出前编剧的署名形式之所以发生变化,是由于赵冬苓顾全大局作出牺牲的结果;其二是《电视电影文学》杂志社刊发剧本的事实发生在该剧播出之前而不是播出之后,赵冬苓在剧本发表的全过程中,无任何侵害张雅文署名的故意或过失,原审法院却错误地判定赵冬苓承担侵权责任。2. 原审法院错误地判定赵冬苓为张雅文不合理的诉讼请求承担诉讼费用。

张雅文服从原审判决。但对原审判决关于其认可赵冬苓的改编行为的推定等问题持有异议。

【事实】

2000年7月6日,张雅文(乙方)与艺术策划中心(甲方)签订20集电视剧文学剧本《盖》剧拍摄权转让合同,约定:乙方同意将其创作的20集电视剧《盖》文学剧本的电视、电影拍摄权转让给甲方。甲方具有独立影视拍摄权及影视出版发行权并保证拍摄质量。乙方享有著作权及独立署名权,并保证剧本质量。剧本应按照电视文学剧本格式撰写,所撰写内容应以电视技术可明确表现为基本要求,剧本应为甲方审定认可的完整电视文学剧本,总长度为20集。在保证质量的情况下,乙方遵照甲方提出的修改意见对剧本进行全面认真的修改,力争在合同签订之日起两个半月内将修改稿交付甲方。如甲方需乙方对剧本再次修改,双方再另行商议交稿时间。合同还约定了稿酬数额和支付时间等问题。

合同签订后,潇湘厂向张雅文支付了15万元定金。2000年9月,张雅文向艺术策划中心交付了《盖》剧剧本修改后的第一稿。2000年10月9日,中国妇女发展基金会及中央电视台影视部主持召开专家研讨会讨论张雅文《盖》剧剧本,后中国妇女发展基金会向艺术策划中心通报了研讨会情况,称:专家们一致认为剧本的题材很好,但剧本存在很多问题,不能投拍,需要修改。2000年12月,张雅文根据专家修改意见,向艺术策划中心交付了修改后的第二稿。2001年年初,中央电视台影视部、潇湘厂及《盖》剧导演黄健中等对该修改本进行审读后,认为剧本仍然不能投入拍摄。2001年3月底,潇湘厂派人与张雅文协商,通报潇湘厂对《盖》剧剧本的意见,告知其如不另请作家进行大的修改,中央电视台将不予立项。鉴于上述情况,张雅文同意潇湘厂另请作家修改剧本,并就改编后的作品署名为"编剧:张雅文 改编:赵冬苓"达成了一致意见,但对赵冬苓修改的剧本内容是否需经张雅文同意等事项未达成一致意见。

2001年3月29日,潇湘厂、中国妇女发展基金会(甲方)与赵冬苓(乙方)签订合同书,约定:根据甲方所提供的20集电视剧《盖》剧文学剧本之基本内容,甲方约请乙方负责对剧本修改和创作。修改完成的剧本由甲方审定通过,达到甲方投拍标准。乙方享有该电视剧改编署名权,排名为"原作者编剧;乙方改编"。剧本版权归甲方所有,乙方不得出版或在刊物上发表。

潇湘厂与赵冬苓签订合同后,出资请赵冬苓亲赴比利时采访钱秀玲女士。潇湘厂及中央电视台影视部还向赵冬苓提供了署名张雅文编剧的22集《盖》剧剧本(内容为19集),供赵冬苓阅读,并要求赵冬苓在保留剧名、基本故事背景、基本人物名称的基础上,不要局限于张雅文剧本,进行重新创作。

2001年6月,赵冬苓向潇湘厂交付了其创作的16集电视连续剧剧本《爱如大地》。该剧本得到了潇湘厂、中央电视台影视部、电视剧导演等多方首肯。2001年7月,《盖》剧摄制组(甲)方与赵冬苓(乙方)又签署一份补充协议书,约定:甲方同意采用乙方创作稿文学剧本《爱如大地》为投拍剧本,同意乙方在电视剧中署名为编剧;乙方同意剧本名改为《盖世太保枪口下的中国女人》,剧中主要人物姓名,按甲方要求改变。

2001年7月14日,张雅文收到了潇湘厂寄来的赵冬苓修改后的《爱如大地》剧本之后,曾多次向潇湘厂、中央电视台影视部、导演等之后,曾提出意见,认为赵冬苓修改后的剧本全盘否定了张雅文的作品,背离了原作的主题思想,并有违背历史真实、贬损比利时人民反战形象等问题,不同意在投拍电视剧时使用赵冬苓修改的剧本。潇湘厂没有听从张雅文的意见,仍然以赵冬苓的修改稿为剧本,与中央电视台、中国妇女发展基金会联合拍摄了16集电视连续剧《盖》剧。

《中国电视报》2002年2月4日至25日第4、6、7、8、11期上刊登了《盖》剧的节目预告,标明赵冬苓为《盖》剧的编剧。为此,张雅文曾经向制作方有关人员提出了强烈的抗议。2002年3月4日以后的第8期、第9期的节目预告标明张雅文为编剧、赵冬苓为改编。2002年3月25日,《盖》剧在中央电视台正式播映,署名方式为"编剧:张雅文,改编:赵冬苓"。

《盖》剧在中央电视台播映前,《电视电影文学》杂志社与赵冬苓联系,拟刊登赵的剧本。赵冬苓以电子邮件的形式向杂志社编辑人员发送了其剧本,但未在剧本上署名,称署名问题要问黄健中导演。杂志社经与导演黄健中联系,获知拍摄《盖》剧使用的是赵冬苓编剧的剧本,张雅文是原著,遂以导演黄健中主张的署名方式在《电视电影文学》杂志第2期中编发了《盖》剧剧本1~8集。2002年2月,赵冬苓在得知张雅文对"原著:张雅文 编剧:赵冬苓"的署名方式提出强烈抗议,制作方决定更改编剧署名后,给《电影电视文学》杂志社打电话，称：这个本子别发了吧，现在听说电视剧上的署名是张雅文编剧，我也不管了，但我不同意以这样的署名刊发我创作的剧本。赵冬苓同时告知杂志社与导演黄健中再核实一下。《电影电视文学》杂志社向黄健中核实时，黄健中认为署名赵冬苓编剧不存在侵犯张雅文著作权问题。后《电影电视文学》杂志社研究决定仍然出版发行。2002年3月10日，《电视电影文学》杂志第2期正式出版。张雅文购买到该杂志后，便与《电视电影文学》杂志社提出交涉，《电视电影文学》杂志社遂在2002年第3期停止了连载，并刊登了告读者的重要启事，内容为：本刊第二期刊登了16集电视剧《盖》剧剧本1~8集，现因有关当事人发生版权纠纷，本刊经研究决定，对《盖》剧9~16集剧本终止刊登，特此向读者致歉。

张雅文提交的第二稿剧本与《电视电影文学》杂志上刊登的署名赵冬苓为编剧的剧本相比，二者在大部分的故事情节、剧情安排、场景及人物描写等处与张雅文所著《盖》剧剧本不同；但赵冬苓的剧本在电视剧名称、基本人物的设置及姓名、故事发生的时间和地点、故事基本框架及部分故事情节等处沿用了张雅文所著《盖》剧剧本的内容。

【二审法院观点】

著作权法规定的改编，是指在原有作品的基础上，通过改变作品的表现形式或用途，创作出具有独创性的新作品。改编作为一种再创作，应是利用了已有作品的基本内容，否则应为重新创作。赵冬苓的16集电视剧《盖》剧剧本虽然在大部分故事情节、剧情、场景安排及人物描写等方面均与张雅文的剧本不同，因而具有独创性，已经形成了新的作品；但该剧本在电视剧名称、基本人物的设置及姓名、故事发生的时间和地点、故事基本框架及部分故事情节等处沿用了张雅文所著电视剧《盖》剧剧本的内容，因此应当认为是保留了张雅文作品的基本内容，构成对张雅文作品的改编。赵冬苓上诉认为其16集电视剧《盖》剧剧本系重新创作的作品，缺乏事实依据。

使用他人作品应当同原作品著作权人订立许可使用合同或取得许可。本案中，张雅文与潇湘厂所签订的拍摄权转让合同中并没有约定潇湘厂有权以改编的方式使用张雅文所著的电视剧《盖》剧剧本，但潇湘厂与张雅文曾经就另请赵冬苓改编剧本一事进行过协商，张雅文在其电视文学剧本没有经过审定认可的情况下，为了确保该剧得以拍摄，同意了潇湘厂另请作家修改剧本的要求；虽然双方没有就因另请他人改编而导致的权利义务的具体内容达成最后的一致意见，但双方在署名为"编剧：张雅文、改编：赵冬苓"的问题上已达成一致，故署名问题已协商解决。因此可以认定张雅文对潇湘厂另请赵冬苓改编其剧本的行为是认可的，潇湘厂和赵冬苓的行为不构成对张雅文改编权的侵犯。

根据著作权法的规定，改编作品的著作权人在行使著作权时，不得侵犯原作品作者的著作权包括署名权。鉴于赵冬苓所创作的16集电视剧《盖》剧剧本是对张雅文所著电视剧《盖》剧剧本的改编而不是重新创作，张雅文曾与潇湘厂在署名为"编剧：张雅文、改编：赵冬苓"的问题上达成一致，故赵冬苓的16集电视剧《盖》剧剧本应当署名为"编剧：张雅文，改编：赵冬苓"。赵冬苓以其与制作方所签订的补充协议、制作方有关人员的证明等证据主张其本应署名为编剧的上诉理由不能成立。

在《电视电影文学》杂志社刊发剧本的过程中，赵冬苓在得知张雅文对《电视电影文学》杂志社刊登的剧本署名有异议后，并没有明确反对《电视电影文学》杂志社发表其剧本，而是表示如何署名由《电视电影文学》杂志社商黄健中后确定，可以认定其对如何署名采取的是放任的态度,故赵冬苓在杂志社刊发剧本的过程中仍然是有过错的,其应当承担侵害张雅文署名权的民事责任。

赵冬苓关于其不应为张雅文不合理的诉讼请求承担诉讼费用的主张,亦缺乏事实和法律依据,本院不予支持。

原审判决认定相关被告未构成侵犯修改权、保护作品完整权、发表权的理由有不当之处,但结果是正确的。

【终审判决】

综上,原审判决认定事实基本清楚,适用法律和处理结果是正确的。赵冬苓的上诉理由不能成立,对其上诉请求,本院不予支持。

2004年4月13日,北京市高级人民法院依据《中华人民共和国民事诉讼法》第一百五十三条第一款第一项之规定,判决如下:驳回上诉,维持原判。一审案件受理费3 510元,由张雅文负担1 000元(已交纳),由赵冬苓负担2 000元(于本判决生效之日起7日内交纳);二审案件受理费3 510元,由赵冬苓负担(已交纳)。

本判决为终审判决。

【学者评述】

著作权法是如何界定"改编"的呢?改编,adapt,著作权法术语,指在原有作品的基础上,通过改变作品的表现形式或者用途,创作出具有独创性的新作品。改编作品因为是创作出的"新作品",所以我国著作权法给予了比较完整的著作权。如果改编、改写、编写得很成功,就很有资格得到创作了有独创性新作品的待遇。

将原著改编成影视剧本,一般可以采用如下三种策略:(1)原汁原味,忠于原著的故事框架和人物设定,力求把人物内涵忠实的表现出来。(2)局部改编,分为节选、取意、复合。节选就是在原著中选择一部分进行改编成一个完整的故事。取意就是保持原著的主题内涵,而在细节上与原著不同。复合则是几个内容不同的但内涵相同的故事进行改编,成为一个新的完整的故事。(3)颠覆,挑战传统原著的主题内涵、故事框架、人物设定,从根本上解构原著主题,表达一种叛逆的个性,讽刺社会等作用,使人耳目一新。以上三种美学原则,无所谓优劣高下,但都需尊重原著,清晰标明根据原作者的原著改编,否则,就会侵权。

(杨新磊)

第十五节 "太阳"缺乏"激情"

【上诉人,原审原告】北京九歌泰来影视文化有限公司
【被上诉人,原审被告】中国人民解放军总政治部话剧团
【被上诉人,原审被告】西安长安影视制作有限责任公司
【被上诉人,原审被告】中国人民解放军沈阳军区政治部话剧团

上诉人北京九歌泰来影视文化有限责任公司（以下简称九歌泰来公司）因侵犯著作权纠纷一案，不服北京市第一中级人民法院〔2002〕一中民初字第8534号民事判决，向北京市高级人民法院提起上诉，现已审理终结。

【一审情况】

北京市第一中级人民法院判决认定：1995年9月7日，邓一光作为甲方（著作权人），与乙方人民文学出版社签订图书出版合同，约定作品名称为《我是太阳》，应于1996年6月30日前出版作品。1996年8月发行的当年第4期《当代》杂志刊登了长篇小说《我是太阳》，署名作者邓一光。2002年1月，人民文学出版社出版了《我是太阳》一书。

2001年6月27日，邓一光作为甲方，与作为乙方的九歌泰来公司签订著作权使用许可合同，合同条款包括：甲方同意将甲方所著长篇小说《我是太阳》的电视剧改编和拍摄权许可给乙方使用；乙方作为合法受让人，拥有授权使用《我是太阳》一著的电视剧改编和拍摄权，在本合同有效期限内，甲方不得将同样权利许可给第三方使用；许可使用期限为36个月（2001年6月18日至2004年6月18日），于2004年6月18日本合同到期之日自动结束。合同还就《我是太阳》一书电视剧改编和拍摄权许可权费的数额及支付方式等内容进行了约定。此后，九歌泰来公司于2001年11月至2002年6月间分三次向邓一光支付使用许可费共计55万元。

2001年10月13日，九歌泰来公司作为甲方，与其聘请的编剧人员（乙方及丙方）签订了剧本创作委托合同，约定为明确三方在委托创作的30集电视连续剧《我是太阳》（暂定名）剧本中的权利义务关系签订本合同，聘请乙方、丙方为该剧的编剧，稿酬总额为90万元。此后，九歌泰来公司于2001年10月及2002年3月两次向编剧人员支付编剧稿费72万元。

1998年2月，石钟山创作的中篇小说《父亲进城》初次发表在《湖南文学》杂志上。2002年9月，华夏出版社出版《激情燃烧的岁月》一书，作者石钟山，该书由《父亲进城》《父母离婚记》《父亲离休》《父亲和他的警卫员》《幸福像花样灿烂》五篇独立小说组成。

2002年11月20日，石钟山出具《〈父亲进城〉电视转让权说明》，内容为其于1998年12月与《激情燃烧的岁月》制片人张纪中签订了《父亲进城》中篇小说转让电视剧改编的合同。石钟山从《父亲进城》剧组领取费用3万元，领款单标明"购版权《父亲进城》"。2002年7月至10月，陈枰两次从《父亲进城》剧组领取"编剧费"共计118 000元。

2000年11月7日，中国人民解放军总政治部出具了《关于电视文学剧本〈父亲进城〉的意见》，表明剧本基础很好，渴望拍出一部思想性、艺术性、观赏性都比较好的电视剧，并提出了一些修改意见以供参考。

2000年11月，长安影视公司与总政话剧团电视剧部签订《联合录制二十集电视连续剧〈父亲进城〉（暂定名）协议书》，内容为双方就联合录制电视连续剧《父亲进城》达成协议。

2001年7月27日，国家广播电影电视总局出具了（军）剧审字〔2001〕第004号电视剧发行许可证，表明剧目名称为《激情燃烧的岁月》，长度22集，制作单位为总政话剧团，合作单位为长安影视公司。

2002年4月4日，国家广播电影电视总局出具了甲第042号电视剧制作许可证，所涉单位名称为总政话剧部。

22集电视连续剧《激情燃烧的岁月》标明由总政话剧团、长安影视公司、沈阳军区话剧团联合录制，片头标明根据《父亲进城》改编，编剧陈枰。该电视剧出版及发行了VCD光盘，外包装显示本片根据石钟山中篇小说《父亲进城》改编。

22集电视连续剧《激情燃烧的岁月》的男主人公为石光荣，女主人公为褚琴，有石林、石晶、石海三个儿女。石光荣为出生于东北山村孤儿，少年时参加革命，身经百战，东北解放时为解放军团长。褚琴出生城市小商人家庭，后参军。电视剧1至5集为战争结束前的故事，包括石光荣与师长讨论结婚的事，石光荣进城时与扭秧歌欢迎进城部队的褚琴相遇，在部队组织的舞会上石光荣与已入伍的褚琴跳舞，石光荣、小伍子强请褚琴到183团吃饭，石光荣与胡毅比武、比赛饭量至相互了解，褚琴与谢枫的来往，石光荣与褚琴结婚，婚礼上石光荣怀念牺牲的战友，新婚之夜石光荣与褚琴的长谈，谢枫打黑枪，石光荣婚后两天即开拔上前线打仗，石光荣与怀孕的褚琴在行军路上相遇，褚琴路途中生产，石光荣回东辽后与褚琴因生活习惯、照顾孩子问题发生矛盾，石光荣与胡毅喝酒抱怨婚后生活的烦恼及没有仗打，石光荣入朝参战，谢枫在战斗中牺牲等。6至16集为战争结束后至石光荣离休前的故事，包括：石光荣与褚琴在生活中不断发生矛盾和争执、石光荣赴武汉进修、与胡毅相聚抱怨没有仗打、石林小时候的故事、石光荣回蘑菇屯老家、老家的乡亲来石光荣家回访及褚琴与石光荣为此产生争执、石光荣与褚琴因石林上大学还是参军的问题发生矛盾、石林在部队的成长过程及与父亲关系破裂、"文化大革命"中石光荣因反对战士举办赛诗会而被停职、石光荣从地方接回受到冲击的小伍子、石晶的军旅生涯、石光荣将军用物资支援家乡抗旱、石光荣离休等内容。第17集以后为石光荣离休后的故事，包括石光荣脱下军装后的苦闷、因将院中花池改为菜地等事情与褚琴产生的矛盾、石晶与成栋权的交往及恋爱过程、褚琴提前退休及退休后参加舞蹈班、石光荣与褚琴多次闹矛盾后分居、石光荣夫妇与同样离休的胡毅夫妇聚会、石光荣与褚琴的关系逐渐好转、石光荣患重病及痊愈后与石林和好、全家团聚等内容。

长篇小说《我是太阳》共分为六部，主要内容为：男主人公关山林为1928年参加革命的老红军，东北解放战争初期为民主联军独立旅旅长，女主人公乌云是一名蒙古族解放军战士。第一部"东北"，包括抗战胜利后关山林所在的部队进入东北，在司令员的指示下部队政治部主任为关山林挑选对象，并选中关山林手下一蒙古族连长的妹妹乌云，安排相亲后关山林立即表示要和乌云结婚，部队为此安排毫不知情的乌云入伍，乌云被部队派到药科专门学校学习，关山林率队攻打刁翎的土匪窝，乌云在学校与白淑芬及德米成为好友，乌云与学校的日本籍教师远滕相互产生了好感，关山林与警卫员邵越到学校看望乌云，学习期间由邵越与乌云联系，邵越给乌云讲关山林的英雄故事，邵越向关山林汇报看望乌云的情况，关山林率领参加攻打四平的战斗，政治部主任与乌云谈话动员其与关山林结婚，关山林与乌云结婚及婚后两天关山林即回部队、乌云回学校，关山林率部队攻打锦州，关山林与乌云在行军途中相遇，相聚一晚后又分离，关山林率部队参加解放沈阳的战斗，关山林与乌云均在战斗中负伤并住进同一家医院等。第二部"中原"，包括关山林与乌云的儿子路阳出生，关山林率领的部队在青树坪的战斗中失利，关山林与乌云在武汉相聚及分手时吵架，关山林在为高级军官办的基础文化补习学校学习。第三部"河北"，包括关山林一家在北京团聚，邵越因工作失误离开关山林，关山林到河北空军干部学校任校长，乌云到该校卫生所工作，关山林在"三反"运动中被作为贪污分子审查，乌云受牵连被批斗及难产生下二子会阳，关山林被解除审查。第四部"湖南"，包括关山林一家到湖南工作，乌云生下三子京阳，乌云与苏联顾问茹科夫、关山林与翻译范琴娜的交往、相识，乌云与关山林因生活习惯发生争执，关山林与茹科夫等苏联顾问在靶场上较量，乌云与关山林矛盾加深频繁吵架，乌云产下四子湘阳，会阳被诊断为痴呆症患儿，关山林与乌云矛盾加深至关山林动手打人及二人分居，乌云生下女儿湘月。第五部"四川"，包括关山林带家人到重庆工作，乌云与在驻外使馆工作的同学德米的通信过程，"文化大革命"期间关山林被隔离审查，路阳、京阳相继参军，关山林解除审查后被要求离职，乌云受到迫害，路阳因林彪事件受冲击而自杀。第六部"湖北"，包括关山林回洪湖老家定居，为解决家乡困难求助以往战友，老家不断来人并招致保姆厌烦，关山林与乌云因湘阳参军问题产生争执，京阳的恋爱过程，京阳在自卫反击战中牺牲，乌云给德米写的信，湘月出国留学，湘阳在官场上的钻营，乌云因车祸成为植物人，关山林对乌云的关怀与激励。

在诉讼过程中，九歌泰来公司主张《我是太阳》与《激情燃烧的岁月》相比，存在以下相同：故事梗概相同；人物塑造与关系设置相同；在情节、细节及对白方面，九歌泰来公司列举了 97 处相同之处。

北京市第一中级人民法院认为：邓一光为长篇小说《我是太阳》的作者，对该作品享有著作权，其有权许可他人以摄制电影或者以类似摄制电影的方式使用该作品。九歌泰来公司依据其与邓一光签订的著作权使用许可合同，自 2001 年 6 月 18 日至 2004 年 6 月 18 日，对《我是太阳》拥有摄制权及改编权，有权禁止他人以摄制电影或者类似摄制电影的方式使用作品。

22 集电视连续剧《激情燃烧的岁月》标明由总政话剧团、长安影视公司、沈阳军区话剧团联合录制，故三者应对该话剧可能产生的侵犯他人著作权问题承担民事责任。

九歌泰来公司因受让而获得的对《我是太阳》所拥有摄制权及改编权，其权利范围限于对作品的使用及获得报酬，属于财产权利。所以，只有在被控侵权作品与权利人（指受让获得作品摄制权及改编权的权利人）的作品在表达形式上存在相同或实质性相似之处，且这种相同或实质性相似达到一定程度、可能影响权利人财产利益的实现的情况下，才构成对权利人所享有的作品摄制权及改编权的侵犯。因此，判断电视剧《激情燃烧的岁月》是否构成对九歌泰来公司就小说《我是太阳》所享有的摄制权及改编权的侵犯，应分析电视剧《激情燃烧的岁月》与小说《我是太阳》具有独创性的表达形式是否构成相同或实质性相似。

小说《我是太阳》及电视剧《激情燃烧的岁月》的题材是相同的，在内容上均反映革命军人在战争及和平年代的婚姻、家庭生活及工作的故事。两部作品的故事主线也存在一致之处，均为男、女主人公在战争年代相识、结婚的过程，婚后均因性格及生活习惯问题产生冲突、摩擦和彼此的不适应。但两部作品中，男、女主人公及子女的故事经历完全不同，描写的侧重点也完全不同。

在人物塑造方面，两部作品中的男主人公均是出身贫寒、身经百战并战功卓著的解放军高级将领，性格简单急躁、粗鲁倔强并独断专行，但为人正直、善良、坦荡、无私，忠心于革命事业，对妻子的态度较为率直。女主人公则均相对感情较为细腻，与男主人公的性格有不适应之处。

关于九歌泰来公司在诉讼中所主张《我是太阳》与《激情燃烧的岁月》在情节、细节及对白方面列举的 97 处相同之处，经对比，其中第 1 处为故事背景，九歌泰来公司主张两部作品均是"以建国前后的几次大的战役为背景，以主人公的婚姻、家庭生活为背景"，第

2处为故事整体框架,第4处为两部作品男主人公的性格,不属于情节、细节及对白范畴。其他九歌泰来公司所主张相同之处可分为以下三种情况:

一、具体情节相同或相似,从文学创作的角度可明显感觉到《激情燃烧的岁月》的这些内容来自《我是太阳》。如第9、17、24、29、35~38、43、53、64、73处,类似的地方还有第5、13~15、18、19、22、26、28、31、32、45、47、49、54~58、62、65、67~69、72、80、82、84、88~91处。

二、虽有相同或相似之处,但相同或相似之处为众所周知的历史事件,或为生活中常见的情节或语言,或缺乏独创性,或不应为九歌泰来公司所专有。如第11、25、30、41处,类似的地方还有第3、8、10、12、27、48、63、66、71、73(原审法院误写)、78、83、86、92~94处。

三、具体的情节或语言并不相同或相似,或在某种意义上有一定相同及相似之处,但表达方式上完全不同。如第6、23、33、81处,类似的地方还有第7、16、20、21、34、39、40、42、44、46、50~52、59~61、70(九歌泰来公司误写为71)、74~77、79、85、87、95~97处。

分析以上对比,《我是太阳》与《激情燃烧的岁月》两部作品的题材是相同的,部分故事主线也存在一致之处,但是,仅有抽象的题材和故事框架显然不能构成文学作品,还应有题材及主线下具体的情节及内容。两部作品的实际故事内容存在较大的差别,两部作品除第一部分均为描述男、女主人公婚嫁的故事有一定的相似处之外,其余部分均不一致。对于实际阅读过《我是太阳》且观看过《激情燃烧的岁月》的读者及公众而言,两部作品内容整体上的差别是显而易见的。

关于九歌泰来公司主张的两部作品97处的情节、细节及对白的相同之处的对比。其中上述第二、三种情况,不应认定《激情燃烧的岁月》系抄袭自《我是太阳》。包括对男、女主人公的人物及性格的塑造上,现实中类似人物是存在的,男、女主人公的形象具有典型性,但不具有独创性,不应成为著作权法保护的客体,也不应为九歌泰来公司所独占。关于97处对比中的第一种情况,从文学创作的角度可明显感觉到《激情燃烧的岁月》的情节系来自于《我是太阳》,因《我是太阳》一书创作及公开发表在先,在被告没有举出相反证据证明其独创的情况下,应认定《激情燃烧的岁月》这些情节抄袭自《我是太阳》。这些情节包括男主人公的身份,男、女主人公均系经组织介绍而成亲,男、女主人公夫妻关系上存在争执至吵闹等,其他多为细节上的相同及相似。

因此,可以认定,《我是太阳》与《激情燃烧的岁月》为两部不同的作品,但《激情燃烧的岁月》在部分情节、细节及对白抄袭自《我是太阳》具有独创性的内容,相对于两部作品的整体内容而言,《激情燃烧的岁月》抄袭的内容只占很小部分,不构成实质性相同。因此,总政话剧团、长安影视公司、沈阳军区话剧团联合录制的电视连续剧《激情燃烧的岁月》未使用小说《我是太阳》实质性内容,不构成对九歌泰来公司就《我是太阳》所享有的摄制权及改编权的侵犯。确实,《激情燃烧的岁月》播出及发行并引起较大反响后,有可能使以《我是太阳》为原著的电视剧的收视率等市场利益产生不利影响,但这种影响是因作品的题材相同造成的,不是因两部作品的部分情节、细节及对白的相同造成的,而本案所涉及作品的题材不受著作权法的保护,不为九歌泰来公司所专有。

综上所述,九歌泰来公司指控总政话剧团、长安影视公司、沈阳军区话剧团联合录制电视连续剧《激情燃烧的岁月》侵犯其对小说《我是太阳》享有的电视剧改编及拍摄权,理由不足，不能成立，其诉讼请求法院不予支持。依照《中华人民共和国著作权法》第十条第一款第十三项、第十四项，第三款的规定，判决驳回九歌泰来公司的诉讼请求。

九歌泰来公司不服原审判决，向北京市高级人民法院提起上诉，请求撤销原审判决，对本案重新作出公正判决。其上诉理由是：1. 上诉人指控《激情燃烧的岁月》与《我是太阳》97处雷同基本客观属实，一审判决仅认定94处中的第一种情况构成抄袭，但对第二种情况和第三种情况认定不构成抄袭，其理由不能成立；2. 一审判决认为《激情燃烧的岁月》对《我是太阳》的抄袭只占很小一部分，两部作品独立存在，因而不构成侵权，既不符合事实，也是对法律的曲解；3.《激情燃烧的岁月》实质上是改编自《我是太阳》，被上诉人侵犯了上诉人对《我是太阳》的改编权和摄制权，使上诉人的利益受到巨大损失，应当对上诉人进行赔偿。总政话剧团、长安影视公司、沈阳军区话剧团服从原审判决。

【二审查明事实】

二审查明的事实与一审基本相同。另查明：二审中，九歌泰来公司对一审判决所列举的《激情燃烧的岁月》与《我是太阳》进行对比的97处内容以及将这97处内容所做的具体情况的分类没有异议。在总政话剧团和沈阳军区话剧团提交原审法院的材料《对原告指控〈激情燃烧的岁月〉抄袭〈我是太阳〉的所谓97处雷同的逐一分析与反驳》一文中，编剧陈枰对九歌泰来公司主张的97处相同表示不予认可。

2000年7月28日、2000年10月9日，陈枰两次从《父亲进城》剧组领取"编剧费"共计118 000元。

上述事实，有当事人的陈述、《对原告指控〈激情燃烧的岁月〉抄袭〈我是太阳〉的所谓97处雷同的逐一分析与反驳》一文、陈枰领取"编剧费"的收据在案佐证。

【二审法院观点】

北京市高级人民法院认为，摄制权，即以摄制电影或者以类似摄制电影的方法将作品固定在载体上的权利。要摄制电影、电视、录像作品而行使对作为文字作品的小说所享有的摄制权，必须有权将该小说改编成相应的剧本。本案中九歌泰来公司指控总政话剧团、长安影视公司、沈阳军区话剧团联合制作的电视剧《激情燃烧的岁月》抄袭了小说《我是太阳》中的97处内容，实际上是改编自《我是太阳》，因而侵犯了九歌泰来公司从著作权人受让获得的改编权和摄制权。即九歌泰来公司指控侵犯其摄制权的理由是因为侵犯了其改编权，且指控侵犯上述两项权利系基于同样的事实。因此，判断被控侵权作品电视剧《激情燃烧的岁月》是否构成对九歌泰来公司享有的《我是太阳》的改编权的侵犯，是判断是否构成对该作品摄制权侵犯的前提。

著作权法上的改编，是指在原有作品的基础上，通过改变作品的表现形式或者用途，创作出具有独创性的新作品。改编作为一种再创作，应主要是利用了原有作品的基本内容；如果离开了原有作品的基本内容，改编作品本身将无法构成作品。因此，被控侵权作品是否构成对原有作品改编权的侵犯，应当取决于其是否使用了原有作品的基本内容；而且所使用的原有作品的基本内容必须是受著作权法保护的具有独创性的表达或表达方式。

下面具体分析九歌泰来公司指控《激情燃烧的岁月》抄袭《我是太阳》的97处内容是否构成独创性的表达以及是否构成《我是太阳》的基本内容。

97处中的第1处为故事背景，第2处为故事整体框架，第4处两部作品男主人公的性格,其余94处基本上属于情节、细节及对白范畴。

关于涉及作品总的方面的1、2、4处,从本案中两部作品反映的故事背景、故事整体框架、主人公性格等总的方面来看,虽然均是反映革命军人在战争及和平年代的婚姻、家庭生活及工作的故事,均描写了男、女主人公在战争年代相识、结婚的过程,婚后均因性格及生活习惯问题产生冲突、摩擦和彼此的不适应,男主人公的性格均是特定年代的解放军高级将领的典型性格,女主人公的性格也是那种特定年代的比较典型的性格,但两部作品男、女主人公及子女的实际故事内容及经历完全不同,两部作品描写的侧重点也完全不同。故事背景、故事整体框架、主人公性格等总的方面的相似之处,主要是由两部作品题材相同造成的,这些内容不属于著作权法所保护的具有独创性的表达或表达方式。

关于情节、细节及对白方面的94处,一审判决曾经将这94处划分为三种情况。第一种情况涉及的44处经对比,《激情燃烧的岁月》的有关表达与《我是太阳》基本相同或相似,因《我是太阳》一书创作及公开发表在先,在对方当事人没有举出相反证据证明其独创的情况下,应认定《激情燃烧的岁月》使用了《我是太阳》的44处内容。经查,这44处主要涉及有关情节,包括男主人公的身份,男、女主人公均系经组织介绍而成亲,男、女主人公夫妻关系上存在争执至吵闹等,其他多为细节方面的。第二种情况涉及的19处经对比,也基本上属于相同或相似之处。虽然其中所描述的或为众所周知的历史事件,或为生活中常见的情节或语言,但作为体现在整部作品之中的诸多表达或表达形式的总和,无疑具备著作权法意义上的独创性。因而应当认定《激情燃烧的岁月》亦使用了《我是太阳》的上述19处内容。经查,上述19处内容所涉及的也是情节和细节方面的。第三种情况涉及的31处经对比,具体的表达完全不同。但是,综合考虑上述第一和第二种情况所涉及的63处相同或相似之处,应当认定《激情燃烧的岁月》所使用的《我是太阳》的有关内容,不能构成《我是太阳》的基本内容,因而《激情燃烧的岁月》不构成对《我是太阳》的改编,不构成对九歌泰来公司所享有的改编权的侵犯。

基于前述的摄制权和改编权之间的关系以及九歌泰来公司指控侵犯其改编权和摄制权的实质理由,在《激情燃烧的岁月》不构成对九歌泰来公司所享有的改编权的侵犯的情况下,亦不构成对九歌泰来公司所享有的摄制权的侵犯。

上诉人九歌泰来公司以两部作品之间存在部分抄袭内容为由指控被上诉人侵犯了其所享有的改编权和摄制权,缺乏事实和法律依据;其要求被上诉人停止侵权、赔偿因侵犯改编权和摄制权而造成的经济损失的诉讼请求,亦于法无据,本院不予支持。

【终审判决】

综上,原审判决认定事实清楚、适用法律及处理结果并无不当。2004年5月14日,北京市高级人民法院依据《中华人民共和国民事诉讼法》第一百五十三条第一款第一项之规定,判决如下:驳回上诉,维持原判。一审案件受理费22 760元,由九歌泰来公司负担(已交纳);二审案件受理费22 760元,由九歌泰来公司负担(已交纳)。

本判决为终审判决。

【学者评述】

审美疲劳,aesthetic fatigue,即 tired in aesthetic action 或 tired in appreciation to beauty,生理心理学解释为当刺激反复以同样的方式、强度和频率出现的时候,机体的反应就开始变弱，身体的生物钟就会变得迟钝缓慢，周期增长。通俗地说，审美疲劳就是因反复欣赏一成不变一潭死水般的艺术作品而产生的厌倦心理，是对人的情绪、体能与智力的浪费与折磨。

从审美客体角度划分，审美疲劳有自然美的疲劳、社会美的疲劳、艺术美的疲劳。从审美主体角度看，审美疲劳可分为审美视觉疲劳、审美听觉疲劳、精神作用疲劳、社会关注疲劳。贵州师范大学封孝伦教授在《人类生命系统中的美学》第六章第六节中指出，"审美疲劳具体表现为对审美对象的兴奋减弱，不再产生较强的美感，甚至对对象表示厌弃……审美绝不是纯精神活动，思考深层次的美学问题，不可以忘记'物质人'这个前提……人本身的物质条件在起根本的制约作用"。这段论述十分敏锐，很有见地，颇具学科交叉性。追根溯源，这个"物质条件"正是人类的生物时间学规律。

因创新乏力，影视不得不续拍、翻拍、重拍，甚至赤裸裸地抄袭、剽窃，诱发芸芸受众的"生物三节律"走向迟缓甚至紊乱，观众因而产生审美疲劳。

（杨新磊）

第十六节　"特警"本色

【上诉人，原审原告】 俞进军，中国人民武装警察部队政治部文工团干事
【上诉人，原审被告】 杨凡，中国人民武装警察部队政治部文工团演员
【上诉人，原审被告】 崔麟，北京人民艺术剧院演员

上诉人俞进军、上诉人杨凡、上诉人、崔麟因著作权权属纠纷（一审案由为著作权侵权纠纷）一案，不服北京市海淀区人民法院于2003年6月12日作出的〔2003〕海民初字第2603号民事判决，向北京市第二中级人民法院提起上诉，现已审理终结。

【一审判决】

一审法院经审理认定：一、关于《中国特警》剧本二稿（以下简称剧本二稿）的著作权。根据俞进军与杨凡、崔麟订立的合同可以确认双方是委托创作关系，因为三人没有约定著作权归属，故著作权属于受托人俞进军。从俞进军提供的证据看，俞进军是剧本的持有者，商借函能够证明俞进军在固定的时间和场所内从事了剧本二稿的写作，证人证言能够补充证明俞进军完成剧本二稿创作的时间、地点等情况。作为剧本的约定作者，俞进军提供了创作时间、创作剧本的证据，举证责任已经完成。杨凡、崔麟如有异议应承担相反的举证责任。杨凡、崔麟提举了创作剧本二稿的参与人和创作过程，与俞进军主张的写作时间没有先后之别，但杨凡、崔麟的证据不能推翻俞进军的主张。此外，俞进军与杨凡、崔麟均认为2002年8月2日俞进军声明放弃的著作权是针对俞进军写作的所有剧本，这说明杨凡、崔麟还是认可俞进军写作的内容不仅仅是剧本一稿。重德公司向俞进军支付了8万元，放弃声明里也明确提到8万元不退，可以证明剧本二稿不可能与俞进军无关。故剧本二稿为俞进军创作的可信度较高。二、关于胁迫。俞进军主张其系在胁迫之下签署了放弃剧本著作权的声明，但没有充分的证据支持。三、关于放弃声明。当事人有权自行处理著作权中的财产权，俞进军采用放弃的形式处理《中国特警》剧本著作权的财产权，本院对此不持异议。但俞

进军与杨凡、崔麟设立了有关剧本的合作协议,与重德公司订立了摄制权转让协议,两份协议都为俞进军设立了合同义务,受合作协议的制约,俞进军必须允许三人共同认可的合作方以拍摄电视剧的方式使用其剧本,受后一份协议的制约,尤其在海南重德影视文化传播有限公司(以下简称重德公司)已付对价的情况下,俞进军也须保证重德公司取得剧本的拍摄权,因此,俞进军在放弃声明里不应侵犯合同相对人的权利。从俞进军交给杨凡和崔麟放弃声明、重德公司同意杨凡、崔麟代替俞进军重新签订合同的事实看俞进军没有违反协议,重德公司同意俞进军与其解除合同的声明,俞进军放弃的财产权也有意归属了杨凡、崔麟。杨凡、崔麟作为使用剧本的共有人,对剧本享有拍摄权,故其先占的事实既符合共有人的法律规定,也符合取得无主物财产所有权的法律原则,故对俞进军的主张不予以支持。剧本的精神权利与人的身份有关,具有不可转让和不得放弃的特点,故放弃署名权的行为是无效的民事行为,不应予以支持。剧本属于精神权利受限的作品。影视作品需要巨额的投资和多方主体的合作才能完成,为促使剧本最后能够变成影视作品,作者行使保护作品完整权和修改权,不应阻碍影视作品的完成。俞进军在诉讼中对杨凡、崔麟的修改一直没有提出异议,说明其同意杨凡、崔麟将其作品修改直至拍成电视剧;但这种使用仅限于为拍摄影视作品使用,并不能解释为包括杨凡、崔麟在内的第三人可以以拍摄之外的方式使用。所谓"放弃署名权",只能解释为作者同意不署名,而不意味着他人在其作品上有权署名。综上,北京市海淀区人民法院依据《中华人民共和国著作权法》第十条,第十一条第一款、第二款,第十五条第二款,第十七条之规定,判决:确认原告俞进军为《中国特警》(暂定名)剧本的作者,享有该剧本的署名权、保护作品完整权和修改权。

一审宣判后,俞进军、杨凡、崔麟均不服上述判决,在法定期限内向北京市第二中级人民法院提起上诉。

俞进军上诉称:俞进军系在杨凡、崔麟对其进行暴力威胁的情况下签署放弃《中国特警》剧本著作权声明的,该声明违背了俞进军的意志,因此,不具有法律效力。据此,俞进军请求法院判决确认俞进军享有电视剧《中国特警》剧本全部著作权。

杨凡、崔麟上诉称:2001年3月,杨凡、崔麟与俞进军签订合作创作合同,开始合作创作《中国特警》剧本。创作主要由杨凡口述,由崔麟创作部分内容或将杨凡口述的内容用文字剧本的方式表现出来,俞进军主要负责记录。之后,由俞进军执笔完成的剧本故事梗概质量很差。2001年6月5日,在杨凡、崔麟不知情的情况下,俞进军与中国电影集团公司第一制片分公司(以下简称制片分公司)签订了版权购买合同书。但俞进军完成的剧本一稿未通过审读。因俞进军违反了与杨凡、崔麟的协议,故杨凡、崔麟口头通知俞进军解除合作关系。2001年11月,杨凡、崔麟开始与刘壮合作,由刘壮执笔,在其他人的参与下,于2002年1月完成《中国特警》剧本一稿,由杨凡送武警政治部宣传部审读。后经杨凡、崔麟等人多次修改,完成剧本六稿。本案争议的剧本并非俞进军创作完成,其不应享有著作权。因此,一审判决认定事实不清,请求二审法院予以撤销,并驳回俞进军的全部诉讼请求。

【二审查明事实】

二审法院经审理查明:

一、关于俞进军创作的《中国特警》剧本一稿

2000年北京电影制片厂(后更名为中国电影集团公司第一制片分公司)提出了筹拍电

视连续剧《中国特警》的可行性报告，策划为：杨凡、崔麟、高敏茹。2000年11月21日，北京电影制片厂提出了拍摄方案。同时，致函武警总部，希望得到武警总部的支持，并报送了电视剧的策划书、拍摄方案、可行性报告。

杨凡、崔麟因工作忙，且不会使用电脑，欲寻一人执笔创作《中国特警》剧本。此间遇到俞进军，因俞进军称擅长文学创作，又对杨凡、崔麟关于《中国特警》的创意和素材感兴趣，故三人决定合作。2001年3月28日，俞进军与杨凡、崔麟签订协议书，协议书主要内容为：杨凡、俞进军、崔麟三人本着精诚团结、互惠互利、保证各自基本利益的原则，共同合作，策划并创作20集连续剧《中国特警》。并约定剧本作者为俞进军，杨凡出任男主角，崔麟出任主线贯穿人物角色，三人均为策划人。保证俞进军创作费每集人民币1万元。不论与任何方合作，三人都共同遵守上述原则，同进同退，一荣均荣，一辱均辱。

经杨凡、崔麟介绍，俞进军结识了制片分公司的制片人高敏茹。2001年6月5日，俞进军与制片分公司签订版权购买合同书，约定制片分公司在3年内享有对俞进军的电视连续剧《中国特警（暂定名）》剧本进行创作、改编、审定及拍摄的权利，制片分公司支付俞进军创作版权费，每集8 000元，按三期支付。创作前支付20%，完成10集支付30%，全部完成后再支付50%。签约后，俞进军执笔，创作完成了剧本一稿，制片分公司送武警总部审读，并先后支付俞进军稿酬8万元。2001年12月6日，武警总部电视艺术中心副主任丁临一出具了审读意见，指出了剧本的不足，认为该剧本尚需较大内容的修改。

经杨凡、崔麟介绍，俞进军结识了重德公司经理邓锦雄。杨凡、崔麟称，其并不知道俞进军与制片分公司签约的情况，其是在重德公司表示愿意投资电视连续剧《中国特警》后电话通知高敏茹时，才得知俞进军已私自与制片分公司订立了合同。杨凡、崔麟认为俞进军与制片分公司订立合同时，剧本尚未完成，故俞进军出卖的是杨凡、崔麟的创意和素材。因俞进军违反了三人之间协议，杨凡、崔麟遂通知俞进军，解除与俞进军的合作关系。杨凡、崔麟并将该情况通知了高敏茹，高敏茹遂决定与俞进军解除合同。

2001年12月17日，俞进军与制片分公司签订了解除《剧本〈中国特警〉版权购买合同书》的协议。次日，俞进军与重德公司签订版权购买合同书，约定俞进军将《中国特警》（暂定名）的（电视、影视）剧本的创作、改编、审定及拍摄权出售给重德公司。重德公司支付给制片分公司8万元版权费。俞进军于2001年12月17日出具收到重德公司稿酬8万元的收条。杨凡、崔麟称，俞进军系在杨凡、崔麟不知情的情况下与重德公司签约的。杨凡、崔麟认为俞进军与制片分公司签约出售的是其剧本一稿，而一稿只是由俞进军执笔，其创作素材、情节构思均是杨凡、崔麟口述给俞进军的，因此一稿是合作作品，俞进军不应独自享有制片分公司支付的8万元稿酬。

上述事实有可行性报告、拍摄方案、策划书、信函、高敏茹证言、合同、剧本一稿、审读意见、收款收条、当事人陈述等证据在案佐证。

二、关于俞进军签署的放弃声明

2002年8月2日，俞进军签署了一份声明，主要内容为：本人俞进军于2001年12月18日与重德公司签订的《中国特警》版权购买合同书声明作废。有关20集电视连续剧《中国特警》的版权归属问题与本人无关。并由此而派生出的一切副产品（包括出书、音像制品等）均与本人无关。本人俞进军特与重德公司郑重声明：放弃《中国特警》版权所有权及署名权，并保留重德公司给付的80 000元稿酬所有权（个人所得税由本人承担）。

俞进军提出，该声明系在杨凡、崔麟的威胁下被迫签署的，并提供了李晓强的证言和律师的调查笔录以及律师与武警总部政治部宣传部副部长凤一飞的谈话笔录用以证明该主张。

李晓强在2003年1月17日出具的证言中称：俞进军与杨凡、崔麟在李晓强的房间谈话大约40分钟，其当时并不在现场。在2003年1月17日俞进军的委托代理人所做调查笔录中，李晓强的陈述与前述证言内容基本一致，并提到听俞进军说受到杨凡等的威胁，签署了声明。在2003年1月24日俞进军的委托代理人所做调查笔录中，李晓强称2002年8月2日，杨凡让李晓强约俞进军到李晓强宿舍。俞进军进门后，杨凡和崔麟将带来的协议让俞进军签字，俞进军不签，杨凡大骂俞进军，并向俞进军挥拳，俞进军不情愿地在协议上签字了。同日，李晓强又出具了一份证言，内容与调查笔录中的陈述基本一致。2003年3月5日，一审法院对李晓强进行了询问，其陈述与2002年8月2日的证言基本一致。在俞进军的委托代理人与凤一飞的谈话笔录中，凤一飞陈述称，俞进军事后曾向其反映受到杨凡威胁的情况。凤一飞同时还陈述相信此事是真的，但没有进行调查。其他证人，只是表述听到了俞进军在事后的陈述，并没有亲自经历发生在房间里的事实。

俞进军称，弃权声明涉及的是俞进军创作的剧本二稿，而杨凡、崔麟认为俞进军只创作了剧本一稿，该弃权声明与剧本二稿没有关系。

就俞进军签署该弃权声明的缘由，杨凡、崔麟的解释称，因俞进军自制片分公司取得8万元稿酬，而俞进军系将应归三人共有的剧本出售，故杨凡、崔麟向俞进军追索稿酬。此时，俞进军才告知杨凡、崔麟其已与重德公司签约，该8万元系重德公司所付。为了达到独吞稿酬的目的，俞进军主动签署了弃权声明，保证以后不再干预拍摄。该声明针对的是重德公司，而非杨凡、崔麟。重德公司给付俞进军稿酬只是为了锁定《中国特警》这个题材。因俞进军同意解除与重德公司的协议，杨凡、崔麟为使《中国特警》得以拍摄，同意不再追究稿酬问题。

上述事实有声明、证人证言、当事人陈述等证据在案佐证。

三、关于电视连续剧《中国特警》的拍摄

2002年4月4日，国家广播电影电视总局（以下简称广电总局）授予北京电影学院电视剧制作中心《中国武装特警》电视剧制作许可证。2002年7月19日，武警总部政治部、宣传部致函广电总局，认为电视连续剧《中国特警》剧本通过审读，可以拍摄。2002年8月6日，北京电影学院电视剧制作中心与重德公司、北京一代天骄广告公司签订合作意向书，约定获准拍摄题材批复后正式签订合同，拍摄由崔麟、杨凡编剧的20集电视连续剧《中国特警》。2002年8月7日，崔麟、杨凡与重德公司签订版权购买合同书，同意由重德公司享有《中国特警》剧本的改编、审定权。2002年9月20日，北京电影学院电视剧制作中心、北京一代天骄广告公司函致重德公司，合作意向书终止履行。后重德公司退出《中国特警》电视剧的拍摄，现该电视剧已录制完成。

以上事实有电视剧制作许可证、合作意向书、版权购买合同书、关于终止合作意向书的函、当事人陈述等证据在案佐证。

四、关于《中国特警》剧本二稿的创作

俞进军在本案中主张的是《中国特警》剧本二稿的著作权。杨凡、崔麟则认为俞进军只创作过一稿，根本不存在俞进军创作的二稿。俞进军主张的二稿，实际上是由杨凡、崔麟创作的三稿。

俞进军和杨凡、崔麟均认可俞进军创作的剧本一稿与其主张的二稿的内容有较大差异。

俞进军称其主张的剧本二稿的完成时间为2002年1月25日。为证明其是作者，俞进军向法庭提供了剧本二稿，制片分公司致武警总部政治宣传部商借函原件、丁临一于 2002 年 2 月 19 日关于《中国特警》二稿肯定性的审读意见及邓锦雄、朱文斌、金鹏翔、韩水平等人的证言。

商借函系由制片分公司于 2001 年 10 月 25 日出具的，主要内容是请求武警总部宣传部批准俞进军自 2001 年 11 月 1 日起到 2002 年元月 1 日止进行《中国特警（暂定名）》剧本的后期修改工作。此外，商借函还载有如下内容："但目前的剧本仅是初稿，还存在一些不足之处，我方在综合各方面（包括贵部所提修改意见）后，认为该剧本应再做进一步修改……"制片分公司于 2003 年 2 月 24 日出具证明，认为盖有制片分公司印章的"商借函"并非制片分公司出具，并提出，丁临一系 2001 年 12 月 6 日出具审读意见，商借函是 2001 年 10 月 25 日出具的，在没有得到武警总部审读意见之前，制片分公司没有依据和理由商借俞进军修改剧本。制片分公司同时提供了 2001 年用章登记记录，该记录中没有关于商借函用章的记载。经武警总部宣传部文化处处长张恒光核实，武警总部宣传部并无该商借函存档。杨凡、崔麟否认存在借用俞进军修改剧本的事实，认为如果存在商借的话，那么商借函的原件应该在俞进军的所在单位，而不应该在俞进军手中。俞进军称商借函的原件来自重德公司的邓锦雄。丁临一的审读意见中无关于作者的内容，并且俞进军提供的审读意见内容经过篡改。

邓锦雄在一审中出庭作证称，其购买的剧本作者的身份不清，其从制片分公司买的是俞进军的一稿，并向俞进军交代了修改要求。一直到二稿修改完毕，其都没有和俞进军通过电话或者见过面，都是与杨凡、崔麟联系。朱文斌的证言主要是证明俞进军向其请教如何把握和修改后期的剧本。金鹏翔的证言主要是证明 2002 年元月，俞进军在电脑中的后五集稿件丢失后，由其帮助搜索恢复（第 135～173 页）。俞进军的同学韩水平出具证言证明 2001 年 12 月，其在俞进军的宿舍读过俞进军的修改稿。朱文斌、金鹏翔、韩水平未出庭作证，杨凡、崔麟对其证言予以否认。对于邓锦雄的证言，杨凡、崔麟认为，证言内容前后矛盾，并且证明他从没有目睹过俞进军创作了剧本二稿，不能证明俞进军是作者。杨凡、崔麟还主张俞进军持有的剧本二稿是俞进军从邓锦雄处取得的，并非俞进军所写，但邓锦雄否定此说法。

杨凡、崔麟为证明其是俞进军主张的《中国特警》剧本二稿的作者，向本院提供了 1～6 稿剧本的打印件，以及 4 集剧本的手写稿，并提出剧本中很多情节都是杨凡的亲身经历，如杨凡父亲病故、与妻子的矛盾。

对于手稿，俞进军在二审开庭过程中表示认可，并当庭陈述：手稿的内容都采用了。当时我每写完一集，他们就看一集，进行修改，他们修改都是手写。这些手稿都是他们拿给我看后，他们再拿走，我没有留下。对于杨凡的个人经历，俞进军表示在剧本中也使用了。杨凡、崔麟对俞进军的陈述表示异议，提出他们从来没有将这些手稿交给过俞进军，杨凡的个人经历也没有告诉过俞进军。如果手稿交给了俞进军，那么这些手稿就应当在俞进军手中，俞进军将手稿用后再交还杨凡、崔麟不合情理。在二审庭审过程中，杨凡提出剧本第 19 集有在飞机上关于孙子兵法的讨论的情节，要求俞进军当庭复述。俞进军称，这些细节不可能记得那么清楚。

杨凡、崔麟为证明其是争议剧本的作者，还提供了证人证言。其中，丁临一的证言证明，其未直接接触过作者，不清楚作者是谁。李吉荣的证言证明杨凡已将《中国特警》的故事构思好，巧遇俞进军说能帮助杨凡写，二人决定一起做。高敏茹的证言证明杨凡告知其关于《中国特警》的整体构思，二人约定其负责筹措资金，杨凡负责剧本的策划和创作；杨凡介绍俞进军为《中国特警》执笔人，并安排其体验生活，当俞进军将他写的故事梗概给高敏茹看时，高敏茹认为其写作水平太差；俞进军背着杨凡、崔麟与高敏茹签约，谎称杨凡、崔麟清楚此事；杨凡引见了投资方邓锦雄，制片分公司与俞进军解除了合同。制片分公司副总曹彪的证言证明其公司高敏茹联系了此事，《中国特警》是杨凡、崔麟多年运作的成果，俞进军只是后来加入的执笔人，由于其剧本不能用，制片分公司与其解除了合同。刘壮的证言证明2001年11月至2002年7月其与杨凡、崔麟创作并修改了5稿，剧本主要内容是杨凡、崔麟讲述的，刘壮为剧本的文学统筹。有关特警专业术语和特警日常训练以及处置突发事件时的战术程序由特警学院相关人员王德权、徐春雷、梁行永、姚德强等人参与创作。徐春雷、王德权均到庭证明其参与创作了上述专业部分，并证明剧本的主要工作系杨凡、崔麟完成。杨凡、崔麟口述，王德权还负责打字、记录。俞进军认为，其与制片分公司系杨凡介绍的，俞进军背着杨凡、崔麟与制片分公司签约的理由不成立；刘壮等人参与创作的稿件晚于俞进军二稿完成的时间，不应以刘壮等人参与创作来否定俞进军完成了剧本二稿。

丁临一于2002年2月19日出具《中国特警》（二稿）审读意见，认为该剧本已基本成型，并提出建议修改意见为："一、第11集（第99页）因囚犯逃逸及袭警的情节画面可用背景画处理交代……"俞进军提供的该审读意见复印件只有一页，没有关于修改意见的部分。而杨凡、崔麟提交的该审读意见系两页，内容完整。俞进军认可杨凡、崔麟提交的该审读意见。杨凡、崔麟提出，俞进军之所以篡改该审读意见，是因为在审读意见中提到的应修改的第99页与杨凡、崔麟提交的剧本三稿是对应的，而与俞进军主张的剧本二稿不对应，因此送审的剧本应是杨凡、崔麟的剧本三稿。

杨凡、崔麟的剧本三稿与俞进军主张的剧本二稿的内容基本一致。剧本六稿是拍摄稿，由崔麟、杨凡于2002年8月28日在北京市版权局以著作权人身份进行了版权登记，并于2002年9月13日获得登记证书。

上述事实有俞进军提供的剧本二稿打印件、商借函原件、审读意见、证人证言，杨凡和崔麟提供的剧本1~6稿打印件、剧本部分手稿、证人证言、版权登记证书、审读意见，以及当事人陈述等证据在案佐证。

【法院观点】

根据著作权法的规定，著作权属于作者。创作作品的公民是作者。俞进军若主张对剧本二稿独立享有著作权，应证明该作品系其独自创作完成。

俞进军为证明其是创作剧本二稿的作者，主要提供了剧本、审读意见、商借函以及证人证言。由于其提供的剧本系打印件，在存在从他处取得该剧本的可能性的情况下，仅凭持有剧本不能证明该剧本是俞进军创作的。审读意见中并无关于剧本作者或者剧本创作过程的内容，不能证明俞进军是剧本的作者。商借函上虽然加盖有制片分公司的印章，但是制片分公司印章使用记录中并无该商借函的记载，制片分公司也否认存在商借俞进军从事二稿创作的事实。俞进军持有的该商借函的原件并非来自其工作单位，俞进军的工作单位也没有该商借函的存档。从商借函的内容上看，商借函系由制片分公司于2001年10月25日出具的，商借函中载有"我方在综合各方面（包括贵部所提修改意见）后，认为该剧本应再做进一步修改……"但是，根据查明的事实，丁临一出具审读意见的时间是2001年12月6日，在该商借函的落款时间之后，因此，商借函的内容与事实是矛盾的。综合各方面因素可以看出，商借函不能证明存在制片分公司借用俞进军从事剧本二稿创作的事实。为俞进军出具证言的证人朱文斌、金鹏翔、韩水平未出庭作证，在杨凡、崔麟对他们的证言提出异议并且没有其他证据佐证这些证人证言的情况下，本院对这些证人证言不予采信。邓锦雄并未目睹俞进军创作剧本二稿，故其证言也不能直接证明俞进军从事了剧本二稿的创作。因此，俞进军提供的证据均不能证明其是剧本二稿的作者。一审法院认定商借函和证人证言可以证明俞进军存在创作的时间和地点，没有证据支持，系认定事实错误，本院予以纠正。

虽然俞进军与杨凡、崔麟曾约定俞进军为《中国特警》剧本的作者，但是双方认可，俞进军完成的是剧本一稿的创作，该剧本与本案中双方争议的剧本内容有很大差异，在俞进军没有证据证明剧本二稿是其创作的情况下，其不能按照该合同约定作为剧本二稿的作者主张著作权。

同理，因俞进军不能证明其参与了剧本二稿的创作，则其签署的弃权声明也不能证明是针对剧本二稿。杨凡、崔麟对俞进军签署该弃权声明的解释合乎情理。

杨凡、崔麟为证明其是创作剧本二稿的作者，提供了4集剧本的手写原稿以及剧本1~6稿的打印件，同时，参与创作或提供素材的刘壮、李吉荣、徐春雷、梁行永、王德权等提供了证人证言，证明争议剧本主要由杨凡、崔麟创作完成。这些证据多为直接证据，与俞进军提供的证据相比，具有较高的证明力，因此，杨凡、崔麟是争议剧本的作者，对该作品享有著作权。

综上，一审判决关于剧本二稿为俞进军创作的可信度较高的认定，缺乏事实依据；因此，其基于该认定确认俞进军是争议剧本作者，享有该剧本署名权、保护作品完成权和修改权的结论错误，本院予以撤销。上诉人杨凡、崔麟关于剧本二稿并非俞进军创作，俞进军不是剧本二稿作者的主张有事实和法律依据，对于其提出的撤销一审判决的诉讼请求，本院予以支持。上诉人俞进军主张其是剧本二稿的作者，没有相应的证据支持，对于其提出的确认其享有剧本二稿全部著作权的诉讼请求，本院不予支持。

【终审判决】

2003年12月15日，北京市第二中级人民法院依照《中华人民共和国著作权法》第十一条第一款、第二款、第四款，《中华人民共和国民事诉讼法》第一百五十三条第一款第三项之规定，本院判决如下：一、撤销北京市海淀区人民法院〔2003〕海民初字第2603号民事判决；二、驳回俞进军的诉讼请求。

一审案件受理费50元，二审案件受理费50元，均由上诉人俞进军负担（已交纳）。

本判决为终审判决。

【学者评述】

观看影视剧就像是在照镜子，有时候你看到的是自己，有时候你看到的是一个滑稽的小丑。当欲望蒙住双眼，镜中的自己便会扭曲变形，而法律如同阳光普照，让违法者无所遁形。提起"特警"这个职业，我们便会联想到热血铸就金色盾牌的英雄形象，而本案却不见了特警们的血气方刚与英姿飒爽。

合作的剧本，通常是两人或者两人以上的作者共同创作完成的剧本。合作的形式有很多种，不一而论；但合作的剧本一般不可分割使用，其著作权应当归所有合作者共同所有，授权、转让均必须由所有合作者统一施行。

利用合作的机会或便利，在其他合作伙伴不知情的情况下，与他人签署版权购买合同，不仅是侵权行为，更对不起朋友。

（万鹏）

第十七节 "江山"无义，"风雨"无情

【上诉人，原审原告】海泰药业投资有限公司
【被上诉人，原审被告】陈家林，导演
【被上诉人，原审被告】北京盛蝶文化发展有限公司
【被上诉人，原审被告】朱苏进，作家

上诉人海泰药业投资有限公司（以下简称海泰公司）因确认著作权归属及侵犯著作权纠纷一案，不服北京市第二中级人民法院〔2003〕二中民初字第1391号民事判决，向北京市高级人民法院提起上诉，现已审理终结。

【一审判决】

北京市第二中级人民法院判决认定：2000年12月13日，海泰公司的法定代表人陈晓军与陈家林签订协议书，约定陈家林作为导演、陈晓军作为投资方共同策划、联合拍摄30集电视连续剧《江山风雨情》。协议约定：海泰公司按陈家林指定账户汇款50万元，作为该剧本创作及修改费用，陈家林收到汇款后，聘请国内有一定知名度的高水平的编剧，完成剧本创作及修改；剧本完成并经双方共同确认后，进一步协商签订正式拍摄合同。协议签订后，海泰公司将50万元投资款经北京盛蝶文化发展有限公司（以下简称盛蝶公司）账户交陈家林。2000年12月20日，陈家林约请编剧朱苏进到京，海泰公司与陈家林等和朱苏进共同探讨了剧本创作的有关事宜，并商定剧本名称为《江山风雨情》。2001年6月，编剧朱苏进创作完成剧本，并将剧本交予海泰公司和陈家林。后海泰公司与陈家林双方产生纠纷，合作中止。

北京市第二中级人民法院认为，委托创作法律关系的形成应当由委托人和受托人以书面或口头方式订立协议，就委托创作的内容、要求、费用和委托创作作品的著作权归属等方面予以约定。海泰公司与陈家林签订的合作协议中约定海泰公司提供投资款，陈家林聘请编剧创作剧本，双方共同策划、联合拍摄《江山风雨情》电视连续剧，该协议中未对涉案剧本拍摄权的归属作出明确约定。此后陈家林在收到海泰公司投资款后，与编剧朱苏进联系剧本创作事宜，并与海泰公司对此进行讨论，剧本创作完成后交付给了海泰公司。仅凭上述剧本创作过程，不能推断陈家林系代表海泰公司为上述行为，也不能推断海泰公司与朱苏进之间形成了海泰公司主张的委托创作法律关系。现海泰公司并未举证证明其与朱苏进就委托创作或著作权转让订立了书面合同，且朱苏进亦坚持主张其未转让所享有的涉案剧本的著作权。因此海泰公司主张其与朱苏进之间形成了委托创作法律关系，其应享有涉案剧本的拍摄权的主张，证据不足，不予支持。鉴于海泰公司提

出其享有涉案剧本拍摄权的主张不成立，海泰公司在本案中提出盛蝶公司、朱苏进侵犯了其享有的拍摄权的主张，依据不足，不予支持。

综上，依照《中华人民共和国著作权法》第十条第一款第十三项，第十一条第一、二、四款之规定，北京市第二中级人民法院判决：驳回海泰公司的诉讼请求。

海泰公司不服原审判决，向本院提起上诉。其上诉理由为：1. 根据本案事实，应当已经足以推断出陈家林系代表投资方海泰公司约请了编剧朱苏进，且朱苏进也是接受了海泰公司明确的创作要求（以及创作委托）为海泰公司撰写了海泰公司要求的剧本《江山风雨情》；2. 朱苏进接受海泰公司的酬金，并接受海泰公司的创作要求，以及将创作的成果交给海泰公司的民事行为，证明了海泰公司与朱苏进之间已形成了事实上的委托创作关系，并已实际履行；3. 尽管在委托朱苏进创作的过程中，现在还无法证明对剧本著作权归属进行过任何约定，但根据法律规定，委托人可在委托创作的特定目的范围内免费使用该作品，海泰公司享有使用该剧本拍摄电视剧的权利。故请求二审法院依法撤销一审判决，支持上诉人的诉讼请求。陈家林、盛蝶公司、朱苏进服从原审判决。

【事实】

二审法院经审理查明：1999 年 12 月，朱苏进计划创作一部反映明末清初时大明（崇祯）、大顺（李自成）、大清（皇太极）三个帝王争天下的历史题材长篇剧本，暂名《千古江山》或《江山风雨情》。

2000 年 12 月 13 日，海泰公司的法定代表人陈晓军与陈家林签订协议书，约定陈家林作为导演、陈晓军作为投资方共同策划、联合拍摄 30 集电视连续剧《江山风雨情》。该剧以明末清初为时代背景，围绕在改朝换代、风雨飘摇的历史大变革中起主导作用的人物与一代名妓陈圆圆之间所发生的故事而改编。协议约定：陈晓军按陈家林指定账户汇款 50 万元，作为该剧本创作及修改费用，在剧组正式成立后，该款纳入全剧制作成本；陈家林收到陈晓军汇款后，聘请国内有一定知名度的高水平的编剧，在 4 个月内完成剧本创作及修改；剧本完成并经双方共同确认后，进一步协商签订正式拍摄合同；如双方在创作及修改剧本过程中发生纠纷，通过协商解决。海泰公司与陈家林均认可该协议系由海泰公司与陈家林签订并履行的。协议签订后，海泰公司将 50 万元投资款经盛蝶公司账户交陈家林，盛蝶公司于 2000 年 12 月 15 日出具了收据。

2000 年 12 月 20 日，陈家林约请编剧朱苏进到京，探讨了剧本创作的有关事宜。此后，朱苏进再次到京并接受陈家林的建议，将剧本名称定为《江山风雨情》。朱苏进于 2001 年 6 月创作完成了剧本初稿，于 2002 年 12 月最终创作完成了剧本。

陈家林称其曾将海泰公司 50 万元投资款支付给编剧朱苏进及报销交通、住宿费用约 33 万元，朱苏进已退还收取的费用，但陈家林未提供相关证据。朱苏进主张其仅在陈家林处报销过差旅费约 2 万元，且已退回，并未收取过其他任何费用。

盛蝶公司曾与朱苏进就涉案剧本创作和使用签订过协议，但仅是一个合作意向，现已终止。

朱苏进主张未向陈家林、陈晓军及海泰公司转让过《江山风雨情》剧本的著作权及其他相关权益，其对该剧本享有完整的著作权。

以上事实，有陈晓军与陈家林 2000 年 12 月 13 日签订的协议书、盛蝶公司收据、住宿费发票、《江山风雨情》剧本初稿封面及首页、2002 年 3 月 11 日《北京晨报》相关报道、陈家林书写的拍摄合作条款、律师函及邮寄证明、公证书、创作规划以及各方当事人陈述等在案佐证。

【法院观点】

二审法院认为：在合同纠纷案件中，主张合同关系成立并生效的一方当事人对合同订立和生效的事实承担举证责任。本案中，海泰公司主张其与朱苏进之间存在委托创作法律关系，应对此承担举证责任。

海泰公司与陈家林之间协议是关于合作拍摄《江山风雨情》电视连续剧的协议，该协议约定了双方的分工，双方据此产生的是合作关系。

海泰公司没有举证证明其已委托朱苏进创作《江山风雨情》电视连续剧的剧本并与朱苏进之间形成委托创作法律关系。海泰公司关于其与朱苏进之间存在委托创作法律关系缺乏事实和法律根据，不应支持。原审判决认定事实虽部分有误，但处理结果是正确的，本院对错误事实依法予以纠正。

综上，原审判决认定事实基本清楚，适用法律正确，应予维持。上诉人的上诉理由不能成立，对其上诉请求，应予驳回。

【终审判决】

2003年12月19日，北京市高级人民法院依据《中华人民共和国民事诉讼法》第一百五十三条第一款第一项的规定，判决如下：驳回上诉，维持原判。一审案件受理费1 000元，二审案件受理费1 000元，均由海泰药业投资有限公司负担（已交纳）。本判决为终审判决。

【学者评述】

有专家指出，剧本版权是影视版权诞生的源泉，在影视产业进入版权经济时代，剧本是第一轮参与版权竞争的。事实上，编剧在创作剧本的过程中，剧情、画面、演员的表演等元素早已在脑海里成熟，诉诸笔端，才能形成流畅而优美的文字。这个过程是十分复杂和系统的，编剧需要投入大量的精力和时间。剧本决定着影片的基调与脉络，剧本的品质很大程度上决定着影片的最终质量。一个好的故事，一定融入了编剧对生活的思考、对社会的认知以及对戏剧技巧的运用。可惜的是，在我国当前的现实中，编剧的实际收入尤其对编剧权利的保护，却没有和这一工种的重要作用成正比关系。对编剧劳动成果的践踏，最终塑造出的只能是一个畸形、残缺、扭曲的影视行业。

（万鹏）

第十八节 琼瑶诉于正

【上诉人，原审被告】 余征（笔名"于正"）

【上诉人，原审被告】 湖南经视文化传播有限公司

【上诉人，原审被告】 东阳欢娱影视文化有限公司

【上诉人，原审被告】 万达影视传媒有限公司

【上诉人，原审被告】 东阳星瑞影视文化传媒有限公司
【被上诉人，原审原告】 陈喆（笔名"琼瑶"）

上诉人余征、湖南经视文化传播有限公司（以下简称湖南经视公司）、东阳欢娱影视文化有限公司（以下简称东阳欢娱公司）、万达影视传媒有限公司（以下简称万达公司）、东阳星瑞影视文化传媒有限公司（以下简称东阳星瑞公司）因侵害著作权纠纷一案，不服北京市第三中级人民法院〔2014〕三中民初字第7916号民事判决，向北京市高级人民法院提起上诉，现已审理终结。

【一审查明事实】

一审法院北京市第三中级人民法院查明：

（一）关于涉案作品及电视剧《梅花烙》创作、发表的事实

剧本《梅花烙》于1992年10月创作完成，共计21集，未以纸质方式公开发表。依据该剧本拍摄的电视剧《梅花烙》内容与该剧本高度一致，由怡人传播有限公司（以下简称怡人公司）拍摄完成，共计21集，于1993年10月13日起在中国台湾地区首次电视播出，并于1994年4月13日起在中国大陆地区（湖南电视一台）首次电视播出。电视剧《梅花烙》的片头字幕显示署名编剧为林久愉。林久愉于2014年6月20日出具经公证认证的声明书，声明其仅作为助手配合、辅助陈喆完成剧本。其间，林久愉负责全程记录陈喆的创作讲述、执行剧本的文字部分统稿整理工作。林久愉在其声明中称，剧本《梅花烙》系由陈喆独立原创形成，陈喆自始独立享有剧本的全部著作权及相关权益。

小说《梅花烙》系根据剧本《梅花烙》改编而来，于1993年6月30日创作完成，1993年9月15日起在中国台湾地区公开发行，同年起在中国大陆地区公开发表，主要情节与剧本《梅花烙》基本一致。小说《梅花烙》的作者是陈喆。

（二）关于涉案作品相关内容的事实

1. 剧本《梅花烙》的剧情梗概①
2. 小说《梅花烙》与剧本《梅花烙》的内容差异

小说《梅花烙》的故事梗概除不含白胜龄夫妇溪边拾婴、白胜龄劝慰吟霜放弃皓祯、小寇子因皓祥告状被王爷责罚、兰馨听取崔嬷嬷劝告向吟霜求和而遭误解的情节外，与剧本《梅花烙》基本一致，但剧本《梅花烙》中的福晋倩柔和姐姐婉柔，在小说《梅花烙》中分别名为雪如和雪晴。小说《梅花烙》在皇上赐婚至吟霜入府的情节安排上，顺序如下：皓祯在龙源楼打退多隆及手下后，常来听吟霜唱曲，并对吟霜渐渐萌发感情。之后，皇上便指婚兰馨公主予皓祯，阖府欢跃，王爷及雪如更觉荣光，皓祯得知后心系吟霜，闷闷不乐。在皓祯与吟霜私订终身并发现吟霜肩上的梅花烙之后，皓祯奉命与兰馨完婚。婚后皓祯屡次托辞，多日不肯与兰馨圆房，并在情急之下，将自己与吟霜之事告诉了雪如。雪如于是去小院见吟霜，原本打算用钱收买吟霜并劝吟霜离开皓祯，但吟霜用情至深，不惜以死明志。小寇子更是献计，假称吟霜为自己三婶婆的干女儿接入府中做丫鬟。雪如深受吟霜感动，接受了小寇子的计策，吟霜于是被接进王府做丫鬟，安排在雪如身边服侍。在小说《梅花烙》中，偷龙转凤的真相公开后，是皓祥与翩翩共同进宫告密。

---

① 此处略去具体的剧情梗概。

（三）关于《宫锁连城》剧本及电视剧创作、发表过程的事实

余征系剧本《宫锁连城》（又名《凤还巢之连城》）作品登记证书载明的作者，系电视剧《宫锁连城》的署名编剧，剧本共计20集。作品登记证书载明的剧本创作完成时间为2012年7月17日，首次发表时间为2014年4月8日，余征于2012年6月5日向湖南经视公司出具授权声明书。另外，余征及东阳欢娱公司称，余征创作《宫锁连城》剧本的时间是2012年6月前后完成故事梗概，7月完成3集分场草稿和故事线草稿，其后开始分场大纲创作。2012年10月开始具体的剧集创作，2012年年底基本定稿。

电视剧《宫锁连城》根据剧本《宫锁连城》拍摄，电视剧《宫锁连城》片尾出品公司依次署名为：湖南经视公司、东阳欢娱公司、万达公司、东阳星瑞公司。电视剧《宫锁连城》完成片共分为两个版本，网络播出的未删减版本共计44集，电视播映版本共计63集，电视播映版本于2014年4月8日起在湖南卫视首播。

（四）关于《宫锁连城》剧本及电视剧相关内容的事实

1. 剧本《宫锁连城》的梗概①

经查，电视剧《宫锁连城》剧情内容与剧本《宫锁连城》基本一致。

2. 陈喆主张的剧本与电视剧《宫锁连城》中涉嫌侵权内容的梗概

陈喆主张剧本与电视剧《宫锁连城》的侵权内容，集中有关恒泰与连城之间身世、感情的情节，该部分情节概括如下。②

（五）关于陈喆主张的剧本及电视剧《宫锁连城》中相关内容与涉案作品的关系

陈喆为说明剧本《宫锁连城》、电视剧《宫锁连城》与涉案作品在人物设置、人物关系、具体情节及情节整体创编上的相似性，向原审法院提交了人物关系对比图、《宫锁连城》电视剧及剧本与《梅花烙》小说及剧本相似情节比对表。经查，上述图表中的人物设置、人物关系及情节在剧本《宫锁连城》、电视剧《宫锁连城》与剧本《梅花烙》、小说《梅花烙》中均存在对应内容。

（六）关于陈喆专家辅助人的原审庭审陈述

原审庭审中，陈喆委托的专家辅助人汪海林就剧本创作问题发表意见，其称剧本的核心创作价值体现于精彩的情节段落设计，而就具体情节基于特定的串联及编排将成为剧本的最终表达。对在先剧本的内容使用，仅通过观看其电视剧的内容即可实现。从人物设置与影视作品情节关联上来看，用于比较的两部作品男女主人公的关系及情节安排如果呈现出一定程度的相似性，则可以作为两部作品相似的判断基础，具体的人物设置、人物关系、具体情节及桥段以及由情节串联而成的剧情均可作为剧本的创作表达。而对于相关情节，如用于比较的两部作品在部分细微环节存在差异，则需要考虑发生差异的部分是否仍保持着同样的戏剧功能；如戏剧功能未发生实质变化，则不能简单排除前后作品的相似关系。

（七）关于陈喆要求各方承担侵权责任的事实

陈喆主张余征、湖南经视公司、东阳欢娱公司、万达公司、东阳星瑞公司共同侵害了其就涉案作品享有的改编权及摄制权，应就侵权行为共同承担连带责任；其中关于经济损失赔偿的问题，陈喆主张以违法所得为请求赔偿的基础。

陈喆主张，余征担任编剧的单集稿酬约为每集20万元，电视剧《宫锁连城》在湖南卫

---

① 此处略去具体的剧情梗概。
② 此处略去具体的剧情梗概。

视播出的版本长达63集，余征就剧本《宫锁连城》获得的稿酬可达1 260万元；电视剧《宫锁连城》授权湖南卫视播映的版权许可费应不低于每集180万元，且该剧在湖南卫视、天津卫视、乐视网等多家电视及网络平台均有播出，湖南经视公司、东阳欢娱公司、万达公司、东阳星瑞公司通过该剧获得的播映权许可使用费用的现有收益已经可以高达上亿元。

就余征、湖南经视公司、东阳欢娱公司、万达公司、东阳星瑞公司各自收益情况及各方就剧本《宫锁连城》、电视剧《宫锁连城》的合作关系、收益分配情况，陈喆于原审诉讼之初提出要求余征、湖南经视公司、东阳欢娱公司、万达公司、东阳星瑞公司提供余征就剧本《宫锁连城》的编剧合同、电视剧《宫锁连城》联合摄制合同及电视剧《宫锁连城》发行合同。

万达公司向陈喆提交了其与湖南经视公司签署的联合投资摄制电视剧协议书，但该协议书正本及复印件均存在大量条款遮蔽。在未遮蔽的部分，第6.2条约定，该剧剧本的内容由东阳欢娱公司、湖南经视公司、东阳星瑞公司三方共同审查，经三方书面确认通过后才能进行拍摄；第6.5条约定，由湖南经视公司全权负责完成剧本的立项、报批、审批环节的相关事宜，三方均有权了解本剧前期筹备、拍摄制作、送审、宣传、发行的计划安排以及实际进度。

原审诉讼中，陈喆申请余征、湖南经视公司、东阳欢娱公司、万达公司、东阳星瑞公司提交剧本《宫锁连城》编剧合同及电视剧《宫锁连城》发行合同以及关于电视播映权许可使用和信息网络传播权许可使用的合同等，余征、湖南经视公司、东阳欢娱公司、万达公司、东阳星瑞公司均未提交。

（八）关于陈喆支出合理费用的事实

陈喆主张，因本案维权支付律师费人民币30万元、公证认证费人民币1 000元、公证费人民币1.2万元，共计31.3万元。

【一审法院观点】

本案中，陈喆提交的剧本《梅花烙》内容并未超出电视剧《梅花烙》的剧情表达，且与电视剧《梅花烙》的影像视听内容形成基本一致的对应关系，结合小说《梅花烙》"创作后记"中关于剧本创作完成在先的原始记载，陈喆提交剧本《梅花烙》内容的真实性应予认可。

电视剧《梅花烙》字幕虽有"编剧林久愉"的署名安排，但林久愉本人出具的声明书已明确表示其并不享有剧本《梅花烙》著作权的事实；电视剧《梅花烙》制片者怡人公司出具的《电视剧〈梅花烙〉制播情况及电视文学剧本著作权确认书》（以下简称《确认书》）也已明确表述剧本《梅花烙》的作者及著作权人均为陈喆，对此应予确认。

林久愉根据陈喆口述整理剧本《梅花烙》，是一种记录性质的执笔操作，并非著作权法意义上的整理行为或融入独创智慧的合作创作活动，故林久愉并不是剧本《梅花烙》作者。因此，应认定剧本《梅花烙》的作者及著作权人均为陈喆。

小说《梅花烙》虽然在故事内容上与剧本《梅花烙》存在高度关联性、相似性，但却具有不同于剧本《梅花烙》而存在的独创性，故小说《梅花烙》应为剧本《梅花烙》的改编作品，依法享有著作权。鉴于小说《梅花烙》的署名为陈喆，故认定小说《梅花烙》的作者及著作权人均为陈喆。

电视剧的公开播出即可推定为相应剧本的公开发表。本案中，电视剧《梅花烙》的公开播出即可达到剧本《梅花烙》内容公之于众的效果,受众可以通过观看电视剧的方式获知剧本《梅花烙》的全部内容。因此,电视剧《梅花烙》的公开播出可以推定为剧本《梅花烙》的公开发表。鉴于余征、湖南经视公司、东阳欢娱公司、万达公司、东阳星瑞公司均具有接触电视剧《梅花烙》的机会和可能,故可以推定其亦具有接触剧本《梅花烙》的机会和可能,从而满足了侵害著作权中的接触要件。

涉案人物对应不仅体现为人物身份设置的对应以及人物之间交互关系的对应,更与作品的特定情节、故事发展存在不可分割的联系,而这种内在联系在余征等提供的证据中是不存在的,可以认定为陈喆独创,并推定剧本《宫锁连城》在人物设置与人物关系设置上是以涉案作品为基础进行的改编及再创作。

陈喆主张剧本《宫锁连城》改编自涉案作品的情节6"弃女失神,养亲劝慰"、情节14"纳妾"、情节17"福晋询问弃女过往,誓要保护女儿"属于公知素材,涉案作品的相关情节安排不具有独创性,因而该三个情节为不受著作权法保护的内容;陈喆主张剧本《宫锁连城》情节2"女婴被拾,收为女儿"、情节3"少年展英姿"、情节4"英雄救美终相识,清歌伴少年"、情节11"皇上赐婚,多日不圆房"、情节12"弃女入府,安置福晋身边"、情节13"公主发现私情,折磨弃女"、情节15"面圣陈情"、情节16"福晋初见印痕"、情节20"凤还巢"等9个情节,与陈喆就相关情节的独创设置不构成实质相似;陈喆主张剧本《宫锁连城》情节1"偷龙转凤"、情节5"次子告状,亲信遭殃"、情节7"恶霸强抢,养亲身亡,弃女破庙容身"、情节8"少年相助,代女葬亲,弃女小院容身"、情节9"钟情馈赠,私订终身,初见印痕"、情节10"福晋小院会弃女,发觉弃女像福晋"、情节18"道士做法捉妖"、情节19"公主求和遭误解"、情节21"告密"等9个情节,涉案作品在情节表达上已经实现了独创的艺术加工,具备区别于其他作品相关表达的独创性。剧本《宫锁连城》就各情节的设置,与涉案作品的独创安排高度相似,仅在相关细节上与涉案作品设计存在差异(如情节1中,将偷龙转凤的谋划安置在福晋与贴身嬷嬷之间;亲女肩上并未烫下烙痕,而是生来具有的朱砂记;情节5中,将军对郭孝施以鞭刑而非杖责;情节7中,设置迎芳阁失火的环节以致连城无处安身,而非被店家赶出;情节8中,恒泰救下连城的方式是从佟家麟府内救出而非天桥上;情节10中,恒泰告知映月倾心连城的时间是在得知指婚后及与醒黛成婚前;情节18中,连城并非狐妖,而是狐妖附体,并将情节安置在映月得知连城为其亲女前;情节19中,醒黛的慰问品是糕点,向醒黛进言之人为宫中派来的侍女,拦截之人是映月而非恒泰等),而此类差异并不代表差异化元素的戏剧功能发生实质变更,以至于可造成与涉案作品的情节设置相似的欣赏体验。本案中,余征等亦未能充分举证证明涉案作品中的上述相关内容缺乏独创性或剧本《宫锁连城》就相关情节另有其他创作来源等合理理由。剧本《宫锁连城》与涉案作品在相关情节的设置上存在相似性关联。剧本《宫锁连城》就上述相关情节的设置,与剧本《梅花烙》(基于"偷龙转凤""次子告状,亲信遭殃""恶霸强抢,养亲身亡""少年相救,代女葬亲,弃女小院容身""钟情馈赠,私订终身,初见印痕""福晋小院会弃女,发觉弃女像福晋""道士做法捉妖""公主求和遭误解""告密"情节)及小说《梅花烙》(基于"偷龙转凤""恶霸强抢,养亲身亡""少年相救,代女葬亲,弃女小院容身""钟情馈赠,私订终身,初见印痕""福晋小院会弃女,发觉弃女像福晋""道士做法捉妖""告密"情节)之间存在改编及再创作关系。

陈喆主张的相关情节为剧本《梅花烙》中的21个情节以及小说《梅花烙》中的17个情节。这些情节在剧本《梅花烙》中的分布顺序为:1."偷龙转凤";2."女婴被拾,收为女儿";3."少年展英姿";4."英雄救美终相识,清歌伴少年";5."次子告状,亲信遭殃";6."弃女失神,养亲劝慰";7."恶霸强抢,养亲身亡,弃女破庙容身";8."少年相助,代女葬亲,弃女小院容身";9."钟情馈赠,私订终身,初见印痕";10."福晋小院会弃女,发觉弃女像福晋";11."皇上赐婚,多日不圆房";12."弃女入府,安置福晋身边";13."公主发现私情,折磨弃女";14."纳妾";15."面圣陈情";16."福晋初见印痕";17."福晋询问弃女过往 誓要保护女儿";18."公主求和遭误解";19."道士做法捉妖";20."凤还巢";21."告密"。

　　剧本《宫锁连城》相对于涉案作品在整体上的情节排布及推演过程基本一致,仅在部分情节的排布上存在顺序差异:恒泰与连城私订终身后,得知皇上指婚的消息,向映月坦陈与连城的感情,映月于是同意去小院会见连城,并希望劝说连城离开恒泰而遭连城拒绝;恒泰迎亲当日得知连城危险,赶去搭救连城而拖延与醒黛的婚期,以致映月基于恒泰与连城的感情,为保全王府而安排接连城以丫鬟身份入府。但此类顺序变化并不引起剧本《宫锁连城》涉案情节间内在逻辑及情节推演的根本变化,剧本《宫锁连城》在情节排布及推演上与涉案作品高度近似,并结合具体情节的相似性选择及设置,构成了剧本《宫锁连城》与涉案作品整体上的相似性,导致与涉案作品相似的欣赏体验。而在余征等提交的证据中,并不存在其他作品与剧本《梅花烙》、小说《梅花烙》、剧本《宫锁连城》相似的情节设置及排布推演足以否定涉案作品的独创性或证明剧本《宫锁连城》的创作另有其他来源。

　　此外,作品中出现的不寻常的细节设计同一性也应纳入作品相似性比对的考量,如双方作品均提及福晋此前连生三女但后续并未对该三女的命运作出安排和交代。

　　在著作权侵权案件中,受众对于前后两作品之间的相似性感知及欣赏体验,也是侵权认定的重要考量因素。以相关受众观赏体验的相似度调查为参考,占据绝对优势比例的参与调查者均认为电视剧《宫锁连城》情节抄袭自《梅花烙》,可以推定,受众在观赏感受上,已经产生了较高的及具有相对共识的相似体验。综上,可以认定,剧本《宫锁连城》涉案情节与涉案作品的整体情节具有创作来源关系,构成对涉案作品的改编。

　　陈喆作为涉案作品的作者、著作权人,依法享有的改编权受法律保护。余征接触了涉案作品的内容,并实质性使用了涉案作品的人物设置、人物关系、具有较强独创性的情节以及故事情节的串联整体进行改编,形成新作品《宫锁连城》剧本,上述行为超越了合理借鉴的边界,构成对涉案作品的改编,侵害了陈喆基于涉案作品享有的改编权,依法应当承担相应的侵权责任。

　　另据查明的事实,电视剧《宫锁连城》的制片者负责剧本《宫锁连城》的审查及确认,剧本的立项、报批等工作也由制片者完成。湖南经视公司、东阳欢娱公司、万达公司及东阳星瑞公司作为电视剧《宫锁连城》的制片者,深入介入了剧本《宫锁连城》的创作工作。小说《梅花烙》的广泛发行及市场影响力、知名度以及根据剧本《梅花烙》所拍摄电视剧《梅花烙》的广泛发行传播及较大的公众认知度的事实背景,使得湖南经视公司、东阳欢娱公司、万达公司、东阳星瑞公司已然知晓涉案作品的内容。湖南经视公司、东阳欢娱公司、万达公司及东阳星瑞公司在介入《宫锁连城》的剧本创作时,已完全了解剧本的全部内容,可明确判别该剧本内容存在使用涉案作品进行改编的事实以及依据该剧本拍摄电视剧将侵害陈喆相关著作权的结果。基于小说《梅花烙》的广泛发行及市场影响力、知名度以及根据剧本《梅花烙》所拍摄电视剧《梅花烙》的广泛发行传播及较大的公众认知度的事实背景,根据湖南经视公司、东阳欢娱公司、万达公司及东阳星瑞公司的职业经验和应达到的注意程度,作为剧本的拍摄单位,在不排除知晓涉案作品内容的情况下,未尽到注意义务。因此,余征、湖南经视公司、东阳欢娱公司、万达公司及东阳星瑞公司在剧本《宫锁连城》的创作过程中,存在明知或应知剧本《宫锁连城》侵害他人著作权的共同过错。

湖南经视公司、东阳欢娱公司、万达公司及东阳星瑞公司对于余征侵害涉案作品改编权的行为提供帮助,因此,余征、湖南经视公司、东阳欢娱公司、万达公司及东阳星瑞公司共同侵害了涉案作品的改编权,依法应当承担连带责任。

陈喆系涉案作品的著作权人,依法享有摄制权;他人基于涉案作品的独创性内容进行影视剧摄制时,需获得陈喆的许可并支付报酬,否则将构成侵害涉案作品摄制权的行为。

电视剧《宫锁连城》的出品单位为湖南经视公司、东阳欢娱公司、万达公司、东阳星瑞公司。万达公司虽在诉讼中提交了联合投资摄制电视剧协议书,以证明其仅就该剧进行投资并享有投资收益而并未参与电视剧《宫锁连城》的相关制作工作,但该合同系相关方内部约定,不具有对抗善意第三人的效力。故认定万达公司与湖南经视公司、东阳欢娱公司、东阳星瑞公司同为电视剧《宫锁连城》的制片者,共同实施了摄制电视剧《宫锁连城》的行为,应就电视剧《宫锁连城》侵害涉案作品摄制权的行为承担连带责任。

余征除作为电视剧《宫锁连城》的编剧外,同时担任该剧制作人、出品人、艺术总监,尽管余征并不属于著作权法意义上的制片者,但在其明知或应知《宫锁连城》剧本侵害涉案作品著作权的情形下,仍向湖南经视公司、东阳欢娱公司、万达公司及东阳星瑞公司提供剧本《宫锁连城》的电视剧摄制权授权,并作为核心主创人员参与了该剧的摄制工作,为该剧的摄制活动提供了重要帮助,系共同侵权人,应就侵害陈喆摄制权的行为承担民事责任。

综上,余征、湖南经视公司、东阳欢娱公司、万达公司及东阳星瑞公司未经陈喆许可,擅自改编涉案作品创作剧本《宫锁连城》及对上述行为提供帮助,并以该剧本为基础拍摄、发行电视剧《宫锁连城》,侵害了陈喆依法对涉案作品享有的改编权及摄制权。必须指出,就剧本和小说进行利用的方式有多种,但拍摄成影视作品的方式则是其中最具市场影响和商业价值的利用方式,因此,未经许可改编剧本、小说和摄制对于著作权人的利益影响巨大。

《宫锁连城》剧本及电视剧实质性整体改编了涉案作品,《宫锁连城》现有的人物设置、人物关系、重要情节及情节串联整体的创作表达很大程度上来源于涉案作品,是涉案作品的主要创作表达,据此可以认定涉案作品在《宫锁连城》剧本及电视剧中被使用的程度较高。在此情况下,如果余征、湖南经视公司、东阳欢娱公司、万达公司及东阳星瑞公司未经许可所实施的侵权发行行为得以继续,将实际上剥夺陈喆对于其作品权利的独占享有,并实质阻碍或减少陈喆作品再行改编或进入市场的机会,有违公平原则。

权利人合法有据的处分原则应当得到尊重;只有当权利人行使处分权将过度损害社会公共利益和关联方合法权益时,才能加以适度限制,以保障法律适用稳定性与裁判结果妥当性的平衡。截至原审庭审结束时,电视剧《宫锁连城》已经持续公开播映超过8个月,尽管余征、湖南经视公司、东阳欢娱公司、万达公司及东阳星瑞公司未按照原审法院要求提交编剧合同及发行合同,基于市场合理价格及商业交易惯例判断,余征应已取得了较高金额的编剧酬金,湖南经视公司、东阳欢娱公司、万达公司、东阳星瑞公司应已取得了较高的发行收益。在此情况下,基于本案中余征、湖南经视公司、东阳欢娱公司、万达公司及东阳星瑞公司的过错及侵权程度、损害后果、社会影响,判令停止复制、发行和传播电视剧《宫锁连城》,不会导致双方之间利益失衡,故应判令停止电视剧《宫锁连城》的复制、发行及传播。

余征、湖南经视公司、东阳欢娱公司、万达公司及东阳星瑞公司应就其侵害陈喆改编权、摄制权的行为承担停止侵害、消除影响、赔礼道歉、赔偿损失的民事责任。鉴于陈喆就赔礼道歉的诉讼请求仅针对余征提出，应视为陈喆自愿放弃对湖南经视公司、东阳欢娱公司、万达公司及东阳星瑞公司的该项民事权利主张。

陈喆在起诉状及原审庭审陈述中均表示，在发现余征、湖南经视公司、东阳欢娱公司、万达公司及东阳星瑞公司侵权情形之时，陈喆正在依据涉案作品进行电视剧《梅花烙传奇》的剧本改编，因余征、湖南经视公司、东阳欢娱公司、万达公司及东阳星瑞公司的侵权行为而不得不停止《梅花烙传奇》的剧本创作；余征、湖南经视公司、东阳欢娱公司、万达公司及东阳星瑞公司的侵权行为，对剧本《梅花烙传奇》的创作造成了实质性妨碍与影响，但对于已实际造成的损失，陈喆未提供证据加以证明。

本案中，陈喆主张以侵权人的违法所得作为损害赔偿的计算依据。原审诉讼中，陈喆要求余征、湖南经视公司、东阳欢娱公司、万达公司及东阳星瑞公司提交电视剧《宫锁连城》编剧合同，以确定其编剧酬金；陈喆要求余征、湖南经视公司、东阳欢娱公司、万达公司及东阳星瑞公司提交电视剧《宫锁连城》发行合同，以确定其各自发行《宫锁连城》的获利情况。余征、湖南经视公司、东阳欢娱公司、万达公司及东阳星瑞公司在明显持有编剧合同及发行合同的情形下，以上述合同涉及商业秘密为由未提供，且并未就陈喆的上述主张提出其他抗辩证据或充分、合理的反驳理由。因此，推定陈喆在原审庭审中主张的余征编剧酬金标准及《宫锁连城》的发行价格具有可参考性。

自2014年4月8日起，电视剧《宫锁连城》已经在湖南卫视等多家电视台卫星频道完成首轮及二轮播出，在多家视频网站进行了信息网络传播权许可使用。公开可查的数据资料显示，该剧的电视收视率及网站点击率均较高，参考同期热播电视剧应有的市场发行价格，陈喆主张基于余征、湖南经视公司、东阳欢娱公司、万达公司及东阳星瑞公司的违法所得给予侵权损害赔偿的请求具有合理性，且确定侵权赔偿数额应当能够全面而充分的弥补陈喆因被侵权而受到的损失。

陈喆关于赔偿经济损失及诉讼合理支出的诉讼请求，缺乏充分的依据，将根据涉案作品的性质、类型、影响力、侵权使用情况、侵权作品的传播时间与传播范围、各侵权方应有的获利情况以及陈喆为本案支出的律师费、公证费等因素综合考虑，酌情确定余征、湖南经视公司、东阳欢娱公司、万达公司及东阳星瑞公司赔偿陈喆经济损失及诉讼合理支出的数额。

鉴于本案纠纷为侵权诉讼，属于给付之诉，而诉讼请求应指向是否应当承担民事责任以及承担何种具体内容的民事责任，对于侵权行为性质的认定则属于此类案件审理中应当查明和认定的内容。因此，关于陈喆要求认定余征、湖南经视公司、东阳欢娱公司、万达公司及东阳星瑞公司侵害其改编权和摄制权的诉讼请求，在判决中予以明确但不作为判决主文的内容。

【一审判决】

综上，北京市第三中级人民法院依照《中华人民共和国著作权法》第十条第一款第十三项、第十四项，第十一条第四款，第十二条，第四十七条第六项，第四十九条第一款，以及《中华人民共和国侵权责任法》第九条第一款，最高人民法院《关于审理著作权民事纠纷案件适用法律若干问题的解释》第七条第一款、第九条，最高人民法院《关于民事诉讼证据的若干规定》第十七条第二项、第三项和第七十五条之规定，判决：一、湖南经视公司、东阳欢娱公司、万达公司、东阳星瑞公司于判决生效之日起立即停止电视剧《宫锁连城》的复制、发行和传播行为；二、余征于判决生效之日起10日内在新浪网、搜狐网、乐视网、凤凰网显著位置刊登致歉声明，向陈喆公开赔礼道歉，消除影响（致歉声明的内容须于判决生效后5日内送法院审核，逾期不履行，法院将在《法制日报》上刊登判决主要内容，所需费用由余征承担）；三、余征、湖南经视公司、东阳欢娱公司、万达公司、东阳星瑞公司于判决生效之日起10日内连带赔偿陈喆经济损失及诉讼合理开支共计人民币500万元；四、驳回陈喆的其他诉讼请求。

【二审查明事实】

二审法院经审理查明：根据陈喆提交的电视剧剧本《梅花烙》及陈喆的权利声明书、电视剧《梅花烙》剧本摘录、小说《梅花烙》、小说《梅花烙》摘录、电视剧《宫锁连城》剧本及作品登记证书、电视剧《宫锁连城》完成片DVD（乐视网、www.letv.com 网络下载视频）、电视剧《宫锁连城》完成片剪辑版、电视剧《宫锁连城》演员戴娇倩"我就是这么直接"媒体采访视频、〔2014〕京方圆内经证字第20573号公证书、〔2014〕京方圆内经证字第20572号公证书、〔2014〕京方圆内经证字第20571号公证书、林久愉的声明书、怡人公司出具的《确认书》、小说《梅花烙》首发出版方皇冠文化出版有限公司出具的证明书及2014年"北院民公麟字第221531号"公证书、《写给广电总局的一封公开信》、律师委托代理合同书、律师费发票、律师费支出的代付款说明、台湾地区公证费用声明书及公证费支出明细单、公证费发票，余征、湖南经视公司、东阳欢娱公司、东阳星瑞公司提交的电视剧《梅花烙》VCD、封面、内容截图、电视剧《宫锁连城》、剧本《宫锁连城》、余征2012年5月30日完成的《宫锁连城》故事梗概、国家广播电影电视总局关于《宫锁连城》的电视剧拍摄制作备案公示表、国家广播电影电视总局备案的《宫锁连城》故事梗概、张庭新浪微博网页、《乾隆皇帝全传》节选、《九小姐与乾隆》节选、连环画《九公主与乾隆》、黄梅戏《公主与皇帝》、电视剧《还君明珠》、电视剧《绝色双娇》、电视剧《青天衙门Ⅱ之望子成龙》《西游记》节选、《西厢记》节选、《水浒传》节选、《红楼梦》节选、《清史十六讲》节选、《试论〈红楼梦〉中嬷嬷的形象及其审美价值》《试论小厮在〈红楼梦〉中的作用——以茗烟、兴儿为例》、电视剧《一剪梅》《清史稿》节选、《乾隆幼女和孝公主》《解说老北京》节选、《鲁迅新婚之夜与妻子同房未同床伤心流泪》《明清长篇世情小说妻妾斗争与"歇斯底里"特质》《红颜倾君》节选、电视剧《大清后宫》《游龙真太子》《换子成龙》《凤凰血》《爱在离别时》《爱情风暴美丽99》《赵氏孤儿案》《新施公案》《菩提树下》《情迷海上花》《璀璨人生》《错爱一生》《风中百合》《金玉良缘》《雍正王朝》《红楼梦》《京华烟云》《打金枝》《真假驸马》《宫锁连城》人物关系图、《梅花烙》人物关系图、《宫锁连城》主要故事脉络情节、《梅花烙》主要故事脉络情节、相关案例，湖南经视公司提交的授权声明书，万达公司提交的联合投资摄制电视剧协议书，以及相关笔录和当事人陈述等证据，能够证明原审法院查明的事实，本院对此予以确认。

本院另查明：

（一）双方新提供的证据

1. 湖南经视公司在二审庭审中提交了台湾地区"经济部智慧财产局"函及所附"经济部智慧财产局"著作权登记簿誊本的传真件，庭审后提交了该函及附件的公证认证件。其中，"经济部智慧财产局"著作权登记簿记载："著作名称：梅花三弄第一部——梅花烙，单位及数量：一册，收文日期：081/09/23，收文文号：19A-8120267-，著作类别：语文著作，核准文号：812-0267-，登记号码：5104，核准日期：081/10/05，著作人：陈喆"，"壹、登记事项：一、著作财产权登记 著作财产权人：怡人公司，登记原因：让与，发生时间：081/09/7，权利范围：全部。二、著作财产权让与登记 让与人：陈喆，受让人：怡人公司，登记原因：让与，发生日期：081/09/7，权利让与之范围：全部"，"贰、附载事项：本项登记悉依申请人之申报，不作实质审查，登记事项如发生司法争议时，应由当事人自负举证责任，并由司法机关依著作权法及具体个案调查事实认定之，不应以本登记簿誊本认定为享有著作权之唯一证据"。登记簿记载的上述时间的年份均为1992年。

陈喆认为，该份证据是湖南经视公司在二审诉讼中当庭提交的证据，提交时间超出了本院指定的举证期限，且不属于新证据，不应予以采信。同时，陈喆明确，1992年9月《梅花烙》剧本当时还处于创作过程，为了电视剧《梅花烙》的拍摄做了上述转让登记。陈喆主张的《梅花烙》剧本是1992年10月创作完成并作为电视剧《梅花烙》拍摄使用的剧本，即原审诉讼中提交的剧本，该剧本是根据拍摄使用的剧本进行计算机录入制作电子版本后打印出来的。陈喆创作的剧本在实际拍摄过程中不会发生实质变化。陈喆主张权利的剧本与上述登记证书记载的剧本可能存在阶段性微小调整但不会有太大的调整。

2. 陈喆在本院诉讼中新提交了两份证据，分别是〔2015〕京方圆内民证字第00470号公证书和〔2015〕京方圆内民证字第00471号公证书，上述两份证据对余征的网易博客和新浪博客的相关内容进行了公证。余征于2006年11月7日在其网易博客发表了一篇名为《美人如花隔云端（一）》的博客，其中写道，"楚楚可怜的陈德容真的算是少年时期的梦中情人，一部《梅花烙》翻来覆去看了几百遍，每一遍都惊叹不已，虽然美女如今还是活跃在银幕上，去年在横店还有过一面之缘，但是总是找不到当年的那种感觉了，吟霜，已经绝唱……"余征于2007年3月20日在其新浪博客发表了一篇名为《两个时代，一种美丽》的文章，其中写道，"我曾经一度迷恋琼瑶剧，特别是《梅花烙》，觉得无论是故事还是造型还是演员都非常一流"。

陈喆用上述两份证据证明，余征在其博客中表明其十分喜爱陈喆原创作品《梅花烙》，并多次赏阅，主人公的形象及该作品的故事、情节早已深入其心，鉴于余征对陈喆的作品特别是《梅花烙》的熟悉，对其作品人物、故事情节的烂熟于心，将陈喆作品的相关内容用于其日后编写的剧本，绝不可能构成"巧合"与"误伤"。余征、湖南经视公司、东阳欢娱公司、万达公司、东阳星瑞公司对陈喆提供的上述证据形式上的真实性予以认可，对证明目的不予认可。

（二）补充查明的事实

1. 涉案作品著作权权属的相关事实

电视剧《梅花烙》播放片头显示"怡人传播有限公司制作"，"原著琼瑶"、"编剧指导琼瑶"、"编剧林久愉"。

2014年6月20日，林久愉出具声明书，主要内容为："本人林久愉，系琼瑶老师的学生及创作助手，自1989年以来，已经配合琼瑶老师创作完成了多部电视剧剧本（详见本声明书附件"剧本辅助创作清单"）。在相关的剧本创作活动中，本人与琼瑶老师的工作方式为：由琼瑶老师进行具体的创意构思与原创讲述，本人作为助手为琼瑶老师的创作文字草稿进行整理，或直接对琼瑶老师的创作口述进行文字记录，在电视剧署名中，琼瑶老师和我也做了分工署名约定。本人现特此确认：无论本人在相关剧集中的署名方式如何，本人的职责均系配合、辅助琼瑶老师完成剧本，包括《梅花烙》在内的清单所列剧本均系由琼瑶老师独立原创完成，琼瑶老师自始享有此类剧本的全部著作权及相关权益。如本人依据世界任何国家或地区的法律及规定，可全部或部分享有此类权利，本人确认，此类权利自始即不可逆转地无偿转归琼瑶老师独立享有。琼瑶老师独立支配、处置与维护此类权利。"

2014年7月2日，陈喆出具声明书，声明：其本人系剧本《梅花烙》的作者，自始完整拥有该剧本著作权及相关权利，创作该剧本的完成时间为1992年10月。声明书附有剧本《梅花烙》打印文本。

怡人公司于2014年9月24日出具确认书，主要内容为：怡人公司系电视剧《梅花烙》（《〈梅花三弄〉之〈梅花烙〉》）的唯一制片方。该剧系本公司根据琼瑶原创剧本，于1992年10月至1993年3月独立摄制完成，于1993年10月在台湾地区电视台（台湾中视综合台）首播，于1994年4月在中国大陆电视台（湖南电视一台）首播。本公司在此证明：该剧原创故事及剧本均由琼瑶创作完成，琼瑶为剧本的作者，琼瑶的助手林久愉提供了创作辅助与文稿整理工作，根据琼瑶老师的要求并经林久愉同意，为了提携新人，在电视剧《梅花烙》剧集的署名中，将林久愉署名为"编剧"，将琼瑶署名为"编剧指导"。本公司确认：琼瑶自始完整享有该剧原创剧本的全部著作权及相关权益，并有权根据该剧本改编创作、发表小说《梅花烙》。如本公司依据世界任何国家或地区的法律及规定，可全部或部分享有此类权利，本公司确认，此类权利自始即不可逆转地无偿转归琼瑶独立享有，琼瑶有权独立支配及处理此类权利，包括著作权维权权利。

原审诉讼中，陈喆提交了作家出版社于1994年7月出版的《梅花烙》小说（ISBN7-5063-0767-7/I·766），署名作者为琼瑶。该书最后附有一篇《梅花三弄》"后记"，其中记载，"一九七一年，我写了一系列的中篇小说，背景是明朝，收集在我《白狐》一书中，早已出版……去年，我和我的编剧林久愉，选中了我的三部中篇小说，决定制作一系列的电视剧，取名为《梅花三弄》。……《梅花烙》取自《白狐》一书中之《白狐》。……我和林久愉，开始重新整理，加入新的情节，新的人物，来丰富这三个故事。整整经过了一年的时间，才把三部剧本完成。因为每部戏剧多达二十集（二十小时），加入及改变的情节非常多，几乎只有原著的'影子'，而成为一部新作。"该后记写于1993年夏。

2. 受众调查的相关事实

陈喆在原审诉讼中提交了〔2014〕京方圆内经证字第20573号公证书。根据该公证书的记载，新浪娱乐关于"调查：琼瑶举报于正抄袭，你怎么看？"的调查结果显示："力挺琼瑶！《宫3》就是抄袭《梅花烙》"的投票票数为34 775票，占89.9%；"无所谓，有剧看就行"的投票票数为2 805票，占7.3%；"支持于正！没有抄袭，只是借鉴"的投票票数为1 093票，占2.8%。新浪微博"你觉得于正抄袭了吗？"的调查结果显示：107 632票认为抄袭了，3 153票认为没抄袭。网易娱乐关于"你认为于正的《宫锁连城》抄袭《梅花烙》了吗？"的调查结果显示："抄了"的投票票数为26 961票，占88%；"没抄"的投票票数为491票，占1.6%，"难说，创作难免相互借鉴"的投票票数为3 094票，占10.4%。益派调查网关于"琼瑶举报于正"的调查，共302人参与，有效样本人数300人，其中对于"琼瑶称于正抄袭，您支持谁？"的问题，268人回答支持琼瑶，占89.3%；32人回答支持于正，占10.7%。

3. 电视剧《宫锁连城》拍摄的相关事实

2013年1月8日，东阳欢娱公司（甲方）、湖南经视公司（乙方）、东阳星瑞公司（丙方）签署《电视剧〈连城－凤还巢〉联合投资摄制协议》，主要内容包括：（1）第二条本剧基本信息。2.1 剧名，《连城－凤还巢》。2.2 集数40集（暂定）。2.3 制片人于正，导演李慧珠，主要演员陆毅（待定）。2.5 本剧由甲方负责承制事宜，并派专人负责本剧发行。（2）第三条著作权归属及收益处理。3.1 本剧成片以及包括但不限于与本剧相关的剧本、音乐（与音乐词曲作者另有约定的除外）、剧照、海报以及拍摄素材等一切资料的著作权（本剧主创人员的特定著作权人格权除外）在全世界范围内甲乙丙三方按照本剧投资比例共有，其时间及于所有的版权保护期限。3.2 本剧的衍生产品的收益，包括但不限于该剧在全世界范围内有线、无线播映、音像制品、信息网络传播权、人物角色商品等或进行上述授权所产生的收益和衍生品开发和广告赞助、植入等招商收入，由甲乙丙三方按照本剧投资比例分享。使用本剧或本剧剧本的形象、情节对本剧进行改编等权利，由甲乙丙三方共有，所获收益由甲乙丙三方按照本剧投资比例分享。3.3 经三方确认后，甲方可以其自身的名义就以上版权和衍生产品的开发使用、广告赞助招商等事宜与第三方进行合作，向第三方进行授权许可，乙丙两方应向甲方出具授权书，且所得收益甲乙丙三方按照本协议的约定投资比例进行分配。乙丙两方对上述合作事宜拥有知情权和监督权。所有就以上合作事宜经甲方签署的文件、合同，均需向乙丙两方提交加盖公章的复印件留存备案。（3）第四条署名。4.1 本剧以及一切相关宣传品中，甲乙丙三方享有本剧"出品方"及"联合摄制方"的署名权。甲乙丙三方商定，三方各自出一名代表出任该剧的出品人，排名顺序为：乙，甲，丙。合作各方一致同意乙方上级主管单位湖南广播电视台署名"荣誉出品单位"。4.2 本剧片尾拍摄单位的署名及署名顺序为：甲，乙，丙。三方其他人员的署名按广播电影电视总局的有关规定及双方书面确认后的决定处理。4.3 三方各自引进的其他合作方的署名，在不与本协议第四条之约定冲突的前提下，由各方自行与第三方确定。（4）第六条摄制、立项及送审。6.2 该剧剧本内容由甲乙丙三方共同审查，经三方书面确认通过后才能进行拍摄。6.3 全部成本（包括前期筹备、中期拍摄、后期制作、宣传等）由甲乙丙三方共同承担。6.4 三方共同制定拍摄计划及投资预算、选择主创人员以及宣传和发行方案等。若达不成一致意见，以多方意见为准。6.5 甲乙丙三方同意，由乙方全权负责剧本的立项、报批、审批环节的相关事宜。三方均有权了解本剧前期筹备、拍摄制作、送审、宣传、发行的计划安排以及实际进展。6.6 甲方负责该剧的剧本创作、摄制工作，负责在甲乙丙三方认可通过之预算范围内安全、即时、优质完成该剧剧本创作和拍摄、制作工作。6.7 本剧拍摄完成后，由乙方备齐材料向广电主管部门送审并取得本剧的发行许可证。乙方应向其他两方提供本剧发行许可证的复印件。

（三）原审法院查明有误的事实

1. 原审诉讼中，万达公司（乙方）向原审法院提交了其与东阳欢娱公司（甲方）签订的联合投资摄制电视剧协议书。原审法院认定万达公司向陈喆提交了其与湖南经视公司签署的联合投资摄制电视剧协议书有误，查明的相关协议内容系东阳欢娱公司、湖南经视公司与东阳星瑞公司签署的《电视剧〈连城－凤还巢〉联合投资摄制协议》的内容。本院对此予以纠正。

万达公司在原审庭审中提交了联合投资摄制电视剧协议书原件，其中甲方声明、投资比例及投资款支付进度、收益分配部分的相关条款被遮蔽，未被遮蔽部分的主要内容有：（1）甲方与湖南经视公司、东阳星瑞公司于2013年1月8日签署了《电视剧〈连城－凤还巢〉

联合投资摄制协议》，约定甲方与湖南经视公司、东阳星瑞公司联合投资摄制电视剧《连城－凤还巢》。（2）甲方拟引进乙方作为电视剧的合作投资方，乙方同意投资。（3）乙方不实际参与电视剧的报批、拍摄、宣传及发行等工作。（4）甲方确保乙方在电视剧中作为出品方署名，除该署名权和优先收回投资和获取收益的权利外，乙方对电视剧不享有其他著作权。（5）合同签署时间为2013年1月23日。电视剧《连城－凤还巢》即电视剧《宫锁连城》。

2. 本院诉讼中，各方均认可，电视剧《宫锁连城》截至目前在中国大陆地区仅在湖南卫视完成电视播映，同时在多家视频网站进行了传播。原审法院认定自2014年4月8日起，电视剧《宫锁连城》已经在湖南卫视等多家电视台卫星频道完成首轮及二轮播出有误，本院对此予以纠正。

3. 剧本《梅花烙》《宫锁连城》的剧情梗概有误之处

（1）原审法院在剧本《梅花烙》的剧情梗概中认定，"现倩柔再度怀胎，烧香拜佛盼得一男孩。回女翩翩是王爷寿辰接受的赠礼，深得王爷喜爱并被王爷纳为侧福晋。倩柔在府中的地位受到严重威胁。倩柔的姐姐婉柔于是向倩柔献计，一旦此胎再生女孩，则不惜偷龙转凤换成男孩"。剧本《梅花烙》中并无倩柔烧香拜佛的情节，翩翩在婉柔向倩柔提议偷龙转凤时尚未被纳为侧福晋。

原审法院在剧本《梅花烙》的剧情梗概中认定，"新生的女婴在生产当夜被婉柔遗弃杏花溪边"，剧本《梅花烙》中的相应情节为：婉柔用竹篮将新生的女婴遗弃在溪水中。

原审法院在剧本《梅花烙》的剧情梗概中认定，"江湖艺人白胜龄夫妇以卖唱为生，这天在溪畔练唱，偶然听见婴儿啼哭，寻着哭声找到被遗弃的女婴，发现女婴肩头的梅花烙印，又对女婴的身世无迹可寻"。剧本《梅花烙》中的相应情节为：白胜龄夫妇发现女婴肩头有伤口，伤口有水泡，似乎是烫伤。

原审法院在剧本《梅花烙》的剧情梗概中认定，"此后，皓祯便常来听吟霜唱曲，渐渐萌生对吟霜的爱意"，剧本《梅花烙》原文为"皓祯如痴如醉地静听着"，并未描述此时皓祯对吟霜是否萌生爱意。

（2）原审法院在剧本《宫锁连城》的剧情梗概中认定，"为防止佟家麟再来闹事，恒泰为连城安排护卫把守迎芳阁，而恒泰则常来听连城唱曲"。剧本《宫锁连城》中的相应情节为：恒泰为连城安排护卫把守迎芳阁，恒泰要求连城为其唱首歌，连城为恒泰歌唱一曲。连城为恒泰歌唱一曲之后即为两人在向日葵田间相见，未直接描写恒泰常来迎芳阁听连城唱曲。

（四）其他事实

陈喆在原审起诉书中列明其诉讼请求第三项为要求余征在新浪网、搜狐网、乐视网、凤凰网显著位置发表经其书面认可的公开道歉声明，在起诉书事实理由部分写明："请求依据《中华人民共和国著作权法》第四十七条、第四十九条及相关规定，判令被告立即停止侵权、消除影响、向原告赔礼道歉并赔偿原告全部经济损失。"

根据原审庭审笔录，各方当事人对人物关系对比图和相似情节对比表均陈述了意见。

以上事实，有〔2015〕京方圆内民证字第00470号公证书、〔2015〕京方圆内民证字第00471号公证书、台湾地区"经济部智慧财产局"函及所附"经济部智慧财产局"著作权登记簿誊本、林久愉的声明书、怡人公司出具的确认书、电视剧《梅花烙》、剧本《梅花烙》、剧本《宫锁连城》《电视剧〈连城－凤还巢〉联合投资摄制协议》、联合投资摄制电视剧协议书、起诉书及当事人陈述等证据在案佐证。

【二审法院观点】

《中华人民共和国民事诉讼法》第七十二条第一款规定，凡是知道案件情况的单位和个人，都有义务出庭作证。有关单位的负责人应当支持证人作证。最高人民法院《关于民事诉讼证据的若干规定》第六十九条规定，无正当理由未出庭作证的证人证言不能单独作为认定案件事实的依据。

根据上述规定，除非有正当理由，证人应当出庭作证。证人证言系指证人就亲身感知的事实所做的客观陈述。林久愉和怡人公司分别出具的声明书、确认书中的部分内容涉及本案的案件事实，如林久愉关于协助陈喆创作剧本的陈述、怡人公司拍摄电视剧《梅花烙》及该剧播出的陈述。对于上述内容，由于林久愉和怡人公司并未到庭作证，因此不能作为单独认定案件相关事实的依据，需要结合其他在案证据予以佐证。但其中的以下内容，"如本人/本公司依据世界任何国家或地区的法律及规定，可全部或部分享有此类权利，本人/本公司确认，此类权利自始即不可逆转地无偿转归琼瑶老师独立享有。琼瑶老师独立支配、处置与维护此类权利"，是对相关权利的处分，已经不属于对客观事实陈述的证人证言，故对该部分内容的认定不适用证人证言的相关认证规则，只要系处分者的真实意思即可。

另，鉴于各方当事人在原审庭审中已就陈喆提供的人物关系对比图和情节对比表陈述了意见，原审法院予以采纳并无不当。

综上，对余征、湖南经视公司、东阳欢娱公司、东阳星瑞公司的相关上诉理由，本院不予支持。

《中华人民共和国著作权法》第十一条规定，著作权属于作者，另有规定的除外。创作作品的公民是作者。如无相反证明，在作品上署名的公民、法人或者其他组织为作者。最高人民法院《关于审理著作权民事纠纷案件适用法律若干问题的解释》第七条规定，当事人提供的涉及著作权的底稿、原件、合法出版物、著作权登记证书、认证机构出具的证明、取得权利的合同等，可以作为证据。

本案中，陈喆主张权利的是1992年10月创作完成的剧本《梅花烙》，但湖南经视公司在本院诉讼中提交的台湾地区"经济部智慧财产局"登记簿誊本显示，还存在一个1992年9月的《梅花烙》剧本，且该剧本著作权已转让给怡人公司。就上述两个不同时间的剧本，首先，根据怡人公司在确认书中所做的权利处分声明，可以认定1992年9月的《梅花烙》剧本著作权也归属于陈喆。其次，即便湖南经视公司等否认1992年9月剧本和陈喆主张权利的1992年10月剧本不同，并进而否认陈喆提交的1992年10月剧本的真实性，但考虑到电视剧《梅花烙》已于1993年10月在台湾地区上映，而按照正常逻辑，拍摄用剧本在电视剧拍摄完成时必然已成型，即陈喆据以主张权利的拍摄用1992年10月剧本至少在1993年10月既已存在。原审法院对陈喆提交的1992年10月剧本所作认定并无不妥。最后，根据林久愉在声明书中所做的权利处分意思表示，并结合小说《梅花烙》所附的《〈梅花三弄〉后记》，可以确认陈喆对1992年10月的剧本亦享有著作权，即不论两个剧本的内容是否相同或实质性相似，其著作权均归陈喆所有。综上，余征、湖南经视公司、东阳欢娱公司、万达公司、东阳星瑞公司据此否认1992年10月剧本存在，并进而否认陈喆对该剧本享有著作权的上诉理由，依据不足，不能成立。

陈喆在本案中还主张小说《梅花烙》的著作权。根据小说《梅花烙》的署名，陈喆为该小说的作者,在无相反证据的情况下,其对该作品享有著作权。小说《梅花烙》由剧本《梅花烙》改编而来,两者在内容上高度关联、相似,但由于从剧本到小说发生了文学艺术形式的变化,小说《梅花烙》是在剧本《梅花烙》基础上创作出来的具有独创性的新作品,其独创性即体现在文学艺术形式的转换之中。由于原作品的著作权人即为陈喆,改编作品的著作权人也是陈喆,因此,陈喆对于小说《梅花烙》亦可主张权利。

《中华人民共和国著作权法》第十条第一款第十四项规定,改编权即改变作品,创作出具有独创性的新作品的权利。根据上述规定,改编权所直接控制的行为是改编行为,即改变作品,创作出具有独创性的新作品的行为,新作品应当保留原作品的基本表达,否则仅仅根据原作品的思想创作出来的新作品不受改编权的控制。除法律另有规定外,未经许可利用他人的原作品实施改编行为,构成对原作品著作权人改编权的侵犯。判断被诉行为是否侵犯权利人的改编权,通常需要满足接触和实质性相似两个要件。接触是指被诉侵权人有机会接触到、了解到或者感受到权利人享有著作权的作品。接触可以是一种推定。权利人的作品通过刊登、展览、广播、表演、放映等方式公开,也可以视为将作品公之于众进行了发表,被诉侵权人依据社会通常情况具有获知权利人作品的机会和可能,可以被推定为接触。

本案中,根据剧本《梅花烙》拍摄的电视剧《梅花烙》早已在中国大陆地区公开播放,电视剧《梅花烙》是对剧本《梅花烙》内容的视听化。比对陈喆提供的剧本《梅花烙》打印文本所载内容与电视剧《梅花烙》内容,两者高度一致,相关公众通过观看电视剧《梅花烙》即可获知剧本《梅花烙》的内容;尤其是结合陈喆在本院诉讼中提交的证据,余征微博中的表述清楚地表明其观看过电视剧《梅花烙》,由此更可以印证余征已经知悉电视剧《梅花烙》的内容。因此,电视剧《梅花烙》的公开播放可以视为剧本《梅花烙》的发表,并可据此推定余征、湖南经视公司、东阳欢娱公司、万达公司、东阳星瑞公司接触了剧本《梅花烙》。

著作权的客体是作品,但并非作品中的任何要素都受到著作权法的保护;思想与表达二分法是区分作品中受保护的要素和不受保护的要素的基本原则,其内涵是著作权法保护思想的表达而不保护思想本身。若被诉侵权作品与权利人的作品构成实质性相似,应当是表达构成实质性相似。表达不仅指文字、色彩、线条等符号的最终形式,当作品的内容被用于体现作者的思想、情感时,内容也属于受著作权法保护的表达,但创意、素材或公有领域的信息、创作形式、必要场景和唯一或有限表达则被排除在著作权法的保护范围之外。判断是否构成实质性相似时,需首先判断权利人主张的作品要素是否属于著作权法保护的表达。

剧本和小说均属于文学作品,文学作品中思想与表达界限的划分较为复杂。文学作品的表达既不能仅仅局限为对白台词、修辞造句,也不能将文学作品中的主题、题材、普通人物关系认定为著作权法保护的表达。文学作品的表达,不仅表现为文字性的表达,也包括文字所表述的故事内容;但人物设置及其相互的关系,以及由具体事件的发生、发展和先后顺序等构成的情节,只有具体到一定程度,即文学作品的情节选择、结构安排、情节推进设计反映出作者独特的选择、判断、取舍,才能成为著作权法保护的表达。确定文学作品保护的表达是不断抽象过滤的过程。

原审法院针对陈喆主张的剧本21个情节(小说主张17个情节),认定其中3个情节属于公知素材,即3个情节不构成著作权法保护的表达,而是属于公知素材被过滤;9个情节不构成实质性相似,即9个情节属于著作权法保护的表达,但是剧本《宫锁连城》的表达与其不构成实质性相似;9个情节构成实质性相似。由于余征、湖南经视公司、东阳欢娱公司、万达公司、东阳星瑞公司仅对认定为实质性相似的9个情节有异议，本院仅对该9个情节进行分析，具体包括情节1"偷龙转凤"、情节5"次子告状、亲信遭殃"、情节7"恶霸强抢、养亲身亡"、情节8"少年相助、代女葬亲、弃女小院容身"、情节9"钟情馈赠、私订终身、初见印痕"、情节10"福晋小院会弃女，发觉弃女像福晋"、情节18"道士做法捉妖"、情节19"公主求和遭误解"、情节21"告密"。余征、湖南经视公司、东阳欢娱公司、万达公司、东阳星瑞公司对上述9个情节的意见基本相同，本院以情节1"偷龙转凤"为例，进行分析。

原审法院认定该部分在剧本《梅花烙》中的情节安排为：清朝乾隆年间，硕亲王府福晋倩柔已为王爷生下三个女儿，王爷没有子嗣，恰逢王爷寿辰，回疆舞女翩翩被作为寿礼献予王爷。倩柔在府中地位遭受威胁，此胎如再生女孩，则可能地位不保。姐姐婉柔便出主意，如果再生女孩，则不惜偷龙转凤换成男孩。生产当夜，倩柔生下女婴，婉柔将换出的女婴遗弃溪边。遗弃女婴前，倩柔在女婴肩头烙下梅花烙，作为日后相认的证据。

原审法院认定剧本《宫锁连城》就该部分的情节安排为：清朝乾隆年间，富察将军府，福晋映月连生三女，将军膝下无子，并宠幸侍女如眉以致如眉怀孕，映月府中地位受威胁，生男生女将可能直接关系到映月的命运；于是映月与郭嬷嬷谋划，如再生女儿则不惜偷龙转凤换成男孩。生产当日，映月生下女婴，郭嬷嬷趁乱调包，将女婴遗弃溪边。女孩送走前，映月发现女婴肩头部位有一片朱砂记。

余征在本院诉讼中将情节1抽象为五个层级，并认为两者的相似度仅在第二个层级上，而第二个层级的内容属于公知素材和通用场景（具体图示见本判决附表）。对某一情节，进行不断的抽象概括寻找思想和表达的分界线的方法无疑是正确的，如果该情节概括到了"偷龙转凤"这一标题时，显然已经属于思想；如果该情节概括到了"福晋无子，侧房施压，为保住地位偷龙转凤"，这仍然是文学作品中属于思想的部分；但对于原审判决所认定的包含时间、地点、人物、事件起因、经过、结果等细节的情节，则可以成为著作权法保护的表达，且不属于唯一或有限表达以及公知领域的素材。虽然与余征抽象概括的第四、五层级相比，原审判决中对于情节的认定未概括某些细节，如如眉挑衅映月、将军亲临佛堂施压，但并未影响该情节属于表达的判断。

陈喆对于情节1中的设计足够具体，可以认定为著作权法保护的表达：福晋连生三女无子，王爷纳侧福晋地位受到威胁后，计划偷龙转凤，生产当日又产一女，计划实施，弃女肩头带有印记，成为日后相认的凭据。该情节设计实现了男女主人公身份的调换，为男女主人公长大后的相识进行了铺垫，同时该情节也是整个故事情节发展脉络的起因，上述细节的设计已经体现了独创性的选择、安排。虽然与余征抽象概括的第四、五层级相比，原审判决中对于情节的认定未概括某些细节，如如眉挑衅映月、将军亲临佛堂施压，但并未影响该情节属于表达的判断。剧本《宫锁连城》的相应情节与其构成实质性相似。

除情节1之外，其余8个情节也与情节1的情况相似，均构成具有独创性的具体的情节，属于著作权法保护的表达，剧本《宫锁连城》相应情节与其构成实质性相似。

对于人物关系和人物设置，应对人物与情节的相互结合互动形成的表达进行比对。如果事件次序和人物互动均来源于在先权利作品，则构成实质性相似。以两部作品中的男女主人公为例，下列要素在两部作品中均存在：（1）吟霜（连城）和皓祯（恒泰）身份调换；（2）吟霜（连城）和皓祯（恒泰）在王府外的市井相遇；（3）吟霜（连城）受到欺负后丧父（丧母）；（4）皓祯（恒泰）施救吟霜（连城）并安排至王府外的小院；（5）吟霜（连城）和皓祯（恒泰）陷入爱河，私订终身；（6）皓祯（恒泰）被皇帝指婚，与公主结婚；（7）吟霜（连城）后进入王府，遭到公主的欺负；（8）福晋无意中发现吟霜（连城）的真实身份；（9）偷龙转凤之秘密被揭开，龙凤知悉彼此真实身份。经比对，剧本《宫锁连城》中对于男女主人公的角色设置与情节互动、情节推进，包含了剧本《梅花烙》的上述要素，故二者构成实质性相似。

原审法院对于人物设置和人物关系的相关认定，均系结合人物与情节的互动及情节的推进来进行比对的，并进而在构成表达的层面对两部作品进行比对。虽然不可否认，剧本《宫锁连城》中的人物设置更为丰富，故事线索更为复杂，但由于其包含了剧本《梅花烙》的主要人物设置和人物关系，故原审法院认定剧本《宫锁连城》的人物设置和人物关系是在涉案作品的基础上进行改编及再创作，并无不当。

文学作品中，情节的前后衔接、逻辑顺序将全部情节紧密贯穿为完整的个性化表达，这种足够具体的人物设置、情节结构、内在逻辑关系的有机结合体可以成为著作权法保护的表达。如果被诉侵权作品中包含足够具体的表达，且这种紧密贯穿的情节设置在被诉侵权作品中达到一定数量、比例，可以认定为构成实质性相似；或者被诉侵权作品中包含的紧密贯穿的情节设置已经占到了权利作品足够的比例，即使其在被诉侵权作品中所占比例不大，也足以使受众感知到来源于特定作品时，可以认定为构成实质性相似。

此外，需要明确的是，即使作品中的部分具体情节属于公共领域或者有限、唯一的表达，但是并不代表上述具体情节与其他情节的有机联合整体不具有独创性，不构成著作权法保护的表达。部分情节不构成实质性相似，并不代表整体不构成实质性相似。

陈喆主张的剧本《梅花烙》的21个情节（小说《梅花烙》的17个情节），前后串联构建起整个故事的情节推演，虽然小说和剧本在部分情节上有细微差别，但是并不影响剧本和小说两部作品在整体内容上的一致性。陈喆主张的上述情节在前后衔接、逻辑顺序上已经紧密贯穿为完整的个性化表达。剧本《宫锁连城》虽然在故事线索上更为复杂，但是陈喆主张的上述情节的前后衔接、逻辑顺序均可映射在剧本《宫锁连城》的情节推演中，虽然存在部分情节的细微差别，但是并不影响剧本《宫锁连城》与涉案作品在情节内在逻辑推演上的一致性。陈喆主张的上述情节，如果以剧本《宫锁连城》中的所有情节来计算，所占比例不高，但是由于其基本包含了涉案作品故事内容架构，也就是说其包含的情节设置已经占到了涉案作品的足够充分的比例，以至于受众足以感知到来源于涉案作品，且上述情节是《梅花烙》的绝大部分内容。因此，剧本《宫锁连城》与涉案作品在整体上仍然构成实质性相似。

当然，诚如原审判决认为，作品中出现的不寻常的细节设计同一性也应纳入作品相似性比对的考量。比如，双方作品均提及福晋此前连生三女，但后续并未对该三女的命运做出后续安排和交代。原审法院的观点并无不当，但是其举例略有不当，剧本《梅花烙》中对于福晋所生的三个女儿，虽然未交代其命运发展，但是在后续中情节场景中仍有出现。

原审判决另认为，受众对于前后两作品之间的相似性感知及欣赏体验也是侵权认定的重要考量因素，并且结合陈喆提供的相应网络调查结果，推定受众在观赏感受上已经产生了较高的具有相对共识的相似体验。原审法院将受众的感知和体验作为考量因素的观点并无不当；但是由于在事实查明部分并未对陈喆提供的关于网络调查的相关证据所证明的事实予以认证，而直接在本院认为部分予以分析采纳，确系不当。本院补充查明的该部分事实，对于判定剧本《宫锁连城》与涉案作品是否整体上构成实质性相似，仅仅是一个参考因素。由于上述调查结果系部分网站对网络用户进行的简单调查，且大多数网络用户是对电视剧《梅花烙》和电视剧《宫锁连城》对比后的感知判断，与本案中主张的文字作品的改编并不完全相同；因此，本院仍然是将剧本、小说和剧本之间进行比对后得出最后的结论。

综上所述，剧本《宫锁连城》侵犯了陈喆对涉案作品享有的改编权。

《中华人民共和国著作权法》第十条第一款第十三项规定，摄制权即以摄制电影或者类似电影的方法将作品固定在载体上的权利。第十二条规定，改编、翻译、注释、整理已有作品而产生的作品，其著作权由改编、翻译、注释、整理人享有，但行使著作权时不得侵犯原作品的著作权。《中华人民共和国著作权法》将改编权和摄制权分别予以规定，根据著作权法的法理，改编和摄制均属于对原作品的演绎行为，且在实践中，特别是影视作品的制作，对于原作品的改编和摄制是紧密联系的行为。改编权控制的是改变作品创作出新作品的行为，如果改编人将未经许可改编的作品以摄制方式予以利用，则违反了《中华人民共和国著作权法》第十二条之规定；或者即使改编人经原作品著作权人许可进行改编，但对于改编作品的后续利用，比如摄制，未取得原作品著作权人的许可，依然违反了《中华人民共和国著作权法》第十二条之规定。基于我国著作权法对于著作财产权具体权能的架构，摄制未经许可改编的新作品，构成对原作品权利人摄制权的侵害。电视剧《宫锁连城》系根据剧本《宫锁连城》拍摄而成。剧本《宫锁连城》基于上述分析，系未经许可对涉案作品进行改编而成，作为改编作品的剧本《宫锁连城》，未经陈喆许可即被摄制为电视剧，构成对涉案作品著作权人陈喆所享有的摄制权的侵害。

《中华人民共和国侵权责任法》第八条规定，二人以上共同实施侵权行为，造成他人损害的，应当承担连带责任。上述规定是最为典型的有意思联络的共同侵权行为，即共同加害行为。共同加害行为通常可以考虑以下构成要件：第一，加害人的多数性，即加害人必须二人或者二人以上；第二，加害人之间具有共同过错；第三，加害行为的关联性，即各加害人的加害行为指向同一对象，结合起来共同造成了损害后果的发生；第四，加害行为须造成了同一的损害后果。余征、湖南经视公司、东阳欢娱公司、万达公司、东阳星瑞公司均符合接触涉案作品的要件，同时剧本《宫锁连城》与涉案作品构成实质性相似，侵害了陈喆对涉案作品享有的改编权。余征、湖南经视公司、东阳欢娱公司、万达公司、东阳星瑞公司是否应对此侵权行为承担连带责任，关键点在于其是否构成共同侵权。

余征作为剧本《宫锁连城》的作者、著作权人，直接实施了侵害改编权的行为，应承担相应的侵权责任。根据东阳欢娱公司、湖南经视公司、东阳星瑞公司在2013年1月8日签订的协议，其中约定《宫锁连城》剧本内容由上述三方共同审查，经三方书面确认通过后才能进行拍摄；湖南经视公司全权负责剧本的立项、报批、审批环节的相关事宜，三方均有权了解本剧前期筹备、拍摄制作、送审、宣传、发行的计划安排以及实际进展；东阳欢娱公司负责该剧的剧本创作、摄制工作，负责在三方认可通过之预算范围内安全、及时、优质地完成该剧剧本创作和拍摄、制作工作。基于上述合同约定，可以看出尽管东阳欢娱公司、湖南经视公司、东阳星瑞公司对剧本的创作、报批、审批、拍摄有明确分工，但只有在三方审查同意剧本内容之后电视剧《宫锁连城》方可拍摄；因此，东阳欢娱公司、湖南经视公司、东阳星瑞公司实际上参与到剧本《宫锁连城》的创作之中，即余征、东阳欢娱公司、湖南经视公司、东阳星瑞公司对剧本《宫锁连城》的创作存在共同的意思联络，其相互之间的行为共同侵害了陈喆的改编权，构成了共同加害行为，应承担连带责任。原审法院认为东阳欢娱公司、湖南经视公司、东阳星瑞公司对于余征侵害涉案作品改编权的行为提供帮助构成《中华人民共和国侵权责任法》第九条规定的帮助侵权行为的认定有误,本院对此予以纠正。

同时,《中华人民共和国侵权责任法》第九条第一款规定,教唆、帮助他人实施侵权行为的,应当与行为人承担连带责任。帮助共同侵权也属共同侵权的类型之一,帮助他人实施侵权是指行为人通过给予协助、配合或者提供便利条件等使他人易于实施侵权行为;通常来说帮助人对其帮助行为具有主观故意,即其可以预见到其帮助行为可能造成的损害后果。东阳欢娱公司、湖南经视公司、东阳星瑞公司作为出品单位,根据三方合同约定,东阳欢娱公司具体负责拍摄制作,湖南经视公司和东阳星瑞公司对拍摄制作等情况有权了解和监督;因此,东阳欢娱公司、湖南经视公司、东阳星瑞公司是电视剧《宫锁连城》的制片者,应承担相应的侵害摄制权的责任。余征作为编剧,拍摄电视剧《宫锁连城》得到其许可,且作为电视剧的制片人、出品人等身份,为电视剧《宫锁连城》的拍摄提供了实质性的帮助,与东阳欢娱公司、湖南经视公司、东阳星瑞公司构成共同侵权,应承担连带责任。

此外,根据《中华人民共和国著作权法》第十五条之规定,电影作品和以类似摄制电影方式制作的作品的著作权由制片者享有。著作权法对制片者并未作出明确规定,根据影视行业惯例和通常的署名方式,一般将出品方认定为制片者,署名为出品方的单位可以提供相反证据来推翻署名的推定效力。

万达公司系电视剧《宫锁连城》署名的出品方,其提供了与东阳欢娱公司签订的协议作为推翻署名的相反证据,本院认为该协议不能成为推翻署名的相反证据。具体理由为:第一,万达公司在原审庭审中提供的该份协议的原件存在若干条款的遮挡,而不仅仅遮挡的是个别数据;因此,证据在形式上存在瑕疵,不能完整地呈现协议内容。第二,即使不考虑证据形式上的瑕疵,协议中约定万达公司除署名权、优先收回投资和获取收益的权利外,对电视剧不享有其他著作权。署名的出品方提供拍摄协议来证明实际拍摄中著作权权利归属划分,是可以作为推翻署名的相反证据;但是根据万达公司提供的拍摄协议,除署名之外,其还享有获取收益的权利,万达公司对电视剧《宫锁连城》在获取报酬这一点上与其他出品方并无不同,该项权利是著作财产权的重要内容,也是基于此,万达公司提供的该份协议不能成为推翻署名的相反证据。综上,万达公司仍应被认定为电视剧《宫锁连城》的制片者,应对侵犯改编权、摄制权的行为承担连带责任。

《中华人民共和国著作权法》第四十七条第六项规定,未经著作权人许可,以展览、摄制电影和以类似摄制电影的方法使用作品,或者以改编、翻译、注释等方式使用作品的,应当根据情况,承担停止侵害、消除影响、赔礼道歉、赔偿损失等民事责任。

著作权,从权利性质划分上属于排他性的绝对权;当该种权利受到侵害时,停止侵害请求权是著作权自身具有的保护性请求权。因此,停止侵权责任是侵权人应当承担的民事责任。但是如果停止有关行为会造成当事人之间的重大利益失衡,或者有悖于社会公众利益,或者实际上无法执行,可以根据案件具体情况进行利益衡量,不判决停止行为,而采取更充分的赔偿或者经济补偿等替代性措施。权利人长期放任侵权、怠于维权,在其请求停止侵害时,倘若责令停止有关行为会在当事人之间造成较大的利益不平衡,可以审慎地考虑不再责令停止行为,但不影响依法给予合理的赔偿。停止侵权责任仍然是著作权侵权中首要和基本的救济方式;侵权人不承担停止侵权责任是一种基于利益衡量之后的政策选择,是一种例外情形,应当严格予以把握。是否对权利人的停止侵害请求权加以限制,主要考量的是个人利益之间的利益平衡以及个人和社会公众利益之间的平衡。

本案具体可以从以下方面进行判断：

第一，权利人和侵权人之间是否具有竞争关系。如果权利人和侵权人之间具有竞争关系，则不宜对停止侵害请求权进行限制；否则不判令承担停止侵权责任，意味着给侵权人赋予了强制许可，这种违背权利人意愿的方式有可能极大损害权利人通过投资获得收益并取得竞争优势。本案中，陈喆与余征、湖南经视公司、东阳欢娱公司、万达公司、东阳星瑞公司之间是具有竞争关系的。陈喆作为涉案作品的著作权人，虽然涉案作品于1992年创作完成，1993年被拍摄为电视剧并播映，但是陈喆仍然可以对涉案作品进行再次的改编、拍摄。小说或剧本的影视改编、摄制、发行活动，是实现小说或剧本市场价值、商业利益的重要方式。余征同样作为编剧，湖南经视公司等作为电视剧的制片者，与陈喆之间具有竞争关系，剧本《宫锁连城》与涉案作品构成实质性相似的情况下，基于该剧本拍摄的电视剧《宫锁连城》继续复制、发行、传播将意味着其取得了强制许可，这显然违背了陈喆本人的意愿，且损害了陈喆再次改编、拍摄涉案作品并投入市场的竞争优势。

第二，侵权人市场获利是否主要基于著作权的行使。如果侵权人的商业产品获得成功并非来源于产品中著作权发挥的功能，或者其发挥的功能仅占产品市场成功的很小部分时，基于权利人利益和侵权人利益之间的平衡，可以对停止侵害请求权进行限制。本案中，电视剧《宫锁连城》的拍摄融合了导演、编剧、演员、摄影等若干人员的劳动，但对于余征担任编剧的电视剧，其之所以获得较高收视率的核心因素在于余征创作的据以拍摄的剧本，也就是说剧本《宫锁连城》对于电视剧《宫锁连城》的市场成功起到了决定性作用，由此，余征、湖南经视公司、东阳欢娱公司、万达公司、东阳星瑞公司应当承担停止侵权的责任。

第三，权利人的主观意图和侵权人的实际状况。陈喆自获知电视剧《宫锁连城》之后即开始积极维权，并未怠于行使其权利。对于电视剧《宫锁连城》的制片者来说，停止复制、发行、播放电视剧的行为并非不可实现或者实现困难。

第四，社会公众利益。如果对停止侵害请求权进行限制已经损害了社会公众利益，则不宜判令侵权人承担停止侵权的责任。社会公众利益是一个不确定概念，但可以确定的是个别人或者个别公司的利益不属于社会公众利益。信息作为一种公共产品，赋予其专有权的目的在于激励创作，长远来看有利于社会发展。停止侵权责任将强化著作权的保护，更符合长远的社会公众利益。

综合上述因素，原审法院判令湖南经视公司、东阳欢娱公司、万达公司、东阳星瑞公司承担停止复制、发行、传播的责任并无不当。

关于赔礼道歉、消除影响的责任，本案中虽然陈喆主张的是改编权、摄制权，即著作财产权，但原审法院判令余征承担赔礼道歉、消除影响的责任并无不当。首先，通常而言，著作人身权受到侵害时适用赔礼道歉、消除影响的民事责任。赔礼道歉是消除影响的手段，消除影响是赔礼道歉的后果。但从《中华人民共和国著作权法》第四十七条规定的字面含义来看，在改编权、摄制权受到侵害时，并不排除赔礼道歉、消除影响责任和赔偿损失责任的并行适用。其次，尽管陈喆在本案中主张的是改编权、摄制权，但对于侵犯改编权的行为而言，在剧本《宫锁连城》与涉案作品构成实质性相似的情况下，实质上暗含了对于涉案作品著作人身权的侵害，比如署名权，同时结合权利人明确提出了要求赔礼道歉、消除影响的诉讼主张，判令余征承担上述责任并未违反同质救济的原则。

《中华人民共和国著作权法》第四十九条规定，侵犯著作权或者与著作权有关的权利的，侵权人应当按照权利人的实际损失给予赔偿；实际损失难以计算的，可以按照侵权人的违法所得给予赔偿。赔偿数额还应当包括权利人为制止侵权行为所支付的合理开支。权利人的实际损失或者侵权人的违法所得不能确定的，由人民法院根据侵权行为的情节，判决给予50万元以下的赔偿。

根据上述规定，对于侵害著作权损害赔偿数额的确定，主要有权利人的实际损失、侵权人的违法所得、法定赔偿三种方法，且权利人的实际损失、侵权人的违法所得的适用优先于法定赔偿的适用。

余征、湖南经视公司、东阳欢娱公司、万达公司、东阳星瑞公司的行为侵害了陈喆的改编权、摄制权，应当承担赔偿损失的责任。关于赔偿数额问题，陈喆在原审诉讼中主张以侵权人的违法所得来计算损害赔偿。本院认为，本案不应适用侵权人的违法所得来计算损害赔偿，应适用酌定赔偿来确定赔偿数额。具体理由为：第一，双方均未提供充分证据证明违法所得，仅凭陈喆主张的余征编剧酬金标准及电视剧《宫锁连城》的发行价格来确定违法所得数额，依据不足。第二，原审法院既要根据侵权人的违法所得来确定赔偿数额，同时又结合各种因素对于赔偿数额进行酌定，其在适用赔偿数额的方法上存有矛盾之处。第三，酌定赔偿是加大知识产权保护力度的背景之下，法官在一定事实和证据的基础上，根据案件具体情况和自由心证，酌情裁量能够给予权利人充分赔偿的损失赔偿方法。陈喆提供的证据不能充分证明侵权人的违法所得，侵权人亦不提供证据证明其违法所得。在此情况下，原审法院将陈喆主张的计算标准作为参考因素是恰当的，也就是说本案中陈喆的初步举证可以证明侵权人的违法所得明显要高于50万元的法定赔偿。基于此，本院同时考虑到侵权人的主观过错、具体的侵权行为、侵权后果等因素，酌情确定赔偿数额。原审法院虽然在确定赔偿数额的方法上有一定的不当，但其确定的赔偿数额尚属合理，本院对此赔偿数额予以支持。

【终审判决】

综上，原审法院虽然事实认定和法律适用部分有误，但处理结果正确，仍可维持。依据《中华人民共和国民事诉讼法》第一百七十条第一款第一项、最高人民法院《关于适用〈中华人民共和国民事诉讼法〉的解释》第三百三十四条之规定，判决如下：驳回上诉，维持原判。

一审案件受理费人民币143 665元，由陈喆负担43 365元（已交纳），由余征、湖南经视公司、东阳欢娱公司、万达公司、东阳星瑞公司共同负担10万元（于本判决生效之日起7日内交纳）；二审案件受理费人民币46 800百元，由余征、湖南经视公司、东阳欢娱公司、万达公司、东阳星瑞公司共同负担（已交纳）。

本判决为终审判决。

【学者评述】

琼瑶诉于正抄袭案的判决书长达5万字，判赔数额高达500万元，这些都极为罕见。

细读这份判决书，除了首肯法官工作之扎实细致外，笔者对推理逻辑和行文布局也印象深刻，它掰得开揉得碎，将法条法释与事实一一对应，而非以前那种整体轰炸。这其实就是一种复杂性思维。

复杂性，complexity/complicacy/inhomogeneity，是事物呈现的深层次形态与运动趋势，是混沌性的局部与整体之间的非线性连接，由于局部与整体之间的这个非线性关系，使得我们不能通过局部来认识整体。复杂性科学，complexity science，兴起于20世纪90年代早期，是系统科学发展的新阶段,也是当代科学发展的前沿领域之一。复杂性科学的发展,不仅引发了自然科学界的变革,而且也日益渗透到哲学、人文社会科学领域。英国著名物理学家 Stephen William Hawking(霍金,1942 年出生)称"21 世纪将是复杂性科学的世纪"。复杂性科学,强调非线性不确定性、自组织性、涌现性,给人类带来的是一场方法论或者思维方式的变革;其理论和方法将为人类的发展提供一种新思路、新方法和新途径,应用前景广阔。具体在人文领域,后现代语境中的政治事件、社会现象与艺术创作,应对它们必须采用复杂性思维,任何简单的、机械的、线性的、形而上学的观念都与之格格不入,无济于事。

(杨新磊)

第十九节　类案集萃

(一)

1987 年 9 月 29 日,原告陈立洲、王雁以被告王进侵害其电影文学剧本《寡妇村的节日》著作权为由,向福建省泉州市中级人民法院提出诉讼。泉州市中级人民法院鉴于原告所诉被告户籍所在地是广州市,将该案移送广东省广州市中级人民法院。广州市中级人民法院受理该案后,认为珠江电影制片公司是必须进行共同诉讼的当事人而没有参加诉讼,决定追加其为被告。

该院依法组成合议庭,经公开审理,查明:原告陈立洲和王雁于 1987 年初写成电影文学剧本《寡妇村的节日》和分镜头剧本。珠江电影制片公司于 1987 年 4 月决定采用该电影文学剧本拍摄电影,由陈立洲担任导演,并依规定付给陈立洲和王雁稿酬 8 000 元,从而取得该电影文学剧本的摄制权。1987 年 8 月初,摄制组在泉州市拍摄中,陈立洲与摄制组的工作人员发生矛盾,拍摄工作难以进行。珠江电影制片公司决定改由王进担任导演,编剧仍为陈立洲、王雁;王进接手后,编写了电影分镜头剧本。该分镜头剧本和拍摄成的电影《寡妇村》,在一些情节、人物和时空、场景等方面,对原著《寡妇村的节日》做了增删改动。但是,删改后的《寡妇村》与原著的主题思想、主要情节和主要人物关系基本上一致。

广州市中级人民法院审理认为:被告王进担任电影《寡妇村》的导演,其编写的分镜头剧本和拍摄的电影《寡妇村》,对原著《寡妇村的节日》中某些情节、细节、对白、环境、场景及人物动作等方面进行了增删。原著共 84 节,其中 21 节是描写乌蛋丘及主要人物在乌蛋丘上活动的情节。电影分镜头将 11 节有关乌蛋丘的描写改为"黑色的岩石"、"丘地"等,将另 10 节删掉。原著所描写的乌蛋丘,只是描写寡妇村的一个局部的自然景物,仅是剧中人活动的一个局部背景,只对剧本主题思想的表现有一定的衬托作用。参照文化部《关于故事片厂电影文学工作的若干规定》中关于"导演接受厂领导通过的文学剧本后,应该在充分尊重文学剧本基础(主题思想、主要情节和主要人物关系)的前提下进行导演艺术的再创作,以便实现剧本的意图和提高影片的质量"的规定,王进的行为属导演进行电影导演艺术再创作的权限许可范围内的,未构成对原告的《寡妇村的节日》的主题思想、主要情节和主要人物关系方面描写的实质性改变。原告以被告删改了关于乌蛋丘的描写为由诉被告篡改了原著,不能成立。原告诉被告侵犯著作权缺乏事实依据,亦不符合《民法通则》第一百一十八条的规定。据此,该院于 1988 年 8 月 29 日作出判决,驳回原告陈立洲和王雁的诉讼请求。

原告陈立洲和王雁不服一审判决,向广东省高级人民法院提出上诉。

1989年12月6日,广东省高级人民法院终审判决,驳回上诉,维持原判。

(二)

原告朱心、袁牧女、袁小牧、袁牧男诉被告华而实、北京东方影视乐园(以下简称东方乐园)、山东电影制片厂、成都温江国威开发总公司侵犯著作权纠纷一案,北京市第二中级人民法院已审理终结。

经审理查明,电影《马路天使》1937年由明星影片公司摄制、发行,该片的编剧、导演为袁牧之。袁牧之于1978年6月30日去世,本案原告为其全部继承人,即朱心系袁牧之之妻,袁牧女、袁小牧及袁牧男皆为袁牧之之子女。

《五四以来电影剧大选集》(中国电影出版社1979年出版)收录了《马路天使》剧本,作者署名为袁牧之。《袁牧之文集》(中国电影出版社1984年出版)收录了《马路天使》剧本。上述两部作品收录的《马路天使》剧本,皆注明由杨天喜根据影片整理。

1995年4月,华而实受刘国权的委托,将《马路天使》改编为《天涯歌女》剧本。该剧本的封面上载明"根据袁牧之同志《马路天使》改编"。1995年5月2日,华而实通过他人将该剧本转交刘国权,并获得稿酬20 000元。

1995年5月14日,国威公司(甲方)与山东厂(乙方)签订了《合作拍摄故事片〈天涯歌女〉协议书》。该协议书第一款约定,甲方确认拥有《马路天使》的改编权及《天涯歌女》的著作权。甲乙双方共同委托甲方代表刘国权女士任《天涯歌女》总导演,姜丽华女士任该片制片人,制片人和总导演共同向本片出品人魏民负责。本次合作总投资320万元整,甲方投资80万元,乙方投资240万元。该片一切发行权归乙方所有。

1995年5月24日,国威公司与山东电影制片厂联合举行了电影《天涯歌女》的投资招标会,东方乐园在投资招标会现场打出了自己的名称。

1995年7月影片《天涯歌女》拍摄完成。1995年11月20日获得广播电影电视部电影事业管理局颁发的影片公映许可证(电审故丙字第062号),并于1996年1月发行。

另查,电影《天涯歌女》的片头显示:"本片取材于电影《马路天使》"。编剧为华而实,山东电影制片厂摄制,总导演为刘国权,总制片为姜丽华。

1998年3月19日,该院判决如下:一、被告山东电影制片厂自本判决生效之日起,立即停止《天涯歌女》一片的发行。二、被告成都温江国威开发总公司、山东电影制片厂自本判决生效之日起60日内,在《北京日报》《光明日报》上就其侵权行为公开向原告赔礼道歉;逾期不履行,本院将公布本判决主文,费用由两被告承担。三、被告华而实自本判决生效之日起30日内,赔偿原告经济损失人民币21 600元(含原告合理诉讼支出费用)。四、被告山东电影制片厂与成都温江国威开发总公司自本判决生效之日起30日内,共同赔偿原告经济损失人民币232 750元(含原告合理诉讼支出费用),双方承担连带责任。五、驳回原告其他诉讼请求。

(三)

原告李惠康、程志达、薛允璜与被告中国福利会儿童教育电视制作中心著作权合同纠纷一案,上海市第一中级人民法院于1999年6月3日受理后,现已审理终结。

法院查明:1997年2月18日,原告(乙方)与被告(甲方)签订协议书一份,协议中对双方的权利义务的约定与原告所述相同。协议签订后,被告依照约定支付了定金人民币2

万元。同年6月中旬，原告向被告交付了17集"珍剧"剧本；该剧本系打印件，末页尾部印有"1997.6.15.完稿于上海"的字样。后因被告的要求，原告对剧本进行修改后交与被告，集数由17集改写成18集，封面的底部印有"1997.7.修改稿"的字样，末页尾部除印有前剧本完稿的时间外，增加了手写的"7.18修改稿"字样。之后，被告又委托他人编写连续剧《珍珠塔》剧本，并根据该剧本改写成《戏说珍珠塔》的拍摄工作台本。1998年11月28日，《解放日报》影视风景线栏目中刊登了《戏说珍珠塔》开拍的文章，该文记载连续剧《戏说珍珠塔》近日已在本市开镜。被告印制了该连续剧的宣传资料，剧名为《珍珠塔新传》。

1999年10月15日，该院判决如下：一、中国福利会儿童教育电视制作中心应于本判决生效之日起10日内向李惠康、程志达、薛允璜支付《珍珠塔》电视连续剧剧本未付稿酬人民币55 000元（税后）。二、中国福利会儿童教育电视制作中心应向李惠康、程志达、薛允璜赔偿自1999年6月3日起至本院判决确定付款日止的逾期付款利息损失，该利息应按中国人民银行同期存款利息计算。三、对李惠康、程志达、薛允璜的其余诉讼请求不予支持。四、对中国福利会儿童教育电视制作中心的反诉请求不予支持。

（四）

中央实验话剧院退休演员肖某起诉著名导演及《大宅门》编导郭宝昌、第三人朱德承（长春电影制片厂演员剧团演员）案，被北京市东城区人民法院驳回。肖某向北京市第二中级人民法院提起上诉。

原告肖某诉称，1999年3月初，他因要拍摄电视剧《悲喜人生》找到被告郭宝昌，欲请其担任该剧导演。应郭宝昌要求，肖某于同年6月28日预付郭宝昌导演费8万元。其后，因资金没有到位，该剧一直未开拍。由于找不到投资商，郭宝昌介绍由第三人朱德承继续拍这部电视剧。2000年6月8日，肖某与朱德承签订了版权转让协议，将该部电视剧的版权转让与朱德承，朱德承给付肖某版权转让费10万元。此后，肖某与郭宝昌、朱德承约定，肖某预付给郭宝昌的8万元导演费，由朱德承负责退还。肖某曾多次找朱德承催要该款，但朱德承拒不履行。肖某认为，该剧既然已由朱德承拍摄，且三方对返还8万元一事亦有协议，朱德承即应给付这8万元，现郭宝昌、朱德承无故推托，故起诉至法院要求朱德承退还其预付给郭宝昌的导演费8万元，郭宝昌对此承担连带责任。

东城区人民法院认为，根据所查明的事实，郭宝昌因电视剧《悲喜人生》剧本（该剧后更名为《宅门逆子》）确收取了肖某给付的8万元，但郭宝昌在为肖某书写的字据上注明这8万元为酬金；郭宝昌拿到剧本后，将原36集的电视剧《悲喜人生》剧本修改成25集，此后，肖某将25集电视剧《悲喜人生》剧本卖与第三人朱德承。现三方对酬金8万元是支付郭宝昌的导演费，还是支付给郭宝昌的改编剧本费以及肖某、郭宝昌、朱德承是否有过上述8万元酬金由朱德承退还给原告的协议问题产生争议。肖某坚持其给付郭宝昌的8万元酬金系导演费，但对此事实原告应负有举证责任。通过庭审，肖某不能证明8万元酬金确系预支给郭宝昌的导演费，亦不能提供翔实证据证明其与郭宝昌及朱德承曾达成过8万元由朱德承退还的协议，对此，郭宝昌及朱德承对肖某所述事实又予以否认，故肖某应承担举证不能的法律后果。对于原告的诉讼请求，因缺乏证据证明，不予支持。

2004年6月2日，该院终审判决驳回原告的诉讼请求。

（五）

2004年12月27日，北京市海淀区人民法院对《巾帼英雄第》剧本著作权纠纷案宣判，判令国家人口和计划生育委员会、中国人口文化促进会返还原告耿女士该剧剧本,并驳回了耿女士其他诉讼请求。

原告耿某诉称,2001年起她开始创作电视连续剧《巾帼英雄第》剧本并于2003年3月完成该剧脚本,取得著作权登记证书。2004年1月,被告所管属单位中国爱华影视制作中心(以下简称爱华影视)经人介绍与原告耿某认识,并提出合作拍摄电视剧的愿望。耿某将剧本交予爱华影视,但双方未就拍摄该剧达成任何口头或书面协议。随后耿某发现爱华影视不具备电视剧制作的实力和优势,并利用其项目筹借资金,原告通知爱华影视停止合作并多次催要剧本,但爱华影视均以种种理由不予归还。2004年4月,原告与另一公司运作联合拍摄该剧时,却意外发现爱华影视已在原告毫不知情的情况下,将该剧本送国家广播电影电视总局审查通过并立项。

被告辩称,爱华影视立项是经与耿某协商并同意的情况下进行的,耿某称其原意用其剧本《巾帼英雄第》与爱华影视合拍电视剧,双方有了合作意向,但需要进一步论证。双方约定先为此剧申报立项,待最终决定采用原告剧本时再订立书面合同。爱华影视认为原告的剧本是侵权作品,因此已无法再与耿某合作。现在该剧与耿某已经没有任何关系。

法院经审理认为,爱华影视整理《巾帼英雄第》剧本故事梗概并申报立项的行为系得到耿女士许可后而为之。爱华影视发现耿女士的《巾帼英雄第》剧本存在著作权瑕疵,并明确表示不使用该剧本进行拍摄,就双方的协商过程来看,爱华影视并未侵犯耿女士对于该剧本的著作权。爱华影视取得《巾帼英雄第》剧本立项后,并未实际拍摄,将立项备案的剧名和编剧等亦予以变更,且明确表示不使用该剧本进行拍摄,故爱华影视该立项已与耿女士的《巾帼英雄第》剧本无涉。

法院依法判令国家人口和计划生育委员会、中国人口文化促进会在法院固定该剧本内容后返还耿女士、驳回了耿女士其他诉讼请求。

(六)

2005年5月,天津市高级人民法院作出终审判决,判令东亚经贸新闻报社刊登向张永琛道歉的声明,赔偿张永琛精神损失和经济损失合计人民币8万元;确认王庆祥未构成侵权行为。

法院审理查明,2004年4月,天津剧作家张永琛出任编剧的《末代皇妃》电视剧先后在几个地方电视台播出。电视剧播出后,东亚经贸新闻报社记者周某采访了王庆祥(吉林省社科院历史研究所研究员,著有《溥仪的后半生》等多部文学作品)。2004年5月11日,《东亚经贸新闻》发表了采编为周某的《叹!史学家心血 愤!名编剧剽窃》一文。

张永琛认为上述文章内容侵犯了自己的名誉权并造成严重后果,2004年6月向法院起诉,请求判令东亚经贸新闻报社和王庆祥停止侵权、赔礼道歉并赔偿损失及合理维权费用共计80万元。

2004年10月,一审法院判决王庆祥、东亚经贸新闻报社在报纸上向张永琛道歉,一次性赔偿张永琛经济损失人民币66万元,精神损失人民币1万元。王庆祥、东亚经贸新闻报社不服一审判决,向天津市高级人民法院提起上诉。

二审法院审理认为,王庆祥对《末代皇妃》一剧提出异议或批评以及主张自己的权利,应属正当。但其中有关著作权之争议,未经人民法院裁判,新闻媒体不应发表结论性或足以误导公众认为已有结论的报道文章。据此,天津市高级人民法院作出上述终审判决。

又案,王庆祥以天津电影制片厂编剧、女作家徐翔等人合著的《溥仪的五个女人》侵犯其著作权为由，将出版社和作者告上法庭。2005年10月31日，经北京市第一中级人民法院调解，双方当事人达成和解。被告徐翔等停止使用原告王庆祥的《伪帝宫内幕》《溥仪的后半生》《末代皇后和皇妃》中的《末代皇后和皇妃》一文；向王庆祥书面致歉；被告等连带赔偿王庆祥经济损失等总计人民币3万元。

王庆祥是吉林省社会科学院研究员，以溥仪生平及其时代背景为研究对象迄今已有20多年，走访过溥仪遗孀李淑贤、溥仪亲属、贴身侍从、伪满大臣以及众多皇族后裔等历史见证人，是《伪帝宫内幕》《溥仪的后半生》《末代皇后和皇妃》一书中的《末代皇后和皇妃》一文的作者。

2003年5月，王庆祥发现由天津电影制片厂编剧徐翔、宁波报业集团东南商报发行部职员王振虹合著，由今日中国杂志社出版的《溥仪的五个女人》一书有使用原告作品的情况。经将自己的作品与《溥仪的五个女人》一书对比后，王庆祥认为，《溥仪的五个女人》一书中约有9万字抄自原告的作品。

在案件审理过程中，双方当事人主动向法院提出请求，希望调解解决纠纷，降低诉讼成本和开支。在主审法官的主持下，原告王庆祥与被告徐翔、王振虹和今日中国杂志社自愿达成了上述调解协议。

（七）

电视剧《光武帝刘秀》的原著作者、作家秦俊为了自己的署名权，将河南省南阳市电视剧制作中心、北京中协诚达公司告上法庭。2005年6月3日，此案在河南省南阳市中级人民法院圆满调解结案。

经法院主持调解，原、被告双方达成了调解协议，秦俊同意北京中协诚达公司使用其创作的《光武帝刘秀》一书作为剧本拍摄电视剧，北京中协诚达公司向秦俊支付使用费4万元，并由北京中协诚达公司在全国性报纸上刊登声明，将秦俊"编剧"身份更正为"原著"，北京中协诚达公司在电视剧《光武帝刘秀》以后的发行、放映工作中将秦俊署名为原著，并向其附送修改后的电视剧光盘。

1998年年初，秦俊与南阳市电视剧制作中心协商，将其创作的长篇小说《光武帝刘秀》改编为电视剧剧本。1998年4月10日，秦俊出具了授权书，同意张笑天参与《光武帝刘秀》剧本的改编工作。1998年12月，南阳市电视剧制作中心与北京中协诚达房地产开发有限公司联合拍摄32集电视连续剧《光武帝刘秀》。依据秦俊与南阳市电视剧制作中心于2000年3月25日的约定，该电视剧中应署名"原著：秦俊"字样，并按每集2 000元向秦俊支付稿酬。该电视剧制作完毕后，在全国公开发行放映，但在电视剧中并没有注明"原著：秦俊"，仅将秦俊署名为编剧，承诺给的稿酬也没有兑现。后秦俊致函南阳市电视剧制作中心，要求注明原著为秦俊，编剧为张笑天。

2000年5月，南阳市电视剧制作中心与北京中协诚达公司订立了合同书，由南阳市电视剧制作中心提供电视剧文学剧本，由北京中协诚达公司投资70万元，摄制电视连续剧《光武帝刘秀》。

2000年8月25日，南阳市电视剧制作中心回函秦俊，同意在电视剧《光武帝刘秀》中署名原著秦俊，稿酬每集2 000元。但该电视剧在摄制完成后，却没有原著秦俊的内容，而把秦俊注明为编剧。2004年12月，秦俊多次催促，但南阳市电视剧制作中心及北京中协诚达公司拒不支付稿酬，也未更正其侵权行为，无奈之下，秦俊一纸诉状将这两个单位一并告到了南阳市中级人民法院，要求法院判决被告立即停止侵权，并支付稿酬56 000元。

案件审理中，因南阳市电视剧制作中心现已歇业，秦俊撤回了对其的诉请。

（八）

传记小说《神警传奇》的作者魏肇权诉上海嘉誉长河广告传播有限公司（以下简称嘉誉公司）和中国铁路文工团侵犯其著作财产权一案，2005年7月25日，上海市第二中级人民法院作出一审判决，法院对魏肇权要求两被告停止侵权、赔礼道歉并赔偿经济损失22万元的诉讼请求不予支持。

2003年10月，长篇传记小说《神警传奇》由上海书店出版社出版发行。2004年5月，中国铁路文工团经上级部门批准，拟与嘉誉公司联合拍摄反映铁路警察生活的20集电视连续剧《驼铃》，该剧将根据小说《神警传奇》改编创作。同年7月，嘉誉公司与铁路文工团签订拍摄合同书，约定双方联合摄制20集电视连续剧《驼铃》，由铁路文工团负责获取公安、铁路部门的批文支持，嘉誉公司负责获取拍摄、发行许可证。此后，嘉誉公司就《驼铃》题材规划向国家广电总局提出申报，并附有《驼铃》的剧情梗概，国家广电总局审核后同意该剧立项。魏肇权得此消息后，认为嘉誉公司和铁路文工团的行为侵犯了他享有的著作权中的改编权和摄制权，便于2004年8月向上海市第二中级人民法院提交诉状，要求法院判令两被告停止侵权，在《新民晚报》上公开赔礼道歉，并赔偿经济损失22万元人民币。

法院在审理后认为，原告是《神警传奇》一书的作者，对该书享有著作权。我国著作权法规定，未经著作权人许可，以改编方式使用其作品的构成侵权。但是本案中，电视连续剧《驼铃》的剧本尚未形成，该剧的故事梗概，只是对剧情内容所做的简要说明，并不能等同于剧本。因此，在被告实质性的改编行为尚未出现的情况下，将剧情梗概与原告小说《神警传奇》进行比对，从而判断被告侵权并不恰当。况且，二者所描写的人物、情节也存在较多差异，无法确认剧情梗概就是根据《神警传奇》改编的。虽然两被告在向有关部门申请拍摄《驼铃》时提及原告作品有所不妥，但两被告的行为未对原告造成损害后果，因此不构成对《神警传奇》改编权的侵害。由于两被告对《驼铃》剧本尚未创作完成，也未投入拍摄，在申报过程中所附的剧情梗概无法作为拍摄电视剧的依据，因此，原告指控两被告侵犯《神警传奇》一书摄制权的理由也不能成立。

据此，法院一审判决对原告的诉讼请求不予支持。

（九）

赖女士应某影视中心的要求创作了8集戏曲电视连续剧《桃花吟》的剧本。为讨要稿酬，她打了一场官司。此案经过北京市丰台区人民法院和二审人民法院的两次审理，2006年11月27日，双方日前达成和解协议，影视中心支付赖女士2万元稿酬。

2002年8月26日，赖女士与影视中心签订了一份合同，约定影视中心向赖女士购买她创作的8集戏曲电视连续剧《桃花吟》的剧本版权，每集5 000元，共4万元。稿酬分三次支付：在合同签订后10日内影视中心支付赖女士1万元，赖女士将8集剧本创作完成经影视中心审定后支付2万元，开机拍摄前支付余款1万元。该合同同时约定：影视中心应在赖女士交稿之日起2年内即2002年12月31日至2004年12月31日前完成拍摄；如超期未拍，赖女士有权收回剧本或者转让第三方，影视中心应将余款支付给赖女士，且影视中心不再享有该剧本的戏曲电视剧拍摄（含音像）版权。合同签订后，赖女士按约交付了剧本，影视中心也如约支付了第一期稿酬。但是，当赖女士将剧本修改稿交付影视中心后，影视中心既未提出修改意见，也未如期交付后两期稿酬。《桃花吟》戏曲电视至今没有拍摄，影视中也没有支付其余稿酬。赖女士多次催要未果后，便诉至法院，要求影视中心返还我创作的 8 集戏剧电视连续剧《桃花吟》剧本原稿，支付稿酬 3 万元及利息。

宣判后，影视中心不服提起了上诉。二审当中，影视中心以与赖女士达成协议，影视中心给付赖女士稿酬 2 万元，撤回上诉。

（十）

电视连续剧《周璇》尚未公开播出，该剧的原创作者陆寿钧与制作单位上海中先传媒有限公司（以下简称中先公司）却先期在上海市第二中级人民法院民事法庭上亮相。2007 年 2 月 8 日下午，该法院对这起委托创作合同纠纷案件作出一审判决，中先公司被判支付陆寿钧编剧费 37.8 万元。

原告陆寿钧诉称，2005 年 8 月，中先公司为筹拍电视连续剧《周璇》（暂定名），委托陆创作该电视剧的剧本。为此，双方签订了一份剧本委托创作合同，合同约定由陆为中先公司创作 30 集剧本，每集编剧费为 15 000 元，总计 45 万元。同年 9 月双方又签订了一份补充协议，约定剧本集数增加为 36 集，每集编剧费不变，总报酬为 54 万元。然而，中先公司仅给付了 16.2 万元稿费后，尚有 37.8 万元的稿费却一直未支付。

法院在审理后认为，根据原、被告双方合同约定，原告如约向被告方的工作人员汤某交付了剧本手稿，事实上原告已完成了向被告交付剧本初稿的义务。作为被告方聘用的工作人员，虽然汤某未能完成她应当负责的工作任务，但不能就此否定原告已履行交付全部剧本初稿的事实。被告在发现剧本缺少后一直未向原告催讨，直至电视剧拍摄完毕，也未向原告提出过异议。因此，被告辩称没有收到原告完整剧本初稿，不符合事实。

对于被告对原告手稿字数不符合要求的抗辩，法院认为，尽管合同约定了剧本每集字数不少于 12 000 字、交稿之后需经修改和确认等要求，但是在实际履行合同的过程中，原、被告之间从无任何书面确认手续，且剧本已经修改拍摄成电视剧；故对于原告的剧本是否符合合同要求要结合实际履行的情况来综合认定，被告亦未提供曾向原告提出过异议的相关证据。同时，被告又没有相关证据来证明双方合同已经终止。故法院对被告的上述辩解不予采信。本案中，原告依约履行了委托创作义务，被告未支付后续编剧费的行为显属违约，因此，被告应当承担违约责任。

（十一）

王安忆名作《长恨歌》被改编成电视剧热播后，同名电视小说也应运而生。《长恨歌》电视剧剧本的编剧之一赵耀民以侵犯著作权为由，将上海海润影视制作公司（以下简称海润公司）和大众书局告上了法庭。2007 年 4 月 9 日，上海市第一中级人民法院对该案作出了一审判决，海润公司被判停止侵害赵耀民的《长恨歌》话剧剧本著作权并赔偿其经济损失人民币 1 万元。

2003 年 3 月，赵耀民所写的三幕话剧《长恨歌》剧本在中国戏剧家协会《剧本》杂志上发表。当年 9 月，海润公司约请赵耀民、蒋丽萍创作电视剧《长恨歌》的剧本。双方约定，剧本文字版权属海润公司所有，赵耀民、蒋丽萍享有署名权和剧本公开发表、出版的获得报酬权。

2005 年 4 月，电视剧《长恨歌》的出品人海润公司与教育出版社签订合同，约定出版《〈长恨歌〉电视小说》，作者署名为"小说原著：王安忆，编剧：蒋丽萍、赵耀民，执笔：蒋丽萍"。在出版发行的《〈长恨歌〉电视小说》版权页上载明：原著王安忆、编剧蒋丽萍。版权页背面列明：35 集电视连续剧《长恨歌》主创名单，其中载明，原著：王安忆，编剧：

蒋丽萍（执笔）、赵耀民。

2006年8月，赵耀民在大众书局思考乐—美罗店以29元的价格购得了该书。赵耀民以海润公司、大众书局侵犯其著作权为由，向上海市第一中级人民法院提起诉讼，要求两被告立即停止侵权；海润公司公开赔礼道歉并赔偿经济损失人民币30万元。

在诉讼中，海润公司认可赵耀民系话剧《长恨歌》的著作权人及同名电视剧的编剧之一，并确认电视小说系由案外人蒋丽萍在同名电视剧剧本的基础上改编而成，系争作品中参考和使用了赵耀民创作的《长恨歌》话剧剧本中的部分内容。上海市第一中级人民法院认为，赵耀民并未直接参与电视小说的创作，故其不享有对该小说的署名权。此外，在电视小说版权页背面列明的同名电视剧主创名单中已载明赵耀民系编剧之一，故海润公司并未侵犯赵耀民的署名权，赵耀民要求海润公司赔礼道歉，不予支持。由于该电视小说中参考和使用了赵耀民创作的《长恨歌》话剧剧本中的部分内容，且未支付报酬，故海润公司应当承担停止侵权、赔偿损失的民事责任。

（十二）

由于未按合同约定时间对剧本进行修改，造成电视剧无法开拍，2007年12月25日，北京市朝阳区人民法院依法判决曾经担任《半路夫妻》等热门电视剧编剧的彭三源（本名彭明艳）返还卧虎藏龙公司15万元稿酬，并赔偿卧虎藏龙公司经济损失4 442.7元。

卧虎藏龙公司诉称，该公司于2007年3月18日与彭明艳签订合同，邀请彭明艳担任电视剧《名声》剧本的总策划。彭明艳应在约定时间内带领原编剧完成剧本的修改，使剧本达到开拍的要求。签约后，该公司依约向彭明艳支付了首付款15万元，并于同年3月21日成立《名声》剧组。但彭明艳只交付了分集大纲，至今未交付修改后的剧本。彭明艳的违约行为致使电视剧无法开拍，剧组解散。故诉至法院要求解除双方签订的合同，要求彭明艳返还15万元稿酬，并赔偿相应损失。

编剧彭明艳辩称，其已带领原编剧进行了分集大纲和剧本的修改，并交付了修改后的分集大纲。没有提交修改后的剧本是因卧虎藏龙公司转变创作思路，单方终止了其工作，已经收取的稿酬是履行合同的前提，因此无需退还，故不同意卧虎藏龙公司的诉讼请求。

法院经审理认为，彭明艳提出没有交付剧本是基于卧虎藏龙公司在合同约定的剧本交付期限前单方面解除了合同，故应就此承担举证责任。但彭明艳提交的证据不能证明该事实。在现有证据情况下，彭明艳没有依约交付修改后的剧本构成违约，应当承担相应的违约责任。彭明艳的违约导致卧虎藏龙公司的合同目的无法实现，卧虎藏龙公司有权据此要求解除合同。据此，法院作出上述判决。

（十三）

2007年8月10日，北京市海淀区人民法院审结北京电影学院薛副教授劳务合同纠纷案，判决解除薛副教授与北京八吉祥影视策划咨询公司签订的合同书，驳回北京八吉祥影视策划咨询公司的反诉请求。

2005年12月12日，薛副教授与八吉祥公司签订合同书，约定薛担任《你是一条鱼》的编剧，酬金8万元；同时担任该剧的导演，酬金5万元。在合同签订当日，八吉祥公司向薛副教授支付定金1万元。后双方协商后，将电影剧本名由《你是一条鱼》变更为《海洋天堂》。2006年2月11日，薛副教授将故事梗概通过电子邮件的方式交付八吉祥公司；3月13日，薛副教授提供了《海洋天堂》剧本。但八吉祥公司在给付1万元定金后未再向薛副教授给付其他酬金。因此，薛副教授将八吉祥公司诉至法院，要求解除合同。在庭审中，八吉祥公司以薛副教授违约在先，反诉要求赔偿公司经济损失 15 万元。

法院认为，根据双方签订的合同书第五条第四点"甲方对剧本和演员有终审权。甲乙双方对创作有不同意见，应协商解决"的约定，以及八吉祥公司提出修改意见要求薛副教授对剧本进行修改的事实，可以说明 2006 年 3 月 13 日薛副教授向八吉祥公司提供的《海洋天堂》的剧本并非定稿。法院认定薛副教授在合同的履行过程中并未完全尽到履行合同的义务，应负一定违约责任。八吉祥公司在薛副教授交付故事梗概后未取得摄制电影许可证（单片），影片至今无法拍摄的原因并非由薛副教授的违约行为造成的，八吉祥公司反诉要求薛副教授赔偿经济损失，没有事实和法律依据。考虑到薛副教授对履行合同持否定意向，双方很难实现合同预期目的，且该合同已没有继续履行的可能，故薛副教授要求解除合同的诉讼请求，理由正当。

（十四）

因认为儿童文学题材影片《我们手拉手》剽窃了自己的文学剧本《大雪小雪》核心内容，殷小英、张国春将深圳电影制片厂、深圳市文联、全国少年工作委员会、安徽省宿州电视台等一并告上法庭。2006 年 11 月 17 日，北京市第二中级人民法院一审判决，驳回原告殷小英、张国春的诉讼请求。

原告殷小英、张国春诉称，二人于 2003 年 1 月发表了电影文学剧本《大雪小雪》。电影《我们手拉手》的剧情与此有很多相似之处。二原告认为，被告在没有取得原告授权的情况下，将原告的作品改编为电影，已构成对电影剧本《大雪小雪》的严重抄袭，侵害了原告的著作权。故请求判令深圳电影制片厂、深圳市文联、全国少年工作委员会、安徽省宿州电视台停止影片《我们手拉手》的放映和发行，公开道歉、消除影响，赔偿经济损失、精神损失及合理诉讼支出 95 万元。

北京市第二中级人民法院经审理认为，电影文学剧本属于以文字形式表现的文学作品；电影属于摄制在一定介质上，由一系列有伴音或者无伴音的画面组成，并且借助适当装置放映、播放的艺术作品。这两种作品具有完全不同的表达形式，二者可以分别以自己的方式表现相同的主题思想、反映相同的内容题材。涉案的剧本《大雪小雪》及被控影片《我们手拉手》均反映了贫困女学生渴望读书、同学之间相互帮助的内容，二者在个别素材的选择上存在一致性；但在具体情节的表达形式上，电影的故事场景、剧情设置、人物对白等均与剧本存在明显的区别。在不同的作品中选择相同的素材、依据相同素材创作表达形式不同的作品是著作权法所允许的，该种素材的重叠并不为法律所禁止。电影文学剧本《大雪小雪》及电影《我们手拉手》分别是两部独立创作完成的作品，二者之间不存在剽窃问题。据此，北京市第二中级人民法院作出上述判决。

（十五）

电视剧剧本《阳光部落》著作权纠纷案终审宣判。

原审法院认为：2005 年 6 月 20 日，王雁与禹风公司签订的《阳光部落》协议书系剧本改编合同，该合同系双方真实意思的表示，未违反法律、行政法规的强制性规定，合同真实有效，合同双方均应该按照合同的约定履行义务。依据协议书的约定，在签订协议后，禹风公司支付王雁 1 万元，此项义务已经履行完毕。此后，王雁创作剧本提纲，经禹风公司认可后，支付 2 万元稿酬，此阶段的义务双方也已经履行完毕。此后王雁完成全部剧本改编，按照协议约定禹风公司应当支付 8 万元稿酬。对此，禹风公司认为，付款的条件是剧本在 40 天内完成并经电视台确认可以开机拍摄，因为王雁完成的剧本未按时间完成且经拍摄方审查未达到拍摄要求无法开机,而且剧本还存在质量问题,故不能支付8万元稿酬。

北京市第二中级人民法院认为,协议书并未约定40天内完成以及电视台确认并开机拍摄是支付8万元稿酬的前提,本院对此答辩意见不予支持。此外,禹风公司虽以"审看意见"作为王雁改编的剧本质量存在问题的答辩依据,但由于该意见引用的剧本对白不是王雁创作剧本的内容,禹风公司也承认在送剧本审看前自己对剧本作了修改,因此不能确认"审看意见"是针对王雁交付的剧本所作出的。而且,该"审看意见"中还认为剧本后10集比较精彩,而剧本后半部分恰恰是禹风公司送审时修改较小的部分。故对禹风公司对剧本质量的答辩意见,本院同样不予采纳。鉴于王雁已完成协议书约定的全部剧本的改编,双方所约定8万元的支付条件已成就,故对于王雁请求禹风公司支付稿酬8万元的请求,本院予以支持。

据此,原审法院依于2006年5月8日判决:1. 禹风公司于本判决生效之日起10日内支付王雁稿酬8万元;2. 驳回王雁的其他诉讼请求。禹风公司不服,提出上诉,北京市第二中级人民法院终审判决驳回上诉,维持原判。

(十六)

电视剧《谍战》编剧的署名权上诉案终审宣判。

根据著作权法的规定,受委托创作的作品,著作权的归属由委托人和受托人通过合同约定。依据马中毅与国安影视中心所签委托协议书,由国安影视中心委托马中毅创作的电视文学剧本《沉没的红帆船》著作权中的署名权和修改权属于马中毅所有。在国安影视中心与东方明珠公司签订的合同书中,虽然约定剧本的著作权归东方明珠公司所有,但由于国安影视中心并不享有署名权、修改权,所以东方明珠公司对剧本所享有的著作权并不包括剧本的署名权和修改权。电视连续剧《谍战》属于电影作品或以类似摄制电影的方法创作的作品,其著作权由制片者享有,但编剧等作者享有署名权。作为《谍战》一剧的制片者之一的国安影视中心负责对剧本的审定,其出具的证明亦能说明马中毅作为编剧的身份。东方明珠公司未经马中毅许可,委托张璐对剧本进行修改,并在《谍战》VCD光盘外包装上署名"编剧:张璐"及播放《谍战》VCD光盘显示"编剧:马中毅、张璐"等字样,侵犯了马中毅享有的电视连续剧《谍战》编剧署名权。东方明珠公司作为联合摄制方中负责该剧的创作、摄制、发行方,满园彩公司作为该剧的音像制品出品方,齐鲁音像出版社作为该剧的出版发行方,应对上述侵犯马中毅署名权的行为承担连带责任。华视伟业公司未举证证明其销售的《谍战》VCD光盘具有合法来源,应当承担销售侵权光盘的法律责任。

关于精神损害赔偿一节,由于《谍战》电视剧VCD光盘外包装上未给马中毅署名编剧,公众在购买《谍战》VCD光盘时,必然认为张璐是该剧唯一的编剧,给马中毅的信誉和社会评价带来负面影响,马中毅为创作这部20集的电视连续剧剧本付出了创造性劳动,因此,对于本案涉及的侵权行为除适用停止侵权、消除影响、赔礼道歉等民事责任形式外,还应对给马中毅造成的精神损害进行赔偿,故原审判决根据东方明珠公司、齐鲁音像出版社、满园彩公司、华视伟业公司的过错程度、侵权方式及情节、给马中毅造成的负面影响等因素确定的赔偿数额并无不妥。

2006年7月17日,上海市第一中级人民法院判决驳回上诉,维持原判。

(十七)

2005年2月2日,于胜军代表北京正心天合文化交流服务中心就电视连续剧《爱在生命中传递》(以下简称《爱》剧)的剧本创作人崔法光签订合同书,约定双方合作拍摄

《爱》剧。合同签订后，崔法光创作了剧本。于胜军代表正心天合中心委托北京中视协影视制作有限公司（以下简称中视协公司）于2005年9月取得该剧的电视剧摄制许可证；后来，双方解除合同关系，中视协公司退还于学军劳务费2万元。2005年12月22日崔法光与北京瑞宝天地广告艺术有限公司签订剧本著作权转让协议书，后双方又解除该协议。2006年，崔法光与上海双鸽影视有限公司（以下简称双鸽公司）签订合同，约定崔法光将《爱》剧的电视剧摄制权等转让给双鸽公司。于学军、于胜军认为崔法光未经许可，授权北京瑞宝天地广告艺术有限公司和双鸽公司拍摄《爱》剧侵犯了正心天合中心依据合同书享有的电视剧拍摄专有权，故诉至法院，要求崔法光、北京瑞宝天地广告艺术有限公司、双鸽公司停止侵权、赔礼道歉并赔偿经济损失50万元。诉讼中，于学军、于胜军向本院申请撤回了对被告北京瑞宝天地广告艺术有限公司的起诉，本院依法予以准许。双鸽公司和崔法光在诉讼中辩称，于学军、于胜军享有《爱》剧的电视剧专有摄制权。经询，崔法光、双鸽公司表示愿意与于学军、于胜军协商解决纠纷。

2006年11月9日，经法院主持调解，双方当事人自愿达成如下协议：一、于胜军代表北京正心天合文化交流服务中心与被告崔法光于2005年2月2日签订的关于《爱》剧（又名《生命在爱中传递》）的剧本创作合同书终止履行；二、原告于胜军、于学军认可被告崔法光与被告双鸽公司就《爱》剧（又名《生命在爱中传递》）的剧本签订的一系列著作权转让合同的效力，不再就该剧本的著作权问题追究被告崔法光和被告双鸽公司的任何法律责任；三、被告双鸽公司给付原告于胜军、于学军补偿费13万元，于本调解协议生效之日起5日内付清；四、被告崔法光给付原告于胜军、于学军补偿费5万元，于本调解协议生效之日起5日内付清。

（十八）

一部名字很俗的电视剧《哥们儿兄弟》，引发纠纷。

在审理过程中，经法院主持调解，双方当事人自愿达成如下协议：一、彭三源承认违反合同约定未完成《哥们儿兄弟》剧本的创作，北京小马奔腾影视文化发展有限公司不再以任何方式追究彭三源的违约责任；二、彭三源同意在本调解书生效之日起10日内退赔北京小马奔腾影视文化发展有限公司21.6万元；三、北京小马奔腾影视文化发展有限公司放弃对《哥们儿兄弟》剧本大纲的一切权利，彭三源独自享有《哥们儿兄弟》剧本大纲的著作权；四、彭三源与北京小马奔腾影视文化发展有限公司于2004年9月6日签订的《三十集电视连续剧〈哥们儿兄弟〉的编剧创作合同》自本调解书生效之日终止，彭三源、北京小马奔腾影视文化发展有限公司因该剧所享有的权利和承担的义务归于结束，任何一方不得再就该合同向对方或者关联方提出任何索赔请求或者主张；五、别无争执。

（十九）

《玫瑰绽放的年代》剧本纠纷宣判。

法院认为，从合同的文字表述来看，合同第八条的C款明确约定初稿3万元稿酬支付以中联嘉业公司认可为前提，但第八条的B款中并未约定整体大纲和分集大纲需经过中联嘉业公司认可。因此，马京生的主张有合同依据，应予以采信。由于第八条B款中明确约定的付款条件只有字数，而中联嘉业公司未对字数提出过异议，应视为第八条B款约定的付款条件已经成就。马京生与中联嘉业公司签订的委托创作合同是当事人真实意思表示，且未违反法律、行政法规的禁止性规定，应属有效。在合同第八条B款约定的付款条件已经成就的情况下，中联嘉业公司应当如约及时支付全部稿酬的20%即2万元。合同第八条B款未明确约定付款时间，马京生作为债权人可以随时主张，但应给中联嘉业公司合理的准备时间。现马京生提供的证据证明其于2006年2月26日向中联嘉业公司催要过2万元稿酬，中联嘉业公司至今未付，构成违约，应依法承担继续履行、赔偿损失等违约责任。因此，马京生要求中联嘉业公司支付2万元稿酬并赔偿利息损失的诉讼请求有事实和法律依据，本院予以支持。至于利息损失，应当从马京生催要稿酬并给予中联嘉业公司必要准备时间之后起算，故本院酌定利息从2006年4月1日起计算。由于马京生只主张利息计算至2006年5月1日，故本院确认利息计算至2006年5月1日。至于利率，本院酌定按照中国人民银行同期活期存款利率计算。当事人协商一致，可以解除合同，诉讼中双方当事人均同意解除合同，故马京生解除合同的诉讼请求，本院予以支持。

2006年6月13日，法院判决如下：一、解除原告马京生与被告北京中联嘉业文化艺术有限公司签订的关于《玫瑰绽放的年代》剧本创作的合同书；二、被告北京中联嘉业文化艺术有限公司给付原告马京生稿酬2万元及该款项的利息（从2006年4月1日至2006年5月1日，利率按中国人民银行同期活期存款利率计算）。

（二十）

由编剧李龙云创作的电视剧《荣宝斋》剧本而引发的纠纷宣判。

法院认为：合同约定的《荣宝斋》文字作品的体裁应当是电视系列剧即电视剧剧本。被告交付的《荣宝斋》不符合电视剧剧本的要求。剧本创作协议书的合同目的是拍摄电视剧，超出电视剧剧本性质的创新应当征得合同对方的同意。在剧本创作协议书约定的条款中，有双方共同确定导演人选、电视剧剧组建组后付款、电视剧能否播出时剧本权利归属的约定内容。这表明了双方签订合同的最终目的是拍摄电视剧，即约定创作的剧本应当符合实际拍摄标准。被告辩称其创作的剧本已经达到了纪实体电视剧的新高度，但对受委托创作的剧本体裁是否符合要求应当以约定的剧本体裁标准和合同目的来衡量，对剧本体裁的创新如果未征得合同对方的同意，则属于单方改变约定剧本的创作标准，被告并未对所交付的剧本与约定体裁不符的所谓创新征得对方的认可，其行为明显不符合约定。有关"尊重被告的创作自由"的约定是在电视剧体裁约定标准前提下的尊重，不应当扩大理解，故被告的相关辩解不能成立，本院不予支持。

综上，被告交付的《荣宝斋》文字作品不符合剧本创作协议书约定的长篇纪实体电视系列剧剧本的体裁标准，更不是长篇电视连续剧剧本。同时，被告拒绝合同对方提出的修改剧本的要求，导致合同目的无法根本实现；被告的行为已经构成违约，应当承担违约责任，退回已经收取的稿酬。鉴于委托创作本身具有一定的创作风险，被告亦为创作付出了一定的时间、财力和精力，对此应予适当支付报酬。因剧本创作协议书已经无法实际履行，故原告主张解除协议本院予以支持。

2006年8月，法院判决如下：一、解除原告北京荣宝虹宇文化传播有限公司与被告李龙云于2003年12月3日签订的剧本创作协议书；二、被告李龙云于本判决生效之日起10日内，向原告北京荣宝虹宇文化传播有限公司返还稿酬款37万元；三、驳回原告北京荣宝虹宇文化传播有限公司其他诉讼请求。

此前，《荣宝斋三百年间》一书的作者郑理起诉了李龙云。

法院认为：根据查明的事实，原告郑理是《荣宝斋三百年间》一书的著作权人，其所合法享有的作品著作权受法律保护。被告李龙云依据其与被告北京荣宝虹宇文化传播公司签订的委托创作协议书创作完成了剧本《荣宝斋》，该剧本中多处修改或直接使用了原告享有权利的《荣宝斋三百年间》一书的部分内容，未给原告署名，其行为侵犯了原告郑理基于其作品所享有的署名权、修改权和获得报酬的权利，依法应当承担停止侵权行为、公开赔礼道歉以及赔偿权利人损失的民事责任。原告主张被告侵犯其作品的汇编权，因被告是擅自将原告的作品用于非汇编作品的创作，其行为不属于对侵犯汇编权性质，故原告的该项主张缺乏法律依据，本院不予支持。

被告李龙云主张其使用的《荣宝斋三百年间》一书等资料是由北京荣宝虹宇文化传播公司提供并许可其使用，因其对该事实未提交有效证据予以证实，该主张不能成立。

2006年6月28日，法院判决如下：一、被告李龙云自本判决生效之日起，停止侵犯原告郑理《荣宝斋三百年间》作品著作权的行为；二、被告北京荣宝虹宇文化传播有限公司自本判决生效之日起，停止使用《荣宝斋》剧本；三、被告李龙云自本判决生效之日起10日内，就其侵权行为向原告郑理书面致歉（书面致歉内容须经本院审核，逾期不执行，本院将公布本判决书的主要内容，所需费用由被告李龙云承担）；四、驳回原告郑理其他诉讼请求。

（二十一）

电视剧《身不由己》剧本纠纷宣判。

法院认为：在实践中，就委托创作而言，它必然涉及创作完成的剧本是否达到委托人要求的问题，有时双方也会从公平原则出发，通过合同条款的约定兼顾对受托人在剧本创作完成后未被采用所付出的智力劳动给予一定的补偿。根据涉案合同，双方在约定每集付稿酬1万元的同时，也明确约定在未能达到被告北京李家文化艺术有限公司（以下简称李家公司）的要求时，按初稿费每集5 000元标准支付稿酬。该约定既是对原告王永林在剧本创作完成后未被采用所给予的补偿手段，同时也体现了对被告李家公司利益的维护。该约定合法有效，对被告李家公司提出合同条款显失公平依据不足，本院不予采纳。

在原告王永林依约交付剧本后，被告李家公司提出未达到其要求，在此情况下，原告王永林主张按照合同第三条即以初稿费每集5 000元标准收取稿酬。根据双方合同的约定，该项请求并不涉及剧本的质量问题，因此，原告王永林提出的上述请求符合约定的意思表示。被告李家公司未支付上述款项的行为构成违约。根据我国合同法的有关规定，当事人一方未支付报酬的，对方可以要求其支付。因此，被告李家公司应按照初稿费每集5 000元标准向原告王永林支付剩余创作费。综上，本院对原告王永林提出的诉讼请求予以支持。此外，根据合同实际履行状况以及双方当事人的意思表示，本案合同应终止履行。

2006年6月20日，法院判决如下：一、王永林与李家公司终止履行双方于2003年8月11日签订的委托创作合同；二、李家公司于本判决生效后7日内给付王永林稿酬4万元。

（二十二）

电视剧《中国大考场》剧本纠纷宣判。

法院认为：根据编剧合约的约定，欧阳琴书分阶段完成剧本编写任务，北京嘉润天合文化传媒有限公司（以下简称嘉润天合公司）在认可欧阳琴书创作的内容后分期支付报酬，即嘉润天合公司向欧阳琴书支付报酬的前提是认可欧阳琴书创作的内容。根据本院查明的事实，欧阳琴书完成了故事梗概和分集大纲的创作并提交嘉润天合公司，在经过修改后，嘉润天合公司向欧阳琴书支付了第2期、第3期费用，表明嘉润天合公司认可欧阳琴书修改后的故事梗概和分集大纲，故应认定欧阳琴书完成了故事梗概和分集大纲的创作。因欧阳琴书创作的故事梗概和分集大纲在提交嘉润天合公司后，均进行了修改，且欧阳琴书提交分集大纲的时间本身就晚于合同约定的时间，欧阳琴书也未举证证明嘉润天合公司实际认可其提交的上述创作内容的时间，故对其提出嘉润天合公司迟延支付第2期、第3期款项的主张，本院不予支持。

对欧阳琴书提交的前10集剧本，首先，其在2007年7月5日、8日提交的前5集剧本并未得到嘉润天合公司的认可；其次，欧阳琴书未举证证明嘉润天合公司认可其在2007年8月30日至10月15日提交的修改后的前5集剧本和6~10集剧本；并且，嘉润天合公司在2008年1月20日还致函欧阳琴书要求其修改已经提交的剧本并继续创作未完成的剧本，但欧阳琴书并未对已经提交的剧本进行修改。因此，欧阳琴书的现有证据不能证明嘉润天合公司认可其创作的剧本，其要求嘉润天合公司支付第4期、第5期费用及利息的反诉主张，缺乏事实依据，本院不予支持。欧阳琴书创作的剧本未达到嘉润天合公司的要求且不再继续创作，已构成违约，应承担相应的违约责任。

法院判决如下：一、解除嘉润天合公司与欧阳琴书于2007年3月31日签订的编剧合约；二、欧阳琴书于本判决生效之日起10日内返还嘉润天合公司14万元；三、驳回北京嘉润天合文化传媒有限公司的其他诉讼请求；四、驳回欧阳琴书的反诉请求。

（二十三）

电视剧《与皇帝离婚的女人》剧本纠纷宣判。

法院认为，双方就《与皇帝离婚的女人》剧本订立的合同包含两方面内容：一是甲方交付剧本并将剧本拍摄电视剧的权利授予乙方，乙方支付稿酬；二是甲方按乙方要求进行修改、完成定稿，乙方支付稿酬。就合同性质而言，属于著作权许可使用合同与委托创作合同的混合合同，故应适用著作权法有关著作权许可使用合同、委托创作合同的规定，不明确之处可以适用或类推适用合同法有关买卖合同和承揽合同的规定。文采公司要求解除合同以及要求王放放、王浙滨返还稿酬、支付违约金，本院将结合合同条款、履行情况和解除条件综合予以判断。

法院认为，该条款包含两项内容：一是乙方提出的修改意见必须是具体意见，泛泛意向不构成修改意见。2006年10月，文采公司发给王浙滨的关于第3稿的修改方案，尽管编剧方仍存有自己的看法，但王浙滨草拟修改方案发给文采公司的卜天月，卜天月补充后发给王浙滨，王浙滨、王放放未提出书面异议。这一事实应视为王浙滨、王放放对该方案的认可，该方案应为乙方对剧本提出的要求。至于主管部门审查通过，双方有不同的解释。本院认为，乙方在合同履行中已邀请其他单位包括中央电视台有关部门人员参加讨论剧本，并在此基础上形成了修改方案，因此应视为主管部门意见已体现在修改方案中。二是全部认可系属主观标准，而剧本作为委托创作的标的，具有特殊性，即不同的人会产生不同的理解和标准。为避免主观上的不确定性和任意解释的危险性，需要进行限缩解释。因此在是否完成剧本要求的标准上不应完全取决于当事人的好恶，应当采取客观标准，按照符合合同目的来解释，即符合电视剧拍摄的标准。因此在修改意见已然明确的情况下，编剧有义务按照既有方案的要求进行修改。因此，甲方在第16集及第18集中未按修改方案进行修改的行为，违反了合同。但是，剧本已全部完成并进行了三稿修改，剧本已基本实现合同要求，编剧未履行部分修改要求的行为并不构成根本性违约，这种违约属于轻微的、可以补救的，并未达到不能够拍摄的程度。

2008年6月20日，北京市海淀区人民法院判决驳回原告中国文采声像出版公司对被告王放放、王浙滨的全部诉讼请求。

（二十四）

《许世友外传》的作者陈廷一认为 CCTV 播出的电视剧《许世友传奇》剽窃自己书中的内容，遂起诉几家制作单位。

法院经仔细比对，认定该剧中的情节一部分来自《许世友回忆录》的原文，一部分属史实，一部分在双方的作品中都不存在，一部分有相似的事件但具体情节并不相同；因此，陈廷一主张该剧剽窃，无事实和法律依据。

法院判决陈廷一的全部诉讼请求，应予以驳回。

（二十五）

电视剧《桑树湾的姑娘》剧本纠纷案一审后，上诉方的上诉理由缺乏法律常识，被裁定驳回。

法院经审查认为，被上诉人诉称中央电视台、广西中大股份有限公司、江苏省文联影视制作中心、南宁范文康影视文化传播有限公司、广西电影制片厂未经其许可使用其剧本《桑树湾的姑娘》联合拍摄电视剧《桃园姐妹》，野人为导演，文崇礼为编剧。中央电视台未经其许可在第八套节目播出该剧，共同侵犯了其对《桑树湾的姑娘》享有的著作权。上述被诉侵权人中中央电视台的住所地位于北京市海淀区，属于北京市海淀区人民法院辖区范围，被上诉人程旭江作为本诉讼的提起人，有权选择北京市海淀区人民法院作为本案的受诉法院，故北京市海淀区人民法院对本案有管辖权。上诉人关于被上诉人程旭江称一旦被告答辩期限届满，将撤回对中央电视台的起诉的理由，没有相应证据支持，程旭江亦未予认可，且该理由即使成立，亦不能改变本案管辖权。综上，上诉人的上诉理由缺乏相应证据支持，本院不予采纳。

2007 年 8 月 20 日北京市第一中级人民法院裁定如下：驳回上诉，维持原裁定。二审案件受理费 70 元，由上诉人广西中大股份有限公司、江苏省文联影视制作中心、野人负担（于本裁定生效后 7 日内交纳）。

（二十六）

电视剧《前妻》剧本与《幸福》剧本纠纷案宣判。

法院认为，西安光中影视有限公司（以下简称西安光中）、刘跃军向本院提交的《爱在冬季》剧本和《前妻》剧本内容完全相同，此节与西安光中、刘跃军所述《前妻》剧本系经第三次修改的《爱在冬季》剧本相悖，西安光中、刘跃军并未对此向本院进行任何解释，故本院确认西安光中、刘跃军并未向本院提交《爱在冬季》剧本。本院考虑到西安光中、刘跃军并未向本院提交《爱在冬季》剧本，且西安光中与刘跃军所签合同约定《临终计划》剧本系由西安光中提供故事题材，西安光中、刘跃军并未对此向本院进行合理解释，本院认为西安光中、刘跃军对此应承担未尽举证责任之不利后果，本院依据现有证据确认《前妻》剧本并非经第三次修改的《爱在冬季》剧本，并确认刘跃军创作完成《前妻》剧本的时间为 2005 年年底而非 2004 年 11 月。

《前妻》剧本未曾公开发表，在此情况下，西安光中、刘跃军欲证明《幸福》剧本抄袭《前妻》剧本，必须证明二者存在高度的相同或者相似性，此种相同或者相似性应能够体现《前妻》剧本较高的独创性，且已不能以刘跃军与罗卉各自独立创作的作品存在巧合的相同或者相似予以解释。

将《前妻》剧本与《幸福》剧本进行对比，认为西安光中、刘跃军并未提交充分证据以证明《幸福》剧本抄袭《前妻》剧本，西安光中、刘跃军对此应承担未尽举证责任之不利后果，本院确认罗卉创作完成的《幸福》剧本并未侵犯西安光中、刘跃军对《前妻》剧本所享有的著作权，而北京银工场、山西电影厂经罗卉许可将《幸福》剧本摄制为电视连续剧，北京银工场、山西电影厂亦未侵犯西安光中、刘跃军对《前妻》剧本所享有的著作权。故本院对西安光中、刘跃军要求确认罗卉、北京银工场、山西电影厂之行为侵犯了西安光中、刘跃军对《前妻》剧本所享有的著作权，并要求罗卉、北京银工场、山西电影厂停止侵权、赔礼道歉、赔偿律师费等诉讼请求均不予支持。

2007年7月12日，北京市海淀区人民法院判决如下：驳回原告西安光中、原告刘跃军的全部诉讼请求。案件受理费210元，由原告西安光中、原告刘跃军负担（已交纳）。

（二十七）

电视剧《情归曼荼罗》剧本纠纷上诉案终审宣判。

一审判决如下：一、本判决生效之日起解除北京奥蓬扬国际文化传媒有限公司与温普林于2005年9月5日签订的协议书；二、温普林于本判决生效之日起10日内返还北京奥蓬扬国际文化传媒有限公司33万元；三、温普林于本判决生效之日起10日内支付北京奥蓬扬国际文化传媒有限公司违约金35 875元；四、驳回北京奥蓬扬国际文化传媒有限公司的其他诉讼请求。

二审法院认为，鉴于涉案合同为委托创作合同，该合同的履行与奥蓬扬公司与案外人甘南州政府之间的合作并无直接关联，上诉人温普林提出由于奥蓬扬公司与甘南州政府的合作终止，奥蓬扬公司无能力继续履行拍摄涉案电视剧的义务，可能导致该公司无法履行"开机后一个月内支付7万元"的合同义务，因此其不交付剧本初稿是依法行使不安抗辩权的主张，证据不足，本院不予采纳。

鉴于上诉人温普林依约创作了故事大纲、分集大纲、分场大纲，并在合同约定的时限内向被上诉人奥蓬扬公司交付了15集初稿剧本，虽然其未依约交付其余的15集初稿剧本，存在违约行为，但奥蓬扬公司认可已经收到上述故事大纲、分集大纲、分场大纲及15集初稿剧本，并在此基础上另聘请他人继续创作完成了剧本；因此被上诉人奥蓬扬公司应就温普林的前述创作行为支付相应的创作费用，温普林并未履行创作义务部分的创作费用应予以返还。关于创作费用的具体数额，鉴于温普林已完成涉案协议书约定的故事大纲、分集大纲、分场大纲的创作，而上述阶段支付的相关费用为155 000元，本院综合考虑上诉人温普林的创造性劳动、已完成的创作部分的重要程度和所占比例、涉案协议书关于全部创作费用数额的约定等因素，酌定温普林的创作费用为305 000元。由于上诉人温普林已经实际收取了33万元编剧费用，故温普林应当返还的编剧费数额为25 000元。原审法院判令温普林全部返还已收取的33万元创作费用不当，本院予以纠正。

2007年6月18日，北京市第二中级人民法院终审判决如下：一、维持北京市朝阳区人民法院〔2006〕朝民初字第19839号民事判决第一项，即本判决生效之日起解除北京奥蓬扬国际文化传媒有限公司与温普林于2005年9月5日签订的协议书。二、撤销北京市朝阳区人民法院〔2006〕朝民初字第19839号民事判决第二项、第三项和第四项，温普林于本判决生效之日起10日内返还北京奥蓬扬国际文化传媒有限公司33万元；温普林于本判决生效之日起10日内支付北京奥蓬扬国际文化传媒有限公司违约金35 875元。驳回北京奥蓬扬国际文化传媒有限公司的其他诉讼请求。三、温普林于本判决生效之日起10日内返还北京奥蓬扬国际文化传媒有限公司相关编剧费用25 000元。四、温普林于本判决生效之日起10日内向北京奥蓬扬国际文化传媒有限公司支付违约金10 500元。五、驳回北京奥蓬扬国际文化传媒有限公司的其他诉讼请求。一审案件受理费8 090元、公告费260元,由北京奥蓬扬国际文化传媒有限公司负担4 000元(已交纳),由温普林负担4 350元(于本判决生效之日起7日内交纳);二审案件受理费8 090元,由北京奥蓬扬国际文化传媒有限公司负担4 000元(于本判决生效之日起7日内交纳),由温普林负担4 090元(已交纳)。

(二十八)

2005年7月22日,原告郝建与被告旗手(北京)影视文化有限公司签订20集电视连续剧《冲出绝境》剧本的著作权转让合同。合同约定该剧在发行、播出时如超过20集,被告按照每集2.5万元向原告追加支付稿酬。2006年8月开始,该剧在各电视台播出,并公开发行了DVD,共27集。现原告起诉要求被告支付追加稿酬17.5万元并支付利息。经询,被告承认该电视剧播放时为25集,愿意协商解决本案纠纷。

本案在审理过程中,经法院主持调解,双方当事人自愿达成如下协议:被告旗手(北京)影视文化有限公司支付原告郝建稿酬15万元,于2007年5月22日支付3万元,同年6月30日支付4万元,7月30日支付4万元,8月30日支付4万元。案件受理费5 139元,由被告旗手(北京)影视文化有限公司负担2 569.5元,退还原告郝建2 569.5元。保全费1 427元,由原告郝建负担(已交纳)。

(二十九)

电视剧文学本《生命的颜色》(以下简称《生》剧)引发的纠纷宣判。

法院认为,葛竞应曹保平等人之约于2003年年底创作完成20集《生》剧剧本初稿,其应知晓曹保平约稿之目的系为拍摄《生》剧之用。葛竞将剧本初稿交给曹保平审阅后,曹保平、王强、葛竞等人以提出意见、具体执笔等方式不同程度地参与了该剧剧本的修改工作。葛竞对曹保平将剧本交给他人修改应系明知,而葛竞在此情形下并未对曹保平将剧本交给他人修改提出异议,且未对《生》剧剧组使用该修改之后的剧本进行实际拍摄提出异议,故应视为葛竞已同意曹保平如此为之。并非所有参与剧本修改工作的人员均可成为剧本的合作作者,而需视修改者的工作是否构成具有独创性的表达而定,简单地编辑、机械地整理或提出口头修改意见等均不能使该修改者取得合作作者身份。

《生》剧剧本系葛竞和王强的合作作品,该作品因其特定的创作过程无法明确地划分合作作者各自创作的部分,亦实际上无法实现分割使用,合作作者应通过协商一致对该作品进行使用。

法院判决如下:一、被告葛竞、被告春风文艺出版社在未将《生命的颜色》一书署名方式"葛竞 著"更改为"葛竞根据葛竞、王强合著的同名剧本改编"或同类用语之前不得再版该书;二、本判决生效之日起20日内,被告葛竞向原告王强书面致歉(致歉内容需经本院审核,逾期不履行,本院将在相关媒体公布判决主要内容,其费用由被告葛竞承担);三、本判决生效之日起10日内,被告葛竞向原告王强赔偿经济损失5 000元;四、驳回原告王强其他诉讼请求。案件受理费810元(原告预交),由被告葛竞负担,于本判决生效之日起7日内交纳。

(三十)

电视剧《一江春水向东流》(以下简称《一》剧)剧本纠纷宣判。

法院认为,双方已就整理、压缩《一》剧达成了一致意见,且对报酬数额达成了一致意见。王德恒对《一》剧进行整理、压缩后,已将稿件通过电子邮件的方式交付给金一鸣,金一鸣对收到稿件并无异议,但认为该稿件不符合质量要求,本院对其辩称不予采纳。王德恒向金一鸣交付的稿件质量符合要求，其已按约定履行了义务。

本案中，金一鸣以王德恒整理、压缩的稿件未出版为由拒绝给付报酬，本院对其辩称不予采纳。首先，根据授权书，金一鸣委托王德恒处理两项事项，一是对《一》剧进行整理、压缩，二是与出版社协商出版事宜，双方并无《一》剧无法出版即无需给付报酬的约定。其次，如上所述，王德恒整理、压缩的《一》剧最终没有出版，其原因是出版社认为金一鸣未获得原始授权，该书无法出版与王德恒交付的稿件无关，故即使《一》剧出版是金一鸣给付报酬的条件，现由于金一鸣的原因阻却了条件成就，亦应视为条件已成就，故金一鸣应按约定给付王德恒报酬。根据合同法的规定，委托人完成委托事务的，委托人应当向其支付报酬。因不可归责于受托人的事由，委托事项不能完成的，委托人亦应向受托人支付相应的报酬。现王德恒按照约定对《一》剧进行了整理、压缩，金一鸣应向其支付报酬，故对王德恒的主张，本院予以支持。具体数额应以双方约定的数额为准。本案审理过程中，金一鸣经本院合法传唤，无正当理由拒不到庭应诉，本院依法缺席判决。

2005年12月20日，北京市海淀区人民法院判决如下：自本判决生效之日起10日内，被告金一鸣给付原告王德恒劳务报酬5 970元。案件受理费725元，由原告王德恒负担300元（已交纳），由被告金一鸣负担425元（于本判决生效后7日内交纳）。

（三十一）

20集电视剧《天命之年》剧本纠纷宣判。

法院查明：2003年3月26日，兰少寅（甲方）与林海鸥、王正平（乙方）签订了一份合同。在合同签订前，兰少寅已经取得了《天命之年》剧本的初稿。该合同签订当日，兰少寅向林海鸥和王正平支付了8万元稿酬。但兰少寅称实际支付了10万元，另外2万元是合同签订前支付的，是委托林海鸥、王正平创作其他剧本时支付的稿酬，因为那部剧本没有完成，这笔稿酬就抵销了本合同中约定的2万元。对上述陈述，兰少寅没有提供证据证明，林海鸥、王正平也未予认可。

法院认为，2003年3月26日，兰少寅与林海鸥、王正平签订的委托创作合同，系双方真实意思的表示，并未违反法律、行政法规的强制性规定，该合同真实有效，合同双方均应该按照合同的约定履行义务。兰少寅未按照合同约定支付收取初稿的稿酬，其已经违约在先。在其后的合同履行中，兰少寅没有提供充分证据证明其向林海鸥、王正平提出过修改剧本的意见，林海鸥和王正平也没有提供证据证明除了初稿还向兰少寅交付过修改过的剧本，因此本院认为涉案合同仅履行了合同中约定的交付初稿和支付8万元初稿稿酬的义务。

在本案庭审中，林海鸥、王正平表示，对兰少寅未支付的2万元稿酬放弃追偿，剧本初稿也不再要求兰少寅返还，同意解除双方的合同，因此本院确认双方签订的合同解除。由于兰少寅违约在先，在合同解除中，主张返还合同以履行部分的请求权应当由非违约方林海鸥、王正平来行使，现林海鸥、王正平主张已经交付的涉案剧本初稿归兰少寅，并不同意返还稿酬，故而双方已经履行的部分可以不再相互返还。

2005年6月17日，北京市朝阳区人民法院判决如下：一、确认解除2003年3月26日兰少寅与林海鸥、王正平签订的委托创作合同。二、驳回兰少寅的其他诉讼请求。案件受理费3 510元，由兰少寅负担（已交纳）。

（三十二）

2003年9月12日，河北文丰钢铁有限公司（以下简称文丰公司）与北京朔龙广告有限公司（以下简称朔龙公司）签订电视版权购买合同。同日，文丰公司向朔龙公司支付剧本定金204 000元，朔龙公司向文丰公司给付剧本。后双方在合同履行中产生争议，文丰公司诉至法院，要求确认双方签订的电视剧本版权购买合同无效，朔龙公司返还电视剧本版权费204 000元。诉讼中，朔龙公司表示合同可以不再履行，但因资金紧张无法立即偿还已付款项，双方当事人均表示愿调解解决纠纷。

2005年7月7日，本案在审理过程中，经法院主持调解，双方当事人自愿达成如下调解协议：一、原告文丰公司与被告朔龙公司于2003年9月12日签订的电视版权购买合同自本调解书生效之日起不再履行。二、被告朔龙公司于2005年12月31日前向原告文丰公司返还合同款项人民币12万元；如到期不支付，则除返还上述12万元外，被告朔龙公司还需另行向原告文丰公司支付35 170元整，共计人民币155 170元整。三、原告文丰公司与被告朔龙公司就本案再无其他争议。案件受理费5 170元，原告文丰公司已预交，由其自行负担。

（三十三）

电视连续剧《居家男人》剧本纠纷上诉案终审宣判。

一审法院经审理查明：2003年2月28日，王丹（乙方）与北京中天润影视策划有限公司（以下简称中天润公司）（甲方）签订合同，约定：甲方购买乙方电视连续剧《居家男人》的剧本。该剧初定为20集。每集酬金为人民币15 000元，合计人民币30万元整（以20集计）。每集剧本长度须保证能足够拍摄出45～50分钟长度片集内容的电视剧集。随后，中天润公司向其支付了酬金12万元。因剧本修改问题，双方发生争议，其余酬金中天润公司停止支付。《居家男人》一剧拍摄完成后，由厦门音像出版社出版发行了VCD，署名为：中天润公司、东方神龙影业有限公司、云南电视台节目中心联合摄制，制片人为林子、周游，编剧为张挺、张璐，导演为方刚亮。在该剧的宣传画报中注明："故事策划：王丹、郑旭"。在庭审过程中，中天润公司亦认可《居家男人》一剧VCD内容修改自王丹的剧本。

一审法院判决如下：一、中天润公司在《中国文化报》上刊登声明，明确王丹的编剧身份，并向其公开致歉；二、中天润公司给付王丹稿酬18万元及利息10元。

二审法院认为：王丹在本案中主张20集电视剧《居家男人》剧本编剧的署名权及获得报酬权受到侵犯，因未举证证明其是20集电视剧《居家男人》剧本的作者，其作为本案适格原告的证据不足，故本院对其起诉应予驳回。一审法院在未对原告是否为著作权人的事实进行审查的情况下，即判决认定中天润公司构成侵权，认定事实、适用法律均有错误，本院应予纠正。

2005年6月20日，北京市第一中级人民法院终审裁定如下：一、撤销北京市海淀区人民法院〔2004〕海民初字第10185号民事判决；二、驳回王丹对中天润公司侵犯著作权的起诉。一、二审案件受理费各1 000元，均由王丹负担（已交纳一审案件受理费1 000元，二审案件受理费1 000元于本裁定生效之日起7日内交纳）。

（三十四）

电视剧《秋海棠》剧本上诉兼反诉案终审宣判。

二审法院认为，根据双方当事人签订的合同，卢建中按期提交初稿并经北京时代东华文化传播有限公司（以下简称时代东华公司）认可后，时代东华公司应当支付酬金。卢建中按照合同约定提交了初稿，并针对时代东华公司提出的16条意见表明了本人的修改想法，并表达了可以开始修改第2稿的意见后，时代东华公司没有明确表示反对也没有通知卢建中解除双方之间的委托创作协议，却单方将同一剧本另行委托他人改编创作。因此，应当认定卢建中已经履行了其应当履行的义务，时代东华公司没有按照合同约定支付应付的剧本酬金，单方拒绝履行合同，其行为构成违约，应当承担相应的违约责任。时代东华公司关于其对卢建中创作的剧本提出过实质性的意见或异议的主张没有证据支持，不能成立，本院不予支持。根据合同法的相关规定，如果时代东华公司要求解除合同，应当通知卢建中。时代东华公司在没有将解除合同的意思表示通知卢建中的情况下，以合同已经解除为由，拒付应付的剧本酬金拒绝履行合同，没有法律依据。

关于一审判决的赔偿数额，因卢建中未举证证明因对方违约给其造成损失的证据，故这部分损失法院不予支持。根据我国合同法的相关规定，定金罚则是针对不履行合同而设定的，债务人履行债务后，定金应当抵作价款或者收回。本案中，时代东华公司已经开始履行合同，在确认卢建中提交的分集大纲后已经支付了4万元，所以不存在合同不履行的情况。故时代东华公司付给卢建中的2万元定金应当抵作酬金。原审判决在确定时代东华公司应付酬金时应当扣除2万元定金。卢建中本人在《关于修改〈秋海棠〉剧本的想法》中称"我个人对初稿比较满意"，说明事实上卢建中所交付的稿件就是一个初稿。卢建中主张合同约定的定稿时间为2003年1月31日之前，在超过合同约定的定稿期限的情况下，时代东华公司仍然没有答复，应当视为其认可初稿为定稿，但是，合同约定的定稿时间是为卢建中设定的义务条款，不能以此约束时代东华公司；且卢建中本人亦认为所交付的稿件系初稿，在此情况下，推断该稿件为定稿缺乏事实依据，故应认定卢建中向时代东华公司提交的是初稿，时代东华公司应按合同约定支付酬金。根据双方合同关于"如果因剧情需要增加剧集，经时代东华公司书面认可后，按照合同规定的标准增付卢建中酬金"的约定，在没有时代东华公司书面认可且接受的又是初稿的情况下，其接受剧本的行为并不意味着其同意按照29集支付剧本酬金，故应当以合同关于"剧本酬金为每集1万元，20集（暂定）共计20万元"的约定确定剧本酬金数额。原审判决认定以29集的剧本数量计算酬金数额，缺乏事实依据，本院应予纠正。

2004年7月27日，北京市高级人民法院判决如下：一、撤销北京市第一中级人民法院〔2003〕一中民初字第11074号民事判决；二、时代东华公司于本判决生效之日起10日内，向卢建中支付所欠的29集《秋海棠》电视剧本初稿酬金6万元及其利息损失（利息损失自2003年4月12日起算，按照同期中国人民银行存款利率计算至实际付清日为止）；三、驳回卢建中其他诉讼请求；四、驳回时代东华公司的反诉请求。本案一审本诉案件受理费7 010元，由卢建中负担5 608元（已交纳），由时代东华公司负担1 402元（于本判决生效后7日内交纳）；一审反诉案件受理费2 910元，由时代东华公司负担（已交纳）。二审本诉案件受理费7 010元，由卢建中负担5 608元（于本判决生效后7日内交纳），由时代东华公司负担1 402元（已交纳）；二审反诉案件受理费2 910元，由时代东华公司负担（已交纳）。

（三十五）

电视剧《当家的女人》署名及剧本纠纷案宣判。

法院认为，本案的争议在于，当多个作者参与剧本的创作时，制片者如何在影视作品中体现作者的署名，即中央电视台与河北文化音像出版社（以下简称河北音像社）署名的方式是否适当。由于没有正式的文本，上述合同书与备忘录只是提到了赵德平的编剧身份，并没有提到赵德平的署名方式，不能当然地认定河北音像社和中央电视台应该遵循原告赵德平所要求的方式为其署名。

通常而言，影视作品的制片方会根据作者的独创性劳动及行业习惯确定署名问题，并尽可能将身份相同或近似的作者以相同、相似的方式署名。本院认为，电视剧《当家的女人》

涉及多个作者，并有著作权纠纷。作为制片方的河北音像社和中央电视台在与李绵星的著作权纠纷解决之后，关于原编剧的署名问题，应尽到谨慎和注意义务。通常情况下，原编剧者希望与编剧的署名进行先后排序，如果制片方要进行调整，应尽可能与原编剧者协商并予以说明。

同时，一部影视作品会涉及不同身份的不同作者的署名权问题，如编剧、导演、摄影、作词、作曲等等。不同作者之间的署名排序、署名方式是由制片方和作者之间分别协商并由制片方统一安排。由于制片方将各种风险责任集于一身，一部影视作品的创作风险、资金运作、发行等等都由制片方承担，影视作品的这种复杂性决定了制片方有为作者署名的义务；但在作者与制片方就署名方式未能协商一致的情况下，制片方在能够合理地反映出作者与作品之间联系的范围内，对具体署名方式应有一定的自由度。

电视剧一经播出，中途停播会直接影响收视率，且《当家的女人》播出时正值两会期间，为维护公共利益和社会稳定通常亦不宜采取停播的方式。对此，赵德平作为国家公职人员应知晓停播后果的发生，其向中央电视台提出更改署名方式否则必须停播的要求并无合同依据和法律依据，但中央电视台从全局考虑，尽量予以满足，与其签订了变更署名方式的协议，并在之后的播出中按协议调整了署名方式。这种调整一定程度上满足了赵德平的署名要求。河北音像社对中央电视台的该播出行为在诉讼中亦予以确认，本院不持异议。

2004年12月20日，北京市海淀区人民法院判决如下：一、本判决生效之日起10日内，被告河北音像社和被告中央电视台给付原告赵德平稿酬及因本案支出的合理费用共计3.4万元；二、驳回原告赵德平的其他诉讼请求。案件受理费2 040元，由原告赵德平负担500元（已交纳），由被告河北音像社、被告中央电视台负担1 540元（于本判决生效之日起7日内交纳）。

（三十六）

电视连续剧《捕狼行动》剧本纠纷宣判。

法院查明：2003年2月15日，中联影视中心（甲方）与徐大卫（英国人，乙方）订立合同，约定双方联合拍摄《捕狼行动》。2003年2月28日，中联影视中心（甲方）与金盾影视文化中心（乙方）订立合同，约定双方联合拍摄《捕狼行动》。2003年3月20日，中联影视中心正式授权徐大卫为《捕狼行动》的总制片人、编剧和导演，全权负责该剧的摄制、发行等工作。2003年4月1日，国家广播电影电视总局（以下简称广电总局）向中联影视中心颁发了电视剧制作甲第33号许可证，明确此证仅限《捕狼行动》使用，有效时限为2004年3月1日。2003年6月18日，公安部宣传局致函边防局，明确同意由有关公安机关对《捕狼行动》剧组给予适当协助。

1998年12月1日，广东省版权局颁发19-1998-A-020号著作权登记证书，作品名称为《烈火毒狱》，著作权人为王海，作品完成日期为1998年1月1日。2004年1月25日和26日，王海及其律师分别致函中联影视中心，称其为《捕狼行动》的剧本作者。

2004年2月7日，《捕狼行动》摄制组致函王海的律师王景华，称愿与王海签订协议书。

2004年2月15日，王海又向广电总局投诉电视剧《捕狼行动》独立制片人徐大卫，剽窃其剧本的行为构成侵权。

2004年2月18日，广电总局总编室电视剧管理处致函中联影视中心，要求中联影视中心报告此事处理结果。

2004年3月3日，国家版权局颁发2004-A-01206号著作权登记证书，内容为："申请者徐大卫 DAVID XU（多米尼克英联邦国）提交的文件符合规定要求，对由徐大卫 DAVID XU 于1998年2月9日创作完成的作品《捕狼行动》（又名《烈血通道》）剧本，申请者以作者身份依法享有著作权。经中国版权保护中心审核，对该作品的著作权予以登记。"

法院认为：如无相反证明，在作品上署名的人即为作者。本案所涉的电视连续剧《捕狼行动》原剧本《血色罂粟》上的署名虽为王海、赵小亚和陈正彪，但赵小亚已明确表示系由王海独立完成，故其不主张著作权，同时陈正彪的署名并非基于创作。徐大卫、中联影视中心和金盾影视文化中心在对王海的作者身份未予认可的同时，徐大卫亦提交了案外人张可、王炜的证明，其中包含剧本《烈火毒狱》（《捕狼行动》）由王海独立创作的内容，故本院确定王海为电视剧《捕狼行动》原剧本的作者，依法享有著作权。徐大卫、中联影视中心和金盾影视文化中心未经王海许可签订合同，擅自使用其剧本拍摄电视剧的行为均属侵权，故该三被告应立即停止侵权并依法承担连带侵权责任，向王海公开致歉并赔偿经济损失。

2004年12月31日，北京市海淀区人民法院判决如下：一、自本判决生效之日起，被告中联影视中心、被告金盾影视文化中心、被告徐大卫和被告广州军区政治部南海潮音像出版社停止使用原告王海的剧本《捕狼行动》；二、自本判决生效之日起30日内，被告中联影视中心、被告金盾影视文化中心、被告徐大卫、被告广州军区政治部南海潮音像出版社在《中国青年报》上刊登声明，向原告王海公开致歉（声明内容需经本院审核，逾期不履行，本院将在该报上公布判决主要内容，其费用由不履行此义务的被告承担）；三、自本判决生效之日起10日内，被告中联影视中心、被告金盾影视文化中心、被告徐大卫、被告广州军区政治部南海潮音像出版社共同赔偿原告王海经济损失45万元；四、自本判决生效之日起，被告北京当代商城实业公司停止销售涉案《捕狼行动》光盘；五、驳回原告王海的其他诉讼请求。案件受理费14010元（原告预交），由被告中联影视中心、被告金盾影视文化中心、被告徐大卫、被告广州军区政治部南海潮音像出版社共同负担（于本判决生效之日起7日内交纳）。

（三十七）

46集电视连续剧《唐太宗》剧本纠纷宣判。

经查，2003年3月31日，北京银鹏文化发展有限责任公司（以下简称银鹏公司）与邓建中签订合同，委托邓建中为其创作电视连续剧《唐太宗》（暂定名）。协议书约定，剧本价格为人民币100万元整。该剧本如不能得到国际总公司制作部的认可，邓建中必须把银鹏公司为剧本《唐太宗》已支付的款项全额退还。邓建中同意以国际总公司制作部认定剧本投入拍摄标准为《唐太宗》剧剧本的修改标准。2003年8月底，邓建中将《唐太宗》20集的稿件交给银鹏公司赵兴章。至2003年9月2日，银鹏公司已先后向邓建中支付了稿费30万元。2003年11月，银鹏公司与国际总公司合作，两次向国家广播电影电视总局申报将《唐太宗》一剧立项均未获得批准。《唐太宗》一剧的名称后改为《太原公子》，又改为《开创盛世》。此后，邓建中未再将稿件交付给银鹏公司，而是将其写作的46集《开创盛世》剧本直接交给国际总公司。2004年国家广播电影电视总局第一批电视剧题材规划立项剧目表中显示，以国际总公司的名义报请立项的《开创盛世》（原名《太原公子》），编剧为赵兴章，已被国家广播电影电视总局批准同意立项，但须报重大办审批，集数为40集。

2004年11月25日，经北京市海淀区人民法院主持调解，双方当事人自愿达成如下协议：一、自本调解书生效之日起，原告（反诉被告）银鹏公司与被告（反诉原告）邓建中于2003年3月31日签订的协议书终止履行；二、被告（反诉原告）邓建中写作并由中国国际电视总公司转交给原告（反诉被告）银鹏公司的46集《开创盛世》剧本，作为本案中原告（反诉被告）银鹏公司提供给法院的证据予以固定，双方对该剧本的内容确认无异；三、原告（反诉被告）银鹏公司保证未利用被告（反诉原告）邓建中写作的上述剧本进行过申报立项，否则由原告（反诉被告）银鹏公司负责将该剧本从国家广播电影电视总局的立项文件中撤回；四、自本调解书生效之日起，原告（反诉被告）银鹏公司不得再使用被告（反诉原告）邓建中写作的上述剧本进行拍摄；五、被告（反诉原告）邓建中对原告（反诉被告）银鹏公司另行委托他人重新创作《开创盛世》剧本，并据此进行已立项剧目《开创盛世》的拍摄不持异议。本诉案件受理费258元，由原告银鹏公司负担（已预交）。反诉案件受理费50元，由反诉原告邓建中负担（已预交）。

（三十八）

电视剧《一生要去的地方》剧本纠纷宣判。

法院认为：北京美景凯悦旅行社有限责任公司（以下简称美景凯悦）与王静间的委托创作合同依法成立。美景凯悦与王静间的委托创作合同根据合同法相关规定已成立并生效。合同履行过程中，美景凯悦与王静就剧本最终交付时间（2003年10月前）及暂定集数（20集）已达成共识，虽对创作费用等仍有分歧，但不应影响各自全面、诚信地履行义务。除进行创作外，交付剧本亦是王静应负义务之一。美景凯悦在未与王静协商的情况下即委托第三方另行进行创作，单方解除了与王静的委托创作合同，且未以任何方式通知王静，任由王静等人在不知情的情况下对剧本继续进行创作，其行为显属违反诚实信用原则，构成违约。

2004年3月19日，北京市海淀区人民法院判决如下：一、自本判决生效之日起10日内，被告王静退还原告美景凯悦4万元；二、自本判决生效之日起10日内，反诉被告美景凯悦赔偿反诉原告王静2.6万元。

（三十九）

电影文学《戏子》剧本纠纷上诉案终审宣判。

一审判决如下：被告上海雯怡商务有限公司应于本判决生效之日起10日内向原告王彪支付人民币14万元。本案案件受理费人民币4 310元，由被告上海雯怡商务有限公司负担。

二审法院认为，根据协议，上诉人支付转让费的条件是在被上诉人提交经上诉人认可的剧本稿后3日内支付人民币4万元；在被上诉人按照上诉人意见及上影厂艺委会意见修改剧本并获"剧本通过令"后10日内付清余款人民币10万元。现被上诉人的剧本已获得上影厂艺委会颁发的通过令，故上诉人付款的条件已经成就，上诉人理应履行其合同义务，向被上诉人支付合同价款。

上诉人认为，原审仅凭证人证词来推定事实是错误的：证人王昌仁与被上诉人有利害关系，其证词不符事实；证人吴贻弓的证词无法证明涉讼剧本已交付。本院认为，王昌仁是以系争剧本为基础拍摄影片的执行制片人，吴贻弓作为该片初定导演，其二人均符合我国法律规定的证人条件。即使如上诉人所主张的上述证人与被上诉人有利害关系，根据最高人民法院《关于民事诉讼证据的若干规定》第六十九条的规定，与一方当事人有利害关系的证人出具的证言，不能单独作为认定案件事实的依据，现原审法院结合王昌仁和吴贻弓的证词以及上影厂艺委会的"通过令"、上诉人工商登记材料等其他相关证据，确认陈真该人之存在以及剧本已交付陈真，并无不当。上诉人该上诉理由，本院不予支持。

上诉人认为，当时陈真无法代表上诉人，故被上诉人未完成剧本交付。本院认为，自上诉人企业1994年成立之后，陈真即被授权为该公司办理过一系列相关工商登记手续，后又于2005年成为上诉人公司董事和总经理。被上诉人主张陈真代理上诉人办理系争剧本版权转让事宜，并提供了证人证言、上诉人工商登记材料等相关证据予以佐证。而上诉人主张"公司人员中并无陈真此人"之说法，明显与事实不符；同时，上诉人对其提出的"公司人员田春代表公司接洽系争版权转让事宜"之主张，亦未能提供证据予以证明。因此，在上诉人未能提供反驳证据的情况下，原审法院依据被上诉人提供的相关证据，确认陈真代表上诉人参与系争剧本的版权转让事宜，并无不当。据此，被上诉人有理由认为陈真可以代表上诉人接受剧本，被上诉人将剧本交付陈真即可认为完成了合同约定的交付义务。上诉人该上诉理由，本院不予支持。

上诉人认为，陈真代表金时公司，但该公司与上诉人无法律关系。本院认为，如上文所述，陈真作为上诉人公司的代表，一直与被上诉人方联络系争剧本版权转让的相关事宜，同时，其作为金时公司的代表，也一直与王昌仁等人联络系争剧本拍摄影片之相关事宜。因此，即使金时公司与上诉人为两个独立法人，亦不影响原审法院对陈真在本案中有权代表上诉人接受剧本之事实认定。上诉人该上诉理由，本院不予支持。

2006年9月18日，上海市高级人民法院终审判决，驳回上诉，维持原判。

（四十）

30集电视剧《胡雪岩》剧本纠纷宣判。

法院认为：第一，原、被告签订的委托编剧协议合法有效，双方当事人应严格根据合同约定履行。根据合同有关支付酬金和交付剧本约定，原告应在合同签订后支付被告总酬金10%，即4.5万元，系第一笔酬金。之后，被告应在收到酬金后15日内提交剧本大纲。而事实履行情况是：原告于2003年9月22日签订合同当天支付了被告4.5万元酬金，而被告于同年10月10日提交剧本大纲，比实际交付时间晚。同样，根据合同约定，原告收到被告的剧本大纲后，应于不超过20日的时间内作出是否通过的决定，并于3日内支付被告4.5万元，此为第二笔酬金。被告在20日内提交剧本一集。实际履行情况是：原告确认剧本大纲通过，并支付第二笔酬金的时间是2003年11月21日，也比实际应履行的时间晚。此后，被告于12月25日交剧本第一集，也比合同约定的时间晚。纵观原、被告在履行支付酬金和交付剧本的情况，原、被告双方均存在未按合同约定履行的事实，且在本案审理中原、被告双方均未提出根据合同约定要求相对方承担相应违约事实的请求，因此，针对原、被告双方在履行交付酬金和剧本的环节，双方各自应如何承担责任，本院不予处理。第二，关于原告要求被告返还9万元的请求，从委托编剧协议第八条的约定看，被告已交付的剧本大纲和剧本第一集符合该条款中约定的条件，根据此条款约定而引起的法律后果应当理解为原告已支付的酬金，被告不予退还，且该酬金所包含的内容应特指已交付的作品内容，而非原告所称交付的作品应与每一集酬金存在一一对应的关系。同样，也得不出原告所认为的由于原告未通过剧本第一集，因而，被告就应返还已付酬金的结论。因此，原告要求被告返还9万元酬金的理由难以成立，本院不予支持。至于原告认为被告在与原告签订合同的时间段内，同时担任其他电视剧导演任务，从而导致合同根本目的无法实现的理由，因原、被告的委托编剧协议中既未对被告从事其他影视作品工作作出限制，而且原告也无足够证据证明其所认为的事实以及涉案剧本第一集不符合原告质量要求与之存在的必然联系。因此，原告以被告的行为导致合同目的无法实现的理由，本院亦难以支持。

综上，2005年9月22日，上海市第二中级人民法院判决如下：对原告上海恒峻影视文化传播有限公司的诉讼请求不予支持。

（四十一）

20集电视剧《猎头风云》剧本纠纷上诉案终审宣判。

原审法院审理查明：2003年2月12日，上海文化发展有限公司（以下简称文化公司）、上海力鸿文化发展有限公司（以下简称力鸿公司）签订了一份《关于联合摄制电视剧〈猎头风云〉的合作合同书》（以下简称《合作合同书》），约定：双方联合摄制20集电视连续剧《猎头风云》；文化公司负责剧目的报批及办理发行许可证等相关手续，双方共同组织剧本修改，共同组建摄制组；文化公司影业中心与剧本作者签订的创作剧本合同书由力鸿公司与剧本作者重新签订，前一创作剧本合同书自行终止；《合作合同书》签订后，《猎头风云》剧本版权属于力鸿公司（小说版权除外）。同日，文化公司、力鸿公司又签订一份《关于联合摄制电视剧〈猎头风云〉的补充协议书》（以下简称《补充协议书》），约定：双方共同负责完成剧本的再创作工作（作者将按照力鸿公司确认的剧本修改意见进行修改）；由文化公司负责的各项工作的费用为人民币13万元，在签订《补充协议书》的同时，文化公司将20集电视连续剧《猎头风云》分集提纲（不少于6.5万字）、分场提纲（不少于11万字）和人物设计（不少于1.5万字）交给力鸿公司，力鸿公司即支付文化公司人民币6万元；2003年6月，剧本完成初稿，力鸿公司支付文化公司人民币2万元；剧本正式定稿并经双方认可后，摄制组拿到电视剧制作许可证时，力鸿公司支付文化公司人民币5万元。同日，文化公司按约向力鸿公司提交了分集提纲、分场提纲和人物设计。但力鸿公司并未按约支付人民币6万元。同年4月11日，文化公司委托律师致函力鸿公司，要求力鸿公司履行合同义务，但仍未果。

原审法院认为，根据《补充协议书》的约定，在文化公司向力鸿公司提交该电视剧的分集提纲、分场提纲和人物设计后，力鸿公司即应支付人民币6万元，上述权利义务的约定十分明确。现力鸿公司在收到了文化公司提交的电视剧的分集提纲、分场提纲和人物设计后，未按约向文化公司支付相应款项，其行为已构成违约，应当承担违约责任。文化公司要求力鸿公司支付人民币6万元的诉讼请求有合同依据，应予支持。力鸿公司关于文化公司尚未取得系争剧本的著作权，故文化公司向力鸿公司转让著作权无效，以及剧本修改应符合力鸿公司的要求，满足这一条件力鸿公司才支付款项的辩解理由，与双方约定的力鸿公司支付人民币6万元的条件不相符合，原审法院不予采纳。据此，依照《中华人民共和国合同法》第六十条第一款、第一百零七条的规定，判决如下：力鸿公司支付文化公司人民币6万元，于本判决生效之日起10日内履行完毕。本案案件受理费人民币2 310元，由力鸿公司负担。

2004年1月17日，上海市高级人民法院终审判决驳回上诉，维持原判。

（四十二）

电视剧《热血指控》剧本纠纷上诉案终审宣判。

一审判决如下：一、被告浩文公司应于本判决生效之日起10日内向原告陈心豪支付稿费人民币4万元；二、原告陈心豪的其余诉讼请求不予支持。本案案件受理费人民币1 000元，由被告浩文公司负担。

二审法院认为，2001年5月31日双方当事人签订的协议书以及上诉人浩文公司2002年9月11日向被上诉人陈心豪所做的承诺，系当事人的真实意思表示，合法有效，双方当事人均应恪守。现陈心豪履行了向浩文公司交付剧本的义务，浩文公司则以尚未有审稿结果为由，拒付报酬。但鉴于浩文公司2002年9月11日在致陈心豪的函中所做的承诺，无论陈心豪交付的剧本初稿是否通过审稿，浩文公司均不能免除支付陈心豪4万元的责任。故原审法院判令浩文公司向陈心豪支付稿酬4万元，并无不当。浩文公司上诉称，由于陈心豪未按时交付剧本，违约在先，造成项目的暂时搁置。本院认为，浩文公司对项目搁置的原因，未能提供相应的证据证明，故这一上诉理由本院不予采信。上诉人还称，涉讼剧本审稿未通过，应做退稿处理，其不应向陈心豪支付4万元稿酬。对此本院认为，浩文公司已当庭表示要求继续履行协议，不做退稿处理，故该上诉理由没有事实依据，本院亦不予采纳。

2003年12月8日，上海市高级人民法院终审判决驳回上诉，维持原判。

（四十三）

电视连续剧《旧事城南》剧本纠纷案达成和解。

原告李淳、戴妍诉称：2001年4月16日，两原告与被告上海飞梵文化传播有限公司签订了一份电视剧剧本创作协议书，约定被告聘请两原告担任电视连续剧《旧事城南》（后定名为《婚姻的故事》）的剧本撰写工作，剧本创作费为每集人民币13 000元，20集共计人民币260 000元。之后，两原告按约履行了合同义务，完成了剧本撰写工作，但被告却仅向两原告支付了剧本创作费人民币140 000元，尚拖欠两原告剧本创作费人民币120 000元。

被告上海飞梵文化传播有限公司辩称：根据两原告与被告签订的电视剧剧本创作协议书，两原告应在约定期限内完成具有双方认可的艺术水准及风格样式的电视剧剧本。在两原告提交剧本初稿后，被告经审查发现两原告提交的剧本不具备进行拍摄的艺术水准，被告即要求两原告进行修改。然而，两原告直至2001年年底都未能提交完整的剧本修改稿，致使被告原定于2001年10月的开拍计划一再延期。为不使损失扩大，被告只能重新委托他人撰写剧本。被告认为，因两原告在履约过程中，存在上述违约行为，故被告不应再支付剧本创作费的余款，请求法院驳回两原告的诉讼请求。

2003年8月6日，法院主持调解，各方当事人自愿达成如下协议：一、原告李淳、原告戴妍与被告上海飞梵文化传播有限公司于2001年4月16日签订的电视剧剧本创作协议书终止履行；二、被告上海飞梵文化传播有限公司应于本调解书生效之日起3日内，向原告李淳、原告戴妍支付一次性补偿款共计人民币40 000元；三、本案案件受理费人民币4 150元，由原告李淳、原告戴妍共同负担人民币2 075元，被告上海飞梵文化传播有限公司负担人民币2 075元；四、各方无其他争执。

（四十四）

电视剧文学本《洋场梦》纠纷案宣判。

法院查明：1994年9月29日，原、被告签订了一份协议书。协议第一条约定，被告（甲方）买断原告（乙方）原作《大班》的电影、电视剧的改编拍摄版权，总费用为人民币9万元（其中上海电视台文学编辑部获3万元作为该部约请乙方完成电视剧《洋场梦》第1至10集的版权费，6万元作为乙方续写《洋场梦》第11至30集的稿酬版权费）；第五条约定，协议签订后1个月内，甲方给乙方预付款人民币1万元，作为乙方续写电视剧《洋场梦》的部分稿酬版权费，待电视剧剧本全部完成，经甲方对剧本质量认可后，按每集3 000元稿酬标准扣除预付款后付给乙方；第六条约定，乙方保证在签约后4个月完成电视剧《洋场梦》第11至30集，然后继续以3个月完成电影剧本（稿酬人民币2万元）；第七条约定，甲方在买断《大班》影视改编版权后，享有对作品改编、使用、发表、收益、转让、宣传等权利，乙方与导演、编剧、作曲、摄影等作者共享署名权。协议签订后，原告按约向被告交付了电视剧、电影剧本，被告先后向原告支付稿酬计人民币3万元，余款未付。被告对原告的剧本质量未提出异议，但因故未能投入拍摄。

2001年7月13日，上海市第一中级人民法院主持双方当事人自愿达成如下调解协议：一、原告沈寂与被告上海永乐股份有限公司于1994年9月29日签订的协议书继续有效；二、被告上海永乐股份有限公司于本调解书生效之日起7日内支付原告沈寂《洋场梦》电影、电视剧剧本稿酬人民币5万元；三、被告上海永乐股份有限公司于本调解书生效之日起7日内自留《洋场梦》电视剧剧本第11~29集手稿复印件后，将该手稿退还给原告沈寂；四、原告沈寂放弃其他诉讼请求；五、其他无争议。

（四十五）

电视剧《宋庆龄》剧本创作合同纠纷案宣判。

法院查明以下事实：1998年2月8日，被告为甲方、原告为乙方签订了一份《协议书》，约定甲方拟拍20集《宋庆龄》剧，邀请乙方担任编剧工作，每集稿酬人民币6 000元。1998年8月，原告将每集故事梗概经丁嘉元转交被告。同年9月，被告向原告支付了全部稿酬的20%，计人民币24 000元。至12月，原告陆续将剧本的初稿经丁嘉元全部转交被告。之后被告提出了修改意见，原告即着手修改，并于1999年春节后仍经丁嘉元向被告交付了第二稿。但被告仍不满意，认为剧本所体现的创作技法不娴熟，人物性格不鲜明，语言不够生活化等，并将上述意见经丁嘉元转达给原告。

本院认为，本案原、被告双方就同一剧本先后签订的两份协议书属于委托创作合同，后一协议书是对前一协议书的补充，两份协议书均是双方当事人的真实意思表示，且已履行，故均应认定有效。对协议的履行情况，双方在前两笔稿酬的支付、故事梗概的交付、剧本第一稿的交付与修改、剧本第二稿的交付以及被告对剧本第二稿提出意见等问题上均无争议。双方争议的焦点在于原告创作的剧本是否达到了协议约定的要求以及被告是否应当支付剩余的稿酬。在这一焦点问题上，原告认为，对其交付的剧本第二稿，被告虽然提出了意见，但不再要求原告进行修改，并且另外委托他人进行创作，故应视为原告已完全履行了合同的义务，被告应当支付剩余稿酬；而被告认为，原告的剧本第二稿不能达到拍摄的要求，且原告拒绝再做修改，故原告无权获得剩余的稿酬。对于剧本第二稿是原告拒绝再做修改，还是被告不再要求原告修改，双方在庭审中各执一词，均未提供足够的证据佐证，故本院只能对原告未对第二稿再做修改，被告亦已另行委托他人创作的事实作出确认。现原告要求被告支付剩余稿酬的主张能否成立，关键在于原告是否履行了合同约定的全部义务。根据双方合同的约定，被告对原告的完成稿有审查及要求修改的权利，最后完成稿在被告审查通过后，支付剩余稿酬，至此双方的经济行为全部终结。可见，合同将原告履行全部义务的终结点确定在最后完成稿经被告审查通过后。从系争合同的实际履行看，原告完成的是第二稿，该稿未被通过，即不是最后完成稿。现原告亦未举证证明其在知道第二稿未被通过，且被告已另委托他人创作后，对被告的行为提出过异议。因此，原告在未完全履行合同确定的义务的情况下，要求被告支付全部剩余稿酬的诉讼请求缺乏合同依据。

2001年6月14日，上海市第一中级人民法院判决：被告中侨影视公司于本判决生效之日起10日内再行支付原告汪体仁稿酬人民币2万元。

（四十六）

2003年10月21日下午，讼争两年的"五朵金花"著作权侵权纠纷案终于有了结果，云南省高级人民法院依法驳回了上诉人赵季康及曲靖卷烟厂双方的诉讼请求，维持原判；一、二审案件受理费由赵季康负担。

1958年为完成国庆十周年献礼，中共中央宣传部指定云南省委宣传部组织拍摄反映少数民族生活的电影。赵季康和王公浦接受指派创作了电影文学剧本《五朵金花》，作品署名为季康、公浦。该剧本被拍摄成同名电影于1959年公映。1983年，曲靖卷烟厂以"五朵金花"为名向国家商标局申请香烟商标注册、"五朵金花"牌香烟生产销售至今。

赵季康认为曲靖卷烟厂未经自己和王公浦两位作者的同意、擅自将"五朵金花"作为香烟商标使用，利用"五朵金花"知名度进行牟利，其行为侵犯了自己的著作权，并构成不正当竞争。遂将曲靖卷烟厂告上法庭，要求其停止侵害、赔礼道歉、消除影响。曲靖卷烟厂则认为，原告创作《五朵金花》电影文学剧本的行为属职务行为，其著作权应归属国家；曲靖烟厂将"五朵金花"四字作为商标使用履行了法定的商标注册手续，不构成侵权；香烟和剧本不属同一领域，也不应适用《反不正当竞争法》调整；该案已超过诉讼时效、原告已丧失胜诉权。该案经昆明市中级人民法院审理，认定原审原告赵季康要求确认原审被告曲靖卷烟厂生产"五朵金花"牌香烟的行为侵犯其合法权利，并应承担相应民事责任的诉讼请求无法律依据，故作出驳回赵季康的诉讼请求的判决。

一审宣判后，原审原被告双方均不服，向云南省高级法院提出上诉。

云南省高级法院经审理认为，"五朵金花"剧本自创作完成至今，署名人一直为季康、公浦，并无第三人就该著作权的权属问题主张权利。曲靖卷烟厂提交的证据不足以否定赵季康是剧本《五朵金花》作者这一事实，也无法证明该剧本属单位享有除署名权以外的著作权的职务作品。根据我国著作权法的有关规定，赵季康作为该剧本的作者之一，依法享有著作权。但是，《五朵金花》剧本是一部完整的文学作品，"五朵金花"四字仅是该剧本的名称，是剧本的组成部分，不能囊括作品的独创部分，不具备法律意义上的作品的要素，不具有作品属性，不应受著作权保护。因此，赵季康主张曲靖卷烟厂用其作品"五朵金花"的名称作为商标使用侵犯其著作权的观点不能成立。

关于诉讼时效，二审法院认为，根据有关司法解释，本案所涉及的作品保护期限为作者生前加死后50年。由于"五朵金花"牌香烟至今仍在生产、销售，且剧本的著作权保护期限未满，曲靖卷烟厂主张赵季康起诉时超过诉讼时效，丧失胜诉权的理由也不能成立。同时，法院还认为，赵季康不属市场经营主体、与曲靖卷烟厂不存在市场竞争关系，因此该行为也不属于不正当市场竞争行为。

据此，云南省高级法院做了上述判决。

（四十七）

2002年6月25日，福建省泉州市中级人民法院依法公开对原告陈世哲与被告福建电影制片厂侵犯著作权纠纷案作出一审判决：被告福建电影制片厂应在本判决生效后立即停止对电影《一生一台戏》的复制和发行；向原告陈世哲赔礼道歉，赔偿原告陈世哲经济损失及合理费用人民币10万元，精神损失补偿款人民币2万元。

法院查明，原告陈世哲于1995年6月创作完成富有闽南风土特色的电影文学剧本《草台KTV》，该剧本尚未发表。1996年1月1日，被告福建电影制片厂与树根有限公司签订《协助拍摄影片〈一生一台戏〉合同书》，把剧本《草台KTV》改编成电影《一生一台戏》。影片拍摄后，于1998年10月17日由香港艺术发展局在香港艺术中心进行新片推介，并由寰宇镭射录影有限公司制作成VCD影碟发行，该影片曾获台湾电影金马奖六项提名。2001

年 12 月 25 日中央电视台电影频道播放影片《一生一台戏》，原告陈世哲遂向泉州市中级人民法院提起诉讼，树根有限公司于 2002 年 1 月 11 日向香港公司注册处申请撤销注册后解散。

（四十八）

电视剧《张大千》剧本著作权纠纷案宣判。

2006 年 3 月，四川省成都市中级人民法院对此案进行一审宣判，法院认定双方约定系著作权许可使用合同，合法有效，中国文艺音像出版社西部影视制作中心（以下简称影视中心）应按约定支付给李永翘尾款 2 万元及利息，驳回李永翘的其余诉请和影视中心反诉诉请。

2003 年，大型电视连续剧《张大千》的出品人影视中心曾与四川省社会科学院研究员、国内外知名的张大千研究首席专家李永翘教授签订著作权合同，由李承担电视剧剧本的创作工作，但最终李所完成的长达 54 万字的剧本未能投入拍摄，影视中心后来又花巨资另行找人重新编写剧本，李遂与影视中心因稿酬尾款问题引发著作权许可使用合同纠纷案。

之后，影视中心却将一份处理意见交李的委托代理人，提出"全部退稿，不再采用李的剧本，按原商定稿酬百分之三十支付"和"请李以专家身份担任顾问、原著，退还稿酬百分之五十"两种意见。该两种意见未能与李协商一致，影视中心拍摄电视连续剧《张大千》也未使用李永翘创作的剧本，而是另行花巨资找人重新编写剧本，因此为李创作剧本稿酬问题发生纠纷。李于 2005 年 11 月 25 日将影视中心告上法庭，要求其给付稿酬尾款 2 万元及利息，并承担因诉讼而给造成的损失 1.5 万余元。

李起诉后，影视中心又提出反诉，称在收到李的剧本后，随即分送到上级部门、此剧导演及张大千的家人讨论审核，但均认为剧本欠缺戏剧元素，不能用于拍摄，要求予以修改，将意见转告给李后被明确予以拒绝。无奈之下，其又花巨资委托著名剧作家沙叶新重新编写剧本并获得通过。由于影视中心并未采用李所写剧本，故依法反诉李违约，应返还预付的剧本使用费 22 万元。

成都市中级人民法院认为，李按约定交付了全部剧本，影视中心却至今尚欠李稿酬尾款 2 万元。原、被告双方合同中关于支付稿酬尾款 2 万元的约定是："待甲方审查认可剧本，无需要乙方修改时，甲方应向乙方支付完剩下的剧本稿酬尾数二万元（此稿酬尾数支付时间自乙方向甲方交付全部剧本之日起三十天内为限）"。按此约定，影视中心如果在收到全部剧本后 30 日内不通知李修改剧本，就应当向李支付稿酬尾款。但影视中心却在庭审中无足够证据证明其在收到全部剧本后 30 日内通知过李修改剧本，故其应当向李支付剧本尾款 2 万元，李的这一诉请法院予以支持，至于李主张的影视中心违约应赔偿其损失 1.5 万余元却因证据不足不予支持。

相反，影视中心在李交付全部剧本后，未在合同约定的期限内提出修改要求，故其主张李拒绝修改剧本违约的理由不能成立。其未采用李的剧本，而另行使用他人剧本，并非李违约所致，且双方当事人也未在合同中约定如影视中心不采用李的剧本李应返还稿酬，故影视中心要求判决李返还已支付的 22 万元稿酬没有法律及合同约定依据，其诉讼请求法院不予支持。据此，遂依法作出上述判决。

（四十九）

电影《孔雀》剧本稿酬纠纷案宣判。

2001 年 7 月 7 日，李樯出具授权委托书，授权谭路璐全权代理其签署一切相关法律文件。2002年12月24日，谭路璐（乙方）与北京北大华亿影视文化有限责任公司（甲方）（以下简称北大华亿公司）签订合同书，约定甲方聘请乙方编撰电影《孔雀》剧本，乙方作为编剧的总酬金为50万元。嗣后，李樯完成了电影《孔雀》剧本的编剧工作，北大华亿公司依约向谭路璐支付了50万元。现李樯提出该合同书系谭路璐作为其代理人所签订，其理应获得合同约定的编剧酬金，故起诉要求谭路璐给付50万元，并承担诉讼费用。谭路璐答辩称，该50万元中包含部分制片人酬金，故同意将制片人酬金以外的部分给付李樯。双方均表示愿意调解解决。

2004年2月21日，北京市朝阳区人民法院主持调解，双方当事人自愿达成如下协议：一、谭路璐给付李樯编剧酬金40万元（于2004年4月11日前给付10万元；2004年5月11日前给付10万元；2004年6月11日前给付10万元；余款于2004年7月31日前付清）；二、别无争执。案件受理费10 010元，由李樯负担2 000元（已交纳）；由谭路璐负担8 010元（于本调解书生效之日起7日内交纳）。上述协议，符合有关法律规定，本院予以确认。本调解书经双方当事人签收后，即具有法律效力。

（五十）

争夺小说《情海星空：我与刘德华》的影视拍摄权，广东巨星法人邓建国与广东宋祖德影视文化传播有限公司纠纷上诉案终审宣判。

邓建国于2005年11月16日向广州市中级人民法院起诉，请求人民法院判令：1. 宋祖德公司立即停止对喻绍新自传小说《情海星空：我与刘德华》影视剧版权的侵害，并在《广州日报》《羊城晚报》《南方日报》《新快报》《南方都市报》《华商报》《西安晚报》等报纸，新浪、雅虎、网易、搜狐、新华、中国新闻、凤凰、大洋、长江等网站公开向邓建国赔礼道歉、消除影响、恢复名誉，赔偿损失50万元给邓建国；2. 本案一切诉讼费用及其他费用由宋祖德公司承担。

一审判决如下：驳回邓建国的诉讼请求。本案案件受理费人民币10 040元，由邓建国负担。

邓建国不服，提起上诉。

二审法院认为：我国著作权法第二十六条明确规定："许可使用合同和转让合同中著作权人未明确许可、转让的权利，未经著作权人同意，另一方当事人不得行使。"巨星公司（甲方）已经在与喻绍新（乙方）签订的影视版权协议书第六条明确约定：甲方因故不能将该小说拍摄成电视剧或电影时，甲方也无权将该小说的影视剧版权转让给第三方使用，否则甲方必须赔偿乙方损失费人民币50万元，此合约亦自动作废。在此情况下，巨星公司于2005年11月3日，通过邮政特快专递向宋祖德公司寄送了一份权利转让通知书，声明该公司把《情海星空》影视剧版权的权利转让给邓建国主张并拥有。2005年11月4日，巨星公司就前述权利转让通知书又进一步作出具体说明：在这一侵权案中，我公司把权利转让给邓建国主张并拥有，即《情海星空》影视剧版权因所侵权产生的权利（含获得的损害索赔权、财产所有权、名誉权、诉讼请求权和发行权、广播权、摄制权、改编权以及享有的其他一切权利等）由邓建国主张和拥有，并有权委托律师行使上述权利。根据上述巨星公司与喻绍新签订的影视版权协议书第六条的约定，巨星公司擅自将《情海星空》小说的版权转让给邓建国，已经违反前述合同约定，不具有法律效力。另外，根据我国著作权法第二十六条和著作权法实施条例第二十四条的规定，巨星公司若需将《情海星空》小说的改编权再转让给邓建国，必须取得原著作权人喻绍新的许可。可见，邓建国在不享有《情海星空》版权的情况下，不能以自己的名义提起诉讼。因此，原审法院认定邓建国不享有本案的实体权利以及诉讼权利并驳回邓建国诉讼请求是正确的，本院应予维持。

2007年6月12日，广东省高级人民法院判决驳回上诉，维持原判。本案二审案件受理费10 040元由邓建国承担。

（五十一）

北京电影学院教师王乃真创作的电视剧《道具》剧本及筹拍流产纠纷一审宣判。

法院认为，王乃真与北京新华环球影视文化传播有限公司（以下简称新华环球公司）签订的协议书和补充协议书确定王乃真的主要义务为，将小说《道具》的改编权、摄制权和导演报酬作为投资，导演电视剧《道具》；主要权利为担任导演，并按比例享有电视剧《道具》著作权和发行利润。协议书和补充协议书确定新华环球公司的主要义务为，负责电视剧的投资和具体拍摄工作，主要权利为决定具体拍摄事项，并按比例享有电视剧《道具》著作权和发行利润。

法院认为，2006年7月28日，新华环球公司明确表示不再让王乃真担任导演而另行聘请导演，导致王乃真担任电视剧《道具》的导演的合同目的不能实现，构成根本违约。王乃真有权解除合同，并要求新华环球公司赔偿损失。合同解除后，《道具》的改编权和摄制权归属于王乃真，不再由新华环球公司享有。

北京市海淀区人民法院2006年12月8日判决，解除原告王乃真与被告新华环球公司于2004年5月8日签订的协议书和2004年5月28日签订的补充协议书，小说《道具》的改编权和摄制权归属王乃真；被告新华环球公司赔偿原告王乃真经济损失213 767.95元，于本判决书生效之日起10日内付清；驳回原告王乃真的其他诉讼请求。案件受理费6 981元（原告王乃真已预交），由原告王乃真负担750元；由被告新华环球公司负担6 231元，于本判决生效之日起7日内交纳。

一审宣判后，双方均未上诉。

（五十二）

电视剧文学本《中国空姐》著作权纠纷上诉案终审宣判。

北京市第二中级人民法院一审判决如下：程尉东立即停止对16集电视剧本《中国空姐》著作权的侵权。

程尉东不服，向北京市高级人民法院提起上诉。

北京市高级人民法院经审理查明：1992年，翟小菲与程尉东合意拍摄一部反映中国空姐工作与生活的多集电视连续剧，由程尉东任编剧，翟小菲为导演，浙江电视剧制作部门承拍。浙江有关部门同意并立项后，特与中国国际航空公司联系，让翟小菲、程尉东和主要演员3人，于1993年3月开始共同到国航去体验生活、创作剧作。在这期间，翟小菲作为该剧导演将其构思的一些剧情提供给程尉东。同年11月底到12月中旬，由程尉东执笔写出了20集电视剧《中国空姐》的故事梗概，并报主管部门审查。1994年6月，又在此故事梗概的基础上，吸收了各方面的意见，由程尉东在浙江最终执笔完成了16集电视文学剧本《中国空姐》的写作。同年7月，此电视剧投入拍摄。1995年三四月间，程尉东个人署名出版发行了《中国空姐》电视剧文学本（发行1 300册，每册18.80元）。程尉东承认其个人得稿酬1万余元。在该电视剧文学本的第1集开场戏（书中的第1~12页）及第9集（书中的第297~303页）中收录了上述由翟小菲提供的"空中事故"及"空姐被乘客调戏"的两场戏。程尉东在庭审中及给法院的信件中也承认翟小菲确曾向其口述过该剧中的一些情节，乃至细节。

北京市高级人民法院终审判决如下：驳回上述，维持原判。

又案，因个人之间委托创作剧本而产生纠纷，经常发生。个人经济能力有限，往往很难兑现委托之承诺。陆文霞委托赵海城创作电视剧《留给你的土地》，发生纠纷，既未完成剧本，还浪费了数万元资金，尤其是伤了和气。1997年，北京市海淀区人民法院一审判决后，双方不服，提起上诉，北京市第一中级人民法院终审判决驳回上诉，维持原判。

（五十三）

电视剧文学本《民国大先生》合同纠纷案一审宣判。

法院认为，涉讼合约系原、被告真实意思表示，合法有效。从合约所确定的权利、义务来看，原告的义务主要包括两阶段的工作内容，一是根据《民国大先生》剧"分集故事"编写"分集大纲"，二是对编剧完成的剧本进行情节统筹和润色；被告的义务则是在支付首期款后依原告履约的进度向原告逐次付款。由于依现有证据可以认定的事实是：双方签约后，被告于当日向原告支付了人民币40 000元，原告遂于2004年4月16日将写好的40集分集大纲初稿交给被告派来的司机。对于此后的事实，原告称其按被告的要求对分集大纲初稿进行了修改，并将第6~20集修改稿发到郭木的电子邮箱中；被告则称已向原告表明对分集大纲初稿不予认可。两者的陈述尽管存有出入，但至少可以说明被告并未完全认可原告交付的40集分集大纲初稿，并且肯定提出过异议，否则原告也没必要再进行修改。而且，若按原告所述其已进入修改阶段，那么即便被告向原告提出异议的时间可能并未严格按照合约第三条D款中约定的"在收到乙方（原告）交付的工作成果次日起一周内"，原告也不能再以此为由主张"应视为（对方）已经认可"分集大纲初稿。本院认为，本案的关键在于原告要求被告支付其完成"分集大纲"的余款及其滞纳金，而根据合约第三条B款中约定的第2次付款条件是交付并获得被告的认可，故即使被告未能证明其已向原告明确表示分集大纲初稿确不可用，原告也应当证明被告已经收到修改稿并已认可等事实。从原告举证的材料来分析，原告既未按合约第三条E款中提及的交付方式将修改稿邮寄至合约中所列明之被告的住址，也未依首次交付分集大纲的方式交由被告的司机转递，而是通过一种新的途径即电子邮件形式，于是原告在本案中尚有待证明的事实包括：因何改变交付方式；郭木是否确已收到附件中包含修改稿的电子邮件；郭木是否已将收到的修改稿转交给被告；被告是否已经以明示或者合约约定之默示的方式认可了原告修改后的工作成果；被告是否已经按合约第三条C款所约定的"采用乙方（原告）工作成果任何内容"等。综上分析，原告在本案中提供的部分证据材料缺乏法律规定的形式要件，还不足以证明其主张的相关待证事实，本院尚难认定被告未履行付款义务的行为已构成违约，故对于原告要求被告履行合约义务、支付"分集大纲"所有余款及其滞纳金等诉讼请求，本院不予支持。

2006年3月2日，上海市第一中级人民法院判决如下：原告魏肇权的诉讼请求不予支持。本案案件受理费人民币4 462元，由原告魏肇权负担。

一审判决后，双方均未上诉。

（五十四）

电视剧文学本《天火》委托创作纠纷案一审宣判。

原告杨战生与被告刘苹双方于1996年4月9日签订了一份协议书，约定被告按照原告提供的素材及要求，创作完成电视剧《石龙坝》剧本，原告向被告支付7万元稿酬，双方对各自的权利义务进行了约定。之后，被告收取了原告支付的稿酬7万元。2003年3月2

日，被告出具了一份委托书，委托原告杨战生和案外人姜运民延期使用电视剧《石龙坝》的版权，期限从2003年9月1日起至2005年8月31日止。被告于2005年10月20日出具了一份严正声明，声明其于2000年1月与原告杨战生和案外人姜运民签订过版权协议书之后，至今未与原告个人签订过任何有关《天火》（原名《石龙坝》）剧本的版权协议；并且被告分别于2005年3月11日、3月18日向姜运民和原告发出了终止委托书的决定，终止有关《天火》剧本的一切委托事宜。后原告认为被告与案外人签订了协议，损害了原告的合法权益，遂诉至法院。

本院认为：对双方争议的问题，原告起诉是基于其认为原、被告双方于2003年9月1日签订的版权转让协议，但是根据原告的举证，其提交的2003年9月1日的版权转让协议系复印件，被告对其真实性不认可，原告亦没有提交其他证据与其相互印证，故原告提交的证据不能证实原、被告双方于2003年9月1日签订过版权转让协议。既然无法证实双方于2003年9月1日签订过版权转让协议这一事实，原告也就不存在基于该协议享有的权利和承担的义务。原告并不享有不安抗辩权，原告的该项诉讼请求不能成立。同样，原告要求确认其提交的另一份版权转让协议无效，但原告提交的证据并不能证实被告与案外人吴绍峰、王祖剑签订过该协议，被告也不认可有这一事实存在，原告提交的证据不能证实其主张，故本院对原告的诉讼请求不予支持。

2006年2月8日，云南省昆明市中级人民法院判决驳回原告杨战生的诉讼请求。案件受理费人民币3510元，由原告杨战生负担。

一审宣判后，双方均未上诉。

又讯，2005年11月，因剧本版权纠纷，成都警方以"涉嫌合同诈骗"为由扣留了《天火》导演姜运民。姜运民的代理律师表示，姜运民无合同诈骗的主观故意，他是具有正当职业和身份的影视导演，不具有非法占有他人财物的主观故意。意见书认为，昆明市中级人民法院12月5日即将开庭审理《天火》版权纠纷，说明本案是版权纠纷引起的合同纠纷，不是刑事合同诈骗。意见书希望成都警方从保护影视制作艺人的创作积极性、尊重影视艺术制作规律的角度出发，以事实为根据，以法律为准绳，尽快释放姜运民。

（五十五）

电视剧文学本《再婚》创作纠纷案一审宣判。

孙海军与北京橡木文化传播有限公司（以下简称橡木公司）于2005年10月1日签订了剧本创作协议书。依双方约定，由孙海军创作20集电视剧剧本《再婚》，剧本版权归橡木公司享有，由橡木公司向孙海军支付稿酬26万元；在协议有效期内，橡木公司如发现孙海军不能胜任剧本创作工作，其只需向孙海军出具书面解约文件即可；橡木公司终止协议时，已付给乙方的稿酬，视为买断该剧本一切权利的费用。协议签订后，孙海军依据协议约定完成了剧本创作并按时交付了剧本。橡木公司在协议签订后支付了1.3万元定金，在收到剧本前5集后支付稿酬5.2万元，但未支付后15集的稿酬，也未出具书面的解约文件。橡木公司于2005年11月23日与编剧孙卓签订剧本创作协议，由孙卓负责创作《再婚》后15集剧本。经对比，孙卓的剧本与孙海军提供的剧本基本相同，只是在细节方面有所改变。

本院认为：孙海军与橡木公司签订的剧本创作协议是双方当事人真实意思表示的反映，合法有效；从孙海军提供的剧本与橡木公司提供的剧本的对比情况来看，孙海军提供的剧本已经达到了橡木公司的要求，由此，孙海军已经完全履行了自己的合同义务，而橡木公司在未出具书面解约通知书的情况下，拒不支付剧本后15集稿酬的行为已经构成了违约，应承担违约责任；橡木公司辩称否认违约，与事实不符，于法无据，本院不予采信。

北京市海淀区人民法院2006年6月23日判决，被告橡木公司给付原告孙海军稿酬19.5万元和违约金1.95万元及因诉讼的合理支出1万元。案件受理费5 727元（原告预交），由被告北京橡木文化传播有限公司负担（于本判决生效后7日内交纳）。

一审宣判后，双方均未上诉。

（五十六）

电视剧文学本《身不由己》委托创作纠纷案一审宣判。

2003年8月11日，原告王永林与被告北京李家文化艺术有限公司签订协议，双方约定：被告委托原告王永林创作20集电视剧《身不由己》剧本，每集付稿酬1万元，自合同生效后即支付首期创作费2万元；原告王永林创作完成20集初稿，如未能达到被告要求，被告有权要求终止创作，初稿费为每集5 000元；初稿的著作权归属原告王永林；对初稿的电视剧改编权及其他权利归属被告。

合同签订后，被告于合同签订后即依约向原告王永林支付首期创作费2万元。随后，原告王永林开始进行剧本的创作工作。至2003年11月，原告王永林完成了电视剧《身不由己》剧本的创作，共创作剧本23集，并交付给被告。2004年1月，被告支付原告王永林创作费4万元。此后，被告提出原告王永林交付的剧本不能达到其要求，一直未再向原告王永林支付创作费，双方就此发生纠纷。2004年9月3日，原告王永林致函被告坚持要求其支付剩余创作费。

法院认为：原告王永林与被告签订的合同合法有效，对双方均有约束力。在原告王永林依约交付剧本后，被告提出未达到其要求，在此情况下，原告王永林主张按照合同第三条即以初稿费每集5 000元标准收取稿酬。根据双方合同的约定，该项请求并不涉及剧本的质量问题，因此，原告王永林提出的上述请求符合约定的意思表示。被告未支付上述款项的行为构成违约。根据我国合同法的有关规定，当事人一方未支付报酬的，对方可以要求其支付。因此，被告应按照初稿费每集5 000元标准向原告王永林支付剩余创作费。综上，本院对原告王永林提出的诉讼请求予以支持。此外，根据合同实际履行状况以及双方当事人的意思表示，本案合同应终止履行。

北京市第二中级人民法院2006年6月20日判决，被告支付原告剩余初稿费4万元，双方合同终止，被告承担本案受理费。

一审宣判后，双方均未上诉。

（五十七）

小说《孟姜女外传》诉电视剧《九尾狐与仙鹤》抄袭案一审宣判。

小说《孟姜女外传》由原告朱圣旺所著，作品完成的具体时间不详。27集电视连续剧《九尾狐与仙鹤》于2005年拍摄完成，署名的出品人为被告瑞丽公司，被告天元艺术中心称电视剧的摄制许可证是颁发给它的，对此，朱圣旺及瑞丽公司均无异议。

法院认为，要判断被告瑞丽公司制作的电视剧《九尾狐与仙鹤》是否存在抄袭、剽窃原告朱圣旺《孟姜女外传》小说的前提之一是，《孟姜女外传》的完成时间应早于《九尾狐与仙鹤》。从朱圣旺目前提交的证据分析，其能证明的仅是朱圣旺为《孟姜女外传》的作者，而作品完成的时间，由于存在书中的出版时间进行过粘贴改动、书中显示的出版号与香港的国际炎黄文化出版社出具的委托书中书号不一致、国际炎黄文化出版社出具的委托书又未经过公证认证手续等问题，致本院无法确定该书的出版时间；朱圣旺又无其他证据证明该书的完成时间,因此,《孟姜女外传》的完成时间不能确定,该书的完成时间是否早于《九尾狐与仙鹤》亦不能确定。

其次,孟姜女千里寻夫是古已有之的民间传说,被告瑞丽公司提交的不同作者所著的有关孟姜女的各类书籍可以证明,孟姜女的故事为大众耳熟能详,所以该故事线索非原告或被告所独创。在人物关系上,两者都表述为万喜良和孟姜女是九尾狐和仙鹤所变,但人物关系在此展开后,在万喜良和孟姜女与周围人物的关系上,两者基本不相同。而在人物性格、故事情节及细节刻画上,两者也大相径庭。

综上,本院认为,即使《孟姜女外传》的完成时间要早于《九尾狐与仙鹤》,两者在作品容量、人物关系、人物性格、故事情节及细节刻画等许多方面都不尽相同;虽然,《九尾狐与仙鹤》中有极少部分的故事情节及细节与《孟姜女外传》相同或相似,但任何文学作品的创作都离不开对前人作品的借鉴,尤其是对孟姜女这样广为流传的民间故事进行的再创作更离不开借鉴,就如同原告朱圣旺创作的《孟姜女外传》也包含着以往众多孟姜女故事或传说的情节一样,被告瑞丽公司创作作品也当然可以借鉴已有的作品,这样的借鉴是合理的且未为法律所禁止,并非是一种抄袭、剽窃行为。因此,被告瑞丽公司未侵犯原告朱圣旺对《孟姜女外传》享有的著作权;由于被告瑞丽公司未侵权,被告天元艺术中心的行为也当然不构成侵权。

浙江省杭州市中级人民法院2006年8月11日判决,驳回原告朱圣旺的诉讼请求,案件受理费3 510元,由朱圣旺负担。

一审宣判后,双方均未上诉。

(五十八)

电视剧《孟姜女》文学本著作权纠纷上诉案终审宣判。

杭州市中级人民法院于2005年6月13日一审判决如下:驳回杨丹群的诉讼请求。案件受理费410元,司法鉴定费3 000元,由杨丹群负担。

宣判后,杨丹群、瑞丽公司均不服,提起上诉。

二审法院认为:涉案作品《孟姜女》剧本的著作权属于瑞丽公司,瑞丽公司对该剧本享有全部的著作权,包括署名权。瑞丽公司并没有侵犯杨丹群的著作权,其提出的上诉理由成立,依法应予支持。杨丹群提出的上诉理由与事实不符,应予驳回。原审法院认定本案作品为委托作品不当,同时认为杨丹群对作品享有署名权错误,应予纠正。然原判实体处理正确,可予维持。

2005年8月9日,浙江省高级人民法院终审判决,驳回上诉,维持原判。本案二审案件受理费410元,由杨丹群负担。

(五十九)

电视剧《警中警》剧本著作权纠纷上诉案终审宣判。

2002年4月2日原告与当时正在湖南电视台电视连续剧《9·1绝案》剧组工作的傅乐签订了一份20集电视剧《警中警》合作意向书,傅乐为表明自己的身份向原告出示了湖南电视台卫视频道24集电视剧《9·1绝案》(暂名)摄制组制片主任的名片。同年7月傅乐以《警中警》摄制组制片人名义(甲方)与原告(乙方)签订了剧本协议书。

2003年3月4日国家广播电影电视总局作出广发编字〔2003〕157号批复,许可湖南电视台摄制,剧名《警中警》,编剧为陈春山、子非鱼等,集数为20集,计划投拍时间是2003年2月。同年3月19日,被告湖南电视台(乙方)与山东省三冠电影电视实业公司

（甲方）、湖南省公安厅（丙方）决定联合摄制20集电视连续剧《警中警》，并签订了一份《联合摄制20集电视剧〈警中警〉协议书》。

之后该电视剧《警中警》在全国各省市电视台先后播出。被告湖南电视台没有向廖清生支付合同约定的剧本转让费。

法院认为，原告廖清生与傅乐就《警中警》剧本签订的协议，系双方真实意思表示，其内容符合法律规定，双方当事人均受该协议约束。原告廖清生有理由相信傅乐的行为代表湖南电视台，该协议对湖南电视台具有约束力。被告湖南电视台将《警中警》剧本投拍后，应依约支付协议约定的款项，故原告廖清生要求被告湖南电视台支付合同约定的16万元款项的诉讼请求应予支持，但由于原告廖清生既未提交其要求支付利息2万元的证据，双方的协议也未涉及利息条款，故该诉讼请求应予驳回。被告湖南电视台之有关不应承担合同义务的抗辩理由不予采信。

湖南省高级人民法院2006年8月10日终审判决，被告湖南电视台支付原告廖清生《警中警》剧本改编权、摄制权转让费16万元，驳回原告廖清生其他诉讼请求。本案受理费5 110元，由被告湖南电视台负担4 088元，原告廖清生负担1 022元。

（六十）

电视剧《儿子》文学本编剧纠纷上诉案终审宣判。

上诉人胡坤因侵犯著作权纠纷一案，不服北京市朝阳区人民法院〔2006〕朝民初字第23910号民事判决，向北京市第二中级人民法院提起上诉，现已审理终结。

原审法院查明：2005年12月8日，非常时代公司与胡坤签订合同书，约定由非常时代公司委托胡坤作为20集电视连续剧《儿子》（暂定名）的编剧及导演，并为胡坤署名为第一编剧和导演。根据上述合同书及补充协议，非常时代公司应向胡坤支付每集酬金1.5万元，20集合计30万元。在与胡坤签订上述合同及补充协议的同时，非常时代公司还与邱军、钱迪签订了电视连续剧《儿子》的委托创作剧本合同，约定委托邱军、钱迪创作《儿子》剧本，并为其署名编剧。另外，非常时代公司还先后于2006年1月20日、2月11日分别与肖旭驰、王伊签订了《儿子》一剧的委托创作剧本合同，分别委托肖旭驰、王伊创作《儿子》剧本。

签约后，胡坤主持召开了《儿子》剧本的讨论会，胡坤撰写了分集大纲。钱迪、肖旭驰和王伊按照胡坤的分集大纲开始了剧本创作，其中钱迪执笔撰写了5集（第1、4~7集），肖旭驰执笔撰写了7集（第9、10、16~20集），王伊执笔撰写了8集（第2、3、8、11~15集）。2006年夏，《儿子》剧本完成定稿。

2006年6月14日，华录百汇公司与胡坤签订聘用合同，约定华录百汇公司聘请胡坤为20集电视连续剧《儿子》（暂定名）的导演，并为此向胡坤支付酬金16万元。华录百汇公司从非常时代公司处取得《儿子》剧本的使用权，于2006年7月2日开始拍摄，但将剧名改为《我们一家人》。

华录百汇公司和非常时代公司已经以编导费、导演酬金等名义向胡坤支付了14万元。

2006年7月10日，华录百汇公司向胡坤发出关于解除聘用合同的通知，解除了与胡坤签订的聘用合同。

在2006年4月总第100期中国影视节目信息网上刊登了《儿子》一剧的信息，其中编剧一栏注明"胡坤、钱迪、邱军"。

原审法院判决：驳回胡坤的诉讼请求。上诉人胡坤不服，提起上诉。

二审法院补充查明以下事实：2005年11月22日、2006年1月20日、2006年7月6日，胡坤以"编费"名义从非常时代公司共领取14万元。2006年6月30日，胡坤以"导费"名义从华录百汇公司领取了32 000元。诉讼中，胡坤表示非常时代公司已经按照约定向其支付了编剧费。2006年7月2日至7月7日，胡坤曾参与了《儿子》一剧的导演工作。《儿子》一剧目前已经取得了发行许可证，并已将胡坤署名为第一编剧。

北京市第二中级人民法院2007年5月31日终审判决如下：一、撤销北京市朝阳区人民法院〔2006〕朝民初字第23910号民事判决；二、驳回胡坤的诉讼请求。一、二审案件受理费各210元，均由胡坤负担（均已交纳）。

（六十一）

历史文献纪录片《陈永贵》解说词抄袭《扎白毛巾的副总理陈永贵》（以下简称《扎》书）一书案一审宣判。

法院认为：原告侯向东撰写完成9集解说词之后，历史文献纪录片《陈永贵》投资方世纪东润本拟将9集解说词用于该纪录片的实际摄制，但后世纪东润法定代表人温安军等人认为9集解说词抄袭自《扎》书，并决定不再将9集解说词用于该纪录片的实际摄制，其后王美彪、郑斯宁撰写完成10集解说词，广播出版社出版的10集历史文献纪录片《陈永贵》亦实际使用10集解说词进行摄制。

2007年5月21日，北京市海淀区人民法院对这109处进行仔细比对后，判决被告中国广播音像出版社、被告王美彪、被告郑斯宁向原告侯向东书面致歉（书面致歉内容需经本院审核，逾期不履行，本院将公布判决书主要内容，费用由不履行此项义务的被告承担）；被告中国广播音像出版社、被告王美彪、被告郑斯宁向原告侯向东赔偿经济损失1 500元；驳回原告侯向东的其他诉讼请求。案件受理费11 010元（原告预交），由原告侯向东负担9 010元（已交纳），由被告中国广播音像出版社、被告王美彪、被告郑斯宁负担1 000元（于本判决生效之日起7日内交纳）。

一审宣判后，几方均未上诉。

（六十二）

小说《逝去的美丽》在影视剧本网传播纠纷上诉案终审宣判。

上诉人邢岳韬因侵犯著作权纠纷，不服北京市朝阳区人民法院〔2006〕朝民初字第03445号民事判决上诉一案，北京市第二中级人民法院于2006年5月24日受理后，现已审理终结。

北京市朝阳区人民法院一审判决如下：对邢岳涛提出的停止侵权、赔礼道歉、赔偿经济损失及精神抚慰金等诉讼请求不予支持，判决驳回邢岳韬的诉讼请求。

一审判决后，邢岳涛不服，向本院提起上诉。

本院经审理查明：2005年4月，中国文联出版社出版了《逝去的美丽》一书，署名：细路祥著。细路祥为邢岳韬的笔名。同年8月，邢岳韬来到红本影视公司住所地投稿。邢岳涛将其刊载在"榕树下"网站上、署名为细路祥的小说《逝去的美丽》全文下载到红本影视公司的电脑上，并同意红本影视公司将该文上传于该公司的网站上。红本影视公司遂将该书全文上传于其公司的网站"红本网"中的"小说文集"栏目中，该文篇首题目下有"http://www.hoobe.com 2005-8-19 来源：作家原创"等字样，篇尾有："编辑：红本网 作者：hoobe"等字样。红本影视公司主张邢岳韬亲眼看见了上传过程，因邢岳涛不是"红本网"会员，故在上传小说《逝去的美丽》时暂时署名为"hoobe"，邢岳涛未提出异议，红本影视公司还告知了邢岳涛如何上网成为"红本网"会员并取得 ID 号码。邢岳涛对红本影视公司的上述主张均不认可。红本影视公司主张"红本网"的经营方式为：无偿为作者提供作品上传，并将作品提供给影视机构的会员阅读，以便于作者的作品被影视机构采用购买。如果交易达成，红本影视公司将从中收取中介费用。故其为作者上传作品时均不署作者真名，而以 ID 号码代替作者姓名。关于这一交易方式，红本影视公司在红本网的"投稿须知"及"在红本投过稿的作者请查看此信息"的页面中已明确告知公众。邢岳韬提出即使红本影视公司网站上确有"投稿须知"和"在红本投过稿的作者请查看此信息"等内容，但因其不是网上投稿，故其不知晓"红本网"上不给作者署真实姓名的交易方式。诉讼中，红本影视公司已将小说《逝去的美丽》从"红本网"中删除。

2006 年 6 月 20 日，北京市第二中级人民法院终审判决，驳回上诉，维持原判。一审案件受理费 446 元，由邢岳韬负担（已交纳）；二审案件受理费 446 元，由邢岳涛负担（已交纳）。

（六十三）

大型国产动画剧《三国演义》剧本创作纠纷案一审宣判。

原告（反诉被告）北京银河长兴影视文化传播有限公司（以下简称银河公司）与被告（反诉原告）首都师范大学（以下简称首师大）创作合同纠纷一案，现已审理终结。

法院查明：2005 年 7 月 25 日，银河公司（甲方）与首师大中国儿童文学艺术研究发展中心（以下简称首师大文学中心）（乙方）就 800 集超大型国产动画剧《三国演义》剧本创作一事，签订协议书，主要内容为：一、在本协议终止前，乙方为该剧的唯一编剧单位；二、该剧剧本为文学剧本形式，每集 20 分钟。剧本稿酬为每集 5 000 元。上述稿酬的性质为甲方一次性买断乙方的著作版权（包括该剧的海内外电视播出版权、图书及音像出版物等方面的版权）；三、该剧总共 800 集，首期 50 集为第一创作单元；四、在本协议生效 7 日内甲方向乙方预付第一单元（50 集）的三分之一稿酬，83 000 元作为乙方的定金；乙方完成剧本，甲方再向乙方支付第一单元（50 集）的三分之一稿酬 83 000 元后，取走剧本；剧本经专家组审查通过后 7 日内，甲方再向乙方支付第一单元（50 集）的剩余稿酬 84 000 元；五、乙方于 2005 年 12 月 31 日前完成第一单元（50 集）的剧本，由甲方上报国家广播电影电视总局总编室审查。第一单元的剧本乙方每延误 1 天甲方将扣除该单元应付稿酬的 1%。

2005 年 8 月 5 日，银河公司向首师大文学中心支付《三国演义》（50 集动漫剧本）编剧启动费 83 000 元。

法院认为，银河公司与首师大文学中心签订的有关超大型国产动画剧《三国演义》剧本委托创作协议及其附件，是双方真实的意思表示，符合法律的相关规定，应属有效，双方均应严格按照合同约定履行合同。合同第四条约定，在本协议生效 7 日内甲方（银河公司）向乙方（首师大文学中心）预付第一单元的稿酬 83 000 元作为定金；乙方完成剧本，甲方再向乙方支付第一单元的三分之一稿酬 83 000 元后，取走剧本；剧本经专家组审查通过后 7 日内，甲方再向乙方支付第一单元的剩余稿酬 84 000 元；合同第五条约定，乙方于 2005 年 12 月 31 日前完成第一单元（50 集）的剧本，由甲方上报国家广播电影电视总局总编室审查。可见，银河公司应在合同生效之日即 2005 年 7 月 25 日后的 7 日内，向首师大文学中心支付 83 000 元定金。实际银河公司是在 2005 年 8 月 5 日支付 83 000 元，已经违约延迟了几天，但首师大文学中心对此未要求银河公司承担违约责任。首师大文学中心应在 2005 年 12 月 31 日前完成第一单元 50 集的创作，然后银河公司再支付 83 000 元，取走剧本。合同并未约定首师大文学中心有完成剧本后通知银河公司的附随义务。而银河公司作为付款人和审查上报人，要在剧本完成后取走剧本，其本应积极地督促和询问首师大文学中心剧本的完成情况，但其却未向本院提交相应的证据，以证明 2005 年 12 月 31 日之时其曾要求首师大文学中心交付第一部分剧本，但首师大文学中心却因为没有完成，无法交付，因而银河公司不再支付稿酬的情况。首师大文学中心在 2005 年 12 月 25 日已经完成剧本第一部分的创作，并多次联系要求银河公司支付稿酬后取走剧本，但银河公司却迟迟不履行支付稿酬取走剧本的义务，构成违约。在银河公司违约的情况下，其已交付的定金不予返还。对原告银河公司要求双倍返还定金的本诉请求，本院不予支持。

按照合同约定，甲方拖欠乙方稿酬 30 日或者乙方第一单元剧本延误 30 日本协议终止，违约方赔偿对方损失，银河公司、首师大双方均认可合同已于 2006 年 1 月 30 日终止，本院对此不持异议。

首师大要求本院确认已经完成的 50 集《三国演义》剧本版权归首师大所有，银河公司表示剧本是首师大创作，不主张剧本版权，本院对此不持异议。首师大要求银河公司赔偿为本案支付的律师费 10 000 元，因本案属于知识产权案件，且合同约定违约方赔偿对方损失，故本院对合理律师费用予以支持，超出部分的律师费用不予支持。

2006 年 5 月 20 日，北京市海淀区人民法院判决，首师大学文学中心与银河公司于 2005 年 7 月 25 日签订的协议书于 2006 年 1 月 30 日终止；涉案的已完成 50 集国产动画片《三国演义》剧本的版权归反诉原告首都师范大学所有；银河公司交付首师大文学中心的定金 8.3 万元不予返还；银河公司于本判决生效之日起 10 日内，向首师大支付合理费用 6 000 元；驳回银河公司的诉讼请求；驳回反诉原告首师大其他诉讼请求。本诉案件受理费 4 830 元，由原告银河公司自行负担（已交纳）；反诉案件受理费 410 元（反诉原告已预交），由反诉被告银河公司负担，于本判决生效之日起 7 日内交纳。

一审宣判后，双方均未上诉。

（六十四）

电视专题片《撼天记》解说词著作权纠纷案一审宣判。

2003 年 10 月 13 日，中央电视台"发现探索"频道播出 20 集（9 部）电视专题片《撼天记》。该节目署名制作李鹰工作室、北京龙鼎影视艺术中心，撰稿李鹰。《走出地球村》《飞向太空港》《挺进太空》《澳星风险发射》的作者李鸣生认为解说词部分使用了自己的作品，遂向李鹰提出。双方就此进行了协商，最初协议系由李鹰、龙鼎影视艺术中心与李鸣生签订，后经协商，最终达成协议。

2003 年第 11 期《解放军文艺》刊登《撼天记》一文，共有 7 部，每部分为上下篇，计约 13 万字，其结构内容与电视专题片《撼天记》前 7 部（15 集）相同，但较实际播出的电视片多出 2 万字。因播出及刊登的要求不同，二者在文字上存在差别。

2003 年 11 月 15 日，解放军文艺编辑部向李鹰支付稿酬 9 400 元。

法院认为，电视专题片《撼天记》属于著作权法上的电影作品，该片所署撰稿应系编剧身份。该片播出后因解说词的内容涉及李鸣生创作之作品，编剧李鹰与李鸣生经过协商，所达成之协议是双方对该片编剧身份及付酬协商之真实意思表示，本院不持异议。协议约定的内容主要有三部分：一是李鸣生同意李鹰在剧本中使用其作品，李鹰支付报酬给李鸣生。二是双方身份的确定，即该片前五部的撰稿除李鹰外亦应为李鸣生署名，意即双方应为剧本前五部的共同作者，鉴于李鹰同时亦是电影作品的制作者之一，而另一制片方龙鼎影视艺术中心亦曾参与协商并未持异议,即产生双方及制片方均认同李鹰、李鸣生作为前五部共同编剧的效力,故李鹰、李鸣生为该剧剧本前五部的共同作者。三是双方认可该协议系最终解决,故协议包含的确认部分即双方身份的确认应为最终确认,不再变更;对协议包含的给付部分应为最终给付即一次性给付,不再产生报酬给付问题。

《解放军文艺》2003年第11期刊登的《撼天记》尽管与播出片在文字数量上存在差异,但作品结构及内容均基本相同,而且该文特有的人物访谈与解说相结合的方式都说明它是电视片剧本的一部分。该文包含《撼天记》前五部内容,但仅署李鹰一人之名,文后所附的感谢声明不能代替为作者署名,给李鸣生的著作权造成了损害。对此损害后果,李鹰具有过错,其应当为李鸣生在前五部上署名。

2005年11月5日,北京市海淀区人民法院判,被告李鹰在《解放军文艺》杂志刊登声明,更正2003年第11期刊登之《撼天记》前五部的署名(逾期不履行,将由本院拟定一份公告刊登于相关媒体,费用由被告李鹰负担);被告李鹰赔偿原告李鸣生损失3 500元;驳回原告李鸣生的其他诉讼请求。案件受理费2 115元(原告预交),由被告李鹰负担,于本判决生效之日起7日内交纳。

一审判决后,几方均未上诉。

(六十五)

大型电视选美活动"美在花城"策划文案著作权纠纷案一审宣判。

"美在花城"是全国较早举办的选美活动,1988年第一届在广州电视台播出,华尘当时是广州电视台广告部主任,并且是第一届的策划人、组委会主任。18年来,广州电视台举办了十四届"美在花城"节目。2004年2月,华尘正式向广州电视台台长提出从第十一届开始"美在花城"已被篡改,侵犯了"美在花城"的完整性。2006年6月15日,广东省版权局为华尘的"美在花城"进行了登记。

2006年6月,华尘以"美在花城"著作权人合法利益被侵犯为由向广州市中级人民法院递交诉状,要求广州电视台向他公开赔礼道歉,立即停止第十四届"美在花城"所有活动,向其赔偿999.9万元。

法院认为,《美在花城》节目属于以摄制电影的方法创作的作品,由此产生的著作权由制片者享有,作为举办单位的广州电视台应享有整体著作权;虽然华尘作为导演曾对节目的编排起了重要作用,但该节目的录制涉及广州市电视台多个部门、工种之间工作人员的配合,而这些工作人员都是在广州电视台领取工资及报酬的。原告也因为自己所做的贡献获得了被告的肯定,并且获得了奖励,其为该节目付出的创造性劳动不容置疑,但这些劳动的付出并不等同于他就是著作权人。据此,法院一审判决驳回原告华尘的请求,并要其承担6万元的诉讼费用。

一审宣判后,双方均未上诉。

(六十六)

2000年10月23日,为国产大片《黄河绝恋》著作权归属问题,向上海永乐影视公司说"不"的邓丹晴,被上海市第一中级人民法院判令"诉讼请求不予支持"。

原告邓丹晴系安徽省潜山县王河镇文化站职工。2000年5月份,他到上海市第一中级人民法院诉称,被告上海永乐影视公司摄制出品的电影《黄河绝恋》的主要情节、部分细节和男女主人公形象等,均是根据其发表在1994年第5期《安徽新戏》中的原创获奖电视剧本《风云一日天柱山》改编而成的。他认为这种行为没有经其本人同意,构成了侵权,故请求法院判令被告停止侵权并登报道歉。

庭审中，上海永乐影视公司辩称，《黄河绝恋》的剧本来自于该片的导演冯小宁，影片中关于美国空军飞行员因战斗机被击落受到救护的构思则取材于《陈纳德与飞虎队》等资料。但是，法院查明，剧本《风云一日天柱山》不仅叙述了一位名叫钱山妞的中国少女救护美国空军飞行员的故事，还突出了国民党内支持中共抗日进步人士与阻挠中共抗日的反动势力的斗争，及新四军从侵华日寇手中救出美军飞行员的经过。而《黄河绝恋》的主要情节以回忆的方式，叙述了中国军民对他实施救助及他与女八路军战士发生的一段爱情故事。

对比两个剧本的构思和主要情节，前者突出"救"，后者重点突出"恋"，两者存在明显的差异。

据此，法院认定原告提供的证据不足以支持其诉称的事实和理由，不能证明被告摄制的影片内容是在原告作品的基础上改编的。

一审宣判后，几方均未上诉。

（六十七）

电视纪录片《诗人徐志摩》著作权纠纷案宣判。

徐志摩100周年诞辰之际，浙江海宁电视台和浙江电视台决定联合制作电视纪录片《诗人徐志摩》。该片由海宁电视台负责出资、拍摄等前期制作，浙江电视台负责录音、剪辑、字幕等后期制作，于1997年1月在浙江电视台首播。后浙江电视台将该片作为交流节目送中国纪录片学会，由中国纪录片学会发送各省级电视台及中央电视台播出。该纪录片制作精良、深得好评，于2000年获全国纪录片彩桥一等奖，2001年获浙江省新闻二等奖。但意想不到的是曾参与纪录片摄制的顾永棣一纸诉状将海宁电视台、浙江电视台及该纪录片的撰稿人刘险峰、编导徐新民告上了法庭。

经审理，浙江省嘉兴市中级人民法院最终认定，《诗人徐志摩》是海宁电视台和浙江电视台联合制作的，所以电视纪录片的著作权应归海宁电视台和浙江电视台共同享有。顾永棣不享有《诗人徐志摩》的荣誉权、获得报酬权和修改权。海宁电视台在该纪录片片尾将顾永棣署名为"文学顾问"未违反法律，且顾永棣当时并未异议。顾永棣诉称《诗人徐志摩》1997年在中央电视台播出时，删去了"文学顾问顾永棣"一栏，侵犯其署名权，但顾永棣没有提供相应的证据，且顾永棣在知道权利被侵害3年后，再向法院起诉，已超过了2年的诉讼时效。徐新民、刘险峰作为海宁电视台的职工，为纪录片编导、摄影、撰稿，是履行职务的行为，根据法律规定，徐新民、刘险峰在该纪录片的编导、摄影、撰稿上享有署名权。顾永棣称其是纪录片的撰稿人，刘险峰撰写的解说词也是根据其撰写的内容而来，但顾永棣既未提供相应的事实依据，也与本案事实不符。所以顾永棣以海宁电视台、浙江电视台、徐新民、刘险峰侵权为由，要求四被告公开赔礼道歉及赔偿损失的请求，无事实依据和法律依据。2003年5月，该院判决驳回原告顾永棣的诉讼请求。案件受理费5 100元，由原告顾永棣承担。

一审宣判后，几方均未上诉。

（六十八）

电视剧《苏三新传》文学本著作权纠纷上诉案终审宣判。

上诉人苗培时、刘郁瑞因侵犯著作权纠纷一案，不服北京市第一中级人民法院〔1997〕一中知初字第15号民事判决，向北京市高级人民法院提起上诉，现已审理终结。

北京市第一中级人民法院认定，苗、刘为50集电视连续剧《苏三新传》剧本的著作权人。1995年5月,苗、刘委托刘以中国公共关系协会国内部的名义与中国艺术研究院院影视中心签订制作电视连续剧《苏三新传》的协议,并成立了剧组,刻制了印章。以剧组名义起草了电视剧《苏三新传》制作可行性报告。1995年4月,双方所签协议解除。1996年6月,中艺院影视中心以《苏三新传》剧组的名义与山东省烟台东亚实业发展公司(以下简称东亚公司)签订拍摄电视连续剧《苏三新传》的合同。该合同签订后,戴与苗联系拍摄之事,被苗培时拒绝。1996年7月,东亚公司与刘树生、李志明、李一波等签订关于编写《玉堂春》剧本的协议,同月,中艺院影视中心召开了"关于《苏三》(《玉堂春》)剧组编剧会议"并向李志明、林冠夫各支付6 000元文学顾问费。1996年7月,《玉堂春》剧组支付刘树生、李志明、李一波三人各20 000元编剧稿酬。同月,东亚公司以烟台市八珍食品有限公司的名义支付中艺院影视中心100 000元人民币。后拍摄合同未能履行。

北京市第一中级人民法院认为,中艺院影视中心使用《苏三新传》剧本及相关材料与他人签约的行为虽有不妥,但不属于侵犯他人著作权的行为。《玉堂春》与《苏三新传》虽描写的是同一历史题材,但苗、刘并未向法庭提供《玉堂春》剧本,因此,认定中艺院影视中心侵犯著作权证据不足。《〈苏三新传〉可行性报告》的署名为《苏三新传》剧组,其著作权不属苗培时、刘郁瑞享有。使用剧组印章不同于使用剧本,不受著作权法调整。苗培时、刘郁瑞指控中艺院影视中心将《玉堂春》转售北京思拓克斯公司、中国影视音像交流会影像制作中心拍摄一事,没有相应证据,不予支持。判决驳回苗培时、刘郁瑞的诉讼请求。

苗培时、刘郁瑞不服一审判决,提起上诉。

1998年6月,北京市高级人民法院终审判决,驳回上诉,维持原判。

(六十九)

电视剧《武则天》文学本编剧署名权纠纷上诉案终审宣判。

1993年7月28日,张天民与中国华侨影视制作中心签订协议,约定将张天民所写的25集电视文学剧本《武则天》交由华侨影视中心拍摄电视连续剧,华侨影视中心可以对张天民的剧本进行必要的修改,但不能侵犯张天民的署名权。后张天民因病未再参加电视剧《武则天》的拍摄。1993年年底,华侨影视中心主任刘大印和《武则天》的导演陈家林先后邀请柯章和、冉平对张天民的剧本进行修改。在修改前,柯章和看了张天民剧本的17集,冉平看了5集。后因对修改结果不满意,冉平重新撰写了28集剧本。剧组以冉的剧本为基础拍摄了电视剧《武则天》。张天民剧本中的一些人物的称谓与冉的剧本中相对应的人物的称谓相同。刘大印、陈家林在编剧署名权问题上曾与张天民协商,张天民坚持按协议约定署名。1995年电视剧《武则天》拍摄完成,字幕上编剧一栏以"张天民、冉平(执笔)、柯章和"方式署名。一审法院在审理过程中,委托中国版权研究会版权鉴定专业委员会(以下简称版权鉴定委员会)对张天民与冉的两个剧本之间的关系进行了鉴定。版权鉴定委员会的鉴定结论为:因是取材于相同的历史人物的相同题材的作品,进行艺术构思上所依据的史实、资料必然是相同的,由此造成的相同是不可避免的,是完全正常的。两个剧本在内容上有明显的区别,是两个相对独立的剧本。

北京市第二中级人民法院认为,影视作品中的编剧署名权是基于该影视作品剧本的创作产生的。电视剧《武则天》剧本是在冉创作的剧本的基础上拍摄完成的,冉是当然的编剧。尽管张天民有自己的剧本,有与华侨影视中心签订的协议,但这不足以确认张天民享有编剧署名权。冉虽然接触了张天民的剧本并受到启发，但依据鉴定结论，两个剧本是相互独立的，不存在合作或修改关系。冉未对柯章和的编剧身份提出异议，法院不持异议。关于张天民提出冉的起诉侵犯其名誉，要求赔偿 1 万元，追加华侨影视中心为被告一节，与本案不属同一法律关系，亦不符合反诉的构成要件，法院不予审理。北京市第二中级人民法院判决，电视连续剧《武则天》的编剧署名应为冉平、柯章和。

张天民不服一审判决，提起上诉。

1998 年 10 月，北京市高级人民法院终审判决驳回上诉，维持原判。

（七十）

女作家池莉索要小说改编费胜诉。

1991 年 12 月，作家池莉与上海电影制片厂（以下简称上影厂）就小说《太阳出世》改编摄制为电影一事签订合同，约定池莉许可上影厂从 1991 年 12 月 12 日至 1993 年 12 月 12 日两年内对《太阳出世》享有专有影视改编摄制权，上影厂给付池莉专有许可使用费 1 200 元。在此期间，上影厂若将《太阳出世》的专有使用权许可（或转让）给第三方，必须事先征得池莉的书面同意。若一方违约，则由违约方向受害方承担恢复名誉、赔偿损失的责任。合同签订后，上影厂向池莉支付了 1 200 元。

1992 年 1 月，剧本改编人肖矛为上影厂完成了《太阳出世》电影文学剧本的改编初稿。1992 年春节前，北京电影制片厂（以下简称北影厂）也想将《太阳出世》拍成电影，便向池莉表示了这一意愿；同年 3 月池莉为此致函上影厂，询问其是否愿意与北影厂协商转让《太阳出世》电影摄制权一事，但没能得到上影厂的任何答复。同年 4 月，上影厂与北影厂签订了转让合同，合同中约定：由周国瑾组稿、编辑，肖矛编剧的电影文学剧本《太阳出世》的版权及同名小说的影视摄制权，由甲方厂（上影厂）转让给乙方厂（北影厂）；乙方给付甲方原小说影视改编版权费、编辑费、组稿工作差旅费及改编工作费共计 5 400 元；原由甲方（上影厂）与池莉所签合同中应由甲方执行的各项条款转由乙方执行；编剧肖矛、文学编剧周国瑾仍保留署名权。合同签订后，双方均予履行。

同年 7 月，电影摄制完成，署名根据池莉的《太阳出世》小说改编，定名为《不能没有爱》，此后该片在国内外予以发行，但池莉并未得到北影厂的任何报酬。为此，池莉起诉至法院，请求判令北影厂和上影厂向自己公开致歉，并赔偿自己经济损失。

1993 年 8 月，北京市海淀区人民法院一审判决，两被告北影厂与上影厂分别在报刊上向原告池莉公开致歉，北影厂向池莉赔偿作品使用费 13 000 元，上影厂向池莉赔偿经济损失 1 000 元。

一审判决后，三方均未上诉。

（七十一）

电视剧《白板》剧本纠纷案宣判。

1993 年年底，经导演林大庆介绍并作为在场人，胡燕怀（甲方）与王逎（乙方）在北京市公证处签订书面协议，约定："甲乙双方就甲方胡燕怀所著中篇小说《白板》改编为影视剧本及拍摄成影视剧事宜达成如下协议：甲方授权乙方将上述著作改编为电影或电视剧本，二者只可居其一。如在授权期间内同时或先后将该作品改编为电影或电视剧本，则在再改编为第二种剧本时，乙方应与甲方另行签约。甲方授权期限为 10 年。乙方对上述改编权支付转让费 5 000 元人民币，并于 1993 年 12 月一次付清，鉴于甲乙双方均为个人，付款行为应在北京市公证处公证员监督下进行。乙方应在授权期限内进行剧本的改编及影视拍摄工作，不得利用本协议出版上述作品的节选本、摘编本"等。协议签订后，王遒向胡燕怀支付了许可费5 000元，并将协议进行了公证。

1994年6月，王遒将其在协议中获得的影视改编摄制权以5 000元价金转让给林大庆。

1997年7月，林大庆又以3万元价金将该权利转让给本案的第一被告北京电视艺术中心（以下简称艺术中心），并为艺术中心写了收据。嗣后，艺术中心等将电视剧《白板》摄制完成，该剧中署明：根据胡燕怀同名小说改编，出品人郑晓龙，编剧林大华、郑思铭，策划郑思铭、林大华、张黎、裘述（王遒），制片人林大庆、郑思铭，导演林大庆等。本案第二被告中国青少年音像出版社（以下简称音像出版社）出版、销售了该电视剧光盘。

胡燕怀为此起诉到法院，请求法院判令艺术中心和音像出版社立即停止侵权，在生产地当众销毁全部库存的电视连续剧《白板》VCD及母带；判令艺术中心和音像出版社赔偿胡燕怀经济损失30万元；判令艺术中心和音像出版社在《中国电视报》《法制晚报》上公开致歉。

法院认为，胡燕怀与王遒签订协议时，应该知道王遒没有摄制影视剧主体资格，仍与王遒签订协议许可王遒享有小说《白板》的影视改编摄制权，而协议最终又通过艺术中心的摄制得以全部履行，王遒没有违约，艺术中心也没有侵犯胡燕怀的著作权，音像出版社属出版销售者，在此也不构成侵权。

1999年2月，北京市第二中级人民法院判决：驳回胡燕怀对艺术中心和音像出版社诉讼请求。

一审判决后，几方均未上诉。

（七十二）

几年前，在广东省中山市打工的青年邓建斌因为杀人被判处死刑。原广东省中山市中级人民法院工作人员徐业恒根据工作期间接触到的邓建斌杀人案，撰写了《走进杀人犯》一文，发表在1998年6月26日的《南方周末》上。后来，徐业恒看了中央6台播放的由黄军编剧、国家广播电影电视总局电影卫星频道节目制作中心（以下简称制作中心）摄制的电影《不要欺负人》，发现该片叙述故事的起因、发展和结局等主要脉络和人物特征、人物对白等具体细节均与其《走进杀人犯》一文吻合。他认为黄军和制作中心的行为侵犯了他的著作权，将他们告到了北京市海淀区人民法院，请求确认他的署名权、判令黄军和制作中心在《南方周末》向他致歉，并赔偿损失。

北京市海淀区人民法院一审法院认为本案双方争议焦点在于"影片"是否侵犯"文章"著作权。首先，由于"影片"的主要人物构成、人物背景、人物形象、故事结构和发展结局以及某些情节包括事件、对话、手段与"文章"基本相同或相似，因此法院得出的结论是：后出现的作品"影片"接触了"文章"。其次，著作权法保护的是原创性的劳动所形成的表达，而不保护表达所反映的思想或事实。法院认为徐业恒对其独立创作的"文章"作品享有著作权是无争议的，但由于该文的主要内容是由其通过采访邓建斌或查看有关资料所获的客观事实组成，该文的独创性主要表现在文章的结构及文字的表达上，而文章的素材和情节等内容属于客观事实和真实事件，不属于徐业恒的创作成果，因此不属于著作权法保护的范围。"影片"对比"文章"，其中的主要事件基本相似，但是除个别对话外，其相似之处仅限于作品所表现出的事件。鉴于这些事件均是真实发生的事件，任何人均有权利以自己的方式表达上述事件，因此影片对上述事件的使用即便是基于该文，但是由于任何人均无权对事实信息本身进行垄断，因此影片对"文章"的使用不受著作权人的控制。

2006年1月，北京市海淀区人民法院一审驳回了徐业恒的诉讼请求。徐业恒不服，提出了上诉。

2006年11月，北京市第一中级人民终审判决如下：驳回上诉，维持原判。

（七十三）

编剧三易其人，剧本也未完成。签订了八份合同，一集也没拍出来。授权一个人担任编剧、导演、制片人，是影视运作之大忌。电视剧《朱家花园》（以下简称《朱》剧）编剧鲁晓威与北京中瑞昊天文化发展中心（以下简称中瑞昊天中心）、云南民族电影制片厂合同纠纷案宣判。

北京市第一中级人民法院一审判决如下：一、解除《朱家花园》剧组与鲁晓威签订的1号合同、6号合同书、7号合同；二、鲁晓威于判决生效之日起10日内返还中瑞昊天中心、云南民族电影厂《朱》剧本写作资金20万元及优先聘请导演定金3.2万元，共计23.2万元整；三、驳回鲁晓威的其他诉讼请求；四、驳回中瑞昊天中心、云南民族电影厂的其他反诉请求。

三方均不服一审判决，提起上诉。

北京市高级人民法院经审理查明：2005年10月28日，云南民族电影厂、中瑞昊天中心签订协议，约定联合摄制《朱》剧。2006年7月21日，《朱》剧剧组与周错就拍摄《朱》剧签订2号合同，聘请周错作为《朱》剧首席编剧，酬金每集20 000元，共计26集。周错于2号合同签订当日收到《朱》剧创作工作资金52 000元。2006年7月30日，《朱》剧剧组与鲁晓威就拍摄《朱》剧签订1号合同，约定《朱》剧剧组聘请鲁晓威作为该剧的总导演、执行制片人；该剧长度暂定为26集，《朱》剧剧组支付鲁晓威工作酬金每集30 000元，共计78万元（税后）；1号合同签订当日，鲁晓威收到《朱》剧剧组支付的定金78 000元。2006年9月3日，周错收到《朱》剧工作资金8 000元。2006年9月4日，《朱》剧剧组与周错就摄制《朱》剧，根据2号合同，签订3号合同。2006年11月1日，《朱》剧剧组与鲁晓威就摄制《朱》剧，根据1号合同，签订6号合同。2006年11月4日，《朱》剧剧组根据2号、3号合同与周错就摄制《朱》剧签订4号合同，再次补充约定。当日，薛海翔收到《朱》剧剧组剧本创作预付款30 000元。2006年11月6日，鲁晓威收到《朱》剧剧组支付的预付款162 000元。2006年12月30日，周错收到《朱》剧剧本第一集工作资金24 000元。2006年12月31日，鲁晓威收到《朱》剧剧本第2集、第12集工作资金51 000元；薛海翔收到《朱》剧剧本第11集工作资金27 000元。2007年4月13日，《朱》剧剧组和鲁晓威签订7号合同，对上述1号、6号合同作如下修改和补充：《朱》剧剧组聘请鲁晓威担任该剧编剧职务并负责对该剧剧本进行组织创作及编写，鲁晓威接受聘请；《朱》剧剧组有责任向鲁晓威提供写作资金每集20 000元、20集共计40万元；《朱》剧剧组承诺为鲁晓威购买人身意外伤害险一份，在此期间出现的意外伤害或事故按照保险公司有关规定补偿，凡与写作无关及因私外出受到的侵害、事故，鲁晓威自负；剧本完成后，《朱》剧剧组有权决定在拍摄过程中优先聘请鲁晓威为该剧导演（酬金不得超过每集30 000元），现已给付鲁晓威32 000元定金，鲁晓威已接受；鲁晓威有责任按期保质保量完成该剧的写作，有权对该剧享有其署名权和名誉权，鲁晓威有责任组织编写，有权决定参与人员并保证其署名及荣誉权利（其费用由鲁晓威独自承担）；鲁晓威如不能担任导演工作，需提前向《朱》剧剧组提出，并退回导演定金。双方确认，根据1号、6号合同，《朱》剧剧组已经向鲁晓威支付各项资金291 000元,现转入写作资金。2007年7月1日,《朱》剧剧组向鲁晓威发出催促提交《朱》剧剧本的通知单。同日,北京医科大学第一医院为鲁晓威开具病假证明书、住院治疗通知单。2007年7月3日,鲁晓威致函来群英,称需暂时专心治疗。同日,《朱》剧剧组向鲁晓威发出解除合同通知书,载明根据1号、6号、7号合同,《朱》剧剧组履行了合同,但鲁晓威未能尽双方约定责任,因鲁晓威违约,双方已没有履行合约的必要,《朱》剧剧组将解除与鲁晓威的合同,《朱》剧剧组将保留追究鲁晓威违约责任的权利。2007年7月5日,鲁晓威收到《朱》剧剧组的解除合同通知书。同日,《朱》剧剧组委托云南明靖律师事务所的律师处理与鲁晓威所签订合同的解除手续及合同解除后的相关事务的处理。2007年7月7日,鲁晓威回复《朱》剧剧组称拒绝解除合同,拒绝退款。2007年7月10日,《朱》剧剧组与曹力源就拍摄《朱》剧签订8号合同,聘请曹力源担任《朱》剧编剧,双方确认现有剧本的长度为20集,曹力源负责《朱》剧剧本后10集创作工作,并对前10集进行修改及调整,工作酬金为每集5 000元、共计50 000元。2007年7月12日,云南明靖律师事务所向鲁晓威发出律师函,要求鲁晓威于合同解除后退还未完成的10集剧本的写作资金20万元以及定金32 000元。2007年7月13日,曹力源收到《朱》剧剧组创作经费预付款25 000元。2007年8月3日,同日,鲁晓威出院。2007年8月6日,鲁晓威向北京市元坤律师事务所支付代理费20 000元。2007年9月22日,曹力源收到来群英付《朱》剧稿费25 000元。2007年9月26日,鲁晓威向北京市元坤律师事务所支付代理费10 000元。

据此,北京市高级人民法院依照《中华人民共和国民事诉讼法》第一百五十三条第一款第一项之规定,判决如下:驳回上诉,维持原判。

(七十四)

中国传媒大学教授倪学礼近年来两次提起诉讼,结局却大相径庭。

认为电视剧《我在北京,挺好的》(以下简称《我》剧)抄袭了其创作的小说和电视剧本,中国传媒大学教授倪学礼即小说《追赶与呼喊》以及电视剧《小麦进城》的编剧提起诉讼。经过9个月的审理,2015年4月6日,北京市朝阳法院对此案进行一审宣判,法院认定抄袭成立,作出判决:被告西安曲江丫丫影视文化股份有限公司(以下简称曲江影视)于判决生效之日停止复制、发行、传播《我》剧的行为;被告中央电视台于本判决生效之日立即停止传播《我》剧的行为;曲江影视、刘嘉军应在判决生效之日起30日内履行在一家由北京出版的全国发行的非专业报刊上刊登声明的义务,向原告倪学礼公开致歉,赔偿原告倪学礼精神损害赔偿金1万元以及为制止侵权支出的律师费1万元。

一战而胜后,认为电视剧《满仓进城》抄袭了自己的作品《小满加油》,倪学礼又将《满仓进城》一剧的片方等9被告诉至朝阳法院,索赔500万元。2016年4月25日上午,北京市朝阳法院一审宣判,认定《满仓进城》没有抄袭,倪学礼的全部诉求被驳回。

法院审理后认为:《小满加油》大纲与《追赶与呼喊》小说是不同的作品形式,即使《小满加油》来源于《追赶与呼喊》,其大纲仍具有独创性。故结合人物特征、人物设置和其他情节,均不足以认定两部作品给他人的感受相同。法院还强调,两部作品分属文字作品和影视作品,作品形式不同且文字字数也存在巨大差异,剧本大纲是8.4万字,电视剧长达48集,故从"质"和"量"两方面共同衡量,均不能认定《满仓进城》电视剧和《小满加油》大纲构成实质性相似,构不成抄袭。此外,东方公司、北京时代公司并非电视剧的实际著作权人,不应承担相应责任;倪学礼没有指明策划人员的工作内容,且策划工作并非著作权法规范的主体范畴,策划人江薇不承担民事责任。因《满仓进城》电视剧没有侵权,故西安乐橙公司、陕西文化公司、王锦、聂欣、姚远及山东广播电视台均无需承担相应责任。最终，朝阳法院一审判决驳回了倪学礼的全部诉讼请求。一审宣判后，倪学礼没有明确表示是否上诉。

骄兵必败，自古亦然。

（七十五）

电视剧《晏子春秋》剧本纠纷案宣判，编剧卢刚胜诉，获赔60万元。

2004年5月26日，原告卢刚（乙方）与被告北京广电新视点电视节目制作信息中心（甲方）签订《关于〈晏子春秋〉电视剧合作协议书》，约定乙方同意所编写的《晏子春秋》电视剧剧本由甲方向国家广播电影电视总局申请立项；甲方同意乙方出任该剧的导演并组成由导演、副导演、执行导演组成的导演组，在乙方总体把握下对该剧做精益求精的剧本改编；该剧本经由国家广播电影电视总局批准后，乙方同意由甲方负责组织摄制和发行工作；乙方按每集2万元人民币计算收取稿费，在剧本经该剧组导演组确认后（即开机前），甲方支付其稿费的50%，其他部分待该剧摄制完成送审通过一周内一次付清；同意乙方出任该剧导演，导演酬金每集不低于人民币1万元。合同签订后，被告向国家广播电影电视局申请立项，2004年第三季度国家广播电影电视局审查批准了被告立项申请。2004年6月，原告按照协议约定，组成由刘长山为副导演、张雨东为执行导演的导演组，并进行了相应的拍摄准备工作。

北京市西城区人民法院经审理认定，被告存在违约行为，原告不存在违约行为。2008年12月19日作出判决，解除双方签订的合作协议书，被告北京广电新视点电视节目制作信息中心偿付原告卢刚经济损失29万元、违约金29万元、合理支出1万元，合计60万元，驳回原告卢刚其他诉讼请求。

（七十六）

一本两卖，电视剧《长江刑警》编剧败诉，被判退还全款并支付违约金。

上诉人北京现代文化艺术中心（以下简称北京艺术中心）因与被上诉人海南广播电视台（以下简称海南电视台）及被上诉人张青野著作权侵权纠纷一案，不服海南省海口市中级人民法院〔2002〕海中法民初字第5号民事判决，向海南省高级人民法院提起上诉，现已审理终结。

原审法院判决如下：一、被告张青野于本判决书生效之日起10日内向原告北京艺术中心退还转让金人民币11 440元并支付利息（利息按中国人民银行规定的同期同类流动资金贷款利率计算，自实际占用该款项之日起计至本判决确定的退款之日）。二、驳回原告北京艺术中心的其他诉讼请求。案件受理费8 700.25元由原告北京艺术中心负担3 692.25元。

海南省高级人民法院经审理认为：张青野与北京艺术中心签订的著作权使用许可合同实质上属于专有许可使用合同，由于张青野不按合同约定履行义务，导致合同的目的不能实现，致使北京艺术中心未能取得依合同约定而应当取得的专有使用权等著作财产权。因此，作为著作权人的张青野未履行合同义务，未依合同约定将作品《长江刑警》的著作财产权授予北京艺术中心行使，其行为只能构成合同上的违约，未能构成对其作品《长江刑警》著作财产权的侵权。海南电视台与张青野重新签订著作权许可使用合同，依合同约定取得张青野授予的专有使用权，其行为也未能构成对其作品《长江刑警》著作财产权的侵权。另外，张青野在合同履行期间单方提出解除合同，在诉讼期间既不能提供证据证明北京艺术中心已收到解除函，也不能提供证据证明双方当事人已经达成解除合同的一致意见，故不能认为张青野与北京艺术中心签订的著作权使用许可合同已经解除。为此,张青野没有履行合同约定的"甲方保证乙方拥有合同约定的转让使用权利,不得将内容相同或类似的作品发表或转让"的义务,将《长江刑警》的专有使用权再次授权许可海南电视台使用,其行为已构成违约,应承担违约责任。故上诉人北京艺术中心关于张青野应承担违反著作权使用许可合同的责任,退还著作权转让金11.4万元及利息,支付违约金4.4万元的请求有理,本院予以支持。同时,考虑到张青野与北京艺术中心双方就合同履行方面意见分歧较大,缺乏继续顺利履行合同的基础,双方在庭审时均表示可考虑解除合同,加上海南电视台也已将《长江刑警》拍摄制作完毕,双方已无继续履行著作权使用许可合同的条件,该合同应予解除。

综上,2002年12月17日,海南省高级人民法院终审判决如下:一、维持海南省海口市中级人民法院〔2002〕海中法民初字第5号民事判决第二项及一审案件受理费负担部分;二、变更海南省海口市中级人民法院〔2002〕海中法民初字第5号民事判决第一项为:被上诉人张青野于本判决书生效之日起10日内向上诉人北京艺术中心退还著作权转让金114 000元并支付利息(利息按中国人民银行规定的同期同类流动资金贷款利率计算。其中,44 000元自1998年12月19日起,50 000元自1999年4月29日起,20 000元自1999年11月11日起计至本判决确定的退款之日);支付违约金44 000元。二审案件受理费8 109元,由北京艺术中心负担2 433元,张青野负担5 676元。

(七十七)

北京师范大学教授黄会林维护电影剧本版权获胜。

1980年12月,西安电影制片厂决定拍摄一部关于彭德怀的重大革命历史题材电影,但直到1981年秋都未能找到合适的编剧。1982年夏,西安电影制片厂派专人到北京,邀北京师范学院教师绍武、黄会林(女)夫妻俩创作一部反映彭德怀同志在西线战场的剧本。1986年,绍、黄夫妻二人完成电影文学剧本《彭德怀在西线》,交付西安电影制片厂后获得稿酬8 000元。1988年10月,西安电影制片厂推出署名郑重的电影《彭大将军》。1989年4月20日,绍、黄向陕西省版权局申诉,认为西安电影制片厂侵权。

1991年5月20日,陕西省版权局做出处理决定:西安电影制片厂向绍、黄公开赔礼道歉,赔偿积极损失1 500元,郑重赔偿700元,并在电影《彭大将军》片头加上"本片参考绍武、黄会林创作的《彭德怀在西线》电影文学剧本"字样。

(七十八)

电影《东陵大盗》编署名权纠纷定案,苏金星维权胜诉。

1984年5月,西安电影制片厂约苏金星将其小说《慈禧墓珍宝失窃案》改编成电影文学剧本;同年10月,苏完成四集剧本。1986年,西安电影制片厂拍出第一集《东陵大盗》和第二集《平津夺宝》,后因难以通过电影局审查,请斗兵、郑某修改剧本。1987年4月,该片后三集署名"原著苏金星,改编苏金星、斗兵",苏不满,诉至陕西省版权局。

1987年11月,该局做出如下处理:(1)苏金星为《东陵大盗》系列电影文学剧本的唯一编剧。(2)《东陵大盗》第三、四、五集片头应恢复"编剧苏金星"的署名。

(七十九)

电影《人再囧途之泰囧》与电影《人在囧途》不正当竞争案宣判。

2014年1月8日,北京市高级人民法院知识产权庭公开开庭审理了原告武汉华旗影视制作有限公司、刘光伟诉被告北京光线传媒股份有限公司、北京光线影业有限公司、北京影艺通影视文化传媒有限公司、北京真乐道文化传播有限公司、徐峥不正当竞争纠纷案。

原告武汉华旗认为，电影《人再囧途之泰囧》"故意进行引人误解的虚假宣传，暗示、明示两部片子是有关系的"、"直接、大量地擅自使用电影《人在囧途》特有的名称"、"无论从电影名称、构思、情节、故事、主题还是台词等N处，两部电影实质相同或相似"，而该公司拥有《人在囧途》一切智力成果的知识产权，由此认为《人再囧途之泰囧》对其构成侵权。二原告的索赔金额高达一亿元。

2014年9月22日，北京市高级人民法院做出一审判决，判令五被告立即停止涉案不正当竞争行为，共同赔偿武汉华旗影视制作有限公司经济损失500万元，驳回二原告的其他诉讼请求。

被告"光线传媒"不服，上诉至最高人民法院。2015年6月2日上午，最高法第七法庭公开开庭审理北京光线传媒股份有限公司、北京光线影业有限公司、北京影艺通影视文化传媒有限公司、北京真乐道文化传播有限公司、徐峥与武汉华旗影视制作有限公司不正当竞争纠纷一案。庭审中，"光线传媒"撤销再审申请，双方达成庭外和解。

此案的"不正当竞争"，涉及剧本之争、发行之争（主要是宣传方面），但剧本之争显然是基础和根本。

（八十）

电影《白龙剑》剧本著作权纠纷定案，归属黎海心。

1983年秋，河北省武术协会主席南某与老拳师徐某商定，以徐整理的《沧州功夫拳史简介》为底稿，请作家黎海心将其改写成武侠小说《左臂侠僧》。1984年2月，黎完成《左臂侠僧·楔子》，1.8万字，但直到年底都未完成第一回。不过，黎却创作出了电影文学剧本《白龙剑》。1985年2月，黎把各种素材、半成品手稿退还南某，南某后另行委托记者朱某创作。1985年6月，署名徐某、朱某、南某的《左臂侠僧》在当地晚报连载。得知河北电影制片厂的电影《白龙剑》已开机，南某、徐某深感不平，于1985年9月向河北省版权局申诉，认为黎"毁约移稿"，并要求在该电影编剧中与黎共同署名。

该省版权局根据《图书、期刊版权保护试行条例》第七条，结合三人之间的事实，认为尽管黎使用了徐的原始资料，但由于徐、黎之间没有创作合同及版权归属协议，徐又没有参加写作，因此，徐只是资料提供者，不是该电影剧本的作者，电影《白龙剑》剧本的著作权只能归属黎海心一人。

1986年，电影《白龙剑》公映，片头署名"编剧黎海心"。

本章综评

剧本是影视产业之源，影视生产的起点，影视创作的开端。剧本者，一剧之本也，一剧之原本，之蓝本，之基本。剧本，是一种故事文本。影视剧本，主要指文学本，此外还有拍摄脚本、分镜头本、导演台本等。《中华人民共和国著作权法》开宗明义指出，"为保护文学、艺术和科学作品作者的著作权……根据宪法制定本法"，影视的文学作者就是剧作者，就是编剧。

在文化消费如日中天、炙手可热的当下，在公众在欣赏了一场场完美视听盛宴的同时，除了演员，众多投资方、制片方、导演、发行方等在受众的围观下，从幕后走向了台前，一时间吸睛又吸金，风光无限。他们在赚足了公众眼球的同时，获得了自我成就与经济利益的双丰收。然而，与之形成强烈反差的却是编剧地位的渐趋式微，编剧被人冷落，甚至淡出公众视野。这种舍本逐末的现象，与其归因于电影史、电视史上从"明星制"到"导演中心制"再到"制片人中心制"的演进与嬗变，毋宁归咎于市场经济语境中影视资本操纵者利欲熏心、见利忘义、薄情寡义尤其是过河拆桥、卸磨杀驴。客观地讲，我国现有的著作权法律保护机制尚付阙如，编剧基于作品创作本应享有的著作权被弱化，甚至被泯灭。影视剧作家遭遇的这种不公，从本章这18节和包含80则的"类案集萃"尤其（二）（三十七）（四十）（四十六）（六十三）（七十四），合计近百个案例，已得到充分的印证。

一方面，编剧的著作财产权无法充分行使。在第二节中，张天民曾创作文学剧本《青年毛泽东》，基于该剧本的同名电视剧摄制方未按约定完全支付著作权许可使用费。公堂之上，摄制方以审批部门未全部通过剧本内容为由拒付部分使用费，这种抗辩理由实属于法无据，毕竟，著作权法保护的是基于创作而形成作品的事实行为，那种单纯以结果为导向的确权理念因其与著作权法的立法本意相悖应予摒弃。

另一方面，编剧的著作权归属难以有效界定。在第十节中，由三位上诉人创作的剧本《梅辛格计划》（以下简称《梅》）的著作权几易其主，最后归属沃达丰公司，实际上就是被上诉人郭玉林。如此一来，郭玉林委托赵奔、蔡政创作的新作品《上海风云》（以下简称《上》）在故事主线、情节脉络、主要人物等方面基本相同，即两部作品已构成了著作权法意义上的"实质相似"。欲还清白，郭玉林须证明本人从未接触抑或没有接触对方作品的可能性，否则将承担因举证不能而遭遇败诉的不利后果。由案可知，显然郭玉林难辞其咎，"原创作品"的美誉当属三上诉人创作的《梅》，在此基础上完成的《上》充其量不过是对《梅》进行的改编罢了。那么，既然是改编，就别忘了尊重原作品著作权人的改编权。值得称道的是，电视剧《上》的制作方吉林市电视台及北京影视达电视节目交流中心通过"书面确认三上诉人对《梅》剧本的著作权"、"在片头及相关出版物上署名"以及"支付著作权许可使用费"的完美三部曲为我们提供了可资借鉴的运作思路。

本章这些案例，引人深思，使我们管窥到当下我国影视作品在剧本创作环节令人担忧的窘境，其根源在于明星、导演、制片人甚至投资人对剧本的随意删改、对编剧合法权益的肆意践踏。追根溯源，还是中国古已有之、渊源颇深的"文人相轻"陋习，也与传媒勃兴后的文学边缘化休戚相关。毋庸置疑，近年来有关编剧地位衰微、创作收入微薄、剧本质量下降、"剧本荒"等报道屡屡见诸报端，影视界内外无不忧心忡忡。这些问题如得不到有效的重视和解决，长此以往，必将导致整个影视产业价值链重心不稳，根基不牢。

如何提升编剧地位，加强对影视之本源的著作权保护？笔者以为，政府应为广大编剧们提供广阔的公共服务平台，完善作品登记制度，形成合理有序的引导机制。同时，在互联网时代，随着大数据、云计算、人工智能等高新技术的成熟，建议国家新闻出版广电总局建设一个全国性的数据库，用以检索、比对、查证已发剧本与新出剧本之间的异同，就像学术界以"中国知网"为代表的论文查重一样，这样才能杜绝本章第一节、第五节、第九节尤其第十八节之大肆抄袭与随意剽窃。

2007年，美国爆发了历时数月的编剧大罢工，向全球展现了美国编剧协会的强大。这两年来，美国好莱坞编剧发起的多轮劳资谈判进一步彰显了该协会的重要性与独特性。

他山之石，可以攻玉，我国的政府、行业协会（如中国作家协会）也应充分归集并及时掌握协会会员的诉求，建立完备的行业自律与集体应诉机制，引导编剧运用知识产权法等法律武器应对侵权行为，捍卫剧作家的人身权与财产权，巩固剧本在影视生产流程中的本源地位。

（杨新磊　李红梅）

第二章 投资之争

第一节 "蝴蝶"究竟是黑还是白

北京大仟盛世影视策划有限公司（以下简称大仟公司）为追讨借款244万元，将上海金色通道影视制作有限公司（以下简称金色通道公司）及该公司两名股东谭某、孙某告上法院。2007年11月15日，上海静安区人民法院对该案件判决，由金色通道公司返还大仟公司钱款244万元。

2006年9月下旬，上述两家公司签署合同书约定，拍摄电视剧本由大仟公司提供，剧本使用费为34万元，女主角也由大仟公司指定演员担任，费用为20万元。双方还对剧本版权使用、盗版维权、参奖奖金和荣誉等做了约定。另金色通道公司向大仟公司借资244万元，该借款包含剧本使用费和女主角演员费用，在第一笔借据起向后延续10个月内必须还清，否则按银行贷款利率4倍偿还。

签署合同后，金色通道公司分两次出具借据，"今借大仟公司拍摄电视连续剧《黑蝴蝶白蝴蝶》人民币壹佰玖拾捌万元"。"今收到大仟公司现金肆拾壹万元正，设备费和组稿策划差旅费计伍万元。合计借款肆拾陆万元正。还款日期以借据和合同规定为准。"借款期满后，金色通道公司未能偿还欠款244万元，引起该诉讼。大仟公司在向法院递交的诉状中还称，因金色通道公司注册资金与实有资产不符，要求该公司股东谭某、孙某承担连带责任。

法庭上，金色通道公司辩称涉案244万元钱款不是借款，而是大仟公司投资拍摄电视剧的资金，而且还实际收到141万元。谭某、孙某则答辩，公司并无投资不实的事实。

法院认为，合同书由两部分组成。第一部分是对电视连续剧《黑蝴蝶白蝴蝶》的版权使用、盗版维权、参奖奖金和荣誉做了约定，这部分为版权使用合同。合同书还约定金色通道公司向大仟公司借资244万元，该借款包含剧本使用费和女主角演员费用。合同书包括两部分性质不同的合同，即版权使用合同和借款合同。因最高人民法院《关于企业贷款合同借款方逾期不归还借款的应如何处理的批复》规定，企业借贷合同违反金融法规，属无效合同。而本案签订合同书双方均为企业法人，逾期利息部分的约定为无效。双方在合同书约定借款数额，有金色通道公司出具的借据为证，遂法院判决由金色通道公司全额偿还，而谭某、孙某则无须承担连带责任。

究竟是投资，还是借贷，因案而异，因剧而别。

昆明百货大楼集团（以下简称百大集团）投资了25万元拍摄电视剧，后因该剧没有发行，拍摄方云南文化传播公司（以下简称文化传播公司）也未将投资款返还给百大集团。无奈之下，百大集团只得到法院讨个说法。2003年10月28日，法院判决驳回百大集团的诉讼请求，原因是投资关系非借款关系，投资方应承担出资风险。

1997年7月28日，百大集团与文化传播公司订立了一份协议，约定百大集团出资25万元，与文化传播公司共同合作拍摄电视连续剧《追捕爆炸犯》，该剧自发行三月整，文化传播公司保证百大集团全额收回投资。协议中双方还约定电视剧播映后，百大集团享有50%的利润分成，享有对电视剧的后期制作、财务开支及投资回报进行监督的权利。同日，百大集团将25万元划付至文化传播公司。此后，该剧一直未发行，百大集团先后两次向文化传播公司要求返还投资款25万元，均遭拒绝。2003年6月10日，百大集团以文化传播公司未归还借款为由，将该公司诉至法院。

庭审中，文化传播公司辩称：公司与原告订立的是投资协议而非借款协议，双方之间建立的是投资关系而非借款关系，因所拍摄的电视剧未能发行，原告无权要求收回投资款，并且投资本身就是一种具有风险性质的商业行为，原告的起诉违背了双方协议约定的风险共担原则。

双方签订的那份协议的性质成为本案争议的焦点。到底是借款协议，还是投资协议？法院审理后认为，该协议性质属经营合同中的出资纠纷。原告向文化传播公司投资25万元的行为，本身就是具有风险性质的出资行为，原告以投资款系借款为由向文化传播公司行使请求权，与合同性质及我国法律规定相悖，故原告以借款为由向文化传播公司主张债权不成立。

投资方如果亏损，诉讼中，往往想把投资辩解为借款。美林正大投资集团曾投资800万元，与中国文联音像出版社联营，拍摄大型古装电视剧《南北酒王》。合作中，该社社长潘志忠很不地道，截留摄制资金，发行回款也从不进剧组专管账号，导致800万元投资一分也未收回。盛怒之下，提起诉讼，称此款系借贷。法院一审、二审均认定为投资，而非借贷。无奈，美林正大投资集团只得以中国文联音像出版社违约为由，重新起诉，法院最终支持了美林正大投资集团的诉求，判令中国文联音像出版社返还投资款800万元并支付违约金。

相比之下，中国传媒大学就懦弱得多，糊涂得多。该校曾借款150万元给环球映画公司，支持动画片《啦啦星球》的生产。孰料，该公司两个股东李大海与胡永不和，李以该片所有知识产权入股，成立天津百竹映画公司，而胡永则暗中把此片著作权转让给北京漫悟公司，产生纠纷是必然的。北京市第二中级人民法院调解版权归属天津百竹映画公司，若胡永出资350万元则优先受让，胡已从漫悟公司捞足，自然不干。事后，中国传媒大学才缓过神来，又起诉索要自己的100万元。可惜晚矣，被告下落不明，人去楼空，这100万元，找谁去要？版权没拿到，片子播不出，名声扫了地，中国传媒大学这次真成了"全没大学"。细察之，当初那150万元，还真不是借款，而是投资。传媒大学最应做的，不仅要追讨这点钱，还应请求法院确权。中国传媒大学应该是《啦啦星球》的主要版权人。

【学者评述】

做人处事，难得糊涂。

说到这"难得糊涂"四字，还有一段有趣的来历呢。

有一年，郑板桥先生到莱州云峰山观摩郑公碑，夜晚借宿在山下一老儒家中。这老人称自己为糊涂老人，他谈吐高雅举止不凡，与人交谈起来十分融洽。

老人的家中有一块特大的砚台，这砚台石质细腻，镂刻精美，实为世间极品。老人请郑板桥先生为之留下墨宝，以便请人刻于砚台的背面，于是郑先生依糊涂为引，题写了"难得糊涂"四字,同时还盖上了自己的名章"康熙秀才雍正举人乾隆进士"。

这砚台有方桌一般大小,郑先生写过之后,还留有很大的一块空地,于是郑板桥先生请老人题写一段跋语,老人没加任何推辞,提笔写道:"得美石难,得顽石尤难,由美石转入顽石更难。美于中,顽于外,藏野人之庐,不入富贵之门也。"写罢也盖了方印,印文是:"院试第一,乡试第二,殿试第三。"

郑板桥看后,知道是遇到了一位情操高洁雅士,顿感自身的浅薄,其敬仰之心油然而生,见砚台中还有空隙,便提笔补写道:"聪明难,糊涂尤难,由聪明而转入糊涂更难。放一着,退一步,当下安心,非图后来报也。"

后世的人们感慨这"难得糊涂"四字中富含的哲理,便以横联的形式挂与家中,每每作为处世的警言。

(杨新磊)

第二节 有仇无情

【上诉人,原审原告】上海华东机电设备成套公司
【上诉人,原审被告】上海和平影视企业公司
【被上诉人,原审被告】浙江宁波电视台电视剧制作中心

【一审查明事实】

原审查明,被上诉人宁波电视台电视剧制作中心(以下简称宁波电视台)作为甲方,与上海和平影视艺术中心(以下简称和平中心)作为乙方在2000年7月18日为拍摄根据古龙小说《绝不低头》改编的25集电视剧暂定名《情仇》订立合作合同,约定双方共同拥有该剧版权,其中甲方拥有中国大陆各地的永久版权及发行权、音像制品版权,乙方拥有中国大陆以外地区的永久版权及发行权;拍摄由乙方负责,甲方对该剧内容、质量和财务等事宜进行监督;甲方对该剧的总投资为300万元,分四次投入至摄制组指定账号,第一期付30万元买断古龙原著的电视剧改编拍摄发行等相关权益,电视剧开机前支付120万元,关机前7日内付100万元,余下50万元在拿到母带及发行许可证之日付清,对该剧超出部分资金由乙方负责解决;同时约定如不履行合同按总价的200%予以赔偿。因和平中心在拍摄过程中资金周转发生困难,与上诉人上海华东机电设备成套公司(以下简称华东公司)于2000年10月14日订立合作合同,约定由华东公司参与该剧的投资拍摄,2000年10月30日前剧组所需的一切资金由华东公司负责投入,总投资不超过150万元;和平中心应在2000年10月30日前投入拍摄资金100万元,如未按期投入愿将原拥有的海外版权自动转让给华东公司;在签约3日内华东公司派一人参与该剧的拍摄和制作工作;华东公司承担在2000年10月30日前如因资金投入不足所造成损失的一切责任。当日,华东公司将20万元交付摄制组,并派胡耀平至剧组。同月16日,宁波电视台与华东公司签订合同,约定双方共同投资300万元,由华东公司和宁波电视台各投资150万元,共同拥有该剧在中国大陆的版权及一切音像权;如和平中心在2000年10月30日前100万元拍摄资金不能到位或放弃海外版权,

则由华东公司与宁波电视台接收,并共同对等投入所余拍摄资金,版权及分成比例华东公司为70%,宁波电视台为30%;宁波电视台须保证在2001年2月15日之前交片,并确保该片达到国内一套黄金档的质量;由于投资不到位或其他原因使该剧无法完成、发行,违约方自动放弃版权并在一个月内返还另一方的投资资金及赔偿其投资总额的50%的违约金。同日,华东公司又支付5万元,同时和平中心将前期所拍摄的素材带50盒移交给华东公司。期间,胡耀平曾召集剧组人员谈话,并对剧组的开支予以审核,先后审核支出住宿、伙食、服装款等47 818元。同月17日,该剧导演带着一批主创人员离开剧组,导致拍摄工作停止。次日华东公司致函宁波电视台以及和平中心,表示停止对剧组继续投资,要求在同月30日前归还投资款25万元,并在10月23日前作出答复。后因华东公司交涉无果,以至涉讼。

原审另查明,和平中心未经有关工商部门注册登记,其签订的上述合同均由上诉人上海和平影视企业公司(以下简称和平公司)的法定代表人吴传平以和平中心名义签订,并由和平公司实际履行,所涉权利义务均由和平公司承担。

【一审法院观点】

原审认为,华东公司与宁波电视台、和平中心在平等、自愿的基础上达成合作拍摄电视剧共识并签订合同,合同内容真实,并不违反法律和行政法规,具有法律效力。华东公司在合作拍摄电视剧过程中承担约定的投资义务,和平公司负责拍摄。华东公司投入资金后两日即发生导演及一批主创人员离开剧组的事件,为此华东公司去函宁波电视台与和平公司要求在一定时间内答复,但华东公司与和平公司既未给予答复,亦未能及时采取相应积极补救措施。合同法规定的不安抗辩,是指双务合同成立后,应当先履行的当事人有证据证明对方不能履行义务,或者有不能履行合同义务的可能时,在对方没有履行或者提供担保前,有权中止履行合同义务。华东公司虽负有投资的义务,但鉴于当时剧组的情形,为了防止损失扩大,停止继续投入资金的行为符合行使不安抗辩的法律特征。宁波电视台与和平公司辩称华东公司资金不到位是导演等人员出走的根本原因,鉴于华东公司投入到剧组的20万元资金两日内仅支出47 818元,尚存15万余元,故此辩称与事实不符。由于导演及主创人员的离去,使合作拍摄电视剧的合同目的不能实现,故华东公司要求终止履行与宁波电视台、和平公司签订的协议,可予支持。华东公司要求和平公司归还投资款,因华东公司与和平公司对拍摄所支出的费用未进行清算,对合作过程中已使用的资金本案不作处理,对未使用的资金和平公司应予归还。至于华东公司与宁波电视台约定一方投资不到位违约方赔偿对方75万元违约金的诉请,因华东公司未提供宁波电视台投资不到位违约的相关证据,不予支持。华东公司称宁波电视台与和平公司存在违反"518号文"有关规定的行为未能提供证据,且应由有关部门处理。

【一审判决】

华东公司与和平中心及宁波电视台所签订的两份合作经营合同终止履行,和平公司归还华东公司合作投资款人民币152 182元,华东公司其他诉讼请求不予支持。一审案件受理费人民币15 010元,由华东公司负担10 456.40元,和平公司负担4 553.60元。

【二审法院观点】

二审法院经审理查明,原审认定事实属实,证据充分,本院予以确认。

本院认为，华东公司分别与宁波电视台、和平公司签订的合作拍摄电视剧合同，系各方当事人真实意思表示，具有法律效力。华东公司本应依照合同约定投入资金，但华东公司在投入部分资金后的第二天，即发生剧组主创人员离开剧组，拍摄工作中断的事实，致使华东公司签约的预期目的无法实现。纵观整个案情，和平公司和宁波电视台系该电视剧的实际制作单位，对摄制组的拍摄工作负有管理责任，因此，华东公司在摄制组停止工作的情况下，为防止损失的扩大，不再继续投入资金的行为并无过错。宁波电视台认为华东公司未继续履行投资义务，导致电视剧无法拍摄的答辩意见，不能成立。鉴于华东公司已经投入的资金人民币 25 万元中的 5 万元，由华东公司直接汇给电视剧编剧，47 818 元由华东公司派出的人员签字认可用于剧组拍摄支出，因此，对该两笔款项华东公司不能通过本案诉讼主张权利。至于余款 15 万余元，由于和平公司既是摄制组的管理者，又是该款的签收人，现也未能举证该款已用于电视剧的拍摄或已由华东公司取回，故应当将此余款返回华东公司。华东公司要求全额返回 25 万元、和平公司认为不应返回投资款的上诉请求均不能成立。

【终审判决】

2003 年 4 月 24 日，上海市第一中级人民法院终审判决如下：驳回上诉，维持原判。二审案件受理费人民币 30 020 元，由上诉人华东公司负担 15 010 元，上诉人和平公司负担 15 010 元。

【学者评述】

现代社会，和谐难得，化干戈为玉帛尤为可贵。

干戈就是兵器的意思，借指战争或者争斗，比喻使战争转变为和平。玉帛，玉即玉，帛为丝织品，二者皆为进贡之上品，在此引申为重修于好，相互礼尚往来的意思。此典出自《淮南子·原道训》："昔者夏鲧作三仞之城，诸侯背之，海外有狡心。禹知天下之叛也，乃坏城平池，散财物，焚甲兵，施之以德，海外宾服，四夷纳职，合诸侯于涂山，执玉帛者万国。"大意为，从前夏部落的首领鲧建造了三仞（八尺为一仞）高的城池来保卫自己，大家都想离开他，别的部落对夏虎视眈眈。后来禹当了首领，发现这一情况，就拆毁了城墙，填平了护城河，把财产分给大家，毁掉了兵器，用道德来教导人民。于是大家都各司其职，别的部落也愿意来归附。禹在涂山开首领大会时，来进献玉帛珍宝的首领上万人。

法律不是万能的，诉讼未必能解决所有问题，目光长远，化敌为友，往往能绝处逢生，事半功倍。

（杨新磊）

第三节 "绿卡" 卡在哪儿

【原告】北京华资银团公司
【被告】北京电视节目供片中心
【被告】曹桂林

原告北京华资银团公司（以下简称华资银团公司）诉被告北京电视节目供片中心（以下简称供片中心）、曹桂林合作拍摄合同纠纷一案，现已审理终结。

【原告诉称】

原告华资银团公司诉称：1995年5月18日，被告曹桂林委托北京市广播电视局和被告供片中心将其创作的小说《绿卡——北京姑娘在纽约》（以下简称《绿卡》）拍摄成20集电视连续剧。在取得《绿卡》的拍摄许可证后供片中心组织成立了《绿卡》摄制组。1995年12月28日，《绿卡》摄制组就共同拍摄电视连续剧《绿卡》与原告签订了合作协议，曹桂林代表《绿卡》摄制组在协议上签字。1995年12月28日，原告与北京电视台、被告供片中心正式签订了拍摄电视连续剧《绿卡》的协议书。原告按照与供片中心和《绿卡》摄制组及曹桂林的约定，向《绿卡》摄制组的账户汇入180万元。后又为《绿卡》摄制组垫付赴美机票8万元，周转金1万元，借给《绿卡》摄制组款70万元。而供片中心及曹桂林却未依约提供改编后的电视剧本，致使电视剧的开拍日期被无限期推迟。更由于供片中心及曹桂林未将其与导演的约定向原告说明，导致原告与该导演产生矛盾，使筹拍工作无法进行。原告认为，由于被告的上述行为，致使《绿卡》未能开拍，给原告造成经济损失300余万元，两被告对原告的上述经济损失负有返还和赔偿的连带责任。请求判令两被告返还原告人民币259万元。在庭审过程中，原告又提出，供片中心没有按照行政规定承担拍摄的主要工作，其行为是倒卖许可证的行为，应对《绿卡》未能拍摄承担责任；曹桂林在与原告签约前，已将《绿卡》著作权转让他人，且《绿卡》剧本的著作权人不是曹桂林，曹桂林无权转让。原告与曹桂林之间的版权纠纷也是导致《绿卡》未能拍摄的主要原因，曹桂林应对此承担责任。

【被告辩称】

被告供片中心辩称，供片中心与原告的法律关系仅基于1995年12月28日的协议。该协议约定，由原告负责《绿卡》的全部投资，并负责全剧拍摄的组织以及拍摄后的工作。剧组的人事权和资金使用权均由原告行使，供片中心从未干涉，供片中心从未从原告处收取款项，也未干涉过剧组拍摄和管理工作。供片中心一直严格履行协议，为《绿卡》的拍摄申请批文和外汇额度，积极协调各方面关系，为绿卡的开拍做好了充分的准备工作。其既不存在倒卖许可证的行为，也没有违约行为。故《绿卡》未能拍摄的责任不在供片中心，不应由供片中心承担责任，请求法院驳回原告的诉讼请求。

被告曹桂林辩称：1995年7月，其与供片中心订立协议，合作拍摄电视连续剧《绿卡》，其作为独立制片人对电视剧全额出资、为筹集资金，其于1995年9月与原告订立合作协议，约定双方各投资50%。为方便剧组人员办理出国手续，其又以"《绿卡》摄制组"名义与原告再次签订与1995年9月协议内容一致的协议。1995年12月28日、原告与供片中心、北京电视台签订三方协议，合作拍摄《绿卡》，原告全额出资。为此，其与供片中心解除了1995年7月的合作协议。同时，其于1996年2月与原告订立协议，由原告支付180万元买断《绿卡》的影视制作版权和补偿其投入的前期费用。拍摄所需资金全部由原告承担。此后原告重新组建了剧组。故其与原告的法律关系应以1996年2月的协议为准。原告向其支付的180万元是原告依据合同应该支付的费用，与摄制组无关。而原告所投入的其他款项是依据合同对电视剧的投资，与其个人无关。其无权干涉摄制组的用人权，双方之间不存在导演人选问题。剧本早已交给原告,且一直保存在原告处。原告所称的版权纠纷亦根本不存在。故《绿卡》未能拍摄的责任不在其个人,原告因此所受损失不应由其个人承担,请求驳回原告的诉讼请求。

【事实】

经审理查明,曹桂林自电视剧《北京人在纽约》获得成功后,又完成了小说《绿卡》的创作,后委托林大华、林大庆、李一波、陈放将该小说改编成电视剧本,并支付了改编费。

1995年7月,供片中心与曹桂林为合作拍摄电视连续剧《绿卡》订立合作协议,约定:曹桂林负责将其自行创作的小说《绿卡》改编为剧本;由曹桂林全额投资,采用独立制片人承包制;曹桂林负责全剧拍摄工作的组织及后期制作工作。供片中心负责以自己的名义申请《绿卡》在中国境内、外拍摄的批文;许可曹桂林以摄制组的名义对外签约。《绿卡》的国内版权归供片中心和曹桂林共控,海外版权归曹桂林所有。发行收入归曹桂林所有。签约后由曹桂林组织成立了《绿卡》剧组。

1995年7月26日,供片中心获得北京广播电视局颁发的《绿卡》的电视剧制作临时许可证(第004101号)。

1995年9月16日,甲方曹桂林作为《绿卡》剧本的著作权人与乙方华资银团公司为合作拍摄20集电视连续剧《绿卡》订立合作协议,约定:双方共同组织摄制组,共同负责《绿卡》的筹备、拍摄、后期制作、发行等全部工作,双方各投入双方所认定的总投资预算的50%。双方共同对该剧享有版权。摄制组成立后,由甲、乙双方共同派员组建管理委员会。拍摄计划、摄制组组成、重要财务开支、剧组主要成员的人选等决定由管委会负责。甲、乙双方各派人共同管理财务。甲方负责提供《绿卡》原著拍摄电视剧的合法证明及准许在中国境内外拍摄并在中国境内外发行话剧的有关批件,负责原著的改编工作,负责以《绿卡》原著著作权作价入股及投入部分拍摄资金等。乙方负责筹措预算内《绿卡》拍摄、制作、发行、播放所需的全部费用,于签约7日内向甲方支付甲方为制作《绿卡》所支付的前期费用、著作权费及补偿金。合计人民币180万元。此外,双方还就其他事项进行了约定。随后,华资银团公司向《绿卡》剧组派遣了项目负责人包成财务人员及其他成员。

为方便摄制组人员办理出国手续,华资银团公司又于1995年10月28日与《绿卡》摄制组订立了与1995年9月16日合同内容基本一致的合同,由曹桂林代表摄制组在合同上签字。

1995年12月28日,北京电视台、供片中心与华资银团公司订立协议书,约定:三方合作拍摄《绿卡》。华资银团公司负责全剧拍摄工作的组织,以及拍摄后的其他后期制作工作;负责筹集拍摄全剧所需全部资金;确保《绿卡》拍摄发行后北京电视台和供片中心各得纯利润20万元。供片中心负责《绿卡》在境内外拍摄的批文,拍摄完成后所需的注册批号,保证该剧顺利发行,并在黄金时段播出;负责在境外拍摄所需的外汇兑换等事宜。北京电视台负责所需器材。北京电视台和供片中心负责拍摄所需出国人员的全部手续。该剧版权为剧组拥有。

1996年2月15日,供片中心与曹桂林签订备忘录,约定,鉴于供片中心已与北京电视台和华资银团公司订立合作拍摄协议,故终止供片中心与曹桂林于1995年7月签订的合作协议。关于曹桂林投入的人力和前期费用及版权问题由曹桂林与华资银团公司协商解决。

1996年2月16日，甲方曹桂林与乙方华资银团公司签订合作协议。约定：乙方付给甲方180万元，作为买断《绿卡》的影视制作版权、甲方为筹备该剧所支付的全部费用和合作补偿费；拍摄所需资金全部由乙方负责，甲方不予承担；乙方负责成立摄制组，负责拍摄、后期制作和发行等工作；甲方负责办理拍摄所需外汇额度的审批和出国人员赴美的护照、签证等手续。协议一经双方签字、盖章即生效。双方于1995年9月16日签订的合作协议及补充协议同时废止。华资银团公司未在协议上加盖公章，但在协议上有法定代表人黄祖祥的签字。

1996年3月17日，包炜在给曹桂林的传真中称："根据1996年2月16日双方签署的《合作协议》第二款，请您Fax给公司就1995年5月18日您签署的委托书因此款而作废。另外，关于您的著作《绿卡》由陈放、林大庆、李一波改编电视剧本同影视制作版权已经由我公司以180万元买断（改编费包含其中）……现在各项筹备工作准备就绪，摄制组已成立，拟4月10日开机"。1996年3月18日，曹桂林在给华资银团公司的传真中称："我和华资银团的合作，一切均以1996年2月16日的'合作协议'为准。1995年5月18日签署的'委托书'当然废止。另，1996年2月16日我同包炜商洽的合作协议书我已签好了字。但我手上这份是未经黄总签字的，我请黄总在这份协议书上签好字，并立即电传给我……"

1996年4月17日，在华资银团公司致北京市广播电视局领导的《关于电视连续剧〈绿卡〉发生版权纠纷的情况汇报》（以下简称《情况汇报》）中称："电视连续剧《绿卡》出现版权纠纷的报道已见诸报端。使积极筹备、并且准备在4月10日开拍的摄制组被迫下马停机……（曹桂林）其前期筹备阶段做了原著改编电视剧本、组织主创人员等方面的工作，这些都是无可非议的。但是，造成版权纠纷的原因是曹桂林在与我公司签署'合作协议'之前的1995年7月份与林大庆签署了'授权协议书'。将电视剧本的改编权和拍摄权让给了林大庆，并由林大庆出任该剧的唯一导演。这样他与我公司在1995年9月签署的'合作协议'因曹没有权利而无效……我公司分别在1995年9月和10月将180万元和70万元汇入剧组账号，180万元让曹桂林拿走；70万元用于剧组筹备支付……（导演问题），我公司在与曹桂林商量后，决定重新成立摄制组。并计划于4月10日开机。在这种情况下，突然冒出了版权纠纷……鉴于发生版权纠纷，该片目前只能停拍。"

另查明，1995年9月22日，华资银团公司向曹桂林支付著作权费及补偿金180万元，电视剧《绿卡》前期费用80万元。1995年9月25日，华资银团公司向《绿卡》剧组支付剧组成员赴美机票款8万元。1995年10月10日华资银团公司向《绿卡》剧组支付周转金1万元。1995年11月15日，华资银团公司向《绿卡》剧组支付款项70万元。截至1996年5月17日，华资银团公司对剧组账户进行清户，余额为136 277.01元。

以上事实有原告与被告订立的合作协议、临时许可证、传真、《情况汇报》、收费收据、费用支出情况说明、当事人陈述等证据在案佐证。

【法院观点】

本院认为，本案系因合作拍摄《绿卡》产生的纠纷。由于本案涉及的合同关系复杂，确认原告与被告之间合同法律关系，是解决本案纠纷的前提；审查被告是否实施了原告指控的违约行为及是否应承担法律责任，是解决本案纠纷的关键。针对上述焦点问题，本院认定如下：

1. 原告与供片中心之间的合同法律关系

由于原告与供片中心仅订立有1995年12月28日和北京电视台的三方协议，没有其他约定,故双方权利义务关系应以此合同内容确定、双方当事人对此没有争议。

2. 原告与曹桂林之间的合同法律关系

原告与曹桂林共签订了两份合同:1995年9月16日的合同(约定双方共同投资、共同拍摄,原告支付曹桂林著作权费、前期费用及补偿金共计180万元)和1996年2月16日的合同(约定原告支付曹桂林180万元作为买断《绿卡》影视制作版权、曹桂林筹备该剧支付的全部费用和合作补偿费,曹桂林不再负责该剧的资金、拍摄工作)。

原告认为,其与曹桂林法律关系应以1995年9月16日的合同为准,因为其未在1996年2月16日的合同上加盖公章,故该合同不能成立。被告曹桂林认为,虽然在合同上没有加盖原告的公章,但有原告法定代表人的签字,合同是成立的。本院认为,根据曹桂林与供片中心签订的解除合作拍摄的协议内容、包炜发给曹桂林的传真中"根据1996年2月16日双方签署的《合作协议》第二款……"的内容、华资银团公司致北京市广播电视局领导的《情况汇报》中"我公司在与曹桂林商量后,决定重新成立摄制组,并计划于4月10日开机……"的内容,以及曹桂林与原告于1996年2月16日签订的合同已经开始履行,且在合同上有原告法定代表人签字等事实来看,1996年2月16日双方订立的合同成立,具有法律效力。原告与曹桂林之间的法律关系应以此合同确定。

3. 本案所涉及的合作拍摄合同的效力

对于原告提出的根据《广播电影电视部关于实行电视剧制作许可证制度的规定》,供片中心作为持证方在不承担拍摄工作的前提下,保证获得纯利润20万元,是倒卖许可证的行为的指控,本院认为,在供片中心与原告、北京电视台的合同中约定,供片中心负责《绿卡》在境内外的拍摄批文,拍摄完成后所需的注册批号,保证该剧顺利发行,并在黄金时段播出。所以供片中心在《绿卡》的拍摄过程中负有合同约定的义务,不能认定为倒卖许可证的行为。故原告华资银团公司与被告供片中心、北京电视台订立的合同是各方当事人的真实意思表示,没有违反法律规定,合法有效。原告对被告供片中心提出的关于倒卖许可证的指控不能成立。

4. 关于是否存在版权纠纷

对于原告提出的曹桂林在与其订立合同前,已将《绿卡》的摄制权转让他人,而且《绿卡》剧本的作者不是曹桂林,曹桂林无权转让剧本的著作权的理由,本院认为,曹桂林是小说《绿卡》的著作权人,其有权许可他人将小说改编成电视剧本、拍摄电视连续剧。曹桂林将《绿卡》的拍摄权转让给华资银团公司,是对自己权利的处分。剧本系曹桂林委托他人改编的,曹桂林已经支付了改编费,其对剧本有使用权。华资银团公司未能举证证明曹桂林已将该权利转让他人,未能证明存在版权纠纷,故原告华资银团公司的此项指控亦不能成立。

5. 关于剧本是否交付

对于原告提出的曹桂林根本就没有合格的剧本,也未依合同约定将剧本交付华资银团公司,导致该剧无法拍摄的诉讼理由,本院认为,根据《广播电影电视部关于实行电视剧制作许可证制度的规定》,只有具备市(地)级以上宣传部门签署通过的剧本,才能申请临时许可证,供片中心获得临时许可证的事实可以证明曹桂林持有合格的剧本。虽然曹桂林未能提供直接用以证明剧本已交付原告的证据。但从剧组自1995年9月成立至1996年9月的筹拍过程的实际情况,如编剧参加了剧组的筹备会,导演、演员的确定,剧组人员赴美拍摄等来看,没有剧本上述行为是无法完成的;从原告写给北京市广播电视局领导关于曹桂林已完成了剧本的改编工作和停拍原因中未提及剧本的汇报及从原告剧组负责人包炜致曹桂林的传真"各项筹备工作基本就绪"的字句中，可以判定，不存在曹桂林未交付剧本的事实，曹桂林无此违约行为。故原告华资银团公司关于曹桂林未交付剧本的指控不能成立。

6. 关于《绿卡》导演问题

对于原告提出的曹桂林未将其与导演的事前约定向原告说明，导致原告与导演产生矛盾，使筹拍工作无法进行的诉讼理由，本院认为，根据原告与被告的合同约定，剧组的人事权在原告，两被告无权干涉。原告既未举证证明两被告干涉了剧组的人事权，也未能举证证明在原、被告之间存在与导演的矛盾，同时也未证明该矛盾是导致《绿卡》未能拍摄的原因，所以原告华资银团公司的此项指控亦不能成立。

综上，曹桂林与华资银团公司关于转让影视拍摄权和前期补偿费的约定合法有效，华资银团公司向曹桂林支付的款项系依据其与曹桂林的约定应履行的义务，曹桂林没有违反约定的行为，华资银团公司要求曹桂林返还前期费用180万元没有事实和法律依据，不应予以支持。同时，由于此笔款项与供片中心毫无关系，对华资银团公司要求供片中心与曹桂林对其承担连带责任的请求亦不予支持。华资银团公司向剧组提供投资款项系依据其与供片中心、北京电视台的约定履行义务。原告在未能证明供片中心和曹桂林对《绿卡》未能拍摄存在过错的情况下，提出由两被告返还其79万元的请求亦缺乏事实和法律依据，本院不予支持。

【判决】

1998年2月，北京市第一中级人民法院依照《中华人民共和国民法通则》第八十八条第一款的规定，判决如下：驳回原告华资银团公司的诉讼请求。

案件受理费22 960元，由原告华资银团公司负担（已交纳）。

如不服本判决。可于判决书送达之日起15日内，向本院递交上诉状，并按对方当事人的人数提交副本，交纳上诉案件受理费22 960元，上诉于北京市高级人民法院。上诉期满后7日内未交纳上诉案件受理费的，按自动撤回上诉处理。

一审判决后，三方无人上诉。

【学者评述】

人是有私心的。

南朝学者范晔有文：伦奉公尽节，言事无所依违。诸子或时谏止，辄叱遣之，吏人奏记及便宜者，亦并封上，其无私若此。性质悫，少文采，在位以贞白称，时人方之前朝贡禹。然少蕴藉，不修威仪，亦以此见轻。或问伦曰："公有私乎？"对曰："昔人有与吾千里马者，吾虽不受，每三公有所选举，心不能忘，而亦终不用也。吾兄子常病，一夜十往，退而安寝；吾子有疾，虽不省视而竟夕不眠。若是者，岂可谓无私乎？"大意为，伦奉公守法竭尽忠诚，说话办事没有违背法规的。他的儿女们常劝止他，他就呵斥他们并赶走他们，官吏陈述的书面意见有利于国家的，他都封好上报，他就这样毫无私心。他生性诚实，缺少文采，做官时以清廉著称，当时人们把他比作西汉时的贡禹。但是他缺少宽容，又不整饬自己的威严，也因此被有些人看轻。有人问伦奉公说："您有私心吗？"他回答说："老朋友中有送给我千里马的，我虽然没有接受，但每到朝廷选拔官吏时，我心里总不能忘了他，可始终也没有任用他。我哥哥的儿子常常生病，我一夜里多次去探望，回来也能安安稳稳地睡下；我的儿子有了病，我即使不去探望，却也整夜睡不着觉。像这样，怎么可以说没有私心呢?"

法律真能洞穿原告、被告的所有私心吗?笔者不敢妄下断语。

(杨新磊)

第四节 较真的传真法师

为迎接"抗战"胜利60周年拍摄的电影《栖霞寺1937》公映后,影片的合作方却为拍摄资金发生争议,由栖霞寺传真法师为法定代表人的南京三藏文化传媒有限公司(以下简称三藏公司)状告南京精汇科技文化有限公司(以下简称精汇公司),要求被告按约定的投资比例归还投资余额210万元。2008年7月,南京市中级人民法院对这起合作合同纠纷案作出一审判决,判决被告返还原告投资余额108万余元。

2004年11月29日,南京栖霞古寺传真法师与精汇公司签署合作协议书,就传真法师提供素材并参与创作的电影剧本《栖霞寺1937》由精汇公司负责拍摄达成协议,约定由传真法师募集资金交由精汇公司拍摄影片,预算费用超过1万元的支出,必须报传真法师认可后方能执行,影片发行后根据发行情况进行收益分配。2005年7月8日,由传真法师任法定代表人的三藏公司与精汇公司签订合同,约定三藏公司出资480万元,精汇公司出资320万元,分别汇至《栖霞寺1937》剧组账号,双方并就资金使用、利润分成、知识产权等进行了约定。影片公映后,精汇公司迟迟未能报告账目,经有关部门委托,南京正则联合会计师事务所于2006年6月就影片摄制组资金使用情况出具审计报告。审计报告发现,精汇公司的八笔计140万元货币出资与财务提款惊人一致,对于其是否从财务提款缴入作为出资,还是出资后立即抽逃出资,注册会计师提出疑虑;审计报告认为管理费中列支了140万元服装费疑点重重(包括难民服装2 400套,每套240元;僧人服装90套,每套320元等),无法确认该费用是否真实;此外,审计对劳务费列支的真实性也无法作出判断,且根据合同单笔超过1万元的货币资金支付未经传真法师认可的有13笔,计45万多元。据此,三藏公司将精汇公司起诉到法院,要求被告归还拍摄影片的投资余额210万元。

2007年6月7日、2008年5月15日,法院两次公开开庭审理此案,传真法师及其代理律师到庭参加了诉讼。法院经审理认为,原告要求返还投资余额的主张成立,对于审计中发现的5项存疑费用支出,法院经对有关证据的审查及走访调查,确认不能认定为支出的费用共有181万余元,加之审计报告中的收支余额66 500多元,根据双方投资比例被告应返还原告108万余元。

又案,2005年6月,北京市东城区人民法院审结一起合作拍摄电视剧引发的纠纷案,判令原告北京白塔寺能仁居饭庄与被告中国文联音像出版社、中华文艺音像出版社签订的协议书、补充资金合同书无效;中国文联音像出版社、中华文艺音像出版社返还北京白塔寺能仁居饭庄投资款147万元。

原告诉称,2002年5月14日,原、被告签订协议书,约定原告向两被告共同负责拍摄的20集电视剧《闯入者》投资150万元,两被告承诺于5月底开机,11月底完成全剧的制作,自签约日起1年内完成拍摄并返还投资和利润。原告依照约定投资150万元。

2003年1月3日,两被告对原告称,电视剧《闯入者》更名为《老宅秘史》,需要原告追加投资 50 万元。由于前期已经投入，原告与被告签订补充资金合同书。约定原告共计向两被告投资 200 万元。合同签订后，原告陆续向两被告投资 27 万元，后得知该电视剧因其他投资人的资金未筹集到位而无法拍摄。

原告决定终止履行协议，两被告表示同意返还给投资款。后经原告催要，被告仅返还原告 30 万元，至今尚欠原告投资款 147 万元。故我方起诉要求被告返还我方投资款，并赔偿占用资金的利息损失 25.1 万余元，承担诉讼费。

法院认为，原告能仁居饭庄与被告中国文联音像出版社、中华文艺音像出版社签订的合同，仅就原告的利益进行了约定，并未约定原告应承担的风险责任，该合同约定不符合合作合同共同投资、共担风险，共享盈利的要件，而符合企业之间借款合同的要件，故原、被告之间签订的是企业之间借款合同。因原告与两被告之间的借款行为违反了我国金融管理法规的相关规定，亦违反了我国法律的强制性规定，故原、被告之间的借款合同无效。因无效合同而取得的财产应当返还，故两被告应当返还原告借款 147 万元。

【学者评述】

佛学的"一念"是什么？

一念，意思是"凡夫成佛在一念之间"，一个念头迷了就是凡夫，一个念头觉悟了就是佛，正所谓"一念相应一念佛"。我们读经、听经，总是有突然明白的一刹那。这一刹那你觉悟了，你就是佛。很可惜，我们凡夫不能时刻保持，下一个念头又迷了，就又退堕凡夫了。如果能保持不退，就成佛了，正所谓"念念相应念念佛"。故有行之一念、信之一念、一念业成、一念十念、一念不生、一念随喜等说法。

说到深处，"一念"是宇宙万有的本体。世界是怎么来的，众生是怎么来的，自古以来有多少科学家在努力探讨，所给出的答案却是似而非。因为他们没有见到"一念"。佛学认为，内而五蕴、外而山河、芸芸众生都是从"一念"变现而来的。一念有很多名字，一心、自性、真如等。众生之所以成众生，就是迷失自性了；佛之所以成佛，就是觉悟自性了。明心见性，见性成佛。

（杨新磊）

第五节　执拗的"偏转"

【上诉人，原审原告】 陕西咸阳偏转集团公司
【被上诉人，原审被告】 北京北方执信影视策划中心

上诉人咸阳偏转集团公司（以下简称偏转集团）因著作权合同纠纷一案不服北京市东城区人民法院于 2007 年 11 月 24 日作出的〔2007〕东民初字第 4070 号民事判决，向北京市第二中级人民法院提出上诉，现已审理终结。

上诉人偏转集团原审诉称：2000 年 7 月 30 日，该集团与北京北方执信影视策划中心（以下简称北方执信中心）就制作 20 集重大历史革命题材电视连续剧《无名英雄》签订了联合出品暨承制合同。合同约定，该集团投资 80 万元，分两次向摄制组拨款，其中首期筹

备期（合同签订后 7 个工作日内）拨付 40 万元，第二期摄制期（即合同签订后 30 个工作日内）拨付 40 万元。合同签订后，该集团依约拨款，但该片却未在双方约定的 2001 年 7 月播出。2003 年 3 月 24 日，该集团向北方执信中心发出终止合同、退出联合出品的传真，要求北方执信中心尽快退还该集团的 80 万投资款。北方执信中心在同年 4 月 21 日传真回复，称对该集团撤回投资表示理解，并拟寻找新的投资替换该集团的投资，即表示同意该集团退出合同，合同已经终止。但时至今日，北方执信中心仍未退还该集团投资款，故起诉要求：1. 判令北方执信中心退还该集团投资款 80 万元及利息（自 2000 年 9 月 1 日起算至实际还款之日止，按照同期银行贷款利率计算）；2. 案件受理费由北方执信中心负担。

被上诉人北方执信中心原审辩称：偏转集团所述的合同签订及拨款的情形属实。接受偏转集团的委托后，该中心开始邀请编剧创作剧本。2002 年 6 月 25 日，经中央电视台的初审，该剧根据专家意见更名为《特殊使命》。2002 年 11 月 28 日，按照重大革命历史题材影视创作领导小组的批复，该中心对该剧进行重大修改。2005 年 4 月，该中心与中国电视剧制作中心文学部签订合作协议，由其组织人员再次修改剧本，共同投资拍摄该片。2006 年 4 月 21 日，国家商务部向国家安全部办公厅行函，请求审读《特殊使命》剧本（已改为 40 集）。2006 年 11 月国家广电总局同意拍摄该剧。目前该剧已完成拍摄和后期制作，正在送相关部门审查。偏转集团多次要求退出合作，但由于没有其他单位同意接替偏转集团的资格和股份，该中心一直未正式同意偏转集团退出。综上，该中心不同意偏转集团的诉讼请求。

原审法院查明以下事实：北方执信中心系由中国对外贸易经济合作企业协会开办。40 集电视剧《特殊使命》由北方执信中心组织拍摄，该剧在剧本编写、送审、立项阶段曾暂定名为《无名英雄》《古城情报站》等。2000 年 7 月 31 日，偏转集团与北方执信中心签订《〈无名英雄〉（暂定）联合出品暨承制合同》。合同约定，偏转集团是 20 集电视连续剧《无名英雄》（暂定）的投资方和出品人，北方执信中心是中央电视台、西安电视台、编剧乔辉委托的承制单位和制片人，双方就联合出品暨承制电视剧《无名英雄》（暂定）达成一致，约定：双方确定本剧为 20 集，计划预算为 600 万元人民币（暂定），其中偏转集团投资 80 万元，北方执信中心负责筹集 520 万元。偏转集团投资分两期拨付摄制组使用，首期筹备期拨付 40 万元，第二期摄制期拨付 40 万元。双方共同商定，相关款项划入北方执信中心的专用账号后，由财务公司负责管理使用。北方执信中心可代表各投资单位同中央电视台、西安电视台签订联合摄制合同，提出整体策划方案、摄制计划、经营计划。合同另约定，偏转集团和各投资方以其出资为摄制及经营负责，以其出资比例享有利润和承担风险。但该合同并未就涉案电视剧的摄制期限、播出时间、违约责任、合同解除等问题进行约定。

合同签订后，偏转集团于 2000 年 8 月 10 日、9 月 11 日分别向北方执信中心汇款 40 万元。北方执信中心开始组织编写剧本，并暂定名为《特殊使命》，全本共 25 集。2002 年 10 月 18 日，原对外经济贸易合作部就电视剧《特殊使命》文学剧本呈报重大革命历史题材影视创作领导小组审核，同年 11 月 28 日，该领导小组对该剧本审读完毕，建议修改剧本并报国家安全部审查。2003 年 3 月 8 日，国家广播电影电视总局作出批复，同意涉案电视剧立项。2005 年 4 月，北方执信中心与中国电视剧制作中心文学部签订合作协议，由后者组织人员再次修改剧本，双方共同投资拍摄该剧。2006 年 4 月，中国对外贸易经济合作企业协会向商务部提出申请，由商务部向国家安全部行函，请求审读《特殊使命》剧本。2006 年 11 月，中央电视台将该剧列入拍摄制作备案公示表，确定电视剧《特殊使命》（已改为 40 集）于 2006 年 11 月开拍，计划用 8 个月时间完成。诉讼中，电视剧《特殊使命》在中央电视台及部分地方电视台播出。

2003年3月24日，偏转集团向北方执信中心发函，表示由于涉案电视剧原计划于2000年10月完成，但已过去两年多，该剧仍未出品，故决定终止与北方执信中心的合同，退出该剧的联合出品，要求退还80万元的投资款。2003年4月21日，北方执信中心回函，表示电视剧《特殊使命》虽历时三年，几易其稿，但先后通过了多方的审批，目前仍在送审之中，并表示"仍很希望继续得到你们的支持，但对你们撤回投资的要求仍表理解，经同各有关合作部门和投资方协商，拟寻找新的投资来替换你们在《特殊使命》中的投入，并将此前《特殊使命》的相关批准文件电传你们。"偏转集团收到回函及相关材料后仍坚持要求北方执信中心退还投资款。2005年3月22日，北方执信中心回函表示将继续协调各单位的意见。同年5月10日，偏转集团向北方执信中心发函表示关于退还投资款一事如北方执信中心仍无明确意见，其将向法院起诉。2005年5月13日，北方执信中心向偏转集团回函表示恳请偏转集团考虑电视剧运作的客观实际，继续支持其工作，同时将其与中国电视剧制作中心文学部签订电视剧合作意向书的情况向偏转集团进行了通报，但投资款一直未退还。

上述事实，有《联合出品暨承制合同》、汇票、双方往来信函及传真、涉案电视剧的审读意见、2003年度全国电视剧题材规划批复剧目表、有关部门的文件、涉案电视剧的报批文件、合作意向书及双方当事人的陈述等在案佐证。

原审法院认为：本案中，偏转集团与北方执信中心签订的《联合出品暨承制合同》系双方真实意思表示，该合同合法有效。偏转集团向北方执信中心发函，称决定终止与北方执信中心《联合出品暨承制合同》的行为，是偏转集团单方作出的关于解除合同的意思表示，由于合同未约定单方解除权的行使条件，因此该合同并不因偏转集团的单方发函行为而解除；依据现有证据，北方执信中心在合同签订后对涉案电视剧剧本进行了创作、修改、送审，并经批示开始拍摄，且目前涉案电视剧已经播出，可以视为北方执信中心按照合同约定履行了主要义务。由于合同并未就涉案电视剧拍摄期限、播出时间作出约定，偏转集团所称约定播出时间无证据佐证，故北方执信中心不存在逾期履行的情形，该合同亦并不存在法定解除事由；北方执信中心虽回函称对偏转集团撤回投资的要求表示理解，拟寻找新的投资方替代偏转集团，但并未明确作出同意解除合同的意思表示，不能认为北方执信中心同意解除合同，故该合同亦不符合当事人协商解除的情形。

鉴于本案并不存在合同约定和法定解除条件，亦不符合当事人协商一致解除的情形，且不存在合同终止的其他事由，故偏转集团与北方执信中心签订的《联合出品暨承制合同》并未终止，偏转集团基于合同终止主张北方执信中心返还投资款的诉讼请求，理由不足，不予支持。

综上所述，原审法院根据《中华人民共和国合同法》第八条、第九十一条、第九十三条、第九十四条之规定，判决：驳回偏转集团的诉讼请求。

原审法院判决后，上诉人偏转集团不服，向本院提出上诉，上诉请求为：1.撤销原审判决；2.判决北方执信中心退还80万元；3.由北方执信中心负担全部诉讼费用。其上诉理由为：2007年4月21日北方执信中心对该集团此前要求终止合同、退回80万元投资款的传真进行了回复，不仅没有反对该集团提出的解除合同的要求，且称该集团撤回投资表示理解，并拟寻找新的投资替换该集团的投资。这说明北方执信中心已表示同意该集团退出，并准备安排给该集团退款，故双方合同已经解除。因此，原审法院认为北方执信中心未作出同意解除双方合同的意思表示的认定是错误的。本案双方所签合同涉及的电视剧是20集的

《无名英雄》，而现在播出的是40集的电视剧《特殊使命》，后者的出品人、编剧、责任制片、总监制的名字均与双方合同的约定不符，二者是两部不同的电视剧。因此，该中心实际上也没有将该集团的80万元投入20集电视剧《无名英雄》的拍摄，其没有履约行为，该集团在此情况下致函该中心解除双方合同合情合理。此外，北方执信中心使用前后不同的四个电视剧名称在短时间内与八家单位签订合同，证明其在签订和履行涉案合同的过程中存在欺诈行为。

被上诉人北方执信中心服从原审判决。

本院经审理查明的事实与原审法院查明的事实相同。

本院认为：上诉人偏转集团与被上诉人北方执信中心签订的涉案《联合出品暨承制合同》系双方真实意思表示，且未违反法律规定，合法有效，双方当事人应当按照该合同的约定履行自己的义务。

现有证据已说明双方所签涉案《联合出品暨承制合同》涉及的涉案电视剧由《无名英雄》更名为《特殊使命》事实，故上诉人偏转集团关于《无名英雄》与《特殊使命的》系两个不同电视剧、被上诉人北方执信中心没有按约摄制电视剧《无名英雄》的主张，缺乏事实及法律依据，本院不予支持。由于双方签订的涉案《联合出品暨承制合同》并未就涉案电视剧拍摄期限、播出时间作出明确约定。偏转集团关于该合同涉及的电视剧应于2001年7月播出的主张既没有证据佐证，北方执信中心也不予认可。而现有证据表明，北方执信中心在双方签订涉案《联合出品暨承制合同》后对涉案电视剧剧本进行了创作、修改、送审，并经批示开始拍摄，且目前涉案电视剧已经播出，故应认定为北方执信中心已按照合同约定履行了主要义务，不存在逾期履行的情形。因此，上诉人偏转集团关于北方执信中心在签订涉案《联合出品暨承制合同》的过程中存在欺诈行为、没有将该集团的80万元投入涉案电视剧的实际拍摄的主张，缺乏事实及法律依据，本院不予支持。

本案中，上诉人偏转集团向被上诉人北方执信中心发函要求终止双方所签订的涉案《联合出品暨承制合同》并要求该中心退回80万元投资款的行为，系偏转集团单方作出的关于解除合同的意思表示。但由于双方在该合同中没有就一方解除合同的条件进行约定，因此该合同并不因偏转集团的单方发函行为而解除。北方执信中心虽回函称对偏转集团撤回投资的要求表示理解，拟寻找新的投资方替代偏转集团，但并未明确作出同意解除双方所签的涉案《联合出品暨承制合同》的意思表示。且北方执信中心在本案审理期间也已明确表示，其给偏转集团的回函不存在同意解除双方合同的意思表示。因此，偏转集团关于北方执信中心的回函表示其已同意解除该合同的主张，缺乏事实及法律依据，本院不予支持。

综上，上诉人偏转集团的上诉理由不能成立，其上诉请求，法院不予支持。原审判决查明事实清楚，适用法律正确，应予维持。依照《中华人民共和国民事诉讼法》第一百五十三条第一款第（一）项之规定，二〇〇八年三月十八日

北京市第二中级人民法院判决如下：驳回上诉，维持原判。一、二审案件受理费各11 800元，均由上诉人咸阳偏转集团公司负担（均已交纳）。本判决为终审判决。

【学者评述】

什么是"诚"？"诚"，是儒家为人之道的中心思想，我们立身处世，当以诚信为本。宋代理学家朱熹认为："诚者，真实无妄之谓。"肯定"诚"是一种真实不欺的美德。要求人们修德做事，必须效法天道，做到真实可信。说真话，做实事，反对欺诈、虚伪。

什么是"信"？《说文解字》认为"人言为信"，程颐认为："以实之谓信。"可见，"信"不仅要求人们说话诚实可靠，切忌大话、空话、假话，而且要求做事也要诚实可靠。而"信"的基本内涵也是信守诺言、言行一致、诚实不欺。

"诚"主要是从天道而言，"信"主要是从人道而言。故孟子曰："诚者，天之道也；思诚者，人之道也。"诚"本是自然固有之，效法天道、追求诚信，这是做人的道理、规律。二者在哲学上虽有区别，但从道德角度看，"诚"与"信"则是同义等值的概念，故许慎在《说文解字》云："诚，信也"；"信，诚也"。基本含义都是诚实无欺，信守诺言，言行相符，表里如一，这是做人的基本要求。

（杨新磊）

第六节　天苍苍，野茫茫，风吹草低不见钱

【原告】北京泛达科工贸集团
【被告】内蒙古电影制片厂

2006年3月26日，北京市第一中级人民法院审结了北京泛达科工贸集团与内蒙古电影制片厂因拍摄内蒙古自治区"五个一工程"的重点剧目《草原之子》所引发的联营合同纠纷一案，由于该片的出资方北京泛达科工贸集团未能足额支付投资款，一中院终审判决驳回了泛达集团要求电影厂给付《草原之子》的剧本、场记单及316盘完成片（素材带）并支付违约金的诉讼请求。

2003年4月6日，泛达集团、电影厂就拍摄二十集电视剧《草原之子》事宜签订《联合摄制合同》，该剧于2003年3月27日经内蒙古自治区党委宣传部批复作为自治区"五个一工程"的重点剧目。双方约定，泛达集团全额投资400万元作为电视剧的全部费用，由电影厂负责拍摄、制作该电视剧，按时、按质完成电视剧剧本的创作、拍摄、制作等工作，拍摄后将全部素材、完成片交送泛达集团；泛达集团独家取得电视剧及全部素材的全部版权、发行权并有权监督电视剧的拍摄制作过程、款项支出、艺术质量等。

2003年5月13日，电影厂收到泛达集团的投资款5万元。5月23日，电影厂设立电视剧摄制组。8月1日，摄制组在内蒙古自治区正式开机拍摄电视剧《草原之子》。2004年1月12日电视剧的前期拍摄工作结束。在电视剧酝酿、筹备和拍摄阶段，泛达集团向摄制组支付了部分投资款。

在法庭审理过程中，双方当事人针对投资款数额、电视剧剧本完成及给付、拍摄延期等问题发生争议。泛达集团认为在合同履行过程中，电影厂严重违约：泛达集团将资金在内蒙古拍摄现场直接交给摄制组后多次向电影厂索要付款的支出凭证，但电影厂均未给付；电视剧拍摄过程中，电影厂从未告知拍摄进度、完成情况，泛达集团连每集的样片都未见到。泛达集团表示，按照合同约定，电视剧拍摄阶段结束时的费用应为325万元，现其已投资347余万元。故请求法院判令解除其与电影厂签订的《联合摄制合同》；判令电影厂给付《草原之子》的剧本、场记单及316盘完成片（素材带）并支付违约金。

一中院终审认为，泛达集团除部分投资款外，其余款项均直接向摄制组拨付，电影厂并

不了解投资款拨付的具体情况,故电影厂有权拒绝向其提供投资款支出凭证和发票。

同时,根据合同约定,泛达集团的投资款应在拍摄结束时足额支付,而泛达集团未按约支付全部投资款,故电影厂有权拒绝向其提供电视剧全部素材及完成片。

据此,一中院认为,电影厂在合同履行过程中不存在违约情况。故作出驳回北京泛达科工贸集团要求解除合同和支付违约金的诉讼请求的终审判决。

【学者评述】

什么是诚信?

首先,诚信是一种人们在立身处世、待人接物和生活实践中必须而且应当具有的真诚无欺、实事求是的态度和信守承诺的行为品质,其基本要求是说老实话、办老实事、做老实人。诚信之诚是诚心诚意,忠贞不贰;诚信之信是说话算数和信守诺诺,它们都是现代人必须而且应当具备的基本素质和品格。在市场经济的条件下,人们只有树立起真诚守信的道德品质,才能适应社会生活的要求,并实现自己的人生价值。

其次,诚信是一种社会的道德原则和规范,它要求人们以求真务实的原则指导自己的行动,以知行合一的态度对待各项工作。在现代社会,诚信不仅指公民和法人之间的商业诚信,而且也包括建立在社会公正基础上的社会公共诚信,如制度诚信、国家诚信、政府诚信、企业诚信和组织诚信等。

再次,诚信是个人与社会、心理和行为的辩证统一。诚信本质上是德行伦理与规范伦理或者说信念伦理与责任伦理的合一,是道义论与功利论、目的论与手段论的合一。如果说"诚"强调的是个人内心信念的真诚,是一种品行和美德,那么"信"则是诚这种内在品德的外在化显现,是一种责任和规范。在中国历史上,就有"诚于中而信于外"的说法。诚信不仅是一种道德目的,是人们应当具有的一种信念,而且也是一种道德手段,是人们应当承担的一种社会责任和谋取利益实现利益的方式。诚信,既可以是价值论和功利论的,又可以是道义论和义务论的。价值论和功利论的诚信观把诚信作为一种价值和实现目的的手段,认为人们如果不讲诚信就无法实现自身的发展和完善,也很难取得长久而真正的利益。道义论和义务论的诚信观则把诚信视为一种应尽的义务和内在的要求,认为人们讲求诚信是提升自身素质和实现全面发展的需要,讲求诚信哪怕不能带来物质上的利益,仍然是弥足珍贵的。我们主张在诚信问题上把道义论和功利论结合起来,既把诚信的讲求视为一种谋利和促进发展的手段,又把诚信的讲求视为一种神圣的使命和内在的义务,使诚信的讲求既崇高又实用,既伟大又平凡,这体现了中国传统文化所倡导的"极高明而道中庸"的价值特质。

总之,诚信是一切道德的根基和本原。它不仅是一种个人的美德和品质,而且是一种社会的道德原则和规范;不仅是一种内在的精神和价值,而且是一种外在的声誉和资源。诚信是道义的化身,同时也是功利的保证或源泉。

(杨新磊)

第七节 《将门风云》的"借贷"风云

2008年2月13日,北京市朝阳区人民法院审结了投资合作拍摄电视剧《将门风云》等两起合同纠纷，法院最终认定双方当事人的合同关系名为合作实为借贷，因违法而无效。

2005年，原告北京住总房地产开发有限责任公司（以下简称住总公司）与被告北京加华协力国际传媒科技有限公司（以下简称加华协力公司）签订协议书，约定双方合作投资拍摄电视剧《将门风云》，住总公司通过加华协力公司向该剧投资500万元，加华协力公司保证在一年内向住总公司返还每笔资金的本金和13%的资金使用费，若提前归还投资，则按归还金额相应降低收益，到期不能全部返还本金和收益的，须按未付金额比例支付违约金。合同签订后，住总公司向加华协力公司支付了第一期投资款300万元，后加华协力公司分三次向住总公司返还了100万元投资款。剩余200万元未返还。同年，双方还就《马鸣风萧萧》的合作拍摄签订了内容相同的一份合同，住总公司依据合同向加华协力公司支付了300万元投资款，加华协力公司未返还。

法院经审理认为：住总公司与加华协力公司之间签订协议书中约定了住总公司对其投资拍摄电视剧的盈亏及拍摄、发行、宣传过程中发生的问题和纠纷不影响其投资回报，即住总公司对投入的资金不承担任何风险，且约定取得确定的利润，故双方之间的合同关系是名为合作，实为借贷，该合同关系违反法律规定，应为无效。对此双方均有过错，应各自承担相应的民事责任。依据无效合同的处理原则，加华协力公司应当将取得的款项返还给住总公司。故两起案件均确认双方合同无效，判决支持住总公司要求返还投资款的诉讼请求，驳回了其关于支付资金使用费及违约金的诉讼请求。

一审宣判后，加华协力公司对判决不服提起上诉，二审维持了原判。

又案，女演员盖丽丽因投资拍摄电视连续剧《牛虻》产生债务纠纷，被北京一家公司告上法庭。2006年10月16日，北京市第一中级人民法院作出终审判决，北京市第一中级人民法院以共同投资合同实为借款合同为由，认定该借款合同无效，判令盖丽丽给付原告240万元。

北京喜年电视文化传播有限公司系盖丽丽与他人于2002年5月共同出资成立。2002年10月31日，喜年公司与深圳市文艺创作中心、深圳市万科影视有限公司签订合同，约定三方共同出资拍摄电视连续剧《牛虻》，其中喜年公司出资260万元。

2002年12月16日，国基环保高科技有限公司与喜年公司签订《关于共同投资拍摄22集电视连续剧〈牛虻〉的合同》，约定由国基公司投资人民币260万元，用于投资拍摄《牛虻》一剧，拍摄完成播出后，国基公司收回全部260万元投资，并保证投资年收益为20%。合同书签署后，国基公司在2002年12月20日向喜年公司付款240万元。

2004年7月8日，盖丽丽以喜年公司股东身份与喜年公司、国基公司共同签订一份协议书（以下简称7·8协议），约定由喜年公司股东盖丽丽提供北京龙城花园两套商品房折价240万元人民币作为国基公司投资本金归还给国基公司。协议书签订后，盖丽丽未履行合同义务。国基公司遂将盖丽丽告上法庭。另据法院查明，2005年5月9日，喜年公司另一出资人已将龙城花园两套商品房转卖他人。

北京市第一中级人民法院终审认为，《共同投资合同》实质属于企业之间的借款合同，国基公司在《共同投资合同》中的义务仅为出资260万元，且该合同约定由喜年公司定期将出资本金全部返还并支付20%的年收益。因国基公司并非金融机构，其出借资金的行为违反了国家金融管理法规的规定，故《共同投资合同》无效。盖丽丽明确承诺愿以提供两套商品房的方式向国基公司返还240万元，因提供商品房仅为履行返还义务的方式，故虽然该协议约定的商品房并不属于盖丽丽所有，但并不影响盖丽丽承诺履行返还义务的效力，因此盖丽丽在不能交付商品房的情况下，仍应以其他方式继续履行债务。据此，一中院终审判决国基公司与喜年公司签订的《关于共同投资拍摄 22 集电视连续剧〈牛虻〉的合同》无效，盖丽丽给付国基公司人民币 240 万元。

【学者评述】

"入市有风险，投资需谨慎。"过去，人们常用这句话提醒一心想靠炒股发财的狂热分子。纵观近几年的影视剧市场，这句话依然适用。

一般而言，名演员和大制作是影视剧成功的两大法宝。目前，中国一线演员的片酬大致占总投资的六到七成，明星片酬畸高已是不争的事实，片方往往要承担巨大的经济压力。除此之外，导演、编剧、场景、道具、宣传等方方面面的开支都是一个个不小的数目。

然而，热闹的资本市场背后，却是残酷的盈利现实。业内人士指出，70% 以上的影视剧都是亏损的，有些机构甚至提出 90% 的影视剧都不赚钱。现实情况是，投资者的投资热情越来越高涨，而低迷的电视剧收视率、惨淡的电影票房却给他们当头浇下了一盆凉水。观众日益提升的审美水平和多元而挑剔的审美期待，迫使许多影视剧甫一播映就遭人唾弃，被骂为"烂片"。在国家产业转型调整的过渡期，投资影视剧成了许多企业转型发展的首选，也是某些热钱投机取巧的通途，但是，投资影视需要的不光是资金，还需要较强抗风险能力，更需要基于深厚人文积淀的文化自信。

（李林博）

第八节 追杀"开拓社"

【上诉人，原审被告】上海电影（集团）公司
【被上诉人，原审原告】上海顺业达实业发展有限公司

原审法院查明：1996 年 6 月 28 日，被上诉人上海顺业达实业发展有限公司（以下简称顺业达公司）与电影公司下属的分支机构开拓影视制作社（以下简称开拓社）订立《协议书》，约定双方共同投资拍摄 20 集电视连续剧《追杀袁世凯》，预估拍摄该剧投资总额为人民币（以下币种同，略）500 万元，该款由顺业达公司负责投资，开拓社负责拍摄、制作工作；该剧版权归双方所有，开拓社负责销售，开拓社收到销售款后三天划入顺业达公司账户，销售额超过 500 万元部分由顺业达公司与开拓社按 7∶3 比例分成。同年 9 月 28 日，双方订立《补充协议》一份，约定从开拍至制作完成的费用为 400 万元，由顺业达公司分期投入。1998 年 5 月 4 日，双方订立《协议书》，约定开拓社仍负责销售工作，并负责在签订本协议后半年内收回顺业达公司提供的制作费 400 万元，超过 400 万元的利润归开拓社所有；顺业达公司提供的 400 万元中，开拓社已支付了 22 万元，尚欠 378 万元开拓社在半年内归还顺业达公司，逾期视作开拓社欠顺业达公司的款项。2000 年 9 月 18 日，双方又订立《补充协议书》，约定双方确认扣除开拓社已还现金及广告费折抵，尚欠顺业达公司 178 万元。2002 年年底双方进行最终结算，若销售超过 178 万元，超过部分归开拓社所有，如不足 178 万元，则不足部分由开拓社补足给顺业达公司。

因开拓社未按约履行，顺业达公司于2003年向法院提起诉讼，要求开拓社和电影公司偿还上述欠款，后三方达成和解并订立《和解协议书》，约定开拓社和电影公司给付顺业达公司5万元，作为补偿顺业达公司的诉讼费用，并抓紧销售，（所欠款项）争取在2004年内履行完毕。和解协议订立后，顺业达公司撤回起诉。因电影公司未履行和解协议，顺业达公司再次起诉要求电影公司给付欠款178万元。

原审另查明，开拓社原名上海电视台开拓影视制作社，后变更为上海永乐电影电视（集团）公司开拓影视制作社，现变更为上海电影（集团）公司开拓影视制作社，开拓社不具备独立法人资格。

原审审理中，电影公司称涉及开拓社以自有资金偿还顺业达公司投资的协议纯属伪造，但未能举证。

原审法院认为，顺业达公司与开拓社订立的合作协议书合法有效，合同双方均应恪守；顺业达公司按约投入了拍摄资金，在履约过程中，合同双方达成新的合意：2002年年底进行结算，系争电视连续剧的销售收入中178万元由开拓社返还顺业达公司，超过178万元部分归开拓社所有，如不足178万元由开拓社补足给顺业达公司。该合意系合同双方真实意思表示，并未违反相关法律规定，故应予确认。现开拓社未能按约履行，应承担相应的民事责任；顺业达公司要求电影公司给付该欠款，因开拓社系电影公司下属的机构，不具备独立法人资格，故顺业达公司的请求并无不当，可予准许。电影公司的答辩意见，缺乏法律及事实依据，不予采信。原审遂判决：电影公司给付顺业达公司欠款178万元。一审案件受理费18 910元，由电影公司负担。

本院经审理查明：原审法院认定的事实已由相关证据予以佐证，本院予以确认。

本院认为：

一、本案系争的合作投资关系虽实际由顺业达公司与开拓社之间发生，但开拓社因无独立法人资格，顺业达公司仅将电影公司列为本案被告，未违反法律规定，电影公司以其不了解本案事实为由，认为原审未将开拓社列为本案被告错误，本院认为电影公司该理由缺乏法律依据，故对电影公司该上诉理由本院不予采信。二、电影公司在本院审理顺业达公司诉电影公司、开拓社及案外人北京文化艺术音像出版社著作财产权纠纷一案中，将本案系争1998年5月4日《协议书》及2000年9月18日《补充协议书》作为证据向法院出示，从电影公司该行为可以判断，电影公司对该两份协议书的真实性是确认的。电影公司提供的1999年7月28日的《确认书》虽约定顺业达公司对涉案电视连续剧《追杀袁世凯》其余投资未收回部分不再找沙如荣追要。但该确认书仅是开拓社与顺业达公司就涉案电视连续剧广告费的约定，签订确认书的目的并不针对投资款。本院注意到，该确认书已加盖了开拓社的印章，双方完全可以在该确认书上写清不再找开拓社追要。因此顺业达公司辩称该条是应沙如荣的要求所写的，目的是为明确顺业达公司不要再向沙如荣个人索讨未收回的投资款，更令人信服。且该份确认书也无法排除2000年9月18日开拓社与顺业达公司之间《补充协议书》的真实性。因此，本院对电影公司关于本案系争的1998年5月4日及2000年9月8日的协议书是虚假的上诉理由不予采信。三、顺业达公司未否认其与开拓社曾经是合作投资关系。因双方签订的2000年9月18日《补充协议书》中已明确将顺业达公司未收回的投资款作为开拓社的欠款，双方该约定于法无悖，且与双方签订合作协议的宗旨并不违背。电影公司提供的证据不能否定开拓社上述意思表示的效力，因此，本院对电影公司关于开拓社与顺业达公司之间是共同投资、共享利润、共担风险的合作关系，不是简单的借款关系的上诉理由亦不予采信。

综上所述，电影公司的上诉理由均不能成立，其上诉请求依据不足，本院依法不予支持。原审判决认定事实清楚，所作判决正确，本院予以维持。二〇〇五年十二月十九日，上海市第一中级人民法院依照《中华人民共和国民事诉讼法》第一百五十三条第一款第（一）项的规定，判决如下：驳回上诉，维持原判。二审案件受理费人民币18 910元，由上诉人上海电影（集团）公司负担。

本判决为终审判决。

【学者评述】

宽容是一首人生的诗。至高境界的宽容，不是仅仅表现在日常生活的某一事件的处理上，而是升华为一种对宇宙的胸襟，对人生如诗般的气度。宽容的含义也不仅限于人与人的理解与关爱，而是内心对于天地间一切生命产生的旷达与博爱。

为生活的平淡与多舛而心存积隙的人呵，请你选择宽容吧。这丝毫无损于你的尊严，反而有助于人们在漫长的生命之河中穿越平庸。具有宽容的思想境界，才会懂得人生的真谛，宽容也是一门生活的艺术。

宽容同"方以律己，圆以待人"是不矛盾的。轻易原谅自己，那不是宽容，而是懦夫。"圆以待人"，也得先看对象。宽容不珍惜宽容的人，是滥情；宽容不值得宽容的人，是姑息；宽容不可饶恕的丧尽天良的人，则是放纵。

所以，宽容本身，也是生活的一门艺术。

（杨新磊）

第九节 好心有好报

【原告】九江发展建设公司
【被告】九江长江影视制作有限公司
【被告】江西电影制片厂
【被告】长春电影制片厂

2004年1月2日，江西省九江市中级人民法院审理了一起涉及电影作品《毛泽东与斯诺》的著作权纠纷案，经开庭审理，该案已作出一审判决，确认被告九江长江影视制作有限公司在影片《毛泽东与斯诺》中获得报酬及收益的份额由原告九江发展建设公司与被告按出资比例共同享有，驳回原告其他诉讼请求。

1999年3月15日，九江长江影视制作有限公司、江西电影制片厂、长春电影制片厂签订了共同投资合作拍摄彩色故事片《蓝眼睛、红五星》合同书。合同约定本片由三方共同投资，总经费暂定人民币800万元。长春电影制片厂以人员、设备等作价投资，九江长江影视制作有限公司、江西电影制片厂以现金投资。合同中还约定影片的版权归三方共有，该片发行方式待影片完成后协商解决。其国内外的发行收入汇入剧组的专用账号，按三方投资比例，进款即分配。

合同签订以后，三方各投入资金并派出人员共同成立摄制组进行影片拍摄，该片亦更名为《毛泽东与斯诺》。在拍摄中，由于九江长江影视制作公司投资款不能全部到位，剧组资金出现困难。原告九江发展建设公司得知此事后，决定投资该片。

1999年10月18日，原告派人到长春，将100万元的汇票交给《毛泽东与斯诺》剧组，剧组会计为其出具了收据，当时因剧组没有公章，故收据上加盖了长春电影制片厂财务专用章。之后，原告与三被告未形成任何口头及书面合作协议。

2000年8月22日，三被告对投资事宜再次签订了补充合同，合同约定，由于江西电影制片厂追加投资70万，三方投资比例分别为：长春电影制片厂约240万元，占30%；九江长江影视制作有限公司290万元，占36.25%；江西电影制片厂270万元，占33.75%。原协议中所订《毛泽东与斯诺》影片国内外发行收入（含各种媒体的播放及影片的副产品）应按本补充协议所定投资比例分配。在这份补充协议中，原告投资的100万被列入九江长江影视制作有限公司名下，作为九江长江影视制作有限公司的投资款。到2000年底，影片《毛泽东与斯诺》拍摄完毕。

2002年，在影片《毛泽东与斯诺》公映期间，原告发现该影片的片头片尾均没有将原告作为制片者，而仅仅是鸣谢单位，故认为九江长江影视制作有限公司、江西电影制片厂、长春电影制片厂侵害了原告应享有的影片著作权及获得报酬收益的权利。原告遂于今年7月诉至法院，要求享有影片著作权；并与三被告共同按投资比例享有影片获得报酬及收益的权利。

法院经审理后认为，原告虽投资影片《毛泽东与斯诺》100万元，但未参与影片拍摄，不能视为创作电影作品，且原告又没有与三被告共同签订合同来约定原告享有影片著作权，故原告仅以剧组出具的投资款收据来主张其享有影片著作权，无法律依据。三被告之间签订的共同投资合伙拍摄影片《毛泽东与斯诺》合同及补充合同系三方真实意思表示，在合同中三被告对影片著作权及收益分配进行了约定。原告在投资影片之前就知道三被告之间签有共同投资合作协议，而其在投资后未与三被告重新订立四方共同投资合同，又未与三被告对其投入资金的性质进行约定，现原告仅以投资款收据来主张其与三被告均为影片共同投资人，证据不足，故对原告要求与三被告共同按投资比例享有《毛泽东与斯诺》影片获得报酬及收益权利的诉讼请求，不予支持。

鉴于原告100万元投资款填补了长江影视公司对影片投资不到位的缺口。在三被告之间签订的补充协议中，该影视公司出资款中也将原告投资款100万元包含在内，从而使影视公司按补充协议享有的投资比例及收益份额因原告投资款的进入而没有减少。按公平、诚信原则，对影视公司在影片中获得报酬及收益的份额，原告有按其投资比例与影视公司共同享有的权利。

【学者评述】

真正的善良是以人的品质表现出来才为真正的善良。

从时间上来说，真正的善良之举不是一时的心血来潮，而是长期坚持善举，终身不渝。如深圳的艺人丛飞数年向希望工程捐款数百万元，捐完所有的积蓄，即使在得知自己患绝症时，仍不停止捐款。毛泽东指出，"一个人做点好事并不难，难的是一辈子做好事"。从空间上来说真正的善良之举不仅是一点一事之善举，而是对万事万物都有善心、善意、善举，"普度众生"。真正的善良之举是隐名埋姓，不张扬、不作秀、不图回报的善举。

善良之善事、善举,何止千千万万,而我要说的不只是这些具体的东西,我要说的是善良的本质。人之初,性本善,这是对的。随着社会的发展,劳动成果除满足自己的生活还有剩余,产生了贫富,便有了强弱;如何对待贫富、强弱,便有了善恶,善与恶是相对而又相伴。佛教中的普度众生,意即劝人向善。古人的善良体现在多方面,打猎者不猎杀幼仔和孕兽,打鱼者不用密网网小鱼,伐木者不伐稚苗等。可见善良的社会性及作用于社会的意义。善良是中华民族的美德,人人都有善心、善意、善举;善良在社会中产生互动,便是和谐社会!

(杨新磊)

第十节 "观世音"继续"传奇"

【上诉人,原审原告】 东方影视文化制作中心
【被上诉人,原审被告】 天津力田企业发展中心

1995年7月16日,东方影视与力田企业签订合作拍摄20集大型古典神话电视剧《观世音传奇》合同书。合同约定:东方影视负责该剧的制作,即组织剧本审定、策划、有关手续的办理,组织拍摄、音乐、美术、特技及整体艺术效果等全部制作过程;力田企业负责600万元制作费用投入及监督费用使用,审定制作费用的预决费;资金投入方式、到位时间和具体每批金额数目,根据实际需要双方协商后另附合同规定;分成方式,收入先返还力田企业全部资金(含实际贷款利息),余额按5比5比例分成;本片的版权为双方共有,双方共为制片人。合同签订的当日,力田企业以20万元稿酬从案外人处购得用于拍摄该剧的脚本。此后,东方影视申领了该剧的"临时许可证"。自1995年8月至1996年1月间,双方如约合作完成了20集的前期拍摄工作,并产生20集素材带,力田企业实际投入资金365万元用于聘请导演、演员,购置服装、道具,租用场地及支付剧务人员报酬。在将进行后期制作工作时,双方因特技制作费用和资金拨付问题发生争议,致后期工作停滞。为使已拍成的素材带早日制作为成品,力田企业组织有关人员进行了剪接工作。东方影视认为,力田企业不及时拨款,擅自剪接磁带是侵权行为。遂于1996年4月8日向天津市第一中级人民法院提出诉前保全申请,请求封存20集素材带,并主张由自己完成后期制作工作。经天津市第一中级人民法院诉前调解,力田企业又实际拨资4万元交由东方影视用于剪接工作。但双方在质量方面又发生争议,致使全剧工作全部停止。如完成全剧工作,尚欠特技制作、动作效果、配音、音乐制作和剪接成集等后期制作工作,完成此工作尚需资金投入。

东方影视向天津市第一中级人民法院起诉称:1995年7月16日,与力田企业签订合作拍摄电视连续剧《观世音传奇》合同书。我方负责全部制作过程,力田企业负责提供600万元制作费。进入后期制作阶段,力田企业迟迟未投入应投资金,延误了电视剧的制作完成,错过了发行机会,造成巨大经济损失。力田企业擅自安排人员进行剪接工作,侵犯了我方的制作权。要求判令力田企业履行拨款义务,停止侵权行为,赔偿我方损失60万元人民币,并承担诉讼费用。

力田企业答辩称:与东方影视签订合同后已如期履行了拨款义务。依合同规定,我方有

权审定制作费用预算，东方影视未提供后期制作费用预算，致我方无法审定和投入资金。剪接工作是在导演指挥下进行的，我方提供后勤服务，并无侵权过错。要求驳回东方影视之诉讼请求。力田企业同时提出反诉称：东方影视在前期拍摄中不尽职责，失误较多，干扰导演工作，挪用剧组资金；后期干扰制作，造成巨大经济损失。要求修改合同第一条，取消东方影视负责电视剧制作的权利，赔偿我方的经济损失，修改显失公平的利润分成比例。全部诉讼费用由东方影视承担。

天津市第一中级人民法院经审理认为：东方影视与力田企业所签订的合作拍摄电视连续剧的合同，是双方真实意思表示、内容合法的协议。协议的基本内容是，东方影视享有电视剧制作的权利，对电视剧的艺术效果、质量负责；力田企业负责 600 万元资金投入，享有监督资金使用及审定制作费用预决算权利。力田企业提出东方影视未提供预算，致其后期制作不能拨款之说缺乏证据。力田企业未拨付后期制作资金，东方影视宣布资金到位前，暂停电视剧后期制作工作决定后，力田企业组织进行剪接工作，是对东方影视制作权利的侵权行为。现双方互不信任，难以继续合作，应解除合作合同为宜。双方又均要求独自享有电视剧后期制作及发行的权利，根据我国有关主管部门对音像制作的有关规定，《观世音传奇》的制作权只能由制作单位即东方影视享有，东方影视应返还力田企业投入的资金。东方影视向力田企业提出的赔偿请求，无证据证实，不予支持。力田企业反诉请求证据不足，予以驳回。

根据《中华人民共和国民法通则》第五条、第一百一十五条规定，该院判决如下：一、解除东方影视与力田企业所签的"合作拍摄 20 集大型古典神话电视连续剧《观世音传奇》合同"。二、《观世音传奇》电视剧后期制作、发行工作交东方影视负责完成；全部资料磁带、服装、账目等物归东方影视所有；东方影视于本判决生效之日起 9 个月内，一次性给付力田企业人民币 369 万元，并自本判决生效之日起给付相应的商业贷款利息。三、驳回东方影视与力田企业的其他诉讼请求。

双方均不服一审判决，遂向天津市高级人民法院提出上诉。

力田企业上诉称：组织人员进行剪接工作不是侵权，资金不到位不是事实。20 集素材带是作品，已经产生著作权，双方应共为制片人享有著作权。要求二审法院公正判决。

东方影视上诉称：力田企业资金不到位是违约。素材带不是作品，力田企业不享有著作权。力田企业应赔偿与投资额相等的 600 万元的无形资产损失和可期待利益。素材带已经报废，表示无法完成后期制作。

天津市高级人民法院经审理认为：当事人双方所签订的合作拍摄 20 集大型古典神话电视连续剧《观世音传奇》合同，是双方的真实意思表示，合法有效，且已经实际履行。根据合同约定，东方影视组织剧组人员进行拍摄工作，力田企业实际投入资金 369 万，其合作期间产生的 20 集素材带应属于双方共同所有。根据《中华人民共和国著作权法》的有关规定，素材带应视为是作品，依法受著作权法保护，力田企业和东方影视共为制片人，对 20 集素材带均应享有著作权。一审法院未能从著作权角度考虑处理本案，有欠妥当，应予改判。该剧后期制作工作未能实施的原因，系双方在合作合同中对拨款方式约定不明，及对特技制作费商定不妥所致，其责任应由双方共同承担。该剧的制作权来源于编剧的授权，且在合作合同中有"可优先使用力田企业设备"之约定，故力田企业组织有关人员进行了剪接工作。双方在合作合同中对资金到位时间、方式约定不具体，仅有"根据实际需要"和另附合同之约定，而双方实际未另附合同，所持对己方有利的解释和抗辩理由难能成立。事实上,力田企业已经实际投资 369 万元用于拍摄工作,所以,一审法院认为其资金不到位欠妥。东方影视主张力田企业应赔偿其与投资额相等的 600 万元无形资产损失和期待利益,证据不足,不予支持。考虑到双方合作的基础是一方有投资能力,一方有电视剧制作的资格,且已经实际履行并产生出素材带这一事实,为切实维护双方当事人合法权益,避免和减少损失,以双方继续履行合作合同,最终将素材带加工制作成符合合同约定质量要求的电视剧为宜。此外,鉴于东方影视表示已无法使用素材带,也不能另找合作者,及力田企业作为本剧的投资人,亦有可供制作电视剧的设备和资金,可由力田企业继续投资,完成全剧制作工作,并负责电视剧的发行、广告销售、承接赞助等工作,由东方影视作为监督实施者,并提供相关资质证件。为便于双方继续履行合同,分配利益和风险属未来不可确定的事实,故不能作为本案调整范围,发生纠纷可以另行起诉。

综上,依据《中华人民共和国著作权法》第二条、第十五条,《中华人民共和国民法通则》第一百一十一条,《中华人民共和国民事诉讼法》第一百五十三条第一款第(二)项之规定,天津市高级人民法院判决如下:一、撤销一审法院民事判决。二、力田企业与东方影视继续履行 1995 年 7 月 16 日签订的合作拍摄 20 集大型古典神话电视连续剧《观世音传奇》合同。三、电视剧的后期制作和发行、广告销售、承接赞助工作由力田企业负责完成;东方影视负责监督上述工作的实施,并负有提供拍摄、发行该剧时所必需的有关证件等协助责任。四、合作期间产生的全部与拍摄电视剧有关的资料、素材带、服装和账目等物归力田企业所有。五、双方其他请求不予支持。

判决生效后,经合议庭对双方当事人的回访了解,双方当事人经过再次合作,《观世音传奇》一剧的音乐、美工、特技等工作及后期制作工作均已完成,该剧已送审。

【学者评述】

观世音菩萨,梵文为 avalokiteśvara,在佛教中的地位仅次于释迦牟尼。

"观世音"是鸠摩罗什的旧译,玄奘新译为"观自在",中国略称为"观音"。观世音菩萨是佛教中慈悲和智慧的象征,无论在大乘佛教、小乘佛教还是在民间信仰中,都具有极其重要的地位。以观世音菩萨为主导的大慈悲精神,被视为大乘佛教的根本。

观世音菩萨具有平等无私的广大悲愿,当众生遇到任何的困难和苦痛,如能至诚称念观世音菩萨,就会得到菩萨的救护。而且,观世音菩萨最能适应众生的要求,对不同的众生,便现化不同的身相,说不同的法门。在佛教的众多菩萨中,观世音菩萨也最为民间所熟知和信仰。在中国的东南、港澳台地区以及南洋华侨间,观音信仰极为普及,所谓"家家阿弥陀,户户观世音"。

(杨新磊)

第十一节 吾蒙,吾缠,吾闹

【上诉人,原审被告,反诉原告】中国电视剧制作中心
【被上诉人,原审原告,反诉被告】桂林市辰美广告有限公司

上诉人中国电视剧制作中心（以下简称剧作中心）因撤销权纠纷一案，不服北京市第一中级人民法院（2003）一中民初字第 4413 号民事判决，向北京市高级人民法院提起上诉，现已审理终结。

【一审查明事实】

北京市第一中级人民法院查明：1993 年 10 月 15 日，剧作中心与桂林市金雨广告公司（以下简称金雨公司）签订联合拍摄《吾土、吾神、吾人》（以下简称《吾》剧）的协议书，约定剧作中心与金雨公司共同拥有《吾》剧的版权；剧作中心负责文学剧本、分镜头剧本的创作以及全剧的拍摄工作；金雨公司负责提供该剧的拍摄经费 280 万人民币，拍摄经费不足部分由剧作中心另行筹措补足；该剧在中央电视台播出的一切手续由剧作中心负责办理；金雨公司可将该剧缩编成电影向海内外发行，其所需的全部经费由金雨公司另行支付，利润归金雨公司所有。该协议还约定了《吾》剧的拍摄时间、资金给付时间及违约责任等事项。

1999 年 12 月 15 日，云南省高级人民法院（1999）云高民终字第 71 号民事判决书确认谢丽虹提供的《吾》剧剧本侵犯了吴德铭对《南疆英豪》电视剧本享有的改编权；同时确认谢丽虹享有《吾》剧电视剧本的著作权，但要求谢丽虹在使用《吾》剧电视剧本时，注明根据吴德铭电视剧本《南疆英豪》改编。

1999 年 7 月 2 日，桂林仲裁委员会（1999）桂仲案字第 005 号仲裁裁决书确认如下事实：1996 年 9 月 18 日，辰美公司与金雨公司签订借款协议，约定金雨公司向辰美公司借款 120 万元，期限 2 年，年息 35%；金雨公司用其在剧作中心投资 200 余万元拍摄《吾》剧的权益作担保，到期不能归还本息则投资拍摄的电视剧所有权益归辰美公司所有。协议签订后，辰美公司即向金雨公司履行了合同义务，但金雨公司未能如约还款。1999 年 5 月 11 日，辰美公司向桂林仲裁委员会提出仲裁申请。基于上述事实，桂林仲裁委员会裁决如下："1. 金雨公司投资于与剧作中心联合拍摄《吾》剧的所有权益归辰美公司所有；2. 由辰美公司替代金雨公司在与剧作中心联合拍摄《吾》剧的合同地位，此后辰美公司与剧作中心的合同关系由其自行处理，合同义务由其自行承担，辰美公司与金雨公司的债权债务就此清结。"

2002 年 6 月 26 日，谢丽虹声明放弃《吾》剧署名权。

2002 年 8 月 19 日，剧作中心与辰美公司为尽快解决《吾》剧的遗留问题签订协议书，约定：1. 根据桂林仲裁委员会（1999）桂仲案字第 005 号仲裁裁决书第 1 条之裁决，剧作中心承认辰美公司的法人资格。2.《吾》剧著作权问题辰美公司承诺按云南省高级人民法院（1999）云高民终字第 71 号民事判决书结果执行，尊重谢丽虹本人声明。3. 为使《吾》剧尽快面市，辰美公司同意偿还剧作中心 25 万元人民币，并在该协议签署后 15 天内打入剧作中心账号；剧作中心收到辰美公司付款后，15 日内将《吾》剧播出带及相关宣传资料交付辰美公司。4. 剧作中心自获得 25 万元之后，不再享有共同版权，不再参与市场发行、播出及销售利润分成。《吾》剧的版权、播出、市场发行及销售收入，归辰美公司所有。5. 辰美公司在获得《吾》剧的播出带及相关宣传资料之后，片头不再使用"中央电视台中国电视剧制作中心"的台标；片尾不再使用"中央电视台中国电视剧制作中心与桂林市金雨广告公司联合录制"字样；不再使用中央电视台中国电视剧制作中心 0001 拍摄许可证和播出许可证。其安排播出、市场发行、销售收入完全由辰美公司自行处理，不再与剧作中心有任何法律及经济关系。但辰美公司应尊重播出带中所有剧作人员名单；并保障《吾》剧赞助企业经济利益,对吴铭德的经济利益给予保障。宣传该剧时不得提及剧作中心或由剧作中心拍摄,不得将剧本案件作为宣传材料。6. 原 1993 年 10 月 15 日由剧作中心与金雨公司共同签署的关于联合拍摄《吾》剧的协议书,在本协议签署后自行终止。辰美公司承诺任何涉及但不限于《吾》剧编剧署名、版权,金雨公司权益的事宜及由此引起的纠纷由辰美公司负责处理并承担全部责任。

【一审法院观点】

一审法院认为,本案的争议焦点在于剧作中心与辰美公司签订的协议书是否属于可撤销合同。

剧作中心与辰美公司签订的协议书第 3 条表明,该协议目的是为使《吾》剧尽快面市;第 5 条表明《吾》剧不得使用剧作中心的拍摄许可证及播出许可证。

本案所涉《吾》剧的制作及发行等事宜应遵循国家广播电影电视总局的相关规定,即剧作中心制作《吾》剧必须持有《电视剧制作许可证》,剧作中心完成该剧后应当获得《国产电视剧发行许可证》方可发行,并且发行前须在每集片首和片尾标明《国产电视剧发行许可证》和《电视剧制作许可证》;没有取得《国产电视剧发行许可证》和《电视剧制作许可证》的电视剧,不得在国内电视台播出。

因双方当事人即辰美公司和金雨公司均未对(1999)桂仲案字第 005 号仲裁裁决书提起异议,故该裁决已发生法律效力。辰美公司依据该仲裁裁决书替代金雨公司与剧作中心所签协议中金雨公司的合同地位,理应享有金雨公司的合同权益。剧作中心作为电视剧的专业制作单位,对国家的相关规定应当熟知,而辰美公司对电视剧的制作及发行等相关事宜所存在的认识偏差,致使其与剧作中心所签协议的第 5 条与第 3 条内容明显矛盾,严重违背其真实意思表示。如果《吾》剧不得使用剧作中心的拍摄许可证及播出许可证,则意味着该剧无法在国内电视台播出,即无法实现该协议第 3 条表明的使《吾》剧尽快面市的合同目的。因此,由于辰美公司对《吾》剧制作和发行等重要事项存在认识上的显著缺陷,导致其与剧作中心签订的协议目的无法实现,其与剧作中心所签的协议属于合同法规定的可撤销合同之一,即因重大误解订立的合同。辰美公司在撤销权行使的法定期限内要求撤销其与剧作中心签订的协议书,理由充分,于法有据,予以支持。剧作中心要求继续履行上述协议的请求,缺乏事实与法律依据,不予采信。

【一审判决】

根据《中华人民共和国合同法》第五十四条第一款第(一)项之规定,判决:一、撤销桂林市辰美广告有限公司与中国电视剧制作中心于 2002 年 8 月 19 日签订的协议书;二、驳回中国电视剧制作中心的反诉请求。

剧作中心不服一审判决,向本院提起上诉,请求撤销一审判决;驳回辰美公司的诉讼请求;辰美公司继续履行 2002 年 8 月 19 日协议书,向剧作中心支付欠款 25 万元;辰美公司承担一、二审诉讼费用。理由是:1. 辰美公司对于 2002 年 8 月 19 日双方所签协议书不存在重大误解。辰美公司熟悉电视剧制作发行实务,不存在"认识上的缺陷"。辰美公司的代理人在法庭上表示,不使用剧作中心的拍摄许可证,辰美公司可以与其他有许可证的单位合作,使《吾》剧面市,实现自己的权益。辰美公司在签订协议书时知道其不能通过符合广电总局规定的途径将《吾》剧面市,其对协议书不存在误解。且协议书本身文字清楚,不可能使辰美公司产生误解。2. 一审判决依据（1999）桂仲案字第005号仲裁决定书替代金雨公司的合同地位是错误的。该仲裁决定书的法律效力仅限于辰美公司和金雨公司，一审判决将其法律效力强加给剧作中心，剥夺了剧作中心对该裁决依法提出抗辩的合法权利，系越权裁判。在未征得剧作中心同意的情况下，裁决书关于"替代合同地位"的内容对剧作中心没有约束力，辰美公司并不能因此而获得与剧作中心合作拍摄《吾》剧的合同地位。3. 关于反诉。《协议书》是为解决《吾》剧的相关遗留问题而签订的，条款清楚，意思明白，辰美公司拒不履行《协议书》，已构成违约，要求其依约支付25万元欠款，理由充分，于法有据，应得到支持。

本院查明的事实与一审法院相同。

【二审法院观点】

本院认为，因重大误解订立的合同，当事人一方有权请求人民法院撤销该合同。剧作中心作为影视制作发行专业性单位，应熟知电视剧制作发行程序及国家有关规定，而本案中没有证据表明辰美公司有电视剧制作发行经验，这种经验的缺乏，导致辰美公司对《吾》剧制作发行等事项存在认识上的缺陷，辰美公司对与剧作中心所签协议内容存在重大误解。虽然剧作中心与辰美公司所签协议不仅涉及《吾》剧的播出及发行，还涉及版权转让，但该协议签订的主要目的是使《吾》剧作为电视剧播出。而剧作中心在转让《吾》剧的同时不允许辰美公司使用剧作中心的制作许可证及发行许可证，如辰美公司欲将《吾》剧播出则必须重新获得制作许可证及发行许可证，而这样则会违反国家广播电影电视总局的有关规定，对辰美公司来讲，则该协议订立的主要目的难以实现。综上，该协议属因重大误解而订立的可撤销合同。剧作中心上诉认为，辰美公司对双方所签协议书不存在重大误解，辰美公司熟悉电视剧制作发行实务，不存在"认识上的缺陷"，但并未举出证据予以证明，对其上诉请求本院不予支持。

当事人一方经对方同意，可以将自己在合同中的权利和义务一并转让给第三人。(1999) 桂仲案字第005号仲裁裁决书解决的是金雨公司与辰美公司借款协议纠纷，其效力不及于该协议以外的剧作中心。辰美公司不能仅依据该仲裁裁决书替代金雨公司在与剧作中心协议中的地位。金雨公司将自己在与剧作中心协议中的权利义务转让给辰美公司，应经剧作中心同意。一审判决关于"辰美公司依据仲裁裁决书替代金雨公司与剧作中心所签协议中金雨公司的合同地位，享有金雨公司的合同权益"的表述有误，应予纠正。

剧作中心的反诉请求没有事实及法律依据，本院依法不予支持。

【终审判决】

综上，一审判决认定事实清楚，判决理由基本正确，适用法律正确，应予维持。上诉人的上诉理由缺乏事实及法律依据，其上诉请求本院不予支持。二〇〇四年四月二十二日，北京市高级人民法院依照《中华人民共和国民事诉讼法》第一百五十三条第一款第（一）项的规定，判决如下：驳回上诉，维持原判。一审案件受理费1 000元，一审反诉案件受理费6 260元，由中国电视剧制作中心负担（已交纳6 260元，其余1 000元于本判决生效之日起7日内交纳）；二审案件受理费1 000元，二审反诉案件受理费6 260元，由中国电视剧制作中心负担（均已交纳）。

本判决为终审判决。

【学者评述】

我国电视剧的制作与发行,实行的是行政许可制度。

20世纪80年代,有能力制作电视剧的都是国有的电视台。后来,随着市场经济的活跃和改革开放的深入,非电视台的事业单位(如部队纷纷成立电视艺术中心)、民营企业都投身到了电视剧制作与发行行业,必须对此进行统一的管理。

1995年10月,由当时的广播电影电视部颁布的《电视剧制作许可证管理规定》规定,为繁荣电视剧创作,提高电视剧质量,加强对电视剧的管理,任何单位制作电视剧必须持有《电视剧制作许可证》。国内所有电视剧的制作及发行,都应遵循国家广播电影电视总局的相关规定,在电视剧制作前办理《电视剧制作许可证》,摄制完成后办理《国产电视剧发行许可证》方可发行,并且发行前须在每集片首和片尾标明《国产电视剧发行许可证》和《电视剧制作许可证》;没有取得《国产电视剧发行许可证》和《电视剧制作许可证》的电视剧,不得在国内外电视台播出。

直到今天,国家新闻出版广电总局还根据业绩、信用等指标,把全国的电视剧制作机构划分为甲、乙两个等级,为其颁发相应的甲种证、乙种证,以此区别对待,规范管理。

(李林博)

第十二节 "纷"临阁

【原告】 山西大同市影视制作中心
【被告】 北京禾邦影视文化发展有限公司

原告大同市影视制作中心(以下简称大同影视中心)诉被告北京禾邦影视文化发展有限公司(以下简称禾邦公司)著作权合同纠纷一案,现已审理终结。

原告大同影视中心起诉称:2003年5月8日,该中心与禾邦公司签订了《凤临阁》电视剧联合摄制合同及相关附件。该剧已于2004年年初摄制完成,并于2004年4月陆续在国内各电视台播出。根据合同约定,禾邦公司应当归还该中心的投资款458.8万元,并支付投资回报款75万元。但是截至起诉时,禾邦公司仅支付该中心投资款103.8万元,投资款25万元,其余款项至今尚未支付。原告大同影视中心认为禾邦公司已经违反合同约定,应当承担相应的违约责任。因此请求法院判令禾邦公司向原告支付余款405万元、违约金81万元并承担本案诉讼费用。

被告禾邦公司答辩称:双方所签合同违反法律规定,应属无效合同;大同影视中心实际出资403万元;该公司实际欠款为294.2万元。综上,不同意原告的诉讼请求。

在审理过程中,原告大同影视中心向本院提交如下证据材料:1.法人身份证明、电视剧制作许可证,证明合同双方主体资格及合法摄制涉案电视剧的事实。2.合同书及补充协议,证明双方权利义务关系。3.原告出资及回款凭证,证明被告欠款的事实。4.被告发行收入及承诺,证明被告发行回款和承诺。5.发行许可证及证明,证明被告收到许可证的时间。6.2003年5月10日函告、5月29日协议,证明禾邦公司同意由涉案电视剧剧组共同负担原告所支付剧组费用30.8万元。7. 收条，证明支出36万元用于剧组杂务。

被告禾邦公司对原告的证据1~5的真实性无异议，但是认为证据1的事业法人身份证明以及电视剧制作许可证已经失效，证据2显示公平，不能证明原告的诉讼主张，不认可证据3作为计算依据，证据4内容与事实不符，对证据5无异议。证据6无原件，对其真实性不予认可，证据7无相关财务票据不能证明原告的主张。

被告禾邦公司向本院提交了如下证据材料：8. 与王琛的协议书，证明禾邦公司支付了15万元的稿酬。9. 支出凭单，证明被告已经返还原告投资款91万元。10. 立案手续和授权书，证明2004年9月9日协议签订的背景。11. 判决书，证明本案与判决书所载明的案情有相似之处，双方所签合同应属无效。

原告大同影视中心对被告的上述证据的真实性无异议，但是认为证据8与本案无关，且无相关收据清单；认可证据9中的25万元属于投资回报款的范围，但是认为该证据中显示的其他金额不属于返还原告的投资款范围。上述证据不能证明被告的主张。

根据双方的举证、质证意见，本院认证如下：鉴于双方当事人对证据1~5、8~11的真实性无异议，本院对上述证据的真实性予以确认。虽然被告主张证据1中的部分文件已经失效，但是鉴于涉案合同成立时间为2003年，上述文件在涉案合同成立时仍在有效期内，因此本院对上述证据的证明力予以确认。虽然被告不认可证据3作为计算依据，但是其认可原告已经实际出资403万元，且原告认可已经收到被告返还的投资款108.8万元，因此本院对上述事实予以确认。虽然被告主张证据4系其为应付原告编造的数据，与实际情况不符，但是其并未提出相关证据予以证明，因此本院对证据4的真实性予以确认。虽然被告对证据6中的协议真实性提出质疑，但是庭后原告提交了该证据材料的原件，经本院核实，对其真实性予以确认。鉴于原告不能提交证据6中的函告的原件，且未能提出其他证据予以证明，被告对其真实性不予认可，因此本院对该证据材料的真实性不予确认。鉴于证据7仅为收条，且原告并未提出其他证据予以佐证，被告对此亦不予认可，因此本院对证据7所载明的事实不予确认。原告主张证据8不能证明被告实际支付了15万元的稿酬，被告未提出其他证据予以证明，因此本院对证据8的证明力不予确认。鉴于证据9中除25万元之外的其他支出凭单上均已经载明用途，被告主张上述款项系属返还投资款范围，原告对此不予认可，被告亦未提出其他证据予以证明，因此本院对该证据材料的证明力不予确认。虽然被告主张证据10能够证明2004年9月9日补充协议并非被告真实意思表示，但是上述证据仅能证明被告得到了授权并进行起诉的事实，不能证明其上诉主张，因此本院对该证据的证明力不予确认。鉴于证据11与本案无关，本院对其关联性不予确认。

根据双方当事人的举证、质证和法院的认证意见以及当事人的陈述，本院查明如下事实：

2003年4月1日，国家广播电影电视总局向山西电影制片厂颁发了"三十集电视剧《凤临阁》专用"电视剧制作许可证，有效期至2005年4月1日。

2003年5月8日，大同影视中心（乙方）与禾邦公司（甲方）签订《凤临阁》联合摄制合同书。根据该合同，甲、乙双方共同投资摄制电视连续剧《凤临阁》。

根据该合同第一条，乙方负责向电视行政主管部门立项申报拍摄事宜，待获准后方可正式开机拍摄，由甲、乙双方负责该剧大陆地区全部制作工作；甲、乙双方组建的剧组向乙方委托的作者支付剧本版权及稿酬50万元，合同签订7日内，剧组支付乙方委托的作者30万元，余款20万元在开机前付清；该剧双方制片人，甲方代表人为王举鸿，乙方代表人为王硕卿。

该合同第二条约定：本剧摄制成本暂定每集43万元，计28集，共计投资额1 200万元，由甲、乙双方共同出资，甲方出资700万元，乙方出资500万元，若超出实际投资额，由甲方负责；双方合同签订后7日内，甲、乙双方共同投入各自应承担投资额的10%于共同管理账户作为合同定金，甲方投入资金70万元，乙方投入资金50万元，共计120万元；后续资金投入时间以附件形式约定。

该合同第三条约定：甲、乙双方需开设剧组共管账户，另订共管账户管理合同；剧组共管账户资金到位顺序为甲方先到位，乙方随后2日到位共同投入资金；鉴于乙方之前和有关该剧运营，乙方因此投入本剧的相关费用需经由甲、乙双方制片人审核同意后，由新组建的剧组列支处理（相关费用有：演员王刚的定金费用、王琛等人的剧本修改费用、3万元以内剧组杂支）。

根据合同第六条，双方同意乙方按500万元投资额的15%即75万元收取投资回报，乙方收回投资500万元和投资回报75万元后，其他后续收入归甲方独有；甲方为本剧发行及相关延伸产品收入的每一笔款项，均需汇入甲、乙双方的发行共管账户；甲、乙双方的回报支付顺序为，第一为乙方投资的500万元，第二为甲方投资的700万元，第三为乙方的投资回报75万元，第四为当乙方回足575万元后，其他后续回款收益归甲方独有，其共管账户交由甲方独立管理；当本剧回款收入不足以清偿乙方500万元投资和75万元回报时，甲方应以其他自有资金金额补足；乙方单方面监制费用和相关费用和开支，需乙方先自行操作负责，应控制在乙方投资、回报中的10%的额度，由乙方在剧组列支，但支出费用不能影响剧组实际运营，列支时间需经甲方制片人同意，以上所有列支金额将在结算乙方投资回报的15%中扣除；甲方应在本剧领取发行许可证后6个月内将乙方投资和回报共计575万元，支付乙方，逾期不支付所欠部分按2%滞纳金偿付乙方。

根据合同违约条款，甲、乙双方均应严格遵守协议内容，如有违约，违约方应赔偿对方一切损失并承担相应法律责任。

2003年5月25日，禾邦公司与王琛签订协议约定禾邦公司应向王琛支付15万元的修改剧本的报酬。

2003年5月29日，大同影视中心（甲方）与北京随心影视文化交流有限公司（以下简称随心公司）（乙方）签订了"关于电视剧《凤临阁》合同转让及处理前期善后工作的协议"。协议约定，甲方和禾邦公司组建的剧组支付乙方30.8万元。王举鸿在该协议下方签字。

2003年7月6日，大同影视中心（乙方）与禾邦公司（甲方）签署补充协议。协议约定，甲、乙双方同意，甲、乙双方和剧组的赞助款和预售发行等收入可冲减本剧1 200万元的总投入，冲减后，需要的投入按甲、乙双方原定比例分别投入。乙方不论投入多少，均不影响乙方在原合同中（指乙方的投入成本回收后）应得的75万元回报。

2003年10月20日，大同影视中心与禾邦公司签订了关于"电视连续剧《凤临阁》发行共管"银行账户管理约定书，相关单位北京市兴业银行三元桥支行代表于2004年4月8日在上述文件上签字。

2003年12月18日，大同影视中心（甲方）与禾邦公司（乙方）签订补充协议。王硕卿和王举鸿分别代表各自单位在协议上签字。协议载明：甲、乙双方合作拍摄的电视连续剧《凤临阁》已于2003年9月16日封镜，双方就"山西电影制片厂电视连续剧《凤临阁》摄制组"制作共管账户一事签订如下补充协议：甲、乙双方确定，甲方已出资373万元，需再出资55万元，共计428万元，此后甲方将不再对电视连续剧《凤临阁》出资，乙方对此无异议；甲方于2003年12月18日汇款55万元至"山西电影制片厂电视连续剧《凤临阁》摄制组"（制作共管账户），处理完甲方的有关事宜后，甲方不再参与剧组制作共管账户，印鉴交乙方单独使用。

2003年8月12日，禾邦公司代表王举鸿出具证明，表明禾邦公司有能力按约定的投资额投入资金并保证大同影视中心投资的回收和利润的分配。

2004年4月29日，国家广播电影电视总局向山西电影制片厂颁发了《凤临阁》国产电视剧发行许可证。2004年6月10日的证明上载明，禾邦公司于2004年4月29日收到上述发行许可证，并对该剧进行全球独家发行。谷明学、王硕卿分别代表各自单位签字，大同影视中心加盖了公章，山西电影制片厂代表签字确认。

2004年5月8日，山西电影制片厂与大同影视中心出具授权书，授权禾邦公司全球独家发行电视连续剧《凤临阁》。

根据2004年9月9日大同影视中心（乙方）与禾邦公司（甲方）签订的"关于《凤》剧发行和回款的补充协议书"，因甲方委托代理人由王举鸿变更为谷明学，双方补充约定，截至2004年8月底，《凤》剧发行签订合同金额已达1 565.8万元（详见甲方提供的发行明细表）；甲方应在今后将发行收入转入双方的共管账户，并使共管账户的资金在2004年9月底前达到30万元，在2004年10月29日前达到500万元以上（含9月底已存入的30万元）；乙方和随心公司在《凤》剧前期合作期间，为《凤》剧支出30.8万元，根据甲方和乙方解决此问题所签的合同，甲方应支付随心公司此款。甲方已支付随心公司9万元，还有21.8万元尚未支付。鉴于王举鸿已离职，为顺利解决此问题，甲、乙双方现确认此款为乙方对《凤》剧的投资款。甲方应在9月20日前直接向乙方支付此21.8万元；甲、乙双方互相配合保障甲方《凤》剧的顺利发行，乙方派专人协助甲方取得《凤》剧发行授权书原件并为甲方如约取得《凤》剧全部版权提供条件。双方在协议书上签章，刘学同、谷明学和王硕卿分别代表各自单位签字。

2004年11月1日，禾邦公司向大同影视中心出具的《凤临阁》发行情况汇总载明，已签合同总额为1 519.6万元，回款总额为786.1万元，未回款总额为733.5万元。

2005年4月29日，禾邦公司向大同影视中心出具的《凤临阁》发行合同欠款情况表载明，江苏、昆明、武汉、杭州、贵州、上海、广西、湖南、北京九家电视台以及上海子嘉共计欠款598.5万元，禾邦公司承诺上述欠款回收首先用于还大同影视中心的投资回报款。其中湖南电视台欠款24万元、江苏电视台欠款54万元、上海电视台欠款135万元、杭州电视台欠款100万元、昆明电视台欠款30万元、贵州电视台欠款10.5万元。2005年6月20日，禾邦公司出具的"情况说明"载明，湖南、江苏、上海、杭州、昆明、贵州等电视台所欠款项已经于4月前付清，但仍然有北京、广西、武汉电视台以及台湾子嘉公司剩余欠款约220万元，此外该公司《与青春有关的日子》一剧的回款和阳光计划一案的赔付都可用于偿付大同影视中心的回款。大同影视中心主张禾邦公司已经回收了上述全部欠款，但是其未提交相应的证据。

大同影视中心2003年1月10日出资10万元；1月29日，出资20万元。大同影视中心主张上述30万元款项支付给予随心公司合作期间的剧组，且另有8 000元出资，在2003年5月29日协议中禾邦公司予以认可。2003年6月6日大同影视中心出资50万元；7月18日出资100万元；8月18日出资28万元；9月9日出资100万元；9月23日出资30万元；9月24日出资65万元；12月18日出资55万元，共计428万元。禾邦公司主张大同影视中心支付的30.8万元与禾邦公司无关，因此此款项不应列入出资额范围，另外在2003年12月18日大同影视中心出资55万元，当天其支取25万元，因此其支取的款项亦不应列入出资额范围。因此禾邦公司主张大同影视中心实际出资408万元。

大同影视中心认可禾邦公司于2003年5月27日向其支付9万元、12月18日支付了25万元，2004年10月15日支付21.8万元、11月25日支付10万元、12月7日支付10万元、2005年4月25日支付了10万元、6月27日支付了40万元、7月22日支付了3万元，总计支付了128.8万元。大同影视中心主张其中103.8万元为返还投资款，2003年12月18日支付的25万元为投资回报款。禾邦公司主张2003年12月18日支付的25万元系经济往来，不属于投资回报款。2003年6月6日，王硕卿领取稿酬19万元、6月26日领取《凤临阁》编剧前期稿费现金11万元、7月3日领取杂务费用36万元。2003年12月19日支出凭单载明，王硕卿作为借款人领取稿酬25万元。上述款项共计91万元。禾邦公司主张上述款项系属于其返还给大同影视中心的投资款范围。

本院认为：在本案中双方当事人争议的焦点问题在于涉案合同及补充协议的效力、原告大同影视中心实际出资数额以及被告禾邦公司是否违反合同约定，是否应当承担违约责任。

第一，关于涉案合同及补充协议的效力问题。被告禾邦公司主张其与原告所签订的涉案合同及补充协议明为联营、实为借贷，且违反联营合同中共担风险、共享利益的原则，应属无效合同。根据我国有关联营合同的法律规定，联营合同保底条款指联营一方虽向联营体投资，并参与共同经营，分享联营的盈利，但不承担联营的亏损责任，在联营体亏损时，仍要收回其出资和收取固定利润的条款。企业法人、事业法人作为联营一方向联营体投资，但不参加共同经营，也不承担联营的风险责任，不论盈亏均按期收回本息，或者按期收取固定利润的，是明为联营，实为借贷，应当确认合同无效。

本案中，大同影视中心作为合同一方当事人负有出资、申报立项、委托创作等合同义务。因此被告主张涉案合同明为联营、实为借贷，依据不足，本院不予采信。根据已经查明的事实，双方当事人所签合作拍摄合同中约定当回款不足以清偿大同影视中心500万元投资和75万元回报时，禾邦公司应当以其他自有资金金额补足，本院认为该条款属于协作型联营合同中的保底条款，违反了联营合同中的当事人共负盈亏、共担风险的原则，应当认定无效。被告还主张2004年9月9日协议并非其真实意思表示，但其未能提出相应的证据予以证明，因此本院对其上述主张不予采信。被告主张2003年5月8日合同其他条款应属无效，依据不足，本院不予采信。综上，双方应当继续按照2003年5月8日所签合同（第六条第四款除外）以及补充协议行使权利、履行义务。

第二，关于原告大同影视中心实际出资数额问题。根据2003年5月8日合同的约定，原告应当出资500万元。2003年12月18日补充协议中，双方约定原告应当出资428万元。这一约定可以视为对2003年5月8日合同相关内容的变更，因此原告负有出资428万元的合同义务。原告主张其实际出资458.8万元，其中含30.8万元前期投资。被告禾邦公司则主张原告实际出资额为403万元，30.8万元为原告单方的费用支出，不应当计入出资范围，2003年12月18日原告汇款55万元，但是当天即提取了25万元，上述25万元款项属于正常资金往来，不应计入出资范围。根据已经查明的事实，2003年5月29日协议中，禾邦公司已经确认了由禾邦公司与大同影视中心组建的剧组负责支付随心公司 30.8 万元的费用支出，且在 2004 年 9 月 9 日协议中，双方当事人已经确认原告前期投入 30.8 万元的款项为其投资款，因此被告提出该款项不应计入出资范围的主张，依据不足，本院不予采信。虽然 2003 年 12 月 18 日禾邦向原告支付了 25 万元，但是现有证据不能证明此 25 万元系双方资金往来，因此本院认为该款项仍应当计入原告的出资范围，被告的前述相关主张，缺乏依据，本院不予采信。因此原告实际出资 458.8 万元的主张，依据充分，本院予以采信。

第三，被告禾邦公司是否违反合同义务的问题。根据合同约定，原告的投资回报额应当以其 2003 年 5 月 18 日合同中规定的 500 万元投资款为基础，按照 15% 计算，即 75 万元，被告应当在收到电视剧发行许可证之日 6 个月内向原告支付投资款及投资回报。原告主张其于 2003 年 12 月 18 日之前共计收到被告返还的投资款 103.8 万元，被告对此无异议，本院对于上述事实予以确认。原告还主张 2003 年 12 月 18 日收回了 25 万元的投资回报。被告则主张该款项属资金往来，且当时还未到支付投资回报的时间，因此它既不属于返还投资款的范围，也不属于投资回报的范围。鉴于禾邦公司于 2004 年 4 月 29 日获得涉案电视剧发行许可证，其应在之后 6 个月内向大同影视中心返还投资款和投资回报，原告所主张的收回投资回报 25 万元的时间并不在合同约定的期限内，且其没有提出其他证据予以证明，因此本院对其上述主张不予采信。同时被告主张 25 万元系资金往来，不属于投资回报的范围，但是其并未提出相关的依据，因此本院对此亦不予采信，上述 25 万元款项应属于被告返还原告投资款的范围。

被告还主张其向原告返还了 66 万元的投资款。原告则主张收到的稿酬 30 万元，已经支付给作者，36 万元为剧组费用，并非投资返款。根据我国民事诉讼法的有关规定，对合同是否履行发生争议的，由负有履行义务的一方承担举证责任。鉴于被告提出的现有证据不能证明其实际返还了投资款 66 万元，且其未能提出其他证据证明其主张，因此本院对其上述主张不予采信。

虽然被告禾邦公司主张发行涉案电视剧合同回款数额与实际不符，但是其并未提出相应的证据予以证明，因此本院对其上述主张不予采信。原告主张被告禾邦公司已经收回了所有相关合同单位的发行欠款，但是其并未提出相应的证据予以证明，因此本院对其上述主张亦不予采信。

第四，关于被告禾邦公司是否应当承担违约责任的问题。根据合同约定，禾邦公司应当于收到涉案电视剧发行许可证之日起 6 个月内向大同影视中心支付投资款及回报，逾期不支付部分应当按照每月 2% 向大同影视中心支付滞纳金。鉴于被告禾邦公司于 2004 年 4 月 29 日收到涉案电视剧发行许可证，因此其应当于 2004 年 10 月 29 日之前支付大同影视中心投资款 458.8 万元及投资回报 75 万元。被告禾邦公司已经向大同影视中心支付了 128.8 万元投资款，剩余 330 万元投资款及 75 万元的投资回报未在合同约定期限内支付，其违反了合同义务，构成迟延履行，应当承担相应的违约责任。

根据我国合同法的规定，当事人可以约定一方违约时应当根据违约情况向对方支付一定数额的违约金，也可以约定因违约产生的损失赔偿额的计算方法，约定的违约金低于造成的损失，当事人可以请求人民法院或者仲裁机构予以增加，约定的违约金过分高于造成的损失的，当事人可以请求人民法院或者仲裁机构予以适当减少。鉴于原告在本案中并未就其实际损失提出相应的证据，被告认为约定的违约金明显偏高，因此本院对双方约定的违约金依法予以调整。

综上，原告大同影视中心指控被告禾邦公司违反合同约定，迟延履行合同义务，应当承担相应违约责任，依据充分，本院予以支持。鉴于原告主张违约金数额偏高，本院将综合全案酌情予以确定。2005年12月19日，北京市第二中级人民法院依据《中华人民共和国合同法》第一百零七条，第一百一十四条第一、二款，《最高人民法院关于审理联营合同纠纷案件若干问题的解答》第四条第一、二款之规定，判决如下：一、北京禾邦影视文化发展有限公司与大同市影视制作中心继续履行涉案合同（第六条第四款除外）及补充协议；二、北京禾邦影视文化发展有限公司于本判决生效之日起60日内向大同市影视制作中心返还投资款人民币330万元并支付投资回报款人民币75万元；三、北京禾邦影视文化发展有限公司于本判决生效之日起60日内向大同市影视制作中心支付违约金人民币30万元；四、驳回大同市影视制作中心的其他诉讼请求。案件受理费34 310元，由大同市影视制作中心负担4 310元（已交纳），北京禾邦影视文化发展有限公司负担30 000元（于本判决生效之日起7日内交纳）如不服本判决，可在判决书送达之日起15日内，向本院递交上诉状，并按对方当事人的人数提出副本，上诉于北京市高级人民法院。

一审判决后，双方均未上诉。

此前，此剧还引发了一场著作权纠纷。2005年6月7日。在北京市第二中级人民法院的主持下，原告北京禾邦影视文化发展有限公司与被告子嘉（上海）企业发展有限公司达成调解协议。这一双方都满意的结果为电视连续剧《凤临阁》顺利走向海外市场铺平了道路。

原告北京禾邦影视文化发展有限公司起诉称：2003年8月30日，原、被告双方签订了电视剧《凤临阁》发行权有偿转让合同。合同签订后，原告依约履行了自己的义务。根据约定，被告应于2004年3月15日之前，支付给原告转让费共计54万美金，折合人民币为447.12万元，但被告仅支付了130万元人民币，余款至今未予支付，虽经原告多次催索，但被告一直借故推托。为此原告只得诉诸法院。诉讼请求为：1. 要求被告按约定履行合同，立即支付版权转让费余款人民币317.12万元。2. 要求被告给付原告至款项结清之日的滞纳金（按日万分之二点一，自2004年3月15日起暂算至2004年9月14日为119 871元），3. 要求被告赔偿原告经济损失26.33万元。以上款项总计人民币355.43万元。

鉴于本案涉及由杨恭如、王刚、斯琴高娃等著名影星主演的30集大型古装剧《凤临阁》在海外是否可以成功发行，合议庭对此案十分慎重。经过与双方当事人电话沟通，在认真了解案情的基础上，合议庭本着司法为民的精神，多次进行耐心细致的调解工作。最终在法院的主持下，双方当事人达成调解协议。

【学者评述】

经济纠纷在影视剧投资中十分常见，本案就是明证。

其实，此类案件的赔偿金额并不高，在本案中仅有30万元，不及整部电视剧投资的1/40。类似案件中，将违法成本仅仅理解为"赔偿金额"难免狭隘，矛盾如果无法得到妥善处理，受到影响的就是电视剧的正常发行与播出。尽管，一旦电视剧停播，电视台可以向制片方索赔，但对制片方来说，不仅上千万的投资无法收回，而且会变成账面上的无效资产，从而产生后续一系列负面影响，最终损失的不只是违约金，更有全部投资，尤其是制片方的声誉。因小失大，实在不是明智之举。

在影视剧的投拍过程中，多方投资人都应增强"契约精神"，以合同约定来规范自身行为。只有这样,中国影视产业才能得到良性发展。中国的影视剧,不仅要走得快,更要走得稳。

(李林博)

第十三节 带不走,飞不起

【原告】上海大晨文化信息咨询有限公司
【被告】中国国际电视总公司上海分公司

原告上海大晨文化信息咨询有限公司诉被告中国国际电视总公司上海分公司经营合同纠纷一案,现已审理终结。

原告上海大晨文化信息咨询有限公司诉称,2004年3月31日原、被告就被告回购双方共同投资拍摄的《带我飞,带我走》电视剧的销售发行权以及全部权益一事达成一致意见并签订协议。双方约定回收价为5 280 000元,原告应占4 170 000.08元,被告应占1 100 000.92元;被告应于2004年4月7日、5月31日和7月31日前分别支付1 500 000元、1 500 000元和1 170 000.08元。然被告于2004年4月8日、7月16日、2005年4月7日分别支付了1 500 000元、1 000 000元和670 000元,余款至今未付。因催讨无果,故提起诉讼,要求判令被告支付回购费1 000 000.08元及逾期付款违约金102 789.72元(按照银行同期贷款利率计算至2005年10月18日)。庭审中,原告将主张逾期付款违约金的表述更正为主张利息损失。

被告中国国际电视总公司上海分公司辩称,双方为共同投资拍摄电视剧,在签订的合同中约定1 200 000元的海外发行预收款应属被告所有,但实际却由原告收取,故原告向被告主张权利时,其亦应将该款项归还给被告,因此被告已付清款项,不应承担付款义务;根据约定,原告应投资3 760 000元,但原告实际投资情况不明,故原告实际投资情况是确定被告支付回购金额的前提,为此被告申请对该电视剧以及原告实际投资款进行审计,以确定被告应付金额;另根据约定,在被告付清回购款之前所发生的销售发行盈亏应由双方分担,现一直处于亏损,故原告应承担部分亏损,对此被告有权要求进行抵销。综上,要求驳回原告的诉讼请求。

经审理查明,2002年12月10日原、被告就联合摄制电视剧《情窦初开》(暂名)事宜签订合同。双方约定的主要内容为:电视剧于2002年12月开拍,预计2003年3月左右完成;总预算控制在5 700 000元,被告以1 000 000元、原告以3 500 000元比例共同投资,海外发行预收1 200 000元冲抵制作成本;双方同意摄制工作结束,预算决算经双方会计部门审定,预决算表方能通过;任何一方认为有必要,则可委托与双方均无利害关系的独立审计机关对该预决算表进行审计。

上述合同订立后,双方即开始进行投资、合作拍摄该电视剧。该电视剧后正式定名为《带我飞,带我走》。2004年3月31日,原、被告就该电视剧销售发行权一事签订了"销售协议"。双方明确该电视剧原告投资3 760 000元、被告投资1 000 000元,总计4 760 000元。双方约定由被告回购该电视剧并拥有该剧全部版权的销售发行权以及全部收益;双方确认回收价为5 280 000元，总额仍以原告3 760 000元、被告1 000 000元之比例作分配，即原告实际应占4 170 800元，被告实际应占1 109 200元；被告以5 280 000元回购之后所发生的销售发行盈亏由被告承担，与原告无涉；在协议签署生效日起7日内，被告支付1 500 000元，五月下旬支付1 500 000元，由本协议签署生效四个月期内7日支付末期费用为1 170 800元；协议签署后生效。

"销售协议"订立后，被告取得了该电视剧剧本的国内和海外销售发行权。被告于2004年4月8日按约支付了1 500 000元，于2004年7月16日支付了1 000 000元。2005年2月4日原告向被告发出催告函，要求被告支付余款。被告于2005年4月7日支付了670 000元。因被告至今没有支付余款，故原告提起诉讼，要求判令被告支付回购款1 000 000.08元及利息损失102 789.72元。

另在审理中，被告认为其支付回购款的金额是以实际投资为依据，双方签订的合同中明确任何一方均可提出审计，故书面向本院提出申请，要求对电视剧的实际投资及原告实际投资情况进行审计。

以上事实，有2002年12月10日原、被告签订的合同、2004年3月31日原、被告签订的"销售协议"、被告付款凭证、原告催款函及庭审笔录等证据证实。

本院认为，虽然被告以投资情况不明为由要求审计及以海外发行预收款事宜进行抗辩，但由于双方在2004年3月31日签订的"销售协议"中已经对投资情况有了明确的说法，该协议系双方对共同投资事实的确认、对电视剧销售发行权事宜的处分，如被告对此有异议，应当按照法律规定行使有关权利，然被告直至原告提起诉讼，在长达十九个月时间内既不提出异议又履行了大部分义务，尤其在原告向其催讨后仍然履行了部分义务，故根据上述事实，被告该抗辩理由不能成立。至于被告要求以销售发行亏损抵销债务，因被告并未明确亏损金额，而且双方对此存在争议，故如果被告坚持认为其有权要求原告分担亏损，可另行通过诉讼解决。

为此，本院认为，2004年3月31日原、被告签订的"销售协议"系双方当事人真实意思的表示，应属合法有效，被告未能按约履行付款义务，应当承担相应的民事责任；原告主张1 000 000.08元款项并无不当，可予以支持。因被告除按约支付首期款项外，其余均存在逾期履行或未全部履行的情况，故已构成违约，原告有权要求被告支付利息损失；该利息损失的起算时间应根据协议约定，其中被告未能在2004年5月下旬内支付1 500 000元，故应从2004年6月1日起计算该部分利息损失；至于"本协议签署生效四个月期内七天支付末期费用1 170 800元"的约定，本院认为虽然该表述语法不通，但可理解为该协议签署生效满四个月后的七天内付款，故决定从2004年8月8日起算利息损失。上述利息损失的具体金额由本院按照同期银行贷款利率为标准予以计算。

二〇〇五年十二月九日，上海市徐汇区人民法院依照《中华人民共和国合同法》第一百零九条、第一百一十二条的规定，判决如下：一、被告中国国际电视总公司上海分公司应于本判决生效后十日内给付原告上海大晨文化信息咨询有限公司款项1 000 000.08元。二、被告中国国际电视总公司上海分公司应于本判决生效后十日内给付原告上海大晨文化信息咨询有限公司利息损失99 987.97元。本案受理费15 524元，由原告负担40元，被告负担15 484元。如不服本判决，可在判决书送达之日起十五日内，向本院递交上诉状，并按对方当事人的人数提出副本，上诉于上海市第一中级人民法院。

一审判决后，双方无人上诉。

【学者评述】

本案将影视剧的海外发行推到大众眼前。

据公开资料显示,国产电视剧自20世纪80年代起就开始尝试走向海外市场,如《西游记》《三国演义》等,当时国产电视剧走出国门大多是面向海外华人,也曾在欧美掀起一片声浪。但是,由于当时并不成规模、没有行业体系、毫无市场运作及规划,国产影视走出海外并没有形成气候,所以称不上产业现象。

20世纪90年代,我国电视剧的海外发行开始逐渐走上正轨,但仍以代理为主。目前,国内有十几家从事海外发行的代理商。这些代理商负责对接海外主流电视台,他们首先从国内制片方手中买下版权后,每家代理商分别对应不同的版权区域进行分销。而为了发行到更多国家,制片方往往会选择同时对接多家代理商多渠道分销,同时也会收取部分海外发行预付款。

从2011年起,国产剧出海的步伐明显加快,国产剧出口的总体规模已呈现出逐年上升的趋势。《芈月传》在国外播出的覆盖面比《甄嬛传》更大,而《琅琊榜》在国内热播的同时,就已收到来自美国、韩国、新加坡等国家的订单。据统计,截至2016年8月,中国电视剧出口量已超越韩国。然而"海外镀金"看似光鲜,却也可能"水土不服"。文化差异、文化隔阂使中国电视剧在海外市场遭到冷遇的现象不在少数。

无疑,海外发行是中国电视剧走向世界的重要渠道,也是中国影视产业开拓国际市场的重要手段。国产电视剧只有苦练内功、注重质量,彰显中华民族的文化自信,才能在海外市场真正占据一席之地。

(李林博)

第十四节　糠稀"帝国"

【上诉人,原审被告,反诉原告】上海黄河影视有限公司
【被上诉人,原审原告,反诉被告】上海新锦发房地产有限公司
【被上诉人,原审原告,反诉被告】上海太阳都市花园文化艺术有限公司
【原审第三人】上海求索影视制片有限公司

上诉人上海黄河影视有限公司因合作纠纷一案,不服上海市第一中级人民法院(2000)沪一中知初字第65号民事判决,向上海市高级人民法院提起上诉,现已审理终结。

【一审查明事实】

原审法院审理查明:

1999年10月27日,被告上海黄河影视有限公司与第三人上海求索影视制片有限公司签订《〈康熙帝国〉电视剧摄制合作协议书》1份。该协议书共17章,分别约定了"总则"、"合作双方"、"双方投资"、"职责与权利"、"质量标准"和"违约责任"等。其中:第3条约定:"电视剧《康熙帝国》实行的是总制片人负责制"。第6条约定:"甲方(被

告）以前期筹备运作资金的投入，与自筹资金的投入，共计人民币1 880万元，其中前期筹备运作资金投资人民币350万元。乙方（第三人）以现金全资人民币800万元投资"。第7条约定，被告负责该剧的一切拍摄、制作等工作、出任该剧"总制片人"等。同日，上海市影视音像管理处向第三人颁发了《电视剧制作临时许可证》第12234号，该许可证上写明，第三人作为制作单位，剧目名称为《康熙帝国》，被告作为联合、合作单位，有效期限自1999年10月至2000年11月。

同年10月28日，原告上海新锦发房地产有限公司和上海太阳都市花园文化艺术有限公司与被告签订《〈康熙帝国〉电视剧摄制合作协议书》1份（以下简称《协议书》，其中《康熙帝国》电视剧以下简称《康》剧）。该《协议书》共17章，分别约定了"总则"、"合作各方"、"各方投资"、"职责与权利"、"质量标准"和"违约责任"等。其中："各方投资"中第三方为"上海市广播电影电视局求索影视有限公司"。"资金运作"中第12条约定："……资金运作实行目标管理和过程管理相结合的原则，确保总量控制和专款专用"。第17条约定："为了合理使用资金，防止资金截留、挪用，甲乙（原、被告）与第三方（第三人）商定，为《康》剧设立专门账号，乙方（原告）并派出会计一名"。"资金运作"中第18条约定："根据摄制组的实际情况，拍摄资金投入，乙方（原告）应分四期进行，按期及时打入《康》剧专门账号。第一期，正式签订协议后一周内付200万元；第二期，正式开机前一周内付200万元；第三期，正式开机三个月内付400万元；第四期，现场拍摄完毕前一周内付400万元"。"质量标准"中第19条约定："有关《康》剧剧本、演职员人选、歌曲、拍摄、制作、推广及宣传等，乙方（原告）有全面的审核、指导的权利，甲方（被告）必须尊重和采纳乙方的意见，务必保证该剧达到最完美的效果"。"争议解决"中第34条约定，"合作各方若因合同的执行而产生争议，或产生与本合同有关的其他争议，应友好协商解决；协商不能解决的，双方一致约定将争议交由上海地区人民法院裁决；争议事项的裁决不影响其他条款的执行"。"违约责任"中第36条约定："合同签署后，若一方违约，违约金的计算方法为总投资额的20%；开机以后，产生违约行为，则违约金的计算方法为总投资额的35%。若投资资金不能按时支付，则视为违约。违约方必须承担由此造成的影响生产进度与周期，以及其他一切相关的责任，并按违约天数，处每天实际开支平均数二倍的违约金"。《协议书》签订当天，原告即按规定投入第一期拍摄资金人民币200万元。

2000年1月14日，两原告写信给被告，主要内容为，原告与被告多次商定主要演员人选，正式达成一致意见由焦晃出演康熙，在这一前提下，原告才与被告签约，北京会议对《康》剧剧本提出重大修改意见，并正式决定由焦晃出演康熙。现剧组提出有新的意见，不准备用焦晃出演康熙，原告希望被告尊重统一意见，尊重《协议书》第19条，尊重投资者投资的重要条件，由焦晃出演康熙，如剧组决定不用焦晃，原告正式提出中止合同，抽回投资款。同年2月9日被告回函原告提出"刘大印是总制片人……贵方（原告）有建议权，但决策权在甲方（被告）。无论从康熙的年龄和市场运作，艺术质量等方面，陈道明当然要好于焦晃……"同月14日《康》剧开机拍摄。

原审法院另查明，1999年12月14日，《康》剧摄制组将其账号上的人民币25万元汇入被告账号，在"汇款用途"一栏中写明"税款"。原告派出的苗爱琳在摄制组当出纳，并领取了1999年11月至2000年1月的工资。此外，第三人按照与被告签订的协议书约定，向被告汇入投资款人民币800万元。

原审法院又查明，证人吴思远、焦晃证实，1999年9月，被告法定代表人刘大印曾找过焦晃让其考虑出演《康》剧中康熙一角，10月中旬，焦晃妻子陈晓黎认为只要剧本好，焦晃原则上同意出演。11月16日，焦晃与原、被告法定代表人等见面，刘大印等决定由焦晃出演康熙，2000年春节前，原告法定代表人通知焦晃，刘大印已决定康熙一角改用其他演员，且原告决定起诉被告。

2000年2月2日，两原告向上海市第二中级人民法院提起诉讼，请求判令：终止原、被告签订的《协议书》；被告返还原告已投入的资金人民币200万元并支付违约金人民币536万元。

被告提出反诉，请求判令：两原告支付给被告违约金人民币938万元。

第三人请求判令：两原告赔偿第三人人民币564 300元（因两原告违约而迫使第三人贷款给《康》剧摄制组所造成的利息损失）。

庭审中，两原告还提出被告有其他违约行为。诉讼中，被告坚持要求两原告按总投资额的35%支付违约金，但对原告投资不到位造成的实际损失未提供相应证据。

【一审法院观点】

原审法院认为，被告在两原告表示不同意的情况下，未再与之协商和采纳其意见，仍启用了陈道明出演康熙。违反了双方《协议书》第19条约定，应视为违约。被告不能提供足够的证据证明汇至自己账户的人民币25万元是用于缴纳《康》剧摄制组演员的个人调节税，违反了双方协议关于"为《康》剧设立专门账号，专款专用"的约定，构成违约。两原告诉称被告有其他违约行为依据不足。鉴于被告的违约行为发生在开机前，且被告未对违约金是否过高提出异议，故被告应按总投资额人民币2 680万元的20%支付违约金。两原告提出终止《协议书》履行的诉讼请求，被告表示同意，因此对合同未履行部分可予终止履行。根据《中华人民共和国合同法》第98条规定，两原告要求归还投资款人民币200万元属合同中的结算与清理，应予支持。

两原告以提起诉讼为由，拒不支付后3期投资款违反了双方《协议书》第34条的约定，构成违约。两原告的行为属未按期投入资金的行为。双方《协议书》第36条对投资款延期支付的违约责任约定为"违约方必须承担由此造成的影响生产进度与周期，以及其他一切相关的责任，并按违约天数，处每天实际开支平均数二倍的违约金"。这一约定属双方对投资款延期支付违约责任的特别约定。故被告反诉要求两原告按总投资额35%支付违约金的诉请，缺乏合同依据，原审法院对此无法支持。

在第三人诉请部分，被告系上述两份协议的签订方，应该清楚有关条款有无侵害第三人利益的内容。如果被告在与原告签订的《协议书》中，侵害了第三人的利益，应由被告向第三人承担责任，第三人应向被告提出主张。现第三人认为因原告违约造成其贷款利息损失并要求赔偿的诉请，没有合同依据，原审法院不予支持。

【一审判决】

依照《中华人民共和国合同法》第四条、第九十一条第（七）项、第九十八条的规定，判决：一、两原告与被告签订的《协议书》于本判决生效之日起终止履行；二、被告于本判决生效之日起10日内向两原告返还投资款人民币200万元；三、被告于本判决生效之日起10日内向两原告支付本诉违约金人民币536万元；四、被告要求两原告按总投资额35%支付违约金人民币938万元的反诉讼请求不予支持；五、第三人的诉讼请求不予支持。本案一审本诉案件受理费人民币46 810元，诉讼保全费人民币15 520元，由被告负担。本案一审反诉案件受理费人民币56 910元，由被告负担。第三人负担主张有独立请求权部分的案件受理费人民币10 653元。

判决后，上海黄河影视有限公司不服，向本院提起上诉，其当庭提出的上诉理由主要是：（一）一审审理程序不当。1. 私自改变案由；2. 证人地位的认定错误，一审时上诉人从未对证人吴思远和焦晃的证言表示无异议，一审在未查证证人身份和证据来源的情况下作出认定，显然错误；（二）一审认定事实有错误。1. 一审判决以被上诉人2000年1月14日给上诉人的函作为认定本案事实的依据，而该函中陈述的许多事实都不真实；2. 吴思远和焦晃不应成为本案的证人，其陈述的事实也是不正确的；3. 一审判决毫无根据地认定"上诉人未与被上诉人协商，所以没有采纳上诉人的意见"是错误认定；4. 一审没有确定开机时间，回避了该问题，其关于开机前违约的判决没有依据；5. 一审判决对25万元税款挪用的认定没有根据；（三）一审判决适用法律不当。1. 一审判决引用的合同法中第91条第7项与本案没有关系，不适用本案；2. 一审判决认定被上诉人构成违约，但没有判令其承担违约责任；本案不存在延期投资的问题，不适用延期投资的约定。为此，请求二审法院依法撤销一审判决，要求被上诉人根据合同金额的20%向上诉人支付违约金，即由原来要求被上诉人按总投资额35%支付违约金人民币938万元改为支付536万元；被上诉人承担本案的全部诉讼费。

被上诉人上海新锦发房地产有限公司和上海太阳都市花园文化艺术有限公司当庭答辩称：被上诉人不同意上诉人所有的请求。原审法院审判程序合法，适用法律正确，对事实的认定，尤其是对证据的认定都是合法的。被上诉人不存在任何违约情况。

【二审质证】

二审中，上诉人上海黄河影视有限公司提供的新证据是：

1. 上海市第二中级人民法院（2000）沪二中经初字第209号民事裁定书（复印件）；
2. 上海市第二中级人民法院（2000）沪二中经初字第209号经济纠纷案件移送函稿（复印件）；
3. 立案审批表（复印件）；
4. 上海市第一中级人民法院通知上诉人缴纳诉讼费用的通知（复印件）；
5. 上海市第一中级人民法院通知被上诉人缴纳诉讼费用的通知（复印件）；
6. 上海市第一中级人民法院通知被上诉人缴纳诉讼保全费用的通知（复印件）。

以上证据1～6欲证明有人在刻意将本案的案由改为著作权纠纷由知识产权庭审理。

7. 1999年7月13日《南方都市报》"刘大印陈家林再度携手，姜文有望主演《康熙帝国》"一文（复印件）；
8. 1999年7月13日《广州日报》"《康熙帝国》主演玩神秘"一文（复印件）；
9. 1999年5月9日《新民晚报》"《康熙帝国》制片人澄清误传，姜文将披龙袍扮演康熙大帝"一文（复印件）；
10. 1999年5月7日《青年报》"刘大印新戏点中影帝，姜文为诚意连破三忌"一文（复印件）；
11. 1999年5月24～30日《黑龙江省广播电视报》第1008期"拉姜文当皇帝，《康熙帝国》誓超'雍正'"一文（复印件）。

以上证据7~11欲证明《康熙帝国》的主要演员一直未确定，至少未确定为焦晃。

12. 2000年10月16日中华人民共和国税收通用缴款书2张（复印件），内容为：上诉人缴纳的个人所得税共计25万元。税款所属时期是2000年9月1日至30日；

13. 2001年8月20日上海市税务局嘉定区分局马陆税务所出具的证明1份（复印件），内容为：上诉人拍《康熙帝国》交纳的个人调节税人民币25万元。2000年1月上诉人曾到该所咨询并办理有关手续。因其银行账号在2月被冻结，故该所同意将税款延期到解冻后的2000年10月缴纳，并注写了证据12的号码。

上述证据12~13欲证明上诉人不存在挪用25万元的情况。

14. 2002年6月4日上诉人的两代理人就一审中焦晃、吴思远的证词以及2000年1月14日被上诉人发给上诉人函的内容向《康》剧导演陈家林作的调查笔录1份，欲证明从未作出过让焦晃出演康熙，不考虑其他人选的决定。

经质证，被上诉人认为，对上述证据1~6的真实性没有异议，但这些证据不能证明有人故意涂改；对证据7~11的真实性没有异议，但对他们的观点有异议，这些都是新闻界的报道与本案没有关系；对证据12认为，该税收通用缴款书的时间是2000年10月16日，而上诉人的划款日期是1999年12月14日，说明撤资时，上诉人并没有到税务局谈到税款，也不能证明他们发的报酬是专门为《康熙帝国》剧组支付的费用；对证据13的真实性有异议，该证明对所交付的税种名称都没有写对，税务机关不应不知道交付的是什么税；对证据14的形式要件和内容均有异议，且认为该证人未出庭作证，其证言没有效力。

第三人上海求索影视制片有限公司对上述证据1~13未到庭质证；对证据14没有意见。

本院认为，证据1~6仅反映了原审法院在受理案件时确定案由的过程，不能说明审理程序上存在错误；证据7~11均系有关报纸的报道，非当事人之间的有关文件，且时间均早于双方协议签订的时间，不能反映协议签订时的情况；证据12反映的时间不但晚于25万元汇入上诉人账号的时间约10个月，且该证据中"税款所属时期"为2000年9月1日~2000年9月30日，与该25万元汇入的时间无关联性，也无法反映该税款就是该25万元款项所交；证据13马陆税务所出具的证明中所称的税目名称为"个人调节税"，而被证明的税单则是"个人所得税"，两者税目名称不同；该证明中称同意缓交，但被证明的税单上没有交付滞纳金的内容；根据我国税法的规定，税务所并无同意缓交税款的权利；且两被上诉人对该证据的真实性有异议。因此，证据12和13难以证明上诉人的观点；对证据14，虽被上诉人对其真实性和内容均有异议，但陈家林的证词仅说明当时未确定焦晃作为主要演员，即使该事实成立，也不能证明上诉人选择其他演员系符合上诉人与被上诉人间协议的约定。

二审中，本院当庭出示了依法调查取得的证据有：

1. 协助查询存款通知书回执一份；
2. 上海银行天山支行的上海黄河影视有限公司分户账1999年第7页；
3. 上海银行天山支行的上海黄河影视有限公司分户账2000年第1页；
4. 上海银行天山支行的上海黄河影视有限公司分户账2000年第2页；
5. 上海银行天山支行的上海黄河影视有限公司分户账2000年第6页；
6. 中国人民银行1999年12月15日电划贷方补充报单第二联；
7. 上海银行2000年元月3日的付款人为上海华生电器十一厂的进账单一份；
8. 上海银行天山支行2000年1月3日的号码为AM903751的支票一张；
9. 上海银行2000年元月4日的付款人为上海申海建设监理有限公司的进账单一份；

10. 2000年元月19日现金解款单一张；
11. 上海银行天山支行2000年1月28日的号码为AM903752的支票一张；
12. 上海银行天山支行2000年2月15日的号码为AM903753的支票一张；
13. 上海银行天山支行2000年9月25日的号码为AM903757的支票一张；
14. 上海银行天山支行2000年9月26日的号码为AM903758的支票一张；
15. 上海银行天山支行2000年9月27日的号码为AM903760的支票一张；
16. 上海银行天山支行2000年9月28日的号码为AM903761的支票一张；
17. 上海银行天山支行2000年9月26日的大额现金支付登记审批表一张。

经质证，上诉人对上述证据的真实性无异议，但认为上述证据与本案没有直接的关系。

被上诉人对上述证据的真实性没有异议，认为以上情况说明25万元系开拍前就挪用，上诉人存在违约行为。

第三人对上述证据没有发表意见。

本院认为，上述证据系本院依法取得，且上诉人和被上诉人对其真实性没有异议，故对上述证据予以确认。

根据一审和上述证据，本院确认原审查明的基本事实属实。

另查明，2000年1月3日，上诉人从上述汇入人民币25万元税款的账号中提取了现金人民币3万元，用途是差旅费。2000年9月25～28日，上诉人又以现金方式从该账号剩余的人民币23万余元中提取了23万元，用途也是差旅费。

【二审法院观点】

本院认为，上诉人与被上诉人双方签订的《协议书》合法有效，双方均应按约履行。本案本诉部分，上诉人在与被上诉人就出演康熙的主要演员尚未达成一致意见的情况下，未能按约尊重被上诉人的意见，启用了其他演员出演康熙，显然违反了双方协议第19条的约定，应属违约。上诉人在人民币25万元从《康》剧专用账户划至自己账户后，并未按该款的用途缴纳税款，违反了双方关于专款专用的约定，应承担相应的责任。一审判决对本诉事实的认定和处理，并无不当，应予维持。

本案反诉部分，被上诉人在支付了第一期投资款后，不再支付后几期款项，违反了双方协议第34条关于争议事项的裁决不影响其他条款执行的约定。该条是双方对履行合同与协议争议两者关系的特别约定，是双方真实意思的表示，并未违反法律的规定，对双方均有约束力。因此被上诉人不再支付后几期投资款的行为构成违约，应承担相应的违约责任。二审中，上诉人提出的要求被上诉人根据合同金额的20%向上诉人支付违约金的请求，经审查，该请求未超出原审诉请的范围，可予准许。

上诉人诉称原审法院私自改变案由，属审理程序不当。本院认为，人民法院立案时，根据当时的相关证据确定某一案由，并不影响该案在程序和实体上的审理。因此，上诉人的这一上诉理由缺乏事实和法律依据，不能成立。上诉人诉称一审判决对证人地位的认定错误，吴思远和焦晃不应成为本案的证人，一审时上诉人从未对这两个证人的证言表示无异议，一审在未查证证人身份和证据来源的情况下作出认定，显然错误。经查，上诉人在一审时已对该两证人的证言进行了质证，并未表示过异议，一审判决根据该证据所述内容，结合其他证据认定相关事实，并无不妥。上诉人诉称一审判决以被上诉人2000年1月14日给上诉人的函作为认定本案事实的依据，而该函中陈述的许多事实都不真实。经查，一审判决并非仅以该函为依据，而是根据可以相互印证的有关证据确定本案事实的，上诉人的这一上诉理由没有依据，不能成立。上诉人诉称一审判决毫无根据地认定"上诉人未与被上诉人协商，所以没有采纳上诉人的意见"是错误认定。经查，关于此节事实，上诉人对一审判决中有关的表述未作完整的陈述。而双方上述信函的内容则反映了"在两原告表示不同意的情况下，被告未再与两原告协商，亦未采纳两原告的意见，仍启用陈道明出演康熙"的事实，故上诉人的这一上诉理由缺乏事实依据。上诉人诉称一审判决没有确定开机时间，回避了该问题，其关于开机前违约的判决没有依据。经查，一审判决对《康》剧开机拍摄的时间作了明确表述。该时间与上诉人给一审法院的函中承认的开机日期相同，并不存在未确定开机时间和回避该日期的问题。上诉人的这一上诉理由与事实不符。上诉人诉称一审判决对25万元税款挪用的认定没有根据。经查，上诉人二审中提供的该两张税收通用缴款书的日期均是2000年10月16日，不但时间晚于1999年12月14日25万元汇入上诉人账号的时间约10个月；且该"税款所属时期"为2000年9月1日至30日，与25万元汇入的时间无关联性。该两张税收通用缴款书上所注的日期是在一审审理期间的第二次开庭（2000年11月6日）之前，上诉人完全可以在一审期间提供该重要证据。另外，上诉人又无充分证据证明是为《康》剧纳税所用。本院二审查明的事实则反映了该笔款项并未用于纳税。因此，一审判决关于此节事实的认定正确，上诉人的这一上诉理由与有关证据证明的事实相悖，不能成立。上诉人诉称一审判决引用的合同法中第91条第（7）项与本案没有关系，不适用本案。经查，该第91条第（7）项是关于法律规定或者当事人约定合同权利义务终止的其他情形的规定。本案中，双方当事人均在诉讼中表达了愿意终止双方协议的意思，应属于该条第7项规定内的情形，一审判决适用该条该项并无不当。上诉人诉称一审判决认定被上诉人构成违约，但没有判令其承担违约责任，本案不存在延期投资的问题，不适用延期投资的约定。本院认为，一审判决关于双方在协议中对延期支付投资款项作了特别约定的认定并无不当。但事实上，被上诉人按约支付了第一期款项后，对后几期款项不再支付，其行为应属于不予支付。经查，双方协议中仅对延期付款的违约责任作了特别约定，但并未对不予支付投资款的行为作出过特别约定。而延期支付与不予支付两者内涵和外延均不相同，其法律后果并不一样。因此，被上诉人不予支付的行为不适用双方关于延期付款违约责任的约定。因被上诉人从第二期起即不支付应付的款项，属开机前已违约。故上诉人要求被上诉人按总投资额20%，即承担536万元违约责任的诉请，可予支持。一审判决关于被上诉人该行为属延期支付，应适用延期付款特别约定的认定不当，应予纠正。

【终审判决】

二〇〇二年十二月二十日，上海市高级人民法院根据《中华人民共和国民事诉讼法》第一百五十三条第一款第（二）项、第一百五十八条之规定，并经本院审判委员会讨论决定，判决如下：一、维持上海市第一中级人民法院（2000）沪一中知初字第65号民事判决第一、二、三和第五项；二、撤销上海市第一中级人民法院（2000）沪一中知初字第65号民事判决第四项；三、被上诉人上海新锦发房地产有限公司、上海太阳都市花园文化艺术有限公司于本判决生效之日起10日内向上诉人上海黄河影视有限公司支付违约金人民币536万元。根据上述判决第一、第二、第三项相抵，上诉人上海黄河影视有限公司应予本判决生效之日起10日内，支付被上诉人上海新锦发房地产有限公司、上海太阳都市花园文化艺术有限公司人民币200万元。本案一审本诉案件受理费人民币46 810元，诉讼保全费人民币

15 520元,由上诉人上海黄河影视有限公司负担。本案一审反诉案件受理费人民币56 910元,由上诉人上海黄河影视有限公司负担24 390元,被上诉人上海新锦发房地产有限公司、上海太阳都市花园文化艺术有限公司负担32 520元。第三人上海求索影视制片有限公司负担其主张独立请求权部分的一审案件受理费人民币10 653元。本案二审案件受理费人民币103 720元,由上诉人上海黄河影视有限公司负担71 200元,被上诉人上海新锦发房地产有限公司、上海太阳都市花园文化艺术有限公司负担32 520元。

本判决为终审判决。

【学者评述】

《康熙帝国》又名《康熙王朝》,是中国大陆拍摄的一部大型历史题材电视连续剧,由陈家林、刘大印执导,陈道明、斯琴高娃主演,第一次以正剧的形式浓墨重彩地刻画了清朝康熙皇帝充满传奇的一生。电视剧一经播出便引发了空前的收视热潮,收视率一度达到了13%,全面超越《雍正王朝》和《大宅门》。2011年12月,《康熙王朝》获得中国电视剧"百部优秀电视剧"奖。但是,在其如此耀眼的光环背后,却有本案这样一场鲜为人知的选角闹剧。

毫无疑问,制片人对电视剧的选角起着决定性作用。表面看是选角矛盾,实质却是一场资本与权力的博弈。众所周知,选角的合适与否直接影响着影视剧艺术质量的高低。决定角色由谁出演的关键,应当是演员与角色在形象、气质等方面的契合度,而不能由与艺术无关的权力来决策。

令人欣慰的是,无论孰是孰非,电视剧《康熙王朝》最终凭借其对历史事件气势磅礴地再现和对历史人物细致入微的刻画取得了成功,这才是观众想要的结果。

(李林博)

第十五节 "天马"坠地录

【上诉人,原审被告】 上海文宝贸易商汇
【上诉人,原审被告】 吴立民
【被上诉人,原审原告】 上海天马电影制片有限公司清算小组

上诉人上海文宝贸易商汇(以下简称文宝商汇)、吴立民因损害公司权益纠纷一案,不服上海市卢湾区人民法院(2001)卢经初字第636号民事判决,向上海市第一中级人民法院提起上诉,现已审理终结。

原审查明,原上海天马电影制片有限公司(以下简称天马公司)系由上海川崎食品有限公司(以下简称川崎公司)、上海电影电视(集团)公司(以下简称上影集团)及文宝商汇共同出资组建。该公司的章程规定,由川崎公司出资人民币560万元、文宝商汇出资人民币240万元、上影集团出资人民币200万元;公司董事长由川崎公司委派,总经理由董事会聘请;董事会负责召集股东会、聘任或解聘总经理;总经理对董事会负责,主持公司的经营管理工作;股东会所议事项必须经全体股东一致通过等。1996年4月,经股东大会及董

事会，选举川崎公司负责人张忱为法定代表人、董事长，同时聘任文宝商汇负责人吴立民为总经理，聘期3年。同年5月，天马公司经核准领取企业法人营业执照，营业期限自1996年5月21日至2001年5月21日。吴立民在负责经营期间，设立了银行经营账户，保管公司公章、执照等证照，并负责聘用财务人员做账。1998年12月23日，天马公司董事长张忱发函通知文宝商汇召开董事会，主要内容为由吴立民述职，文宝商汇收函后明确对通知"不予支持"。1999年1月6日，天马公司董事张忱、陈培华等人提出解除吴立民总经理职务的动议，上影集团董事贺子壮等亦提出相应内容的动议。当日，天马公司在文宝商汇董事缺席的情况下召开董事会，以2/3多数通过决议："解除吴立民总经理职务，由董事长张忱代理行使总经理职权；冻结天马公司原账户；对原财务、账务及经营业务进行审计，移交文档并接手天马公司工作；原公章、合同章、财务章、银行印鉴登报宣布作废；重新启用新的公章、合同章、财务章及银行印鉴。"当月15日，天马公司以董事会名义在上海《文汇报》上将董事会决议有关内容予以公告，并向公安机关申请刻制公章及财务专用章。文宝商汇及吴立民则对董事会决议及公告不予理睬，并将经营场所及有关财务账册等资料移至他处，继续以天马公司名义对外经营，使用公司原印鉴（包括曾另行刻制二枚公章），并对有关经济纠纷对外应诉，而未将有关经营情况及诉讼情况告知董事会。1999年、2000年吴立民未经公司董事长张忱同意而向工商行政管理机关申报年检并获通过。2000年6月，上影集团向川崎公司发函，希望能妥善处理天马公司的善后事宜。天马公司董事会亦曾向工商行政管理部门反映情况，请求处理，未果。

原审另查明，2001年9月14日，因在申报年检中弄虚作假，天马公司被工商行政管理部门吊销企业法人营业执照。2002年2月6日，天马公司成立清算小组，并向原审法院申请变更诉讼主体。

原审认为，天马公司系由川崎公司、文宝商汇及上影集团共同投资设立的有限责任公司，其依法享有合法经营及处理公司有关事项的权利。现天马公司成立清算小组，依法享有清理公司财产、债权债务及代表公司参与民事诉讼等权利，原公司母体的权利义务依法也均由其享有和承担。因经营执照已被工商部门依法吊销，文宝商汇和吴立民作为天马公司的股东、董事、经理，均负有交还除营业执照外的相关证件、账册等资料并进行清算的义务。至于文宝商汇、吴立民辩称川崎公司占用天马公司资金的意见，与本案无涉，亦与其占用天马公司证、帐的行为无因果关系，故对其陈述，不予采信。据此判决，两上诉人返还被上诉人有关印鉴、证件及财务资料（详见清单）。案件受理费人民币50元，财产保全费人民币3 000元，由两上诉人负担。

上诉人吴立民上诉称，原审认定事实错误：1. 上诉人是合法的经理，被上诉人的董事产生程序不合法，故董事会罢免经理的程序违法，因而上诉人作为经理有权占有诉争的印章、财务资料；2. 原审中成立的天马清算组并未经股东会决议通过，该清算组成立不合法，故原审处理不当，请求撤销原判。

上诉人文宝商汇上诉称，1. 2001年12月25日，虽然召开了天马公司的股东会讨论成立清算组的事项，但当时上诉人就依公司的章程行使了"一票否决权"不同意成立清算组，故此那次会议并未形成股东会决议，由此而产生的所谓清算组也不合法；2. 上诉人吴立民指责天马公司的股东占有公司资金虽与本案无关，但有因果关系，故原审对此不作处理不当，请求撤销原判。

被上诉人天马清算组辩称，被上诉人是经股东会讨论决定依法成立的，现原审法院据此判令两上诉人归还所占公司财务资料等财产并无不当应予维持。

二审中，两上诉人提供了一份调查笔录，以证明2001年12月的股东会曾讨论成立清算组，但并未形成股东会决议。

被上诉人对此认为，该证据不能证明两上诉人的主张。

经质证，被上诉人对此证据的证明内容有异议，本院认为该证据就清算组成立情况的反映与2001年12月的天马公司股东会记录并不矛盾，可予采信。

本院经审理查明，原审认定事实基本属实，本院予以确认。

本院根据原审中被上诉人所提供的股东会记录、双方当事人的陈述及两上诉人在二审中提供的证据查明：2001年12月25日，天马公司召开股东会讨论成立清算组，会上文宝商汇反对成立清算组，川崎公司、上影集团均表示同意成立清算组，并于此后形成了清算决议。

本院认为，根据《中华人民共和国公司法》（以下简称《公司法》）的规定，公司经营期届满后，可以解散公司，并应当在15日内成立清算组。本案中天马公司的经营期限已到，各方股东均没有继续合作经营的意思表示，且工商部门已吊销了天马公司营业执照，故各股东均有义务立即成立清算组对公司的债权债务等财产进行清理。现天马公司已召开了成立清算组的股东会，三方股东均参加了该会议，出资合计达76%的两方股东川崎公司、上影集团均表示同意成立清算组，并将由其两方盖章确认的清算决议，送交了第三方股东文宝商汇。尽管上诉人文宝商汇依公司章程在该股东会上行使了"一票否决权"反对成立清算组，但其行使的该"一票否决权"与上述《公司法》规定的应当成立清算组之股东的法定义务有悖，故上诉人文宝商汇以此阻碍天马公司股东会依法成立清算组之决议形成，于法无据，其该上诉理由难以成立。上诉人吴立民基于天马公司总经理又是文宝商汇的法定代表人，掌管了天马公司的印章、财务资料等财产，但天马公司现已依法成立清算组，因此吴立民已丧失继续掌管上述财产的依据，被上诉人为行使公司财产清理之责，要求两上诉人返还上述公司财产于法有据，应予支持。因本案系清算组请求返还公司印章等财产之诉，故原审认定上诉人（原审被告）辩称的川崎公司占有天马公司资金与本案无因果关系并无不当。综上所述，原审法院认定事实清楚，适用法律正确，所作处理亦无不当，应予维持。两上诉人的上诉理由均不能成立，本院不予支持。

二〇〇二年八月二十日，上海市第一中级人民法院依照《中华人民共和国民事诉讼法》第一百五十三条第一款第（一）项之规定，判决如下：驳回上诉，维持原判。二审案件受理费人民币50元，由上诉人上海文宝贸易商汇、上诉人吴立民共同负担。本判决为终审判决。

【学者评述】

上海是中国电影的发祥地，是中国电影的半壁江山，也是华语电影的重镇之一。在中国电影百年发展史上，上海电影曾创造过辉煌的成就，对中国的文化事业与社会进步做出了杰出贡献。

上海诞生了中国第一部故事片《难夫难妻》，培育了明星公司、联华公司等中国最早一批电影公司。数以百计的电影艺术家，他们才华横溢，胸怀大志，从四面八方涌入上海，在上海生根发芽，开花结果。他们接纳西方文化，通过自己的聪明才智和勤劳付出，绽放出千姿百态的艺术之花。他们与时俱进而又灵巧多变的创新精神，与以开放、宽容、灵活、多样、变化为特征的"海派文化"不谋而合，如出一辙，水乳交融，相得益彰。

新中国成立后至20世纪80年代末，上海电影依然占据全国总产量的1/6甚至1/4，成为全国电影创作生产的重要基地之一。

（杨新磊）

第十六节　不愿平分"光头"

【上诉人，原审被告】中国人民解放军八一电影制片厂
【被上诉人，原审原告】北京现代文化艺术中心
【原审被告】李平分，中国人民解放军八一电影制片厂文学资料部主任

上诉人中国人民解放军八一电影制片厂（以下简称八一制片厂）因合作摄制合同纠纷一案，不服北京市第二中级人民法院（2002）二中民初字第127号民事判决，向北京市高级人民法院提起上诉，现已审理终结。

北京市第二中级人民法院认定：

现代中心与李平分签订的"合作摄制、制作、发行电视剧《五个光头兵》（以下简称《五》剧）"的协议合法有效。八一制片厂曾与创影公司签订了合作摄制《五》剧的协议，但因客观原因该协议未能实际履行，现代中心事先并不知悉该节事实。基于现代中心就八一制片厂张贴的由创影公司参与摄制《五》剧的生产通告向李平分提出质疑以及创影公司通知李平分解除合同的时间是在现代中心与李平分签约之后这两个原因，李平分理应将八一制片厂与创影公司解除合同的事实告之现代中心，但现有证据表明，李平分并未向现代中心作出合理的解释。李平分同时持有八一制片厂和创影公司出具的两份有效的授权委托书，李平分在与现代中心签约之时称其代表八一制片厂，但其在合同履行过程中，向现代中心出示的是创影公司的授权委托书，在这种情形下，现代中心对合同另一方的主体身份产生疑义，并要求李平分出示八一制片厂授权委托书的请求合理。但李平分在本案诉讼中才提供八一制片厂的授权委托书。现代中心为防止其合法利益受到损害而中止履行合同的行为依法有据，由此而产生的相关后果应由合同的对方承担。

八一制片厂认可李平分与现代中心签约的行为系代表该厂，故可以认定李平分与现代中心签约的行为系职务行为，相关的权利义务及法律责任，由八一制片厂享有和负担。现八一制片厂已与其他单位合作完成了《五》剧的摄制和发行工作，致使现代中心与八一制片厂基于原有合同约定的目的无法实现，双方之间的权利义务关系实际终止。八一制片厂应赔偿现代中心因此而受到的实际损失。

据此，依照《中华人民共和国合同法》第六条、第八条、第四十四条第一款、第六十条、第一百〇七条之规定，判决：（一）终止现代中心与李平分签订的"《五》剧"协议；（二）八一电影制片厂返还现代中心三十万元及利息；（三）驳回现代中心的其他诉讼请求。

八一制片厂不服原审判决，向本院提起上诉。其上诉理由是：1.原审认定"现代中心无法行使其制片人的权利义务，并为防止其合法利益受到损害而中止履行合同的行为依法有据"是错误的；认定"双方基于原有合同约定的目的无法实现"不是事实，《五》剧的片尾署现代中心为鸣谢单位、署其法定代表人为监制是给予现代中心30万元投资的合理对价，

现代中心的部分目的已经实现。2. 原审判决未适用《合同法》第 68 条关于中止合同的规定，却判决八一制片厂承担责任属适用法律错误。

本院经审理查明：1999 年 11 月 4 日，现代中心与李平分签订了"合作摄制、制作、发行《五个光头兵》电视剧（以下简称《五》剧）"的协议。双方约定：1. 双方联合制作《五》剧，由现代中心任制片人，有权对摄制的全过程进行监督和质量验收，并负责该剧的发行工作；李平分出任导演，负责全部摄制、剧本审查和摄制及办理发行许可证；《五》剧的版权归双方所有，李平分享有署名权；2.《五》剧总投资为 200 万元，双方各投资 100 万元，其中由现代中心先期投资 30 万元，剩余 70 万元分别于 1999 年 12 月 28 日付 40 万元，2000 年 1 月 10 日付 30 万元，如逾期不能交给李平分，现代公司将承担相应的违约责任；《五》剧发行后的利润双方各占 50%；3. 现代中心是《五》剧的唯一发行人；4.《五》剧的摄制时间从 1999 年 10 月 28 日至 2000 年 1 月 15 日，发行宣传带于 2000 年 4 月 15 日前完成并交现代中心。

本案审理过程中，李平分称，在与现代中心签约和履行过程中，其始终代表八一制片厂。现代中心称李平分系代表八一制片厂签约。八一制片厂亦对李平分与现代中心所签合作协议明确予以认可。

协议签订后，现代中心从 1999 年 11 月 5 日至 12 月 7 日，分期给付投资款 30 万元，收款收据上收款人处所盖印章为"五个光头兵摄制组专用章"。《五》剧摄制组归属八一制片厂管理，李平分为摄制组负责人。

在现代中心与李平分签约之前，八一制片厂曾与创影公司协商合作摄制《五》剧，并成立了《五》剧摄制组。1999 年 10 月 8 日，李平分代表《五》剧摄制组与创影公司签订了合作摄制《五》剧的协议。1999 年 11 月 5 日，创影公司致函李平分，表示因创影公司内部原因暂不能履行原定协议，对协议当中所提到的权利、利益均全部放弃。

在《五》剧摄制过程中，现代中心发现一份八一制片厂决定与创影公司联合摄制《五》剧的生产通告，落款时间为 1999 年 10 月 25 日。现代中心通过李平分要求八一制片厂对此事给予解释。李平分称在与现代中心签署协议之前，八一制片厂曾与创影公司就联合摄制《五》剧达成协议，但未履行，现已终止。1999 年 12 月 23 日，李平分为了证明创影公司已经退出合作，向现代中心出示了一份书面材料。其上半部分的内容是打印的落款为创影公司的委托书，内容为"兹委托李平分先生代表我单位与现代中心签订《五》剧合作拍摄、制作、发行协议，并处理与协议有关的一切法律事宜。该协议对我单位具有法律约束力"，落款时间为 1999 年 11 月 3 日。其下半部分为手写的确认书，内容为"同意由李平分同志办理此事"，落款处有八一制片厂电视部主任霍德集的签字，并有八一制片厂电视部的公章，落款时间是 1999 年 12 月 22 日。二审庭审中，八一制片厂和李平分认为已经向现代中心解释清楚，并要求现代中心支付余款。但现代中心仍然对创影公司是否真正退出、李平分是否代表八一制片厂签约以及其作为制片人的权利能否实现等问题持怀疑态度，故未支付余款。

后八一制片厂与太原电视台、内蒙古仕奇集团、国际文化交流音像出版社完成了《五》剧的联合摄制，发行人是内蒙古电视台。在印制的对外宣传册中，所列《五》剧的导演是李平分、郁晓鹰，现代中心的法定代表人郝里波被列为策划人之一，片尾对包括现代中心在内的七家单位表示了鸣谢。创影公司的法定代表人张爱国亦被列为策划人之一。

一审诉讼中，李平分提交了八一制片厂于 1999 年 11 月 1 日给李平分的授权函，授权李平分代表《五》剧剧组（编剧、导演、执行制片人）与新的合作单位联系接洽并签订有关联合摄制该剧的协议。现代中心表示，诉讼中才见到该授权函，此前从未见到。

本院认为：因八一制片厂认可"合作摄制、制作、发行《五》剧"的协议中李平分的签约行为系代表八一制片厂，故该协议的当事人为八一制片厂和现代中心。协议内容无违法之处，应为有效协议，八一制片厂和现代中心应遵照履行。

在合同履行过程中，基于八一制片厂张贴了由创影公司参与摄制该剧的生产通告、八一制片厂在解释过程中所提供的创影公司授权李平分代表创影公司与现代中心合作的委托书及八一制片厂同意上述委托书的确认书以及八一制片厂未提供授权李平分代表八一制片厂签约的授权委托书等事实，现代中心对创影公司是否真正退出合作、李平分的签约行为是否真正代表八一制片厂、现代中心的合同利益能否实现产生怀疑是有理由的，其要求八一制片厂作出解释是合理的。在八一制片厂未作出合理有据的解释的情况下，现代中心为防止其合法利益受到损害而中止履行合同依法有据。

鉴于八一制片厂已与其他单位合作完成了《五》剧的摄制和发行工作，现代中心与八一制片厂基于原有合同约定的目的已无法实现，双方之间的权利义务关系已实际终止。故八一制片厂应当返还现代中心的投资款并赔偿损失。原审判决关于现代中心中止履行合同的行为于法有据、现代中心已无法实现合同目的认定并无不当。八一制片厂认为其并未妨碍现代中心行使制片人的权利义务的上诉理由，缺乏事实和法律依据。虽然八一制片厂在《五》剧的片尾署现代中心为鸣谢单位、署其法定代表人为监制，但这并不属于合同约定的范围。故八一制片厂关于现代中心的部分目的已经实现的上诉主张，于法无据。对八一制片厂的上述主张，本院不予支持。

综上，原审判决认定事实基本清楚、适用法律基本正确。二〇〇三年三月十九日，北京市高级人民法院依照《中华人民共和国民事诉讼法》第一百五十三条第一款第（一）项之规定，判决如下：驳回上诉，维持原判。一审案件受理费8 175元，由中国人民解放军八一电影制片厂负担（于本判决书生效后7日内交纳）；二审案件受理费8 175元，由中国人民解放军八一电影制片厂负担（已交纳）。本判决为终审判决。

【学者评述】

在电视剧的摄制工作中，制片部门及导演部门需要协作共同完成。制片部门负责统筹管理，导演部门负责具体摄制。通常情况下，一部电视剧的制片部门与导演部门是独立且唯一的，只有两部门相互信任、相互配合，电视剧才能顺利制作完成。

本案的焦点在于导演李平分的身份问题。现代中心对创影公司是否真正退出合作、李平分的签约行为是否真正代表八一制片厂、现代中心的合同利益能否实现产生了怀疑，并提出终止履行合同，拒绝支付余款，要求八一制片厂返还先期投资款并赔偿损失。究其因，在于八一制片厂对影视剧制片规则的不重视、对合作伙伴的不尊重。八一电影制片厂作为全军唯一、国内影响力较大的国有电影制片厂，在此案中的行为十分不妥。在影视剧生产过程中，履行协议内容、尊重合作伙伴，是一条基本原则。八一电影制片厂在与现代中心合作前，已授意李平分代表制片厂与创影公司协商合作，即使合作最终未能达成，八一制片厂也有义务及时告知新合作伙伴现代中心。

影视剧的制作生产与传统工业生产不同，生产团队少则几十人，多则几百人，只有各部门及时沟通，相互信任，坚守职业道德底线，发挥专业素养，一部优秀的影视剧作品才能最终完成。

（李林博）

第十七节 "风雨"融资

【原告】 保明华
【被告】 云南滇银融资担保有限公司

原告保明华诉被告云南滇银融资担保有限公司（以下简称滇银公司）其他合同纠纷一案，现已审理终结。

原告起诉称：2004年1月，原告与自然人股东徐伟、杨治、法人股东北京申融威投资管理有限公司（以下简称申融威公司）共同投资成立了北京中视太和影视文化传媒有限公司（以下简称中视公司）。2005年9月1日，中视公司向北京广播电视局申请电视剧《阳光总在风雨后》的拍摄制作，同年10月13日北京广播电视局批准同意并发放《电视剧制作许可证》（片名为《风雨阳光》），中视公司获得电视剧《风雨阳光》的制作权，但该项目由于资金问题迟迟不能启动。2005年8月，被告表示有意合作共同投资拍摄制作电视剧《风雨阳光》，经原、被告双方多次商谈，双方于9月23日签订了"董事会决议"和"临时股东会决议"，原股东一致同意吸收被告法定代表人曾冠明为新股东，共同制作电视剧《风雨阳光》。

2005年12月6日，中视公司股东会作出决议，原股东徐伟、杨治及申融威公司退股，其股份全部由原告收购。同日，原告与被告签订《投资入股合作经营协议书》，协议约定原、被告双方共同投资入股人民币（以下均为人民币）618万元，其中原告投资3 708 000元，占60%，被告投资2 472 000元，占40%；投资方式为货币，首期投资以200万元为准，原告应于2006年1月9日实际投资120万元，被告应于2006年1月9日实际投资80万元，违约方承担经济损失并处以投资总额20%的违约金。同年12月10日，徐伟、杨治及申融威公司分别与原告签订了股份转让书，将其各自股份转让给原告，原告也与被告签订了股份转让书，将其所持有的中视公司的40%股份转让给被告方。同年12月25日，原、被告再次签订了《出资额转让协议书》，约定原告将其所持有的中视公司40%的股份转让给被告方，被告应于2006年1月9日将首付款支付给原告方，转让手续完毕，并经工商部门办理变更登记后，双方均按各自所持有股份的比例享有股东权利和承担股东义务。原被告完成入股转让手续后，双方按照法定程序办理股权变更工商登记手续，最终完成公司的重组。

其间，中视公司自2005年9月至12月期间先后与《风雨阳光》剧组的制片人、导演、编剧等人签订了剧组人员聘用合同，约定了违约责任，并支付了定金及剧组费用288 380元。2005年12月23日至2006年1月6日，《风雨阳光》剧组到昆明研究剧本与选择外景，中视公司为此支出接待费用87 180元，机票费用10 390元（其中有1万元是被告支付）。综上，中视公司为筹拍《风雨阳光》已实际支出375 950元。

此后原告按协议缴纳了首期投资款，而被告经原告多次催要，不按照协议约定支付首期投资款80万元，而且由于被告不配合，双方所约定的变更中视公司的工商登记也没有实际完成。2006年6月22日，被告书面告知原告不履行义务，终止协议，全面毁约。被告的违约行为致使中视公司重组的目的无法实现，《风雨阳光》电视剧拍摄制作无法进行，已经启动的工作被迫中断，已经开支的费用付诸东流，原告将面临剧组人员追究责任，蒙受经济损失和不可估量的商业信誉损害。

为此，原告特提起诉讼，请求判令：1. 被告支付违约金123.6万元。2. 被告赔偿违约所导致原告的损失385 950元（后当庭变更为375 950元）。

被告答辩称：1. 原告的诉讼主体错误，理由是法定代表人不等于法人，保明华不等于是中视公司，聘用合同是中视公司与聘用人员之间的关系，即使损失成立，损失的主体应该是中视公司而不是保明华个人，原告无权主张。2. 中视公司运作不规范，原告未按规定进行工商登记。3. 原被告所签订的协议内容违法，是无效协议。4. 原告方的资金不到位，很多费用都是我方支付的，导致合同目的无法实现，符合双方所约定的合同终止条件，故被告有权退出合作。

综合各方的诉辩主张及庭审陈述，本案各方当事人对以下事实没有争议：1. 原、被告双方在所签订的《出资额转让协议书》中所约定的原告向被告转让中视公司40%的股份，其股权转让款2 472 000元应纳入中视公司的财产范围，而原告还应按照双方所签订的《投资入股合作经营协议书》中所确定的中视公司投资总额618万元依其60%的股权比例投入3 708 000元，纳入中视公司财产范围。2. 中视公司的股东组成情况在原、被告双方签订《出资额转让协议书》《投资入股合作经营协议书》后没有进行工商登记变更。3. 金昌永是被告派驻北京具体负责商谈合作组建公司、制作电视剧《风雨阳光》等事宜的工作人员。

综合各方的诉辩主张，本案当事人主要针对对方是否有违约行为的事实存有争议。

本院认定如下案件事实：

中视公司是原告与申融威公司、徐伟、杨治于2004年1月共同投资，并经有关部门核准登记注册的公司。

2005年9月23日，原告、杨治及被告法定代表人曾冠明签订临时股东会决议，董事会决议，就中视公司原股东徐伟，申融威公司退出中视公司事宜进行了约定。

2005年10月13日，北京广播电视局向中视公司核发了电视剧制作许可证，同意该公司制作《风雨阳光》电视剧。

2005年12月6日，原告与被告签订了《投资入股合作经营协议书》，主要约定：1. 原、被告双方共同投资入股618万元，其中原告投资3 708 000元，占60%，被告投资2 472 000元，占40%；2. 投资方式为货币；3. 首期投资为200万元，至2006年元月9日原告应实际到位投资120万元，被告至2006年元月9日实际投资80万元，后续投资均需按双方占股份比例分期分批进行投资；4. 合同期限届满，合伙双方协商同意、合伙经营项目无法完成或者其他法律规定的情况出现的情况下合同终止；5. 任何一方违反上述任一条款，均视为违约，违约方应承担因违约给对方造成的损失，同时处以投资总额20%的违约金给对方。

2005年12月6日，原告，杨志等中视公司股东签订股东会决议，主要内容为：1. 北京申融威公司，徐伟，杨志所持有的公司股份全部转让给原告。2. 原告将其所持有的中视公司100%股份中的40%转让给被告。

2005年12月10日，杨志，申融威公司，徐伟，分别与原告签订了股份转让书，约定将其各自所持有的中视公司股份转让给保明华。

2005年12月10日，原告与被告签订股东会决议，内容为中视公司两位股东的职责与分工：原告担任中视公司法定代表人，董事长，被告法定代表人曾冠明担任董事、总经理，曾冠明委派一名财务人员参与该公司的日常经营活动。

2005年12月25日，保明华与被告签订了出资额转让协议书，约定保明华将其在中视公司的40%股份转让给被告方，被告应于2006年1月9日将首付款80万元，支付给保明华。

原告向被告转让中视公司40%的股份，其股权转让款2 472 000元应纳入中视公司的财产范围，而原告还应按照双方所签订的《投资入股合作经营协议书》中所确定的中视公司投资总额618万元依其60%的股权比例投入3 708 000元，纳入中视公司财产范围。

2005年9月至12月期间，中视公司陆续与刘斌、田迪、邬雅灵等8人签订了聘用合同，聘用彭俊卿为中视公司财务人员，聘用其他7人为中视公司将要制作的电视剧《风雨阳光》剧组的工作人员，其后公司向该8人支付了定金等费用共计288 380元。

2006年1月，中视公司《风雨阳光》剧组到昆明看外景开支机票费、房费、会务费等共计97 570元，其中有1万元机票款系由被告支付。

2006年1月，中视公司在中国建设银行开立了尾数为2211的银行账户，预留印鉴为中视公司财务专用章和曾冠明、保明华的私章。截至2006年1月12日，原告向该账户存入现金余额为120万元。

2006年6月22日，被告向原告及中视公司发出函件，内容为：我公司于2005年12月6日与贵公司法定代表人签订了《投资入股合作经营协议书》，与贵公司合作投资摄制电视剧《风雨阳光》，并派员到北京参与电视剧《风雨阳光》拍摄筹备工作。由于影视市场风险较大，加之我公司从未从事过影视行业，该剧本情况复杂，我公司有新的业务发展，无力参与贵公司的合作和电视剧的摄制工作，此前已经告知，现再次告知贵公司不再参与电视剧《风雨阳光》的合作投资摄制工作和项目，双方解除合作关系。

本院认为：2005年9月23日，保明华、杨治及被告法定代表人曾冠明签订临时股东会决议，董事会决议，就中视公司原股东徐伟，申融威公司退出公司事宜进行了约定。但其后相关各方又签订了其他协议，从其内容上来看，实际上已取代了各方于2005年9月23日所签订的股东会决议及董事会决议。

2005年12月6日，保明华、杨志等中视公司股东签订股东会决议，同日，原告与被告签订了《投资入股合作经营协议书》，2005年12月10日，杨志，申融威公司，徐伟，分别与保明华签订了股份转让书，2005年12月25日，原告与被告签订了《出资额转让协议书》。对该一系列协议的内容及各方庭审中所陈述内容加以概括就是：中视公司原股东中除原告之外的其他三名股东将其股份转让给原告，从而原告拥有中视公司100%的股份。其后原告将其40%股份转让给被告，转让款为2 472 000元，原告所余60%股份，应另行投入3 708 000元，该两项共计618万元，应全部纳入中视公司财产范围。双方首期投资为200万元，至2006年1月9日原告应实际到位投资120万元，被告至2006年1月9日实际投资80万元。被告应于2006年1月9日将首付款80万元，支付给保明华，任何一方有违约行为，承担投资总额20%的违约金。以上内容经本院在庭审中反复询问，确定为当事人真实意思表示，并无任何误会及错误认识，且不违背法律法规的强制性规定，应认定为成立生效，其中《投资入股合作经营协议书》《出资额转让协议》约定了原、被告之间的权利义务，构成本案双方所争议的法律关系基础。双方虽然在《投资入股合作经营协议书》中约定成立"合伙企业"与中视公司有限责任公司性质不符，但从合同约定内容来看，此属表达不规范，不影响当事人真实意思的表示。被告抗辩该协议内容违背法律法规的主张于法无据，本院不予支持。《投资入股合作经营协议书》《出资额转让协议》主体为原、被告双方，现原告以被告违约诉请被告承担违约责任，为适格原告，对于被告所主张的原告主体不适格的观点，本院不予支持。

被告未按协议约定于 2006 年 1 月 9 日将首付款 80 万元，支付给保明华，并于 2006 年 6 月 22 日发函表示无力参与合作，要求解除合作关系，因为原告亦当庭表示因为被告不支付款项，合同无法实际履行，同意解除合同，故本院确认双方所签订的《投资入股合作经营协议书》《出资额转让协议》至此合意解除。

《中华人民共和国合同法》第九十七条规定：合同解除后，尚未履行的，终止履行；已经履行的，根据履行情况和合同性质，当事人可以要求恢复原状、采取其他补救措施、并有权要求赔偿损失。第一百〇七条规定：当事人一方不履行合同义务或者履行合同义务不符合约定的，应当承担继续履行、采取补救措施或者赔偿损失等违约责任。本案中，被告不履行合同义务，合同无法实际履行，致合同解除，是违约行为，应承担相应违约责任。被告所抗辩的原告未出资的主张与事实不符，本院不予支持。被告抗辩原告未办理工商登记，因从协议所约定内容来看，工商登记应为双方配合办理，且未明确办理时间，故被告以原告未办理工商登记为由不履行合同义务的抗辩亦不能成立。

双方在《投资入股合作经营协议书》中约定，违约方应承担因违约给对方造成的损失，同时处以投资总额 20% 的违约金给对方。原告诉请判令被告按照双方所约定投资总额 618 万元的 20% 支付违约金 123.6 万元，符合合同约定。但《中华人民共和国合同法》第一百一十四条规定：约定的违约金过分高于造成的损失的，当事人可以请求人民法院或者仲裁机构予以适当减少，本案中，被告已在庭审中明确表示如违约成立，该违约金的约定过分高于原告实际损失，请求人民法院予以调减。本院认为，本案中中视公司在筹拍原、被告双方所约定的电视剧过程中，实际支出费用 375 950 元，因中视公司原股东已退出，而被告未履行原、被告双方协议，致协议解除，未实际成为公司股东，该公司实际股东仅为原告一人，所支出费用直接表现中视公司财产的减损，亦通过股权价值减少表现为原告的损失，现双方所约定违约金过分高于该实际损失，本院依据本案实际情况，酌情调整为 50 万元，对原告所主张违约金超过 50 万元部分，本院不予支持。

原告诉请被告赔偿违约所导致损失 375 950 元，因其所主张并获本院支持的违约金已足以弥补其损失，再行主张，于法无据，本院不予支持。

二〇〇六年十二月十三日，云南省昆明市中级人民法院依照《中华人民共和国民事诉讼法》第六十四条第一款，《中华人民共和国合同法》第一百〇七条、第一百一十四条的规定，判决如下：一、云南滇银融资担保有限公司于本判决生效之日起十日内向保明华支付违约金 50 万元。二、驳回保明华的其他诉讼请求。案件受理费 18 119.75 元，由保明华承担 40%，计 7 247.90 元，由云南滇银融资担保有限公司承担 60%，计 10 871.85 元。

一审判决后，双方均未上诉。

【学者评述】

近年来，在传统制造业不景气的环境下，各路资金蜂拥进入文化创意产业。影视业作为少有的快速发展行业，拥有可观的利润回报空间。2017 年 3 月 1 日，随着《电影产业促进法》开始实施，影视产业的投融资环境正趋于完善。

目前，国内影视投资一般有两种运作模式：一种是投资公司股权，另一种是投资项目。投资公司股权大致又包括两种：一种是投资影视制作公司，另一种是投资播出渠道公司。不管采用哪种投资模式，投资一家影视公司，最终考验和衡量的都是投资人对影视公司或影视项目潜在价值与收益预期的判断力。影视投资的成功逻辑在于定位精确与品质精良。

新常态下，中国影视产业发展迅速，市场空间广大。投资影视不仅能够收获直接的票房、广告收入，同时衍生品带来的延伸利润也十分可观。但是，与高投入、高回报伴生的是高风险。投资者只有在法律法规的框架下，独具眼光，从源头把控质量，降低风险，才能最终收获成功。

（李林博）

第十八节　类案集萃

（一）

新拍电视剧《沙家浜外传》还未发行，联合拍摄该剧的双方却为投资及回报事宜打起官司。2005年11月25日，上海市杨浦区法院近日对此案作出一审判决，认定原告方欧阳小姐的投资款实为借款，按照影视圈"行规"约定的保底分成其实是借款利息，要求被告影视公司一方限期还款。

2002年11月4日，欧阳小姐与上海一影视技术有限公司签订协议书一份，约定各出资20万元联合拍摄电视电影《沙家浜外传》。协议承诺欧阳小姐以保底分成形式合作，该剧发行后首先归还其20万元投资款，另加2.5万元利润。上述款项必须在投资6个月后归还，若到期后未归还本金，影视公司须以本金的20%支付违约金。

欧阳小姐按约出资了20万元。但因种种原因，公司未按约返还本金及利润，其法定代表人遂于2005年5月出具承诺书，确认因影视公司的单方原因未还款，并以其个人资产作担保，向欧阳小姐承诺，《沙家浜外传》的发行事宜会积极寻求买方，并在3个月内归还22.5万元；逾期不归还，《沙家浜外传》所属于公司的所有利益，就全属于欧阳小姐所有。

但是，影视公司后来仍未履行承诺。欧阳小姐遂向法院提起诉讼，认为她的投资款实际是借款，要求公司归还本金20万元并给付违约金4万元，公司法定代表人对其中的22.5万元承担连带责任。

审理中，影视公司及其法定代表人认为，本金20万元应是投资款而不是借款，保底分成的约定在影视圈也比较普遍。根据双方承诺书的约定，《沙家浜外传》发行后，被告将经济收益支付给原告即可，上述款项应不止22.5万元。所以，被告目前没有还款义务。

法院经审理认为，原告欧阳小姐出资20万元名为投资，实系借款，到期后被告理应按约归还原告。虽然双方约定被告应给付原告2.5万元保底分成，但这个约定应属无效。被告声称此系影视圈的行规，但实际上保底利润就是借款利息。此外，被告于今年5月签署承诺书，确认应归还原告22.5万元，其法定代表人亦承诺以其个人财产担保，此承诺应属有效。

据此，法院作出一审判决，判令影视公司于判决生效之日起10日内给付欧阳小姐22.5万元，公司法定代表人对此承担连带清偿责任。

（二）

因电视剧《元世祖忽必烈》投资拍摄事宜久拖未成，拍摄方将投资方告上法庭，要求解除合同并赔偿109.6万元。2008年4月22日，北京市朝阳区人民法院审结了此案。

原告内蒙古红马影业有限责任公司（以下简称红马公司）诉称，该公司于2003年9月与被告九洲音像出版公司（以下简称九洲公司）签订剧本转让合同，将《元世祖忽必烈》（以下简称《忽》剧）剧本版权低价转让给九洲公司，并约定由其承制该剧的全部工作。2004年3月9日，该公司又与九洲公司就合作拍摄《忽》剧事宜签订合约书，约定由其承担拍摄工作、九洲公司负责投资。在合同签订后，该公司积极投入前期筹备工作，并垫付了大笔费用。但在此后的三年时间内，九洲公司一直没有履行投资义务，经多次催促，均以各种理由推脱，直到2007年7月，九洲公司法定代表人杜大宁明确表示九洲公司已经终止了《忽》剧项目。九洲公司的上述行为构成了根本违约，故此诉至法院，请求判令解除双方签订的合约书，并判令九洲公司赔偿垫付的前期筹备费用49.6万元以及应得摄制报酬60万元。

法院经审理认为，红马公司和九洲公司签订的合同属合法有效合同。九洲公司除向红马公司预付20万元摄制报酬和报销20万元费用外，没有进行其他投资。九洲公司作为《忽》剧的投资方，向《忽》剧投资是其主要合同义务，其履行投资义务是红马公司履行拍摄、制作义务以实现合同目的的前提和基础，因双方未在合同中没有明确约定履行期限，故红马公司有权要求九洲公司在合理期限内履行投资义务。根据红马公司提交的录音光盘的内容和九洲公司法定代表人杜大宁回复的手机短信的内容，可以认定红马公司在2006年4月和2007年7月均曾向九洲公司提出履行投资义务的要求。但九洲公司并未实际履行，且该公司法定代表人杜大宁在2007年7月回复红马公司的两条手机短信中明确表示冻结《忽》剧项目、不再投资、希望红马公司买回剧本，即明确作出了拒绝履行投资义务的意思表示。根据我国《合同法》的规定，在履行期限届满之前，当事人一方明确表示或者以自己的行为表明不履行主要债务，当事人可以解除合同。因此，红马公司有权要求解除合同。

对于红马公司主张的60万元摄制报酬，法院认为，由于该项费用属于其在《忽》剧实际拍摄后方可获得的利益，而《忽》剧没有实际开始拍摄，因此上述报酬的支付条件并不具备，故不予支持。对于红马公司主张其垫付的49.6万元前期筹备费用，因其未举证证明九洲公司批准了其提交的摄制预算和用款时间表，也未证明该笔费用经过九洲公司批准，亦未予支持。故此，法院依据《合同法》有关规定，判决解除双方合同，并驳回了红马公司的其他诉讼请求。

（三）

一影视文化有限公司借款60万元拍摄电视剧《白领红尘》，结果非但电视剧无人问津，公司也因资不抵债关门停业，债权公司为此向法院提起诉讼。2007年9月26日，为扭转借款公司无力还款的僵局，上海市第二中级人民法院尝试以转让电视剧转播权的方式回收部分借款，使这一原本已无实际履行能力的"死案"得以调解收场。债权公司已于近日获得了20万元及该电视剧的母带。

2002年，上海俊伟水电装潢有限公司与海南神雕影视文化有限公司约定，由俊伟公司以投资名义向神雕公司借款60万元，为神雕公司拍摄制作二十集电视连续剧《白领红尘》提供资助。神雕公司保证在一年内将60万元归还给俊伟公司，并在电视剧每集片尾打上鸣谢俊伟公司的字幕。

一年期限届满，神雕公司未按约还款，俊伟公司在追索无果的情况下向法院提起诉讼，要求神雕公司偿还债务，并认为神雕公司股东之一顾某未实际出资，要求其承担60万元的连带清偿责任。顾某则认为神雕公司注册资金已全部到位，自己作为股东不应承担连带清偿责任。

为了查明双方所争执的事实,寻找一条妥善解决纠纷的途径,市二中院承办法官亲赴海南三亚进行调查,发现在2000年12月神雕公司成立当月,确有60万元现金以顾某的名义进入公司验资账户。而如今神雕公司已人去楼空,被当地工商管理部门吊销营业执照,没有可供执行的财产。处于无业状态的顾某也表示无力清偿60万元债务。

就在案件陷入僵局之际,承办法官提出通过出售已拍摄完成的电视剧《白领红尘》版权或播映权的方式偿还债务的解决方法,这一方案得到双方当事人的同意。经联系,上海文广新闻传媒集团影视剧中心以20万元价格收购了该剧的播映权。俊伟公司得以追回部分欠款,同时获得该剧母带,日后可通过再次转让该剧播映权或版权获得其余补偿。

(四)

随着文化娱乐市场的繁荣,越来越多的企业投资电影事业,准入该类市场的企业必须尽快熟悉有关法律,以最大限度地保护自己的投资利益。电影投资人并不当然是电影的著作权人,投资者享有何种权利,需要以符合法律规定的方式予以明确,一旦明确,约定就成了法律。电影《生死速递》的投资人之一东影公司因为合同签订不慎,结果在投入巨资与他人合作拍摄电影后,不仅没能收回投资、获取回报,还因为侵犯他人电影著作权而必须赔偿经济损失,得不偿失,教训深刻。

今古公司通过与文学作品《生死速递》作者柴红兵签订合同,获得以电影形式拍摄发行该作品的权利。2001年10月5日,当事人三方及九州音像出版公司签订《合同书》,约定四方共同出资,联合拍摄电影《生死速递》,影片版权归出品方今古公司和河北电影制片厂所有。2001年10月8日,今古公司与东影公司签订《协议书》约定双方合作拍摄电影《生死速递》。国家广播电影电视总局电影事业管理局颁发《电影片公映许可证》(包括胶片片头)载明影片出品单位为河北电影制片厂、今古公司。河北电影制片厂声明该影片在中国大陆境内(不含港澳台地区)电影胶片及一切衍生载体的发行权及经济收益均归今古公司所有。

2002年4月28日,今古公司将该影片的《电影片公映许可证》片头胶片通过特快专递寄交东影公司。同期东影公司发现在市场上已经有该影片的音像制品发售。东影公司认为今古公司违约,遂将该片头胶片扣留。今古公司起诉请求判令东影公司停止侵权、返还片头胶片、赔礼道歉、赔偿损失等。

一审法院认为《合同书》《协议书》是同时履行的两份协议,对《生死速递》的出品人约定是一致的,今古公司、河北电影制片厂享有著作权,东影公司享有的是著作权中的财产权利,判决东影公司停止侵权、返还片头胶片、赔偿损失15万元。二审法院维持原判。

今古公司、东影公司对电影《生死速递》享有的权利是本案的焦点。根据《合同书》关于"影片版权归出品方所有"的约定及《电影片公映许可证》关于出品单位为今古公司、河北电影制片厂的记载,《生死速递》制片人为今古公司、河北电影制片厂,东影公司享有的是影片著作权中的财产权。东影公司将影片《生死速递》的《电影片公映许可证》片头胶片扣留,妨碍了今古公司行使著作权,致使电影《生死速递》无法正常发行,造成损失,东影公司应当承担法律责任。本案是著作权侵权纠纷,处理的是著作权侵权问题,双方是否违约,应另案解决。

(五)

2007年11月6日,北京市通州区人民法院审结一起因争夺电视剧《烈火雄心》母带引发的财产权属纠纷案。原告北京六韬三略企业管理咨询有限公司，诉被告汤遵义（艺名汤迪），要求返还电视剧《烈火雄心》母带。法院以原告证据不足为由，依法判决驳回了原告的诉讼请求。

经法院审理查明，2005 年 5 月 20 日，原告与中国三环音像社签订《合作拍摄协议书》，约定合作拍摄二十集电视剧《烈火雄心》。协议签订后，原告对该电视剧进行部分投资，后因资金短缺，改由案外人进行剩余投资。现该电视剧已拍摄完成，进入后期制作。原告认为，自己委托本公司员工与被告办理合作事宜且投资 60 万元用于拍摄，现电视剧已拍摄完成，被告应依约立即返还电视剧母带、拍摄许可证、相关合同、账目，并承担本案诉讼费。

被告汤遵义辩称，自己接受原告委托，分别与上海飞戈影视传播有限公司、广州市小绿村文化传播有限公司、中国三环音像社签订合作协议，投资拍摄电视剧《烈火雄心》，以上协议均是以法人单位形式签订的，与自己无关。现原告要求返还的母带、拍摄许可证、相关合同、账目也不在己处，而在主要投资人广州市小绿村文化传播有限公司处，原告诉求无事实法律依据，不同意原告诉讼请求。

法院经审理认为，当事人对自己提出的主张，有责任提供证据。没有证据或者证据不足以证明当事人的事实主张的，由负有举证责任的当事人承担不利后果。原告起诉要求被告返还电视剧《烈火雄心》的母带，但未提供证据证明该电视剧母带在被告处，因而，法院依法判决驳回原告北京六韬三略企业管理咨询有限公司的诉讼请求。宣判后，双方表示不上诉。

（六）

原告西影股份有限公司（以下简称西影公司）诉被告北京惠世时代影视策划有限责任公司（以下简称惠世公司）著作权合同纠纷一案，北京市第一中级人民法院于 2005 年 10 月 12 日受理后，现已审理终结。

法院查明：2002 年 12 月日，原告与被告签订协议书，共同投资摄制二十二集电视连续《对门对面》。

协议书约定：第二条，双方投资总额为人民币六百万元，其中，被告投资比例占投资总额的 95%，即人民币五百七十万元，原告投资比例占投资总额的 5%，即人民币三十万元；第四条，被告应在本剧摄制完成时交付原告电视连续剧本及完成台本（或磁盘）一本，影片拍摄花絮（包括文字和录像带），剧照（包括定妆照）二套，导演、演员及主创人员资料一套，BET 像带和 1/2 录像带一套；第六条（一）原告和被告对该剧共同享有发行收益权，原告同意将发行收益权以人民币三万元的价格转让给被告，被告应在原告资金进入该剧专用账户后十个月后将转让费及原告投资款支付给原告。

法院认为：协议签订后，原告履行了协议约定的支付投资款的义务，此点可以由银行电汇凭证及被告发给西影公司的传真件相互印证予以证明。根据协议书约定，被告应在原告资金进入该剧专用账户十个月后支付原告投资款及转让费共计 33 万元。但被告并未按时支付给原告任何款项，其在传真件中主张西影公司应依另一协议支付被告违约金 35 万元，故被告认为上述款项可以相互抵销。但在本案中，被告未到庭参加诉讼，放弃了自己的权利，且其未提交任何证据证明西影公司对被告负有债务，应承担举证不力的后果。故被告在该传真中主张的抵销事项，因缺乏相应证据支持而不能成立。被告未支付给原告投资款及转让费的行为已构成违约，应承担相应的违约责任。另外，根据协议书第四条约定，被告应在该剧摄制完成时交付原告剧本及完成台本（或磁盘）一本，影片拍摄花絮（包括文字和录像带），剧照（包括定妆照）二套、导演、演员及主创人员资料一套、BET 像带和 1/2 录像带一套，而被告未能按时交付，亦构成违约。

二〇〇六年三月十六日，北京市第一中级人民法院判决：一、被告北京惠世时代影视策划有限责任公司于本判决生效之日起十日内，给付原告西影股份有限公司人民币三十三万元及利息（按中国人民银行同期逾期贷款利率计算利息，自二〇〇三年十月十一日起至实际给付之日止）；二、被告北京惠世时代影视策划有限责任公司于本判决生效之日起十日内，交付原告西影股份有限公司协议书第四条约定交付的剧本及完成台本（或磁盘）一本、影片拍摄花絮（包括文字和录像带）、剧照（包括定妆照）二套、导演、演员及主创人员资料一套、BET 像带和 1/2 录像带一套。案件受理费 8 219 元，由被告北京惠世时代影视策划有限责任公司负担（本判决生效之日起 7 日内交纳）。

一审判决后，双方均未上诉。

（七）

北京某影视公司与另外一家传媒公司合作拍摄电视剧《网球女将》，约定影视公司支付 10 万元启动资金，传媒公司于 2007 年 10 月 1 日前开机拍摄。后影视公司认为传媒公司未如期开拍，要求传媒公司返还 10 万元启动资金。

2007 年 7 月，国家广播电影电视总局在其网站上发布的"2007 年 7 月电视剧拍摄制作备案公示表"中记明：电视剧《网球女将》的报备机构为山西电影制片厂，联合制作机构为传媒公司，省级管理部门备案意见为"同意备案"。8 月 25 日，传媒公司在国家体育中心（鸟巢）外举行了《网球女将》开机仪式，并为该剧进行了相应的拍摄和宣传活动。但是到了 11 月，影视公司却以传媒公司未按双方约定于 10 月 1 日前开机拍摄电视剧《网球女将》为由诉至法院，要求其返还 10 万元启动资金。

北京市丰台区法人民法院认为，影视公司履行支付启动资金 10 万元的义务后，传媒公司应当在双方约定的期间内开机拍摄。结合双方提交的证据材料及案件审理情况，本案争议焦点为被告传媒公司是否实际开机拍摄了《网球女将》。关于如何认定电视剧的开机条件以及如何认定电视剧是否开机等问题，目前相关行业及部门并无明确规定和解释。因此，本案中传媒公司及合作方山西电影制片厂在国家广电总局同意对《网球女将》进行备案并公示后，于 2007 年 8 月 25 日在国家体育中心（鸟巢）举行了该电视剧的开机仪式并进行了相应的拍摄及宣传活动，应当认定为已经实际开机拍摄，故传媒公司的抗辩理由成立，法院予以采信；影视公司的诉讼请求依据不足，法院难以支持。

据此，法院判决驳回了影视公司的诉讼请求。宣判后，影视公司不服一审判决提出上诉。最终，二审法院驳回上诉，维持原判。

（八）

电视剧《村官》投资纠纷达成和解。

2005 年 4 月 1 日，国家广播电影电视总局许可西安电影制片厂拍摄二十集电视连续剧《村官》，电视剧制作许可证（甲种）编号为甲第 028 号。2005 年 5 月 12 日，《村官》原创作者谭发来、《石头湾》原创作者李斌（李容新）及西影厂导演李某签订一份"剧本合作合同"。

2005 年 6 月 10 日，西影厂作为甲方，武汉腾越广告有限公司和当阳市文化体育旅游局作为乙方，双方签订《电视连续剧〈村官〉摄制协议书》，决定联合摄制电视连续剧《村官》。完成片的片头片尾署名格式为：出品 西部电影集团，出品人 延艺云，总监制王占良，总策划　丁小鹏、孙毅安，监制　李爱民，联合制作　西安电影制片厂、武汉腾越广告有限公司、当阳市文化体育旅游局。

2005年6月15日，武汉腾越广告有限公司（甲方）、当阳市文化体育旅游局（乙方）和西影厂、李某（丙方）签订一份《联合拍摄二十集电视连续剧〈村官〉协议书》，约定甲乙丙三方各自出资额为：甲方200万元，乙方150万元，丙方150万元。

上述合同签订后，西影厂的导演李某认为武汉腾越广告有限公司未履行投资的义务，另寻其他合作伙伴。

2005年9月6日，二十集电视连续剧《村官》在长阳土家族自治县举行了开机仪式，并随之开始制作活动。

武汉腾越广告有限公司认为西影厂、李某违反合同约定，侵犯了武汉腾越广告有限公司的独立制作及主拍权，同时构成违约；李某认为武汉腾越广告有限公司未履行投资义务，构成违约，双方生诉。

湖北省宜昌市中级人民法院在审理的过程，原告武汉腾越广告有限公司与被告李某于2006年3月16日达成协议，武汉腾越广告有限公司放弃上述各合同（协议）约定的权利，并且放弃对李某的诉讼权利，但武汉腾越广告有限公司的法定代表人李某享有电视连续剧《村官》"制片人"的署名权。2006年3月20日，原告武汉腾越广告有限公司向本院申请撤回起诉。

（九）

电视剧《环球小故事》投资纠纷案达成和解。

原告上海天鹏广告有限公司诉称，其与被告上海怡蓝影视艺术公司于2001年9月3日签订《联合制作百集系列短剧〈环球小故事〉协议书》，协议约定双方各投资人民币100万元制作系列电视剧，原告按约履行了义务，但被告未履行协议。2004年12月7日双方签订补充协议，被告上海怡蓝影视艺术公司承诺于2006年6月30日前支付100万元到原告的账户，同时双方约定了违约责任的承担。但协议到期后，两被告均未还款。故原告起诉要求两被告共同还款100万元、共同承担自2006年7月1日至判决给付之日止的逾期还款违约金（按年利率百分之二计算）。

上海市浦东新区人民法院2006年12月5日主持调解，原、被告自愿达成如下协议：一、被告上海怡蓝影视艺术公司于2007年6月30日前支付原告上海天鹏广告有限公司人民币100万元；二、被告上海怡蓝影视艺术公司偿付原告上海天鹏广告有限公司自2006年7月1日起至上述款项给付之日止的逾期还款违约金（按年利率百分之二计算）；三、被告章某对被告上海怡蓝影视艺术公司的上述第一、二款支付款项承担连带清偿责任；四、案件受理费人民币15 010元，财产保全费人民币5 520元，共计20 530元，由被告上海怡蓝影视艺术公司承担，于2007年1月31日前给付原告，被告章某承担连带清偿责任。

（十）

电视剧《美丽新世界》诸投资人纠纷案一审宣判。

法院查明：吴卫东不是东方影视中心或文联影视中心的员工。2004年8月10日，东方影视中心给吴卫东出具《授权书》，写明："由于中联影视中心与本中心要组织投资拍摄制作20集电视连续剧《美丽无价》，现特聘请中国国家话剧院演员吴卫东担任此剧的制片人，全权负责本剧的筹备、融资、组织拍摄制作和发行工作，以及对外之所有联络工作。"

2004年10月25日，东方影视中心作为甲方与作为乙方的吴卫东及其合作单位就拍摄电视剧《美丽无价》签订了两份合同。其中一份名称为《合同》，主要约定：该剧暂定为20集，每集45分钟；乙方独家全额对该剧进行拍摄的投资、制作和发行；甲方负责办理该剧相关审批文件和拍摄手续，包括办理摄制组拍摄许可证及发行许可证，两证的管理费为5万元，由乙方支付，甲方向乙方提供摄制许可证、摄制组公章、单位介绍信及其办理剧组专用账号的所有相关手续，乙方负责该剧的投资、制作和发行；该剧的著作权归乙方独有；该剧署名甲乙双方联合出品，出品人为陈钧、张阳、曾兰茜、吴卫东，导演吴卫东，制片人吴卫东；该剧按广电部摄制管理规定执行，拍摄期间摄制组由乙方负责具体管理，乙方保证安全生产，摄制组在拍摄期间如发生纠纷或意外等由乙方负责解决，由此产生的后果均由乙方单独承担；乙方对该剧进行独家发行，该剧回收之投资及利润均由乙方一家所得等。

2004年10月26日，原告、曾兰茜与吴卫东就拍摄电视剧《美丽新世界》（原名《美丽无价》）签订《合同》。原告、曾兰茜与吴卫东签订上述《合同》后，原告投入250万元资金，曾兰茜投入50万元，吴卫东投入100余万元进行该剧的拍摄。2004年11月该剧正式开拍，于2005年1月完成拍摄，至今未发行。该剧使用的拍摄许可证是中联影视中心甲第33号《电视剧制作许可证》。

2005年8月29日，中联影视中心出具《说明》写明"东方影视中心作为独立企业经营单位，其影视制作延续历史原因辖属中国文联管理，在东方影视中心履行中国文联影视领导小组之相关规章制度的前提下，其影视剧报批、立项、摄制、审查、发行等相关手续，均由中国文联中联影视中心办理。东方影视中心拍摄影视剧《美丽新世界》所使用的拍摄许可证，为国家广电总局颁给中国文联中联影视中心的（甲第33号）"甲级拍摄许可证。就东方影视中心组织拍摄的24集电视连续剧《美丽新世界》（原名《美丽无价》），符合本中心的规章及规定。

2005年8月22日，国家广电总局就涉案电视剧《美丽新世界》颁发了（广剧）剧审字（2005）第111号《国产电视剧发行许可证》，写明该剧的制作单位为中联影视中心，合作单位为东方影视中心。

2006年6月22日，中国文联影视创作领导小组出具《证明》，写明"中国文联影视创作领导小组为东方影视制作中心的业务主管单位。电视剧《美丽新世界》由中国文联影视创作领导小组负责报批立项，现由东方影视制作中心拍摄制作，使用中联影视中心的拍摄许可证（甲033）。"

北京市第二中级人民法院2006年12月19日判决如下：一、确认北京奥中基业房地产开发有限责任公司、曾兰茜、吴卫东于二〇〇四年十月二十六日就拍摄电视连续剧《美丽新世界》（原名《美丽无价》）所签订的《合同》合法有效；二、确认拍摄电视连续剧《美丽新世界》（原名《美丽无价》）的合作方为北京奥中基业房地产开发有限责任公司、曾兰茜、吴卫东、中联影视中心、东方影视制作中心；三、驳回北京奥中基业房地产开发有限责任公司的其他诉讼请求。案件受理费人民币1 000元，由吴卫东、中联影视中心、东方影视制作中心、北京有声有色文化艺术有限公司负担（于本判决生效后7日内交纳）。

一审判决后，几方均未上诉。

（十一）

电视剧《天火》投资人纠纷上诉案终审宣判。

上诉人北京星光佳映艺术有限公司因与被上诉人四川豪诚影视文化传媒有限公司、原审第三人西藏音像出版社驻成都办事处合作协议纠纷一案，不服成都市青羊区人民法院

(2007) 青羊民初字第341号民事判决,向成都市中级人民法院提起上诉,现已审理终结。

原审法院查明,2005年7月20日,星光佳映艺术公司与西藏成办签订《合作协议书》,协议约定双方共同出资拍摄电视剧《天火》,该剧开机后因资金短缺导致拍摄停机,剧组全部演职人员滞留拍摄现场。后经原审第三人介绍,豪诚影视公司作为乙方与作为甲方的星光佳映艺术公司于2005年12月22日签订了《联合投资拍摄电视剧〈天火〉合同书》,合同对双方投资比例、利润分配、亏损负担等作了明确约定,其中合同第四条第四款规定:乙方进入后的拍摄投资按甲方提供的预算总额为总投入的40%进行,超出预算480万元部分由甲方负责,乙方不再追加投资,若乙方为了该剧能圆满完成,自愿追加出资将该剧完成,该资金按四倍计入投资总额计算。合作各方按实际投资比例并按上述比例进行利润分配。合同第六条第二款规定:首次发行由乙方负责,由乙方建立发行账号收回约定费用,甲方监督,当乙方收回投资加上投资额10%的补偿金和(西藏成办)投资成本后,各方共同建发行账号,各方出具印鉴共同管理,回收的利润按投资比例分配。双方发行费用按合同总额的15%进行。合同签订后,双方于2005年12月25日在建水县拍摄地明确了资金预算问题,并于2005年12月26日签订了《确认书》,双方于2005年12月31日交接完毕,豪诚影视公司作为管理方继续《天火》剧的拍摄工作,该电视剧现已拍摄完成进入后期制作阶段。

另查明,云南省广播电视局于2005年11月22日核发了乙字第19095号《天火》电视剧制作许可证。星光佳映艺术公司认为其与豪诚影视公司签订的合同中部分条款显失公平,于2006年12月18日起诉至原审法院要求撤销或变更合同条款。

原审法院经审理认为,星光佳映艺术公司与豪诚影视公司签订的《电视连续剧〈天火〉联合投资摄制合同书》及《确认书》是双方的真实意思表示,星光佳映艺术公司与豪诚影视公司作为从事影视文化行业的公司,具备该行业投资、运作等专业知识,星光佳映艺术公司在签订合同时对合同中的重要条款如投资成本、利润分配、风险负担及预期收益等的约定应是经过充分考虑的,本案中并不存在豪诚影视公司利用其优势地位或利用星光佳映艺术公司没有经验致使双方权利义务明显违反公平原则的情况,因此星光佳映艺术公司主张合同条款显失公平的理由不能成立,原审法院对星光佳映艺术公司要求变更和撤销合同条款的请求不予支持。原审法院根据《中华人民共和国民事诉讼法》第一百二十八条、第六十四条第一款之规定,判决:驳回星光佳映艺术公司的诉讼请求。案件受理费200元、其他诉讼费100元,共计300元,由星光佳映艺术公司承担。

宣判后,星光佳映艺术公司不服,提起上诉。

成都市中级人民法院2007年8月30日终审判决,驳回上诉,维持原判。

(十二)

电影《围龙的传说》投资纠纷案一审宣判。

2004年9月20日,国家广播电影电视总局电影事业管理局向世纪嘉华影视公司颁发了电影《围龙的传说》的摄制许可证。

2005年10月8日,世纪嘉华影视公司(作为甲方)与博文瀚方文化公司(作为乙方)签订了一份《联合摄制协议》约定:拍摄总投资为人民币460万元;甲方以该片前期筹划工作的劳务及政府各项报批手续的费用和已获得的拍摄许可证,作为投入进行合作,享有该项目20%的利益分配权;合同签订后甲方拥有的有关该片的资源归双方共同所有;乙方自合同签订后5日后投入人民币100万元。

法院认为,本案世纪嘉华影视公司以博文瀚方文化公司未设立账号足额投入100万元系违约行为要求解除合同。故投入100万元的方式，应当以《摄制协议》的约定为准。《摄制协议》第三条约定的100万元的用途是"用于购买剧本、选景复景、演员挑选及相关的准备费用"。而世纪嘉华影视公司和博文瀚方文化公司也都认可，此处的100万元系预估费用。因此，从此条款约定的目的来看，博文瀚方文化公司投入资金的义务是对符合《摄制协议》约定用途的支出进行实际支付。现依据查明的事实，博文瀚方文化公司支出了《摄制协议》约定的购买剧本费用、选景复景费、演员挑选费以及相关准备费用。虽然世纪嘉华影视公司认为相关准备费用部分的器材费用博文瀚方文化公司未投入，但双方认可的此费用应双方协商支付。在博文瀚方文化公司对器材费支付提出异议的情况下，应认为此费用未达到支付条件。故应认为博文瀚方文化已经按《摄制协议》约定完成了100万元用途的资金投入。因此世纪嘉华影视公司以博文瀚方文化公司未按合同约定足额投入100万元为由，请求解除《摄制协议》的主张不能成立。

北京市朝阳区人民法院2007年6月20日判决，驳回北京世纪嘉华影视艺术有限公司的诉讼请求。案件受理费50元，由北京世纪嘉华影视艺术有限公司负担（已交纳）。

一审宣判后，双方均未上诉。

本章综评

影视剧本成熟后，就要投入拍摄，而这必须需要投资。影视投资就是企事业单位针对某个剧本投入适量的资金，支付摄制该剧所需的各种必要开支，确保该影视剧顺利生产出来。如果说剧本为影视作品提供了精神素材，那么，投资则当之无愧地成为影视创作的物质基础。倘若没有慧眼识珠的伯乐，何来驰骋千里的良驹？那些滞留于文字阶段的剧本唯有投资助力，方能变成影像和声音，大放异彩，否则，美好的故事、精巧的构思只能是纸上谈兵。

经济学如是界定"投资"：投资指的是特定经济主体为了在未来可预见的时期内获得收益或资金增值，在一定时期内向一定领域投放足够数额的资金或实物等货币等价物的经济行为。这个定义中的限定词颇多，足见任何投资都具有风险性，任何投资都会遭遇突发性、不可预测性和不可控性。在电影商业化愈演愈烈、电影市场日益成熟的当下，投资之于影视产业的重要性首当其冲，弥显突出。然而，投资影视产业绝非易事，撇开房地产业、矿产资源业等行外人士不谈，即便影视大鳄、传媒巨擘也不会稳赚不赔，百战百胜。在本章这17节和包含12则的类案集萃里，诸多怀揣着影视梦想的无名企业，梦想最终却很难照进现实。

追根溯源，投资方与制作方的观念时常发生冲突，法律意识的淡薄实为这种掣肘之深层根由：

一、投资合同还是借贷合同？在第一节中，两家公司争议焦点定格在涉案合同究竟是投资合同还是借贷合同，双方对此各执己见，针锋相对。显然，被告金色通道公司混淆了合同的性质，将涉案合同中的版权部分与借贷部分混为一谈，企图蒙过法官法眼。涉案合同名为投资，实为借贷。根据《贷款通则》第六十一条、《非法金融机构和非法金融业务活动取缔办法》第四条、《最高人民法院关于审理联营合同纠纷案件若干问题的解答》第四条、《最高人民法院关于对企业借贷合同借款方逾期不归还借款的应如何处理的批复》的规定，企业之间的借贷合同违反我国金融法规的，属于无效合同。既然无效，金色通道公司理应返还因签订无效合同而获得大仟公司244万元的借款本金。

无独有偶，在第四节中，原告三藏公司与被告精汇公司签署的合作协议书中明确约定了资金使用、利润分成、知识产权等事项，同享收益，共担风险，定性为投资合同确凿无疑。同为合作拍摄协议，前后两案的命运却大相径庭。结合第七节、第十七节，要想投资顺畅，规避风险，防范争议，务先充分廓清投资合同与借贷合同之界限，要把丑话说在前头。

二、意思表示真实还是瑕疵？在第十节中，东方影视与力田企业虽曾对簿公堂，但二审法院的判决结果不仅使双方当事人各得其所，相信读者也不禁拍手称快。一方具有投资能力，一方享有制作资格，你有情，我有意，双方一拍即合，尽管途中小遇波折，然而凭借真实意思表示和积极履行合同此两样法宝，最终依然得以将"传奇"延续。相形之下，第十一节一案则因合同订立过程中意思表示存在瑕疵，属于我国《合同法》规定的因重大误解订立的合同而予以撤销。

从本章这17节以及类案集萃（二）（四），不难发现，法官公正的裁决尽管能使投资方的经济损失减至最小，然而随之产生的却是久久难以抚平的精神伤害。那么，如何从根本上防止这些因"爱"入场的投资人不空留余"恨"？笔者以为，除了要靠司法公正，投资方自身须通盘掌握影视制作、发行、播映等行业规则，更要以严谨规范的现代企业制度管理影视剧组，在影视生产的时时处处科学管控成本、财务、税务、金融、审计、利润等投资元素，方能稳操胜券，如鱼得水。

（杨新磊　李红梅）

第三章 制作之争

第一节 清官难断家务事

【原告】李文秀，女，北京中联铭世嘉人文化传播有限公司总经理
【被告】北京中联铭世嘉人文化传播有限公司

原告李文秀诉被告北京中联铭世嘉人文化传播有限公司（以下简称中联铭世嘉人公司）劳务合同纠纷一案，现已审理终结。

【原告诉称】

原告李文秀诉称，中联铭世嘉人公司因拍摄二十集电视连续剧《我和我的父亲》，聘请我担任该剧的总制片人，并于2002年8月1日与其签订了协议书。根据协议约定，中联铭世嘉人公司应于该剧完成全部制作之日一次性支付我人民币20万元（每集1万元）。现该剧早已在全国发行公映，但中联铭世嘉人公司迟迟未付给我报酬，总以资金紧张为由推脱。故诉至法院，请求判令中联铭世嘉人公司支付酬金人民币20万元。

本案在审理过程中，原告李文秀向本院提交如下证据材料：1. 演职员聘用合同书；2. 项目任命书；3. 发行合同书；4. 董玉池的书面证言；5. 胡翠华的书面证言；6. 国产电视剧发行许可证；7. 电视剧宣传册；8. 北京西部大酒店有限公司证明；9. 王烨书面证言；10. 李太平书面证言；11. 胡翠华书面证言；12. 于界明书面证言；13. 刘璇的演职员聘用合同书及补充合同；14~20. 章申、魏思梦、王卫东、张喜前、麦文燕、李承业、白锐等人的演职员聘用合同书，以上几份聘用合同的时间表明，合同的签约日期和演职人员进组的日期之间前后是不一致的，有的签约在前，入组在后，有的相反；21. 2002年9月28日北京中联铭世嘉人公司的剧组财务制度，上面加盖的公章是"北京铭世嘉人文化传播有限公司"，以证明在有了新章之后，仍有加盖旧章的情况，新旧章混用，章也不是由李文秀控制，而是由被告公司的法定代表人王纯控制；补充证据1~3、2002年12月1日王纯给水久招待所的函件、2002年12月3日剧组管理及财务制度补充说明、房屋租赁合同，以证明公章由王纯保管，并新旧章混用；总制片人李文秀是股东，即使不存在合同，也可以分红，不可能伪造合同。

为证明其所主张的事实，原告李文秀申请证人胡翠华、董玉池、王烨、于界明等人出庭作证，以证明其曾向被告公司的董事长王纯催要总制片人合同酬金，王纯一直也表示同意支付所欠的合同酬金；并证明2002年9月18日李晓军选景不在剧组等情况，以证明2002年9

月 18 日被告公司没有召开过股东会。

【被告辩称】

被告中联铭世嘉人公司辩称，李文秀是我公司的股东、董事和主要负责人。本案属其利用职务之便肆意造假、伪造合同、不当牟利，直接侵害合作伙伴。一、原告向法庭提供的 2002 年 8 月 1 日的"聘用合同"是其伪造的无效合同。2002 年 2 月，李文秀、李晓军（李文秀之夫）与王纯、庞颖哲共同注册了北京铭世嘉人文化传播有限公司（以下简称铭世嘉人公司），四人均为股东。2002 年 3 月开始筹拍《我和我的父亲》电视连续剧。2002 年 8 月 12 日，公司与中国文联音像出版社达成合作协议，约定将原公司名称变更为中联铭世嘉人公司，于 2002 年 9 月 24 日到工商局办理了变更手续，于 9 月 27 日获准。同时，公司委托雪松印章服务部刻制了新的公章。可见公司现用名称是 2002 年 9 月 27 日才由工商部门核准并重新刻制的新公章。而原告向法庭提供的聘用合同，在 2002 年 8 月 1 日签订时就已使用了公司的新名称、新公章，这在当时是显然不可能的。应属李文秀利用公司和剧组的职务之便，在取得公司变更后新的公章和合同文本后伪造的合同，是用一个还未存在的法人实体与其签订的虚假合同，合同无效。二、李文秀上述谋取公司利益的行为违反其共同参与议定的股东会决议。公司运作之初，各方股东包括原告夫妇二人就共同约定，各自不以在拍片工作中的职务和劳务获取报酬，同心协力共创事业，各自利益在股东分红中体现。2002 年 9 月 18 日，四方股东专门就董事在剧组的聘任及相关事宜再次形成决议："公司股东均不因担任剧组的职务获取报酬，而以股东获取红利的方式取得利润"，同时明确各董事成员的职务任命，并最终形成公司文件。以上事实有当时与会股东庞颖哲的证言和合作投资方中联传动影视策划公司总经理吴瑞金的证言证明。故请求法院驳回原告的全部诉讼请求。

为支持其答辩意见所主张的事实，被告中联铭世嘉人公司向本院提交了如下证据材料：1. 工商注册档案；2. 中联铭世嘉人公司与文联出版社协议；3. 法人名称工商变更手续；4. 刻章社业务员证言、票据；5. 原告李文秀在庭前证据交换中提交给中联铭世嘉人公司的合同文本，以证明从合同日期及公章看，该合同是其伪造的；6. 股东会决议文件及聘书共三页，包括《关于公司董事聘任及电视连续剧〈我和我的父亲〉相关事宜》（以下简称《相关事宜》）、附件二《公司董事职位聘用书》、项目任命书三份文件。在后来的庭审中，被告又补充了股东会决议文件的附件一《公司董事章程》，称由于原告的原因，公司文件混乱，开庭前没有找到该附件一；7. 中联铭世嘉人公司董事、股东庞颖哲书面证言及工作日志；8. 合作发行方总经理吴瑞金书面证言；9. 证人周惠林的证言和公司报销凭证；10. 胡翠华的工作日志表；11. 漆小玉的工作日志。

被告中联铭世嘉人公司的证人庞颖哲出庭作证，主要证明 2002 年 9 月 18 日公司召开过股东会，会议决议股东任职期间不从公司领取报酬；李文秀与公司之间设立的合同不是公司的意志，是李文秀本人的行为。

【事实】

2002 年 2 月，李文秀、李晓军与王纯、庞颖哲共同注册了铭世嘉人公司，四人均为公司的股东。其中，王纯是董事长，李文秀是董事、总经理、制片人，李晓军是董事、艺术总监、导演、编剧，庞颖哲是董事、副总经理、制片人。李文秀和李晓军是夫妻关系，王纯和庞颖哲亦为夫妻关系。2002 年 3 月，公司开始筹拍《我和我的父亲》电视连续剧。2002 年

7月15日，铭世嘉人公司与刘璇签订《演职员聘用合同书》及《补充合同》，由李文秀代表铭世嘉人公司签字，并加盖铭世嘉人公司的合同专用章。2002年9月18日，王纯出具其亲笔签名并加盖铭世嘉人公司公章的项目任命书，聘任李文秀为电视剧《我和我的父亲》总制片人，负责该剧的一切事宜。

2002年8月12日，铭世嘉人公司与中国文联音像出版社达成合作协议，约定为进行合作，将原公司名称"北京铭世嘉人文化传播有限公司"变更为"北京中联铭世嘉人文化传播有限公司"。同年9月24日，公司到工商局申请办理名称变更手续，于9月27日获准变更登记。2002年9月20日，公司委托雪松印章服务部刻制新的公章，2002年9月24日，该服务部业务员将刻好的新章送至公司。

2002年9月26日、9月29日、10月4日、10月6日、10月18日，公司分别与魏思梦、王卫东、张喜前、麦文燕、李承业、白锐签订《演职员聘用合同书》，均由李文秀代表公司签字，加盖的均是中联铭世嘉人公司的合同专用章。

2002年9月28日，李文秀、庞颖哲签署《剧组财务制度》，加盖的是铭世嘉人公司旧章。制度内容：制片人在每笔费用支出前必须达成一致，确立使用范围及用量，双方签字认可，文件一式两份，并报公司备案。

2002年9月16日至2002年9月29日，《我和我的父亲》剧组在北京西部大酒店有限公司进行筹备工作。

2003年6月16日，《我和我的父亲》一剧获得国产电视剧发行许可证，获准在全国范围待定时段播出。

【争议焦点】

一、李文秀的演职员聘用合同书

李文秀向本院提交了一份其与中联铭世嘉人公司签订的演职员聘用合同书。合同载明：中联铭世嘉人公司聘请李文秀在《我和我的父亲》一剧中担任总制片人工作。李文秀在公司的工作时间为2002年8月1日至影片后期制作完成。李文秀每集酬金为一万元人民币，共计二十万元整，酬金在完成电影全部制作之日一次性支付。李文秀按本剧实际完成集数领取酬金，超出合同部分，与酬金一次性发放。合同上载明的签署日期为2002年8月1日，加盖了中联铭世嘉人公司的合同专用章，但甲方并无个人签字，李文秀作为乙方签字。上述合同的文本系李文秀代表甲方（中联铭世嘉人公司）与其他演职员签订合同的格式文本。

原告李文秀认为，尽管合同中没有法定代表人王纯的签字，但合同是在王纯在场并同意的情况下签订的。被告中联铭世嘉人公司提出本合同是李文秀个人利用职权所为，王纯本人没有认可公司与李文秀签订此合同。为支持双方各自的观点，双方当事人均向法庭提供了书面证据及证人证言，双方的证人证言及书证内容互相抵触，没有形成统一意见。

二、2002年9月18日股东会

中联铭世嘉人公司向本院提交了标注日期为2002年9月18日的股东会议文件（共三页）。其中第一页标题为《相关事宜》，载明以下内容：王纯、李文秀、李晓军、庞颖哲四人在2002年9月18日下午3点至5点在公司所在地开会，会议内容为：一、公司董事章程的确定（见九月十八日股东会议附件一）；二、关于董事在公司职位聘任及在电视连续剧《我和我的父亲》中项目聘任（见九月十八日股东会附件二）；三、经过股东会协商，四人达成一致：1.股东在公司任职期间不领取任何报酬，义务为公司服务。2.《我和我的父亲》

由铭世嘉人公司制作完成，王纯负责落实拍摄资金及把握整体运作，李文秀担任制片人工作，李晓军担任编剧及导演工作，庞颖哲担任制片人及外联工作。公司股东均不因担任上述工作而从剧组获取报酬。3. 股东报酬体现方式为：铭世嘉人公司将拍摄电视连续剧《我和我的父亲》所应得利润纳入公司整体收入，经财务核算后，上述四人以公司股东获取红利方式获取利润。4. 如《我和我的父亲》发行后，经财务核算出现亏损，上述四人按所在公司股份比例进行偿还。该页上面加盖了铭世嘉人公司的公章，日期署为 2002 年 9 月 18 日。第二页页眉上注明"九月十八日股东会议（附件一）"字样，标题为《公司董事章程》，抬头位置标注的日期是 2002 年 9 月 18 日，落款位置标注的日期为 2002 年 9 月 20 日，其第八条写明：董事项目合同及聘书由董事长签字认可，董事为剧组工作自愿不取报酬。在该页文件的下方，是打印的四个董事的姓名，竖向排列，在打印的姓名右侧，分别是与之一一对应的四个人的亲笔签字，其中，李文秀与李晓军的签字在王纯与庞颖哲之间，并加盖了铭世嘉人公司的公章。第三页页眉上注明"九月十八日股东会议（附件二）"字样，标题为《公司董事职位聘用书》，抬头位置标明时间为 2002 年 9 月 18 日，内容为：公司正式聘用李文秀为总经理、影视项目制片人；聘用李晓军为艺术总监、影视项目导演编剧；聘用庞颖哲为公司副总经理、影视项目制片人。三人都在上面签了字，王纯并作为法人代表签字，盖有铭世嘉人公司的公章。

原告李文秀不认可上述股东会议文件的第一页相关事宜及第二页公司董事章程（附件一），仅认可公司董事职位聘用书（附件二），故提出 2002 年 9 月 18 日没有开过股东会，被告提供的股东会决议是伪造的。因附件一有李文秀及其夫李晓军的签字，李文秀提出签字属实，但签字时不存在纸上的打印内容及公章，纸张上的内容是被告后来在已签字的纸上套印上去的，这从庞颖哲的名字盖在公章上、王纯的签字太靠上等现象可以看出，而且王纯的签字在打印字之上，庞颖哲的签字在公章之上，能够证明王纯、庞颖哲签字时油墨打印字及公章已经存在。至于在空白文档上签字的原因，李文秀解释说是公司当时要变更名称，需要股东预先签一些名字，以备不时之用，就先在空白纸上签了三到四张的名字。李文秀提出鉴定申请，要求鉴定原告签字时间是否早于王纯、庞颖哲签字的时间及油墨打印字迹的时间。中联铭世嘉人公司则称，在空白纸上签字，不应竖签也不需要挤在一起，是打印之后大家看了没有意见才签的。2002 年 9 月 18 日股东会讨论之后打印，因这页纸上有错字，就重新打了一下，9 月 20 日四人正式签了字，为尊重事实，就签署了 9 月 20 日，因此没有鉴定的必要，但同意原告的鉴定申请，双方均表示愿意由法院选择鉴定部门鉴定，并愿意根据鉴定结果承担相应的后果责任。

根据双方申请，本院咨询相关鉴定部门，有关部门称，由于油墨及碳素笔的成分具有稳定性功能，无法进行此项鉴定。

【法院观点】

李文秀在中联铭世嘉人公司中具有多重身份：股东、董事、总经理、电视剧《我和我的父亲》总制片人，其中，李文秀担任总制片人职务时中联铭世嘉人公司授权其"负责该剧的一切事宜"，这种授权包括代表公司与演职员签订演职人员聘用合同书，事实也证明，李文秀确实代表该公司与电视剧《我和我的父亲》的众多演职人员签订了一系列的《演职员聘用合同书》，当事人双方对此并无异议。

李文秀代表公司与演职员签订的所有《演职员聘用合同书》文本上既有李文秀本人代

表公司的签字，也有公司的盖章，这说明公司缔约要求负责人签字与加盖公章两个行为。此外，从李文秀与公司签订的项目任命书、公司董事职位聘用书来看，上面均有公司法定代表人王纯的签字，而李文秀本人与公司设立的《演职员聘用合同》文本上除有李文秀代表个人的签字及公司公章外，并无代表公司的法定代表人王纯或其他负责人的签字。

李文秀关于王纯或其他负责人虽然没有签字但同意其与公司签订聘用合同的主张无法确认。本案中，李文秀主张缔约时公司法定代表人王纯在场，并取得了其同意后加盖了公司的公章。但李文秀的陈述仅有与其至今存在工作关系的下属人员的陈述予以证明，无其他书面证据予以佐证，而被告的证人同时提出了相反的证言，证明王纯不知道也不同意该行为，本院认为，在双方证言矛盾的情况下只能以客观结果推定事实，故不能认定此合同是经王纯同意与公司签订的。

李文秀作为公司的总经理和电视剧的制片人，对外需要用公章的形式设立合同关系，而任何一个合同文本的正式签订都离不开公章的使用，通常，对一个公司而言，公章的使用存在多种形式，因此不能完全排除李文秀在行使公司意志的经营期间掌握公章或盖章的合同文本的可能性。

李文秀与公司设立演职员聘用合同书不符合公司法的规定程序，同时违反了公司股东会决议。股东会是公司的权力机构，股东会的决议具有最高效力。根据《公司法》的相关规定，李文秀作为中联铭世嘉人公司的董事、总经理，其报酬取得方式应由公司股东会或董事会决定，除非符合该公司章程的规定或者获得股东会的同意，不得同本公司签订合同。本案证据表明，中联铭世嘉人公司的股东会不同意李文秀与公司设立领取报酬的合同关系，为此，李文秀否认股东会决议真实存在，本案的焦点也集中在股东会决议的真实性的确认上。关于这个问题，本院认为，在无法进行鉴定的情况下，本院难以认定9月18日股东会议及其附件，特别是附件一，是被告伪造的。理由如下：

1. 从使用纸张的质地纹理、抬头、打印字迹的特征来看，三页纸很相似，具有一定的连贯性；2. 从几个文件的内容来看，第一页《相关事宜》，写明公司董事章程的确定见九月十八日股东会议附件一，关于董事在公司职位聘任及在电视连续剧《我和我的父亲》中项目聘任见九月十八日股东会议附件二，而与附件一、二的内容互相呼应，该页第三项（1）、（2）、（3）、（4）间可以互相印证内容，该页第三项（1）、（2）、（3）与附件一第八条之间可以互相印证，这种内容的重复一致可以表明内容的一贯性，符合人的思维的常理，在一定程度上自证其真实性；3. 从附件一上四个人签名的排列来看，是竖着排列的，与前面打印的名字相互对应，而且从书写习惯来看，"李晓军"的名字书写很可能是在"李文秀"和"庞颖哲"签字间插空写的，也可能是考虑与左侧打印的"李晓军"三字对齐，这些与被告"先打印，后签名"的说法所导致的书写特征是吻合的。而如果是四个人在空白纸上先签了字，再打印上文字，一则不一定会竖着签，可能横向排列，二则不可能签得如此整齐，三则原告的说法也难以解释为何在附件一和附件二中，四人签字的位置不同；4. 虽然李文秀称"庞颖哲"三字是覆盖在公章上的，先盖章后签字，不符合常理，但本院认为，这种做法也是有的，盖章在先并不能证明文件是伪造的；5. 在开庭之前的证据交换中，被告提供的证据6仅有第一页《相关事宜》和附件二，被告称由于公司的许多文件弄乱了，附件一可能找不到了，尽量继续找。在正式开庭的时候，其将该附件一原件带来了，用以证明股东会文件是完整的，也有四人的签名。其在提交该页文件的当时，并未提请法庭注意其中第八条有关"董事为剧组工作自愿不取报酬"的字样。在本院组织当事人对该证据进行质证时，其才注意到该条款并提出,而该条款及签字对于本案的事实认定是非常关键的,这种情况也表明其伪造该文件的可能性不大,否则,一开始其就会提请法院注意该条款;6. 原告关于该页上时间前面为9月18日,后面为9月20日相互矛盾的说法,被告解释当时有错字,实际9月20日签字,为尊重事实,写成9月20日,对于被告的说法,本院认为是可信的,现实生活中常有实际签字日和开会日不一致的情况,如果是伪造的,则被告可能不会犯这种低级错误,这种日期的不一致性反而说明了其真实性;7. 假设四方之间没有不取报酬的协定,则四方均应从公司取走报酬,不太可能仅李文秀和李晓军与公司签订合同获取报酬,而庞颖哲和王纯不从公司获取报酬。庭审中,庞颖哲和王纯均表示没有从公司拿过报酬,原告亦未提交证据证明庞颖哲、王纯二人从公司拿过报酬,这从一定程度上说明四方可能存在不从剧组工作中获取报酬的协定;8. 被告出具了铭世嘉人公司2002年9月20日第一届第五次股东会决议,决议内容为变更公司的名称。原告认为9月20日根本没有召开过该会议,上面的签字也是别人代签的,因此可以推出9月18日的会议也没有召开。本院认为,不能作出这样的推断。即使9月20日、9月18日的会议没有召开,因为小公司经营运作的方便性,也可能出现不召开正式会议,几方分别同意后签字的情形。这一点并不足以证明决议是伪造的。此外,即便如李文秀所述,其是为办理工商变更手续在空白纸上预先签了字,但其作为一个集公司董事、股东、经理等多项管理职称于一身的理性人,应当对这些载有其签名的空白文档可能被用于其他目的有一个合理的风险预见,故从自甘风险的角度讲,李文秀亦有责任承担其自签空白文档的不利后果。

  本案中李文秀提供的聘用合同还存在如下瑕疵:合同文本载明的时间是2002年8月1日,股东会决议的时间是2002年9月18日、9月20日,公司新章取得的时间是2002年9月24日,因合同文本使用的是新章,李文秀称,2002年9月20日之后其与王纯对2002年8月1日的合同书确认并重新签订了新的合同,新合同签订后,旧合同当场撕毁,同时,为了尊重之前8月1日签约的事实,还是签了8月1日的日期。本院认为,被告中联铭世嘉人公司与刘璇的合同并未更换,这说明,公司使用新章并不必然导致旧合同废除,原告的理由并不充分。此外,如果8月1日的聘用合同确实存在,根据股东会决议内容,公司不可能在股东会决议之后的不到一周的时间就废弃股东会的决议,而追认给付李文秀报酬的聘用合同有效。

  总之,李文秀借以主张权利的演职员合同及其他证据与被告提供的证据相比,处于劣势地位,不足以反驳被告提出的证据,在这种情况下,只能认定四方股东通过了决议,约定股东在公司任职期间为剧组工作自愿不取报酬,四人以公司股东获取红利的方式获取报酬。李文秀提供的聘用合同书需要股东会的追认,在未取得股东会同意的情况下,在程序上无法确认其合法性,原股东会决议依然有效。故本院不能支持李文秀的相关诉讼请求。

【判决】

  二〇〇四年六月八日,北京市海淀区人民法院依照《中华人民共和国公司法》第三十八条第(二)项、第四十六条第(九)项、第六十一条第二款,《中华人民共和国民事诉讼法》第六十四条第一款、第七十一条的规定,判决如下:驳回原告李文秀的全部诉讼请求。案件受理费五千五百一十元,原告李文秀已预交,由其自行负担。

  如不服本判决,可在判决书送达之日起十五日内,向本院递交上诉状,并按对方当事人的人数提出副本,交纳上诉案件受理费五千五百一十元,上诉于北京市第一中级人民法院。

如在上诉期满后七日内未交纳上诉费的，按自动撤回上诉处理。

又案，李文秀的丈夫李晓军也以相同理由起诉该公司，该院也于二〇〇四年六月八日作出了相同的判决：驳回原告李晓军的全部诉讼请求。主审法官相同，判决书除了原告姓名外几乎没有什么二样。

一审宣判，李文秀、李晓军夫妇均未上诉。

【学者评述】

康德说，尽管可以认为在发生性关系时的欢乐是婚姻的目的，但是婚约并不能据此而成为一种专横的意志，它是依据人性法则而产生其必要性的一种契约。结婚，在一定程度上可以理解为是夫妻双方签订了一个共同生活的契约，在履行这个契约的过程中，处理和使用夫妻间的财产是十分重要的一环，我们需要一个制度来规范，这就是夫妻财产制度。

夫妻财产制又称婚姻财产制，是规范夫妻财产关系的法律制度，是指规范夫妻婚前财产和婚后所得财产的归属、管理、使用和处分，婚姻的对外财产责任以及婚姻终止与清算的法律制度。夫妻财产制度包括法定财产制与约定财产制。

我国实行的主要是夫妻共同财产制和夫妻财产约定制相结合的方式。

夫妻共同财产制是指将夫妻财产的一部或全部合并为共同财产归夫妻共同所有，至婚姻关系终止时分割。基于共同财产的范围不同，共同财产制还可分为一般共同制、动产和所得共同制、婚后所得共同制、劳动所得共同制等多种形式。一般共同制的共同财产范围最大，不论是夫妻的婚前财产还是婚后财产，是动产还是不动产，一律归夫妻共同所有。动产和所得共同制是指夫妻在结婚时的全部动产和婚后所得归夫妻共同所有。婚后所得共同制是指夫妻关系存续期间的财产属于夫妻共同所有。劳动所得共同制则是仅以夫妻在婚姻关系存续期间的劳动收入作为夫妻共同所有。我国婚姻法第十七条是这样规定的：夫妻在婚姻关系存续期间所得的下列财产，归夫妻共同所有：（一）工资、奖金；（二）生产、经营的收益；（三）知识产权的收益；（四）继承或赠与所得的财产，但本法第十八条第三项规定的除外；（五）其他应当归共同所有的财产。夫妻对共同所有的财产，有平等的处理权。《最高人民法院关于适用〈中华人民共和国婚姻法〉若干问题的解释（二）》第十一条规定：婚姻关系存续期间，下列财产属于婚姻法第十七条规定的"其他应当归共同所有的财产"：（一）一方以个人财产投资取得的收益；（二）男女双方实际取得或者应当取得的住房补贴、住房公积金；（三）男女双方实际取得或者应当取得的养老保险金、破产安置补偿费。以上婚姻法律只是对共有财产的范围进行了界定，我国的夫妻共有财产制应当还属于婚后所得共同制。

夫妻财产约定制度是指婚姻当事人通过协议形式，对婚前、婚后财产的占有、管理、使用、收益、处分以及债务的清偿、婚姻关系终止时的财产清算等事项作出约定的一种财产制度。目前，大多数国家都已经接受了夫妻财产的约定制度。我国《婚姻法》第十九条规定夫妻可以约定婚姻关系存续期间所得的财产以及婚前财产归各自所有、共同所有或部分各自所有、部分共同所有。约定应当采用书面形式。但没有给出固定的约定书模式，而是由夫妻自行创造。并且夫妻财产的约定应当是明确的，应当让第三人获知的，如果第三人不知道夫妻财产的约定，这种约定只能在夫妻双方之间存在效力。完善夫妻财产约定可以从约定的方式、内容、公示、约定的有效条件以及约定的变更等方面予以完善。

马克思说过，婚姻家庭法法典是人民自由的圣经。婚姻法对夫妻财产的规定在一定程度上说，是夫妻和睦社会安定的法制基础。而对夫妻财产制度进行不断思考和实践，才是使其日臻完善的最好方法。

（杨新磊　李红梅）

第二节　"钦差大臣"忒难缠

【上诉人，原审被告，反诉原告】北京时代春天文化传播有限公司
【被上诉人，原审原告，反诉被告】李保田，著名演员

上诉人北京时代春天文化传播有限公司（以下简称时代春天公司）因与被上诉人李保田著作权合同纠纷一案，不服北京市朝阳区人民法院于2006年9月20日作出的（2006）朝民初字第17823号民事判决，向北京市第二中级人民法院提起上诉，现已审理终结。

李保田原审诉称：其与时代春天公司签订《演职员聘用合同》后，依约履行了合同，时代春天公司却违反合同约定，未经其许可，将该剧由30集拉长至33集，且在未经其最终审核并书面认可的情况下擅自单方送审33集版本。最终，时代春天公司以33集的长度在多家电视台播出该剧，并发行了该剧的VCD和DVD。故诉至原审法院，请求法院判令时代春天公司给付其超出30集部分（共3集）的酬金90万元，并支付违约金100万元。

时代春天公司原审答辩并反诉称：李保田作为《钦差大臣》一剧的演员和艺术总监，只参与了该剧的前期拍摄工作，却没有依约参与后期制作，履行演员和艺术总监的职责，其违约在先，无权主张超出30集部分的酬金和违约金。同时，对于李保田的违约行为，时代春天公司提出反诉，其反诉主张为：第一，由于李保田没有完全履行演员和艺术总监的职责，故应退还部分合同酬金90万元；第二，因李保田无事实依据地声称该剧"注水"，给其造成名誉损失和经济损失，故要求李保田就此向其公司赔礼道歉，并赔偿经济损失151.8万元；第三，李保田违反合同中约定的保密条款，应就此赔偿其经济损失30万元；第四，李保田收取合同约定的300万元酬金后，没有向其出具收款收据，故要求李保田提供收款收据和纳税文件。

针对时代春天公司的反诉，李保田原审辩称：第一，其完全履行了合同约定的义务，不存在违约行为，故不应退还已经收取的酬金；第二，时代春天公司有关侵犯其名誉的主张没有事实依据，且不属于本合同诉讼的审理范畴，故不应得到支持；第三，其对于时代春天公司违约行为的起诉行为，是依法行使诉讼权利，并非违反合同保密条款的行为；第四，其曾多次向时代春天公司提交收款收据，但该公司均拒收，现其同意向该公司提交收款收据。

【事实】

2004年11月25日，时代春天公司（甲方）与李保田（乙方）签订了《演职员聘用合同》。该合同约定：甲方聘请乙方在30集电视连续剧《钦差大臣》中担任艺术总监，并出演"钱奎"角色，乙方在最终满意剧本质量并由李彧饰演剧中角色"阿丑"的前提下，同意接受甲方的聘请；受聘时间自2004年11月26日至2005年11月26日；甲方向乙方支付酬金每集人民币10万元，30集共计300万元，包括乙方在摄制组期间的工资、劳务费、各种补助费、加班费、奖金等；乙方的个人所得税由乙方交纳；本剧最终集数如果超过30集，

应由甲乙双方协商确定;本剧发行、播放、出版的任何一个版本总集数如果超过30集,应得到乙方的书面认可,超出部分甲方应按约定的每集10万元向乙方支付酬金;未经乙方书面认可超出的集数,甲方应按每集30万元向乙方支付酬金;乙方作为本剧艺术总监有最终审核权,用于提供给有关部门审批的本剧成品应得到乙方的书面认可;如果不经过乙方书面认可甲方擅自报审或发行、播出,甲方应向乙方支付100万元违约金;甲方要求乙方参加后期配音,乙方不得另索稿酬;双方对本合同内容负有保密义务,任何一方不得向第三方泄露。

合同签订后,李保田于2005年4月21日至7月21日依约参加了该剧的前期拍摄工作,时代春天公司依约支付了酬金300万元。李保田尚未就该300万元向时代春天公司出具收款收据。

2005年10月底,时代春天公司制作完成了33集电视连续剧《钦差大臣》,并于2005年11月3日开始陆续向云南电视台报批该剧。报批前,双方并未就该剧集数的增加达成书面一致,李保田也未对报批的电视剧作出书面认可。

2005年11月7日,时代春天公司收到了李保田的一封信函。李保田在该信函中提出:"目前,《钦差大臣》已进入后期制作,种种迹象表明,后期制作正在强行将该剧由30集拉长为33集。对此,我和我的经纪人窦海军先生已多次向吴晓先生提出异议。在此,我再次郑重向贵公司及吴晓先生提出异议,目前后期制作中的'注水'行为将严重影响《钦差大臣》的艺术水准,应当立即改正。"

2005年11月25日,云南省广播电视局电视剧审查委员会总编室出具了《关于电视剧〈钦差大臣〉审查意见的通知》。后,时代春天公司按照该审查意见对该剧进行了修改,仍按照33集进行了重新报批。此次报批仍未经李保田书面认可。

2005年11月28日,云南省广播电视局颁发了33集电视连续剧《钦差大臣》的《国产电视剧发行许可证》。该剧现已发行了音像制品。

原审法院认为:李保田和时代春天公司签订的《演职员聘用合同》系双方真实意思表示,内容并未违反法律和行政法规的强制性规定,应属合法有效。李保田和时代春天公司均应严格履行合同义务。

李保田作为《钦差大臣》一剧的艺术总监和演员,应当依约履行其相应的义务。现李保田按照合同约定完成了该剧中"钱奎"角色的演出,履行了其作为演员的合同义务。时代春天公司虽然主张李保田没有参与后期制作中"钱奎"角色的配音工作,但因其未举证证明曾经要求李保田参与该配音工作,且该剧已经发行,故对时代春天公司的该项主张,原审法院不予支持。

就艺术总监的职责,因双方并未在合同中作出明确约定,且时代春天公司也未就其提出的艺术总监一职应当履行的职责属于"行规"的主张提交相应的证据,故对时代春天公司提出的李保田并未履行艺术总监职责的主张,原审法院不予支持。

综上,现有证据不能证明时代春天公司主张的李保田违约的事实,故对于时代春天公司要求李保田退还部分艺术总监酬金75万元和部分演员酬金15万元的反诉主张,原审法院不予支持。但时代春天公司作为付款一方,有权要求李保田就已经收取的300万元酬金出具收款收据。根据合同约定,李保田负有就所收取的合同酬金纳税的义务,故对时代春天公司要求李保田提交纳税证明的反诉主张,原审法院不予支持。

根据双方合同约定,李保田享有《钦差大臣》一剧最终集数的认可权。现《钦差大臣》

一剧由时代春天公司剪辑成33集，超出了双方合同约定的30集，而超过的部分并未得到李保田的书面认可，故时代春天公司应当按照合同约定的每集30万元的标准向李保田支付超过部分的酬金90万元。

另，根据合同约定，李保田享有《钦差大臣》一剧的最终审核权。现时代春天公司在该剧送审前，并未得到李保田的书面认可，违反了双方合同的约定，应当依据合同约定承担违约责任。时代春天公司主张，该剧送审前未经李保田书面认可是因为无法联系到李保田。就此，原审法院认为，虽然存在时代春天公司所称的无法联系李保田的可能，而且时代春天公司也难以就是否能够联系上李保田提供相应的证据，但由于李保田在时代春天公司送审该剧后、该剧审看意见作出前，曾致信时代春天公司就送审的电视剧提出过异议。据此，时代春天公司在根据审看意见修改该剧时，完全能够联系上李保田，并由李保田就二次送审的电视剧作出书面认可。而时代春天公司并未举证证明在收到李保田的信函后与李保田进行了联系和沟通，也未举证证明其根据审看意见修改该剧并二次报审时征得了李保田的书面认可。综上，时代春天公司有关报送未经李保田书面认可是因为无法联系李保田的答辩意见，原审法院不予支持。

虽然当事人在合同中约定双方均不得泄露本合同的内容，但李保田依据该合同提起诉讼的行为，并不是泄露合同内容的行为。因此，对于时代春天公司要求李保田承担违约泄密责任的主张，原审法院亦不予支持。

时代春天公司有关因李保田宣称该剧"注水"侵犯其名誉权的反诉请求，不属本案合同之诉审理的范畴，故原审法院对此不予处理。

【一审判决】

综上，原审法院依据《中华人民共和国合同法》第一百零七条、第一百一十四条第一款的规定，判决：一、北京时代春天文化传播有限公司于本判决生效之日起三十日内向李保田支付酬金九十万元；二、北京时代春天文化传播有限公司于本判决生效之日起三十日内向李保田支付违约金一百万元；三、李保田收到前述第一项中九十万元的同时，连同已经收取的三百万元向北京时代春天文化传播有限公司出具收款收据；四、驳回北京时代春天文化传播有限公司的其他反诉请求。

上诉人时代春天公司不服原审判决，向本院提起上诉，请求撤销原审判决，驳回被上诉人李保田的诉讼请求，并判令被上诉人李保田：1. 退还其已经预先收取的未履约部分的劳动报酬150万元；2. 赔偿因被上诉人李保田未全面实际履行合同义务给上诉人造成的经济损失151.8万元；3. 承担一、二审诉讼费用。

其上诉理由为：1. 原审没有认定李保田在合同履行中存在以下违约行为：一是作为演员，李保田没有参加后期配音补录工作；二是作为艺术总监，没有参加涉案电视剧的剪辑、视频制作、音频制作等后期制作，在后期制作期间未提出对该剧集数和艺术质量的意见；三是李保田致函云南电视台，称涉案电视剧有"注水"行为，阻挠该剧报审发行；2. 原审在"时代春天公司是否要求过李保田参加后期配音工作"，以及"艺术总监应当履行的职责属于行规"问题上将举证责任分配给时代春天公司有误；3. 由于李保田违约在先，剧组完成后期制作，确定集数并报审，属于避免损失扩大的救济行为，并非违约行为；4. 原审在上诉人对被上诉人相关证据质证完毕前即下达判决，诉讼程序有误。

被上诉人李保田同意原审判决并辩称：上诉人所称李保田存在违约行为，没有事实和法律依据;原审质证程序合法,上诉人的上诉理由均不能成立。因此请求驳回上诉人的上诉请求。

在二审审理过程中,上诉人时代春天公司向本院提交了三份证据:1. 北京健农电视技术有限责任公司和北京唯优鼎力文化发展有限公司于2007年1月9日出具的关于涉案电视剧制作流程和时间段的情况说明,证明该剧于2005年9月底完成了后期剪辑制作,最终确定该剧为33集;剪辑完成后进入音频制作阶段,于2005年10月底完成全剧的整体制作;2. 李保田给云南电视台及台长的信函,证明李保田于2005年11月10日向云南电视台及台长发函,虚构、编造该剧"注水",存在阻挠该剧报审、发行的违约行为;3. 时代春天公司和北京唯优鼎力文化发展有限公司于2005年9月27日签订的《项目委托合同》,证明北京唯优鼎力文化发展有限公司真实存在。被上诉人李保田对证据1的真实性和关联性均不予认可,但是对涉案电视剧后期制作的时间予以认可;对证据2的真实性没有异议,但是对其证明事项不予认可;对证据3的真实性不予认可。被上诉人李保田提交了北京市企业信用信息系统查询网络打印件,证明北京唯优鼎力文化发展有限公司已于2006年9月29日注销。上诉人时代春天公司对其真实性不予认可。

【二审法院查明】

本院经审理查明:涉案《演职员聘用合同》的文本系李保田提供,双方于2004年11月21日在时代春天公司的办公室签订该合同。其中第二条规定:李保田保证以自由身份签署本合同。对此条中的"自由身份",李保田主张,系指没有其他剧组拍摄任务的冲突。对此,时代春天公司主张,在涉案电视剧后期制作阶段,李保田参加了另一部电影《马背上的法庭》的拍摄;李保田提交相关宣传报道的网络打印件以及宁蒗彝族自治县人民法院出具的情况说明,主张《马背上的法庭》系2005年12月8日正式开拍,李保田于同年11月28日到达拍摄地。

2004年11月26日至2005年4月21日为涉案电视剧剧本及拍摄前准备阶段,李保田在家中或者时代春天公司办公地点参加了修改剧本、选定演员、化妆等工作;2005年4月21日—7月21日为涉案电视剧实际拍摄阶段,李保田出演该剧主要角色"钱奎",并继续修改剧本、选定演员、化妆等工作;2005年7月22日—9月底为该剧后期制作中的视频制作阶段,最终确定该剧为33集,李保田未到相关工作地点参加本阶段工作;2005年9月底—10月底为该剧后期制作中的音频制作阶段,该剧最终完成,该阶段亦为演员参加配音补录工作阶段,由时代春天公司通知相关演员参加,李保田未到相关工作地点参加本阶段工作。

2005年11月10日,李保田及其代理人致函云南电视台台长,提出:"目前,《钦差大臣》已进入后期制作,种种迹象表明,后期制作正在强行将该剧由30集拉长为33集。对此,我和我的经纪人窦海军先生多次向时代春天公司提出异议。鉴于贵台是该剧的制作方之一,我将以上情况报告台长,希望予以关注。"

在本案审理期间,时代春天公司主张,其曾与案外人签订《电视剧播映权合同书》,转让涉案电视剧在江西等六省市的电视播映权,转让费用为151.8万元,后因李保田向云南电视台致函,导致该合同予以解除,给其造成可得利益损失151.8万元。李保田对此不予认可。

另查,根据原审法院的庭审笔录,原审法院于2006年9月13日开庭审理本案时,李保田当庭针对本诉提交两份补充证据,针对反诉提交两份证据,时代春天公司均当庭发表了质证意见，并未申请庭后提交书面质证意见，法庭亦未要求庭后提交书面质证意见。

本院查明的其他事实，与原审法院的相同。

【二审法院观点】

涉案演职员聘用合同系上诉人时代春天公司和被上诉人李保田的真实意思表示，该合同合法有效，双方当事人均应严格依约履行相关合同义务。

根据涉案聘用合同的相关约定，李保田在2004年11月26日至2005年11月26日一年期间内接受时代春天公司的聘请，担任涉案电视剧的艺术总监和演员工作。根据合同约定，李保田作为艺术总监应当尽到相应的职责，包括修改剧本、选定演员、参加后期制作予以审核等。在合同履行过程中，李保田在拍摄前及拍摄中均进行了修改剧本、选定演员、化妆等属于艺术总监职责的工作，并饰演了涉案合同约定的角色，但其未参与涉案电视剧的后期制作，包括演员配音补录工作。上诉人时代春天公司主张在后期制作期间无法联系到李保田，李保田虽对此持有异议，但未证明其在涉案电视剧后期制作阶段曾经主动与时代春天公司联系，或者到时代春天公司的办公地点或者音频视频制作地点参加涉案电视剧的后期制作工作。且根据现有证据，李保田于涉案合同期满仅仅两天之后即参加了其他影视作品的正式拍摄工作。故，综合上述因素，可以认定李保田作为涉案合同约定的艺术总监和演员，在涉案电视剧长达四个月的后期制作期间未主动履行艺术总监的职责及完成演员配音补录工作，构成违约。

李保田主张其作为涉案电视剧的艺术总监，依据涉案合同的约定仅享有权利，不承担任何义务，由于其不同意增加涉案电视剧的集数，时代春天公司不让其参加涉案电视剧的后期制作。鉴于李保田未就此充分举证予以证明，本院对其上述主张不予支持。李保田还主张时代春天公司未通知其参加配音补录工作，故其未参加配音补录工作不属于违约，依据不足，本院亦不予支持。

在李保田未积极履约的情况下，上诉人时代春天公司自行完成涉案电视剧的后期制作工作，确定集数为33集，并及时报审发行，以确保涉案合同的目的及投资利益的实现，不具有主观过错，不属于违约。但时代春天公司应当按照合同约定，就增加的3集，按照每集10万元的标准向李保田支付酬金共计30万元。时代春天公司要求李保田就已经收取的酬金出具收款收据，理由正当，本院予以支持。被上诉人李保田要求上诉人时代春天公司支付酬金90万元及违约金100万元，缺乏依据，本院不予支持。鉴于李保田作为艺术总监和演员，共收取酬金300万元，其未参与后期制作工作，履行艺术总监和演员的相关职责，故其应适当返还相应的劳动报酬。关于返还数额，本院将依据李保田实际从事的工作、工作持续时间等予以酌定。上诉人时代春天公司要求被上诉人李保田返还劳动报酬150万元，提交相关纳税证明，依据不足，本院均不予支持。

时代春天公司主张，根据涉案聘用合同第8条关于李保田对该剧有最终审核权的相关约定，以及相关合同目的，李保田负有协助涉案电视剧报审发行的义务，而其致函云南电视台台长，宣称该剧"注水"，意在阻挠该剧发行，构成违约，并因此给其造成151.8万元的可得利益损失。鉴于该条款是关于李保田作为艺术总监对于提供给有关部门审批的涉案电视剧成品享有最终审核权的条款，时代春天公司未举证证明根据合同目的，李保田负有协助涉案电视剧报审发行的义务，亦未证明其151.8万元的可得利益损失与李保田涉案向云南电视台致函的行为存在因果关系，故其相关主张缺乏依据，本院不予支持。

李保田依据涉案合同向法院提出诉讼主张,该行为本身不属于泄露合同内容的行为。故,时代春天公司要求李保田承担泄密违约责任的主张,缺乏依据,本院不予支持。

根据原审法院的庭审笔录,时代春天公司对李保田当庭提交的四份证据均已经当庭发表了质证意见;且原审判决亦未采信上述四份证据,故,时代春天公司是否提交书面质证意见并未影响其诉讼权利和实体权利。因此,上诉人提出原审法院在未收到其书面质证意见之前即作出判决,程序违法的主张,缺乏依据,本院不予采纳。

综上,上诉人时代春天公司所提上诉理由部分成立,本院予以支持。原审法院判决有误,本院予以纠正。

【终审判决】

二〇〇七年六月十二日,北京市第二中级人民法院依照《中华人民共和国民事诉讼法》第一百五十三条第一款第(三)项、《中华人民共和国合同法》第一百零七条之规定,判决如下:一、撤销北京市朝阳区人民法院(2006)朝民初字第17823号民事判决;二、李保田自本判决生效之日起十日内,返还北京时代春天文化传播有限公司已支付的酬金三十万元;三、北京时代春天文化传播有限公司自本判决生效之日起十日内,支付李保田超出三十集部分的酬金三十万元;四、李保田收到前述第三项中三十万元的同时,连同已经收取的三百万元向北京时代春天文化传播有限公司出具收款收据;五、驳回李保田的其他诉讼请求;六、驳回北京时代春天文化传播有限公司的其他反诉请求。如果未按本判决指定的期间履行给付金钱义务,应当依照《中华人民共和国民事诉讼法》第二百三十二条之规定,加倍支付迟延履行期间的债务利息。一审本诉案件受理费19 510元,由李保田负担9 510元(已交纳),北京时代春天文化传播有限公司负担10 000元(于本判决生效之日其7日内交纳);反诉案件受理费23 600元,由李保田负担12 600元(于本判决生效之日起7日内交纳),北京时代春天文化传播有限公司负担11 000元(已交纳);二审案件受理费43 110元,由李保田负担22 600元(于本判决生效之日起7日内交纳),由北京时代春天文化传播有限公司负担20 510元(已交纳)。

本判决为终审判决。

【学者评述】

什么是艺术工作者的职业道德?

艺术工作者职业道德是从事文化艺术工作的人在工作中所应遵循的基本道德规范,是作家、艺术家、演员、艺人等在艺术实践中的行为准则。文艺工作者的道德情操,直接影响精神产品的质量和社会效果。在中国历史上,许多进步作家和艺术家都主张道德和艺术兼优。这一优良传统为近代、现代的许多作家、艺术家所继承和发展。在社会主义条件下,文艺工作者的职业道德同文学艺术史上种种为剥削阶级服务的文艺道德不同。

社会主义文艺工作者应具备的职业道德是:(1)热爱社会主义祖国,热爱中国共产党,全心全意为人民服务,为社会主义服务,始终坚持文艺为社会主义服务的方向;(2)正确贯彻"百花齐放,百家争鸣"的方针,坚持四项基本原则,反对资产阶级自由化倾向;(3)加强社会责任感,创造高尚的艺术作品和艺术形象,坚持健康的艺术趣味,反对"铜臭"污染艺术,不用荒诞离奇、低级庸俗的作品毒害人民群众,特别是广大青少年的心灵;(4)自觉加强艺术修养,刻苦磨炼艺术技巧,批判地学习中外文化艺术的优秀遗产,不断提高专业水平；(5) 以严肃认真的态度对待创作和演出，要维护艺术的纯真，讲究艺术质量，不用低劣的粗制滥造的作品应付观众；(6) 要严格要求自己，树立高尚情操，注意生活作风，同行间相互学习，切磋技艺，取长补短，反对门户之见，不计名利；(7) 树立正确的世界观，正确对待文艺批评、虚心听取各种不同的意见。文艺工作者只有加强自身道德修养，才能创造出思想性、艺术性相统一的艺术成果，更好地为社会主义精神文明建设贡献力量。

（杨新磊）

第三节　"杨大头"头大

【原告，反诉被告】北京鑫拓展影视策划中心
【被告，反诉原告】北京威宁新影视技术有限公司
【被告】顾长宁
【被告】罗欣

原告北京鑫拓展影视策划中心（以下简称鑫拓展中心）诉被告北京威宁新影视技术有限公司（以下简称威宁新公司）、被告顾长宁、被告罗欣版权转让协议纠纷及反诉原告威宁新公司诉反诉被告鑫拓展中心版权转让协议纠纷案，现已审理终结。

原告鑫拓展中心诉称，2000年2月3日，我中心与威宁新公司签订协议，约定由威宁新公司委托我中心赵鹏完成30集电视连续剧《凡人杨大头》的摄制工作、摄制费用及该剧摄制、发行许可证的报批工作；取得国产许可证时该剧价值450万元；威宁新公司在2000年2月1日前仅向我中心支付先期费用59万元，余款在威宁新公司收到广电局批准的《拍摄许可证》和《发行许可证》后付清。协议签订后，我中心履行了约定的义务，威宁新公司仅支付了部分费用，现仍欠制作费697 420元。故诉至法院，请求判令威宁新公司给付电视剧制作费697 420元。

被告威宁新公司辩称并反诉称，1. 鑫拓展中心违约在先。2000年2月3日，鑫拓展中心和我公司签订协议约定拍摄《凡人杨大头》，同时约定如在2000年10月31日前，该剧未经广电总局批准，鑫拓展中心应将我公司先期费用59万元退还；鑫拓展中心应于2000年3月30日前，将剪接完成的D-BETA母带交给我公司，并对节目存在的技术质量问题承担责任。我公司按照协议履行了义务，鑫拓展中心未按期交付母带，且存在大量节目质量问题，广电总局多次对该剧提出修改意见。鑫拓展中心的上述违约行为不仅造成我公司对该剧进行多次修改，支付大量费用，而且使我公司损失了宝贵的时间。更为严重的是在2000年10月30日前，鑫拓展中心并未履行完成该剧发行许可证的报批工作，也没有退还59万元先期费用。2. 鑫拓展中心应偿还我公司欠款。根据协议规定，鑫拓展中心应承担前后期的摄制费用及在摄制过程中的所有债权债务及相关事宜。但事实上，鑫拓展中心违约，我公司为了使协议能够继续履行，并减少自己遭受的经济损失，在该剧前后期摄制及发行许可报批过程中，承担了共计591 095元的前后期摄制、修改、设备等费用。同时，我公司替鑫拓展中心偿还浙江华新公司欠款10万元，并承担了鑫拓展中心承担的张宁个人费用18万元。以上费用，鑫拓展中心法定代表人在给我公司的信函中予以确认，并声称鑫拓展中心只有40万元

的承受能力，并请求对上述欠款能否不计。但鑫拓展中心对上述欠款分文未还。3. 鑫拓展中心的诉讼请求无事实和法律依据。我公司现已向鑫拓展中心支付3 802 580元，而鑫拓展中心至今尚欠我公司871 095元。根据合同法规定，我公司有履行抗辩权，在鑫拓展中心违约的情况下，我公司有权依据相关法律规定保护自己的合法权益。故提起反诉，请求判令鑫拓展中心偿还欠款871 095元。

被告顾长宁辩称，1. 我与本案没有直接关系，鑫拓展中心提起诉讼的依据是威宁新公司和鑫拓展中心之间签订的协议书。2. 我作为公司股东，不应该为公司直接承担债务。

被告罗欣辩称，如果欠债我不承担责任。《凡人杨大头》发行收入1 600万元我也没有见到。欠不欠款与我无关，这是鑫拓展中心和威宁新公司、顾长宁之间的事情。

鑫拓展中心针对威宁新公司的反诉请求辩称，电视剧原以宁波电视台报批，他人出资，我中心与台湾方面合作制作，后因宁波电视台报批办不下来，原投资人没有按计划投资，我中心自己投资，于1999年11月8日开机制作，于2000年1月8日停机。为解决资金困难，我中心一方面与宁夏电视台联系，申请批文，一方面与华新公司协议投资等问题。华新公司借款25万元给我中心，但后华新公司考虑到批文问题不再投资。2001年1月我中心向威宁新公司的林鸿鹏、罗欣求助，当威宁新公司看了我中心已制作完成的1、2集后，与湖南台联系，我中心向威宁新公司表明当时宁夏电视台正在申请批文，我中心无力办理批文，威宁新公司以传真的形式与我中心草签了协议。实际上是威宁新公司购买《凡》剧的国内版权与发行权。我中心分别于2000年1月31日、2月2日收到威宁新公司支付的59万元。后双方确定了许可证等相关手续由宁夏电视台负责办理，威宁新公司与宁夏电视台于2000年2月20日签订了《补充协议》，该协议对此项做了约定。2000年3月15日，台湾方面已完成该剧的后期制作，由于尚欠制作费用，我中心向威宁新公司催款未果，自行筹款，支付欠款。台湾方面分别于3月底4月初将制作完成的母带交付我中心，由我中心给付威宁新公司。根据以上事实，我中心认为：1. 我中心已经完成了全部义务，威宁新公司应向我中心支付余款。我中心交付母带后，威宁新公司经验收向我中心开具了收条，对我中心交付的母带始终未提出异议，我中心的合同义务至此已全部履行。同年12月30日，威宁新公司已经取得了许可证，故威宁新公司应向我中心支付余款。2. 威宁新公司的反诉请求已经过诉讼时效。协议中约定的交付时间分别为2000年3月30日、10月31日。如因我中心的违约行为侵害了威宁新公司的权益，威宁新公司应在法定期间内提出主张。现威宁新公司没有主张，丧失法定求偿权。3. 威宁新公司对我中心因故迟延交付磁带的履行合同的行为予以接受且未提出异议。依据《合同法》第77条的规定，威宁新公司接受履行且无异议的行为应视为对合同履行条款变更的认可。4. 存在大量节目质量问题的理由不成立。威宁新公司在购买时已经看了样带，任何人一般不会购买连自己都认为存在大量质量问题的节目的版权。其收到母带后至今已经3年，此剧在各电视台早已播出，威宁新公司未提出异议。5. 取得许可证不是我中心的义务。合同仅约定委托我中心完成许可证的报批义务，该条款的约定违反国家广播电影电视总局广发外字99（518）号《关于加强对聘请港、澳、台从业人员参与广播电视节目制作管理通知》的规定，我公司无法操作，应为无效。6. 我中心不应承担威宁新公司对该剧的费用。威宁新公司购买了电视剧的版权，我中心完成交付义务后，无权再对该剧进行修改。同时，在合同中，亦未约定根据威宁新公司的要求对该剧进行修改及承担对该剧进行修改的义务。根据广电总局提出的要求对电视剧进行的修改不是合同约定的义务，因此产生的费用在合同中没有约定，与我中心无关。张宁是宁夏电视台的工作人员，我中心不知报批许可证的费用与张宁个人的费用有任何关系，我中心没有义务也从未向张宁承诺并且向张宁支付过任何费用。威宁新公司称曾替我中心向华新公司还款 10 万元，我中心早已将该 10 万元计入威宁新公司 2000 年所付的 216 万元中。威宁新公司共计应付款 450 万元，实际付款 3 333 980 元，再除去威宁新公司口头告知替我中心偿还的 35 万元和我中心口头同意向威宁新公司支付的设备租赁费用 118 600 元，现威宁新公司未付款为 697 420 元。如威宁新公司对款项计算有异议，我中心要求威宁新公司出示其向我中心付款的全部凭证。

鑫拓展中心针对本诉和反诉，向法庭提供了以下证据：协议书；交付母带收条；计算表；威宁新公司与湖南生活频道协议书，与宁夏电视台电视剧部协议书；股东罗欣证明；发行统计表。威宁新公司向法庭提供的证据是：协议书；结算表；3 张转账支票；电视剧发行许可证；赵鹏致威宁新公司的传真；鑫拓展中心从威宁新公司支出 59 万元的借条；母带收条；电视剧删改意见表和修改情况报告；华新公司借条；张宁出具的收条；电视剧前后期摄制费用及修改费用凭证。罗欣向法庭提供的证据有：威宁新公司注册档案材料。

【事实】

一、关于合同的订立

2000 年 2 月 3 日，鑫拓展中心与威宁新公司签订协议书，约定：由于投资方发生变化，双方经友好协商就 30 集电视连续剧《凡人杨大头》（暂名）版权转移一事达成如下协议：（一）双方认定关于 30 集电视连续剧《凡人杨大头》如下事宜：1. 该剧为宁夏电视台和威宁新公司联合录制；2. 确认《联合录制协议书》中的所有条款；3. 该剧版权归威宁新公司独家拥有；4. 委托鑫拓展中心的赵鹏先生完成该剧的摄制、发行许可证的报批工作；5. 确认取得《合拍许可证》时，该剧价值为 300 万元，取得《国产许可证》时，该剧价值为 450 万元；6. 该剧摄制过程中的所有债权债务及相关事宜由鑫拓展中心全部承担。（二）威宁新公司于 2000 年 2 月 1 日前向鑫拓展中心支付先期费用，现金 59 万元。如该剧未经广电总局批准，鑫拓展中心应将该费用如数退还威宁新公司，时间不得超过 2000 年 10 月 31 日。鑫拓展中心须于 2000 年 3 月 30 日前，将剪接完成的 D-BETA 母带交给威宁新公司，节目的技术质量问题，由鑫拓展中心全部负责。（三）威宁新公司在收到鑫拓展中心提供的由广电总局批准的该剧《拍摄许可证》和《发行许可证》后，向鑫拓展中心支付相应余额资金。四、任何一方违约，都必须赔偿给对方因违约造成的任何经济损失。

协议签订时，鑫拓展中心实际已与台方基本完成拍摄，双方是在见到拍摄内容的基础上签订的协议。对该协议的性质，双方确认：鑫拓展中心负责拍摄，威宁新公司负责转让，是一种版权转让协议。

二、关于报批工作

鑫拓展中心对该问题的解释是：《国家广播电影电视总局关于加强对聘请港、澳、台从业人员参与广播电视节目制作管理的通知》中规定了报批工作首先由省级的广电局提出，而且同时应提交电视剧制作许可证，许可证个人不可能取得，通常，由有摄制权利的电视台和国家批准的一些影视公司进行申报，申报时由出品单位和制作单位进行，在本案中宁夏电视台为出品单位，制作单位是威宁新中心和湖南电视台，我公司只是负担管理费。威宁新公司的解释是：所有从事影视界拍摄制作单位应该和出版单位一样有独立的权利，但现实中存在很多问题，大多有申报权利的公司没有剧本，就会有些单位进行制作，之间产生买卖关系。申报责任由合同自由约定。就我们的约定看，如果只是把作品拿来，申报就应该由我们完成，但在我们的协议中债务债权由鑫拓展中心承担，同时约定由鑫拓展中心负责申报，故其应该完成申报。

在本案的具体履行中，鑫拓展中心支付了9万元的报批费用，报批手续已经完成。2000年12月30日，国家广播电影电视总局颁发电视剧发行许可证：剧目名称：凡人杨大头，长度三十集，制作单位：宁夏电视台电视剧部，合作单位：湖南电视台、威宁新公司，电视剧制作许可证编号：00149。

三、关于修改

电视剧在报批过程中审核部门提出了8点修改意见，主要是：关于羌族的描写有浓厚的大汉族色彩，应全部删除；剧中妓院戏太多，应尽量删减；常识性错误应予以修改；第16集用真实场景表现的手法不妥，改用说白；后第8集改为第9集等，上述意见有的为了符合党和国家的政策，有的则是有利于提高此剧的品位质量，不致误导观众——尤其是广大青少年观众。因第一次修改不够严肃认真，又被责令进行了第二次修改。

威宁新公司反诉主张因此而花费的修改费用为591 095元，该笔费用应视为后期制作费用，由鑫拓展中心承担。鑫拓展中心提出三点理由认为其不应该承担该笔费用：1. 威宁新公司与我中心约定450万元，和湖南台约定500万元，说明期间的差额50万元就是用来修改的，该笔费用不应该由鑫拓展中心承担。2. 协议里约定母带交付后，我中心承担技术质量问题，除此之外的质量问题不应由我中心承担。3. 该质量问题，威宁新公司当时并没有向我公司提出修改，也没有提出过修改费用达59万余元。

四、关于母带的交付

2000年3月31日和2000年4月6日鑫拓展中心分两次交付母带，晚于协议约定的2000年3月30日前的时间。对此，鑫拓展中心的解释是：当时电视剧在大陆已经拍摄完成，在台湾进行后期制作和配音，3月份的时候台湾方面通知可以取带子还钱，由于赵鹏借了台湾方面29万多元，一些演员的钱也是鑫拓展中心先期支付的，所以资金紧张。后来和威宁新公司进行过协商，把钱给付台湾方面后才将带子取回。这就是晚交的原因。赵鹏当时向顾长宁提出需要先给台湾方面钱才拿带子，顾也没有办法。台湾方面后来分两次交付带子。对延迟交付，我中心认为威宁新公司是认可的。

五、关于还款

鑫拓展中心提供了证据3结算表，证明威宁新公司的付款情况，截至2001年10月19日共3 515 860元。之后，威宁新公司又继续支付了两笔，2001年12月7日10万元，2001年12月30日68 120元，共计3 683 980元。鑫拓展中心认为，折抵鑫拓展中心应付威宁新公司的设备租金118 600元，实欠鑫拓展中心697 420元。

威宁新公司对上述付款情况并无异议，但提出：根据协议规定的计算标准，设备租金费用为131 200元。鑫拓展中心不否认协议是这样规定的，但提出按118 600元的标准计算是双方口头认可的。此外，威宁新公司还提出已付10万元未计算在内，但经核对账目，其又确认鑫拓展中心已经计算在内。

六、关于赵鹏的信函

2001年3月7日，赵鹏致函顾长宁：我昨天认真计算了一下我所欠的钱款。对于威宁新公司前后期的费用我大概很难在一时有能力还清。按目前我的还款情况，即使把去年我的劳动报酬也用于还款，还在外欠有150万元左右，也就是说，我的费用实实在在有450万元。但你们也帮了很多很多忙。没有你们的帮忙，也没有今天的局面。所以，我想：加上张宁我要承担的费用及威宁新公司前后期的费用，我只能有40万元的承担能力。公司方面的费用除前期的外，人员的直接费用我应该承担。设备方面的费用是否尽可能的不计。为此实际上，400万元与我结算。为了我目前的处境，可能还得向您借10万元，也就是410万元结算。

此信函发出后，并无回函。2002年3月25日，威宁新公司股东罗欣和林鸿鹏向鑫拓展中心出具情况证明及欠款确认书，内容主要是：威宁新公司从湖南台生活频道购买该剧发行权的预付款中支付重新制作《凡》剧后期费用。申报该剧发行许可证由威宁新公司及宁夏电视台负责。截至2002年3月，威宁新公司法人代表顾长宁尚欠《凡》剧制作款697 420元，经赵鹏多次追讨，并多次向我们投诉，为维护本公司信誉，证明如下：威宁新公司于2000年2月3日与鑫拓展中心签署的30集电视连续剧合作协议合法有效。并且确认取得国产许可证后付清450万元的未付款。赵鹏先生曾在2001年初取得国产许可证后，根据当时的困难向威宁新公司提出过如能马上一次性付清欠款，可以少付人民币40万元的条件，但顾长宁至今未能一次性付清款。我们确认该笔欠款应从威宁新公司的《凡人杨大头》发行收入中以全额450万元归还，如在2002年12月底前不能归还，我们同意赵鹏采取措施。罗欣在诉讼中表明，其是威宁新公司的股东，同时还是该公司的节目总监，参与了前期工作，后期发行是湖南电视台做的。发行收入为1 600万元。

另查，鑫拓展中心与威宁新公司均被国家工商行政管理部门吊销法人营业执照，顾长宁、罗欣为威宁新公司的股东。

【法院观点】

鑫拓展中心与威宁新公司签订的协议是双方履约的依据。该协议对双方具有法律约束力。但协议中有关报批条款不能依据有关行政规章进行操作，在合同履行中，双方变更了该协议条款的履行，除报批涉及的修改问题外其余内容的履行无争议，本院予以确认。

鑫拓展中心和威宁新公司之间互负债务并有先后履行顺序，依据《合同法》第67条的规定，威宁新公司在鑫拓展中心未交付母带的情况下，享有后履行抗辩权，但该抗辩权的行使以对方不履行或迟延履行为条件，在鑫拓展中心已经交付母带后，其不再享有后履行抗辩权，但其可以请求支付因迟延交付造成的相应损失。

威宁新公司收取母带后并未向鑫拓展中心提出质量异议，通常应视为其对拍摄质量的认可。但因电视剧的上映实行许可审查制度，电视剧的质量除双方确认之外，还须取得国家审查机关的批准。此外，当事人之间转让的是具有著作权的标的物，根据合同法的规定，标的物的著作权并不当然属于买受人，根据著作权法的规定，电视剧的导演、编辑等享有署名权，著作权的其他权利由制片人享有。对此，双方当事人仅就未批准通过的后果进行约定不够全面，还应对延期批准的修改工作和修改费用进行协商。但实际是，双方既没有按照行业规章约定申报主体和各自应承担的义务，也没有按照行业惯例约定为符合审查机关的质量要求由谁进行修改及支出的修改费用的负担问题。这是导致合同产生纠纷的主要原因。

我国合同法规定，合同中不完善的条款双方在履行过程中应协商解决，并有义务促进合同继续履行。威宁新公司针对审查机关提出的质量问题除非在其愿意承担后果或者被鑫拓展中心拒绝修改或者被鑫拓展中心授权修改的情况下可以自行修改，否则，单方修改，事后要求鑫拓展中心承担修改费用的行为没有法律支持，该行为剥夺了鑫拓展中心对修改问题的意思表示及合理预算修改费用的权利，但同时，该行为并没有阻碍合同继续履行或导致电视剧未能上映的损害后果产生,故该履行行为属于不适当的履行。

双方来往信件及法庭查证事实表明,双方对因报批而产生的修改费用一直处在协商中,且影响了双方有关费用的最终结算。对此,赵鹏的信函不应视为一种结款的承诺,这是因为:信函中对顾长宁有关付款问题提出了新的方案,该方案不是受要约人同意要约的意思表示,而是一种新的要约。对此,威宁新公司既没有向赵鹏作出新的承诺,其反诉状表明其至今也未认可鑫拓展中心承担40万元的修改费用。根据我国合同法的有关规定,要约没有确定承诺期限的,承诺人收到要约后应在合理的期限内作出并送达要约人,承诺期限届满,受要约人未作出承诺的,要约失效。鑫拓展中心发出要约的时间是2001年3月7日,至今未收到威宁新公司的承诺,应视为该要约已经失效。故双方对修改费用的负担等问题并没有达成新的协议,赵鹏的信函对双方没有约束力。

法官对当事人协商不成的条款有权进行解释和确认。诉讼中,合议庭针对此问题曾鼓励当事人协商解决,但当事人之间分歧很大,协商未果。合议庭认为,确认该笔费用的负担应基于以下几个因素:合同中对技术质量进行了特别约定,对报批中的修改并无约定。具有威宁新公司节目总监、股东身份并代表威宁新公司与鑫拓展中心签约的罗欣在其事后的"情况证明及欠款确认书"里承认该笔费用不应由鑫拓展中心负担。尽管罗欣作出确认时已经不在威宁新公司工作,但其对合同的解释具有一定的可信性。威宁新公司进行二次修改是因为工作不认真所致,这说明,认真修改有可能不会导致二次修改,也因而会减少修改费用。作为主张权利人威宁新公司向法庭提供591 095元的支出凭证包括工作报告表、部分发票、部分白条,部分付款凭证等,这些证据并没有明确载明是修改费用,本院对其具体数额的发生无法完全采信。上述事实表明,威宁新公司应对其不适当履行及证据不具有可采性承担责任和后果。

但因报批工作是鑫拓展中心的合同义务,该报批工作通常会理解为包含报批期间的修改工作。从质量瑕疵担保义务的角度考虑,除非当事人之间有特殊约定,鑫拓展中心也有保证交付作品能够上映的义务。故鑫拓展中心也应适当分担一定的修改费用。

双方发生的租赁费用虽不属于本案法律关系,但鉴于双方相互抵销债务无异议,且鑫拓展中心本诉主张已经扣除了118 600元的租金,本院予以支持。根据证据规则,书面协议的效力大于口头协议,鑫拓展中心要求按118 600元折抵的本诉主张不予以支持,威宁新公司要求按131 200元折抵的反诉主张予以支持。张宁个人费用18万元属于另案法律关系,庭审中,鑫拓展中心明示不愿意承担,本院不予处理。威宁新公司核对账目,最后确认华新公司10万元已经算在威宁新公司的付款之中,现双方已无争议,该笔反诉请求应不予以支持。

延期交付母带,威宁新公司仅作为抗辩理由,并未提出反诉请求,鑫拓展中心的此一般违约行为不影响威宁新公司欠款的给付。赵鹏的信函表明,双方对质量及修改费用等问题一直处在协商过程中,威宁新公司一直在主张权利,故对鑫拓展中心关于威宁新公司提出质量问题已经超过诉讼时效的诉称理由不予以采纳。

依据法律规定及司法解释,企业吊销营业执照后,经营资格已不存在,但仍具备诉讼主体资格;企业与其股东可以共同作为被告诉讼,但通常情况下股东只承担清算义务。故鑫拓展中心以威宁新公司、顾长宁、罗欣作为共同被告并无不当,但鑫拓展中心要求顾长宁、罗欣承担给付责任没有证据,故本院不予以支持。

【判决】

二〇〇三年九月十九日，北京市海淀区人民法院依据《中华人民共和国合同法》第二十条第一款第（三）项、第二十三条第二款第二项、第六十一条、第一百条、第一百〇九条、《中华人民共和国公司法》第一百九十一条之规定，判决如下：一、被告北京威宁新影视技术有限公司给付原告北京鑫拓展影视策划中心五十九万元，于本判决生效后十日内付清；二、本判决生效之日起六个月内，被告顾长宁、被告罗欣对被告北京威宁新影视技术有限公司进行清算，用清理的财产偿还上述款项；三、驳回原告北京鑫拓展影视策划中心的其他诉讼请求；四、驳回反诉原告北京威宁新影视技术有限公司的其他反诉请求。案件受理费一万一千九百八十四元（本诉原告预交），由北京鑫拓展影视策划中心负担三千九百八十四元（已交纳），由被告北京威宁新影视技术有限公司负担八千元（于本判决生效之日起七日内交纳）。反诉案件受理费一万三千七百二十一元（反诉原告预交），由北京威宁新影视技术有限公司负担一万元（已交纳），由北京鑫拓展影视策划中心负担三千七百二十一元（于本判决生效之日起七日内交纳）。如不服本判决，可于判决书送达之日起十五日内，向本院递交上诉状，并按对方当事人的人数提出副本，于上诉期满之日起七日内交纳上诉案件受理费（与一审同额），上诉于北京市第一中级人民法院。

一审判决后，几方无人上诉。

【学者评述】

讲诚信，并不是说说而已，很多人是说得容易做起来难。这大概就是人真而不诚、诚而难信的一种劣根性缘故，他们以利益确定诚信，以自私和贪婪玩弄诚信。

在现实社会生活里，我们做人做事什么都不缺，缺的是人心，缺的是诚信，弄得人去寻找诚信的机会和条件。有的人只是要求别人有诚信讲诚信，而自己就很难用诚信来对待他人。在文明发展的今天，更应该体现人事的诚信度，却结果令君大失所望。

曾一度失掉"自信力"的中国人，如今不会又失去"诚信力"了吧！尽管辞典里找不到"诚信"一词的书面意思，但并不表明它没有、不重要。这个在心里和行动中存在的东西，恐怕就只能不要去找，也不要注明和解释，它只能是人之间的共识和默契。可以说，它是普遍存在于我们的人事里，一旦人丢掉了诚信，人性就显得可恶、可怕、可耻。本不稀罕的更稀贵了，从而体现了人的道德品质和良知良心的迷失。

人总有自己的优劣势、强弱点和长短处，在今天的人事面前，说诚信，怕是有点难度，甚至不知去说。更不会去理解诚信的优劣、强弱和长短。真可谓说是说，做是做，因人而异、因事而异、因玩笑而戏弄诚信。在失缺了道德的人群里，还能听到它的声音，看到它的旗子，总算对一些受骗者有了交代，或许对诚不诚、信不信的人是一种安慰。

现实中，可怕的是讲诚信就是去"送死"，讲诚信就得吃亏上当，这个诚信谁还敢讲？目前似乎什么都在发展进步，唯独人的道德品质没有进步，相反在逐渐下滑，而且下滑得令君后怕。一切都在金钱中舛误，诚信也无法逃脱被利用的命运或下场。

（杨新磊）

第四节 不能无限"放大"

【上诉人，原审原告】 北京放大空间影视文化有限公司
【被上诉人，原审被告】 于江盈，女，音乐人

上诉人北京放大空间影视文化有限公司（以下简称放大空间公司）因著作权权属纠纷一案，不服北京市第二中级人民法院（2006）二中民初字第3583号民事判决，向北京市高级人民法院提起上诉，现已审理终结。

北京市第二中级人民法院认定，放大空间公司成立于2003年10月22日，该公司主张其为电视连续剧《七剑下天山》音乐作品的著作权人，该电视剧音乐作品为其法人作品，并提交了有关该公司进行策划、采风、购买他人的音乐作品、聘请人员进行创作等证据。于江盈对放大空间公司提交的上述有关证据不予认可。2005年8月18日，东阳市慈文影视制作有限公司（以下简称东阳慈文公司）与于江盈签订《合同书》，委托于江盈为电视连续剧《七剑下天山》的唯一作曲，于江盈为著作权人。于江盈主张电视连续剧《七剑下天山》使用了其创作或改编的19首歌曲。放大空间公司认可使用了其中的18首歌曲。法院曾向有关部门调取在中央电视台播出的电视连续剧《七剑下天山》的播出带，但未能调取到。

北京市第二中级人民法院认为，由于现有证据不能证明中央电视台播出的电视连续剧《七剑下天山》的具体确切内容，故无法确认涉案音乐作品的具体表达形式，无法就此依据双方提交的相关证据对其著作权归属作出判断。且双方当事人对电视连续剧《七剑下天山》中是否使用《Gul sa ba》音乐作品存在争议，法院也无法对此作出处理。本案现有证据不能证明放大空间公司参与了电视连续剧《七剑下天山》音乐作品的具体创作活动。放大空间公司虽主张聘用于江盈参与电视连续剧《七剑下天山》音乐作品的编曲工作，并支付了相关劳务费，但未举证证明是否对相关作品著作权归属进行了约定。根据现有证据不能得出涉案音乐作品属法人作品，著作权应归其所有的结论。

北京市第二中级人民法院依据《中华人民共和国著作权法》第十一条、第十七条的规定，判决：驳回放大空间公司的诉讼请求。

放大空间公司不服一审判决，向本院提起上诉。理由是：一审判决认定事实有误，放大空间公司创作了电视连续剧《七剑下天山》音乐；于江盈受聘承担编曲工作，未对已有电视连续剧《七剑下天山》音乐进行独创性再创作，不是创作者。放大空间公司与于江盈是聘用编曲劳务合同关系，不是委托创作关系，于江盈并非创作者；放大空间公司与于江盈之间并非委托创作关系。电视连续剧《七剑下天山》音乐作品著作权属于放大空间公司，但一审判决不支持放大空间公司的诉讼请求，也不支持于江盈的抗辩主张，作出了无主作品的错误判决。请求本院依法撤销一审判决；改判确认电视连续剧《七剑下天山》的音乐作品著作权属于放大空间公司；由于江盈承担本案全部诉讼费用。于江盈服从一审判决。

经审理查明，放大空间公司于2003年10月22日成立。

2005年8月18日，东阳慈文公司作为甲方与作为乙方的于江盈签订《合同书》。约定甲方委托乙方为电视连续剧《七剑下天山》的唯一作曲，创作录制片中音乐及主题歌曲，

甲方拥有相关作品的独家使用权及发行权,甲方需为该剧的音乐创作与录制支付乙方20万元;乙方为著作权人,并拥有署名权。2005年9月5日,作为东阳慈文公司关联公司的北京慈文影视制作有限公司(以下简称北京慈文公司)向于江盈支付电视连续剧《七剑下天山》音乐版权费10万元。后北京慈文公司以联系不到王勇,误与于江盈签订上述合同为由,于2005年10月作为乙方与甲方放大空间公司签订《音乐版权使用合同》。合同约定甲方同意乙方在涉案电视连续剧中无偿使用就其所享有权利和著作权人授权的音乐录音著作。

电视连续剧《七剑下天山》中使用了《空船》《种子与大树无法相遇》《正邪对峙》《大战沙漠》《游龙》《热气》《站在浪尖上的人》《战争中的儿童年代》《竞星的疯狂》《艾尔江大提琴》《故乡》(又名《团结》)、《没有结果的爱情》《天地正气》《走进沙漠》《沙漠之鹰》《莫问前尘》《君临天下》《追忆2005——我的七剑之旅》等18首音乐作品。于江盈主张在电视连续剧《七剑下天山》中除使用了上述18首音乐作品外,还使用《Gul sa ba》,但放大空间公司对此不予认可。

于江盈于2005年11月4日取得经北京市版权局登记的作品登记证书,其中包括四首音乐作品《跨越世界的河流》(空船)、《热气》《七剑下天山》(阿衣呀黑)以及《Gul sa ba》,登记证书载明的作品完成时间分别为2005年4月1日、2005年7月15日、2005年3月20日和2003年5月5日。

在一审法院审理期间,放大空间公司明确主张电视连续剧《七剑下天山》在中央电视台播出的播出带中的音乐的著作权。放大空间公司向一审法院提交了涉案电视连续剧34集《七剑下天山》录像带,并主张该录像带系北京慈文公司提供的中央电视台播出带。于江盈对上述录像带的真实性不予认可,主张其中第18集中第21分43秒至第22分49秒以及第23分处有明显被剪断处理的痕迹。经一审法院核实,该处播放过程中出现蓝屏。于江盈向一审法院提交了其自行录制的该集片断,主张其中使用了其创作的《Gul sa ba》。放大空间公司对于江盈提交的其自行录制的该集片断的真实性不予认可。北京慈文公司于2006年8月9日出具证明称,放大空间公司提交的录像带即为中央电视台的播出带,并在个别牵涉于江盈所争议的部分做了标记。

放大空间公司向一审法院提交了通过北京中视北方影像技术有限责任公司(以下简称中视北方公司)复制的涉案电视连续剧第11集至第18集的录像带,中视北方公司为其开具了制作费发票。于江盈对放大空间公司提交的该录像带的真实性亦不予认可,主张该录像带仍然存在改动剪辑痕迹。经一审法院调查,中视北方公司曾应放大空间公司的要求复制上述录像带,中视北方公司主张该录像带的内容系对涉案电视剧播出带的复制。

2006年9月25日,一审法院向中央电视台发出协助调查函,要求其协助调取曾在中央电视台CCTV-8频道播放的涉案电视连续剧的播出带。中央电视台称该台没有该剧播出带,无法调取,亦无法出具书面回函。

放大空间公司主张电视连续剧《七剑下天山》中的音乐作品属于法人作品,其对该音乐作品享有著作权。上述音乐作品中的70%系源自其对已有音乐作品的改编或编曲,与于江盈无关,于江盈对该部分音乐无争议,但主张放大空间公司并未对已有音乐进行改编工作;上述音乐作品中的30%系放大空间公司根据制片方及导演的要求,组织主持多人通过到新疆实地采风,广泛收集音乐素材,并与剧组导演、编剧及其他音乐主创人员共同沟通研讨创作完成的,充分体现了放大空间公司的创作意志,且与制片方慈文公司签订了涉案音乐授权使用合同书,对该创作承担相应责任,因此该部分音乐作品属于法人作品。上述30%

的音乐作品包括放大空间公司委托音乐制作人李苏友进行音乐的混编和制作的成果，期间于江盈虽参与了一些工作，但是在李苏友领导下完成，且其工作性质是编曲，而非创作，其对该作品不享有著作权。于江盈未参与上述音乐作品的创作，只是在该剧进入后期制作后，在放大空间公司提供了已基本创作成型的音乐片断及相关作品（包括主旋律曲谱等）后，委托于江盈担任编曲，其工作包括整理曲谱、编辑、配器、参与录音等，并领取了编曲报酬。放大空间公司提交了证人霍耀良、李苏友、韩光辉、马林、袁卫东、何镜清、张昱、杨建成、孙建魁、吴非、艾斯卡尔、韩夫一、罗旭武、简军、杨柏林的证言，以证明其上述主张，并证明放大空间公司随涉案电视剧剧组创作涉案音乐作品的过程，经采风、创作并支付全部录制费用，于江盈没有参与创作，其工作属于编曲。在一审法院审理过程中，证人霍耀良、李苏友、何镜清、张昱、杨建成、吴非、艾斯卡尔到庭接受询问。

放大空间公司提交了包括《空船》（又名《跨越世界的河流》）、《走进沙漠》《站在浪尖上的人》（又名《七剑下天山》）、《莫问前尘》《战争中的儿童年代》《没有结果的爱情》《种子与大树无法相遇》《沙漠之鹰》《天地正气》《团结》《竞星的疯狂》和《君临天下》音乐作品创作素材光盘12张，并主张光盘中包括其广泛收集的音乐素材及成型的音乐片断或作品，放大空间公司于2005年2月至3月陆续将包括上述相关内容的素材光盘交付给于江盈，同时交付了相关主旋律曲谱。对于《大战沙漠》《正邪对峙》《由龙》《热气》四首音乐作品，放大空间公司未提交上述创作素材光盘，并主张《热气》是《空船》的旋律变奏曲，《由龙》是《正邪对峙》的变奏音乐，《大战沙漠》是《由龙》的主题变奏；对于《竞星的疯狂》《故乡》和《君临天下》三首音乐作品，放大空间公司未提交相关主旋律曲谱。于江盈对此不予认可，并主张放大空间公司提交的上述光盘中均主要包括两部分内容，一是公开出版的原版唱片，二是于江盈创作的涉案音乐作品成品，而光盘的生成时间为1995年，故对上述12张光盘的真实性提出异议。上述光盘显示的创建时间及修改时间均为1995年1月1日。放大空间公司认可上述光盘中包括素材及涉案音乐作品成品，并主张上述光盘系为法院审理之便而提交的，并非交付于江盈的原始光盘。同时，于江盈还主张其提交的曲谱中存在多处无速度、调号、和声和表情记号，以及多处节拍错误及其他缺乏乐理知识的错误。放大空间公司主张根据音乐制作工作的惯例，放大空间公司提供的上述音乐片断或作品，无须标明速度、和声等，这些工作属于编曲工作，应由编曲于江盈完成。

放大空间公司还提交了《七剑下天山精选音乐珍藏版》光盘，并主张其中涉及的第一部分展示了2003年创作完成的《七剑之旅》音乐，第二部分和第三部分是2005年北京慈文影视制作有限公司为制作台历礼品而后加的内容。于江盈对此不予认可。经一审法院核实，该光盘的创建时间及修改时间均显示为2005年10月2日，该光盘共包括三部分内容，第一个背景音乐为原版哈萨克歌曲《故乡》的完整版；第二个背景音乐为涉案电视剧中出现的《热气》完整版；第三个背景音乐为涉案电视剧中出现的《跨越世界的河流》完整版。

放大空间公司主张其曾于2005年向于江盈支付涉案电视剧音乐制作费1万元，并提交了该剧生活制片人杨柏林出具的证明及于江盈签字的载有《七剑下天山》名称的两张音乐制作费票据。于江盈对此不予认可，主张该票据只能证明王勇曾向其支付相关劳务费，不能证明与涉案音乐创作有关。放大空间公司还主张于江盈编曲所使用的录音工作室是由放大空间公司的王勇出资购买的，同时提供了北京世纪佳音电子乐器有限公司于2005年5月25日出具的金额为92 750元的"音乐制作费"收据及《录音工作室配置》清单。于江盈对此亦不予认可。

放大空间公司主张《空船》《站在浪尖上的人》《热气》及《天地正气》四首音乐作品系由简军于 2005 年 8 月录制完成的，其中《天地正气》未做混音。简军对此出具书面证言，称系接受放大空间公司的委托录制该作品，作品编曲为于江盈，录音制作费用由放大空间公司的王勇支付，于江盈于 2005 年 11 月以防止盗版为由删除了所有原始录音文件。

于江盈提交了与简军的对话笔录，其中表明系于江盈制作的录音分轨文件；以及 2006 年 1 月 11 日经北京市公证处以（2006）京证内字第 205 号《公证书》公证的于江盈在家中演示其创作音乐的过程以及其电脑中保存的涉案电视剧的音乐文件光盘。于江盈还提交了涉案《跨越世界的河流》等 17 首音乐作品的创作说明、相关素材、乐谱手稿及音乐总谱等材料，以及《追忆 2005——我的七剑之旅》和《艾尔江大提琴》的音乐总谱。此外，于江盈还提交了其与王勇的谈话录音，其中王勇谈到包括原创音乐和外购音乐在内应署总体的名称，原创音乐部分署于江盈的姓名，于江盈据此主张王勇认可涉案音乐作品著作权归属于江盈。王勇对该录音的完整性及清晰程度均提出质疑，对该录音不予认可。

另查，2004 年 4 月 7 日、2005 年 8 月 8 日，BMG 松巴制作音乐亚洲有限公司（以下简称 BMG 公司）与放大空间公司签订协议书。约定放大空间公司非专有性地将 BMG 松巴图书馆中的音乐制品配制到放大空间公司的作品中。该协议书还附有音乐清单。后 BMG 公司还出具了准许放大空间公司使用 BMG 松巴音乐图书馆的授权证明。

2005 年 4 月 7 日，乌鲁木齐市江阿湾商贸有限公司作为甲方与乙方放大空间公司签订《词曲著作权同意合约书》。约定甲方将其享有权利或著作权人授权的音乐作品《Ush Konger》（汉语音译：《乌什阔恩尔》）同意乙方以原声演唱版、编曲、配乐编曲的方式重制，以及在电视连续剧剧中、电视剧 VCD／DVD 及其他延伸产品等方式出版发行。

以上事实，有放大空间公司提交的音乐素材光盘、相关曲谱及创作说明、《七剑之旅》光盘、放大空间公司主张为电视连续剧《七剑下天山》的播出带、涉案音乐清单及剪辑表、相关报道、证人证言、领取费用的相关票据、购买录音设备的票据及设备清单、协议书、合约书、音乐版权使用合同以及于江盈提交的涉案音乐创作说明、相关素材、曲谱草稿及总谱、电视连续剧《七剑下天山》第 18 集片段光盘、（2006）京证内字第 205 号《公证书》《合同书》及付款证明、于江盈与放大空间公司工作人员王勇的谈话录音及当事人陈述等证据在案佐证。

本院认为，著作权属于作者，创作作品的公民是作者。由法人或者其他组织主持，代表法人或者其他组织意志创作，并由法人或者其他组织承担责任的作品，法人或者其他组织视为作者。如无相反证明，在作品上署名的公民、法人或者其他组织为作者。受委托创作的作品，著作权的归属由委托人和受托人通过合同约定。合同未作约定或者没有订立合同的，著作权属于受托人。

本案中，放大空间公司与于江盈之间就电视连续剧《七剑下天山》音乐作品存在事实上的合同关系，但根据现有证据，不能证明放大空间公司就电视连续剧《七剑下天山》音乐作品的著作权归属与于江盈进行了约定。放大空间公司认可聘请于江盈参与电视连续剧《七剑下天山》音乐作品的编曲工作，但其提交的证据不能证明于江盈在电视连续剧《七剑下天山》音乐形成过程中承担的具体、明确工作范围，不能支持其关于于江盈未进行电视连续剧《七剑下天山》音乐作品创作的主张。根据现有证据，不能证明放大空间公司在电视连续剧《七剑下天山》音乐形成过程中进行了哪些具体、明确的创作活动。此外，放大空间公司主张电视连续剧《七剑下天山》在中央电视台播出的播出带中的音乐作品的著作权，但是由于放大空间公司、于江盈均未提交上述播出带，一审法院也未能从中央电视台或相关部门调取到上述播出带，且放大空间公司与于江盈对电视连续剧《七剑下天山》在中央电视台播出的播出带中的音乐作品是否包括《Gul sa ba》存在争议，根据现有证据，不能确定放大空间公司与于江盈所争议的电视连续剧《七剑下天山》在中央电视台播出的播出带中的音乐作品的确切内容，故无法依据现有证据对涉案音乐作品著作权归属作出判断。

放大空间公司的上诉理由不能成立，其上诉请求本院不予支持。

综上，一审判决认定事实清楚，适用法律正确。二〇〇七年五月二十五日，北京市高级人民法院依据《中华人民共和国民事诉讼法》第一百五十三条第一款第（一）项的规定，终审判决如下：驳回上诉，维持原判。一审案件受理费一千元，由北京放大空间影视文化有限公司负担（已交纳）；二审案件受理费一千元，由北京放大空间影视文化有限公司负担（已交纳）。

又案，此前，北京慈文影视制作有限公司、东阳市慈文影视制作有限公司就把于江盈告上了法庭，理由是于江盈根本不是该剧音乐创作者，只是参与者。2006年2月8日，北京市第二中级人民法院开庭审理了此案。

原告北京慈文影视制作有限公司起诉称，北京慈文影视制作有限公司为《七剑下天山》电视剧出品、制作方，东阳市慈文影视制作有限公司受北京慈文影视制作有限公司委托，负责剧组管理及拍摄工作，并有权以北京慈文影视制作有限公司名义与电视剧主创人员签约，但最终权利与义务归属北京慈文影视制作有限公司。2005年年初，北京慈文影视制作有限公司开始《七剑》拍摄筹备工作。北京放大空间影视文化有限公司的王勇先生与北京慈文影视制作有限公司讨论《七剑下天山》音乐的创作事宜，并递交了"策划方案"。在以后的音乐创作前期，与原告联系的主要是王勇先生。后期，于江盈也介入部分联络、商讨工作。

2005年8月《七剑》后期制作完毕。在向主管部门报审时，为确定字幕方案，原告与王勇先生联系不上即与于江盈联系。于江盈称，《七剑下天山》音乐皆由自己创作完成，著作权归其享有。因报审急迫，原告在未经与王勇先生核对的情况下，于2005年8月18日，与于江盈签订《合同书》。约定，东阳市慈文影视制作有限公司委托于江盈为《七剑下天山》唯一作曲，于江盈为著作权人；东阳市慈文影视制作有限公司拥有作品独家使用权及随电视剧全世界的发行权，并向于江盈支付创作及录制费20万元。依据合同，东阳市慈文影视制作有限公司向于江盈支付10万元。根据《合同书》，原告做出字幕方案，立即受到《七剑下天山》导演质疑。原告马上想方设法与王勇先生联络，核对情况，王勇先生所在北京方大空间影视文化有限公司随即致函原告；详细说明《七剑下天山》音乐制作及版权归属情况。原告经进一步核查，决定修改字幕，正本清源，遂与北京放大空间影视文化有限公司签订《音乐版权使用合同》。同时主动找于江盈协商"解除"合同事宜，但遭到于江盈拒绝。

原告认为，《七剑下天山》音乐作品中，70%属于北京放大空间影视文化有限公司自其他音乐版权代理公司购买而来。另30%属于北京放大空间影视文化有限公司并指派王勇先生组织人员，提供资金，收集素材，实地采风，与剧组主创人员研讨，与其他主创人员研讨，最终创作成型的音乐作品，其著作权理应由该公司享有。于江盈临时受邀参与了部分编曲及辅助性工作，但无资格享有或主张作品的著作权，于江盈自称其是唯一创作者并享有著作权，与事实相悖。所以，于江盈以《七剑下天山》音乐作品著作权主体资格与东阳市慈文影视制作有限公司签约，显系"欺诈"，造成东阳市慈文影视制作有限公司签约时的重大误解，使东阳市慈文影视制作有限公司意思表示无法真实体现。为维护《七剑下天山》音乐作品著作权，使北京慈文影视制作有限公司出品、制作的《七剑下天山》顺利播出，请求判令撤销双方所签《合同书》、返还10万元已付费用、支付案件诉讼费用。

于江盈答辩同时反诉北京慈文影视制作有限公司、东阳市慈文影视制作有限公司，称2005年8月18日，东阳市慈文影视制作有限公司与于江盈签订的《合同书》，约定于江盈为《七剑下天山》中唯一作曲，创作录制片中音乐及主题歌曲。根据合同，被反诉人于2005年9月5日支付10万元。自己将音乐创作完毕后，陆续交付于被反诉人。《七剑下天山》音乐已经完成，但被反认人尚欠剩余合同款项10万元至今未付。自己与被反诉人多次联系，希望能够及时支付剩余款项，但是被反诉人以各种理由拒绝支付。为维护自己作为著作权人的合法权益，保障合同的顺利履行，请求判令被反诉人继续履行双方签订合同，并支付剩余10万元合同款及自己为案件支出的合理费用3 000元；承担案件全部诉讼费用。

庭审中，北京慈文影视制作有限公司、东阳市慈文影视制作有限公司表示不同意反诉原告的反诉意见，并以二中院已受理电视剧音乐著作权纠纷案为由，希望法庭能中止审理，但该请求被审判长以需要通过此案审理，合议庭了解情况后才能决定被否。于江盈则称，被反诉人迟迟一直未与自己签订相关合同，签合同前自己已经开始履行义务，如今自己已经完成了音乐，对方却要撤销合同。

2007年12月3日，两被告撤诉，于江盈随即撤回反诉。

【学者评述】

现代社会急功近利，物欲横流，现代人虽利用科技创造了物质财富，但自己反为物质财富所奴役。现代人每天营营役役，为的是赚多点钱，以提高生活水平和物质享受，但道德价值观念却开始失落。在物质主义、功利主义和享乐思想的冲击下，现代人普遍认为见利忘义、投机取巧比中国传统美德如诚信、刻苦、勤奋更为重要，社会崇尚金钱、权力，以此作为衡量个人成功与否的标准。反观人类的精神世界、生命价值、崇高理想、道德情操则被逐渐遗忘。

当现代人意识到自己可以积极争取权力和利益时，却错误地认为自由就是无规定和不受约束地为所欲为，因此人们往往为了一己私利而不择手段、损人利己，将道德规范、承诺信誉、合约法律置之度外，作出种种自私行为。例如中国大陆的经济开始急促发展，但信用制度、市场规则尚未健全，于是一些见利忘义的人就会钻制度、法律不完备、执法不严的空子，不讲信用，形成现今种种"见利忘信"的现象。

（杨新磊）

第五节　亲爱的，赔钱

【原告，反诉被告】 零安邦
【被告，反诉原告】 北京高格侬麦影像文化有限公司原告零安邦（台湾地区居民）诉被告北京高格依麦影像文化有限公司（以下简称高格依麦公司）委托创作合同纠纷一案，现已审理终结。

本诉原告零安邦诉称，2004年7月9日，高格依麦公司委托我创作二十集电视连续剧《亲爱的，看招》文学剧本，并签订了《委托创作合同书》。合同约定每集稿酬为人民币1万元，二十集共计20万元（税后）。合同签订后，我如约交付了全部文学剧本，高格依麦公司收到全部剧本后，依剧本拍摄完成电视剧。然而，高格依麦公司在向我支付了10万元人民币稿酬后，剩余的10万元至今仍未交付。经与高格依麦公司多次协商，均遭到推诿，造成我精神低迷，无法进入创作状态。高格依麦公司的行为侵害了我的合法权益，故请求法院判令被告：1. 支付所欠创作酬金10万元；2. 支付因追讨酬金所造成的律师费及其他损失2万元；3. 支付精神损害赔偿金2万元。

高格依麦公司针对零安邦的起诉进行答辩的同时向本院提起反诉请求，认为根据2004年7月9日双方签订的《委托创作合同书》的约定，2004年8月5日前零安邦应向高格依麦公司提供二十集全部完整剧本。但是，零安邦直至2004年9月3日才将二十集剧本完成，整整晚了30天，严重打乱了我公司的拍片计划。由于剧本的迟延交付，导致我公司已与演职人员签订的聘用合同延期，造成我公司多支付演职人员的工资达25.5万元。同时，拍摄期限的延长，也导致了设备、灯光器材费用的增加达12 480元。由于合同约定："……违约方应承担赔偿的责任包括经济损失和精神伤害，其赔偿额度不少于已发生费用造成损失的两倍以上"，所以，我公司请求法院判令零安邦赔偿经济损失53.496万元。

零安邦针对高格依麦公司的反诉辩称，高格依麦公司对我超过规定日期交付剧本之事早已知情，在2004年8月5日时，我交付了十四集剧本，此时，完全可以开机拍摄。高格依麦公司延误拍摄完全是其没有经验以及管理混乱所导致。我已经交付了全部剧本，高格依麦公司也已经将该剧本全部拍摄完毕，对高格依麦公司来说，其合同目的已经实现，故不应当支持其反诉请求。

本院经审理查明，2004年7月9日，高格依麦公司作为甲方与零安邦签订了《委托创作合同书》，约定高格依麦公司委托零安邦创作二十集电视剧《亲爱的，看招》文学剧本，其中第十四条约定：1. 本合同签订之日起，甲方（高格依麦公司）向乙方（零安邦）支付预订金1万元整；2. 乙方向甲方提供前十集完整剧本时，甲方向乙方支付人民币4万元整；3. 该剧开机后，甲方向乙方支付人民币5万元整；4. 2004年8月5日前，乙方须向甲方提供二十集全部完整剧本，乙方按甲方和投资方的意见对本作品调整修改后3日内，经甲方对剧本的认可后，甲方再向乙方支付剩余稿酬人民币10万元整。

高格依麦公司分别在2004年3月29日、7月9日和8月13日支付给零安邦1万元、4万元和5万元；零安邦于2004年7月9日交付了前十集剧本，至2004年9月3日陆续交付了后十集剧本。

《委托创作合同书》第十六条约定："甲、乙某方发生违约产生纠纷时，各方均有权利在国家法律法规所允许的范围内，采取合法方式保护自身权益不受伤害。违约方应承担赔偿的责任包括经济损失和精神损失，其赔偿额度不少于已发生费用造成损失的两倍以上。"

高格依麦公司为了支持其反诉主张，向本院提交了以下证人的证人证言：《亲爱的，看招》剧组外联制片何明、生活制片郑俊发、演员陈海军、演员兼副导演韩文阁、执行制片张世杰、现场制片边策、现场执行导演方旭、演员郑毓芝、美术黄煌、演员关新伟、演员徐红梅，他们在证言中均指出：由于没有剧本，不能按期开机，并造成剧组二次进景拍摄，导致拍摄进度、周期延长,造成很大损失。其中,外联制片何明、生活制片郑俊发、演员陈海军、演员兼副导演韩文阁、执行制片张世杰、现场制片边策、现场执行导演方旭出庭作证,证明根据他们和高格依麦公司所签的《聘用演职人员合同书》,由于聘用期限终止日从2004年10月5日延长到10月22日,高格依麦公司除额外支付给张世杰3.4万元之外,支付给其他人延期费用各1.7万元,总计支付13.6万元。

高格依麦公司为支持其租用灯光、器材等而支出了额外费用的诉讼请求出具了其与北京龙光影视器材有限公司签订的《租赁合同》,认为根据该合同约定自2004年8月1日至10月1日,租用灯具等器材款83 900元,按60天计算,每天分担费用1 398元,北京龙光影视器材有限公司没有收取延期的全部费用,仅收取部分天数费用,计12 480元,并提供了北京龙光影视器材有限公司收取96 380元的发票。

零安邦为了支持其认为高格依麦公司管理混乱导致拍摄延期的抗辩主张,请求证人陈火庆出庭作证,陈火庆在庭审时陈述:我从2004年7月15日至8月20日期间担任剧组执行导演,剧组人员曾经更换过,我没有搭档,工作很不融洽。

另查,零安邦为本案诉讼支付律师代理费9 000元。

2005年5月19日,零安邦向本院提出申请,要求调查高格依麦公司的拍摄母带、场记记录、拍摄支配单及拍摄通知单、剧组收支账本、所有演员的聘用合同书等证据,以证明剧组管理混乱导致拍摄延期。在本院审理期间,零安邦的举证期限截止到2005年5月20日。

以上事实有零安邦与高格依麦公司签订的《委托创作合同书》、律师费发票、证人证言、零安邦的申请、当事人陈述在案佐证。

本院认为,零安邦与高格依麦公司签订的《委托创作合同书》属于《合同法》中规定的委托合同,该合同依法成立并生效,当事人双方应当严格按照合同的约定履行各自的合同义务。

零安邦作为受托方在完成委托事务,即完成并交付了该合同约定的二十集剧本后,高格依麦公司作为委托方,应当向零安邦支付全部报酬20万元,而实际的履行是高格依麦公司仅仅支付10万元,尚欠付10万元,作为合同约定的义务,高格依麦公司应当向零安邦支付欠付的报酬。针对高格依麦公司主张的零安邦应当先履行的抗辩权,即认为根据合同约定2004年8月5日前,零安邦提供二十集全部剧本后,高格依麦公司再支付剩余的报酬10万元的抗辩主张,本院认为,先履行抗辩权作为一时的抗辩,不具有消灭对方请求权的效力,当抗辩权的事由消失后,债务人应当继续履行其应当履行的义务,因此,在高格依麦公司接受了零安邦交付的二十集剧本并拍摄完成电视剧后,高格依麦公司再以零安邦延期交付剧本而拒绝支付报酬的抗辩不能成立。

《合同法》第九十九条规定,当事人互负标的物种类、品质相同的到期债务,任何一方可以将自己的债务与对方的债务抵销;当事人主张抵销的,应当通知对方,通知自到达对方时生效。抵销权作为一种单方法律行为,一旦具备法律构成要件即发生法律效力,抵销的行使,不仅能够使所负债务归于消灭,而且,能够排除自己不履行合同义务的违法性。本院认为,高格依麦公司的抗辩和反诉内容,包含了抵销主张的提出。零安邦未按照合同约定的日期提交剧本,延误了电视剧的拍摄计划,导致演职人员报酬以及租用器材设备费用的增加。由于受托方的违约行为给委托人造成了损失,在委托方提出请求时,受托方应当予以赔偿,故零安邦应当赔偿高格依麦公司的损失。在确定赔偿数额方面,本院对高格依麦公司支付给出庭的七位证人,即何明、郑俊发、陈海军、韩文阁、张世杰、边策、方旭的延期聘金予以确认，但由于证人郑毓芝、黄煌、关新伟、徐红梅没有正当理由未出庭作证，故该证人证言不能单独作为认定案件事实的依据。针对高格依麦公司提供的租用器材相关费用的损失，本院认为，高格依麦公司实际支付的租用器材的费用高于双方签订的《租赁合同》约定的数额，可以得出该费用的产生源于拍摄期限的延长这一合理解释，故本院对其予以确认。对于高格依麦公司应支付的赔偿数额，本院将按照合同约定，即受到损失的两倍计算。针对零安邦认为高格依麦公司的损失是由于其管理混乱造成之抗辩，本院认为，其提举的证人证言不足以证明其所主张的事实，故其抗辩不能成立。根据《最高人民法院关于民事诉讼证据的若干规定》第十九条第一款之规定，当事人不得迟于举证期限届满前七日提出向法院申请调查收集证据的申请，故对零安邦未在规定期限内提出调查收集证据的申请，本院不予准许。

正是由于零安邦未按照合同约定的日期提交剧本，延误了电视剧的拍摄计划，导致演职人员报酬以及租用器材设备费用的增加，所以，自零安邦逾期交付剧本开始，直至2004年10月22日高格依麦公司所受损失额确定为止，高格依麦公司的损害赔偿请求权产生并一直存在，即高格依麦公司对零安邦享有了债权，高格依麦公司虽然同时负有应当支付零安邦剩余酬金10万元的债务，但由于两者同属性质相同的金钱债权债务，故高格依麦公司可以在其对零安邦享有的债权的范围内主张抵销其债务，本院对高格依麦公司的抵销权予以确认。高格依麦公司的抵销权发生了效力，因此其逾期支付报酬的行为不构成违约，零安邦要求高格依麦公司支付2万元合理支出的诉讼请求和2万元精神损害赔偿的诉讼请求也就失去了事实和法律根据，故本院对零安邦的上述请求不予支持。

二〇〇五年八月三十日，北京市第一中级人民法院依照《中华人民共和国合同法》第九十一条第（三）项、第九十九条、第一百〇九条、第一百一十二条、第一百一十四条第一款、第四百〇五条、第四百〇六条第一款之规定，判决如下：一、北京高格依麦影像文化有限公司于本判决生效之日起三十日内支付零安邦报酬人民币100 000元；二、零安邦于本判决生效之日起三十日内赔偿北京高格依麦影像文化有限公司296 960元；上述两项折抵，零安邦于本判决生效之日起三十日内支付北京高格依麦影像文化公司196 960元。三、驳回零安邦的其他诉讼请求。四、驳回北京高格依麦影像文化有限公司的其他诉讼请求。本诉案件受理费4 310元，由北京高格依麦影像文化有限公司负担（本判决书生效后7日内交纳）；反诉案件受理费10 360元，由零安邦负担5 810元（本判决书生效后7日内交纳），由北京高格依麦影像文化有限公司负担4 550元（已交纳）。如不服本判决，零安邦可在判决书送达之日起30日内，北京高格依麦影像文化有限公司可在判决书送达之日起15日内，向本院提交上诉状，并提交副本，交纳本诉上诉案件的受理费4 310元，反诉上诉案件受理费10 360元，上诉于北京市高级人民法院。

一审宣判后，双方均未上诉。

【学者评述】

影视界之所以轻视乃至践踏编剧的权利，根源于文学的"边缘化"。

所谓文学的"边缘化"，是对文学被摄影、电影、电视等传媒艺术抢夺了话语权之后尴尬地位的一种描述，是对文学在市场经济中的作用和地位的一种估量，也是对文学在媒介发达时代社会价值的一种揣测。不过，很多学者指出，"文学边缘化"是对文学这一社会意识形态缺乏本质性的深入理解，是对文学与各行业关系缺乏实质性理解的反映。

文学是艺术之母，无论戏剧、电影、电视、曲艺、歌舞，都以文学为基础，以文学脚本为基础，倘若没有了文学，其他的艺术形式也就必然随之枯萎了。在当今建设文化强国的宏伟战略中，亟须文学比以往任何历史时期都更加繁荣，亟须培养更多的文学杰出人才和创造出更多的文学精品。

特别是，当今网络文学异军突起，如日中天，更值得关注。网络文学，参与人数之多，发展面之广，行为之迅疾，内容之丰富，形式之多样，都是前所未有的，它为文学拓宽了领域、注入了新的生机与活力。这也充分表明，文学非但没有边缘化，反而更加蓬勃向荣了。网络文学是现代中国文学新的汹涌洪流，它有着比影视剧更为旺盛的生命力。

文学"边缘化"的说法虽然不能成立，但文学本身确应进一步发奋自强，在多出人才、多出精品上下功夫，努力提高作品质量，为建设文化强国作出应有的更大贡献。唯有如此，面对影视界，才会多几分自信，多几份自豪。

（杨新磊）

第六节　一剧四诉讨片酬

【原告】 张绍林，著名导演
【被告】 北京电视艺术中心
【被告】 中国电视剧制作中心
【被告】 天津电视台电视剧制作中心

原告张绍林诉被告北京电视艺术中心（以下简称北京电视中心）、被告中国电视剧制作中心（以下简称中国电视剧中心）、被告天津电视台电视剧制作中心（以下简称天津电视剧中心）影视作品劳务合同纠纷一案，现已审理终结。

原告张绍林诉称，我于2000年1月1日受聘于北京电视中心《嫁到黑非洲》摄制组，担任该剧导演一职。同时，在我与摄制组签订的合同书中约定：我为该摄制组工作拍摄结束，摄制组支付劳动报酬40万元。但在该电视剧顺利拍摄完毕，我的工作全部结束之后，摄制组却迟迟未向我支付约定的劳动报酬，后我曾多次向摄制组索要，但至今未果。据了解，电视剧《嫁到黑非洲》摄制组系由上述三被告共同投资成立的，故应由三被告共同承担违约责任。现请求法院判定三被告支付劳动报酬40万元并支付本案诉讼费。

被告北京电视中心辩称，张绍林的合同是有问题的，2002年在非洲拍摄期间因为超时，资金超出了，张绍林提出回国后向中心请求追加资金，2002年10月15日，张绍林等三人找我，说中心同意追加资金，并提出修改原合同，我没有同意，后我们四人签了一份东西，即追加资金，一部分给李松桥，一部分给一个姓庄的，一部分支付器材费，立了一个字据，我们四人同时签字，写明如方案不能落实，则四人另议，因此张绍林起诉的合同是修改后的合同。

剧组由三个单位组成，有一个合作协议书，约定由北京电视中心制片人负责剧组的全面工作，并负责组建摄制组，但导演张绍林提出由他组建摄制组，我就同意了，改变了合同的原约定，由张绍林组建了剧组。在张绍林的问题上，我认为剧组拍摄超出了周期，张绍林作为导演，应该负有很大的责任，特别是在非洲的拍摄期间，走之前我强调所有工作人员要保证工作，演员都要试镜，到了非洲拍摄一周后，我从非洲回到国内，但制片部门打电话，说导演要求必须更换男一号演员，我认为这个演员在国内试过两次戏，经过两次试戏，导演认可了男一号。导演到了非洲后又提出更换，停了一星期的拍摄，损失了大量的资金，这是导演张绍林的责任。另外张绍林身为导演和制片人，提出为了保证不超周期和不超预算，要求自己组建摄制组，最早的预算是不超过800万元，1月16日正式开拍，原定在3月16日回国，但实际3月底才拍完。在拍摄最后两天的时候，张绍林导演找来的山西的工作人员罢工，要求到巴黎玩。根据这个情况，我觉得张绍林作为导演和制片人，在选人和管理方面有很大失误，美工师、化妆师经常不在现场，拍摄也由于他们的工作失职受到耽搁。

此外，我承认这个纠纷与中国电视剧中心和天津电视剧中心没有牵连，我中心愿意承担全部责任。

被告中国电视剧中心辩称，我中心已按合作拍摄协议书履行了自己的投资义务，我中心没有参加剧组的实际组建和拍摄工作，因此我中心不应承担任何民事责任。依据相关规定，剧组对外所欠债务，应由剧组本身的资产对外承担责任。本案剧组的财产有两部分，一是北京电视中心没有依约履行投资义务，合作协议书约定其应投资540万元，而其实际投资了250万元，尚欠290万元。二是剧组在实际运营过程中有服装、道具、设备，这些财物由北京电视中心掌握和保管，上述两部分财产应由北京电视中心用来替剧组对外承担责任。综上，我中心在本案中不应承担任何责任，请求驳回张绍林对我中心的诉讼请求。

被告天津电视剧中心辩称，理解张绍林提出的诉讼请求。我中心忠实履行了合作拍摄协议书，剧组的管理由北京电视中心负责，因此北京电视中心应对剧组引发的一切纠纷承担责任，我中心不应承担责任。

庭审期间，双方当事人对证据进行了举证和质证，情况如下：

原告张绍林提举了如下证据：

2002年12月1日的报告，该报告的内容是："台领导：2000年5月，电视剧《嫁到黑非洲》按合作三方的要求，完成了该剧的摄制工作，由于当时该剧的资金不到位，除欠公款外，拖欠以下人员费用：导演张绍林40万元，制片主任方焕章10万元，制片主任孟凡成8万元，执行导演李松桥85 000元，剧组会计赵静芬3万元，剧组设备费3万元，法语剧本翻译费6万元，望领导给予协助解决为盼。"制片人李全福在该报告中签字并加注："只要费用落实，首先解决上述人员费用，请张绍林等五位同志放心。"该证据原告用以证明三被告所欠款额。

三被告合作协议，用以证明三被告摄制《嫁到黑非洲》（以下简称《嫁》剧）电视剧期间的合作关系。

李全福于2001年7月10日的确认信，内容是增资问题没有解决，其无法付款。

被告北京电视中心向法庭提供了如下证据：

2002年10月15日，李全福与方焕章、李松桥、张绍林签订的协议书，内容是："关于支付张导、李导、方主任、小庄及器材费用的运作方法：1. 在张导和方主任的原有合同的费用上加大费用带出李导和小庄的个人费用和器材费共计壹拾肆万元整（李导拾万元，小庄陆仟元，器材费叁万肆仟元整）。2. 如此方案不能落实或落实了部分资金，我们四人在一起另议。改动后张导、方主任的合同同时作废。3. 费用落实共计伍拾柒万，即从张导费用肆拾万中支付李导伍万，方支付伍万，另支付庄陆仟。4. 如费用落实后即付清在《嫁》剧组时所欠的费用。四人共同签字为证。"该协议书用以证明给付张绍林40万元的条件是增资目的实现。现因增资目的没有实现，故不同意按40万元给付。

《嫁》剧组非洲工作计划，李全福用以证明未按规定时间完成非洲计划的拍摄。但张绍林认为，未按期完成的原因是因为演员更换、拍摄遇到意外情况所致，且虽然在非洲的拍摄没有在规定的时间内完成，但按计划返回了国内，并没有影响拍摄进程。从整部剧完成的情况看，剧的质量很好，取得了"五个一"工程奖，说明更换演员是正确的；拍摄资金没有超出预算，且大有节余。故不存在其违约的问题。

赵静芬和贾秀娟的书面证明，内容是：制片人李全福所述导演兼制片人张绍林、执行导演李松桥、制片主任方焕章、孟凡成在拍摄期间的表现情况属实，但张绍林、方焕章后改的劳务合同本人不知。李全福用以证明张绍林作为导演应对非洲拍摄延期完成负责任。张绍林认为，证人证言不足以证明其没有履行职责，电视剧获奖说明其已尽了导演的义务。

此外，双方承认张绍林与北京电视中心签订了两次书面协议，首次签订时酬金30万元，后来改为40万元。但双方在证据交换时均未将合同作为证据提交法庭。

对上述证据，张绍林的意见是：台领导的报告是李全福交付给原告的，且这份欠款证明从时间上说，是最后出具的，应被法院采信。北京电视中心的意见是：当时原告说台领导已答应增加费用，故写此报告并交予原告要钱，现钱没有要回，双方应另行商议结算款，不同意给付40万元。

本院认为，导演的主要职责是保证电视剧的拍摄质量，在拍摄中导演根据演员的表演提出个人意见是为了保证电视剧的质量。本案事实说明，该电视剧质量合格，本案原告对此忠实地履行了导演义务。三被告对此也没有任何异议。北京电视中心对原告张绍林提出的其应对更换演员造成的损失和后果承担责任，不仅没有合同依据，而且，也不属于行业中导演应承担的责任，故其辩称不予以采纳。

本案证据和事实表明，双方当事人在拍摄前、拍摄期间和拍摄后对张绍林的报酬问题进行过多次协商，比较双方证据，原告张绍林提供的台领导报告由于时间的在后性，比李全福提供的协议书效力更高一些。这份报告虽是被告之间的内部材料，但因是李全福交给原告的，说明被告对该数额已经确认。李全福辩称支付张绍林40万元是以中国电视剧中心增资为前提的，但2002年10月15日的协议条款只是表明方案不能落实时双方协商，并没有不落实就不给付的意思表示。现因双方不能就费用问题协商解决，根据优势证据规则，本院认定张绍林的费用为40万元。

《嫁到黑非洲》摄制组由三被告合作成立，现该摄制组因完成任务已经解散，债权债务应由三被告承担。鉴于北京电视中心在庭审中表示愿意由其承担债权债务，故该债权债务首先由其承担，但在其不能按时偿还的情况下，中国电视剧中心和天津电视剧中心应对其承担补足责任。

二〇〇三年八月二十日，北京市海淀区人民法院依据《中华人民共和国合同法》第一百零九条之规定，判决如下：一、被告北京电视艺术中心给付原告张绍林报酬款四十万元（于本判决生效后十日内给付）。二、被告中国电视剧制作中心、被告天津电视台电视剧中心在上述款项未履行的情况下承担给付责任。案件受理费八千五百一十元（原告预交），由被告北京电视艺术中心负担（于本判决书生效后七日内交纳）。如不服本判决，可于判决书送达之日起十五日内，向本院递交上诉状，并按对方当事人的人数提出副本，于上诉期满之日起七日内交纳上诉案件受理费（与一审同额），上诉于北京市第一中级人民法院。

一审宣判，几方均未上诉。

又案，该剧组制片人孟凡成也起诉三被告，该院判决被告北京电视艺术中心给付原告孟凡成报酬款八万元（于本判决生效后十日内给付）。案件受理费二千九百一十元（原告预交），由被告北京电视艺术中心负担（于本判决书生效后七日内交纳）。

又案，该剧组执行导演李松桥也起诉三被告，经该院主持调解，双方当事人自愿达成如下协议：被告北京电视艺术中心于本调解书生效之日起十日内给付原告李松桥三万五千元；案件受理费三千〇六十元（原告预交），由原告李松桥负担二千〇一十元（已交纳），由被告北京电视艺术中心负担一千〇五十元（于本调解书生效之日起七日内交纳）。

又案，该剧组制片主任方焕章也起诉三被告，该院判决被告北京电视艺术中心给付原告方焕章报酬款十万元（于本判决生效后十日内给付）；被告中国电视剧制作中心、被告天津电视台电视剧制作中心在上述款项未履行的情况下承担给付责任。案件受理费三千五百一十元（原告预交），由被告北京电视艺术中心负担（于本判决书生效后七日内交纳）。

【学者评述】

随着我国文化产业的繁荣与发展，影视作品在拍摄制作过程中所引发的劳务合同纠纷案件愈发频繁。此类案件，呈现以下四个特点：

（1）合同要约具体标准不明确。影视作品质量的判定标准异于其他一般的加工承揽合同，其判断标准存在一定程度上的主观性、差异性和不确定性。双方当事人事先均没有形成一致认可的、具有可操作性、较为客观的衡量标准。因此，当纠纷发生后，双方当事人各执一词，使得法院感到头疼和棘手。

（2）合同履行程序不规范。双方当事人在合作的过程中，对涉及拍摄经费的增减、演员的更换、时间的调整、劳务报酬的扩充等重要事件，往往以电话、邮件、传真等方式进行协调沟通，致使有些重大事项没有补充协议及双方签订的相关手续，无形中为后来的纠纷埋下了隐患和伏笔。

（3）权益维护意识薄弱。我国文化市场的发展还处于初级阶段，当下影视制作市场中，委托方处于强势地位，受托方往往急于签订合同拿到钱款，对自己所享有的权利和应承担的义务关注度不够，考虑不周全，缺乏权利保护意识，致使不能及时获得应有的劳动报酬。

（4）信任度弱化，导致诉讼产生。

根据以上的分析，笔者给出以下建议：①加强与工商行政部门和广电行政部门的沟通和联系，协调工作，联合制定相关管理文件，以减少因合同订立瑕疵等原因而引起的纠纷。②加大对此类案件的梳理与评析，引导涉诉当事人理性行使诉讼权利，提供有说服力的诉求证据，力争最大限度地实现服判息诉。③做好法律宣传教育普及工作，通过不同形式的普法活动，提高相关主体的法律知识，增强其自我维权能力和意识。

（赵轩）

第七节　张艺谋讨薪

【上诉人，原审被告】北京新画面影业有限公司
【被上诉人，原审原告】张艺谋，著名导演

上诉人北京新画面影业有限公司（以下简称新画面公司）因与被上诉人张艺谋合同纠纷一案，不服北京市朝阳区人民法院（2015）朝民（商）初字第1500号民事判决，向北京市第三中级人民法院提起上诉，现已审理终结。

张艺谋在一审中起诉称：2009年6月2日，张艺谋与新画面公司、香港安乐影片有限公司（以下简称安乐公司）共同签订了《协定备忘录》，就合作拍摄电影《三枪拍案惊奇》达成一致。根据约定，安乐公司负责投资，新画面公司负责影片在中国境内一切宣传及发行事宜，张艺谋担任影片导演；影片在中国大陆的全部发行收入减去新画面公司支出的宣传发行费后三方平均分配。根据该约定，三方应各自分得至少1 500万元（暂计）。但新画面公司取得全部票房收入后，至今未向张艺谋支付分成款，该行为已经违反了《协定备忘录》约定。为维护自身合法权益，张艺谋诉至一审法院，要求新画面公司支付分成款1 500万元（暂计），并承担本案诉讼费用。

张艺谋向一审法院提交如下证据材料予以证明：1.《协定备忘录》；2. 网络查询的票房统计；3. （2014）京方圆内民证字第06538号公证书；4.《三枪拍案惊奇国内外发行收支协议》；5. （2013）京仲裁字第0689号北京仲裁委员会裁决书；6. 综合代理意见；7. 关于（2012）京仲案字0454号仲裁案被申请人FilmPartner（2010）International Inc.的函；8. （2012）京仲案字第0454号仲裁案第四次开庭笔录；9. 证明书《公司董事会决议证明》；10. 向无锡市滨湖区卫生和计划生育局（以下简称滨湖区计生局）调取的新画面公司出具的证明及附件；11. 向滨湖区计生局调取的调查笔录及新画面公司出具的授权委托书；12.《关于启用无锡市滨湖区卫生和计划生育局印章的函》；13. 张艺谋与新画面公司就《英雄》《十面埋伏》签订的合作意向书；14. 张艺谋与新画面公司就《满城尽带黄金甲》《千里走单骑》《三枪拍案惊奇》签订的《合作意向书》；15. 张艺谋导演酬金统计表。

新画面公司在一审中答辩称：新画面公司已按约定向张艺谋支付《三枪拍案惊奇》的分成款12 536 400元，已不欠张艺谋任何款项。2009年12月，《三枪拍案惊奇》在中国境内上映。2010年4月20日至2011年4月26日，新画面公司分13次向张艺谋的妻子陈××的账户汇款共计12 536 400元。张艺谋在其向法院提交的证据目录中，也明确认可《协定备忘录》项下其应取得的分成款为12 536 400元，同时张艺谋也在其证据目录中认可安乐公司已取得《三枪拍案惊奇》国内发行分成款金额为12 536 400元。新画面公司提交的付款凭证及张艺谋提交的证据目录中自认的《三枪拍案惊奇》的分成款金额完全一致，均为12 536 400元。由此可以相互印证，新画面公司已向张艺谋支付《三枪拍案惊奇》的分成款12 536 400元。根据张艺谋提交的证据，其所称的其他影片的片酬均已领取并亲笔签收了收款收据，且由新画面公司代为缴纳了全部税款，现张艺谋认可上述收款收据由其本人签署，但又否认收到报酬，显然与历史形成的客观证据相互矛盾。综上，新画面公司已按照约定支付了《三枪拍案惊奇》的全部国内发行收入分成款12 536 400元，张艺谋无权再要求新画面公司付款。若法院认定新画面公司未付分成款，则新画面公司认为张艺谋起诉已超过诉讼时效，也应当予以驳回张艺谋的诉讼请求。

新画面公司向一审法院提交如下证据材料予以证明：1.《协定备忘录》；2. 付款凭证13张；3. 就电影《英雄》《十面埋伏》《满城尽带黄金甲》《千里走单骑》《三枪拍案惊奇》分别签订的《合作意向书》及张艺谋领取片酬的支出凭单。

经一审法院组织双方庭审举证质证，双方对张艺谋提交的证据1~3、5~9，对新画面公司提交的证据1的真实性、合法性、关联性均不持异议，双方对张艺谋提交的证据10~

14,对新画面公司提交的证据2、3的真实性均不持异议,一审法院予以确认。

双方对涉及本案争议焦点的以下证据持有异议:

一、张艺谋提交的证据4,证明根据该份协议约定内容,新画面公司作为《三枪拍案惊奇》的制作方应当明知影片境内发行收入的具体金额、支出明细,《协定备忘录》中的发行收入包括票房收入、音像制品收入、电视上放映所得收入。新画面公司对该份证据的真实性、关联性不予认可。张艺谋称该份证据自安乐公司取得。一审法院认为,张艺谋虽提交了该份证据的原件,但张艺谋并非该份协议的当事人之一,该协议约定内容对本案双方并无约束力,故对该份证据,一审法院不予确认。

二、张艺谋提交的证据10~12,证明滨湖区计生局在张艺谋违法生育案调查中,新画面公司曾向滨湖区计生局表示张××向张艺谋的夫人陈××支付的1 000余万元款项,是张艺谋2005年签收的款项,包括电影《英雄》《十面埋伏》的导演费等,新画面公司提及的12 536 400元与《三枪拍案惊奇》的分成款无关。新画面公司对该证据的证明目的不予认可,并认为,根据张艺谋提交的证据5~9,可以认定张艺谋应得《三枪拍案惊奇》的分成款金额为12 536 400元,而新画面公司张××已经于2010年4月至2011年4月期间,陆续向张艺谋的妻子陈××汇入共计12 536 400元,两金额相符,足以证明该汇款为分成款。关于《英雄》《十面埋伏》等影片的导演款,张艺谋已经领取并签字确认,与汇款无关。一审法院认为,张艺谋自滨湖区计生局取得上述证据,该证据中提及了本案张××向陈××的汇款,故该证据具备证据效力,一审法院予以确认,其证明力将与本案其他证据综合作出认定。

三、张艺谋提交的证据13、14,证明张艺谋就《英雄》《十面埋伏》约定导演酬金均为税前380万元,该金额与新画面公司向滨湖区计生局提供的支出凭单记载的金额一致,进一步证明了新画面公司在调查笔录中陈述内容的真实性;该组证据还证明张艺谋与新画面公司就影片《英雄》《十面埋伏》《满城尽带黄金甲》《千里走单骑》《三枪拍案惊奇》约定了导演酬金金额,税后共计11 982 990元。新画面公司认为该两份证据与本案不具备关联性,上述影片的导演酬金张艺谋已经实际领取,与张××向陈××所汇12 536 400元无关。一审法院认为,张艺谋主张所有劳务报酬在2010年之前均未实际给付,并认为张××所汇款项包含了上述报酬,因此张艺谋是否已经实际领取导演酬金将影响本案争议款项性质的认定,故上述证据与本案具备关联性,法院予以确认。

四、张艺谋提交的证据15,证明双方针对包括张艺谋提交的证据14在内的7部电影约定了导演税后酬金共计27 636 990元,该金额已远远超过12 536 400元。新画面公司以该份证据由张艺谋单方制作为由不予认可。一审法院认为,该证据由张艺谋自行制作,单方制作的证据不能作为认定案件事实的依据,故对该份证据一审法院不予认定。

五、新画面公司提交的证据2,证明新画面公司已按约定向张艺谋支付了12 536 400元分成款。张艺谋认为该份证据与本案无关,上述款项并非《三枪拍案惊奇》的分成款,而是此前双方合作电影的导演报酬。法院认为,张艺谋认可收到上述汇款,现新画面公司主张上述汇款系张艺谋应得的《三枪拍案惊奇》分成款,故该证据与本案具备关联性,法院予以确认。

六、新画面公司提交的证据3,证明张艺谋已实际领取影片《英雄》《十面埋伏》《满城尽带黄金甲》《千里走单骑》《三枪拍案惊奇》的导演报酬。张艺谋对证明力持有异议,认为当时只是在支出凭单上签字,并未实际领取报酬。法院认为,双方均提交了该证据作为己方证据，因此法院对该证据予以确认。张艺谋是否已实际领取报酬，法院亦将综合全案进行认定。

【一审查明事实】

2009年6月2日，新画面公司作为甲方与乙方张艺谋、丙方安乐公司签订了《协定备忘录》。该备忘录约定，甲乙丙三方达成协议，合作拍摄电影《三枪拍案惊奇》；甲方负责本片中国境内一切宣传及发行事宜，乙方负责制作和导演本片，丙方负责筹备制作费用以及本片海外宣传及发行事宜；甲乙丙三方同意不收取任何工资；本片境内发行收入除去宣传发行费，甲乙丙三方平均分配，即甲方、乙方、丙方各自占33.33%。

2009年10月，《三枪拍案惊奇》上映，票房收入约26 062万元。2010年4月20日至2011年4月26日，新画面公司股东张××向张艺谋妻子陈××账户汇款共计12 536 400元。

2014年，滨湖区计生局工作人员就张艺谋违法生育案向新画面公司调查，新画面公司向滨湖区计生局提交了2005年1月10日支出凭单2张、2005年8月26日支出凭单1张及代扣代收税款凭证3张，证明张艺谋2005年收入为8 408 650元。其中，支出凭单分别载明：《英雄》税后劳务报酬2 591 000元；《十面埋伏》税后劳务报酬2 591 000元；支付导演《图兰朵》酬金556 882元。张艺谋在上述支出凭单上领款人处签字。

2014年1月2日，新画面公司给北京大成律师事务所律师佟××出具授权委托书，委托佟××律师作为新画面公司的代理人配合滨湖区计生局调查张艺谋收入一事。佟××律师的代理权限为特别代理，代表委托人进行沟通、提供资料、代为发表法律意见、代为接收、提交、签署各项文件、代为处理上述事项相关法律事宜。2014年1月6日，佟××律师代表新画面公司向滨湖区计生局陈述称："经向公司了解，2005年新画面公司确实向税务部门缴纳了张艺谋个人所得税，也就是现提供的3份税款凭证，张艺谋也签收了向你们提供的3份支出凭证，但由于张艺谋与新画面公司近十六年的合作，所以张艺谋与新画面公司及张伟平先生有诸多交结，对上面提到的2005年张艺谋签收的款项，是由公司提取现金后，经张艺谋本人同意，汇给了张伟平先生的夫人张××的账户。至于为什么打入张××的账户，当事人现在回忆不出。到2010年，张××向陈××（现张艺谋夫人）的账户支付了一千余万款项，包括上面提到的2005年张艺谋签收的但汇到张××账户的款项；在上述情况下，新画面公司就没有必要提供2005年公司提取现金的凭证，而且凭证也很难反映关联性。据新画面公司了解，就张××2010年向陈××的付款，张伟平、张××与张艺谋并没有书面文字，但相信他们之间对此应该没有疑义。对此新画面公司的态度是，公司对这些张艺谋的收入已经在2005年缴纳了税款，张艺谋也签收了，新画面公司也做了合理的处理，钱已经付出，不在公司账上。"对佟××律师的陈述，新画面公司认为，佟××律师虽然受新画面公司委托协助调查，但当时张伟平及张××均不在北京，对于款项的性质，佟××律师并不清楚，因此新画面公司对佟××律师的陈述不予认可。

另查一，2013年，IDG China Cteative Media Limited（以下简称IDG公司）作为申请人，以新画面公司、FilmPartner（2010）International, Inc（以下简称FP公司）作为被申请人，就影片《山楂树之恋》的合作事宜向北京仲裁委员会申请仲裁。2013年11月25日，北京仲裁委员会作出（2013）京仲裁字第0689号裁决书，该裁决书查明事实：新画面公司2010年3月22日向《山楂树之恋》摄制组转款5 680 000元，4月6日转款4 630 000元，4月22日转款5 440 000元；上述款项系FP公司指示新画面公司向摄制组支付款项。该案审理过程中，FP公司向北京仲裁委员会发函称：FP公司《三枪拍案惊奇》的分账款12 536 400元由新画面公司打到剧组。2015年1月20日，安乐公司出具《公司董事会决议证明》，载明：安乐公司董事于2015年1月20日通过决议，FP公司是安乐公司的姐妹公司，安乐公司在《三枪拍案惊奇》发行后，于2010年3月22日、4月7日、4月22日指令在内地的合作伙伴新画面公司将应得的部分发行收入分成款12 536 400元，直接支付到电影《山楂树之恋》的摄制组账户内，作为FP公司对《山楂树之恋》的投资款项。张艺谋与新画面公司均认可安乐公司已收取《三枪拍案惊奇》分成款共计12 536 400元，但张艺谋认为分成款应为至少12 536 400元。新画面公司则表示安乐公司称部分发行收入是因为安乐公司就《三枪拍案惊奇》应得发行收入包括国内外两部分，12 536 400元为国内发行收入。

另查二，2001年6月1日至2009年5月18日，张艺谋与新画面公司分别就《英雄》《十面埋伏》《满城尽带黄金甲》《千里走单骑》《三枪拍案惊奇》5部电影的拍摄签订5份《合作意向书》。根据《合作意向书》约定，张艺谋就上述5部电影应分别取得税后酬金2 591 000元、2 591 000元、3 407 000元、551 000元、2 047 000元，以上共计11 187 000元。新画面公司分别于2005年1月6日、2007年4月12日、2010年8月16日代张艺谋缴纳了5笔个人所得税。张艺谋分别在2005年1月10日（2张）、2010年11月8日（2张）的支出凭单上领款人处签字，张××代张艺谋在2007年4月16日的支出凭单上签字。张艺谋表示，当时为了配合新画面公司做账，故在支出凭单上签字，但实际并未领取凭单所载报酬。而新画面公司则表示，张艺谋签字当时以现金形式领取所有报酬，但目前无法提交支取现金的凭证。

一审庭审中，张艺谋称：新画面公司应向其支付的导演报酬包括《英雄》《十面埋伏》《满城尽带黄金甲》《千里走单骑》《三枪拍案惊奇》《山楂树之恋》《金陵十三钗》税前共计39 400 000元，税后27 636 990元，新画面公司目前已支付报酬12 536 400元，余款至今未付。新画面公司否认尚欠报酬。

诉讼中，双方一致确认未共同就《三枪拍案惊奇》发行收入进行审计结算。新画面公司表示其就《三枪拍案惊奇》发行收入曾单方委托审计机关进行了审计，但现无法找到审计报告，也无法提供审计机构名称。为确定分成款具体金额，张艺谋向法院提出审计申请。考虑到影片发行及宣传均由新画面公司负责，张艺谋无从得知相关收入及费用支出具体金额，故法院对张艺谋的审计申请予以准许。但新画面公司明确表示无法提交审计所需相关材料。一审法院向新画面公司释明其不配合审计可能导致的不利后果后，新画面公司坚持表示不能提供审计需要的材料。

一审法院判决认定：张艺谋与新画面公司就合作拍摄《三枪拍案惊奇》签订《协定备忘录》，并约定了双方的权利义务，该部分内容系双方当事人的真实意思表示，亦不违反法律、行政法规的强制性规定，应属合法有效。双方均应按照约定履行各自的义务。

【争议焦点】

本案争议焦点有三：第一，新画面公司是否已经履行合同义务向张艺谋支付《三枪拍案惊奇》分成款；第二，分成款金额如何确定；第三，张艺谋起诉是否已过诉讼时效。

关于争议焦点一，根据法律规定，在合同纠纷中，对合同是否履行发生争议的，由负有履行义务的当事人承担举证责任。新画面公司提交了13张汇款凭证，证明2010年4月至2011年4月，新画面公司股东张××共向张艺谋妻子陈××汇款12 536 400元，并称上述款项系《三枪拍案惊奇》的分成款。张艺谋认可收到上述汇款，但否认系分成款。对于该款项性质的认定是判定新画面公司是否已经履行合同义务的关键。

人民法院应当按照法定程序，全面、客观地审核证据，依照法律规定，运用逻辑推理和日常生活经验法则，对证据有无证明力和证明力大小进行判断，并公开判断的理由和结果。本案中，首先，张艺谋称张××所汇12 536 400元系新画面公司就之前双方合作影片向其支付的导演酬金，并提交了双方签署的多份《合作意向书》予以证明。新画面公司则提交了支出凭单及交税凭证称张艺谋已将所有导演酬金领取。从张艺谋所签的支出凭单载明的酬金金额来看，数额均较大，仅2005年1月10日两张支出凭单金额总额超过500万元。如此大额的支出，新画面公司称张艺谋全部以现金方式领取，但却未能提交其支取大额现金的证据。其次，虽然张××向陈××汇款的金额与案外人安乐公司收到的《三枪拍案惊奇》分成款金额完全一致，但在滨湖区计生局对张艺谋违法生育案调查中，新画面公司委托代理人佟××律师向滨湖区计生局明确表示2010年张××向陈××的汇款1 000余万元中包括了2005年张艺谋签收的《英雄》《十面埋伏》劳务报酬及《图兰朵》酬金。《中华人民共和国民法通则》规定，代理人在代理权限内，以被代理人的名义实施民事法律行为，被代理人对代理人的代理行为，承担民事责任。即是说，新画面公司作为委托人应当对受托人佟××律师在调查过程中所作出的行为承担民事责任。此外，佟××律师的陈述虽然发生在本次诉讼之前，但无论何人何时均应遵守诚实信用原则，禁止反言。现没有相反证据推翻佟××律师在调查过程中所做的陈述，其陈述应当作为本案认定事实的依据。综上，一审法院认为，支出凭单及缴税凭证无法证明张艺谋已实际领取所有影片导演酬金，结合新画面公司在张艺谋违法生育案调查中的陈述，新画面公司称涉案张××向陈××的汇款12 536 400元系《三枪拍案惊奇》分成款，依据不足，一审法院不予采信。

关于争议焦点二，当事人对自己提出的诉讼请求所依据的事实或者反驳对方诉讼请求所依据的事实，应当提供证据加以证明，但法律另有规定的除外。在作出判决前，当事人未能提供证据或者证据不足以证明其事实主张的，由负有举证证明责任的当事人承担不利的后果。本案中，张艺谋已提交证据证明新画面公司已向《协定备忘录》的另一方当事人安乐公司给付分成款12 536 400元，并在本案中主张要求新画面公司支付分成款1 500万元，同时向一审法院提出审计申请。鉴于《协定备忘录》明确约定新画面公司负责中国境内一切宣传及发行事宜，因此，《三枪拍案惊奇》在宣传及发行过程中的费用支出应当由新画面公司掌握，张艺谋无从知晓，新画面公司应当对分成款的具体金额承担举证责任。但新画面公司既不提交单方委托审计机构制作的审计报告，也不告知审计机构名称，同时在法院准许张艺谋的审计申请后，新画面公司亦不向法院提交审计相关的材料，导致诉讼中的审计无法进行。故新画面公司应当承担相应的不利后果。考虑到安乐公司在其《公司董事会决议证明》亦表示12 536 400元为部分发行收入，张艺谋主张的分成款1 500万元与12 536 400元金额差距尚在合理范围，故张艺谋要求新画面公司给付分成款1 500万元的诉讼请求，一审法院予以支持。

关于争议焦点三，《最高人民法院关于审理民事案件适用诉讼时效制度若干问题的规定》第六条规定，未约定履行期限的合同，依照《中华人民共和国合同法》第六十一条、第六十二条的规定，可以确定履行期限的，诉讼时效期间从履行期限届满之日起计算；不能确定履行期限的，诉讼时效期间从债权人要求债务人履行义务的宽限期届满之日起计算，但债务人在债权人第一次向其主张权利之时明确表示不履行义务的，诉讼时效期间从债务人明确表示不履行义务之日起计算。本案中,《协定备忘录》未对分成款支付时间作出明确约定,后各方亦未对付款时间达成补充协议,因此履行期限并不明确。由于影片发行与宣传均由新画面公司负责,因此给付分成款应当在影片下线之后各方确认收入、费用支出后就分成款金额达成一致意见。现三方未就分成款金额达成一致意见,张艺谋有权随时向新画面公司主张分成款。故张艺谋的起诉并未超过诉讼时效,新画面公司该答辩意见,没有法律和事实依据,一审法院不予支持。

【一审判决】

综上,一审法院依照《中华人民共和国合同法》第六十条、第六十二条,《中华人民共和国民法通则》第六十三条,《最高人民法院关于适用〈中华人民共和国民事诉讼法〉的解释》第九十条、第一百〇五条,《最高人民法院关于审理民事案件适用诉讼时效制度若干问题的规定》第六条之规定,判决:北京新画面影业有限公司于判决生效之日起十日内给付张艺谋影片《三枪拍案惊奇》分成款一千五百万元。如果未按判决指定的期间履行给付金钱义务,应当依照《中华人民共和国民事诉讼法》第二百五十三条之规定,加倍支付迟延履行期间的债务利息。

新画面公司不服上述一审民事判决,向本院提起上诉,请求依法撤销一审判决,改判驳回张艺谋的诉讼请求或发回重审;判令张艺谋承担本案一、二审诉讼费用。其上诉理由是:一、新画面公司已支付的12 536 400元是电影《三枪拍案惊奇》的分成款,而非《英雄》《十面埋伏》《千里走单骑》等前期五部影片的导演酬金,一审判决认定事实错误:从时间上看,《三枪拍案惊奇》是2009年12月上映,2010年初结算票房收入,新画面公司向张艺谋支付12 536 400元的时间与《三枪拍案惊奇》上映的时间吻合,同时新画面公司给《三枪拍案惊奇》另一合作方安乐公司汇付分成款的时间也是2010年,支付时间是完全吻合的。金额上看,新画面公司支付的12 536 400元与协议完全一致。新画面公司早在2005年就已经向张艺谋支付了《英雄》《十面埋伏》电影的报酬。新画面公司已经提交了相关凭证,能够证明张艺谋从新画面公司领取了电影报酬的事实。签署支出凭单,就意味着签署人已经领取了支出。二、即使根据2014年1月6日调查笔录中佟××律师的陈述,也最多能认定张艺谋未在2005年领取《英雄》《十面埋伏》《图兰朵》这三部影片的导演酬金共计5 594 882元。因此,将上述款项从12 536 400元中扣除后,余款6 941 518元仍属于新画面公司支付的《三枪拍案惊奇》分成款。三、根据本案现有证据即可查明张艺谋应当获得的《三枪拍案惊奇》分成款的总金额即为12 536 400元,无需再另行审计。四、《协定备忘录》对分成款的支付时间有明确约定,诉讼时效应自2010年1月起算,张艺谋于2015年才提起本案诉讼,已明显超过诉讼时效。

张艺谋同意一审判决,其针对新画面公司的上诉请求和理由答辩称:对新画面公司的上诉请求和理由均不予认可。一审判决事实清楚,适用法律正确,应予维持。

【二审查明事实】

二审审理中,本院依法补充查明如下事实:新画面公司于二审审理过程中提交了中国银行打印记录一份,显示:新画面公司于2005年1月10日在中国银行取款5 182 000元,欲证明此款与新画面公司之前出具的支出凭单证据相互印证,证明新画面公司从银行支取现金后,将该现金给付张艺谋,张艺谋亦在支出凭单上签字确认,说明张艺谋已经领取了之前欠付的导演片酬，本案所涉款项为《三枪拍案惊奇》的分成款。

张艺谋对此不予认可，并出示经过公证的网页新闻打印件，欲证明张艺谋在新画面公司所称的上述付款时间并不在北京，而是在云南参加电影关机仪式，不可能领取新画面公司给付的现金。

对此新画面公司称新闻网页不足以证明张艺谋所述主张，张艺谋应出示当日机票等证明力较高的证据。

双方均未再补充其他证据予以证明。

本院经审理查明的其他事实与一审法院查明的事实一致。

上述事实，有双方提交的证据和当事人陈述意见、庭审笔录等在案佐证。

【二审法院观点】

本院认为：张艺谋与新画面公司及第三方安乐公司签订的《协定备忘录》，系各方真实意思表示，内容亦不违反法律、行政法规的强制性规定，应属合法有效，各方均应按照约定履行各自的合同义务。

本案新画面公司上诉主要有以下三点主张，一、本案所涉12 536 400元系《三枪拍案惊奇》的分成款；二、《三枪拍案惊奇》分成款总金额为12 536 400元，无需另行审计；三、张艺谋的诉讼请求已经超过诉讼时效。以上三点亦是双方争议的焦点，本院分别予以阐述。

第一，就本案所涉款项12 536 400元是否系《三枪拍案惊奇》的分成款问题。现张艺谋及新画面公司对收款时间和收款数额无异议，但双方就该款性质各执一词。新画面公司认为此款为《三枪拍案惊奇》的分成款，张艺谋认为此款系以前所欠导演报酬。对此本院认为，从现有证据可以看出，张艺谋与新画面公司合作的电影除《三枪拍案惊奇》外，尚有《英雄》等几部作品，双方所有合作的电影均未明确约定导演片酬或分成款的具体支付时间，也未约定支付的先后顺序，故本院将根据本案证据和具体情况确定所涉款项的性质。（一）《协定备忘录》中涉及的另一合同方安乐公司，于2015年1月20日出具的《公司董事会决议证明》证明：《三枪拍案惊奇》发行后，其亦收到新画面公司给付的部分发行收入分成款12 536 400元。此证明之所以证明力较高，系因在2013年的另案仲裁案件中，北京仲裁委员会作出的裁决书中所查明事实显示：FP公司是安乐公司的姐妹公司，FP公司当时向北京仲裁委员会发函称：FP公司将《三枪拍案惊奇》的分账款12 536 400元由新画面公司打到《山楂树之恋》剧组。新画面公司亦按照FP公司的指示向《山楂树之恋》摄制组分三次进行了实际转款。本案所涉12 536 400元与上述另案仲裁案件中认定的新画面公司给付安乐公司的《三枪拍案惊奇》分成款金额吻合。（二）根据庭审查明事实显示：《三枪拍案惊奇》的上映时间为2009年10月，涉诉12 536 400元款项的给付时间自2010年4月始，新画面公司向FP公司支付《三枪拍案惊奇》分成款的时间为2010年3月、4月，故上述款项在支付时间上与《三枪拍案惊奇》的上映时间更为接近，也与新画面公司向FP公司支付分成款的时间更为吻合。（三）张艺谋于一审庭审中出示了新画面公司委托代理人佟××律师代表新画面公司向滨湖区计生局作出的陈述，欲证明新画面公司曾通过其委托代理人佟××自认涉诉12 536 400元款项为以前导演片酬，佟××律师于滨湖区计生局的陈述内容为："经向公司了解，2005年新画面公司确实向税务部门缴纳了张艺谋个人所得税，也就是现提供的3份税款凭证，张艺谋也签收了向你们提供的3份支出凭证，但由于张艺谋与新画面公司近十六年的合作，所以张艺谋与新画面公司及张伟平先生有诸多交结，对上面提到的2005年张艺谋签收的款项,是由公司提取现金后,经张艺谋本人同意,汇给了张伟平先生的夫人张××的账户。至于为什么打入张××的账户,当事人现在回忆不出。到2010年,张××向陈××(现张艺谋夫人)的账户支付了一千余万款项,包括上面提到的2005年张艺谋签收的但汇到张××账户的款项;在上述情况下,新画面公司就没有必要提供2005年公司提取现金的凭证,而且凭证也很难反映关联性。据新画面公司了解,就张××2010年向陈××的付款,张伟平、张××与张艺谋并没有书面文字,但相信他们之间对此应该没有疑问。对此新画面公司的态度是,公司对这些张艺谋的收入已经在2005年缴纳了税款,张艺谋也签收了,新画面公司也做了合理的处理,钱已经付出,不在公司账上。"通过佟××律师上述陈述可以看出,张艺谋与新画面公司就双方之间的导演片酬进行过口头协商及相关付款安排,但庭审中双方对具体内容各执一词,均不能提交充分证据予以证明。且佟××律师上述陈述中所提到的"一千余万款项"的支付时间为"到2010年",而本案所涉12 536 400元款项的支付时间为2010年4月起至2011年4月止,其所述款项与本案争议款项的支付时间并不吻合;同时,佟××律师提到的款项数额为一千余万元,并未明确具体金额,张艺谋亦未提供其他证据证明佟××律师所述的款项即为本案所涉12 536 400元。故本院认为,仅依据佟××律师于滨湖区计生局作出的陈述即认定本案所涉12 536 400元款项为之前所欠的导演片酬证据不足。综合以上情况,在张艺谋未能提供充分证据证明本案所涉款项12 536 400元为以前导演片酬的情况下,本院认为该款应认定为《三枪拍案惊奇》的分成款,新画面公司此上诉主张成立,本院予以支持。现新画面公司与张艺谋就以前导演片酬是否给付各执一词,新画面公司认为以前导演片酬已经全部给付,并提供了张艺谋签字的部分凭证,张艺谋则认为分文未付。对此,双方应另行解决。

第二,就《三枪拍案惊奇》分成款的数额问题,张艺谋现主张为1 500万元,依据张艺谋、新画面公司、安乐公司签订的《协定备忘录》中约定:新画面公司负责该片中国境内一切宣传及发行事宜,该片境内发行收入除去宣传发行费,三方平均分配,故新画面公司应就该片宣传及发行等费用支出举证。现新画面公司未提供充分证据证明分成款的总金额,且在一审法院准许张艺谋的审计申请情况下,新画面公司拒不提交相应审计所需材料,导致审计无法进行,新画面公司应对此承担不利后果。再结合张艺谋提交的安乐公司在《公司董事会决议证明》中表示12 536 400元为部分发行收入,此数额与张艺谋主张数额差距在合理范围,故本院对张艺谋主张的1 500万元分成款的诉求予以确认。根据第一个焦点问题阐述说明,新画面公司已经给付张艺谋分成款12 536 400元,故其仍应支付余款2 463 600元。新画面公司提出其已付清《三枪拍案惊奇》分成款的上诉主张,不能成立,但一审判决新画面公司应给付张艺谋1 500万元分成款金额错误,本院予以纠正。

第三,就本案的诉讼时效问题,因三方签订的《协定备忘录》中并未明确约定分成款的支付时间,故履行期限并不确定。根据《最高人民法院关于审理民事案件适用诉讼时效制度若干问题的规定》第六条规定,未约定履行期限的合同,依照《中华人民共和国合同法》第六十一条、第六十二条的规定,可以确定履行期限的,诉讼时效期间从履行期限届满之日起计算;不能确定履行期限的,诉讼时效期间从债权人要求债务人履行义务的宽限期届满之日起计算,但债务人在债权人第一次向其主张权利之时明确表示不履行义务的,诉讼时效期间从债务人明确表示不履行义务之日起计算。现三方并未就分成款金额达成一致意见,张艺谋有权随时向新画面公司主张权利。故一审法院据此认为张艺谋的起诉并未超过诉讼时效正确,本院予以确认。新画面公司关于本案已过诉讼时效的上诉主张,本院不予采纳。

综上，新画面公司的上诉请求，部分于法有据，本院予以部分支持。

【终审判决】

二〇一六年四月七日，北京市第三中级人民法院依照《中华人民共和国合同法》第六十条、第六十二条，《最高人民法院关于适用〈中华人民共和国民事诉讼法〉的解释》第九十条、第一百〇五条，《最高人民法院关于审理民事案件适用诉讼时效制度若干问题的规定》第六条，《中华人民共和国民事诉讼法》第一百七十条第一款第（二）项之规定，判决如下：一、撤销北京市朝阳区人民法院（2015）朝民（商）初字第1500号民事判决；二、北京新画面影业有限公司于本判决生效之日起七日内给付张艺谋影片《三枪拍案惊奇》分成款二百四十六万三千六百元；三、驳回张艺谋的其他诉讼请求。如果未按本判决指定的期间履行给付金钱义务，应当依照《中华人民共和国民事诉讼法》第二百五十三条之规定，加倍支付迟延履行期间的债务利息。一审案件受理费111 800元，由张艺谋负担93 438元（已交纳），由北京新画面影业有限公司负担18 362元（于本判决生效之日起7日内交纳）。二审案件受理费111 800元，由张艺谋负担93 438元（于本判决生效之日起7日内交纳），由北京新画面影业有限公司负担18 362元（已交纳）。

【学者评述】

张艺谋是公认的著名导演，很勤奋，很敬业，业内外人缘也不错。他之所以能有那么多时间和精力，主要在于他只做导演，与影视公司主要是聘用关系。他从来都不注册自己的公司，也不持有其他公司的股份。然而，很多导演、演员却成立了自己的公司，自己当法人。这两种取舍，这两种选择，其实是两种金钱观、价值观乃至人生观。孰优孰劣，孰好孰坏，不能一概而论。

艺术，永远与金钱撇不清。我们每一个都与金钱撇不清，任何人都逃脱不了经济规律。但是，这个世界还有比金钱更宝贵的东西，比如友谊，比如信任，比如父爱。

（杨新磊）

第八节　步步紧逼

【原告】 翟艳丽
【被告】 北京天运纵横文化传播有限公司（以下简称天运纵横公司）
【被告】 广州俏佳人文化传播有限公司（以下简称俏佳人公司）

法院查明，天运纵横公司与俏佳人公司签订《合作拍摄电视剧协议书》，共同组建了《步步紧逼》摄制组，该摄制组虽制作了公章并对外签订合同，但摄制组并非民事诉讼法意义上的适格主体。《步步紧逼》一剧由天运纵横公司与俏佳人公司共同出资拍摄，相关经济权益亦由双方享有，根据权利义务相一致的原则，该剧拍摄过程中产生的相关民事义务亦应由天运纵横公司和俏佳人公司共同承担。俏佳人公司以该公司与天运纵横公司约定由天运纵横公司承担对外责任为由，拒绝承担民事责任，本院认为，根据合同相对性的原则，天运纵横公司和俏佳人公司之间的约定仅在两公司之间有效，不能对抗合同之外的第三人，故俏佳人公司的辩解不能成立，应与天运纵横公司共同承担责任。

天运纵横公司与俏佳人公司以《步步紧逼》摄制组的名义与翟艳丽签订合同，翟艳丽依约定参加了《步步紧逼》一剧的拍摄工作，天运纵横公司和俏佳人公司应按约定时间支付翟艳丽的劳务报酬。根据双方的约定，天运纵横公司和俏佳人公司给付翟艳丽劳务报酬的最后期限应为该剧停机之时。本案审理过程中，双方均认可约定停机时间为2004年5月14日，现翟艳丽主张停机时间迟延至2004年5月20日，并提供发车日期为2004年5月21日的返京火车票一张予以佐证。本院认为，翟艳丽无法证明该火车票系其或其他剧组人员使用的，即使能证明该车票确系剧组人员使用的，也不当然得出停机时间为列车发车时间前一天，翟艳丽应承担举证不能的责任，故本院认定该剧停机时间为双方约定的2004年5月14日。因双方约定的支付报酬时间已过，故对翟艳丽要求天运纵横公司和俏佳人公司支付拖欠的劳务报酬的主张，本院予以支持。关于拖欠劳务报酬的数额，天运纵横公司、俏佳人公司与翟艳丽均认可为10 400元，本院不持异议。

本案审理过程中，天运纵横公司和俏佳人公司称因翟艳丽多次没有按时交付道具，工作不负责任，给剧组造成很大损失等原因扣除劳务报酬。首先，根据双方签订的合同，并未约定可依据翟艳丽的工作质量扣除劳务报酬的条款。其次，天运纵横公司与俏佳人公司认为翟艳丽工作不负责任等原因给其造成了经济损失，应提交充足有效证据，其提交的《步步紧逼》一剧的VCD光盘，不足以证明其主张。本院认为，双方在合同中虽未对道具工作质量约定明确的标准，且影视作品中的道具质量亦没有国家标准、行业标准、通常标准等作为判断标准，但按照影视作品的特性，导演应对整部作品的质量负责，这其中既包括对工作人员选用，也包括在拍摄过程中对工作人员的指导、安排，同时，天运纵横公司与俏佳人公司作为出资人在这方面亦有很大的发言权，以保证影视作品符合其投资的目的。这一点，在翟艳丽签订的职员合同中亦有体现，该合同明确约定翟艳丽应按摄制组的要求，完成本职工作。本案中，翟艳丽参加了全剧的拍摄工作，如对其工作不满意，天运纵横公司与俏佳人公司及其聘用的导演完全可以及时采取补救措施。现该剧已拍摄完成，在剧中采用了翟艳丽的道具工作部分，天运纵横公司与俏佳人公司已将该剧的电视播映权售出，该剧的VCD光盘亦向社会公开发行，在演职员表及宣传册上亦为翟艳丽署名，均表明天运纵横公司与俏佳人公司已认可翟艳丽的道具工作符合要求。最后，天运纵横公司与俏佳人公司称翟艳丽多次没有按时交付场景，工作不负责任，给剧组造成很大损失，未提交证据证明其主张。综上，天运纵横公司与俏佳人公司以翟艳丽工作不负责任，给剧组造成很大损失等原因为由进行抗辩，本院不予支持。故本院认定翟艳丽已按应按摄制组的要求，完成了道具工作。现天运纵横公司与俏佳人公司以翟艳丽工作不负责任等原因拒不支付全部报酬，显属违约行为，应承担继续履行的责任，向翟艳丽支付全部劳务报酬。

二〇〇五年六月二十日，北京市海淀区人民法院判决如下：本判决生效之日起十日内，被告北京天运纵横文化传播有限公司、被告广州俏佳人文化传播有限公司向原告翟艳丽支付劳务报酬一万零四百元。案件受理费四百二十六元（原告翟艳丽预交），由被告北京天运纵横文化传播公司、广州俏佳人文化传播有限公司共同负担，于本判决生效之日起七日内交纳。

一审判决后，几方均未上诉。

又案，该剧组置景师翟艳春亦起诉了二被告。法院判决二被告于本判决生效之日起十日内向原告翟艳春支付劳务报酬三千二百元。案件受理费一百三十八元（原告翟艳春预交），由被告北京天运纵横文化传播公司、广州俏佳人文化传播有限公司共同负担，于本判决生效之日起七日内交纳。

又案，该剧组枪械员许长保亦起诉了二被告。法院判决二被告于本判决生效之日起十日内向原告许长保支付劳务报酬四万元，并负担案件受理费一千六百一十元。

又案，该剧组服装师佟玉亦起诉了二被告。法院判决二被告于本判决生效之日起十日内向原告佟玉支付劳务报酬一万零四百元，并负担案件受理费四百二十六元。

又案，该剧组美术师方言亦起诉了二被告。法院判决二被告于本判决生效之日起十日内向原告方言支付劳务报酬二万元，并负担案件受理费八百一十元。

又案，该剧组演员崔金华亦起诉了二被告。法院判决二被告于本判决生效之日起十日内向原告方言支付劳务报酬二万七千元，并负担案件受理费一千零九十元。

【学者评述】

当前，践行社会主义价值观已成为公民道德建设的一项重要内容。

任何一个国家的法规制度，都是在这个国家和民族传统道德基础之上发展形成的，并与社会发展与时俱进。我们国家的各项法规制度自然也亦如此，但某些够不上法律制约的行为仍需要人们以最基本的道德价值来进行衡量。譬如爱国，其方式是多种多样的，爱岗敬业、诚实守信、助人为乐、与人友善等方式都是爱国。社会主义核心价值观将"爱国"第一位，足以显示在爱国理念所形成的凝聚力和向心力，足以让每个人更敬业、更诚信，与人更友善，社会更和谐。

只有诚信，才有资格谈爱国。失信，何以爱国，如何爱国？

（赵轩）

第九节　别总拿"革命"说事

【原告】 王庸
【被告】 朱正本
【被告】 中央电视台
【被告】 王云之

原告王庸诉被告朱正本、被告中央电视台、被告王云之著作权侵权纠纷一案，现已审理终结。

原告王庸诉称：1959年，我所在的井冈山农场成立一支业余文工团，我以井冈山劳模将三样具有井冈山特色的礼物（狗鱼、勾古脑茶叶、杨梅酒）送给北京毛主席为题材，根据江西民歌赣南采茶调《长歌》加以改编创作，重新谱曲，并由曾宪屏、冯江涛二人作词，写成《送同志哥上北京》（以下简称《送》曲），演出后深受好评，并被编入《歌曲》《"歌唱井冈山"歌曲集》《江西民间歌曲选》等音乐杂志，1960年2月参加吉安地区文艺会演时,荣获"创作奖"和"表演奖",还被收入《江西民歌十五首》(钢琴伴奏谱)、《中国民间歌曲集成江西卷(下)》等出版物中。1960年,被告朱正本等到井冈山采风,获得了《送》曲等作品。此后,朱正本即根据《送》曲曲调进行改编,并由张士燮作词形成《十送红军》(以下简称《十》曲)。《十》曲曲谱可分为A、B、C三段,其中A段完整使用了《送》曲(仅加了个别装饰音,改动了几个小过门),B段多处模仿《送》的风格九度下行,运用六度或七度下行大跳,C段中则重复使用了《送》曲中原告创作的6小节。2001年6月,被告中央电视台向全国首播其摄制的电视连续剧《长征》,该剧中除反复使用《十》曲外,还由被告王云之对《十》曲的部分内容改编增加和声后进行使用。朱正本在《长征》剧播出期间接受媒体采访时多次介绍了其"创作经过",声称:1960年春其与空政文工团的几位创作人员到井冈山采风,听到当地居民所唱送别红军歌,于是深有感触创作《十》曲。因当时团领导要求必须注明是江西民歌不能署名,只好先署"朱正本、张士燮收集整理"等,但对使用《送》曲进行改编一事闭口不谈。我发现上述情况后,先后两次与朱正本交涉,均无果。我认为:《送》曲曲谱系我根据传统江西赣南民歌进行独创性改编创作后形成,我依法享有著作权。《十》曲曲谱系朱正本抄袭使用《送》曲曲谱后改编,并使用至今。而朱正本在接受媒体采访时对《十》曲的来源只字不提,其显然是对外隐瞒创作来源真相,歪曲历史事实,使公众无法对我的创作作出公正评价,甚至会误认为我的《送》曲曲谱抄了朱正本的《十》曲曲谱A段,其行为侵犯了我的著作权。被告王云之未经我许可擅自对《十》曲部分内容进行修改,并有偿许可中央电视台使用,其明知自己并非《长征》剧中所有乐曲的作者,却默认自己被冠以"作曲"署名,以致观众误认王云之是该剧中所有乐曲的原创者,其行为亦侵犯了我的著作权。被告中央电视台播放《十》曲时大量使用《十》曲及王云之改编的《十》曲部分内容,且既未在片中注明《十》曲系根据《送》曲曲谱改编,也未向我支付报酬,其行为也侵犯了我的合法权益,上述被告均应承担民事责任。故诉至法院,请求判令:一、确认《送》曲系江西赣南民歌《长歌》的改编作品,原告系曲谱的改编者;二、确认被告朱正本所编《十》曲曲谱系使用原告《送》曲曲谱改编而成;三、确认被告朱正本在允许他人使用《十》曲时以及接受媒体采访时未注明该曲系根据原告《送》曲曲谱而改编的行为侵犯了原告的著作权;四、确认被告王云之擅自改编《十》曲内容并公开用于《长征》电视连续剧的行为侵犯了原告的著作权;五、确认被告中央电视台在其播出的电视剧《长征》中使用《十》曲和经被告王云之改编的《十》曲部分曲谱却未注明该曲系根据原告《送》曲曲谱而改,以及未向原告支付报酬的行为侵犯了原告的著作权;六、判令三被告停止上述侵权行为;七、判令被告中央电视台今后在其播放《长征》电视剧以及许可他人发行《长征》激光视盘时,对《十》曲署名应注明"根据王庸编曲的《送》曲而改编";八、判令被告朱正本今后许可他人使用《十》曲时应注明"根据王庸编曲的《送》曲而改编";九、判令三被告在《新民晚报》《中国电视报》《江西日报》上登载致歉声明,向原告公开赔礼道歉,以消除影响;十、判令三被告向原告赔偿经济损失人民币10万元(包括律师费、调查费等);十一、诉讼费用由三被告承担。

被告朱正本辩称:《送》曲的曲调是赣南采茶戏的曲调,属于民歌,原告所诉不符合事实。当时不知道《送》曲的作曲是王庸,只知道是江西民歌,原告提供的证据中该曲署名均为民歌,没有王庸的署名,通常被当作民歌填词对待。民歌的演唱具有一定的随意性,在长期流传中经常改变。《送》曲是一首民歌,原告不具有著作权。自己创作的《十》曲是根据江西民歌《长歌》改编而来,是自己在《长歌》的基础上独立创作改编的,与《送》曲毫无关系,并不构成侵权。朱正本在上井冈山时并没有获得《送》曲的曲谱,原告是道听途说。《送》曲与《长歌》相比,没有实质性的变化和创造性,不构成改编,原告不具有改编权利。《送》曲与《十》曲均是根据《长歌》改编的,具有一定的相同之处是难免的。《十》曲的风格发扬了《长歌》的优点,而《送》曲破坏了这种优点。请求法院驳回原告的诉讼请求。

被告中央电视台辩称,不同意原告的诉讼请求。原告的诉讼请求是确认之诉和侵权之诉的合并,侵权的确认须建立在确认之诉的基础之上。原告的诉讼请求没有事实依据,即使认定原告具有著作权,予以确认,对于我台的侵权诉讼请求也不应支持。我台不知道所谓的侵权事实,电视剧作为一种综合性的艺术产物,作曲具有一定的独立性,应当责任自负。我台对《十》曲的使用已经尽了合理注意义务,原告对于其长期的不行使权利有很大的过错,使得包括我台在内的其他人不清楚《十》曲的争议情况,我台不应承担侵权责任。

被告王云之辩称,《送》曲虽是在《长歌》的基础上改成的,但是不具有独创性,不能构成著作权意义上的改编。《送》曲与民歌《长歌》相比并无多少创新成分,基本是照抄《长歌》,从曲调、旋律上对《长歌》均无重大修改。《送》曲在出版物上的署名都是民歌,可以证明原告不具有著作权。《十》曲的改编者是朱正本,这在版权协会有登记,是朱正本在《长歌》的基础上改编的,与原告无关。王云之对《十》曲进行了配乐等改编,电视剧《长征》后来片尾的《十》曲作曲署名中,加上了朱正本的名字。王云之与该案的距离很远,是在朱正本《十》曲的基础上进行的再创作。原告所说的王云之只署自己的名字等与事实不符,王云之在得知朱正本的主张以及在版权协会已经登记的情况下,和中央电视台联系,改上了朱正本的名字,协助解决了此事,对《十》曲后来没有署名,也未获得报酬,不具有侵犯著作权的过错。请求驳回原告的诉讼请求。

原告王庸就其诉讼请求,向本院提交了五组证据:

第一组证据,共20份,即证据1~8(1.1953年12月出版的《赣南采茶戏音乐》上刊登的《长歌》歌谱;2.音乐出版社1960年出版的《歌曲》中刊登《送》曲歌谱;3.《歌唱井冈山》刊登的《送》曲歌谱、前言;4.方志出版社1997年7月版《井冈山垦殖场志》中的部分介绍;5.1982年3月27日《送》曲词作者曾宪屏写给《心声》歌刊的信;6.1982年3月出版的《江西民歌十五首——钢琴伴奏谱》铅印本;7.欧阳维德、王安、钱云华、吕云松对原告创作《送》曲的证明;8.《中国文艺家传集》影视卷中对原告的介绍)、14~17(14.《赣州晚报》报道《当年同事省城名家齐来作证》;15.《赣州晚报》报道《这就是我们的东西》;16.2002年11月30日曾宪屏所写《关于创编〈送同志哥上北京〉的回忆》;17.原江西音协副秘书长黄雪琴所写《我们的几句心里话》)、22~28(证人夏宗荃、王保实、乐学才、冯纯绪、蒋双印、金兆川、唐少岳的证言)、31(江西省吉安市公证处就曾宪屏《关于创编〈送同志哥上北京〉的回忆》出具的公证书),用以证明:1.原告于1959年国庆前夕根据江西民歌赣南采茶调《长歌》改编完成《送》曲,其改编具有创造性;2.《送》曲公开表演后受到各界好评,其独创性获得了大家的认可。

第二组证据,共12份,即证据5(1982年3月27日《送》曲词作者曾宪屏写给《心声》歌刊的信)、8~17(8.四川辞书出版社《中国文艺家传集》影视卷中对原告的介绍;9.1964年江西人民出版社《江西民间歌曲选》前言及刊载的《送》曲;10.1982年第2期《心声》歌刊对《送》曲的介绍;11.2001年第5期《心声》歌刊上刊登的《十》曲曲谱;12.2001年7月23日《中国电视报》报道《访〈十〉的词曲作者张士燮、朱正本》;

13. 2002年《党史信息报》第4版《四十年后透露创作内幕〈长征〉主题歌〈十送红军〉的作者》；14.《赣州晚报》报道《当年同事省城名家齐来作证》；15.《赣州晚报》报道《这就是我们的东西》；16. 2002年11月30日曾宪屏所写《关于创编〈送同志哥上北京〉的回忆》；17. 原江西音协副秘书长黄雪琴所写《我们的几句心里话》）、31（江西省吉安市公证处就曾宪屏《关于创编〈送同志哥上北京〉的回忆》出具的公证书），用以证明：1. 朱正本在1960年到井冈山采风时曾经拿到过《送》曲，当时原告已调离井冈山，对此并不知情；2. 1960年《十》曲曲谱完成，该曲中大量使用了《送》曲曲谱，是朱正本在《送》曲的基础上改编完成的；

第三组证据，共6份，即证据11~13（11. 2001年第5期《心声》歌刊上刊登的《十》曲曲谱；12. 2001年7月23日《中国电视报》《访〈十〉的词曲作者张士燮、朱正本》；13. 2002年《党史信息报》第4版《四十年后透露创作内幕访〈长征〉主题歌〈十送红军〉的作者》）、21（2001年10月5日出版的《每周广播》电视节目预告）、29~30（29、24集电视连续剧《长征》的VCD；30、2001年7月9日《大河报》《源于民歌　精心创作》的报道，用以证明：1. 朱正本在《长征》电视连续剧播出后故意对媒体隐瞒《十》曲曲谱使用《送》曲作为基础的真实情况；2. 中央电视台播出的《长征》电视连续剧使用《十》曲，却未写明该剧系根据原告《送》曲改编，也未向原告支付报酬；

第四组证据，共3份，即证据18~20（18. 2002年12月19日原告寄给朱正本的特快专递；19. 2003年5月20日原告寄给空政歌舞团政委、团长的特快专递；20. 2003年6月6日原告寄给朱正本的挂号邮件），用以证明：原告就朱正本故意隐瞒《十》曲曲谱使用《送》曲作为基础等行为进行交涉；

第五组证据，共2份，即证据32~33（32. 原告为调查和制止被告侵权行为支付的调查费、车旅费、公证费等费用的票据；33. 原告为本案支付律师费的票据），用以证明：原告为调查和制止被告侵权行为所支付的调查费和律师费等。

被告朱正本向法院提交了如下证据：

第一组证据，证据1~5（1. 1960年5月2日《歌曲》杂志上刊登的《送》曲；2.《歌唱井冈山》刊登的《送》曲；3.《江西民歌十五首》刊登的《送》曲；4. 1964年《江西民间歌曲选》刊登的《送》曲；5. 1982年《心声》歌刊第二期介绍《送》曲），用以证明《送》曲几次正式发表的署名情况，没有原告的署名，原告对该歌不享有曲谱的改编权，《送曲》是一首江西民歌；

第二组证据，证据7（包括《中国文艺家传集》的封页、四川辞书出版社的《证明》），用以证明：登载在《中国文艺家传集》第611页中的"全国流行的歌曲《十》曲就是根据其（王庸）整理的民歌改编而成"，该说法是原告自己提供给四川辞书出版社的，出版社没有考证；

第三组证据，共7份，证据6（《井冈山垦殖场志》）、8~12（8. 中国音乐家协会《歌曲》编辑部的《证明》；9. 时乐濛对《十》曲和《送》曲的鉴别；10. 常静之的证言；11. 邵遗逊的证言;12. 田光对《送》曲的鉴别）、28. 胡士平的证言《我的分析》及时乐濛对该分析的意见），用以证明：《送》曲是一首民歌填词作品；《十》曲是根据《长歌》改编的作品；

第四组证据，共15份，证据13~27（13. 汪洋于2003年6月20日致朱正本的信及《关于十送红军的几点说明》；14. 证人李耀先的证明材料；15.《赣南采茶戏音乐》收录的

《长歌》；16.《中国戏曲音乐集成》中《长歌》（茶腔曲牌 劝郎调）、《十二月跌苦》《长歌》（送郎调）；17. 1979 年《辞海》中关于"回旋曲式"的解释；18.《十送红军》词作者张士燮《关于编写〈十送红军〉一曲的旁证》；19. 中国人民解放军空军政治部歌舞团出具的《证明》；20. 1961 年 8 月 1 日在北京音乐堂首演说明书《革命历史歌曲表演唱》中发表的《十》曲；21. 1961 年 9 月 12 期《歌曲》杂志发表的《十》曲；22. 1961 年第 12 期《解放军歌曲》发表的《十》曲；23. 1962 年 11 月音乐出版社的《表演唱歌曲集》发表的《十》曲；24. 1965 年《革命历史歌曲表演唱》发表的《十》曲；25. 中国音乐家协会编辑的《红色歌典》发表的《十》曲及中国音乐家协会出具的《证明》；26.《上海滩》中发表的《十送红军创作揭秘》；27. 2001 年《歌曲》杂志发表的《十》曲，证明：1.《十》曲的改编创作过程；2. 在井冈山采风时罗德成未给汪洋、朱正本提供任何音乐资料；3.《十》曲历次发表的署名情况；

第五组证据，证据 28 胡士平的证言《我的分析》及时乐濛对该分析的意见，证明《十》曲和《送》曲均采用了《长歌》，由于采用同一个音乐素材，按照音乐常规处理，在旋律中出现相似或偶合的个别小节是不足为奇的。

被告朱正本的证人汪洋、李耀先、邵遗逊出庭作证。其中，邵遗逊主要对民歌的概念、特点以及《送》曲、《十》曲是属于改编、整理，还是民歌填词等问题提供了专家意见，认为《送》曲没有达到改编作品的程度，没有突破民歌的范畴。汪洋主要就其书写的信件内容和出具的证言予以确认，并对当时带队去江西采风的情况出庭作证，其证言称当年和朱正本江西采风的时候看了江西九江的第二届民间艺术会演，赣南团中的一些节目是根据江西民歌改编的，后来朱正本又参加了赣南代表团的座谈会，座谈会上有人介绍了江西的民歌《长歌》及其即兴填词的特点，朱正本做了记录，还找演出者抄了谱。后来又到井冈山，朱正本收集记录了红军女宣传员演唱的送红军等歌曲。当时接待的同志包括罗德成，但罗只给了他们当年斗争的历史资料，没有给音乐资料。当时其不是朱正本的直接领导，朱正本采风时没有任务创作《十》曲。《十》曲是朱正本根据收集的江西民歌《长歌》创作出来的，与女宣传员唱的歌毫无关系，记不清当时女宣传员唱的是哪首歌了。《长歌》有很多种，朱正本是根据赣南的那位同志介绍的《长歌》情况而改编的。李耀先陈述了当年与汪洋、朱正本等人一同到江西采风的情况，说当时接待的罗同志没有给他们什么音乐资料，当时也没有听到过《送》曲。朱正本在看节目的时候不断作记录，而且座谈会的时候也作了记录，但当时记得什么内容不知道。其认为《送》曲、《长歌》是民间歌曲，对于《长歌》，不同的人唱法不同。

被告中央电视台向法院提交了如下证据：1. 朱正本提交中央电视台的《严正声明》；2. 朱正本提交中央电视台的《从江西采风到十送红军》；3. 空政牛畅的证明；4. 空政黄河的证明；5.《长歌》的谱子；6. 2001 年 6 月 26 日《天津日报》登载的《十送红军唱到今》；7. 2001 年 7 月 19 日《光明日报》登载的《朱正本与十送红军》；8. 2001 年 7 月 4 日《北京晚报》登载的《十送红军是一首编创革命民歌》，以上证据均是朱正本向中央电视台提供的，均用以证明朱正本是《十》曲的曲作者，中央电视台通过审查这些材料，在电视剧中给朱正本署名。

被告王云之向本院提交了如下证据：1.《十》曲曲谱，署名仅为"江西民歌"；2. 王云之致中央电视台并长征剧组的函；3. 彭军（原长征剧组制片主任）的证明；4.《人民日报》所载《十送红军曲调是赣南民歌》一文；5.《长歌》等十首江西民歌的歌谱，用以证明赣南民歌中普遍存在与《长歌》类似的曲调、调式，王云之在为《长征》作曲时大量吸取和引用了这些民歌中的曲调。

以上证据均经各方当事人当庭进行了质证，当事人并均向法院出具了书面的质证意见。

庭审中，法院询问当事人是否申请鉴定，原告表示三首歌的异同可以通过当事人的比对来获得，且原告提供的相关证据能够证明其享有的著作权，不需要鉴定。另外，如鉴定，应被告提起，并承担鉴定费用。被告不同意承担鉴定费用，认为鉴定并证明《送》曲具有创造性是原告的举证责任。

法院组织当事人当庭进行了三首歌曲录音的比对和乐谱的比对。在录音的比对上，原告采取了分段分句比对的方法，认为这种对比方式有利于不太懂音乐的外行理解，逐句对比的方式简单明了。被告反对这种逐句比对的方法，认为有违音乐创作的原理和艺术规律。音乐风格和特点是在音乐的行进当中体现出来的，由起伏、渐强、渐弱、上滑音、下滑音等方式来表现的，不可分割，只有连续的演唱和演奏才能表现出来。原告将《十》曲与《送》曲进行分段分句的对比，破坏了曲子的完整性。《十》曲作为一首音乐作品，最大的特点就是继承了长歌一唱三叹的风格，而这是《送》曲不具有的风格。分切听歌的做法消除了一唱三叹的特点，无法表征其艺术性特点，从而使两首歌曲最大的差别消失了。另外，歌谱与歌词的结合方式是歌曲行进的重要特点，《十》曲与《送》曲的区别很大程度上体现在词曲结合的不同上，词与曲的结合同样代表《十》曲的特点。只有整个曲子进行对比，才是合适的。

此外，朱正本结合曲谱的比对，对相似问题做了如下回答：《十》曲与《送》曲相同而与《长歌》不同之处就是"梧桐叶落"两小节。相似的原因在于：当谱到"树树梧桐"句时，由于曲调音区大都在上面进行，没有大的跌宕，也由于"按字行腔"的需要，选择了《长歌》中最低的音区2.3535谱了下来。2.3535就是这首《长歌》中的第8小节523535原有的，并且减去了一个音；而2.3535在《赣南采茶戏音乐》中也曾多次演唱过，如第12、24、61、69、78、84、114等页中这个音形多次出现，有的甚至一音不差；而"叶落完"的旋律，也是该书中第11、21、23、37、54、56、71页中都有的，也有的一个音都不差；后面"问一声亲人"的旋律也是《长歌》中"格掉里格拿到"的曲调，就这样谱了下来。《十》曲与《送》曲相同又与《长歌》不同之处，有一些巧合的因素，一是我用了我所记录的素材，二是在音乐创作中曲调走势的一种常见现象，有它的必然性和偶然性。我的证人时乐濛认为：由于采用了一样的音乐素材，又按照常规处理，在旋律发展过程中，出现相似或偶合个别小节不乏其有。证人胡士平也证明，音乐的发展如旋律的走向、节奏的选择、强弱位置等都有一定的旋律，作曲家们在用同一首民歌、发展部分有某些相近甚至相同都不足为奇，就是并非同一首民歌而风格相近，写作时出现部分相同也是常见的。朱正本还列举了《送》曲B段开始与《马儿呀，你慢点走》中慢板部分、《大海航行靠舵手》与《我为祖国献石油》等曲谱相同部分用以证明其观点。

【事实】

经审核当事人提供的上述证据，并结合当事人、证人的陈述和证言，本院认定如下事实：

《长歌》属于江西民歌，《送》曲、《十》曲均源于江西民歌《长歌》。作为民歌的《长歌》被称为赣南采茶调，具有多种唱法，在赣南地区流行广泛，具有变化的随意性，可以根据词的不同而发生曲的变化。《长歌》有《长歌》《长歌·送郎调》《长歌·十二月跌苦》等，曲谱并不完全相同，一定程度上印证了《长歌》在历史发展过程中词、曲变化性和随意性的特点。以上事实有当事人陈述、王庸提供的《长歌》曲谱予以证明。

《送》曲为王庸根据《长歌》谱写。1959年国庆前夕，井冈山农场成立一支业余文工团，曾宪屏、冯江涛二人作词，王庸根据《长歌》加以谱曲，形成《送》曲，并进行排练，以表演唱的形式在国庆晚会上演出。关于演出的情况及词曲发表时的署名情况，已出版的期刊、书籍上有如下的记载：1960年5月的《歌曲》（半月刊）专门开辟了《江西农村业余文艺会演优秀歌曲介绍》栏目，中国音协江西分会编该介绍的主要内容包括：今年（1960年）2月23日至3月3日在江西九江举行了历时十天的江西省第四届农村业余文艺会演。空政文工团等单位都派代表参加观摩。这里发表的几个歌曲就是这次会演中受到热烈欢迎的优秀节目。其中收录了《送》曲，注明：江西民歌，吉安专区代表队。中共井冈山委员会宣传部编印的《歌唱井冈山》一书的前言中写明：《送》曲是一首反映井冈山人民热爱毛主席，时时不忘毛主席的表演唱，作者用形象的词句，道出了井冈山人民对毛主席无比敬爱的心情。这首歌曲曾在吉安专区第二届戏曲会演大会获了奖，在全省农村业余文艺会演大会也获了奖，并被选为出席北京的献礼节目之一。在《送》曲上面，注明：江西民歌，冯江涛、曾宪屏词。在该书上并有《井冈山上把好汉当》（署名：吕云松词，王庸曲）、《光荣的井冈山英雄的井冈山》（署名：吕云松词，王庸曲）、《矿石成铁人成钢》（署名：云松、宪屏词，王庸曲）、《井冈山啊我最亲爱的家乡》（署名：梁京词，王庸曲）、《丰收年景谁不乐》（署名：曾宪屏词，王庸曲）、《什么时候请吃糖》（署名：吕云松词，王庸曲）、《对歌》（署名：江涛、王庸编剧，王安曲）等多首歌曲。1997年出版的《井冈山垦殖场志》第362页至363页记载：1960年中共井冈山委员会宣传部选出下放干部、转业军官等创作的27首歌曲编印成《歌唱井冈山》一书。冯江涛、曾宪屏为江西民歌填词的《送》曲先后在吉安地区第二届戏曲会演和全省农村业余文艺会演中获奖，并被选为出席北京的献礼节目之一。当时在文艺创作上最活跃、最有成就的是吕云松、曾宪屏、王庸等。1959年元旦，业余文工团第一次在茨坪举行汇报演出。同年2月11日，全团赴昌参加全省垦殖场文艺会演，带去"向亲人汇报"、"刘赛莲"、"拉木舞"等十余个节目。该记载表明，《歌唱井冈山》一书的编印时间是1960年。在1964年4月中国音乐家协会江西分会编、江西人民出版社出版的《江西民间歌曲选》（增订本）前言中提到：这些民歌、山歌经过我省专业与业余音乐工作者的收集、整理并改编，其中大部分已成为专业与业余音乐团体经常演唱的节目，如《送》曲的曲调由北京空政文工团改编成《十》曲，已流传全国。该书并在《送》曲上注明"吉安民歌"。在1982年3月中国音乐家协会江西分会编的《江西民歌十五首（钢琴伴奏谱）》中载有《送》曲，标明：茶歌·长歌，吉安地区遂川，演唱者：柯有珍，填词：曾宪屏，整理：王庸。1996年出版的《中国民间歌曲集成江西卷（下）》，在《十二月跌苦》（长歌）曲谱之后的第1272页的注中写道：此曲调名称很多，如：《交情歌》《十送》《十劝》《十想》《十骂》《跌苦歌》《牛头歌》等，曲同词异。此曲不仅传遍赣南，且流传邻省的一些地方。1959年由曾宪屏填词、王庸整理的《送》曲也是采用此调编的。以上期刊书籍均由王庸提供，三被告对上述期刊本身的真实性未提出异议，本院予以确认；三被告对王庸用上述证据证明《送》曲具有独创性提出异议，对此本院将综合分析予以认定。

1960年3月，空政文工团一行五人，包括朱正本，作为贵宾应邀参加了在江西省九江市举办的江西省农村业余会演。会演的节目中包括《送》曲。会演期间，江西音乐家协会将会演的节目材料交给了采风的空政文工团一行人。朱正本一行人应邀参加了《送》曲的演出单位——吉安代表队的座谈会,并记录了一些曲子的谱子。会演结束后,朱正本、汪洋、李耀先等到江西井冈山采风,接待他们的是文工团团长罗德成。《十》曲词作者张士燮当时没有同去,而是之后单独去的。因罗德成已经去世,曾宪屏未能出庭接受质证,现不能查清曾宪屏所述:当时将《送》曲求教于朱正本。但朱正本承认罗德成给了一些斗争时期的历史材料。赣南采茶歌舞剧团陈裕光当年在接待前来采风的朱正本等人时,介绍了《长歌》采茶戏的相关情况,朱正本记了谱。朱正本并听演员唱了送红军的歌曲,但是否就是听了《送》曲,无法查明。双方认可朱正本未见到王庸,二人未直接发生接触。采风回来不久,朱正本运用了回旋曲的创作技法,创作完成了曲谱,并由张士燮作词形成《十》曲。1961年9月,《十》曲正式在《歌曲》上公开发表,署名江西革命民歌,朱正本、张士燮收集整理。吉安地区第二次文艺会演的时间是1962年2月。以上事实根据当事人陈述、双方提供的证人证言综合分析后予以确认。

2001年6月,被告中央电视台向全国首播其摄制的电视连续剧《长征》,该剧中除反复使用《十》曲外,还由被告王云之对《十》曲的部分内容改编,增加和声后进行使用。在该剧首播的前几集中,于每集片尾处对作曲署名仅被告王云之一人(王云之当时并不知道《十》曲另有作者,其接触的书中都注明是江西民歌,仅以为是一首民歌,就增加和声修改后使用了),后经被告朱正本提出异议,王云之立即向中央电视台并长征剧组发函,建议中央电视台查明情况并依法给作者署名、付费。于是,该剧剩余部分播出时,于片尾处注明片中主题曲《十送红军》作者为朱正本及案外人张士燮,并向朱正本、王云之支付了相当的报酬,后中央电视台对该剧多次重播。以上事实为三被告自认。

朱正本在《长征》剧播出期间接受媒体采访时,多次介绍了其"创作经过",声称:1960年春其与空政文工团的几位创作人员到井冈山采风,听到当地居民所唱送别红军歌,于是深有感触创作《十》曲。因当时团领导要求必须注明是江西民歌,不能署名,只好先署"朱正本、张士燮收集整理"等,对是否使用《送》曲进行改编一事未谈及。原告发现上述情况后,先后两次与朱正本交涉,均无果。中央电视台在《长征》电视剧播出期间,未涉及王庸及《送》曲的介绍。以上事实有原告提供的报纸、《长征》VCD盘为证。

《十》曲形成后,在已经发表的刊物上载明朱正本、张士燮整理,在山西教育出版社出版的《中国名歌1000首》中的民间歌曲部分选入了《十》曲,注明:江西民歌,朱正本、张士燮等整理。

王庸对于朱正本的《十》曲具有创造性没有异议,认为其确实体现了很强的创造性,应享有改编权。但认为其并非是根据民歌《长歌》改编而来,而是根据自己的《送》曲改编而来的。

当事人对以下事实存在争议:1. 王庸的《送》曲是否构成著作权法意义上的改编;2. 朱正本在江西采风的时候是否接触了王庸的《送》曲,并在此基础上改编成《十》曲。

本院经现场听取三首歌的对比录音,总体感觉三首歌主旋律都较为相近,显示出明显的同源性。其中,《长歌》与《送》曲对比时,感觉《长歌》与《送》曲差别不是太大,整体能够感觉两者的主旋律是基本相同的,只有过门是否唱词、某些音节音符的不同、表达的感情不同等区别。而《送》曲与《十》曲比较,也从整体上感觉出其主旋律的相似性,但在过门是否唱词、是否一唱三叹、表达的感情上有所不同。

选取《歌唱井冈山》版中的《送》曲与原、被告都同意的《长歌》版本进行比对,结果如下：《长歌》22小节，《送》曲24小节，《送》曲第1～13小节与《长歌》基本相同。其中第3、10小节王庸做了修改，第14～18小节的词曲组合与《长歌》不同，第19～24小节与《长歌》的第17～22小节基本相同。《送》曲第17、18小节与《长歌》的第13、14小节存在一定的相同之处。二者相比：起音、落音、骨干音均相同；节拍、音型及旋律走向亦相同；调式、曲式无异；乐曲中的小过门也基本相同；衬词和语气助词近同，如"里格、介只个、啊（哇）、呀"，都是赣南客家方言；均是单乐段。二者的不同之处表现在：1. 结构和词曲结合有不同之处，主要表现在过门是否唱词、第14～18小节的词曲组合不同上。《长歌》的结构是起起起三起，一唱三叹，而《送》曲与其不同，强化了其不稳定性，有所变化，把许多小过门都添上词唱了；2. 表达的感情不同，《长歌》以送别为主题，表达的感情比较悲苦、酸涩，《送》曲以欢送同志去见毛主席为内容，表现的感情为欢快喜悦的；3.《送》曲的第17、18小节，在《长歌》的该版本中没有，被告称基本同于《长歌》的第13、14小节，但经比对，二者有一定的相同之处，但也存在一定的差别；4. 二者的第14、15、16小节存在明显不同。

《长歌》与《十》曲进行比对，相同之处在于：二者的起音、落音、骨干音均相同；节拍、音型及旋律走向亦相同；调式、曲式无异；乐曲中的小过门也基本相同，而且二者在过门上都没有唱词；衬词和语气助词近同，如"里格、介支个、啊（哇）、呀"，都是赣南客家方言；二者体现的感情都是送别时的悲苦酸涩；二者的结构都是起起起三起，一唱三叹。不同之处在于：《长歌》采用的是单段体，而《十》曲采用的是回旋曲式；《十》曲比《长歌》多出了第17、18小节；《十》曲和《长歌》的第14、15小节明显不同。

《送》曲与《十》曲进行比对，相同之处在于：二者的起音、落音、骨干音均相同；节拍、音型及旋律走向亦相同；调式、曲式无异；乐曲中的小过门也基本相同；衬词和语气助词近同，如"里格、介支个、啊（哇）、呀"，都是赣南客家方言；第14、15小节基本相同；都增加了第17、18小节。二者不同之处在于：1. 二者体现的感情不同，前者体现了送战友去见毛主席的欢欣愉快，后者则体现了老百姓送别红军时的悲苦酸涩；2. 二者的结构不同，后者是起起起三个起，一唱三叹，过门没有唱词，而后者则没有一唱三叹的特点，把许多小过门都添上词唱了；3. 前者是单段体，后者是回旋曲式。

【法院观点】

原告的诉讼请求包括两部分：一部分是确权之诉，要求法院确认《送》曲系《长歌》的改编作品；另一部分是侵权之诉，要求法院确认《十》曲侵犯了《送》曲。三被告的意见主要有两点：不承认《送》曲是改编作品，不承认《十》曲接触了《送》曲。本院对《送》曲是否构成改编、朱正本接触《送》曲的可能性及当事人诉讼请求进行综合分析如下：

依据我国著作权法的规定，改编是改变作品，创作出具有独创性的新作品。著作权法对改编只是进行了原则性的规定，依据行业惯例和通常的理解，在原有作品的基础上再度创作后作品的文学、艺术形式完全不同于原来的文学、艺术形式的，如将小说再度创作为电影，属于改编；再度创作后作品的文学、艺术形式与原有的文学、艺术形式相同的，如从电影剧本到电影剧本，只要改动过程体现了独创性，也属于改编。本案涉及的音乐作品不是从一种形式到另一种形式的改编问题，而是对同一艺术形式下再度创作的改动过程如何判断其具有独创性的问题。就民间音乐专业性的特点而言，根据其独创性的大小可分为民歌填词、整理和改编,也就是说,民间音乐作品基础上的改编所要求的独创性应高于民歌填词和整理。典型意义上的民间音乐作品的改编是指使用了原音乐作品的基本内容或重要内容,其结果对原作的旋律作了创造性修改,却又没有使原有旋律消失。本案涉及的《十》曲无论是相比《长歌》还是相比《送》曲而言,由单段体变为回旋体,旋律、结构等方面进行了创造性修改,这种变化认定构成著作权法意义上的改编并不困难,原告对此也无异议。但《送》曲相比《长歌》而言,由于旋律未发生根本性的变化,对其独创性的判断要从专业知识、民歌特点及历史和社会效果等方面进行多角度的界定,总的原则是要考虑两个因素:一是考虑民歌源远流长是数代人、许多人传承、改造、发扬的结果,任何人不能据为已有,即使是改编者也只能对其独创的内容享有权利,不能独占它所含有的来自于民间音乐的内容;二是考虑尊重作者的独创性劳动,如果作者创作的音乐形象能够达到独立而可明显区别的程度,就应赋予作者著作权法的保护。此外,民间音乐具有即兴变易的特点,如局部的加花、扩充和减缩,在民歌的世代相传中,不同地区的传唱者常按照个人或局部地区的需要将民歌即兴编词或将曲调进行即兴变异,出现了一首民歌有许多变体的现象,由此而形成了民歌的不同版本,如本案所涉及的《长歌》就有很多调式和版本,这些民间艺术的瑰宝为不同的创作者提供了不竭的源泉和动力。因此,在在先改编者主张在后改编者著作权侵权时,对于后改编者改编的对象是最初的民歌,只是借鉴了在先的改编作品,还是直接以在先的改编作品作为改编的对象,应进行严格的把握和认定,以防出现权利保护的混乱局面,淡化民间文学艺术作品的生命力。

由于音乐作品涉及较多专业知识,本案涉及的音乐领域又与民间音乐相关联,非专业人员对其进行甄别具有一定困难。合议庭曾征询当事人意见,是否共同选择专家进行鉴定。在当事人明确表示放弃后,为了全面而科学地分析《送》曲与《长歌》《十》曲之间的关系,法庭采用了曲谱、曲词的比对、整段录音的比对和分句录音比对等多种方式,同时,认真听取了当事人的比对意见、当事人提供的一般证人及专家证人的意见,力求从专业人员及相关听众的角度综合判断。几经合议,作出如下认定:

首先,对曲谱的比对意见。曲谱记录了音乐的节奏和旋律,一般而言,第三人根据曲谱可以演奏音乐,曲谱与音乐的这一关系成为一般人判断此音乐与彼音乐是否相同或相似的简单而便捷的方法。本案中比对结果表明:《送》曲是在《长歌》旋律的基础上进行创作而成,是对《长歌》的改编与完善。《十》曲在曲风曲调上亦有与《长歌》相同之处,在曲调上亦有开头和结尾部分相互叠应使用《长歌》主旋律而相得益彰的体现,由此可见,《十》曲亦是在《长歌》的基础上进行创作和改编的。基于前两点的比较可以看出,《送》曲与《十》曲均是基于《长歌》改编而成,虽然《送》曲的创作时间较《十》曲早,但不能称《送》曲对于其曲目的主旋律进行了创作。如不存在民间形成的《长歌》的旋律,《送》曲不是王庸以《长歌》为基础进行改编,而是王庸凭空单独创作出来的,则《十》曲与《送》曲的相同之处可以使人们从常理上推断认为《十》曲是对于《送》曲的改编,有抄袭之嫌。但正因为有了《长歌》的存在,《十》曲与《送》曲之间的抄袭关系也就难以认定。九度下行是一种曲风升降调的改变,王庸称《十》曲B段各处模仿了《送》曲九度下行的风格,本院认为,《十》曲在使用九度下行的同时,还有曲风升降及节奏的其他变化,这种改变使《十》曲在创作上又凸显出自己的风格。鉴于上述比较,对于《十》曲与《送》曲之间是否存在抄袭、侵权的判定首先是基于主旋律创作者的认定来进行的。因为有了前人留下的民歌《长歌》的存在,所以《送》曲不能拥有其主旋律的创作权,对于

《十》曲也就不能认为其是以《送》曲为基础进行的改编，是抄袭了《送》曲。只能说《送》曲与《十》曲两首歌曲都是对《长歌》进行了不同程度的改编。《送》曲和《十》曲都是以《长歌》为基础得来，二者重要而实质相同的部分与《长歌》的相关部分基本相同，应词的需要而又自然遵循、传承《长歌》曲谱的特点，会使得二者既有可能形成各自不同的风格，也有可能形成某些偶合的现象。

其次，在听取《长歌》和《送》曲完整的录音比对时，合议庭成员的感觉是《送》曲使用了《长歌》的主旋律，一听之下二者是基本相同的，但是，二者在过门是否唱词从而是否具有一唱三叹的风格上、所表达的情感方面具有很大的不同。

本院认为，对比不同的音乐作品时，主要观察作品的旋律、结构、创造技法、主题、感情等诸方面因素。而旋律、结构等固然是考察的主要因素，但更加重要的考察对象是音乐的风格、主题和表达的感情。因为旋律和结构固然是一首曲目的骨架，风格、主题和感情更是一首歌曲的灵魂，也是一首歌曲得以打动人的关键所在。从《送》曲的写作过程看，是先有了曾宪屏的词，然后王庸再根据词的内容，设计出适合表达该种词的意境的曲谱。基于送别的意思，其选择了《长歌》中送表哥的基调，但是考虑到《送》曲的主题是送同志到北京去向毛主席献礼，表现的是欢欣鼓舞的情怀，与《长歌》的悲切感情不同，于是，其改变了《长歌》一唱三叹，三个起起起的结构，通过改动使得许多小的过门也唱了词，并通过一些音节组合的不同，使得整个歌曲体现的感情和精神面貌与《长歌》相比有了质的区别。从整体的歌曲行进而言，这种主题、表达感情以及不再保有一唱三叹的风格的不同都起到了创造性的区别作用。

最后，关于与《长歌》不同的几个小节，王庸称九度下行是自己独创的，被告予以否认。本院认为，虽然这些音节在《长歌》系列中的其他民歌中也是有的，但不能认为在《送》曲中王庸的这种整合排列，以致这些音节成为《送》曲的组成部分就不是王庸创造性的体现。因为在著作权法中，对于创造性的要求并不要求是首创、前所未有的，而是在运用已知的精神财富的前提下，通过自己对构成作品的成分的取舍组合，创造出新的作品来。在改编创作作品时，一般都是以现有文化遗产为基础，加上自己的新想法而完成，几乎所有的作品都不是整个作品的全部内容都贯穿着作者的独创性。无论就文字作品还是音乐作品而言，其运作的基本素材，如汉字、字母、音符等都是有限的，但其排列组合以及由此导致的变化是无限的，这就是创作上素材、工具的有限性和表达方式的无限可能性的问题。人类之所以进步，也是因为利用了有限的工具，创造出了无限的可能性。这也正是著作权保护思想的表现形式而不保护思想本身的原因。一言以蔽之，虽然音符、音节的组合在历史上不是前所未有的，但选取这些音乐的基本素材，进而融合在自己的作品之中，使之成为自己作品的有机组成部分，并体现自己所要表达的思想感情和个性，使得自己的作品得以区别于之前的作品，从而形成了不同的音乐风格和音乐形象，就是有创造性的。特别是《长歌》的第14至19小节，曲调较少起伏，感情表现力比较平淡，而《送》曲相对应的歌词"红花里格就是井冈山人的心……"一句，引入了《长歌》中没有的九度下行，通过增强变化突出了深切怀念之情，体现了原告的创造性。故本院认为，《送》曲虽然主体旋律与《长歌》相同，但因为"一唱三叹"风格的消失、感情色彩和思想主题的明显不同、九度下行的加入，已经形成了新的音乐形象，达到了改编所要求的创造性的程度。

此外，原告的主要证据是证明《送》曲演出后的社会效果。合议庭认为被告对这些证据并没有提出异议，这说明《送》曲演出后确实在江西等地受到了一定程度的欢迎并在多本杂志上刊登。《送》曲之所以受到欢迎与《长歌》有关，《长歌》作为民歌在民间生生不息，流传至今；同时，也与歌词有关，《送》曲的歌词是以井冈山的劳模将狗鱼、勾古脑茶叶、杨梅送给毛主席为题材，紧跟当时的政治形势，容易被选用并受到欢迎。但词与曲是密不可分的，没有合适的曲谱，再好的歌词也无法演唱。如完全照搬《长歌》曲谱，曲与词在意境、表达情感方面的差异和不协调会使得词难以得到充分的表现。对此，对《长歌》进行了创造性改编的《送》曲起到了不可替代的作用，其与词有机结合，共同形成了新的音乐形象。社会效果的取得，证明了《送》曲的独创性为一般听众所认可的事实。

被告朱正本等还辩称，民歌具有变化的随意性特征。而考察《送》曲的历史演变，1960年《歌曲》（半月刊）中所刊载的《送》曲歌谱是五段，《歌唱井冈山》中刊登的《送》曲曲谱是六段，《江西民歌十五首》中的《送》曲是四段，其有无尾声也是变化的，《送》曲这种段落、尾声的变化说明《送》曲仍然具有民歌变化随意性的特点，尚未超越民歌的范畴，不构成改编。本院认为，作者在完成作品之后，都存在不断修改、增删作品的可能性，从而使得作品呈现出一种变化的形态，但不能因为后面的修改行为，就否定之前的作品的创造性。《送》曲虽前后有所变化，但如前所述，其体现的感情、风格以及整体的音乐形象是与《长歌》不同的，在这方面所有的变化都是一以贯之的，也是《长歌》作为民歌的发展变化过程中所不具备的，故对被告的该抗辩理由，本院不予采信。

被告朱正本等还辩称，从王庸作品的署名看，并非在那个时代，其所有的作品都没有署名或者都署成了整理，相反其也有作品署成了作曲、改编。如在《歌唱井冈山》一书中，多首歌曲署成王庸作曲，说明当时虽没有著作权法，如果进行了创造性劳动，构成改编，还是可以署名的。难以认为在同一个时代的同一本书中，王庸对于《送》曲之外的很多曲子都署了名，单单对最受欢迎、成就最大的《送》曲没有署名，结论只能是其自己当时也认为《送》曲不构成改编。本院认为，对作品是否署名、如何署名是作者的权利。《送》曲完成时我国尚未颁布著作权法，大家对著作权以及作者的署名方式等认识并不清楚，王庸在当时的历史条件下很可能对作品是否具有著作权、是否构成改编产生不当的认识（事实上朱正本也曾对《十》曲的性质和署名产生过不同于现在的认识），但不能因为当时署名的不当就永远剥夺了王庸作为改编者后来署名的权利。只要一个作品具有创造性，符合作品或者改编作品的要求，作者在日后就可以要求还原自己身份的真实。而法院一旦认定构成改编作品，也应纠正历史造成的错误，而不是坚持这一错误。

综上所述，王庸的《送》曲已经跳出民歌《长歌》的范畴，构成著作权法意义上的改编，对其要求确认改编者身份的诉讼请求，本院予以支持。

从本案的审理情况来看，朱正本的《十》曲相比《长歌》《送》曲，也具有很大的创造性，对此，王庸不予否认，只是认为朱正本并非在《长歌》的基础上改编成《十》曲，而是在自己《送》曲基础上进行的改编。朱正本不承认曾经接触过《送》曲。但本院认为，作为一名采风者去采风，必然会接触当地的一些民歌，并会着意收集整理，庭审中也查明朱正本确实记录了一些民歌和表演唱，只是不能确定就是《送》曲。根据采风的时间和当时的情况，以及《送》曲和《十》曲存在的一些相似之处，本院推定朱正本接触了《送》曲，只是由于当时的署名情况等原因，其当时也许并不知道是王庸改编的《送》曲，仅认为是《长歌》的不同唱法而已。但本院认为，即使认定朱正本确实接触了《送》曲，也不能认为其是据此改编的，更不能由此认定朱正本侵权。因为朱正本当时收集了《长歌》的不同版本唱法，并听取了宣传员的演唱和演出节目，《送》曲与《十》曲同源于《长歌》

这种民间歌曲的情况，会使二者不可避免地存在诸多的相似之处。而从词曲结合的方式考察，《十》曲更接近于《长歌》，继承了一唱三叹的风格，而《送》曲过门上唱了词，与《长歌》过门不唱词明显不同，二者并存在表达感情和思想主题方面的不同。可见，从风格和表达感情的基调来说，《十》曲和《长歌》的距离更加接近，应认定《十》曲是以《长歌》作为改编的基本母体的。另外，《十》曲采用了回旋曲方式，体现了很强的创造性，与《长歌》不同而与《送》曲相同的地方很少，本身在《十》曲的整个歌曲中占的比例不大，也不属于主旋律部分，而且这些部分在《长歌》的其他音乐素材和唱法中也有体现。朱正本也有可能会从《长歌》的其他唱法中获得创作的营养和灵感。故最多只能认为朱正本是在改编《十》曲时借鉴了《送》曲，总体上其仍是根据《长歌》进行改编。王庸虽然根据《长歌》改编了《送》曲，但不能因此禁止朱正本等其他社会成员继续利用《长歌》这一民歌艺术财富进行改编加工，以形成新的改编作品。

基于本院认为《十》曲并非从《送》曲改编而来，而是从《长歌》改编而来，仅仅是在创作过程中借鉴了《送》曲的相关部分，且基于当时王庸署名的情况，朱正本等人的行为不具有侵权的故意，故王庸对于朱正本、中央电视台、王云之构成侵权的诉讼请求，本院不予支持。

【判决】

2004年11月16日，北京市海淀区人民法院（审判长：宋鱼水）依据《中华人民共和国著作权法》第三条第（三）项、第十条第一款第（十四）项、第十一条第四款、第十二条之规定，判决如下：一、确认《送同志哥上北京》系江西赣南民歌《长歌》的改编作品，原告王庸系该曲谱的改编者；二、驳回原告王庸的其他诉讼请求。案件受理费三千五百一十元，原告王庸已预交，由其自行负担。

如不服本判决，可在判决书送达之日起十五日内，向本院递交上诉状，并按对方当事人的人数提出副本，交纳上诉案件受理费三千五百一十元，上诉于北京市第一中级人民法院。如在上诉期满后七日内未交纳上诉费的，按自动撤回上诉处理。

又案，电影《地道战》主题歌歌词作者纠纷上诉案宣判。

上诉人任旭东因著作权权属、侵犯署名权、使用权和获得报酬权纠纷（一审案由为侵犯著作权纠纷）一案，不服北京市海淀区人民法院于2000年8月14日作出的（2000）海知初字第61号民事判决，向北京市第一中级人民法院提起上诉，本院于2000年10月30日受理此案后，依法组成合议庭，于2000年11月29日公开开庭进行了审理。上诉人任旭东及其委托代理人王国胜，被上诉人傅庚辰的委托代理人张克军、顾春雨，被上诉人人民音乐出版社的委托代理人吴朋、李黎东到庭参加了诉讼，本案现已审理终结。

一审法院判决：一、确认电影《地道战》主题歌歌词的作者为原告任旭东与被告傅庚辰；二、被告傅庚辰将其收到的《地道战》主题歌歌词稿酬的一半880元给付原告任旭东；三、被告人民音乐出版社如对该社出版的《祖国万岁》《中国合唱歌曲选》《中华大家唱》三本书重印或者再版时，应当将《地道战》主题歌的词作者署名为任旭东和傅庚辰；四、驳回原告任旭东对被告傅庚辰、被告人民音乐出版社的其他诉讼请求。

一审宣判后，任旭东不服，在法定上诉期内向本院提起上诉。傅庚辰和人民音乐出版社均服从一审判决。

经审理查明如下事实：

1965年4月20日,电影《地道战》的分镜头剧本初稿完成,1965年5月5日,该影片分镜头剧本二稿完成,两稿分镜头剧本均无作者署名。1965年5月中旬,八一厂成立电影《地道战》摄制组,同年5月25日,电影《地道战》开拍,并于12月29日完成摄制并通过审查。该影片中共有两首歌曲:主题歌《地道战》和插曲《毛主席的活儿记心上》,两首歌曲的录音时间为1965年12月23日至25日。主题歌《地道战》的歌词为:地道战,地道战,埋伏下神兵千百万。千里大平原,展开了游击战。村与村,户与户,地道连成片,侵略者他敢来,打得他魂飞胆也颤,侵略者他敢来,打得他人仰马也翻。全民皆兵,全民参战,把侵略者彻底消灭完。庄稼汉,庄稼汉,武装起来千千万。一手拿锄头,一手拿枪杆,英勇顽强神出鬼没展开了地道战。侵略者他敢来,地上地下一齐打,侵略者他敢来,四面八方齐开战。全民皆兵,全民参战,把侵略者彻底消灭完。影片《地道战》演职员署名为:编剧:任旭东、潘云山、王俊益、徐国腾;导演:任旭东;作曲:傅庚辰;独唱:邓玉华;指挥:姚关荣。没有歌词作者的署名。

1966年1月2日出版的1966年第一期《歌曲》杂志刊登了影片《地道战》的主题歌《地道战》,署名:"傅庚辰词曲"。1966年3月5日出版的1966年第3期《解放军歌曲》杂志在封底上刊登了影片《地道战》的主题歌《地道战》,署名:"傅庚辰词曲"。1966年5月5日出版的1966年第5期《解放军歌曲》杂志在封底上刊登了影片《地道战》的插曲《毛主席的话儿记心上人》署名:"傅庚辰词曲"。这是最早刊登上述两首歌曲的杂志。此后,有多个刊物刊登了上述两首歌曲,均署名为傅庚辰词曲。

人民音乐出版社在其于1997年4月第9次印刷发行的《中华大家唱(卡拉OK)曲库》、1999年6月出版发行的《祖国万岁》(2)中,收录了影片《地道战》的主题歌《地道战》和插曲《毛主席的话儿记心上》,1999年5月出版发行的《中国合唱歌曲选》中收录了《地道战》的主题歌《地道战》,上述歌曲署名均为:"傅庚辰词曲"。人民音乐出版社并就两首歌曲的使用向中国音乐著作权协会支付了稿酬。

1999年5月,傅庚辰委托他人将包括《地道战》和《毛主席的话儿记心上》两首歌曲在内的其作品音乐会的录像带、节目单以及歌曲集《啊!红星》转交给任旭东。任旭东遂通过他人向傅庚辰表示对歌曲的歌词作者的署名提出异议。傅庚辰回信称:你对署名有意见,我感到意外。因为影片合作至今已经34年,你从未提出过。在录音时的歌片上就是如此署名,你就在现场,也没说过。我从不知道你参与过歌词的写作。当年剧本上主题歌的歌词不合用,经过重新写作,是否吸收了原歌词,没有仔细核对,是我的疏忽。你今天提出歌词创作的署名问题,我相信一定是有根据的。傅庚辰表示,将向中国音乐著作权协会说明影片《地道战》的主题歌《地道战》的歌词系两人合作,并将从中国音乐著作权协会收取的该歌曲歌词部分的全部稿酬1 760.05元委托他人转交给任旭东,但任旭东拒绝接受。

截至1999年9月,傅庚辰从中国音乐著作权协会收到的关于歌曲《地道战》的词曲稿酬共计3 520.05元。1999年10月11日,任旭东在中国音乐著作权协会以影片《地道战》的主题歌《地道战》和插曲《毛主席的话儿记心上》的歌词作者的身份进行了会员及作品登记。

2000年12月15日,该院判决驳回上诉,维持原判。

【学者评述】

创新不容易,第一,创新意味着改变,所谓推陈出新、气象万新、焕然一新,无不是诉说着一个"变"字；第二，创新意味着付出，因为惯性作用，没有外力是不可能有改变的，这个外力就是创新者的付出；第三，创新意味着风险，从来都说一分耕耘一分收获，而创新的付出却可能收获一份失败的回报。创新确实不容易，所以总是在创新前面加上"积极"、"勇于"、"大胆"之类的形容词。

因为创新不容易，所以创新成为人才的一大特征，也就有了创新人才的问题。那么，创新人才除了专业知识及技能外，要具备什么个性心理特征呢？首先，要有自信，相信自己有能力改变；其次，要有激情，为实现目标不懈奋斗；再次，要担责任，控制失败风险和勇于承担失败后果。

在培养人才创新本领的时候，不能忽略创新心理的培养。自信心不足，点子不能成为行动，行动不能得到坚持；缺乏激情，创新没有动力，思维会僵化，行动会迟缓；没有责任心，创新风险容易失控，即便成功可能也难取得持续进步。

（杨新磊）

第十节 Discreet 之 Dislike[①]

【上诉人，原审原告】Discreet Logic，Inc.，Canada（加拿大迪斯克瑞特逻辑公司）[②]
【上诉人，原审被告】上海中乐影视文化有限公司

上诉人迪斯克瑞特逻辑有限公司（以下简称迪斯克瑞特公司）、上诉人上海中乐影视文化有限公司（以下简称中乐公司）因计算机软件著作权纠纷一案，不服上海市第二中级人民法院（2003）沪二中民五（知）初字第149号民事判决，向上海市高级人民法院提起上诉，现已审理终结。

【一审法院观点】

原审法院审理查明：迪斯克瑞特公司是 Flame7.0 软件的著作权人。中乐公司在其计算机上安装了 Flame7.0 软件，并用于影视、广告的制作设计等经营活动。

原审法院认为，根据我国著作权法的规定，如无相反证明，在作品上署名的公民、法人或者其他组织为作者。本案中，在中乐公司计算机上运行 Flame7.0 软件所拍摄的相关界面中出现"Discreet logic Inc.，1992－2000. All rights reserved."字样。在中乐公司不能提供充分反驳证据的情形下，应认定中乐公司安装使用的是迪斯克瑞特公司享有著作权的 Flame7.0 软件。中乐公司代理人以中乐公司前总经理对实际情况不了解且不敬业为由，否认其前总经理在证据保全过程中承认的对中乐公司不利的事实，因其未提出相反证据，原审法院不予支持。对于中乐公司前总经理在证据保全过程中承认其安装了3套 Flame7.0 软件的事实，原审法院予以确认。根据中乐公司在开庭审理中承认其在经营活动中使用 Flame7.0 软件，及法院确认中乐公司安装了3套 Flame7.0 软件的事实，原审法院认定中乐

---

① Dislike, v&n, 不喜欢，厌恶，憎恶。
② 著名的三维动画制作软件 3Ds Max 正是出自该公司。

公司安装并商业使用 3 套 Flame7.0 软件。根据我国法律规定，外国人的作品根据其作者所属国或者经常居住地国同中国签订的协议或者共同参加的国际条约享有的著作权，受我国著作权法保护。迪斯克瑞特公司系 Flame7.0 软件的作者，其所属国为加拿大，我国与加拿大皆为《伯尔尼保护文学和艺术作品公约》成员国，该公约约定作品在所有成员国内享受保护。据此，迪斯克瑞特公司对 Flame7.0 软件享有的著作权，受我国著作权法保护。根据我国著作权法规定，中乐公司未经迪斯克瑞特公司许可，擅自在其计算机上安装 3 套迪斯克瑞特公司享有著作权的 Flame7.0 软件，并作商业使用，构成对迪斯克瑞特公司计算机软件著作权的侵害，应当承担停止侵害、赔礼道歉、赔偿损失等民事责任，其中停止侵害是指不得使用并删除擅自安装的 Flame7.0 软件。本案中，迪斯克瑞特公司系以软件的许可使用费，即软件的售价作为赔偿依据，其应提供本案系争软件在中国大陆市场的平均许可使用费。但迪斯克瑞特公司向法院提供的该软件在澳大利亚的许可使用费，及迪斯克瑞特公司向国内公司销售该软件及相关硬件售价的证据材料均无法证明该软件在中国大陆市场的平均许可使用费。鉴于迪斯克瑞特公司的损失及中乐公司的违法所得皆无法确定，原审法院根据迪斯克瑞特公司软件的性质、中乐公司侵权行为的情节、迪斯克瑞特公司为制止侵权行为所支付的合理开支酌情确定赔偿数额。

【一审判决】

综上，依据《中华人民共和国著作权法》第二条第二款、第十一条第一款、第四款、第四十七条第（一）项、第四十八条、《计算机软件保护条例》第五条第三款、第二十四条第一款第（一）项、最高人民法院《关于审理著作权民事纠纷案件适用法律若干问题的解释》第二十一条、第二十六条、最高人民法院《关于民事诉讼证据的若干规定》第七十四条的规定，判决：一、中乐公司立即停止侵害迪斯克瑞特公司 Flame7.0 软件的著作权；二、中乐公司自判决生效之日起十日内赔偿迪斯克瑞特公司经济损失人民币 50 万元；三、中乐公司自判决生效之日起三十日内在《新民晚报》中缝以外版面向迪斯克瑞特公司公开赔礼道歉（内容需经原审法院审核）；四、迪斯克瑞特公司的其他诉讼请求不予支持。案件受理费人民币 29 301 元，由迪斯克瑞特公司负担 12 751 元，中乐公司负担 16 550 元。

判决后，迪斯克瑞特公司、中乐公司均不服一审判决，向本院提起上诉。

上诉人迪斯克瑞特公司的主要上诉理由为：（一）原审法院对"权利人损失无法确定"的事实认定错误。首先，原审法院设定的满足"证明单套软件在中国大陆市场的平均许可费"的证明要求既不符合法律规定，也增加了上诉人的举证负担。其次，该附加条件存在诸多不合理之处：附加"中国大陆市场"、"平均"作为前提条件不合理；不利于全面贯彻著作权法确立的全面赔偿原则，不利于保护权利人的合法权利；不符合证据规则的规定。（二）原审法院对于如何计算中乐公司赔偿数额问题，适用法律错误。原审法院应明确认定权利人的损失金额，适用《著作权法》第四十八条第一款的规定认定中乐公司的赔偿金额。据此，请求二审法院撤销一审判决的第二、四项并依法改判，由中乐公司承担一、二审诉讼费。

上诉人中乐公司的主要上诉理由为：（一）原审法院以系争软件中有"Discreet Logic Inc."字样认定中乐公司使用的软件是迪斯克瑞特公司享有著作权的软件显属错误。迪斯克瑞特公司在一审举证期限内没有提供证据证明中乐公司使用的软件和其享有著作权的软件在功能、界面、应用程序上相同或类似，也没有提供证据证明两个软件的源程序相同或类似，应承担举证不能的法律后果。（二）现有证据足以推翻中乐公司前总经理一审中对安装并使用系争软件的终端数量的自认。一审判决在迪斯克瑞特公司没有提供相关证据的情况下认定,中乐公司在3台终端上安装并使用了系争软件,该结论不符合事实。中乐公司的前总经理于2003年6月开始担任中乐公司总经理,而系争软件的开发和安装在2003年年初完成,其对整个事实并不了解;中乐公司前总经理的自认属于证人证言,在其和物证矛盾时,应按照物证确认事实。本案原审法院的证据保全笔录显示中乐公司仅在一台终端即303房间的终端上安装了系争软件,该证据保全笔录足以推翻中乐公司前总经理的自认。(三)原审法院判令中乐公司承担的侵权责任不当。1. 原审法院在未查明系争软件和迪斯克瑞特公司登记的"flame * v7.0和用户手册"作品关系的基础上,即判决中乐公司承担侵权责任显属不当。2. 原审法院要求中乐公司对已经超过著作权期限的作品承担侵权责任显属不当。一审判决认定中乐公司使用的软件中存在"Discreet logic Inc., 1992 – 2000. All rights reserved."字样,该字样系迪斯克瑞特公司的署名和版权声明。根据该声明,迪斯克瑞特公司对系争软件的著作权到2000年年底即告终止。中乐公司自2001年开始有权不经其著作权人许可就使用该软件。而中乐公司系从2003年开始使用系争软件,无须承担侵权赔偿责任。据此,请求二审法院依法撤销一审判决的第一、二、三项,驳回迪斯克瑞特公司的诉讼请求,本案二审诉讼费由迪斯克瑞特公司承担。

二审中,上诉人迪斯克瑞特公司向本院提交以下新的证据材料:

1. 北京宽视通影视科技发展有限公司与北京东方尼克科技有限公司于2003年12月23日签订的《FLINT * 软件系统订货合同》、北京前进兄弟影视科技发展有限公司(原名:北京宽视通影视科技发展有限公司)的工商登记信息、北京东方尼克科技有限公司营业执照,该组证据欲证明一台Discreet Stone的市场价格为14 000美元左右;

2. (2003)京证经字第19104号公证书、上海幻维数码影视有限公司与北京亚舟天视科贸发展有限公司于2002年1月28日签订的《订购合同》和相关的款项支付凭证及购买发票、上海幻维数码影视有限公司的工商登记信息、北京亚舟天视科贸发展有限公司出具的《证明》及其营业执照,该组证据欲证明Flame7.0软件在中国大陆市场的销售价为人民币155 400元左右;

3. 华龙电影数字制作有限公司与Autodesk Asia Pte Ltd出具的《情况证明》、华龙电影数字制作有限公司的工商登记信息、中国电影器材公司的工商登记信息,该组证据欲证明合同号为CFECJM011202D的《进口合同》中的Flame7.0软件的成交价格为160 400美元。

经质证,上诉人中乐公司对上诉人迪斯克瑞特公司提供的上述证据材料认为:证据1与本案无关联性;证据2、3不属于二审程序中的新证据,不愿意进行质证。

本院认为,迪斯克瑞特公司提供的证据1中涉及的硬件设备"DISCREET STONE光纤硬盘阵列(D36)"与其一审中提供的中国电影器材公司、Autodesk Asia Pte Ltd与华龙电影数字制作有限公司签订的《进口合同》中涉及的硬件设备"two units discreet storage 2 × R18"在表述上并不相同,不能证明两者是同一产品,故该证据不能证明迪斯克瑞特公司欲证明的观点,本院不予采纳;证据2中的《订购合同》签订于2002年1月28日,系一审庭审前已经形成,不属于最高人民法院《关于民事诉讼证据的若干规定》中界定的二审程序中的新的证据,且中乐公司不愿意对其进行质证,故本院不予采纳;证据3中华龙电影数字制作有限公司与Autodesk Asia Pte Ltd出具的《情况证明》虽然形成于一审庭审之后,但该证据材料属于证人证言,迪斯克瑞特公司能在一审期间提供,故该证据亦不属于二审程序中的新的证据,且中乐公司不愿意对其进行质证,故本院亦不予采纳。

上诉人中乐公司未向本院提交新的证据材料。

本院经审理查明,原审法院认定的事实属实。

【二审法院观点】

本院认为,迪斯克瑞特公司是Flame7.0软件的著作权人。由于加拿大与我国均系《伯尔尼保护文学和艺术作品公约》的成员国,按照该公约的国民待遇原则以及《中华人民共和国著作权法》第二条第二款的规定,迪斯克瑞特公司的上述计算机软件著作权应受我国法律保护。根据我国《计算机软件保护条例》第二十四条第一款第(一)项的规定,未经软件著作权人许可,复制或者部分复制著作权人的软件的,应当承担停止侵害、消除影响、赔礼道歉、赔偿损失等民事责任。

上诉人中乐公司认为,原审法院以系争软件中有"Discreet Logic Inc."字样认定中乐公司使用的软件是迪斯克瑞特公司享有著作权的软件显属错误。本院认为,根据我国著作权法的规定,如无相反证明,在作品上署名的公民、法人或者其他组织为作者。现本案系争软件中出现了"Discreet Logic Inc."字样,而中乐公司未提供相反证据证明该软件的作者另有其人,因此原审法院据此认定迪斯克瑞特公司是本案系争软件的著作权人并无不当。由于中乐公司在计算机中安装的被控侵权软件是迪斯克瑞特公司享有著作权的计算机软件,故迪斯克瑞特公司无须再举证证明被控侵权的软件源程序与其享有著作权的软件源程序相同或相似。上诉人中乐公司的这一上诉理由无事实和法律依据,本院不予支持。

上诉人中乐公司认为,现有证据足以推翻中乐公司前总经理一审中对安装并使用系争软件的终端数量的自认。本院认为,本案原审法院工作人员在证据保全过程中,在中乐公司的205室、303室均拍摄到了Flame7.0软件的运行界面,迪斯克瑞特公司也提供了其通过公证方式在中乐公司205室拍摄到的Flame7.0软件的运行界面。故中乐公司关于其仅在303室安装了1套Flame7.0软件的主张显然不能成立。而且,中乐公司的前总经理在原审法院证据保全过程中向原审法院工作人员陈述中乐公司在204室、205室、303室共安装了3套Flame7.0软件,该陈述是中乐公司对上述安装事实的承认,属于有效的证据。中乐公司前总经理作为公司的日常经营管理者,应当熟悉公司的事务,上诉人以前总经理不了解相关事实为由对其陈述予以反悔,依据不足。由于中乐公司未能提供足以推翻上述陈述的证据,故原审法院依据该陈述并结合相关证据认定中乐公司安装了3套Flame7.0软件并无不当。上诉人中乐公司的这一上诉理由无事实依据,本院不予支持。

上诉人中乐公司认为,原审法院判令中乐公司承担的侵权责任不当。经查,中乐公司安装的Flame7.0软件在启动过程中一界面的中部显示"flame *",下方显示"* from discreet",底部显示"Discreet logic Inc., 1992 – 2000. All rights reserved.";该软件一操作界面中显示"flame * image integrator – Version7.0OCT"。根据上述两界面显示的字样,本院对于迪斯克瑞特公司关于"image integrator"系对该软件功能的说明、"flame *"为软件名称、"Version7.0"为软件版本的辩解予以采信。据此可以认定中乐公司安装的Flame7.0软件即迪斯克瑞特公司提供的注册证书上登记的"flame * v7.0和用户手册"中所指的软件。上诉人关于原审法院未查明系争软件和迪斯克瑞特公司登记的"flame * v7.0和用户手册"作品关系的基础上即判决中乐公司承担侵权责任显属不当的主张不能成立。根据迪斯克瑞特公司提供的注册证书,Flame7.0软件的完成时间、首次发表时间以及注册时间均为2000年。我国《计算机软件保护条例》第十四条第三款规定,法人或者其他组织的软件著作权,保护期为50年，截止于软件首次发表后第50年的12月31日。在"Discreet logic Inc., 1992-2000. All rights reserved."的表述中，迪斯克瑞特公司并没有任何在2000年后放弃软件著作权的声明，且根据软件行业的通常理解"1992-2000"应是该作品的权利产生期间即该软件的开发时间，中乐公司也并未提供证据证明上述陈述中"1992-2000"是Flame7.0软件的权利保护期限，因此中乐公司关于迪斯克瑞特公司对系争软件的著作权到2000年年底即告终止的观点不能成立。本院认为，根据本案现有的证据，迪斯克瑞特公司是Flame7.0软件的著作权人，中乐公司未经迪斯克瑞特公司的许可擅自在计算机中复制了上述软件，侵犯了迪斯克瑞特公司享有的Flame7.0软件的著作权，应当承担相应的民事责任。上诉人中乐公司的这一上诉理由无事实和法律依据，本院不予支持。

上诉人迪斯克瑞特公司认为，原审法院对"权利人损失无法确定"的事实认定错误；原审法院对于如何计算中乐公司赔偿数额问题，适用法律错误。本院认为，本案中迪斯克瑞特公司提供证据证明的Flame7.0软件的销售价格均不是迪斯克瑞特公司直接在我国市场上销售该软件的价格。上述软件销售价格并不是迪斯克瑞特公司直接在我国市场上销售该软件所应该获得的利润，也不是迪斯克瑞特公司直接在我国许可他人使用该软件的软件使用许可费，因此上诉人迪斯克瑞特公司提供的Flame7.0软件的销售价格并不能直接作为其因软件著作权被侵权所受的实际损失的计算依据。同时，迪斯克瑞特公司与中乐公司都没有提供证据证明中乐公司侵权期间的违法所得。根据《中华人民共和国著作权法》第四十八条第二款的规定，"权利人的实际损失或者侵权人的违法所得不能确定的，由人民法院根据侵权情节，判决给予50万元以下的赔偿。"本案中，迪斯克瑞特公司的实际损失以及中乐公司的违法所得都不能确定，故原审法院根据软件的性质、中乐公司侵权行为的情节、迪斯克瑞特公司为制止侵权行为所支付的合理开支酌情确定赔偿数额为人民币50万元。本院认为，该赔偿数额已经是我国法律规定的法定赔偿中的最高数额，由此可见，原审法院已充分考虑到了本案系争软件的性质以及中乐公司侵权行为的情节等因素。由于本案原审法院判决的赔偿数额系法院根据本案具体情况确定的法定赔偿数额，该数额并不一定与迪斯克瑞特公司的实际损失相一致。迪斯克瑞特公司要求法院根据其实际损失确定赔偿数额，应当提供充分、有效的证据予以证明。现上诉人迪斯克瑞特公司提供的证据并不足以证明其因被侵权所受的实际损失，故原审法院根据我国著作权法的相关规定所做的判决并无不当，适用法律亦正确。上诉人迪斯克瑞特公司的上述上诉理由不能成立，本院不予支持。

【终审判决】

综上所述，原审法院认定事实清楚，适用法律正确，审判程序合法，应予维持。二〇〇四年五月十三日，上海市高级人民法院依照《中华人民共和国民事诉讼法》第一百五十三条第一款第（一）项、第一百五十八条之规定，终审判决如下：驳回上诉，维持原判。本案二审案件受理费人民币29 301元，由上诉人迪斯克瑞特逻辑有限公司、上诉人上海中乐影视文化有限公司各半负担。

【学者评述】

近年来，随着计算机软件侵权案件数量的上升，司法人员在司法实践中总结出了判定计算机软件侵权的方法：第一，对被控侵权软件与权利人的软件直接进行软盘内容的对比或者目录、文件名对比；第二，对两软件的安装过程进行对比，注意安装过程中的屏幕显示是否相同;第三,对安装后的目录以及各文化进行对比,包括对比文件名称、文件长度、文件建立或修改时间、文件属性等表面现象;第四,对安装后软件使用过程中的屏幕显示、功能、功能键、使用方法等进行对比;第五,对两个软件的程序代码进行对比。依据上述方法,可以判定绝大部分软件是否构成侵权。

与影视剧盗版相比,软件盗版更具易操作性、隐蔽性,侵权成本更低。在互联网日益发达的今天,人们对于诸如盗版或非法购买使用软件的危害根本没有足够的意识,这对貌似欣欣向荣的软件产业带来了严重的危害。相关部门还应进一步公正、高效的处理好此类侵权案件,升级技术手段,遏制侵权行为,保障软件版权健康发展。

(赵轩)

第十一节 "樊梨花"真烦

【申诉人,一审原告,二审上诉人】河南省蓝蒂实业有限公司
【申诉人,一审原告,二审上诉人】张玲
【被申诉人,一审被告、二审被上诉人】河南电视台
【一审第三人】河南省黄埔军校同学会

河南省蓝蒂实业有限公司(以下简称蓝蒂公司)、张玲因与河南电视台、河南省黄埔军校同学会(以下简称黄埔同学会)联合摄制发行电视剧合同纠纷一案,河南省高级人民法院于2006年2月14日作出(2005)豫法民再字第96号民事判决,已经发生法律效力。蓝蒂公司、张玲不服,向检察机关申诉。最高人民检察院作出高检民抗(2013)17号民事抗诉书,向最高人民法院提出抗诉。最高人民法院作出(2013)民抗字第47号民事裁定,决定提审本案,并依法组成合议庭,公开开庭审理了本案。最高人民检察院指派检察员王天颖、助理检察员张彬出席法庭。蓝蒂公司及张玲的委托代理人郭旭东,张玲的委托代理人徐建华,河南电视台的委托代理人黄琨、王胜利到庭参加诉讼。本案现已审理终结。

河南省郑州市中级人民法院一审查明,1996年12月12日,河南电视台富邦影视制作有限公司(以下简称影视公司)的代表顾某某与河南省侨台经贸公司(以下简称侨台公司)签订协议联合录制20集电视连续剧《樊梨花》,协议约定总投资450万元人民币,影视公司投入前后期录制设备、灯光、影片及部分道具、服装、业务人员,价值50万元人民币;侨台公司、郭某某(后郭某某未在协议上签字盖章)投入人民币400万元;1996年12月27日,摄制组制作拍摄经费预算总表,预算总投资为398.1万元。侨台公司王某某签署"同意,请照此执行"。协议签订后,侨台公司投资225万元,《樊梨花》进入前期拍摄。1997年5月23日停机,前期拍摄工作结束,进入后期制作阶段。因资金断档,张玲加入。

1997年6月8日,河南电视台顾某某传播工作室(其前身是影视公司,以下简称顾某某传播室)与侨台公司、张玲签订《联合、摄制发行〈樊梨花〉合同书》约定:总投资为400万元;顾某某传播室投入前后期录制设备(SP型一体化摄录机、电子编辑机、电子特技设备、电子字幕机、BT磁带30分钟的200盘、60分钟的60盘、3/4带60分钟的40盘)、灯光、影片及部分道具、服装、导演、摄像、美术、化妆、制片、剧务等业务人员,

价值50万元人民币；按总投资额预算，尚有80万元缺口，该资金缺口由侨台公司、张玲根据剧组制作需要，予以补足；建立摄制委员会，由三方投资人员组成。摄制委员会委托顾某某任《樊梨花》摄制组制片人、总导演，全面负责该剧组的组建、录制、人事、财物事宜。周期：1996年12月15日至1997年1月31日，共45天，为筹备期；1997年2月15日至5月15日共3个月为拍摄期；1997年5月15日至8月15日为后期制作期，完成全剧母带成品，1997年8月15日至9月10日完成国际声带版成品；顾某某传播室负责《樊梨花》的全部录制任务。所需设备器材及专业人员按时到场，保证拍摄及后期制作能够高效高质按时完成；侨台公司保证225万元资金按时拨入剧组账户；张玲接到顾某某传播室、侨台公司提供的财务预算后，即投入资金35万元，拨入剧组账户；侨台公司、张玲有权派人对摄制组财务支出进行监督管理；财物管理按三方认可的预算计划开支；超出预算计划，每天支1 000元以上，需三方签字认可，否则，不能计入拍摄成本，该笔费用由支付方自负；凡各项开支，要有正式发票，部门长签字，该三方认可方可入账，不能提供正式发票者，要有顾某某传播室、侨台公司、张玲三方之中两方认可，方可入账；分成比例：全剧制作完毕，结清所有支出费用后的总金额即为实际总投资额；对发行利润分成及风险承担，顾某某传播室按20%，张玲、侨台公司按实际投资比例对剩余利润80%分成并承担风险。签约三方应严格执行联合录制协议，录制中途如有违约，未违约方有权向违约方索赔已投入的全部资金。

合同签订后，《樊梨花》摄制组于1997年6月8日出具了一份摄制经费报表，其内容为侨台公司投入225万元，河南电视台借剧组10万元，剧组预算缺口为115万元，电视台实物投资折合50万元，电视剧完成后，计划总投资400万元（现金50万元），张玲在上面签字。张玲于1997年6月9日投入资金35万元，1997年6月27日投入资金4万元，1997年7月6日投入资金2万元，共计41万元。1997年7月8日，河南中原国际租赁有限公司（以下简称中租公司）加入，顾某某传播室、侨台公司、张玲、中租公司签订《联合摄制、发行〈樊梨花〉合同》约定：本合同的基础是顾某某传播室、侨台公司、张玲于1997年6月8日签署的关于联合录制20集电视剧《樊梨花》的合同；为补足预算缺口，顺利完成录制工作，顾某某传播室、侨台公司、张玲三方同意中租公司投资60万元，作为该剧联合录制单位之一，中租公司在财务管理、版权及发行、广告宣传等方面具有与合同中其他三方完全同等的权利，原摄制委员会中，主任委员增设梁某。合同签订后，因中租公司部分股东不同意投资，由蓝蒂公司于1997年7月10日将60万元汇票交给《樊梨花》摄制组，该款到账时间在7月底。

1998年12月23日，张玲、电视台电视剧部主任高某某、侨台公司全权代理人段某某联合出具同意蓝蒂公司接受中租公司有关拍摄《樊梨花》电视连续剧的权利与义务的说明书。电视剧于1997年10月20日制作完毕。蓝蒂公司和张玲投资款尚余3万元。在剪辑电视剧中，顾某某传播室将20集剪为18集。该剧曾于1998年8月被河南电视台推荐参加（河南）电视第三届大河奖评选，获得长篇电视剧三等奖。该届大河奖评奖范围是：1996～1997年度河南省各级电视台及各音像制作单位创作摄制，并于1997年12月31日前在各市（地）级以上电视台播出或出版发行的电视剧。1997年12月底，四方制片人因发行电视剧的发行款还本的顺序意见不统一，电视剧未能发行。1999年1月12日，四方制片人共同签订版权委托书委托侨台公司负责对外联系发行。2002年2月，四方当事人协商委托河南电视台负责发行事宜，但因发行价格不理想，发行方式不能协商一致，电视剧未能发行。蓝蒂公司、张玲遂向郑州市中级人民法院提起诉讼请求：1. 解除《联合、摄制发行〈樊梨花〉

合同书》，2. 河南电视台赔偿张玲41万元及利息，赔偿蓝蒂公司60万元及利息，3. 河南电视台承担本案诉讼费用。

根据蓝蒂公司、张玲的申请，郑州市中级人民法院于2000年6月16日委托河南联合会计师事务所有限责任公司对蓝蒂公司和张玲投资款的资金使用情况进行会计鉴定，鉴定内容显示张玲41万元投资款用于发放剧组演职人员工资及酬金支出22.175万元；租用电视台仓库服装1 000元；使用电视台道具付押金500元、灯光押金2 000元；李某借款400元。蓝蒂公司投资60万元的资金用于发放剧组演职人员工资及酬金支出32.354 5万元；上缴电视台电视剧部管理费6万元。综上，蓝蒂公司和张玲的投资中支取业务人员的报酬共计36.571万元，其中电视台的工作人员导演、制片主任、摄像、剧务等领取报酬24.076 5万元，美术、化妆、剧务主任等从外单位聘用业务人员的费用是12.494 5万元。鉴定意见为：1. 电视剧《樊梨花》摄制组财务收支事项，没有按规定设置会计账簿。2. 部分支出项目未取得合规票据，违反了有关法律规定，也不符合联合拍摄《合同书》中相关条款的约定。

一审期间，河南电视台向郑州市中级人民法院出具认证书，承认由顾某某签字，加盖有顾某某传播室公章的有关电视剧《樊梨花》的合同由其承担法律责任。另查明，侨台公司于1999年3月9日变更黄埔同学会为主管部门。2000年10月28日，因侨台公司未参加1999年度年检，河南省工商局吊销了侨台公司营业执照，其债权债务由其主管部门负责清理，郑州市中级人民法院变更侨台公司主管部门黄埔同学会为本案第三人参加诉讼。

郑州市中级人民法院审理认为，张玲与河南电视台、侨台公司于1997年6月8日签订的联合录制协议，以及蓝蒂公司接受的中租公司于1997年7月8日签订的四方协议，均系当事人真实意思表示，不违反有关法律规定，为有效合同。合同当事人均应严格按合同履行，河南电视台按合同约定，应投入人员、设备共计50万元，但本应河南电视台投入的业务人员仍从蓝蒂公司、张玲的投资中支取业务人员的报酬共计36.571万元，其中河南电视台的工作人员导演、制片主任、摄像、剧务等领取报酬24.076 5万元，美术、化妆、剧务主任等从外单位聘用业务人员的费用是12.494 5万元。河南电视台称依照行业惯例、广电部的规定，其投入的为业务人员的劳务合同费，河南电视台未收取单位合同费，就是完成了业务人员的投入，但在合同中并未明确约定河南电视台的投入仅为业务人员的劳务合同费，不包含有个人片酬。河南电视台提供的广电部文件《关于电视剧制作经费开支标准的暂行规定》《关于限制影视演职员高酬金问题的决定》只是规定演职人员的报酬有劳务合同费、个人片酬，而没有规定该两块费用应由何方支付，《关于电视剧组借用演职人员报酬支付的问题的解释》只是对行业惯例的解释，因此演职人员报酬支付的问题仍应由合同当事人协商。河南电视台作为电视剧制作行业的从业者和该条款的提出者，应有义务举证证明蓝蒂公司、张玲是明知或应知的，合同上虽有约定蓝蒂公司、张玲接到财务预算后，即投入资金，但蓝蒂公司、张玲的投入行为并不必然证明河南电视台已经将财务预算提交蓝蒂公司、张玲，蓝蒂公司、张玲只认可见到一份拍摄经费报表。蓝蒂公司、张玲作为投资人，并非电视剧制作行为的业内人士，河南电视台亦没有证据证明蓝蒂公司、张玲是明知或应知的。因此，河南电视台从蓝蒂公司、张玲投资款中为业务人员支付报酬，是不适当的履约行为。按合同约定，服装投入应为河南电视台的投入，蓝蒂公司、张玲为该电视剧的拍摄支出服装租赁费1 000元，亦为河南电视台的不适当履行。关于灯光抵押金2 000元、灯光李某借款400元、道具押金500元，该二笔款项的性质，白条记载意思清楚，应以凭证所体现的法律关系为准。押金借款属于其他法律关系，不应视为河南电视台投资不到位的证据。按约定河南电视台应投入录像带 300 盘，现已投入 156 盘，发行中仍需要继续投入，现投入虽未达到合同约定的数量，但蓝蒂公司、张玲未提供证据证明其有购置录像带的支出，且河南电视台在庭审中已明确表示，如有需要，其可随时补足出资。因此，该行为不应视为河南电视台违约。关于 6 万元管理费的收取，合同没有约定，河南电视台辩称其收取管理费是根据《电视剧制作许可证管理规定》，拍摄电视剧应有电视剧制作许可证，合同未约定许可证也是投入，故应收取管理费。但《电视剧制作许可证管理规定》只是规定拍摄电视剧应有电视剧制作许可证，并未规定费用的负担，费用的收取应取得投资人的同意，因此，该管理费的收取没有法律及合同依据，亦是河南电视台不适当的履约行为。关于参加评奖及将 20 集剪辑为 18 集，河南电视台均无证据证明其行为已经取得蓝蒂公司、张玲的同意。综上，河南电视台在履行合同中确实存在不适当履行，但蓝蒂公司、张玲加盟《樊梨花》电视剧是为了补齐资金缺口、完成后期制作，其加入时，拍摄已经结束。河南电视台的不适当履行均是在电视剧录制过程中，现电视剧已经录制完毕，河南电视台的不适当履行并未对电视剧的录制产生重大影响，导致电视剧无法录制完成，产生纠纷的根本原因在于电视剧未能发行，但电视剧发行过程中存在的问题也并非河南电视台在电视剧录制过程中的不适当履行造成的，因此，河南电视台的上述不适当履行行为并不构成根本违约，解除合同的条件并不成就。合同中关于违约责任的条款并未区分哪种违约情形应承担何种责任，属于约定不明，从公平原则解释合同，该项约定应是对根本违约应承担责任的约定。因此，蓝蒂公司、张玲诉请解除合同，退还投资款证据不足，理由不能成立。依照《中华人民共和国民事诉讼法》第六十四条的规定，经该院审判委员会研究决定，于 2003 年 2 月 19 日作出（2001）郑经初字第 376 号民事判决：驳回蓝蒂公司、张玲的诉讼请求。

蓝蒂公司、张玲不服，向河南省高级人民法院提出上诉。

河南省高级人民法院经审理认为，关于本案案件的性质，从本案当事人之间所签订协议的标题及内容以及当事人的诉讼请求看，不但涉及联合摄制电视剧，而且涉及电视剧的发行，故本案应为联合摄制发行电视剧合同纠纷。各方当事人对郑州市中级人民法院认定的本案合同的效力均无异议，且不违反法律规定，该院予以确认。根据审理查明的事实，张玲系在电视剧《樊梨花》拍摄停机，进入后期制作阶段的 1997 年 6 月 8 日与顾某某传播室及侨台公司签订协议的，蓝蒂公司系于 1998 年 12 月 23 日经张玲、侨台公司及顾某某传播室三方同意接替中租公司承担其摄制及发行电视剧的权利与义务的，故蓝蒂公司和张玲对其投资系用于电视剧的后期制作及发行应是明知的。造成本案纠纷的根本原因系电视剧未能及时发行，收回投资，实现收益，故蓝蒂公司和张玲上诉主张河南电视台未按合同约定投入人员及设备，收取 6 万元管理费，剥夺了其参与管理的权利等均发生在电视剧摄制阶段，未对电视剧的发行产生直接的影响。河南电视台根据实际情况将电视剧剪辑为 18 集，为扩大电视剧的影响参加评奖，事先并未得到张玲和蓝蒂公司的书面同意，有不当之处，但该行为未构成对合同义务的根本违反，从而使合同目的不能实现。故蓝蒂公司和张玲要求解除合同，赔偿损失的上诉理由不足，其请求不能成立，予以驳回。本案各方当事人对电视剧的制作均进行了投资，而本案纠纷的最终解决有赖于电视剧的成功发行。故各方当事人应本着互利合作的态度，积极发挥各自的优势，早日完成电视剧的发行工作，以收回投资，实现收益。一审判决认定事实清楚，适用法律正确，程序合法，应予维持。依照《中华人民共和国民事诉讼法》第一百五十三条第一款第（一）项之规定，该院于 2003 年 7 月 11 日作出（2003）豫法民二终字第 86 号民事判决：驳回上诉，维持原判。

蓝蒂公司、张玲不服，向河南省高级人民法院提出申诉。河南省高级人民法院再审认为，蓝蒂公司与张玲申诉认为河南电视台投资不实，但在河南电视台、侨台公司、张玲三方合同签订的当天，摄制组报送的截至1997年6月8日拍摄报表上已显示河南电视台向《樊梨花》摄制组投入50万元，张玲签名表示了认可，合同内容也认可河南电视台的50万元投资，合同明确约定张玲的资金投入是为了补充完成电视剧的资金缺口。蓝蒂公司的加入也是以上述合同为基础约定该公司的补充投资义务的。河南电视台是以投入录制设备、灯光、影片、道具、服装及非有形物质的导演、摄像、美术、化妆、制片、剧务等人员的劳务折算价值的，另作鉴定，折算的标准如何确定。故原审不再对河南电视台对电视剧的投资委托鉴定，依据合同当事人签约时的认可，确认河南电视台投资不违约并无不当。因此，蓝蒂公司、张玲申诉称河南电视台参与电视剧录制的人员领取片酬，收取管理费属投资不实的违约行为的理由不能成立，不予支持。河南电视台将电视剧由20集减为18集，未经蓝蒂公司和张玲书面同意，对摄制组财务管理未严格按合同约定履行等行为虽属不当，但不属根本性违约，不足以导致合同无法履行或不必要履行的后果，合同各方均已投入了资金等，电视剧也已制作完毕，能否收回投资或盈利，有待于电视剧的发行。对此，各方当事人应共享盈利，同担风险。蓝蒂公司和张玲关于由河南电视台退还其投资的主张，不予支持。原审认定事实清楚，证据确实，审理程序合法，实体处理得当，应予维持。依照《中华人民共和国民事诉讼法》第一百八十四条、第一百五十三条第一款第（一）项的规定，该院于2006年2月14日作出（2005）豫法民再字第96号民事判决（以下简称终审判决）：维持该院（2003）豫法民二终字第86号民事判决。

蓝蒂公司、张玲不服上述判决，向检察机关提出申诉。最高人民检察院认为，终审判决认定事实与适用法律错误。依照《中华人民共和国民事诉讼法》第二百条第（二）项、第（六）项及第二百〇八条第一款之规定，提出抗诉，具体理由如下：

（一）终审判决认定"原审不再对河南电视台对电视剧的投资委托鉴定，依据当事人签约时的认可，确认河南电视台投资不违约并无不当。因此，蓝蒂公司、张玲申诉称河南电视台参与电视剧录制的人员领取片酬，河南电视台收取管理费属投资不实的违约行为的理由不能成立"，属认定事实错误。

（二）终审判决认定"河南电视台将电视剧由20集减为18集，未经蓝蒂公司和张玲书面同意，对摄制组财务管理未严格按合同约定履行等行为虽属不当，但不是根本性违约，不足以导致合同无法履行或不必要履行的后果，蓝蒂公司和张玲关于由河南电视台退还他们投资的主张，不予支持"，属认定事实与适用法律均有错误。蓝蒂公司、张玲同意检察机关的抗诉意见，并补充认为，河南电视台在电视剧后期制作期间将36.5716万元以拍摄期的劳动报酬予以支付的行为属于违约行为。涉案合同履行中，蓝蒂公司、张玲无违约行为，河南电视台擅自将《樊梨花》电视剧从20集减为18集属于根本违约。

河南电视台答辩称，电视剧由20集减为18集，蓝蒂公司、张玲没有参与管理等不是投资失败的根本原因，也不构成合同解除的理由。河南电视台投资的50万元不包括演职人员报酬，蓝蒂公司、张玲对此是明知的。电视剧已经拍摄完毕能够顺利发行，由于蓝蒂公司、张玲没有配合导致了发行没有成功。电视剧拍摄工作完成不等于演职人员的报酬已经支付完毕，如果将演职人员的报酬也认定为河南电视台应当缴纳的出资，也就不需要蓝蒂公司、张玲补充资金了。

本院再审查明事实与原审查明的事实一致。另查明，1997年6月由顾某某传播室与郑州上街铝厂、中共淮阳县委、淮阳县人民政府签订的联合录制十八集电视连续剧《人祖伏羲》合同当中约定，张玲担任《人祖伏羲》摄制组制片人，负责该剧组的组建、录制、人事、财务事务。

1997年12月29日，由河南电视台《樊梨花》摄制组与福建茂林工贸集团公司签订了一份购买18集电视连续剧《樊梨花》海内外发行权意向书，在该份意向书上张玲、蓝蒂公司的代表梁某均有签名。

在本案重审一审期间，各方投资人曾达成调解笔录，由张玲、蓝蒂公司作为发行人。各方投资人曾向郑州市中级人民法院申请中止审理，主要理由是四方协商发行事宜，并积极联系发行。郑州市中级人民法院于2002年2月20日下发了（2001）郑经初字第376号中止审理裁定书。在河南省高级人民法院审查再审申请期间，2004年5月，黄埔同学会、河南电视台电视剧部、张玲曾达成18集电视连续剧《樊梨花》发行协议书，该协议书委托黄埔同学会对外联系发行。蓝蒂公司在该份协议书上未签字。2005年1月，黄埔同学会、蓝蒂公司、河南电视台电视剧部、张玲达成涉案电视剧发行协议书，共同委托张玲为发行人。张玲在协议上签字、蓝蒂公司在协议上盖章。

本院经审理认为，涉案联合摄制、发行合同共有三份。其中第一份合同是1996年12月12日由河南电视台、侨台公司以及个人郭某某签订的，第二份是1997年6月8日由河南电视台、侨台公司以及个人张玲签订的，第三份合同是1997年7月8日由河南电视台、侨台公司、中租公司（后由蓝蒂公司继受其合同权利义务）以及张玲签订的。在历次审理中各方当事人均未对上述三份合同效力提出异议，本院确认上述三份合同为有效合同。

第一份合同中约定，河南电视台前后期录制设备、灯光、影片及部分道具、服装、业务人员，作价50万元人民币。张玲签字加入的第二份合同在内容上延续了这一约定。张玲还在记载河南电视台实物投资折合50万元的拍摄经费报表上签字。第三份合同是以第二份合同为基础，蓝蒂公司加入后继受了中租公司在第三份合同中的权利义务，也未对河南电视台的投入内容及作价提出异议。因此，河南电视台的投资作价50万元为各方投资人所认可。

河南电视台投入导演、摄像、美术、化妆、制片、剧务等业务人员的劳动报酬，是否应当包括在50万元投资当中是张玲、蓝蒂公司讼争的重点。原审已经查明，第一份合同签订之后，《樊梨花》摄制组制作的拍摄经费预算总表记载了预算总投资为398.1万元，其中片酬部分148.3万元，劳务部分42.85万元，两者相加已经接近预算总投资的一半，而河南电视台的总投资作价50万元，只是约占预算总投资的1/8。河南电视台投资内容不可能包括演职员的劳动报酬，这是第一份合同签订时各方投资人的真实意思表示。并且1999年3月16日中国广播电视学会电视制片委员会《关于电视剧组借用演职人员报酬支付的问题的解释》（以下简称《报酬支付的解释》）说明，电视剧拍摄过程中，临时聘请演职员的报酬一般分为两个部分，一是演员个人劳务费（也叫片酬），个人劳务费是由摄制组派人与本人协商，签订书面协议或合同，由摄制组按照约定时间支付给演职员本人。二是单位劳务合同费，单位劳务合同费是由摄制组与演职员所在单位签订书面协议或合同，此项费用一般在签署合同后，由摄制组向演职员所在单位支付。可知，临时聘请演职员应当由摄制组与演职员签订借聘合同，演职员的报酬应当由摄制组进行支付是当时的行业惯例。由于本案中的三份合同对于河南电视台投入业务人员是否已经包括劳动报酬约定并不明确，但各方投资人均认可河南电视台的投入作价50万元，根据当时的电视剧拍摄行业的惯例和各方投资人的真实意思表示可以认定，应由《樊梨花》摄制组向业务人员支付劳动报酬。因此，《樊梨花》摄制组向业务人员支付36.5716万元劳务报酬符合行业惯例。张玲、蓝蒂公司的资金是投入到《樊梨花》摄制组，没有指定资金使用的具体用途，张玲、蓝蒂公司主张河南电视台在电视剧后期制作期间将36.5716万元以拍摄期的劳动报酬予以支付的行为属于违约行为的观点，本院不予支持。此外，因涉案三份合同是以联合拍摄、发行为内容，以发行获得收益为目的，河南电视台以张玲、蓝蒂公司的投资款支付1000元服装租金，《樊梨花》摄制组未严格按合同约定进行财务管理的行为并未造成《樊梨花》电视剧拍摄受阻，张玲、蓝蒂公司在诉讼主张河南电视台的上述行为系违约行为的理由，本院不予支持。

根据河南联合会计师事务所有限责任公司出具的鉴定意见记载，蓝蒂公司投资的60万元中，河南电视台电视剧部收取了6万元管理费。涉案三份合同中均无电视剧管理费缴纳的约定。原广播电影电视部于1995年10月18日颁布实施的《电视剧制作许可证管理规定》中也无管理费的规定。直至本次庭审结束，河南电视台未向法庭提交收取6万元管理费的依据。张玲、蓝蒂公司对于河南电视台收取6万元管理费提出异议，认为该项费用的收取无法律和合同依据的观点是成立的，河南电视台应当将6万元退回给投资人蓝蒂公司。但张玲、蓝蒂公司并未提供证据证明河南电视收取6万元管理费的行为属于违约行为。

张玲、蓝蒂公司在诉讼中主张《樊梨花》电视剧由20集改为18集是河南电视台的违约行为。河南电视台认为，电视剧由20集改为18集，事实上与张玲、蓝蒂公司有过沟通，但没有文字记载。承担违约责任的前提是存在合同约定或者法定的违约行为，张玲、蓝蒂公司已经认可在合同具体条款中无电视剧集数减少属于违约行为的约定，合同总则部分"联合录制二十集电视剧"的说明对合同当事人并无拘束力。涉案电视剧后期制作完成之后，在出售及发行协商过程中，张玲、蓝蒂公司均有参与，其未对涉案电视剧减为18集提出异议。张玲、蓝蒂公司也没有向法庭提交在本案诉讼发生之前，曾就电视剧减为18集提出异议的证据材料。故可以认定，在合同履行过程中，张玲、蓝蒂公司均未对涉案电视剧由20集改为18集提出异议，并且参加了涉案电视剧的发行事务，其对涉案电视剧减少为18集是知悉和认可的。

张玲、蓝蒂公司在诉讼中认为各方对河南电视台的投入争论不休，达不成发行协议，且河南电视台擅自将涉案电视剧由20集改为18集，影响了发行，导致合同目的不能实现。张玲、蓝蒂公司均参加了1997年12月涉案电视剧出售发行权的意向书的签字，各方投资人曾经召开会议商谈向福建茂林工贸集团公司出售发行权的事宜。在本次庭审中，张玲说明张玲、蓝蒂公司不同意出售发行权的原因是福建茂林工贸集团公司的款项没有票据。涉案电视剧发行过程中，各方投资人争论的是成本收回的分配顺序问题，而不是涉案电视剧减少为18集影响了发行。故张玲、蓝蒂公司未曾提交证据证明基于河南电视台投入的争论导致发行协议不能达成，或者涉案电视剧改为18集影响了发行。因此，张玲、蓝蒂公司所称因河南电视台投入不足，涉案电视剧改为18集，擅自单方参加电视剧评奖影响了发行，甚至达不成发行协议，导致合同目的不能实现的理由不能成立。

综上，张玲、蓝蒂公司各方投资人的投入因涉案电视剧的正常拍摄已经发生费用，张玲、蓝蒂公司没有提交证据证明实际发生的损失数额，也没有证据证明涉案电视剧发行不成功所发生的亏损是由河南电视台造成的。故张玲、蓝蒂公司主张追究河南电视台的赔偿责任的请求不能得到支持。河南电视台收取6万元管理费，没有法律和合同上的依据，河南电视台应当向投资人蓝蒂公司予以返还。

2014年6月16日，最高人民法院（审判长：张华）依据《中华人民共和国民事诉讼法》第二百〇七条第一款、第一百七十条第一款第（二）项的规定，判决如下：（一）撤销河南省高级人民法院（2005）豫法民再字第96号民事判决；（二）河南电视台自本判决生效之日起三十日内向河南省蓝蒂实业有限公司返还人民币6万元及利息（自1997年7月10日至实际给付之日止，按照中国人民银行同期同类人民币存款基准利率计算）；（三）驳回张玲、河南省蓝蒂实业有限公司的其他诉讼请求。一审案件受理费15 560元，鉴定费30 000元，二审案件受理费15 560元，由张玲和河南省蓝蒂实业有限公司共同承担。本判决为终审判决。

【学者评述】

耗费力气读完了这桩案例，"烦心"二字，涌上心头。合同要约混乱，法律知识欠缺，主体意识模糊，诉辩证据无力，是造成"《樊梨花》真烦"的根本原因。烦来自乱，不论是事实物证还是法律关系，此案之乱，十分具有代表性，是当前中国影视界诸多剧组、公司之真实写照。

一方面，财务管理混乱。案宗显示，郑州市中级人民法院委托河南联合会计师事务所有限责任公司对蓝蒂公司和张玲投资款的资金使用情况进行了会计鉴定，鉴定意见为：（1）电视剧《樊梨花》摄制组财务收支事项，没有按规定设置会计账簿。（2）部分支出项目未取得合规票据，违反了有关法律规定，也不符合联合拍摄《合同书》中相关条款的约定。没账，没票——财务管理之乱，乱到这种程度，真是登峰造极，无以复加。

另一方面，协调沟通缺失，重大事件七嘴八舌，争吵不休。电视剧《樊梨花》拍摄制作及发行过程中，涉案联合摄制、发行合同共有三份。在历次审理中各方当事人均未对上述三份合同效力提出异议，法院及检察院也确认上述三份合同为有效合同。可为什么进行了三诉三判，还是翻炒合同要约方面存在的那些问题？笔者认为，重大事情意见不统一，缺乏协调沟通也是导致纠纷案件产生的主要内容。尤其，在电视剧发行问题上，出现的争议让人不可思议。按理说，电视剧制作完成后，尽早发行，收回投资，分取利益才是常态。但涉案电视剧发行过程中，各方投资人争论的焦点是成本收回的分配顺序问题，而不是关注涉案电视剧减少为18集是否影响了发行和怎样发行的问题。没高没低，没大没小，无主无次，轻重不分，七嘴八舌，争吵不休，剪不断理还乱，乱成一窝蜂，乱成了一锅粥。

乱哄哄、乱糟糟、乱了套、乱弹琴必然出乱子，眼花缭乱、心慌意乱、手忙脚乱必然乱作一团、杂乱无序，还有胡编乱造，还有违法乱纪——如此之乱，难怪节节败退，屡战屡败。由于法治意识淡漠，我国很多影视剧组每天都在上演着这种"乱"，有时还得加上潜规则盛行或男女关系之乱，难怪公众对影视界的普遍看法首先就是——乱。

阅读此案，深受教育，我们清楚地看到了法律的公正性与严肃性，也看到了法律知识欠缺给诉辩双方带来的苦果。同时，也使我们充分认识到了加强全民法制教育，提高法治意识的必要性和重要性。

（赵轩　杨新磊）

第十二节 假戏真做出人命

2004年10月9日上午,山东省青岛市中级人民法院对高虎撞人一案作出终审裁定:驳回上诉,维持原判有期徒刑一年,缓刑一年的判决。

2003年3月22日21时许,原中国国际电视总公司《情错》剧组演员高虎在青岛市中山路第一百盛商厦拍摄电视剧。按照剧组要求,高虎应驾车从30米外以20~30公里的时速,开车行至拍摄机位前2~3米处停住,因操作失误,未能停住车,将灯光师冯子永挤在一电线杆上,致使后者失血性休克死亡。青岛市市南区人民检察院就此案对高虎提起公诉。2004年7月12日,青岛市市南区人民法院作出一审判决,认为高虎在驾驶车辆拍摄电视剧过程中,过于自信其驾驶技术,因操作不当,导致被害人冯子永死亡,其行为构成过失致人死亡罪,因犯罪情节较轻,并有依法可从轻处罚的情节,最后判处高虎有期徒刑一年,缓刑一年。

一审判决后,高虎以本案因车辆刹车失灵所致,其主观不存在过错,不应承担刑事责任为由,向青岛市中级人民法院提出上诉。二审法院对相关证据进行审查后认为,高虎所提的车辆刹车失灵无充分证据证实,认定其由于对道具车辆状况不熟悉,致使在行车过程中未能采取有效制动措施,将被害人冯子永撞死,其行为构成过失致人死亡罪。原审判决认定事实清楚,定性准确,量刑适当,故裁定驳回上诉,维持原判。

针对法院二审判决维持原判的情况,高虎在其经纪公司慈文东方举行了记者会,高虎首次直面媒体,坚定地表示:"我没罪,我坚决不能接受所谓'过失杀人致死'的刑事判决!"他和他的律师告诉记者,他们一定会再申诉。

高虎案件的第二审律师张燕生对判决结果表示很惊讶,她说:"我认为高虎是冤枉的,我经过仔细深入的调查取证,认为案件还存在很多问题,最重要的就是事故车本身存在严重问题,而青岛中级人民法院对高虎的终审判决令我感到质疑。这次在我们的上诉阶段,二审法院对我们向法院提供的新证据和辩护意见采取'部分采纳部分置之不理'的态度,只字不提事故车'放气螺丝松动'的现状,也就是说回避事故车本身存在严重问题的可能。这很难让我们心服口服。"张律师表示,按照法律程序,如果要向山东省高级人民法院提出申诉,就必须有新的证据,所以法院是否能接受审理现在还不清楚。

又案,在历经近半年的诉讼后,《浴火凤凰》群众演员陈允炘溺水身亡案的原、被告双方在法院的调解下,于2006年2月20日达成和解协议,《浴火凤凰》的投资方北京东方传奇国际传媒有限公司和北京慈文影视制作有限公司给予陈允炘的家属一次性赔偿43万元。在收到付款后,原告方于2月22日向上海市杨浦区人民法院申请撤诉。

2005年7月26日,正在上海拍摄的电视剧《浴火凤凰》剧组突发意外,55岁的沪籍群众演员陈允炘在扮演水上"浮尸"时不幸溺水身亡。之后,在赔礼道歉和赔偿等问题上,陈允炘的家属与剧组无法达成一致意见。2005年9月26日,陈允炘的父亲、妻子和儿子将东方传奇公司、慈文公司以及群众演员中介公司上海影聚商贸有限公司告上法庭,提出了包括导演王晶向死者家属赔礼道歉、东方传奇公司和慈文公司在上海主流媒体登报道歉,三被告赔偿79万元(其中包括精神损害赔偿40万元)等11项诉讼请求。

2005年11月17日，杨浦区法院对此案公开开庭进行了审理。当法庭征询双方是否愿意调解时，被告予以拒绝，但又表示如果法院最后判决的赔偿金额少于46万元，投资方仍将考虑在适当时候给予家属额外补偿。

此后，法院为促成双方和调做了大量的调解工作。2006年2月20日，北京东方传奇国际传媒有限公司、北京慈文影视制作有限公司和陈允炘的家属达成和解协议。东方传奇公司和慈文公司表示将从此事件中吸取经验教训，并对陈允炘的不幸给其家属所带来的悲痛和损失表示歉意，同时对事件发生后陈允炘的家属所采取的过激行为予以理解。此外，双方还就赔偿金额达成一致意见，东方传奇公司和慈文公司一次支付43万元作为全部赔偿和补偿。

2月22日，本案原告方向法院提出申请，表示已收到传奇公司和慈文公司的赔偿款43万元，与被告间的诉争已全部解决，申请撤回起诉。法院于同日裁定准予撤诉。

又案，演员王伯昭因治安管理不予处理决定一案，不服北京市怀柔区人民法院的一审判决，上诉至北京市第二中级人民法院。2005年4月29日，北京市第二中级人民法院作出终审判决，驳回王伯昭上诉，维持原审法院的判决。

2004年9月18日20时许，西安电影制片厂在北京市怀柔飞腾影视公司拍摄电视连续剧《小鱼儿与花无缺》第三十四集第八场戏，该场戏中有小鱼儿与花无缺击打杀父仇人江别鹤尸体的剧情。在实际拍摄过程中，由小鱼儿（张卫健饰演）打江别鹤（王伯昭饰演）的脸部，由花无缺（谢霆锋饰演）踢江别鹤的腿部，结果造成王伯昭受伤。王伯昭随即拨打电话110报警，称自己被打伤，要求出警予以处置。当日20时21分许，杨宋派出所民警赶到现场，了解情况。制片方人员曾表示该事件源于拍戏的剧情需要，可以由剧组内部自行协商解决。

王伯昭于当晚在怀柔第一医院就诊，被诊断为左大腿软组织挫伤。同年9月19日至10月4日，王伯昭在中国人民解放军第三〇四医院住院治疗，被诊断为左大腿严重软组织损伤，左肾轻度挫伤，左面部软组织损伤，频发性心房期前收缩。同年10月11日，北京市公安局法医检验鉴定中心接受杨宋派出所的送检，针对王伯昭的伤情作出京公法临床字（2004）第2295号《人体损伤程度鉴定书》，检查所见左大腿内侧皮下出血6×4厘米，左腘窝处皮下出血3×2厘米，左小腿外侧淡黄色皮下出血6×4厘米，左膝关节功能活动轻度受限；结合医院病历记载内容，参照人体损伤鉴定标准之有关规定，鉴定结论为王伯昭身体所受损伤属轻微伤（上限）。自2004年9月20日至30日，杨宋派出所对涉案剧组中包括谢霆锋、张卫健在内的13名演职人员进行了调查取证。同年10月18日，杨宋派出所作出不予处理决定。

一审法院审理后认为，王伯昭在拍摄中受伤属实，该伤确系张卫健、谢霆锋所致，但不足以确认该伤系张卫健、谢霆锋以剧情需要为名、假戏真做，故意对王伯昭进行殴打所致。杨宋派出所对王伯昭要求追究张卫健、谢霆锋治安责任一案，作出的不予处理决定事实清楚、证据充分、程序合法，适用法律法规准确，故判决予以维持。

一审法院判决后，王伯昭不服，上诉至北京市第二中级人民法院。王伯昭认为，张卫健、谢霆锋先是擅自修改剧本，将由其饰演的江别鹤由一个武功被废的老者改成死者，致使其从可以本能躲让、阻挡，变成不能进行任何防护，为实施伤害进行了准备；因其与剧组香港化妆师发生过冲突，故二人对其伤害的动机和目的是为了报复；从伤害后果分析，也无法认定为"不慎误伤"，如果是单一拳单一腿的误伤难免，但不会每拳每腿都误伤，也不会两个人每拳每腿都误伤，如果不是经过策划的故意行为，不可能会在十秒钟内令其左脸、左肾、左大腿多处受伤。张卫健、谢霆锋二人假戏真做，故意殴打其致轻微伤（上限），应当承担相应责任。杨宋派出所在执法过程中没有对现场的录像带采取保全措施，没有进行现场勘验，导致认定本案主要证据不足。请求二审法院改判撤销一审判决，撤销不予处理决定。

北京市第二中级人民法院审理查明，在拍摄电视剧的过程中确有过更改剧本的事实，但是不能证明剧本更改与王伯昭被击打致伤的事实之间存在因果关系，进而亦不能证明被诉行政行为违法。

北京市第二中级人民法院认为，王伯昭在拍摄电视连续剧《小鱼儿与花无缺》第三十四集第八场戏中被张卫健、谢霆锋击打致轻微伤害的事实成立。杨宋派出所在接到王伯昭的报案以后，进行了相应的调查取证工作，履行了自己的法定职责。关于王伯昭以张卫健、谢霆锋故意殴打其致伤为由，要求公安机关追究张卫健、谢霆锋行政法律责任的问题，现经公安机关调查取证，在电视连续剧《小鱼儿与花无缺》第三十四集第八场戏中，有张卫健饰演的小鱼儿和谢霆锋饰演的花无缺对王伯昭饰演的杀父仇人江别鹤（尸体）进行击打的剧情安排，张卫健、谢霆锋亦系在实际拍摄的过程中击打王伯昭致轻微伤（上限）。虽然拍摄当天，王伯昭曾与剧组有关人员发生过争执，但是接受公安机关调查取证的证人证言的内容，无法证明该争执事件与王伯昭被击打致伤之间存在因果关系，即王伯昭的有关推论在现有证据下无法被证实。

公安机关在调查取证的过程中，存在调查人未在调查笔录上签名、收取影像资料不及时等问题，上述问题属于公安机关在办理行政案件过程中的瑕疵，法院对此提出批评，杨宋派出所应当引以为戒，提高行政执法能力。但是，上述瑕疵尚不足以达到推翻相关证据证明力的程度。同时，公安机关在本案中调查证人的范围是广泛的，得到的证人证言内容相对于被诉具体行政行为而言，是有说服力的。杨宋派出所在现有证据无法证明张卫健、谢霆锋假戏真做之殴打他人的情况下，所做的不予处理决定事实清楚、证据充分、程序合法，适用法律法规准确，系合法之具体行政行为，应予维护。一审法院判决认定事实清楚，适用法律正确，审判程序合法，应予维持。

又案，电视剧剧组找学生做群众演员，谁知在拍摄现场，其中一名学生的面部和双上肢被严重烧伤，于是就整容所需要的巨额费用，伤者两次提起诉讼。2007年11月9日，上海市第二中级人民法院执行庭多方努力，终于向被害人发放了最后一笔执行款。

几年前，由一公司筹建的电视剧摄制组，准备拍摄一部名为《花木兰》的电视剧，随后该摄制组派人员来本市一所学校，邀请学校的学生出演这部连续剧的歌舞场面。一天晚上，学校的两名老师带领孙红（化名）等同学到达拍摄现场。在拍摄过程中，由于篝火不明，摄制组工作人员在浇油助燃时，造成孙红的面部和双上肢被严重烧伤。但是由于治疗还没有完成，还无法确定伤残等级。案发后，自小学习舞蹈的孙红将电视剧的筹备公司、音像出版社、传播公司以及学校都告上了法庭。第一次诉讼后，法院判决电视剧的筹备公司赔偿孙红精神损害赔偿等近12万元，预付孙红后续治疗费用10万元，几个被告承担连带责任。后来由于孙红需要继续治疗，几年后，孙红以病情急需住院治疗，医疗费数额巨大为由，向法院再次提起了诉讼。孙红表示，经过诊断，今后5年尚需做多次整形手术，预计医疗费85万元。此外，孙红经过多次手术，终身将落下无法治疗的残疾，所以，请求法院判决获得伤残补偿费及精神损失费65万元。索赔共计150万元。

据了解，法院曾经前往两家知名的医院就孙红的伤情以及今后治疗费用的数额进行调查，这两家医院的整形外科都证实，依据孙红的伤情康复情况，今后仍然需要进行长时间的分段治疗，她的面部皮肤及双上肢功能才能达到较大程度的改善，治疗费预计85万元。

学校认为，他们也是无辜的受害者，在请求法院判令《花木兰》剧组对孙红的伤情承担赔偿责任的同时，也愿意配合法院做好孙红的赔偿工作。但是音像出版社则表示，他们只是负责对拍片内容进行把关和监督工作，并不是电视剧筹备公司的合伙人，所以，孙红的损害赔偿与他们无关。

终审法院认为，孙红在参加拍摄《花木兰》电视剧过程中，因为摄制组工作失误，作为该剧的实际投资人、并具体负责该剧拍摄工作的筹备公司应当负责赔偿责任。由于孙红的面部和双上肢被严重烧伤，造成她的面部残疾及双上肢功能受限，经医院诊断，仍然需要继续分段治疗，由于孙红伤情的特殊性，导致她每次治疗费用数额巨大，孙红现在起诉二次治疗引起的各项损失，符合事实和法律的规定，法院予以支持。所以，法院判决电视剧的筹备公司先行给付后续治疗费用85万元。赔偿孙红医疗费等近6万元，其他被告承担连带责任。

据了解，经过上海市第二中级人民法院院执行人员的多次工作，目前，法院已经将全部执行款，发放给孙红，现在已经终结执行。

又案，王挺拍片被炸案宣判，法院一审判赔70万元。

荧屏上经常塑造硬汉角色的演员王挺，因为在拍摄电视剧《高粱红了》时被炸伤，将北京友视文化传播有限公司告上法庭，索赔120万元。一审法院认为，因被告负责烟火起爆的工作人员误操作，原告受到人身损害，因治伤失去了本应获得的在《尖刀》电视剧中饰演男一号的机会及演出费70万元（税后），该70万元属于应确定的直接损失，视为因误工减少的收入，被告应予赔偿。被告辩称原告属于无固定收入者，应按受诉法院所在地同行业平均收入每月1万元赔偿误工费。本案原告误工费因原告经纪人与北京金天地影视文化有限公司签订的《演员协议书》确定了收入数额，原告误工费根据原告误工时间和收入状况可以确定。原告要求赔偿，对于原告要求被告赔偿营养费、护理费、交通费1万元、精神损害费49万元的诉请，其中营养费交通费、精神损害费原告未出具相关证据，法院不予支持。关于护理费的赔偿，法院依法酌定。

最终，一审法院依法作出判决，北京友视文化传播有限公司赔偿王挺经济损失70万元（税后，含已付32 000元）；护理费900元；驳回王挺其他诉讼请求。

【学者评述】

什么是再保险？

再保险，Reinsurance，也称分保，是保险人将其所承保的危险责任的一部分或全部向其他保险人办理保险，即保险的保险。再保险可视为保险人之间的责任分担，即分保。

保险市场上有众多直接向投保人承揽业务的保险公司，这种直接面对社会各界各业投保人承担各类保险业务的保险公司习惯上称为原保险人，或直接保险公司，其承揽的业务称原保险。然而，毕竟每一家保险公司承担风险的能力是有限的，是受其资本金和公积金数量限制的，为求得一定的经营规模和经营业绩的稳定，增强竞争能力和提高经济效益，保险公司还必须将其承保的危险责任进行合理安排。因为，事实上，每一家保险公司所承保的业务，在每一险种上都达到相当规模，每一保险单位的保险金额都自然均衡是不大可能的。保险公司所承保的业务是多种多样的，有的保险金额不高，但出险概率却较高，而有的保险金额相当高，且出险的概率也不低，各个险种的业务量也参差不齐。凡此种种，都说明保险公司在确定了自留限额之后，就必须按业务的性质和不同类别向其他保险人转嫁一定风险，以控制自身所承担的保险责任。这时，原保险人或直接保险公司将超过自身承担能力的保险责任分出去给其他保险公司，其本身就成了分出公司，而接受其分出业务的保险公司就成了分入公司，或称为再保险人。

为演员购买人身意外伤害保险，甚至进行再保险，是合理解决本节此类纠纷的有效途径，是中外影视界公认的通行做法。为了凸显对明星的重视，可通过不同的保险公司为其购买两份这种保险。

（杨新磊）

第十三节　类案集萃

（一）

中国、奥地利合拍的电影《芬妮的微笑》，由于王志文北京首映式的缺席，以及在上海首映式上放言："这样的一个角色也能获奖，莫斯科人瞎了眼。"投资方之一的辽宁金通集团以王志文违约为由诉至法院，要求王志文赔偿违约金25万元。经过几个回合的"法庭论战"以及媒体的纷纷报道，双方的矛盾愈演愈烈。2004年11月23日，北京市第一中级人民法院作出一审判决，驳回了辽宁金通实业集团有限公司的诉讼请求。

2001年8月，《芬妮的微笑》电影摄制组与王志文签订了合同书，约定王志文将配合摄制组做与该片的宣传有关的活动，但要依具体时间双方另行协商等条款。影片上映后，影片投资方之一金通公司称王志文在《芬妮的微笑》上海首映式上歪曲事实故意诋毁影片，其言论通过全国数家媒体的报道，对《芬妮的微笑》的发行造成极坏的影响。

北京市第一中级人民法院经过两次开庭审理后认为，王志文已经按照合同约定出演了《芬妮的微笑》中男主角，即已完成合同义务。合同中对于王志文赔偿金通公司违约金所约定的两种情形均未发生，故金通公司起诉要求王志文赔偿违约金没有依据。由于金通公司起诉所提交的证据，不能证明金通公司已经按照合同约定的时间通知了王志文，且参加首映活动并不属于合同的确定性义务，故原告金通公司以王志文未配合影片宣传而认定王志文违约没有依据。金通公司认为王志文发表诋毁影片言论的依据是各相关媒体的报道，而上述媒体报道不具备民事诉讼证据的基本属性，故不能认定王志文发表了诋毁影片的言论。

（二）

2007年3月2日，为热播电视剧《暗算》《血色残阳》进行音、视频制作的北京钛金影视策划有限责任公司（以下简称钛金影视公司）因编辑制作费用问题，与北京东方联盟影视文化传播有限公司（以下简称东方联盟影视公司）发生纠纷，钛金影视公司将东方联盟影视公司诉至北京市朝阳区人民法院，要求其支付拖欠的制作费34万余元。

原告钛金影视公司在起诉书中称：2004年12月8日，自己与东方联盟影视公司签订了《暗算》《血色残阳》电视连续剧中关于音频、视频部分的编辑制作承包合同，约定制作费用共计65万元。之后，自己按照合同履行了全部义务，其中《暗算》《血色残阳》分别超出原合同约定天数20天、50天；《暗算》一剧超出合同约定集数4集。依合同约定东方联盟影视公司应当另行支付我公司操机员劳务费及录音师用餐费。而东方联盟影视公司仅在2005年9月之前，向自己支付了费用40万元，余款346 089元至今未付，起诉要求东方联盟影视公司给付制作费346 089元。

经法院主持调解，双方达成了满意的协议，原告撤诉。

（三）

2004年10月28日，北京市海淀区人民法院一审审结杨钦讨要电影《十面埋伏》署名权案，被告新画面公司依法赔礼道歉，赔偿杨钦精神损失费一千元。

杨钦诉称，2003年11月20日杨钦受聘北京新画面影业有限公司《十面埋伏》摄制组，担任动作剪接职务。杨钦如约独立完成了该电影的动作部分的剪接工作，新画面公司亦如约向其支付工作报酬2万元。但是电影《十面埋伏》片尾字幕中为杨钦署名剪辑助理，而不是动作剪接。杨钦认为，新画面侵犯了其署名权，并要求新画面公司停止对其署名权的侵犯，并对电影《十面埋伏》的相关字幕进行更正；新画面公司赔偿精神损失10万元；新画面公司在全国发行的报刊上就侵权一事公开道歉等。

新画面公司辩称，合约中的动作剪接仅为一个劳动或行为的名称，而非一个职务名称，且合约亦约定我方有权决定杨钦在电影中的排名顺序，只要我方没有在电影中打错杨钦的名字，我方即无违约行为。杨钦对电影《十面埋伏》的剪接工作系按照导演的要求和思路完成，其并无独创性劳动可言，杨钦的此种工作或操作不应受到著作权法的保护。我方未侵犯杨钦的署名权，不应赔偿其任何损失，且杨钦要求我方赔偿精神损失10万元亦无法律依据，故不同意杨钦的诉讼请求。

海淀法院认为，新画面公司在未经杨钦许可的情况下，擅自将其署名变更为剪辑助理，淡化了杨钦与作品之间的联系，给杨钦造成精神上的伤害，行为不仅构成违约，亦属侵权。新画面公司以杨钦所完成的剪接工作无独创性等为由辩称否认侵权，与事实不符，法院不予采信。

法院判决被告北京新画面影业有限公司在《大众电影》上刊登声明，明确原告杨钦在电影《十面埋伏》中的动作剪接身份并向其赔礼道歉被告北京新画面影业有限公司赔偿原告杨钦精神损失一千元以及因诉讼支出的合理费用一千零一十元；驳回原告杨钦的其他诉讼请求。

（四）

影片《可可西里》侵权案，2005年12月4日，在北京市第二中级人民法院的主持下调解结案。被告北京华谊兄弟影视投资有限公司为侵权使用原告李维东的4幅照片赔偿10万元，承担案件受理费5 510元及李维东因诉讼而支出的律师费，并登报向原告赔礼道歉。

（五）

仅因摄制组未能满足自己的要求，演员吴卫东竟然"撂挑子"，不辞而别。遭受损失的北京金英马影视文化有限责任公司因此将他告上法庭。2003年6月26日，北京市第二中级人民法院终审判决吴卫东赔偿经济损失25万元。

2000年，金英马公司与峨眉电影制片厂联合摄制电视连续剧《中国刑侦一号案》（现名《末路》）。摄制组与中国青年艺术剧院的吴卫东签订了聘用《合同书》。

2000年6月22日，吴卫东从摄制组取得2万元，进入摄制组参加演出并扮演主要角色。同年8月17日，在某外景地拍摄时，吴因休息房间问题与摄制组负责人发生争执。第二天，吴卫东向摄制组提出了包括休息时间、工作职责、交通问题、表演安全等内容的补充条款，但双方未能达成共识。吴卫东两天后自行离开摄制组。

（六）

电视连续剧《突出重围》是一部深受全国电视观众喜爱的军事题材文艺作品，由于剧组将一幅"穿老式军装的照片"作为道具使用，老照片的主人袁某遂将重庆电视台告上法庭，认为剧组侵害了她的肖像权、名誉权，并要求被告赔偿20万元经济损失。2003年7月11日，云南省昆明市中级人民法院对此案作出终审判决，认为合法使用他人肖像不构成侵权，从而驳回了袁某的诉讼请求。

据悉，1999年7月，《突出重围》剧组进入成都军区昆明总医院拍摄剧中人物方副司令员住院等有关内容的戏。其间，重庆电视台向袁某借用一张穿老式军装的照片作为道具使用，袁某同意后回家取出照片交给摄制组。播出后，在剧中袁某的照片被放大后作为方副司令员已故夫人"淑娟"的遗像，并在该剧第9集、第22集重复使用，其中有拉近镜头特写，时间为5~6秒。法院还查明，《突出重围》是由重庆电视台和成都军区政治部电视艺术中心、中央电视台影视部联合摄制完成的，该剧版权属三家共有。袁某认为，她提供的"穿老式军装的照片"被剧组作为方副司令妻子遗像使用，严重侵犯了其肖像权、名誉权，故诉至法院。请求法院判令被告停止侵权行为；向她赔礼道歉；赔偿因侵权行为给她造成的经济损失20万元。

此案经昆明市五华区人民法院审理后作出一审判决，驳回了原告袁某的诉讼请求，袁某不服向昆明市中级人民法院提起上诉。昆明市中级人民法院二审审理认为：肖像是通过绘画、照相等视觉艺术作品使公民外貌特征再现；本案中作为道具使用的照片即是上诉人的肖像。

我国《民法通则》第100条规定，公民享有肖像权，未经本人同意，不得以营利为目的使用公民的肖像。根据本案事实，重庆电视台经袁某同意借用其照片使用，而照片本身作为载体，已将上诉人的外貌特征融于其中，不可分割。因此，被上诉人借用上诉人照片实质就是借用肖像，而不是和肖像分离的一个老式军装的样子。被上诉人由于剧情需要将其制作成道具，用于剧中方副司令已故夫人"淑娟"的遗像，也就是使用上诉人肖像的行为，并不构成侵权，对上诉人的上诉请求不予支持。据此，昆明市中级人民法院对此案作出终审判决，驳回上诉，维持原判。

（七）

《激情燃烧的岁月》热播后受到观众青睐的同时，制作方长安影视也因音乐著作权成为被告之一，究竟谁是谁非？2003年12月24日，北京第一中级人民法院对此作出宣判，判令长安影视赔偿原告中国音乐著作权协会人民币71 150元。

2003年1月，中国音乐著作权协会（以下简称音协）发现北京图书大厦所售的22集VCD光盘《激情燃烧的岁月》剧中多次出现使用《解放区的天》《白毛女喜儿》等十首音乐作品，没有支付任何著作权使用费。

被告长安影视辩称，其使用原告所述的10首音乐作品的时间合计只有16分钟，其中使用时间最短的只有10秒钟，对《解放区的天》等音乐作品的适当引用属于气氛音乐，而不是原告所指的背景音乐。同时提出其愿意依法支付合理的使用费，故请求法院按照法律规定明确各方支付的数额。

被告贵州东方出版社辩称该社没有主观上的侵权故意，出版程序合法，不应承担责任。广州俏佳人公司也认为其发行音像制品的前提是审查该电视剧在发行时是否具备合法发行资格，而无义务对电视剧本身内容是否实际含有侵权成分进行审查，亦不应承担责任。北京图书大厦表示对《激情燃烧的岁月》涉嫌侵权一直不知情，该光盘是从俏佳人公司进货，北京图书大厦没有侵权的故意，不应当承担责任。

北京市第一中级人民法院经审理认为：被告长安影视公司录制《激情燃烧的岁月》，没有按规定向原告支付报酬，其行为构成侵权，应承担相应的民事责任，赔偿原告中国音乐著作权协会人民币七万一千一百五十元，被告贵州东方音像出版社、被告广州俏佳人文化传播有限公司承担连带责任。

又案，该剧因与邓一光的小说《我是太阳》近似而被诉。法院经比对后，没有认定该剧抄袭，驳回了原告的诉求。

（八）

从未参与电视剧《王中王》拍摄的摄像师沈星浩，意外发现自己的名字竟然出现在该剧组的名单中。为此，他一纸诉状将《王中王》制片商浙江天元电影电视艺术中心和中国国际电视总公司告到法院。2004年1月14日，上海市第二中级人民法院一审判决两被告停止侵权，在《新民晚报》上公开赔礼道歉，并赔偿原告经济损失5万元。

沈星浩是上海电影制片厂专职高级摄影师。2003年6月，30集电视连续剧《王中王》先后在上海及全国十余家电视台播出。沈星浩偶然发现，该电视剧的片头片尾摄像师字幕上署有自己的名字，感到非常纳闷。因为自己从未参加过该电视剧的拍摄，也未授权在该剧中使用他的姓名。沈星浩认为，《王中王》制片商擅自冒用他的姓名，不仅使他蒙受经济和精神损失，同时也对他的声誉造成了不良影响。

《王中王》是否冒用了原告的姓名，成为本案争议的焦点。被告天元艺术中心认为，同名同姓的现象比较普遍。他们聘请的摄影师确实也叫沈星浩，但并非是原告。既然原告未参与《王中王》的拍摄工作，故不具备作者的身份，因此原告指控天元艺术中心侵犯其著作权没有法律依据。被告电视总公司则声称，天元艺术中心聘请的摄影师是否与原告同名，或者是否盗用了原告的姓名，他们都不知情。根据与天元艺术中心签订的协议，如发生纠纷应由天元艺术中心负责。

法院在查明事实后认为，天元艺术中心应对否认其署名摄像师系原告的辩解承担举证责任。但天元艺术中心在庭审中提供的相关证据，不足以证明《王中王》摄影师的真实身份，法院对其辩解不予采信。而电视总公司与天元艺术中心签订的协议仅是两者之间的内部约定，不能对抗第三人。据此，法院认定两被告的行为已构成对原告著作权的侵犯，应共同承担侵权责任。鉴于本案原告的损失及被告的违法所得无法查清，法院依据"酌定赔偿"的原则，作出上述判决。

（九）

原告王瑞与被告张纪中侵犯名誉权纠纷案，2004年7月4日，北京市西城区人民法院一审宣判，驳回原告王瑞侵犯名誉权之诉讼请求。

法院查明，2001年7月至10月，制片人张纪中与导演王瑞在电视连续剧《射雕英雄传》拍摄过程中产生分歧。被告张纪中曾向投资方负责人表示想换导演，原告王瑞也向投资方负责人表示想离开剧组被挽留。当年10月11日，新导演到来，原告王瑞离开剧组。

此后张纪中接受媒体采访时表示"王瑞让我给开了"、"王瑞让我给开除了"以及"非常可惜，一个既有体力又应该具备才智的人，在关键的时候丧失了创作的责任和激情。没有主动，没有热情。这是作为一个导演的大忌。"这些话被采访者引用于文章中，王瑞也据此认为侵犯了他的名誉权。

法院认为，我国法律规定构成侵犯名誉权的构成要件应具备以下内容：1. 在侵害方式上，主要以侮辱、诽谤等方式损害公民的名誉。所谓侮辱，是指以语言或行动公然损害他人人格，毁坏他人名誉的行为；所谓诽谤，是指捏造和散布某些虚假事实，破坏他人名誉的行为；2. 在主观过错上，一般是故意，在某些特殊情况下，也可能因过失行为造成他人名誉的损害；3. 在侵害后果上，应对被害人的名誉造成一定程度的损害。

原告王瑞、被告张纪中对拍摄电视剧的艺术理解、工作进度、工作状态等问题产生分歧，被告张纪中曾有意撤换原告王瑞，原告王瑞也曾有意离开《射雕英雄传》剧组，最终原告王瑞离开剧组，原告王瑞、被告张纪中在《射雕英雄传》剧中不能再合作，两方面原因均存在。被告张纪中在接受媒体记者采访时称原告王瑞被其"开除""开了"，进而对原告王瑞的艺术创作进行评价，该评价虽言辞表达有不妥当之处，今后应加以注意，但是张纪中对王瑞离开剧组的事实描述和评价有一定事实基础，未使用侮辱性语言，且该行为对原告王瑞并未带来一定损害后果，未构成侵犯名誉权，故原告王瑞认为被告张纪中侵犯其名誉权，要求公开登报赔礼道歉，赔偿精神损失费1万元之诉讼请求，法院不予支持。

（十）

电视剧《命运的承诺》未经著作权人许可，使用了《青藏高原》等4首音乐作品作为背景音乐。为此，中国音乐著作权协会将福建周末电视有限公司、福建电视台电视剧制作中心及北京图书大厦诉上法庭。2004年7月15日，北京市第一中级人民法院作出一审判决，判令被告福建周末电视有限公司、被告福建电视台电视剧制作中心共同赔偿原告经济损失人民币二万元整。

中国音乐著作权协会是依据我国著作权法的规定，经国家行政主管部门批准成立的音乐作品著作权集体管理机构。本案涉及的《青藏高原》《我热恋的故乡》《辣妹子》及《一无所有》4首音乐作品的词曲作者均为原告会员。

2002年3月，福建电视剧中心与福建周末电视公司联合摄制了22集电视连续剧《命运的承诺》。在该电视剧中，福建周末电视公司及福建电视剧中心未经原告或词曲作者的许可，使用了上述4首音乐作品。

北京市第一中级人民法院经审理认为：福建电视剧中心与被告福建周末电视公司在联合摄制电视连续剧《命运的承诺》时，在未征得《青藏高原》《我热恋的故乡》及《辣妹子》3首音乐作品词曲作者或本案原告许可的情况下，作为背景音乐使用了上述作品，其行为违反了我国著作权法的规定，构成侵权。但对于《一无所有》的使用，因两被告在涉案电视剧中对该作品的使用仅有短短的7秒钟，且在剧中仅演唱一句歌词、弹奏相应的曲子，被告的使用行为对该作品的正常使用不产生任何实质不利影响，也未实质损害该作品的权利人的合法权益，因此，两被告行为的情节显著轻微，故不构成侵权。

又案，2002年10月25日，中国音乐著作权协会曾以《大法官》擅自使用《朋友》等四首音乐作品为由，将山东电影电视剧制作中心、中央电视台告到海淀法院。

法院查明，山东电影电视剧制作中心与中央电视台在去年共同摄制完成的电视连续剧《大法官》中，未经著作权人授权，擅自使用了《朋友》《我和我的祖国》《少年壮志不言愁》和《十送红军》四首音乐作品，而这些作品的词曲作者臧天朔、刘集伟等8位著作权人均系中国音乐著作权协会会员。该协会诉至法院，请求判令山东电影电视剧制作中心与中央电视台立即停止电视剧《大法官》的播放和出版发行，除支付侵权赔偿金19万元外，还需负担原告的合理支出5 300元，并公开向原告赔礼道歉。

该案从立案起即备受关注,海淀区法院多次组织三方人员进行协商。2000年10月15日,三方的委托代理人在法官主持下达成一致意见,被告支付了数万元合理费用,从而解决了历经四个多月的纠纷。

(十一)

未经其亲属同意,《恩情》剧组竟用一将军墓碑作为电视剧的背景道具,并予以改头换面,最终惹官司上身。2004年12月23日下午,山东省青岛市市南区人民法院对这起名誉权纠纷案件作出一审判决:被告陕西旭日飞扬文化传播有限公司、吉林电视台、长影集团有限责任公司在《中国电视报》刊登文章公开向七名原告赔礼道歉,并赔偿原告精神损害抚慰金人民币7元。

2003年3月5日,电视剧《恩情》摄制组与青岛民裕公益事业有限公司签订了一份《协议书》,在百龄园墓地进行实地拍摄期间,将张华将军的碑文用道具遮盖,并换为电视剧主人公的名字,且在墓碑顶部设了一个道具头像。此后,电视剧《恩情》在国内电视台多次播出,墓碑背景的场面亦多次出现。

此后,年逾八旬的张华将军之妻赵女士及其六名子女在多次交涉未果的前提下,以"未经同意擅自将该墓地及墓碑作为电视剧《恩情》片中的主要背景之一使用,且将墓碑改头换面,严重侵害死者张华的姓名权、名誉权"为由,一纸诉状将陕西旭日飞扬文化传播有限公司、吉林电视台、长影集团有限责任公司等告上法庭,请求依法判令:被告在新闻媒体上向原告公开赔礼道歉,并赔偿其精神损害费人民币7元。

法院经审理查明后认为,《恩情》摄制组在使用张华墓碑做道具及背景时,将张华的碑文姓名予以了临时遮盖,更换为电视剧主人公的姓名,此种行为尚不构成对侵害姓名权的法律要件;《恩情》摄制组对墓碑的背景使用,进行了场景的剪拼切换,常人难以看出系在青岛百龄园拍摄,剧情亦与张华生平未有任何联系,剧中的主人公亦系正面人物,不会对张华的名誉造成损害,不至于形成降低张华将军社会评价的情况。故原告认为《恩情》剧组侵犯了张华的姓名权及名誉权不能成立。

但是,张华的墓碑是张华妻子及子女对张华寄托怀念的特定纪念物。张华墓碑是原告购买建立,原告享有所有权。《恩情》剧组未经同意,随意将其作为电视剧的背景道具并予以改头换面,此种行为一方面侵害了原告的财产所有权,另一方面对张华以及原告极不尊重,伤害了原告方的情感,损害了原告的精神利益。《恩情》剧组虽然与民裕公司签订有关《协议书》,但该协议书显然损害了原告方的利益,处分了原告应有的权利,该协议书不能作为使用原告墓碑的合法依据及理由。因此,原告要求侵权人在媒体上公开赔礼道歉及赔偿精神损失费人民币7元,应予支持。

《恩情》电视剧是由多家单位联合摄制,所涉摄制单位均应承担连带责任。被告陕西旭日飞扬文化传播有限公司、吉林电视台、长影集团有限责任公司应对原告承担连带民事责任。此外,《恩情》剧组使用了原告所有的财产并且发行获利,原告可要求经济赔偿的求偿方式,并可另行向侵权人主张经济赔偿权利。据此,法院作出上述判决。

(十二)

上海市一家影视公司为拍一部20集富于科幻的超现实电视剧,聘请了一个北京的女演员石小姐作为主演,谁知该电视剧拍摄计划流产,石小姐和影视公司即因片酬问题闹上法庭。2005年3月1日,经上海市杨浦区人民法院调解,石小姐和影视公司已经达成一致意见,影视公司在支付石小姐21万元片酬后,再行赔偿石小姐17万元。

2004年4月2日，现住北京的女演员石小姐应上海一家影视公司邀请，确定出演20集电视剧《孤独的狂欢》中的女主角，影视公司和石小姐签订了《聘用协议书》。合同签订后，电视剧就开始开拍，然而拍摄的剧集不到1/3，影视公司就因为资金问题而停拍。电视剧停拍后，影视公司于2004年10月左右先支付了石小姐21万元，即总片酬的30%。然而，石小姐对此并不满意，还是将影视公司告上法院，要求影视公司再支付经济赔偿金21万余元和可实现的利益损失28万元。

在法庭上，石小姐指出，她虽然实施的表演行为只占总预算量的近1/3，但占用拍摄期却达到55%，分场景拍摄和分散的劳务量也远超过1/3，她从熟悉剧本、背诵文白到演员间的沟通、集体排练、操练武场动作等，其劳务量已经付出近乎全部。而影视公司则认为，石小姐拍摄的时间不多，而提出赔偿数额过高，远超过其劳务的价值。

在审理中，通过法院调解，石小姐和影视公司已经达成一致意见，由影视公司再行赔偿石小姐17万元，案件受理费9 902元，双方各半承担。

（十三）

制片商上海上影春天影业公司拍摄电视连续剧《陆小凤》20集，聘请资深制片人赵为廉担任《陆小凤》剧组的制片主任。但该电视连续剧仅拍摄了14集后，便处于停工状态。被解散回原单位的赵为廉为讨薪金，将制片商上影春天影业公司告上法院。2006年6月15日，上海市静安区人民法院一审判决被告上影春天影业公司支付原告赵为廉酬金人民币4万元。

2005年5月24日，上影春天影业公司与赵为廉签订《陆小凤》剧组工作人员聘用合同书，约定邀赵为廉担任20集电视连续剧《陆小凤》剧组的制片主任，聘用期限自2005年5月24日至同年10月10日，酬金为每集5 000元，合计10万元。不料，到2005年10月，《陆小凤》在拍了7部14集后，剧组便呈停工状态，剧组解散，导演、演员及工作人员均各自返回。

法院查明，上影春天影业公司未替赵为廉办理过招、退工手续，替赵为廉缴纳了社会保险费。赵为廉原本就有正式的就业单位，被上影春天影业公司招进《陆小凤》剧组工作，这种临时聘用的关系，仅仅是为完成拍摄电视连续剧制作。从合同目的来看，双方主要强调的是工作的结果，而不是注重工作的过程，即制片商不是通过对赵为廉的管理，达到成果的实现。此外，制片商支付给赵为廉的报酬中包括支付赵为廉单位的劳务费。从制片商没有替赵为廉办理招、退工手续，也没有交纳社会保险费或外来从业人员综合保险费来看，双方仅仅是劳务关系。对于劳务纠纷，法律规定无需经过仲裁前置程序，该纠纷的时效也不受60天的期限限制。

法院认为，对于赵为廉报酬的计发和核算，是根据赵为廉完成的工作任务，而非工作时间来进行，即每集5 000元，共20集。现赵为廉只完成了14集的拍摄，那么赵为廉所主张的报酬也只能按此标准计算。因聘用赵为廉的期限已到期，作为制片商理应支付该项报酬，考虑到赵为廉已实际领取了薪金3万元，制片商还应继续支付4万元薪金。至于，制片商抗辩赵为廉还有2万元的账目未结清，法院以为该2万元备用金，并非劳务报酬，与劳务报酬做相抵扣缺乏法律依据，遂作出一审判决。

（十四）

原告《画家村》导演杨义巢起诉被告女演员胡肖琼名誉权纠纷一案，北京市东城区人民法院一审判决被告胡肖琼被判侵权成立，赔偿原告10 000元精神抚慰金并赔礼道歉和删除个人博客中相关文章。

2005年下半年，在原告担任导演的电视剧《画家村》剧组组建过程中，被告有意出演剧中的角色。2006年8月，《画家村》剧组最终决定不选用被告出演剧中角色。2006年8月24日，被告在新浪网上创建了自己的个人网络日志（以下简称博客），于同日在博客上发表了题为《不得不这样吗?》的文章，文章记述原告利用自己导演的身份，多次让被告陪酒取悦他人；给被告发肉麻短信，提出性暗示；以发生性关系为条件才能让被告饰演《画家村》剧中的角色。当被告对此予以拒绝后，原告最终也收回了让其出演其中一个角色的承诺。被告在文章中指责原告以艺术家、诗人、杂志社主编、编导的身份寻找猎物，并借此对影视娱乐界所谓的女演员需要与导演发生性关系才能出演角色的潜规则进行抨击。后被告连续在其博客中发布题为《人不能无耻到这种地步》《感谢网友》《风口浪尖上的漫谈》《老巢，撕下你虚伪的面纱!》《导演杨义巢面对第二位女演员的指责》等文章，还向媒体公布了据其称是原告发给她的一条含有性暗示言辞的短信息，并接受新闻媒体的采访，坚称自己所言属实，指责原告无耻、虚伪，拒绝原告要求其赔礼道歉的要求。原告认为被告上述行为严重侵犯了自己的名誉权，要求被告立刻停止博客上的上述言论，赔礼道歉并赔偿精神损失100万元。

法院一审判决：一、被告胡肖琼将其在互联网个人网络日志上发布的题为《不得不这样吗?》《人不能无耻到这种地步》《感谢网友》《风口浪尖上的漫谈》《老巢，撕下你虚伪的面纱!》《导演杨义巢面对第二位女演员的指责》的文章删除。二、被告胡肖琼在互联网其个人网络日志上向原告杨义巢赔礼道歉，或在法院认可的媒体上发表致歉声明，致歉文书的内容须经法院审核认可后方可发表。三、被告胡肖琼赔偿原告杨义巢精神损害抚慰金一万元。

（十五）

曾经执导过《创世纪》的香港导演郑基成，因《欢天喜地七仙女》剧组拖欠其酬金，将北京优赛环球文化艺术有限责任公司和江西电视台告上法庭。2007年，北京市第一中级人民法院作出终审判决，判令北京优赛环球文化艺术有限责任公司一次性支付郑基成人民币158 000元，江西电视台承担连带责任。

法院审理查明，优赛公司与江西电视台合作成立《欢天喜地七仙女》剧组。2004年3月23日，《欢天喜地七仙女》剧组与郑基成签订《聘用工作人员合约书》，约定以酬金100万元聘请郑基成担任导演工作，后双方口头将酬金变更为70万元。同时，双方还约定以每集45分钟时长为标准，拍摄32集，如超出32集，超出集数按每集人民币25 000元支付酬金。合约签订后，郑基成作为导演对该剧进行了实际拍摄，2004年10月完成拍摄工作，进行修片后于2004年11月下旬离开。优赛公司分次共计支付郑基成劳务费667 000元。2005年6月，江西省广播电视局电视剧审查委员会颁发《国产电视剧发行许可证》，其中载明剧目名称《欢天喜地七仙女》，长度38集，实际播出亦为38集。

北京市第一中级人民法院经审理认为，《欢天喜地七仙女》剧组系优赛公司、江西电视台合作组建，故因该剧组在摄制过程中产生的权利义务应由优赛公司、江西电视台承担。郑基成在签订和约后，已按约定履行了相应义务，优赛公司亦向其支付了部分报酬。《欢天喜地七仙女》实际播出为38集，故优赛公司应按照双方约定支付其余报酬。据此，北京市第一中级人民法院作出上述终审判决。

（十六）

著名演员刘威因担任制片人拍摄电视连续剧《北平往事》（原名《北平小姐》）与投资方上海乐动文化传播有限公司发生纠纷，双方诉至法院。2008年9月22日，在北京市第一中级人民法院法官的主持下，双方当事人达成调解协议，由刘威至年底前分两次给付上海乐动文化传播有限公司共计六十万元。

原告上海乐动文化传播有限公司起诉称，2006年4月26日，上海乐动公司与北京中视桦润文化传播有限责任公司、刘威签订电视连续剧《北平小姐》委托拍摄合同。上海乐动公司作为投资方，委托中视桦润公司、刘威拍摄电视连续剧《北平小姐》（后更名为《北平往事》）。合同约定：该剧集数为32集，长度需按照国家广播电影电视总局"关于电视剧长度的规定"执行，每集实际长度为46分钟；该剧投资总额为1 800万元；如因制作方控制预算不力造成拍摄预算超支，投资方没有义务负责解决资金问题，其他超支的资金应由制作方负责解决并确保该剧的顺利完成。

上海乐动公司称，中视桦润公司、刘威在履约过程中拍摄预算超支，却未按照合同约定解决资金问题。上海乐动公司为确保该剧完成，替中视桦润公司、刘威垫付了全部资金。该剧拍摄完成后，上海乐动公司实际投入资金已高达2 290余万元，超出原约定投资总额490余万元。并且，该剧约定拍摄集数为32集，而中视桦润公司、刘威最终实际完成30集，减少的2集拍摄制作费用共计112万余元，亦属上海乐动公司多支付的资金。

在北京市第一中级人民法院审理过程中，经法院主持调解，各方当事人自愿达成调解协议，北京中视桦润文化传播有限责任公司对上海乐动文化传播有限公司不承担任何给付义务，由刘威分两次给付上海乐动文化传播有限公司共计六十万元，双方调解握手言和。

（十七）

2004年11月23日下午，北京朝阳区人民法院下达"皇阿玛欠款案"审判书，判定张铁林和经纪人戴开明之间的"居间合同关系"成立，被告张铁林应该履行诺言支付酬金10万元。

据戴开明介绍，2003年12月底，上海协和医院投资管理公司与他联系，让他介绍张铁林为医院做广告，之后戴开明与张铁林达成协议：如果此次商业机会介绍成功，张铁林必须支付戴开明10万元中介费。张铁林为此还出具了书面承诺。2004年4月初，张铁林拍摄了广告并举行新闻发布会，但应支付给戴开明的中介费，却一直拖欠。但被告张铁林及其律师因为有事在身，均未及时支付。法院最后判决被告张铁林和原告戴开明之间的居间合同关系成立，被告张铁林应于本判决生效后10日内向原告戴开明支付中介费10万元；本案诉讼费3 510元也由被告张铁林负担（于本判决生效日后7日内交纳）。

记者致电戴开明时，他很激动："告明星的确不容易，但法律终究是公正的，事实就是事实。现在我只希望，张铁林能及时还钱！"之后记者又致电张铁林本人，他的助手以其要拍摄电视剧《无字碑歌》，需要现场录音为由，拒绝记者采访。而他的律师翟雪梅女士则以没有亲眼看到审判书为由，拒绝发表任何言论。

（十八）

画家王可伟状告中国电影集团公司、中影华纳横店影视有限公司以及导演陈可辛在《刺马》开机发布会上未经许可使用了其油画作品，据此索赔81万元一案有了结果。北京市第一中级人民法院法官在开庭前经过长达四个半小时耐心细致的调解工作，双方终于同意调解，并最终达成了调解协议。

2006年12月，电影《刺马》开机。原告王可伟诉称，原告在电视新闻中看到了《刺马》开机发布会的报道，发现被告未经许可，在《刺马》开机发布会上的宣传片以及现场的背板上使用了原告的多幅作品。如出现在刘德华座位后面、靠近李连杰一侧的背板就使用了其作品《马踏匈奴》，整个开机发布会共对其《马踏匈奴》《猛将军》《车战》《昭君出塞》《武松打虎》等十幅作品造成了侵权。王可伟请求法院确认三被告构成侵权，立即停止对其作品的使用和传播，销毁侵权短片，赔礼道歉和赔偿经济损失81万元。

王可伟表示，最不能容忍的是对其作品的歪曲和篡改。原告的油画作品多是表现汉朝时期的文化、军事题材。王可伟称，《刺马》宣传片把他的油画作品中汉朝战将的头盔改成了清朝的帽子，侵犯了作者的修改权和保护作品完整权；宣传片最后署名是：陈可辛作品，侵犯了作者的署名权。

2007年9月5日9点30分左右，王可伟本人来到了法院，和他同来的还有5幅巨大的油画《武松打虎》《马踏匈奴》《汉土》等，准备在开庭审理时作为证据向法院提交。在长达四个多小时的调解过程中，双方的代理律师不时从法庭里走出来各自找地方召开"临时会议"。中午12点左右，王可伟接受了记者的采访，他提到陈可辛此前曾在公开场合表示道歉，如果事情能够调解解决更好。同时，他也表示了对侵权的愤愤不平，他说现在的电影界饱受侵权之苦，应当有很强的版权意识，更不能侵犯别人的合法权益。

直到下午一点多，双方最终在赔偿金额及道歉方式上达成了一致，并在调解协议上签字。

（十九）

2007年1月4日，北京市海淀区人民法院审结了中国电影集团公司艺术创作人员中心国家一级编剧导演张先生诉被告中国电影集团公司劳务纠纷一案。

原告张先生诉称，原告于2004年4月30日与被告下属的第一制片分公司签订责任书，拍摄由原告编剧并导演的电影《无头》（后改名为《春分雷雨夜》）。影片摄制总成本为100万元人民币，由第一制片分公司筹集资金。责任书第7条规定：导演、编剧共十万元酬金，待该片发行并收回摄制总成本后付讫。影片于当年摄制完成并在年底开始发行。

2005年12月21日，第一制片分公司常务副总经理告诉原告，影片发行共收回资金约134万多元人民币，其中卖给电影频道66万元，获得电影局农村片资助60万元，卖给武警和影碟发行的收入为8.36万元，整个发行与原告在该电影策划书中的资金回收预期基本一致。在偿还该片另外一投资方吉林大地影视有限责任公司部分款项后，第一制片分公司参与投资50万元，收回90多万元，但所有资金被它的上级总公司，即被告中国电影集团公司控制，因此原告只能向总公司要求偿付原告的酬金。

第一制片分公司为原告出具了"关于电影《春分雷雨夜》需支付编剧、导演费用的请示"，并在当天送达给被告。可是，被告迟迟不作答复。直至今日没有结果，原告的正当劳动所得被剥夺。

本案在审理过程中，经法院主持调解，双方当事人达成和解协议：被告中国电影集团公司代张先生向中国电影集团公司艺术创作人员中心缴纳2005年、2006年、2007年个人劳务费64 731元，同时张先生不再要求中国电影集团公司支付电影《春分雷雨夜》的编剧导演片酬。

（二十）

《国球之子》摄制组系凯鹏公司为拍摄电视剧《国球之子》而设立。2003年12月6日，摄制组（甲方）与白冰峰（乙方）订立《外聘演职员协议书》，约定：甲方聘用乙方为演员，饰庄则栋；聘用时间为2003年12月6日至2004年1月20拍摄结束；甲方向乙方支付酬金11 000元，首期40%于开机七日日内支付，二期60%于开机三十日后支付。后白冰峰依约履行表演义务，但电视剧《国球之子》在拍摄了约9集后因资金问题而停拍。摄制组仅向白冰峰支付了1 000元酬金。2004年1月18日，摄制组向白冰峰出具欠条，内容为：今有《国球之子》剧组应付白龙飞（白冰峰）饰演庄则栋角色，第一期酬金4 400元，第二期酬金6 600元，共计11 000，已付1 000元，尚欠10 000元，于2004年2月10日付清。凯鹏公司至今未将剩余的10 000元酬金给付白冰峰。经询，双方均承认上述事实，并愿意协商解决纠纷。

本案在审理过程中，经法院主持调解，双方当事人自愿达成如下协议：被告北京凯鹏影视文化艺术有限公司于二六年八月二十一日前向原告白冰峰支付酬金一万元。案件受理费四百十一元（原告预交），由被告北京凯鹏影视文化艺术有限公司负担，

（二十一）

国家话剧院女导演窦琪与中星华艺公司劳务纠纷案宣判。

法院认为：企业法人的法定代表人以法人名义从事的经营活动，给他人造成经济损失的，企业法人应当承担民事责任。中星华艺公司参与拍摄电视剧《十八岁的烦恼》（以下简称《十》剧），该公司法定代表人黄斌为《十》剧聘任导演等工作人员的行为，应由中星华艺公司承担相应的民事责任。中星华艺公司的证人孙文学、崔莉到庭作证，由于其未参与双方之间的商谈，甚至未与窦琪接触过，且根据黄斌在录音中所称，上述二人应是在《十》剧的新投资人接手后另行组织的拍摄人员，与中星华艺公司有一定的利害关系，故即使其证言真实，亦不能作为认定窦琪与中星华艺公司之间是否已达成合意、窦琪是否已经履行义务的依据。

综上，法院认定中星华艺公司与窦琪就《十》剧拍摄事宜进行了协商，双方虽然未签订书面协议，但已就相关条款进行了约定，本院认定双方之间的合同已成立、生效，且窦琪已开始履行义务。由于《十》剧现已拍摄完成，窦琪已无履行剩余义务的必要，中星华艺公司应承担相应的违约责任，对窦琪要求给付报酬的主张，本院予以支持。关于中星华艺公司应给付报酬的数额，由于窦琪仅完成了部分《十》剧前期筹备工作，本院根据窦琪完成工作的比例、本院认定的报酬标准等因素综合予以判定。

二〇〇六年七月五日，北京市海淀区人民法院依据《中华人民共和国合同法》第一百〇九条之规定，判决如下：一、本判决生效之日起十日内，被告北京中星华艺影视传播科技有限公司给付原告窦琪劳务报酬五万元；二、驳回原告窦琪其他诉讼请求。案件受理费六千四百一十元，由原告窦琪负担三千元（已交纳），由被告北京中星华艺影视传播科技有限公司负担三千四百一十元（于本判决生效后七日内交纳）。

一审宣判后，双方均未上诉。

（二十二）

周立强与北京泓盛世纪广告有限公司、海南渤适影视文化有限公司劳务纠纷案宣判。

法院认为：周立强分别与泓盛公司、渤适公司签订了《职员聘用合同书》及《补充协议》，现双方均认可泓盛公司、渤适公司均是相关协议的一方，本院不持异议，故泓盛公司、渤适公司均是本案适格的被告。

本案的焦点之一是周立强的报酬标准。根据双方签订的合同，周立强的报酬总计为20.8万元，后双方又签订了补充协议，协议中约定周立强的报酬为10万元，现双方对上述

款项为周立强作为一剧或二剧的执行制片人的报酬产生争议。有关周立强报酬的约定,体现在《聘用合同》第9条及《补充协议》第3条规定的内容中,由于《补充协议》签订在后,故根据双方的约定,只有《补充协议》未涉及的内容,才按《聘用合同》中的约定处理。从《补充协议》的签订时间来看,涉案的两剧基本摄制完成,且双方约定周立强不再负责《天地良心》的相关工作,双方实际上已具备了结算该剧报酬的条件,双方签订《补充协议》仅对《偷心之问》的报酬进行约定不合常理。综上,本院认定双方通过《补充协议》对周立强的全部报酬进行了约定,周立强应得的报酬总额为10万元。

本案另一焦点是泓盛公司、渤适公司给付条件是否具备。现泓盛公司、渤适公司已给付周立强4万元,根据《补充协议》的约定,给付余款须先具备以下条件,即其中4万元应在周立强与两被告进行账目结算后支付,2万元应在项目完成且取得发行许可后支付,即上述两笔债务的履行分别与周立强所负的结算义务和项目完成义务之间存在先后履行顺序,本院认为,周立强的上述两项先履行义务尚未完成,双方尚未结算完毕,周立强作为执行制片人的工作并未完结,故二被告也有权拒绝向周立强支付2万元奖金。

二〇〇六年六月十五日,北京市海淀区人民法院依据《中华人民共和国合同法》第六十七条之规定,判决如下:驳回原告周立强要求被告北京泓盛世纪广告有限公司、被告海南渤适影视文化有限公司给付劳务报酬的全部诉讼请求。案件受理费四千五百三十二元,由原告周立强负担(已交纳)。

一审判决后,几方无人上诉。

(二十三)

电视剧《阮玲玉》导演沈悦与投资方劳务纠纷案宣判。

2004年12月,国家广播电影电视总局颁发了《阮玲玉》(以下简称《阮》剧)剧的电视剧制作许可证(乙第00532号),许可《阮》剧进行拍摄,星通公司、南海公司、世纪正禾公司、文豪公司、浙江影视公司即联合摄制了《阮》剧。2005年11月,国家广播电影电视总局发出(广剧)剧审字(2005)第154号国产电视剧发行许可证,同意《阮》剧在全国发行。《阮》剧现已在上海电视台进行了播放。

法院认为:一部影视作品的完成,需要导演从整体上把握、设计,导演在文学剧本的基础上形成自己的构思,运用各种表现手段,通过演艺人员的表演,最终完成作品,导演是完成作品的决定因素与核心。故导演的报酬标准并非简单地通过工作量可以计算与类比的,其与导演本身的艺术功底、现场驾驭能力、票房号召力等因素息息相关。夏钢作为我国著名导演,其报酬标准应比沈悦高,故星通公司与夏钢约定的报酬标准不能作为沈悦主张报酬的依据。其次,沈悦与其他公司签订的合同报酬系每集3万元,但合同约定沈悦的工作包括编剧与导演两项,与单纯的完成导演工作不同;且该合同签订时间在《阮》剧完成之后,沈悦执导《阮》剧的经历亦会成为其取得较高报酬因素之一,故本院亦无法将该合同作为判定沈悦报酬标准的依据。综上,沈悦提供的证据不足以支持其主张的事实,应承担举证不能的不利后果,本院对其主张不予支持。本案审理过程中,星通公司认可曾承诺按每集1万元的标准付酬,本院不持异议。

法院认为,双方就沈悦担任《阮》剧导演一事达成一致之时,该剧前期筹备工作已经完成,沈悦的工作任务中应不包括这部分内容。星通公司主张沈悦在执导过程中存在不称职的现象,未提交充足有效证据,且《阮》剧已取得了有关部门颁发的发行许可证并通过电视台等途径与观众见面,可认定星通公司对《阮》剧的质量予以认可,故对星通公司相关主张不予支持。但需指出的是，沈悦在同一时期内同时担任两部电视剧的导演，从其与大千公司签订的协议来看，沈悦不但要及时完成该剧的前期筹备工作，还需按大千公司的安排随时参加与拍摄有关的工作，必然会对沈悦参加《阮》剧拍摄产生不利的影响。

法院认为，沈悦未参加部分剪辑工作，如其认为已完成了工作，应由其承担相应的举证责任。沈悦称因星通公司不配合导致其无法参加后期剪辑工作，未提交证据，应承担举证不能的责任。其次，将拍摄的素材最终剪辑成最终的作品，是体现导演对作品整体设计不同阶段的工作，均体现出导演的理念和风格，由不同的人来完成剪辑工作不但会增加工作难度，甚至会影响作品的质量，故星通公司拒绝让沈悦进行剪辑不合常理。故本院认定沈悦未完成《阮》剧的工作任务。

二〇〇六年六月一日，北京市海淀区人民法院判决如下：一、自本判决生效之日起十日内，被告北京星通影视文化发展有限公司、北京南海影业公司、无锡世纪正禾文化传播有限公司、无锡市文豪文化传媒发展有限公司告浙江影视（集团）有限公司给付原告沈悦劳务报酬四万五千元；二、驳回原告沈悦的其他诉讼请求。案件受理费一万二千零一十元，由原告沈悦负担一万元（已交纳），由被告北京星通影视文化发展有限公司、北京南海影业公司、无锡世纪正禾文化传播有限公司、无锡市文豪文化传媒发展有限公司、浙江影视（集团）有限公司负担二千零一十元（于本判决生效后七日内交纳）。

一审判决后，几方无人上诉。

（二十四）

电视故事片《有一种爱，不能等待》摄制纠纷案宣判。

法院认为：根据《合作协议》的约定，摄制电视故事片《有一种爱，不能等待》（暂定名），发行定位是中央电视台电影频道，应向中央电视台电影频道送审。因此，本院认定，双方签订的《合作协议》中约定的合作内容是摄制电视电影，报批时应当送审剧本。

根据本案查明的事实，中视新时空公司将剧本初稿交吴红雅后，吴红雅表示对剧本初稿的部分细节不认可。在这种情况下，中视新时空公司应当依照协议的约定修改剧本。但中视新时空公司至今仍未修改剧本，致使协议约定的于2006年9月4日至10日在中央电视台电影频道播出该剧的合同目的不能实现，因此本院认定，中视新时空公司的上述行为构成根本违约。

根据相关法律规定，当事人一方迟延履行债务致使不能实现合同目的的，另一方当事人可以解除合同。在本案中，中视新时空公司迟延履行修改剧本的义务，致使不能实现合同目的，吴红雅可以解除双方签订的《合作协议》和《合作协议（补充）》。根据相关法律规定，合同解除后，尚未履行的，终止履行；已经履行的，根据履行情况和合同性质，当事人可以要求恢复原状、采取其他补救措施，并有权要求赔偿损失。在本案中，《合作协议》和《合作协议（补充）》解除后，尚未履行的，终止履行；吴红雅已经支付的6万元，中视新时空公司应予返还。中视新时空公司虽主张其因该项目已经投入了150 112.39元，但未能提交充分的证据予以证明，且依照《合作协议》和《合作协议（补充）》的约定，中视新时空公司负有策划剧本及修改、聘请导演等主创人员，组建摄制组等义务，中视新时空公司未能举证证明上述投入系因吴红雅存在违约行为造成的，因此，吴红雅关于中视新时空公司返还摄制经费6万元的诉讼请求，本院予以支持。

综上，法院判决：一、解除吴红雅与北京中视新时空文化传播有限公司于二〇〇五年七月十八日签订的《合作协议》以及吴红雅与北京中视新时空文化传播有限公司于二〇〇五年八月二十八日签订的《合作协议（补充）》；二、北京中视新时空文化传播有限公司于本判决生效之日起十日内，返还吴红雅已支付的摄制经费六万元；三、驳回北京中视新时空文化传播有限公司的反诉请求。本诉案件受理费2 310元，由北京中视新时空文化传播有限公司负担（于本判决生效之日起7日内交纳）；反诉案件受理费2 010元，由北京中视新时空文化传播有限公司负担（已交纳）。

（二十五）

20集电视剧《肇事追踪》摄制纠纷案宣判。

北京光复文化发展中心（以下简称光复中心）与北京紫星瑞晨文化传播有限公司（以下简称紫星瑞晨公司）合作拍摄了20集电视连续剧《肇事追踪》。2006年8月23日，双方就拍摄事宜签订《补充协议书》，约定紫星瑞晨公司于2007年9月10日向光复中心支付25万元前期制作费，并约定光复中心享有上述电视剧发行收入10%的权益。上述电视剧已在多家电视台播出且光盘业已出版发行。现光复中心以紫星瑞晨公司至今未支付上述款项为由诉至法院，请求判令紫星瑞晨公司支付拖欠的制作费25万元和逾期利息25 567.5元，提供涉案电视剧发行合同的复印件，支付发行收入10%的利润。紫星瑞晨公司同意支付制作费，并表示愿意调解解决。

经法院主持调解，双方当事人自愿达成如下协议：一、北京紫星瑞晨文化传播有限公司向北京光复文化发展中心支付制作费二十五万元（其中十万元已支付，余款十五万元于二〇〇八年六月二十日前付清）；如逾期未支付，按照拖欠金额的日万分之二点五向北京光复文化发展中心支付违约金；二、在北京紫星瑞晨文化传播有限公司按时足额支付上述款项的前提下，北京光复文化发展中心放弃《补充协议书》约定的总利润10%的分配利益，并放弃主张逾期利益；三、别无争执。案件受理费5 434元，由北京光复文化发展中心负担50元（已交纳）。

（二十六）

2007年11月19日，北京市通州区人民法院审结了一起委托合同纠纷案，依法判决在电视剧《纽约人在北京》中饰演女一号苏珊的演艺界新秀李婧与其经纪公司解除《艺员演艺经纪合同》，并驳回原告李婧的其他诉讼请求及被告的反诉请求。

2005年9月3日，原告李婧与被告北京美乐园文化经纪有限公司签订《艺员演艺经纪合同》，约定被告为原告全球范围内的经纪代理人。协议签订后一年内，被告共代理原告签订了《在北京的金山上》《结婚记》等四部电影，片酬20余万元。原告认为：被告违背市场诚信原则，同时与多家剧组签订演员聘用合同（业内称"一女多嫁"），导致自己被几家剧组来回争抢，以致高烧生病，并对自己的信誉造成了极坏的影响，导致业内人士也对自己进行封杀。为此，原告要求法院解除与被告签订的经纪合同，并赔偿因被告违约造成原告另行支付的助理费、医药费等损失共计2万元。

被告北京美乐园文化经纪有限公司辩称，同意解除合同，但不同意赔偿，并反诉原告赔偿预期收益、媒体宣传费等共计10万元。

法院认为：原告与被告在自愿协商的基础上签订了《艺员演艺经纪合同》，对双方具有法律约束力，双方均应按照合同约定履行各自义务。现原告要求与被告解除合同，被告亦同意解除合同，对此法院不持异议。原告要求被告赔偿其另行支付的助理费、医药费、交通费、照片费等损失，因原告未提供证据，法院对此诉讼请求不予支持。被告反诉要求原告赔偿其预期收益违约金，理由不当，法院不予支持；被告反诉要求原告赔偿其媒体宣传费、房租费违约金，因进行媒体宣传及为原告租房均系被告履行合同义务，因而法院也不予支持。综上所述，法院判决解除原被告双方签订的《艺员演艺经纪合同》，并驳回原告李婧的其他诉讼请求及被告的反诉请求。

宣判后，双方均未上诉，现判决已生效。

（二十七）

电视剧《宰相刘罗锅》擅自使用马增芬演唱的西河大鼓唱段《懒汉和鸡蛋》，引发纠纷。

1955年11月4日，中央人民广播电台录制了马增芬演唱的西河大鼓唱段《懒汉和鸡蛋》，全长6分20秒，共67句唱词。1987年12月，马增芬去世，其配偶已先于马增芬去世。原告刘国企、刘国全、刘国有、刘国同及原告刘国年均系马增芬的子女，原告刘国文系马增芬丈夫与前妻所生之子。

1994年，文艺音像社、中经社、北京成象影视制作公司（以下简称成象公司）和北京天寅影视艺术策划中心（以下简称天寅中心）联合摄制了40集电视连续剧《宰相刘罗锅》。该片片尾注明由成象公司发行。

法院认为，马增芬作为中央人民广播电台录制的西河大鼓《懒汉和鸡蛋》的演唱者，依法享有表演者权。表演者对其表演享有的表演人身权保护期不受限制，表演财产权的保护期为50年，截止于该表演发生后第50年的12月31日。电视连续剧《宰相刘罗锅》的摄制时间为1994年，距离马增芬录制该唱段的时间1955年11月4日，尚未超过50年。因此，电视连续剧《宰相刘罗锅》摄制时，刘国企等4原告据以主张权利的西河大鼓《懒汉变鸡蛋》仍在著作权保护期限内。该剧的摄制方如使用该唱段，不得侵犯权利人对该唱段享有的表演者权。

经播放，《宰相刘罗锅》确实在伴随剧情的背景音乐中使用了西河大鼓《懒汉和鸡蛋》唱段的几乎全部内容，仅第28集的第一次使用就已经基本包含了该唱段的全部唱词，且所使用的唱词内容和演唱时间长度与马增芬1955年11月4日录制的同名唱段相同。

另外，根据我国著作权法律法规的规定，表演者死亡的其表演者财产权由继承人继承。虽然在文艺音像社和中经社摄制电视连续剧《宰相刘罗锅》时马增芬已经去世，但其应当依法征得马增芬继承人的许可，并向马增芬的继承人支付报酬。现文艺音像社和中经社使用涉案马增芬的表演未征得马增芬继承人的许可，也未支付报酬，故应承担赔偿经济损失的责任。具体的赔偿数额，本院将综合考虑涉案唱段在剧中出现的时间及具体的使用方式、文艺音像社和中经社的侵权过错程度、刘国企等4原告就诉讼支出的合理费用等因素，酌情确定。

二〇〇七年二月六日，北京市朝阳区人民法院判决如下：一、北京文化艺术音像出版社、中国经济信息社于本判决生效之日起一个月内在一家北京市出版的、全国发行的非专业报刊上就涉案侵犯马增芬表演者权的行为刊登致歉声明（致歉内容须经本院审核，逾期不执行，本院将依法公开本判决书的主要内容，所需费用由北京文化艺术音像出版社和中国经济信息社负担）；二、北京文化艺术音像出版社、中国经济信息社于本判决生效之日起十日内赔偿刘国企、刘国全、刘国有、刘国同、刘国年、刘国文经济损失二万元；三、贵州东方音像出版社、广州四达音像有限公司在未经权利人许可使用涉案马增芬表演的西河大鼓唱段的情况下，不得出版、发行、经销涉案的《宰相刘罗锅》VCD音像制品；四、驳回刘国企、刘国全、刘国有、刘国同的其他诉讼请求。案件受理费2 755元，由北京文化艺术音像出版社和中国经济信息社负担（于本判决生效之日起7日内交纳）。

一审判决后，几方无人上诉。

（二十八）

电视剧《香樟树》擅自使用歌曲《一路走来》纠纷案宣判。

张宏光为歌曲《一路走来》的曲作者。32集电视连续剧《香樟树》（以下简称《香樟树》）由康达富公司、南京广电集团、联盟娱乐公司、中央电视台文艺中心影视部联合摄制，由康达富公司承制。该剧的每一集中均使用歌曲《一路走来》作为片头曲，长度为1分50秒。同时，该剧中还将《一路走来》作为背景音乐使用，使用时间总计约为8分钟。

法院认为：本案中，因原告张宏光认为各被告联合摄制的《香樟树》中使用歌曲《一路走来》曲调的行为侵犯了其著作权，而《香樟树》的联合摄制单位除各被告外，还包括中央电视台文艺中心影视部，故本院认为，该影视部与本案具有利害关系，其应作为第三人参加本案诉讼。因该影视部不具备诉讼主体资格，故本院将中央电视台追加为本案第三人。根据《民事诉讼法》第五十六条的规定可知，在第三人中央电视台的行为满足侵权行为构成要件的情况下，本院可以依职权判令第三人中央电视台承担民事责任。据此，对于第三人中央电视台认为因原告张宏光未对其提起诉讼，故其不应承担责任的主张，本院不予支持。

二〇〇五年九月二十二日，北京市第一中级人民法院判决如下：一、自本判决生效之日起十日内，被告深圳康达富文化传播有限公司、南京广播电视集团、北京联盟娱乐传媒投资有限公司、第三人中央电视台赔偿原告张宏光经济损失，含诉讼合理支出，共计120 500元；二、驳回原告张宏光的其他诉讼请求。案件受理费4 790元，由被告深圳康达富文化传播有限公司、南京广播电视集团、北京联盟娱乐传媒投资有限公司、第三人中央电视台共同负担（于本判决书生效之日起7日内交纳）。

又案，歌曲《一路走来》的词作者陈涛亦起诉上述诸多被告，该院判决如下：一、自本判决生效之日起十日内，被告深圳康达富文化传播有限公司、南京广播电视集团、北京联盟娱乐传媒投资有限公司、第三人中央电视台赔偿原告陈涛经济损失，含诉讼合理支出，共计105 718元；二、驳回原告陈涛的其他诉讼请求。案件受理费4 790元，由被告深圳康达富文化传播有限公司、南京广播电视集团、北京联盟娱乐传媒投资有限公司、第三人中央电视台共同负担（于本判决书生效之日起7日内交纳）。

以上二案一审判决后，几方均未上诉。

（二十九）

电视剧《农家女传奇》独立制片人肖云燕与出品方中国文联影视中心纠纷案宣判。

2003年7月3日，中联中心授权制作部作为甲方与肖云燕（乙方）签订合同书，约定乙方承拍该剧；甲方负责对该剧剧本的审查，提供全部所需的合法手续，经审查后发放电视剧拍摄许可证，并负责提供发行许可证；甲方授权乙方全权负责该剧的前期筹备、中期拍摄、后期制作以及发行播出等全部工作；乙方提供剧本，负责拍摄所需的全部经费，并向甲方交管理费6万元；管理费付清后甲方应在15日内为乙方发放拍摄许可证。签约当日，制作部将中联中心的甲第033号电视剧制作许可证复印件交给肖云燕，上面手写有："仅限20集电视连续剧《农家女传奇》筹拍使用时间：2003年7月至2003年11月"字样，并加盖了制作部公章。

随后，中联中心于2003年9月通知肖云燕该剧停拍，并于该月下旬，要求导演对剧本作个别字句调整。同年10月15日，中联中心以中国文联中联影视中心名义出具《关于电视剧本〈农家女传奇〉的审读意见》，提出："该剧剧本的创作和水平，根本不具备申报电视剧题材规划的资格，更不具备投入拍摄的条件。"10月16日和27日，中联中心又通过中国文联中联影视中心出具了《关于电视剧〈农家女传奇〉的情况说明》《关于电视剧〈农家女传奇〉的情况反映》，确认制作电视剧必须报国家广播电影电视总局（以下简称广电总局）申报题材规划立项，在得到广电总局正式批复立项后，方可实施操作。

另查，中联中心系中国文联投资成立的独立法人，制作部系其内部职能部门，未领取营业执照。中国文联中联影视中心系中国文联的内部管理机构，行使统辖系统内影视制作机构的管理、审批职能。

法院认为，根据有关法律法规的规定，没有营业执照的企业法人下属机构，依法人的明示授权以自己的名义对外从事民事活动，应认定有效。制作部作为中联中心的内部分支机构，在与肖云燕签约时取得了中联中心的明示授权，且中联中心实际参与了合同的履行，故应认定制作部与肖云燕签订的合同合法有效，且应由中联中心承担该合同中甲方的权利义务。

《电视剧管理规定》《关于加强对2001年电视剧题材规划管理通知》及《关于进一步加强电视局管理的通知》等规范性法律文件规定，拍摄电视剧必须经广电总局剧目题材规划立项批准。只有经规划审查同意立项的电视剧，才会取得合法的拍摄手续。由于中联中心至今未就该剧向广电总局申请题材报批，故其不可能取得该剧合法的拍摄手续。中联中心已交付的制作许可证，并非双方在合同中约定的"拍摄许可证"。因中联中心未履行提供该剧全部合法手续的合同义务，故其行为已构成违约。

二〇〇四年八月二十日，北京市朝阳区人民法院缺席判决如下：一、解除肖云燕与中联影视中心制作部于二〇〇三年七月三日签订的合同；二、中联影视中心于本判决生效之日起十日内赔偿肖云燕经济损失二十七万八千五百八十二元；三、驳回肖云燕的其他诉讼请求。案件受理费15 651元，由肖云燕负担7 500元（已交纳），由中联影视中心负担8 151元（于本判决生效之日起7日内交纳）。

一审判决后，几方均未上诉。

（三十）

电视连续剧《金粉世家》主题歌《暗香》的词、曲作者纠纷上诉案终审宣判。

一审判决：一、未经陈涛许可，沙宝亮不得表演陈涛作词的歌曲《暗香》；二、未经陈涛许可，北京现代力量文化发展有限公司不得使用陈涛作词的歌曲《暗香》；三、沙宝亮就其在第四届中国金鹰电视艺术节开幕式和第七届宁波国际服装节开幕式上的表演行为赔偿陈涛经济损失七万元（于本判决生效之日起十日内执行）；四、北京现代力量文化发展有限公司就制作《暗香》MV的行为赔偿陈涛经济损失三万元（于本判决生效之日起十日内执行）；五、沙宝亮对上述第四项承担连带责任；六、北京现代力量文化发展有限公司就制作《沙宝亮》CD专辑和同名磁带的行为赔偿陈涛经济损失四万元（于本判决生效之日起十日内执行）；七、驳回陈涛的其他诉讼请求。

二审法院认为：我国著作权法规定，受委托创作的作品，著作权的归属由委托人和受托人通过合同约定，合同未作明确约定或者没有订立合同的，著作权属于受托人。被上诉人陈涛受他人委托创作了《暗香》歌词，在其未与委托人约定著作权归属的情况下，作品的著作权属于陈涛。现代力量公司组织沙宝亮进行表演，制作完成《暗香》MV，其中使用了陈涛的歌词，该使用行为未取得陈涛的许可、亦未支付报酬，侵害了陈涛享有的著作权，现代力量公司应承担停止侵权行为、赔偿经济损失的法律责任。现代力量公司在其制作的《沙宝亮》歌曲专辑 CD 和同名磁带中，收录了三宝音乐工作室制作的歌曲《暗香》，在 CD 和磁带附带的彩页上印有《暗香》歌词，该行为未取得陈涛的许可，亦未支付报酬，侵害了陈涛享有的复制权和获得报酬权。

我国著作权法规定，演出组织者组织演出，由该组织者取得著作权人许可，并支付报酬。演出组织者的组织表演行为与被表演作品的著作权人具有直接的利害关系。沙宝亮提出的应由演出组织者就表演歌曲《暗香》的行为承担责任的上诉主张，本院予以支持。

二〇〇四年三月二十二日，北京市第二中级人民法院判决如下：一、维持北京市朝阳区人民法院（2003）朝民初字第 23918 号民事判决第二项，即未经陈涛许可，北京现代力量文化发展有限公司不得使用陈涛作词的歌曲《暗香》；二、撤销北京市朝阳区人民法院（2003）朝民初字第 23918 号民事判决第一、三、四、五、六、七项；三、北京现代力量文化发展有限公司于本判决生效之日起十日内就制作《暗香》MV 的行为赔偿陈涛经济损失人民币四千元；四、北京现代力量文化发展有限公司于本判决生效之日起十日内就制作《沙宝亮》CD 专辑和同名磁带的行为赔偿陈涛经济损失人民币八千元；五、驳回陈涛的其他诉讼请求。一审案件受理费 5 510 元，由陈涛负担 1 510 元（已交纳），由北京现代力量文化发展有限公司负担 4 000 元（于本判决生效后 7 日内交纳）；二审案件受理费 5 510 元，由陈涛负担 1 510 元（于本判决生效后 7 日内交纳），由北京现代力量文化发展有限公司负担 4 000 元（已交纳）。

本判决为终审判决。

（三十一）

2001 年年末曾闹得沸沸扬扬的女演员常远状告中国文联音像出版社违约案，2002 年 8 月 9 日悄然了结。

电视剧《让爱重来》剧组与常远解约，并支付了一定数额的赔偿金。在电视剧《不要和陌生人说话》中有出色表现的梅婷取代常远，领衔该剧。常远因出演电视剧《让爱重来》中的女主角而和摄制单位中国文联音像出版社发生了纠纷。常远认为摄制单位开拍前临时变更计划，不让她担纲主角，又不通知她，却仍以其名义进行宣传。因此，去年年底一纸诉状将中国文联音像出版社起诉到法院。

中国文联音像出版社社长潘志忠对此解释称，最初剧组与常远在合同中约定，到摄制组工作时就付 40% 酬金。但是在开拍前常远却坚持签约后就要付款，不先给钱就不去拍，因此事情才出现了僵局。但由于在开拍前就已经确定了常远为女主角，宣传资料也印制好了，所以才以常远的名义进行了一些宣传。

（三十二）

电影《旅程》音乐制作人张海与中国电影集团纠纷案宣判。

法院认为，中影集团否认系合同当事人的。理由有二：第一，公章系杨海军私自刻制；第二，电影的最终摄制者并无中影集团。因该摄制组被冠以中影集团名义，对合同对方而言，中影集团的名义确系促其订立合同的因素之一，杨海军证言也证实中影集团名义的重要性，故在该合同中中影集团应系甲方当事人，而非由三方组成之摄制组。

合同履行过程中，中影集团退出，但因中影集团在退出之时及要求工作人员停止使用原公章时，并未就此事通知合同相对人或以其他方式告知公众；且因其与世纪英雄在资金及人员上的关联性，退出行为并未导致摄制人员上的变化，而拍摄资金来源第三方无从知晓，故对于张海等合同相对人无从判断中影集团与世纪英雄在摄制组中的区别，除非待影片后期制作字幕完成且公开之时。故对于合同权利义务，并未发生转移，中影集团所持理由二并不成立。现张海以合同为由主张中影集团承担合同责任，主体适格。

暗夜公爵乐队并非法律意义的主体，张海代表乐队成员签订合同，其他成员均不持异议，且在本案中表示放弃诉权，均由张海主张全部的实体权利，系权利人对权利的处分，本院不持异议。

二〇〇五年六月九日，北京市海淀区人民法院判决如下：一、本判决生效之日起十日内，被告中国电影集团公司向原告张海支付剩余的《旅程》电影音乐使用费二万七千元；二、本判决生效之日起十日内，被告中国电影集团公司赔偿原告张海损失一百元。案件受理费二千三百七十元（原告预交），由被告中国电影集团公司负担，于本判决生效之日起七日内交纳。

一审判决后，双方均未上诉。

(三十三)

李文因与北京星美广告有限公司（以下简称星美公司）签订的劳务合同未完全履行，将星美公司告上法庭。2008年9月11日，北京市第二中级人民法院终审判决，驳回星美公司上诉，维持一审法院确认李文与星美公司签订的《劳务合同》已于2005年2月12日解除；星美公司给付李文劳务费5万元；驳回李文其他诉讼请求；驳回星美公司全部反诉请求的判决。

李文，系中国台湾闻名作家李敖的长女。2005年3月，她起诉至一审法院称，星美公司系阳光卫视在中国大陆境内唯一的节目制作服务商和广告代理商。2004年7月1日，李文与该公司签订劳务合同，约定李文作为星美公司制作的系列谈话类节目《与李文对话》的嘉宾主持人，并应参加策划、决定选题等文案工作及邀请嘉宾的联络工作。星美公司应在2004年12月1日前完成前26期的节目制作，并在签订该合同时支付李文前26期劳务费用的40%，即人民币15万余元，剩余劳务费用人民币23万余元在后13期节目制作开始前支付。双方还约定，李文在2005年12月31日前，不得以主持人身份在大陆及港、澳、台地区的电视媒体上参与与星美公司相同形式的节目。合同还约定，如星美公司延期支付李文劳务报酬，星美公司应支付未支付部分款项日万分之五的违约金。签约后，李文积极地履约，进行了大量的资料预备和文案策划工作，后星美公司在没有告知李文的情况下停止了该节目的录制和制作，李文多次向其索要剩余劳务费人民币23万余元未果。

二中院经审理认为，根据李文提交的《李文开坛》栏目时间进度表、《名家开坛》总策划案、《李文开坛》节目草案、《和李文对话》节目策划案、与星美公司沟通节目录制事宜的电子邮件等有效证据，应认定李文已经为完成合同中约定的其应承担的具体岗位职责，如参加策划、共同决定选题，付出了一定的劳务。合同在"李文承诺及保证事项"中约定："在2005年12月31日之前，李文不得再以主持人身份参与中国大陆境内及香港、澳门、台湾地区的电视媒体组织的与星美公司本电视栏目的定位、话题相同及相近的TALK SHOW形式节目"，李文遵守了上述承诺及保证，星美公司的上诉并未推翻上述事实。因此，一审法院的判决，均无不当。据此，作出上述判决。

(三十四)

演员金巧巧四诉原告，捍卫自己的合法权益。

原告金巧巧以被告北京天冠卧龙文化传播有限公司（以下简称天冠公司）不履行合同

为由起诉，要求支付演出酬金三万六千元。

法院查明，2002年8月，被告天冠公司聘请原告金巧巧参加二十集电视连续剧《霹雳彩虹》的拍摄，双方签订了《外聘演职员合同书》，合同约定被告天冠公司聘请原告金巧巧饰演剧中人物林亚男，演出酬金按每集人民币6 000元，共计二十集，合人民币12万元。签约当日，被告天冠公司支付了36 000元。至2002年11月5日合同到期，拍摄工作未能全部完成，原、被告就继续拍摄未能达成协议，被告天冠公司以有效拍摄的剧集未能达到十集等理由未向原告金巧巧支付第二期酬金36 000元。

二〇〇三年四月三日，经北京市海淀区人民主持调解，双方当事人自愿达成如下协议：自本调解书生效之日起五日内，被告北京天冠卧龙文化传播有限公司支付原告金巧巧酬金三万元。案件受理费一千四百五十元（原告预交），由被告北京天冠卧龙文化传播有限公司负担（于本调解书生效之日起七日内交纳）。

又案，颇受社会关注的电视剧《霹雳彩虹》原女主角金巧巧，状告该剧制片人刘冰侵犯其名誉权案，在海淀区人民法院一审开庭。原告金巧巧在本案中除要求法庭判令被告立即停止侵权，在相关媒体向其赔礼道歉外，还索赔经济损失和精神损失费100万元。

原告金巧巧和被告刘冰均未出庭。金巧巧的代理律师在起诉状中称：2002年8月，金巧巧应被告之邀参加电视剧《霹雳彩虹》的拍摄，担任剧中女主角，双方签订了为期两个半月的《外聘演职员合同书》。2002年11月5日双方的合同到期时，该剧仅拍摄了一半。金巧巧委托其经纪公司与被告商谈续约事宜，但是被告不但不予理睬，还当众诬蔑原告以罢演相威胁借机敲诈，并且被告当即宣布《霹》剧停机。金巧巧的律师在法庭上除出示了书证之外，还当庭播放了某媒体记者采访被告时的录音。被告律师向法庭出具了5份证人证言。

北京海淀区法院裁定原告败诉，驳回金巧巧索赔百万元现金的诉讼请求。

又案，照片被用作保健品广告，金巧巧索赔40万元。金巧巧肖像涉嫌侵权并非一次，金巧巧与北京某化妆品公司合约期满，但在这以后，北京某化妆品公司在全国的上千家连锁机构，广告宣传画上仍在侵权使用金巧巧的照片，当这家公司得知金巧巧要告他们，随即就将公司注销。无奈之下将北京某化妆品公司旗下的4家美容美发单位告上法庭，索赔金额共计200万元。2006年6月29日，在法院主持下，原被告双方庭外和解，金巧巧获赔15万元。

2007年3月，在浙江沿海一家商务型酒店内，发现了一个按摩保健的广告牌，金巧巧竟然成了酒店按摩保健代言人。当金巧巧得知情况后，怒斥道："那完全是无中生有的事，是侵权！我根本没有做这种代言！我们一定会采取法律措施的。"

北京市海淀区人民法院受理了原告金巧巧状告被告北京清华同仁科技有限责任公司、鞍山市广播电视局侵犯其肖像权、名誉权一案。

原告诉称，被告北京清华同仁科技有限责任公司在其产品"爱巢＊更年轻"（康酮胶囊）的广告词中，含有保护女性生殖健康的内容，并未经原告许可，在广告词旁擅自使用原告的肖像照片，在全国范围内进行广告宣传。后又在网络上发布征求其产品全国各地代理商的信息，扩大该产品广告的宣传范围。被告鞍山市广播电视局在其主办的《钢都周报》上刊登印有原告肖像的上列产品广告，进一步扩大了北京清华同仁科技有限责任公司侵权行为的范围。

法院认为，本案中，虽然清华同仁公司系"爱巢＊更年轻"康酮胶囊产品的生产者，且宣传彩页及报纸的广告中出现了清华同仁公司的字样，但并不能据此认定清华同仁公司即为广告主,故法院对于金巧巧主张认定清华同仁公司在《千山晚报》及宣传彩页中使用其照片并侵犯其肖像权、名誉权的诉讼请求不予支持。此外,金巧巧未提供证据证明鞍山报业公司系宣传彩页的广告主、广告经营者、广告发布者,因此鞍山报业公司不应对宣传彩页承担相应法律责任。鞍山报业公司为《千山晚报》的主办单位,鞍山报业公司在《千山晚报》中使用金巧巧的肖像发布广告,未取得金巧巧的同意,并从中获利,法院认为,其侵犯了金巧巧的肖像权,应承担相应法律责任。

2007年7月23日,北京市海淀区人民法院判决,鞍山报业公司在《千山晚报》上向金巧巧登载赔礼道歉声明,给付经济损失36元,及精神损害抚慰金1万元,但驳回了金巧巧主张广告侵犯了其名誉权的诉讼请求。

一审宣判后,双方均未上诉。

(三十五)

电视剧《情断轮回》剧组两演员与辽宁电视台电视剧制作中心纠纷案宣判。

原告于林于2000年10月10日与辽宁电视台辽宁电视剧制作中心第四创作室《情断轮回》摄制组签订演员聘用合同一份,原告林庆玉作为担保人在合同上签了字。2000年11月9日原告林庆玉、于林与《情断轮回》摄制组签订了协议书,就于林投资6万元人民币支持拍摄31集电视系列剧《情断轮回》一事达成协议。

另查明,2000年9月12日,被告吴晓川与被告辽宁电视剧制作中心下属的辽宁电视台辽宁电视剧制作中心第四创作室签订合同书一份,双方就31集电视系列剧《情断轮回》的摄制工作达成了协议。2000年9月16日,被告吴晓川与被告辽宁电视剧制作中心下属的第四创作室签订补充协议书一份。2000年12月31日,被告吴晓川与被告辽宁电视剧制作中心下属的第四创作室签订终止合同协议书,因资金没有到位,双方终止了2000年9月12日所签订的合同。

法院认为,由于被告资金没有到位,致使该合同无法继续履行,现原、被告均同意解除合同本院予以准许,二被告应当将依合同收取原告的相关款项予以退回。关于原告是否交款的事实,原告提供了协议书一份予以证明,该协议书系属于一份原、厂被告双方当事人就于林投资6万元所达成的协议,从其实质内容来看是一份返还投资款项6万元的协议书,如不存在投资的事实则无此协议书,故从此协议书可以推定原告向二被告交纳了投资款6万元。

2001年11月10日,辽宁省沈阳市和平区人民法院判决如下:一、被告辽宁电视剧制作中心、被告吴晓川(别名吴雨航)于本判决生效之日起十日内返还原告林庆玉、于林16万元(被告辽宁电视剧制作中心与被告吴晓川互负连带责任);二、驳回原、被告其他诉讼请求。诉讼费五千五百一十元由原告林庆玉、于林负担一千五百一十元,被告辽宁电视剧制作中心、被告吴晓川负担四千元,公告费三百元由被告吴晓川负担。

一审判决后,几方均未上诉。

(三十六)

电视剧《黄克诚》著作权之署名权纠纷案,因原告陈靖荣优柔寡断,不了而了。

原告陈靖荣起诉被告中央电视台、被告潇湘电影制片厂后,于2000年6月6日以"目前尚未考虑成熟,待考虑成熟后再重新起诉"为由,以传真形式向申请撤回起诉。二〇〇年六月二十二日,上海市第二中级人民法院裁定同意撤诉。

不久,陈靖荣又起诉被告潇湘电影制片厂、被告中国共产党湖南省纪律检查委员会。但是,中国共产党湖南省纪律检查委员会在提交答辩状期间对管辖权提出异议,认为本案侵权行为地和被告住所地均不在上海市，根据《中华人民共和国民事诉讼法》第二十九条、第三十八条的规定，本案应移送长沙市中级人民法院审理。

但是，法院认为，根据《中华人民共和国民事诉讼法》第二十九条之规定，因侵权行为提起的诉讼，由侵权行为地或者被告住所地人民法院管辖。本案系争电视连续剧《黄克诚》由中央电视台在上海等地区播出，故上海市为本案的侵权行为地之一，据此，我院依法对本案有管辖权。二〇〇一年三月十二日，上海市第二中级人民法院依照《中华人民共和国民事诉讼法》第二十九条、第三十五条、第三十八条之规定，裁定驳回被告中国共产党湖南省纪律检查委员会对本案管辖权提出的异议。

中国共产党湖南省纪律检查委员会不服，提起上诉。上海市高级人民法院经审查认为，本案原审原告陈靖荣起诉所称的两被告未将其定为《黄克诚》电视剧的制片人；未征得其同意，擅自转让版权的侵权行为。发生地均在湖南长沙市，且本案双方当事人的住所地也均在湖南长沙市。根据《中华人民共和国民事诉讼法》第二十九条规定及《最高人民法院关于适用〈中华人民共和国民事诉讼法〉若干问题的意见》第二十八条规定，本案应以侵权行为发生地确定法院管辖权，故湖南省纪律检查委员会对本案管辖权提出的异议成立。原审法院裁定不当，应予更正。二〇〇一年三月十二日，上海市高级人民法院依照《中华人民共和国民事诉讼法》第一百五十三条第一款第三项第一百五十四条、第一百五十八条之规定，裁定如下撤销上海市第二中级人民法院（2001）沪高知终字第13号民事裁定，本案由湖南省长沙市中级人民法院管辖。本裁定为终审裁定。

折回长沙市后，陈靖荣身心疲惫，最终不再追诉。

（三十七）

李安导演的武侠大片《卧虎藏龙》被判侵犯著作权。广东省高级人民法院民三庭（知识产权庭）2006年1月12日终审判决，《卧虎藏龙》三电影著作权人侵犯了阮曲音乐《丝路驼铃》的著作权，判令赔偿《丝路驼铃》著作权人华南师范大学副教授宁勇2万元。

宁勇于2001年12月向广州中院提起诉讼，认为中国电影合作制片公司、北京北大华亿影视文化有限责任公司、英国联华影视公司制作影片《卧虎藏龙》未经许可使用其音乐作品《丝路驼铃》，侵犯了其多项权益。要求《卧虎藏龙》三电影著作权人支付使用及赔偿费128万元。《丝路驼铃》阮曲音乐是宁勇1982年在中国音乐学院毕业时创作的，该曲完整演奏时间约8分钟。一审法院同时认为，《卧虎藏龙》剧组曾给《丝路驼铃》作者宁勇邮寄过200美元的汇票，宁勇未领取该汇票，应当视为《卧虎藏龙》三电影著作权人已经履行过向著作权人支付报酬的义务，不存在侵犯宁勇获得报酬权的情形。

广州中院一审判决《卧虎藏龙》三电影著作权人停止侵害宁勇《丝路驼铃》阮曲署名权，在以任何形式再版电影《卧虎藏龙》时应当署名"宁勇作曲"，并将"宁勇编曲"纠正为"宁勇作曲"；三电影著作权人赔偿宁勇诉讼支出的合理费用2万元；本案诉讼费人民币16 410元由诉讼各方按不同比例共同承担。

宁勇不服广州中院的一审判决，向广东高院提起上诉。

广东高院二审认为，影片《卧虎藏龙》节选宁勇音乐制品《丝路驼铃》中2分55秒的内容，缩节为2分18秒作为影片背景音乐，把宁勇表现沙漠驼队坚忍不拔精神的《丝路驼铃》，用于影片女主人公玉娇龙愤然与匪首罗小虎激烈打斗的场景。《卧虎藏龙》制片者未取得《丝路驼铃》著作权人许可即使用作品，侵犯了宁勇的音乐作品著作权，应当依法承担民事责任，故做出上述终审判决。

（三十八）

1995年10月，吴刚在北京八达岭长城拍摄了长城夜景作品两幅。因摄制夜景照片的特殊要求，八达岭公司在拍摄时打开了长城的灯光照明系统。后吴刚将两幅作品的照片各一张送给该公司工作人员李某。

1996年八达岭公司与中央气象台的下属单位华风中心签订《天气预报景观制作合同》，约定该中心为八达岭公司制作景观广告，景观资料和相关版权由八达岭公司提供。此后，八达岭公司提供了包括涉案作品在内的三张照片。

自1996年7月1日起至12月31日，在中央电视台新闻联播之后的中央气象台发布的天气预报节目中，原告拍摄的长城夜景照片作为当地景观附在北京市天气预报中播出。

法院认为，吴刚是涉案作品著作权人，八达岭公司虽然为该作品的拍摄提供了便利条件，但并不能依此主张著作权。八达岭公司、华风中心作为广告主和广告经营者未经许可使用涉案作品，中央气象台对涉案广告未尽到审查义务，共同侵犯了原告的著作权，应当承担相应法律责任。中央电视台虽播出了涉案景观广告，但并非发布广告的行为，不对广告内容承担责任。由于原告和中央气象台均同意由气象台承担华风中心应承担的责任，法院予以许可。

法院判决，八达岭公司、中央气象台向原告赔礼道歉并赔偿损失1 500元。

（三十九）

1999年3月17日，北京广播学院控股的亚环公司与北京电影学院签订了《外借人员劳务合同书》，合同约定，亚环公司《财神到》摄制组根据拍摄需要，借用北京电影学院学生赵薇担任演员，借用期为3个月，自1999年4月10日起至7月10日止；亚环公司不得擅自变更借用人员角色或转借。合同签订后，亚环公司向北京电影学院交纳了1.5万元合同手续费。

此后，赵薇因到台湾地区参加《还珠格格》续集的宣传活动，亚环公司同意将开始借用时间推迟到同年4月26日。但赵薇从台湾地区返回北京后，未到《财神到》剧组报到，亚环公司亦未与赵薇本人另行签订聘用合同。

北京市海淀区人民法院认为：第一，亚环公司与北京电影学院订立《外借人员劳务合同书》，北京电影学院未能依约履行合同构成违约，应依法承担相应的民事责任。第二，赵薇作为在校学生与北京电影学院间存在被管理与管理关系，但其作为具有完全民事权利和行为能力的独立民事主体，有权决定是否按照该合同约定向亚环公司履行义务，这是亚环公司和北京电影学院所订立的合同目的能否实现的先决条件。虽然该学院规定学生参加拍片需由所在系和学院批准，但按照该学院的有关规定应由学生提出拍片的申请后方涉及电影学院各级领导批准程序的启动；该学院在赵薇本人无申请，又与赵薇无约定的情况下，与亚环公司订立由赵薇履行义务的合同，造成了该合同从订立时就存在不能实际履行的可能。据此，北京电影学院应当对赵薇拒不出演所造成的法律后果承担违约责任。同时，亚环公司为了保证合同实际履行，在与该学院签订由第三人赵薇履行义务的合同后，应当即时同借用该电影学院其他学生拍片一样，与赵薇订立劳务合同，以约束其履行合同并防范风险；但亚环公司在与该学院订立借用人员合同后，未与赵薇订立劳务合同，对双方所签合同不能实际履行，亦负有一定责任。

1999年9月2日，北京市海淀区人民法院判决：1. 本判决生效后10日内，北京电影学院返还北京亚环影音制作有限公司人民币 1.5 万元；2. 驳回北京亚环影音制作有限公司其他诉讼请求。

一审宣判后，双方均未上诉。

（四十）

儿童电视剧《淘气儿一班》与小演员劳务纠纷案一审宣判。

2003 年 9 月 24 日，小学生庆丹伦的法定代表人——母亲王沫通过孙志航的联系与馨思雨中心签订《演职员协议书》，约定馨思雨中心为摄制 12 集电视连续剧《淘气儿一班》组建摄制组，庆丹伦在该剧中饰演梅香角色；馨思雨中心按照每集连续剧 500 元的标准向庆丹伦给付片酬，片酬共计 6 000 元；片酬的给付时间为摄制完成后停机时一次性给付；该剧的摄制期间为 2003 年 9 月 26 日至 11 月 26 日，共计 60 天。孙志航在《淘气儿一班》摄制组当中负责财务工作，并非该剧的投资人或制片人。

庆丹伦赴大连参加《淘气儿一班》一剧的摄制工作。该剧摄制组在摄制过程中因资金不足，孙志航等负责人员从 2003 年 10 月 25 日起相继离开大连筹措资金，但并未告知庆丹伦等演员以后是否可以解决资金问题恢复摄制工作以及恢复摄制工作的时间。

二〇〇四年四月二十日，北京市海淀区人民法院判决：一、原告庆丹伦与被告北京馨思雨教育文化发展中心于二〇〇三年九月二十四日签订的《演职员协议书》终止履行；二、本判决生效之日起十日内，被告北京馨思雨教育文化发展中心给付原告庆丹伦报酬四千元；三、驳回原告庆丹伦对被告北京馨思雨教育文化发展中心的其他诉讼请求。

（四十一）

电视剧《代价》主创人员劳务纠纷案一审宣判。

2000 年，被告北京金月亮文化艺术发展有限公司投资拍摄 20 集电视连续剧《代价》，出品人为徐建中，总策划、制片人、导演均为原告陈剑飞，陈剑飞同时任该剧男主演。该剧筹拍期间，陈剑飞先后于 2000 年 8 月至 9 月，代表金月亮公司与《代价》剧组的数位演职人员签订《聘用协议书》，并就《代价》一剧的发行宣传事宜，与北京中亚新闻文化发展公司签订《合作协议书》，与石新生签订《劳务合同书》。2001 年年初，陈剑飞代表金月亮公司签订《机房租赁合同》。其中，《机房租赁合同》以及与赵泽仁签订的《聘用协议》中，在陈剑飞的签名处均加盖了金月亮公司的合同专用章。2001 年 1 月，该剧拍摄完毕，先后于 2001 年 2 月 26 日及 4 月 18 日两次报送广电总局审查，但未能获准发行播放。

法院认为，虽然没有明确的合同约定，原被告双方之间实际业已形成一种劳务合同关系，即陈剑飞向金月亮公司提供特定的劳务，具体包括担任电视连续剧《代价》的总策划、制片人、导演及男主演，因此，在通常情况下，如果陈剑飞履行了上述义务，金月亮公司就应当向其支付相应的酬金。另，合同专用章属于企业法人公章的一种，具有确认企业法人真实意思表示的法律效力，而我国法律并无关于企业在欠款协议上应加盖何种公章的明文规定，因此，如无相反证据，即不应排除本案《欠款说明》上金月亮公司合同专用章的法律效力。如果仅从合同专用章的角度讲，该《欠款说明》的证明效力的确相对较弱，但在有相应法定代表人签字加以佐证的条件下，《欠款说明》的证明效力又得到了加强。至于金月亮公司提出的《欠款说明》缺少相关《聘用协议》加以佐证、确认的酬金与行业常规不符、单方签字应签在文件右侧等其他观点，虽然从行业惯例的角度讲，可能有一定道理，但尚不足以否定签字盖章的既定法律效力。依据最高人民法院《关于民事诉讼证据的若干规定》，一方当事人提出的证据，另一方当事人提出的相反证据不足以反驳的，人民法院可以确认其证明力。因此，确认该《欠款说明》为真实有效。

二〇〇三年十月二十日，北京市海淀区人民法院判决被告北京金月亮文化艺术发展有限公司给付原告陈剑飞人民币八十万元及利息（按中国人民银行同期活期存款利息计算，自 2002 年 4 月 1 日起至付清之日止）。案件受理费一万三千一百二十七元（原告预交），由被告北京金月亮文化艺术发展有限公司负担，于本判决生效之日起七日内交纳。

一审判决后，双方均未上诉。

（四十二）

原告于耀中系陶艺美术作品《支柱》的作者，该作品创作完成后曾在中央工艺美术学院科技艺术开发中心展厅展览。

1994 年 6 月，北京成象影视制作公司与广西两面针股份有限公司签约合拍电视连续剧《东边日出西边雨》（以下简称《东》剧）。因剧情需要，《东》剧剧组于 1994 年年底与中央工艺美术学院科技艺术开发中心联系借用部分美术作品作道具使用，经该中心同意，剧组挑选了包括《支柱》作品在内的十余件美术作品，作《东》剧的道具使用。在《东》剧的拍摄过程中，根据剧情的需要，剧组选用了《支柱》作为演绎剧中男女主角爱情故事的主要道具，多次使用。同时，剧组还复制了一件石膏质的《支柱》，作为原件的替代品在拍摄中使用，《东》剧拍完后即毁。《东》剧拍完后，剧组将所借作品予以归还，并向中心支付了管理费 1 000 元。《东》剧中出现使用《支柱》作品的镜头近 80 次。

北京市第二中级人民法院经于 1997 年 2 月 19 日判决如下：一、自本判决生效之日起 30 日内，5 被告在《中国电视报》上向于耀中公开赔礼道歉，道歉内容须经本院审核批准。二、自本判决生效之日起 15 日内，5 被告向购买《东》剧录像带及播放权的单位和个人具函，说明作为道具使用的《支柱》作品作者的情况，在尚未销售的录像带上加贴"本剧拍摄采用了于耀中的美术作品《支柱》"的文字说明。三、自本判决生效之日起 15 日内，5 被告共同给付于耀中作品使用费 55 000 元，逾期付款按中国人民银行延期付款规定处理。四、自本判决生效之日起 15 日内，5 被告共同赔偿于耀中经济损失 1 万元，逾期付款按中国人民银行延期付款规定处理。五、驳回于耀中的其他诉讼请求。

5 被告不服一审判决，提起上诉。

北京市高级人民法院于 1997 年 10 月终审判决如下：一、维持一审判决第一、二、五项。二、撤销一审判决第三、四项。三、5 上诉人共同给付于耀中《支柱》作品的使用费 6 320 元，于本判决生效之日起 15 日内交付，逾期付款按中国人民银行延期付款规定处理。四、5 上诉人共同给付于耀中因侵权诉讼所支出的合理费用 4 200 元，于本判决生效之日起 15 日内交付，逾期付款按中国人民银行延期付款规定处理。

（四十三）

因电视剧《行走的鸡毛掸子》（以下简称《行》剧），北广传媒影视有限公司起诉中国铁路文工团话剧团演员王志飞，却以一审败诉收场。

该剧拍摄前，北广传媒曾聘请王志飞出演剧中角色，并向他的账上打入了 50 万元，但结果是王志飞无缘该剧。因此，北广传媒要求王返还这 50 万元"意向聘金"。但王志飞一方在应诉时却愤怒地表示，对方是在"颠倒黑白"。王事实上，经商谈双方已经确认由王出演《行》剧中反一号"蒋克儒"一角，并就此于 2004 年 11 月间达成口头合同。在这之后北广传媒依合同约定先行支付了 50 万元的片酬。"口头合同达成后，王志飞为拍摄进行了大量的工作，包括背台词，揣摩角色，按导演要求留胡子等。此外，他还向所在单位申请办理了出演该片的批准手续，因该剧的档期需要，他更拒绝了多部电视剧的邀请，并解除了出演影视剧《樱桃正红》的合同。但之后却一直没人通知他进组拍摄，直至该剧拍摄完毕，制片人才告诉他，因公司内部原因他们更换了演员。"

朝阳法院经审理认为，该案争议的焦点是北广传媒与王志飞之间是否存在口头合同。由于北广传媒自述向王志飞提出聘请要约，并提供了剧本，确定了王出演的角色和时间，王志飞表示同意，双方之间口头合同成立。而50万的汇款行为可以表明双方的口头合同已生效。现北广传媒没有证据证明双方曾经口头协商达成一致，王志飞不再出演《行》剧，并退还其已支付的款项。而北广传媒作为负有通知义务的一方，也没有提供证据证明已经通知王志飞出演的时间。因此法院认为，北广传媒要求王志飞退还相应款项的理由不能成立，最终驳回了北广传媒的诉讼请求。

得知胜诉的消息后，王志飞在电话中声音激动："法院的公正判决替我挽回了被对方损毁的声誉，我很感激。"而对于影视圈里的混乱现状，王志飞表示，演员相对于出品方而言仍处于弱势地位。"口头合同在这个圈子里很常见，即便落实到文字上，通常也就只有一两页纸，很容易就能找个漏洞将合同撕毁。更多的时候需要靠良知和诚信来维系。"

一审宣判后，双方均未上诉。

（四十四）

2001年3月7日，浙江省杭州市中级人民法院对引人关注的浙江省歌舞剧院国家一级作曲家钱兆熹状告《大明宫词》音乐侵权一案作出判决，判处三被告中央电视台无锡太湖影视城、北京中视冠华技术有限公司和北京荣信达影视艺术中心侵权成立，乐曲作者获赔96 000元人民币。

据了解，被侵权的音乐是钱兆熹于1984年独立创作的骨笛与乐队合奏的《原始狩猎图》音乐作品，曾于1986年7月31日在北京音乐厅首演。此乐曲在国内外享有一定的知名度，并于1995年荣获浙江鲁迅文学艺术奖———优秀成果奖，是原告的公认代表作之一。

2000年3月，原告从香港参加国际作曲研讨会回杭州后，发现当时正在中央电视台第八频道播放的电视连续剧《大明宫词》未经原告许可，也未署名原告作曲，抄袭了原告骨笛与乐队《原始狩猎图》音乐的第一部分（包括乐曲的序及主题呈示），作为背景音乐贯穿全剧。原告将《原始狩猎图》与《大明宫词》VCD音乐对比整理，发现《大明宫词》全剧40集共有13集32处，合计23分25秒使用了原告的《原始狩猎图》乐曲。此外，剧中将此曲用来作为皇室权利斗争的背景音乐，在第31、32集中又用于武则天与男宠对话之处，歪曲了作品的原意，破坏了乐曲古朴的氛围，严重伤害了原告作为该音乐作品的作者的感情。

因此，杭州市中级人民法院对此案作出判决，三被告应停止对原告就《原始狩猎图》乐曲所享有的著作权的侵害，并共同署名在《大众电视》杂志及《北京晚报》《钱江晚报》上刊登"致歉声明"，向原告赔礼道歉（"致歉声明"应刊登在除中缝之外的版面上，面积不小于5厘米×10厘米，内容须经本院审核）。荣信达赔偿原告人民币96 000元（按每分钟4 000元，不足一分钟按一分钟计算），太湖影视、冠华公司承担连带清偿责任。驳回钱兆熹的其他诉讼请求。案件受理费人民币10 010元，由三被告承担7 000元，原告承担3 010元。

一审宣判后，各方均未上诉。

（四十五）

中国香港演员温兆伦与电视剧《别无选择》剧组劳动纠纷案一审宣判。

2001年1月21日，北京市第二中级人民法院对中国香港演员温兆伦诉广西电影制片厂、广东满天星影视娱乐发展有限公司（以下简称满天星影视公司）演出合同纠纷，广西电影制片厂、满天星影视公司反诉温兆伦赔偿一案作出一审判决，判决分别驳回各自诉讼请求及反诉请求。

1999年9月20日，满天星影视公司（甲方）与广西电影制片厂（乙方）签订合同，约定双方联合摄制三十集电视剧《别无选择》。此后双方依约成立该剧摄制组。1999年11月8日，摄制组与温兆伦签订演出合约，聘请其担任该剧中角色，并约定合约期限、片酬及支付方式。合约签订前，摄制组已向温兆伦支付了第一期片酬。按照合约，温兆伦参加了该剧前十集拍摄后，1999年12月7日因感身体不适请假一天未参加拍摄，次日到医院就诊，医生出具诊断证明书并建议休息两周。当日，温兆伦委托助理将该诊断证明书交给摄制组制片主任李保国。李保国告知导演陈泽成，温兆伦将休病假不能参加拍摄。12月21日，摄制组向温兆伦发出律师函，以温兆伦在拍摄期间，未参加拍摄长达十五天，给摄制组带来很大经济损失为由，通知其从即日起解除已签订的合约，并保留要求赔偿损失的权利。此后摄制组未再向温兆伦支付片酬。

法院认为，温兆伦因病未按合同履行演出义务，其提交休假证明后，摄制组对此未持异议，并调整摄制计划，表明了摄制组对温兆伦在此期间不出演的认可，故温兆伦的休假行为不构成违约。但在演出合同中，出演人是否出演对合同的履行及合同目的的实现至关重要。温兆伦因病休假，病假期满后是否可以参加拍摄尚不能确定，摄制组在此情况下为维护自身利益，解除与温光伦的演出合约，亦不构成违约，应予准许。故对温兆伦以摄制组违约为由要求广西电影制片厂、满天星影视公司赔偿损失的请求不予支持。对广西电影制片厂、满天星影视公司以温兆伦违约反诉要求温兆伦赔偿损失的请求不予支持。

一审宣判后，各方均未上诉。

（四十六）

因国丧导致节目未播，北京电视台《相识伊甸园》节目制作纠纷上诉案终审宣判。

上诉人河北伊格制油有限公司（以下简称伊格公司）因节目制作合同纠纷一案，不服北京市海淀区人民法院于1997年12月4日作出的（1997）海知初字第65号民事判决，向院北京市第一中级人民法院提起上诉，现已审理终结。

北京市海淀区人民法院一审判决：1. 判决生效之日起10日内伊格公司支付莫迪公司节目制作费45 000元；2. 判决生效之日起10日内伊格公司支付莫迪公司违约金22 500元；3. 驳回莫迪公司其他诉讼请求。

伊格公司不服一审判决，向本院提起上诉。

经审理查明，1997年2月27日，莫迪公司作为北京电视台"今晚我们相识"专题部承办单位与伊格公司签订合同，双方约定伊格公司应莫迪公司的邀请，参加北京电视台拟于1997年3月9日播出的《相识伊甸园》"三·八特别节目"专栏节目，莫迪公司负责安排伊格公司参加本节目的相关事宜，办理必须的手续，为体现伊格公司的宣传主题作好策划、编制工作。伊格公司应在莫迪公司指定的日期，按时将相应的代表队、奖品及背景宣传品带入拍摄现场，做好组织管理工作，保证本节目顺利制作。伊格公司参加本节目费用为50 000元，以支票形式在合同签订之日先付10 000元，拍摄日1997年3月3日付清余额40 000元。

伊格公司享受莫迪公司提供的各种出镜回报。

1997年3月3日，伊格公司参加了三·八特别节目的拍摄，并向莫迪公司支付了一张50 000元的支票，因出票人签章不清，银行于次日将该支票退回。

因双方对节目拍摄现场就伊格公司作为主办单位的名称显示问题产生争议，双方于1997年3月5日签订了一份补充协议。

1997年3月7日，伊格公司向莫迪公司支付金额为30 000元的支票一张。1997年3月9日，三·八特别节目未能如期播出，伊格公司遂将已支付的30 000元款项从银行划出，并于次日致函莫迪公司声明款项划出和对方违约事宜。

法院认为，上诉人伊格公司没有提供证据证明被上诉人莫迪公司与其签订的补充协议，具有欺诈性。伊格公司承认双方于1997年3月5日签订的补充协议，是为了弥补莫迪公司节目拍摄现场与合同约定不符的违约行为，因此，双方已通过补充协议解决了对节目拍摄现场与约定不符的纠纷，伊格公司再次以此认为莫迪公司违约不能成立。上诉人伊格公司没有证据证明被上诉人莫迪公司在补充协议中增加"如遇地震、国家重大事情发生或重要指令下达等不可抗力因素，有关回报条款相应顺延"的不可抗力条款具有欺诈性，而且补充协议签订时正处国丧期间，对于该节目能否在1997年3月9日播出，莫迪公司不能确定，伊格公司也不能确定，因此，双方对于该节目不能如期播出的后果，都是有预见的，所以，该不可抗力条款是双方的真实意思表示，双方应予遵守。《相识伊甸园》三·八特别节目改在1997年3月30日播出，是属于补充协议中的不可抗力条款所规定的内容，故不属莫迪公司的违约行为。伊格公司应严格依照补充协议的规定，履行付款义务，伊格公司未履行该义务，构成违约，并导致莫迪公司没有为其播放广告，对于该后果伊格公司应自行承担。因莫迪公司没有为伊格公司播放广告，故应降低伊格公司应支付的节目制作费的数额。鉴于双方均未要求继续履行该合同及补充协议，以及三·八特别节目已经播出的事实，双方合同及补充协议应终止履行。综上，伊格公司的上诉理由不能成立，本院不予支持；原审判决认定事实清楚，处理结果并无不当，依法应予维持。

1998年7月20日，北京市第一中级人民法院终审判决：驳回上诉，维持原判。一审案件受理费2 010元，由莫迪公司负担400元（已交纳），伊格公司负担1 610元（自本判决生效之日起7日内交纳），二审案件受理费2 010元由河北伊格制油有限公司负担（已交纳）。

（四十七）

原告周晓文与被告北京现代天幕影视文化传播有限公司（以下简称天幕公司）、被告中国电视艺术家协会、被告辽宁电视台及反诉原告天幕公司、电视家协会、辽宁电视台诉反诉被告周晓文委托创作合同纠纷二案，现已审理终结。

法院经审理查明，《大脚马皇后》摄制组由天幕公司、辽宁电视台和电视家协会组成，2001年8月21日，天幕公司法定代表人张硕萍代表《大脚马皇后》摄制组（甲方）与周晓文（乙方）签订合同。合同约定：甲方聘请乙方为30集电视连续剧《大脚马皇后》导演，全程亲自指导该剧直至后期制作完成全片；每集酬金人民币3万元，总计90万元。2002年5月15日《大脚马皇后》一片通过审查。2002年5月17日，该片开始在南京电视台播放。

法院认为，导演周晓文与制片方有否违约，应依合同约定判断。合同约定最后一笔酬金30万元于工作完成日一次性付清，按照合同对工作完成日的解释，该笔酬金应于全剧通过审查之日即5月15日支付。但是该酬金的获得应以导演按照约定履行义务为前提。

合同约定导演周晓文需全程亲自指导该剧直至后期制作完成全片。后期制作中，因与制片方就工作地点发生矛盾，周晓文作为导演除完成初剪及个别配音指导外，其他工作并未亲自参加，尽管事出有因，制片方的行为不够审慎以致矛盾激化，擅自变更工作地点且强行拿走素材带的做法对导演等创作人员不够尊重，但是合同规定对工作场所等事项以制片方意见为主，上述行为并不足以构成对合同条款的违反，周晓文据此不予全面履行导演职责没有根据，关于周晓文是拒绝履行还是被拒绝履行职责因合同赋予导演以指导的权利，如果制片人拒绝导演，导演有权利提出要求并行使权利，本案中并无证据证明此节，故应为周晓文拒绝全面履行。鉴于录音、执行导演等人与周长期合作，对周的风格及意图应有所了解，加之影视制作的前期筹备、拍摄与后期制作并非完全独立的部分，与具体工作人员尤其是执行导演的沟通应属指导，因此周对指导工作有所参与，其指导义务并非全部没有履行，但是配音等必须亲临现场的工作不亲自进行难以指导，由于合同中明确要求周晓文必须亲自指导，故周未亲自指导精剪、配音等主要工作未尽合同之责，未全面履行合同义务。

合同约定后期制作完成全片日为2002年4月5日。故周晓文不仅应当参加前期筹备、拍摄、后期制作及审查后的修改，而且应当保证按此日期完成后期制作并交付。周晓文称已按期交付，交片出示收据之例并不普遍，故不应因此而致其于不利。制片方对交片时间不置可否，仅提供表格以证明时间进度。从合同履行情况看，就在约定交片时间的前一天即4月4日，制片方向后期导演王安庆支付报酬，并特别注明"后期"字样，说明制片方对后期导演工作的认可，足以表明此时后期导演的主要工作基本完成。这一事实与此前一系列后期主要工作包括录音、录台词、混录等的完成综合起来表明于4月5日工作人员已将片子交付。在4月5日之后，仍然进行了有关的制作，但是在导演方交片后制片方自行进行的修改应为单方修改，不影响对导演交片的时间的确认，周晓文在交片时间上没有违约。

反诉原告主张赔偿责任成立的前提应为周晓文违约的存在、损失的存在及该违约行为与损失间存在因果关系。对前期拍摄部分，合同对重拍责任未予约定；合同约定制片方对演员有最终决定权，故反诉原告关于重拍三天系因导演选择演员失误之诉称，并无事实与合同根据，不足为信。对器材租金、剪辑师的加班费用，因存在制片方收到片子后再行修改的事实，在修改阶段，制片方并未出示要求导演进行修改而导演拒绝修改的证据，属于单方修改，其间的加班费用或租借设备的费用不能当然归咎于周晓文；电视剧播放价格降低可能存在多种原因，不能说明系因周晓文未全部参与后期工作导致，不能得出该部分损失由周晓文负担的结论。故反诉原告要求周晓文承担之重拍费用、降价费用、后期劳务费、降价损失没有理由，其主张之租借费用、差旅费用未予证明，反诉请求不予支持。

二〇〇三年四月二十五日，北京市海淀区人民法院判决如下：本判决生效之日起十日内，被告北京现代天幕影视文化传播有限公司、中国电视艺术家协会、辽宁电视台向原告周晓文支付后期制作报酬十万元及利息（按中国人民银行同期活期存款利率自二〇〇二年五月十五日起算）。驳回反诉原告的诉讼请求。案件受理费七千二百三十五元（原告预交），由原告周晓文负担二千元，由被告北京现代天幕影视文化传播有限公司、中国电视艺术家协会、辽宁电视台负担五千二百三十五元，于本判决生效之日起七日内交纳。反诉案件受理费一万零五百三十一元，由反诉原告北京现代天幕影视文化传播有限公司、中国电视艺术家协会、辽宁电视台负担（已交纳）。

一审宣判后，无人上诉。

（四十八）

电视剧《书剑恩仇录》导演诉请酬金案终审宣判。

2010年11月19日，北京市第一中级人民法院终审宣判导演谭友业与湖南电广传媒股份有限公司节目分公司、北京春秋风云影视策划有限公司、中国峰节目投资有限公司劳务（雇佣）合同纠纷一案。法院判决三被告给付谭友业剩余酬金26万元，驳回三被告的反诉请求。

谭友业起诉称，2007年8月，三被告共同投资联合制作电视剧《书剑恩仇录》，并以湖南电广传媒电视剧《摄制组》的名义与我签订《聘用工作人员合同》，聘用我在该剧摄制组担任导演，酬金为每集2.4万元（税后），该剧为40集，共计96万元。但三被告却只支付我部分酬金70万元，经多次要求支付，三被告总以其内部投资的矛盾等理由拖延支付，其行为严重侵害了我的合法权益。故诉至法院，要求三被告连带支付剩余酬金26万元（税后）。

湖南电广传媒股份有限公司节目分公司、北京春秋风云影视策划有限公司辩称，谭友业未依照合同的约定履行导演职责，我们公司没有义务向谭友业支付未履行部分的报酬。依据合同约定，谭友业是盯全程的导演，其只有在完成电视剧的后期制作之后，才能获得26万元酬金，而事实上，谭友业在电视剧拍摄结束之前，就自行离开剧组，导致有10场重要的戏没有导演拍摄。两公司认为已经按照合同约定向谭友业支付了相应的酬金，并没有延期支付的情况。由于谭友业的违约造成公司经济损失和剧组财物损坏，两公司提起反诉，请求判令谭友业返还公司已支付的酬金10万元，赔偿经济损失10万元。

法院审理认为，根据《聘用工作人员合同》的约定，若电视剧得以拍摄并发行，且乙方履行了本合同下的全部义务，乙方依法享有在电视剧及其衍生产品中的署名权（导演谭友业，中国香港），故谭友业就其已履行合同义务完成了举证责任。湖南电广分公司、春秋影视公司、中国峰公司认为，谭友业未完成合同约定的全部义务，应由三公司承担相应的举证责任，但从三公司提供的证据来看，无法证明其主张。综上，法院作出上述判决。

（四十九）

原告上海远大心胸医院（以下简称远大医院）与被告北京秀博国际影视艺术中心（以下简称秀博影视中心）合同纠纷一案，2008年11月23日宣判。

法院查明，2007年10月15日，远大医院（甲方）与秀博影视中心（乙方）签订了《〈助您健康〉栏目赞助协议书》。乙方承诺：乙方是大型公益健康室内剧《助您健康》（国家广播电视总局电视剧制作许可证乙第00517号）联合出品单位之一，并同时作为《助您健康》栏目的制作单位，拥有与此相关的真实资信，完善手续，合法对外经营合作权利。《助您健康》栏目在中央电视台经济频道CCTV-2《欢乐家庭》栏目播出。甲方参与10期《助您健康》访谈栏目内容，甲方同意向乙方支付整体（10期）节目制作及播出费用共计人民币40万元，协议签订后，先付款20万元，5期节目录制后3个工作日内，付清余款20万元。《协议书》签订后，远大医院向秀博影视中心支付了20万元。秀博影视中心在协议签订后为远大医院录制了一集《望胆兴叹》，但是直至远大医院起诉时还没有播出。

中视经济影视中心于2007年4月出具的《授权书》中明确：《助您健康》的预播时间为2007年8月中旬至2008年2月（具体播出时间以《中国电视报》为准）。中央电视台中视经济影视中心于2007年6月27日出具了一份《播出证明》，内容为：中央电视台中视经济影视中心与北京秀博国际影视艺术中心联合制作的大型公益健康科普情景室内剧《助您健康》（120集），该剧现已完成，将于2007年9月3日安排在中央电视台经济频道《欢乐家庭》栏目中播出。2007年10月9日又出具了一份《播出证明》，内容为：该剧现已完成，将于 2007 年 10 月安排在中央电视台中视经济频道《欢乐家庭》栏目中播出，具体播出时间以台里审片处通知为准。2007 年 11 月 8 日至 23 日，《助您健康》栏目在中央电视台 CCTV-2 共播出 12 集，其中未包括《望胆兴叹》这一集。

2007 年 11 月 29 日，中央电视台中视经济影视中心向秀博影视中心发出了《关于电视剧〈助您健康〉暂停播出的通知》。2008 年 3 月 25 日，远大医院向秀博影视中心发出《关于〈助您健康〉栏目赞助的退款备忘》，要求秀博影视中心在接到该备忘之日起 10 个工作日内退还之前支付的 20 万元广告款。截止到庭审结束前，中央电视台仍没有通知栏目复播时间。

法院判决，驳回原告上海远大心胸医院的诉讼请求。案件受理费二千二百零六元，由原告上海远大心胸医院负担（已交纳）。

（五十）

北京懋伯兰文化传播有限责任公司（以下简称懋伯兰公司）与北京书新豫媚文化传播中心（以下简称书新豫媚中心）就电视剧《上将许世友》的合同纠纷案，2008 年 10 月 18 日终审宣判。

一审法院查明：2005 年 10 月 28 日，书新豫媚中心与懋伯兰公司签订了《关于合作开展〈上将许世友〉宣传推广工作的协议》。合同第一条约定：甲方（懋伯兰公司）同意授权乙方（书新豫媚中心）参与电视连续剧《上将许世友》的宣传推广、征集联合摄制、特别协拍、片尾鸣谢单位，联系广告和连续剧发行等工作；第三条约定：乙方必须按照甲方承诺给赞助单位的回报条款承诺客户，具体实施细则乙方应以甲方认可的条件为准，并在合同中体现，由甲方负责实施。乙方不承担实施义务；第四条约定：本协议所涉及的所有款项必须进入甲方账户。甲方负责提供发票，并承担税款；第五条约定：甲方支付赞助金额的 40% 作为乙方的劳务报酬和各种联系开支以及客户劳务与开支。该款转到甲方账户内，五天以内，甲方以转账形式一次性全额支付乙方。乙方出具发票涉及的税款由乙方负责。逾期不付应付款的 1% 作为滞纳金支付给乙方。合同签订后，懋伯兰公司拟定与安徽军区的《关于〈上将许世友〉电视剧片尾鸣谢单位的协议》，懋伯兰公司在该协议上加盖公章后交由书新豫媚中心转交安徽军区，但安徽军区未与懋伯兰公司签订该合同。安徽军区将 30 万元赞助款打入南京军区文工团。2006 年 5 月 15 日安徽军区出具证明一份，内容如下："懋伯兰公司（许世友剧组投资方）曾经给我们发来一信函，经首长批准同意作为片尾鸣谢单位。张明玉同志等两人曾来我部三次。因部队有规定，不与地方发生经济往来，所以有关事项我们与军区文工团取得了联系。特此证明。"2007 年 3 月 15 日书新豫媚中心负责人张明玉向南京军区文工团书写承诺书一份，内容如下"关于《许剧》安徽军区赞助三十万元的融资奖励的问题。前线文工团同意付给我六万元。作为对我的工作的奖励。我以后不再找前线说这件事。等到《许剧》结算时，前线领导及时把《许剧》安徽军区这个钱的结算情况通知我，我再去找懋伯兰公司要回我应得到的报酬。"南京军区文工团政委黄继胜在该承诺书上签字"拟同意"。上述承诺中"前线文工团"实为"南京军区文工团"。

一审法院认为：首先，懋伯兰公司并不否认书新豫媚中心联系到安徽军区的赞助款 30 万元。其次，本案双方当事人当庭均认可书新豫媚中心与南京军区文工团并无合作协议，且从南京军区文工团政委黄继胜签字的承诺书来看，南京军区文工团因书新豫媚中心联系到赞助款而向其支付 6 万元奖励并非基于双方的合同关系，故本案可以排除书新豫媚中心与南京军区文工团之间订有合作合同。此外，安徽军区的证明内容反映出，其之所以成为《上将

《许世友》电视剧的赞助单位是由于因懋伯兰公司向其发函以及书新豫媚中心负责人张明玉到部队联系工作所致。故此，综合上述证据可以认定安徽军区打入南京军区文工团账户内的赞助款显为书新豫媚中心为懋伯兰公司所联系的赞助款，至于该款为何未进入懋伯兰公司账户，结合本案安徽军区的证明可以看出，是由于军队内部规定不与地方发生经济往来，安徽军区因此将款直接打入《上将许世友》其他制片方南京军区账户。鉴于上述原因，则不难理解安徽军区未与懋伯兰公司直接签订合同的理由。综上，书新豫媚中心已然完成合同所约定的征集赞助单位的义务，懋伯兰公司应按赞助金额的40%向其支付款项，书新豫媚中心同意从中扣除南京军区文工团已付的6万元，该院对此不持异议。鉴于懋伯兰公司未按约支付款项，故尚应按合同约定向书新豫媚中心支付1%的滞纳金。书新豫媚中心要求懋伯兰公司支付差旅费，未向法庭提供相应证据，故该院对此不予支持。书新豫媚中心于本案中主张的利息并无事实与法律依据，该院对此亦不予支持。

综上，一审法院判决：懋伯兰公司于判决生效后七日内给付书新豫媚中心六万元及滞纳金六百元。

二审法院终审判决，驳回上诉，维持原判。

（五十一）

原告北京飞腾民俗旅游城有限公司与被告北京中北华艺影视文化传播有限公司、张国强、飞腾制作有限公司餐饮服务合同纠纷一案，北京市怀柔区人民法院2009年6月16日宣判，原告胜诉。

法院查明，2007年1月，被告中北华艺公司、张国强、飞腾制作公司签订《合约书》，约定三被告共同投资拍摄电影《天下第二》，该剧版权和票房收益由三方按照各自投资比例进行分配，投资风险由三方共同承担。为解决拍摄剧组的就餐问题，三被告与原告达成口头协议，剧组人员在原告开办的"芷园"餐厅就餐，待电影拍摄完毕后再由剧组结账。2007年1月3日至3月31日，《天下第二》剧组人员在原告开办的"芷园"餐厅就餐，餐费共计119 150.50元，但三被告拍摄完电影后一直未结账。

法院院认为：三被告于2007年1月签订的《合约书》虽然对各自的投资金额及负责事项进行了约定，但该约定只具有对内的效力，而不能对抗本案原告的债权。被告提出原告主张的餐费已超过诉讼时效，因当时原被告双方口头约定在电影《天下第二》拍摄完毕后再结账，而原告在2009年3月3日即向法院提起诉讼，故原告的起诉未超过2年的诉讼时效。因三被告未按约定及时给付餐费，对于原告由此产生的利息损失三被告亦应予以负担。

综上所述，法院判决三被告于本判决生效后十日内给付原告北京飞腾民俗旅游城有限公司餐费十一万九千一百五十元五角并支付利息，三被告互负连带责任。

（五十二）

原告环宇邮电国际租赁有限公司与被告大连三环影视器材有限公司融资租赁合同纠纷案，北京市东城区人民法院2008年12月4日宣判。

法院经审理查明，2006年2月7日，原告与被告签订融资租赁合同。双方约定，由原告购买被告选定的设备，由被告向原告承租该设备。租金为固定租金，预付租金为540 000元，第一期至34期各为27 056.77元，人民银行基准利率调整时，租金利率也要作相应调整。租赁手续费为61 932.04元，留购价格100元。被告迟延支付租金时，被告应支付迟延利息，迟延利息的计算期间自约定的到期支付日至实际接收支付日，利率为每日0.04%。被告如出现停止付款、不能付款、不能履行情况时构成违约，原告有权宣布被告不再享有按期还款的权利，要求被告立即偿还租金、规定的损失金额、留购价格及协议规定的其他款项。2006年2月7日,原告与新锐公司签订买卖合同,由原告向新锐公司购买被告指定的设备,并由新锐公司将设备交付被告。后因被告只支付11期租金,原告曾多次给被告发出付款通知书,要求被告支付租金。2008年11月10日,被告通过电汇方式给付原告租金27 883.31元。

法院认为,原告已按约定向供货方支付设备款,被告亦收到供货方所供设备,并进行了验收。原告已履行了自己的合同义务,而被告在交付预付租金后,仅支付了部分租金,且经原告多次催要,仍未支付拖欠租金,被告的行为已构成违约,理应承担相应的违约责任。原告依融资租赁合同的约定要求被告支付全部租金、留购价格及利息,与法不悖,本院应予支持。被告虽以租赁物存在质量问题,原告未能保证设备的维修为由,不同意原告的诉讼请求,但根据法律规定,承租人应当履行占有租赁物期间的维修义务,故本院对被告的抗辩理由不予支持。

综上,法院判决:一、被告大连三环影视器材有限公司于本判决生效后十日内给付原告环宇邮电国际租赁有限公司租金六十二万四千四百四十五元零三分及留购价格一百元;二、被告大连三环影视器材有限公司于本判决生效后十日内给付原告环宇邮电国际租赁有限公司利息六万三千二百三十元三角二分。诉讼费一万零九百五十七元,由被告大连三环影视器材有限公司负担(于本判决生效后七日内交纳)。

(五十三)

原告上海永乐电影电视(集团)公司与被告古榕委托创作纠纷一案,二审宣判。

1999年2月1日,以原告为甲方、被告为乙方就拍摄电影《孔乙己》签订了一份《合同书》,约定甲方将乙方编剧的电影文学剧本《孔乙己》拍摄成故事片,甲方聘请乙方担任编剧、导演和制片主任,全权负责影片的艺术创作和摄制组的组建管理及拍摄经费的使用。甲方向乙方拨款人民币550万元摄制经费,由乙方采取经济风险责任制的方式进行影片的制作。乙方的责任是必须在人民币550万元的摄制经费内完成剧本内容的摄制直至完成影片标拷的生产。影片经费如超支,由乙方自行负责解决(包括以乙方财产充抵)。甲方同意乙方刻制"上海永乐电影电视(集团)公司《孔乙己》摄制组"组章一枚,由乙方盖章签字与摄制组成员及合作单位签订合同,具有法律效力。甲方在人民币550万元的拍摄经费中支付乙方编剧酬金人民币10万元、导演酬金人民币10万元、执行制片人酬金人民币5万元。

合同签订后,原告于1999年2月11日至8月17日向被告支付了人民币550万元的摄制经费。原告报电影局审查后,影片《孔乙己》改名为《鲁镇传说》,并办理了《故事影片单片摄制许可证》。被告完成了系争影片的前期拍摄工作,后因追加拍摄经费问题,双方发生纠纷,被告不再履约,原告遂于2000年11月至2001年9月自行组织进行影片的后期制作。2001年8月17日,电影局向原告颁发了电影《鲁镇传说》的公映许可证。

上海市高级人民法院委托上海新中创会计师事务所有限公司对被告拍摄影片《鲁镇传说》的制作费用及原告对该片的后期制作费用的总额分别进行审计,结论为:从1999年2月至12月,被告在影片的拍摄制作过程中向原告上交的财务单据共计人民币4 798 183.76元,原告为影片的后期制作共支出人民币885 898.14元。

另查明,被告在拍摄电影《鲁镇传说》期间,曾以摄制组的名义向阿荣公司租赁摄影器材,因拖欠部分租赁费,阿荣公司向上海市徐汇区人民法院起诉本案原告,该院于2001年10月23日判决本案原告偿付阿荣公司租赁费人民币54 820元及违约金人民币1 096.40元,并承担诉讼费人民币2 103元。该判决已发生法律效力。

本院认为，根据合同约定，原告有义务向被告提供人民币550万元的拍摄资金，而被告则必须在人民币550万元的摄制经费内按时完成电影《鲁镇传说》的拍摄直至完成影片标拷的生产，如超支，由被告自行负责解决，包括以被告财产充抵。合同订立后，原告足额向被告支付了摄制经费，但被告在完成影片的前期制作后借故不再继续履约，至今未交付制作完成的影片，故被告的行为已经构成违约，应当承担违约责任。原告为使影片早日公映，自行组织进行影片的后期制作所支出的费用共计人民币885 898.14元，现原告只主张其中的人民币704 250元，以及原告被法院判令向阿荣公司偿付的摄影器材租赁费、违约金和承担的诉讼费共计人民币58 019.40元，上述款项合计人民币762 269.40元，本应由被告在摄制经费中支付，现由于被告的违约行为造成原告的额外损失，故根据合同约定，应由被告偿还给原告。被告未到庭参加诉讼，理应承担对其不利的法律后果。

原告要求被告交付电影《鲁镇传说》的全部素材，即原始样片、声带，而原告未举证证明被告处有样片、声带，且合同中也未明确约定被告要向原告交付电影的素材，故对原告的该项诉讼请求，本院难以支持。针对原告要求被告交付拍摄制作费发票缺额人民币701 816.24元或者退还人民币701 816.24元的诉讼请求，首先，被告是在人民币550万元的摄制经费内采取经济风险责任制的方式进行影片的制作，故原告要求被告退还人民币701 816.24元的诉讼请求缺乏合同依据，本院不予支持；其次，原告也未举证证明除了影片前期制作费用人民币4 798 183.76元以外，被告处还有其他票据存在，故对原告要求被告交付拍摄制作费发票缺额人民币701 816.24元的诉讼请求亦无法支持。此外，原告还要求以人民币550万元为基数，由被告向原告支付1999年9月1日至2001年4月30日的银行同期存款利息，偿付因被告违约给原告造成的损失，但由于被告按约应当交付原告的是制作完成的影片而非货币，故原告要求被告以迟延给付货币要支付利息损失的方式承担违约责任与合同约定不符，本院亦不予支持。

综上，二〇〇三年五月二十二日，上海市第一中级人民法院判决：一、被告古榕于本判决生效之日起10日内偿还原告上海永乐电影电视（集团）公司人民币762 269.40元；二、原告上海永乐电影电视（集团）公司的其余诉讼请求，本院不予支持。本案受理费人民币18 939元，由原告上海永乐电影电视（集团）公司负担人民币10 854.82元，被告古榕负担人民币8 084.18元。

一审判决后，古榕不服，向上海市高级人民法院提出上诉。上海市高级人民法院终审裁定，驳回上诉，维持原判。

（五十四）

违约辞退演员，《牡丹亭》剧组被判赔10万元。

北京中视精彩影视文化中心以演员田某未参加剧组召开的剧本研讨会，田某经试妆形象不适合饰演"杨婆"一角，辞退田某。田某以中视中心违反双方签订的演员承揽服务合同书的约定，单方与其解除合同为由，诉至法院。2010年6月11日一中院终审此案，法院判决中视中心赔偿田某10万元。

2009年8月，中视中心作为甲方与乙方田某签订演员承揽服务合同书，合同约定："甲方拍摄电视剧《牡丹亭》，乙方同意饰演该剧中'杨婆'这一角色；全剧合计应支付田某酬金20万元；乙方因自身原因不能履行本合同规定的义务的，甲方可以通过书面形式通知乙方解除本合同；若未出现合同解除情形，甲方单方面解除合同，甲方应向乙方支付尚未支付的酬金。"

合同签订后，中视中心给付田某酬金2万元。后因田某未参加剧组召开的剧本研讨会，导演、制片人等认为田某形象不适合剧中"杨婆"要求，故未在电视剧《牡丹亭》当中使用田某，亦未向田某支付剩余酬金18万元。田某诉至法院。

法院审理认为，中视中心如欲与田某解除双方签订的合同书，在形式上应当采取书面的形式，在实质上应当证明田某不能胜任本职工作。本案中田某是否参加剧本研讨会不是双方事先约定的合同必然解除条件，中视中心在与田某签订演员承揽服务合同书之前对田某的基本条件应当有所了解，故中视中心以田某未按通知参加剧本研讨会及其形象不适合饰演"杨婆"一角为理由，口头与田某解除了双方签订的演员承揽服务合同书的行为，属于违约行为，中视中心就此应当承担违约责任。但是双方约定的违约金数额即剩余酬金18万元过高，法院终审判决中视中心赔偿田某10万元。

（五十五）

无理讨要动画设备租金，两审连连败诉。

北京张琦动画制作工作室有限公司与北京大陆时间线文化传播有限责任公司约定，由张琦动画公司使用大陆时间线公司的高清剪辑设备机房进行剪辑工作，由张琦动画公司的张琦对音效、配音等剪辑提出要求，大陆时间线公司提供操作员1名，按照张琦的要求进行操作，双方约定每天按10小时计算，每天1 100元。张琦动画公司于2007年1月5日开始使用。2007年2月4日，张琦动画公司与大陆时间线公司发生争议，大陆时间线公司认为张琦动画公司长期占用机房而不使用设备，造成其无法向第三方出租设备，故要求张琦动画公司支付租赁费，停止使用设备，输出带子。张琦动画公司自2007年1月5日至2月4日使用大陆时间线公司提供的设备共计182小时。双方协商，大陆时间线公司同意张琦动画公司支付8 000元，张琦动画公司同意输出带子。2007年2月4日，在张琦动画公司张琦、张立甫的监督下，大陆时间线公司合成了磁带，并交付给张琦动画公司。

一审法院判决认定，故张琦动画公司要求大陆时间线公司返还租赁费8 000元、赔偿1万元经济损失的诉讼请求，缺乏事实及法律依据，该院不予支持，判决驳回北京张琦动画公司的诉讼请求。张琦动画公司不服，提起上诉。

2009年4月28日，北京市第二中级人民法院判决，驳回上诉，维持原判。

（五十六）

电影《左麟右李》制作与发行纠纷案历经二审，终审宣判，北京中影第一电影制片有限公司败诉。

2005年8月12日，北京中影第一电影制片有限公司（甲方）与中国香港艺能娱乐（国际）有限公司（乙方）签订了合同，约定双方联合摄制一部放映时间为100分钟的35mm彩色故事影片《左麟右李》，投资额为800万元，其中艺能公司投入580万元，中影公司投入220万元。中影公司的投资额度为对该片的最终投资标准，无论任何情况下，中影公司不再以任何形式追加投资，艺能公司承担该片超支所需资金，但该片超支不影响该片各方的分配比例，即艺能公司占72.5%，中影公司占27.5%。该片的发行分配为海外及中国香港、澳门、台湾地区的发行收入归艺能公司所有，中国大陆地区的发行收入在中影公司所拥有的版权权益下的归中影公司所有，根据中影公司在国内发行情况，由艺能公司提供主要演员参加发行活动。付款方式：甲方负责支付该片在国内拍摄的总制作预算内所指的支出项目，在国内以人民币结算。

2006年6月1日，艺能公司在中国香港、新加坡等中国大陆以外的地区首映影片《左麟右李》。2006年6月8日，中影公司在中国大陆首映该片。

2006年9月18日，中影公司向艺能公司说明，影片《左麟右李》在国内发行后由于各种原因其发行收入只收到30万元发行保底费，音像因盗版影响收入，音像比原来降价，只收到40万元。现其已支付摄制费160万元，税后亏损，鉴于以上情况，中影公司在亏损的情况下不能再支付艺能公司款项。

二审法院认为，根据双方的协议约定，艺能公司应于2006年5月8日提供影片的素材资料，但艺能公司未能在此时间提供全部的影片素材资料，造成影片国内上映时间延迟，但以上情况中影公司是明知的且影片通过了主管部门的审查。另，双方所提供的证据均不能证明艺能公司提供的素材资料是否存在质量问题。在2006年5月25日，国家广播电影电视总局电影管理局对影片《左麟右李》通过审查并于2006年6月8日在国内公映的情况下，中影公司以艺能公司提供的素材资料存在质量问题作为其造成损失而拒付投资款的上诉理由不成立，本院不予支持。关于中影公司所提518 634.27元经济损失的问题。中影公司所提经济损失的证据除证据11外，均是中影公司单方提供的或未注明影片名称的证据材料，本院不予认可。

2008年10月13日，北京市高级人民法判决，驳回上诉，维持原判，即中影公司于判决生效之日起七日内向艺能公司偿付欠款本金75万元并支付自2006年6月6日起至实际给付之日止上述逾期付款的利息损失（按日万分之二点一计收），驳回中影公司的反诉请求。

（五十七）

私自截留电影《女头人》过账款，云南民族电影制片厂败诉。

原告和金玉为摄制和运作电影《女头人》，向怒江州有关部门及丽江古城管理公司融资。其后怒江州委办、怒江州政府办、怒江州民委和丽江古城管理公司各出资20万元，共80万元，并将上述款项汇往被告云南民族电影制片厂账户。由于上述款项是过账款项，出资单位请被告将此款汇入原告指定的账户，现上述款项按原告的要求已支出60万元。2004年元月19日，被告将怒江州委办公室所汇20万元转拨至云南广播电影电视制作中心。2007年6月19日，怒江州委办公室向被告出具证明，请被告将该款汇至原告指定账户，并明确具体事宜由原告和刘跃辉前来办理。

一审法院认为：本案所涉款项80万元是原告融资而来，根据出资单位怒江州政府办出具给被告的函，该款项用于摄制运作原告创作的电影剧本《女头人》，出资单位同时请求被告将此款汇入原告指定账户，具体事宜由原告前来办理。在原告持怒江州政府办公室的函到被告处支取款项时，被告亦认为该款系过账款项，应按来款单位的要求进行处理。其后，被告按原告确认的方式支付了60万元，由此可以确定，原告对上述款项具有支配权，在被告未按其要求支付款项时，原告有权提起诉讼。被告以原告非上述款项所有人进而认为原告不具有诉讼主体资格，其主张与事实相悖，本院不予采纳，由于本案讼争的款项属于过账款项，被告在其中只起代保管的作用，负有按出款单位意愿或出款单位指定受益人的要求支付款项的义务。对于本案争议的怒江州委办出资的20万元，现出资单位怒江州委办明确请求被告将款项汇往原告指定账户，与原告的请求相一致，故本院对原告的诉讼请求予以支持。据此，判决：被告云南民族电影制片厂在本判决生效后十日内将怒江州委出资的20万元款项汇入原告和金玉指定的账户。

一审判决宣判后，云南民族电影制片厂不服，提起上诉，昆明市中级人民法院2007年12月13日判决，驳回上诉，维持原判。

（五十八）

拖欠租来的设备逾期不还，历经二审终败诉。

2007年9月18日，北京普通人影视策划有限公司（以下简称甲方）与北京中影鑫瀚影视文化传播有限公司（以下简称乙方）签订器材租赁合同书，约定：甲方将摄影器材、灯光器材、后期设备等器材出租给乙方使用；乙方租用器材只限于从事合法的制片活动及相关工作。2007年9月29日，普通人公司将合同约定的租用器材交付中影公司。合同到期后，中影公司未归还普通人公司上述租赁器材，亦未按照合同约定支付租金。

北京市通州区人民法院一审认为：合同签订后，普通人公司向中影公司交付全部租赁物，但中影公司未依约支付租金，属违约行为，应承担相应的违约责任。故普通人公司要求中影公司返还租赁物，并支付租金500 000元及逾期付款利息31 500元的诉讼请求，有事实及法律依据，法院予以支持。根据该器材租赁合同约定，租赁期限至2008年1月31日止。由于中影公司未依约归还租赁设备，给普通人公司造成了损失，故中影公司应自2008年2月1日起按合同约定的租金标准向普通人公司支付租赁物使用费。因此，判决：一、北京中影鑫瀚影视文化传播有限公司返还北京普通人影视策划有限公司租赁设备；二、北京中影鑫瀚影视文化传播有限公司给付北京普通人影视策划有限公司租金五十万元及逾期付款利息金三万一千五百元；三、北京中影鑫瀚影视文化传播有限公司支付北京普通人影视策划有限公司租赁物使用费一百二十五万元。

中影公司不服一审法院判决，提出上诉。

北京市第二中级人民法院审理认为，中影公司提出酌减租赁费，依据不足，本院不予支持。中影公司上诉提出中影公司迟延返还租赁物是由于普通人公司的负责人杨振盛私自将中影公司拍摄完成的成品拿走，造成中影公司重新拍摄及普通人公司在得到通知后迟延受领租赁物的原因造成的，因杨振盛取走摄制成品是基于杨振盛与中影公司的法定代表人陈磊存在其他合作关系，与本案租赁合同关系无关，应另行解决。因中影公司未提供任何证据证明其与普通人公司就合同延期达成了一致意见，故中影公司未依约支付租赁费及在合同到期后拒不返还租赁物构成违约，普通人公司要求中影公司给付合同期内的租赁费及该租赁费的逾期付款利息损失并无不当。对于超过合同期的使用费，鉴于中影公司占用普通人公司的租赁物不予返还，客观上给普通人公司造成了损失，且中影公司对不能返还租赁物负有主要责任，故中影公司应给付普通人公司占用租赁物期间的费用。普通人公司参照合同约定的标准向中影公司主张10个月的使用费并无不当，本院予以支持。因中影公司与普通人公司在二审期间就租赁物的返还已执行完毕，该项内容无需再进行判决，故一审法院关于返还租赁物判决内容应予撤销，其他各项判决内容予以维持。

综上，中影公司的上诉理由不能成立，本院不予采信。2009年5月25日，北京市第二中级人民法院判决：维持一审判决的第二项、第三项，撤销一审判决的第一项，驳回北京普通人影视策划有限公司的其他诉讼请求。

（五十九）

新加坡公司讨要动画电影硬盘胜诉。

2007年7月30日，原告新加坡CUBIX AND KOSMIC PTE LTD（CKPL公司）与北京龙马世纪国际文化有限公司龙马公司签订《合作协议》，约定以后者创作的"Century Sonny"（《精灵世纪》）为素材蓝本，共同创制一部3D动画电影，并在全球发行。《合作协议》对授权、分成等进行了约定，但对电影制作的流程未作明确约定，导致双方在素材、剧本交接等环节出现分歧。2007年12月14日，龙马公司向CKPL公司提出建议，拟对相关条款进行修改，CKPL公司于同日回函，指出在中国大陆的所有收入为龙马公司的收入，中国以外地区的电影分销将以CKPL分销区的方式通过分销商进行代表。

庭审中，双方认可，CKPL公司派人到龙马公司，双方合作将《精灵世纪》动画片连续剧压缩、剪辑成5只硬盘，现5只硬盘存放于龙马公司处。

综上，2008年12月17日，北京市第二中级人民法院，判决北京龙马世纪国际文化有限公司向CKPL交付承载有双方合作之《精灵世纪》动画片压缩、剪辑内容的5只电脑硬盘，驳回CKPL其他诉讼请求。案件受理费八万七千四百三十一元，由CKPL负担八万元（已交纳），由北京龙马世纪国际文化有限公司负担七千四百三十一元（于本判决生效后七日内交纳）。

（六十）

演员黄海冰"脚踩两只船"，被判退还30万元片酬。

因拍摄电视剧《岁月骄阳》时离开剧组去完成新《水浒传》的剩余拍摄任务，演员黄海冰被瀚潮传媒公司以合同纠纷诉至北京市朝阳区人民法院，原告广州瀚潮影视传媒公司要求黄海冰返还50万元劳务费、10万元违约金、赔偿实际经济损失495 614.6元。

原告聘请黄海冰出演该剧本的第一男主角，聘用期限从4月20日至7月20日中的75个工作日，按合同约定两次共支付了50万元劳务费。因黄海冰在《水浒传》的拍摄任务尚未完成，瀚潮传媒公司曾给予其3天的时间离开剧组去完成其他片约。5月27日，黄海冰离开剧组，导致剧组计划大乱，拍摄工作不得不停止。另外，黄海冰的行为影响了剧组参展上海电视节的宣传安排，剧情宣传片重新制作费用增加了剧组的额外开支。黄海冰离开剧组致使之前拍摄的戏份都作废，重新拍摄不仅增加了剧组的收入而且拖延了拍摄的时间。经与黄海冰多次协商未果诉至法院。

庭审过程中，黄海冰的代理人表示，《岁月骄阳》剧组是蓄谋炒作，恶意违约。黄海冰曾多次和剧组协商休息时间去完成《水浒传》的拍摄任务，但剧组并不应允。黄海冰当场提出反诉申请：要求瀚潮传媒公司承担违约责任、承担214 186元劳务费、承担20万元违约赔偿金。

2010年9月7日，北京市朝阳区人民法院一审宣判：黄海冰退还广州瀚潮影视传媒公司30万元，驳回原告其他诉求，黄海冰被认定无违约责任。黄海冰反诉要求瀚潮公司承担违约责任的诉讼请求未被支持。

（六十一）

女演员郝蕾讨薪案，二审宣判，获赔30万元。

因被《永不瞑目》摄制组单方解聘，演员郝蕾认为此行为给其个人带来巨大经济损失，郝蕾因聘任、聘用合同纠纷将江苏省广播电视总台（集团）诉至法院，要求其给付劳动报酬及合同损失210元及利息损失。

郝蕾诉称，2009年10月21日，其与江苏省广播电视总台（集团）下属卫视频道《新永不瞑目》摄制组签订《演员影视剧聘用合同书》。该合同约定，由其担任该剧第一女主角"欧庆春"，报酬为300万元。郝蕾指出，拍摄过程中，其演技和工作一直是得到大家认可的，江苏省广播电视总台（集团）按合同约定先行支付了部分报酬90万元，但在电视剧摄制工作进行到过半的时候，在没有任何征兆的前提下，突然收到通知，称其违反了合同约定，决定解除合约。

2010年4月，北京市朝阳区人民法院审理后认为，江苏广电的现有证据不足以证明郝蕾存在严重违约行为，其单方面解除合同不符合相关法律规定，郝蕾在离开剧组前基本完成了预定的拍摄任务，应按其实际工作量酌定报酬。据此，判决江苏广电给付郝蕾劳务报酬30万元，江苏广电的全部诉讼请求则被驳回。

一审宣判后，原告、被告均不服，提起上诉。北京市第二中级人民法院终审判决，驳回上诉，维持原判。

（六十二）

耗时八年，历经二审，张泽宇讨要电影《金陵之夜》导演署名权胜诉。

北京市海淀区人民法院查明，被告北影厂1984年3月、7月两次以书面形式确认钱江、张泽宇为影片《金陵之夜》导演，此期间张泽宇已参加了该片摄制组筹备，分镜头剧本编写等前期工作。同年8月，在武汉外景地拍片时，为调查其生活作风问题，张泽宇被武汉市水塔街公安派出所传讯。1984年11月26日，北影厂撤销张泽宇导演职务，并在影片摄制完成后，取消了张泽宇在影片职员表中的导演署名。

法院认为，张泽宇被北影厂任命为影片《金陵之夜》导演后，参加了编写导演分镜头剧本等前期创作活动，实际从事了影片的部分拍摄和执导工作，履行了影片导演的部分职责，后虽被北影厂依行政职权撤销导演职务，但张泽宇在履行导演职务期间从事了智力创作劳动，且该劳动在影片摄制过程中有相当比重，基于导演工作的性质，张泽宇参加创作活动的那部分工作成果，因其个人劳动不能从整个摄制组工作中分离出来，而最终被完成影片所采用，故影片《金陵之夜》有张泽宇的智力创作劳动。劳动者的劳动成果应该归劳动者所享有。我国法律保护公民依法从事智力创作活动，保护公民依法应当享有的劳动成果权。北影厂有权依职责对张泽宇的有关问题做出行政处理，但忽视张泽宇在影片《金陵之夜》中从事的智力劳动，取消基于该劳动而应当享有的导演署名，侵害了张泽宇的民事权益，北影厂应承担停止侵害，赔礼道歉，恢复署名，给付合理酬金，赔偿合理经济损失的责任，张泽宇所称其应得到9万余元经济赔偿要求过高于法无据，本院不予支持。1985年，北京市海淀区人民法院做出（1985）海民初字第912号一审判决：（1）本判决生效后10日内，被告北京电影制片厂在《中国电影周报》刊登经法院审核的启示，向原告张泽宇赔礼道歉，恢复其在影片《金陵之夜》中的导演署名权。今后，该片如再印拷贝，被告北影厂须在片头字幕中为张署名。（2）被告北影厂给付张分镜头剧本酬金人民币70元。（3）被告北影厂赔偿张经济损失人民币300元。

北影厂不服一审判决，提起上诉。

历经八年审理，1993年，北京市中级人民法院做出（1993）中民终字第1162号调解书：（1）由北影厂主管艺术的副厂长向张泽宇口头赔礼道歉，今后影片《金陵之夜》如再印拷贝被告北影厂须在片头字幕导演栏中为张署名。（2）北影厂补偿张经济损失2 000元。

本章综评

落实投资后，就进入制作阶段了。影视制作，就是演职员利用专业影视器材进行的艺术创作活动，一般先完成前期拍摄，再进行后期制作。影视制作，既包括脑力劳动又包括体力劳动，既有艺术性又有技术性，既需要大量人力也需要大量物力。影视剧组的临时性、多源性、集体性、流动性、离散性十分突出，从业者素质普遍不高，故而容易引发各种纠纷，甚至发生第十二节那样的人员伤亡。

通常，影视剧组中的核心人物是主演尤其明星、导演、制片人，由此史上曾有"明星制"、"导演组中心制"和"制片人中心制"三种不同的剧组架构范式，各有利弊，互有短长。从剧本编创到选定导演，从建组到撤组，从开机到关机，从大腕到小工，从前期到后期，本章这12节和"类案集萃"中的62则案例，除了著作权纠纷外，还有劳动/劳务/雇佣/雇用合同纠纷，还有人身伤亡事故，还有租赁/融资租赁/担保、设备购销与抵押纠纷，不一而足，全面展示了影视制作环节各类诉讼产生的根源及其典型形态。

影视制作人员签订合同，必须明确自己的身份，搞清主体资格，澄清基本法律关系。尽管张艺谋在艺术上造诣深厚，但其法律知识的储备显然不足，他与雇主"新画面公司"之间的合同定性不清，界定不明，这是导致其被欠薪的根源。他不是简单的员工，他与该公司不是简单的聘用关系，而是合伙关系，但他却不持该公司的股份，怎么可能顺理成章、正大光明地分享每一个项目的利润呢？第一节里的这两对夫妻，身份更多杂，关系更复杂，真是乱成了一锅粥，怎么可能把影视项目、影视公司经营得井井有条呢？所以，身份——是本章最耀眼的关键词，足以引发影视业内外持久而深入的探讨。

和张艺谋不同的是，第六节中的张绍林和第十三节中的王瑞、窦琪、沈悦、周晓文、谭友业只是导演，他们身份单一，关系单纯，讨要的只是工资/劳务费/片酬，相对处于弱势，自然会得到法院的更多支持。

演员尤其明星，无论是台前幕后还是戏里戏外，始终都是引人注目的焦点。本章第二节里的李保田，第十二节里的高虎、王伯昭、王挺，第十三节里的王志文、吴卫东、刘威、张铁林、常远、王志飞、赵薇、温兆伦、张国强、黄海冰、郝蕾特别是金巧巧，有的奸诈跋扈，有的执着顽强，有的精明世故，有的懵懂冥顽，法院的判决自然各不相同。但是，抚案沉思，掩卷深覃，演员如果不能做到淡泊名利，怎会德艺双馨；如果不把人生的戏演好，怎能把荧幕上的戏演好？《朱子家训》乃至《易经》早已警戒："德不配位，必有灾殃。"法律代替不了道德，自爱、自省、自重、自律才是一个演员能够永远活在受众心中的唯一捷径，不二法门。

电影、电视艺术与文学的一个重大区别就是技术性强，影视制作时刻都离不开各种专业的机器设备。本章第十节、第十三节的（五十二）（五十五）（五十八）（五十九）揭示了影视器材租赁中的规则与忌讳。

《尚书·盘庚上》："若网在纲，有条而不紊。"只有做到身份明确、责权分明，才会管理好影视剧组。只有应准确的合同约束明星、导演、制片人等核心人，影视制作才会纲举目张，提纲挈领，井井有条，忙而不乱。

（杨新磊）

第四章　发行之争

第一节　违约"铁血战"

【上诉人，一审被告】中国香港沛润国际有限公司（以下简称沛润公司）
【被上诉人，一审原告】陈敦德
【被上诉人，一审原告】广西北海中鼎股份有限公司（以下简称中鼎公司）
【被上诉人，一审原告】广西桂林能源开发集团公司（以下简称能源公司）
【被上诉人，一审原告】广西农工产品购销服务中心（以下简称服务中心）
【被上诉人，一审原告】广西老年旅游公司（以下简称旅游公司）
【被上诉人，一审原告】广西桂林市海外旅游总公司（以下简称海外公司）
【被上诉人，一审原告】广西桂林长虹贸易公司（以下简称长虹公司）
【被上诉人，一审原告】广西宾阳县人民政府（以下简称宾阳政府）
【一审被告】南宁泰安物业发展有限公司（以下简称泰安公司）

【原告诉称】

陈敦德称，影片《铁血昆仑关》（以下简称《铁》）是广西电影制片厂（以下简称"广影厂"）根据广电部（03）电字第530号文的有关规定，委托我作为独立制片人以股份集资的方式拍摄的。原告中鼎公司等七家法人为共同出资者，共出资人民币1 300万元。影片完成后，于1995年2月27日取得广电部颁发的第072号发行许可证。1995年6月22日，原告陈敦德和股东代表杨学全代表原告方与沛润公司签订转让合同并依法公证，合同规定原告将其名下的影片权利转让给沛润公司，转让费1 300万元，以泰安公司在建的泰安大厦公寓楼第二、三、四层作为抵押担保。合同成立后，原告依约履行了义务，沛润公司未按合同约定付款，并提出解除合同。泰安公司在抵押期内擅自将抵押物另行抵押给他人，违反了担保义务。故，请求法院：一、判令沛润公司向原告支付1 300万元转让费；二、判令沛润公司支付逾期付款违约金（每日万分之五）；三、判令泰安公司对沛润公司的上述债务承担连带清偿责任；四、判令两被告承担诉讼费用。

【被告辩称】

被告沛润公司辩称，影片无法在国外发行是政治原因所致，国内发行权未获批准影响了国外发行，迫于此提出解除合同。被告泰安公司辩称，原告并非影片著作权人，也无影片发行资格，其无权从事影片交易活动，无权签订影片转让合同，也不具备签订涉外合同的资格，况且原告在签订合同时有欺诈行为，隐瞒了影片被取消在国内发行的情况，该转让合同应无效。主合同无效，担保合同也无效，泰安公司应免除担保责任。

【一审查明事实】

1995年6月22日，陈敦德以《铁》片制片人、杨学全以股东代表的名义作为甲方，沛润公司作为乙方，双方签订了《合同书》，规定甲方将享有的《铁》片发行权、影片副产品及相关全部权益转让给乙方，转让费1 300万元，于合同签字生效后一年内，乙方将发行收入1 300万元汇至杨学全指定的银行账户，在一年内未付清转让费前将属于乙方的泰安大厦公寓楼二、三、四层共3 792.52平方米按价值14 521 104元抵押。合同生效后，乙方享有国内外有限发行权，但国内发行权必须在广电部电影局有明确指示后才生效；发行期限两年，两年后至四年内如果还有发行利润按约定分成。国内外发行时间均以公映首映式之日起计算。双方不得随意修改、撤销、终止合同，一方违约，另一方有权要求赔偿经济损失，并承担由此引起的一切法律责任。双方还就提供影片素材、宣传品、更改影片字幕等作出了规定。合同签订后，双方依约办理了合同公证。合同成立后，沛润公司委托陈敦德出国代办发行事务。1996年6月，原告催付款之时，被告的董事长马相邕于同月6日给陈敦德、杨学全复函称，合同签约至今已近一年，严峻的事实说明意欲履行合同纯属主观愿望，提议双方不受合同约束。同月16日，陈敦德等人回函称，双方应严格按期履行合同。后因被告沛润公司未付款，原告遂向法院提起诉讼。

一审法院另查明：1993年2月27日，广影厂与陈敦德签订《关于独立制作故事片〈铁血昆仑〉的协议书》，约定由陈敦德以《铁》制片人资格组建筹备组，负责和开展有关资金与器材筹集、人员物色及剧本修改等工作，制片人陈敦德向广影厂交纳管理费人民币30万元，影片完成并经广电部电影局终审通过后，广影厂将此片的两年发行权交给制片人，拷贝由制片人自行发行，盈亏自负。二年后至四年内如果还有发行利润，双方对半分成；四年后，广影厂收回该片发行权。影片的副产品由制片人投资，利润40%归广影厂。1994年3月5日，陈敦德以摄制组名义与原告中鼎公司、能源公司、服务中心、旅游公司、海外公司、长虹公司、宾阳政府和广西柳州交通学校签订《关于股份集资摄制影片〈铁血昆仑关〉合同书》，约定由八家法人单位共同投资摄制，总投资额1 000万元。合同签订后，除广西柳州交通学校未投资外，其余七家单位共投资1 030万元。《铁》片拍摄完成后，于1994年12月1日取得影片上映许可证，许可在国内外发行。1995年2月27日，广电部电影局将该片的发行范围变更为国外发行。影片至今未举行公映首映式。

【一审判决】

一审法院认为，陈敦德是《铁》片的独立制片人，由其组建筹备组，中鼎公司等七家单位共同出资1 030万元拍摄完成。陈敦德依据与广影厂的协议，享有影片四年的发行权。在此期间，陈敦德和股东代表杨学全为及早收回投资，与沛润公司签订转让合同，双方具备签订合同的主体资格，签订合同时，沛润公司已经预计到受让该片发行权的风险，因此，双方在合同第2条第（4）项作出附条件支付利息的规定，原告无欺诈行为；合同内容也并未违反国家法律规定，合同是合法有效的，但合同第3条第（4）项关于国内发行权生效的规定，因至今尚未获准国内发行，国内发行没有生效。陈敦德享有国外发行期限至1999年2

月27日，沛润公司继续履行合同已成为不必要，该转让合同应予解除。沛润公司取得国外发行权而未举行上映首映式、未实际发行，过错责任在于沛润公司；国内发行权未获批准，双方是明知的，对此造成的损失原告应承担主要责任，沛润公司应承担次要责任。泰安公司提供的不动产房屋抵押担保未办理抵押登记手续，该抵押无效。

1998年12月31日，广西壮族自治区高级人民法院依照《中华人民共和国民法通则》第八十五条、第九十四条和《中华人民共和国著作权法》第十条、第十五条、国务院《电影管理条例》第十六条的规定，一审判决：一、解除陈敦德与中鼎公司等七家股东代表杨学全与沛润公司签订的转让合同；二、沛润公司赔偿原告经济损失650万元及利息（利息从1996年6月22日起按中国人民银行同期同类贷款利率计算），于判决生效后一个月内支付；三、沛润公司将收到原告影片宣传品等资料退还给原告。诉讼费85 723元，财产保全费70 520元，共计156 243元，由原告负担78 121.5元，由沛润公司负担78 121.5元。

【上诉人理由】

沛润公司上诉称：一审判决在认定事实及适用法律上均有错误，应当依法改判。理由主要是：一、陈敦德与沛润公司签订的合同书无效。原判认定陈敦德为"独立制片人"没有法律依据，自然人不能成为合法的"制片人"；陈敦德不是《铁》片的著作权人，亦不具有合法的代理权，不具备签订合同的主体资格，其他合同当事人也均不具备合法的从事影片交易的主体资格。《合同书》约定被陈敦德一次性卖断影片"全部投资股权"是无效约定，因实际出资人并非陈敦德，实际出资人与著作权人广影厂又无任何法律关系，故本案原告不享有任何投资股权。原判认定被陈敦德无欺诈行为与事实不符。二、原判认定沛润公司取得国外发行权而未举行上映首映式未实际发行负有过错责任，是错误的。陈敦德没有进出口贸易经营权，没有签订涉外合同的主体资格，他不能保证影片合法有效地公映及发行，因此，影片未发行的责任在于陈敦德。三、《铁》片尚无发行收入，即使按《合同书》第2条的规定，沛润公司亦无付款责任。四、合同书签订于《电影管理条例》生效之前，故一审判决适用《电影管理条例》是错误的。五、我国影片向海外发行的收入占该影片在国内发行收入的比例不超过10%，原审判令沛润公司赔偿650万元及利息，无事实和法律依据。

【被上诉人答辩】

陈敦德等答辩称：一审判决在事实认定和法律适用方面基本正确，但在认定陈敦德在国内发行权未获批准而造成损失上有过错，判决沛润公司承担经济损失的数额为650万元也存在明显的错误，请求二审法院依法改判沛润公司承担经济损失1 300万元及利息，驳回沛润公司的上诉请求。理由是：一、陈敦德是《铁》的"制片人"或可称"独立制片人"。二、《铁》片的著作权人是广影厂，陈敦德作为《铁》片的独立制片人，事前经广影厂的正式授权委托，在代理权限范围内与沛润公司签订合同书，事后也又经广影厂认可，故陈敦德具有签订合同书的资格；合同书是双方当事人真实意思表示，陈敦德并无任何欺诈行为；广影厂有权自办海外发行；合同书经公证部门公证，且双方已开始实际履行，故合同书合法有效。三、依照《合同书》第2条第2款的规定，沛润公司负有付款1 300万元之义务。

【二审查明事实】

一审查明的事实基本属实，当事人对此亦无异议。二审法院另查明：《关于股份集资摄制影片〈铁血昆仑关〉合同书》第 28 条约定:"《铁》片自办海内外发行四年内的发行权归摄制组即全体投资者所有。发行收益除按协议与广西厂分成外,实行按投资比例分成,各方利益共享,风险共担。""发行放映后的收入,首先按投资比例分配给各投资者。待达到原投资成本后,制片人参与分成。"《合同书》第 5 条第(3)项约定:"甲方视乙方需要,有义务按照乙方要求派员携片(或录影带)赴其他国家和地区作发行谈判放映,所需费用由乙方支付。"陈敦德称已依约将影片拷贝及宣传资料交给沛润公司,一审判决主文第四项亦判令沛润公司将《铁》片的拷贝及宣传资料退还陈敦德,沛润公司均未提出异议,本院对此予以确认。

【二审法院观点】

本案所涉主要问题是合同书的效力以及违反合同责任的承担两个问题。

一、关于合同书的效力问题。电影作品的"制片人",在著作权法意义上是指著作权人,本案《铁》的制片人为广影厂。广影厂与陈敦德在协议中约定陈敦德为"独立制片人"的概念,不是著作权法意义上的制片人概念,而是在国内电影制片投资方式向综合性多元化发展的改革过程中出现的俗称,意指影片投资与具体摄制组织者。这一俗称,不具有法律上的含义,故一审判决认定陈敦德为独立制片人,于适用法律并无意义。

广影厂作为《铁》片的著作权人,在不违反法律、行政法规规定的情况下,在协议书中所做的有关转让著作权中属于财产权的发行权及相关权益的约定有效。原广播电影电视部电影事业管理局于 1995 年 1 月 28 日发布的《影片交易暂行规定》对影片交易的主体资格虽有要求,但本案合同书约定的国内发行部分因所附条件尚未成就而未生效,国外发行部分为广影厂自办发行,也经过批准,且该规定属于行政规章,不宜作为认定合同效力的依据,故沛润公司关于合同无效的这一理由不能成立。

陈敦德基于代表实际投资单位的事实,与广影厂签订协议书取得了《铁》片一定期限的发行权,作为权利主体,其有权与上诉人签订合同,就《铁》片的发行与收益分配等事宜建立民事法律关系。沛润公司依据《影片交易暂行规定》主张陈敦德不具备签约主体资格的理由,如前所述,也不能成立。

中鼎公司等七家出资单位,是《铁》片的实际投资人。根据陈敦德与该七家单位签订的《关于股份集资摄制影片〈铁血昆仑关〉合同书》的约定,各方共同享有《铁》片的四年发行权及相关权益。陈敦德及该七家出资单位作为一方,通过与沛润公司签定合同书,将所享有的《铁》片的有关权利及权益一次卖断给沛润公司,双方均具备签订合同书的主体资格。陈敦德在合同书中所做的将投资股权一次性卖断给沛润公司的约定,也属有效约定。至于陈敦德是否享有《铁》片的著作权或代理发行权,并不影响其签订合同书的主体资格。七家出资单位基于投资及与陈敦德的约定而享有的《铁》片的相关财产权利,并不必须以与广影厂存在法律关系为前提。沛润公司主张合同无效的这一理由,也不能成立。

由于沛润公司主张陈敦德具有欺诈行为未提供证据证明,而合同双方对国内发行权转让的约定又是附条件的,难以印证沛润公司所述陈敦德具有欺诈行为的事实,因此,沛润公司主张合同书为无效合同的理由均不成立。一审判决认定合同书为有效合同,正确。

二、关于违反合同责任的承担问题。根据合同书的约定,陈敦德只负有在乙方提出要求且支付费用的前提下,协助沛润公司办理发行事务的义务。电影制品的出口属于国家专项许可制度管理的范围,与实物商品的进出口贸易管理制度并无直接联系。陈敦德有无进出口贸易经营权与影片能否在国外公映及发行也无内在的必然联系,故一审判决认定沛润公司对取得国外发行权而未实际发行负有过错,正确;沛润公司认为责任在于陈敦德的理由,不能成立。

合同书实际上是一份发行权及相关权益的有偿转让合同,合同明确约定转让费用即卖断费用为1 300万元人民币。沛润公司主张其付款义务须以有发行收入为前提,既不符合合同书的约定,也与一般有偿转让合同的权利义务内容不相一致,该上诉理由不予支持。

根据合同书对国内发行权所做的附条件约定,该合同应当分为国内权利和国外权利两个部分:国内权利转让因《铁》片未获准国内发行没有生效,国外权利转让自合同成立时起生效。陈敦德已将影片拷贝及宣传资料交给沛润公司,说明国外权利转让合同已实际履行。根据协议书关于发行权转让期限的约定以及原广播电影电视部电影事业管理局于1995年2月27日核发的影片上映许可证,陈敦德享有国外发行权的期限至1999年2月27日,一审法院认为沛润公司继续履行合同已成为不必要、该转让合同应予解除,是正确的。目前,由于《铁》片的发行权已经回归广影厂,合同标的已不存在,故合同书已经自然终止。沛润公司认为我国影片向海外发行的收入占该影片在国内发行收入的比例不超过10%,但没有提供证据证明,且陈敦德等人在与沛润公司约定的期间由于权利转移给沛润公司,别无其他收益,其损失巨大,故原审判令沛润公司赔偿650万元合理,沛润公司不服原判赔偿额的上诉理由,没有充分的事实依据,本院不予支持。

《电影管理条例》为国务院于1996年6月19日发布,合同书签订于1995年6月22日,一审判决引用《电影管理条例》的条款属于适用法律不当,应予纠正。

综上,沛润公司的上诉理由除原审适用法律不当成立外,其余均不成立,其上诉请求应予驳回。陈敦德在答辩时请求改判沛润公司承担经济损失1 300万元及利息,但因陈敦德未对一审判决提出上诉,故本院对此不予审理。一审判决认定事实基本清楚,虽然在适用法律上有不当之处,但并不影响案件的实体判决。

【终审判决】

2001年1月2日,最高人民法院(审判长:蒋志培)依据《中华人民共和国民事诉讼法》第一百五十三条第一款第(一)项的规定,终审判决:驳回上诉,维持原判决。二审案件受理费85 723元,由上诉人沛润公司承担。

【学者评述】

合同不可轻易签,公章不可随便乱盖,名字不可四处乱签。所有这些,均是法律意义上的承诺,必须承担法律责任,若违约更得承担赔偿责任。陈敦德的敬业与执着令人钦佩,他,一个人能说服近十家单位出资,非常不容易,不简单,足以表明其深谙电影专业和市场规律,理应得到尊重和肯定。中国香港商人的浮华,世人有目共睹,这记响亮的耳光,但愿能震慑香港影视界。不过,《铁》片为什么未获国内公映许可,除了政治原因和宣传导向外,难道没有我国电影管理体制上的弊端吗?尤其,什么样的电影、电视剧作品才有条件获准海外发行,海外发行影视作品究竟有无必要需国家广播电影电视总局审批?笔者以为,这些问题十分值得探讨。

(杨新磊)

第二节 "关心"未能"拯救"

【上诉人，原审被告，反诉原告】 中国关心下一代工作委员会
【被上诉人，原审原告，反诉被告】 贵州特色药业公司

上诉人中国关心下一代工作委员会（以下简称中关工委）因著作权转让合同纠纷一案，不服北京市第二中级人民法院（2002）二中民初字第5047号民事判决，向北京市高级人民法院提起上诉，现已审理终结。

北京市第二中级人民法院认定：中关工委的下属机构未来艺术中心受中关工委的委派，以该中心的名义与北京电影学院电视剧制作中心根据双方于1999年9月27日签订的合同，联合摄制了电视剧《拯救爱玛》。

1999年11月15日，未来艺术中心以自己的名义与特色药业公司签订《电视剧版权转让协议书》，主要约定：该中心同意将电视剧《拯救爱玛》在贵州省、福建省、甘肃省的播映权转让给特色药业公司；特色药业公司支付转让费20万元；三省电视台的播映由该中心负责联系，特色药业公司签约，与电视台的协议中必须保证特色药业公司充分享有约定的权利；如三省电视台不能满足特色药业公司的权利或不能播映该剧时，该中心必须将20万元转让费如数退还特色药业公司；如只有其中一个省电视台不能播映时，该中心应退还特色药业公司转让费7万元；特色药业公司享有上述权利的时间为3年，自特色药业公司付款之日起算；协议的有效期自双方签字盖章之日起至特色药业公司享有权利满3年之日止。

协议签订后，特色药业公司于1999年11月25日向未来艺术中心支付了20万元转让费。未来艺术中心在协议签订后曾与北京成功广告公司协商过由该公司帮助其联系电视剧《拯救爱玛》的播出工作，该公司也曾介绍吉林中元文化传播有限公司代理该剧在电视台的播出事宜，但自特色药业公司汇款日起至今，该剧从未在贵州省、福建省、甘肃省的电视台播出。

北京市第二中级人民法院认为，未来艺术中心与特色药业公司所签协议合法有效。中关工委应对未来艺术中心实施的行为承担民事法律责任。未来艺术中心与特色药业公司所签协议中不仅约定该中心负责联系电视剧《拯救爱玛》在贵州、福建、甘肃三省的播出，而且明确约定如贵州、福建、甘肃三省电视台不能满足协议约定的特色药业公司享有的权利或不能播出该剧时，该中心必须退还特色药业公司20万元转让费。现特色药业公司已在双方协议签订后及时将20万元转让费电汇至该中心在银行开设的账户，至目前为止，已超过了双方约定的协议有效期及特色药业公司享有双方协议约定的权利的有效期，但电视剧《拯救爱玛》并未在贵州、福建、甘肃三省电视台播出，特色药业公司的合同目的无法实现。因此，中关工委应按特色药业公司与未来艺术中心所签协议的约定，将20万元转让费如数退还特色药业公司。对于特色药业公司要求中关工委承担其为诉讼支出的调查费、差旅费等合理费用的请求，将根据其请求的合理程度，酌情予以考虑。特色药业公司与未来艺术中心所签协议仅就电视剧《拯救爱玛》在贵州等三省电视台播出时的双方权利义务进行了约定，

并不影响该剧在其他地区、其他时间的播出或转让等问题,因此对中关工委关于特色药业公司自付款之日起享有该剧完整版权、使该剧的版权无法行使并造成中关工委及未来艺术中心经济损失或不利影响的主张及其反诉请求,不予支持。综上,依照《中华人民共和国民法通则》第三十六条第一款、第三十七条、第一百一十一条、第一百三十四条及2001年10月27日修正前的《中华人民共和国著作权法》第四十七条、《最高人民法院关于适用〈中华人民共和国民事诉讼法〉若干问题的意见》第40条、第41条之规定,北京市第二中级人民法院判决:(一)中关工委返还特色药业公司转让费二十万元;(二)中关工委赔偿特色药业公司合理支出费用一万元;(三)驳回特色药业公司的其他诉讼请求;(四)驳回中关工委的反诉请求。

中关工委不服原审判决,向本院提起上诉。其上诉理由为:1. 一审判决以特色药业公司合同目的未实现为由,判令中关工委退还转让费证据不足。我方已履行了联系播出的义务,但由于特色药业公司怠于行使权利,未去签约,致该剧未能播出,此系该公司自己违约所至,故其无权要求退还转让费。2. 一审判决以该电视剧同时可以在其他电视台播出为由,认定中关工委没有损失并驳回我方的反诉请求不符合客观事实,亦无法律依据。特色药业公司在合同约定的三省内占用该剧版权达三年,现要求退还转让费,使我方在此三年期间无法在此三省行使该剧版权,由此遭受的损失,应由特色药业公司赔偿。故要求二审法院撤销一审判决,驳回特色药业公司的诉讼请求。

特色药业公司服从原审判决。

本院经审理查明的事实与原审查明的事实相同。二审期间,中关工委向法庭提交了三份证据,证据一为甘肃图文电视台职员梁琨证言,证明中关工委曾找到甘肃图文电视台联系播出涉案电视剧事宜,后因特色药业公司认为该台播出范围小而未能签约;证据二为吉林中元文化传播有限公司与贵阳新光线广告有限公司于2002年11月13日签订的22集电视剧《欲望之海》播映协议复印件;证据三为吉林中元文化传播有限公司与福建体育频道电视台于2003年1月21日签订的23集电视剧《功夫小子》、58集电视剧《胜利女排》播映协议复印件。证据二、三证明中关工委曾与之联系的吉林中元文化传播有限公司在贵阳电视台、福建体育频道电视台有广告时段。特色药业公司以上述三份证据不是二审中的新证据为由,拒绝对其进行质证。本院认为,中关工委在二审中提交的证据并非新证据,且梁琨的证言无其他证据佐证,证据二、三均为复印件,故本院对该三份证据不予认定。

另查明,中关工委对原审本诉及反诉均提起了上诉,但在接到本院的通知后,在法定期限内未对反诉的上诉交纳案件受理费。

本院认为,未来艺术中心作为中关工委的下属机构,不具有独立法人资格,不能独立承担民事责任,中关工委应对未来艺术中心实施的民事法律行为承担民事法律责任。中关工委与特色药业公司所签协议是合法有效的,双方均应按照合同约定履行各自的合同义务。根据该合同的约定,负责与贵州、福建、甘肃三省电视台联系播出该剧是中关工委应承担的义务。现特色药业公司已如约履行了支付20万元转让费的义务,但中关工委未能提供证据证明其已履行了合同约定的联系播出电视剧的义务,在合同期间内该电视剧亦未能在合同约定的三省电视台播出,致使特色药业公司支付了合同对价后未能如约实现其合同目的,且中关工委也不能证明该合同目的未能实现系特色药业公司的责任所至,故中关工委关于其已履行了联系义务、特色药业公司未去签约致使电视剧未能播出的上诉理由缺乏事实依据,本院不予支持。中关工委应承担违约责任,按照合同约定退还特色药业公司20万元转让费。特色药业公司为诉讼支出的调查费、差旅费等合理费用，应视为其因中关工委违约所遭受的损失，亦应由中关工委负担。故原审法院认定中关工委应返还特色药业公司20万元转让费并赔偿其为诉讼支出的合理费用是正确的。

中关工委不仅对原审本诉提起了上诉，而且对反诉亦提起了上诉，但因其在法定期限内未对反诉的上诉交纳案件受理费，应视为其撤回了对反诉的上诉，本院对反诉的上诉不予审理。

综上，原审判决认定事实清楚，适用法律正确，应予维持。上诉人的上诉理由不能成立，对其上诉请求，应予驳回。

二〇〇三年九月五日，北京市高级人民法院依据《中华人民共和国民事诉讼法》第一百五十三条第一款第（一）项、最高人民法院《人民法院诉讼收费办法》第十三条第二款的规定，判决如下：驳回上诉，维持原判。一审案件受理费六千二百六十元，由中国关心下一代工作委员会负担（于本判决生效之日起七日内交纳），反诉案件受理费六千二百六十元，由中国关心下一代工作委员会负担（已交纳）；二审案件受理费六千二百六十元，由中国关心下一代工作委员会负担（已交纳）。

本判决为终审判决。

【学者评述】

本案中的中国关心下一代工作委员会（以下简称中关工委）是一个典型的事业单位。事业单位是颇具中国特色的组织，仿效政府管理社会事务，更多地带有政府的色彩，因此，形成了妄自尊大、唯我独尊的心理，这从其贸然上诉特别是反诉而不交纳案件受理费足可看出。中关工委自己缺乏摄制、发行电视剧的知识技能，偏偏又委托一个与匮乏电视剧背景尤其发行人脉的事业单位——北京电影学院电视剧制作中心去实现自己的理想，结果当然是不容乐观的。从好莱坞到中国，电影与电视素来不和，有历史积怨，外行很难领悟参透。果然，后者无力实现，把包袱甩给了一个更外行的企业（特色药业）。几乎所有的企业分不清作为艺术的电视剧和电视广告有什么区别，都天真地想通过电视做广告。一个制药企业怎么可能具备电视剧发行资质呢？于是，悲上加悲，《拯救爱玛》走入了死路，这一苦果的始作俑者正是中关工委。显然，中关工委，无知而自大；北京电影学院电视剧制作中心，狡诈而自私；特色药业，天真而执着。

事业单位机构臃肿，效率低下，已经难以适应目前中国市场经济的需要，严重制约了经济和社会的协调发展。为了促进社会发展，国家不断对事业单位进行改革。事业单位改革是行政管理体制改革的重要组成部分。推进事业单位改革关键要从体制机制入手，转变政府职能和管理方式，调整和规范政事关系。2011年4月初，中央已经确定了一张事业单位分类改革的时间表，共涉及超过126万个机构，4 000余万人。2012年4月16日，《中共中央、国务院关于分类推进事业单位改革的指导意见》发布。预计到2020年，中国将在清理规范基础上完成事业单位分类，形成新的事业单位管理体制和运行机制。

（杨新磊）

第三节 谎与缘

【上诉人，原审被告，反诉原告】苏州华汉电视节目传播有限责任公司
【被上诉人，原审原告，反诉被告】北京银汉广告有限公司

上诉人苏州华汉电视节目传播有限责任公司（以下简称苏州华汉公司）与被上诉人北京银汉广告有限公司（以下简称银汉公司）播出权合同纠纷一案，上诉人苏州华汉公司不服北京市海淀区人民法院于2004年12月27日作出的（2004）海民初字第12389号民事判决，在法定期限内向北京市第一中级人民法院提起上诉，现已审结。

原审法院判决查明以下事实：一、2001年6月4日，银汉公司委托北京维汉文化传播有限公司（以下简称维汉文化公司）就联合引进20集电视剧《斗谎奇缘》（原名为《扫骗冤家》或《骗中传奇》）事宜，与海口广播电视台签订《协议书》，维汉文化公司根据约定所取得的权利为银汉公司享有，即银汉公司拥有该电视节目在海南省以外的中国大陆其他地区的电视独家播映权。二、2002年5月15日，银汉公司（甲方）与苏州华汉公司（乙方）签订协议书，主要约定：在本协议生效之日起两年（京、沪两地自本协议生效之日起两年半）内，甲方将20集、每集46分钟的《斗谎奇缘》电视剧的中国大陆（除湖南省和海口地区以外，且湖南省和海口地区播出该剧不得在卫星频道）播映权售予乙方；乙方出资每集16.9万元，共计338万元；乙方收到甲方交货三日内，检查母带质量。检查合格后付全款的50%，即人民币169万元。甲、乙双方均应严格遵守本协议之内容，如有违约，违约方应支付守约方违约金，违约金为本协议总金额的30%等内容。同日，银汉公司向苏州华汉公司交付了《斗谎奇缘》BETA母带20盘，片花1盘。三、2002年6月26日至同年7月14日，在21:30的湖南经济电视台《930剧场》专题栏目中，播出了20集《斗谎奇缘》电视剧。四、2004年4月5日，在湖南经济电视台网站（http://www.hnetv.com）的相关网页上载有《斗谎奇缘》电视剧的故事梗概、分集介绍、剧照欣赏等内容。在苏州华汉公司的网站（http://www.szhh.com.cn）"公司概况"中，有苏州华汉公司"目前主要运营项目为全国《930剧场》和《苏州华汉剧场》，为全国电视观众观赏优秀的引进电视剧及合拍电视剧搭建一个良好的平台，着力开创中国收视新概念，打造中国电视业非黄金时段的黄金强档品牌"的表述和"全国《930剧场》是在全国城市电视台协作体的指导下，由北京、上海、天津等电视媒体与九洲传播有限责任公司等国内专业影视制作单位合作开发，在全国120家电视台每晚播出的一档电视剧场节目"等内容。2002年全国《930剧场》播出剧目一览预告中，包括《斗谎奇缘》一剧。

原审人民法院认为：银汉公司与苏州华汉公司2002年5月15日签订的协议为有效协议，双方均应严格履行合同约定的义务。苏州华汉公司未经银汉公司许可，擅自许可湖南经济电视台在《930剧场》播出电视剧《斗谎奇缘》的行为违约，应依法承担违约责任，向银汉公司支付违约金。银汉公司以未向湖南经济电视台《930剧场》提供《斗谎奇缘》一剧为由辩称否认违约，并以该剧时间长度存在问题为由反诉要求银汉公司承担违约责任，与事实不符，于法无据，不予采信。银汉公司以湖南广播影视集团播放《斗谎奇缘》一剧具

有明显过错为由要求其与华汉公司共同承担连带责任，证据不足，不予支持。银汉公司要求苏州华汉公司支付律师费等，亦证据不足，不予支持。据此判决：一、苏州华汉公司向银汉公司支付违约金101.4万元；二、驳回银汉公司的其他诉讼请求；三、驳回苏州华汉公司的反诉请求。

本院经审理查明：原审法院认定的2001年6月4日，被上诉人银汉公司委托维汉文化公司引进20集电视剧《斗谎奇缘》后，取得了该电视剧在海南省以外的中国大陆其他地区的电视独家播映权的事实；2002年5月15日，被上诉人银汉公司与上诉人苏州华汉公司签订将20集电视剧《斗谎奇缘》的播映权售予苏州华汉公司的《协议书》的事实和签约后银汉公司已交付该电视剧母带的事实；2002年6月26日至同年7月14日的每晚21：30，在湖南经济电视台《930剧场》专题栏目中，播出了20集电视剧《斗谎奇缘》；2004年4月5日，在湖南经济电视台网站（http：//www.hnetv.com）的相关网页上载有20集电视剧《斗谎奇缘》的相关内容，在苏州华汉公司的网站（http：//www.szhh.com.cn）中的"公司概况"中，有该公司主要运营项目《930剧场》与全国城市电视台协作播出等内容，其网页上2002年全国《930剧场》播出剧目一览中有20集电视剧《斗谎奇缘》，另有该剧介绍和网友评论等事实正确，本院予以确认。

上述事实有2001年6月4日维汉文化公司与海口广播电视台《协议书》、2002年5月15日银汉公司与苏州华汉公司签订的《协议书》、2002年5月15日收据、2002年6月15日、22日、29日《湖南广播电视报》、2004年4月7日（2004）京证经字第3458号《公证书》等证据在案证实。

二〇〇五年六月二十日经北京市第一中级人民法院主持调解，双方当事人自愿达成如下调解协议：一、苏州华汉电视节目传播有限责任公司在湖南经济电视台《930剧场》播放《斗谎奇缘》的行为构成违约，应承担违约责任。二、北京银汉广告有限公司同意在满足下列条件时，苏州华汉电视节目传播有限责任公司向北京银汉广告有限公司支付的违约金总额为人民币七十万元：1.苏州华汉电视节目传播有限责任公司于签订本调解协议时向北京银汉广告有限公司支付违约金三十五万元；2.余款三十五万元违约金须自签订本调解协议后的第二日起六十日内付清。三、苏州华汉电视节目传播有限责任公司承诺，如本公司违反本调解协议第二条的规定，未能在签订本调解协议时向北京银汉广告有限公司支付三十五万元违约金或未能在签订本调解协议后六十日内向北京银汉广告有限公司付清余款三十五万元违约金，则向北京银汉广告有限公司支付的违约金总额自动变更为人民币一百〇一万四千元。四、本调解协议由双方签订于二〇〇五年六月二十日，并于双方当事人签收本调解书时生效。五、原审本诉案件受理费15 188元，由被上诉人北京银汉广告有限公司负担5 188（已交纳），由上诉人苏州华汉电视节目传播有限责任公司负担10 000元（于本调解书生效之日起7日内交纳）。原审反诉案件受理费15 080元，由上诉人苏州华汉电视节目传播有限责任公司负担（已交纳）。二审本诉案件受理费和反诉案件受理费合计30 268元，由上诉人苏州华汉电视节目传播有限责任公司负担（已交纳）。

以上调解协议符合相关法律规定，本院予以确认。本调解书经当事人签收后即具有法律效力。

【学者述评】

合同违约后如何赔偿损失,损失的计算应坚持什么原则?

1. 赔偿损失的概念与确定方式。赔偿损失,在合同法上也称违约损害赔偿,是指违约方以支付金钱的方式弥补受害方因违约行为所减少的财产或者所丧失的利益的责任形式。赔偿损失具有如下特点:(1)赔偿损失是最重要的违约责任形式。赔偿损失具有根本救济功能,任何其他责任形式都可以转化为损害赔偿。(2)赔偿损失是以支付金钱的方式弥补损失。金钱为一般等价物,任何损失一般都可以转化为金钱,因此,赔偿损失主要指金钱赔偿。但在特殊情况下,也可以以其他物代替金钱作为赔偿。(3)赔偿损失是由违约方赔偿守约方因违约所遭受的损失。首先,赔偿损失是对违约行为所造成的损失的赔偿,与违约行为无关的损失不在赔偿之列。其次,赔偿损失是对守约方所遭受损失的一种补偿,而不是对违约行为的惩罚。(4)赔偿损失责任具有一定的任意性。违约赔偿的范围和数额,可由当事人约定。当事人既可以约定违约金的数额,也可以约定损害赔偿的计算方法。赔偿损失的确定方式有两种:法定损害赔偿和约定损害赔偿。

2. 法定损害赔偿。法定损害赔偿是指由法律规定的,由违约方对守约方因其违约行为而对守约方遭受的损失承担的赔偿责任。根据合同法的规定,法定损害赔偿应遵循以下原则:(1)完全赔偿原则。违约方对于守约方因违约所遭受的全部损失承担的赔偿责任。具体包括:直接损失与间接损失;积极损失与消极损失(可得利益损失)。《合同法》第113条规定,损失"包括合同履行后可以获得的利益",可见其赔偿范围包括现有财产损失和可得利益损失。前者主要表现为标的物灭失、为准备履行合同而支出的费用、停工损失、为减少违约损失而支出的费用、诉讼费用等;后者是指在合同适当履行后可以实现和取得的财产利益。(2)合理预见规则。违约损害赔偿的范围以违约方在订立合同时预见到或者应当预见到的损失为限。合理预见规则是限制法定违约损害赔偿范围的一项重要规则,其理论基础是意思自治原则和公平原则。对此应把握以下几点:①合理预见规则是限制包括现实财产损失和可得利益损失的损失赔偿总额的规则,不仅用以限制可得利益损失的赔偿;②合理预见规则不适用于约定损害赔偿;③是否预见到或者应当预见到可能的损失,应当根据订立合同时的事实或者情况加以判断。(3)减轻损失规则。一方违约后,另一方应当及时采取合理措施防止损失的扩大,否则,不得就扩大的损失要求赔偿。其特点是:一方违约导致了损失的发生;相对方未采取适当措施防止损失的扩大;造成了损失的扩大。

3. 约定损害赔偿。约定损害赔偿,是指当事人在订立合同时,预先约定一方违约时应当向对方支付一定数额的赔偿金或约定损害赔偿额的计算方法。它具有预定型(缔约时确定)、从属性(以主合同的有效成立为前提)、附条件性(以损失的发生为条件)。

(李红梅)

第四节　少林"随心禅"

【原告】 北京随心影视文化交流有限公司
【被告】 苏州市拓特广告传播有限公司

原告北京随心影视文化交流有限公司（以下简称随心影视公司）诉被告苏州市拓特广告传播有限公司（以下简称苏州拓特公司）播出权转让合同纠纷一案，现已审理终结。

原告随心影视公司诉称：我公司于2001年11月30日与苏州拓特公司签订了一份《供片合同》，约定我公司将电视连续剧《少林血禅》在江苏省的播映权售与苏州拓特公司，价格为每集6 000元，共24集，播映费总计144 000元；其他母带的成本费、复制费、邮寄费等计6 240元，播放范围是江苏省。苏州拓特公司应于合同签署后60日内后将全部款项汇入我公司指定的账户，合同还约定了违约责任及合同的履行地。签约后，我公司依约履行了合同义务，将《少林血禅》母带邮寄给苏州拓特公司，该公司也已实际收到，但苏州拓特公司迟迟不履行付款义务，行为构成违约，故诉至法院，请求判令苏州拓特公司支付播映费、邮寄费、母带费、复印费共计150 240元，支付违约金19 800元，违约金的计算依据是截止到起诉之日止总款的万分之二。诉讼费用由被告承担。

被告苏州拓特公司辩称：不同意原告的诉讼请求。对原告陈述的签约过程没有异议。但原告出具的授权书表明其获得的授权期限是2000年1月1日至2002年12月31日，而与我公司签订的合同约定自签约之日授权我方两年的发行权，这样就超出了原告的权利期限，原告的权利有瑕疵，也应承担违约责任。按照合同约定，双方对合同履行附加了终止条件，我方逾期不付款版权自动回归原告。原告把带子寄过来后，我们没有发行出去，只要不付款，版权就自动回归原告了，我们只需保证带子不再流传出去。在版权回归原告后，我方就丧失了权利，既然我们没有播出权了，就意味着合同无法继续履行，终止了。另外，双方也没有约定违约金。

本案在审理过程中，原告随心影视公司向本院提交如下证据材料：1.《授权书》，证明原告经黑龙江电视台授权，在授权期限内（2000年1月1日至2002年12月31日）享有电视剧《少林血禅》的国内电视发行权；2. 原告于2001年11月30日与被告签订的《供片合同》，证明每集的价格、播放的范围、合同的期限等；3. 补充证据两份，电视节目检测报告原件和苏州广播电视报的复印件，证明《少林血禅》一剧已在苏州广播电视台播出，被告将原告的电视剧用于营利性播出。

被告苏州拓特公司对原告随心影视公司提交的证据1、2的真实性没有异议，对于补充证据，认为原告没有在举证期限内提供证据，不应允许。在法庭允许原告提供补充证据后，被告拒绝对补充证据进行质证，并认为证据无法证明是被告把电视剧卖给了苏州广播电视台。

被告未向法院提交任何证据材料。

随心影视公司在庭后补充的代理意见中称，黑龙江电视台的授权书内容应理解为：我公司有权在2002年12月31日以前对外转让播出权，至于转让时间可以不受时间限制，我公司并没有越权。

【事实】

2000年12月26日,黑龙江电视台出具授权委托书,授权书的主要内容为:电视剧《少林血禅》版权归黑龙江电视台所有。现将国内电视发行权授权于随心影视公司(不包括中国港、澳、台地区)。授权期限为两年(2000年1月1日至2002年12月31日止)。

2001年11月30日,随心影视公司与苏州拓特公司签订《供片合同》,约定随心影视公司向苏州拓特公司提供电视连续剧《少林血禅》播映权,播出范围是在江苏省内播出,播出期限为自签署合同之日起两年内。随心影视公司保证拥有该剧的发行地区版权,保证在苏州拓特公司授权地区不同时发行其他电视台或片商;保证在收到苏州拓特公司所付节目预付款(合同总额50%)后十日内按照苏州拓特公司选择的磁带型号将该剧整套播出带寄往该公司等。苏州拓特公司保证在收到协议之日起两周之内将本合同书及其复印件盖章后寄回随心影视公司(以邮戳为准),逾期随心影视公司有权利认为苏州拓特公司自动放弃本次合作。苏州拓特公司在未支付预付款之前不得将该剧样带、宣传画等相关材料交给任何第三方,由此给随心影视公司造成的损失由苏州拓特公司负责赔偿。苏州拓特公司同意以每集人民币6 000元,24集共计人民币144 000元的价格购买该片在授权范围内的电视播出权。苏州拓特公司还应就随心影视公司提供该片播出带支付相应的成本费、复制费和邮寄费共计6 240元。以上共计150 240元,苏州拓特公司应在合同签订后60日内将上述150 240元汇入随心影视公司指定账户,逾期每日加收合同总额10%的罚金,逾期超过30日苏州拓特公司所购买的地方版权将自动归回随心影视公司所有。随心影视公司不再退还苏州拓特公司已支付的预付款,因此给随心影视公司造成的一切经济损失由苏州拓特公司负责赔偿。

随心影视公司在签约后未收到苏州拓特公司预付款的情况下,将该剧的整套播出带寄给了苏州拓特公司。苏州拓特公司至今仍未向随心影视公司支付任何费用。

《少林血禅》一剧于2002年8月在苏州5套生活资讯频道播出,《苏州广播电视报》也对此进行了预告。

合同履行期间,当事人双方对权利瑕疵问题未进行补救。

【法院观点】

本院认为,随心影视公司与苏州拓特公司之间签订的供片合同,以随心影视公司将电视剧《少林血禅》的播出权授予苏州拓特公司在江苏范围内播出为主要内容,应属播出权转让合同。

按照合同规定,合同签订后,苏州拓特公司应先支付预付款,然后随心影视公司寄出电视剧的播出带,但随心影视公司在未收到苏州拓特公司预付款的情况下,基于对合同的信守和对方履行合同的信任,先履行了合同义务,将电视剧整套播出带邮寄给了苏州拓特公司,苏州拓特公司也收到了播出带。按合同约定,合同签订后苏州拓特公司就获得了《少林血禅》一剧在安徽省的播出权,而邮寄和收到播出带则意味着苏州拓特公司的播出权从抽象的权利变成了具有行使的现实可能性的权利。至此,其客观上获得和控制了涉案电视剧的播出权。

本案的第一个争议焦点是随心影视公司是否有权要求全部的合同价款。本院认为,电视剧的发行与播出是影视行业的特定用语,根据影视行业的通常理解,播出是发行的目的和结果，发行权概念的内涵和外延涵盖了播出权概念的内涵和外延。因此，授权他人播出的时间应受到自己从版权人那里获得的发行时间的限制。本案中，随心影视公司授权他人播出电视剧的时间也应受到自己获得的发行权时间的限制。随心影视公司关于授权内容的解释本院不予支持。按照随心影视公司与黑龙江电视台之间的授权，随心影视公司在国内享有电视剧发行权的期限为2000年1月1日至2002年12月31日，其与他人签订的播出合同的授权期限也应限于该段时间内，而随心影视公司与苏州拓特公司之间的合同约定播出期限为自2001年11月30日起两年内，显然超出了黑龙江电视台的授权期限。

对于2002年12月31日之后的播出期限部分，因随心影视公司当时未取得此段期限的发行授权，其行为属于无权处分。依据合同法的规定，作为无处分权人的随心影视公司可以与苏州拓特公司签订合同，但合同签订后应取得权利人黑龙江电视台的追认。依据著作权法的有关规定，苏州拓特公司有义务对版权问题进行审查，但其明知权利有瑕疵，在履行期内既没有要求追认，又没有明示终止履行合同而是在诉讼中作为不付款的抗辩理由，主观恶意明显。按照有偿原则，随心影视公司如要取得2002年12月31日后的发行权必将向黑龙江电视台支付相应对价，但随心影视公司至今未向法庭提供其在合同履行期内告知黑龙江电视台越权处分行为并取得黑龙江电视台追认及将追认证明送达苏州拓特公司的证据，应承担由此造成的后果责任。现履行期限已过，获得授权已无意义，故本院认为其将该段期限的播出权授予苏州拓特公司并获取相应播出费用的行为没有合法依据，应确认为无效。随心影视公司无权就超出自己权利范围的利益提出要求，其无权获得超出2002年12月31日之后部分的播出费。

考虑电影电视行业关于播出权授予的行业惯例，一般是按照获得播出权的时间长短来决定播出费用，在约定的授权期限内可重复播放，但开始第一年由于广告效应好等因素播出权费用要远远多于一段时间之后重复播出的费用的规律，本院将2001年11月30日至2002年12月31日之间的播出费酌定为11万元。加上相关的成本费、复制费、邮寄费6 240元，合同总费用应为116 240元。

本案的另一焦点在于，双方的合同关于"逾期超过30日苏州拓特公司所购买的地方版权将自动归回随心影视公司所有"的约定，是否属于合同效力终止的条款。原告认为，该条款不是对合同终止条件的约定，该条款的目的在于当被告真的不履行合同项下的付款义务时，原告除按照合同的约定可以追究被告的违约责任外，依据该条款也可同时限制住被告在违约的情况下，可能存在或扩大发生的进一步著作权侵权行为，完全是本着保护履约方的原告利益制定的。苏州拓特公司既然已经播出了，原告可以追认其有权播出，只要支付播出费就可以了。被告则认为，该条是双方对合同终止约定的条件，当被告不履行支付义务时，播出权就自动回归原告，履行标的不存在了，合同便告终止。因此，本案不是违约，而是侵权。本院认为，合同约定与合同履行是两方面的问题。法律对合同约定的解释要遵循双方共同的意思表示及合同整体的含义。当事人在合同中约定的内容是"逾期超过30日苏州拓特公司所购买的地方版权将自动归回随心影视公司所有。"这里，关键的用词是"自动归回"。《合同法》第96条规定了解除合同的通常方式是主张解除合同的一方应当通知对方，合同自通知到达对方时解除。当事人在本合同中有别于合同法的规定，强调"自动归回"的方式减少了解除合同的环节，即违约情形出现后一方当事人不作为即可解除合同，产生播出权回归的后果。播出权的回归意味着另一方自然丧失了持有的权利，合同应宣告终止。因此该条款应属合同效力终止的条款。本案被告虽然称原告只能证明苏州台播出了电视剧，不能证明电视剧是其提供给电视台的，但按照合同，原告只将电视剧在江苏范围内的播出权给了被告，现原告已经提供证据证明了电视台的播出行为，而被告仅仅予以否认，未提供任何证据，原告的证据处于优势地位，按照常理推断可以认为是被告向电视台提供，除非被告提交证据证明电视台的播出是其他公司所为。故本院认定电视台的播出行为与苏州拓特公司行使播出权有关。该事实表明，虽然按照合同约定合同已经终止，但苏州拓特公司只是没有付费，事后并没有停止播出行为。随身影视公司在合同履行期对苏州拓特公司的上述行为采取的是默示许可的态度，其结果表明，双方之间对播出行为进行了变更，这种变更可以理解为是一种新的约定。此外，随心影视公司在诉讼中坚持以违约之诉主张权利，而本案中的违约之诉的处理要轻于侵权之诉，故本案支持原告的违约之诉，对被告的抗辩理由不予采纳。

本院认为，基于前后行为的连贯性，该播出行为应支付的费用可参照之前约定的数额来确定。基于本院将前面合同约定的总款额酌定为116 240元，之后行为所对应的总款额也应为116 240元。苏州拓特公司应向随心影视公司履行支付以上款项的义务。

虽然苏州拓特公司在2002年12月31日之后，仍现实控制着播出带，存在于2002年12月31日之后播出该剧的可能性，但随心影视公司对超出期限的部分无权主张，加之相关权利人对此未提出请求，故对于苏州拓特公司是否应就该部分承担付款责任的问题，本案不宜作出裁处。

苏州拓特公司拒不付款的行为构成违约，应承担相应的违约责任。但由于双方未约定违约责任以及违约金的计算方法，随心影视公司虽名为要求违约金，但按照日万分之二计算，实际是要求苏州拓特公司支付逾期付款的利息损失，故本院对随心影视公司要求苏州拓特公司支付相应利息损失的诉讼请求予以支持。关于利息损失的数额本院将依据合同履行的时间、苏州拓特公司应给付随心影视公司的数额予以酌定。对于随心影视公司超出116 240元以及相应利息之外的诉讼请求，本院不予支持。

【判决】

二〇〇四年六月二十日，北京市海淀区人民本院（审判长：宋鱼水）依照《中华人民共和国合同法》第八条、第五十一条、第五十六条、第九十七条、第一百〇七条、第一百〇九条、第一百一十二条之规定，判决如下：一、被告苏州市拓特广告传播有限公司于本判决生效之日起十日内给付原告北京随心影视文化交流有限公司播出费及相关费用十一万六千二百四十元；二、被告苏州市拓特广告传播有限公司于本判决生效之日起十日内给付原告北京随心影视文化交流有限公司逾期付款利息一万五千六百元；三、驳回原告北京随心影视文化交流有限公司其他诉讼请求。案件受理费四千九百一十元，原告北京随心影视文化交流有限公司已预交，由被告苏州市拓特广告传播有限公司负担，于本判决生效之日起七日内交纳。如不服本判决，可在判决书送达之日起十五日内，向本院递交上诉状，并按对方当事人的人数提交副本，并交纳上诉案件受理费四千九百一十元，上诉于北京市第一中级人民法院。如在上诉期满后七日内未交纳上诉费的，按自动撤回上诉处理。

同日，该法院还将原告与被告就该剧安徽省发行纠纷做出一审判决：一、被告苏州市拓特广告传播有限公司于本判决生效之日起十日内给付原告北京随心影视文化交流有限公司播出费五万元；二、被告苏州市拓特广告传播有限公司于本判决生效之日起十日内给付原告北京随心影视文化交流有限公司逾期付款利息六千四百三十元；三、驳回原告北京随心影视文化交流有限公司其他诉讼请求。案件受理费二千六百七十元，原告北京随心影视文化交流有限公司已预交，由被告苏州市拓特广告传播有限公司负担，于本判决生效之日起七日内交纳。

二案一审判决后，双方均未上诉。

【学者述评】

违约责任和侵权责任的有什么不同？

第一，归责原则方面。许多国家的法律规定，违约责任适用过错推定责任原则或严格责任原则。侵权责任在各国法律中通常以过错责任为基本原则，而对某些特殊侵权行为实行严格责任原则。根据我国侵权行为法的规定，对侵权责任采用过错责任、严格责任、公平责任原则，实际上是采用了多重归责原则。在侵权之诉中，只有在受害人具有重大过失时，侵权人的赔偿责任才可以减轻。而在违约之诉中，只要受害人具有轻微过失，违约当事人的赔偿责任就可以减轻。

第二，责任构成要件和免责条件方面。在违约责任中，行为人只要实施了违约行为，且不具有有效的抗辩事由，就应当承担违约责任。但在侵权责任中，损害事实是侵权损害赔偿责任成立的前提条件，无损害事实，便无侵权责任的产生。在违约责任中，除了法定的免责条件（如不可抗力）以外，合同当事人还可以事先约定不承担责任的情况（故意或重大过失的情形除外）。在侵权责任中，免责条件或原因只能是法定的，当事人不能事先约定免责条件，也不能对不可抗力的范围事先约定。

第三，责任形式方面。违约责任主要采取违约金形式，违约金是由法律规定或当事人约定的，因而在违约事实发生以后，违约金的支付并不以对方发生损害为条件。而侵权责任主要采取损害赔偿的形式，损害赔偿是以实际发生的损害为前提条件的。此外，根据《民法通则》第112条的规定，当事人可以在合同中约定对于违反合同而产生的损害赔偿额的计算方法，但侵权责任不能通过此种办法来解决。

第四，责任范围方面。违约的损害赔偿责任主要是财产损失的赔偿，不包括对人身伤害的赔偿和精神损害的赔偿责任，且法律常采取"可预见性"标准来限定赔偿的范围。对于侵权责任而言，损害赔偿不仅包括财产损失的赔偿，而且包括人身伤害和精神损害的赔偿，其赔偿范围不仅应包括直接损失，还应包括间接损失。

第五，证明责任方面。根据大多数国家的民法规定，在合同之诉中，受害人不负证明责任，而违约方必须证明其没有过错，否则将推定他有过错。在侵权之诉中，侵权行为人通常不负证明责任，受害人必须就其主张举证。在某些特殊侵权行为中，也实行证明责任倒置。根据我国民法规定，在一般侵权行为中，受害人有义务就加害人的过错问题举证，而在特殊侵权责任中，应由加害人反证证明自己没有过错。在违约责任中，违约方应当证明自己没有过错，否则应承担违约责任。

第六，诉讼管辖方面。根据我国民事诉讼法的规定，因合同纠纷提起的诉讼，由被告住所地或者合同履行地人民法院管辖，合同的双方当事人可以在书面合同中协议选择被告住所地、合同履行地、合同签订地、原告住所地、标的物所在地人民法院管辖；而因侵权行为提起的诉讼，由侵权行为地或被告住所地人民法院管辖。

第七，诉讼时效方面。违约之诉的诉讼时效为2年，而侵权行为的诉讼时效通常为2年，但身体受到伤害的赔偿损失请求权，诉讼时效为1年。

可见，由于违约责任和侵权责任存在着重要的区别，因此，在责任竞合的情况下，不法行为人承担何种责任,将导致不同法律后果的产生,并严重影响到对受害人利益的保护和对不法行为人的制裁。

(李红梅)

第五节　　票房深深深几许

【上诉人,原审原告】 广州国际华侨投资公司
【上诉人,原审被告】 江苏长江影业有限责任公司

原审原告广州国际华侨投资公司(以下简称投资公司)与原审被告江苏长江影业有限责任公司(以下简称长江公司)影片发行权许可合同纠纷一案,投资公司、长江公司均不服江苏省高级人民法院(1999)苏知初字第4号民事判决,向院最高人民法院提起上诉。本院受理后,依法组成由民事审判第三庭副庭长罗东川担任审判长,审判员王永昌、代理审判员张辉参加的合议庭,于2001年3月28日公开开庭审理了本案,后又于2001年12月3日、4日、11日、20日组织双方当事人核对证据。法庭记录由书记员王艳芳担任。投资公司法定代表人罗广生、委托代理人丘升明、冯骏,长江公司委托代理人郭小河、顾永忠到庭参加诉讼。本案现已审理终结。

【原审查明事实】

(一)关于合同签订情况及合同约定内容。投资公司1997年8月与南京电影制片厂签订协议书,约定双方合作拍摄影片《下辈子还做母子》(以下简称《下》片),著作权归投资公司所有,南京电影制片厂负责《下》片剧本审定并上报主管部门和国家电影局备案。南京电影制片厂持有《摄制电影许可证》。1998年5月投资公司与长江公司经协商达成口头协议,约定投资公司许可长江公司在江苏省13个市发行放映《下》片。与本案相关的协议内容有:1.《下》片在江苏的放映时间为1998年5月至同年12月底。2. 影片票房收入双方按比例分成。3. 长江公司须在首映之日起的次日上午用传真向投资公司通报前日"映出成绩日报表",财务报表应于每周结束的三日内报送投资公司,并于上映两周后将投资公司应得的分成收入金额以电汇方式汇入指定账户,发行日期结束后的一周内,将投资公司应得所有分成汇入指定账户。4. 长江公司须检查各市、县电影公司和影院上报《下》片票房收入的真实性,如经投资公司查出发行放映《下》片的影院或公司有漏、瞒报票房收入,由长江公司按漏、瞒报票款的十倍对投资公司承担经济赔偿责任。1999年4月投资公司与长江公司签订书面《影片票房分账发行放映合同》,对1998年5月口头协议予以确认,并进而对票房收入分成比例达成合意,约定投资公司分成32%、长江公司分成68%。

另查明:国家广播电影电视部1995年《影片交易暂行规定》第三条规定:"凡参与影片交易的卖方必须持有政府管理部门颁发的制片或发行许可证"。投资公司不具有政府部门颁发的制片许可证、发行许可证。

(二)关于长江公司履约情况。1998年5月至12月底,长江公司在江苏省发行放映《下》片。1999年1月,长江公司根据江苏省各市县(市)电影公司上报的《下》片《映

出成绩日报表》《放映收入结算表》，汇总制作《分账影片江苏省映出成绩指标分析表》《江苏省映出成绩累计分析表》，统计全省《下》片票款总额为1 337 081.40元。长江公司当月将该两份汇总报表连同市县（市）报送的部分《放映收入结算表》《映出成绩日报表》报送投资公司。之后部分市县（市）电影公司补报票款，长江公司对补报票款统计为40 012元，但未将该补报票款告知投资公司。原审法院审理中对上述各类报表核对查明：因一些市县电影公司自行提成比例有误，长江公司对部分票房收入予以倒推，因而长江公司统计的全省票款总额与各市县（市）实际上报的票款总额不符。全省先后共有45个市县（市）上报票款，实际上报票款总额1 389 190.40元，该总额中包含学生和成人票款。长江公司报送投资公司的票款总额1 337 081.40元，与各市县（市）实际上报票款总额1 389 190.40元之间相差52 109元。52 109元中有9 429元，长江公司虽未统计在票款总额内，但已将相关市县（市）报表报送投资公司。长江公司于1998年11月、1999年4月两次共向投资公司支付分成款15万元。1996年6月28日长江公司致函投资公司称：《下》片在江苏的票房收入合计为1 337 081.40元，投资公司应得387 937.20元，长江公司已付15万元，剩余237 937.20元于1999年10月底前付清。投资公司接此函后于1999年7月6日向原审法院提起诉讼。

（三）关于投资公司举证及法院查证情况。诉讼中投资公司向原审法院提交江苏省1 095份学校填写的调查表。经查，调查表源于有关部门向全省中小学校发函而进行的一项调查活动，调查目的是协助全国中小学生影视教育协调工作委员会对江苏省学生和家长观看《下》片情况进行调研，调查表中含有电影票款栏，并要求写明票款。该1 095份调查表的300余份是学校填写后直接寄往指定地点，其余由投资公司派员到各学校收取，有的还要求学校尽量多填写票款额。经审查，投资公司提供的1 095份调查表中海安县15所学校从观影时间上排除了与本案的关联，原审法院对其中部分学校的调查也证实了此点，该15份证据对本案事实无证明力。其余1 080份调查表所涉学校分布在全省60个市县（市），经原审法院委托相关法院调查、自行调查、发函调查以及长江公司对18份调查表的认同，852所学校观影情况及票款数额已经查明，228所学校因学校撤销、当事人调离、原始凭证无法查找或其他原因，无法查明实际观影情况或实际支出票款数额。原审法院将查明的852所学校观影情况与投资公司提交的调查表进行对比的结果为：否定观看的有282所学校、票款小于调查表的有430所学校、票款等于调查表的有79所学校、票款大于调查表的有61所学校。法院查明852所学校票款总额为1 134 699.85元，而投资公司主张中相应学校的票款额为2 751 178.10元，法院查明额约占投资公司主张额41%。原审法院将852所学校票款与市县（市）电影公司上报票款进行对比的结果为：法院查明江宁、丹徒、洪泽、淮安、涟水、东海6县（市）有学生票款29 088.20元，而该6县（市）电影公司未上报任何票款；原审法院查明常熟、吴县、张家港、江阴、锡山、金坛、武进、丹阳、扬中、扬州、江都、建湖、金湖、连云港、宿迁（含宿豫）、泗洪、靖江、泰兴、兴化19市县（市）的学生票款比该19市县（市）电影公司上报的学生和成人合计票款高出231 892.65元。

【原审法院观点】

（一）关于合同效力。投资公司与长江公司双方签订的合同系影片发行权许可合同，该合同合法有效。长江公司抗辩称，由于投资公司没有发行许可证，所以合同无效。原审法院认为，投资公司合法拥有《下》片著作权，受《中华人民共和国著作权法》保护。《影片交易暂行规定》中关于影片发行交易卖方需持有制片或发行许可证之规定的目的，是为了保证国家对影片制片、发行环节的干预、控制。本案中，投资公司虽无影片摄制与发行许可证，但其只是影片拍摄者与发行者之间的一个中间环节，其本身并未直接进行影片拍摄或发行。《下》片的拍摄行为由持有摄制许可证的南京电影制片厂所为，制片环节已受到国家控制；《下》片被许可的发行方长江公司持有发行许可证，发行环节也可受到国家控制，投资公司的签约行为因而不违反《影片交易暂行规定》精神。因此，长江公司关于合同无效的抗辩理由不成立。

（二）关于是否存在漏瞒报事实及漏瞒报票款的认定。长江公司向投资公司报送的《下》片票款总额与各市县（市）实际上报的票款总额之间相差52 109元。其中的9 429元不属于漏报，理由是：长江公司虽未将该9 429元统计在票款总额内，但已将相关市县（市）报表报送投资公司，投资公司可以核对发现漏报。该9 429元应认定为未计算提成，长江公司应当向投资公司支付提成款2 771元。其余42 680元，长江公司既未统计在票款总额内，也未报送市县（市）报表，应认定为长江公司漏瞒报票款。根据法院对852所学校查明的事实，江宁等6县（市）未报票房收入29 088.20元、常熟等19市县（市）高于电影公司所报票房收入的231 892.65元，共计260 980.85元应认定为各市县（市）电影公司漏瞒报票款。由于1 080所学校中尚有部分学校因各种原因无法查明观影情况或无法确定票款数额，以及法院所做的漏瞒报对比是在法院查明的学生票款与各市县（市）上报的学生和成人合计票款间进行，应当合理推定相关市县（市）另外漏瞒报票款5万元。依据上述长江公司漏瞒报42 680元、查明市县（市）漏瞒报260 980.85元、推定市县（市）漏瞒报5万元，三项共计漏瞒报票款353 660.85元，应当认定长江公司构成违约。因此，投资公司关于长江公司违约的诉讼主张成立。投资公司认为江苏省内漏瞒报票款达数百万元，但其提供的1 095份调查表既无原始发票予以佐证、又与法院查明的实际情况明显不符，因而不能作为有效证据使用。其主张的漏瞒报数额因证据不足而不能成立。

（三）关于漏瞒报票款的违约责任。长江公司对漏瞒报票款行为构成违约，应当承担违约责任。长江公司认为漏瞒报责任应由漏瞒报者承担，对此法院认为，虽然漏瞒报票款行为主要系各市县（市）电影公司所为，长江公司客观上对此难以监管，但根据投资公司与长江公司双方所签合同第4条第6项的约定，该责任仍应由长江公司承担。关于投资公司要求长江公司承担十倍经济赔偿的责任，法院认为，合同约定对投资公司查出的漏瞒报票款给予十倍赔偿，而投资公司提供的漏瞒报数额并不真实，有弄虚作假行为；本案中的实际漏瞒报数额是由法院而非投资公司查出，且本案中按十倍赔偿处理亦不符合我国合同法中的赔偿实际损失原则，故对按十倍赔偿的请求不予支持。基于长江公司确应承担违约责任，依据公平原则，以漏瞒报票款额的五倍确定经济损失赔偿数额，即以法院认定的353 660.85元的五倍数额1 768 304.25元作为经济损失赔偿额。

（四）关于迟延付款的认定及违约责任。投资公司与长江公司双方对《下》片的分成具体比例至1999年4月达成合意，按照《影片票房分账发行放映合同》付款期限的约定，长江公司支付全部分成款的最迟期限应当是1999年5月7日。长江公司在期限届满后仍有237 937.20元未支付，其之后提出变更支付时间的主张也未获得投资公司许可，因此投资公司关于长江公司迟延付款构成违约的诉讼主张成立，长江公司应当向投资公司支付未付款237 937.20元。

（五）长江公司漏瞒报票款及迟延付款属违约行为并不构成侵权，投资公司要求长江公司公开赔礼道歉的诉讼请求缺乏法律依据，不予支持。

综上，投资公司部分诉讼请求成立，法院予以支持。法院依照原《中华人民共和国著作权法》第十条、第四十七条，《中华人民共和国民法通则》第四条、第一百一十一条、《中华人民共和国民事诉讼法》第一百二十八条之规定，判决：（一）长江公司向投资公司支付经济损失赔偿款1 768 304.25元。（二）长江公司向投资公司支付提成款2771元。（三）长江公司向投资公司支付未付款237 937.20元。上述支付款项，均于本判决生效之日起三十日内付清。（四）驳回投资公司其他诉讼请求。案件受理费86 199.69元由投资公司负担46 199.69元，长江公司负担40 000.00元。

投资公司不服一审判决，向本院上诉称：（一）一审判决对长江公司瞒报票房数额的认定错误。1. 原审法院认定瞒报数额的方法错误。一审查证所得的1 134 699.85元票款，仅仅是江苏省852所学校学生团体观影的票房收入，与长江公司所报的全省成人观众观影的票房收入没有可比性。本案的准确处理在于查明《下》片在全省的票房收入，再与长江公司所报数字对比，以确定长江公司有无瞒报行为和具体的瞒报数额。2. 原审法院的调查结论不具准确性，不足以推翻投资公司提交的证据。原审法院仅仅在投资公司提供的1 095所学校资料的范围内进行核查，所得结论不足以作为定案依据。而且原审法院的调查数据主要根据调查对象的口头或书面陈述认定，其证据的客观性令人质疑。3. 原审法院对调查材料归总整理，确定票款数字的方式对投资公司严重不公。海安县15所学校的观影时间不符，只能说明长江公司或其下属单位有超期限发行放映《下》片的违约嫌疑，不能以此减低长江公司的瞒报数额。一审推定无法查明的学校观影票款以及成人观影票款为5万元，没有事实和法律依据。长江公司负有保证向投资公司提供准确数字的合同责任，故原审法院认定不属瞒报的9 429元应当计入长江公司的瞒报数额。原审法院在判决书中表述的调查结论与其归卷的核查结果自相矛盾。一审无理由不采用投资公司提交的证据11，对直接支持投资公司诉讼请求的证据和线索不予查证，刻意缩小了长江公司的瞒报范围。（二）原审法院对于长江公司瞒报责任及其行为性质的认定不全面。根据著作权法，长江公司的瞒报行为已侵犯了投资公司的获得报酬权，构成侵权。（三）关于滞纳金和诉讼费的承担问题。一审判决书称投资公司在庭审中撤回要求长江公司支付滞纳金、承担全部诉讼费的诉讼请求，与事实不符。综上，请求二审：（1）撤销原判；（2）判令长江公司给付投资公司违约赔偿人民币1 500万元；（3）判令长江公司就违约和侵权行为向投资公司公开赔礼道歉；（4）判令长江公司向投资公司给付电影票房收入分成款237 937.20元及滞纳金；（5）本案全部诉讼费用由长江公司承担。

长江公司针对投资公司的上诉口头答辩称：（一）长江公司关于票房收入的统计数字是真实的，不存在漏瞒报行为。（二）同意投资公司关于原审法院调查数据不真实、不客观的上诉意见。（三）投资公司索赔1 500万元没有事实和法律依据。（四）投资公司提供的大部分调查表没有校长签名，也无公章，其内容不客观。（五）投资公司存在欺诈，且不具备主体资格，故本案争议合同无效，长江公司不构成违约和侵权。

长江公司亦不服一审判决，向本院上诉称：（一）一审程序违背了民事诉讼法第六十四条的规定。投资公司对其主张提供了1 095份证据，不存在不能收集证据的情况。原审法院自行收集制作证据，并依此作出判决，违背了法律规定。（二）投资公司不具备有偿转让《下》片发行放映权的主体资格，故其与长江公司所签订的《影片票房分账发行放映合同》为无效合同。（三）原审法院在审理中未查清事实，判决所依赖的证据明显不充分。1. 原审法院自行收集的证据不客观，且未得到双方当事人的认可；2. 原审法院在数据统计上采用以县为单位，就高不就低的比较方式是自相矛盾的，从根本上否认了自身证据的真实、准确性；3. 原审法院推定长江公司瞒报5万元无事实和法律依据；4. 原审法院认定上诉人瞒报42 680元是错误的。（四）投资公司并未查实长江公司的瞒报情况，且投资公司也未认可原审法院查明的事实，一审判决违背双方当事人的合同约定，有越俎代庖之嫌。（五）原审法院对违约损失计算方法不公平。1. 一审判决170余万元赔偿额是长江公司无法预见的，即使双方当事人皆严格履行合同义务，投资公司也不可能得到如此巨大的收益；2. 原审法院未根据投资公司的实际损失确定违约损失，而是以瞒报数额的5倍计算违约损失不公平，违背了法律规定和双方当事人的约定。（六）投资公司诱骗长江公司签订合同，致使长江公司误解签订合同的目的，存在严重欺诈行为。（七）投资公司及法定代表人在多次信函中已变更漏瞒报责任的承担者，原审法院判令长江公司承担赔偿责任是错误的。综上，请求二审撤销原判，驳回投资公司的诉讼请求，判决投资公司承担一、二审诉讼费。

投资公司针对长江公司的上诉口头答辩称：（一）同意原审法院对合同效力的认定。投资公司作为《下》片的著作权人，具备签订合同的主体资格；倒签合同不影响合同的效力。（二）原审法院自行调查取证不违反民事诉讼法的规定。（三）同意长江公司关于原审法院调查数据不真实，不足以作为定案证据的上诉意见。（四）关于赔偿问题，双方已明确约定按照漏瞒报数额的十倍处罚，江苏省的有关文件亦有类似规定。

【二审查明事实】

原审判决认定的关于合同签订情况及合同约定内容、关于长江公司履约情况、关于投资公司举证及法院查证情况等事实基本属实。

另查明：原审法院在对投资公司提交的1 080份调查表的核查中，有199所学校提供了发票、收据、结算凭证等原始凭证。一审期间长江公司向原审法院提交了涉及其他36所学校观看《下》片票款的原始凭证。除上述两种情形外，在投资公司提供的调查表中，有13份调查表的内容在一审中经长江公司认可并与原审法院核查的结果一致。经审查，上述199所学校提供的原始凭证中，泰州市刁铺教委提供的收据收款日期为1999年12月23日，与争议合同的履行期间不符，与本案无关，该收据不能作为本案证据。投资公司于二审期间提供了丹徒县黄墟影剧院于1998年10月19日开具的丹徒县黄墟中心小学观看《下》片票款2 800元的收据原件，以此否定黄墟中心小学原提供的收据。长江公司未对投资公司所提供的收据的真实性提出异议。该收据原件经本院审查属实。苏州吴县郭巷中学提供收据的收款时间为1998年10月16日，收款单位为郭巷影剧院，并另页注明该影院放映的是《下》片十六毫米规格拷贝，不属本案争议合同所约定的影片规格。投资公司提供了北京电影洗印录像技术厂出具的证明材料，证明该厂独家负责的《下》片十六毫米规格拷贝的洗印开始于2000年11月。经本院审查，上述收据应当作为本案证据。二审期间，投资公司还补充提供了常州武进市洛阳中学观看《下》片收据，并提供教育部文化部国家电影电视总局中小学生影视教育协调工作委员会办公室出具的证明材料，证明该收据为洛阳中学寄给该委员会的。该收据亦经本院审查属实。

上述涉及235所学校的有效原始凭证中，一部分凭证上注明了《下》片片名，其票面金额即为观看《下》片票款；对于其余凭证，本院综合考虑学校在原审法院核查表中所填票款数额、凭证上注明观看影片的数量等因素，酌情认定其所能够证明的《下》片票款数额。根据235所学校的原始凭证以及经原审法院查证属实的13份学校调查表，《下》片放映单位涉及江苏省南京、苏州、无锡、常州、镇江、扬州、徐州、盐城、淮阴、南通、连云港、宿迁和泰州13个城市市区以及部分县（市）的148个影剧院，足以认定的《下》片票款总额为606 443.60元。

又查明：《影片票房分账发行放映合同》第2条第2项约定："影片票房收入分成结算表分为财务报表（电影放映收入结算表、每周报表）和统计表（影片'映出成绩日报表'）"。江苏省13个市电影公司向长江公司上报的《下》片《影片映出成绩日报表》《电影放映收入结算表》等报表中，除苏州、扬州、盐城市未报送《影片映出成绩日报表》外，其余10个市电影公司均报送了该地市区或者部分县（市）的《影片映出成绩日报表》等反映具体影院票房收入情况的明细表，且明细表的合计数字与《电影放映收入结算表》的对应数字相吻合。长江公司汇总制作的《江苏省映出成绩累计分析表》，长江公司称其为公司内部统计分析而制作，不是正式报表，不能作为计算漏瞒报数额的对比依据。经与各市电影公司上报报表进行比较，该表与各市电影公司上报报表所反映的情况不完全一致，具体体现为：该表将各市电影公司上报的成人和学生观众人数及票房收入一并计入成人栏；对上报了具体影院票房收入明细情况的部分地区，该表将几个影院并入某一个影院进行统计；对于各市电影公司未上报明细情况的，该表将某一地区的观众人数和票房收入计入某一个或几个影院中进行统计；该表票房收入总额为1 323 881.40元，与各市电影公司向长江公司上报的票房收入总额1 389 190.40元以及长江公司统计并报送投资公司的票房收入总额1 337 081.40元均不相一致。

本院将前述148个影剧院的票款数额与江苏各市电影公司上报的《下》片《影片映出成绩日报表》《电影放映收入结算表》等报表进行对比的结果为：（一）49个影剧院所在的南京市、无锡市、常州市、镇江市、徐州市、淮阴市、连云港市、沭阳县、泰州市、泰兴市、兴化市和靖江市，各市电影公司上报了具体影剧院票房收入明细情况。以影剧院为单位进行对比的结果为：南京市河海会堂、人民剧场、三十三号礼堂，无锡市奥斯卡影院、硕放影院、旺庄影剧院，常州市红星影院、圩塘会堂、新桥镇影院、亚细亚影城，镇江市焦化俱乐部，淮阴市农垦俱乐部、清江影都，连云港市人民影剧院、新电俱乐部，沭阳县悦来影剧院，泰州市口岸影院、梅兰芳影院，泰兴市马甸影院、新市文化宫，兴化市安丰影院、工人文化宫等22个影剧院未上报票房收入，而该22个影剧院的票款数额共计70 492.50元；无锡市蓓蕾影院、江南电影院、群众电影院3个影剧院上报了票房收入，但比该3个影剧院票款数额低10 933.00元；其余24个影剧院的票款数额低于各市电影公司报送的相应影剧院的票房收入数额。（二）其余99个影剧院所在的27个市区或县（市），各市电影公司只上报了该地区票房收入的综合统计数字，无具体的影剧院票房收入明细情况。以地区为单位进行对比的结果为：江宁县、丹徒县、淮安县、东海县4个县未上报票房收入，而该4个县的票款数额共计8 774.20元；张家港市、常熟市、昆山市、吴县市、锡山市、江阴市、扬中市、扬州市、金湖县9个县（市）虽上报票房收入，但比该9个县（市）票款数额低94 851.50元；其余14个地区的票款数额低于各市电影公司报送的相应地区的票房收入数额。以上未报的票款数额以及所报票房收入比本院认定票款数额低的部分数额，四项总计185 051.20元。

一审期间，投资公司的特别授权委托代理人甘霖在2000年1月26日的庭审中，明确表示放弃投资公司所提出的滞纳金要求和对诉讼费的陈述，未附带要求长江公司于2000年年底前还款的条件。

二审期间，投资公司于 2001 年 3 月 26 日向本院递交了《关于请求最高院为瞒报票房案直接调查取证的申请》，请求二审法院直接查清长江公司和江苏各市、县（市）电影公司及影院实际瞒报的《下》片票房收入数。

本院认定的上述事实，有投资公司与南京电影制片厂就合作拍摄《下》片签订的《协议书》、投资公司与长江公司签订的《影片票房分账发行放映合同》、投资公司原审中提供的调查表、原审法院复核调查表、调查笔录及其中 199 份调查表所附原始凭证、长江公司原审中提供的情况证明及所附 36 张原始凭证、投资公司二审中提供的丹徒县黄墟中心小学观看《下》片的收据、常州武进市洛阳中学观看《下》片收据、长江公司向投资公司报送的《下》片《江苏省映出成绩累计分析表》《分账影片江苏省映出成绩指标分析表》、各市电影公司向长江公司报送的《下》片《影片映出成绩日报表》《电影放映收入结算表》、北京电影洗印录像技术厂的证明、教育部文化部国家电影电视总局中小学生影视教育协调工作委员会办公室的证明、原审法院 2000 年 1 月 26 日庭审笔录等证据佐证。

【二审法院观点】

投资公司与长江公司签订的《影片票房分账发行放映合同》系影片发行许可合同，双方当事人签订合同及在合同中的意思表示真实，合同内容不违反国家法律或者社会公共利益，应当依法认定为有效合同。二审中，长江公司以该合同无效进行抗辩，所依据的理由有两点，一是投资公司违反了《电影管理条例》和《影片交易暂行规定》的有关规定，不具备影片交易主体资格；二是投资公司在《下》片已经放映结束的情况下，非出于履行合同的目的与其签订合同，且倒签签约时间，是欺诈行为。对此争议问题，本院认为，首先，关于主体资格问题。本案当事人对于投资公司与南京电影制片厂就合作拍摄《下》片签订《协议书》，由投资公司进行全额投资，并享有该片著作权和全部发行收入等事实无争议。根据我国著作权法的规定，著作权人可以自己行使或者许可他人行使其著作权，并依照约定或者法律规定获得报酬。作为《下》片著作权人，投资公司与长江公司签订《影片票房分账发行放映合同》，就长江公司在江苏省范围内独家发行《下》片，以及双方按比例分成影片票房收入等问题达成协议，符合我国著作权法的上述规定，也不违反该法关于著作权许可使用合同的规定。从电影行业及电影作品发行的特点看，投资公司的分账发行许可亦是电影作品著作权人行使著作权，获得投资回报的主要方式，与法律保护民事主体依法行使民事权利的宗旨不相违背，不为我国法律、行政法规的强制性规定所禁止。《电影管理条例》和《影片交易暂行规定》有关电影制片、发行和放映、有偿转让等活动中对主体和客体所做的限制性规定，是在我国电影行业机制改革过程中，电影行业主管部门为了加强行业管理所制定的，其目的是进一步深化改革，发展和繁荣电影事业。投资公司虽无制片许可证和发行许可证，但其并不直接参与制片、发行活动，而《下》片的实际制片、发行者均持有相应的许可证，而且该片内容经主管部门审查通过具备准映证，投资公司将《下》片许可长江公司分账发行，无论主体还是客体均不影响电影市场的正常秩序，亦不妨碍国家对电影行业的行政管理，并且与电影行业机制改革的发展方向是一致的。此外，《影片交易暂行规定》是行政规章类的规范性文件，并不属于法律所明确规定的认定合同效力的依据，因此投资公司具有签订本案所涉合同的主体资格。其次，关于欺诈问题。投资公司与长江公司于 1999 年 4 月签订的《影片票房分账发行放映合同》，是对双方 1998 年 5 月口头协议的确认，且在签订书面合同时，该口头协议已经实际履行。无论是口头协议的达成，还是补签书面合同的意愿，都是双方的真实意思表示，即使签订书面合同的要求是投资公司提出的，也不能据此认定其具有欺诈行为。虽然双方将合同签订时间倒签，也是经过长江公司认可，而且与口头协议达成和履行的实际情况相一致，并没有损害长江公司利益，亦未损害国家、集体或者第三人利益，因此，也不能因合同时间倒签而认为投资公司具有欺诈行为。至于投资公司是否出于履行合同的目的签订书面协议，与合同是否有效亦无关联，即使双方未补签书面合同，已经实际履行的双方1998年5月的口头协议仍然受法律保护。因此，长江公司关于《影片票房分账发行放映合同》属无效合同的抗辩主张，无充分的事实和法律依据，本院不予支持。

《影片票房分账发行放映合同》第4条第（6）项明确约定了签约双方在漏瞒报责任问题上的法律责任，主要包括责任主体和赔偿数额两个方面的内容。首先，关于责任主体问题。该合同明确约定长江公司负有检查各电影放映单位上报《下》片票房收入真实性的义务，并对各电影放映单位漏瞒报票房收入行为向投资公司承担赔偿责任。长江公司以投资公司在多次文函中已将十倍赔偿责任的对象变更为各市电影公司、影剧院为由，主张免责。根据民法通则等法律的规定，合同的变更，应当在协商一致的基础上，由当事人对变更的内容作出明确约定。投资公司虽然曾数次致函长江公司及各市电影公司、影剧院，要求长江公司督促各电影放映单位如实填报票房收入，并提出对漏瞒报者处以十倍罚款，但仅凭这些函件并不能证明投资公司与长江公司已就《影片票房分账发行放映合同》关于漏瞒报责任主体的变更达成了一致，故不能因此而认定漏瞒报责任主体发生了变更。长江公司的上述抗辩主张，事实和法律依据不足，本院不予支持。对于各电影放映单位漏瞒报票房收入的行为，长江公司亦应当依照合同约定向投资公司承担赔偿责任。其因此所受损失，可以另与实际漏瞒报票房收入者解决。其次，关于赔偿数额问题。双方合同明确约定长江公司按照由投资公司查出的漏瞒报票款数额的十倍承担赔偿责任。长江公司认为本案应当适用赔偿实际损失原则确定其赔偿责任。对此本院认为，《影片票房分账发行放映合同》合同关于长江公司承担十倍经济赔偿责任的约定，并未违反法律的禁止性规定。同时，鉴于目前电影发行放映的实际情况，投资公司欲举证证明漏瞒报数额客观上存在困难，故该十倍赔偿责任仅是针对查证属实的漏瞒报数额，而实际漏瞒报数额可能超过当事人查实的数额。因此这种约定对双方当事人来讲并不失公平，实际上也不违反民法通则等法律关于违约赔偿原则的规定。因此，本案合同关于十倍赔偿责任的约定有效，应当作为确定长江公司承担漏瞒报违约责任的依据。长江公司关于按照实际损失赔偿的主张，本院不予支持。原审法院将长江公司的赔偿数额确定为漏瞒报票款额的五倍，未尊重当事人有效的合同约定，亦缺乏法律依据，应予纠正。

长江公司向投资公司报送的《下》片票房收入数额有无漏瞒报以及漏瞒报具体数额的认定是当事人争议的焦点和本案审理中的关键问题。本案中举证责任主体的确定是查明案件事实的前提。投资公司向本院提出对江苏全省放映《下》片的票房收入进行全面调查取证的请求，本院不予采纳。首先，涉及该事实的证据不属于当事人因客观原因无法自行收集的证据。投资公司已经向法院提交了1 095份证明漏瞒报情况的调查表，说明该证据并非其无法收集，只是因调查范围广，欲全面、准确收集存在困难。而投资公司举证的困难，是其在与长江公司签订合同时应当预见到的。其次，该证据亦非属于人民法院因审理案件需要而必须自行收集的证据。合同明确约定，长江公司对投资公司查出漏瞒报数额承担十倍赔偿责任，投资公司依照合同约定可以获得十倍经济赔偿。根据权利义务对等原则，投资公司亦应当按照合同约定承担举证责任。人民法院应当对投资公司所提交的证明漏瞒报数额的证据予以审查核实，而不是代替投资公司履行举证义务。原审法院已经就投资公司所提供的一千余份调查表的真实性进行了审查核实，如果由二审法院调查收集投资公司举证范围之外的其他证据，实际上是代替投资公司履行举证义务，不仅违背了当事人之间的约定，也有悖于法院作为司法机关的中立地位，对另一方当事人亦不公平。最后，根据本案具体情况和当事人之间的约定，全面、准确查清漏瞒报数额不仅难以实现，而且由于十倍赔偿责任的约定已经使投资公司在不能全面查清漏瞒报数额的情况下，仍可以较大程序地弥补其经济损失，故也不是审理本案所必需的。因此，本案关于证明《下》片票房收入漏瞒报事实的证据，不属于《中华人民共和国民事诉讼法》第六十四条第二款所规定的应当由人民法院调查收集的证据，本院对投资公司请求本院调查取证的申请不予支持。根据法律规定和合同约定，投资公司应当对其所主张的《下》片票房收入漏瞒报事实承担举证责任。原审法院因审理案件需要，为审查核实投资公司所提供调查表的真实性，对相同范围的调查对象又进行复核调查，并未违反法律规定。但原审法院不仅采信了投资公司经审查核实的证据，而且将经审查后仍无原始凭证佐证且与投资公司、长江公司调查结果不能相互印证的复核调查表上所列数据也作为认定《下》片漏瞒报数额的依据，又将无法查明的漏瞒报数字推定为5万元，法律和事实依据不足。双方当事人均对原审法院调查表所载内容的客观性、推定5万元的合法性和合理性提出了上诉，本院对双方的这部分上诉理由予以采纳。

根据本院查明的事实，投资公司所提供的1 095份调查表中，海安县15所学校的观影时间与本案合同约定的《下》片放映时间不符，原审法院认为其与本案合同纠纷无关并无不当。其余1 080份调查表中，共有235份调查表有效的原始凭证佐证，还有13份调查表，虽无原始凭证佐证，但长江公司认可并已经原审法院查证属实。因此，上述共计248份调查表及其相关的原始凭证，应当作为本案认定漏瞒报事实的证据。投资公司提供的其他调查表，属于证人证言类证据，因无其他证据印证，且与长江公司、原审法院就相同范围调查对象所进行调查的结果均不相吻合，对这些相互矛盾的证人证言，本院不予采信。长江公司汇总制作的《江苏省映出成绩累计分析表》，不属于合同约定由长江公司报送投资公司的分成结算表，且所列各影院票房收入情况及票房收入总额与各市电影公司实际上报报表不符，故不能作为认定漏瞒报事实的对比依据。本案应当将248份学校调查表及相关原始凭证所证明的《下》片票款数额与各市电影公司向长江公司上报的《下》片《影片映出成绩日报表》《电影放映收入结算表》等报表进行对比，从而认定各地电影放映单位漏瞒报《下》片票房收入的事实；将长江公司向投资公司报送的有关报表与各市电影公司向其上报的报表进行对比，进而认定长江公司的漏瞒报事实。

根据本院对比的结果，南京市河海会堂等22个影剧院未上报票房收入计70 492.50元，无锡市蓓蕾影院等3个影剧院上报票房收入低于本院认定票款数额10 933.00元，江宁县等4个县未上报票房收入计8 774.20元，张家港市等9个县（市）上报票房收入低于本院认定票款数额94 851.50元，上述四项共计185 051.20元，应当认定为各地电影放映单位漏瞒报《下》片票房收入数额。各市电影公司实际上报的《下》片票房收入总计为1 389 190.40元，长江公司将其统计为1 337 081.40元，并同投资公司以该票房收入数额进行分账结算。差额52 109元中，长江公司已将9 429元的相关报表报送投资公司，虽构成违约，但不能认定为漏瞒报行为。长江公司应当依照合同向投资公司支付该9 429元票房收入的提成款2 771元。投资公司关于该9 429元应当认定为长江公司漏瞒报票款的上诉主张，本院不予支持。其余42 680元，长江公司未向投资公司报送报表，也未要求各市电影公司直接向投资公司报送报表，故应当认定为长江公司漏瞒报票款数额。长江公司关于42 680元不属于漏瞒报的抗辩主张，缺乏事实依据，本院亦不予支持。上述两项漏瞒报票款数额共计227 731.2元。根据《影片票房分账发行放映合同》第4条第（6）项的约定，长江公司应当向投资公司承担赔偿2 277 312元经济损失的赔偿责任。此外，对于长江公司尚未支付的237 937.20元提成款，长江公司应当向投资公司支付。投资公司在原审期间放弃了要求长江公司支付滞纳金的诉讼请求，且未附加任何条件，故应当依此免除长江公司支付滞纳金的责任。投资公司关于原审判决对滞纳金和诉讼费问题叙述不实的上诉理由，无事实依据，不能成立。投资公司在违约和侵权责任竞合的情况下，选择了违约之诉，故其关于追究长江公司侵权责任的上诉主张，本院亦不予支持。

综上所述，原审判决认定的部分事实错误，适用法律基本正确。

【终审判决】

二〇〇二年一月十七日，中华人民共和国最高人民法院（审判长：罗东川）依照《中华人民共和国著作权法》第十条、第二十四条、第五十三条、《中华人民共和国民法通则》第四条、第一百一十一条、《中华人民共和国民事诉讼法》第一百五十三条第一款第（三）项之规定，改判如下：一、撤销江苏省高级人民法院（1999）苏知初字第4号民事判决第（一）项；二、江苏长江影业有限责任公司向广州国际华侨投资公司赔偿经济损失人民币2 277 312元（于本判决生效后10日内支付）；三、维持江苏省高级人民法院（1999）苏知初字第4号民事判决第（二）、（三）、（四）项。本案一审案件受理费86 199.69元，由江苏长江影业有限责任公司承担；二审案件受理费86 199.69元，由江苏长江影业有限责任公司承担43 100元，由广州国际华侨投资公司承担43 099.69元。

本判决为终审判决。

【学者评述】

此案折射出中国电影票房在统计、分账等诸多方面存在漏洞。近些年，国家不断加大对电影票房的顶层设计与制度监管，该案中的一系列人为因素已经被尽可能地杜绝。2016年11月7日第十二届全国人民代表大会常务委员会第二十四次会议通过的《电影产业促进法》第三十四条："电影发行企业、电影院等应当如实统计电影销售收入，提供真实准确的统计数据，不得采取制造虚假交易、虚报瞒报销售收入等不正当手段，欺骗、误导观众，扰乱电影市场秩序。"第五十一条又对电影发行企业、电影院等有制造虚假交易、虚报瞒报销售收入等行为的处罚办法做出了明确规定。

截至本书付梓，即2017年6月，我国电影票房统计与分账的具体过程可细分为如下七步：

【第一步】所有在中国大陆上映的影片，不论是国产片、合拍片还是引进片，售票与票房收入均要计入"国家电影事业发展专项资金管理委员会办公室"（以下简称专资办）指定的"全国电影票务综合信息管理系统 http：//www.gjdyzjb.cn/login"，全国任何一家电影院均要安装此系统，每一部影片的实时票房数据都会即时汇总到该系统。该管理委员会由国家新闻出版广电总局、财政部等多个部委联合设立并共同主管，官方网站名为"中国电影数据信息网"，网址为 http：//www.zgdypw.cn，该网的数据是制片方、发行方、院线、影院等各方分账的唯一依据。社会上、网络上流传的其他电影票房数据，若与"专资办"官方数据不一致，都不具有权威性。

【第二步】所有影片的票房总额,又称"总票房($\Sigma_{总}$)",首先要向"专资办"缴纳5%的电影事业专项资金,由各电影院每月支付给"专资办",上缴国库。具体操作时,"专资办"会委托、授权各省级新闻出版广电局向本省各电影院征缴或催缴。其次,所有影片的票房总额,要缴纳3.3%的特别营业税,就是向国税、地税缴纳各种赋税,由影院从总票房中($\Sigma_{总}$)直接扣划并缴纳。以上两项,合计5% + 3% = 8.3%,称为"不可分账票房",剩下的 1 - 8.3% = 91.7%是"可分账票房",又名"净票房($\Sigma_{净}$)"。显然,$\Sigma_{净}$ = (1 - 8.3%) × $\Sigma_{总}$。举例说明,假定某电影总票房为10亿元,那么,应向"专资办"缴纳 10×5% = 0.5(亿元),应缴纳的税费是 10×3.3% = 0.33(亿元),两项合计即"不可分账票房"为 0.5 + 0.33 = 0.83(亿元),此电影的"可分账票房"即净票房就是 10 - 0.83 = 9.17(亿元)。

【第三步】净票房($\Sigma_{净}$)减去6亿元,如果$\Sigma_{净}$ - 6 ≥ 0,国家新闻出版广电总局直属的国有独资企业——中国电影股份有限公司的全资子公司——中影数字电影发展(北京)有限公司(以下简称"中影数字")将征缴1% ~ 3%,作为发行代理费,简称"中数代理费"。由院线支付给"中影数字"。请注意,此费不是"拷贝费"。

为什么要收这笔钱?有两个原因。一方面,这是一个历史遗留问题。20世纪90年代初,数字技术取代胶片时,全国绝大部分影院没有资金更换数字电影放映机,是"中影数字"出资完成了设备升级,它对中国电影数字化进程建立了不可磨灭的功绩。时至今日,全国至少七成的影院仍在使用"中影数字"的数字放映机,因此,它要抽成。另一方面,截至2016年年底,全国至少一半的数字电影的发行方是"中影数字",因为中国电影股份有限公司下属的"国家中影数字制作基地"(位于北京市怀柔区杨宋镇)具有国内一流的技术与设备,可以制作数字拷贝。而且,中国电影股份有限公司的另一家国有独资子公司——中影数字院线(北京)有限公司(以下简称"中影数字院线")是中国最大的国有院线,影院数量最多。正是由于上述两个原因,每部影片都要缴纳"中数代理费"。

随着电影体制改革的深化和电影市场的放开,民营、民间资本越来越活跃,"万达"、"华谊"、"光线"等民营电影公司经常不与"中影数字"合作,自己发行,这当然可以,是可行的。不过,不管谁发行,发行方先要把影片用 SONY HDCAM D5 磁带做成数字母盘,然后把母盘制作成多个数字硬盘即数字拷贝,同时制作出密钥;然后,邮寄/快递给各院线,各院线再分发给各自下属的影院。各影院收到数字拷贝后,登陆"中影数字"的官网 http://www.digifilm.com.cn 或发行方指定的网站下载密钥,才能使影厅内放映机的服务器读出数字拷贝,开始放映。全国每一家影院创办之初,都会从国家新闻出版广电总局电影局获得一个8位编码,这是唯一的识别码;全国每一家影院的每一个影厅的服务器,也有一个类似网络IP地址似的唯一标识吗,放映任何一部影片前都需要专用的、各自的密钥,才能读出数字拷贝,才能放映。制作一个数字拷贝,"中影数字"要收取发行方300元,一部向全国各省各级城市发行的影片需要大约2 000个数字拷贝,合计300×2000 = 60(万元),这笔费用就是"拷贝费",由发行方或制片方承担。民营发行方的"拷贝费"会少1/3甚至2/3。2000年以后,尽管可以通过卫星或云传输影片,但由于一部数字电影一般都在100G以上(3D约为200G,IMAX或中国巨幕约为400G),要求影院的网络带宽很高,一般需要千兆光纤,且传输的稳定性、安全性常常不能确保。截至2016年年底,仍以邮寄/快递数字拷贝为主,这种方式和胶片时代的"跑片"没有本质区别。

那么,到底收1%还是3%呢?由于票房越小的影片越需要国家/国企扶持,因此,"中影数字"对 $\Sigma_{\text{净}} - 6 \geq 1$（亿元）的电影征缴 3%，对 $\Sigma_{\text{净}} - 6 \geq 2$（亿元）的电影征缴 2%，对 $\Sigma_{\text{净}} - 6 \geq 3$（亿元）的电影征缴 1%，有时还有 1.5%、2.5% 等具体额度（λ），由"中影数字"灵活掌握。此费由影院或其隶属的院线支付给"中影数字"。

由于以 6 亿元为界，所以，只有净票房（$\Sigma_{\text{净}}$）超过 6 亿元的电影，也就是总票房（$\Sigma_{\text{总}}$）超过 $6 \div 0.83 = 7.2289 \approx 7.3$（亿元）的电影才会被"中影数字"征缴此发行代理费。举例说明，假定某电影总票房为 10 亿元，那么，净票房就是 9.17 亿元，由于超过了 6 亿元，"中影数字"就要征缴发行代理费。由于 $9.17 - 6 = 3.17 > 3$（亿元），故要征缴 9.17 亿元的 1% 即 0.091 7 亿元。

【第四步】在剩下的票房中，即净票购房扣除"中数代理费"后的票房，即 $\Sigma_{\text{净}} - \lambda(0.83\Sigma_{\text{总}} - 6) = \Sigma_3$，电影院分享 50%，院线分享 7%，制片方和发行方合计分享 43%。如果电影院与院线是同一家公司，比如"万达"、"金逸"，那么它将独享 Σ_3 的 57%。如果制片方与发行方是同一家公司，那么，它将独享 Σ_3 的 43%。继续举上例说明，假定某电影总票房为 10 亿元，那么，净票房就是 9.17 亿元，"中影数字代理费"为 0.091 7 亿元，剩下的票房即 $\Sigma_3 = 9.17 - 0.0917 = 9.0783 \approx 9.1$（亿元）。电影院可分享 $9.1 \times 50\% = 4.55$（亿元），院线可分享 $9.1 \times 7\% = 0.637$（亿元），制片方与发行方可分享 $9.1 \times 43\% = 3.913$（亿元）。

【第五步】制片方与发行方如何分账？一般来说，发行方会与制片方约定，收取上述 Σ_3 的 5~15 个百分点，作为其发行代理费用。请注意，发行方要的是"百分点"，俗称"点"，不是 43%Σ_3 的 15%，不是 43%$\Sigma_3 \times 15\%$，而是 15%Σ_3。也就是说，发行方也会盯紧 Σ_3、净票房、总票房。那么，只剩下 $43 - 15 = 28$ 个百分点归属制片方，即 Σ_3 的 28% 才是制片方的。继续举上例说明，假定 $\Sigma_3 = 9.1$ 亿元，那么，发行方要分享的发行代理费最多为 $9.1 \times 15\% = 1.365$（亿元）。这时，剩下的票房才是制片方的，它可分享 $9.1 \times 28\% = 2.548$（亿元）。$1.365 + 2.548 = 3.913 = 9.1 \times 43\%$。

很多情况下，制片方要求发行方预付宣发费，那么，发行方会将代理发行费提高到 20 个点，即要求分享 Σ_3 的 20%。继续举上例说明，即 $9.1 \times 20\% = 1.82$（亿元）。

如果制片方要求发行方既要预付宣发费又要预付制作费，那么，发行方会将代理发行费提高到 25 甚至 30 个点，要分 Σ_3 的 25%~30%。继续举上例说明，即 $9.1 \times 30\% = 2.73$（亿元）。

如果发行方承诺保底发行、买断发行，这时就不谈什么代理发行费了，发行方直接支付片方保底费或买断费，所有的 Σ_3 全部归属发行方，盈亏自负，与制片方无关。

【第六步】某些影片在某个档期处于竞争劣势，为了增加影片排映场次，制片方和/或发行方承诺给影院和/或院线返点，一般占 Σ_3 的 3~5 个点。也就是说，制片方和/或发行方承诺把自己应得的 43%×Σ_3 中的 3~5 个点返给影院和/或院线，使其原来占 Σ_3 的 57% 的份额提高到 60%~63%。

【第七步】制片方与投资方之间如何分账？制片方（以下简称"片方"），有时就是投资方，大多数情况下不是一家。很多电影的投资较大，制片方一家无力投资，常邀请多家公司联合投资。2017 年春节档上映的周星驰《西游伏妖篇》的投资方多达 21 家，成龙《功夫瑜伽》的投资方也有十几家。多家投资方如何分享票房，这取决于各投资方在总投资额中的地位、主次、份额，业界称为"主投方"、"跟投方"。主投方就是控股方，只能是一家；跟投方就是参股方，常常是多家，主投方就是发行方要面对的制片方。不论如何，只有真正出资、投了钱才能算投资方,没有以货币形式出资的公司都不是投资方。很多电影的片头出现多家"联合出品"、"联合摄制"的公司,不一定每家都会被算作投资方,有的只是制片方为了促进发行为其挂个虚名而已。

为了责权清楚,方便操作,不论投资方有多少家,发行阶段的制片方必须是一家,制片方物色的发行方也必须是一家,但发行方挑选的院线可以是多家。另外,制片方不一定是制作方/承制方,后者只是像承包工程似的来料加工,不参与投资,不参与发行,从制片方手里得到制作费,挣点辛苦钱。

以上七步,【第六步】不一定有,【第三步】大片有小片没有,其他五步每部影片都会经历。

(杨新磊)

第六节 凋零的"百合"

【上诉人,原审被告】上海凯伦广告公司
【被上诉人,原审原告】南京新潮广告有限公司

上诉人上海凯伦广告公司(以下简称凯伦公司)因电视作品代理发行合同纠纷一案,不服上海市第二中级人民法院(2001)沪二中知初字第76号民事判决,向上海市高级人民法院提起上诉,现已审理终结。

原审法院经审理查明:原告新潮公司从案外人超群传播有限公司处取得电视连续剧《午后之恋》的改作权和大陆地区播映权后,与案外人原南京有线电视台(先后变更为南京有线广播电视台、南京电视台)、原上海有线电视台(现变更为上海电视台)联合制作了电视连续剧《风中百合》(以下简称《风》剧),三方约定,原告享有《风》剧在我国除上海市及江苏省以外地区的播映权。《风》剧系在电视连续剧《午后之恋》的基础上拍摄、编辑而成。

1998年12月13日,原告新潮公司与被告凯伦公司签订《委托代理销售合同书》,约定:原告委托被告在我国除上海市及江苏省以外区域独家代理发行《风》剧,被告发行《风》剧获得的播映费总价不得低于人民币440万元,超额部分双方五五分成;被告代理费为播映费的15%;被告以自己的名义发行该剧并与签约单位结算,被告在代理发行中每与第三方签订一份合同,应将合同复印件交付原告,并在7天内将播映费扣除代理费用后汇入原告指定账户;原告应在1999年2月底提供完整的可发行的母带及广电局有关审批同意播放该剧的文件;合同有效期自原告将广电局批文及母带交至被告起两年止。1999年9月28日,原告取得(苏)剧审字(99)第013号国产电视剧发行许可证,核定《风》剧共为46集。同日,原告将电视剧发行许可证连同《风》剧的母带一并交付被告。

1999年8月26日、10月11日、10月21日,被告凯伦公司先后与成都导向广告文化传播有限公司、南昌有线电视台、太原有线广播电视台签订合同,被告授权上述三单位分别在云南、江西、山西地区播映《风》剧。2000年2月16日、4月20日,被告与中国影视音像交流协会文艺中心签订两份合同,授权中国影视音像交流协会文艺中心在吉林、重庆地区播

映《风》剧。上述5份合同约定的播映版权费总计为人民币524 100元。被告凯伦公司收到上述全部款项后，未按合同约定在扣除代理费后将剩余钱款汇入原告账户。同时，被告也未向原告提供上述合同复印件。

原审法院认为：原告新潮公司对《风》剧享有在我国除上海、江苏之外其他地区的播映权。原告新潮公司与被告凯伦公司签订的《委托代理销售合同书》系双方当事人的真实意思表示，且不违反法律规定，故该合同合法有效。

被告凯伦公司在系争合同履行期内，既未告知原告《风》剧的实际发行情况，又未向原告支付播映费，其行为构成违约。被告凯伦公司在本案审理期间提供了5份合同，5份合同的播映费总金额为52万余元人民币，未达到合同约定的最低播映费总价。因此，在原告未能提供证据证明被告实际发行所得的播映费总价高于440万元人民币的情况下，被告应当按照合同约定的最低发行总价440万元人民币的85%，向原告支付播映费。故原告要求被告支付代理发行《风》剧的播映费人民币374万元的诉讼请求应予支持。因被告未能在合同终止后及时向原告支付上述款项，故被告应按照中国人民银行同期贷款利率向原告计付利息。原告要求被告支付违约金人民币50万元及相应利息，因缺乏相应的合同条款规定，不予支持。鉴于系争合同的有效期已届满，故对原告要求终止履行合同的请求不予支持。据此，原审法院依照《中华人民共和国著作权法》（1990年9月7日第七届全国人民代表大会常务委员会第十五次会议通过）第十五条第一款，《中华人民共和国民法通则》第八十五条、第八十八条第一款的规定，判决：一、被告凯伦公司应于本判决生效之日起十日内向原告新潮公司支付代理发行《风》剧的播映费人民币3 740 000元，并按中国人民银行同期贷款利率计付自2001年9月28日起至本判决生效之日止的利息；二、原告新潮公司其余诉讼请求不予支持。本案案件受理费人民币36 910元，由原告新潮公司负担人民币10 910元，由被告凯伦公司负担人民币26 000元。

凯伦公司不服一审判决，向本院提起上诉，请求撤销原判，依法改判或者发回重审。上诉的主要理由是：一、原判事实上认可《风》剧是国产剧，这一认定与事实不符，且原判未确定被上诉人对此应负的相应责任；二、《风》剧实际为46集，比合同约定少4集，被上诉人对此应承担违约责任；三、被上诉人迟延交付《风》剧的母带，应当承担违约责任；四、被上诉人在授权上诉人发行的范围内，自行发行《风》剧构成违约，应当承担违约责任。

被上诉人新潮公司在答辩状中辩称：一、《风》剧是依法拍摄、发行的国产电视剧；二、《风》剧报批为50集，但最终广电部门批准为46集，并非被上诉人擅自变更《风》剧集数，故被上诉人没有违约；三、被上诉人在获得《风》剧发行许可批文的当日，即将发行许可证及母带交付上诉人，上诉人从未提出异议，故被上诉人没有违约；四、被上诉人根据上诉人的要求，在上诉人明示无法签约的地区进行销售，说明被上诉人在诚信履约。

上诉人在二审程序中向本院提交一份新的证据材料，即江苏省广播电视局2000年7月6日作出的"苏广发宣（2000）第26号"文，该文名称为"关于对电视剧《风中百合》拍摄中存在问题的处理意见"。上诉人以此证据材料证明《风》剧不是国产剧，被上诉人交付的标的物不符合合同约定；该剧在国内播放需要国家广电总局批准，现国家广电总局未予批准，故《风》剧不能发行，由此产生的后果应由被上诉人承担。

被上诉人在庭审中对上诉人提交的新的证据材料提出以下质证意见：该证据材料是内部文件，不具有证据效力。《风》剧的制作和发行应当适用1997年9月1日起施行的《广播电视管理条例》。

被上诉人在二审程序中向本院提交一份新的证据材料，即江苏省广电局宣传处处理《风》剧的负责人的书面证言，以证明上诉人提交的"苏广发宣（2000）第26号"文只是向国家广电总局提出的建议，《风》剧并未被禁止发行。

上诉人在庭审中对被上诉人提交的新的证据材料提出以下质证意见：该证据材料是个人意见，不是江苏省广电局的意见。

根据双方当事人的质证意见，本院对双方当事人提交的新的证据材料认证如下：一、关于上诉人提交的新的证据材料。由于被上诉人对上诉人提交的新的证据材料的真实性、合法性未提出异议，因此本院对其真实性、合法性予以确认。被上诉人以该证据材料系内部文件为由否认该证据材料的关联性，本院认为，内部文件并不一定与案件事实无关。由于该文件直接认定《风》剧不是国产剧，因此该证据材料与《风》剧是否属国产剧这一事实有关联性。因此，本院对上诉人提交的新的证据材料予以采信。二、关于被上诉人提交的新的证据材料。虽然上诉人对被上诉人提交的新的证据材料的合法性没有异议，但是对其真实性和关联性提出异议，认为该证据材料是个人意见，不能证明被上诉人的主张。本院认为，被上诉人提交的新的证据材料属于证人证言，由于该证人证言没有相应证据加以佐证，且对方当事人又不予认可，因此该证据材料的真实性、关联性均不能确认，故本院对该证据材料不予采信。

根据双方当事人的诉辩意见及本院的认证意见，本院经审理查明，原审法院查明的事实基本属实；另查明，《风》剧不属国产电视剧。

本院认为：被上诉人新潮公司与上诉人凯伦公司签订的系争合同合法有效，双方当事人应当依约履行义务。虽然被上诉人向上诉人交付的《风》剧不属国产剧，与合同约定的《风》剧应是国产剧不符，但是《风》剧性质的变更并未导致系争合同违反法律和行政法规的强制性规定，因此《风》剧性质的变更不影响系争合同的效力。至于《风》剧性质的变更是否导致该剧的摄制、发行违反有关行政法规及行政规章的规定等问题，属于有关行政机关的职权范围，应当由有关行政机关予以处理。上诉人在合同有效期内，没有履行将代理发行合同复印件交付被上诉人并向被上诉人支付约定的播映费的义务，上诉人的行为已构成违约，应当承担相应的违约责任。原审法院根据合同约定及凯伦公司违约的事实，依法判决凯伦公司向新潮公司支付播映费人民币3 740 000元及相应利息，驳回新潮公司的其余诉讼请求，原审法院的这一判决具有事实和法律依据，应予维持。

上诉人诉称，原审判决事实上认可《风》剧是国产剧，这一认定与事实不符，且原判未确定被上诉人对此应当承担的相应责任。本院认为，虽然合同约定《风》剧是国产剧，而事实上《风》剧不属国产剧，但是《风》剧性质的变更并没有导致《风》剧被禁止发行，上诉人也没有提供证据证明《风》剧作为非国产剧对其发行带来不利后果，因此上诉人以《风》剧不是国产剧为由，拒绝支付合同约定的播映费没有事实和法律依据。同时，上诉人在原审中未对《风》剧性质的变更向被上诉人提出反诉，要求被上诉人承担相应的违约责任，因此原判未对被上诉人是否应当承担相应责任不予表态具有事实和法律依据。上诉人的上述上诉理由没有事实和法律依据，本院不予支持。

上诉人诉称，被上诉人应当对其以下违约行为承担违约责任：一、《风》剧实际为46集，比合同约定少4集；二、被上诉人迟延交付《风》剧的母带；三、被上诉人在授权上诉人发行的范围内，自行发行《风》剧。本院认为，在原审中，凯伦公司只是主张系争合同无效，并未对新潮公司提出承担违约责任的反诉请求，因此原审法院对被上诉人是否违约及是否承担违约责任不予审理与法不悖。由于凯伦公司在原审中未对新潮公司提起承担违约责任的反诉，因此，上诉人在二审程序中提出此主张没有法律依据，本院对此不予审理。对被上诉人违约事实是否存在、违约责任应否承担的问题，上诉人可以对被上诉人另案起诉。因此，上诉人的上述上诉理由不能成立，本院不予支持。

综上所述，原审判决认定事实基本属实，适用法律正确，审判程序合法；上诉人的上诉请求没有事实和法律依据，应予驳回。

二〇〇二年六月五日，上海市高级人民法院依照《中华人民共和国民事诉讼法》第一百五十三条第一款第（一）项的规定，判决如下：驳回上诉，维持原判。二审案件受理费人民币36 910元，由上诉人上海凯伦广告公司负担。本判决为终审判决。

此判后，纠纷仍未彻底平息。2003年，双方又因此剧产生纠纷，诉至上海市第二中级人民法院。

该院认为：在本院审理的（2001）沪二中知初字第76号电视作品代理发行合同纠纷一案中，被告新潮公司要求原告凯伦公司支付《风》剧播映费及利息等。2001年9月4日，本院第一次开庭审理该案，原告凯伦公司指出被告新潮公司存在延迟交付母带、批文的违约行为，并表示保留对被告新潮公司提出反诉的权利。

另查明，原告凯伦公司于2002年12月16日被上海市工商行政管理局吊销企业法人营业执照，未成立清算组。

法院认为：当事人依法订立的合同具有法律约束力，当事人应当按照合同约定全面履行义务。原告凯伦公司与被告新潮公司签订的《委托代理销售合同书》系双方依法订立，故双方均应根据上述合同书的约定全面履行自己的义务。

根据原被告签订的《委托代理销售合同书》，原告凯伦公司拥有在我国除上海市及江苏省以外其他地区独家代理发行《风》剧的权利，被告新潮公司不得在原告代理发行的范围内进行《风》剧的发行。然而被告违反了上述约定，在原告代理发行的范围内向他人转让《风》剧的播映权，约定的播映费总额为人民币110.62万元。被告的上述播映权转让行为构成了违约，且势必会导致原告在该地区无法代理发行《风》剧，故被告与他人约定的上述播映费应视为原告实际所遭受的全部经济损失，被告理应予以赔偿。对于原告将被告与他人约定的播映费以外的邮寄费等其他费用及在并未实际履行的合同中所约定的播映费计算至赔偿额中，因不具有合理性，本院不予支持。原告另提出，由于被告的上述违约行为，根据合同约定，被告还应赔偿原告人民币50万元。根据我国法律规定，当事人一方违反合同的赔偿责任，应当相当于另一方因此所受到的损失。鉴于本院在认定被告赔偿责任时已考虑到了原告的实际损失，原告要求被告另行赔偿人民币50万元，缺乏法律依据，本院不予支持。被告辩称，其是经原告允许后，才在原告代理发行的范围内向他人发行《风》剧的，故被告的行为不构成违约。本院认为，被告对其辩称意见并未提供充足的证据证实，故不予采信。

根据双方签订的《委托代理销售合同书》，被告新潮公司应在1999年2月底提供完整的可供发行的母带及广电局有关审批同意播放《风》剧的文件，如延迟交片则赔偿原告凯伦公司人民币10万元。本案中，被告实际交付母带及批文的时间为1999年9月28日，超过了合同约定的交付时间，故被告的行为已构成违约，应根据双方关于延迟交付的约定，承担违约责任，即偿付原告违约金人民币10万元。被告辩称，原告并未在诉讼时效内向被告主张延迟交付《风》剧母带及批文的违约责任，故已丧失了胜诉权。本院认为，2001年9月4

日在本院审理的（2001）沪二中知初字第76号电视作品代理发行合同纠纷一案的庭审中，原告凯伦公司曾指出被告新潮公司的上述违约行为，并提出保留提起反诉的权利，故诉讼时效自该日起中断并得以重新计算，原告的请求并未超过诉讼时效，故对于被告的上述辩称意见，本院不予采信。

原告凯伦公司提出被告新潮公司少交付4集《风》剧，应赔偿原告人民币29.92万元。本院认为，在原被告签订的《委托代理销售合同书》中，并未对《风》剧集数增减如何处理作出相应约定；原告在《风》剧交付之日即应知道集数已减少，且其在对外签订的发行《风》剧的合同中亦注明《风》剧为46集，应认为其对《风》剧集数的减少已予以认可，其现提出异议，不具有合理性，故原告的上述请求缺乏事实和法律依据，本院不予支持。

被告新潮公司提出原告凯伦公司已被吊销企业法人营业执照，不具备诉讼主体资格。本院认为，原告企业法人营业执照被吊销，并不等于企业法人被消灭，在原告被吊销营业执照后至被注销登记前，该企业法人仍视为存续，原告可以以自己的名义进行诉讼活动。故被告的上述意见，本院不予采纳。

二〇〇三年三月二十六日，上海市第二中级人民法院判决如下：一、被告南京新潮广告有限公司于本判决生效之日起十日内赔偿原告上海凯伦广告公司经济损失人民币1 106 200元；二、被告南京新潮广告有限公司于本判决生效之日起十日内偿付原告上海凯伦广告公司违约金人民币100 000元；三、原告上海凯伦广告公司其余诉讼请求不予支持。本案案件受理费人民币24 931元，由原告上海凯伦广告公司负担人民币14 854元，由被告南京新潮广告有限公司负担人民币10 077元。

此判后，双方均未上诉。

【学者评述】

合作就是互相配合，共同把事情做好。影视剧从制作到播出需要多个公司合作通力完成，各个公司应承担起自己的工作，在整个工作完成后，合作各方共享所赚利润，按之前合同签订的比例分配，如此便是一次完美的合作。现代社会分工越来越细，这既是社会发展要求，也是专业发展要求。所以，学会与其他人合作，也就找到了通向成功的钥匙。

人们也常说，小合作有小成就，大合作有大成就，单打独斗不能成大事。哪一个成功人士的背后没有其他人的推动和支持呢？合作之初，大家互不了解，需要的是坦诚相待，正所谓"精诚合作"。合作之中，常常会有变故发生，需要合作各方共同解决问题，相互磨合，勇于承担责任，而不是相互推诿责任。合作完成，大家已然熟悉，彼此都了解了，是一锤子买卖还是有继续合作的必要，是不是值得长期合作的伙伴，这些评判都会影响自己以后的发展。若是一次合作便毁了自己，诸如欠债不还、不履行义务甚至诚信缺失等，这样的人或公司在发展前途上基本就被判死刑了。

总之，人的一生，无论做什么事都离不开合作，懂得学会合作便是成功了一半。所谓口碑，所谓人气，所谓品牌，所谓名声，无不从合作中来。若人人都懂得了合作之道，这社会便也和谐了。

（马玉洁）

第七节 周易之"玄"

【原告】 北京京华视线文化传播有限公司
【被告】 海南周易影视制作有限公司

原告北京京华视线文化传播有限公司（以下简称京华公司）诉被告海南周易影视制作有限公司（以下简称周易公司）著作权许可使用合同纠纷一案，现已审理终结。

原告京华公司诉称，2006年4月14日，原告与被告签订《电视节目播放权购买合同书》，约定原告向被告购买40集电视剧《萧十一郎》在中国大陆地区的独家播放权（二轮无线、有线电视播放权及上星播放权），每集3万元，复录费1 000元，使用期限5年。合同还约定：被告保证拥有对原告授予的权利并向原告提供著作权（版权）委托书、发行许可证等国家法律、法规规定的相关文件。被告必须保证向原告提供的节目版权和内容的真实性和合法性。如一方违约，除需赔偿守约方经济损失外，还应给付合同总额100%的违约金。合同签订后，原告支付了节目费、复录费共计1 201 000元（含定金10万元），被告向原告交付了母带及发行许可证。但原告在进行第二轮发行过程中，发现被告存在以下违约行为：1.《萧十一郎》的著作权人除原告外，还有北京友视文化传播有限公司（以下简称友视公司）和九洲音像出版公司（以下简称九洲公司），但原告与被告签订合同没有经过友视公司的同意；2. 九洲公司与被告约定被告在2005年5月8日至2010年5月7日期间享有二轮发行权，而被告与原告签订的合同约定的二轮发行权期间为2006年5月1日至2011年4月30日；3. 原告提供给被告的发行许可证与国家广播电影电视总局（以下简称广电总局）给《萧十一郎》下发的发行许可证不一致，与原告签订二轮发行权授权合同的单位因此要求与原告解除合同，原告无法进行电视剧的第二轮发行；4. 江苏电视台城市频道在2006年6月和7月播出了电视剧《萧十一郎》，原告在合同中享有的独家二轮发行权没有得到保障。综上，被告的行为构成根本违约，致使原告的合同目的无法实现，故原告诉请法院判决如下：1. 解除原告与被告签订的《电视节目播放权购买合同书》；2. 被告返还原告已付的节目费、复录费1 201 000元；3. 被告向原告支付违约金120万元。

被告周易公司辩称，不同意原告的诉讼请求，理由如下：1.《萧十一郎》由被告和友视公司、九洲公司共同出资拍摄，九洲公司的版权为30%，被告与友视公司的版权为70%（其中被告占55%，友视公司占15%）。2005年5月，九洲公司与被告约定由被告负责第二轮发行，而诉讼中的2007年2月友视公司也将其版权全部转让给我公司，因此我公司享有70%的版权，有权与原告签订《电视节目播放权购买合同书》。法律并不禁止被告作为共同著作权人之一单独行使发行权和许可权。2. 虽然被告与九洲公司约定的发行期间与被告许可原告的发行期间不完全吻合，但并不影响被告对原告的许可，不影响被告对原告许可的法律效力。3. 被告给原告的发行许可证复印件，是九洲公司报批后交给被告的，虽然与广电总局备案的发行许可证不一致，原因不在被告。原告法定代表人陈京生原来就是九洲公司的发行负责人，对《萧十一郎》的发行许可证的真实情况是明知的。《萧十一郎》已经获得了发行许可证，依法可以公开发行，而且已经进行了第一轮发行，不会因为被告给原告的发行许可证与备案的不一致而不能发行。原告在发现发行许可证与备案的不一致时，可以与被告核实并要求被告更换，不影响合同的继续履行。4. 原告没有证明被告在合同期间许可江苏电视台播放了《萧十一郎》，也没有证明江苏电视台播放是由于被告违约导致，因此，原告据此要求解除合同，不应得到支持。再者，合同中约定的违约金过高，不应全部支持。综上，原告主张被告违约并要求解除合同，无事实和法律依据，应予以驳回。不同意原告的诉讼请求。

经审理查明：

一、《萧十一郎》的著作权和发行权

2001年6月，友视公司与被告签订《合同书》，主要内容为：1. 双方合作拍摄《萧十一郎》，被告投资55%即990万元、友视公司投资45%即810万元；2. 电视剧的著作权归双方共有，双方按照投资比例分配利润；3. 友视公司负责电视剧在中国大陆的发行，被告负责电视剧在海外的发行。黄德峰代表友视公司在合同上签字，签字日期为2001年6月26日；蒋君霞代表被告在合同上签字，签字日期为2001年6月22日。

2001年6月，友视公司与九洲公司签订《合同书》，主要内容为：1. 双方合作拍摄电视剧《萧十一郎》，九洲公司投资30%即540万元，友视公司投资70%即1 260万元；2. 版权归双方共有，双方按照投资比例分配利润；3. 友视公司负责电视剧的海外发行。黄德峰代表友视公司在合同上签字，签字日期为2001年6月26日；王鹏举代表九洲公司在合同上签字，签字日期为2001年6月21日。

2005年5月，被告和九洲公司签订《协议书》，主要内容为：1.《萧十一郎》的二轮发行由被告负责，发行款的70%由被告留存（其中包含友视公司的15%）、30%由九洲公司留存；2.《萧十一郎》的韩国发行由九洲公司负责，发行款的45%由九洲公司留存（其中包含友视公司的15%）、55%由被告留存；3. 二轮发行时间为2005年5月8日至2010年5月7日。

2007年1月，本院依被告的申请向友视公司调查《萧十一郎》的二轮发行权归属。1月30日，友视公司向本院回函称：1. 电视剧《萧十一郎》的著作权由友视公司、九洲公司、被告共同享有；2. 在三方未达成一致意见前，被告无权单独进行电视剧的二轮发行。

2007年2月10日（诉讼中），友视公司出具《版权转让授权书》，内容为："现将北京友视文化传播有限公司拥有的四十集电视连续剧《萧十一郎》的全部版权转让给海南周易影视制作有限公司。转让期限为：永久转让，自2007年2月10日起生效。"

上述事实，有《合同书》《协议书》、协助调查令、友视公司回函、友视公司《版权转让授权书》在案佐证。

二、涉案合同的签订及履行

2006年4月14日，原告与被告签订《电视节目播放权购买合同书》，合同的主要内容为：1. 被告将电视连续剧《萧十一郎》在中国大陆地区的二轮电视播映权独家授予原告，授权期限为2006年5月1日至2011年4月30日，原告支付节目费120万元、复录费1 000元；2. 被告保证拥有向原告授予的权利，并向原告提供发行许可证等相关文件，被告在合同有效期内不得将已经授予原告的权利许可再授予他人；3. 如一方违约，除应赔偿守约方经济损失外，还应支付合同总额100%的违约金。

2006年4月14日，被告出具《授权书》，确认了原告依据《电视节目播放权购买合同书》享有的合同权利。

2006年4月18日，原告向被告支付合同款10万元。5月26日，被告向原告支付合同款1 101 000元。

2006年6月15日，原告与上海和韵广告有限公司（以下简称和韵公司）签订《电视节目播放权购买合同书》，约定原告将《萧十一郎》在上海、浙江、湖南、四川、福建地区的独家二轮电视播映权授予给和韵公司，授权期限为2006年6月15日至2010年6月14日，和韵公司支付许可费152万元、复制费8 000元。

2006年7月3日，和韵公司向原告发出《通知》称，和韵公司在进行《萧十一郎》的第二轮发行中，有电视台对原告提供的电视剧发行许可证提出质疑，和韵公司认为原告提供的发行许可证与广电总局下发的不一致，因此认为原告构成违约，要求与原告终止合同并要求赔偿。

上述事实，有《电视节目播放权购买合同书》《授权书》、银行汇款凭证、《通知》在案佐证。

三、发行许可证相关事实

原、被告签订合同后，被告向京华公司交付了（广编）剧审字（2002）第035号《国产电视剧发行许可证》复印件，其上加盖了被告的公章。发行许可证由广电总剧于2001年5月11日颁发，其上标注的制作单位为九洲公司、合作单位为被告。

原告为证明被告交付的发行许可证与广电总局备案的不符，申请本院向广电总剧调取发行许可证。广电总局电视剧管理司依据本院的协助调查函向本院邮寄了《萧十一郎》的发行许可证存根，该发行许可证存根与被告交付给原告的发行许可证相比，合作单位为友视公司而非被告，其他内容完全相同。

2006年12月4日，原九洲公司副总经理、《萧十一郎》总制片人王鹏举出具书面《说明书》，主要内容为：1.《萧十一郎》为九洲公司、友视公司和被告联合摄制；2. 发行许可证由九洲公司向广电总局申领，由于三方约定九洲公司负责国内发行，被告负责海外发行，为了海外发行需要，九洲公司在申领发行许可证时请求广电总局在发行许可证的合作单位一栏中分别填写了友视公司和被告两个单位。

诉讼中，被告称原告法定代表人陈京生曾经负责九洲公司的电视剧发行，并提交了4页"美的娱乐网"的网页打印件，用以证明陈京生曾经为九洲公司发行过电视剧《天龙八部》。原告不认可该证据的真实性。被告未就此主张提交其他证据。

另查，《萧十一郎》电视剧的片头注明"总制片人王鹏举"、"许可证（广编）剧审字（2002）第035号"。

上述事实，有原告提交的发行许可证、广电总局电视剧司提交的发行许可证存根、《说明书》、电视剧光盘、网页打印件在案佐证。

四、江苏电视台播放涉案电视剧相关事实

2006年7月17日，原告向上海尼尔森市场研究有限公司北京分公司（以下简称尼尔森公司）支付450元以购买《萧十一郎》播放的监测报告。

尼尔森公司出具的监测报告显示，2006年6月23日、7月7日、7月11日，江苏电视台城市频道播放了《萧十一郎》。诉讼中，被告称江苏电视台播放《萧十一郎》系九洲公司授权，被告并未违约向江苏电视台授权，被告申请本院调取江苏电视台播放《萧十一郎》的相关授权合同。本院向九洲公司发出协助调查令，询问九洲公司："江苏电视台城市频道于2006年6月播放《萧十一郎》，是否与贵公司签订过相应的许可合同？"九洲公司回函称："我公司未与江苏电视台城市频道就《萧十一郎》的播出签订过任何许可合同。"

被告又主张，江苏电视台播放《萧十一郎》的依据是江苏九洲影视传播有限公司与江苏省广播电视总台签订的授权合同（授权2005年4月20日至2007年4月20日期间在江苏地区播放《萧十一郎》），而江苏九洲影视传播有限公司与九洲公司签订过授权合同。本院依被告申请，又向九洲公司发出协助调查令，询问："贵公司是否就电视连续剧《萧十一郎》与江苏九洲影视传播有限公司签订过授权合同。"九洲公司回复称："贵院于2007年3月19日至我公司调查令收悉，现将所调查涉及相关协议送上，请查收。"并附九洲公司与江苏九洲影视传播有限公司签订的《协议书》。《协议书》上打印的合同当事人为"北京九洲华汉广告中心江苏分中心"，而在该方当事人处仅加盖了"江苏九洲影视传播有限公司"的公章，合同上没有日期。《协议书》的主要内容为，九洲公司将《萧十一郎》在江苏地区的播映权授予江苏九洲影视传播有限公司。《协议书》并未明确授权期限。

上述事实，有尼尔森公司的监测报告、协助调查令、友视公司和九洲公司回函、《协议书》，以及本院开庭笔录在案佐证。

本院认为，原、被告签订的《电视节目播放权购买合同书》系当事人真实意思表示，已依法成立。有下列情形之一的，当事人可以解除合同：（一）因不可抗力致使不能实现合同目的；（二）在履行期限届满之前，当事人一方明确表示或者以自己的行为表明不履行主要债务；（三）当事人一方迟延履行主要债务，经催告后在合理期限内仍未履行；（四）当事人一方迟延履行债务或者有其他违约行为致使不能实现合同目的；（五）法律规定的其他情形。现原告依据第（四）项理由主张被告构成根本违约并要求解除合同，原告的主张是否符合法律规定的解除合同的条件，本院作如下分析。

1. 被告未经友视公司同意即与原告签订第二轮发行合同，是否导致原告合同目的不能实现。如果被告未经其他著作权人同意，可以单独授予原告大陆地区的独家二轮播映权，则其他著作权人亦可以单独授予他人相同权利，最终将可能导致原告和他人同时具有大陆地区的独家二轮播映权，原告和他人的合同目的均不能实现。但本案中，友视公司在诉讼中已经将著作权转让给被告，原告并未证明友视公司在将著作权转让给被告前将相同权利授予他人，因此被告在合同中授予原告的权利已经补正，原告以友视公司未授权为由主张其合同目的不能实现并要求解除合同，无事实和法律依据，本院不予支持。

2. 被告给原告的授权期间超出被告与九洲公司约定的二轮发行期间，是否导致原告合同目的不能实现。原告的合同目的是获得合同约定期限内（2006年5月1日至2011年4月30日）的大陆独家二轮发行权，而被告与九洲公司协商取得的仅为2005年5月8日至2010年5月7日的权利，因此被告同样违反了保证拥有授予原告的完整权利的合同义务。至于原告的合同目的是否因此不能实现，则并不必然。因为距2010年5月有近三年时间，被告可以通过与九洲公司协商延长被告行使大陆地区独家二轮发行权的期限。如果原告催告被告在合理期间内弥补权利期限瑕疵而被告未能补救，则原告有权解除合同。但本案中，原告并未要求被告采取补救措施，而被告亦有可能补正其权利期限这一瑕疵，故原告合同目的并不属于"不能实现"，因此原告据此要求解除合同，无法律依据，本院不予支持。

3. 原告提供给被告的发行许可证与广电总局给《萧十一郎》下发的发行许可证不一致，是否导致原告合同目的不能实现。发行许可证的基本作用在于证明广电总局已经准许电视剧依法可以发行、播放。《萧十一郎》已经取得发行许可证，其发行、播放并不违反法律法规，且其已经实际进行了播放，原、被告和相关电视剧经营和播放单位亦应知晓。因此，虽然被告给原告的发行许可证与广电总局下发的并不一致，但并不影响电视剧的发行和播放，不影响原告二次发行的合同目的。原告发现被告交付的发行许可证与广电总局备案的不一致时，可以采取补救措施，要求被告交付真实的发行许可证。因此，原告据此主张被告根本违约导致其合同目的不能实现，无事实依据，本院不予支持。

4. 江苏电视台城市频道2006年6月播出电视剧《萧十一郎》，是否导致原告合同目的不能实现。虽然九洲公司与江苏九洲影视传播有限公司签订的合同无明确签订时间和授权期限，但江苏九洲影视传播有限公司与江苏省广播电视总台签订的合同中的授权期限从2005年4月20日起，而被告与九洲公司签订的二轮发行权合同的时间为2005年5月，因此依常理可推知九洲公司向江苏九洲影视传播有限公司授权在先，与被告签订合同在后。虽然江苏电视台的播放行为并非被告违约重复授权导致，而是九洲公司授权导致，但江苏电视台的实际播放却导致原告无法在大陆独家享有二轮播放权。虽然被告违反了合同中约定的权利瑕疵担保义务，使原告在江苏地区不享有独家二轮播放权，影响了原告的二次授权范围，从而影响了其通过二次授权获取的利润数额，但此权利瑕疵并不足以导致原告合同目的不能实现。在原告与和韵公司签订的合同中，被告以152万元授予和韵公司二轮发行权，其中的授权地区就不包括江苏省。原告以江苏电视台播放《萧十一郎》为由主张其合同目的不能实现，无事实和法律依据，本院不予支持。

综上，原告以被告违约导致其合同目的不能实现为由，要求解除合同、返还合同款的诉讼请求，无事实和法律依据，本院不予支持。但被告确有交付不真实发行许可证、违反权利瑕疵担保义务的违约事实，并因此可能给原告造成损失，原告依据合同约定要求被告支付违约金，有事实和法律依据，应予以支持。由于合同约定的违约金与合同总价款等额，数额过高，被告亦要求酌减，且考虑到被告的违约情节及可能给原告造成的损失等因素，本院依据公平原则酌定被告支付违约金9万元，不再全额支持原告诉讼请求。

二〇〇七年九月十二日，北京市海淀区人民法院依照《中华人民共和国合同法》第九十四条、第一百一十四条第一款、第二款之规定，判决如下：一、被告海南周易影视制作有限公司给付原告北京京华视线文化传播有限公司违约金九万元，于本判决生效之日起十日内付清；二、驳回原告北京京华视线文化传播有限公司的其他诉讼请求。如被告海南周易影视制作有限公司未按本判决所指定的期间履行给付金钱义务，则应依据《中华人民共和国民事诉讼法》第二百三十二条之规定，加倍支付延迟履行期间的债务利息。案件受理费二万二千零一十五元（原告已预交），由原告北京京华视线文化传播有限公司负担二万元，由被告海南周易影视制作有限公司负担二千零一十五元，于本判决生效之日起七日内交纳。财产保全费八千零二十元（原告已预交），由原告北京京华视线文化传播有限公司负担七千零二十元，由被告海南周易影视制作有限公司负担一千元，于本判决生效之日起七日内交纳。

一审判决后，原告不服，提起上诉。

上诉人京华公司上诉称：一审判决认定事实不清，被上诉人提供的虚假发行许可证使得合同目的无法实现，授权期限虚假也使得上诉人实现合同目的的时间条件不具备。同时被上诉人未经其他权利人同意，与上诉人签订的合同属无权转让，一审仅判决9万元违约金明显偏低。因此请求人民法院判决：1. 解除双方签订的《电视节目播放权购买合同书》；2. 被上诉人返还上诉人已付的节目费、复录费1 201 000元；3. 被上诉人向上诉人支付违约金120万元。

被上诉人海南周易影视制作有限公司（以下简称周易公司）同意一审判决。

经审理查明，2006年4月14日，京华公司与周易公司签订《电视节目播放权购买合同书》，合同的主要内容为：1. 周易公司将电视连续剧《萧十一郎》在中国大陆地区的二轮电视播映权独家授予京华公司，授权期限为2006年5月1日至2011年4月30日，京华公司支付节目费120万元、复录费1 000元；2. 周易公司保证拥有向京华公司授予的权利，并向京华公司提供发行许可证等相关文件，周易公司在合同有效期内不得将已经授予京华公司的权利许可再授予他人；3. 如一方违约，除应赔偿守约方经济损失外，还应支付合同总额100%的违约金。之后，双方因合同履行情况发生争议，京华公司于2006年10月诉至一审法院。

二〇〇八年三月二十日，北京市第一中级人民法院主持调解，双方自愿达成如下调解协议：一、双方继续履行2006年4月14日签订的《电视节目播放权购买合同书》，并一致同意合同第二条使用期限变更为2006年5月1日至2010年5月7日，其他条款不变。二、海南周易影视制作有限公司补偿北京京华视线文化传播有限公司人民币三十万元整（于本协议签字之日起七日内支付十万元，于2008年4月30日前再支付十万元，并于2008年5月31日之前支付余下的十万元）。三、就涉案所诉事由，双方无其他争议。四、一审案件受理费二万二千零一十五元和财产保全费八千零二十元，由北京京华视线文化传播有限公司负担（已交纳）；二审案件受理费一万九千九百六十五元，减半收取九千九百八十三元，由海南周易影视制作有限公司负担（海南周易影视制作有限公司于本调解协议签字之日起七日内直接将该款项给付北京京华视线文化传播有限公司）。五、本协议自双方当事人签字之日起生效。上述协议，符合有关法律规定，并由双方当事人于2008年3月20日签字生效，本院予以确认。

又案，海南周易影视制作有限公司2004～2007年，因电视剧《水月洞天》与海南紫雨文化传播有限公司、湖南俪人行国际影视传播中心发生纠纷，海口市中级人民法院一审后，三方均提起上诉，海南省高级人民法院二审裁定发回重审。反复几遭后，海南省高级人民法院认定了如下事实：

2003年4月1日，国家广播电影电视总局向国际文化交流音像出版社（以下简称国文音像出版社）颁发甲第055号《电视剧制作许可证》，国文音像出版社在该证上注明，"此证用于我社与海南周易影视制作有限公司联合拍摄电视连续剧《水月洞天》摄制组使用"。2004年1月6日，国家广播电影电视总局以（广编）剧审字（2004）第004号《国产电视剧发行许可证》，同意电视连续剧《水月洞天》在全国范围发行。该发行许可证载明，该剧的制作单位为国文音像出版社，合作单位为周易公司，制作许可证编号为甲第055号，该剧长度为45′×30（集）。2004年3月3日，国文音像出版社向周易公司出具授权书，授权周易公司独家全权发行该社与周易公司合作拍摄并享有著作权的30集电视连续剧《水月洞天》。

2003年6月10日，周易公司与海南紫雨文化传播有限公司（以下简称紫雨公司）签订《合作协议书》，其中规定：紫雨公司参与投资周易公司在中国大陆拍摄的40集电视连续剧《水月洞天》，每集预算人民币50万元，共计2 000万元，紫雨公司的投资占总投资额15%，如该剧拍摄预算增加时，周易公司需自行完成拍摄不得追加投资款；该剧完成后，双方负责海外市场版权销售及发行和中国地区版权销售及发行，若双方有重复的市场关系，以价高者得。

2003年11月至12月，俪人行传播中心与紫雨公司下属的海南紫雨文化传播有限公司长沙分公司（以下简称紫雨长沙分公司）共同作为合同的一方当事人，与杭州电视台广告节目部、上海文广新闻传媒集团节目营销中心以及广州市电视台等单位分别签订《水月洞天》电视剧播映权转让合同，并约定转让价款汇入紫雨长沙分公司银行账户。同年12月25日，紫雨公司向周易公司传真一份国内地区发行表，该表载明了已签合同地区及款项到位情况。周易公司对该发行表未提出异议，且确认已收到该表列明的款项981 970元。2004年3月12日，北京市齐致律师事务所受周易公司的委托，向俪人行传播中心发出律师函。该函称，周易公司依法享有电视剧《水月洞天》的版权及发行权，未经周易公司授权，发行该剧及出让该剧播映权均属侵权行为；周易公司从未向俪人行传播中心交予所谓独家发行《水月洞天》的授权书，周易公司已全权委托律师处理此事，如俪人行传播中心坚持已获得授权书，望联系确认真伪。该函同时要求俪人行传播中心立即停止继续发行该剧及一切与该剧有关的违背事实的言行。同日，北京市齐致律师事务所向杭州电视台广告节目部发出律师函。该函称：1. 经制作单位国文音像出版社的授权，周易公司享有电视剧《水月洞天》在全国独家发行的权利，未经周易公司授权，发行及转让该剧播映权均属侵权行为；2. 周易公司从未授予俪人行传播中心、紫雨公司或其他机构有关该剧版权或发行权，鉴于俪人行传播中心及紫雨公司自称拥有该剧版权，且该台与之签署的转让该剧播映权合同尚未届期，请该台进一步核实其是否真正拥有该剧版权，以及在签约时有无欺骗该台的行为；3. 周易公司已委托律师向俪人行传播中心及紫雨公司发出要求停止侵权的律师函；4. 《水月洞天》电视剧母带属周易公司所有，未经周易公司授权，请该台勿复制该剧母带给任何单位及个人。俪人行传播中心鉴于周易公司委托律师发出的上述律师函内容，以周易公司的行为构成侵权为由提起本案诉讼。在本案诉讼中，俪人行传播中心提交一份《授权书》传真复印件，以证明其对《水月洞天》电视剧享有发行权。该授权书内容为："兹授权湖南俪人行国际影视传播中心独家发行本公司联合拍摄制作并享有著作权之三十四集电视连续剧《水月洞天》声明如下：一、授权地：中国大陆地区（台湾、香港及澳门除外）；二、节目名称：《水月洞天》；三、版权种类：有线及无线电视（含上星权）、音像之独家发行权；四、授权时间：自2003年9月1日至2006年11月1日；五、本授权节目之销售合约届满或中途失败，本授权书亦自动失效。"该授权书上盖有"海南周易影视制作有限公司"印章，落款时间为"2003年9月1日"。周易公司对该份证据的真实性提出异议，认为需要核对原件。俪人行传播中心在本案庭审中未能提供该授权书原件。

本案的焦点在于紫雨公司和俪人行中心在电视剧《水月洞天》的发行过程中，是否对周易公司构成侵权和赔偿数额及责任的确定问题。电视剧《水月洞天》是由周易公司和音像出版社联合摄制的，作为著作权的派生权利，周易公司和音像出版社享有该剧的发行权，且该发行权形式上经过了国家广播电影电视总局的审查许可。在发行过程中，著作权人音像出版社又将发行权独家授予著作权人周易公司，因此周易公司与紫雨公司签订的《合作协议》中许可紫雨公司在电视剧完成后享有海外市场及中国地区销售和发行《水月洞天》电视剧的权利的约定符合委托代理的法律规定，且在紫雨公司代理发行的过程中，周易公司接受了紫雨公司交付的部分发行款。可见，周易公司上诉关于紫雨公司没有代理发行权并对其构成侵权，要求紫雨公司对其进行赔偿的主张没有法律和事实依据。对俪人行中心而言，虽然周易公司对俪人行中心提供的《授权书》系传真件而不予认可，但是结合电视剧的实际发行情况来看即俪人行中心的全部发行行为均是与紫雨公司共同完成的，而紫雨公司与周易公司在《合作协议》中并没有禁止性规定限制紫雨公司与第三人共同发行该电视剧，且周易公司与俪人行中心在发行过程中就首映、宣传、收费事宜往来密切。因此，在事实上周易公司明知和认可俪人行中心的发行行为。俪人行中心的发行行为不构成对周易公司的侵权。周易公司对俪人行中心的侵权和赔偿诉求没有法律依据。综上所述，原审判决认定事实清楚、适用法律正确，应予维持。周易公司关于紫雨公司和俪人行中心侵权和赔偿以及承担连带责任的诉求无法律和事实依据，本院不予支持。判决如下：驳回上诉，维持原判。

又案，海南周易影视与海南紫雨文化、湖南俪人行还因电视剧《少年王》发行产生纠纷。

终审法院认为：电视剧《少年王》经国家广播电影电视总局颁发《国产电视剧发行许可证》准许在全国范围发行，并经音像出版社授权和版权转让，周易公司成为该剧的唯一著作权人。周易公司于2003年3月授权俪人行中心在中国大陆地区独家发行该剧，俪人行中心基于周易公司的授权取得电视剧《少年王》在中国大陆地区的代理发行权，故其单独发行行为未侵犯周易公司的权利。周易公司基于俪人行中心侵权为由要求俪人行中心赔偿的主张，无法律依据。2003年3月，周易公司授权紫雨公司对电视剧《少年王》在安徽地区享有独家发行权，紫雨公司超出安徽地区发行，但将发行合同签订后即传真给了周易公司，周易公司未表示异议。俪人行中心同紫雨公司共同还对《少年王》进行了发行，双方在发行合同签订后均即传真给了周易公司，周易公司未表示异议，紫雨公司和俪人行中心还将部分发行款支付给了周易公司。《中华人民共和国合同法》第36条规定："法律、行政法规规定或当事人约定采用书面形式订立合同，当事人未采用书面形式但一方已经履行主要义务，对方接受的，该合同成立。"依上述法律规定和本案证据，紫雨公司超出安徽地区发行《少年王》的行为和俪人行中心同紫雨公司共同发行《少年王》的行为，虽未同周易公司签订书面合同或取得书面授权，但紫雨公司在安徽地区外单独发行及紫雨公司同俪人行中心在共同发行签约后即将合同传真给了周易公司，并从各自账户上向周易公司支付发行款计8 632 058元，紫雨公司在安徽地区外单独发行及紫雨公司和俪人行中心在共同发行后均向周易公司传真发行合同和支付发行款项的行为，是履行代理发行的主要义务，周易公司对紫雨公司和俪人行中心履行的主要义务已接受，故周易公司同紫雨公司在安徽地区外发行及同紫雨公司和俪人行共同发行的合同已经成立。周易公司诉称紫雨公司在安徽地区外发行及紫雨公司同俪人行中心共同发行的行为属侵权和共同侵权及应停止侵权和承担连带侵权赔偿责任的主张，无法律依据，本院不予支持。依照《中华人民共和国民事诉讼法》第153条第1款第（1）项之规定，判决如下：驳回上诉，维持原判。

【学者评述】

通常来说，老百姓不爱打官司，费时费力费钱，能用点钱私了的事，何苦再搭进去时间呢？毕竟时间就是金钱啊，有打官司的时间自己把钱也挣回来了。但有些人，有些公司，偏偏以打官司为乐。这些人常常无所事事，这些公司一般业务不多，闲来打打官司说不定还可以提高自己的知名度呢。

网络时代流行炒作，很多人都想出名。无论好事坏事，只要炒作出名就是大事，无论传统媒体还是新媒体，先混个脸熟，就算登不了大雅之堂，小试牛刀、"小荷才露尖尖角"、小地方露露脸赚点钱还是可以的。至于这些通过打官司出名的公司，虽然不是因好事而出名，但也会有了名气。中国人多公司多，总会有些糊涂虫只认名气不分好坏，靠恶意诉讼、缠诉、长期当被告而出名直至赚钱。只可惜，法网恢恢疏而不漏，这些等着捡漏的人或公司，最终只会等来一张法律判决书。常在河边走哪有不湿鞋的，若哪天不小心触犯了刑事法律就后悔晚矣！

（马玉洁）

第八节 "珠峰"一点也不高

【原告】北京金天地影视文化有限公司
【被告】北京珠峰卫视广告有限公司
【被告】北京珠峰卫视影视策划有限公司

原告北京金天地影视文化有限公司（以下简称北京金天地）诉被告北京珠峰卫视广告有限公司（以下简称珠峰广告）、被告北京珠峰卫视影视策划有限公司（以下简称珠峰策划）著作权合同纠纷一案，现已审理终结。

原告北京金天地诉称，我公司于2005年1月与珠峰广告签订合同，约定我公司向珠峰广告转让电视剧《白银谷》的电视播映权，珠峰广告向我公司支付价款252万元。后我公司如约履行合同义务，珠峰广告亦已安排播映该电视剧，但珠峰广告未向我公司支付上述价款。我公司于2005年6月与珠峰广告、珠峰策划签订债权转让协议，约定珠峰策划将其对山东电视台等债务人享有的155.23万元债权转让我公司，以此实现我公司对珠峰广告的部分债权，我公司予以同意。珠峰广告、珠峰策划于2005年7月向我公司发出函件，表示珠峰广告将于2005年10月30日开始分5期偿还尚欠我公司的96.77万元，珠峰策划对此承担连带保证责任，我公司予以同意。我公司曾因珠峰广告、珠峰策划未支付上述函件中2005年10月30日、11月30日、12月30日至清偿期的前3期款项共计60万元而分2次将其诉至法院，法院分2次判决珠峰广告、珠峰策划连带偿还我公司共计60万元欠款，上述判决现已生效。因后珠峰广告、珠峰策划亦未支付上述函件中2006年1月30日和2月28日至清偿期的最后2期款项共计36.77万元，我公司诉至法院，要求珠峰广告向我公司支付已至清偿期的欠款36.77万元，珠峰策划对此承担连带保证责任。

被告珠峰广告、被告珠峰策划共同辩称，我公司对北京金天地所述尚未偿还已至清偿期的最后2期款项共计36.77万元的事实无异议，但因我公司资金周转问题，现无法向北京金天地偿还该36.77万元。

经审理，本院对案件事实确认如下：

江苏省广播电视局于2004年8月9日为45集电视剧《白银谷》颁发苏剧审字（2004）第012号国产电视剧发行许可证，该许可证载明制作单位为江苏省广播电视总台，合作单位为北京金天地；但实际上北京金天地、上海康智文化体育合作公司、江苏省广播电视总台、山西电视台均为电视剧《白银谷》的联合摄制方。上海康智文化体育合作公司于2004年8月18日出具电视播放权发行授权书，表示授权北京金天地负责电视剧《白银谷》在中国大陆地区的发行工作。江苏省广播电视总台于2004年1月1日出具著作权授权书，表示该台保留对电视剧《白银谷》联合出品和摄制的署名权，并将对该剧的除此之外的著作权全部地、完整地授权给北京金天地。山西电视台于2004年8月18日出具著作权授权书，表示该台保留对电视剧《白银谷》联合出品和摄制的署名权，并将对该剧的除此之外的著作权全部地、完整地授权给北京金天地。北京金天地称其依据上述电视播放权发行授权书、著作权授权书等成为电视剧《白银谷》在中国大陆地区的发行权人。

2005年1月25日，北京金天地（甲方）与珠峰广告（乙方）签订合同，涉案主要内容如下：甲方保证系45集电视剧《白银谷》的全部版权拥有者或全权代理发行人，拥有此剧在全国的播映权；甲方授予乙方此剧在北京地区内的无线电视播映权与有线电视播映权（无线、有线、卫视）及网络视频播映权等；转让期限为3年，自甲方交付乙方播出母带之日起算；此剧播映权转让以银行方式结算费用，转让费为每集5.6万元，45集共计252万元；乙方于合同生效后30天内支付126万元，于2005年3月31日内付清余款即126万元；如乙方超越播映权将节目许可他人使用，应按总转让费的20%向甲方支付违约金，并按所获非法收入的两倍标准赔偿甲方损失；一方违反本协议约定或提出解除本协议的，违约方应按总转让费的20%向另一方支付违约金，并赔偿对方经济损失等。后北京金天地将电视剧《白银谷》母带交付珠峰广告，珠峰广告亦已安排将该电视剧在北京地区播出，但珠峰广告并未如约向北京金天地支付上述合同价款。

2005年6月3日，珠峰广告（甲方）、北京金天地（乙方）与珠峰策划（丙方）签订债权转让协议，涉案主要内容如下：甲方与乙方于2005年1月签订"电视剧播映权转让协议书"，乙方已经如约履行全部义务，甲方对此予以确认；现因甲方内部原因，该协议约定的应由甲方履行的252万元的付款义务至今未能履行；为使乙方债权尽快实现，三方就丙方享有的155.23万元债权转让乙方事宜达成协议，丙方愿将自己享有的155.23万元债权转让乙方；该155.23万元债权分别为贵州金天地使用电视剧《就像美丽蝴蝶飞》尚欠7.36万元、贵州金天地使用电视剧《四号女监》尚欠5.6万元、贵州金天地使用电视剧《蜕变》尚欠6.72万元、广东南方电视台使用电视剧《就像美丽蝴蝶飞》尚欠26.56万元、西安电视节目中心使用电视剧《四号女监》尚欠24.7万元、山东电视台使用电视剧《四号女监》尚欠50.7万元、安徽电视台使用电视剧《四号女监》尚欠18.35万元、西安电视节目中心使用电视剧《蜕变》尚欠15.24万元；乙方自本协议生效之日起一年内，如不能完全实现转让债权，有权将未实现的转让债权转回丙方，由甲方对乙方承担还款责任；债权转让款之外的欠款96.77万元，不受本协议影响，甲方仍须尽快偿还，乙方可以确定偿还的其他变通方法；甲方、丙方应积极协助乙方追索转让债权，在本协议签订后三日内，向各债务人开出相应发票交给乙方，并向各债务人发出债权转让通知书，同时一并将本协议副本交予债务人，明确告知其所欠债务应向乙方支付等；丙方保证转让的债权没有纠纷及其他债权债务纠纷，合法有效等。珠峰策划于该协议签订之后分别向山东电视台等债务人发出债权转让通知书，明确告知相关债权转让事宜。北京金天地、珠峰广告、珠峰策划均对上述债权转让事宜不持异议。

珠峰广告、珠峰策划于2005年7月21日向北京金天地出具函件，涉案主要内容如下：我单位与北京金天地于2005年1月签订关于电视剧《白银谷》北京地区播映权转让的协议，约定总转让费为252万元，2005年6月3日各方签订债权转让协议书，约定用我单位债权偿还北京金天地部分欠款；对于债权转让款之外的欠款96.77万元，我单位将按以下方式偿还，2005年10月30日前偿还10万元，11月30日前偿还25万元，12月30日前偿还25万元，2006年1月30日前偿还16.77万元，2月28日前偿还20万元等。珠峰广告、珠峰策划均在该份函件中盖章，且珠峰策划注明为"保证人"。北京金天地对珠峰广告、珠峰策划在该份函件中表示的分期还款计划予以同意。

因珠峰广告、珠峰策划未向北京金天地支付上述函件中2005年10月30日和11月30日至清偿期的前2期款项共计35万元，北京金天地曾向本院起诉珠峰广告、珠峰策划，要求珠峰广告、珠峰策划连带偿还该35万元欠款，本院于2005年12月28日做出（2006）海民初字第509号民事判决书，判决珠峰广告、珠峰策划向北京金天地支付已至清偿期的该2期欠款共计35万元，各方当事人在该判决做出之后均未提起上诉，该民事判决书现已生效。

因珠峰广告、珠峰策划未向北京金天地支付上述函件中2005年12月30日至清偿期的第3期款项25万元，北京金天地曾向本院起诉珠峰广告、珠峰策划，要求珠峰广告、珠峰策划连带偿还该25万元欠款，本院于2006年3月5日做出（2006）海民初字第3002号民事判决书，判决珠峰广告、珠峰策划向北京金天地支付已至清偿期的该期欠款25万元，各方当事人在该判决做出之后均未提起上诉，该民事判决书现已生效。

珠峰广告、珠峰策划未向北京金天地支付上述函件中2006年1月30日和2月28日至清偿期的最后2期款项共计36.77万元，珠峰广告、珠峰策划表示对该欠款事实无异议，但因资金周转问题现无法向北京金天地偿还该36.77万元。

上述事实，有国产电视剧发行许可证、上海康智文化体育合作公司电视播放权发行授权书、江苏省广播电视总台著作权授权书、山西电视台著作权授权书、电视剧播映权转让协议书、债权转让协议书、债权转让通知书数份、2005年7月21日函件、本院（2006）海民初字第509号民事判决书、本院（2006）海民初字第3002号民事判决书等以及本院庭审笔录在案佐证。

本院认为：

根据上海康智文化体育合作公司电视播放权发行授权书、江苏省广播电视总台著作权授权书、山西电视台著作权授权书等证据，本院确认北京金天地系电视剧《白银谷》在中国大陆地区的发行权人。北京金天地与珠峰广告于2005年1月所签合同系双方真实意思表示，内容未违反法律法规之规定，应属合法有效，双方均应严格如约履行各自的义务。北京金天地将电视剧《白银谷》的无线电视播映权和有线电视播映权等权利转让珠峰广告，珠峰广告已安排该剧在北京地区播出，且在本案中并未对北京金天地履行合同义务情况提出任何异议，故本院确认北京金天地已如约履行合同义务。珠峰广告并未如约向北京金天地支付252万元合同价款，后珠峰广告、北京金天地与珠峰策划共同达成债权转让协议，约定珠峰策划将其对山东电视台等债务人享有的155.23万元债权转让北京金天地，北京金天地对此予以同意，其后珠峰策划向相关债务人发出债权转让通知，由此上述债权转让行为发生效力，珠峰广告尚欠北京金天地合同价款96.77万元。

珠峰广告、珠峰策划于2005年7月向北京金天地所发函件中对于96.77万元欠款做出分期偿还安排，北京金天地予以同意的行为应视为三方对该分期偿还安排达成新的合意，而珠峰策划署名为"保证人"，对于保证方式未予明确约定，应按照连带责任保证承担保证责任。

北京金天地与珠峰广告、珠峰策划已通过诉讼解决上述函件中2005年10月30日、11月30日和12月30日至清偿期的前3期款项欠款问题，本院对此不持异议。现上述函件所示分期偿还安排中的2006年1月30日和2月28日的最后2期款项共计36.77万元亦已至清偿期，但珠峰广告、珠峰策划并未向北京金天地支付此期款项，显属违约，故本院对北京金天地要求珠峰广告、珠峰策划连带支付欠款36.77万元的诉讼请求予以支持。珠峰广告、珠峰策划辩称因资金周转问题，现无法向北京金天地偿还该36.77万元，并无事实与法律依据，本院不予采信。

二〇〇六年三月二十九日，北京市海淀区人民法院依据《中华人民共和国合同法》第一百〇九条，《中华人民共和国担保法》第十八条、第十九条之规定，判决如下：自本判决生效之日起二十日内，被告北京珠峰卫视广告有限公司、被告北京珠峰卫视影视策划有限公司向原告北京金天地影视文化有限公司支付已至清偿期的第四期和第五期欠款共计三十六万七千七百元。案件受理费八千〇二十六元（原告预交），由被告北京珠峰卫视广告有限公司、被告北京珠峰卫视影视策划有限公司负担，于本判决生效之日起七日内交纳。

一审宣判后，无人上诉。

又案，上海天圣影视传播有限公司曾因电视剧《终极解密》播映权纠纷，起诉北京珠峰卫视广告有限公司、法制日报社影视中心。法院判决自本判决生效之日起，原告上海天圣影视传播有限公司与被告北京珠峰卫视广告有限公司于二〇〇五年一月二十五日所签关于二十二集电视剧《终极解密》播映权转让的合同解除；自本判决生效之日起二十日内，被告北京珠峰卫视广告有限公司向原告上海天圣影视传播有限公司支付欠款及违约金共计一百〇八万二千四百元；驳回原告上海天圣影视传播有限公司对被告法制日报社影视中心的诉讼请求。案件受理费一万五千四百四十元（原告预交），由被告北京珠峰卫视广告有限公司负担，于本判决生效之日起七日内交纳。

又案，二珠峰公司因电视剧《白银谷》发行纠纷，成为被告。法院判决自本判决生效之日起二十日内，被告北京珠峰卫视广告有限公司、被告北京珠峰卫视影视策划有限公司向原告北京金天地影视文化有限公司支付已至清偿期的二期欠款共计三十五万元。案件受理费七千七百六十元（原告预交），由被告北京珠峰卫视广告有限公司、被告北京珠峰卫视影视策划有限公司负担，于本判决生效之日起七日内交纳。

又案，二珠峰公司因电视剧《厨子当官》发行纠纷，成为被告。法院判决被告北京珠峰卫视广告有限公司于本判决生效之日起十日内向原告北京野光影视策划有限公司支付播映权转让费一百三十五万元及逾期付款违约金六万元。案件受理费一万七千零六十元，由被告北京珠峰卫视广告有限公司负担，于本判决生效之日起七日内交纳。

又案，二珠峰公司因电视剧《一米阳光》发行纠纷，成为被告。法院判决自本判决生效之日起二十日内，被告北京珠峰卫视广告有限公司、被告北京珠峰卫视影视策划有限公司向原告广东润视影音制作有限公司支付欠款及违约金共计一百一十九万七千元。案件受理费一万五千九百九十五元（原告预交），由被告北京珠峰卫视广告有限公司、被告北京珠峰卫视影视策划有限公司负担，于本判决生效之日起七日内交纳。

又案，二珠峰公司因电视剧《满汉全席》发行纠纷，成为被告。经法院主持调解，双方当事人自愿达成如下调解协议：一、北京珠峰卫视广告有限公司于二〇〇五年六月、七月、八月、九月每月三十日前分别向北京紫风阳光影视文化有限公司支付人民币七万五千元；二、北京珠峰卫视广告有限公司于二〇〇五年十月、十一月每月三十日前分别向北京紫风阳光影视文化有限公司支付人民币三十七万五千元，并于二〇〇五年十月三十日前向北京紫风阳光影视文化有限公司支付本案诉讼费一万七千九百一十三元；三、北京珠峰卫视广告有限公司于二〇〇五年十二月三十日前向北京紫风阳光影视文化有限公司付清合同余款四十八万九千元；四、北京紫风阳光影视文化有限公司放弃关于利息部分的诉讼请求。案件受理费一万七千九百一十三元（原告已预交），由被告北京珠峰卫视广告有限公司负担。

又案，珠峰卫视因电视剧《绝对计划》发行纠纷，成为被告。经法院审理认为，华录百纳与珠峰广告于 2004 年 5 月所签合同系双方真实意思表示，内容未违反法律法规之规定，应属合法有效，双方均应严格如约履行各自的义务。华录百纳将电视剧《绝对计划》的无线电视播映权和有线电视播映权等权利转让珠峰广告，珠峰广告已安排该剧在北京地区播出，且在本案中并未对华录百纳履行合同义务情况提出任何异议，故法院确认华录百纳已如约履行合同义务。珠峰广告并未如约向华录百纳支付 153 万元合同价款，后珠峰广告于 2005 年 9 月向珠峰广告所发函件中对于该 153 万元欠款作出分期偿还安排，华录百纳予以同意的行为应视为双方对该分期偿还安排达成新的合意。其后珠峰广告并未按照其所发函件向华录百纳支付任何一期欠款，而于 2006 年 4 月 30 日到期的最后一期欠款亦已至清偿期，珠峰广告之行为显属违约，故法院对华录百纳要求珠峰广告支付欠款 153 万元的诉讼请求予以支持。珠峰广告应以支付逾期付款违约金的方式向华录百纳赔偿损失，但华录百纳关于违约金之诉讼请求过分高于其实际损失，故法院对该违约金数额予以酌定，不再全额支持华录百纳此项诉讼请求。珠峰广告辩称华录百纳未于其第 1 次清算公告发布之日起 90 日内向其申报债权之行为应视为华录百纳放弃权利，法院对此认为，珠峰广告所称之公告并非企业法人破产还债程序中人民法院所发公告，且珠峰广告并未举证证明其曾通知华录百纳其已停止经营并进入清算阶段等，考虑到珠峰广告于 2005 年 9 月尚向华录百纳发出函件对 153 万元欠款做出分期偿还安排，法院认为珠峰广告对于华录百纳系其债权人一节应系确切明知，而珠峰广告未曾书面通知其债权人华录百纳相关清算事宜，而仅在《法制日报》发布公告以通知华录百纳申报债权之行为显属不当，故珠峰广告所发之公告对华录百纳而言并不能产生除权之法律效力，法院对珠峰广告此项辩称不予采信。故判决被告北京珠峰卫视广告有限公司向原告北京华录百纳影视有限公司支付已至清偿期的欠款一百五十三万元并赔偿前述款项的利息损失，驳回了原告的其他诉讼请求。

【学者评述】

什么是恶意诉讼？

所谓恶意诉讼（Malicious Litigation），是指当事人以虚假的事实提起诉讼，利用诉讼获取自己不正当利益的诉讼行为。

恶意诉讼对司法制度和社会安定带来的影响是显而易见的，司法机构特别是法院若对此处理不当，势必会造成公众对法律的不信任感和对社会的抵触情绪。

恶意诉讼一般具有很大的隐蔽性，往往具有某个行业的专业性与技术性。从形式上看，这类诉讼行为往往都符合程序法的一切要求，主体资格、事实理由也往往具备程序法要求的条件，特别是当事人为达到目的，在起诉之前就会为案件今后的审理做好充分的准备和铺垫。因此，在诉讼初期很难判断其为恶意诉讼，即使是在案件审理开始之后，案件的审理者也很容易为恶意当事人的精心策划所迷惑。可以说，如何识破并了杜绝恶意诉讼，对司法工作者而言是个不小的难题。

好在，影视是文化产业，不是高新技术产业，没有十分高深的专业性与技术性，影视诉讼中的恶意诉讼理应被及时识破，公正判决。

（杨新磊）

第九节 "剑"挑"流星蝶"

【上诉人,原审被告】北京泰通文化交流有限责任公司
【上诉人,原审被告】湖北东森影视有限公司
【被上诉人,原审原告】海润影视制作有限公司
【原审第三人】北京森威影视制作有限责任公司

上诉人北京泰通文化交流有限责任公司(以下简称泰通公司)、上诉人湖北东森影视有限公司(以下简称东森公司)因侵犯发行权纠纷一案,不服北京市第一中级人民法院(2004)一中民初字第11164号民事判决,向北京市高级人民法院提起上诉,现已审理终结。

北京市第一中级人民法院判决认定:

1999年6月15日,桂冠图书股份有限公司致函至甲电影企业股份有限公司,同意授权冯至甲将《流星蝴蝶剑》一书改编为电视连续剧在全世界播映,期限四年,四年以内制作公司须完成拍摄。

2001年2月20日,森威公司与东森公司、泰通公司就26集电视剧《新铁道卫士》和40集电视连续剧《流星蝴蝶剑》(以下简称《流》剧)的发行事宜签订《合同书》,主要约定上述两部电视剧的版权及发行权属森威公司所有,森威公司保证上述权利不存在任何瑕疵;森威公司将上述两部电视剧的发行权授予东森公司及泰通公司;东森公司及泰通公司享有两部电视剧在全国范围内的独家发行权(中国大陆地区无线、有线播映权),森威公司不得将该发行权授予第三方。庭审中,森威公司与东森公司、泰通公司均确认该合同签订时,《流》剧尚未拍摄。

2001年8月7日,至甲电影企业有限公司出具《授权书》,授权森威公司在我国制作《流》剧。

2002年8月14日,海润公司与上海电影集团公司、北京中亚广告有限公司、森威公司签订《合同书》,约定四方为《流》剧的联合摄制方;四方共同授权海润公司发行该剧;该剧未经四方共同授权,任何一方不得单独转让或授予该剧权益。

2002年10月20日,泰通公司、东森公司致函各省、市电视台,要求各电视台不要同其他单位或个人签订有关40集《流》剧播映权的买卖或许可使用合同。

2002年11月28日,上海电影集团公司、北京中亚广告有限公司、森威公司将《流》剧中国大陆地区、港澳台及海外地区电视播映权、音像版权及其他媒介载体版权的发行权共同授予海润公司。

2003年4月7日,国家广播电影电视总局颁发的(广编)剧审字(2003)第046号《流》剧的《国产电视剧发行许可证》,制作单位为上海电影集团公司,合作单位为森威公司、海润公司、北京中亚广告公司,电视剧制作许可证编号为甲第008号。

2003年9月16日,江西电视台公共频道致函海润公司,称其于2003年元月20日与海润公司签订购买40集《流》剧在江西地区的电视播映权的合同,本计划在今年10月安排

播出，但江西卫视向东森公司购买了该剧，且两个频道均已全款付出，母带也都收到，其认为两个公司中必有一方是违规操作。江西电视台台长要求两个频道在海润公司和东森公司没有解决版权问题前，必须把全款要回，母带退还给海润公司，待海润公司版权解决后，再行购买。

一审庭审中，海润公司、泰通公司、东森公司及森威公司均确认，泰通公司与东森公司向各电视台发行的《流》剧与海润公司向各电视台发行的《流》剧系同一版本，在该剧片尾载明发行单位为海润公司，联合摄制单位为上海电影集团公司、海润公司、北京中亚广告有限公司、国际文化交流音像出版社、森威公司。

泰通公司与东森公司承认其持有《流》剧《国产电视剧发行许可证》的复印件，且其发行该剧时向各电视台提供过该剧的《国产电视剧发行许可证》。

一审庭审后，国际文化交流音像出版社出具证明书，称其不享有该剧的著作权，仅享有该剧联合摄制的署名权。

北京市第一中级人民法院认为，森威公司与泰通公司、东森公司签订《合同书》时，该剧尚未拍摄完成，该剧的著作权尚未形成。由于最终拍摄完成的《流》剧著作权人为海润公司、森威公司、上海电影集团公司和北京中亚广告有限公司，因此森威公司无权单独处分《流》剧的独家发行权。因泰通公司和东森公司持有该剧的电视剧发行许可证及母带，故其理应知道森威公司并非独家享有该剧的著作权。因此，泰通公司和东森公司依据该合同证明自己享有《流》剧的独家发行权，缺乏法律依据。

海润公司、森威公司、上海电影集团公司、北京中亚广告有限公司四方签订的联合摄制合同，意思表示真实，未违反法律规定，应属有效。现《流》剧已依约拍摄完成，签约四方作为该剧的著作权共有人，将该剧的独家发行权授予海润公司，海润公司据此享有的该剧独家发行权，理应受到法律保护。泰通公司和东森公司未经该剧著作权人的共同许可即向全国各电视台发行《流》剧，侵犯了海润公司依法享有的《流》剧独家发行权，致使海润公司发行《流》剧受阻，泰通公司和东森公司应依法承担停止侵害、消除影响、赔偿损失等民事责任。关于损失赔偿额，因泰通公司和东森公司未向法院提供其在全国各电视台的发行数量，法院考虑海润公司无法正常行使《流》剧独家发行权所遭受的经济损失、《流》剧的播映权转让价格、泰通公司和东森公司的侵权故意、侵权情节及侵权后果等诸多因素，依法酌定泰通公司和东森公司应赔偿海润公司经济损失360万元。

北京市第一中级人民法院根据《中华人民共和国著作权法》第十条第一款第（六）项、第二款、第四十七条第（一）项、第四十八条第一款之规定，判决：（一）泰通公司、东森公司立即停止对电视连续剧《流星蝴蝶剑》的发行行为。（二）泰通公司、东森公司在《中国电视报》上刊登声明，声明内容须经法院审核。（三）泰通公司、东森公司赔偿海润公司经济损失三百六十万元。（四）驳回海润公司的其他诉讼请求。

泰通公司和东森公司不服原审判决，向本院提起上诉，请求撤销原审判决，改判驳回海润公司的诉讼请求。其理由是：1.《流》剧最初的改编摄制权人为森威公司，森威公司完全有权就《流》剧的摄制事宜以及摄制完后的发行事宜与人签约，处分其改编摄制权及其摄制完成后的发行权。海润公司对泰通公司和东森公司获得《流》剧独家发行权的合同没有争议，泰通公司和东森公司在先获得《流》剧独家发行权。森威公司作为本案第三人主张其与泰通公司和东森公司之间关于《流》剧独家发行权的协议已因泰通公司和东森公司违约而解除没有事实和法律依据。一审法院以《流》剧片尾载明的发行单位和联合摄制单位认定全部著作权属于联合摄制单位共有,进而确认海润公司取得该剧独家发行权是错误的。2. 一审法院在无法确认泰通公司和东森公司发行所得,也无法确认海润公司经济损失的情况下,判决赔偿360万元毫无根据。海润公司、森威公司服从原审判决。

经审理查明：1999年6月15日,桂冠图书股份有限公司向至甲电影企业股份有限公司出具《同意书》,其内容是："同意授权冯至甲先生将《流星蝴蝶剑》一书改编为电视连续剧在全世界播映,期限四年,四年以内制作公司须拍摄完成,超过四年,一切合约书及同意书自动作废,而制作公司拍摄完成以后,电视拷贝可保留永久播映权,唯制作公司不得以同意书之播映权作为阻止或禁止他人重新拍摄、播映之理由或依据。"

2001年2月20日,森威公司与东森公司、泰通公司就26集电视剧《新铁道卫士》和40集电视剧《流》剧的发行事宜签订《合同书》,约定上述两部电视剧的版权及发行权属森威公司所有,森威公司保证上述权利不存在任何瑕疵；森威公司将上述两部电视剧的发行权授予东森公司及泰通公司；东森公司及泰通公司享有两部电视剧在全国范围内的独家发行权（中国大陆地区无线、有线播映权）,森威公司不得将该发行权授予第三方；东森公司及泰通公司可以自己的名义同他人签订两部电视剧播放权的许可使用合同；合同还约定了两部电视剧的代理发行费用计算标准及支付方式。一审庭审中,森威公司与东森公司、泰通公司均确认该合同签订时,《流》剧尚未拍摄。森威公司认为该合同因泰通公司和东森公司违约已经解除,泰通公司与东森公司认为该合同系有效合同,双方仍在继续履行。

2001年8月7日,至甲电影企业有限公司出具《授权书》,授权森威公司在我国制作《流》剧。

2001年10月26日至29日,第六届四川电视节国际影视节目交易会在成都举行。森威公司与泰通公司、东森公司参展,展位号为A160,该展位所张贴的海报载明《流》剧由森威公司、上海电影电视集团公司联合出品,泰通公司、东森公司联合制作、发行。

2002年3月18日,海润公司与北京中亚广告有限公司、森威公司签订《合同书》,约定三方共同拍摄《流》剧,该剧的著作权由三方按投资比例共同享有；海润公司负责《流》剧的发行工作,森威公司对《流》剧的制作发行享有监督权。泰通公司及东森公司提供的上述三方合同书复印件载明森威公司对《流》剧的制作发行享有决定权。

2002年8月14日,海润公司与上海电影集团公司、北京中亚广告有限公司、森威公司签订《合同书》,约定四方为《流》剧的联合摄制方；四方共同授权海润公司发行该剧；该剧未经四方共同授权,任何一方不得单独转让或授予该剧权益；四方确认,本合同生效后,海润公司、北京中亚广告有限公司、森威公司所签合作拍摄合同及补充协议继续有效。

2002年10月20日,泰通公司、东森公司致函各省、市电视台,称依据森威公司与泰通公司、东森公司所签合同,40集《流》剧在中国大陆地区的独家发行权属于泰通公司和东森公司,要求各电视台不要同其他单位或个人签订有关该剧播映权的买卖或许可使用合同。

2002年11月28日,上海电影集团公司、北京中亚广告有限公司、森威公司将《流》剧中国大陆地区、港澳台及海外地区电视播映权、音像版权及其他媒介载体版权的发行权共同授予海润公司。

2003年4月7日,国家广播电影电视总局颁发（广编）剧审字（2003）第046号《流》剧的《国产电视剧发行许可证》,该许可证载明：制作单位为上海电影集团公司,合作单位为森威公司、海润公司、北京中亚广告公司,电视剧制作许可证编号为甲第008号。

2003年9月16日，江西电视台公共频道致函海润公司，称其于2003年1月20日与海润公司签订购买40集《流》剧在江西地区的电视播映权的合同，本计划在当年10月份安排播出，但江西卫视向东森公司购买了该剧，且两个频道均已全款付出，母带也都收到。其认为两个公司中必有一方是违规操作。江西电视台台长要求两个频道在海润公司和东森公司没有解决版权问题前，必须把全款要回，母带退还给海润公司，待海润公司版权解决后，再行购买。

一审庭审中，海润公司、泰通公司、东森公司及森威公司均确认，泰通公司与东森公司向各电视台发行的《流》剧与海润公司向各电视台发行的《流》剧系同一版本，在该剧片尾载明发行单位为海润公司，联合摄制单位为上海电影集团公司、海润公司、北京中亚广告有限公司、国际文化交流音像出版社、森威公司。

一审庭审中，泰通公司与东森公司确认海润公司与黑龙江、辽宁、新疆、陕西、福建、湖北、广东、重庆、青海等省市电视台所签的《流》剧电视播映权转让合同总价为5 399 200元，节目费为5 272 000元，节目带、复制、邮寄等费用为127 200元。其中该剧在湖北地区的转让费为30 000元/集，在广东地区的转让费为25 000元/集，在重庆地区、辽宁地区的转让费为16 000元/集，在黑龙江地区、陕西地区的转让费为15 000元/集、在青海地区的转让费为800元/集，在新疆地区的转让费为2 500元/集，在福州电视台的转让费为4 500元/集，在泉州电视台的转让费为3 000元/集，在厦门电视台的转让费为4 000元/集。同时，泰通公司与东森公司承认其持有《流》剧《国产电视剧发行许可证》的复印件，且其发行该剧时向各电视台提供过该剧的《国产电视剧发行许可证》。

一审庭审中，法院要求泰通公司与东森公司庭后提供其与各电视台签订的《流》剧播映权转让合同或转让总额，但泰通公司与东森公司至今未能提供。海润公司提供的央视市场研究股份有限公司出具的《流》剧随片广告监测报告表明，《流》剧在成都经济咨询服务频道、山东齐鲁台、贵阳新闻综合频道、长春新闻综合频道、衡阳电视台、昆明电视台已经播映。但泰通公司与东森公司称该监测报告无法证明是他们将该剧的播映权转让给上述电视台。

一审庭审中，海润公司称其于2002年10月28日分别向泰通公司及东森公司发出《律师催告函》，内容为：《流》剧是由上海电影集团公司、海润公司、北京中亚广告有限公司、森威公司共同投资、联合摄制、共享版权的电视剧；该剧的国内外发行权经过所有著作权人同意，已独家授予海润公司；泰通公司、东森公司与森威公司签订的《流》剧发行权授权合同为无效合同；泰通公司和东森公司向各电视台发送的函件已严重侵害了海润公司及该剧其他著作权方的合法权益，并造成了巨大损失，要求泰通公司和东森公司立即停止侵权行为，致函电视台说明真实情况。2003年6月12日，海润公司再次致东森公司《律师催告函》。同时，海润公司提供了函件及特快专递邮件详情单，该详情单上载明内件品名为"电视剧《流星蝴蝶剑》致电视台函侵权一事的《律师催告函》"。对此，泰通公司及东森公司均不予认可。

一审庭审后，国际文化交流音像出版社出具证明书，称其不享有该剧的著作权，仅享有该剧联合摄制的署名权。

以上事实，有相关合同及授权书、同意书、相关函件、律师催告函、特快专递邮件详情单、《国产电视剧发行许可证》、海润公司发行《流》剧一览表、国际文化交流音像出版社的证明书及各方当事人当庭陈述在案佐证。

本院认为：

我国著作权法规定，著作权属于作者；如无相反证明，在作品上署名的公民、法人或者其他组织为作者。《流》剧是由上海电影集团公司、海润公司、北京中亚广告有限公司、森威公司四方联合摄制的，《流》剧的署名亦为该四方当事人，故可以认定上海电影集团公司、海润公司、北京中亚广告有限公司、森威公司四方共同为该剧的著作权人。上诉人泰通公司和东森公司主张海润公司等四方并非该剧的著作权人的主张不能成立。

根据我国著作权法的有关规定，经原有作品的著作权人许可，将已有作品改编摄制成的电影作品和以类似摄制电影的方法创作的作品的著作权由制片者享有，制片者有权行使电影作品和以类似摄制电影的方法创作的作品的复制发行权；合作作品不可以分割使用的，其著作权由各合作作者共同享有，通过协商一致行使。根据上海电影集团公司、海润公司、北京中亚广告有限公司、森威公司四方签订的联合摄制合同，该剧未经四方共同授权，任何一方不得单独转让或授予该剧权益。海润公司根据各著作权人的共同授权，依法享有《流》剧的独家发行权，该权利应当受到保护。泰通公司和东森公司未经该剧著作权人的共同许可，向有关电视台发行《流》剧的行为，构成了对海润公司依法享有的《流》剧的独家发行权的侵犯。原审法院判决泰通公司和东森公司承担停止侵权、消除影响、赔偿损失的民事责任是正确的。泰通公司和东森公司上诉主张森威公司完全有权就《流》剧的摄制事宜以及摄制完后的发行事宜与人签约、处分《流》剧的改编摄制权及其摄制完成后的发行权，泰通公司和东森公司依据与森威公司签订的合同，比海润公司在先获得《流》剧的独家发行权，但是森威公司作为授权方仅仅是《流星蝴蝶剑》一书的改编摄制权人，该公司与泰通公司、东森公司签订合同时该公司所称的《流》剧尚未拍摄。现《流》剧的著作权人是上海电影集团公司、海润公司、北京中亚广告有限公司、森威公司四家，森威公司只是《流》剧的共同著作权人之一，因此，泰通公司和东森公司依据与森威公司签订的合同主张其不构成侵权，没有法律依据，本院不予支持。在泰通公司和东森公司未向法院提供其在全国各电视台的发行数量的情况下，原审法院考虑海润公司无法正常行使《流》剧独家发行权所遭受的经济损失、《流》剧的播映权转让价格、泰通公司和东森公司的侵权故意、侵权情节及侵权后果等因素酌情确定的赔偿数额并无不当。泰通公司和东森公司关于原审判决赔偿360万元毫无根据的上诉理由，本院不予支持。

综上，原审法院认定事实清楚，适用法律正确。泰通公司和东森公司的上诉理由不能成立，其上诉请求，本院不予支持。二〇〇六年二月二十三日，北京市高级人民法院依据《中华人民共和国民事诉讼法》第一百五十三条第一款第（一）项之规定，判决如下：驳回上诉，维持原判。一审案件受理费三万四千七百四十六元，由海润影视制作有限公司负担九千四百二十六元（已交纳），由北京泰通文化交流有限责任公司和湖北东森影视有限公司负担二万五千三百二十元（于本判决生效之日起七日内交纳）；二审案件受理费三万四千七百四十六元，由北京泰通文化交流有限责任公司和湖北东森影视有限公司负担（已交纳）。

本判决为终审判决。

又案，早在2003年，原告广东佳乐影视发展有限公司（以下简称佳乐公司）就曾因该剧诉被告北京森威影视制作有限责任公司（以下简称森威公司）。

法院经审理查明：原被告双方均为企业法人，佳乐公司的经营范围为销售音像制品，森威公司的经营范围为电视专题节目的咨询、策划及制作（不含电视剧制作）。2002年7月5日，佳乐公司（乙方）与森威公司（甲方）签订《协议书》，该协议规定："……就40集电视连续剧《流星蝴蝶剑》的音像制品的出版、发行权转让的有关事宜，经共同协商一致达成如下协议：一、甲方依法享有《流星蝴蝶剑》剧的版权（包括音像制品的出版、复制、发行和销售权等），现在甲方同意将所享有的音像制品版权（出版、发行、销售权等）有偿独家转让给乙方专有使用……四、版权转让费用及付款方式　1. 版权转让费为人民币 136 万元……；2. 本协议签订后，甲方即向乙方提供《流星蝴蝶剑》剧的版权证明、授权书、剧照及文字材料；3. 资金合作方式：由于甲方拍摄资金紧张，经甲乙双方友好协商，乙方为甲方垫资 250 万元，甲乙双方约定在甲方向乙方提供母带时扣除版权转让费人民币 136 万元，并还给乙方 114 万元……七、违约责任　甲乙双方应严格按照约定履行本协议，任何一方违反协议另一方有权要求该方实际履行协议或者解除协议，并可向该方追究违约金，要求赔偿由此所造成的一切损失。"合同签订后，佳乐公司依协议书向森威公司垫资 250 万元。此后，佳乐公司又分两次借给森威公司人民币 35 万元。但森威公司未按照《协议书》约定向佳乐公司转让电视连续剧《流星蝴蝶剑》的版权，也未将共计 285 万元的借款还给佳乐公司。2003 年 1 月 25 日，森威公司向佳乐公司出具了《还款保证书》，主要内容为：因森威公司原因不能履行与佳乐公司所定电视连续剧《流星蝴蝶剑》音像版权合同书，涉及欠款金额人民币 385 万元。现制订还款安排如下：2003 年 2 月 20 之前退还佳乐公司 200 万元；2003 年 3 月 20 日之前退还佳乐公司 185 万元。如不能如期偿还，将另支付未偿还部分涉及金额违约滞纳金每天千分之二。

法院认为：

一、如何确认本案所涉合同的性质

对于《协议书》的性质，本院认为，因协议中当事人双方约定的主要权利义务均是针对电视连续剧《流星蝴蝶剑》的版权转让相关事宜，故该协议书的主要部分为版权转让合同。但《协议书》的第四条同时也规定，佳乐公司为森威公司垫资 250 万元，森威公司在向佳乐公司提供母带时扣除版权转让费人民币 136 万元，并还给佳乐公司 114 万元。据此可知，佳乐公司负有向森威公司垫资 250 万元的义务，而森威公司则负有在提供母带时无条件偿还上述款项的义务。因该约定的性质符合合同法对借款合同所做的限定，故本院认定其性质为借款合同。据此，本院认为，《协议书》包括两部分性质不同的合同，即版权转让合同和借款合同。

对于佳乐公司另又分两次借给森威公司的 35 万元，双方虽未签订书面合同，但因事实上存在借贷法律关系，且双方对此无异议，故本院认定其性质为借款合同。

对于《还款保证书》的性质，依据其内容可知，森威公司除须偿还佳乐公司已支付的借款人民币 285 万元之外，还须支付给佳乐公司人民币 100 万元及逾期履行情况下的滞纳金。因该保证书是森威公司在未履行《协议书》义务及未偿还人民币 35 万元借款的情况下所作出的还款承诺，且原告对此表示接受，故本院认为，该保证书中所约定的 100 万元及滞纳金，其性质为森威公司承诺承担的违约责任，其中 100 万元为森威公司对其违反版权转让合同及借款合同行为所承诺支付的违约金。

二、如何确认本案所涉合同的效力

我国《合同法》第五十二条规定，"有下列情形之一的，合同无效：（一）一方以欺诈、胁迫的手段订立合同，损害国家利益；（二）恶意串通，损害国家、集体或者第三人利益；（三）以合法形式掩盖非法目的；（四）损害社会公共利益；（五）违反法律、行政法规的强制性规定。"

对于版权转让合同的效力，因不存在《合同法》第五十二条规定的五种无效情形，故本院认定该合同有效。

对于本案所涉借款合同的效力，因《最高人民法院关于对企业借贷合同借款方逾期不归还借款的应如何处理的批复》中规定，企业借贷合同违反有关金融法规，属无效合同。而本案当事人双方又均为企业法人，故本院认为，佳乐公司与森威公司之间涉及285万元的借款合同属企业之间的借贷合同，应属无效合同。

对于《还款保证书》中森威公司所作出的支付人民币100万元及逾期履行滞纳金的承诺的效力，因其性质是对违约责任的约定，故只有在版权转让合同和借款合同有效的前提下，该约定才有效。本案中，因版权转让合同为有效合同，故《还款保证书》中针对版权转让合同部分所约定的违约金及相应的滞纳金为有效。因借款合同为无效合同，故针对借款合同部分的约定为无效。

三、被告森威公司应如何承担责任

我国《合同法》第八条规定，依法成立的合同，对当事人具有法律约束力。当事人应当按照约定履行自己的义务，不得擅自变更或者解除合同。依法成立的合同，受法律保护。合同法第一百零七条规定，当事人一方不履行合同义务或者履行合同义务不符合约定的，应当承担继续履行、采取补救措施或者赔偿损失等违约责任。

根据查明事实可知，本案所涉版权转让合同为依法成立的有效合同，当事人应按约定履行合同义务。因森威公司并未履行版权转让合同中所约定的义务，即未向原告佳乐公司转让电视连续剧《流星蝴蝶剑》的版权，故其行为已构成对版权转让合同的违约，应承担违约责任。

《合同法》第一百一十四条规定，当事人可以约定一方违约时应当根据违约情况向对方支付一定数额的违约金，也可以约定因违约产生的损失赔偿额的计算方法。约定的违约金低于造成的损失的，当事人可以请求人民法院或者仲裁机构予以增加；约定的违约金过分高于造成的损失的，当事人可以请求人民法院或者仲裁机构予以适当减少。

本案中，对于版权转让合同的违约责任，双方在《还款保证书》中已作了约定，故森威公司应按约定向佳乐公司支付违约金。对于违约金的数额，《还款保证书》中虽约定为违约金100万元人民币，但因其中既包含版权转让合同的违约金，也包含借款合同的违约金，故在原被告双方既未对二者的比例作出明确约定，亦未提供证据证明佳乐公司损失数额的情况下，本院将在100万元数额内根据本案具体情况及相关法律规定酌情确定森威公司所应支付的违约金。根据《还款保证书》的约定可知，违约金的最后支付时间为2003年3月20日，但森威公司未按约定时间支付，故其应在支付违约金的同时支付相应的滞纳金。对于滞纳金的数额，将按照中国人民银行规定的同期逾期贷款利率予以计算，支付期限自2003年3月20日起至实际支付违约金之日止。

我国《合同法》第五十八条规定，合同无效或者被撤销后，因该合同取得的财产，应当予以返还。本案中，因借款合同为无效合同，故森威公司应将因借款合同而取得的款项人民币285万元返还给佳乐公司。同时，因还款保证书中针对借款合同部分约定的违约金及滞纳金不具有法律效力，故对于佳乐公司要求森威公司支付借款合同部分的违约金和滞纳金的诉讼请求没有法律依据，本院不予支持。

二〇〇四年五月十日，北京市第一中级人民法院依照《中华人民共和国合同法》第八条、第五十二条、第五十八条、第一百零七条及第一百一十四条，《最高人民法院关于对企业借贷合同借款方逾期不归还借款的应如何处理的批复》（法复〔1996〕15号）的规定，判决如下：一、被告北京森威影视制作有限责任公司于本判决生效之日起十日内向原告广东佳乐影视发展有限公司返还所借款项人民币二百八十五万元；二、被告北京森威影视制作有限责任公司于本判决生效之日起十日内向原告广东佳乐影视发展有限公司支付违约金人民币九十五万元及滞纳金（自2003年3月20日起至实际支付九十五万元违约金日止，按中国人民银行规定的同期逾期贷款利率计算）；三、驳回原告广东佳乐影视发展有限公司的其他诉讼请求。案件受理费30 010元，由被告北京森威影视制作有限责任公司负担（于本判决生效之日起7日内交纳）。

判决后，双方均未上诉。

2007年国庆长假期间，该剧悄然在CCTV-1上午时段播出。

【学者评述】

从中国文学史上多次的"武侠小说热"到20世纪电影发达后武侠电影/武侠片的四次高潮，武术越来越被现代受众欢迎和认可。不过，与招式、门派、套路相比，观众更在乎为何而"武"，"武"者为谁。周星驰的"如来神掌"如果不用来主持正义惩恶锄奸则顿失神韵，金庸、古龙、梁羽生等武侠作家笔下的"降龙十八掌""辟邪剑法""九阴白骨爪""吸星大法""乾坤大挪移"如果不用来除暴安良劫富济贫必然会沦为杀人手段，毫无内涵。而这，正是"侠"之本体，"侠"的圭臬。因此，"武"的最高境界不是什么现学现用、活学活用，也不是什么无招胜有招，也不是令狐冲那种杂糅武当、少林、邪教之精华而自成一家，那些，都是"武"的技术内含，即"术"的层面。"武"的最高境界正是"侠"。

何为"侠"？最早解释"侠"的是东汉许慎的《说文》："侠，俜也。"所谓"俜"，pīng，就是夹持、孤单的样子，就是凭一己之力挺身而出见义勇为的行为与做派，这正是"侠"的个人性与正义性。司马迁对"侠"的再次阐释则更为丰富，更为精确，影响更甚："所谓言必行，行必果，已诺必诚，不爱其躯，赴士之阨困，千里诵义者也。荀悦曰，立气齐，作威福，结私交，以立强于世者，谓之游侠。"（《史记·游侠传》）。"游"突出了"侠"的民间性与江湖气。江湖，就是来自五湖四海的三教九流云集汇聚的一个非实体所在，笃信公序良俗，追求公平正义。侠，非官，非民，游离于官民之间，最适合混迹江湖。江湖中人，大多是好人，靠一技之长自食其力，但其中也有败类，黑社会就是江湖败类结社而成的帮派，故曰"江湖险恶"，发生争执时"侠"的作用更为突出。官府有"兵"，江湖有"侠"，前者会贪污受贿鱼肉百姓，后者却总是替天行道，轻死守信。"侠"的本质与魅力正在于个人性、民间性、草根性、江湖气与正义感。在"游侠"、"儒侠"、"任侠"、"文侠"、"盗侠"、"少侠"、"豪侠"、"大侠"等形形色色的"侠"中，"武侠"是极品，登峰造极，无与伦比，因为，"武"使"侠"更强大，战斗力更强，无坚不摧，所向披靡，令一切黑社会、恶势力、贪官污吏、魑魅魍魉闻风丧胆，无所遁形，灰飞烟灭。由此可见，"侠"与"武"的结合，令"侠"具有英雄气质，更给"侠"附加了审判者、捍卫者、终结者等社会使命与伦理诉求。没有金刚钻不揽瓷器活，"武侠"才是最管用的"侠"，其他各种"侠"都相形见绌，自愧弗如。将"武"与"侠"割裂开来，"武"缺少历史语境与人文诉求，"侠"缺少技术基础与工具理性。热兵器时代流行的"武术无用论"、"武术过时论"，正是在"武"与"侠"断裂之后滋生的。

纵观110余年中国电影史、60年中国电视史，最适合展现"武"之神韵的是武侠电影/

武侠片。电视的本质与首要功能是纪实/新闻,电视展现"武"主要是体育赛事直播,其次是节庆才会一见的电视晚会。电视表现武术的审美震撼力,远不如电影中的"武侠电影",或曰"武侠片"。电视天生的官方性、意识形态性与"侠"的本体与特质格格不入,龃龉抵牾。金庸在《神雕侠侣》第二十回认为"为国为民,侠之大者",这放在冷兵器时代大体不错,置于今天应调整为"为民为国",把"为民"放在第一位,才是"侠"之大者,因为,"侠"就是草民、游民、平民之一员。在军事日益强大的今日中国,除了体育比赛为国争光,"武"为国不如为民。电视发达后,互联网发达后,融媒体/新媒体/自媒体发达后,武侠电影/武侠片依然未被冷落,依然广受欢迎,因为只有这样一种艺术样式能重新黏合"武"与"侠",重续"千古文人侠客梦",在官方/政府之外重振对公平之恪守,对正义之匡扶。除了别出心裁的武打设计与音画技艺,武侠电影/武侠片之所以能成为唯一被国际认可的中国电影类型,百余年来热度不减,人才辈出,佳作不断,传授两旺,根本原因正在于此。远离首都,远离政治,远离官方,香港地区之所以能成为中国武侠电影/武侠片的中心,根本原因亦在于此。

"侠"乃"武"之魂,希冀"武侠"永驻民心,历久弥新。

(杨新磊)

第十节 秦可卿之"谜"

【上诉人,原审被告】北京新纪元电影发展公司
【上诉人,原审被告】北京华兴新业商贸有限责任公司
【上诉人,原审被告】北京元峰元科贸集团
【被上诉人,原审原告】大业影视节目传播有限公司

上诉人北京新纪元电影发展公司(以下简称新纪元公司)、北京华兴新业商贸有限责任公司(以下简称华兴新业公司)、北京元峰元科贸集团(以下简称元峰元集团)因电视剧发行合同纠纷一案,不服北京市朝阳区人民法院(2003)朝民初字第12376号民事判决,向北京市第二中级人民法院提起上诉,现已审理终结。

原审原告大业公司起诉称:我公司于2000年3月27日与新纪元公司、华兴新业公司、元峰元集团签订协议,该三公司委托我方代理发行二十集电视连续剧《秦可卿之谜》,合同期限为2000年4月1日至2002年10月1日。协议签订后,我公司依约支付10万元定金。随后,我公司与全国一百余家电视台签订了关于转播该电视剧的协议书,播出时间约定为2000年5月至10月。由于对方2001年3月才取得该电视剧的发行许可证,且至今未将经审查机关审查并修改制作后的电视剧播出带交付我方,致使上述转播协议无法履行,给我公司造成了巨大的经济损失。大业公司以协议到期为由,诉至原审法院,请求判令解除双方的合同关系,新纪元公司、华兴新业公司、元峰元集团返还定金10万元并赔偿经济损失756 113元。

原审被告新纪元公司、华兴新业公司、元峰元集团共同答辩称:双方签订的协议是发行权转让协议,并非委托协议。电视剧《秦可卿之谜》制作完成时尚未实行发行许可证制度,

按当时的规定该剧具有合法的发行手续。与大业公司签约时国家实行了电视剧发行许可证制度，我们作为投资人并不知晓，但大业公司作为专业的影视传播公司应当知晓该制度，其在签约时故意对此隐瞒。由于协议中没有关于办理发行许可证的具体约定，大业公司有责任审查发行手续是否完备。大业公司在没有向我方索取发行许可证的情况下实施发行工作，由此造成的损失应由其自行承担。我方已在合同期限内办理了发行许可证，不存在违约行为，因此不同意大业公司的诉讼请求。要求大业公司继续履行合同，支付约定的390万元及2 000年10月1日以来的利息，并按照合同的约定对未履行的390万元进行两倍的赔偿。

【一审法院观点】

原审法院经审理后认为，新纪元公司、华兴新业公司依据与北京电影制片厂电视部（以下简称北影厂电视部）签订的合同及北影厂电视部出具的证明，享有电视剧《秦可卿之谜》的著作权及发行权。在得到北影厂电视部认可的情况下，元峰元集团与新纪元公司、华兴新业公司签订协议，亦取得了该剧的发行权。国家广播电影电视总局（以下简称广电总局）1998年10月5日颁布了《关于实行国产电视剧发行许可证制度的通知》，规定"凡于1998年11月1日前制作完成但尚未发行和在此以后制作完成的电视剧，均应由制作单位按照本通知的规定，获得《国产电视剧发行许可证》后方可发行"，即获得发行许可证是一种强制性的规定。新纪元公司、华兴新业公司、元峰元集团与大业公司签订电视剧《秦可卿之谜》的发行合同时没有取得《国产电视剧发行许可证》，因此该合同无效。新纪元公司、华兴新业公司、元峰元集团以及北影厂电视部共同享有电视剧的权利，应当知晓广电总局颁布的通知。电视台不能播放不具有发行许可证的电视剧，新纪元公司、华兴新业公司、元峰元集团应对此承担责任。

【一审判决】

原审法院依据《中华人民共和国合同法》第五十二条第（五）项、第五十八条的规定，判决：一、大业影视节目传播有限公司与北京新纪元电影发展公司、北京华兴新业商贸有限责任公司、北京元峰元科贸集团于二〇〇〇年三月二十七日签订的电视剧发行合同无效；二、北京新纪元电影发展公司、北京华兴新业商贸有限责任公司、北京元峰元科贸集团于本判决生效之日起十日内返还大业影视节目传播有限公司定金十万元；三、北京新纪元电影发展公司、北京华兴新业商贸有限责任公司、北京元峰元科贸集团于本判决生效之日起十日内赔偿大业影视节目传播有限公司经济损失十万元；四、大业影视节目传播有限公司于本判决生效之日起三日内将涉案母带退还北京新纪元电影发展公司、北京华兴新业商贸有限责任公司、北京元峰元科贸集团；五、驳回大业影视节目传播有限公司的其他诉讼请求。

新纪元公司、华兴新业公司、元峰元集团不服原审判决，向本院提起上诉。其上诉理由是：我国合同法规定，违反法律、行政法规的强制性规定的合同无效。广电总局颁发的《关于实行国产电视剧发行许可证制度的通知》不属于行政规章，且本案双方当事人所签合同中涉及的电视剧亦非没有《国产电视剧发行许可证》，没有违反该通知。原审法院认定该合同违反了广电总局通知中的强制性规定，判决合同无效，属于适用法律错误。在签订合同时，我方并不知道广电总局颁布了新的规定，且对涉案的电视剧已经开展过发行工作；而大业公司明知相关规定，却从未提及电视剧发行许可证的问题，具有主观上的过错，法院认定由上诉人单方承担过错责任，有悖于公平原则。我方不是影视专业单位，在我方与北影厂电视部签订的合同履行完毕后,广电总局才颁布了《关于实行国产电视剧发行许可证制度的通知》,原审法院认定北影厂电视部有责任知晓该通知,我方也应有能力知晓该通知,此种推断不符合客观事实。在大业公司提出电视剧发行许可证的问题后,我方立即予以办理,并及时提交给大业公司;而大业公司在没有拿到发行许可证之前,先期与多家电视台签订播放合同,造成电视剧不能播放的后果,原审法院认定由我方承担大业公司违反规定签订合同的过错责任,没有合理依据。我方按照与大业公司所签合同的约定,将电视剧的母带和所有相关手续全部交付给大业公司,已积极履行了合同义务,大业公司至今未履行付款义务,原审法院判决合同无效并由我方承担赔偿责任,缺乏事实及法律依据。请求二审法院撤销原审判决,驳回大业公司的诉讼请求,并判决大业公司履行合同义务、支付合同款项390万元。

大业公司服从一审判决。

【二审查明事实】

北影厂电视部持有编号为00016号的《电视剧制作许可证》,有效期为1996年1月至1998年12月。1997年4月9日,新纪元公司、北京市复兴泰和商贸有限责任公司(以下简称复兴泰和公司)与北影厂电视部签订协议书,约定三方联合摄制二十集电视连续剧《秦可卿之死》,共同拥有该剧版权。

1997年6月8日、10月31日,新纪元公司与复兴泰和公司分别签订协议,确定了双方的投资比例及利润分成,明确双方共同拥有该剧的版权,并约定双方共同发行该剧。1997年6月24日,北影厂电视部出具证明,确认《秦可卿之死》一剧的版权、发行权归新纪元公司、复兴泰和公司所有。

1997年11月6日,新纪元公司、复兴泰和公司与元峰元集团签订协议,约定元峰元集团作为投资方加入该剧的联合拍摄中,并享有合作方应有的权利和承担相应义务。北影厂对此予以认可。

1997年11月20日,复兴泰和公司更名为北京复兴商业城投资咨询有限责任公司(以下简称复兴商业城)。

电视连续剧摄制完成并经审查通过后,名称更改为《秦可卿之谜》,该剧片尾列明的联合摄制单位为北影厂电视部、新纪元公司、复兴商业城和元峰元集团,制作许可证号为00016号。该剧曾参加1998年6月在广州市举办的中国电视节目交易会,但并未正式签约。

1998年5月29日,北影厂电视部出具委托书,委托新纪元公司发行、销售该剧,同时认可新纪元公司有权联合其他单位共同发行或许可他人发行该剧。

1999年8月,复兴商业城经企业重组与其他企业组建为本案的华兴新业公司。

2000年3月27日,新纪元公司、华兴新业公司、元峰元集团(以上三方为甲方)与大业公司(乙方)签订协议书。该协议书约定:甲方委托乙方代理甲方所制作并独家拥有版权的二十集电视剧《秦可卿之谜》在中国大陆(除天津外)的发行,委托发行期限自2000年4月1日至2002年10月1日;发行价格为人民币400万元,甲方交给乙方播出母带时,乙方首付人民币10万元作为定金,2000年10月1日前乙方一次性支付余款390万元;甲方保证该剧的版权完全属甲方所有,并保证版权、发行权的合法性,如因版权、发行权的合法性影响乙方发行,甲方应负完全责任;甲方违反各项责任条款造成乙方损失时,按法律规定向乙方支付违约金;若乙方不能按期付款,在一个月内则按所欠款额度的二倍作为违约金进行赔偿。双方未在协议中约定电视剧《秦可卿之谜》发行许可证的办理及交付事宜。

2000年4月1日，新纪元公司在北影厂电视部出具的委托书上写明"委托大业影视公司发行该剧"等字样后，交给大业公司。同日，新纪元公司、华兴新业公司、元峰元集团将电视剧《秦可卿之谜》的播出母带交给大业公司。同月11日，大业公司交付定金10万元。嗣后，大业公司陆续与全国107家电视台签订了电视剧《秦可卿之谜》（20集）的转播协议，各电视台承诺的播出时间为2000年5月至10月。

2000年9月10日、27日衢州有线电视台、深圳有线广播电视台分别致函大业公司，提出该剧没有发行许可证问题。

2000年9月28日，大业公司向新纪元公司、华兴新业公司、元峰元集团提出交付电视剧发行许可证的要求。2000年11月10日，大业公司致函新纪元公司、华兴新业公司和元峰元集团，提出因未收到发行许可证，"我方的发行工作已无法正常进行"。

新纪元公司、华兴新业公司、元峰元集团于2000年10月19日向北影厂电视部提出要求办理电视剧发行许可证，并于同年12月下旬，将资料、样带送至北影厂电视部。嗣后，北影厂电视部将该剧报送广电总局。2001年2月中旬，广电总局电视剧审查委员会提出修改意见。3月初，北影厂电视部将修改后的样带再次报送广电总局电视剧审查委员会。3月27日，广电总局社会管理司向北影厂电视节目制作中心核发了该电视剧的发行许可证。同日，该证传真至大业公司，但未将报送广电总局的样带交付大业公司。另，大业公司于该发行许可证取得之前的3月20日及取得之后均致函对方，提出双方签订的协议"依法无效，不可予以履行"、"商机已逝"。

2000年8月后，107家电视台中有54家出具证明，证明《秦可卿之谜》未在其电视台安排播出。在其余的53家中，云南曲靖电视台和浙江丽水电视台出具证明，证明该剧已分别于2000年下半年和2001年3月6～17日播出。

大业公司与新纪元公司、华兴新业公司和元峰元集团所签协议期限已经届满。

另查，1998年10月5日，广电总局颁布了《关于实行国产电视剧发行许可证制度的通知》，规定"凡于1998年11月1日前制作完成但尚未发行和在此以后制作完成的电视剧，均应由制作单位按照本通知的规定，获得《国产电视剧发行许可证》后方可发行"。在本案审理过程中，广电总局就其颁布文件的下发途径及方式回复本院："广电总局文件通过省、市各厅层层下发，发给电影厂、电视台、有合格的经营许可证的单位。"

此外，新纪元公司、华兴新业公司和元峰元集团补充提出电视剧《秦可卿之谜》于1998年5月曾在天津电视台播出的事实，但三方上诉人对此并未提交证据予以证实。

上述事实，有双方当事人提供的合同、信函、调查记录、有关票据及当事人的当庭陈述等在案佐证。

【二审法院观点】

新纪元公司、华兴新业公司依据1997年4月8日与北影厂电视部签订的合同，对电视连续剧《秦可卿之谜》享有版权；同时依据1997年6月24日北影厂电视部出具的证明，对该剧享有发行权。依据上述合同确定的权利，元峰元集团经与新纪元公司、华兴新业公司签订协议，取得了该剧"合作方应有的权利"，且该权利得到了北影厂电视部的认可，即元峰元集团享有对该剧的发行权。为此，新纪元公司、华兴新业公司与元峰元集团有权作为合同一方当事人与大业公司签订协议。

广电总局于1998年10月5日颁布的《关于实行国产电视剧发行许可证制度的通知》明

确规定，1998年11月1日前制作完成但尚未发行的电视剧，应由制作单位获得《国产电视剧发行许可证》后方可发行。电视连续剧《秦可卿之谜》曾参加1998年6月在广州市举办的中国电视节目交易会，说明该剧此时已制作完成，但该剧在此次电视节目交易会中并未签约成功。在三方上诉人未提供证据证明该剧曾于1998年11月1日前已经发行的前提下，如在1998年11月1日以后发行该剧，应当按照广电总局通知的规定办理《国产电视剧发行许可证》。广电总局的通知对于影视行业属于强制性的行业规范，凡是具有相关资质的部门、单位对此通知均应知晓，也必须遵照执行。依据三方上诉人与北影厂电视部签订的合同以及之后的补充协议、声明等可以确认，四方合作拍摄电视剧、共同拥有权利，尽管内部分工不同，但对外应共同承担责任；三方上诉人作为影视投资单位，尽管不具有该行业的经营资质，但其对自己从事的经营领域中可能涉及的行政规章、行业管理规定应当予以足够的关注，因此其提出的不是影视制作单位、不可能知晓相关行业规定的主张缺乏合理依据，本院不予采信。

新纪元公司、华兴新业公司、元峰元集团与大业公司2000年3月27日签订协议书，约定自2000年4月1日起由大业公司在中国大陆（除天津外）发行电视剧《秦可卿之谜》，但该电视剧此时并未办理《国产电视剧发行许可证》，即该剧尚不具有发行资质，三方上诉人亦不具有许可他人发行电视剧的主体资格。据此，新纪元公司等三方上诉人在不具有发行电视剧主体资格的情况下，与他人就不符合发行条件的电视剧签订发行合同的行为违反了广电总局颁布的强制性规定，属于无效的民事行为，三方上诉人与大业公司2000年3月27日签订的电视剧发行合同无效。三方上诉人对合同无效的后果应承担相应的责任，由于合同无效所产生的损失应自行承担，其提出的已履行合同义务、大业公司应支付390万元发行费的抗辩主张没有事实依据，本院不予支持。

大业公司具有电视剧发行资质，应当知晓广电总局在行业管理范围内颁布的相关规定，在与他人签订电视剧发行合同时，亦应对电视剧的发行要件进行必要的审查。在与三方上诉人签订合同以及收取电视剧《秦可卿之谜》的播出母带时，大业公司均未对该电视剧的发行资质予以审查，故其对合同无效的后果亦应承担相应的责任。大业公司在明知电视剧尚未办理《国产电视剧发行许可证》、不符合发行条件的情况下，与107家电视台签订播出协议，其主观上存在过错，对由此支出的费用应承担风险责任。

按照广电总局的通知要求，没有《国产电视剧发行许可证》的电视剧不能发行，该通知对电视台的播放行为具有约束力，即电视台在没有《国产电视剧发行许可证》的前提下不能播放电视剧。因此，个别电视台在未取得《国产电视剧发行许可证》的情况下播出了涉案的电视剧，该行为违反了广电总局强制性的行业管理规定，这些播出行为不具有合法性。

综上，新纪元公司、华兴新业公司、元峰元集团与大业公司于2000年3月27日签订的电视剧发行合同为无效合同，依据该合同取得的财产应当予以返还；由于双方均有过错，应当各自承担相应的责任，原审法院认定三方上诉人赔偿大业公司履行该协议所受到的损失，缺乏事实及法律依据，本院予以纠正。新纪元公司、华兴新业公司、元峰元集团的上诉理由部分成立，本院予以支持。原审判决认定事实部分不清，处理结果欠妥，本院依法予以改判。

【终审判决】

二〇〇四年四月二十日，北京市第二中级人民法院依照《中华人民共和国民事诉讼法》第一百五十三条第一款第（三）项，《中华人民共和国合同法》第五十二条第（五）项、第五十八条的规定，判决如下：

一、维持北京市朝阳区人民法院（2003）朝民初字第12376号民事判决第一、二、四项，即大业影视节目传播有限公司与北京新纪元电影发展公司、北京华兴新业商贸有限责任公司、北京元峰元科贸集团于二〇〇〇年三月二十七日签订的电视剧发行合同无效；北京新纪元电影发展公司、北京华兴新业商贸有限责任公司、北京元峰元科贸集团于本判决生效之日起十日内返还大业影视节目传播有限公司定金十万元；大业影视节目传播有限公司于本判决生效之日起三日内将涉案母带退还北京新纪元电影发展公司、北京华兴新业商贸有限责任公司、北京元峰元科贸集团。

二、撤销北京市朝阳区人民法院（2003）朝民初字第12376号民事判决第三、五项，即北京新纪元电影发展公司、北京华兴新业商贸有限责任公司、北京元峰元科贸集团于本判决生效之日起十日内赔偿大业影视节目传播有限公司经济损失十万元；驳回大业影视节目传播有限公司的其他诉讼请求。

三、驳回大业影视节目传播有限公司的其他诉讼请求。

一审案件受理费14 572元，由大业影视节目传播有限公司负担5 829元（已交纳），由北京新纪元电影发展公司、北京华兴新业商贸有限责任公司、北京元峰元科贸集团负担8 743元（于本判决生效之日起7日内交纳）；二审案件受理费14 572元，由大业影视节目传播有限公司负担5 829元（已交纳），由北京新纪元电影发展公司、北京华兴新业商贸有限责任公司、北京元峰元科贸集团负担8 743元（已交纳）。

本判决为终审判决。

【学者评述】

投资方不知法，发行方无视法，播放方不顾法——三个对法律不管不顾不知的机构在发生利益纠纷后，却想要用法来维护自己的一己之利，真令人贻笑大方。

无论是法律法规还是行业准则，它们以各种文字的方式出台，目的就在于以条文的形式明确告知民众哪些行为是可行的，哪些行为是明令禁止的。这是颁布各项法律法规的目的，而这个目的的实现，要靠执行才能得以完成。我国目前关于法律以及相关行政命令的制定与颁布均具有严格而规范的要求，但关于这些具有法律效力的文件的下发却往往并无明晰的程序，发文后的效果更不得而知。上级单位只负责起草、制定、下发，似乎只要文件发行下去便等同于文件的内容被落实。管理层只转发不落实，也就难怪基层业务部门不知法更不懂法。

如果说非专业者因无知而违法尚情有可原，那么，作为具有发行资质的专业机构，此案中的发行方以及播出单位的行为显然是知法犯法。不知情者"无意而为"，知情者"明知故犯"，导致这一现象的根源，很大程度上来自目前影视行业违法成本过低，法律的威慑力不足，法律成了纸老虎。

去疴需猛药，治乱需重典，古今中外没有例外。

（赵轩）

第十一节 我的一个"失误"

【上诉人，原审原告】董国瑛
【被上诉人，原审被告】上海谢晋中路影视有限公司
【被上诉人，原审被告】海润国际广告有限公司
【被上诉人，原审被告】大恒电子音像出版社
【被上诉人，原审被告】谢晋，著名导演
【原审原告】夏国琼（MARY HSIA），美国国籍
【原审原告】夏国璋（RENATA KUO CHANG CHAN），美国国籍
【原审原告】夏大明

上诉人董国瑛因著作权纠纷一案，不服上海市第一中级人民法院（2002）沪一中民五（知）初字第144号民事判决，向上海市高级人民法院提起上诉，现已审理终结。

【一审查明事实】

1997年9月22日，董竹君签署指定董国瑛为其代理人的《授权委托书》一份，代理事项包括："（1）签署、执行、承认和交付为购买在世界任何国家和地区、在任何或全部文学财产或作品中我所享有任何权利、名义或利益的版权所必需的任何书面的文件、文书、申请和要求；（2）处理与我的回忆录的出版发行相关的，以及与将我的回忆录改编为电视连续剧、电影、戏剧、图书以及其他形式的作品相关的包括版权事宜在内的所有事项，及为此主张或放弃相关权利或为此提起、变更、放弃、承认诉讼请求、进行和解、提起反诉或上诉。"该《授权委托书》同时明确："从签字日起十年内代理人这一权力（利）完全有效，除非在此期间终止前正式通知代理人将此权力（利）撤销。"

同年11月4日，董竹君与上海谢晋恒通影视有限公司（以下简称恒通公司）签订《合同书》一份，该合同主要内容为："鉴于甲方（董竹君）独家拥有自撰传记作品《我的一个世纪》著作权；鉴于乙方（恒通公司）愿将上述作品改编并拍摄为电视连续剧，甲方同意将上述作品的电视连续剧拍摄权（指改编电视剧本、电视剧拍摄制作及发行等）转让给乙方；经双方协商一致，达成如下协议：一、甲方将自撰传记作品《我的一个世纪》的电视连续剧独家拍摄权转让给乙方，有效期限为自本合同签字之日起至电视剧剧本完稿后二年止。二、甲方在有效期内不得向任何第三方转让《我的一个世纪》的自撰传记作品的电视连续剧（或电影）的上述拍摄权。三、乙方按下列方式向甲方支付转让费用：1. 转让费为现金贰拾万元人民币……2. 甲方拥有本电视连续剧净利润的5%干股，即按本电视连续剧经营净利润的5%支付甲方，按年结算，个人所得税由甲方自理。但如本电视连续剧经营发生亏损，甲方不承担经济责任……六、乙方充分尊重甲方的署名权，在改编成的电视连续剧每集片头显著标明'根据董竹君先生的传记作品《我的一个世纪》改编'……"

同年12月6日，董竹君病逝。

为合作拍摄根据《我的一个世纪》改编的电视连续剧《世纪人生》，恒通公司与上海电

视台、海润公司、美新文化艺术基金会签订了《关于联合摄制电视连续剧〈世纪人生〉的合同书（补充）》，四方签署合同的日期分别为1998年12月10日、1999年5月31日、1998年12月21日、1998年12月16日。该合同第一条第1款约定，剧本组稿改编工作由恒通公司负责，其著作权益及相关的经济责任均由四方共同负责；合同第三条第1款约定，四方本着风险共担、利益共享的原则，共同投资拍摄，并确定各方的投资比例分别为20%、30%、25%、25%；合同第三条第7款约定："鉴于董竹君先生在版权费中已予以四方优惠条件，四方商定，可以监制董国瑛做（作）为总体代表受益人，并按本电视连续剧经营净利润的5%作为回报"；第三条第8款约定："四方共同参与销售发行。鉴于乙（上海电视台）丙（海润公司）两方具有良好的销售网络，甲（恒通公司）丙方具有较多的海外关系，国内销售可以乙方为主，海外销售可以丙方为主，投资各方皆应积极联系销售渠道，本着优价优先的宗旨进行销售。销售合同可以甲乙丙丁四方做（作）为销售方，所有合同需经四方会签后由一方代表与买方签署。销售收入需进入该剧在甲方设立的独立账户。该剧发行的总收入，本着先还清投资，再进行利润分成的原则进行。"该合同还就"版权权属"问题进行了约定，即"该电视连续剧国内外版权归四方共同所有，由此产生的一切利益，四方按投资比例分享"。

1999年4月30日，恒通公司经上海市工商行政管理局核准，变更名称为上海谢晋中路影视有限公司，原恒通公司的债权债务由变更后的中路公司承担。2000年4月17日，上海中路（集团）有限公司与谢晋签订《股权转让协议书》，协议书第一条约定："谢晋中路影视公司注册资本800万元，其中乙方（谢晋）持有200万元股。经协商，乙方将其持有的200万（元）股权全部转让给由甲方［上海中路（集团）有限公司］指定的受让方。鉴于谢晋中路影视公司目前经营亏损，甲方将其控股的谢晋中路影视公司部分资产交割给乙方作为受让乙方股权的价格（具体资产清单另附，经双方清点造册后作为本协议不可分割之附件）"；协议书第四条约定："……本股权转让协议书签订生效后的谢晋中路影视公司、谢晋中路明星学校所有相关经济、法律责任均由控股甲方承担，和乙方无涉……"。该协议书后所附《股权转让相对应资产附件（三）》列明设备等的合计金额为人民币1 009 491.24元。

2000年1月，中路公司、上海电视台节目购销中心和美新文化艺术基金会就委托海润公司负责发行已摄制完成的长篇电视连续剧《世纪人生》事宜分别出具了《委托书》，中路公司和上海电视台节目购销中心委托海润公司发行的范围为中国大陆境内，美新文化艺术基金会委托发行的范围为国内外。2001年3月20日，被告中路公司又出具《授权书》一份，委托海润公司影视中心负责澳大利亚、新西兰电视播放及美国、加拿大、澳大利亚、新西兰发行家庭录影带的工作。被告中路公司在庭审时称，《委托书》只是许可被告海润公司负责出售电视连续剧的播映权，并不包括VCD的发行权。被告海润公司则认为因《委托书》并未明确授权范围，故应该涵盖所有发行方式。

由上海市影视音像管理处于2000年2月16日颁发的（沪）剧审字（2000）第005号《电视剧发行许可证》显示：剧目名称《世纪人生》，长度31集，制作单位上海谢晋中路影视有限公司，合作单位上海电视台、海润国际广告有限公司、美新文化艺术基金会，电视剧制作许可证编号12233等。

2000年11月8日，海润公司与大恒电子出版社签订了《音像节目版权有偿转让合同》，合同主要内容包括："甲乙双方就甲方（海润公司）向乙方（大恒电子出版社）独家转让由甲方拥有版权的音像节目《世纪人生31集》的光盘版权事宜达成如下协议：1. 光盘版权包括：VCD、DVCD、SVCD、DVD等以光盘为媒体的版权（音乐除外）。2. 甲方向乙方提交质量合格的电影胶片及相关用于进行产品封面设计的图片及文字资料，以便于乙方进行包装设计和加工生产（封面设计的图片需经甲方认可并需有'海润影视'标志），相关资料的版权由甲方解决……4. 有关费用的结算：以上节目的版权转让费为7 000元/集，总计为217 000元……6. 有关甲方销售：甲方可以利用此节目进行市场销售，此时乙方将比市场批发价格优惠的价格向甲方结算。7. 若因政策原因或此剧在中央台重播，本合同范围内产生的利益，甲乙双方共享。8. 合同的有效期：版权转让自签约之日起，有效期三年……11. 此合同授权范围为中国大陆地区，大陆之外地区的发放需在大陆发放之后。"

被告谢晋收到上海市昆仑律师事务所赵忠敏律师于2001年11月22日所发律师函，该函内容显示，赵律师以董国瑛代理人的身份指出，董竹君许可恒通公司使用《我的一个世纪》范围仅限于"电视节目"这一形式，而将改编、摄制而成的电视连续剧《世纪人生》交由他人以光盘方式出版、发行已将使用《我的一个世纪》的形式变为"录像制品"，这表明超越了合同的许可使用范围，被告中路公司及有关出版、发行单位显已构成侵权。

2002年10月9日，原告在上海丽声文化传播有限公司购买了31片装的VCD《世纪人生》一套，该VCD彩封上印有"三十一集电视连续剧"、"董竹君传奇"、"Hai Run Movies And TV"、"大恒光盘"等字样，彩封上标明的摄制单位为海润国际广告有限公司、上海谢晋－恒通影视有限公司、美新文化艺术基金会和上海电视台。

董国瑛、夏国琼、夏国璋均为董竹君之女，夏大明为董竹君之子。

【一审判决】

一审法院认为，董竹君系自撰传记作品《我的一个世纪》的作者，其对该文字作品所享有的著作权受法律保护。四原告作为董竹君的继承人，依法可以取得上述文字作品著作权中的财产权利，并可以在该作品著作权保护期内就涉嫌侵犯其著作权的行为提起诉讼。

经《我的一个世纪》作者许可后改编并摄制而成的电视连续剧《世纪人生》已成为一个独立的作品，即以类似摄制电影的方法创作的作品，该作品的著作权由联合摄制该电视连续剧的四方共同享有，即由恒通公司、上海电视台、海润公司、美新文化艺术基金会共同享有。

虽然董竹君与恒通公司的《合同书》所涉拍摄权是针对电视连续剧的，但并不意味着拍摄而成的电视连续剧只能作为"电视节目"在电视台播映，将其制作成VCD销售也是电视连续剧作品著作权人实现其著作财产权的一种方式。作为《我的一个世纪》文字作品的著作权人或者与该著作权有关的权利人，除了可以对署名权及相关合同约定之报酬主张权利外，无权再限制电视连续剧作品的具体使用方式，故以VCD方式出版、发行电视连续剧《世纪人生》并不存在超越与原著作者所签合同的许可方式和范围问题。大恒电子出版社出版、发行《世纪人生》VCD得到了海润公司的授权，而海润公司在此前已取得了电视连续剧作品的其他著作权人委托发行的授权。因此，四原告认为《世纪人生》VCD的出版和发行构成对《我的一个世纪》文字作品著作权的侵犯缺乏法律依据，故对四原告基于侵权所提出的各项诉讼请求不予支持。据此，原审法院依照《中华人民共和国著作权法》第三条、第十五条第一款、第十九条第一款的规定，判决：原告董国瑛、夏国琼、夏大明、夏国璋的诉讼请求不予支持。本案案件受理费人民币10 010元，由原告董国瑛、夏国琼、夏大明、夏国璋共同负担。

董国瑛不服一审判决，向本院提起上诉，请求撤销原判决，支持其诉讼请求。董国瑛上诉的主要理由是：根据董竹君与恒通公司的合同约定，恒通公司对《世纪人生》电视连续剧的发行方式仅限于作为电视节目在电视台播映，并不包括制作成VCD销售及其他发行方式。在本案起诉前，被上诉人谢晋及《世纪人生》电视连续剧的制片人毕立奎对此也予以确认。被上诉人以VCD方式出版、发行《世纪人生》电视连续剧，超越了原作品作者许可使用的方式和范围，构成侵权，应当承担相应的法律责任。

四名被上诉人均辩称，上诉人的上诉理由不能成立。

原审原告夏国琼、夏国璋均表示，同意上诉人的上诉请求和理由。

原审原告夏大明未提出答辩意见。

各方当事人在二审程序中均未提供新的证据材料。

经审理查明，原判决认定事实清楚。另查明，大恒电子出版社于2004年8月18日变更名称为"大恒电子音像出版社"。

【二审法院观点】

董竹君系文字作品《我的一个世纪》的作者，对该作品享有著作权。董竹君去世后，由董国瑛、夏国琼、夏国璋、夏大明作为继承人，依法继承董竹君对《我的一个世纪》享有的著作权中的财产权利。本案中，《我的一个世纪》文字作品尚在著作权保护期内，因此董国瑛、夏国琼、夏国璋、夏大明对《我的一个世纪》文字作品享有著作财产权。

董竹君与恒通公司签订的《合同书》是双方当事人的真实意思表示，已依法成立并生效，具有法律约束力。根据该合同的约定，董竹君许可恒通公司以改编电视剧本、电视剧拍摄制作及发行的方式使用《我的一个世纪》文字作品，但合同并未限制发行的方式，更未约定拍摄完成的电视剧只能作为电视节目在电视台播映。因此，上诉人关于"根据董竹君与恒通公司签订的《合同书》的约定，恒通公司发行电视连续剧的方式仅限于作为电视节目在电视台播映"的主张与事实不符，上诉人的这一上诉理由不能成立。

根据文字作品《我的一个世纪》改编、拍摄的电视连续剧《世纪人生》属于以类似摄制电影的方法创作的作品。同时，根据恒通公司、上海电视台、海润公司、美新文化艺术基金会的合同约定，这四方共同享有该电视连续剧的著作权。在董竹君未限制改编拍摄的电视连续剧的发行方式的情况下，恒通公司、上海电视台、海润公司、美新文化艺术基金会作为《世纪人生》作品的著作权人，可以自行决定该电视连续剧的发行方式。以VCD形式发行《世纪人生》是发行该电视连续剧的一种方式，这种发行方式既没有改变《世纪人生》属于以类似摄制电影的方法创作的作品的性质，又没有改变《世纪人生》属于电视连续剧的性质，也没有违反董竹君与恒通公司的合同约定。由于大恒电子出版社以VCD形式出版发行《世纪人生》已得到《世纪人生》著作权人的授权，因此大恒电子出版社出版发行《世纪人生》VCD并不导致四名被上诉人构成对董国瑛、夏国琼、夏国璋、夏大明著作权的侵犯。故上诉人关于"被上诉人以VCD方式出版、发行《世纪人生》电视连续剧，超越了原作品作者许可使用的方式和范围，构成侵权，应当承担相应的法律责任"的上诉理由不能成立。

上诉人主张，被上诉人谢晋及案外人毕立奎曾经确认，四名被上诉人对电视连续剧《世纪人生》的发行方式仅限于作为电视节目在电视台播映。对此，本院认为，第一，上诉人并未提供充分的证据证明其上述主张；第二，被上诉人谢晋及案外人毕立奎是否曾经作出过上述确认，并不影响本案的定性与法律适用。因此，上诉人的这一上诉理由不能成立。

综上所述，原判决认定事实清楚，适用法律正确，应予维持；上诉人的上诉请求和理由没有事实和法律依据，应予驳回。

【终审判决】

二〇〇五年九月九日，上海市高级人民法院依照《中华人民共和国民事诉讼法》第一百五十三条第一款第（一）项的规定，判决如下：驳回上诉，维持原判。本案二审案件受理费人民币10 010元，由上诉人董国瑛负担。本判决为终审判决。

【学者评述】

谢晋（1923～2008），浙江省绍兴人，国家一级导演，中国第三代导演的代表性人物。

谢晋一生执导了20余部影片，一半在中国乃至世界电影史上产生过重要影响，这在电影史上是绝无仅有的。代表作有《红色娘子军》《啊！摇篮》《天云山传奇》《牧马人》《秋瑾》《高山下的花环》《芙蓉镇》《清凉寺钟声》《鸦片战争》等。

无论是《天云山传奇》中的"罗群"，还是《牧马人》中的"许灵均"，或《芙蓉镇》中的"秦书田"，这些人物都在政治风云的变幻中被打入人生低谷，堕入底层，蒙受从肉体到精神的巨大痛苦，却始终乐观顽强地追求爱和真理。谢晋的作品，具有永恒的魅力，因为它们记载了新旧中国交替年代、"文革"等重要历史时期老百姓的命运，歌颂了人类的真善美，揭示了人性的真谛。

谢晋有四个孩子，三男一女，却不幸两个儿子都患有智障，是残疾人。谢晋的长子也先于他去世，白发人送黑发人。

（杨新磊）

第十二节　"三·八"转让时差记

【上诉人，原审原告】 辽宁中星影视广告有限公司
【被上诉人，原审被告】 上海文化广播影视集团
【被上诉人，原审被告】 上海电视台

上诉人辽宁中星影视广告有限公司因著作权许可使用合同纠纷一案，不服上海市第二中级人民法院（2002）沪二中民五（知）初字第203号民事判决，向上海市高级人民法院提起上诉，现已审理终结。

【一审查明事实】

2000年10月20日上海电视台收到中星公司邮寄的电视剧《"三·八"大案侦破记》的母带（以下简称《三》剧）。同年10月25日中星公司签署了涉案《三》剧播映权转让合同书，该合同就播映权约定的主要条款有：一、《三》剧的播映权使用范围包括上海地区无线、有线、卫视；二、《三》剧的播映权使用期限为三年，自2000年9月8日至2003年8月8日，自2000年8月8日之后可在上海卫星频道播出，上星时间必须是《三》剧的全国

统一上星时间；三、《三》剧的上海地区的首播权归上海电视台所有；四、中星公司应向上海文广集团提供《三》剧播映权的有效证明，包括《三》剧发行许可证或相关证明。如中星公司之播映权为他人许可而获得，应提供《三》剧播映权转让的有效证明。如《三》剧有共同版权人的，还应提供共同版权人委托中星公司转让播映权证明书；五、对中星公司提供的《三》剧，上海文广集团在不违背作品原意的前提下有技术性的删节权。另合同又约定合同双方都应为《三》剧宣传承担义务。中星公司应向上海文广集团提供剧情介绍、每集故事梗概、不少于10张剧照及SP带片花介绍2～3分钟；上海文广集团保证在节目报刊及电视节目中对《三》剧作必要的宣传。《三》剧播映权有偿转让以银行转账方式结算费用。节目费每集人民币38 000元，14集共计人民币532 000元，节目带、复制、邮寄等费用人民币4 900元，合计人民币536 900元，全部费用于2000年6月30日之前付清。有偿转让以现金结算的，其转让费由上海文广集团所属的首播单位在收到中星公司提供的符合播出要求的《三》剧母带后，按合同规定方式向中星公司支付播映费。合同还就其他事项作了约定。2001年6月13日上海文广集团在合同上签章。2001年10月30日至11月6日，上海电视台所属上视第二套节目以夜间首播，次日重播的方式播出了《三》剧。

另查明，2000年7月3日辽宁省广播电视局颁发（辽）剧审字（2000）第009号电视剧发行许可证，剧目名称为《"三·八"大案侦破记》，制作单位为沈阳电视台，电视剧制作许可证编号为00057。辽宁省广播电视局并同意《三》剧在全国发行。2000年7月14日，《"三·八"大案》摄制组与沈阳阳光影视音像有限公司（以下简称阳光影视）签订售剧合同书，《"三·八"大案》摄制组授予阳光影视除沈阳地区及境外的《三》剧全国播映权及VCD独家版权，权益期限为两年。2000年9月15日阳光影视向中星公司出具授权书，授权中星公司在境内（除沈阳地区外）发行《三》剧，该授权书未对使用期限予以明确。2002年10月8日，阳光影视向上海电视台出具证明称：《三》剧由沈阳电视台、沈阳市委宣传部、沈阳市公安局共同出品。经沈阳电视台领导批准，《三》剧摄制组授予阳光影视两年全国范围内（除沈阳地区）的播映权。后阳光影视将上述权利转授辽宁中星影视广告有限公司，现辽宁中星影视广告有限公司将《三》剧播映权转授上海地区三年，对此沈阳电视台与阳光影视不予认可。且沈阳电视台与阳光影视未授予辽宁中星影视广告有限公司《三》剧的技术删节权。在一审庭审中，中星公司确认，其从阳光影视获得的《三》剧播映权使用期限自2000年7月19日起至2002年7月19日止。

【一审判决】

首先根据涉案合同第四条的规定，中星公司应向上海文广集团提供其获得《三》剧播映权转让的有效证明，现中星公司向上海文广集团等提供的有效证明中没有明确《三》剧播映权使用期限，由此，上海文广集团与上海电视台对于中星公司仅享有《三》剧两年的播映权使用期限并非明知。根据各方当事人签订合同的时间来看，中星公司与上海文广集团根据合同约定的许可播映期限应当自2001年6月13日起至2003年8月8日止，共计25个月零26天。但是，《三》剧的著作权人沈阳电视台授予阳光影视的许可播映期限仅为2000年7月19日至2002年7月19日，阳光影视亦仅向中星公司授予上述权利，因此中星公司在涉案合同中对上海文广集团的授权超出了其被授权的范围。由于中星公司明知其被授权的内容，却在涉案合同签订过程中隐瞒真实情况，系其在涉案播映期的授予上存在欺诈，其超出授权范围的行为应为无效法律行为。据此，涉案合同确定的播映期有效期间应为2001年

6月13日起至2002年7月19日止，共计13个月零7天。由于播映期在合同的总标的中居于主要地位，中星公司无效行为的授权内容应当从合同的总标的中予以扣除，故涉案合同有效标的对应价款应变更为人民币32万元。由于上海文广集团签订涉案合同的时间为2001年6月13日，在中星公司签订时间之后，且未对付款时间提出异议，应当视为其对6月30日的付款时间的确定。虽然，中星公司授予上海文广集团2002年7月20日至2003年8月8日《三》剧播映期的行为无效，但该无效行为并不影响涉案合同有效部分的履行，且上海电视台已于2001年10月30日播映了《三》剧，更应视为对合同有效部分的确认。因此，上海文广集团应在合同确定的付款期限2001年6月30日之前，向中星公司支付合同有效部分的价款人民币32万元。上海文广集团未在合同约定的期限内付款，应当承担给付合同有效部分的价款及赔偿损失的法律责任。综上，根据《中华人民共和国民法通则》第五十八条第一款第（三）项、《中华人民共和国合同法》第六十一条、第六十五条、第一百零七条之规定，判决：一、上海文化广播影视集团给付辽宁中星影视广告有限公司价款人民币320 000元及逾期付款违约金人民币33 667.2元，两项共计人民币353 667.2元。二、辽宁中星影视广告有限公司的其他诉讼请求不予支持。案件受理费人民币11 088元，由辽宁中星影视广告有限公司承担人民币4 934元，上海文化广播影视集团承担人民币6 154元。

一审判决后，上诉人中星公司不服，向本院提起上诉。其主要上诉理由为：（一）由于上诉人于2000年9月8日已将《三》剧母带寄给上海电视台，故涉案合同的实际履行时间应从2000年9月8日起算，一审法院仅以上海文广集团签订合同的时间确定为合同起算日，与事实不符，并因此导致对合同价款计算的错误；（二）由于上诉人在履行合同过程中取得了三年的授权新证据，故原审法院以欺诈并认定合同无效从中减去一年多转让费应予纠正，转让三年的合同是双方的真实意思表示，应确认涉案合同全部有效；（三）由于涉案合同的直接享受利益人及约定承担给付播映费的责任人均是上海电视台，而原审法院只判令上海文广集团承担部分给付义务不当，系适用法律错误。故请求二审法院撤销原判，判令两被上诉人给付《三》剧播映费人民币536 900元，给付滞纳金100 292.92元，并承担一、二审案件受理费。

被上诉人上海文广集团、上海电视台均庭审答辩称：原审法院认定事实清楚、适用法律正确，上诉人提出的上诉理由没有相关事实、法律依据，请求二审法院驳回上诉人之上诉请求，维持原判。

二审期间，上诉人中星公司向本院提供的新的证据材料为：沈阳电视台于2002年11月25日出具的授权书一份，内容为委托中星公司代理《三》剧在上海地区的发行事宜，授权期限为2002年7月19日至2004年6月30日。以此证明上诉人已经取得了足以满足双方系争合同约定的期限的播映权授权期限，由此一审法院认定上诉人在部分播映权使用期限上有欺诈行为，并认定部分合同无效的判决是错误的。

经质证，被上诉人上海文广集团、上海电视台均认为，该份证据不属于二审新证据的范围，而是上诉人事后通过种种手段要求有关单位出具的，且无论从证明人的身份还是内容，均不符合法律规定，应为无效证据。

本院对上诉人中星公司提供的新证据认证如下：该证据属于最高人民法院《关于民事诉讼证据的若干规定》中"二审新证据"的范围，但根据该份证据所反映的内容看，应当认定上诉人只能以沈阳电视台的名义，代理沈阳电视台进行有关电视剧发行活动，其行为之法律效果直接对沈阳电视台发生效力，而不是由上诉人承担，也就是说该证据并不能证明上诉人取得2002年7月19日至2004年6月30日的《三》剧的播映权。由于上诉人提供的该份证据，不能证明本案争议焦点即上诉人具有与系争合同中约定的播映期相一致的播映权，故对上诉人上诉称已延伸取得播映权的事实，没有关联性，本院不予认定。

据此，本院确认，原审法院认定的事实基本属实。

【二审法院观点】

（一）根据本案查证的事实，由于上诉人取得的《三》剧播映权使用期限仅为2000年7月19日至2002年7月19日，故上诉人在系争合同中再转授给上海文广集团《三》剧上海地区三年的播映权，显然超出授权范围，原审法院据此将系争合同中约定的播映权使用期限超出上诉人被授权范围部分认定为无效，并扣除相应合同款项的做法并无不当。上诉人称由于其合法取得了三年《三》剧的播映权，应确认系争合同全部有效的上诉理由，缺乏事实依据，本院不予支持。

（二）由于系争合同的缔约双方当事人为上诉人中星公司与被上诉人上海文广集团，上海电视台并不是系争合同的当事人，故系争合同中有效成立的部分，只对当事人具有法律约束力。也就是说，作为合同一方当事人的上诉人只能向作为合同另一方当事人的被上诉人上海文广集团要求支付系争合同中相应播映权使用费等，而不能直接向上海电视台要求承担合同义务。故上诉人称的上海电视台应与上海文广集团共同承担给付义务，原审法院只判令上海文广集团承担给付义务系适用法律不当的上诉理由，缺乏相关法律依据，本院不予支持。

（三）由于系争合同是一份关于《三》剧在上海的播映权的转让合同，在合同的第二条特别对播映权的使用期限作了约定，即2000年9月8日至2003年8月8日，上诉人中星公司于2000年10月25日签字，且按照合同的要求交付了母带，虽然上海文广集团于2001年6月13日才在合同上签字，但对合同中的关于播映权使用期限等条款内容是明知、确认的，并接受了交付的母带，据此应视为双方当事人均对合同中约定的播映权使用期限进行了确认。结合本院查证的上诉人从阳光影视取得的合法的播映权使用期限为2000年7月19日至2002年7月19日，故系争合同中的有效的播映权使用期限应自2000年9月8日起至2002年7月19日。原审法院以上海文广集团于2001年6月13日在系争合同上签字日作为有效播映期起算日，确属不妥应予更正，上诉人的此点上诉理由成立。

如前所述，系争合同中的有效的播映权使用期限应自2000年9月8日至2002年7月19日，共计22个月12天。由于本案上诉人部分播映权期限属无效转让，故在核定有效转让费时，应以期限作为基础。系争合同中对播映权使用期限原定为3年，共计36个月，合同总价款为人民币532 000元，故原合同约定的每月对应播映权使用费约为人民币14 778元，再基于本院认定的有效播映权使用期限共22个月12天，故对应的有效的播映权使用费应为人民币331 027元，加上节目带等费用人民币4 900元，上海文广集团应向上诉人共支付人民币335 927元播映权使用费和节目带费用。此外，关于违约金部分，由于上诉人在签订、履行系争合同过程中，其提供的播映权证明存在权利瑕疵，超出其合法的授权范围，且违约在先，致使产生以后的纷争，故上海文广集团除应支付系争合同中有效的播映权使用费和节目带费用外，不应当再承担违约责任。原审法院判令上海文广集团承担违约责任存在不妥。因此，上海文广集团应向上诉人总共支付价款人民币335 927元，但由于此笔款项比一审法院判令要求上海文广集团承担的价款及违约金人民币353 667.2元低，由于上海文广集团又未提出上诉，且上诉人上诉期间的陈述又表示接受一审判决，应视为对其该部分权利的放弃，故本院不再对原审判决结果作出变更。

原审法院审判程序合法,对本案的处理结果并无不当。

【终审判决】

二〇〇三年五月八日,上海市高级人民法院依照《中华人民共和国民事诉讼法》第一百五十三条第一款第(一)项、第一百五十八条之规定,判决如下:驳回上诉,维持原判。本案二审诉讼费人民币11 088元,由上诉人辽宁中星影视广告有限公司负担。本判决为终审判决。

【学者评述】

我国的公安、刑侦、破案题材电视剧为什么不好看,不耐看,没嚼头,模式化?笔者以为,编导缺乏犯罪心理学素养。

犯罪心理学(Criminal Psychology),是一门研究犯人的意志、思想、意图及反应的学科,和犯罪人类学相关联。犯罪心理学主要或重点研究有关"是什么导致人犯罪"的问题,也包含人犯罪后的反应,以及在逃跑中或在法庭上的心理活动。在欧美发达国家,犯罪心理学家也可以作为证人出庭,帮助法官了解犯人的心理。犯罪心理学有狭义和广义之说之分。

狭义的犯罪心理学,研究对象是犯罪人即犯罪主体的心理和行为,就是说犯罪心理和犯罪是其研究对象。犯罪主体的心理包括其心理过程和个性心理、犯罪心理结构形成的原因和过程、犯罪心理外化为犯罪行为的机理、犯罪过程中的心理活动、犯罪心理发展变化的规律以及怎样对犯罪心理结构施加影响和加以教育改造等。狭义的犯罪心理学只研究犯罪人的个性缺陷及有关的心理学问题。

广义的犯罪心理学,不但研究狭义犯罪心理学的所有对象,还研究犯罪对策中的心理学问题,如预防犯罪、惩治犯罪以及教育改造罪犯的心理学问题;还研究有犯罪倾向的人的心理和刑满释放人员的心理;还研究被害者心理、证人心理、侦查心理、审讯心理、审判心理以及犯罪的心理预测等等。显然,广义的犯罪心理学既研究犯罪人的心理和行为,又研究与犯罪密切相关人员的心理,也就是司法心理学的大部分内容。

可见,犯罪心理学是一门交叉学科,与精神分析学关系密切,应用性很广,值得影视界虚心学习。

(杨新磊)

第十三节 我太善良

【上诉人,原审被告】 台湾超群传播有限公司
【被上诉人,原审原告】 上海凯伦广告公司
【原审被告】 南京电视台

上诉人台湾超群传播有限公司(以下简称超群公司)因电视作品播映权转让合同纠纷一案,不服上海市第二中级人民法院(2001)沪二中知初字第36号民事判决,向上海市高

级人民法院提起上诉，现已审理终结。

【一审查明事实】

《我本善良》（以下简称《我》剧）系由被告超群公司、南京电视台合作拍摄的电视连续剧。1997年12月26日，原告凯伦公司与被告超群公司、南京电视台签订合同，约定：两被告将《我》剧在中国大陆的电视播映权转让给原告，原告拥有《我》剧在中国大陆电视播映权期限为2年，授权期限从移交母带之日起计算；《我》剧在中国大陆的电视播映转让费为每集人民币15万元，最后支付的总价款按广电总局批准的实际集数乘以每集单价计算；合同签署之日起三天内原告预付人民币100万元作为定金；广电总局批文下达后一周内两被告即向原告移交《我》剧母带一套；如有违约，违约方除应承担违约的法律责任外，还应赔偿合同总价款的20%作为违约赔偿金。同日，两被告向原告出具了《我》剧的版权授权证书。1998年1月4日，原告以预付款名义向被告超群公司支付了人民币100万元。

1999年4月7日，原告与两被告签订一份补充合同，该补充合同载明：按照超群公司总经理刘耀源的书面承诺，《我》剧最迟应当在1998年12月31日前完成所有的报批审查手续并将准予播出的母带交于原告。但考虑到双方过去的合作较为圆满，原告同意两被告延期在1999年10月31日之前办好一切有关《我》剧在中国大陆地区播映的报批审核手续并将准予播出的母带交于原告；如到时两被告无法履行合同，两被告保证在十天内按照原合同有关条款退还原告全部100万元定金和按照签约时银行利率与两被告接受定金的时间计算得出的利息；在30天内交付按照原合同第四项第四条要求的违约金，即人民币135万元。补充合同签订后，两被告至今未向原告移交获准播映的《我》剧母带。

【一审判决】

系争合同是各方当事人的真实意思表示，且不违反法律规定，故对各方当事人具有法律约束力，原、被告应按照系争合同的约定全面履行义务。

由于两被告未提供相应的证据证明原告以欺诈的手段订立补充合同，也未提供证据证明关于报批审核手续及移交母带期限的约定违反了法律规定，故两被告以补充合同系原告以欺诈手段订立，且《我》剧报批审核手续及移交母带期限的约定违法为由，主张补充合同无效的抗辩不能成立。

两被告因自身原因，至今未办好《我》剧报批审核手续并交付母带，两被告构成违约，应当按照合同的约定，返还原告定金及利息，并支付违约金。故原告要求两被告返还定金人民币100万元，并按中国人民银行同期银行贷款利率计付自1998年1月4日起至本判决生效之日止的利息，并支付违约金人民币135万元的诉讼请求，应予支持。由于两被告已逾期两年多未向原告交付《我》剧母带，故原告要求终止履行合同的诉讼请求，应予支持。原审法院依照《中华人民共和国民法通则》第一百一十二条第二款、《中华人民共和国经济合同法》（1993年9月2日第八届全国人大常委会第三次会议修正）第六条、第二十六条第一款第（三）项、第三十一条之规定，判决：一、终止履行原告凯伦公司与被告超群公司、被告南京电视台于1997年12月26日签订的合同书及于1999年4月7日签订的补充合同；二、被告超群公司和被告南京电视台于本判决生效之日起十日内共同返还原告凯伦公司人民币1 000 000元，并按中国人民银行同期贷款利率计付自1998年1月4日起至本判决生效之日止的利息；三、被告超群公司和被告南京电视台于本判决生效之日起十日内共同偿付原告凯伦公司违约金人民币1 350 000元。本案案件受理费人民币23 802元，公告费人民币260元，合计人民币24 062元，由被告超群公司和被告南京电视台共同负担。

超群公司不服一审判决，向本院提起上诉，请求撤销原审判决，依法改判或者发回重审。上诉的主要理由是：一、根据系争合同的约定，国家广电总局批文的下达是系争合同实际履行的前提，由于国家广电总局批文暂未下达，因此系争合同属于尚未生效的合同；二、虽然系争合同约定，上诉人应在1999年10月31日前办好有关《我》剧在大陆地区播映的报批审核手续，但由于电视剧的审批权不属于合同当事人的民事权利，因此，该约定违反了有关行政法规的规定，并且该约定非上诉人的真实意思表示。故该合同条款应属无效；三、系争合同约定，如因批文原因致使本合同不能执行，上诉人应退还全部定金和利息。该约定应理解为，《我》剧的播映最终未获得国家广电总局的批准，致使订立系争合同的目的根本无法实现的情况出现后，上诉人才承担返还定金及利息的民事责任，而本案不存在这一情况，故原审法院判决终止合同的履行并返还定金及利息是错误的；四、原审法院判决上诉人支付违约金人民币135万元，这一金额大大超过被上诉人实际受到的损失，这一判决有失公平；五、一审判决适用法律不当，本案不应当适用经济合同法，而应当适用合同法。

上诉人为证明其主张，在二审程序中向本院提供了一份新的证据材料，即"江苏省广播电视局出具的书面证明"，用于证明上诉人履行了《我》剧的相关报批手续。

被上诉人未向本院提供答辩状，但在庭审中辩称，系争合同有效，双方应依约履行义务，原审判决认定事实清楚，适用法律正确。

被上诉人在二审程序中未向本院提供新的证据材料。

原审被告南京电视台向本院提供书面意见称，鉴于我台与上诉人在本案中的权益是相同的，故同意上诉人的庭审意见。

经庭审质证，被上诉人对上诉人提供的新的证据材料没有异议，故本院对上诉人提供的新的证据材料予以采信。

【二审法院观点】

根据当事人的诉辩意见及本院的认证意见，本院经审理查明，原审法院认定事实清楚。

系争合同依法成立并已发生法律效力。上诉人和原审被告南京电视台未在1999年10月31日前办好有关《我》剧在大陆地区播映的报批审核手续，且未将准予播出的母带交于被上诉人，因此上诉人和南京电视台违反了系争合同的约定，构成违约，应当依约承担返还定金及其利息、支付约定违约金的违约责任。由于上诉人和南京电视台未在合同约定的期限内办好有关《我》剧的报批审核手续且未交付准予播出的母带，致使不能实现系争合同的目的，故被上诉人可以解除合同。

上诉人主张，根据系争合同的约定，国家广电总局批文的下达是系争合同实际履行的前提，由于国家广电总局批文暂未下达，因此系争合同属于尚未生效的合同。本院认为，根据系争合同的约定，在1999年10月31日前办好有关《我》剧在大陆地区播映的报批审核手续，并将准予播出的母带交于被上诉人，这是当事人关于上诉人与南京电视台应当履行的合同义务的约定。因此，国家广电总局批文的下达并非系争合同实际履行的前提，也不是系争合同所附的生效条件。双方当事人签订的系争合同依法成立并已生效。上诉人的这一上诉理由不能成立，本院对此上诉理由不予支持。

上诉人主张，虽然系争合同约定，上诉人应在1999年10月31日前办好有关《我》剧在大陆地区播映的报批审核手续,但由于电视剧的审批权不属于合同当事人的民事权利,因此,该约定违反了有关行政法规的规定,并且该约定非上诉人的真实意思表示。故该合同条款应属无效。本院认为,系争合同并非对国家行政机关的审批权进行了约定,而是对上诉人与南京电视台履行报批审核手续及移交母带的合同义务的期限作了约定,这一约定并不违反我国法律和行政法规的强制性规定。虽然上诉人主张该约定非其真实意思表示,但上诉人没有在法定期限内主张撤销该约定,也未提供证据证明该约定违背上诉人的真实意思表示。因此,上诉人的这一上诉理由不能成立,本院对此上诉理由不予支持。

上诉人主张,系争合同约定,如因批文原因致使本合同不能执行,上诉人应退还全部定金和利息。该约定应理解为,《我》剧的播映最终未获国家广电总局的批准,致使订立系争合同的目的根本无法实现的情况出现后,上诉人才承担返还定金及利息的民事责任,而本案不存在这一情况,故原审法院判决终止合同的履行并返还定金及利息是错误的。本院认为,上诉人关于系争合同的上述理解是片面的,因为当事人在补充合同中对上诉人和南京电视台的合同义务作出了进一步的约定。补充合同明确约定,上诉人与南京电视台应在1999年10月31日前办好有关《我》剧在大陆地区播映的报批审核手续,并将准予播出的母带交于被上诉人,如上诉人与南京电视台到时无法履行合同,应依约承担违约责任。因此,原审法院根据系争合同的约定,依据上诉人及南京电视台违约的事实,依法作出的判决是正确的。上诉人的这一上诉理由不能成立,本院对此上诉理由不予支持。

上诉人主张,原审法院判决上诉人支付违约金135万元人民币,这一金额大大超过被上诉人实际受到的损失,这一判决有失公平。本院认为,系争合同约定的违约金是当事人为保证合同的全面履行,保护非违约方的利益所约定的对违约方的金钱惩罚,这一约定并不违反法律和行政法规的强制性规定,应属有效。原审法院根据系争合同的约定,判决上诉人和南京电视台共同支付违约金人民币135万元,这一判决具有事实和法律依据。上诉人的这一上诉理由不能成立,本院对此上诉理由不予支持。

上诉人主张,一审判决适用法律不当,本案不应当适用经济合同法,而应当适用合同法。本院认为,本案争议的焦点是系争合同的效力及违约责任等问题,根据《最高人民法院关于适用〈中华人民共和国合同法〉若干问题的解释(一)》的规定,本案不属于合同法的适用范围。因此,一审法院适用我国民法通则、经济合同法处理本案纠纷并无不当。上诉人的这一上诉理由不能成立,本院对此上诉理由不予支持。

综上所述,原审判决认定事实清楚,适用法律正确,审判程序合法,应予维持;上诉人的上诉请求、理由没有事实和法律依据,应予驳回。

【终审判决】

二〇〇二年八月十六日,上海市高级人民法院依照《中华人民共和国民事诉讼法》第一百五十三条第一款第(一)项的规定,判决如下:驳回上诉,维持原判。二审案件受理费人民币23 802元,由上诉人超群传播有限公司负担。本判决为终审判决。

【学者评述】

任何一个影视作品在播映权转让之初,就应当具备合法播映的条件。在我国,影视作品想要合法播映,审批是一个必不可少的环节。但是,是否通过政府审批,并不能决定权利人是否享有版权中的某项权利,公权与私权是两码事。权力,是平衡的力量,平衡的能力。权力有三个属性：公权（政府）、私权（市场）和共权（社会），三者相互制衡，以正向运作。私权，指以市场为代表所使用的权力，为用于执行个人所有的权力。但是，私权并不等于私人财产权，这是一般人容易误解的，人们往往以为保护私权就是保护私人财产权，这就把私权看窄了、看"私"了。财产权只是私权中的一种，私权的内容要比财产权更多。私权是公民、企业以及社会组织甚至国家所拥有的财产权和人身权。不仅公民的权利是私权，企业的权利也是私权，一些社会组织，如团体、协会也有私权，当国家不以公权身份出现来参加民事活动时拥有的也是私权。具体而言，私权包括：公民财产权（如物权、债权、继承权、知识产权中的物质收益权），公民的人身权（如人格权、身份权等），企业的财产权和商誉权，社会组织的财产权，国家的国企财产权、国家债权等。所有这些私权，各自都是自主、独立的，相互平等地交往，它们共同构成了一个私权社会（市场经济是私权社会中的一个组成部分）。

（杨新磊　万鹏）

第十四节　违心"男儿"

【上诉人，原审被告】浙江电影制片厂
【被上诉人，原审原告】上海华星广告有限责任公司
【原审被告】宁波浙汇文化传播中心

上诉人浙江电影制片厂（以下简称浙影厂）因播出权转让纠纷一案，不服上海市卢湾区人民法院（2000）卢经初字第373号民事判决，向上海市第一中级人民法院提出上诉，现已审理终结。

【一审查明事实】

1999年2月13日，浙汇中心与华星公司签订了一份合同，约定由浙汇中心和浙影厂将其共同制作、共同发行的25集电视剧《热血情恋》的上海地区播出版权转让给华星公司；合同总价款为人民币508 700元；浙汇中心提供摄制许可证和委托书等。同时，浙汇中心向华星公司提供了浙影厂电视剧摄制许可证（第11005号）、广播电视节目发行许可证（浙广厅010号）及授权委托书，该委托书载明，浙汇中心和浙影厂联合摄制的25集电视连续剧《热血情恋》全权授权于浙汇中心向国内外发行。同日，浙汇中心向华星公司出具授权书一份，授权华星公司在上海地区发行、播放该电视剧。此后，华星公司于同年2月14日、3月15日和5月5日向浙汇中心支付了人民币508 700元。同年6月28日，国家广播电影电视总局发出广社发字（1999）20号《关于立即停止发行和播出电视剧〈热血情恋〉的通知》，该通知载明，以浙影厂名义制作、由浙汇中心发行的电视剧《热血情恋》实为新加坡电视机构出品的电视剧《真心男儿》，该通知要求所有广播电视节目制作经营机构和电视播出机构一律不得发行、播出该电视剧，正在发行和播出的要立即停止，并同意浙江省广播电视厅撤销给《热血情恋》核发的010号广播电视节目发行许可证。

【一审判决】

电视剧《热血情恋》并非浙影厂和浙汇中心共同制作，而浙汇中心以牟利为目的，利用浙影厂提供的电视剧制作许可证和授权委托书，编造事实，向华星公司进行合同欺诈，给华星公司造成了损害。浙影厂不是该电视剧的编剧，也未进行该电视剧的摄制，却为浙汇中心提供电视剧制作许可证，虚构事实申领了广播电视节目发行许可证，并向浙汇中心出具了全权委托其将该电视剧向国内外发行的授权委托书。浙影厂的上述行为为浙汇中心向华星公司实施合同欺诈提供合法证件，故浙影厂和浙汇中心共同侵害了华星公司的利益，给华星公司造成了损害，应当共同承担侵权责任。依照《中华人民共和国民法通则》第四条、第一百一十七条第一款、第三款、第一百三十条、《中华人民共和国民事诉讼法》第一百三十条之规定，判决如下：一、被告浙汇中心返还原告人民币508 700元；二、被告浙汇中心赔偿原告利息损失（以人民币508 700元自1999年5月6日至本判决生效之日止以中国人民银行有关企业存款利率标准计）；上述两项，被告浙汇中心于本判决生效之日起十日内履行完毕。三、被告浙影厂对上述两项承担连带责任。案件受理费人民币10 384元、财产保全费人民币3 170元由两被告负担。

判决后，浙影厂不服，向本院提起上诉，其上诉理由为，一、被上诉人华星公司无权受让电视剧《热血情恋》上海地区的播出权。华星公司的工商营业执照表明其经营范围中没有影视经营权，依照《中华人民共和国民法通则》第四十二条以及《中华人民共和国合同法》第九条的相关规定，华星公司超越其经营范围所为的民事行为应属无效。华星公司明知其无影视经营权，但仍与浙汇中心签订《热血情恋》上海地区的发行转让合同是有过错的；华星公司在电汇凭证和发票上注明"广告费"或采用广告播出时间补偿的方法表明了其规避法律的故意。根据《影视制作经营机构管理暂行规定》《关于实施〈影视制作经营机构管理暂行规定〉若干问题的通知》《中华人民共和国公司登记管理条例》《〈中华人民共和国合同法〉若干问题的解释》等的规定，被上诉人应当承担相应的责任。二、一审法院故意偷换概念，抹杀被上诉人的过错，将被上诉人显而易见的过错责任全部转嫁给上诉人。华星公司取得电视连续剧《热血情恋》后，将该电视剧卖给了上海有线电视台，这实际上是一种发行转让行为，而并非原判所认定的被上诉人是"取得该电视剧的播出权而非发行权"。上诉人在一审中从未提过华星公司是《热血情恋》的发行者，而原判却将这一事实强加给上诉人。另，华星公司将购买电视连续剧《热血情恋》的款项汇给浙汇中心，故华星公司与上诉人之间没有电视剧发行转让关系。浙汇中心在一审中没有出庭，本案的许多事实无法核实，一审法院将举证责任转嫁给上诉人的做法欠妥。三、浙汇中心是本案中应负主要责任的当事人，上诉人也是被欺骗方。但在本案审理期间，浙汇中心已被吊销营业执照，故本案应待浙汇中心有了明确的权利义务承受人后再恢复审理。上诉人的过错与被上诉人的财产损失没有法律上的因果关系。请求撤销原判第三项，依法改判。

被上诉人华星公司辩称，一、上诉人并非《热血情恋》电视剧的制作人，却编造文件称该电视剧是浙汇中心与其共同制作，并向浙汇中心提供制作许可证和发行许可证以及授权委托书，与浙汇中心共同制假。上诉人是《热血情恋》的发行人，华星公司仅仅是转让买卖播放权，华星公司向浙汇中心支付了费用后，把片子给了电视台，电视台给华星公司广告时间，华星公司收取广告费。所以，上诉人的过错是清楚的，其应当承担责任。

原审被告浙汇中心未到庭陈述意见。

上诉人浙影厂在二审审理中提供的新证据是浙汇中心的工商登记资料和宁波市工商行政管理局科技园区分局甬科工商处字（2000）第2~4号处罚决定书，以证明浙汇中心已被工商行政管理局依法吊销营业执照，故认为本案应当中止诉讼，待浙汇中心的债权债务有了确定的承受主体后再恢复诉讼。浙影厂还提供了华星公司与上海有线电视台签订的转让电视剧《热血情恋》上海地区的播映权的协议书，以证明华星公司在没有影视经营权的情况下从事了影视经营活动。

被上诉人华星公司对上述新证据表示没有异议。

本院对上诉人提供的浙汇中心的工商登记资料和宁波市工商行政管理局科技园区分局甬科工商处字（2000）第2~4号处罚决定书予以确认，对华星公司与上海有线电视台签订的协议书予以确认，并根据上述证据确认以下事实：原审被告浙汇中心是股份合作制企业，由王国惠等五个股东出资，注册资本金人民币30万元，于1998年成立。由于浙汇中心未按规定在法定期限内参加2000年企业年检，且未补办年检，宁波市工商行政管理局科技园区分局于2000年8月2日作出了甬科工商处字（2000）第2~4号处罚决定书，吊销了浙汇中心的营业执照。另查明，被上诉人华星公司在取得《热血情恋》电视剧上海地区的播出版权后，于1999年3月17日与上海有线电视台签订了一份协议书，将该电视剧的上海地区播映权转让给了上海有线电视台，该协议书载明上海有线电视台给予华星公司广告时间作为补偿。

原审法院认定的其余事实属实。

【二审法院观点】

1. 关于华星公司与浙汇中心所签订的电视连续剧《热血情恋》播出权转让合同的效力问题。本院认为，华星公司的营业执照上虽然没有经营电视剧这一项目，但浙汇中心与华星公司是在平等自愿、协商一致的基础上签订的电视连续剧《热血情恋》播出版权转让合同，华星公司的行为没有违反法律禁止性规定，故该电视剧播出版权转让合同合法有效。华星公司向浙汇中心付款三次，共计人民币508 700元，除第一次人民币10万元的电汇凭证的汇款用途一栏载明是广告费以外，其余两次的电汇凭证上汇款用途均载明的是《热血情恋》，根据上述事实本院认定华星公司是依据与浙汇中心所签订的合同足额支付了转让费，在多数付款凭证上注明了用途是《热血情恋》，故并不存在以在付款凭证上注明广告费的方式规避法律的故意。电视剧的发行必须是由具有影视发行权的主体实施，电视剧的播出也必须由影视经营机构实施，华星公司仅仅是从浙影厂授权的浙汇中心处取得电视剧的播出权，并非电视剧的发行者，华星公司将电视剧的播出权转让给上海有线电视台予以播出的行为没有过错。

2. 关于上诉人浙影厂在本案中是否应当承担责任的问题。华星公司虽然是与浙汇中心签订合同，向浙汇中心支付款项，从浙汇中心处取得《热血情恋》电视剧上海地区播出权，表面上上诉人浙影厂与华星公司之间没有发生任何法律关系，但浙影厂却与浙汇中心一起虚构共同制作《热血情恋》电视剧的事实，浙影厂向浙汇中心提供电视剧制作许可证、广播电视节目发行许可证、授权委托书，以帮助浙汇中心对外实施欺诈行为，故浙影厂与浙汇中心共同侵犯了华星公司的合法权益，应与浙汇中心一起对返还华星公司款项及赔偿华星公司经济损失承担连带责任。浙汇中心在本案审理过程中被吊销了营业执照，由于企业法人被吊销营业执照是工商行政管理机关依据国家行政法规对违法的企业法人作出的一种行政处罚，企业法人被吊销营业执照后，应当依法进行清算，清算程序结束并办理工商注销登记后，该企业法人才归于消灭。因此，企业法人被吊销营业执照后至被注销登记前，该企业法人仍应视为存续，可以自己的名义进行诉讼活动。因此，本案原审被告浙汇中心的营业执照虽被吊销，但仍可以参加本案诉讼，不能导致诉讼中止。综上所述，上诉人浙影厂的上诉理由不成立，本院不予支持。原判认定事实清楚，程序合法，适用法律正确。

【终审判决】

二〇〇一年十二月十三日，上海市第一中级人民法院依照《中华人民共和国民事诉讼法》第一百三十条、第一百五十三条第一款第（一）项、第一百五十七条、第一百五十八条之规定，判决如下：驳回上诉，维持原判。本案上诉费人民币10 384元，由上诉人浙江电影制片厂负担。本判决为终审判决。

【学者评述】

本案是极其罕见甚至绝无仅有的，事实清晰，教训深刻。

浙江电影制片厂成立于1958年，作为国内一流的影视制作机构，具有专业的影视剧拍摄资质，制作的《天下粮仓》《至高利益》等电视剧作品，多次在社会上引起轰动。但是，在运作电视剧《热血情恋》时，却虚构事实申领了电视剧发行许可证，并向浙汇中心出具了授权委托书，帮助其对外实施欺诈行为。这样的行为，严重侵害了合作公司的利益，严重藐视国家的法律法规，是一种突破职业底线的非法行为。

中国的电视剧已经发展了近40年，然而，目前却面临着职业道德水平下降的态势，信用下降、信誉不良、职务腐败、责任感缺失现象时常发生。电视剧从业人员面对的是广大观众，从业人员的品德与修养直接影响到电视剧质量的好坏，哪怕仅有一丝微瑕对社会的影响也是深远的。所以，加强电视剧从业人员的职业道德教育十分重要，需要从一点一滴做起。

其实，对于每个从业者来说，坚守职业道德底线其实并不难。充分、正确执行电视剧职业规范，不仅是具备基本的职业素质的体现，也是对职业道德的尊重。当电视剧从业人员真正学会做人，达到德才兼备的时候，中国的电视剧市场才会真正扎扎实实地走向未来，走向辉煌。

回顾历史，"影"与"视"素来不和，"影"长"视"幼，"影"精"视"粗。业界长期有人曾用电视剧精简版冒充电影试图诓骗电影频道（CCTV-6），或把系列电影/电影连集片伪装成电视剧试图诓骗地市电视台，均被识破，未能如愿。此案中，浙江电影制片厂之所以敢挑战国家广电总局电视剧司的底线，也是这种历史性心因所致。

（李林博　杨新磊）

第十五节　"怪物"要命

【原告，反诉被告】香港星皓电影发行有限公司
【被告，反诉原告】北京银都在线传媒文化有限责任公司

【事实】

2005年6月24日,星皓电影公司与银都在线公司签订《影片〈救命Ⅱ〉版权代理合约书》。该合约书第一条约定,星皓电影公司将涉案影片在中华人民共和国境内(不含香港、澳门、台湾地区)版权(包括35mm、16mm商业或非商业性影院和数码发行放映权、音像版权:VCD、VHS、VOD及合同期内的已知或者未知的其他载体的制作、发行权、电视播映权、航空、铁路、汽车、饭店等场所的发行、放映、播放权、影片宣传品,包括剧照、工作照等的使用权,影片相关产品的开发权等一切形式载体之经营权)全权以税后人民币4 500 000元独家授予银都在线公司。第二条约定,银都在线公司于签署该合约书后七个工作日内支付星皓电影公司版权转让费的20%,即人民币900 000元作为首批预付金;于涉案影片开机后七个工作日内支付版权转让费的30%,即人民币1 350 000元作为第二批预付金;于涉案影片拍摄完成并通过国家广电总局审查取得国内发行放映许可证及音像发行许可,以及确认收到本合同附件一中提到的本片各类素材后十个工作日内支付版权转让费的50%,即人民币2 250 000元作为余款。第四条约定,如果涉案影片未能通过国家广电总局的审查,星皓电影公司完成片画面长度不符合合同要求,男女主演或者主创人员发生变化和制作水准严重缩水,双方确定的定稿剧本内容不符,最终不能将涉案影片完成或者不能将本片在中国内地发行必需的物料、素材(附件一)交给银都在线公司,导致银都在线公司无法在中国大陆地区按照原定时间放映和出版发行涉案影片时,银都在线公司立即终止本合约,并停止向星皓电影公司支付版权转让费,同时星皓电影公司应当在接到银都在线公司正式通知后十个工作日内退还已收取的全部免息版权转让费预付金。第五条约定,星皓电影公司授权银都在线公司的涉案电影版权和发行权(限35mm和16mm彩色胶片和数码播放)许可使用期限为七年,中国大陆地区电视播映权的许可使用期为五十年,在中国大陆地区音像制品版权及制作权和一切载体的经营权的许可使用期限为七年,由取得涉案影片公映许可证之月开始计算。第六条约定,银都在线公司如发现星皓电影公司所供应的影片拷贝和素材部分或全部缺损,应当在收到影片和素材之日起7日内连同鉴定书向甲方提出声明。第九条约定,银都在线公司必须安排在2005年10月27日前在中国大陆地区公映;为此,星皓电影公司必须将涉案影片的中国大陆地区版完成双片(即剪辑好的35mm工作样片和35mm国语、音乐、效果混录磁带)不迟于2005年9月30日交予银都在线公司。星皓电影公司承诺开机时间不迟于2005年7月20日,关机时间不迟于2005年8月31日,送审时间不迟于2005年9月27日,提交素材时间不迟于2005年9月30日。并约定,如因拍摄时间延误而耽误中国大陆地区预定的影院档期,对相关票房收入造成的损失由星皓电影公司负责。第十三条约定,星皓电影公司同意安排导演:郑保瑞,主演:林嘉欣、舒淇等主要演员及其他主创人员参加银都在线公司在北京、上海、广州、成都举办的涉案影片的首映宣传活动,主要演员及主创人员、梳头及化妆各一名参加活动的机票、酒店、交通、膳食等费用均由银都在线公司负责,其余工作人员的一切费用由甲方负责,星皓电影公司有义务按具体档期尽量安排主要演员参加银都在线公司在中国大陆地区主要城市为涉案影片举办的宣传活动。针对本条规定的主创人员的范围,鉴于涉案影片版权代理合约书未做明确约定,银都在线公司主张应当按照国家广电总局电影局于2005年9月26日作出的相关批复中确定的主创人员为准,星皓电影公司主张除此之外,还应包括唐文康,银都在线公司对此不予认可。针对本条约定,银都在线公司还主张,舒淇参加首映等宣传活动是星皓电影公司的合同义务,星皓电影公司主张其仅负有尽量安排舒淇参加相关首映等宣传活动的义务。

该合约书的附件一系《救命Ⅱ》中国大陆地区发行物料素材清单。包括画面部分：翻底、片头片尾字幕衬底画面翻底一套；声带部分：35mm 国语混录磁带一套；字幕片部分：内地版片头片尾字幕一套、歌词字幕一套（连中英文对白字幕一份）；提供制作影片翻底以洗印发行拷贝之用的完整画面、声音素材；原底 35mm 标准拷贝一个（用内地版片头片尾字幕印制）；BETACAM 录像带两套等。针对该附件一第五项约定的"原底 35mm 标准拷贝一个（用内地版片头片尾字幕印制）"，星皓电影公司主张系原底复制而来的 35mm 标准拷贝，银都在线公司主张系能够用于制作 16mm 发行拷贝的素材。银都在线公司主张只有原底或者画翻正可以实现制作 16mm 发行拷贝的目的，因此，本条约定的实际上是原底或者画翻正。星皓电影公司主张画翻底可以用来制作出 16mm 拷贝，但是其交付的画翻底已经被银都在线公司用来制作了 200 余个 35mm 发行拷贝，质量受到严重影响，所以无法实现制作 16mm 发行拷贝的目的。经本院核实，涉案附件中约定的"原底 35mm 标准拷贝一个（用内地版片头片尾字幕印制）"，系指由原底制作出的 35mm 标准拷贝；在我国，16mm 发行拷贝应当由画翻正或者原底制作；虽然原则上利用画翻底或者 35mm 拷贝也可以制作出 16mm 发行拷贝，但是由此制作出的发行拷贝质量较差，而且正是出于保证 16mm 发行拷贝质量的目的，国家广电总局电影事业管理局于 2000 年明文规定除极特殊情况经该局批准的以外，禁止使用 35mm 拷贝代替翻正缩制 16mm 发行拷贝。双方对该附件以及涉案影片版权代理合约书的其他约定内容均无异议。

2005 年 7 月 4 日，星皓电影公司收到银都在线公司向其支付的第一次版权转让费预付金额人民币 900 000 元；2005 年 8 月 1 日，收到银都在线公司向其支付的第二次版权转让费预付金额人民币 1 330 805.68 元；2005 年 10 月 19 日，收到银都在线公司第三次版权转让费预付金额 1 350 000 元；2005 年 11 月 14 日，收到银都在线公司向其支付的第四次版权转让费预付金额人民币 500 000 元。双方均认可银都在线公司尚有余款人民币 419 194.32 元未支付给星皓电影公司，银都在线公司主张未支付该笔款项系其作为星皓电影公司应缴纳税款的代缴义务人代缴税款的合法行为，但是未提交相关纳税凭证等证据予以证明。

2005 年 9 月 26 日，国家广电总局电影局作出关于合拍故事片《救命之怪物》聘请境外主创人员的批复，同意聘请监制：郑丹瑞、编剧：司徒锦源、导演：郑保瑞、演员：林嘉欣、舒淇、谭俊浩、方中信为香港主创人员参加涉案影片的拍摄。银都在线公司于 2005 年 10 月 18 日在北京中华艺苑举办了涉案影片的新闻发布会、10 月 21 日在广州举办了该影片的媒体看片会，10 月 23 日在上海举办了该影片的媒体看片会，10 月 24 日在广州举办了该影片的新闻发布会、10 月 26 日在北京新世纪电影院举办了该影片的首映式。其中舒淇仅参加了 2005 年 10 月 18 日的新闻发布会。星皓电影公司对此均予以认可。银都在线公司主张其原计划在成都等地举行的首映式及其他宣传活动，因舒淇明确表示不能参加，而未能举行，但其未能就此举证证明。星皓电影公司为林嘉欣、舒淇及二人的化妆和梳头共计两名垫付 2005 年 10 月 18 日、19 日自香港往返北京参加涉案影片新闻发布会的机票港币 25 080 元；为郑保瑞垫付 2005 年 10 月 15 日、19 日自香港往返北京的机票港币 6 840 元，为郑丹瑞垫付 10 月 18 日、19 日、26 日、27 日分别自香港往返北京的机票港币 13 680 元，为林嘉欣垫付 2005 年 10 月 18 日、19 日、24 日参加相关宣传活动的车费港币 4 160 元，为郑丹瑞垫付 2005 年 10 月 24 日参加广州宣传活动的车费港币 5 000 元，合计港币 54 760 元。

双方均对星皓电影公司实际开机、关机时间符合合同约定不持异议。星皓电影公司主张其于2005年9月21日即将涉案影片送至国家广电总局电影审查委员会审查,银都在线公司对此不予认可,主张星皓电影公司超过合同约定时间,即2005年9月27日送审。2005年9月30日,国家广电总局电影审查委员会作出影审故字(2005)第172号《影片审查决定书》,要求对涉案影片《怪物》进行修改。经本院核实,按照国家广电总局电影审查委员会审查合拍影片的正常工作程序,从影片送审到出具相关影片审查决定书,尤其在涉及影片需要进行修改的情况下,一般会经过20个工作日以内的工作周期。故,星皓电影公司将涉案影片送审的时间应在合同约定时间之前。

2005年10月15日,星皓电影公司委派唐文康将涉案影片的3箱物料素材运至北京首都国际机场交予银都在线公司。银都在线公司主张星皓电影公司本应按照合同约定于2005年9月30日前交付物料素材,因为星皓电影公司的迟延交付行为,致使银都在线公司丧失了国庆节最佳宣传时间,给其票房造成一定损失。星皓电影公司主张,国家广电总局电影审查委员会对涉案影片的审查决定书于2005年9月30日才下发,其又按照该审查决定书上的要求对涉案影片进行了修改,所以交付物料素材的时间晚于合同约定,故其对迟延交付涉案影片的物料素材不具有主观过错。

星皓电影公司主张,其交付给银都在线公司的3箱物料素材中每箱物料均由五本组成,每本片盒上均贴有统一的方形标签,上有中英文标注,其中中文内容显示:"怪物 国语声无对白字幕 大陆版 中国用"等字样,并在交付给银都在线公司时,向其指明了各箱的具体内容。银都在线公司对此予以认可。星皓电影公司主张其向银都在线公司交付并指明的物料素材为1箱画翻底和2箱原底35mm标准拷贝,其中1箱原底35mm标准拷贝系送往中国电影资料馆存档所用,另一箱原底35mm标准拷贝系按照涉案影片版权代理合约书附件一第五项的约定所提供的拷贝;银都在线公司主张星皓电影公司交付时向其指明的物料素材内容为1箱画翻底、1箱画翻正和1箱送往中国电影资料馆存档的拷贝。双方对星皓电影公司交付的画翻底及送到中国电影资料馆存档的拷贝均不持异议,但是对另一箱物料究竟是画翻正、画翻底,还是原底35mm标准拷贝,即星皓电影公司是否履行了涉案影片版权代理合约书附件一第五项约定的合同义务持有争议。2006年12月7日,本院委托北京电影洗印录像技术厂对该箱物料进行鉴定,当日,北京电影洗印录像技术厂出具鉴定书,认定该箱物料系由星皓电影公司交付的画翻底初期复制而成的发行拷贝。双方对该鉴定结论均不持异议。

双方当事人在物料素材交接时均没有办理相关的交接手续,银都在线公司亦未对星皓电影公司所交付物料素材是否与合同约定相符提出异议。星皓电影公司主张,银都在线公司未按照合同约定在收到影片和素材之日起7日内连同鉴定书向甲方提出所收物料素材缺损的声明,视为银都在线公司对其该项权利的放弃。银都在线公司主张,其接受物料素材的当时无法判断星皓电影公司所交付物料素材是否与合同约定相符,只有在把相关物料素材送到洗印厂后,才能发现星皓电影公司所交付物料素材是否与合同约定相符。

银都在线公司主张其接受星皓电影公司交付的物料素材后,即将其中1箱拷贝送往国家广电总局进行审查,其后又送往中国电影资料馆存档;将1箱画翻底送往上海电影技术厂洗印,并制作了约200个拷贝送往全国各地影院用于2005年10月27日的公映。上海电影技术厂洗印完毕后,在该箱画翻底的片盒上加贴了圆形标签,标签显示:片名 怪物;素材名称 画反底。

2006年7月4日,银都在线公司与电影发行放映分公司签订协议书,约定电影发行放映分公司购买涉案影片16mm全国发行权,并支付银都在线公司价款3万元。2006年7月

10 日，银都在线公司为履行该协议书，将星皓电影公司交付的两箱物料，以 4 个拷贝箱分装，送至电影发行放映分公司，准备冲洗制作 16mm 发行拷贝。2006 年 9 月 13 日，电影发行放映分公司出具证明，主张其把银都在线公司交付的物料素材送往北京洗印厂洗印后发现全部是画翻底，无法加工制作成 16mm 标准拷贝，并退回银都在线公司。银都在线公司主张直到此时，其才知道，也才可能知道星皓电影公司所交付的物料素材与合同约定不符；并且由于星皓电影公司没有按照合同约定交付能够制作 16mm 发行拷贝的物料，致使其相关合同目的无法实现，属于根本性违约行为，其可以停止向星皓电影公司支付版权转让费，并要求星皓电影公司返还版权转让费预付金，并赔偿因此给其造成的 3 万元的可得利益损失。

另查，涉案影片《怪物》系星皓娱乐有限公司和山东电影制片厂联合出品。2005 年 5 月 20 日，星皓娱乐有限公司将影片《怪物》在中华人民共和国境内（不含香港、澳门、台湾地区）35mm、16mm 电影、音像制品制作发行放映等一切权利转让给星皓电影公司，星皓电影公司有权再行转让，并取得相应收益。2005 年 7 月 17 日，星皓娱乐有限公司与山东电影制片厂签订《补充协议书》，约定《救命之怪物》为星皓娱乐有限公司（香港）直接投资，其拥有全世界（含中国大陆地区以及香港、澳门、台湾地区）版权、发行及销售权。2005 年 9 月 15 日，星皓娱乐有限公司将影片《怪物》在中华人民共和国境内（不含香港、澳门、台湾地区）35mm 和 16mm 电影商业或非商业性影院和数码电影的发行放映权，DVD 等各种载体的音像制品的制作发行权、电视播映权、影片宣传品的使用权、影片相关产品的开发权等经营权转让给银都在线公司。

涉案影片暂定名为《救命Ⅱ》《救命之怪物》，2005 年 9 月 30 日前正式更名为《怪物》。2005 年 10 月 17 日，《怪物》取得国家广电总局电影事业管理局颁发的影片公映许可证。2005 年 10 月 27 日，涉案影片如期在全国公映。银都在线公司主张由于舒淇缺席首映式及其他宣传活动，致使其票房收入受到较大影响。

以上事实，有星皓娱乐有限公司给星皓电影公司的版权授权书、星皓电影公司与银都在线公司签订的涉案影片版权代理合约书、星皓电影公司收取银都在线公司版权转让费预付金的收据、吉祥旅运公司的收据、恒迅汽车服务公司的发票、电审故字（2005）第 172 号《电影片公映许可证》、影审故字（2005）第 172 号《影片审查决定书》、电影发行放映分公司和银都在线公司签订的协议书、国家广电总局电影局关于涉案影片聘请境外主创人员的批复以及当事人的陈述等在案佐证。

【法院观点】

星皓电影公司与银都在线公司签订的影片《救命Ⅱ》版权代理合约书系双方当事人的真实意思表示，内容亦不违反法律和法规的相关规定，合同合法有效，双方均应依约履行相关合同义务。

本案中，双方均指控对方在履行合同中存在违约行为，并据此提出相应的诉讼请求。据此，本院确定本案的争议焦点为：星皓电影公司在合同履行中是否存在相应的违约行为以及银都在线公司的相应反诉请求能否成立；银都在线公司在合同履行中是否存在相应的违约行为以及星皓电影公司的本诉请求能否成立。

（一）关于星皓电影公司是否存在违约行为以及银都在线公司的相应反诉请求能否成立等相关问题。

本案中银都在线公司指控星皓电影公司的违约行为包括：1. 星皓电影公司是否依约履

行了交付原底35mm标准拷贝的义务；2. 星皓电影公司是否按照合同约定时间送审和提交了相关物料素材；3. 星皓电影公司是否依约安排舒淇参加了涉案影片的首映式宣传活动和其他宣传活动。依据本案查明的事实，星皓电影公司应当依约向银都在线公司交付原底35mm标准拷贝；星皓电影公司应当将涉案影片的中国大陆地区版的完成双片（剪辑好的35mm工作样片和35mm国语、音乐、效果混录磁带）以及相关物料素材于2005年9月30日之前提交给银都在线公司；星皓电影公司有义务安排舒淇参加银都在线公司在北京举办的首映宣传活动。事实上，星皓电影公司实际交付给银都在线公司的是翻底35mm发行拷贝；星皓电影公司将涉案影片送审的时间应在合同约定时间前，但是其提交涉案影片相关素材和拷贝的时间晚于合同约定；舒淇未能参加银都在线公司在北京举办的涉案影片的首映式宣传活动。因此，本院认定星皓电影公司未依约交付原底35mm标准拷贝；未按照合同约定时间提交相关物料素材；未安排舒淇参加涉案影片的首映式宣传活动的行为，均构成违约行为。

鉴于星皓电影公司系于合同约定时间之前将涉案影片送审，且涉案版权代理合约书中仅约定星皓电影公司尽量安排舒淇参加首映宣传活动以外的其他宣传活动，故银都在线公司关于星皓电影公司未按照合同约定将涉案影片送审以及舒淇未参加其他宣传活动构成违约的抗辩主张缺乏依据，本院不予采纳。银都在线公司还主张，原计划在成都等地举行的首映式及其他宣传活动，因舒淇明确表示不能参加，而未能举行，但因其未能就此举证证明，故本院对其相关抗辩主张不予采纳。

星皓电影公司主张其提交物料素材的时间晚于合同约定系由于国家广电总局电影审查委员会的影片审查决定书下达时间晚所致，其不具有主观过错，但是，合拍影片送审需要一定周期才能下达相关审查决定书是其可以预见到的情况，其未能安排足够时间送审以保证在合同约定时间前交付素材，主观上具有过失，故其相关抗辩主张不能成立，本院不予采纳。星皓电影公司还主张其已经按照合同约定尽量安排相关主创人员参加涉案影片的宣传活动，舒淇未参加相关宣传活动，系由于工作安排的原因所致，故不属于违约行为，但是，星皓电影公司负有合同义务安排舒淇参加涉案影片的首映宣传活动，而且其应当知道舒淇不参加首映宣传活动可能对涉案影片所产生的影响，所以其未妥善安排，确保舒淇参加涉案影片的首映宣传活动，已构成违约行为，本院对其相关抗辩主张不予采纳。

银都在线公司主张星皓电影公司的上述违约行为致使其相关合同目的无法实现，构成根本性违约，并给其造成票房损失，其有权停止支付版权转让费余款，并要求星皓电影公司返还版权转让费预付金900 000元，赔偿其可得利益损失30 000元和经济损失500 000元。

鉴于其一，涉案影片版权代理合约书并未约定星皓电影公司应当交付给银都在线公司画翻正或者原底以制作16mm发行拷贝，而星皓电影公司交付的画翻底或者拷贝原则上可以制作出16mm发行拷贝，银都在线公司接到星皓电影公司交付的拷贝和素材后亦未按照涉案版权代理合约书的约定在7日内连同鉴定书向星皓电影公司提出声明，因此，本院认定星皓电影公司的相关违约行为并非根本性违约；其二，上述合约书中仅约定由特定原因造成银都在线公司无法在中国大陆地区按照原定时间放映和出版发行涉案影片的情况时，银都在线公司可以在终止合同的前提下，停止支付版权转让费，并要求返还版权转让费预付金，本案中涉案影片已经如期公映，银都在线公司亦未要求终止合同，而是要求继续履行合同，故其无权停止支付版权转让费，并要求星皓电影公司返还版权转让费预付金；其三，上述合约书中未明确约定舒淇不参加首映宣传活动，以及星皓电影公司迟延交付物料素材情况下，星皓电影公司应当承担的具体违约责任形式；被告银都在线公司亦未举出充分证据证明舒淇缺席首映宣传活动以及星皓电影公司迟延交付物料素材给其造成的具体损失，综上，银都在线公司关于星皓电影公司的相关违约行为致使相关合同目的不能实现，构成根本性违约，其有权停止支付版权转让费，并请求星皓电影公司返还相关版权转让费预付金、赔偿相关经济损失的主张，依据不足，本院不予支持。

由于合同约定以及星皓电影公司实际交付的涉案影片的物料素材和拷贝在中国大陆地区不能用于制作16mm发行拷贝，致使银都在线公司与电影发行放映分公司之间关于转让涉案影片16mm发行权的协议书不能履行，对此，双方均有过错，因此，星皓电影公司应当适当赔偿银都在线公司因此造成的可得利益损失，本院将依据双方的过错程度等因素，综合判定星皓电影公司赔偿银都在线公司可得利益损失的具体数额。星皓电影公司主张银都在线公司无法制作16mm拷贝是由于其节省洗印费用所致，与星皓电影公司交付的物料无关，缺乏事实依据，本院对其相关抗辩主张不予采纳。

（二）关于银都在线公司是否存在违约行为，以及星皓电影公司的诉讼请求能否成立等相关问题。

星皓电影公司指控银都在线公司的违约行为包括：1. 未支付版权转让费余款；2. 应当承担其为涉案影片部分主创人员及梳头、化妆参加相关宣传活动垫付的费用。

依据本案查明的事实，银都在线公司应当向星皓电影公司支付涉案影片版权转让费余款419 194.32元，但是鉴于星皓电影公司在合同履行过程中亦有违约行为，本院将依据涉案影片版权代理合约书的约定以及双方的具体履行情况等情节，综合判定银都在线公司向星皓电影公司支付版权转让费余款的具体数额。银都在线公司主张其不支付版权转让费余款系作为星皓电影公司应缴税款的代缴义务人的合法行为，但是未提交相关纳税凭证等证据予以证明，故本院对其相关抗辩主张不予采纳。

依据本案查明的事实，银都在线公司应当承担主创人员郑丹瑞、司徒锦源、郑保瑞、林嘉欣、舒淇、谭俊浩、方中信以及梳头和化妆各一人参加涉案影片相关宣传活动的费用，故本院对星皓电影公司关于银都在线公司应当承担其为上述部分人员参加相关宣传活动所垫付的费用的主张，予以支持。星皓电影公司主张主创人员还包括唐文康，唐文康以及舒淇和林嘉欣的另外两名梳头和化妆参加相关宣传活动的相关费用亦应由银都在线公司承担，缺乏依据，本院不予支持。银都在线公司主张其为涉案影片非主创人员垫付的费用计31 577元，应由星皓电影公司承担，但是未提交相关证据予以证明，故本院对其相关抗辩主张不予采纳。

【判决】

二〇〇六年十二月十八日，北京市第一中级人民法院院依据《中华人民共和国合同法》第八条、第六十条第一款、第一百〇七条、第一百〇九条、《中华人民共和国民事诉讼法》第一百二十六条之规定，判决如下：一、自本判决生效之日起十日内，北京银都在线传媒文化有限责任公司给付星皓电影发行有限公司涉案影片《怪物》版权转让费余款人民币三十万元；二、自本判决生效之日起十日内，北京银都在线传媒文化有限责任公司给付星皓电影发行有限公司为涉案影片相关人员参加涉案相关宣传活动垫付的费用人民币五万六千九百五十元四角；三、自本判决生效之日起十日内，星皓电影发行有限公司赔偿北京银都在线传媒文化有限责任公司经济损失人民币一万五千元；四、驳回星皓电影发行有限公司的其他诉讼请求；五、驳回北京银都在线传媒文化有限责任公司的其他反诉请求。本诉案件受理费10 333元，由星皓电影发行有限公司负担1 333元（已交纳），由北京银都在线传媒文化有限责任公司负担9 000元（于本判决生效之日起7日内交纳）；反诉案件受理费17 160元，由星皓电影发行有限公司负担1 160元（于本判决生效之日起7日内交纳），由北京银都在线传媒文化有限责任公司负担16 160元（已交纳）；鉴定费1 000元，由星皓电影发行有限公司负担500元（于本判决生效之日起7日内交纳），由北京银都在线公司传媒文化有限责任公司负担500元（已交纳）。如不服本判决，星皓电影发行有限公司可在判决书送达之日起三十日内，北京银都在线传媒文化有限责任公司可在判决书送达之日起十五日内，向本院递交上诉状，并按对方当事人的人数提出副本，上诉于中华人民共和国北京市高级人民法院。

【学者评述】

郑保瑞、林嘉欣、舒淇，一个个响当当的名字，本应是电影票房的绝佳保证，但也正是这些明星给本案中的制作方、发行方带来了一场官司。

影片上映档期是票房的重要保障。电影上映时间是影响票房成绩的重要因素，越来越为电影发行方所重视。

目前，中国电影的档期可分为四类。第一类是重要节假日档期，包括春节、国庆节、五一、元旦、中秋节、清明节、圣诞节等。在这些重要节假日，人们有充裕的时间尽情消费和享受电影带来的快乐，因此便成了电影档期追逐的首选良机。第二类是寒暑假。追随学校的作息制度，寒假尤其暑假期间有大量学生或家长会走进影院，这对电影票房的拉动也很明显。第三类是周末档期，一般是周六、周日，有时也包括周五晚上。周末电影票房通常占一周票房收入的70%以上，因此也成了电影上映的较好时期。第四类是特殊档期，例如情人节、七夕节、儿童节、妇女节、重大历史事件纪念日，此类档期在吸引特定人群方面效果十分明显。许多电影将上映档期作为票房的救命良药，多部影片扎堆上映，甚至有的影片因为竞争激烈而被迫挪档。

其实明星宣传也好，追逐档期也罢，观众最终认可的还是影片的质量。

（李林博）

第十六节 姐妹花谢

【原告，上诉人】北京集萃文化发展有限公司
【被告，被上诉人】中国广播电视学会
【被告，被上诉人】山东省齐鲁音像出版社电视节目供片站
【第三人】北京电影制片厂
【第三人】南京吴亚英贸易有限责任公司
【第三人】孙梅

【事实】

1996年6月，北京电影制片厂电视剧部《小城姐妹花》电视剧摄制组与张家港保税区亚英国际贸易有限公司（以下简称张家港亚英公司）签订《联合拍摄〈小城姐妹花〉协

议》，约定：由张家港亚英公司负责全部投资即110万元人民币并负责管理；北京电影制片厂（以下简称北影厂）负责该电视连续剧的剧本、拍摄、演职员及办理相关手续；该电视连续剧版权发行5年内归张家港亚英公司所有，5年后版权归双方所有。北京电影制片厂电视剧部《小城姐妹花》电视剧摄制组为北影厂电视部下属的不具有法人资格的单位，北影厂未承认该摄制组与张家港亚英公司签订的合同的效力。

1996年7月8日，张家港亚英公司与北京电影制片厂电视部（以下简称北影厂电视部）签订《协议书》，约定：张家港亚英公司与北影厂联合拍摄20集电视连续剧《小城姐妹花》，张家港亚英公司负责该电视连续剧的文学剧本、筹集全部资金并负责管理；北影厂负责审批剧本及完成制片；该电视连续剧的版权在其审查通过后发行之日起5年内归张家港亚英公司所有，发行权归张家港亚英公司所有，发行收入归张家港亚英公司，5年后版权归双方共有。北影厂电视部为北影厂下属无独立法人资格的单位，但该电视部可以以自己的名义对外签订电视剧的合作拍摄合同，北影厂承认其所签订的合同的效力。《协议书》签订后，名称为《小城姐妹花》的电视连续剧开始拍摄，张家港亚英公司投入20万元左右后未再投入资金。

1996年11月，北影厂电视部与北京嘉和科贸有限公司（以下简称嘉和公司）签订《联合拍摄电视剧〈小城姐妹〉协议书》，约定：双方联合拍摄20集电视连续剧《小城姐妹》，导演为徐元奇，双方确认的该电视连续剧的总投资为110万元；嘉和公司负责该电视连续剧的全部资金，双方共同支配使用；嘉和公司负责该电视剧的拍摄、行政及资金管理，北影厂电视部负责出具拍摄许可证。北影厂电视部承认其与嘉和公司签订的协议书中所约定拍摄的电视连续剧《小城姐妹》与《小城姐妹花》系同一部电视连续剧，在电视连续剧《小城姐妹》片尾亦标明为北影厂、嘉和公司、张家港亚英公司联合摄制。

1997年8月6日，北影厂电视部向嘉和公司出具了《委托书》，其中载明："北影厂电视部与嘉和公司联合摄制的20集电视连续剧《小城姐妹》，现已制作完成，经电视部审查已通过，该剧版权、发行权归嘉和公司所有。"

1998年11月23日，嘉和公司与北京集萃文化发展有限公司（以下简称集萃公司）签订了《合同书》，约定：嘉和公司向集萃公司提供电视连续剧《小城姐妹》，授权范围为国内独家全权发行、销售总代理；授权性质为电视台播放；授权期限为24个月，保证不出现漏版现象，集萃公司为此支付了70万元购片费。该《合同书》签订的同时，嘉和公司向集萃公司出具了《授权证明》，其中还载明："授权集萃公司为北影厂电视部及嘉和公司联合摄制的20集电视连续剧《小城姐妹》国内独家全权发行、销售总代理方，全权处理该剧的发行、销售事宜。"

1998年12月15日，集萃公司与青岛市中山影视艺术中心（以下简称中山影视中心）签订《合同书》，约定：集萃公司向中山影视中心提供电视连续剧《小城姐妹》，授权范围为国内独家全权发行、销售总代理；授权性质为电视台播放；授权期限为14个月。集萃公司保证中山影视中心成为该剧在国内唯一授权的独家全权发行、销售代理方，保证不出现漏版现象。中山影视中心为此交付购片费120万元。该合同签订后，中山影视中心以电视连续剧《小城姐妹》尚未发行即出现侵权播放现象为由，向山东省青岛市市南区人民法院起诉，要求集萃公司赔偿其损失。在该诉讼过程中，集萃公司与中山影视中心于1999年8月13日达成和解协议，约定：中山影视中心未支付购片款余额不再向集萃公司支付，在原授权期限基础上，集萃公司再向中山影视中心补加10个月的期限，集萃公司赔偿中山影视中心经济损失 20 万元。

1999 年 12 月 5 日，嘉和公司与孙梅签订《关于电视连续剧〈小城姐妹〉权益转让协议》，约定：嘉和公司将电视连续剧《小城姐妹》中该公司的权益全部转让给孙梅；自双方签字之日起，因电视连续剧《小城姐妹》所引起的所有知识产权纠纷由孙梅自行处理。2000 年 8 月 23 日，嘉和公司的营业执照被北京市工商行政管理局海淀分局吊销。

1998 年 6 月中国广播电视学会（以下简称广电学会）与山东省齐鲁音像出版社电视节目供片站（以下简称齐鲁供片站）签订协议，约定：广电学会拥有 20 集电视连续剧《小城姐妹》在全国的有线电视台的播映权，现将该电视连续剧在山东省的播映权转让给齐鲁供片站。1998 年 10 月 20 日，齐鲁供片站在将约定的款项支付给广电学会后，将该电视连续剧提供给山东省部分地区的有线电视台，共收取供片费 41 250 元。

2000 年 12 月 31 日，张家港亚英公司与南京吴亚英公司签订《转让协议》，约定：2000 年 12 月 31 日以前张家港亚英公司所有的权利义务全部转让给南京吴亚英公司，南京吴亚英公司依据该协议取得张家港亚英公司对电视连续剧《小城姐妹》所享有的权利义务。另查张家港亚英公司与南京亚英公司的法定代表人均为吴亚英。

二审法院在审理过程中查明：1997 年 8 月，张家港亚英公司的法定代表人吴亚英在约见广电学会电视剧部的主任穆昭山时，曾口头委托广电学会全权代理发行该电视连续剧。

【争议焦点】

1. 电视连续剧《小城姐妹》的著作权人是谁？
2. 孙梅、南京吴亚英公司是否有权参加本案诉讼？
3. 集萃公司的损失应由谁来承担？
4. 二审判决对齐鲁供片站的改判是否恰当？

【一审判决】

北京市第一中级人民法院经审理认为：根据电视连续剧《小城姐妹》片尾字幕载明及相关的合同约定，该剧为北影厂、嘉和公司、张家港亚英公司联合摄制的作品，上述单位并未就该剧发生权属纠纷，且对嘉和公司与集萃公司签订的授权委托合同不持异议。集萃公司通过支付转让费的方式，获得了该剧在国内独家发行、销售的权利，应受法律保护。集萃公司许可中山影视中心独家在全国范围内播出该剧并收取相关费用的行为，应视为正常行使权利的行为。广电学会不能证明其已获得了该剧著作权人使用、转让该剧的许可，故其以得到该剧摄制单位委托全权代理该剧发行工作的名义，将该剧在山东省的播映权有偿转让给齐鲁供片站，其主观过错明显，侵犯了集萃公司通过合同取得的排他性权利，给集萃公司造成了损失，应承担相应的赔偿责任。集萃公司因广电学会的侵权行为致使用其合法权益无法全部实现，且又因为违约向青岛影视中心支付赔偿金，故其经济损失是确实存在的，应由广电学会和齐鲁供片站赔偿。集萃公司通过有偿转让合同已经实际获得了部分经济收益，且其损失的范围应仅限于山东省内，对其赔偿要求不予全部支持。齐鲁供片站在与广电学会签订协议书时，未尽著作权审查义务，主观上具有过错。由于该剧已在山东省部分地区播出，确实给集萃公司造成了一定的经济损失，故应在其发行该剧实际获得的收益范围内赔偿集萃公司的经济损失。北京市第一中级人民法院判决：（1）广电学会赔偿集萃公司经济损失 20 万元；（2）齐鲁供片站赔偿集萃公司 41 250 元；（3）驳回集萃公司的其他诉讼请求。

集萃公司、广电学会不服一审判决，依法向北京市高级人民法院提起上诉。

齐鲁供片站、北影厂、南京吴亚英公司、孙梅服从一审判决。

【终审判决】

北京市高级人民法院经审理认为：南京吴亚英公司与张家港亚英公司2000年12月31日签订的《转让协议》和孙梅与嘉和公司1999年12月5日签订的《关于电视连续剧〈小城姐妹〉权益转让协议》均为有效协议，南京吴亚英公司、孙梅在本案二审期间可以作为第三人参加诉讼。1996年6月，北京电影制片厂电视剧部《小城姐妹花》电视剧摄制组与张家港亚英公司签订《联合拍摄〈小城姐妹花〉协议》，因该摄制组无法人资格且北影厂不承认该协议的法律效力，故该协议不能作为南京吴亚英公司与北影厂确定各自权利义务的依据。双方权利义务应以1996年7月8日张家港亚英公司与北影厂电视部签订的合作拍摄《协议书》为依据，该《协议书》中所称的电视连续剧《小城姐妹花》即为《小城姐妹》，南京吴亚英公司依据该《协议书》取得了在五年内对外销售电视连续剧《小城姐妹》的权利，并有权就该电视连续剧委托他人对外进行发行、销售。因张家港亚英公司法定代表人吴亚英已口头委托广电学会发行销售电视连续剧《小城姐妹》，故广电学会依据张家港亚英公司的授权，将电视连续剧《小城姐妹》在山东省的播映权有偿转让给齐鲁供片站的行为，不能认定为是侵犯集萃公司权利的行为。齐鲁供片站依据其与广电学会签订的合同，将电视连续剧《小城姐妹》的播放权有偿转让给山东省境内部分地区的有线电视台，亦不能认定为是侵犯集萃公司权利的行为。

综上，北京市高级人民法院作出终审判决：（1）撤销一审判决；（2）驳回集萃公司的诉讼请求。

【学者评述】

什么叫"小城"？小城是与大城相对而言的，没有大自然就没有小，这其实就是城市化问题。

城市化（Urbanization/Urbanisation），又名城镇化，是指随着一个国家或地区社会生产力的发展、科学技术的进步以及产业结构的调整，其社会由以农业为主的传统乡村型社会向以工业（第二产业）和服务业（第三产业）等为主的现代城市型社会逐渐转变的历史过程。

城市化过程包括人口职业的转变、产业结构的转变、土地及地域空间的变化。不同的学科从不同的角度对之有不同的解释，国内外学者对城市化分别从人口学、地理学、建筑学、社会学、经济学乃至政治学等角度予以了阐发，也有人主张新创一门"城市学"。国家统计局2017年1月20日公布的数据显示，截至2016年年底，我国的城镇化率已达到57.35%。

中国有约14亿人口，至少将有10亿城镇人口，只有均衡布局更多的大都市区（中心城市200万~1 600万人口，200公里范围内1 000万~5 000万人口），建设更多（10个左右）的大都市圈，才能使中国的人口相对均衡分布，使土地、环境、科技、教育、文化等资源合理平均分配，并从根本上解决城镇化与城市病的矛盾。

（杨新磊）

第十七节 类案集萃

（一）

讲述西夏王朝历史的40集电视连续剧《贺兰雪》早在1997年就由宁夏电视台拍摄并制作发行了，但因一直拖欠售片款，宁夏电视台将该电视剧的海外版发行商北京伟士特艺术发展公司告上法庭。因其已经被工商局吊销营业执照，2006年12月19日，北京丰台区人民法院判决由其有并存债务关系的北京伟士特开发咨询有限公司向宁夏电视台支付售片款200万余元及利息。

1996年，宁夏电视台与伟士特艺术发展公司签订了一份售片委托协议书，宁夏电视台将电视剧《贺兰雪》的海外发行权授予伟士特艺术发展公司，伟士特艺术发展公司应按一定比例向宁夏电视台支付售片款。

2001年7月，宁夏电视台与伟士特艺术发展公司、伟士特开发咨询公司签订了一份三方协议书，确认伟士特艺术发展公司欠宁夏电视台售片款2 093 475.95元，三方均同意以伟士特开发咨询公司拥有的北京雅园的权益（股份）予以抵账。

2004年6月，伟士特开发咨询公司给宁夏电视台出具了一份售片款还款建议书，对欠售片款的事实进行了确认，并表示雅园建筑是其与几家单位联合投资所建，所建手续均未办理，暂时无法评估分割，希望双方能就《贺兰雪》继续合作，补拍部分镜头、片断，将《贺兰雪》剧本改为电视短剧或电视、电影发行，所得利润双方平分。

此后，伟士特艺术发展公司、伟士特开发咨询公司均未向宁夏电视台支付售片款，伟士特开发咨询公司也未向宁夏电视台转让其在雅园的权益。于是，宁夏电视台起诉至法院，要求伟士特艺术发展公司、伟士特开发咨询公司共同向其支付售片款200万余元及相关利息。

丰台法院审理后认为，伟士特开发咨询公司在三方协议中承诺把其在雅园的权益转让给宁夏电视台，用以抵消伟士特艺术发展公司欠宁夏电视台的售片款，但由于某些原因，该协议中的抵账内容没有实际履行。此后，伟士特开发咨询公司又直接以债务人的身份给宁夏电视台出具了还款建议，对欠售片款的事实进行了认可。伟士特开发咨询公司虽然不是原始的债务人，但其与伟士特艺术发展公司之间已构成并存的债务承担，其亦有义务向宁夏电视台支付欠款。

（二）

2004年6月22日，潘长江主演电视剧《正月里来是新春》发行合同纠纷案在北京市朝阳区人民法院一审宣判，被告浙江华人传媒有限公司应向原告北京今古影视策划有限公司付版权费72万元。

原、被告双方曾就发行著名笑星潘长江主演的电视剧《正月里来是新春》签订音像制品版权授予合同，后因被告没有依约支付版权费，原告以违约为由将被告诉至法院，要求被告支付版权费72万元和合同约定的违约金144万元。

法院审理认为，虽然被告没有依据合同约定支付版权费，但原因是原告告知被告的付款账户名称存在错误。原告没有举证证明其曾向被告更正账户名称的错误，使得被告无法实际履行付款义务，因此法院没有认定被告违约。但考虑到原告已经将该剧的母带全部交付被告,且被告已经实际出版发行了该剧 VCD,法院根据公平原则判决被告应当依约向原告支付版权费 72 万元。同时,根据法定孳息的理论,还判令被告向原告支付从起诉之日起至付款之日止的银行利息。驳回了原告要求被告支付违约金的诉讼请求。

宣判后,被告当即表示上诉,而原告的代理律师则表示需要和原告商量后才能确定。二审法院驳回上述,维持原判。

(三)

动画系列片《封神榜传奇》海外发行纠纷案宣判。

授让了电视播放发行权却没能收回全部的授权费用,为此,上海美术电影制片厂在上海市第二中级人民法院打了一场有关著作权许可使用合同的官司。2004 年 2 月 5 日上午,法院一审判决,被告新加坡易红门传媒机构败诉,上海美影厂最终收回了欠款 3.27 余万美元和违约金 3.27 万美元。

2001 年 9 月底,上海美影厂与他人签订了一份《电视节目播放权授让合同》。合同约定,由上海美影厂将 100 集动画系列片《封神榜传奇》在新加坡和马来西亚的电视播放发行权授让给对方,授权期限为 3 年,而对方则应支付授权费用 4.4 万美元。合同签订后,上海美影厂按约交付了片子的母带,履行了授权义务。然而,对方仅支付了部分授让款后,尚有 3.27 余万元美元久拖未还。经多次催讨无果,上海美影厂便将受让人告上了法庭。

事实上,受让人之所以未能履行合同,确实也有一番苦衷。原先约定的新加坡和马来西亚四家电视台播映权。由于电视台播出计划变动等意外原因,实际仅卖掉一个电视台的播映权,致使他们经营状况出现了问题,现金周转发生了困难。

法院认为,双方应当恪守合同约定。原、被告签订的协议是双方当事人真实意思的表示,应予以确认。受让人的欠款应如数偿还。同时,由于合同对违约金有明确约定,因此,上海美影厂要求受让人支付违约金的诉请,法院予以支持。

(四)

因电视剧《天地粮人》未按合同约定在 CCTV - 1 黄金时间播出,武汉新石文化传播有限公司将北京卓达世纪影视广告有限公司诉至北京市朝阳区人民法院,请求法院判决被告给付原告违约金人民币 53.2 万元。

原告诉称,2005 年 4 月 30 日,原告与被告签订《电视剧 VCD、DVD 版权许可使用合同》。合同约定,被告将 20 集电视连续剧《天地粮人》音像制品版权中的部分权利以人民币 53.2 万元的价格许可给原告独家使用。原告可以用 VCD、DVD(DVD5、DVD9)的载体形式制作、出版、销售上述作品。合同双方对许可时间、许可方式、许可地域等问题均作出了详细约定。该合同还特别约定:被告应保证转让电视剧在 2005 年 6 月至 11 月在中央电视台一频道黄金时间播出。若该节目在央视非一频道黄金档播出,则须退还原告已支付版费的 50% 作为赔偿;若该节目没有在央视黄金档播出则应退还原告已支付的全部版权费作为赔偿。因被告在合同中承诺的中央台播出转让电视剧集一事未能实现,该电视剧在市场上未能取得预期的宣传效果,导致原告依授权制作的 VCD、DVD 光碟严重滞销,造成原告巨大的经济损失。由此可见,被告的违约行为已严重侵害了原告的经济利益。

庭审中,卓达世纪反诉对方违约。2006 年 12 月 28 日,法院判决:一、北京卓达世纪影视广告有限公司于本判决生效之日起十日内退还武汉新石文化传播有限公司已支付的版权费五十三万二千元;二、武汉新石文化传播有限公司于本判决生效之日起十日内赔偿北京卓达世纪影视广告有限公司经济损失二万元;三、驳回武汉新石文化传播有限公司的其他诉讼请求;四、驳回北京卓达世纪影视广告有限公司的其他反诉讼请求。本案诉讼费10 543元,由武汉新石文化传播有限公司负担406元(已交纳)、由北京卓达世纪影视广告有限公司负担10 137元(于本判决生效后七日内交纳);反诉费4 038元,由北京卓达世纪影视广告有限公司负担3 399元(已交纳)、由武汉新石文化传播有限公司负担639元(于本判决生效后七日内交纳)。

(五)

电视剧《铁血豪情》播出权引发纠纷,星美影视文化投资有限公司将北京嘉润瑞柏文化传播有限公司起诉到北京市朝阳区人民法院,要求确认自己与被告公司签订的《授权书》无效,并要求被告赔礼道歉、消除影响。

原告星美影视公司起诉称,2003年12月,原告公司投资拍摄完成了22集电视连续剧《铁血豪情》。鉴于公安题材影片拍摄的限制,该剧以河南电视台为制作单位,原告公司则作为该剧的合作单位和投资方。2003年12月25日,河南电视台授权原告公司发行该片,故原告公司作为《铁血豪情》的出品人,拥有该剧合法的版权。

2005年12月,原告公司原法定代表人王远峰及原发行部副经理刘军桥两人,在原告公司任职期间恶意串通,利用王远峰是公司法定代表人的职务便利,私盖公司印章,在公司没有任何合同对价且没有经过任何审批授权的情况下,擅自无偿将《铁血豪情》上海地区的播放权授予刘军桥出资开办的公司即被告北京嘉润瑞柏文化传播有限公司,而被告嘉润瑞柏公司在明知其与原告公司存在"竞业禁止"行为,该授权不合法的情况下,又就该剧的播放权事项与上海电视台签订合同,并取得了巨大的合同收益。

法院认为,本案双方争议的焦点是嘉润文化公司是否向星美影视公司支付了双方《电视剧播映权转让合同》的转让款。现嘉润文化公司已经举证证明了如下事实:第一,2005年12月30日该公司以支票形式支付了30万元支票,该支票数额与合同约定款项一致;第二,上述支票最终转账进入了王远峰任法定代表人的北京东方正艺影视传播有限公司,也能证明王远峰收款的事实;第三,星美影视公司签订履行涉案合同时的两位员工均陈述,嘉润文化公司就涉案合同的款项曾经在星美影视公司交付过支票给星美影视公司的原法定代表人王远峰;第四,嘉润文化公司已经实际收到涉案合同约定的磁带,而按照涉案合同约定电视剧磁带的对价给付是30万元。综合这四点,可以认定嘉润文化公司在2005年12月30日曾经交付过星美影视公司当时的法定代表人王远峰30万元支票。基于此,法院认定王远峰收到的嘉润文化公司支付的30万元支票就是涉案合同约定的电视剧播映权转让费30万元,故法院对星美影视公司的诉讼请求不予支持。

综上,法院判决驳回星美影视文化投资有限公司的诉讼请求。

(六)

电视剧《半路夫妻》发行纠纷案宣判。

2005年11月12日,北京台(合同乙方)与紫金山公司(合同甲方)签订《电视剧播映权转让合同》,根据双方约定,自2006年4月13日至2009年4月12日,原告获得影视剧《半路夫妻》在北京市行政区内的电视播放以及上星播放的独家授权,且明确约定被告不得供给中央台、教育台上星播出。被告在合同约定期限内不得将已经授权原告的权利许可他人使用。

签约后,原告依合同支付了全部合同价款2 024 400元。2006年9月,被告违反合同约定,与中国教育电视台签订了在其卫星频道播出《半路夫妻》的协定,后中国教育电视台于2006年11月在该台卫星频道播放。2007年5月28日原告与被告达成《和解协议》，约定被告支付补偿款50万元，分二期支付，于2007年11月30日前付清；被告并另行提供三部电视剧3年期播放权，同时延长争议电视剧《半路夫妻》播映权2年。原告于收到第一期补偿款后依约撤诉并承担了案件诉讼费用。但被告未支付第二期补偿款。

法院认为：紫金山公司在违约授权教育台后未履行和解协议，行为构成违约，应依法承担违约责任。该公司无正当理由未到庭参加诉讼，不影响本院依查明的事实和证据依法作出裁判。

二〇〇八年六月七日，北京市海淀区人民法院据判决：自本判决生效之日起十日内，被告南京紫金山影业有限公司给付原告北京台违约金五十万元。案件受理费三万九千一百九十元（原告预交），由被告南京紫金山影业有限公司负担（于本判决生效之日起七日内交纳）。

一审宣判后，双方均未上诉。

（七）

电视剧《风行四季》发行纠纷案宣判。

2006年4月7日，北京佳桐世纪影视文化传播有限公司（以下简称佳桐公司）与新疆电视台签订了《风行四季》电视剧播映权转让的合同。该合同约定由佳桐公司交付电视剧播出带，新疆电视台支付转让款15.6万元。合同签订一周内，佳桐公司向新疆电视台交付了电视剧《风行四季》的全套播出带，但至今新疆电视台尚未支付相应转让费。双方诉讼过程中，提出愿意在法庭主持下就本案纠纷进行和解。

二〇〇八年五月十五日，经法院主持调解，双方当事人自愿达成如下协议：一、新疆电视台支付北京佳桐世纪影视文化传播有限公司电视剧《风行四季》的节目费、磁带费、录制费和邮寄费共计一十五万六千元整；二、新疆电视台如果不能按照上述第一项的时间付款，除应当继续按第一项付款外，还应当同时按照中国人民银行同期存款利息的二倍向北京佳桐世纪影视文化传播有限公司支付未按时支付金额部分的滞纳金。案件受理费1 744元，由北京佳桐世纪影视文化传播有限公司负担50元（已交纳）。

（八）

电视剧《有情鸳鸯无情剑》发行纠纷案宣判。

法院查明：原、被告于2002年10月30日签订合同书，双方约定共同投资人民币1 440万元，拍摄34集电视剧《风吹云动》（又名《少林女和尚》）。双方在合同中约定，电视剧著作权（电视播映权、音像制品权）归双方共有；电视剧著作权发行所得返还双方投资成本，利润按双方投资比例分配。2002年12月31日，节目购销公司向电视剧摄制组投入了第一笔资金303万元。2003年1月22日，原、被告双方签订《补充协议书》，对双方投资比例进行了更改，节目购销公司的总投资额增加到532万元，占投资比例的36.94%；金色梦幻公司的总投资额为908万元，占投资比例的63.06%。2003年1月30日，节目购销公司将第二笔资金229万元交付电视剧摄制组。2003年10月21日，原、被告双方再次签订《补充协议》，将电视剧的名称变更为《有情鸳鸯无情剑》，集数变更为32集。双方在该份《补充协议》中约定，电视剧的发行工作由金色梦幻公司负责；所有发行收入归双方共有，金色梦幻公司保证节目购销公司首先收回638.4万元（投资成本532万元、利润106.4万元），其余收入在金色梦幻公司收回1089.6万元（投资成本908万元、利润181.6万元）及税收、发行费后，剩余部分由双方按投资比例分配。2003年年底，电视剧《有情鸳鸯无情剑》制作完成，金色梦幻公司将该剧母带交付给节目购销公司。节目购销公司在合同约定的11个地区自行发行，取得发行收入189.89万元。金色梦幻公司未按照合同约定进行发行工作，也未向节目购销公司交付发行款。

法院认为：依据合同及补充协议的约定，在电视剧拍摄完成后，发行工作由金色梦幻公司负责，金色梦幻公司保证节目购销公司首先收回投资成本及利润638.4万元。电视剧《有情鸳鸯无情剑》于2003年年底制作完成，金色梦幻公司应按照合同约定，积极主动地进行该剧的发行工作。依据本案查明事实，金色梦幻公司从2003年年底至今没有从事电视剧的发行工作，已经超过履行合同义务的合理期限，违反了合同约定，应承担继续履行合同并赔偿节目购销公司损失的违约责任。节目购销公司要求确认其取得的发行收入189.89万元归其所有的主张，符合合同约定，本院予以支持。金色梦幻公司应按照合同约定，补偿节目购销公司应收回的投资成本及利润448.51万元。由于涉案合同并未约定电视剧的发行期限，该合同尚在履行过程中，因此原告要求被告赔偿其投资成本及利润之利息的主张，本院不予支持。

二〇〇七年九月二十日，北京市第二中级人民法院判决如下：一、重庆电视台节目购销有限公司发行电视剧《有情鸳鸯无情剑》取得的收入一百八十九万八千九百元人民币归该公司所有；二、北京金色梦幻影视文化有限公司于本判决生效后三十日内赔偿重庆电视台节目购销有限公司经济损失四百四十八万五千一百元人民币；三、驳回重庆电视台节目购销有限公司的其他诉讼请求。如果未按本判决指定的期间履行给付金钱义务，应当依照《中华人民共和国民事诉讼法》第二百三十二条之规定，加倍支付迟延履行期间的债务利息。案件受理费45 153元，由被告北京金色梦幻影视文化有限公司负担（于本判决生效后7日内交纳）。

一审判决后，双方均未上诉。

（九）

电视剧《南少林36房》发行纠纷案和解。

2003年9月30日，九洲音像出版公司（以下简称九洲公司）与北京翰宇影视文化有限责任公司（以下简称翰宇公司）就联合投资拍摄电视剧《南少林36房》事宜签订合同。2006年1月，九洲公司与翰宇公司就上述电视剧的发行和结算情况签订补充协议，约定翰宇公司实际应付九洲公司137万元，双方应于2006年3月1日前将实际到账金额按投资比例进行分配。九洲公司认为翰宇公司未按照约定支付上述款项，故诉至法院，要求判令翰宇公司向其支付137万元。翰宇公司对双方合作事实表示认可，但对应支付的款项数额存在异议，并表示愿意在法院主持下调解解决。

二〇〇七年七月九日，经法院主持调解，九洲公司和翰宇公司自愿达成如下协议：一、北京翰宇影视文化有限责任公司支付九洲音像出版公司一百〇二万七千七百元；二、九洲音像出版公司和北京翰宇影视文化有限责任公司对未发行的区域按照合同约定履行；三、别无争议。案件受理费16 860元，由九洲音像出版公司负担8 430元（于本调解书生效后7日内交纳）。

（十）

电视剧《沧海游龙》发行纠纷案宣判。

2004年9月10日，原、被告签订著作权许可使用合同，约定原告将40集电视连续剧《沧海游龙》的播放权许可给被告，被许可的权利为非专有使用权，使用范围为江苏省，使用期为2年，使用费为每集4.8万元，共计192万元，磁带材料费、复制费、邮寄费等费用为每集300元，共计1.2万元。上述总金额为193.2万元，原告取得发行许可证后向被告交付播出母带，被告应当在收到母带后30日内一次性支付全部费用。合同约定被告未按时付款，应支付使用费全额的违约金。合同签订后，原告向被告交付了涉案40集电视剧的母带，并曾应被告要求直接向南京电视台寄送在播放中发现有划痕的录像带的替换带。被告至今未支付费用。

法院认为，原、被告签订的著作权许可使用合同未违反相关法律规定，未侵犯他人合法权益，应属有效。签约后原告按照约定时间交付了电视剧母带，被告收到后在电视台播放，原告的合同义务已经履行完毕。被告未履行合同约定的付款义务，应当付款并承担违约责任。合同中与合同总标的同额的违约金标准约定过高，原告考虑到此节，在起诉时提出将上述标准降至10%，诉请被告支付违约金19.2万元。本院对此变动不持异议，对原告的诉讼请求予以支持。

二〇〇七年五月十八日，北京市海淀区人民法院判决：一、被告南京鼎峰文化影视传播有限公司给付原告北京力度影视策划有限公司使用费和其他费用一百九十三万二千元（于本判决生效后十日内给付）。二、被告南京鼎峰文化影视传播有限公司偿付原告北京力度影视策划有限公司违约金十九万二千元（于本判决生效后十日内给付）。案件受理费二万〇六百三十元，由被告南京鼎峰文化影视传播有限公司负担（于本判决生效后七日内交纳）。

一审判决后，双方均未上诉。

（十一）

电视剧《黑血》发行纠纷案宣判。

2000年9月8日，二十一世纪（乙方）与宁夏宇宙（甲方）签订协议书，就双方合作拍摄电视连续剧《黑血》一事进行了约定。

2000年11月15日，宁夏电视台电视剧部（甲方）与《黑血》摄制组（乙方）签订联合拍摄电视剧《黑血》协议书。

2001年4月4日，宁夏电视台电视剧部从国家广播电影电视总局取得甲第119号电视剧制作许可证（甲种），并交《黑血》摄制组使用。2001年8月1日，宁夏回族自治区广播电影电视局以（宁）剧审字（2001）第004号电视剧发行许可证同意《黑血》在全国发行，并在该证中注明制作单位为宁夏电视台，合作单位为二十一世纪和宁夏宇宙。

法院认为：二十一世纪、宁夏宇宙和宁夏电视台电视剧部联合拍摄电视连续剧《黑血》，根据二十一世纪、宁夏宇宙共同成立的《黑血》摄制组与宁夏电视台电视剧部所签协议，《黑血》摄制组享有该剧除宁夏地区之外的国内外版权和发行权，宁夏电视台电视剧部享有该剧在宁夏地区的首播权和发行权，故本院确认二十一世纪、宁夏宇宙和宁夏电视台共同享有影视作品《黑血》的著作权，且上述著作权人对《黑血》著作权权属划分和行使方式等所做约定合法有效。宁夏电视台电视剧部已声明对其所享有的《黑血》版权权益不提出主张，且称与本诉讼有关的法律后果由二十一世纪和宁夏宇宙承担，故现二十一世纪与宁夏宇宙向天之籁主张著作权转让合同的违约责任并无不当。

二十一世纪、宁夏宇宙已如约向天之籁提供《黑血》母带及发行许可证，并为天之籁出具授权书，履行了将《黑血》著作权转让天之籁的合同义务。天之籁使用《黑血》母带及相关权属文件与多家电视台或公司就《黑血》放映权等著作权的许可使用或转让事宜签订合同，《黑血》VCD亦已由天之籁出版发行，天之籁已通过行使和处分《黑血》著作权取得经济利益，其未向二十一世纪、宁夏宇宙全额支付著作权转让费用已构成违约。后天之籁向二十一世纪出具确认函亦对尚欠309万元著作权转让费用一事予以认可,故本院对二十一世纪、宁夏宇宙要求天之籁支付309万元欠款的诉讼请求予以支持。对于二十一世纪、宁夏宇宙要求天之籁支付逾期付款利息的诉讼请求,本院认为此逾期付款利息应参照同期中国人民银行规定的金融机构计收逾期贷款利息的标准予以计算,应自2004年4月1日起算。

二〇〇五年六月十六日,北京市海淀区人民法院判决:本判决生效之日起十日内,被告天之籁音乐文化咨询(北京)有限公司向原告北京二十一世纪影音公司、原告宁夏宇宙影视文化传播有限公司支付三百零九万元及利息。案件受理费二万六千二百五十四元(原告预交),由被告天之籁音乐文化咨询(北京)有限公司负担,于本判决生效之日起七日内交纳。

一审宣判后,几方无人上诉。

(十二)

电影《非典人生》发行拷贝加工合同纠纷案宣判。

原告上海电影技术厂与被告广东飞雄电影投资发行有限公司加工合同纠纷一案,法院经审理查明:

2003年8月23日,原、被告双方订立影片拷贝洗印加工合同一份。合同约定,被告将购有全国发行权的彩色故事片《非典人生》,委托原告加工洗印影片拷贝;被告委托原告加工洗印拷贝,被告以书面(或电传)形式通知原告,拷贝数以被告下达的订单为准;《非典人生》发行拷贝制作素材有被告提供;合同生效后,在拷贝正式发行前,被告应向原告支付人民币20万元预付款,拷贝制作费按2.45元/米结算,大量拷贝发行结束后,60天内被告向原告结清全部余款。签约后,被告于同年9月3日以电传形式通知原告拷贝数为73部;9月4日,被告以电传形式通知原告拷贝寄送地址;同日,被告支付原告人民币20万元预付款;9月5日,原告按被告指令通过铁路包裹交付各地院线《非典人生》拷贝56部;9月8日—10日,原告交付上海地区各院线《非典人生》拷贝17部。10月10日,被告电传原告要求将多余的1个拷贝交往深圳电影制片厂;10月14日,原告按被告指令通过铁路包裹交付深圳电影制片厂《非典人生》拷贝1部。后被告未再付款,原告遂涉讼。

经审理查明之二,原告加工洗印的《非典人生》拷贝实际长度为2 521米。

法院认为,原告按约履行合同义务后,被告未按约支付拷贝费,显属不当,应承担违约责任。被告的辩称无依据,本院不予采信。

二〇〇五年六月二十四日,上海市闸北区人民法院判决:一、被告于本判决生效之日起十日内支付原告拷贝费人民币257 047.30元;二、被告于本判决生效之日起十日内赔偿原告拷贝费人民币257 047.30元的逾期付款利息损失人民币19 600元。本案案件受理费人民币6 659.70元(原告已预缴),由被告负担,于本判决生效之日起十日内支付。

一审判决后,双方无人上诉。

(十三)

电视剧《红颜烈药》《今世迷情》发行纠纷案宣判。

法院认为,天智冠亚公司基于自己的违约事实向广州艺泉公司出具了还款计划,广州艺泉公司收到还款计划书并表示接受还款书的内容,双方因此已经认可解除了《红颜烈药》和《今世迷情》的版权转让合同,重新形成了新的债权债务关系。依据新的权利义务关系,天智冠亚公司对广州艺泉公司负有30万元的债务,除法定事由外,天智冠亚公司不得随意变更、撤销还款书确定的给付义务,广州艺泉公司也不得再行主张原合同的权利。天智冠亚公司称误认为收取了广州艺泉公司28万元的合同款，所以才同意在返还28万元的基础上再支付20 000元作为补偿，缺乏相关证据佐证，本院不予采信。依照《中华人民共和国合同法》第一百一十三条和第一百一十四条的规定，当事人一方不履行合同义务给对方造成损失的，损失赔偿额应当相当于因违约给对方所造成的损失，包括合同履行后可以获得的利益，对于违约金的数额和因违约产生的损失赔偿额的计算方法，双方可以约定。本案中，广州艺泉公司在签订合同后需要为两剧发行做一些准备和宣传，天智冠亚公司违约给广州艺泉公司造成相应损失是客观存在的事实，因此天智冠亚公司在还款书中承诺给付95 000元作为经济补偿，并不违背法律规定。天智冠亚公司认为约定的违约金数额超出法律许可范围，依据不足。天智冠亚公司辩称时既说还款计划仅约定2万元作为经济赔偿，又称广州艺泉公司已放弃违约金，相互矛盾，本院均不予认可。天智冠亚公司所称于2004年1月6日归还给广州艺泉公司72 000元一节，缺乏有效证据证明，本院不予认可。依据以上分析，本院认定天智冠亚公司变更、撤销还款计划书的理由不能成立，对尚欠广州艺泉公司的18万元债务应继续偿还，同时应依法承担滞纳金。

二〇〇四年七月七日，北京市海淀区人民法院判决如下：自本判决生效后十日内，被告北京市天智冠亚广告有限责任公司给付原告广州艺泉文化传播有限公司人民币一十八万元，并按日万分之二的标准支付自二〇〇四年四月十三日至实际还款之日的滞纳金。案件受理费五千一百一十元，由被告北京市天智冠亚广告有限责任公司负担（于本判决生效后七日内交纳）。

一审判决后，双方均未上诉。

(十四)

电视剧《七品钦差刘罗锅》发行纠纷案宣判。

2002年3月，北京金环蛇影视文化传播有限公司（以下简称金环蛇公司）与湖南电视台生活频道（以下简称生活频道）签订《电视剧播映权许可使用合同书》。双方约定：金环蛇公司许可生活频道播映44集电视连续剧《七品钦差刘罗锅》；授权范围包括无线、有线及卫星电视播映；授权区域为湖南省；授权期限自2002年3月1日至2004年3月1日；生活频道按每集2.8万元向金环蛇公司支付使用费123.2万元，按每盒350元支付磁带费、复制费及邮寄费1.54万元，两项合计124.74万元；双方未就生活频道的付款方式进行明确约定。2002年底，持有事业法人证书的生活频道与湖南电视台都市频道、经济频道合并为湖南经济电视台（于2003年办理公司设立登记手续），生活频道随之注销。2003年1月3日至29日，湖南经济电视台安排都市频道播出了该剧。现金环蛇公司起诉，要求湖南经济电视台支付合同约定的使用费及磁带费共计124.74万元，并按日万分之二点一支付2002年8月交片之日起至实际付款之日止的逾期付款违约金。湖南经济电视台承认上述事实，但提出使用费约定过高，表示愿意分期支付适当的费用。

二〇〇四年四月二十七日，经法院主持调解，双方当事人自愿达成如下协议：一、湖南经济电视台给付北京金环蛇影视文化传播有限公司使用费七十九万二千元，磁带费、复制费与邮寄费一万三千二百元，两项合计八十万五千二百元；二、如湖南经济电视台不能按第一款规定的期限支付相应款项，则按逾期付款金额的日万分之四向北京金环蛇影视文化传播有限公司支付逾期付款违约金；三、别无争执。案件受理费16 247元，由湖南经济电视台负担（于本调解书生效之日起7日内交纳）。上述协议，符合有关法律规定，本院予以确认。本调解书经双方当事人签收后，即具有法律效力。

（十五）

电视片《旱鸭子下海》发行纠纷案宣判。

华夏公司与中影制协于1996年10月17日签订了电视片买断合同，约定华夏公司把电视片《旱鸭子下海》（21集）的版权以人民币180万元的价格转让给中影制协，中影制协独家买断该电视片的版权、播映权及其他载体的发行权和播映权，有效期为三年。

华夏公司于2001年变更名称为"北京华夏文化传播有限公司"。

1997年8月14日，华夏公司与中影制协签订了补充协议，该协议约定把原合同金额180万元改为152万元，并约定中影制协在协议签订后六个月内将余款118万元分期催回并汇给华夏公司。2001年3月27日，姚晓蒙书面承认尚有80万元未还，并承诺在半年内将欠款还清。

中影制协属于股份合作制企业，股东有两人，姚晓蒙和北洗厂。依照中影制协的章程规定，姚晓蒙出资400万元，北洗厂出资100万元，股东依据其出资额为限承担企业债务。中影制协已于2002年11月20日被北京市工商局吊销营业执照。

另查，天津市第一中级人民法院在（2001）一中知初字第27号民事判决书中确认了北洗厂对中影制协出资不足的事实，并判决北洗厂在其应交纳的注册资金范围内与该案被告承担连带的民事责任，执行结果是从北洗厂银行账户上划走100万元。

法院认为：华夏公司依照合同约定履行了自己的义务，中影制协仅履行了部分付款义务，显属违约，应依法承担违约责任；由于华夏公司出具了由姚晓蒙签字的还款计划作为证据，这表明华夏公司认可截至2001年3月27日中影制协欠华夏公司80万元，故对其要求三被告给付转让费103万元的主张本院不予全部支持。中影制协属于股份合作制企业，这种企业在性质上既不同于有限责任公司，也不是合伙企业，华夏公司主张中影制协实质上是合伙企业的看法是不能成立的；由于中影制协的章程中明确规定股东以出资额为限承担公司债务，而北洗厂在另案当中已经为中影制协承担了100万元的债务，因此，北洗厂无需再为中影制协承担责任。姚晓蒙为中影制协的股东之一，为华夏公司出具还款计划，应对中影制协的此项债务承担连带责任。中影制协和姚晓蒙无正当理由未到庭参加诉讼，不影响本院根据查明的事实和证据依法作出判决。

二○○六年六月二十一日，北京市海淀区人民法院判决如下：一、自本判决生效之日起十日内，被告北京中影制协电影咨询服务中心给付原告北京华夏文化传播有限公司欠款八十万元和利息（从2001年3月27日起计至付款之日止，按银行同期活期存款利息计算）及因诉讼支出的合理费用一千二百四十一元；二、被告姚晓蒙对被告北京中影制协电影咨询服务中心的给付义务承担连带责任；三、驳回原告北京华夏文化传播有限公司的其他诉讼请求。案件受理费一万六千六百六十一元（原告预交），由被告北京中影制协电影咨询服务中心和被告姚晓蒙各负担八千三百三十元零五角（于本判决生效后七日内交纳）。

一审判决后，几方无人上诉。

（十六）

电视剧《买办之家》发行纠纷案宣判。

2002年7月、10月，世纪英雄公司（甲方）、峨影公司（乙方）、欢乐文化公司（丙方）签订了《联合摄制二十集电视连续剧〈买办之家〉合同书》及《补充合同》。合同中约定，三方投资摄制二十集连续剧《买办之家》，版权归三方所有。该剧全部摄制成本为750万元，其中欢乐文化公司出资225万元，占全部投资30%。合同约定该剧在中国大陆地区及大陆以外地区的全部收益归甲乙丙三方共同拥有，其中甲方享有40%，乙方享有30%，丙方享有30%（仅限于电视台播映及相关音像制品所产生的经济收益）。如该剧中国大陆地区及以外地区发行销售后出现亏损，由甲乙丙三方按投资比例承担。

2003年8月23日，世纪英雄公司（甲方）与马来西亚鑫和集团（乙方）签订了《买办之家》版权许可使用合同，约定甲方将该剧在中华人民共和国中国大陆以外地区（不包括越南地区）的电视播映权及音像制品独家使用权许可乙方使用。许可使用费用为人民币160万元，乙方于合同生效后3天内支付40%许可使用费，合同生效后10日内支付20%许可使用费，收到该剧全部BETACAM带并验收合格后当日支付20%许可使用费。

2004年11月，欢乐文化公司向世纪英雄公司发出通知，要求世纪英雄公司支付《买办之家》的海外收益。

法院认为：根据合同约定，欢乐文化公司按出资比例享有《买办之家》剧的收益（全部收益的30%），其中该剧中国大陆以外地区海外播映权及音像制品许可使用等有关事宜由世纪英雄公司负责经营。现世纪英雄公司通过许可相关公司播映《买办之家》剧及发行音像制品，取得了160万元许可使用费，应按约定的比例向欢乐文化公司支付收益，故欢乐文化公司要求世纪英雄公司支付收益款48万元的主张，本院予以支持。世纪英雄公司称未能全额收取上述款项，但其未提交任何证据证明该公司的收益情况，也未提交证据证明该公司已向违约方主张权利，本院对其辩称不予采纳。根据合同约定，违约方应承担该剧摄制总成本15%的违约金并赔偿守约方一切损失，由于世纪英雄公司未按约定向欢乐文化公司支付收益，应承担违约责任，现欢乐文化公司要求世纪英雄公司赔偿至2005年4月30日的损失8 971.2元，远低于双方约定的违约金数额，本院予以支持。

二〇〇五年十月二十日，北京市海淀区人民法院判决：一、自本判决生效之日起十日内，被告世纪英雄电影投资有限公司向原告北京欢乐文化艺术有限公司支付收益款四十八万元；二、自本判决生效之日起十日内，被告世纪英雄电影投资有限公司赔偿原告北京欢乐文化艺术有限公司经济损失八千九百七十一元二角。案件受理费九千八百四十四元（原告预交），由被告世纪英雄电影投资有限公司负担（于本判决生效之日起七日内交纳）。

一审宣判后，双方均未上诉。

（十七）

电视剧《我心似白云》发行纠纷上诉案终审宣判。

原审法院经审理查明，1999年5月12日，上海市影视音像管理处对二十集电视剧《我心似白云》（以下简称《我》剧）向该剧的制作单位上海影视有限公司及合作单位上海市卫生局电教制作中心颁发了发行许可证，同意《我》剧在全国发行。同年8月，原告与上海影视有限公司共同签署《版权证明》，明确《我》剧版权归上海市卫生局制作中心独家所有，因版权问题引起的纠纷由上海市卫生局电教制作中心负责。2000年11月29日，原、被告就《我》剧签订《播映权转让合同》一份，约定：甲方（原告）同意将《我》剧在18个地区的播映权（有线、无线、卫星频道）转让给乙方（被告），并保证在该18个地区被告拥有《我》剧独家播映权。播映权转让期为三年，自2001年1月1日至2003年12月31日；合同还约定：由原告提供的《我》剧播出带的质量完全符合播出的技术要求，如有质量问题应无条件更换。此外，合同对相关费用及付款方式约定为：《我》剧在第一条中所规定地区播映权转让费为92万元。BATE磁带费为250元/盒，复制费为60元/盒，邮寄费40元/盒，20集每套7 000元。合同签订后被告须在2001年3月30日支付给原告合同总款的

50%，余款于2001年6月30日结清。同时，双方对被告所拥有的《我》剧播映权的许可范围等在合同中作了约定。

一审法院判决：一、原告上海市卫生局电教制作中心与被告上海塞纳影视传播有限责任公司于2000年11月29日签订的《播映权转让合同》自本判决生效之日起予以解除；二、原告上海市卫生局电教制作中心的其他诉讼请求不予支持。

二审法院认为，播映权是项相对独立的民事权利，当事人有权进行处分。本案当事人签订的合同约定自2001年1月1日起被上诉人即取得受让的播映权，此权利应根据当事人的合同在约定的时间转让。播出带虽是播映权的载体，但与播映权相对分离，不能认定播出带的交付是播映权转让的标志。因为播映权与播映权的载体具有相对分离性，播映权转让和播映权的载体的交付可以不同时进行，所以不可将播映权的转让与播映权载体的交付等同看待，而且这与当事人合同约定也不符。因此不能将播出带的交付作为播映权转让的标志，原审法院认为播出带的交付是播映权转让的标志有误。

上诉人交付播出带并非与被上诉人支付播映权转让费形成对待给付义务。由于播映权和播映权载体的相对分离性，决定了播映权转让费和播出带交付形成对待给付义务的非绝对性。决定两者是否形成对待给付义务的，是当事人的直接合同约定。根据本案当事人的约定，播映权转让和播映权转让费支付形成对待给付义务，播出带交付和播出带的购买、复制及邮寄费用支付形成对待给付义务。因此，原审法院认为播出带交付和播映权转让费给付构成本案对待给付义务不当，应予纠正。

我国《合同法》第66条确实是关于"同时履行抗辩权"的规定，原审法院认定播出带的交付与播出带的磁带购买、复制及邮寄等相关费用的支付构成对待给付义务，也属正确。但是，"同时履行抗辩权"不仅发生在对待给付义务间，而且同时履行抗辩的一方要有证据证明另一方当事人在同时履行的期间不能或不能适当履行其义务。本案被上诉人没有任何证据证明在合同履行期间向上诉人提出要求交付播出带的请求，也没有证据证明上诉人不能或不能适当履行交付播出带的事实存在。因此，原审法院对上诉人与被上诉人间播出带的交付和播出带相关费用的支付"同时履行抗辩权"成立的认定不当，应予纠正。另外，对合同规定应履行的义务未约定履行时间的，根据我国法律规定，权利人可随时请求债务人履行义务。本案播出带的交付当事人未约定履行的时间，因此在被上诉人未请求上诉人交付播出带的前提下，上诉人没有履行交付播出带的义务并不存在过错，故也不存在以上诉人未交付播出带为由成立的对播映权转让费支付的抗辩。

综上，二〇〇二年十二月二十日，上海市高级人民法院终审判决：一、维持上海市第一中级人民法院（2002）沪一中民五（知）初字第41号民事判决的第一项，撤销第二项；二、被上诉人上海塞纳影视传播有限责任公司于本判决生效之日起十日内支付上诉人上海市卫生局电教制作中心播映权转让费人民币38.3万元，并偿付利息（自2001年3月31日起至本判决生效之日止，按中国人民银行规定的同期企业贷款利率计算）。本案一、二审案件受理费人民币各8 417元，由被上诉人上海塞纳影视传播有限责任公司负担。

（十八）

电视剧《濠江有情》（以下简称《濠》剧）发行纠纷案宣判。

法院查明：2000年10月5日被告上海电视台收到原告寄发的《濠》剧母带。同年10月25日原告签订了涉案《濠》剧播映权转让合同书。2001年2月13日被告上海影视管理局在合同上签章，至此原告与被告上海影视管理局签订的《濠》剧播映权转让合同生效。

2001年5月12日至24日，上海电视台所属上视第二套节目以夜间首播，次日重播的方式播出了《濠》剧。

本案中原被告各方当事人的主要争议焦点在于：1. 原告是否已向被告提供《濠》剧播映权的有效证明，涉案合同约定的播映期限及两被告在本案中的付款义务应当如何确定；2. 合同约定的付款期限及两被告应否承担违约责任。法院认为，原告在签订合同的过程中隐瞒了其被授权内容的真实情况，导致被告上海影视管理局作出了错误的意思表示。原告超越其授权范围的再授权行为应为无效行为。原告授予被告上海影视管理局2002年4月29日至2003年8月8日的播映期，应当从合同的总标的中予以扣除。因此，涉案合同有效部分价款的金额应为人民币53万元。上述原告的无效法律行为，并不影响涉案合同有效部分的履行。两被告在合同签订后，应当按照合同的约定履行合同有效部分的各自义务，两被告未在合同约定的付款期限前向原告付款，违反了合同的约定，应当由被告上海影视管理局承担给付合同有效部分价款及赔偿损失的法律责任。

二〇〇二年十一月二十七日，上海市第二中级人民法院判决：一、被告上海市文化广播影视管理局应自本判决生效之日起十日内给付原告辽宁中星影视广告有限公司价款人民币530 000元及逾期付款违约金人民币69 339.9元，两项共计人民币599 339.9元。二、原告辽宁中星影视广告有限公司的其他诉讼请求不予支持。本案案件受理费人民币15 134元，由原告辽宁中星影视广告有限公司承担人民币6 661元，被告上海市文化广播影视管理局承担人民币8 473元。

一审判决后，双方无人上诉。

（十九）

《利华精装剧场》发行纠纷案达成和解。

2000年5月8日，原、被告签订了一份《利华精品剧场广告时间购买协议》，约定：鉴于原告已经或将要与100余家电视台签订协议并于2000年7月至2001年6月30日向该些电视台提供影视剧用以在"利华精品剧场"中播放，作为对价，电视台同意向原告提供播放该剧场每集3条30秒的广告时间，被告同意以人民币2 500万元的价格向原告购买这些时间。

该协议签订后，双方又签订了一份《利华精装剧场补充协议》，约定：原告所提供的剧目、剧场、收视上需达到被告之要求，被告要求原告"利华精装剧场"的平均收视率按SRG监播资料，平均每集达到20%。若未达到此要求，被告有权修改《利华精装剧场》合同标的为5秒标版加班3条30秒广告费总额为人民币880万元整。协议签订后，原告安排其合作伙伴珠海中娱影视传播有限公司与相关电视台签订了《利华精装剧场订片合约》，各相关电视台播放了本案系争的广告。原告提供了上海东方电视台、重庆电视二台、深圳电视台、北京有线电视台、广州有线电视台及海南有线电视台的播出回执。期间，被告向原告付款人民币605万元。

2000年，原、被告又签订一份关于201集电视剧播放权的转让合约书，约定全部转让标的为人民币132.6万元；被告在同年10月15日前将所有节目母带完整交给原告，原告在签约后三天内支付对方265 200元、2000年6月15日前支付对方500 000元、2000年10月15日前支付剩余款560 800元。签约后，被告交付节目母带，原告未支付任何款项。

二〇〇二年九月十二日，经上海市第一中级人民法院主持调解，双方当事人达成如下协议：一、双方确认被告应给付原告各类费用共计人民币228万元（贰佰贰拾捌万元）。双方在经营中发生的纠纷在上述金额范围内一并解决。在其他法院有诉讼的，自签收本调解书之日起三日内，由原告向该法院申请撤诉。二、被告在2002年9月30日前给付原告人民币68.4万元整，2002年10月30日前给付原告人民币91.2万元整，余款人民币68.4万元在2002年11月30日前一次性给付原告。三、本案案件受理费、司法鉴定费均由原告承担（该款已由原告缴付）。四、双方无其他争执。

（二十）

电视剧《海水苦·泪水甜》发行纠纷案宣判。

原告上海剧酷文化传播有限公司（以下简称剧酷公司）与被告长春电影制片厂辽宁华侨文化影业有限公司（以下简称华侨公司）著作权许可使用合同纠纷一案，现已审理终结。

原、被告于2005年11月22日签订了电视节目播映授权使用合同，约定：一、该剧的中国电视播映版权发行权由被告享有，被告同意将该剧的全国（除辽宁、香港地区、澳门地区、台湾地区）地面及卫星二轮播映版权及发行权有偿许可原告使用。二、A. 节目许可费：原告应向甲方支付该剧许可费用，该剧共24集，每集节目的许可费用为人民币8 000元。全部节目许可费共计：192 000元。B. 被告提供BETACAM 60带之播出带给原告，磁带费、复制费及邮寄费每集200元，共计4 800元。三、被告保证对该剧拥有合法发行版权，以后发生版权纠纷，由被告负责解决纠纷。造成的损失，由被告全额赔偿。四、双方同意如任何一方违反合同的规定，使其他一方因此而遭受损失的，违约方应加倍赔偿守约方的损失。

合同签订后，原告于2005年11月24日支付了合同约定的款项196 800元。2005年11月26日，原告公司职工周丹到沈阳被告处取走了该剧的母带。原告在联系海剧的播出事宜时，发现由于被告未履行法律义务，海剧的母带版权、发行许可证、制作许可证的所有权已经沈阳市沈河区人民法院于2004年2月12日作出的（2001）沈河执字第1666号民事裁定书裁定归案外人常畅所有，且案外人于2004年2月23日将该剧的版权转让给辽宁北方影视艺术有限公司，出具了授权书并办理了公证。

另查明：2000年，该剧剧本的作者刘永峥与被告因著作权许可使用纠纷一案诉至大连市金州区人民法院，该案经一审、二审及再审审理，大连市中级人民法院于2005年4月1作出再审判决：被告停止对该剧电视剧本的使用。

法院认为：原、被告签订合同的性质是著作权许可使用合同，即被告授权原告行使海剧的发行权及播映权，但被告授权的前提是其应对海剧享有发行权及播映权。虽然被告对原告提供的沈阳市沈河区人民法院的民事裁定书真实性有异议，主张没有接到该裁定，但该份证据复印于沈阳市沈河区人民法院，本院对其真实性予以确认。依据该裁定的内容，可以认定在2004年2月12日海剧的母带版权、发行许可证及制作许可证均由案外人常畅所有，被告已不再享有该剧的发行权及播映权。同时依据被告提供的（2004）大民权再字第23号民事判决书，也可以认定2005年4月1日被告已无权再使用该剧剧本，即被告也不能再对外发行播映该剧。

2006年6月14日，沈阳市中级人民法院判决：一、被告长春电影制片厂辽宁华侨文化影业有限公司于本判决生效之日起十日内返还原告上海剧酷文化传播有限公司许可使用费及磁带费、复制费及邮寄费196 800元及利息（自2005年11月24日至实际给付之日止，按中国人民银行同期贷款利率计付）；二、被告长春电影制片厂辽宁华侨文化影业有限公司于本判决生效之日起十日内赔偿原告上海剧酷文化传播有限公司经济损失2 593元；三、原告上海剧酷文化传播有限公司于本判决生效之日起十日内返还被告长春电影制片厂辽宁华侨文化影业有限公司《海水苦·泪水甜》母带；四、驳回原告其他诉讼请求。本案案件受理费6 062元，由被告负担5 498元，原告负担564元，财产保全费1 704元由被告长春电影制片厂辽宁华侨文化影业有限公司负担。

一审宣判后，双方均未上诉。

（二十一）

电视剧《聊斋》海外发行纠纷上诉案终审宣判。

上诉人王竞因著作权许可使用合同纠纷一案，不服福州市中级人民法院（2004）榕民初字第382号民事判决，向福建省高级人民法院提起上诉，现已审理终结。

一审判决：一、被告王竞于本判决生效后十五日内给付原告福建电视台电视制作中心人民币20 000元；二、被告王竞于本判决生效后十五日内给付原告福建电视台电视制作中心以20 000元为本金计算的自2004年6月2日起至付清之日止的利息，上述利息按照中国人民银行同期贷款利率计算。本案案件受理费人民币810元（已由原告垫付），由被告王竞负担。

原审判决后，被告王竞不服，提起上诉。

二审法院查明：2004年11月27日，被上诉人提交的《补充诉状》之二的诉讼请求是对原起诉状中诉讼请求的部分减少或放弃，而不是变更增加新的诉讼请求。原审法院在庭前组织双方证据交换时，上诉人提交的证据中不包括"授权委托书"，该"授权委托书"是在1999年5月由上诉人出具给被上诉人的。原审庭审时，被上诉人认为上诉人在庭审时才提出该证据已超过举证期限，不予质证。本院认为，依照《最高人民法院关于民事诉讼证据的若干规定》第34条第1、第2款及第43条第1款的规定，上诉人提交的"授权委托书"不能作为本案证据。因此，上诉人王竞未支付20 000元已构成合同违约，本案没有超过诉讼时效。

2005年4月19日，福建省高级人民法院终审判决，驳回上诉，维持原判。二审案件受理费810元，由上诉人王竞负担。

（二十二）

电影《为了明天》福建南平发行纠纷上诉案终审宣判。

2002年11月18日，福建省社会治安综合管理委员会办公室、福建省综治委预防青少年违法犯罪工作领导小组办公室出具一份《授权委托书》，共同委托福建省大众电视公司承办预防青少年违法犯罪法制宣传教育电影《为了明天》福建省发行放映宣传工作（含前期筹资购买电影发行放映权、电影拷贝和VCD的发行），委托期限至2004年4月30日止。2003年2月17日，原告福建省大众电视公司（合同甲方）与福建省电影发行放映公司（合同乙方）、福建省中兴电影院线有限责任公司（合同丙方）签订《合同书》一份，约定甲方经福建省综治委预防青少年违法犯罪领导小组办公室授权购买、组织发行放映宣传影片《为了明天》工作，独立经营该片，乙方同意甲方代理电影《为了明天》的发行、放映权，丙方同意其院线所辖影院放映该片。甲方在签约时一次性交纳给乙方该片的发行权代理费二万元、丙方院线内影院代理费三万六千元，分解到甲方所属九地市，分解额度由三方协商制定，并由甲方通知所属九个地市工作站，各工作站在放映前一次性将代理费支付给丙方。福建省《为了明天》发行放映宣传办公室组成单位成员为甲乙丙三方。合同附件四中对九地市代理费分解额度进行了约定，其中南平地区为3 000元。

三方又于2003年4月10日签订《补充协议》一份，约定甲方付给乙方、丙方的代理费变更为五万元。甲方所属九地市工作站应交的代理费由甲方自行催收。据此原告于2003年4月10日缴交《为了明天》电影分成款（代理费）24 000元。2003年2月17日，福建省电影发行放映公司、福建省中兴电影院线有限责任公司共同出具《授权委托书》《授权与经济责任认定书》各一份。

2003年3月25日，福建省《为了明天》发行放映宣传办公室（合同甲方）与被告魏萍（合同乙方）签订一份发行权许可合同，约定甲方许可乙方在南平地区内独家放映电影《为了明天》和发行VCD及广告代理。承包专营费用为73 000元，发行期限自合同生效日起至2004年6月30日止。甲方在收到乙方承包专营费全款时无偿提供一套35毫米电影拷贝和三套宣传VCD及宣传画册给乙方，乙方欲购买16毫米拷贝时，必须先付清省中兴电影院线公司代理费3 000后方可购买。原告福建省大众电视公司的法定代表人陈恺夫以甲方代表人身份在合同中签字。2003年12月5日，陈恺夫（甲方）又与被告魏萍（合同乙方）签订一份补充协议，约定：原订甲方送给乙方35毫米电影拷贝，改为三套16毫米小电影拷贝（一个大拷贝换为三个拷贝）。甲方原借给乙方的一套16毫米小拷贝的借条作废，现已付两套16毫米小拷贝给乙方，尚有一套拷贝待乙方交清8 000元时付给。按合同，乙方尚有8 000元款未付给甲方，乙方在2004年年初（4月10日之内）还清。后被告魏萍未依约还款，引起纠纷。

一审法院判决：被告魏萍支付给原告福建省大众电视公司款项8 700元及该款利息。

原审宣判后，魏萍不服，提起上诉。

2005年10月18日，福建省高级人民法院种终审判决，驳回上诉，维持原判。本案二审案件受理费人民币358元，由上诉人魏萍负担。

（二十三）

电视剧《烈火金刚》浙江发行纠纷案一审宣判。

2004年1月13日，原告天润公司与被告文广集团所属的杭州电视台生活频道就电视剧《烈火金刚》的区域播映权转让事宜，签订了转让合同书，约定天润公司将该剧在浙江地区的播映权转让给生活频道，生活频道在收到全套播出带后10日内支付天润公司转让费等共计人民币834 900元；若因故造成违约，违约方除赔偿全部经济损失外，以总标的的20%作为罚金。双方还对版权转让时间、电视剧播出时间、付款方式等作了约定。2004年5月17日，天润公司、朗星昭公司共同发函给生活频道，要求其将《烈火金刚》的节目转让费834 900元直接汇至朗星昭公司的账户。电视剧《烈火金刚》在生活频道的播出时间为2004年9月13日至24日。2004年10月20日、11月10日、12月3日，2005年1月25日、2月3日，生活频道分五次向朗星昭公司支付了节目转让费共计人民币834 900元。朗星昭公司开具了收款发票。2005年2月16日，天润公司发函给生活频道，要求生活频道尽快支付《烈火金刚》的节目转让费，并称"因为我公司与杨筱艳之间有债务纠纷，给结算带来影响，我公司表示抱歉"。

法院认为，因原告天润公司已当庭认可被告文广集团所属的生活频道已支付834 900元人民币节目转让费的事实，并放弃了第一项诉讼请求，对于节目转让费问题，本院不再赘述。对于天润公司要求文广集团支付违约金的诉讼请求，本院认为，生活频道未按照约定的时间支付节目转让费，其原因在于天润公司，天润公司自己在函中也承认是因为其与他人之间的债务纠纷给结算带来影响，因此，原告天润公司指控被告文广集团违约没有事实及法律依据。

2006年4月27日，浙江省杭州市中级人民法院判决，驳回原告北京天润巨星文化发展有限公司的诉讼请求。案件受理费15 019元，由北京天润巨星文化发展有限公司负担。

一审宣判后，双方均未上诉。

（二十四）

电视剧《盛世家园》发行与播出纠纷案一审宣判。

法院认为，国家广播电影电视总局于2003年8月20日核发电视剧发行许可证的《盛世家园》，由上海文化发展有限公司和上海九乐电脑图文制作工作室合作创作，根据《著作权法》第十三条的规定，《盛世家园》属于合作作品，该作品的性质是以类似摄制电影的方法创作的电影作品，其著作权由合作创作者上海文化发展有限公司和上海九乐电脑图文制作工作室共同享有。2003年9月15日，《盛世家园》作品共有权人之一上海文化发展有限公司将该作品的一切发行事宜（包括电视放映权等）全权授予另一共有权人上海九乐电脑图文制作工作室，属于共有权人之间互相处分权利的行为，符合法律的规定，也没有损害他人利益，合法有效。上海九乐电脑图文制作工作室因此取得了《盛世家园》作品完整的发行权和电视放映权。上海九乐电脑图文制作工作室基于其合法取得的权利，有权就《盛世家园》作品的发行权和电视放映权等进行许可转让，因此，2005年1月9日，其作为许可方将《盛世家园》作品的发行权、国内电视台电视播映版权等项权利在十年期间、在全球范围内独占许可给被许可人上海宇心文化发展有限公司，而与作为被许可人的原告订立"十八集电视连续剧《盛世家园》独家发行协议"合法有效，该协议中约定如果第三人侵犯被许可人发行该剧的利益，被许可人有权以自己的名义追究侵权人的责任，属于许可双方关于《盛世家园》作品的诉权约定，同样符合法律的规定，合法有效。在其合法独占被许可《盛世家园》作品的发行权和电视放映权期间，被许可人上海宇心文化发展有限公司取得追究涉嫌侵犯其被许可权而向侵权人起诉的权利，因此上海宇心文化发展有限公司作为原告对涉嫌侵犯《盛世家园》作品发行权和电视播映权的被告鑫宝文化公司和合肥电视台起诉适格。

被告合肥电视台基于其和被告鑫宝文化公司之间的"电视剧播出合同"，而于2005年8月至11月期间，在其电视台的生活频道和新闻频道三次播放十八集电视剧《盛世家园》作品，其因此行使了《盛世家园》作品的电视放映权，由于向其行使发行权的被告鑫宝文化公司没有依法取得《盛世家园》作品的发行权，因此其并没有根据与被告鑫宝文化公司之间的"电视剧播出合同"而合法地取得《盛世家园》作品的电视放映权，同时被告合肥电视台也没有证据证明其通过其他途径获得《盛世家园》作品的放映权，所以被告合肥电视台在其电视频道中播放《盛世家园》作品的行为侵犯了原告上海宇心文化发展有限公司对该作品享有的电视放映权，该被告在电视台上的公开放映行为消极影响原告对《盛世家园》作品电视放映权商业目的的实现，从而给原告造成经济损失，故该被告应承担停止侵权和赔偿损失的民事责任。

安徽省合肥市中级人民法院2006年9月6日判决，被告广州鑫宝影视文化传播有限公司赔偿原告上海宇心文化发展有限公司经济损失人民币108 000元、合理支出人民币15 000元，被告合肥电视台赔偿原告上海宇心文化发展有限公司经济损失人民币54 000元、合理支出人民币1 053元，驳回原告上海宇心文化发展有限公司的其他诉讼请求。本案案件受理费12 769元，被告广州鑫宝影视文化传播有限公司承担5 000元，被告合肥电视台承担4 000元，原告上海宇心文化发展有限公司承担3 769元。本案公告送达费用1 000元，由被告合肥电视台承担。

一审宣判后，几方均未上诉。

（二十五）

电视剧《站在你背后》发行纠纷案一审宣判。

2004年9月18日，原告首都艺术家协会获得电视连续剧《站在你背后》的共同著作权人广州天幕影视文化有限公司的授权，在国内外独家代理该电视剧的播映、发行、转让事宜。2004年11月，原告作为甲方与乙方被告晓军影视文化公司签订了《电视剧使用权转让合同》。2004年11月26日，被告晓军影视文化公司向首都艺术家协会支付了订金5万元。2005年9月16日，被告与北京电视台签订电视剧《站在你背后》的《电视剧播映权转让合同》，北京电视台据此于2005年9月16日至29日播出了该电视剧。2005年11月25日，被告收取了北京电视台支付的合同款项787 020元。

法院认为，根据查明的事实，原告依法取得了电视剧《站在你背后》国内外独家代理发行权，其依据该权利与被告签订的《电视剧使用权转让合同》符合法律规定，是依法成立的有效合同，合同双方均应当依约严格履行各自的合同义务。合同签订后，原告依约向被告提供了符合约定条件的电视剧作品，已经完成了其合同义务。被告虽然按约定向原告支付了部分合同款项，但在获得约定的电视剧作品使用权并在北京电视台播出该剧取得电视剧播放收入后，即在与原告约定的支付剩余合同款项的条件成就之后合理的期限内，未向原告支付剩余的合同款项，其行为显属违约，应当承担继续履行和赔偿损失的违约责任。被告经本院合法传唤未到庭应诉，亦未提出反驳证据和答辩意见，懈怠其诉讼权利和义务，由此所产生的诉讼上的不利后果应当自行承担。因当事人在《电视剧使用权转让合同》中未约定违约责任内容，原告要求被告承担违约金损失的主张缺乏依据，本院不予支持。

北京市第一中级人民法院2006年11月14日判决被告北京市晓军影视文化发展有限责任公司向原告首都艺术家协会继续支付作品使用权转让余款三十一万九千二百元，案件受理费7 298元，由被告北京晓军影视文化发展有限责任公司负担（于本判决生效之日起7日内交纳）。

一审判决后，双方均未上诉。

（二十六）

电视剧《大宅门》续集发行纠纷案达成和解。

2002年，深圳大宅门影业有限公司与世纪英雄电影投资有限公司签订《合作摄制电视剧〈大宅门〉续集（第41~72集）合同书》（以下简称《合作合同书》。），约定双方合作拍摄电视剧《大宅门》续集，大宅门公司负责具体的拍摄工作，世纪英雄公司向大宅门公司支付30%的发行利润。合同签订后，世纪英雄公司向大宅门公司支付了30万元发行利润。2005年4月27日，双方就电视剧《大宅门》续集的发行利润分配签订《备忘录》，约定世纪英雄公司支付发行利润120万元，但世纪英雄公司未按照约定及时支付120万元。大宅门公司按照《合作合同书》的约定，起诉至法院，要求世纪英雄公司支付发行利润2 341 230元及逾期付款违约金493 624.93元。经询，世纪英雄公司认可欠款事实，但表示愿意与大宅门公司协商解决纠纷。

2006年11月29日，北京市海淀区人民法院主持调解，双方当事人自愿达成如下协议：被告世纪英雄电影投资有限公司给付原告深圳大宅门影业有限公司《大宅门》续集的发行利润一百八十万元，于二〇〇六年十二月二十日前支付八十万元，于二〇〇七年一月十五日前支付五十万元，于二〇〇七年二月十日前支付五十万；如被告世纪英雄电影投资有限公司未于二〇〇七年二月十日前付清原告深圳大宅门影业有限公司上述发行利润款，则原告深圳大宅门影业有限公司有权要求被告世纪英雄电影投资有限公司于二〇〇七年二月二十八日前给付发行利润款共计二百三十四万一千二百三十元及自二〇〇七年二月十一日起至被告世纪英雄电影投资有限公司实际给付之日止以未给付的发行利润款为基数计算的利息（按中国人民银行基准年利率百分之六点一计算）；案件受理费二万四千一百八十四元（原告已预交），由被告世纪英雄电影投资有限公司负担，于二〇〇七年一月十五日前给付原告深圳大宅门影业有限公司。

（二十七）

电视剧《乡村爱情》发行纠纷案一审宣判。

法院查明：2003 年 6 月 5 日，中国人口文化促进会做出关于组织拍摄电视连续剧《庄稼院的故事》（《乡村爱情》剧之原名，以下均统称为《乡》剧）的决定。

2005 年 3 月 13 日，哈尔滨市佳农永兴复混肥料有限公司（以下简称佳农永兴）与庄稼院签订合同，约定双方共同投资合作拍摄《乡》剧，并按约定的利益分配比例取得收益。

2005 年 4 月 1 日，国家广播电影电视总局向中国电视艺术家协会影视中心（以下简称艺术家中心）颁发关于《乡》剧的制作许可证。

2005 年 5 月 13 日，庄稼院与开原金龙影视广告艺术有限公司（以下简称开原金龙）签订合同，约定庄稼院负责提供拍摄《乡》剧的相关手续和设备以及 1 000 万元费用。

2005 年 6 月 7 日，艺术家中心与庄稼院签订合同，约定艺术家中心负责《乡》剧立项审查工作并办理拍摄有关手续，庄稼院向艺术家中心支付审查劳务手续费 4 万元。

2005 年 8 月 15 日，佳农永兴与庄稼院签订合同，对双方于 2005 年 3 月 13 日所签合同予以确认，并约定因《乡》剧到账的赞助费用共计 81 万元属于双方共同收益，该款项的 60% 即 48.6 万元归佳农永兴所有；庄稼院已收到佳农永兴投资 906 万元，其中已用于《乡》剧拍摄的费用支出为 5 805 053.32 元，而账面余额为 30 978.01 元；佳农永兴投资的 906 万元中已有部分为庄稼院挪为他用，故由庄稼院承担《乡》剧拍摄所需不足部分的全部资金，庄稼院应保证《乡》剧拍摄顺利完成；双方在结算《乡》剧总收益过程中优先返还佳农永兴全部投资款，庄稼院未经佳农永兴同意不得擅自给付发行及其他收益或使用此收益等。

2005 年 12 月 31 日，佳农永兴、庄稼院、泰合百联签订合同，约定三方一致同意佳农永兴将其于 2005 年 3 月 13 日与庄稼院所签合同项下的权利和义务一并转让泰合百联，泰合百联作为合作拍摄《乡》剧的投资、发行收益人承受佳农永兴在该合同项下的全部权利和义务等。

2006 年 1 月 2 日，庄稼院与泰合百联签订发行委托协议，约定泰合百联全权处理双方共同拥有版权的《乡》剧所有发行相关事宜等。后泰合百联曾授权中央电视台播出《乡》剧。

2006 年 1 月 18 日，国家广播电影电视总局颁发关于《乡》剧的发行许可证，同意《乡》剧的制作单位艺术家中心和合作单位庄稼院在全国范围内发行《乡》剧。

2006 年 6 月 14 日，绝对挑战与庄稼院、《乡》剧剧组签订融资协议，约定绝对挑战给庄稼院、《乡》剧剧组融资 580 万元，期限为 3 个月；庄稼院、《乡》剧剧组向绝对挑战支付佣金 150 万元，该 150 万元中包括利息，庄稼院、《乡》剧剧组与借款人约定的利息由绝对挑战负责给付借款人等。同日，庄稼院与绝对挑战签订总代理发行协议书，约定庄稼院授权绝对挑战为《乡》剧发行总代理人,授予全权代理国内外发行权,授权期限为自合同签订之日起至《乡》剧发行结束止;绝对挑战为独家全权总代理,以自己的名义对外签订发行合同;庄稼院保证提供《乡》剧符合电视台播放的片子,如《乡》剧发生版权纠纷由庄稼院予以解决,并由庄稼院赔偿绝对挑战因此所致的损失;绝对挑战为庄稼院代理发行业务之时,绝对挑战享有收取代理费的权利,该代理费为发行费实际收入的40%等。后绝对挑战曾以制作《乡》剧宣传册等方式对该剧进行广告宣传,并曾向多家电视台邮寄《乡》剧相关资料。

2006年10月13日,庄稼院向泰合百联发出通知,称因泰合百联发行《乡》剧工作不力和弄虚作假等原因,庄稼院解除其与泰合百联于2006年1月2日所签合同并收回《乡》剧发行权等。

法院认为:庄稼院曾与《乡》剧制作许可证持有者艺术家中心签订合同约定艺术家中心享有《乡》剧署名权以及庄稼院享有《乡》剧著作权;且根据本院所查明的事实,佳农永兴与庄稼院曾签订合同约定双方共同享有《乡》剧著作权,佳农永兴、庄稼院、泰合百联曾签订合同约定佳农永兴将其合同权利义务转让泰合百联,庄稼院与泰合百联曾于2006年1月2日签订合同约定泰合百联全权处理《乡》剧所有发行相关事宜;绝对挑战与庄稼院在本案中所提交的证据表明,《乡》剧的著作权人之一庄稼院已将其曾经享有的《乡》剧发行权转让泰合百联。庄稼院为证明其仍享有《乡》剧发行权曾向本院提交其于2006年10月13日向泰合百联发送的解除合同通知为证,但庄稼院并未举证证明泰合百联已对该份解除合同通知予以确认,且本院已查明泰合百联已授权中央电视台播出《乡》剧从而对《乡》剧发行权实际进行处分,故本院现尚不能确认庄稼院此份单方通知已产生解除合同之法律效力,亦尚不能确认庄稼院仍享有《乡》剧之发行权。

庄稼院与绝对挑战于2006年6月14日签订总代理发行协议书,授予绝对挑战《乡》剧国内外发行权,且庄稼院与绝对挑战在本案中均持该份合同有效之意见;但《乡》剧的著作权人之一庄稼院已将其曾经享有的《乡》剧发行权转让泰合百联,本院依据绝对挑战与庄稼院所提交的现有证据尚不能确认庄稼院在签订2006年6月14日总代理发行协议书之时仍享有《乡》剧之发行权,故本院认为此份总代理发行协议书系无权处分的效力待定合同。

无权处分合同经权利人追认或者无处分权人订立合同后取得处分权方为有效。绝对挑战与庄稼院均未举证证明泰合百联等相关权利人曾对庄稼院授予绝对挑战《乡》剧国内外发行权一事予以追认,亦未举证证明庄稼院此后曾取得《乡》剧之发行权,且本院已查明泰合百联已授权中央电视台播出《乡》剧从而对《乡》剧发行权实际进行处分,故本院依据现有证据尚不能确认庄稼院与绝对挑战签订的此份无权处分的效力待定合同有效。

北京市海淀区人民法院2007年4月17日判决驳回原告北京绝对挑战国际传媒广告有限公司的全部诉讼请求。案件受理费一千元,由原告北京绝对挑战国际传媒广告有限公司负担,已交纳。

一审宣判后,几方均未上诉。

(二十八)

动画电影短片《荷》发行纠纷案一审宣判。

原告北京电影学院女教师段佳,诉被告北京电视台侵犯著作权纠纷一案,现已审理终结。

经审理查明:2000年起,段佳开始筹划创作三维动画片《荷》,其先后自北京电影学院和上海美术电影制片厂获得拍摄资金。2002年11月29日，段佳代表乙方北京电影学院与甲方上海美术电影制片厂就联合摄制《荷》达成协议。

2004年1月19日，美影厂与段佳订立一份协议，约定段佳作为《荷》片编剧、导演、艺术总监及制片人，在影片完成后与美影厂同时拥有该片的销售权，双方约定该片若由美影厂售出，应将销售额的20%付予段佳，若由段佳售出，销售额的50%归美影厂所有。

2004年2月11日，美影厂与华龙电影数字制作有限公司订立合同，委托该公司进行数字特技制作，约定费用为15万元，此前3万元由另一家公司天华苑文化艺术发展有限公司支付，余款等BETCAM带交付时支付。双方明确制作方只负责技术服务。

2004年12月15日，《荷》片获得电影公映许可证，出品单位及摄制单位均为美影厂。美影厂、电影学院和段佳各有一份带子。

在2004年中国国际广播影视博览会上，华龙数字电影制作有限公司及北京世纪梦文化艺术传播有限公司的展台上均对动画片《荷》进行了宣传和推介。北京电视台在此次展会上收到了世纪梦公司的宣传材料。

2005年1月7日，北京电视台与北京世纪梦文化艺术传播有限公司订立著作权许可使用合同，将动画片《瑶玲啊瑶玲》和短片《荷花》授权北京电视台动画卫星频道播放，使用费总计132 000元，其中《荷》为2 000元。北京电视台支付了使用费。

2005年1月24日，北京电视台在第10频道动画频道开始滚动播出《荷》，段佳向北京电视台提出异议，后北京电视台停止播放。该播放带片头显示段佳印章，结尾有中国电影集团华龙电影数字制作有限公司、北京世纪梦文化艺术传播有限公司联合推广字样，并无其他署名。

法院认为，段佳以电影的著作权人身份主张权利证据不足。北京电视台与世纪梦公司签约播放，应视为获得了段佳的许可。2006年1月10日，北京市海淀区人民法院之判决，驳回原告段佳要求被告北京电视台停止侵权（销毁作品）、赔礼道歉、消除影响、赔偿损失的全部诉讼请求。案件受理费一万五千五百一十元，由原告段佳负担（已交纳）。

一审判决后，几方均未上诉。

（二十九）

在我国影视界，当事人双方选择仲裁解决纠纷，并不多见。

申请人（甲方，中国内地某市电视台）与被申请人（乙方，香港某音乐娱乐有限公司）签订了买卖电视节目的"关于'MTV××'节目协议书"。中国国际经济贸易仲裁委员会深圳分会（以下简称深圳分会）根据申请人和被申请人签订的该协议中的仲裁条款及申请人提交的书面仲裁申请，于1997年9月9日受理了前述当事人之间关于该节目协议书争议的仲裁案。根据《中国国际经济贸易仲裁委员会仲裁规则》（1995年10月1日起施行文本，以下简称《仲裁规则》）第64条的规定，本案因申请人在申请仲裁时的仲裁请求的数额少于人民币50万元，适用简易程序。1997年10月24日，申请人申请增加仲裁请求，变更后的仲裁请求数额大于人民币50万元，《仲裁规则》第72条规定，仲裁请求的变更不影响简易程序的继续进行，所以本案继续适用简易程序。

从证据材料看，节目协议书签订后，申请人已为被申请人制作了约定的节目并播放了约定的广告，被申请人也支付了部分节目费13次共416 000港元并获得13次免费30秒××堂广告，这说明双方认可并部分履行了节目协议书。根据中华人民共和国的法律，仲裁庭认为节目协议书是有效的。

2000年5月30日,中国国际贸易经济仲裁委员会深圳分会做出如下仲裁:自本裁决作出之日起30日内,被申请人付给申请人广告费528 240港元,逾期不付,按年利率8%计付利息;自本裁决作出之日起30日内,被申请人付给申请人为办理本案支付的律师费人民币22 600元,逾期不付,按年利率10%计付利息;本案仲裁费由被申请人承担。本裁决为终审裁决。

(三十)

《新柳堡的故事》《塞外奇侠》《大家族》三部电视剧的发行纠纷上诉案终审宣判。

上诉人上海永乐电影电视(集团)公司因电视剧播映发行权转让合同纠纷一案,不服北京市第二中级人民法院(1998)二中经初字第230号民事判决,向北京市高级人民法院提起上诉,现已审理终结。

北京市第二中级人民法院一审判决:(一)创新社与攀成广告公司于1995年12月21日签订的协议书有效;(二)攀成广告公司给付永乐影视公司人民币389.75万元;(三)永乐影视公司支付攀成广告公司违约金110万元;(四)上述(二)、(三)项的款项冲抵,攀成广告公司给付永乐影视公司人民币279.75万元;(五)驳回永乐影视公司、攀成广告公司的其他诉讼请求。

永乐影视公司和攀成广告公司均不服一审判决,向本院提起上诉。

本院经审理查明:1995年12月21日,创新社与攀成广告公司签订协议书。协议约定:一、创新社拥有《新柳堡的故事》8集、《塞外奇侠》21集、《大家族》18集的3部电视剧的版权和上海地区的首播权;二、攀成广告公司一次性买断3部剧(除上海地区以外)的大陆无线播映发行权,合计人民币550万元整。创新社保证电视剧的艺术质量、技术质量;三、创新社出具播映权转让证明,审批合格的有关证明;四、为配合攀成广告公司的发行,创新社提供该3部剧的宣传资料、画册和花絮样带及片尾素材带;五、创新社协助攀成广告公司邀请片中的演员出任广告业务,所发生的费用均由攀成广告公司承担;六、攀成广告公司分三次付款:第一次自协议签订之日至15天以内支付10万元人民币定金,第二次接到创新社的全部母带当日支付人民币300万元,第三次接到母带后的1996年5月1日前付清全部金额;七、自协议签订后,即刻生效,任何一方违约,赔偿对方该协议总金额的20%;八、未尽事宜,双方可另签补充协议。

协议签订后,创新社于1995年12月22日向攀成广告公司出具授权书,该授权书载明上述3部剧的大陆无线播映发行权(不含上海地区)属攀成广告公司所有。攀成广告公司亦按约支付定金10万元人民币。1996年4月初,创新社将3部剧的母带交给攀成广告公司,其中《塞》剧没有广电部批准播映的批文,不具备播出条件,攀成广告公司未付款。直至1996年5月1日协议约定的攀成广告公司付款期限届满,创新社亦未将《塞》剧的批文交付攀成广告公司,攀成广告公司仍未付款。

攀成广告公司在与创新社签订电视剧播映发行协议后,于1996年1月至4月与全国29家电视台签订了于同年5月至6月10日前播出3部电视剧的合同。

1996年8月5日,广电部社会管理司下发《关于同意播放合拍电视剧〈塞外奇侠〉的批复》,批复同意《塞》剧在全国省级无线电视台播出,但同时要求修改电视剧中部分情节。现3部电视剧已分别在电视台陆续播放,攀成广告公司至1998年4月陆续向创新社支付人民币共计160.25万元。

另查明:《塞》剧系中外合作拍摄的电视剧,1995年9月1日广电部发布的《中外合作制作电视剧（录像带）管理规定》第18条规定"中外合作制作的电视剧在境内发行及各电视台播放，应经广播电影电视部审查批准"。

还查明：根据上海广播电影电视局沪广电（1995）221号通知、沪广电（1996）289号批复和上海市机构编制委员会沪编（1996）16号文件规定，创新社于1996年6月28日划归永乐影视公司，对外发生的权利义务由永乐影视公司继续享受和承担。现攀成广告公司对永乐影视公司的诉讼主体资格无异议。

本院认为，创新社与攀成广告公司的协议没有明确约定创新社交付电视剧审批合格证的具体时间，对此，应当按照合同中约定的有关条款、词句、合同的目的、交易习惯以及诚实信用原则予以确定。根据当事人双方协议第二条规定，攀成广告公司是一次性买断3部剧（除上海地区以外）的大陆无线播映发行权，其目的在于播映，创新社应在交付3部电视剧母带的同时交付审批合格证明。从该协议第六条关于攀成广告公司付清全部金额的期限为1996年5月1日前这一约定看，一审判决认定创新社交付《塞》剧批文的最迟期限应为1996年5月1日并无不当。

1996年4月初创新社向攀成广告公司交付《塞》剧母带时，由于没有广电部的批文，因而该母带不具备播放条件，并影响了攀成广告公司的播出计划。创新社迟延交付《塞》剧批文和合格母带的行为已构成违约，鉴于创新社已于1996年6月28日划归永乐影视公司，对外发生的权利义务由永乐影视公司继续享受和承担，故永乐影视公司应按协议约定承担违约责任。但创新社交付的《大》剧和《新》剧共26集的母带是可播放的合格母带，说明创新社已部分履行了合同约定的义务。对于创新社的部分履行，攀成广告公司有选择的权利，其既可以接受创新社的部分履行，也可以拒绝接受创新社的部分履行。攀成广告公司实际选择了接受创新社的部分履行，既然如此，就应当如期支付上述两部电视剧的相关费用，其未按约定付款，亦构成违约，应承担延期付款的违约责任。由于永乐影视公司在一审期间并未要求攀成广告公司赔偿延期付款的利息损失，而在二审中提出这一诉讼请求，本院不予支持。现3部电视剧已实际转让给攀成广告公司，且已陆续播出，故攀成广告公司应按协议约定支付剩余款项。

攀成广告公司接受了创新社的部分履行，并不妨碍其向永乐影视公司追究违约责任。造成其他损失的，亦可以要求永乐影视公司进行赔偿。由于创新社只是在迟延交付《塞》剧批文和合格母带的行为上构成违约，故攀成广告公司只能对《塞》剧的损失主张权利。本院将根据本案的实际情况确定赔偿数额。本案系电视剧播映发行权转让合同纠纷，应适用《中华人民共和国民法通则》的有关规定。

二〇〇〇年二月二十一日，北京市高级人民法院判决如下：一、维持北京市第二中级人民法院（1998）二中经初字第230号民事判决第一、二、三项；二、撤销北京市第二中级人民法院（1998）二中经初字第230号民事判决第四、五项；三、北京攀成广告有限责任公司支付上海永乐电影电视（集团）公司违约金人民币110万元；四、上海永乐电影电视（集团）公司赔偿北京攀成广告有限责任公司广告费损失1 368 613元；五、上述各项费用冲抵后，北京攀成广告有限责任公司给付上海永乐电影电视（集团）公司人民币2 528 887元（于本判决生效之日起10日内付清），如逾期给付，按中国人民银行同期贷款利率加倍支付迟延履行期间的债务利息；六、驳回上海永乐电影电视（集团）公司、北京攀成广告有限责任公司的其他诉讼请求。一审本诉案件受理费34 998元，由北京攀成广告有限责任公司负担（于本判决生效之日起7日内交纳）；诉讼保全费25 520元，由北京攀成广告有限责任公司负担（已交纳）；反诉案件受理费35 950.5元，由上海永乐电影电视（集团）公司负担24 769.9元（于本判决生效之日起7日内交纳），由北京攀成广告有限责任公司负担11 180.6元（已交纳）。二审案件受理费70 948.5元，由上海永乐电影电视（集团）公司负担24 769.9元（已交纳），由北京攀成广告有限责任公司负担46 178.6元（于本判决生效之日起7日内交纳）。

本判决为终审判决。

（三十一）

电视剧《火烧阿房宫》发行纠纷上诉案终审宣判。

上诉人北京晓庆文化艺术有限责任公司（以下简称晓庆公司）因与被上诉人深圳同安药业有限公司（以下简称深圳同安公司）、原审被告通化电视台随片广告协议纠纷一案，不服通化市中级人民法院（1998）通中经初字第207号民事判决，向吉林省高级人民法院提起上诉，现已审理终结。

一审判决：被告晓庆公司于本判决生效后10日内赔偿原告深圳同安公司损失1 012 500元。案件受理费22 710元，由原告深圳同安公司负担13 650元，被告晓庆公司负担9 060元。

一审判决后，晓庆公司不服，上诉要求撤销原判决。

二审法院认为，上诉人晓庆公司共在全国206家电视台为被上诉人播放了随片广告，被上诉人深圳同安公司仅能证明206家电视台中有5个电视台在主频道约定中存在播出不当的问题。虽然被上诉人主张及一审法院认定了上诉人有12家电视台未在黄金档期播出，但经二审核查仅有2家电视台未在黄金档期中播放，上诉人仍有204家电视台在黄金档期中播出，仍然完成了合同约定的数额，不能证明上诉人该项存在违约的事实；上诉人在开播时间上也没有违反合同的约定；被上诉人因不能提供损失的事实依据和赔偿损失的法律依据，因此，被上诉人要求赔偿损失的请求亦无依据。综上，一审法院以上诉人"晓庆公司未按协议的规定履行在'黄金档期、主频道中播出广告'合同义务，其不适当地履行行为致使双方所签订的协议目的不能完全实现，在一定程度上给原告深圳同安公司造成了经济损失，故原告深圳同安公司要求赔偿损失的请求中合理部分应予保护"的立论认定有误。但鉴于晓应公司在5个省会城市电视台的主频道问题上履行合同不当，按合同约定应当适当重播。考虑到重播广告未必是有意义的行为，也不便于执行，因此本院确定以总广告费与总播放台数的平均费用，扣减5个电视台的广告费，总播台数为206家，总费用2 700 000元，平均每个电视台为13 100元，5家电视台共扣减65 500元。

关于未按播出时间表播出广告的问题，一审法院虽然认定了有44家电视台未按播出时间表播放广告，但并未将此事实作为违约责任加以确认，双方当事人对此也无争执。本院认为，双方当事人虽然在合同约定了在开播前向乙方（被上诉人）提供播出时间表，但并没有约定一定按照播出时间表播出，也就是说是否按时间表播出广告，不是履行合同的实质要件，仅仅是履行合同的程序条件。而且双方在合同和会议纪要中均约定了播出后由各电视台提供广告播放回执，出现争议以广告播出回执为准，因此，是否按时间表播放广告的问题，不构成违约事实。

二〇〇〇年十一月十五日，吉林省高级人民法院终审判决：一、撤销通化市中级人民法院（1998）通中经初字第207号民事判决。二、深圳同安公司在给付晓庆公司的广告费用总额扣减65 500元。一、二审案件受理费共计45 420元，由深圳同安药业公司负担40 000元，由晓庆公司负担5 420元。

（三十二）

原告北京农村商业银行股份有限公司门头沟支行与被告北京幻聪影视文化有限公司金融借款合同纠纷案，于2009年3月24日宣判。

法院审理查明，2007年3月15日，幻聪公司与农商行门头沟支行订立（2006）年（借）字（32）号借款合同，约定农商行门头沟支行向幻聪公司提供短期借款500万元人民币。同日，农商行门头沟支行与幻聪公司签订（2006）年（质）字（32）号质押合同，约定幻聪公司以电视连续剧《生死邂逅》《非常道》《烈火金刚》《沙家浜》著作权中的财产权为上述借款提供质押担保，质押担保范围为主合同项下的债务本金及其利息、罚息、复利、违约金、损害赔偿金、实现质权和债权的费用（包括但不限于诉讼费、律师费、差旅费等）和其他应付费用；质物价值14 024 500元。

本院认为，农商行门头沟支行依约放贷履行了合同义务，幻聪公司作为借款人，在借款期限届满后，未能履行全部还本付息的合同义务，构成违约，除偿还借款本金、利息外，还应当按照约定承担逾期还款的违约责任。农商行门头沟支行请求支付借款逾期后利息、复利、罚息，实质为借款人逾期付款违约金，双方对此明确约定了计算标准，本院依约判定。幻聪公司以著作权中的财产权出质，并与质权人农商行门头沟支行共同向管理部门办理了出质登记，在质押担保的主债权未受清偿时，根据质押合同约定，农商行门头沟支行有权对质押的权利进行转让或许可他人使用，以取得的转让费、许可费优先受偿。农商行门头沟支行未提供为实现债权而支付除诉讼费外其他费用的证据，其相应诉讼请求，无事实依据，本院不予支持。根据我国民事诉讼法的规定，当事人有答辩并对对方当事人提交的证据进行质证的权利，本案被告幻聪公司经本院合法传唤，无正当理由拒不出庭应诉，视为其放弃了答辩和质证的权利。综上，农商行门头沟支行提出的相应诉讼请求，有事实及法律依据，本院予以支持。

法院判决：一、被告北京幻聪影视文化有限公司于本判决生效之日起十日内偿还原告北京农村商业银行股份有限公司门头沟支行借款本金四百八十七万元及截至二〇〇八年十二月二十日利息四十六万零二百三十二元九角八分，共计五百三十三万零二百三十二元九角八分；二、被告北京幻聪影视文化有限公司于本判决生效之日起十日内给付原告北京农村商业银行股份有限公司门头沟支行逾期付款违约金（以借款四百九十五万元为本金、自二〇〇八年十二月二十一日起至十二月三十日止，以借款四百八十七万元为本金、自二〇〇八年十二月三十一日起至借款实际付清之日止，均按约定借款利率月息千分之五点八六五的百分之一百三十标准计算）；三、被告北京幻聪影视文化有限公司不履行债务时，原告北京农村商业银行股份有限公司门头沟支行有权依法以被告北京幻聪影视文化有限公司质押的著作权中的财产权折价或者拍卖、变卖的价款优先受偿［质押作品名称及质押著作权：《生死邂逅》在中国大陆地区（不含港、澳、台地区及首轮黑龙江省、陕西省、青海省、甘肃省、新疆维吾尔自治区）有线、无线和卫星电视放映权；《烈火金刚》在中国大陆地区（不含港、澳、台地区）电视台和电视频道的独家放映权及音像制品发行权；《非常道》在全国范围内除北京、江苏、浙江、湖北、河北、西北五省以外地区的无线、有线电视放映权；《沙家浜》电视剧的发行权］；四、驳回原告北京农村商业银行股份有限公司门头沟支行其他诉讼请求。如果被告北京幻聪影视文化有限公司未按本判决指定的期间履行给付金钱义务，应当依照《中华人民共和国民事诉讼法》第二百二十九条之规定，加倍支付迟延履行期间的债务利息。案件受理费二万四千五百五十六元，由被告北京幻聪影视文化有限公司负担，于判决生效之日起七日内交纳。

(三十三)

北京中视精彩影视文化有限公司（以下简称精彩公司）因与山西龙鹏文化传播有限公司（以下简称龙鹏公司）合作创作合同纠纷一案，不服山西省高级人民法院（以下简称二审法院）(2013)晋民终字第147号民事判决，向最高人民法院申请再审，现已审查终结。

最高人民法院查明：2010年8月30日龙鹏公司与精彩公司签订《25集电视连续剧〈红军东征〉合拍合同书》，双方约定：该剧由龙鹏公司全额投资，总投资1700万元；龙鹏公司为该剧的出品人、总监制、总策划、总制片人；精彩公司负责拍摄制作和宣传发行；该剧所得利润双方5:5分成（利润=发行总收入-投资成本-发行成本）。合同签订后，龙鹏公司分期向精彩公司支付投资款共计1540万元。该剧于2011年2月19日拍摄完毕。

关于精彩公司在本案二审期间提交的丰德公司、聚力公司出具的《证明》《企业询证函》及《补充协议》是否属于新证据问题。首先，精彩公司提交上述证据的目的，是要证明其未足额收到丰德公司、聚力公司支付的发行款。根据一审、二审法院查明的事实，一审期间，精彩公司在其有义务且有能力提交相关证据的情况下，不仅没有积极举证，且在一审法院调查取证时不予协助，故一审法院根据精彩公司分别与丰德公司、聚力公司及广州市得金文化传播有限公司所签合同的约定，以及相关媒体已播放涉案电视剧的情况，认定精彩公司分别从上述三个公司收到发行款共计943.5万元，在扣除15%的发行费用141.5万元后，判令精彩公司向龙腾公司支付802万元，并无不当。二审法院以精彩公司在二审期间提交的上述证据不属于新证据，未予采信，不违反《最高人民法院关于适用〈中华人民共和国民事诉讼法〉审判监督若干问题的解释》的相关规定。对于精彩公司与丰德公司、聚力公司之间如因合同履行而产生纠纷，二审法院认为应另案处理，符合合同的相对性原则，亦无不当。

综上，2014年11月4日最高人民法院判决，驳回精彩公司的再审申请。

(三十四)

电视剧《爱在阳光空气中》发行纠纷案宣判，北京激动星影视有限公司胜诉。

法院经审理认定，被告广东精锐影视传播有限公司精（甲方）与北京激动星影视有限公司（乙方）签订的《发行协议》及补充协议系精锐影视公司和激动影业公司真实意思的表示，未违反法律和行政法规的强制性规定，系合法有效的合同。《发行协议》约定精锐影视公司将《如》剧（后改名《爱在阳光空气中》）版权转让给激动影业公司，由激动影业公司支付相应费用。《发行协议》约定的第三笔100万元的付款时间，补充协议重新做了约定，变更为三次付款。从激动影业公司对第三笔100万元的实际付款日期看，虽然比补充协议约定的时间晚，但就此激动影业公司作出了合理解释，在精锐影视公司未到庭未答辩的情况下，本院对激动影业公司的解释予以采纳。因此本院认定激动影业公司已经按约支付了相应费用，因而享有了发行《如》剧的权利。此后，激动影业公司现在《如》剧许可证下发的一年内，对《如》剧进行了电视台和音像制品的发行，取得了总计1 254 240元的收入，这个收入并未达到《发行协议》约定并保证的《如》剧每集发行达到32万元的标准。按照《发行协议》约定，如果发行没有达到上述标准，对于差额部分精锐影视公司应在7个工作日内补偿激动影业公司。现激动影业公司主张应由精锐影视公司补偿费用1 299 156元，符合《发行协议》约定，本院予以支持。对于激动影业公司主张的利息损失，属于其因精锐影视公司违约而遭受的经济损失，计算方法未违反法律规定，本院亦予以支持，但起算日期应当按《发行协议》约定的补偿期限计算,即发行许可证下发之日(2006年9月29日)起满1年后的第7个工作日的次日。

2009年3月20日,北京市朝阳区人民法院判决,被告广东精锐影视传播有限公司补偿原告北京激动影业有限公司一百二十九万九千一百五十六元,并赔偿原告北京激动影业有限公司自二〇〇七年十月七日起到实际付清之日止本金为一百二十九万九千一百五十六元的利息(利率标准按中国人民银行同期贷款利率计算)。

(三十五)

将海外发行权买断又卖出,电视剧《浪漫的西街》发行纠纷案宣判,北京佳群企业文化传播有限公司玩得高明。

2004年5月20日,原告北京佳群企业文化传播有限公司(以下简称佳群公司)与北京中亚影视文化艺术中心(以下简称中亚中心)签订《电视连续剧〈第一天就爱你〉海外发行购买协议书》,约定佳群公司出资70万元购买20集电视连续剧《第一天就爱你》的海外全世界的全部发行销售权、署名权及其收益,但佳群公司不拥有该剧的其他知识产权。另,该协议还约定,中亚中心作为该剧的制作方,负责解决拍摄资金,享有该剧所有的知识产权和保护权;未经中亚中心同意,佳群公司不得以任何形式将该剧的知识产权转让给第三方。同年7月29日,佳群公司与中亚中心又就上述协议书签订了附件,提及由于中亚中心违约,致使拍摄工作延期长达25天,但双方愿意继续合作。2005年11月10日,佳群公司与被告北京世贸影视文化传媒有限公司(以下简称世贸公司)签订《项目转让协议》,约定佳群公司将涉案电视剧《第一天就爱你》的海外发行权转让给世贸公司,转让费总计40万元。合同签订当日,世贸公司向佳群公司支付了第一笔转让费20万元。涉案电视剧导演叶鸿伟代世贸公司接受了已经拍摄完成的79盘母带和306张场记单。嗣后,该剧改名为《浪漫的西街》,在北京电视台播出。

法院认为:根据双方《项目转让协议》约定的付款方式,世贸公司应当在涉案电视剧实际停机后5日内向佳群公司支付第二笔转让费20万元。尽管佳群公司现不能说明涉案电视剧的具体停机时间,但鉴于该电视剧已经于2008年2月在北京电视台播出,因此该电视剧的停机时间理应在2008年2月之前。世贸公司应当在停机后的5日内支付第二笔转让费,但世贸公司却至今仍未支付该笔费用,显然违反了双方合同约定。双方合同中关于如世贸公司未依约支付第二笔转让费,合同则视同无效的约定,实际上是约定了合同解除的条件,即如果世贸公司未依约履行支付第二笔转让费的义务,佳群公司有权解除合同。现该解除合同的条件已经成就,双方签订的《项目转让协议》理应解除。另外,根据双方合同约定的违约条款,世贸公司应当承担金额为总转让费20%,即8万元的违约金。

综上,2009年2月4日,北京市朝阳区人民法院《中华人民共和国民事诉讼法》第一百三十条之规定,判决:一、解除北京佳群企业文化传播有限公司与北京世贸影视文化传媒有限公司签订的《项目转让协议书》;二、北京世贸影视文化传媒有限公司于本判决生效之日起十日内向北京佳群企业文化传播有限公司支付违约金八万元。

(三十六)

韩国奸商来华一片两卖,二审判决令其阴谋破灭。

上诉人边康文(大韩民国公民)因著作权权属纠纷一案,不服中华人民共和国北京市第二中级人民法院(2008)二中民初字第498号民事判决,向北京市高级人民法院提起上诉。

北京市第二中级人民法院一审判决，确认全荣杰对涉案动画片"彩虹精灵童童"第1～18集享有著作权。

二审查明：2003年10月12日，全荣杰与边康文签订《著作权转让合同书》，边康文将其享有的动画片"彩虹精灵童童"1－18集的著作权中的所有权利在中华人民共和国大陆以及香港、台湾地区范围内永久性转让给全荣杰，全荣杰于2003年12月10日前用现金支付边康文转让费美元54 000元。同日，边康文出具《著作权转让书》，证明其是该片著作权人，将该片著作权永久性转让给全荣杰。上述《著作权转让合同》和《著作权转让书》均由大韩民国驻华大使馆领事进行了公证。2003年12月8日，全荣杰向边康文支付该片著作权转让费人民币446 580元（54 000美元×8.27），边康文出具了相应的收据，该收据同时加盖了边康文的个人名章。后全荣杰将上述《著作权转让合同书》向国家版权局申请备案，国家版权局于2004年3月26日颁发著作权登记证书，对该合同予以备案。

在本院审理本案过程中，双方均认可边康文系大韩民国无限娱乐株式会社的法定代表人，也是该公司的主要股东。

本院认为，根据全荣杰提交的该片韩语版光盘署名制片人为边康文、边康文作为该动画片的著作权人与全荣杰签订《著作权转让合同书》、出具《著作权转让书》及以其名义出具转让费收据等一系列事实，可以认定边康文为涉案动画片的原始著作权人。边康文在二审审理过程中依据韩国著作权审议调停委员会北京代表处于2007年6月15日出具的证明，主张该片的著作权归属于无限娱乐株式会社，但是，鉴于其在一审审理过程中无正当理由未参加诉讼，故该证据不属于二审中的新证据；且从该证明的内容来看，仅能证明无限娱乐株式会社自称其享有涉案动画片的著作权，而边康文与无限娱乐株式会社之间具有利害关系，因此，该证明并不足以推翻边康文为涉案动画片的原始著作权人的事实。

边康文还主张，根据韩国无限娱乐株式会社与北京志虹文化传播中心于2003年10月12日签订的协议书和附加协议，韩国无限娱乐株式会社为涉案动画片的著作权人，且附加协议约定如果全荣杰没有付清2亿韩元的转让费，著作权不发生转移，而全荣杰并没有支付这笔转让费，故著作权并没有发生转移。但鉴于边康文在一审审理过程中无正当理由未参加本案诉讼，故该证据不属于二审中的新证据；且其在二审中提交的上述协议书和附加协议，亦不符合我国民事诉讼法规定的证据的有效形式，不能作为证据使用。据此，全荣杰请求确认其对涉案动画片享有著作权，理由正当，本院予以支持。

2009年4月10日，北京市高级人民法院终审判决，驳回上诉，维持原判。

（三十七）

动画片《啦啦星球》著作权纠纷历经二审达成调解，毕业生与校外民企勾结蚕食母校，中国传媒大学一无所获。

上诉人中国传媒大学、上诉人中传映画（北京）数码科技有限公司（以下简称中传映画公司）、上诉人胡永不服北京市朝阳区人民法院（2007）朝民初字第24009号民事判决，向北京市第二中级人民法院提起上诉。中国传媒大学请求撤销原审判决，认定中国传媒大学不侵权。中传映画公司、胡永请求撤销原审判决，确认《啦啦星球》的著作权归属胡永所有，驳回天津百竹映画科技有限公司（以下简称天津百竹映画公司）的诉讼请求。

胡永为该片总导演，该剧于2005年开始制作，于2006年8月基本完成。2006年5月9日，天津百竹科技公司、环球映画（北京）数码科技有限公司（以下简称环球映画公司）、天津百竹映画公司共同签署了一份《投资财产确认书》，确认：截至2005年12月31日，环球映画公司已完成该片前13集制作，该部分动画品及其全部知识产权和围绕其产生的所有衍生产品之设计形象的著作权自天津百竹映画公司成立之日（2006年3月20日）转移到天津百竹映画公司名下；对于环球映画公司后续制作完成该片，此部分动画片的全部知识产权及围绕其产生的所有衍生产品之设计形象的著作权，自各集作品实际完成之日作为其出资财产转移至天津百竹映画公司名下。该片全部知识产权和围绕其产生的所有衍生产品之形象设计的著作权作价350万元入股，环球映画XCS角色动画制作系统V1.0的计算机软件著作权作价140万元入股，验资前须完成该软件著作权变更登记。双方当事人认可现剪辑后的36集版属环球映画公司投入到天津百竹映画公司490万元中的无形资产。2006年11月20日，中国传媒大学电视制作中心以制片机构的名义，就该片向国家广电总局申报国产动画片发行许可证。2007年2月5日，国家广电总局签发（广宣）动审字（2007）第001号国产电视动画片发行许可证。

2008年6月20日，本案在审理过程中，经北京市第二中级人民院主持调解，双方当事人自愿达成如下协议：一、天津百竹映画科技有限公司、中国传媒大学、中传映画（北京）数码科技有限公司和胡永同意该片的著作权在本协议书签订之前归属天津百竹映画科技有限公司所有。二、天津百竹映画科技有限公司同意将该片的著作权在胡永履行下列义务的前提下转让给胡永：1. 受让人胡永须将该片的著作权转让费共计三百五十万元于2008年8月30日前付至北京市第二中级人民法院，由本院转交给转让人天津百竹映画科技有限公司。2. 上述著作权转让完成后，天津百竹映画科技有限公司有权继续免费使用该作品进行项目申报，相关所得及费用由天津百竹映画科技有限公司自行享有和承担，著作财产权由受让方享有。3. 如果胡永履行了上述约定，胡永享有该片著作权的时间自其付清全部款项之日其计算。天津百竹映画科技有限公司放弃在本案中对中国传媒大学提出的诉讼请求。三、一审案件受理费一万八千三百元，由天津百竹映画科技有限公司负担（已交纳）；二审案件受理费一万八千三百元，由中传映画（北京）数码科技有限公司和胡永共同负担（已交纳）。

(三十八)

版权约定不清，电视剧《庚子风云》投资与海外版权转让案二审宣判。

2005年11月18日，梦舟公司（甲方）与台湾凡泰斯媒体科技股份有限公司（以下简称凡泰斯公司）（乙方）签订《联合投资拍摄电视连续剧〈庚子西京记〉合同书》，约定双方联合投资拍摄电视连续剧《庚子西京记》，甲方投资1 500万元，乙方投资500万元。

2007年3月12日，梦舟公司（甲方）与凡泰斯公司（乙方）签订"增补修订协议"，《庚子西京记》更名为《庚子风云》，约定乙方愿以每集1.5万美元的价格购买该片在中国大陆地区以外的海外版权。乙方就前述买卖价金的支付义务，以乙方对甲方的投资款返还请求权进行抵销。即1.5万美元乘以实际集数计算出买卖价金后，再就甲方应返还乙方投资款人民币514万元进行冲抵。在该合同的第二条中，有手写文字部分："乙方需提供14万元人民币的支出账单"。该部分文字加盖了梦舟公司的公章，未加盖凡泰斯公司的公章。

2007年7月6日，梦舟公司（甲方）与凡泰斯公司（乙方）签订《〈庚子风云〉电视剧海外版权转让合同》，约定甲方向乙方转让其拥有著作财产权的《庚子风云》电视剧的海外版权。双方确认合同标的集数为39集，乙方应支付转让金585 000美元（每集单价15 000美元），该价金由甲方自其应返还乙方的投资款新台币20 831 274元（折合630 295美元）中直接抵扣。甲方应在2007年8月31日之前，自其须返还乙方投资款630 295美元中抵扣乙方应支付的海外版权转让金585 000美元，将所余款项45 295美元返还乙方。合同签订后，梦舟公司未按约定支付凡泰斯公司所余款项。

北京市第二中级人民法院一审认为：梦舟公司与凡泰斯公司签订的《〈庚子风云〉电视剧海外版权转让合同》合同合法、有效。合同除对《庚子风云》电视连续剧海外版权转让作出约定外，亦对此前的相关款项进行了结算，在扣除凡泰斯公司支付梦舟公司的版权转让费后，确定梦舟公司应当返还凡泰斯公司投资款45 295美元。此后梦舟公司并未履行给付义务，现凡泰斯公司主张梦舟公司支付该款及利息，理由正当，应予支持。梦舟公司要求凡泰斯公司提供支出凭证，与本案所涉《〈庚子风云〉电视剧海外版权转让合同》无关，其以此作为不支付款项的抗辩意见，依据不足，不能成立。因此，一审判决：梦舟公司于判决生效之日起十日内支付凡泰斯公司人民币三十二万二千三百五十五元四角六分，并按照中国人民银行同期存款利率支付前述款项的利息（自二〇〇七年九月一日起计算至实际付款之日止）。

梦舟公司不服一审判决，提起上诉。2009年3月16日，北京市高级人民法院终审判决，驳回上诉，维持原判。

（三十九）

电影《燕衔泥》发行纠纷案宣判，制作方不懂故未发行，判赔90万元。

原告北京市房山区青少年服务中心，系共青团房山区委员会开办的事业单位法人。2006年4月28日，原告与被告北京璟霖影视文化发展有限公司就拍摄制作电影《风逝》签订合作协议，内容为电影属原告命题，由被告邀请资深编剧完成剧情梗概及全部剧本；剧情梗概按原告意见修改完毕并通过后，双方签订合作协议，原告向被告支付全额制作费用，被告持梗概办理申报立项；制作费为75万元，原告分三次付清；原告负责向被告提供食宿、拍摄场地、电源、当地群众演员、部分当地设备及衣物等所需支持；被告负责搭建资深摄制班子，保证电影顺利制作完成；被告负责电影前期、后期宣传；影片片头、片尾冠名等具体事宜由原告负责名单；被告负责电影的发行及投资回收，自第一笔投资进账日期算起，一年内必须返还，返还金额为90万元，其中，被告的经办人为卢影。2006年5月21日，原、被告签订一份补充协议书，约定将《风逝》改名为《燕衔泥》，被告委托卢影签署协议书。协议签订后，原告依约履行了义务，陆续给付被告75万元。2007年3月5日，《燕衔泥》取得了电影片公映许可证。

北京市房山区人民法院认为：原告依约履行了义务，支付了75万元的制作费，被告应依约返还相应的回收款，其至今未履行返还回收款的义务，应为违约。故对原告要求被告支付回收款90万元的请求，本院予以支持。原告自愿放弃要求被告支付利息的诉讼请求，本院对此不持异议。被告经本院合法传唤，无正当理由未到庭参加诉讼，本院依法缺席判决。据此，2008年12月20日判决，被告北京璟霖影视文化发展有限公司给付原告北京市房山区青少年服务中心回收款九十万元。如果未按本判决指定的期间履行给付金钱义务，应当依照《中华人民共和国民事诉讼法》第二百二十九条之规定，加倍支付迟延履行期间的债务利息。案件受理费一万二千八百元，由被告北京璟霖影视文化发展有限公司负担（于本判决生效后七日内交纳）。

（四十）

电影《天使》制作方不懂且未发行，败诉，损失六十余万元。

2006年9月13日，原告大连五佳国际贸易有限公司与被告北京夺麦影视文化有限公司签订电影《天使》投资协议，约定联合拍摄该片，夺麦公司及相关合作单位主要负责该剧的策划、制作、发行和运营，五佳公司主要负责全部所需现金投资部分。双方确定该剧的总投资为人民币 300 万元，投资全部由五佳公司承担，资金按摄制计划投入夺麦公司摄制组。协议签订后支付其中的 30% 共 90 万元，开机前支付 50% 共 150 万元，后期制作支付 20% 共 60 万元；双方同意夺麦公司主要负责该剧项目管理和运营工作，并同意以项目运营包干的方式确保五佳公司 300 万元投资资金和 20% 的项目投资利润共 360 万元于 2007 年 8 月前收回。夺麦公司以全剧版权为五佳公司提供担保和权益保证；双方同意夺麦公司为该剧专门设立以夺麦公司名义开设的一般专用账户，设立项目财务专管人员，五佳公司有权随时查验该账户的资金明细情况，检查监督和经营资金往来，该剧制作完成后夺麦公司向五佳公提供相关决算审计报告，供五佳公司审查。

2006 年 9 月 18 日至 12 月 25 日，五佳公司分 6 次向夺麦公司汇款 300 万元，夺麦公司开具了收款收据。

另查，2006 年 8 月 17 日，夺麦公司与北京中青英豪影视文化有限公司（以下简称中青英豪公司）签订了合作框架协议，约定鉴于中青英豪公司合法拥有电影《天使》（又名《你是天使》）剧本电影摄制权和国家广电总局电影局对该电影摄制的立项批复，夺麦公司有投资和运营电影的实力和合作意向，双方就拍摄电影《天使》进行合作。

2007 年 5 月 29 日，国家广电总局电影审查委员会向中青英豪公司出具决定书，电影《天使》已经通过审查。

北京市朝阳区人民法院院认为，五佳公司履行了投资义务，电影已经拍摄完毕并通过审查，夺麦公司应该按照合同约定向五佳公司返还投资并支付利润。现五佳公司依据合同约定要求其返还投资并支付利润的诉讼请求，符合合同约定和法律规定，本院予以支持。夺麦公司的答辩理由不能成立，本院不予采纳。综上，2008 年 10 月 12 日，该院判决被告北京夺麦影视文化有限公司于本判决生效之日向原告大连五佳国际贸易有限公司返还投资款三百万元，被告北京夺麦影视文化有限公司于本判决生效之日向原告大连五佳国际贸易有限公司支付利润六十万元，案件受理费一万五千四百元，保全费五千元，由被告北京夺麦影视文化有限公司负担（本判决生效后七日内交纳）。

（四十一）

电影《武林外传》票房分账起纷争，对簿公堂。

2012 年 6 月 15 日，电影《武林外传》版权人和投资人郝亚宁在微博上传了状告中影的法院传票，起诉中影在电影《武林外传》上映一年多后，依然拒绝支付投资收益，并拒绝履行合同条款。

记者连线郝亚宁，他表示本来至少应拿到 8 000 万元的收益，但中影至今只支付了 500 万元，而且也一直无法看到中影的账目明细。郝亚的联盟影业投资有限公司从 2006 年开始投资《武林外传》项目，其中包括其电视剧、电影、动画片、话剧、网游等，而他也是 2011 年初上映的电影版《武林外传》最大投资方。电影版《武林外传》是与中影集团联合投资的电影，由中影发行。中影公布《武林外传》的票房收入是 1.9 亿元，但中影至今只支付了 500 万元，而且我们看不到他们的账单。合同里说好每 15 天提供账单，但他们一直没有给我们看账单。虽然中影公布《武林外传》票房是 1.9 亿元，但郝亚宁表示这其实并不是完全的票房统计，这 1.9 亿元是 2011 年上映的当月票房，其他票房到哪去了，就没有人知道了。

据此，北京联盟影业投资有限公司将中国电影集团公司制片分公司诉至北京市第一中级人民法院，要求被告支付其102 494 615元。被告提出管辖权异议，2012年7月18日，一中院驳回被告该异议。庭审中，双方达成和解，继续按合同约定，参照票房账目实际数额，进行分账，原告撤诉。

本章综评

　　影视发行，是一个普通公众不了解的领域，即使很多影视导演都不太熟悉，很少涉足。与影视制作具有很强技术性与艺术性不同，影视发行靠市场营销与公共关系。我国《著作权法》第十条如是解释"发行"："发行是指以出售或者赠与方式向公众提供作品的原件或者复制件的权利。"发行，上承制作，下启播映，发行之于影视剧好比营销之于产品，发行方与制片方、播映方进行多方博弈，巧妙运用谈判技巧，订立发行合约，达致各方共赢的良好局面。发行是否成功，直接决定这影视投资能否收回，能否盈利。

　　影视发行，其实应划分为电影发行和电视剧发行两类，区别对待。电影发行的目标首先是院线，其次是电视频道，再次是音像，又次是网络，最后是海外。电视剧发行的目标首先是电视频道，其余与电影发行相同。但是，由于电影的历史比电视悠久，电影的艺术性更强，所以电影的海外发行比电视剧更重要。整体上看，由于存储介质、播映技术、观看方式等存在显著差异，相对而言，电影发行比电视剧发行复杂得多，中间环节更多，人为因素更多，更不透明，更难以把控。正因如此，影视实践中发行方与投资方、发行方与制片方、发行方与播映方常会发生纠纷，互相指责，锱铢必较，以至反目成仇，对簿公堂。追根溯源，乃发行方的逐利天性使然，乃发行人的商人本质使然，也是我国影视发行机制的不健全、体制的不健康使然。本章这16节及41则"类案集萃"，都是影视发行诉讼，涉及发行合同中常见的漏洞与欺诈伎俩，涉及票房分账中常见猫腻与骗术，足以令影视界内外引以为戒，汲取良多。

　　第五节是本章的一大亮点。当江苏影迷被电影《下辈子还做母子》感动之时，该片投资方与发行方却因合同履行掀起轩然大波。将投资方提供的248份学校调查表及相关原始凭证与发行方上报的《影片映出成绩日报表》《电影放映收入结算表》进行对比，发行方瞒报票房的事实昭然若揭，大白于天下。可见，不是电影票房高深莫测，而是人心讳莫如深，人性深不可测。兼具道德准则和法律规则的诚实信用原则在影视发行中弥足珍贵，举足轻重。第七节、第十七节的（一）（二十七）（三十）（四十一）也颇有嚼头，再次印证了诚信之难能可贵。

　　事实上，发行的专业性很强，一点都不比制作简单、轻松。发行之成败，在很大程度上取决于宣传与包装，能否在这两方面别出心裁、独树一帜、棋高一等至关重要。在我国影视产业日益市场化的当下，面对互联网一日千里的迅猛势头，

　　影视发行的分工日益细化，线上与线下、虚拟与实体、本土与海外、首播与二轮、地面与卫视、胶片与数字、母带与拷贝等都是必须要周密考虑的因素。放眼全球，一流的制作公司莫不拥有一流的发行团队，只有这样才能为自己量身定做最佳发行方案，才能有的放矢，才能事半功倍，才能四两拨千斤。

（杨新磊　李红梅）

第五章 播映之争

第一节 体制的"亚马逊",孰能冲出

【原告】 国家广播电影电视总局电影卫星频道节目制作中心
【被告】 中国教育电视台

【原告诉称】

我中心是具有事业单位法人资格的专业原告。2001年,我中心与中国人民解放军八一电影制片厂(以下简称八一厂)共同投资摄制了电影作品《冲出亚马逊》(以下简称《冲》片),双方通过《合作协议书》约定,我中心独家享有该作品的电视播映权及由此产生的发行收益权。《冲》片放映后获得了社会公众的广泛好评,先后获得"2001年中国电影华表奖"、"2002年中国电影金鸡奖"及"2003年大众电影百花奖"等奖项。我中心后发现,被告未经许可于2005年9月10日在该台1套的周末影院栏目中,播放了《冲》片,且在片前及播出过程中插播了广告。我中心在发现被告的上述行为后,希望能够协商解决上述纠纷,但由于被告拒绝配合,致使纠纷没能解决。我中心根据该协议独家享有的电影作品《冲》片的电视播映权及由此产生的发行收益权,受法律保护。被告事先未取得我中心许可即在电视中播放《冲》片,已经侵犯了我中心对《冲》片独家享有的电视播映权及由此产生的发行收益权。同时由于被告是国家级电视台,其收视率高、覆盖面广,周末影院栏目的播出时间又是在黄金时段,被告在该时段播放《冲》片的行为,严重降低了作品新颖性,被告的行为已经给原告造成了巨大损失,应当承担侵权赔偿责任。为维护自身合法利益,特提起诉讼,请求判令被告未经原告授权不得播出《冲》片,判令被告偿付原告经济损失人民币十万元,判令被告支付原告为制止侵权行为的合理支出20 213元,判令被告负担本案诉讼费用。

【被告辩称】

我台播出《冲》片,是遵照中央有关精神和领导指示为青少年教育宣传使用,系合理使用。我台是公益性事业单位法人,根据有关中央文件精神,播出行为的目的是为了让更多的未成年人接受更好的爱国主义教育,播出后在广大青少年中反响强烈。我台的播出行为贯彻领导指示,是课堂之外的教育教学,且收到了明显的社会效果,相应行为应通过相关部门协商解决,原告起诉造成我台播出计划被打乱,给我台造成了损失。原告称我方因此获利无

事实依据,广告价格表与实际广告价格无关,广告播放与涉案作品的播放无关,即使不播放涉案影片,也同样需要播出广告,同时广告收入也需要扣除广告的相应成本;国外对公益影片都采取专款购买的方式普及公益教育,我国转轨时期应采取合理的方式确定各方的利益关系,我台在此也提请原告注意负担起自己应负的媒体责任。综上,我台不同意原告的诉讼请求。

【事实】

2001年4月,原告与八一厂签订《合作协议书》,约定双方出品、拍摄《冲》片,双方共同投资855万元。《冲》片国内外永久电视播映权及网络传输权归原告独家享有,该影片自电影局影片通过令之日起八个月后即可播出,影片带来的其他所有利益双方按投资比例5∶5共同享有。《冲》片拍摄完成后,2002年4月,国家广播电影电视总局电影事业管理局颁布了电影片公映许可证(电审故字[2002]第013号),许可《冲》片在国内外发行。该片曾在2001年第八届华表奖、2002年第二十二届金鸡奖、2002年第九届北京大学生电影节奖、2003年第二十六届百花奖等评比中荣获多项奖项,并由中国三环音像社出版了DVD影碟。在《冲》片的影片介绍中称,"该片根据真人真事改编,讲述我军特种兵两名年轻军官被派往委内瑞拉接受国际军事组织举办的猎人学校残酷训练的故事,是一部扬国威、壮军威的现实题材影片。"本案审理过程中,原告称被告已播放过《冲》片,且没有授权其他电视台播放该片,但未能提供播放《冲》片的时间。

2005年9月10日,被告在第一套节目中播放了《冲》片,原告委托央视市场研究股份有限公司对播放情况进行了监测。2005年11月3日,该公司出具了订单确认书及监测录像带。根据录像带记录情况,10∶18∶59~10∶19∶59出现广告,画面右上角显示"广告之后更精彩"字样;10∶20出现周末影院栏目名称后,直接开始播放《冲》片剧情,没有播放原片片头中的八一厂厂标、著作权人署名和影片文字介绍,在片尾处有著作权人署名;画面右下角显示"北京新兴医院"字样,播放过程中两次插播广告,时间分别为:10∶39∶56~10∶42∶26、11∶19∶26~11∶21∶56,广告内容分别为:轩尼诗、铃声下载、轩尼诗、铃声下载、肯德基、诺基亚,两次插播广告内容相同;录像画面左上角在播放全过程均伴有被告台标;片后即播放每周一歌节目,无广告。被告认可曾于2005年9月10日在第一套节目中播放了《冲》片,但对原告提交的确认单及录像带有异议,被告未在举证期限内提交该台播放《冲》片情况的证据。原告支付了监测费用200元。

被告在其网站广告服务栏目中公布了该台第一套节目广告价目表,该价目表中并无周末影院栏目的广告价格,在《冲》片播出的时间段内,周一至周日10∶17~10∶20节目前广告价格为5秒2 800元、15秒4 800元、30秒8 000元;11∶55~12∶00国视新闻前,12∶12~12∶15青春100分片场前广告价格为5秒4 300元、15秒7 200元、30秒12 000元。在广告服务说明中,栏目插播广告价格在相应的段位价格基础上加收30%,各段广告指定正一和倒一加收10%。被告辩称周末影院并非固定栏目,该时间段的正常节目确有广告播出,播放《冲》片时保留了原节目的广告,该台未向本院提交该时间段内原节目广告播出情况的证据。

2005年9月19日,原告委托的律师向被告邮寄送达了律师函,称被告播出《冲》片构成侵权,要求该台停止播映《冲》片并向原告道歉、支付赔偿金及合理的费用。原告支付了邮递费用12元、律师代理费用两万元。

另查，1993年9月，中宣部、国家教委、广播电影电视部、文化部等联合发出《关于运用优秀影视片在全国中小学开展爱国主义教育的通知》[教基（1993）17号]，决定运用优秀影视片在全国中小学开展爱国主义教育，并推荐优秀爱国主义教育影视片100部供各地中小学选用。后有关部门多次强调加强和改进未成年人思想道德建设，并多次推荐优秀爱国主义教育影视片，2004年，《冲》片亦被列入推荐影片名单。

【证据】

上述事实，有原告原告提交的《冲》片DVD影碟、电影片公映许可证、《冲》片署名打印件、《合作协议书》《订单确认书》、监控录像、《冲》片前及插播广告的统计、广告收费标准、律师函、监测费发票、律师费发票、特快专递邮件收据；被告被告提交的教基（1993）17号文件、百部爱国主义影片篇目、中发（2004）8号文件及本院开庭笔录在案佐证。

【法院观点】

原告与八一厂联合摄制了《冲》片，系《冲》片的著作权人，其著作权受法律保护。根据原告与八一厂的约定，《冲》片的国内外电视播映权归原告享有，故原告是本案适格的原告，可以单独提起诉讼。

本案审理过程中，原告向本院提交了被告播放《冲》片的监测录像带，被告提出异议，但未向本院提交相应的证据。本院认为，被告作为一家面向全国的公共电视台，应有完善的管理制度，对播出的电视节目除应事先进行必要的审查外，对播放过的节目记录资料亦应予以保存，现该台无正当理由未向本院提供相关记录资料，故本院以原告提交的监测录像带作为认定案件事实的依据。根据著作权法规定，电视台播放他人的电影作品，应当取得著作权人许可并支付报酬。被告承认未经原告许可播放了《冲》片，且未支付报酬，但其辩称其播放行为属于合理使用，本院结合案情对其辩称予以判定。

一般来说，使用他人作品应当取得著作权人的许可，但考虑公众利益及社会发展水平，法律规定某些情况下使用他人已经发表的作品，可以不经著作权人许可，不向其支付报酬，但应当指明作者姓名、作品名称，并且不得侵犯著作权人的其他权利，此即著作权法律制度中的合理使用。我国《著作权法》第22条规定了合理使用的范围和具体方式，并列举了12种情形下可认定为合理使用。被告主张其播放行为系一种课堂之外的教育教学使用。本院认为，著作权法第22条第1款第（6）项规定：为学校课堂教学或者科学研究，翻译或者少量复制已经发表的作品，供教学或科研人员使用，但不得出版发行。其中学校课堂教学，应专指面授教学，不适用于函授、广播、电视教学，故即使认定被告的播放行为是一种教育教学行为，亦不属于法律规定的12种情形之内。

合理使用作为著作权法律制度的一项重要内容，既有长期稳定存在的必要，又将随着社会发展不断变化，被告辩称其播放《冲》片的行为系进行爱国主义教育，系一种新的合理使用形式，本院进一步进行分析判断。

合理使用作为一项著作权法律制度，其判断标准可以从以下两个方面考虑：一、被告播放《冲》片的目的。被告称其播放《冲》片是进行爱国主义教育的公益行为。本院认为，《冲》片确实属于有关部门推荐的爱国主义教育影片，但并不表示任何播放该片的行为均是出于公益目的。就本案来说，被告在播放该片过程中插播了多处广告内容，显然与公众利益无关,故本院认定其播放行为带有一定的商业目的。二、被告的播放行为对原告的经济利益的影响。认定合理使用的前提条件之一是该行为不能损害权利人的经济利益,既包括不能造成权利人实际的经济损失,还包括不能影响权利人在潜在的市场获得的经济利益。根据原告与八一厂的约定,原告享有《冲》片的电视播映权,通过播放《冲》片,原告既可以通过安排播放广告等形式获取一定的经济收益,又可以通过播放《冲》片这样优秀的影片获得良好的口碑,为今后的市场开拓打下基础。被告作为一家面向全国的公共电视台,其观众群体除了广大中小学生外,还包括社会各个阶层,其播放《冲》片并附带播放广告的行为,显然降低了原告利用《冲》片获取经营收入的可能,给原告的经济利益造成了影响。

综上,被告的行为不属于合理使用的范围,其播放《冲》片应当取得原告的许可,并向其支付报酬。故对原告要求被告未经授权不得播出《冲》的主张,本院予以支持,其要求被告赔偿经济损失及制止侵权支出的费用,数额过高,本院不再全额支持其诉讼请求。具体数额,本院考虑以下几个因素酌情予以判定:1.《冲》片曾多次获奖,其艺术性、思想性已得到广大专家、观众的认可,享有较高的知名度;2. 被告系一家面向全国的公共电视台,因播放电视教育等节目具有较高的收视率,潜在观众数量多;3. 根据被告公布的广告价格表,虽然没有《周末影院》的报价,但相同时间的其他节目报价及价格计算规则可作为认定原告损失额的参考;4.《冲》片从2002年起即开始上映发行,原告亦已播放过该片,有关单位亦已出版发行了DVD影碟,加之《冲》片于2004年即被推荐为爱国主义教育影片,故《冲》片的大多数潜在观众应已通过合法途径观看了该片,被告于2005年9月播放《冲》片,对原告的影响应有所降低;5. 被告播放《冲》片前,原告即知悉了播放时间等信息,其本有充裕的时间采取措施阻止被告播放《冲》片,以避免损失的产生或扩大,但原告仅实施了收集证据行为,明显怠于行使上述权利。

另外,原告与被告均是面向全国的大众传播媒体,除了通过经营行为获取经营利润外,都肩负着为社会主义精神文明建设服务的使命,这一点不但符合国家政策精神及公共利益的需要,也符合双方当事人作为事业单位法人成立的宗旨。《冲》片等优秀的爱国主义教育影片,在弘扬爱国主义、扬国威、壮军威等方面可以起到积极作用,故无论是拥有较多影视资源的原告,还是拥有面向全国传播渠道的被告,均应以积极的态度推进这类优秀影片的传播,在保障权利人合法的权益的基础上,采取积极态度促进相关许可机制的建立与完善,从而使社会利益与权利人的个体利益得到平衡,建立一种和谐的互动关系。

【判决】

二〇〇六年七月十八日,北京市西城区人民法院依据《中华人民共和国著作权法》第四十五条、第四十七条第(一)项之规定,做出一审判决:一、本判决生效之日起,被告未经原告许可,不得再行播放电影作品《冲出亚马逊》;二、本判决生效之日起七日内,被告给付原告及诉讼合理支出共计五万元;三、驳回原告其他诉讼请求。案件受理费三千九百一十四元,由原告负担一千九百一十四元,由被告负担二千元,于本判决生效之日起七日内交纳。双方均未上诉。

【学者评述】

两个大型国有事业单位,为了各自的利益,对簿公堂。爱国,也得守法。教育教学,并非都是公益性的。法律,还是大于行政。不过,政府的公共财政尤其中央财政的确应该为爱国主义教育影片买单，这是众望所归。

法律层面。根据2001年修改过的《中华人民共和国著作权法》第四节"权利要限制"第二十二条之规定，在12种情况下使用作品，可以不经著作权人许可，不向其支付报酬，其中包括了"国家机关为执行公务在合理范围内使用已经发表的作品"，但对于播放上级部门指定的爱国主义教育影片的行为合法性，却无明确认定。可见，目前著作权法规定的"合理使用"的内容明显过窄：规定以教育为目的的合理使用仅限于"为学校课堂教学"，不能涵盖国家推行的面向全社会的爱国主义教育；规定的以公共管理为目的的合理使用仅限于"国家机关为执行公务在合理范围内使用"，不包括在国家政策指引下从事公共管理活动的公益事业法人。此外，著作权法规定的范围也存在重大缺失：没有规定国家为了推行爱国主义教育或其他公共政策时，可以向著作权人受让著作权，以供社会或公益机构免费使用，也没有规定政府应负有所掌握的著作权资源进行公平、合理分配的职责；没有规定国家为执行公共政策，可以对著作权人的作品实施强制许可使用，也没有规定政府应是著作权使用费的负担人。据悉，关于这几点，在该法修改过程中，曾有多名专家提出过，最终依然没有解决，这就为后来出现此类法律纠纷留下了隐患。

著作权制度的发展历史，始终是在注重维护著作者权益的同时保护社会公共利益，可以说，著作权限制制度就是为达到各种社会主体之间的利益平衡而设计的。它一方面保护智力成果创造者的权益，保障权利人通过支配和行使权利收回其智力活动的投资并取得相应的报偿，另一方面也调整着权利人与社会公众之间的利益关系，以保障智力成果的传播与利用，造福于社会公众。中国教育电视台播放七部委有关文件推荐的爱国主义教育影片，理所当然是典型的"服务整个社会和公众利益"的行为，然而如果依据存在上述缺失的现行著作权法，势必会将诸如爱国主义教育影片这样的涉及国家和公共利益的著作不加区别地等同于一般著作，因而也就不会起到保护公共权利的作用。

各国对著作权的合理使用及权利限制虽因国情不同而有差异，但共同之处都在注重协调著作权与执行公共政策的关系。我国执行公共教育政策并不限于课堂教学，1994年中共中央颁布的《爱国主义教育实施纲要》中，就提出爱国主义教育任务涉及学校、媒体等多个义务主体和课堂、社会多个场合。"爱国主义教育"是国家的重大政策和社会的重大利益，相对于著作权人的私权而言具有优先性。在我国，执行党和政府的公共政策不仅需要国家机关的实施，而且需要作为事业单位的公益机构的推动，但遗憾的是，对于如中国教育电视台这样的公益机构代表国家执行公务时"在合理范围内使用已经发表的作品"的合法性，即爱国主义教育中对著作权的合理使用和限制，却没有在我们的著作权法中得到确认。如果由于这一缺失而认定赔偿所谓"侵权"的损失，那么对于中国教育电视台显然是不公正的。

政策层面。1993年9月3日，中宣部等七部委推荐的百部爱国主义影片的几乎全部的电视播放权，是由原告（CCTV-6）独家垄断经营的。该频道获得相应的影片资源并没有经过一定的公共程序，也没有经过市场竞争。经济学经典理论和社会基本常识都表明，绝对垄断的经营者在很多时候会走向公共利益的对立面。事实确实如此，在获得相关影片资源后，该频道并没有拿出所有时间播出百部爱国主义影片，这对于让更多的大中小学生和全体公民接受这项服务显然是不充分的，实际上仅仅靠该频道承担全部爱国主义影片的播放也不可能，其结果必然影响到中央授权爱国主义教育影片的目的的有效实现。

按照经济学理论，在市场经济条件下，没有人愿意做那些外部性很强的公共服务产品。这类公共服务产品的供应，一般是由国家出面指定机构去完成，比如义务教育，而爱国主义教育影片的播放就应属于此类公共服务产品。在国外，对于一些公益性产品的知识产权通常采取"收归国有"的方式，由国家财政拨出专项资金购买，用于非营利性的宣传播出。2006年起，国务院有关部门已对同样属于弘扬爱国主义精神的公共产品——面向农村的数字电影放映，采取了由国家购买版权，让媒体无偿播放的做法。如能推而广之，也可以使媒体妥善处理好完成中央下达的公益性宣传任务与保护知识产权之间的关系。而让公共电视台向所有公众非经营性地播出爱国主义教育影片的前提，就是国家可以基于推行公共政策或教育目的，收购作品的著作权，将爱国主义教育影片的所有权集中到国家手中。

由国家掌握爱国主义教育影片的著作权只是第一步，接下来在公共权利范围内配置这一国家文化产品资源时，最有效方式只能是通过一定程序选择最合适的资源利用人，而不是以行政手段划定给某一家机构播放。根据公平原则，所有爱国主义教育影片均应通过竞标或听证会方式，选择播放的媒体。公共电视台在获得国家享有版权的爱国主义教育作品的使用时应以无偿方式播出，国家作为公共资源的所有者和监管者，在授予使用权时，首先应考虑的是使用者承诺播出的时间和时段能否有利于爱国主义教育宣传的最大化。然而，现实则完全相反——由于垄断播放的存在，著作权人可以利用七部委的文件获取超额版权利润，从而轻而易举地使一个爱国主义教育的公共政策成为不公平竞争的工具。

退几步设想，至少应该发布一个有关播放百部爱国主义影片的版权公告，内容包括版权归属、经营许可及收费标准等事项。在没有向使用方和社会各界发布这个公告的背景下，如果依照现行法律认定播放者侵权，那也是不充分的。正是由于在可能引发诉讼的焦点和环节上，存在着不是法律缺位就是政策缺位的制度漏洞，才在客观上制造了一个"谁贯彻中央七部委文件精神播放爱国主义影片谁买单"、"谁爱国谁傻"、"花钱爱国"的笑柄。

（杨新磊　李红梅）

第二节　把央视拉下马的"小燕"

【原告】张晓燕
【被告】中央电视台

【原告诉称】

1999年，我筹拍电视连续剧《高原骑兵连》（以下简称《高》），2000年投入拍摄，2001年8月制作完成了19集《高》。原告是该剧的编剧、制片人和唯一的投资人，对该剧拥有无可争议的著作权。该剧2002年年初参加了中国人民解放军总政治部第十四届全军电视剧"金星奖"的评选，获长篇电视连续剧三等奖，并于2001年10月获得电视剧发行许可证。该剧制作完成后，原告按照电视剧市场的惯例将该剧的磁带送交被告审核，被告审片人员提出了一些审核意见，原告根据被告意见将该剧为修改为16集，并将修改后的磁带交给被告审查。被告在该剧技审合格后，没有通知原告签订播放使用合同，也没有告知原告准备播放该剧。原告为该片的首次发行又投入了大量资金。原告催问播放费用，被告告知每集9 000元，原告不同意此价格，后原告另行寻找播映者。然而，被告却于2004年5月17日至 5 月 20 日以每天四集的速度将该剧在上午时段高速播出，并且在同档期黄金时段播出被告自己投资拍摄的类似电视连续剧《最后的骑兵》。《高》播出后原告曾与被告联系，但被告拒不支付报酬，并拒绝向原告提供该剧播出情况。故诉至法院，请求判令：1. 被告为未经许可播放原告拥有著作权的电视连续剧《高》的行为在中央电视台上或全国性的平面媒体上向原告赔礼道歉；2. 赔偿原告经济损失 530 万元；3. 承担原告维权律师费用 20 万元。诉讼费用由被告承担。

原告提交的证据：1. 电视剧发行许可证；2. 联合拍摄协议；3. 雷献和出具的证明；4. 山东省公证处出具的公证书；5. 兰州军区政治部电视艺术中心关于《高》著作权的证明；6.《高》录像带、画页；7. 中央电视台节目磁带登记表；8. 专家看片意见；9. 获奖证明；10. 中央电视台播放的《高》的光盘；11. 2004 年第 19 期、第 20 期《中国电视报》；12. 发行协议；13. 解除发行协议的函；14. 律师费发票；15. 中央电视台八套节目广告价目表；16. 财务账簿、凭证；17. 合作拍摄协议；18. 2005 年 11 月 3 日《齐鲁晚报》。

【被告辩称】

我台经过原告的同意才播放此片，不存在侵权行为。当时，原告主动找到我台要求播放，也同意按照我台的标准付费。对于这种送播的电视剧，艺术质量不高，只能在非黄金时段播出，按我台同档次同类别电视剧的付酬标准，应为每集 5 000 元。我台没有付酬，是由于原告没有提供相应的手续。此片是兰州军区和山东国际友好联络会合拍，没有伤害原告人身权利，原告无权要求赔礼道歉。我方同意按每集 5 000 元付酬，请求法院驳回原告的其他诉讼请求。

被告提交的证据：1. 关于中央电视台电视录像节目档案卡的说明；2. 中国人民解放军总政治部话剧团电视剧部证明、电视录像节目档案卡；3. 武汉市卫生局办公室证明、电视录像节目档案卡、收款发票；4. 天津市影视文化艺术广告公司证明、电视录像节目档案卡、授权书、收款发票；5. 四川电视台电视剧制作中心证明、电视录像节目档案卡、收款发票。被告在举证期限届满后，又当庭向法院提交如下证据：6. 节目录像档案卡；7. 兰州军区的回函；8. 雷献和的信；9. 中央电视台陆善家出具的说明。原告张晓燕的代理律师以超过举证期限，不属于新证据为由，拒绝质证。

【事实】

2000 年 8 月 17 日，山东省国际友好联络会（以下简称山东联络会）与兰州军区政治部电视艺术中心（以下简称兰州军区中心）签订了《关于联合拍摄二十集电视剧〈高原骑兵连〉的协议书》，约定双方联合拍摄《高》剧，该剧拍摄经费全部由山东联络会筹集，如出现经济纠纷责任由山东联络会承担。合同还约定了各方的投入、费用负担、署名、评奖等条款，自签订之日起生效。山东联络会由原告作为代表签字，兰州军区中心一方由雷献和作为代表签字，并加盖了双方的公章。该剧的拍摄费用 382 万余元。2001 年 10 月 24 日，《高》剧获得国家广播电影电视总局颁发的电视剧发行许可证。该剧宣传材料上注明：制片人张晓燕、雷献和、山东联络会、兰州军区中心摄制。

2004 年 7 月 26 日，兰州军区中心出具《关于电视连续剧〈高原骑兵连〉著作权等问题的证明》，称《高》剧是由山东联络会和我单位联合拍摄的原创作品。虽然我单位作为出品人署名，但该作品的著作权及其他权益均属于山东联络会。该作品问世以来，我单位作为该作品联合摄制人之一，没有同意任何单位播放或使用该作品，也没有因为该作品取得过任何报酬。

2005年11月15日，山东联络会出具《关于电视剧〈高原骑兵连〉著作权归属的声明》，称《高》于2000年12月摄制完成，该剧具名的摄制人为山东联络会和兰州军区中心。山东联络会于2001年8月对该剧著作权等相关权益作出说明，证明该剧著作权及相关权益归原告个人所有。2004年7月26日另一具名的摄制人兰州军区中心向山东联络会出具证明，证明《高》的著作权及相关权益属于山东联络会。据此，山东联络会郑重声明：电视连续剧《高》的著作权及相关权益归张晓燕个人所有。

2006年元月，雷献和出具证明，内容为：电视连续剧《高》由原告组织投资拍摄，我方负责军事协调，因此，该剧经济权益和责任均由原告承担责任，与我方无关。

2001年8月，原告张晓燕代表兰州军区中心，将《高》剧（19集）送往中央电视台审片，看能否在中央电视台播出。2001年10月，中央电视台总编室审片组陆善家等为《高》剧出具看片意见，对该剧予以较高评价，指出该剧题材很有新意，有一定思想性、艺术性和可视性，是一部弘扬主旋律和民族文化的作品，并指出该剧在人物刻画上还稍嫌不足。中央电视台何延锋认为片子太长，集数过多，原告又对该剧进行了修改，改为16集。2001年10月该剧获得发行许可证后，张晓燕又将修改后的《高》一剧送到中央电视台，希望能够播出该剧。2002年2月1日，《高》剧获得第十四届全军电视剧"金星奖"长篇电视剧三等奖。2003年10月31日，张晓燕在又向中央电视台送去《高》剧时填写了《电视录像节目档案卡》，上面标明：集数16集，曾否播出：否，并有剧情简介、取材情况及技术追求、主创人员情况等内容，在"是否同意按我台规定和标准审理、播出及付酬"一栏，张晓燕签上了自己的名字。2003年11月17日，《高》（16集）通过中央电视台的技审，技审卡片显示技审合格，节目负责人何延锋。

2004年3月21日，山东省音像发行总公司（甲方）与山东联络会（乙方）签订《关于十六集电视连续剧〈高原骑兵连〉代理发行协议书》，约定甲方代理发行电视剧《高》，甲方拥有除西北五省外的其他各省级或地市电视台首轮发行权及VCD发行权，发行时间为本协议签订之日起至2005年3月21日止，甲方须在该周期内将150万元发行所得打入乙方指定账户。乙方须向甲方提供由国家广电总局颁发的发行许可证原件、原版母带及相关资料一套。确定本节目为未经任何电视台播出过的首发节目，在此之前未做过任何地区和形式的市场发行，不涉及版权纠纷。

2004年5月17日至5月21日，中央电视台第8套节目在上午时段以每天四集的速度播出了《高》剧。2004年5月，中央电视台第一套节目在晚8点至10点时段播出了十九集连续剧《最后的骑兵》，该剧与《高原骑兵连》均是反映骑兵生活的军旅题材电视剧。

2004年5月28日，山东省音像发行总公司向山东联络会张晓燕去函，称：由于2004年5月中旬《高》已经在中央台8套首播，我们双方于2004年3月21日订立的发行协议已无法履行，现通知贵方解除，你方应按实际情况，赔偿我方前期费用20万元整。庭审中，原告承认，赔偿数额问题尚未确认，张晓燕还未向山东省音像发行总公司赔偿相关款项。

中国人民解放军总政治部话剧团、武汉市卫生局、天津文化艺术音像出版社、四川电视台电视剧制作中心出具证明，表示均曾将自己的电视剧送交中央电视台播出，送播出带同时填写了中央电视台影视部提供的《电视录像节目档案卡》，在播出时未再签订其他同意播出合同，后来电视剧就在中央电视台进行了播出。对于播出费问题，播出后按中央电视台要求办理了付费手续，中央电视台按每集5 000～8 000元标准支付播出费，没有支付的，是因为还没有办妥相关手续。被告欲以此证明按照中央电视台对送播电视剧的操作惯例，送播者在节目档案卡上签字，即视为同意中央电视台有关电视剧审理、播出、付酬的一系列规定和要求，登记节目档案卡后无需再签订其他书面播出合同。对于播出后的付酬问题，按照被告的操作规定，如果要付酬，对于非黄金时段播出的，视其质量每集在5 000～10 000元。

原告为本案支出律师费20万元，但后来解除了与原来律师的代理关系，律师费用是否返还及返还数额问题双方尚在协商之中。

庭审中，原、被告双方对《高》剧是原告送到被告要求播出一事，均无异议。但对送播的电视剧在确定播出后，是否还要签订正式合同、约定播出时间和播出费用存在争议。原告认为，在送播的电视剧确定将要播出时，应签订正式的书面合同，约定播出时间和播出费用。但是，被告认为，按照其操作惯例，对于送播的电视剧，送播方在《电视录像节目档案卡》"是否同意按我台规定和标准审理、播出及付酬"一栏中签字表示同意，即为同意，中央电视台对于送播的只能在非黄金时段播出的电视剧的付酬标准是每集5 000～10 000元，不需要再签订正式的合同。被告承认，在决定播出后，未再与张晓燕联系，未通知其播出时间、方式，而是自己确定播出时间、方式以及付酬标准。原告表示，在后来知道播出费才每集9 000元时，曾向被告表示拒绝其播出，另行寻找播映者，但未提供其曾表示拒绝的相关证据，也未向中央电视台取回录像带。原告亦认可，未告知被告而寻找播映者的事实。

原告提供的证据15－广告价目表，因本案涉及的主要是播出费问题，并不涉及中央电视台的广告收入问题，且无论播出什么节目，中央电视台均要播出广告和收取广告费，故与本案无关，本院对此不予确认。证据17－电视剧合拍协议书，涉及的电视剧合拍而非本案所涉及的电视剧送播问题，与本案无关，不予确认。证据18－《齐鲁晚报》上有关《京华烟云》一片播出情况及广告收益的报道，亦与本案无关，本院不予确认。被告提供的证据1对节目档案卡的说明，系中央电视台单方出具，属说明、陈述性质，在原告不予认可的情况下，不予采信。被告的证据7～9，属于超过举证期提交的证据，并不属于新证据的范畴，原告拒绝质证，本院不予确认。庭审中，被告虽对原告的证据6，提出属于超过举证期限提交的证据，拒绝质证，但当庭双方均看了证据的原件，原告张晓燕在庭后向法庭提交的说明材料中，对该证据的真实性予以认可，但认为其当时只是例行公事地填写卡片，未特别在意卡片的内容。对于那句"你是否同意按台里有关规定播出和付酬"，其认为完全是遵循一定送审和认可程序而言的，当时被告工作人员并没有向其解释这一条款，也未向其出示台里的具体规定和标准，因此其在完全不知情的情况下，填写了该卡片。该卡片只是一个"收带送审收据凭证"，不能认为是书面著作权许可使用合同。

【法院观点】

原告作为投资人，其提供的证据可以证明播出《高》剧的收益归其所有，具备原告的起诉主体资格。本案的关键在于确定张晓燕送片的性质，档案卡上"是否同意按台里有关规定播出和付酬"的文字是否意味着双方之间形成了许可播出合同，以及在中央电视台已播出该剧的情况下应承担何种责任。

对于张晓燕送片到被告的行为，应认为是希望被告播出《高》剧，但具体播出时间、费用等内容尚未明确，仍需双方协商确定。被告向其出示技审合格卡片和档案卡，并让原告在"是否同意按台里有关规定播出和付酬"一栏签字，并未表示一定会播出该剧以及播出的时间和费用，并非确定的承诺，不能作为双方之间已有效成立的许可播出合同的证据，只是作为收到播出带子的收据。因为，作为许可播出合同，是否同意播出的明确表示、播出的时间、播出费等是非常重要而不可缺少的内容，而张晓燕在档案卡"是否同意按台里有关规定播出和付酬"一栏签字时，双方对于这些许可播出合同的重要条件均未有所涉及。另外，档案卡为印刷的格式卡片，被告并未提供证据证明其工作人员采取了合理方式对"你是否同意按台里有关规定播出和付酬"一条予以解释和说明，也未向原告出示台里的具体规定和标准，这样就使得原告在签字时对此不甚清楚，从而产生双方之间今后还会就播出时间和播出费一事协商签订正式合同的想法。"台里有关规定播出和付酬"标准并不明确，在中央电视台工作人员未作说明和提请注意的情况下，片子如何播出、何时播出、怎样付酬就可能产生完全由被告一方决定的情况，而这对原告有失公平。虽然，被告提交了一些影视制作单位签署档案卡而未签订书面合同且同意按每集5 000～10 000元的标准取得播出费的证据，但这仅仅表示中央电视台后来确定了会播出该剧和具体的播出时间、付酬标准，而相关单位在事后对中央电视台的播出时间、方式、付款标准又表示了同意，属于后来又形成了一个具备各要件的合同，并不意味着张晓燕在节目档案卡上签字时就同意按照并不知道的所谓"台里规定"——非黄金时段四集连播，与同题材电视剧同期播出，费用每集5 000～10 000元。

被告对未按照法律规定最终签订许可播出合同从而产生本案争议有过错，其在双方未对播出时段、付酬标准等达成最终一致的情况下就播出了原告投资拍摄的《高》剧，且至今未支付播出费用，构成侵权，应按照合理的费用向原告支付相应播出费。本院将参照本剧的播出时段、在中央电视台非黄金时段播出类似水平的电视剧的播出费标准以及中央电视台的过错等因素确定合理的播出费用。

对于原告要求被告公开赔礼道歉的诉讼请求，考虑到本案主要涉及财产性权利，并非张晓燕的人身权利，而且原告的本意是希望中央电视台播出，判令被告支付相应的许可播出费已足以弥补原告的损失，故本院对该诉讼请求不予支持。原告认为被告压片，将同样题材的电视剧同时段播出造成其损失，要求赔偿530万元，包括制作费382万元，播出费、广告收益以及压片后被告所得的收益150万元。但是，制作费应为电视剧投资制作人负担的风险，应通过各种渠道的发行播出来收回。原告认为被告播出了该剧，除了播出费外，还应负担拍摄电视剧的全部制作费用，没有法律依据，本院不予支持。原告认为被告还应向其支付相应的广告收益，但广告收益属于被告的合法收益，无论被告是否播出该剧，都有相应的广告收益，除非合同有约定，否则不应由原告享有其利益。原告还要求被告赔偿压片的损失，但其提供的证据不足以证明中央电视台有压片的故意。原告还要求被告赔偿其与山东省音像发行总公司合同无法履行造成的损失，但该问题是在《高》剧已通过被告的技审，张晓燕未告知被告不得再播出《高》剧并取回播出带，亦未告知山东省音像发行总公司该剧之前曾送中央电视台审片播出的情况下发生的，张晓燕未明确确定中央电视台不再播出该剧就与他人签订合同，本身具有过失，且该损失并非实际发生和最终确定，本院对此不予支持。综上所述，张晓燕索赔的数额过高，于法无据，本院仅对合理的播出费用予以支持，超出的部分不予支持。原告要求的律师费数额过高，本院考虑本案具体情况对律师费酌情予以支持。

【判决】

二〇〇六年五月十六日，北京市海淀区人民法院依据《中华人民共和国著作权法》第十条、第二十四条、第二十七条、第二十八条、第四十二条第一款、第四十五条、第四十七条第（一）项、第四十八条之规定，判决：一、被告中央电视台于本判决生效之日起十日内，向原告张晓燕支付播出费三十二万元及合理费用二万元；二、驳回原告张晓燕其他诉讼请求。案件受理费三万七千五百一十元，由原告张晓燕负担二万元，由被告中央电视台负担一万七千五百一十元，于本判决生效之日起七日内交纳。此判后，双方均未上诉。

又案，就这部《高原骑兵连》，张晓燕因与雷献和、赵琪、山东爱书人音像图书有限公司侵害著作权纠纷一案，不服山东省高级人民法院（2011）鲁民三终字第194号民事判决，向最高人民法院申请再审。

最高人民法院认为，判断作品是否构成侵权，应当从被诉侵权作品的作者是否"接触"过要求保护的权利人作品、被诉侵权作品与权利人的作品之间是否构成"实质相似"两个方面进行判断。本案各方当事人对雷献和接触《张剧》剧本及电视剧并无争议，本案的核心问题在于两部作品是否构成实质相似。我国著作权法所保护的是作品中作者具有独创性的表达，即思想或情感的表现形式，不包括作品中所反映的思想或情感本身。这里指的思想，包括对物质存在、客观事实、人类情感、思维方法的认识，是被描述、被表现的对象，属于主观范畴。思想者借助物质媒介，将构思诉诸形式表现出来，将意象转化为形象、将抽象转化为具体、将主观转化为客观、将无形转化为有形为他人感知的过程即为创作，创作形成的有独创性的表达属于受著作权法保护的作品。著作权法保护的表达不仅指文字、色彩、线条等符号的最终形式，当作品的内容被用于体现作者的思想、情感时，内容也属于受著作权法保护的表达，但创意、素材或公有领域的信息、创作形式、必要场景或表达唯一或有限则被排除在著作权法的保护范围之外。必要场景，指选择某一类主题进行创作时，不可避免而必须采取某些事件、角色、布局、场景，这种表现特定主题不可或缺的表达方式不受著作权法保护；表达唯一或有限，指一种思想只有唯一一种或有限的表达形式，这些表达视为思想，也不给予著作权保护。在判断《雷剧》与《张剧》是否构成实质相似时，应比较两部作品中对于思想和情感的表达，将两部作品表达中作者的取舍、选择、安排、设计是否相同或相似，而不是离开表达看思想、情感、创意、对象等其他方面。

据此，最高人民法院认为，《雷剧》与《张剧》属于《最高人民法院关于审理著作权民事纠纷案件适用法律若干问题的解释》第十五条规定由不同作者就同一题材创作的作品，两剧都有独创性，各自享有独立著作权。一审、二审法院认定《雷剧》不构成侵害《张剧》剧本和电视剧的著作权并无不当。2014年11月8日，最高人民法院驳回张晓燕的再审申请。

又案，2004年4月15日下午，北京市第一中级人民法院公开开庭审理了西藏军区政治部创作室创作员于晓敏诉中央电视台和中国人民解放军兰州军区政治部电视艺术中心、中国人民解放军兰州军区政治部电视艺术中心干部雷献和侵犯著作权一案。

于晓敏是西藏军区政治部文艺创作室的一名创作员。她诉称，原告创作的中篇小说《一路仰望》于1999年首次发表于《解放军文艺》第6期。小说以修建"兰西拉"光缆为背景，展现了西藏通讯女兵的生活和成长历程。《小说月报》在同年第8期转载了该作品。1999年底至2000年，被告雷献和多次与原告电话联系，商议将《一路仰望》改编并摄制成电视剧，由被告兰州军区政治部电视艺术中心拍摄。原告指出，小说是为展示西藏通讯女兵的生活为成长过程而创作的，希望能够在西藏拍摄。经请示西藏军区政治部，西藏军区政治部希望与兰州军区共同在西藏拍摄该电视剧，但雷献和不同意与西藏军区合作在西藏拍摄。

因双方没有达成共识，被告雷献和表示不再使用原告的作品，故改编原告小说《一路仰望》以及合作拍摄电视剧一事终止。

2000年8月，被告中央电视台与被告兰州军区政治部电视艺术中心签订协议，由雷献和担任编剧以及制片人。此后，被告擅自将原告的小说《一路仰望》改编并摄制成电视剧《仰望昆仑》。在改编并拍摄的作品中，被告将人物活动背景由西藏改变为昆仑山，对部分人物和情节也都作了篡改。

从2001年，由中央电视台与兰州军区政治部电视艺术中心共同署名的电视剧《仰望昆仑》在中央电视台播出。原告发现后，与兰州军区政治部电视艺术中心进行交涉。此时正值《仰望昆仑》参加评奖，被告兰州军区政治部电视艺术中心于2002年1月11日致函原告，承认"我中心拍摄的六集电视剧《仰望昆仑》取材于您创作的中篇小说《一路仰望》"，承诺"我们将在作品成片中注明：'本剧取材于于小（晓）敏中篇小说《一路仰望》'"。但事后，被告并没有将原告的名字在片中注明。为此，2002年8月1日，原告又致函被告中央电视台，要求解决著作权问题，但没有得到任何答复。

后来，原告获悉，《仰望昆仑》在中央电视台播出后，获得飞天奖、金星奖、人口奖三个全国性奖项。

原告认为，被告中央电视台与被告兰州军区政治部电视艺术中心在未取得原告的同意下，擅自将原告的小说改编、拍成电视剧并进行播放，其行为严重地侵犯了原告的署名权、保护作品完整权、改编权、拍摄权等合法权益。故原告请求法院判令被告在侵权作品电视剧《仰望昆仑》中注明原告为原创作者，判令被告消除影响，公开声明，公开道歉，赔偿经济损失40万元等。

经本院主持调解，双方当事人自愿达成协议如下：一、被告中央电视台、中国人民解放军兰州军区政治部电视艺术中心支付原告于晓敏人民币40 000元、为诉讼合理支出人民币3 200元，以上款项总计人民币43 200元，两被告承担连带责任，自本调解书送达之日起十五日内一次性付清；二、自本调解书送达之日起六十日内，被告中央电视台、中国人民解放军兰州军区政治部电视艺术中心将电视剧《仰望昆仑》片头署名修改为："本剧根据于晓敏的中篇小说《一路仰望》改编"；三、自本调解书送达之日起一百八十日内，被告中央电视台、中国人民解放军兰州军区政治部电视艺术中心安排电视剧《仰望昆仑》（片头已作本调解书第二项所要求的修改）在中央电视台重播；若逾期播出，则每逾期一日被告中央电视台、中国人民解放军兰州军区政治部电视艺术中心支付原告于晓敏人民币50元，直至该剧重播为止；四、自本调解书书送达之日，原告于晓敏，被告中央电视台、中国人民解放军兰州军区政治部艺术中心均不接受媒体就本案进行的采访，亦不向媒体透露本案及其处理结果；五、本案的案件受理费8 570元，由原告于晓敏负担4 285元（已交纳）；由被告中央电视台、中国人民解放军兰州军区政治部电视艺术中心负担4 285元（自本调解书送达之日起十日内交纳）。

【学者评述】

中央电视台作为国家电视台，素来自大，在很多方面都制订了一厢情愿的"霸王条款"，而且针对不同的对象，采取不同的策略，甚至隐瞒、蒙骗前来送播节目的人员。这都是央视的过错。学界早就有人主张拆分央视，成立一个纯公共性国家电视台，将目前央视控制的中国国际电视总公司、中视股份、六大影视基地等企业性质的实体，剥离出来，完全推向市场,令其自生自灭,以此荡涤我国广播电视的体制痼疾与机制沉疴。但愿央视对待观众、对待合作伙伴、对待社会时,能多几分平易,几分谅解,几分尊重。

(杨新磊)

第三节 "一路等候"公平

【上诉人,原审被告】山东电视台
【被上诉人,原审原告】北京华企多媒体制作有限公司
【被上诉人,原审原告】中国录音录像出版总社
【第三人】山东宏智广告有限公司

原告北京华企多媒体制作有限公司(以下简称华企公司)和中国录音录像出版总社(以下简称中录总社)因与被告山东电视台发生著作权纠纷,向北京市海淀区人民法院提起诉讼。

二原告诉称:二原告是电视连续剧《一路等候》(以下简称《一》剧)的制片人,依法对该剧享有著作权。被告山东电视台未经原许可,就采用电视卫星传输播放方工向中国大陆地区及晋洲地区播放《一》剧。被告此行为严重侵害了原告的著作权,且该侵权行为不可逆转。请求判令被告停止侵权,公开致歉,赔偿经济损失78万元。

被告山东电视台辩称:《一》剧是山东宏智广告有限公司(以下简称宏智公司)通过北海大众电视文化艺术发展公司(以下简称大众公司),从杭州福莱特广告创意中心(以下简称创意中心)取得山东地区播映权的。宏智公司又与被签订合同,将《一》剧在我台播出。签订合同时,被告对宏智公司的播映权进行了考查,且在合同中约定了著作权责任的承担问题。因此,被告是经过合法授权播出《一》剧,并不是盗播,未侵犯原告的权利。请求驳回原告的诉讼请求。

【一审查明】

原告中录总社持有广播电影电视部颁发的电视剧制作许可证。1995年2月8日,中录总社与原告华企公司签订了联合制作《一》剧的合同书。合同约定:《一》剧的拍摄资金由华企公司提供,必要的文件由中录总社提供,著作权归双方共同享有。《一》剧电视作品中应标明"中国录音录像出版总社与北京华企多媒体制作有限公司联合摄制"的文字并应附有"本电视剧文字作品、音像作品、音乐作品之著作权,均由著作权人所有。未经许可,不得使用"的声明文字。华企公司负责全权处理《一》剧的电视播映权许可使用事宜。电视播映权收益在扣除华企公司投入的制作成本后由双方分享。分享比例为中录总社20%,华企公司80%。

1996年4月24日,原告华企公司在《一》剧摄制完成后,与创意中心就该剧的播映权签订有偿转让合同。合同约定:华企公司(合同甲方)同意将《一》剧在中华人民共和国大陆范围内的地面无线电视(非上星)播映权作价340万元转让给创意中心(合同乙方)独家享有,有效期为合同签订之日起二年。乙方保证仅在授权范围内播出,不得在授权范围

外的媒体播出，不得制作音像制品或图书出版发行，不得擅自改动甲方提供的《一》剧剧带。如有违约，乙方将承担法律责任，并向甲方赔偿违约金500万元。甲方在合同期内不得将转让给乙方的权利再转让给第三方，如有违约，甲方退还乙方所付款项并赔偿乙方经济损失。关于《一》剧的卫星电视播映权，华企公司和原中录总社均未转让给他人。

1996年8月16日，被告山东电视台的总编室（合同乙方）与宏智公司（合同甲方）签订合同。约定：甲方购买了大众公司的25集电视剧《一路等候》在山东地区电视台的播出权，同意该剧在乙方电视台（卫视台）播出（附购买播映合同书）。乙方同意甲方每集附带广告随片播出，甲方不再收取节目费。乙方必须在1997年2月以后安排该电视剧在卫视台播出。如本片播出时在播出权方面出现问题，由责任方承担全部责任。电视剧片头前随片播出90秒广告，内容由双方另行口头商定。签订合同时，山东电视台审查了宏智公司提供的中录总社电视剧制作许可证复印件和创意中心出具的内容为"《一》剧由创意中心享有版权，创意中心与大众公司共同发行"的证明。1997年3月16日至3月31日，山东电视台卫星节目在每日22时汇连续播出了《一》剧全剧，剧前附有90秒随片广告。该节目预报登载在相应日期的《中国电视报》上。诉讼期间，山东电视台未能提供宏智公司的购买播映合同书和事业法人登记证书。经调查，山东电视台卫星电视节目租用的是亚太1A卫星上的10B转发器，下行中心频率为4 100赫兹。

上述事实，有中录总社电视剧制作许可证、中录总社与华企公司合同书、华企公司与创意中心合同书、中国电视报、山东电视台电视广告播出说明、1997年山东电视卫视台栏目广告播出收银表、山东电视台与宏智公司合同书、合作发行证明、广播电影电视部司局文件、亚太1A卫星覆盖图、询问笔录、调查笔录、开庭笔录等证据证实。

【一审判决】

北京市海淀区人民法院认为：原告中录总社与原告华企公司联合摄制的《一》剧，符合国家电视剧制作的规定，依照《中华人民共和国著作权法》（以下简称著作权法）第十五条的规定，中录总社与华企公司作为该电视作品的制片人，享有著作权中除署名权外的其他权利。依照著作权法第二十三条的规定，其他电视台播放《一》剧电视作品，应当取得中录总社与华企公司的许可并支付报酬。被告山东电视台未经许可就在其卫星电视节目中播放《一》剧，已经侵犯了中录总社与华企公司的著作权。山东电视台尽管持有宏智公司与其签订的授权播出合同，但是没有证据表明宏智公司对《一》剧享有卫星电视播放权。山东电视台提供的一份关于创意中心与大众公司合作发行《一》剧的证明，系利害关系人创意中心自行出具。该证明不能说明创意中心对《一》剧享有著作权。山东电视台未尽审核义务，仅据此证明便在其覆盖全国的卫星电视节目中播出《一》剧全剧，致使著作权人行使许可他人在卫星电视播放并获得相应收益的权益遭受不可逆转的损失。山东电视台具有明显过错，依照著作权法第四十五条的规定，应当承担停止播放、赔礼道歉的责任，并应当将其从侵权播放中所获收益赔偿给著作权人。据此，北京市海淀区人民法院于1997年12月18日判决：一、本判决生效之日起30日内山东电视台在《中国电视报》向中录总社、华企公司公开致歉，致歉内容须经本院审核；二、山东电视台未经中录总社、华企公司许可不得以任何形式播放电视连续剧《一路等候》；三、本判决生效之日起10日内山东电视台赔偿中录总社、华企公司经济损失78万元。

第一审宣判后，山东电视台不服，向北京市第一中级人民法院提起上诉。理由是：

一、上诉人认为，电视台不仅可以从著作权人那里取得电视节目的播放权，也可以从著作权人的代理人那里取得播放权。本案是由一系列播放权转让合同引起的纠纷，应当追加创意中心、大人公司和宏智公司为共同被告。一审对这一系列不可分割的法律关系没有进行全面审理，就武断地认定上诉人侵权，是认定事实不清，证据不足。二、上诉人在与宏智公司签订合同前，已经尽到了审核义务，主观上不具有侵权的故意和过失。根据民法通则第一百零六条的规定，不应承担任何责任。三、上诉人与宏智公司签订的合同约定，上诉人播放的条件是附带播出宏智公司的随片广告上诉人并未从宏智公司获益78万元。一审判令上诉人给被上诉人承担78万元的损失，显属不当。请求撤销原判，发回重审或改判。

【终审】

北京市第一中级人民法院在二审中将宏智公司追加为本案第三人，经审理认为，依照著作权法第四十四条的规定，电视台播放他人的电影、电视和录像，应当取得电影、电视制片者和录像制作者的许可。电视台虽然可以从代理人那里取得播放许可权，但这时必须负有了解该代理人获得代理权的经过以及代理权限范围的义务。上诉人山东电视台和第三人宏智公司在签订合同时都对此注意不够，以至发生侵权，依法应当承担侵权责任。在此基础上，该院依照《中华人民共和国民事诉讼法》第八十五条的规定，经调解双方当事人于1998年8月27日自愿达成如下协议：宏智公司给华企公司、中录总社支付人民币72万元。

该调解协议已经执行。

【学者述评】

什么是公平？

公平是指按照一定的社会标准如法律、道德、秩序合理地待人处事，是任何制度最重要的道德品质。公平包含公民参与经济、政治和社会其他生活的机会公平、过程公平和结果分配公平。正义则是公正的义理，包括社会正义、政治正义和法律正义等。公平正义是每一个现代社会孜孜以求的理想和目标，因此，许多国家都在尽可能加大公共服务和社会保障力度的同时，高度重视机会和过程的公平。

构筑一个公平正义的社会，需要全社会进行长期努力，要提高全体公民的文化、道德、法制等方面的素质，使人们有渴求公平正义的意识、参与公平正义的能力和依法追求公平正义的行为。

（杨新磊）

第四节 "灵芝"拒进广告

【原告】北京科学教育电影制片厂
【原告】上海绿谷（集团）有限公司
【原告】北京麦斯隆生物技术有限责任公司
【被告】北京李扬广告有限公司
【被告】华纶（香港）发展有限公司

【被告】 厦门市怡丰达生物技术有限公司

【法院查明】

2000年5月,《中华灵芝——走出神化》科普片制作完成,北京科学教育电影制片厂(以下简称科教电影制片厂)、上海绿谷(集团)有限公司(以下简称绿谷公司)、北京麦斯隆生物技术有限责任公司(以下简称麦斯隆公司)为共同出品人。

2000年12月2日起至12月8日连续7天,中国教育电视台北京台(CETV-3)电视购物栏目播出了"神农灵芝王精华素"的广告,每天播出一次。该广告片长度14分27秒,在介绍"神农灵芝王精华素"产品时,将《中华灵芝——走出神化》科普片的片段作为背景使用。

科教电影制片厂、绿谷公司、麦斯隆公司在CETV电视购物节目中看到"神农灵芝王精华素胶囊"的电视广告后,遂向北京市第一中级人民法院提起诉讼,称:被告华纶(香港)发展有限公司(以下简称华纶公司)、北京李扬广告有限公司(李扬广告公司)、厦门市怡丰达生物技术有限公司(以下简称怡丰达公司)侵犯其共同制作发行的《中华灵芝——走出神化》科普影片的著作权,请求法院判令三被告:消除影响,公开向原告赔礼道歉;赔偿原告经济损失40万元;支付律师费及其他费用3万元。

1999年4月16日,中国教育电视台北京台(甲方)与李扬广告公司签订合作协议,约定双方合作的形式为乙方买断甲方全年广告时间,合作年限为3年。

2000年5月,《中华灵芝——走出神化》科普片制作完成,片长29分19秒钟,科教电影制片厂、绿谷公司、麦斯隆公司为共同出品人。2000年7月12日,国家广播电影电视总局电影事业管理局批准该影片在国内外公开发行。

2000年10月11日,李扬广告公司(甲方)与怡丰达公司(乙方)就乙方产品"神农灵芝王"活性多糖精华素签订《CETV电视购物广告合同》,主要约定乙方委托甲方制作"神农灵芝王"活性多糖精华素产品的电视广告,并安排在中国教育电视台北京台"电视购物"栏目播出,电视广告的版权归甲方所有等。

2000年12月7日,华纶公司传真给中国教育电视台北京CETV电视购物节目组,称其"寄上的灵芝科普VCD是北京科技电影制片厂拍摄已公开发行,属于科普教育性质的影片,供贵处制作时参考。据了解上海绿谷企业属于赞助单位,版权应属于北京科技电影制片厂……"

2001年10月16日,CETV电视购物节目组出具说明,主要内容为:2000年11月,中国教育电视台第三套《电视购物》节目承接怡丰达公司的"神农灵芝王精华素胶囊"节目制作合同,为其产品"神农灵芝王精华素胶囊"制作电视购物节目,厂家为该节目提供了一盘VCD光盘,并强调是市场上公开发行的,节目拍摄过程中,厂家派代表进行了现场指导,最后由厂家和电视台共同审查后才播出的。

在这场诉讼中,被告华纶公司认为:自己一方并非原告所诉侵权广告"神农灵芝王精华素"的广告主,原告所诉主体有误,请求驳回原告的诉讼请求。

被告李扬广告公司认为:其一是自己不应承担赔偿责任。该广告节目是由广告主怡丰达公司向电视购物节目组提供《中华灵芝——走出神化》光盘,电视节目组根据怡丰达公司的要求制作的。原告已经公开发行了《中华灵芝——走出神化》,电视节目所采用的部分画面属于公有领域的内容，该部分内容不具有著作权法规定的独创性，而且这部分内容是作为背景素材使用，数量很少；其二是原告的赔偿请求于法无据。原告为制作《中华灵芝——走出神化》付出的劳动和资金，已经通过发行行为得到回报，电视购物节目采用其部分画面的行为，没有影响其发行，没有给原告造成经济损失，原告所诉赔偿数额与电视购物节目采用其部分画面的行为无因果关系；其三是李扬广告公司没有因该电视购物节目获利；其四是电视购物节目属于著作权法意义上的"广播、电视节目"，著作权属于中国教育电视台北京台而不属于李扬广告公司。综上，请求法院驳回原告的诉讼请求。

被告怡丰达公司认为：怡丰达公司不具有侵害原告版权的行为和过错。虽然怡丰达公司与李扬广告公司签订了《CETV电视购物广告合同》，但如何制作广告、采用何种素材制作广告、采用何种形式发布广告，都是李扬广告公司的权利和责任，怡丰达公司未委托李扬广告公司使用原告享有版权的电影片段，电视购物节目的版权亦不属于怡丰达公司所有。怡丰达公司没有主观上的故意或者过失。其次，该电视购物节目仅播出7天，怡丰达公司未因电视购物节目而受益。另外，原告的《中华灵芝——走出神化》已公开发行，其内容是宣传、介绍灵芝的一般功效，李扬广告公司制作的电视购物节目也是在介绍说明普遍存在的灵芝的一般功效时，才使用了原告的部分画面，没有歪曲影片的本意，没有损害原告的利益。所使用的部分未构成电视购物节目的主要内容或实质内容，属于著作权法所规定的合理使用。综上所述，电视购物节目不构成对原告的侵权。因此，请求法院驳回原告的诉讼请求。

【法院观点】

本案所涉《中华灵芝——走出神化》科普片属于著作权法所称的电影作品。科教电影制片厂、绿谷公司、麦斯隆公司对电影《中华灵芝——走出神化》享有著作权，受法律保护。

本案争议的电视购物节目"神农灵芝王精华素胶囊"以电视为传播媒介，向公众介绍和推销"神农灵芝王精华素胶囊"商品，应认定为广告，不是著作权法所称的广播、电视节目。在"神农灵芝王精华素胶囊"电视广告中，怡丰达公司是广告主，李扬公司为广告经营者，中国教育电视台北京台是广告发布者。

由怡丰达公司委托李扬公司制作的"神农灵芝王精华素胶囊"电视广告中使用了《中华灵芝——走出神化》一片片段，但没有就使用电影作品与原告签订书面许可使用合同，亦没有向原告支付报酬，该电视广告侵犯了原告就相关电影作品所享有的著作权。怡丰达公司作为广告主，李扬公司作为广告经营者，在制作电视广告过程中，使用原告拥有著作权的作品，未取得著作权人的许可，并未向原告支付报酬的行为侵犯了原告的著作权，应承担侵权责任。怡丰达公司、李扬公司以原告的电影作品已公开发行，原告已经通过发行的方式获得了经济回报，电视广告所使用的部分是作为广告背景，不占广告的主要内容和实质性内容，是合理使用原告的作品以及原告没有因被告的使用行为造成损失为由，认为其使用原告电影作品的行为没有侵犯原告著作权，没有法律依据，本院不予支持。故原告关于判令被告怡丰达公司、李扬公司赔礼道歉、赔偿经济损失的诉讼请求，于法有据，本院予以支持。由于原告仅向本院提交了华纶公司给中国教育电视台北京台的函，该函内容仅表明华纶公司向中国教育电视台北京台提供原告作品以供其制作广告时参考，并标明了该片版权属原告所有，该证据尚不足以证明华纶公司是侵权广告的制作者或者广告主，故原告提出华纶公司侵犯其著作权的主张不能成立，对其有关华纶公司的诉讼请求，法院不予支持。

【判决】

2003年4月,北京市第一中级人民法院依照《中华人民共和国著作权法》第四十七条第(一)项、第四十八条之规定,作出如下判决:一、被告北京李扬广告有限公司、厦门市怡丰达生物技术有限公司自本判决生效之日起,在《中国电视报》上公开向原告北京科学教育电影制片厂、上海绿谷(集团)有限公司、北京麦斯隆生物技术有限责任公司赔礼道歉,逾期不履行,本院将公开本判决书主文,费用由被告北京李扬广告有限公司、厦门市怡丰达生物技术有限公司共同承担;二、被告北京李扬广告有限公司、厦门市怡丰达生物技术有限公司自本判决生效之日起三十日内,共同赔偿原告北京科学教育电影制片厂、上海绿谷(集团)有限公司、北京麦斯隆生物技术有限责任公司人民币六万元;三、驳回原告北京科学教育电影制片厂、上海绿谷(集团)有限公司、北京麦斯隆生物技术有限责任公司对被告华纶(香港)发展有限公司的诉讼请求;四、驳回原告北京科学教育电影制片厂、上海绿谷(集团)有限公司、北京麦斯隆生物技术有限责任公司的其他诉讼请求。案件受理费8 960元,由被告北京李扬广告有限公司、厦门市怡丰达生物技术有限公司负担(本判决生效之日起7日内交纳)。

该判决送达后,各方当事人均未提起上诉。

【学者评述】

广告,是一种高度开放性的大众传播行为,在信息时代扮演着极为重要的角色,已成为市民社会不可缺少的生活要素。广告人职业劳动带有鲜明的社会导向性,尤其在我国,以报刊、广播、电视为主体的大众传媒,在传统上就具有某种权威性,由主流传媒发布的广告更能引起消费者心理上的信赖感。肩负着引导社会精神与物质消费双重使命的广告人,应该牢记对自己的劳动成果负有的崇高社会责任。

然而,从职业发生学意义上讲,任何职业活动都有其"轴心原则",并在敬业精神感召下,放大为同业普遍认可遵从的铁律。常态下的职业追求如果没有其他制衡机制的有效添加,那么为此而付出的哪怕是"不择手段"的劳动,也会得到来自业内某种程度的嘉许或认同。当职业行为与公共利益发生冲突时,人的职业冲动就可能会在所谓职业意识的怂恿下,凌驾于人的社会意识之上。更可怕的是,这种凌驾往往还会以集体而非个人的形式出现,这使得职业行为与社会公德有时会处在一种紧张的关系之中。正因为如此,在强调"以德治国"的今天,呼唤与重塑广告人的职业道德意识,变得愈加重要和紧迫。

作为社会道德的重要组成部分,广告职业道德内涵十分丰富,既包括广告人的职业理想、职业态度和职业责任,也包括广告人的职业技能、职业纪律、职业良心和职业荣誉等,是沟通广告人职业行为与社会公德的桥梁和纽带,是我们必须要大力弘扬的职业精神。

(杨新磊)

第五节 地方戏不认为地方人

【上诉人,原审被告】山西省临猗县电视台

【被上诉人，原审原告】 山西省黄河影视社

原告山西省黄河影视社（以下简称影视社）因与被告山西省临猗县电视台（以下简称县电视台）发生著作权侵权纠纷，向山西省运城地区中级人民法院提起诉讼。

原告诉称：被告未经许可擅自翻录并通过该台播放原告享有无线电视播放权、发行权的蒲剧电视连续剧《西厢记》，侵犯了原告的著作权。请求判令被告停止侵害、消除影响、公开赔偿道歉，并赔偿经济损失608 098元。

被告辩称：被告是为了向临猗县群众介绍具有地方特色的戏剧信息，按照与中央电视8台的约定，从8台复制了蒲剧电视连续剧《西厢记》后一次性播放的。中央电视8台播放《西厢记》时，没有"版权所有，翻录必究"的声明。无论从事实本身还是从著作权保护的权利说，这都是被告与中央电视8台之间的事，与原告毫无关系。法院应当驳回原告的起诉。

【一审查明事实】

运城地区中级人民法院经审理查明：五集蒲剧电视连续剧《西厢记》，是由原告影视社与中央电视台影视部共同投资、联合拍摄的录像作品。1997年3月，影视社与中央电视台影视部签订了一份协议，约定：该剧的无线电视播放和发行权属影视社所有，收益归影视社；有线电视的版权和版权收益归中央电视台影视部。《西厢记》拍摄完毕后，为了参加全国影视评奖活动，经双方商定，中央电视台分别于1997年3月31日、4月2日在8频道予以播放。被告县电视台在中央电视台8频道播放时录制了全剧，并于1997年5月20日、27日在其无线电视台上播放，同时插播了商业广告。

还查明，1997年4~5月，原告影视社与山西音像出版社共同发行五集蒲剧电视连续剧《西厢记》录像带。为此，中共运城地委宣传部于1997年5月18日下发了《关于征订蒲剧电视剧〈西厅记〉录像带的通知》，要求全区各县、市保证各厂矿、机关、乡镇、村及文化站（室）各购买一套，并确定每套录像带的售价是298元。

原告影视社的经营范围包括电视剧、电视专题、电视综艺、动画，经营方式是策划、咨询、制作、录制、发行。被告县电视台的无线播放，除覆盖本县外，还可以覆盖运城、夏县、平陆、永济、闻喜、万荣以及陕西省的大荔、韩城、澄城等邻近地区。

以上事实，有电视剧合拍协议书、中共运城地委宣传部的征订通知、县电视台的广告宣传卡片、影视社提供的录像带发行情况统计表等证据证实。

【一审判决】

运城地区中级人民法院认为，原告影视社对五集蒲剧电视连续剧《西厢记》享有无线电视播放权和发行权，以及许可他人播放并获得报酬的权利。被告县电视台在未取得许可的情况下，擅自在其无线电视台上播放该电视连续剧，且用于营利性活动，违反了《中华人民共和国著作权法》第四十四条、第四十五条的规定，已构成对影视社无线电视播放权和发行权的侵害，应当对影视社因此侵权行为遭受的直接损失和可得利益损失承担民事赔偿责任。据此，该院于1998年8月6日判决：被告县电视台赔偿原告影视社经济损失60万元。案件受理费11 090元，其他诉讼费2 120元，由被告县电视台负担。

第一审宣判后，被告县电视台不服，向山西省高级人民法院提起上诉。理由是：录像作

品是视听作品,必须接触该作品的原始录制品才可以复制。上诉人从未接触过原始录制品,因此谈不上复制。《中华人民共和国著作权法》第四十六条把复制录像作品和复制电视节目分别规定在(五)、(六)两项里,就说明这在法律上是两个不同的概念,两种不同的行为。上诉人只是根据与中央电视台签订的有偿使用其加密频道的约定,在该台播放《西厢记》电视节目时,将该台没有"版权所有,翻录必究"声明的电视节目从电信号转换成磁信号复制下来,然后向当地群众作了一次性播放。这种行为符合《中华人民共和国著作权法》第四十条第二款的规定,不是侵权。上诉人从未复制过被上诉人的《西厢记》原始录制品,因此谈不上侵犯了被上诉人的著作权。原判以被上诉人享有无线电视播放权和发行权为借口,依照《中华人民共和国著作权法》第四十四条、第四十五条的规定认定上诉人侵权,是认定事实不清、适用法律不当,请求二审予以撤销。

被上诉人影视社答辩称:五集蒲剧电视连续剧《西厢记》是被上诉人投资190万元、中央电视台投资20万元共同拍摄的录像作品。由于上诉人未经许可在其无线电视台上公开播放,使被上诉人不能正常行使无线电视许可播放权和录像带发行权,因此遭受巨大经济损失,上诉人对此应当承担赔偿责任。电视节目是指电视台播放的项目,它包括各种形式的播放内容,其中当然也包括录像作品。电视节目虽然涵盖了录像作品,但是不等同于录像作品。录像作品并非一经电视台播放,就不再是录像作品,不再受《中华人民共和国著作权法》保护。上诉人以录像作品与电视节目是两个不同的概念为由否认侵权,不能成立。上诉人一再声称其与中央电视台签有协议,可以有偿使用该台播放的电视节目,这不是事实。中央电视台从未与无线电视台签订过协议。一审认定上诉人构成侵权并判决其赔偿损失,是正确的,应当维持。

【二审查明事实】

山西省高级人民法院二审查明:

1996年12月11日,山西广播电视咨询服务中心作为中央卫星电视传播中心认可的山西业务总代理(合同甲方),与上诉人县电视台(合同乙方)在太原市签订了为期一年的《中央卫星加扰电视节目收视协议》,约定:甲方向乙方提供中央电视台四套加扰电视节目的解密设备和技术服务,乙方负责将中央卫星加扰电视节目接收、解扰后送入本系统的终端用户,负责向用户收取收视费,做好收视服务。中央卫星加扰电视节目的版权归中央电视台所有,乙方在本网络内享有收视和转播权,同时应完整地传送各套节目。未经甲方允许,乙方不得将节目内容作任何形式的翻录、转让或从事营利性活动等侵权行为,也不得擅自向本系统外传送加扰节目。其他支付报酬及违约条款等从略。

上诉人县电视台的无线电视覆盖范围,一审是根据该台招揽广告客户用的宣传材料中介绍的情况认定的。根据山西省广播电视厅科技处的测定,县电视台正常的发射覆盖范围约为25公里左右,具体范围由实际地形的崎岖度决定。

由于上诉人县电视台播放了五集蒲剧电视连续剧《西厢记》,有一些原定向被上诉人影视社购买录像带的观念不再购买,致使录像带发行数量减少。

五集蒲剧电视连续剧《西厢记》的放映时间共计3小时47分39秒。被上诉人影视社向法庭提交的《1996年世界各国电视剧和电影价格表》证明,中国电视剧的价格为每小时1 500~2 500美元。

上述事实,有《中央卫星加扰电视节目收视协议》《关于临猗县小嶷山转播台覆盖范围预测》、五集蒲剧电视连续剧《西厢记》录像带、《1996年世界各国电视剧和电影价格表》、证人证言等证实。除此以外，二审确认了一审认定的其他事实。

【终审判决】

山西省高级人民法院认为：

被上诉人影视社与中央电视台影视部共同投资、联合拍摄了五集蒲剧电视连续剧《西厢记》，依照《中华人民共和国著作权法》第十五条的规定，他们对这一录像制品，享有除导演、编剧、作词、作曲、摄影等作者的署名权以外的其他著作权。按照影视社与中央电视台影视部的约定，该录像作品的无线电视许可播放权和发行权，由影视社享有，收益归影视社。影视社享有的这一权利，符合《中华人民共和国著作权法》的规定，应当受法律保护，他人不得侵犯。《中华人民共和国著作权法》第四十四条规定："电视台播放他人的电影、电视和录像，应当取得电影、电视制片者和录像制作者的许可，并支付报酬。"上诉人县电视台未取得任何人的许可就使用他人作品，是侵权行为，应当依照《中华人民共和国著作权法》第四十五条第（五）项的规定，承担停止侵害、消除影响、公开赔礼道歉、赔偿损失等民事责任。无论县电视台对影视社与中央电视台之间的约定是否知情，影视社都可以根据该约定，追究县电视台侵犯其无线电视许可播放权的侵权责任。县电视台认为无论从事实本身还是从著作权保护的权利说，其从中央电视台8频道转录并播放《西厢记》都与影视社无关的理由，不能成立。由于县电视台只是为了播放而翻录了《西厢记》电视剧目，并没有将翻录的录像带又用于发行营利，所以没有侵犯影视社的发行权利。影视社认为县电视台侵犯了其发行权的理由，不能成立。但是，县电视台的播放行为，势必会影响影视社发行《西厢记》电视剧录像带的业绩，县电视台应当对影视社发行权受影响后遭受的可得利益损失酌情赔偿。鉴于县电视台受其规模的限制，播放产生的影响有限，此项损失的赔偿数额由法院根据县电视台的实际覆盖范围和影视社录像带发行的实际情况酌定。

发行与购买录像带，是一种民事行为，双方都应以自愿为原则，上级要求不能作为是否实施民事行为的根据。况且事实上，由于受经济承受能力的限制，运城地区的各厂矿、机关、乡镇、村及文化站（室）也不可能达到中共运城地委宣传部在通知中提出的购买要求。一审以该通知为根据来计算被上诉人影视社的可得利益损失，不符合实际。

上诉人县电视台根据与中央卫星电视传播中心达成的协议，有权收视并转播中央电视台8频道的电视节目，但是无权翻录，更不得向系统外的无线电视台传送。县电视台以其行为符合《中华人民共和国著作权法》第四十条第二款关于"广播电台、电视台使用他人已发表的作品制作广播、电视节目，可以不经著作权人许可"的规定否认侵权，理由不能成立。

一审认定的事实基本清楚，认定上诉人县电视台构成侵权定性准确，但是判处失当，应当改判。县电视台关于赔偿数额不合理的上诉理由正确，应予采纳，其他上诉理由予以驳回。

据此，山西省高级人民法院依照《中华人民共和国民事诉讼法》第一百五十三条第一款第（三）项的规定，于1999年1月21日判决：一、变更一审民事判决为：上诉人县电视台赔偿被上诉人影视社经济损失192 160元；二、上诉人县电视台应在原侵权范围内向被上诉人影视社赔礼道歉、消除影响。一审案件受理费11 090元，其他诉讼费2 120元，二审案件诉讼费11 090元，均由上诉人县电视台负担。此判决为终审判决。

【学者评述】

我国是一个熟人社会。熟人，就是熟悉的人，就是曾经打过交道的人。熟人产生于人与人之间因经常接触而对彼此了解得比较清楚，或有较深的印象。熟人社会，泛指由于共同物质条件而互相联系起来的人群。在熟人社会，办任何事都要找熟人，拉关系，走后门，迅捷径。元·杨暹《刘行首》第二折："我怕大街上有人调鬪我，我往这后巷里去，有熟人问路咱。"清·杨守知《西湖竹枝词》："抬头一笑匆匆去，不避生人避熟人。"熟人社会与以宗族、家庭为社会基本单元的农业文明相伴相生，与工业文明尤其法治格格不入。

灵魂医学（Soul medicine）理论的诞生，既为"熟人社会"以及熟人社会病存在的提供了坚实的理论基础，又对"熟人社会"以及熟人社会病的认识和防治提供了科学的方法。

熟人以及所谓"熟人社会"现象，其实是生物尤其人类原始生存本能所导致的自然现象，符合人生三定律、生物利己三定律、生物适应与诱导定律等灵魂医学理论。

熟人社会病属于灵魂医学理论体系中的社会病学范畴，是指存在于人类社会的某些时期，人们信仰、道德观、价值观以及所有言行过分打上"关系"远近、"熟识"程度等亲情的烙印，蔑视并超越公正、公平的社会伦理道德、专业制度、组织原则甚至法律等，形成了不正常的社会状态，以至于不利于人类生长发育和社会良性进步等。

法治社会，应逐渐杜绝熟人，压缩熟人社会的作用，确保制度面前人人平等。

（杨新磊）

第六节　"虫草精"真精

【上诉人，原审被告】 三普药业股份有限公司

【被上诉人，原审原告】 上海佳盛传播发展有限公司

上诉人三普药业股份有限公司（原青海三普药业股份有限公司）因承揽合同广告费纠纷一案，不服上海市静安区人民法院（2003）静民二（商）初字第612号民事判决，向上海市第二中级人民法院提起上诉，现已审理终结。

【一审查明事实】

一、2001年11月16日，双方签订了一份广告代理合同，上诉人委托被上诉人在上海电视台投放三普牌虫草精广告，投放时间2001年11月18日至2002年10月31日，金额10 000 000元（按电视台刊例价）；被上诉人根据上诉人的要求制定媒介计划表，并报电视台确认；如遇不可抗力的因素所造成广告计划未按期执行，则需向上诉人提供由媒体方面所出具的相关证明文件，并以妥善解决。上诉人配合被上诉人及时确认由电视台所认可的媒介计划，以确保媒介投放计划按期执行；超出合同的投放金额，按合同签订的同比例支付款项，实际投放金额不足合同所签订的金额，则按电视台大盘折扣支付；被上诉人根据上诉人的要求制定媒介计划表，并由电视台确认，两个月（媒介计划执行完的30天内）提供监播报告。如由于上诉人未按合同付款所造成的广告计划未按期执行，由上诉人承担责任：每延

迟一天按合同金额千分之三支付滞纳金；如被上诉人未能按双方及电视台确认的媒体投放计划执行，无法提供相应的媒体证明，由被上诉人承担责任：原则上错一补二、漏一罚二。嗣后，上诉人支付被上诉人广告费共计3 062 682元。被上诉人认为上诉人拖欠广告费3 879 175元，遂诉至法院请求判令上诉人支付上述款项。

二、2001年12月4日，双方签订了一份广告代理合同，约定上诉人委托被上诉人在浙江都市快报、宁波晚报和江苏江南晚报投放三普牌虫草精广告，投放时间2001年12月5日至2002年2月8日，金额共计301 246元；合同对其他条款作了约定。后双方按约履行了合同。

三、2002年8月12日，双方补充签订了一份广告代理合同，约定上诉人委托被上诉人在东方人民广播电台、新闻晨报投放三普牌虫草精广告，投放时间2001年12月至2002年2月，金额共计46 625元；合同对其他条款作了约定。后双方按约履行了合同。

四、2002年5月20日，双方签订设计合同，约定上诉人委托被上诉人进行102种产品包装设计及完稿，金额共计80 000元；合同对其他条款作了规定。后双方按约履行了合同。

五、2002年8月12日，双方签订设计合同，约定上诉人委托被上诉人进行好血胶囊等产品包装设计及完稿，金额共计3 200元；合同对其他条款作了规定。后双方按约履行了合同。

原审审理中，证人孙海龙证明，自己原在上诉人处负责广告工作，后因工作调整和薪水等问题辞职。双方的广告合同由其签订，并且在合同履行过程中代表上诉人与被上诉人协调有关执行情况，但不作决策，广告投放计划是双方协商后确定的，并经上诉人领导审核确认；由于当时时间紧，未将计划送上诉人总部盖章。在合同履行过程中，由于电视台的节目调整频繁，广告经常不能准时播出，电视台变更节目的情况，被上诉人都电话通知了上诉人，一些文件和确认函由其签字。上诉人要求广告播放的原则，广告一般随节目，在约定节目前或节目中播放的广告，上诉人就认可；如果节目临时调整了，广告在计划规定的时段播出也予以认可。对广告价格和价格表上的节目归类也认可。广告实际播放中，三个5秒广告连续播放和播放一个15秒广告均属于15秒广告，价格是一样的，几个广告版本都是穿插播放；A代表15秒广告，A2、A4中的2、4代表次数，只要在规定的时间播放即可，没有要求广告要连续播放。

原审审理中，原审法院委托上海公信中南会计师事务所有限公司进行审计，2004年3月29日审计报告证明：1. 根据被上诉人提供的"三普虫草精上视媒介修正方案"（计划2）的计划刊例总价为8 605 800元，上诉人应按计划刊例单价计算应支付被上诉人总价为5 724 600元。被上诉人按计划2错播广告291档（计4 365秒），错播广告刊例总价为2 416 200元；漏播广告47档（计705秒），漏播广告刊例总价465 000元。2. 根据上诉人提供的"三普虫草精上视媒介修正方案"（计划1）的计划刊例总价为9 083 400元，上诉人应按计划刊例单价计算应支付被上诉人总价为5 508 000元。被上诉人按计划1错播广告281档（计4 215秒），错播广告刊例总价为2 353 800元；漏播广告115档（计1 725秒），漏播广告刊例总价1 221 600元。上海公信中南会计师事务所有限公司2004年5月8日审计报告的补充说明证明：1. 计划2增加应付广告3档，计27 000元，应补广告3档，计67 200元，应罚广告减少3档计-94 200元。2. 计划1增加应付广告1档，计6 000元，应补广告减少1档，计-6 000元。

上海公信中南会计师事务所有限公司于2005年1月10日再次对审计报告作出补充说

明：一、本次补充审计是在2004年5月8日审计报告的补充说明的基础上进行的；为了全面反映三普虫草精广告总价，根据央视市场研究股份有限公司出具的三普虫草精－相关频道跟踪监测报告上所示的监播价，所列882档广告，计划刊例价为8 605 800元，实际监播价为9 441 610元。其中，按计划播放547档，刊例价为5 751 600元，监播价为6 238 110元；错播294档，刊例价为2 483 400元，监播价为2 804 160元；漏播41档，刊例价为370 800元，监播价为399 340元。二、对差额补差表的审计。2004年6月7日被上诉人提供了补足504 000元计划的差额补差表，计广告33档，刊例价为518 400元，监播价为514 380元。其中，实播与计划相符的广告29档，刊例价为446 040元，监播价432 600元；错播广告4档，刊例价为72 360元，监播价为81 780元。三、对漏播补偿表的审计。经查核，被上诉人提供的漏播补偿表，计20档广告中有1档广告系2002年1月无生活时尚频道而无法实施补播，1档广告已在媒介修正方案882档广告中审定系重复，1档广告是补播计划重复，无相应的监播记录，余下的17档广告刊例价为232 800元，监播价为273 600元。其中，实播与计划相符的广告10档，刊例价为126 000元，监播价为157 800元；错播广告7档，刊例价为106 800元，监播价为115 800元。四、对41个漏播广告的补充审计。对于41个漏播广告，被上诉人仅承认10个广告是漏播的，因此提供了漏播补偿表，其余31个广告被上诉人辩解如下：1. 4个广告系周末"午夜影院"节目时间后移，不属于漏播，刊例价为28 800元，监播价为28 800元。2. 7个广告系春节节目调整，不属于漏播，刊例价为108 000元，监播价为115 800元。3. 16个广告系凌晨时段所属日期在认知上的差异，媒体修正计划按当日电视台播放结束划分日期，央视监播记录按零点划分日期，不属于漏播，刊例价为48 000元，监播价为48 000元。4. 另有4个广告属于春节节目调整，不属于漏播，刊例价为60 000元，监播价为75 600元；但经复核已经审定，包含在547个按计划播放的广告中，系重复。五、对294个错播广告的补充审计。1. 依据2004年6月3日被上诉人律师对孙海龙的调查笔录：2002年1~2月的15秒广告的播出是根据播出效果穿插使用A版或B版的，错播广告中有31个广告属于此类情况，刊例价为473 400元，监播价为670 410元。2. 依据2004年6月7日广告中心的说明：A2不能说明是连续播出的2个A版广告，在客户没有约定连续播放的情况下，2个A版广告可以间隔播放，只要在约定的时段播放即可。错播广告中有78个广告属于此类情况，刊例价为452 400元，监播价为462 200元。3. 依据2004年6月3日广告中心的函第三条：因不可抗力因素而临时调整的节目有WTO与中国专家系列访谈、生命之光2001年上海科技节闭幕式交响音乐会、华东春节文艺晚会等，错播广告中有38个属于此类情况。刊例价为136 200元，监播价为134 690元。4. 依据2004年4月29日广告中心的函第四条：电视台调整电视剧"银幕下的阴谋"改播"再牵你的手"，错播广告中有4个属于此类情况。刊例价为76 800元，监播价为83 520元。5. 依据2004年4月29日广告中心的函第五条：关于节目归类问题的说明，新闻综合频道中"小鬼当家"、"红茶坊"归属专题节目；新闻综合频道中"午夜一刻"与"新闻晚报"、"观众中来"、"新闻追击"归属新闻节目。卫星频道"艺术节天天看"、"名医大会诊"、"大家"、"案件聚焦"、"星期五档案"、"星期视点"、"中国景趣大观"归属"海上艺谈"栏目。错播广告中有38个属于此类情况。刊例价为303 600元，监播价为311 520元。6. 依据2004年5月11日、6月7日广告中心的函：A4是指在约定的时段里，按计划播4个A版广告，不能说明是连续A版广告，错播广告中有4个属于此类情况。刊例价为12 000元，监播价为11 000元。7. 依据2004年6月3日广告中心的函第二条：节目调整或撤销则在双方合同约定的时段播出，错播广告中有96个属于此类情况。刊例价为957 000元，监播价为1 052 660元。8. 根据2001年12月20日被上诉人给孙海龙的函：关于广告播出时间调整，有4个广告是据此由漏播中调出，经审核属于错播，但被上诉人不认为是错播。刊例价为60 000元，监播价为60 000元。综上，被上诉人在294个错播广告中仅承认1个广告是2001年12月26日版本差异造成的。刊例价为12 000元，监播价为20 160元。六、其他需要说明的事项。审计认为，被上诉人和上诉人均未提供广告播放期间由媒体方出具的不可抗力因素造成广告未按计划执行的相关证明文件。因此，对2004年6月7日被上诉人提供的新证据，据实审计，无法发表审计意见，由法院裁定。本次审计结果仅反映广告播放的履行情况。按刊例价和监播价分别列示，仅供参考。未涉及上诉人应付广告费金额。

原审认为：一、孙海龙的证词能够客观反映合同履行情况的内容，应予认可。理由：1. 孙海龙作为上诉人广告工作的负责人和签订合同的代理人，被上诉人完全有理由相信孙海龙具有协调履行广告合同的代理权。被上诉人在合同履行过程中，对广告投放计划的调整得到上诉人经办人许可并按此履行后，应认定按约履行。2. 媒体一般确定电视节目开始的播放时间为电视广告的播放时间，并以此设定广告价格。双方的广告播放计划一般由两个因素确定，即电视节目大约开始的播放时间和节目的前、中、后的时段，显然电视节目开始的播放时间和节目开始前广告播放的时间大约相符尚有可能，但要求电视节目开始的播放时间和节目中、后的广告播放时间相吻合是不切实际的。因此，上诉人要求电视广告播放同时符合电视节目开始时间和广告播放时间这两个因素，缺乏依据，应该确认只要广告播放符合其中一个因素即认为是按约履行合同。3. 审理过程中本案提交审计，针对审计双方都重新提供证据，被上诉人提供了孙海龙的证词及补充证据，并申请传唤孙海龙到庭作证。孙海龙作为上诉人已经离职的工作人员，客观上被上诉人取证确有困难，如不审理孙海龙的证明内容将对案件的公正处理产生影响，应视为新的证据。

二、关于广告中心的证明。广告中心的主要证明问题：1. A2、A4版广告连续播放和间隔播放。2. 电视节目的临时调整后在约定时段播放广告。3. 电视节目的归类。广告播放连续播放或间隔播放，可由双方当事人协商，也要考虑电视观众的接受程度；广告实际播放中，不可能连续播放四个15秒广告。电视节目计划安排后，由于时事新闻报道等情况的需要，电视台的节目必须调整，电视台节目经常不能准时播出，被上诉人就此问题征求上诉人工作人员孙海龙的意见并已达成共识，被上诉人按此履行合同后，应视为符合合同约定。双方在制订广告播放计划时，对节目归类的设置不能统一，有归类节目也有专题节目，广告中心的证明比较系统、清晰地解决了归类节目与专题节目的关系问题。据此，广告中心的证明应予认可。

三、关于差额补差表的审计。被上诉人在三普虫草精上视媒介计划（冬至、元旦）修正方案备注注明："11~12月适逢各台并为文广传媒集团，节目调整较为频繁，本次三普11~12月媒体方案，以此稿为准。此稿合计金额3 459 600元，上一稿金额为3 963 600元，差额为504 000元，本司将在2002年1~2月媒体计划中予以补偿。2001年11~12月合同金额仍以3 963 600元为准（补偿方案将视实际情况由本公司决定段位、时间及次数）"。上诉人工作人员孙海龙事后在此修正方案上签名认可，承认了被上诉人的补偿方案。但被上诉人"只补足504 000元差额，不应受计划的约束"的要求，缺乏依据，广告播放应视为符合补偿播放计划或约定。被上诉人实际补差播放广告刊例价518 400元，其中错播4次，刊例价72 360元。

四、关于漏播补偿表的审计。1. 被上诉人于2001年11月26日上海电视台生活时尚节目播放广告，刊例价13 200元，确未纳入审计；审计认为2002年1月26日无生活时尚频道无法实施补播，此日期系被上诉人笔误，应确认为2001年11月26日。2. 2002年2月20日计划新闻综合频道20：30播出的广告提前在20：26播出，原已纳入审计，现审计认为在此后20：28播出的广告系补偿漏播的，故应认定。3. 被上诉人的补偿表中2002年2月8日有20：21案件聚集中和21：30晚间新闻中二档时间，监播记录为20：19第四焦点中和21：23新闻晚报中，此节原未纳入审计，审计均将此计入21：00～21：30档系笔误，应该纠正。4. 审计补播明细表列明错播六档（除2001年11月26日一档外）中，或与节目时间一致，或节目要求相符，符合上诉人工作人员孙海龙的证言，应当确认六档广告不属于错播。5. 实际播放广告比媒介计划916档少1档广告的问题，上诉人的媒介计划为916档，而被上诉人的媒介修正计划为915档，媒介修正计划经上诉人工作人员同意，应以媒介修正计划为准。

五、关于41个漏播广告的补充审计。1. "午夜影院"节目的播放均为午夜时间，由于周末"午夜影院"节目后移，4个广告在次日凌晨播放，应确认符合合同要求，刊例价为28 800元。2. 由于春节期间节目调整，七个广告与原计划相比提前或延晚一小时左右播放，应确认符合合同要求，刊例价为108 000元。3. 16个广告系凌晨时段所属日期认识上的差异。被上诉人认为，媒介修正计划以当日电视节目播放结束划分日期，监播记录按实划分日期。经审核，如计划约定2001年11月20日1：20播放，监播为2001年11月21日1：25：55播放，时间相隔近24小时，故被上诉人的说法缺乏依据，应确认不符合合同要求，刊例价为48 000元。4. 另有4个广告审计结论认为系重复。2002年2月12日、14日、16日、18日20：30和21：00新闻综合频道播放广告，监播记录为20：58左右和21：10至21：20左右播放，审计都将监播记录与21：00档相比，故认为21：00档重复，而20：30档漏播；如将此两档广告分别相比，符合随时间或随节目的要求，应确认符合合同约定，刊例价为60 000元。此外被上诉人承认10个漏播广告（刊例价为95 400元，前述已补漏20档）。

六、关于294个错播广告的补充审计。根据孙海龙和广告中心的证明，294个错播广告中，除被上诉人承认1个广告（刊例价为12 000元）外，均符合合同要求，计刊例价为2 471 400元。

【一审判决】

原审认为，一、双方签订的合同表述非常清楚，并无歧义，双方应全面履行合同；孙海龙作为上诉人的工作人员负责广告策划工作，与被上诉人协商广告发布变更的事宜，应视为对合同的补充。双方对报刊等广告合同的履行均无异议，已履行完毕。合同中双方仅对刊例价作了约定，未约定监播价，故本案以刊例价计算上诉人应支付的广告费。双方的2001年11月16日广告代理合同，计划播放广告应915档，刊例价为9 109 800元；在履行过程中，被上诉人漏播16档，刊例价为48 000元，错播5次，刊例价84 360元；被上诉人对另10档漏播广告补漏20档，应该视为已按计划播放广告。二、双方在合同中"错一补二、漏一罚二"的约定，实为被上诉人应承担的违约责任，上诉人要求被上诉人按此承担责任应属反诉。审理中上诉人明确不提出反诉，被上诉人则自愿按此承担责任，为便利诉讼，可一并予以处理。三、由于双方在合同中仅约定广告的刊例价，被上诉人提出上诉人支付的广告费按刊例价75%计算；尽管上诉人否认，但此价格有利于上诉人，可予准许。按刊例价

9 109 800元的 75% 计算，上诉人应支付广告费为6 832 350元，上诉人已支付广告费3 062 682元，扣除错、漏播的广告费和违约费用297 810元（132 360×75%×3），还应支付广告费3 471 858元。四、上诉人提出按刊例价50%计算广告费和被上诉人违约致使合同未能继续履行的辩称，均缺乏依据，不予采信。据此，依照《中华人民共和国合同法》第一百零九条、第一百一十四条和最高人民法院《关于民事诉讼证据的若干规定》第四十三条第二款之规定，判决如下：上诉人应于判决生效之日起十日内支付被上诉人广告费3 471 858元；案件受理费29 405.90元、诉讼保全费19 915.90元和审计费60 000元，共计109 321.80元，由被上诉人承担12 025.80元、上诉人承担97 296元。

原审判决后，上诉人提起上诉称：一、原审法院在本案审理过程中违反法定程序。原审法院在委托审计部门对涉案广告费审计后，被上诉人发现对其不利，不顾已超过举证期限又陆续提供了上诉人原员工孙海龙的调查笔录及文广中心的证明等证据，原审法院违反证据规则组织双方质证，并要求审计部门作出补充的审计报告，审计部门遂出具了印章不全的补充审计报告，实为重新审计结果。二、原审法院认定事实不清。1. 上诉人提供的证据足以证明被上诉人违反合同约定错播了294档，漏播41档的违约事实，原审未予认定；相反，原审错误地采纳了被上诉人超过举证期限提供的证据及与本案均有利害关系的证据，从而错误地认定事实。2. 原审法院遗漏重要的证据未作出认证意见，导致重要事实未予认定，原审法院对上诉人提供的可以澄清被上诉人提供的孙海龙、广告中心证明的证据效力的证据未作认定。3. 原审法院对上诉人应付广告费金额认定错误。根据广告代理合同总价为510万元，双方当事人的会谈纪要也证明上诉人应付广告费为广告投放金额的50%，上诉人在四个月的时间内投放广告9 109 800元，被上诉人消极对待剩余的980 200元的投放金额，导致合同未能履行完毕，但上诉人已完成了绝大部分的投放指标，基本履行了义务，应按50%的比例支付广告费，原审在无任何证据的情形下确定大盘折扣为75%，属认定事实不清。三、原审法院适用法律错误。1. 对于孙海荣的证言，原审法院应适用证据规定第四十三条第一款而非第三款，也就是不认定孙海龙的证言为新的证据。2. 原审法院对孙海龙证言中笼统地表述其与被上诉人之间对错播、漏播标准和节目等事项调整的沟通，认定证据效力后适用合同法表见代理属错误适用法律；孙海龙作出证言时已不是上诉人单位的员工，此前其也未获上诉人单位授权可以变更合同，原审法院应确认孙海龙无权处分及被上诉人构成违约。3. 广告中心的关于不可抗力的说明系作出对其有利害关系的观点，不是权威部门的解释或意见，不应适用不可抗力的条款。综上，上诉人请求撤销原判，依法改判上诉人不承担向被上诉人支付款项的责任。

被上诉人辩称：一、原审程序合法，由于随着案情的发展，原审没有最终确定举证期限，根据原审卷宗记录反映，在原审2004年6月3日的庭审中，双方当事人都还向法庭交换了证据。二、原审中，被上诉人提供了一系列证据证明争议294档、41档中相当一部分不属于错播、漏播。具体理由如下：1. 没有在合同约定的时间段、节目段播出属于错播，广告播放的原则是广告有节目的跟节目，没有节目跟时间，广告可以在节目开始、中间、结束播放，而不是上诉人所称时间、节目等全部符合合同约定，而且几个15秒相同的广告在节目开始时连续播放。2. 由于政治、形势需要、社会事件等因素，电视台的节目要经常调整，文广中心对此已出具了证明，合同中约定的不可抗拒的因素不属于不可抗力。三、如果上诉人广告投放金额以刊例价计算达到1 000万元时，合同规定上诉人支付合同价款510万元，该510万元实质上是大盘打50%折扣，另被上诉人赚取了10万元；如果上诉人投放金额未达到1 000万元,也就是上诉人违约了,则按电视台大盘折扣价即大盘打75%折,不可能上诉人违约与不违约享受的折扣价一致;上诉人原审提供的被上诉人与媒体的合同及会谈纪要所要证明的内容与上诉人的主张是一致的,证明了电视台给予被上诉人刊例价75%折,另给予被上诉人进度款奖励25%。综上,原审法院程序合法,查明事实清楚,适用法律正确,请求二审法院维持原判。

经庭审,本案双方当事人主要的争议焦点为:1. 原审审理的程序是否合法?2. 争议的294档、41档广告如何认定错播与漏播?实际投放金额不足时,大盘折扣的认定?

【二审查明事实】

本院经审理查明,原审查明事实中除将双方所签《广告代理合同》中"如遇不可抗拒的因素所造成广告计划未按期执行,则需向上诉人提供由媒体方面所出具的相关证明文件,并以妥善解决。"内容中"不可抗拒的因素"表述为"不可抗力的因素"外,其余查明属实无误,本院予以确认。

本院另查明:1. 2003年7月11日,原审法院受理本案;2004年10月27日,原审法院委托审计;2004年2月26日,原审法院组织审计人员向双方当事人明确需进一步提供的证据。2. 2001年12月30日,被上诉人(乙方)与上海有视广告经营有限责任公司(甲方)签订2002年单一品牌产品广告投播协议书一份,约定投放广告的内容即为本案争议的三普虫草精广告,广告投播期为2002年1月1日起至2002年2月28日止,乙方承诺,协议期内该品牌累计广告投放金额(实付款)不低于220万元整,可获得甲方给予该品牌按2002年对外执行的刊例价25%的优惠折扣(按刊例价乘以75%结算)后,另再可获得实进款25%的奖励,甲方将按乙方在2002年享受的实际折扣率,即25%优惠折扣及25%的奖励折扣折算成广告时间给予乙方。本协议所称"实付款"指2002年对外执行的按刊例价扣除25%优惠折扣后实际应该支付给甲方的广告费;本协议所称"实进款"指2002年对外执行的按刊例价扣除25%优惠折扣后实际已支付给甲方的广告费;本协议所称漏播指乙方所订广告未能播出;错播指甲方在播出乙方广告时发出的版本错误、日期、时段错误。3. 2002年12月4日,被上诉人法定代表人徐侠与上诉人工作人员进行过会谈,会谈记录(节录)记载:三普都是小胡负责,事情既然出了,郭总很生气,大声质问我,我打了几个电话给胡,胡说11月、12月是按电视台52.5折扣给三普签的是50折扣,亏损。

【二审法院观点】

针对双方当事人的争议焦点,本院逐一分析认定如下:

一、原审审理程序是否合法?

本院认为:其一,根据证据规则的原理,行为意义上的举证责任也就是当事人对其主张的事实所负担的提供证据加以证明的责任,具有动态转移的特征,这种证据之间的攻防对抗不是一蹴而就的,通过本证、反证、对反证的反证,使当事人对其主张的举证责任达到最佳化;同时,上述这种证据攻防必须是在证据所针对的争议焦点明确并且不发生转移的情形下,因此,根据《关于民事诉讼证据的若干规定》(以下简称证据规定)第四十条第一款之规定,当事人收到对方交换的证据后可以提出反驳并提出新的证据,这就意味着在第一次证据交换后,为保障当事人双方有平等举证的机会,法律规定法院有义务为对方当事人再次组织证据交换,也就是说"交换证据之日举证期限届满"的规定中,交换证据之日为最后一次证据交换日。本案中，被上诉人原审起诉时主张其为上诉人已经播出了多少档广告，上诉人还欠多少费用，对此主张被上诉人应负举证责任，事实上被上诉人在起诉时也已向法院提供了其播出了多少档广告的依据。此后，上诉人在原审中反驳称被上诉人存在错播、漏播、重复播放、重复计算的情况，也就是说上诉人认为被上诉人履行行为不符合合同约定，上诉人为证明其主张也提供了相应的证据，对上诉人该项反驳被上诉人主张而提交的证据，被上诉人有权再提供证据予以反驳，当然，上诉人也有权继续对被上诉人反驳再次反驳并提供证据。综上，上诉人认为原审法院违法组织双方进行证据交换的主张，系对司法解释的错误理解，本院不予采纳。其二，纵观双方举证所要证明的事实，实质上双方的争议焦点是被上诉人播出的广告是否属于错播、漏播还是多播的问题，如何判断这个问题的前提是必须明确什么样的广告属于错播、漏播，如果双方判断的标准不一样也就会得出相反的结论，这最终由法院根据双方所举证的合同、行业惯例等所反映的内容来确定标准。由于审计部门审计的应是财务、税收等问题，就本案中原审委托的审计部门所做的审计，其实质是根据一定的标准来进行归类，一旦由于标准发生变化，其所进行的归类也必然发生变化，也就导致了本案中审计部门根据不同的标准作出了不同的报告，正如本案中审计部门所做报告中称"对2004年6月7日被上诉人提供的新证据，据实审计，无法发表审计意见，由法院裁定。本次审计结果仅反映广告播放的履行情况。"也就是说，原审中的审计部门仅是依据不同的标准帮助原审法院作了两次归类，最终还是由原审法院确定标准作出认定。因此，本案中审计报告并不产生证据规定中鉴定结论的证据效力，上诉人将审计报告作为证据的一种即鉴定结论所发表的任何主张也就不产生证据规则上的法律意义，仅表明上诉人坚持按其主张的标准判断被上诉人播出的广告是否错播、漏播。

二、争议的294档、41档广告如何认定错播与漏播？

本院认为：其一，合同约定"如遇不可抗拒的因素所造成广告计划未按期执行，则需向上诉人提供由媒体方面所出具的相关证明文件，并以妥善解决。"上述合同文义记载的是不可抗拒的因素而非不可抗力，而且这种不可抗拒的因素是由媒体出具相关文件来证明，那么上述合同约定是否就是法律意义上的不可抗力呢？作为一种常识，电视台等媒体播出的节目经常会发生节目调整或取消，其中很少的部分是由于突发重大政治事件，绝大部分是由于电视台基于某种客观原因的节目调整等，而真正由于法律意义上不可抗力的因素即上诉人所称自然灾害，政治暴乱等发生的概率几乎没有，发生这些不可抗力事件也不是合同约定的媒体可以出具相关文件来证明的。因此，可以认定合同约定不可抗拒的因素并非上诉人主张的不可抗力。根据合同的约定，证明不可抗拒的因素的证据形式是媒体出具文件，但也并非媒体出具证明说什么就是什么，必须经法院审查属实后表明确实发生某种特殊的客观原因，可以作为节目调整或取消的依据，比如"WTO中国专家系列访谈"及专题节目归属新闻节目等。综上，鉴于合同约定的就是媒体出具证明，上诉人仅主张媒体与被上诉人具有利害关系，要求否定媒体出具的证明，本院难以采纳。其二，由于双方合同中没有明确定义错播、漏播的概念，而被上诉人与媒体的合同也仅是约定"本协议所称漏播指乙方所订广告未能播出；错播指甲方在播出乙方广告时发出的版本错误、日期、时段错误。"现上诉人在原审中要求电视节目开始的播放时间和节目中、后的广告播放时间相吻合，对此，既没有合同依据，客观上也难以做到。其三，A2、A4版广告是连续播放还是间隔播放。对此，双方在相关合同中也没有约定，被上诉人及媒体出于广告播放效应的考虑将其在一个节目中穿插、间隔播放并无不当，而且，在一个节目开始时连续播放4个15秒广告，一般的电视观众均难以接受。其四，关于孙海龙的证词对认定错播、漏播的影响。孙海龙系上诉人广告工作的负责人和签订合同代理人，即使按上诉人所称孙海龙从上诉人单位离职的原因是在涉及广告业务工作中不负责任，造成重大失误，其放弃合同权利没有业务单位领导的明确授权等；其中，孙海龙有的行为是获得授权的职务行为但没有尽职、有的行为没有明确的授权或超越权限，但这均是上诉人单位的内部管理问题，被上诉人依据孙海龙的身份有理由相信其是有权处理合同履行中的具体事务。更重要的是，孙海龙的证词中涉及上述三个方面的问题根本无需孙海龙的证词予以证明，本案中，仅仅是由于孙海龙的认可而导致本可以认定错播、漏播的广告不再作为错播、漏播认定的仅寥寥数个。

三、实际投放金额不足时，大盘折扣如何认定？

本院认为：双方庭审中对合同中相关内容的理解一致，即如果上诉人投放广告的金额按电视台刊例价计算达到1 000万元时，上诉人支付被上诉人广告款510万元（刊例价50%折+被上诉人10万元利润），如果上诉人投放广告的金额按电视台刊例价计算未达到1 000万元时，则按电视台大盘折扣价计算。双方争议的是未达到1 000万元时的大盘折扣是多少，上诉人认为其举证的被上诉人与媒体的合同表明大盘折扣是50%，按照刊例价其已投放广告900多万元，如果其再倒贴90多万元就能享受50%折扣，而被上诉人主张大盘折扣为75%折扣没有依据。被上诉人认为违约不能比守约享受的折扣多，如果上诉人未违约上诉人实际享受的折扣是50%，事实上上诉人违约了，故只能按75%计算广告款；被上诉人举证的证据也说明了大盘折扣为75%折，另25%是被上诉人实进款的奖励而非大盘折扣。本院认为，根据双方合同约定的含义，实质上规定了违约与守约时上诉人应支付的两种价格，按常理，违约时应比守约时支付的价格高，现可以确定合同中约定的守约价格为刊例价的50%，也就是说大盘折扣价即违约价不可能是刊例价的50%，应当比此高；根据双方确认一致的被上诉人与媒体的合同约定的广告投放金额达到一定金额后可以刊例价优惠25%的价格结算以及媒体的证明，可以认定双方合同约定的大盘折扣、媒体实际给予被上诉人的大盘折扣确实为75%折，被上诉人与媒体合同中所指实进款的奖励25%与大盘折扣的概念、性质均不同；至于被上诉人法定代表人徐侠在会谈纪要所指"胡说11月、12月是按电视台52.5折扣给三普签的是50折扣"应是指上诉人守约时被上诉人将电视台给予被上诉人的大盘折扣与实进款奖励均计算在内，再给予上诉人刊例价的50%，这与合同约定并不矛盾，这也无法得出大盘刊例价就是50%折的结论。

综上所述，双方当事人签订的广告代理合同合法有效，被上诉人为上诉人代理广告播出后，上诉人理应支付相应的款项。被上诉人在履行中存在不完全符合合同约定的情形存在，对此，被上诉人为减少讼累已自愿在本案中扣除并无不当。至于上诉人就因仅差90多万元广告投入而没有享受50%的折扣，似乎不尽合理，但这就是双方订约时的合意，上诉人应能够预见到违约的后果；如果在这过程中，孙海龙对上诉人负有责任，不属本案范围，可由上诉人另行提出解决，本院不予处理。据此，原审法院程序合法，认定事实基本清楚，适用法律正确，上诉人诉请，本院不予支持。

【终审判决】

二〇〇五年七月二十日，上海市第二中级人民法院依照《中华人民共和国民事诉讼法》第一百五十三条第一款第（一）项，最高人民法院《关于民事诉讼证据的若干规定》第四十条第一款之规定，判决如下：驳回上诉，维持原判。二审案件受理费人民币29 405.90元，由上诉人三普药业股份有限公司负担。本判决为终审判决。

又案，2007年9月28日，因漏播广告30次，北京市房山法院判决央视《新闻30分》广告代理商败诉，责其退还剩余广告费。

2004年3月1日，原告广西北海国发海洋生物产业股份有限公司与央视的广告代理商北京中视世嘉广告有限公司签订合同，约定，在2004年3月、4月、5月，由中视世嘉公司在中央电视台一套《新闻30分》代理发布北海公司"海宝牌珍珠明目滴眼液"5秒栏目随片广告，共播出61次，合同金额为100余万元。合同签订后，北海公履约，此广告也随即在中央电视台发布，但中视世嘉公司一直未向北海公司提供广告播出证明。

为核对广告播出情况，北海公司分别购买了央视市场研究股份公司监测报告和上海尼尔森贴片监测报告。两份报告一致证明，这则广告漏播了30次。为此，北海公司要求中视世嘉公司退还漏播次数折算的广告费用49.77万元，但中视世嘉公司只退款4万元后就不再支付。2005年10月31日，中央电视台提供证明，证实这则广告共播出了31次。法院受理后，中视世嘉公司未到庭应诉，被视为放弃民事诉讼权利。

法院认为，中视世嘉公司应将多收的广告费退还北海公司，并赔偿违约金，共计45.77万元。

一审宣判后，双方均未上诉。

【学者评述】

人为什么会发生各种错误？除了刻意为之外，主要是用脑过度所致。

大脑，Brain，包括端脑和间脑。端脑，是脊椎动物脑的高级神经系统的主要部分，由左右两半球组成，是人类脑的最大部分，是控制运动、产生感觉及实现高级脑功能的高级神经中枢。脊椎动物的端脑在胚胎时是神经管头端薄壁的膨起部分，以后发展成大脑两半球，主要包括大脑皮质、大脑髓质和基底核三个部分。大脑皮质是被覆在端脑表面的灰质、主要由神经元的胞体构成。皮质的深部由神经纤维形成的髓质或白质构成。髓质中又有灰质团块即基底核，纹状体是其中的主要部分。端脑由约140亿个细胞构成，重约1 400克，大脑皮层厚度约为2~3毫米，总面积约为2 200平方厘米，据估计脑细胞每天要新陈代谢约10万个。

用脑过度，是指脑力劳动者因长时期用脑而导致的脑电波紊乱，具体症状有头昏眼花，听力下降，耳壳发热；四肢乏力，嗜睡或瞌睡；注意力不能集中，记忆力下降，思维欠敏捷，反应迟钝；出现恶心、呕吐、头痛等。

如何防治用脑过度，消除大脑疲劳？（1）饮食补充法：注意饮食营养的搭配。含蛋白质、脂肪和丰富B族维生素食物如豆腐、牛奶、鱼肉类食物，可防止脑疲劳过早出现。多食水果、蔬菜亦有助于消除疲劳。（2）休息恢复法：每天都要留出一定的"喘气"和休息时间，最好方法是躺下来放松肢体，或安枕大睡，往往一觉醒来倦意全消。（3）听音乐、练书法、绘画、散步等也有解除生理疲劳之功效。（4）科学健身方法：一是有氧运动，如跑步、打球、打拳、骑车、爬山等；二是腹式呼吸，全身放松后深呼吸，鼓足腹部，憋一会儿再慢慢呼出；三是做壮健操，使人体组织器官充满活力，推迟衰老进程；四是点穴按摩，通过自我点穴疗法和按摩，适当刺激体表，激发机体抗病潜能。

电视台播出/播控部门，整天在封闭的房间内面对一大堆机器，工作枯燥乏味，长期加班熬夜，容易导致用脑过度，这是导致错播、漏播等播出事故的根本原因。

（杨新磊）

第七节　多为孩子想想

【上诉人，原审被告，反诉原告】上海海运影都
【被上诉人，原审原告，反诉被告】上海市杨浦区应用技术进修学校

上诉人上海海运影都（以下简称海运影都）因与被上诉人杨浦区应用技术进修学校（以下简称技术学校）承包合同纠纷一案，不服上海市杨浦区人民法院（2001）杨经初字第792号民事判决，向上海市第二中级人民法院提起上诉，现已审理终结。

【一审查明事实】

1999年12月8日，技术学校与海运影都签订《剧场租用协议书》，协议约定：海运影都将剧场定时租给技术学校经营，每天早上6点至晚上6点止，6点以后由海运影都自行安排，但除了每周两场不定期的歌舞晚会安排以外，海运影都在晚上6点以后如有放映应无偿为持有观摩卡的观众提供服务；技术学校向海运影都交纳抵押金人民币30 000元；技术学校年租金为人民币70 000元，分12个月支付，先付后租用；剧场租用时间为2000年1月1日至2000年12月31日止，海运影都有义务对技术学校的经营、安全等方面监督检查；海运影都有义务按时收取技术学校缴纳的定额承包费用；对于技术学校违反协议的各项条款，海运影都有权作出单方面终止本协议，抵押金不予退还；技术学校有义务保管使用好剧场内的一切设施、设备，如有损坏照价赔偿；技术学校有义务接受海运影都对技术学校的经营、安全等方面的监督检查；技术学校在租用期，必须合法经营业务等。协议签订后，技术学校陆续向海运影都支付押金人民币27 340元。

2000年2月23日，技术学校与海运影都双方签订"人员借用协议书"。协议约定，技术学校向海运影都借用海运影都职工庄莹，借用期为2000年2月1日至2000年9月31日等。庄莹2000年10月工资在技术学校处领取。

2000年2月29日、4月12日、4月28日，技术学校曾以其名义向长阳路第五小学开出三张收取电影票款的收据。

2000年10月31日，海运影都向技术学校发函，提出四点整改要求。即完善剧场内部设施，场内不能正常运转的设备，必须予以尽快修复；按照放映室的管理制度，每班必须配备2名放映操作人员；对各有关部门发放于海运影都的正本文件、通知等，必须及时送交海运影都办公室；必须严格遵守各项管理制度，合法经营，规范操作。海运影都要求技术学校于11月6日前给予回复，并修复主要设备；11月13日前整改完毕，否则视违约处理。同年11月2日，技术学校回复海运影都认为，技术学校在承租剧场之初，就没有收到海运影都提交的任何设备、设施及任何技术文件，也没有任何技术人员向技术学校进行技术交接，所谓尽快修复设备、设施无据可查；关于放映室配备2名操作人员一事，在租赁协议中和协议附件中海运影都均无书面强调说明；关于文件收取问题，技术学校认为发往海运影都的行政文件可由海运影都收取，经营业务性文件则应由技术学校收取，因为技术学校出资租赁经营了剧场业务；自承租海运影都剧场以来，技术学校始终坚持合法、规范经营原则。同年12

月 4 日，海运影都致函技术学校，认为其已违反协议有关条款，提出终止剧场租用及赔偿。次日，海运影都终止技术学校在海运影都剧场内的经营。

2000 年 11 月至 12 月期间，海运影都终止技术学校学生及技术学校已联系的上海市江浦学校、上海市教科院附属中学、上海市延吉中学、上海杨浦区阳普进修学校、上海市燎原实验学校杨浦分校、上海市住宅建设学校、上海市杨浦区怀德路第一小学等学校的电影放映。其中，上海市江浦学校预订 12 月电影一场，票价 4~5 元；上海市教科院附属中学预订 12 月组织初中、高中学生观看电影各一场，初中一场 570 人，高中一场 540 人，如看大片每人 8 元，小片每人 6 元；上海市延吉中学预订包 12 月电影两场，票价每人 7 元；上海杨浦区阳普进修学校预订 12 月包两场电影，票价每张 10 元；上海市燎原实验学校杨浦分校预订包 12 月电影一场，票价每张 12 元；上海市住宅建设学校预订 12 月组织约 750 名学生观看电影两场，票价为每人 10 元；上海市杨浦区怀德路第一小学预订 12 月电影一场，票价 4 元左右。此外，海运影都于 2000 年 12 月 19 日收取上海市市东初级中学票款 4 980 元。

2000 年 5 月 8 日，案外人庄莹与上海宝山译文印刷厂联系印制海运影都的电影票 480 场。该厂实际交付 504 场电影票，金额 2 630 元，由海运影都马国萍签收。

2000 年 1 月至 7 月期间，案外人庄莹先后多次至上海剑诚实业有限公司摄影彩扩分公司委托其印刷观摩卡。

2000 年 11 月 8 日，案外人庄莹至上海永乐股份有限公司领取 2001 年挂历 54 本，总计金额 3 410 元。2001 年 3 月 19 日，技术学校致函海运影都，称："原永乐电影公司 4 010 元广告费确有其事，按照扣除去年我们所代垫付的广告费 1 543 元，实际应付 2 467 元。但由于影都单方面终止合同，致使很多事情无法交接清楚；由此，引起了一系列悬而未结的问题：如去年 10 月的月报表上多扣了 2 000 元；电影《生死抉择》的奖励金；原冷饮余款；原 6 000 多元应收账款；原押金 27 000 多元；原在影都的所有办公设备及用品等；曾派人多次上门协商，未果，只好对簿公堂，一起解决"。

关于合同系租用合同还是承包合同一节，原审法院经审理后认为：技术学校与海运影都于 1999 年 12 月 8 日签订《剧场租用协议》。在该协议实际履行过程中，始终都以海运影都名义对外经营，并由海运影都出具发票，且庭审中，海运影都也始终认为技术学校私自开具其学校收据的行为是不对的，故该协议名为租用合同，实际上为承包合同。

关于技术学校、海运影都谁构成违约，原审法院认为：合同解除有约定解除和法定解除两种。因技术学校和海运影都双方未就解除合同达成合意，因此海运影都单方终止合同，应视其是否具备了法定理由或符合合同中约定的条件。本案中，海运影都列举了技术学校私自印刷电影票；瞒海运影都开具学校收据；冒用海运影都名义在外拿取挂历；以海运影都名义到客户处拿取电影票款，致客户到海运影都处拿发票；未按协议交押金；未按协议整修设备等事实。经审理查明：1. 负责印制电影票的庄莹具有双重身份，其既是技术学校借用人员，为技术学校负责剧场工作，同时又是海运影都业务经理（迄今仍为海运影都职工）。由于技术学校、海运影都对电影票的结算方式为，由海运影都统一印制电影票，技术学校到海运影都领取电影票并支付材料费，因此庄莹的行为应视为海运影都印制电影票，而非技术学校私自印刷电影票；2. 技术学校确曾以其名义开出三张收据，此行为虽有不妥，但未构成根本违约，未动摇双方设定此份合同之根本目的；3. 技术学校借用庄莹日期为 2000 年 2 月 1 日至 9 月 30 日，庄莹实际上在技术学校领取工资至 10 月。而挂历是庄莹于11月领取，此时其已不为技术学校服务，故海运影都称技术学校冒用海运影都名义在外拿取挂历此节事实不存在；4. 技术学校、海运影都双方并未就何方至客户处领取票款作出约定，且技术学校也是以海运影都名义对外经营，故技术学校以海运影都名义领取票款并无不当；5. 按照协议，技术学校应交抵押金30 000元，但实际交付27 340元。对技术学校实际交付的抵押金金额，海运影都在合同履行期间并未提出异议，且该笔抵押金即使至双方合同正常终止时也并不必然归海运影都所有，故海运影都以此作为终止合同理由不成立；6. 对于海运影都称技术学校未按协议整修设备一节，由于双方未在合同中明确约定如设备、设施等损坏由谁承担责任，且庭审中，海运影都始终都未能举证证明双方曾就设备、设施等进行过交接，也未举证证明剧场设备、设施有损坏的事实，该损坏系技术学校所致，以及因损坏而影响经营，故海运影都此项要求无据可依。综上，海运影都所列事实均不构成解除合同的法定和约定理由，海运影都单方解除合同的行为构成违约。

关于技术学校要求赔偿损失20 000元是否有法律依据，原审法院认为：由于海运影都的违约，致使技术学校11月预订的一场及其所联系的若干学校的电影片场被取消。如上海市江浦学校曾预订12月电影一场，票价4~5元；上海市教科院附属中学预订12月组织初中、高中学生电影各一场，初中一场570人，高中一场540人，如看大片每人8元，小片每人6元；上海市延吉中学预订包12月电影两场，票价每人7元；上海杨浦区阳普进修学校预订12月包两场电影，票价每张10元；上海市燎原实验学校杨浦分校预订包12月电影一场，票价每张12元；上海市住宅建设学校预订12月组织约750人学生观看电影两场，票价为每人10元；上海市杨浦区怀德路第一小学预订12月电影一场，票价4元左右。此外，海运影都还收取了原由技术学校联系的上海市市东初级中学的票款4 980元。而如果上述电影得到放映，对于票价、人数即使按从低原则计算，技术学校从本校学生可得2 048元；从上海市市东初级中学可得4 980元；从上海市江浦学校可得2 048元；从上海市教科院附属中学可得6 660元；从上海市延吉中学可得7 168元；从上海杨浦区阳普进修学校可得10 240元；从上海市燎原实验学校杨浦分校可得6 144元；从上海市住宅建设学校可得15 000元；从上海市杨浦区怀德路第一小学可得2 048元。技术学校累计可得56 336元。即使将所得票款40%上交供片商，再扣除3%的税收，12月承包费5 833.33元、水电费1 500元，技术学校可获得的收益仍远大于20 000元。此项收益为预期利益，如技术学校、海运影都双方正常履约，技术学校本可获得。故技术学校此项诉讼请求有法律依据，原审法院予以支持。

【一审判决】

综上，原审法院认为：双方签订的名为租用合同，实为承包合同。海运影都无正当理由单方面终止合同构成违约，依法应承担民事责任。海运影都不但应将收取技术学校的押金27 340元及扣押的电影票款6 330元返还技术学校，还应赔偿技术学校的预期利益。对于海运影都反诉请求，因庄莹系代表海运影都印制电影票，故电影票印制费应由海运影都承担。庄莹委托印制电影票480场，厂家实送504场。上述电影票均由海运影都职工马国萍签收。海运影都称已查收490场，但并未进一步提供证据证明另14场电影票系技术学校取得，故原审法院对海运影都此项反诉请求不予支持。海运影都称在单方终止合同后，曾在12月为持有2000年度电影观摩卡的观众放映电影。但因本案系海运影都违约，致使技术学校不能继续履行合同，故海运影都反诉要求技术学校支付观摩卡收入的1/12 计12 433元无法律依据，原审法院亦不予支持。至于挂历广告费3 410元，虽然庄莹在领取挂历时已不再为技术学校服务，庄莹本人在庭审中亦表示此系其个人行为，其个人愿承担此事，但技术学校在2001年3月19日致海运影都"关于电影公司广告费说明"中曾承认确有其事，并认为可在与海运影都所发生的诸多问题中一并解决。该说明实际上已包含有技术学校愿承担该款的意思表示，故原审法院对海运影都此项反诉请求予以支持。据此，原审法院遂判决：一、海运影都赔偿技术学校损失20 000元；二、海运影都返还技术学校押金27 340元；三、海运影都返还技术学校电影票款6 330元；四、技术学校支付海运影都广告费3 410元；五、对海运影都要求技术学校承担电影票印制费2 630元的诉请不予支持；六、对海运影都要求技术学校交出14场电影票的诉请不予支持；七、对海运影都要求技术学校支付观摩卡收入12 433元的诉请不予支持。本诉案件受理费2 120元，由海运影都负担；反诉案件受理费749元，由海运影都负担609元、技术学校负担140元。

海运影都不服原审法院判决，向本院提起上诉称：1. 根据合同约定技术学校应付年租金7万元，即每月支付5 833元，先付后租，但技术学校未按约定付租金。同时也未按约定交纳押金3万元，属违约行为。2. 庄莹在被技术学校借用期间，未经海运影都同意印制电影票的行为，是代表技术学校的职务行为，签收电影票的马国萍也是技术学校的聘用人员，不是海运影都的职工。为此，504场电影票应是技术学校私自印刷。3. 技术学校擅自以自己的名义开具收据不开具发票，从而偷漏税收是违法行为，同时技术学校瞒报营业收入，使影视公司少提成，造成海运影都将被处罚的严重后果。4. 技术学校未按合同约定对设备进行维修和保养，也属违约行为。综上所述，海运影都有权终止合同。5. 原审法院认定技术学校主张2万元为预期利益，要求海运影都赔偿证据不足，另由于技术学校违约，海运影都终止合同后，曾在12月为持有2000年度电影观摩卡的观众放映电影，故技术学校应支付海运影都观摩卡收入的1/12 计12 433元。据此，海运影都要求二审法院撤销原判决的第一项、第二项、第五项、第七项，改判驳回技术学校返还押金27 340元、赔偿损失20 000元的诉讼请求，支持其要求技术学校承担电影票印制费2 630元、观摩卡收入12 433元的诉讼请求。

庭审中，海运影都向法院提供了一份技术学校与马国萍间的聘用合同，用以证明马国萍系技术学校的工作人员。

技术学校辩称：1. 技术学校向海运影都交押金27 340元，海运影都从未提出异议，且在合同的实际履行过程中，双方对合同所约定的履行方式已作了变更，即技术学校将营业票款全额交付海运影都，由海运影都从中扣除水电费、租金、工人工资及上缴影视公司的提成等费用，其余返还技术学校，对此操作海运影都也从未提出异议，故不存在技术学校不交纳租金的问题。2. 技术学校与马国萍的合同，系根据海运影都要求为支出其工作人员费用而签订，实际在承包期间技术学校仅每天早上6点至晚上6点使用剧场，其余时间均由海运影都自行经营，技术学校因无相关专业人员，故借用海运影都的工作人员，并支付相关费用，所以马国萍、庄莹均系海运影都工作人员，同时为两家单位服务。3. 关于技术学校开具收据及收票款未上缴海运影都的行为，技术学校认为票款是技术学校本身应得款项，技术学校在交足水电费、租金、影视公司提成等费用后，多余款项本应返还，且影视公司的提成额是固定的，营业款的多少并不影响影视公司的提成。为此不上缴部分票款技术学校并没有违约，也未侵犯海运影都的利益，且技术学校以校方名义收取票款用于支付相关业务费用海运影都是明知的，是双方领导人协商的结果。4. 海运影都在技术学校承包后并未向技术学校移交相关设备及清单，因为设备是双方共用的，同时，海运影都也未向法院举证当时设备损坏的情况，为此，海运影都以技术学校未维修设备为由终止合同属违约行为。对于给技术学校造成的损失理应赔偿。原审法院认定的事实清楚，适用法律正确，技术学校请求二审法院驳回上诉，维持原判。

【二审查明事实】

本院经审理查明：原审法院所查明的事实属实，本院予以确认。

另查明：海运影都工作人员曹鸣在原审法院 2001 年 11 月 20 日谈话笔录中陈述："马国萍在海运影都工作了两年，现还在我处工作，不是我们正式职工，是社会聘用职工，现工资在我处领。"

本案在审理中，本院向永乐股份上海电影发行放映公司（以下简称永乐公司）作了调查，永乐公司经营管理部主任郭鹰陈述："永乐公司是按照海运影都的营业额，按分账比例进行结算。每部影片的分账都有固定比例，海运影都将影院发包给技术学校我公司并不清楚，如技术学校有票款不上缴海运影都的行为，则海运影都的报表就无法反映真实的营业收入情况，就会造成少交税、永乐公司少分账，这种情况被永乐公司发现会对影剧院进行处罚，要求补足票款，并停止供片。"同时，永乐公司向本院提供一张永乐院线电影票房分账一览表，用以证明各类影片的分账比例。

【二审法院观点】

本院认为：1. 海运影都与技术学校间的协议系双方的真实意思表示，本院予以确认。在协议的实际履行过程中，对于押金的支付金额、租金及水电费的支付方式等，技术学校虽没有按协议约定履行，但海运影都在庭审中确认双方是一直以从营业款中扣除租金、水电费等费用的方式操作，为此，本院确认双方已实际变更了协议约定的履行方式。由于海运影都没有向法院提供证据证明其曾向技术学校就租金及协议履行方式等提出过异议，故海运影都现以此为由认为技术学校违约没有依据，本院不予采信。2. 从海运影都与技术学校间的人员借用协议书的内容看，庄莹系海运影都的职工，庄莹的工资待遇由海运影都凭财务工资单发放，庄莹必须参加海运影都上级公司指令性的重大活动，可以确定庄莹在被技术学校借用期间仍代表海运影都，即庄莹具有双重身份。原审庭审中庄莹也明确陈述其印制电影票的行为系代表海运影都，为此，本院认为海运影都认为技术学校私自印制电影票的辩解缺乏事实依据，本院亦不予采信。另外在原审中，海运影都明确表示马国萍系其工作人员，在二审又未提供充足证据推翻自己的陈述，为此，对于海运影都认为马国萍是技术学校工作人员，代表技术学校签收电影票的辩解，本院亦不予采信。本院认为原审法院判决海运影都要求技术学校承担印制电影票印刷费人民币 2 630 元的诉请不予支持，并无不当，应予维持。3. 关于设备维修和保养一节，海运影都认为技术学校未按协议约定履行义务，属违约行为。本院认为，因海运影都没有向法院提供证据，证明双方曾就设备进行过交接；也没有提供证据证明剧场的设备等有损坏的事实，为此，海运影都以此为终止协议的理由没有事实依据。4. 庭审中，技术学校对以自己名义开具收据及将该部分款项不上缴的行为表示确认。对此，技术学校认为其并没有损害海运影都的利益，且海运影都对此情况系明知的。本院认为，根据双方的操作习惯，技术学校应将每月的营业款上缴海运影都，由海运影都从中扣除租金、水电费、庄莹工资及缴付税金、永乐公司提成等费用，现技术学校将部分票款不上缴，必然导致海运影都报表无法真实反映收入情况，导致永乐公司无法正确提成，技术学校认为对于其票款不上缴的行为海运影都是明知的，由于海运影都不认可技术学校的上述主张，而技术学校又没有提供证据引证自己的观点，为此，对于技术学校的该辩解本院不予采信。另技术学校认为永乐公司的提成是固定的金额，不受营业额的影响，因没有证据证明，本院亦不予采信。而根据永乐公司的规定，技术学校收取票款不上缴的行为会导致海运影都受到处罚，为此，海运影都为保护自身利益不受侵犯，终止与技术学校间承包协议的履行并无不当，不属于违约行为。因此而造成的技术学校的损失应由技术学校自行承担。同时，根据双方协议第四条第三项约定，海运影都有权对抵押金不予退还。5. 海运影都认为其终止协议后，仍为持观摩卡的观众放映电影，故技术学校应支付海运影都收入的 1/12 即 12 433 元，因海运影都没有向法院提供证据证明价值 149 200 元的观摩卡均已售出，海运影都实际为持有观摩卡的观众放映电影价值 12 433 元，为此，对于海运影都的该反诉请求本院不予支持。

【终审判决】

二〇〇二年五月，上海市第二中级人民法院依照《中华人民共和国民法通则》第一百〇六条第一款、《中华人民共和国合同法》第九十四条第（四）项、《中华人民共和国民事诉讼法》第一百五十三条第一款第（三）项的规定，判决如下：一、维持上海市杨浦区人民法院（2001）杨经初字第 792 号民事判决主文的第三项、第四项、第五项、第六项、第七项。二、撤销上海市杨浦区人民法院（2001）杨经初字第 792 号民事判决主文第一项、第二项及关于案件受理费的处理决定。三、对被上诉人杨浦区应用技术进修学校要求上诉人上海海运影都赔偿损失人民币 20 000 元的诉讼请求不予支持。四、对被上诉人杨浦区应用技术进修学校要求上诉人上海海运影都返还押金人民币 27 340 元的诉讼请求不予支持。一审本诉案件受理费人民币 2 120 元，由上诉人上海海运影都负担人民币 250 元，被上诉人杨浦区应用技术进修学校负担人民币 1 870 元；反诉案件受理费人民币 749 元，由上诉人上海海运影都负担人民币 611 元，被上诉人杨浦区应用技术进修学校负担人民币 138 元；二审案件受理费人民币 2 869 元，由上诉人上海海运影都负担人民币 861 元，被上诉人杨浦区应用技术进修学校负担人民币 2 008 元。本判决为终审判决。

【学者评述】

学校，尤其高等学校，经常强调产学研结合，但是，在实际运行中吃亏的往往是学校。本书的多个案例涉及北京电影学院、北京广播学院/中国传媒大学等与影视密切相关的高校，他们因学校定位、专业设置、培养计划之特定要求不得不与影视业界密切联系，建立产学研合作关系。但是，由于这些学校是国有的，是事业单位，掌握很多国有资源，而与之合作的外来企业大多是民营的，于是，产学研中的"学"经常是被"产"侵吞蚕食的"唐僧肉"，这或许也是中国教育制度滋生的一个悖论吧！但是，以理工类见长的综合性大学，如清华大学、上海交通大学等，却能较好地处理产学研的关系，培育出多个成功乃至上市的优秀企业。对比之下，文科尤其艺术类高校突破产学研瓶颈恐怕尚需掌握核心技术，尚需制度创新，尚需观念突破。

（杨新磊）

第八节 "为尔"错与漏

【上诉人，原审被告】 上海为尔广告有限公司

【被上诉人，原审原告】 上海倚天广告有限公司

【一审查明事实】

原审查明，2002年3月22日，上诉人电传订单四份，委托被上诉人于2002年3月至4月间，在上海电视台新闻综合频道新闻夜线前（时间/版位22：30），上海电视台新闻娱乐频道新闻集锦前（时间/版位21130），分别投放"广州本田"30秒电视广告，共12次，折扣后金额共计125 100元。

2002年3月，上诉人电传订单，委托被上诉人在2002年4月投放"统一牦牛面"的15~30秒电视广告40次，其中上海电视台新闻综合频道新闻报道中（播出时间18：55）6次，智力大冲浪中（播出时间19：30）3次；电视剧频道电视剧中（播出时间19：55）9次、（播出时间22：50）8次；上海东方电视台新闻娱乐频道东视新闻中（播出时间18：55）9次，文艺频道双休影院中（播出时间11：30）4次，折扣后金额共计765 510元。备注写明请尽量将广告安排在正（倒）一至正（倒）三位置。被上诉人收到上述订单后，在订单上写上"请在播前付款"字样，并加盖公章。2002年3月29日，上诉人支付广告费10万元。

2002年4月3日，上诉人与被上诉人又签订协议约定，约定上诉人从2002年3月27日至12月31日止，在被上诉人投放广告，全部使用刊例价的当月折扣落单；被上诉人严格按照双方确定的广告播出单进行播放，如有更改应提前通知上诉人，并征得同意。双方承认AC尼尔森公司监播结果，如出现漏播或错播，将以错、漏一补二的原则进行补播；被上诉人收到上诉人广告订单后尽快将订单回签给上诉人，广告播出后一周内，被上诉人应提供广告发票与电视台播出证明给上诉人，上诉人第二个月在收到后，一周内付清上一个月广告款。协议期内，被上诉人应在上诉人代理的上海教育电视台栏目投放相应量的广告，双方栏目广告，以双方刊例价方式作为置换。嗣后，被上诉人与相关电视台签订合同，并依约履行了合同义务。2002年6月21日，上诉人收到被上诉人的731 236元广告费发票，但未支付广告费。被上诉人遂诉至原审法院，要求上诉人支付广告费731 236元及逾期付款利息18 427元。

原审审理中，上诉人对"广州本田"广告的播放履行情况予以认可。

【一审判决】

原审认为，上诉人与被上诉人签订的合同合法有效，对双方当事人均具有约束力，双方均应恪守。被上诉人在履行"广州本田"电视广告播出义务后，上诉人对此广告播出时间不持异议，上诉人未履行付款义务，应承担相应的民事责任。关于电视广告"统一牦牛面"订单中的播出时间是定位时间还是栏目开始时间的认识问题，从上诉人的订单中看，上诉人

对电视广告播放，确定了位置和播出时间两个内容，其中在位置内容中，又要求在节目的前、中播出。一般来说，确定了播出时间，同时要求在节目前播出电视广告是可行的；但确定了播出时间，同时要求在节目中播出电视广告则存在矛盾，电视广告的播出时间不可能同时满足两个内容。何况订单中上诉人还特别要求在正（倒）一至正（倒）三位置播出广告，更说明双方约定的播出时间是栏目播出的开始时间，而不是广告播出的时间。被上诉人在约定的电视栏目前、中播出了电视广告，履行了自己的义务，符合合同要求，并未违约，上诉人未履行付款义务，应承担相应的民事责任。由于双方签订的年度广告总协议，被上诉人将五笔广告义务合并起诉，符合法律规定；被上诉人没有在上诉人承包的广告节目中置换投播广告，但上诉人未提出反诉请求，本案不作处理。上诉人的辩称缺乏依据，不予采信。被上诉人在收到订单后，无法证明在签署"请在播前付款"意见，送交上诉人确认；事实上被上诉人也未在播放广告前，向上诉人主张付款权利；而且双方在合同中约定上诉人应在收到被上诉人交付的播出证明与发票后一周内付清广告款；被上诉人在本案审理前未提供播出证明，因此，被上诉人要求上诉人支付逾期付款利息，缺乏依据，不予采纳。根据双方的合同，可以得出上诉人的欠款金额应为790 610元，被上诉人要求上诉人支付731 236元广告费，于法无悖，可予准许。据此判决上诉人应于判决生效后十日内支付被上诉人广告费731 236元；对被上诉人的其余诉讼请求不予支持。案件受理费计12 506.60元，由上诉人负担12 306.60元，被上诉人负担200元；保全费4 370元由上诉人负担。

【二审查明事实】

本院查明，关于"统一牦牛面"广告的播放情况：1. 订单要求播出位置、时间及次数为上海电视台新闻综合频道"《新闻报道》中"18：55共6次，实际播出时间在19：00左右5分钟之内。2. 订单上播出位置、时间及次数为上海电视台"《智力大冲浪》前"19：10共1次，实际播出时间为19：12；"《智力大冲浪》中"19：30共3次，实际播出时间为19：18、19：23、19：40。3. 订单上播出时间、位置及次数为上海电视台电视剧频道"《电视剧》中"19：55共9次，实际播出时间为19：50左右约10分钟内；"《电视剧》中"22：50共8次，实际播出时间为基本都在22：50左右10分钟内。4. 订单上播出时间、位置及次数为东方电视台新闻娱乐频道东视新闻中18：55共9次，实际播出时间为19：01、19：02。5. 东方电视台文艺频道"双休影院中"11：30共4次，实际播出时间分别为12：19、12：07、12：39、12：37。

本院还查明，东方电视台文艺频道版面反映的节目安排中，双休影院的节目开始时间为11：30，并注明"片中含4'广告"，该节目于13：20结束。

【二审法院观点】

本案争议焦点：1. 被上诉人将五份订单一并起诉是否符合法律规定；2. 被上诉人是否按照第五份订单（"统一牦牛面"广告）的要求履行了代为发布电视广告的义务；3. 上诉人的欠款金额。

关于第一个争议焦点，本院认为，五份订单均是广告订单，内容均是电视广告，且双方之间就投播广告签订过年度广告总协议约定上诉人在被上诉人处投放电视广告。因此，被上诉人将五份订单一并起诉并无不妥。

关于第二个争议焦点，上诉人认为，订单上的"播出时间"即为广告播出时间，但广告播出的时间不符合约定,实际播出时间与约定播出时间的广告价格也不相同。双方在协议书中约定了被上诉人应尽量将广告安排在正(倒)一至三位置,但广告播出也未符合这项约定。

被上诉人认为,订单上的"播出时间"是广告时间段开始的时间或节目开始时间,并非广告播出的具体时间;被上诉人已经按约在电视台播放了广告,上诉人应支付相应的款项。双方协议书约定的"被上诉人在不收定位费的情况下尽量安排上诉人的广告在首尾三条内播出"是被上诉人给予上诉人的优惠,但该条款并非要求被上诉人必须在首尾三条播出广告。

本院认为,东方电视台文艺频道"《双休影院》"的节目开始时间是11:30,结束时间为13:20,因此,如按照订单中载明的播出时间11:30播放广告是不可行的;而且订单约定的广告播放的位置为"双休影院中",时间应该是指11:30至13:20的时段内。而广告实际播放时间在11:30与12:20之间,符合订单对位置的规定。其他栏目的实际播放时间虽然与订单上载明的播出时间有些许误差,但均在订单约定的节目位置中播放。上诉人认为实际播放的时间与订单约定的时间在广告价格上有所不同,但未提供相应依据,本院对此不予采信。上诉人认为被上诉人应将广告安排在首尾三条内位置播放,但双方的协议书中约定的是被上诉人在不收取定位费的前提下尽量将广告安排在首尾三条内播出,并不是一项必须履行的确定性义务,被上诉人未将广告安排在首尾三条内播出并未违反双方的约定。因此,可以认为被上诉人已经按约履行了合同义务。

关于第三个争议焦点,上诉人及被上诉人均认可广告款应以刊例价的70%结算,应为831 236元,上诉人已支付10万元,故欠款金额为731 236元。本院对双方认可的金额予以确认。

【终审判决】

综上,本院认为,被上诉人根据上诉人发出的订单予以了回复,且实际已经履行,双方之间的合同依法成立有效。被上诉人按约履行了合同义务,上诉人应当承担付款的义务。上诉人现仅支付部分款项,应当承担支付余款的责任。上诉人的上诉理由不能成立,本院不予支持。

二〇〇三年六月十八日,上海市第二中级人民法院依照《中华人民共和国民事诉讼法》第一百五十三条第一款第(一)项之规定,判决如下:驳回上诉,维持原判。二审诉讼费12 506.60元,由上诉人负担。本判决为终审判决。

【学者评述】

"天下熙熙皆为利来,天下攘攘皆为利往。"(司马迁《史记·货殖列传》)合约引发的争端有不计其数的具体形式,但其背后仍旧是经济利益之争。

本案"为尔"的错与漏,最大的争论源自于合约书上"尽量"二字。正是这"尽量"一词,成为被上诉人是否违约、是否履行合同义务的关键。在双方发生矛盾与纠纷时,合约就是其维护自己合法权利的证据与武器。因此,在拟定协议时,双方一定要注重合约内容的规范与严谨,不可因为已经形成的长期合作关系就忽视合约的规范性。电话、口头等各种非书面的不规范形式,看似提高了效率节约了交易成本,但却忽视了潜在的交易风险,毕竟道义与情感的标准并不等同于法律法规。

消费时代，产品的推广必然带来广告投放数量的激增，自然也会带来广告投放纠纷的增多。司法部门应加大对于此类案件的释法析法力度，更加公平规范地裁判案件。从业者也要更加规范自己的行为，减少因忽视、疏忽、马虎而带来的自身权利损失。

（赵轩）

第九节　打断骨头连着筋

【原告】上海永乐股份有限公司
【被告】上海市泰山电影院
【第三人】上海市沪北电影院

原告上海永乐股份有限公司（以下称永乐公司）诉被告上海市泰山电影院（以下称泰山影院）企业之间借款纠纷一案，本院受理后，依法组成合议庭。诉讼中，原告申请追加上海市沪北电影院（以下称沪北影院）为第三人参加诉讼。本院公开开庭进行了审理。原告永乐公司委托代理人岳春峰、周志刚，被告泰山影院委托代理人邵建民、张春祥，第三人沪北影院委托代理人洪培荣、吴玲青到庭参加诉讼。本案现已审理终结。

【原告诉称】

永乐公司于20世纪90年代向泰山影院提供放映片源，同时为支持其放映工作多次向其贷款，截至2004年，泰山影院已拖欠永乐公司片款和借款计人民币479.7万元（以下币种均为人民币）及相应滞纳金、利息。泰山影院也多次对所欠款项予以确认并同意归还，但至今未见实际行动。故请求判令：1. 泰山影院归还欠款479.7万元；2. 泰山影院支付滞纳金242.5万元（暂计至2005年7月31日）；3. 泰山影院支付利息740 880元（暂计至2005年7月31日，其中50万元借款的利息按月利率12‰计算为59.1万元，19.7万元的利息按年利率4.5%计算为58 360元，60万元借款的利息按年利率2.88%计算为90 720元）。

【被告辩称】

首先，永乐公司所主张的欠款债务已于2000年4月24日通过永乐公司与泰山影院、沪北影院的三方协议转移给沪北影院，因此该项债务不应由泰山影院承担。其次，泰山影院2004年1月对欠款的确认，仅仅是对原先欠款数额的确认，并不代表愿意继续承担该项债务。再次，企业之间借款的利息不受法律保护，故即使泰山影院应承担责任，利息和滞纳金的主张也是没有法律依据的。综上，永乐公司的诉请应当予以驳回。

第三人沪北影院述称：根据三方协议，本案系争债务已转移给沪北影院，其愿意据此协议继续履行。

【判决】

二〇〇五年十一月三日，经上海市第二中级人民法院主持调解，三方当事人自愿达成如下协议：一、三方确认由三方于2000年4月24日签订的《协议书》中有关被告上海市泰山电影院拖欠原告上海永乐股份有限公司479.7万元债务由第三人上海市沪北电影院清偿的约定内容自本调解协议生效之日起终止履行,该项债务仍由被告上海市泰山电影院承担,第三人上海市沪北电影院不再承担清偿责任。二、被告上海市泰山电影院应偿付原告上海永乐股份有限公司欠款479.7万元及利息58 360元,此款应于2006年2月28日前付清。三、本案其他无争议。本案案件受理费49 824元,本院决定由原告上海永乐股份有限公司负担12 456元,被告上海市泰山电影院负担37 368元,其中被告负担部分应于2006年2月28日前向本院交纳。本调解书经三方当事人签收后,即具有法律效力。

又案,永乐股份还起诉了上海市沪北电影院,称长期向被告提供电影拷贝,滚动结算,截至2002年6月,被告累计拖欠原告片租1 015 363.57元。2004年2月,被告确认尚欠原告片款1 015 363.57元,并在原告出具的《债权确认书》上盖章确认。嗣后,被告未给付原告欠款,原告经催讨未着,诉至来院。现要求被告给付原告欠款1 015 363.57元及本案诉讼费用。被告辩称,所欠原告片款1 015 363.57元属实。但因经济拮据,无力给付。现同意与原告协商解决。二〇〇五年八月十九日,上海市闸北区人民法院主持调解,双方当事人自愿达成如下调解协议:一、被告上海市沪北电影院给付原告上海永乐股份有限公司片款1 015 363.57元;二、本案诉讼费15 086.80元(原告已预交)由被告负担。以上被告应付原告款项共计1 030 450.37元。此款,被告应于2005年9月30日前给付原告30 000元;于同年12月31日前给付原告100 000元;于2006年8月31日前归还原告900 450.37元。

又案,永乐股份又起诉上海市闸北区彭浦文化馆,法院于2005年8月1日受理后,依法适用简易程序,现已审理终结。原告诉称,原告长期向被告提供电影拷贝,结算方式为滚动方式,截至2002年10月,被告累计拖欠原告片租为16万元。原告经多次催款,被告均以经济困难为由不付。原告催款无着,故诉请判令被告给付上述欠款,并由被告承担本案诉讼费。被告对原告主张的事实没有异议,只是由于暂时无能力支付片租给原告,望原告谅解。二〇〇五年八月十八日,上海市闸北区人民法院判决如下:被告上海市闸北区彭浦文化馆应于本判决生效之日起十日内给付原告上海永乐股份有限公司影片租赁费人民币16万元。本案诉讼费人民币4 710元(原告已预交),由被告负担,应于本判决生效之日起十日内给付原告。

又案,2004年,永乐股份又起诉上海市沪北电影院。

原告诉称,1994年3月10日,原告与被告签订一份联营合同,约定由原告出资人民币1 200万元、被告以原沪北电影院全部经营场地的使用权及固定资产作为投入,对沪北电影院进行全部改造,双方约定了盈亏比例,联营期限为二十年,合同还对其他事项作了约定。合同签订后,原告按约投入人民币1 200万元。后为解决联营中存在的经营管理问题,1996年3月25日,原告与被告又签订一份联营补充合同,约定由被告承包经营并承担经营风险,联营体每年支付原告投资回报。联营协议签订后,被告未按协议支付原告利润,亦从未召开过董事会,一些重大事宜均未报告董事会进行讨论,同时被告还用联营体的收益偿还被告单方的债务。为此,原告与被告及案外人泰山电影院于2000年4月24日签订了协议书,由原告与被告共同组建一个新的有限公司,原告人民币1 200万元的投资与人民币57万元的借款作为新公司的股权;案外人欠原告的人民币479.7万元债务由被告承担,并作为原告在新公司的股权;被告应支付原告的利润人民币412万元作为原告在新公司的股权;被告还确认尚欠原告人民币101.53万元片款。但协议签订后,被告不愿组建新公司。之后,经原告多次交涉,均未果。原告认为由于被告不履行合同,联营企业已名存实亡,原告请求判令终止原告与被告间的联营合同、联营补充合同及原、被告和案外人泰山电影院间的协议书；被告偿付原告投资款1 200万元及利息（自2000年1月1日起至清偿日止的利息，按同期贷款利率计付）；被告偿付原告投资利润人民币412万元。

审理中，原告又增加诉讼请求，请求判令被告偿付经资产评估后联营企业剩余财产按45%比例分配的利润；被告单独承担联营体全部对外债务；被告承担因其借款利息而转嫁于联营体的财务支出人民币10 800 153.24元及联营体亏损人民币938 940.34元。

被告辩称：原告与被告间的联营合同依法有效，被告不存在违约行为，相反，原告在电影院的改造过程中，没有按约追加投入，被告不得不通过借款等形式筹措资金，故联营合同应继续履行；联营补充合同属无效合同，合同约定原告每年可分享利润，违背了法律的基本规定，原告要求被告支付利润的诉讼请求应予驳回；原、被告及案外人泰山电影院的协议不是本案的审理范围。

二〇〇五年五月十六日，经上海市第二中级人民法院主持调解，双方当事人自愿达成如下调解协议：一、原告上海永乐股份有限公司与被告上海市沪北电影院于1994年3月10日签订的联营合同、于1996年3月25日签订的联营补充合同终止履行；二、被告上海市沪北电影院应偿付原告上海永乐股份有限公司人民币1 300万元，该款应于2005年12月31日前付清；三、原告上海永乐股份有限公司与被告上海市沪北电影院就联营合同、联营补充合同无其他争执。本案案件受理费人民币90 610元，本院决定由原告上海永乐股份有限公司负担人民币40 610元、被告上海市沪北电影院负担人民币5万元（被告应于本调解书送达之日起七日内向本院交纳）。

【学者评述】

我国的电影放映事业，经历了漫长曲折的探索，才形成了如今热闹非凡、充满活力的局面。

由于受国家经济体制的影响，1993年之前，我国的电影从制作到发行再到放映实行的都是统购统销的运营方式，计划色彩浓郁。当时全国共有16家电影制片厂从事电影制片业务，而中影公司则独家垄断了其发行权。无论制作成本高还是低，中影公司都以统一的价钱进行收购。之后，再由其依据一定的比例，将影片交由各地省级电影公司安排放映。

1993年，我国电影机制发生重大变革。国家广电总局（93）3号、320号文件的出台，打破了由中影公司垄断电影发行权的单一僵化模式。电影制片单位可以直接与各地的电影公司接洽，商谈放映事宜。但各地放映机构一时难以适应这种改革，仍旧保持国营机构的原有模式，独家垄断放映权，利益分配畸形，机构设置臃肿。与此同时，电视在这一时期走进千家万户，成为20世纪90年代人民群众主流的文化娱乐形式。伴随家庭电视的普及，VHS、VCD、DVD等各种家庭录像制式打破了此前由影院独家垄断电影放映的局面，电影院受其冲击日渐萎缩。据统计，到2000年时，中国电影市场彻底跌入谷底，甚至几乎已经萎缩到了崩溃的边缘，票房总额从20世纪80年代末的约30亿元下跌到了2001年的不足9亿元。此案中的三家影院均因"经济拮据，无力偿还"在20世纪90年代与原告发生的债务，印证了这一时期影院生存的艰难状况。

面对此种危机，中央在2002年启动电影放映领域的院线制改革，这成为岌岌可危的中国电影产业触底反弹的根本动力。所谓"院线制"，就是要打破此前国营电影院垄断式的电影放映方式，由若干家影院为依托，以资本和供片为纽带，由一个电影发行主体和若干电影院组合形成，实行统一品牌，统一排片，统一经营，统一管理的发行放映机制。直至今日，中国的任何一家影院，必须加盟某一院线才能获得放映资格，而片方需要直接与院线洽谈票房分成。此举立竿见影，使20世纪90年代门可罗雀的电影院重新焕发了生机。在经济利益的驱动下，影院的数量呈现井喷式增长，荧幕数的激增不仅带来了放映量的增加，还反哺了上游的电影制片甚至电影投资，同时培养了观众去影院进行观影的习惯，最终保证了票房的逐渐回升。

从2002年到2012年，十年之间，沐浴院线制改革春风的中国电影市场呈现一派持续增长的良好景象。在国家、市场、从业者的共同努力下，我国的影院从凋敝到繁荣、从萎靡到复兴，终于又迎来了生机勃勃的一个春天。

（赵轩）

第十节　"长影"常败

【再审申请人，一审被告、二审上诉人】 长影集团电影频道经营有限公司
【被申请人，一审原告、二审上诉人】 北京橙天嘉禾影视制作有限公司

再审申请人长影集团电影频道经营有限公司（以下简称长影集团）因与被申请人北京橙天嘉禾影视制作有限公司（以下简称橙天公司）侵害著作权纠纷一案，不服吉林省高级人民法院（以下简称二审法院）（2013）吉民三知终字第58号民事判决，向最高人民法院申请再审，该院依法组成合议庭对本案进行了审查，现已审查终结。

长影集团申请再审称：橙天公司不是著作权人，无权主张权利。电影《宋家皇朝》的著作权人是嘉禾电影（中国）有限公司。该影片于1997年3月首次在香港公映。该影片发行权授权给香港嘉乐影片发行公司在香港地区发行放映。香港嘉乐影片发行有限公司又转授权给橙天公司在中国大陆发行，但橙天公司非经国家特许指定进口影片，无进出口权。橙天公司不是原著作权人，没有取得在大陆发行影片及维权资格，不具有原告主体资格。橙天公司未依法取得进口影片发行资质，其与原著作权人签订电影进口合同违背国家监管，且未经国家规定的必要程序引进进口影片，未获得涉案影片的发行权。国内所播放的电影《宋家皇朝》发行权属于中国电影发行总公司，长影集团播放该片并未对橙天公司构成侵权。根据国家广播电影电视总局（2001）1448号文件第七条规定，长影集团是新设立的5个电影频道之一，播放涉案影片的价格应与进口单位中国电影集团进出口分公司或与中央电影频道协商，与橙天公司没有关系。橙天公司未经批准获得《电影片公映许可证》及《国家广电总局电影审查委员会影片审查决定书》，不享有涉案电影作品的发行权和电视广播权，不存在损失。二审法院仅依据香港影业协会出具的《发行权证明书》和中国委托公证人《证明书》就认定橙天公司在国内具有进口电影发行权错误。香港影业协会无权认证香港影视作品在大陆地区著作权人主体资格和大陆地区版权持有人主体资格，无权认证香港影视作品在大陆地区的影片发行权和影片电视广播权。香港影业协会认证不能代替我国电影主管机关对电影进口的审查批准。橙天公司不是涉案影片著作权人，本案适用《中华人民共和国著作权法》第四十七条、第四十八条的规定错误。请求对橙天公司是否享有涉案电影作品在中

国大陆地区的影片发行权、电视广播权及信息网络传播权的专有独占性权利、维权权利及上述权利的转授权权利的国家审批手续进行查明；依法撤销二审判决，驳回橙天公司的诉讼请求；橙天公司负担一审、二审诉讼费用。

橙天公司未提交书面意见。

本院经审查，对一审、二审法院查明的事实予以确认。

本院认为：根据一审、二审判决和长影集团申请再审的理由，本案的主要争议焦点有两个，一是橙天公司是否享有涉案电影作品《宋家皇朝》在中国大陆地区的电视广播权（播放权），二是长影集团是否侵害了橙天公司对涉案电影作品享有的广播权。

关于橙天公司是否享有涉案电影作品《宋家皇朝》在中国大陆地区广播权的问题。根据原国家版权局《关于同意香港影业协会作为香港地区版权认证机构的通知》的规定，香港影业协会承担香港影视作品在大陆出版、发行的授权人主体资格进行认证工作。在没有相反证据推翻的情况下，香港影业协会出具的《发行权证明书》可以作为认定著作权归属的证据。本案中，香港影业协会《发行权证明书》及附页显示：橙天公司享有在发行地区（中华人民共和国不包括香港、台湾和澳门地区）发行期限内之专有独占性电视广播权及上述权利的转授权和维权的权利。中国委托公证人对该证明书进行了公证，并经中华人民共和国司法部中国法律服务（香港）有限公司对该公证证明进行了审核加章转递，可以认定橙天公司是涉案电影的权利人，具有本案诉讼主体资格，其合法权利应当受到法律的保护。因此，一审、二审法院认定橙天公司经合法授权已经取得了涉案电影作品在中国大陆地区广播权，并无不当。长影集团否认橙天公司享有涉案电影作品在中国大陆地区的广播权，缺乏证据支持。

关于长影集团是否侵害了橙天公司对涉案电影作品《宋家皇朝》广播权问题。长影集团未经橙天公司许可即在其电影频道内向公众播放涉案电影作品《宋家皇朝》，应当支付报酬而未支付，构成侵害橙天公司对涉案电影作品所享有的广播权。一审、二审法院认定长影集团构成侵权并判决其承担相应的民事责任亦无不当，长影集团关于其未侵害涉案电影作品广播权的主张没有事实和法律依据，本院不予支持。

综上，长影集团的再审申请不符合《中华人民共和国民事诉讼法》第二百条第（二）项规定的情形。二〇一四年七月十日，最高人民法院（审判长：于晓白）依照《中华人民共和国民事诉讼法》第二百零四条第一款之规定，裁定如下：驳回长影集团电影频道经营有限公司的再审申请。

又案，长影集团电影频道经营有限公司播出了香港电影《独家试爱》《蓝烟火》《爆裂刑警》《绝代双娇》《九品芝麻官》，遂与北京橙天嘉禾影视制作有限公司、美亚长城影视文化（北京）有限公司产生著作权纠纷，经一审、二审后仍不服，向最高人民法院申请再审。该院作出（2014）民申字第662～667号、第768号民事裁定书，均维持二审判决，认定长影集团电影频道经营有限公司侵权成立，驳回其再审申请。

【学者评述】

香港影业协会、美国电影协会、美国演员工会等不是徒有其名的松散组织，和中国大陆的中国电影家协会、中国电视艺术协会完全不一样。但是，即使影视界资深人士，像长影集团的高层，都未必能认清二者的区别。

欧美国家设立行业协会，主要是从法律层面考虑的，主要是为了集体行使某项权利

（如著作权）和维权。中国大陆的行业协会，主要是为了收缴从业者的会员费，为自身的盈利着想，只会效仿政府开开会、发发红头文件，干不了实事。二者的根本区别来源于中外政体之别，也与中外法律制度的巨大悬殊有关。

中国大陆的民间社团多、乱、杂、小、弱，山寨社团比比皆是，普通公众很难识别。但是，像美国电影协会这样的组织在该国/地区却是唯一的，却有着几十年、上百年的历史，口碑良好，影响深广。

中国的对外开放越来越深入，与香港打交道都算不上外贸或国际合作了，因为香港回归祖国已经20年了。中国电影人的国际意识要与时俱进，要不断学习外语，不断学习国际法，不断学习国际贸易尤其涉外版权交易的规则，否则，定会孤陋寡闻，坐井观天。

（杨新磊）

第十一节　类案集萃

（一）

为提高企业知名度，江苏连云港市太阳雨热水器制造有限公司（以下简称太阳雨公司）与广州巨星影视广告有限公司（以下简称巨星公司）签订了一份电视剧广告合同，后巨星公司未能按协议要求随电视剧播出太阳雨公司广告。为此，太阳雨公司以巨星公司没有履行合同约定义务为由将其告上法院，要求终止合同的履行，并退还广告费用74 666元，承担违约金81 200元。2006年7月13日，江苏省灌云县人民法院一审审结此案，判决支持了太阳雨公司的诉讼请求。

2002年12月27日，太阳雨公司与巨星公司签订了一份电视广告合同。双方在合同中约定，巨星公司投拍的电视剧《国家公诉》于2003年3月起陆续在全国30家省市电视台开播，太阳雨公司广告随该剧同期播出，巨星公司在每家电视台播出两周前将播出时间及时告知太阳雨公司，如不提前告知视为巨星公司违约。由太阳雨公司出资28万元给巨星公司作为电视剧制作经费（广告播出费），巨星公司把太阳雨公司为该剧的联合摄制单位，在剧尾演员表前出现原告企业名称、企业商标及产品广告语（内容由太阳雨公司提供），位置为第一广告位，贴片标板效果须经太阳雨公司认可，演员表后也出现太阳雨公司产品广告语（内容由太阳雨公司提供），时间为5秒，位置为第一个广告位。

2002年12月27日，太阳雨公司按照合同约定支付给巨星公司广告费用8.4万元。2003年3月31日，巨星公司拍摄的系列剧《国家公诉》在湖南长沙电视台经贸频道首播，太阳雨公司广告随片播放。2003年6月24日，巨星公司向太阳雨公司赠送VCD光碟一套，其余49套没有按约赠送到位，巨星公司在VCD光碟表面制作时也没有将太阳雨公司企业名称印上联合摄制字样。另外，巨星公司在综艺节目《造星工厂》中，违反双方合同约定，没有将太阳雨公司广告在30家电视台播放，致使合同未继续履行。

法院认为，被告巨星公司没有按照广告合同约定拍摄电视剧《国家公诉》与向原告赠送VCD光碟50套，及其在30家电视台随片播放原告太阳雨公司广告，构成根本违约，应向原告方承担相应的违约责任。同时，被告应按照漏播或少播原告广告次数减去广告播出费用。鉴于原告太阳雨公司对长沙电视台播出系列据《国家公诉》随片广告予以认可，视为被告巨星公司对合同义务的部分履行。据此，法院判决，双方合同终止履行，被告巨星公司返还太阳雨公司广告费用人民币74 666元，承担违约金人民币81 197元。

（二）

影视广告公司没有播出广告，却伪造电视台的广告播出证明。2007年3月26日，江苏省如皋市人民法院判决被告广州影幕影视广告有限公司违约，支持原告江苏英田集团有限公司解约的诉请。

2004年12月，英田集团与影视广告公司签订广告发布合同：影视广告公司随电视剧《龙堂》的播映，在江西等地区80家电视台为英田集团播放贴片广告，凭电视台的广告播出证明结算。但是，影视广告公司提供的加盖"宜丰电视台"、"新建电视台"、"贵溪电视台总编室"印章的广告播出证明经公安局调查是虚假的，其印章和签名系伪造。

法院认为，影视广告公司伪造广告播出证明的行为严重违反诚实信用原则，合同目的无法实现，遂作出上述判决。

（三）

未经版权人同意，擅自播出电视剧，电视台被版权人告上法庭。2008年9月2日，河南省新乡市中级人民法院作出一审判决，判令新乡市教育电视台赔偿山东电影电视剧制作中心损失3万元并公开赔礼道歉。

电视连续剧《闯关东》由原告制作中心投资制作。制作完成后，经山东省广播电视局审查，于2007年1月向原告制作中心颁发了《国产电视剧发行许可证》，允许原告制作中心在全国范围内播放。今年2月4日，被告电视台开始播放《闯关东》，但其播放之前，未征得原告制作中心的同意，也未支付任何费用。原告制作中心认为，被告电视台严重侵犯了其著作权，给其造成了巨大的经济损失，遂向法院起诉。

法院审理认为，被告电视台未经原告制作中心同意，没有支付相应报酬，擅自播放《闯关东》，侵犯了原告制作中心的著作财产权。被告电视台应立即停止播放，公开向原告制作中心赔礼道歉，并赔偿一定损失。

（四）

因播放电影《英雄》时插播广告，浙江五联律师事务所律师张子年把浙江翠苑电影大世界有限公司、北京新画面影业有限公司告上了法庭，2006年6月25日，杭州西湖区人民法院就此案作出一审判决，认定影院构成侵权。

原告诉称，原告在翠苑电影大世界处欣赏影片《英雄》，电影播出前播出广告约10分钟，损害了消费者权益，构成强迫消费，根据《浙江省实施〈中华人民共和国消费者权益保护法〉办法》第五十一条的规定，要求翠苑电影大世界向原告退还电影票价40元，赔偿损失40元，并停止在影片《英雄》播出前播放广告的不法行为。另影片《英雄》系由新画面公司出品，新画面公司在电影拷贝中添加广告的行为，无视消费者的合法权益，故要求新画面公司在影片《英雄》拷贝中删除片头广告内容。诉讼费由两被告承担。

法院认为，原告在翠苑电影大世界处购买电影票观看故事影片《英雄》，原告与翠苑电影大世界之间已形成消费者与经营者之间的法律关系。翠苑电影大世界作为经营者，在事先未告知原告的情况下，在播放影片《英雄》之前播出商业广告，侵犯了消费者的知情权。对此，翠苑电影大世界应承担相应的民事责任，其承担责任的方式应根据本案侵权的具体情节与所产生的后果予以适当确定。鉴于翠苑电影大世界的行为并未构成欺诈，也未构成有关消费者权益保护法律意义上的强制交易，故原告要求翠苑电影大世界退一赔一的诉讼请求，缺乏法律依据，法院不予支持。

据此，法院法庭判决：浙江翠苑电影大世界有限公司向张子年书面赔礼道歉；驳回张子年的其他诉讼请求；案件受理费由浙江翠苑电影大世界有限公司负担。

（五）

2005年10月12日，北京市石景山区人民法院审结了一起劳务合同纠纷案件，驳回了原告秦涛要求工作单位退还被扣的2004年12月工资455元以及交通费、误工费的诉讼请求。

秦涛原是北京中成天坛假日大酒店的职工，工龄买断后，应聘到北京萨姆娱乐公司下属的山姆电影院做放映员。2004年12月28日晚8时40分，山姆电影院放映影片《功夫》，秦涛担任放映员。在影片放映的50分钟内，影片多次中断，其中有两次中断恢复后，重复播放了10几分钟已经播过的内容，因此部分观众对放映质量不满，要求退票。当晚，秦涛用自己的钱为团体票29张（每张20元）、零售票13张（每张35元）办理了退票手续。事后，娱乐公司负担团体退票款580元，并扣除秦涛455元工资作为零售退票款。秦涛认为电影中断是由于放映设备故障所致，因此对处理不服遂诉至法院。

法院经过审理认为，娱乐公司《每日工作记录》事故一栏为空白，与秦涛所述放映当天放映机多次出现机器故障的情况不符，另外有观众反映12月28日20时40分放映的影片《功夫》前后相差很多，有掐片现象。因此，可以分析出断片现象并非放映设备故障造成，而是人为造成。秦涛作为普通放映员没有权力私自办理退票手续。娱乐公司在承担团体退票的款项后，要求秦涛就其自身工作失误而给公司造成的损失承担部分责任的处理并无不妥，故秦涛要求娱乐公司退还被扣退票款并承担交通费和误工费的请求不予支持，驳回了秦涛的诉讼请求。

（六）

历时近三年的内蒙古克什克腾旗创建阿斯哈图旅游有限责任公司状告电影《无极》出品人违约一案经内蒙古自治区高级人民法院下达终审判决之后，进入了执行阶段。2008年4月1日，执行款额已经如数划拨到了赤峰市中级人民法院的账户上。

《无极》诉讼案经终审判决进入执行阶段后，赤峰市中级人民法院严格按照法定程序向本案的三被告——中国电影集团总公司、北京二十一世纪盛凯影视文化有限公司和上海荣建投资发展有限公司，分别送达了有关司法文书。2008年3月24日，三被告之一的中国电影集团公司自账户中划拨了包括起诉费、执行费、迟延利息费等在内的总计230万元人民币到赤峰市中级人民法院执行局账户上，执行局将根据申请执行人的申请及发生法律效力的判决于近日将申请执行人应得的款额划拨到内蒙古克什克腾旗创建阿斯哈图旅游有限责任公司的账户上，届时，历时近3年的《无极》诉讼案也将画上句号。

据了解，因为电影《无极》没有按照合同约定在片尾协办单位处打上"内蒙古创建集团阿斯哈图"字样而引发诉讼，此案经赤峰市中级人民法院和内蒙古自治区高级人民法院两级法院审理后，均判《无极》出品单位败诉，赔偿内蒙古克什克腾旗创建阿斯哈图旅游有限责任公司219.8万元。

又悉，2006年8月11日，建设部决定，对电影《无极》剧组因拍摄过程中对香格里拉生态环境造成破坏被处以9万元罚款，香格里拉县分管副县长因负有领导责任被免职。

云南省建设厅上报给建设部的《关于〈无极〉剧组影视拍摄破坏香格里拉生态环境处理意见的报告》中还称，对《无极》剧组未履行相关的法定手续，在三江并流国家重点风景名胜区千湖山碧沽天池景区投资施工的行为给予通报批评，同时，已责成当地有关部门，将《无极》剧组修建的简易栈道和搭建的拍摄道具台全部拆除，恢复自然生态环境。对迪庆藏族自治州、香格里拉县以协议代替行政审批的相关协拍单位责任人责令写出书面检查，并通报批评。对迪庆藏族自治州、香格里拉县建设局作为风景名胜区主管部门，在此事件中监管不力，负有不可推卸的责任，应认真写检查，吸取教训，落实建设部《关于严格限制在风景名胜区内进行影视拍摄等活动的通知》要求，制定有效措施，加强对风景名胜资源的保护和管理工作。

2004年10月，《无极》剧组曾在圆明园内拍摄了三天时间，影片开头的场景即是在圆明园内取景。当时，剧组为了制造荒凉的战场气氛，将部分植物涂成了黄色。另据目击者透露，《无极》剧组在圆明园拍摄期间，剧组人员就在园区内吃盒饭，吃得到处都是，对环境影响极为不好。这些黄叶，直到两年后的2006年10月，还不能清除干净。

针对一些风景名胜区相继发生因影视拍摄等活动，造成植被、水体等风景名胜资源受到严重破坏的现象，建设部于2006年5月12日紧急发布《关于严格限制在风景名胜区内进行影视拍摄等活动的通知》。2007年2月，国家环保总局、建设部、文化部、国家文物局联合发出《关于加强涉及自然保护区、风景名胜区、文物保护单位等环境敏感区影视拍摄和大型实景演艺活动管理的通知》（以下简称《通知》）后，受到社会各方面的广泛关注和一致好评。

（七）

因认为影片片头插播广告侵犯自己知情权，侯先生将影片光盘的制作及经营者卓越公司、辽宁文化艺术出版社一并告上法庭。2007年11月9日，北京市第二中级人民法院已受理此起上诉案。

2006年12月14日，侯先生花24.8元在卓越公司经营的卓越网上购买了一部辽宁文化艺术出版社出版的《达·芬奇密码》的影片DVD。当月18日，侯先生收到该商品并支付了价款。但在观看时却发现该片的菜单部分插入了1分36秒的广告，且该广告无法跳过，而在DVD包装盒及卓越网的介绍中，均未提及该片中含广告。侯先生起诉至一审法院称，卓越公司及辽宁文化艺术出版社隐瞒产品的上述情况，侵犯了自己知情权，属于欺诈行为，要求卓越公司、辽宁文化艺术出版社退货并连带返还货款及支付双倍赔偿金共49.6元。

一审法院经审理认为，广告位于电影播放之前，自成一体，没有成为特定影片的组成成分，不影响电影收看的连续性和完整性；从广告的实际播放状态看，长度有限，不足影片的百分之一，没有成为整张光碟的构成元素；从光盘播放的特点看，广告内容虽然不能被跳过操作，但广告播放时观赏者的意志及身体自由未受任何强制，完全可以拒绝收看。因此，广告虽然属于光盘的播放内容，但并不构成影片的组成部分，不影响侯先生观赏影片目的的实现，也没有损害其人身、财产利益之嫌。故对光盘中的广告部分，光盘的制作者及经营者没有义务对侯先生进行告知，其未予告知的行为，也不构成侵犯知情权以及欺诈，故驳回侯先生的诉讼请求。

一审判决后，侯先生不服，提起上诉。北京市第二中级人民法院终审裁定驳回上诉，维持原判。

（八）

由于双色球第2005096期开奖现场直播延时了8分钟，北京彩民马清智怀疑中国福利彩色发行管理中心（以下简称福彩中心）原承诺的开奖现场电视直播节目实为录播，欺诈了广大彩民,并于前不久以此为由将福彩中心起诉到北京市宣武区人民法院,要求该中心向包括他在内的广大彩民公开道歉,双倍退还票款。2007年8月29日下午3时,宣武法院对这起备受广大彩民和媒体关注的案件进行了公开宣判,驳回了马清智的诉讼请求。

由于此案影响面较大,庭审时北京的各大媒体几乎都到了庭审现场。

福彩中心代理人在法庭上表示,2004年4月1日以前,福彩中心对福利彩票的开奖形式采用的是录播形式。此后,为进一步增强开奖的透明度,扩大覆盖面,加大社会监督力度,福彩中心改为直播播出,并为此投入了巨大的人力和财力资源。届时被告还邀请了社会有关人士、媒体记者和彩民代表到现场观看开奖全过程,并由彩民亲自将双色球装进摇奖机。

由于同期直播不利于控制突发事件,特别是类似直播双色球这种群众参与的直播节目,现场彩民代表众多,摇奖情况复杂多变,很多不可预料的情况都有可能发生。广电总局颁布的《关于群众参与的广播电视直播节目必须延时播出的通知》明确要求必须延时直播,同时规定,群众参与的直播节目需延时20秒以上。因此福彩中心的延时直播行为并未违反相关规定。为保证开奖过程的客观公正,被告还邀请了公证员对开奖的录制过程进行了现场公证。因而,开奖过程是真实、公正和合法的。

宣武法院经审理认为,由于第2005096期"双色球"电脑福利彩票开奖系在彩民代表见证下进行,而福彩中心又公开承诺双色球开奖过程采用电视直播方式播出,根据国家广播电影电视总局《关于群众参与的广播电视直播节目必须延时播出的通知》规定,对于这种由群众参与的电视直播节目须延时20秒以上播出,但通知并未就延时时间的上限进行规定,故第2005096期"双色球"开奖节目延时8分钟播出,未违反该通知规定,且马清智对该期彩票开奖的过程及结果并未提出质疑,仅凭开奖节目延时8分钟播出即推断该期节目的电视播出方式为录播,并由此认定福彩中心有意欺诈彩民,缺乏相关证据。

(九)

"三维动画"是一种新类型的作品,不同于传统的文字作品和电影作品,但符合我国著作权法规定的独创性要求,受到著作权法的保护。深圳电视台在自己播出的电视专题节目中,未经许可使用了他人制作的"三维动画",2007年4月,二审法院判决其行为构成侵权。此案件被列入2006年广东省知识产权审判十大案例。

深圳市点石数码科技有限公司于2003年6月和2004年2月与深圳两家房地产公司签订了制作合同,分别为两家企业制作了5分钟和6分钟的地产影视动画,收取了报酬,并在合同未约定著作权归属的情形下,以受托人身份取得了两件影视动画片的著作权。2004年10月,深圳电视台在其《家园》栏目的《今日写字楼》片头,未经点石公司许可播放了上述作品,时间约10秒至15秒。2005年1月,点石公司向深圳市中级人民法院提起诉讼,请求判令深圳电视台承担赔礼道歉、赔偿经济损失等侵权责任。

深圳市中级人民法院经审理查明,点石公司的两件作品是运用三维软件,在虚拟的空间通过虚拟的镜头来设定生活中所没有的场景,并完成实际拍摄所无法达到的效果。《今日写字楼》是深圳电视台第六频道《家园》栏目中的专题节目,节目内容插播了广告,具有营利成分,而非新闻专题节目。其播出的片头画面全部来自点石公司的两件作品。

法院认为,涉案作品的创作虽然与传统作品的创作方式不同,但其放映效果与电影作品相类似,且具有独创性,因此可以比照电影作品和以类似摄制电影的方法创作的作品予以保护。深圳电视台未经许可播放了侵犯他人著作权的作品,侵犯了点石公司的著作权,应承担相应的法律责任，故判决深圳电视台立即停止侵权行为、赔偿点石公司经济损失人民币 2 万元。

广东省高级人民法院副院长陶凯元表示，类似于"动漫"等新类型的作品，创作手法新颖，而且可以利用网络的平台实现可持续发展，市场空间巨大，其符合我国著作权法规定的独创性的要求，可以通过著作权法予以保护，以促进作品的创作和传播。

（十）

2006 年 5 月 29 日，北京市海淀区人民法院依法审结了原告于先生诉被告北京歌华有线电视网络股份有限公司（以下简称歌华公司）有线电视收视纠纷一案。认定被告的行为并未违反原、被告之间的有线电视收视服务合同的约定，判决驳回了原告要求被告承担违约责任等诉讼请求。

2004 年 3 月，原告于先生到歌华公司海淀分公司甘家口营业厅办理了有线电视收视手续，并一直按照规定交纳收视费用。2005 年 5 月 5 日上午 9 时许，原告在家中收看电视节目时有线电视信号突然中断，一个半小时之后有线电视信号得以恢复。原告以被告歌华公司迟迟未能就有线电视信号中断的原因作出书面解释说明为由诉至海淀法院，要求被告歌华公司对 2005 年 5 月 5 日有线电视信号中断作出解释说明并承担违约责任，减少合同价款 0.04 元。

海淀法院经审理后认为，原被告之间已经形成有线电视收视的服务合同关系，但合同对被告在提供有线电视收视服务过程中哪些行为构成违约，以及承担违约责任的方式并无明确约定，因此应从被告的行为是否符合行业服务标准来予以判断。根据国家广播电影电视总局发布的《有线电视用户服务规范》（广播电影电视行业标准 GY/T204—2004）中有线电视运营机构故障报修、维修标准的相关规定，被告的行为符合上述规范的要求。原告要求被告承担违约责任，减少合同价款 0.04 元的请求，缺乏相应的事实和法律依据。被告在案件审理过程中向法庭提交了故障当天天气情况证明、证人证言等证据，证明该次有线电视信号中断的出现，是因为刮风下雨导致元器件短路被烧毁所致，因此法院认为，原告要求被告再次就该信号中断事件的原因作出解释说明的诉讼请求，亦缺乏法律依据。

（十一）

原告上海广播电视广告传播有限公司诉被告上海天歌广告有限公司承揽合同纠纷案宣判。

2003 年 7 月 16 日，原、被告签订一份广告投播合同，约定被告委托原告在上海电视台电视剧频道 23：50 家庭影院前、中投播沐林食品广告各一次；日期 2003 年 8 月 1 日、2 日，广告投播计四次；价款家庭影院前为 10 260 元、家庭影院中 12 825 元，共计价款 23 085 元。嗣后，原告于同年 8 月 1 日在上海电视台电剧频道家庭影院前投播广告一次、8 月 2 日按约在家庭影院前、中各投播广告各一次。审理中，原告表示，因 2003 年 8 月 1 日少投播广告一次，该价款计 6 412.50 元。为此，原告变更诉请，要求判令被告支付价款 16 672.50 元。

法院认为，合同约定原告应为被告投播广告四次，现原告实际投播三次，对此，原告应承担相应民事责任。现由于被告经本院合法传唤，无正当理由未到庭应诉，视为放弃抗辩权利，被告应向原告支付原告已投播广告的价款。

二〇〇二年一月十日，上海市静安区人民法院判决：被告应在本判决生效之日起十日内支付原告广告价款 16 672.50 元。案件受理费 933.40 元，由原告承担 256.50 元，由被告承担 676.90 元。

一审判决后,双方均未上诉。

(十二)

上海皇宇科技有限公司与上海唐神文化传播事务所电视广告播出纠纷上诉案终审宣判。

一审法院判决:一、皇宇公司给付唐神事务所广告费148 850元;二、皇宇公司偿付唐神事务所上述广告费148 850元的逾期付款利息,计算期限自2002年7月11日至本判决生效之日,计算标准参照中国人民银行同期逾期贷款利率;三、皇宇公司偿付唐神事务所违约金17 862元。本案案件受理费5 070元,由皇宇公司承担。

二审法院认为:皇宇公司与唐神事务所签订的系争合同合法有效。从皇宇公司2002年4月17日致唐神事务所的传真看,在该合同履行完毕前,皇宇公司提出中止5月4日至24日的广告播出,将剩余时段及唐神事务所因前一份广告合同播出中漏播而应补偿的时段延至6月底、7月初播出。唐神事务所随即停止了播出,但皇宇公司届期并未要求唐神事务所继续广告播出,故皇宇公司构成了违约。皇宇公司对上述传真所发表的质证意见前后不同,根据禁反言的原则,应以其第一次的质证意见为准,该传真件的真实性和效力应予认定。皇宇公司认为从唐神事务所2002年2月4日所发传真应当认定其早已提出解除系争合同,但此时皇宇公司与唐神事务所正在履行前一份广告合同,且就该传真的内容看只能认定皇宇公司曾经提出停播广告,并不能认定皇宇公司提出停播系争广告。虽然唐神事务所在履行前一份合同中存在漏播情况,但也不必然导致皇宇公司要求解除尚未履行的系争合同,且从皇宇公司2002年4月17日的传真看,皇宇公司实际也认可了系争合同的履行,故即便皇宇公司曾经想解除系争合同,但经过协商最终还是同意继续履行,本院对于皇宇公司认为早已要求唐神事务所解除合同的诉讼主张不予采信。皇宇公司认为证人徐盛芬的证言证词应予采信,鉴于该证人证言与现有书证的证明内容不一致,而从证据的效力看,证人证言的效力低于书证,故本院对徐盛芬的证言不予采信。根据唐神事务所的确认,其分别于2002年7月15日和2002年7月24日两次以传真方式向皇宇公司催要欠款,但该两份传真的意思表示完全不一致,前者是唐神事务所基于其在履行前一份合同中有漏播行为而同意减免皇宇公司广告费59 540元,而后者是根据第二份合同的履行情况要求皇宇公司支付广告费59 540元。鉴于前一份传真是唐神事务所自愿处分自己的权利,且有相应的事实依据佐证,而后一份传真其内容与播出事实不符,且目前并没有双方在前一份传真基础上进一步协商的依据,故本院认定前一份传真具有证据效力,能够证明双方对于第一份合同的履行结算情况,而后一份证据则不具有证据效力,不能证明系唐神事务所放弃自己的部分债权。鉴于前一份传真内容系与第一份合同的履行有关,而皇宇公司就第一份合同已另行提起诉讼,且该案的判决已经发生法律效力,故有关第一份合同的情况不属本案处理范围。现有证据可以证明唐神事务所部分履行了系争合同,故皇宇公司应当按实支付广告费,并依照约定支付未播出部分的违约金及赔偿逾期付款的利息。皇宇公司的上诉理由不足,本院不予支持。原审法院判决应予维持。

二〇〇四年四月二十二日,上海市第二中级人民法院终审判决:驳回上诉,维持原判。二审案件受理费人民币5 070元,由上诉人上海皇宇科技有限公司负担。

(十三)

上诉人上海金狮广告有限公司因广告代理发布合同纠纷一案,不服上海市静安区人民法院(2002)静民二(商)初字第294号民事判决,向上海市第二中级人民法院提起上诉,现已审理终结。

一审法院认为,对于上诉人欠付被上诉人的广告发布费,被上诉人出示了上诉人法定代表人签字的还款计划及上诉人的付款凭证,审理中,上诉人对其法定代表人签字的真实性及被上诉人出示的付款、欠款明细表,既未表示肯定,亦未表示否定,根据《最高人民法院关于民事诉讼证据的若干规定》第8条第2款的规定,视为上诉人对该两项事实的承认。故被上诉人的诉讼请求应予支持。因上诉人、被上诉人于2001年4月26日订立的《广告发布业务合同》未约定付款期限,根据《中华人民共和国合同法》第二百六十三条的规定,应在广告播出完毕后立即支付被上诉人。据此,一审判决:上诉人应于判决生效之日起十日内支付被上诉人广告发布费324 400元;上诉人应赔偿被上诉人利息损失,从2001年4月8日至2002年4月15日,按18 900元以中国人民银行规定的同期企业活期存款利率计算;从2001年5月31日至2002年4月15日,按56 398元以中国人民银行规定的同期企业活期存款利率计算;从2001年5月8日至2002年4月15日,按211 680元以中国人民银行规定的同期企业活期存款利率计算;从2001年8月6日至2002年4月15日,按37 422元以中国人民银行规定的同期企业活期存款利率计算;从2002年4月16日至本判决生效之日止,按324 400元以中国人民银行规定的同期企业活期存款利率计算。案件受理费7 634.40元由上诉人负担。

本院认为:上诉人、被上诉人签订的《广告发布合同》均合法有效,双方应予恪守。被上诉人提供的播出证明及上诉人出具的还款计划足以证明被上诉人已履行了合同规定的义务,上诉人不按约付款,应依法承担偿付欠款及违约之责。原审法院认定事实清楚,适用法律正确,处理并无不当。

二○○二年九月十日,上海市第二中级人民法院终审判决:驳回上诉,维持原判。二审案件受理费7 634.40元,由上诉人上海金狮广告有限公司负担。

(十四)

江苏广播电视总台擅播电影《龙凤斗》纠纷案宣判。

中影寰亚公司于2007年10月26日向中华人民共和国国家版权局申请登记取得著作权登记证书,登记号2007-H-08954,内容为"经寰亚电影有限公司授权拥有《龙凤斗》在中国大陆地区的独家电视播映权、信息网络传播权、音像制品发行权,授权期限自2006年7月1日至2016年7月1日止。"

中影寰亚公司委托央视市场研究股份有限公司对各电视台播放节目进行市场调研以维护版权。2007年4、5月间,发现江苏广电总台有播放《龙凤斗》电影作品行为,遂由央视市场研究股份有限公司进行了电视台节目播放监播,通过录像机录制的方式记录了播放过程。其后,中影寰亚公司提起诉讼,要求江苏广电总台对其非经授权播放《龙凤斗》系列行为一并承担侵权责任。

本院认为,中影寰亚公司通过著作权转让获得《龙凤斗》电影作品独家电视播映权、信息网络传播权、音像制品发行权,合法有效,受到法律保护。江苏广电总台在未取得著作权人许可情况下,擅自播放《龙凤斗》电影作品,构成著作权侵权,应负担相应的侵权责任。关于侵权责任承担的具体方式,因本案所涉侵犯作品播映权属财产权利纠纷,不存在对著作权人的精神或商业损害,因此不适用赔礼道歉,对中影寰亚公司第一项诉讼请求不予支持。对经济赔偿的确定,因双方均认为当前电视台播放电影作品价格未形成市场统一价格,中影寰亚公司请求法院酌情判定,本院综合考量作品性质、影响力、侵权行为情节等因素综合予以酌定衡量。本案案件受理费,则因本案纠纷系因江苏广电总台侵权产生,由江苏广电总台承担。

二○○八年五月二十三日，江苏省苏州市中级人民法院判决如下：一、被告江苏广电总台赔偿原告中影寰亚公司人民币 5 万元整，于本判决生效之日起十日内履行；二、驳回原告中影寰亚公司其他诉讼请求。案件受理费 4 350 元，由被告广电总台负担。

一审判决后，双方均未上诉。

（十五）

拟擅播电影《狗皮膏药》上诉案终审宣判。

天山电影制片厂、北京狂风文化影业咨询有限责任公司因著作权侵权纠纷一案，不服甘肃省兰州市中级人民法院（1999）兰法民初字第 156 号民事判决，向甘肃省高级人民法院提起上诉，现已审理终结。

原审判决：驳回天山电影制片厂、北京狂风文化影业咨询有限责任公司的诉讼请求。一审案件受理费 13 750 元，由两原告负担。

宣判后，天山电影制片厂、北京狂风公司不服，提起上诉。

本院认为：著作权应受法律保护。天山电影制片厂与狂风公司于 1997 年 10 月 6 日签订《协议书》，合作拍摄完成故事片《狗皮膏药》，并经 1998 年 4 月 20 日广播电影电视部电影事业管理局颁发电审戊字第 063 号影片公映许可证，在国内外发行，合法拥有该片的著作权，双方当事人对此均不持异议，本院予以确认。被上诉人甘肃有线电视台未经著作权人许可于 1999 年 3 月 7 日、1999 年 3 月 16 日在《甘肃广播电视报》《兰州晚报》刊登将于 1999 年 3 月 17 日 22 时 25 分在华夏剧场播放该片的节目预告，并配有该片剧情简介，该节目预告可视为被上诉人对观众作出的播放承诺，其有义务在预告的时间内播放预告影片，同时，上诉人也向本院提交了甘肃广告监测市场调查中心出具的电视广告监测记录报告及三位证人证言用以证明甘肃有线电视台在预定时间内实际播放了《狗皮膏药》一片。对此，被上诉人提供了 1999 年 3 月 17 日该台影视频道节目播放单及证人证言，用以证明当日并未按预告播放《狗皮膏药》一片，而是因为未能取得该片播放许可证临时改播旧片《重续亲情》。另外，被上诉人还认为甘肃广告监测市场调查中心出具的电视广告监测记录报告只能证明是否当日在该时段播放了广告，而不能证明当日该时段播出的节目内容。对上诉人提供的三位证人证言的效力，被上诉人也提出异议。本院认为：被上诉人主张其未播放《狗皮膏药》一片，而是改播了《重续亲情》应向法庭提交相应的充足证据。但节目播放单因系其单方编制并提交给法庭的，缺乏应有的证言效力，本院不予采纳。经本院告知甘肃有线电视台始终未能提供出新的充足证据证明其主张改播的事实，理应承担不能举证的民事法律责任。关于电视广告监测记录报告的证明效力问题，经查，报告记载播放时间为 86 分 51 秒，《重续亲情》带长 96 分 34 秒，《狗皮膏药》带长 86 分 47 秒，故报告记录结果与《狗皮膏药》用时基本吻合，而与《重续亲情》相差较大。关于上诉人提供的三个证人证言的效力问题，本院认为，三人证言虽对播放影片中是否插播广告和影片图像中是否有字幕说法不完全吻合，但陈述的剧情基本一致，且被上诉人不能证明三位证人与上诉人之间存在利害关系，也不能解释证人了解并描述具体剧情的合理途径，故对上诉人提供的三位证人证言本院予以采信。综上，本院认为，甘肃有线电视台对天山电影制片厂、狂风公司侵权事实成立。另外，根据中国电影发行放映公司（84）影发字第 93 号文件第 4 条的规定，参照甘肃省电影总公司提供的《爱情麻辣烫》票房收入的 30%，结合近年电影市场走势低迷，甘肃有线电视台覆盖面较小、收视率较低、影响面较窄，又非黄金时段播放《狗皮膏药》的实际情况，应由甘肃有线电视台对天山电影制片厂、狂风公司酌情给予适当赔偿。

二〇〇〇年十一月三十日，甘肃省高级人民法院终审判决：一、撤销甘肃省兰州市中级人民法院（1999）兰法民初字第156号民事判决，即驳回原告天山电影制片厂、北京狂风文化影业咨询有限责任公司的诉讼请求。二、甘肃省有线电视台赔偿天山电影制片厂、北京狂风文化影业咨询有限责任公司侵权损失6万元。一、二审案件受理费30 937元，由甘肃有线电视台负担。鉴定费500元由天山电影制片厂、北京狂风公司共同负担。

（十六）

电视剧《飓风》播出纠纷案宣判。

法院查明：电视剧《飓风》（原名《黑色诱惑》）由原告广西万蕾公司、广西源安堂药业有限公司、大舜影视部三单位于2002~2003年投资制作。2003年4月14日，上述三单位签订一份合同书，合同约定：大舜影视部为该电视剧的总发行方，具体负责全国的发行事宜；济南电视台享有署名权。2003年11月10日该电视剧的首轮播放权出售给了中央电视台文艺节目中心，中央电视台于2004年10月前后连续播出该电视剧。2003年11月9日，原告广西万蕾公司与大舜影视部签订两份协议书和两份备忘录，约定该电视剧的二轮发行权给予原告广西万蕾公司等事项，大舜影视部于2003年11月9日、2003年11月10日出具授权书，将该电视剧的二轮发行权授予原告广西万蕾公司。2004年10月25日，原告广西万蕾公司与大舜影视部再次签订合同书，约定该电视剧的二轮发行权给予原告广西万蕾公司。2004年10月26日，大舜影视部再次给原告广西万蕾公司出具授权书，内容同上。2004年10月29日，原告广西万蕾公司与原告深圳视觉公司签订协议，约定双方合作发行该电视剧。2004年11月5日，原告广西万蕾公司、原告深圳视觉公司与深圳市保悦广告有限公司签订协议，由保悦公司购买该剧随片贴片标版广告发布权，总价款为150万元。合同签订后，保悦公司支付定金10万元。2003年11月6日，被告济南电视台与大舜影视部签订协议，约定济南电视台在中央电视台首播之后择时播出，2004年11月29日至12月9日，被告济南电视台在其新闻综合频道于晚间7:35开始，以每天2集进度（12月9日1集）播映了电视连续剧《飓风》。2004年12月20日，深圳市保悦广告有限公司通知两原告，因电视连续剧《飓风》在济南电视台播出，两原告已构成违约，要求双倍返还定金并支付违约金50万元。原告深圳视觉公司于2004年12月25日和29日分两次共返还定金20万元。

法院认为，原告广西万蕾公司与广西源安堂药业有限公司、大舜影视部联合摄制的电视连续剧《飓风》，符合国家电视剧制作的规定，依照《中华人民共和国著作权法》第15条、第41条的规定，上述三单位作为该电视作品的制片人，享有该电视作品的著作权。制片人享有许可他人复制、发行、出租、通过信息网络向公众传播并获得报酬的权利。其三方协议约定由大舜影视部发行，即大舜影视部享有发行权。被告济南电视台于2003年11月6日与大舜影视部签订协议，从大舜影视部获得在济南电视台播放该电视剧的授权，并播放了该电视剧。2003年11月9日，原告广西万蕾公司与大舜影视部签订合同，大舜影视部将该电视剧的二轮发行权转让给原告广西万蕾公司。2004年10月29日，原告广西万蕾公司与原告深圳视觉公司签订协议，约定双方合作发行该电视剧，则深圳视觉公司自2004年10月29日起享有对该电视剧的合作发行权。被告济南电视台与大舜影视部签订协议时，该电视剧的发行权尚属于大舜影视部，大舜影视部的授权合法有效。而原告广西万蕾公司和深圳视觉公司获得电视剧的发行权在后，其不能否定被告济南电视台依约播出电视剧的合法性。故被告济南电视台依约播出电视连续剧《飓风》并未侵犯两原告对该电视作品的发行权，被告的抗辩意见成立，本院予以采纳。两原告的诉讼请求不成立，本院不予支持。

二〇〇五年十二月二十日，山东省济南市中级人民法院判决如下：驳回原告广西万蕾影视文化有限公司与原告深圳市视觉文化发展有限公司对被告济南电视台的诉讼请求。案件受理费18 410元，由原告广西万蕾影视文化有限公司与原告深圳市视觉文化发展有限公司共同承担。

一审判决后，几方均未上诉。

（十七）

由于湖南电视台娱乐频道擅自播出了八一电影制片厂出品的影片《太行山上》，侵犯了该制片厂的版权，2006年2月21日，长沙市中级人民法院作出一审判决，认定湖南电视台娱乐频道构成侵权，判决湖南电视台娱乐频道立即停止播出电影作品《太行山上》，向八一电影制片厂公开赔礼道歉，赔偿经济损失人民币30万元，并负担案件诉讼费14 427元。

湖南电视台娱乐频道的侵权播出，发生在该电影首轮放映及音像制品刚刚发行之际。直接导致影院票房以及音像制品销售收入大幅减少，并导致第三方向该厂提出索赔。八一电影制片厂鉴于湖南电视台娱乐频道近期的积极态度，考虑到湖南电视台娱乐频道已通过各种方式赔礼道歉，保证不再发生类似情况，决定接受一审判决，不再上诉。

（十八）

擅播电视剧《封神榜》侵权案一审宣判。

2005年9月，经浙江省广播电视局许可，原告浙江永乐影视制作有限公司开始创作摄制电视连续剧《封神榜》，2006年2月1日浙江永乐公司获得广播电视节目制作经营许可证，并于2006年12月19日经国家广播电影电视局审查批准，颁发（广）剧审字（2006）第161号国产电视剧发行许可证，合法拥有该电视剧的相关著作权。2006年10月26日浙江永乐公司将该电视剧在山东的播映权授权与淄博笑艺文化传播有限公司。2006年12月，原告发现被告未经授权，在夏津电视二台播放电视剧《封神榜》，遂向淄博市公证处申请证据保全公证，淄博市公证处于2007年1月9日出具了（2006）淄证民字第2452号公证书，公证了被告在夏津县电视二台播映电视剧《封神榜》DVD音像制品的事实。

山东省德州市中级人民法院于2007年10月8日判决被告夏津县广播电视台赔偿原告浙江永乐影视制作有限公司、淄博笑艺文化传播有限公司各项经济损失5万元，驳回两原告对被告夏津县广播电视局的诉讼请求。案件受理费10 010元，由原告浙江永乐影视制作有限公司、淄博笑艺文化传播有限公司承担8 010元，被告夏津县广播电视台承担2 000元。

一审宣判后，双方均未上诉。

（十九）

广西电视台辞退播控科失职值班员纠纷案一审宣判。

1994年11月，原告李炎到被告广西电视台工作，2002年8月，原告从播出部总控科调到播二科工作。原告与被告签订了一份从2003年1月1日起至2003年12月31日止的聘用合同书。合同第六条第2款第（6）项约定：有下列情况，合同即行终止：乙方（原告）违反工作规定或操作规程，发生责任事故，造成严重经济损失的。聘用合同期满后，双方没有续订，但原告继续在被告处工作。

2004年7月21日下午4点15分，原告值班，被告单位的影视、体育、经济频道有线传输信号中断，造成中断播出27分34秒的停播事故。事故发生后，被告于2004年9月15日作出《广西电视台安全情况通报》（2004年1号），对原告作出了辞退处理，并于2004年9月20日作出桂广字人〔2004〕49号《关于终止与李炎劳动关系的通知》，认为2004年7月

21 日下午影视、体育、经济频道有线传输信号中断，造成中断播出 27 分 34 秒的停播事故，值班员李炎负直接责任。经台长会议研究决定，自 2004 年 9 月 16 日起终止与李炎的劳动关系。被告发放原告工资至 2004 年 10 月。

法院认为：原告与被告签订的聘用合同期满后，双方当事人没有续订劳动合同，原告继续留在被告处工作。依照双方聘用合同第六条第 11 款的规定，应视为原、被告双方自动续订同一期限合同。原告作为被告单位的职工，应当遵守被告的有关规章制度。2004 年 7 月 21 日下午，被告单位的影视、体育、经济频道有线传输信号中断，造成中断播出 27 分 34 秒的停播事故，当时原告值班，被告以原告对此次事故负直接责任为由，终止双方的劳动关系，符合有关法律规定，应予支持。因此，对原告请求撤销被告作出桂广视人（2004）49 号《关于终止与李炎劳动关系的通知》，没有事实与法律依据，本院不予支持。

二〇〇五年四月二十八日，广西南宁市中级人民法院判决驳回原告李炎的诉讼请求。本案受理费 50 元，其他诉讼费 100 元，一共 150 元，由原告负担。

一审宣判后，双方均未上诉。

（二十）

中央电视台等侵犯赫哲族民歌《乌苏里船歌》著作权纠纷上诉案终审宣判。

原告黑龙江省饶河县四排赫哲族乡人民政府因与被告郭颂、中央电视台、北京北辰购物中心发生民间文学艺术作品著作权纠纷，向北京市第二中级人民法院提起诉讼。

北京市第二中级人民法院一审判决：一、郭颂、中央电视台以任何方式再使用音乐作品《乌苏里船歌》时，应当注明"根据赫哲族民间曲调改编"；二、郭颂、中央电视台于本判决生效之日起三十日内在《法制日报》上发表音乐作品《乌苏里船歌》系根据赫哲族民间曲调改编的声明；三、北京北辰购物中心立即停止销售任何刊载未注明改编出处的音乐作品《乌苏里船歌》的出版物；四、郭颂、中央电视台于本判决生效之日起 30 日内各给付黑龙江省饶河县四排赫哲族乡人民政府因本案诉讼而支出的合理费用 1 500 元；五、驳回黑龙江省饶河县四排赫哲族乡人民政府的其他诉讼请求。

一审宣判后，郭颂、中央电视台不服，提起上诉。

北京市高级人民法院认为：世代在赫哲族中流传、以《想情郎》为代表的音乐曲调，属于民间文学艺术作品，应当受到法律保护。涉案的赫哲族民间文学艺术作品是赫哲族成员共同创作并拥有的精神文化财富。它不归属于赫哲族某一成员，但又与每一个赫哲族成员的权益有关。该民族中的任何群体、任何成员都有维护本民族民间文学艺术作品不受侵害的权利。赫哲族乡政府是依据我国宪法和法律的规定在少数民族聚居区内设立的乡级地方国家政权，可以作为赫哲族部分群体公共利益的代表。故在符合我国宪法规定的基本原则、不违反法律禁止性规定的前提下，赫哲族乡政府为维护本区域内的赫哲族公众的权益，可以以自己的名义对侵犯赫哲族民间文学艺术作品合法权益的行为提起诉讼。郭颂、中央电视台关于赫哲族乡政府不具备原告诉讼主体资格的上诉理由不能成立。

著作权法所指的改编，是指在原有作品的基础上，通过改变作品的表现形式或者用途，创作出具有独创性的新作品。改编作为一种再创作，应主要是利用了已有作品中的独创部分。对音乐作品的改编而言，改编作品应是使用了原音乐作品的基本内容或重要内容，应对原作的旋律作了创造性修改，却又没有使原有旋律消失。在本案中，根据鉴定人关于《乌苏里船歌》的中部乐曲的主题曲调与《想情郎》和《狩猎的哥哥回来了》的曲调基本相同的鉴定结论，以及《乌苏里船歌》的乐曲中部与《想情郎》和《狩猎的哥哥回来了》相比又有不同之处和创新之处的事实，《乌苏里船歌》的乐曲中部应系根据《想情郎》和《狩猎的哥哥回来了》的基本曲调改编而成。《乌苏里船歌》乐曲的中部是展示歌词的部分，且在整首乐曲中反复三次，虽然《乌苏里船歌》的首部和尾部均为新创作的内容，且达到了极高的艺术水平，但就《乌苏里船歌》乐曲整体而言，如果舍去中间部分，整首乐曲也将失去根本，因此可以认定《乌苏里船歌》的中部乐曲系整首乐曲的主要部分。在《乌苏里船歌》的乐曲中部系改编而成、中部又构成整首乐曲的主部的情况下，《乌苏里船歌》的整首乐曲应为改编作品。郭颂关于《乌苏里船歌》与《想情郎》《狩猎的哥哥回来了》的乐曲存在不同之处和创新之处且在表达上已发生了质的变化的上诉理由，并不能否定《乌苏里船歌》的乐曲基本保留了赫哲族民歌基本曲调的事实，郭颂在上诉中认为中国音乐著作权协会所做的鉴定与事实不符和关于《乌苏里船歌》全曲不应认定为改编作品的上诉理由不能成立，不予支持。

中央电视台主持人的陈述虽然已经表明《乌苏里船歌》系根据赫哲族音乐元素创作的歌曲，但主持人陈述的本意仍为《乌苏里船歌》系郭颂原创与事实不符。中央电视台对其工作人员所发表的与事实不符的评论，应当采取适当的方式消除影响，原审法院判决中央电视台在《法制日报》上发表更正声明并无不当。

综上，北京市高级人民法院依 2003 年 12 月 17 日判决驳回上诉，维持原判。

（二十一）

海南旅游卫视擅播耿子涵应聘主持人试镜画面纠纷上诉案终审判决。

耿子涵应摇太阳文化艺术公司邀请，于 2002 年 12 月为《健康伴你行》栏目录制了《2002 我们一同走过》（上、下集）等节目。在节目中，耿子涵作为主持人与参加节目的嘉宾或专家就节目所涉及的话题进行座谈。

一审法院认为，涉案争议的《健康伴你行》节目属于以类似摄制电影的方法创作的作品。耿子涵作为涉案节目的主持人，其作为表演者的相关权利受法律保护，遂判决摇太阳文化艺术公司停止侵权、发布致歉声明及赔偿损失等。摇太阳文化艺术公司不服一审判决，提起上诉。

二审法院经审理认为：涉案节目是对景象、形象、声音进行机械录制产生的，它只是忠实地录制现存的音像，并不具有创作的成分，没有体现出制作者应有的创造性劳动，不构成著作权法保护的作品。认定涉案《健康伴你行》节目属于录像制品。

耿子涵作为涉案节目的主持人，其作为表演者的相关权利受法律保护。表演者对其表演享有表明表演者身份的权利。表明表演者身份的目的在于使表演者与其表演之间建立起联系，使他人知悉实施表演行为的表演者的身份。因此，只要以他人能够得知的适当形式让他人知悉实施表演的表演者为谁即达到了表明表演者身份的要求。在摇太阳文化艺术公司制作的涉案每一集节目开头，耿子涵对自己身份向听众、观众所做的介绍，是一种表明其主持人身份的形式。因此，原审判决认定摇太阳文化艺术公司侵犯了耿子涵享有的表明表演者身份的权利不符合法律规定。

表演者依法享有许可他人对其表演录音录像，并获得报酬的权利。从涉案节目的性质、内容、录制过程、涉案各节目内容的连贯性和完整性、节目中其他人员的参与情况等因素综合判断，耿子涵是知道其所录制的节目是以播出为目的的；其参与录制该节目，表明其同意摇太阳文化艺术公司将其表演录音录像并公开传送。摇太阳文化艺术公司播出涉案节目不须再经过耿子涵的许可。原审判决认定耿子涵同意摇太阳文化艺术公司将其表演录音录像是正确的，但认为摇太阳文化艺术公司传送该节目应另行取得耿子涵同意而摇太阳文化艺术公司没有取得耿子涵许可、构成侵权是错误的。

2007年12月5日，北京市第一中级人民法院认为摇太阳文化艺术公司的上诉理由成立，对其上诉请求，予以支持，终审判决：（1）撤销原判；（2）北京摇太阳文化艺术传播有限公司于二审判决生效之日起十日内向耿子涵支付报酬人民币一万元；（3）驳回耿子涵的其他诉讼请求。

（二十二）

电视广告内容恐怖惊吓幼儿案宣判。

被告LG电子（中国）有限公司于1999年4月开始在中央电视台一套晚间播出一则15秒钟的LG空调广告，广告的画面有一只形似恐龙的巨大怪物口吐火焰。原告杨觉年龄两岁，在广告播出的那段时间，一看到这则广告就扑到父母怀里，哭闹不止，并用手指、嘴里喊着：不要这个，我害怕。原告称该广告内容恐怖、违法，观看该则广告受惊吓，给原告身心健康造成较大伤害，诉至大连市沙河口区人民法院，要求被告在全国范围内赔礼道歉，支付精神损害赔偿费3万元。

法院经审理认为：被告在中央电视台播放的LG空调广告，是经国家有关部门许可，该广告符合有关法律规定。原告所称被告播放的该则广告具有"恐怖"内容，但就目前而言在法律上对此界定尚不明确，且原告所称伤害后果与被告播放该则广告之间不存在必然因果关系，故原告诉讼请求法院不予支持。

综上所述，该法院于1999年10月25日判决：驳回原告杨觉的诉讼请求。

一审判决后，双方均未上诉。

（二十三）

原告贾广恩长期收看中央电视台节目，常发现有插播广告、流动字幕出现，影响了其收视效果。原告根据有关文件多次积极向被告反映，提醒其行为的违法性，并向上级有关单位信访，后拒交视听费，以示抵制。

1998年11月30日，河南省新乡市广播电视局下达《行政处罚决定书》，责令被告新乡电视台停止违法行为。但原告声称被告在诉讼期间仍有打流动字幕行为，经查为被告催交收视费的通知。

法院审理认为，原告诉被告插播广告及流动字幕的侵权行为，不构成法律关系。被告的行为属于违反行业性行政法规，其违法行为应由其行政主管单位予以行政处罚，且被告的行为确已经行政处罚，并已予以纠正。原告声称的被告近期仍有打流动字幕行为，经查属非营利性广告。原告要求被告赔偿经济损失和精神损失，因二者之间无直接因果关系，于法无据，不予支持。

1999年6月8日，河南省新乡市郊区人民法院依照《中华人民共和国民事诉讼法》第108条规定，判决驳回原告的诉讼请求，本案诉讼费840元由原告负担。

（二十四）

山东省单县广播电视局擅播豫剧《五子登科》VCD侵权纠纷案原被告达成和解。

法庭经审理后查明，原告马晓贵是豫剧《五子登科》VCD的著作权人。2007年11月28日前后，被告山东省单县广播电视局，未经原告马晓贵的许可，播放了原告马晓贵拥有著作权的《五子登科》豫剧光盘，并为龙骨消痛贴等商品做广告。被告山东省单县广播电视局的播放行为，侵犯了原告马晓贵的著作权。

2008年4月25日，该案经法院主持调解，双方当事人自愿达成如下调解协议：被告同意以后不经原告马晓贵许可，不得再播放涉案作品；被告山东省单县广播电视局于休庭后十日内，赔偿原告马晓贵经济损失30 000元。

又案，2005年12月14日，刘志金诉山东省沂南县广播电视局著作权侵权纠纷一案已由济南市中级人民法院审结。原告刘志金诉称，由山东省音像文化出版社发行的《跑四川》系列VCD系原告作品。被告沂南县广播电视局于2005年1月以营利为目的，未经原告许可，擅自播放《跑四川》系列VCD，侵犯了原告著作权，给原告造成了很大损失。该案在审理过程中，原告刘志金得到了被告适量经济补偿，达成庭外和解，原告撤诉。

（二十五）

山西省临汾市广播电视局擅播电影《霹雳火》纠纷上诉案终审宣判。

1995年7月31日，嘉禾电影（香港）有限公司和中国电影发行放映输出输入公司发表联合声明：嘉禾公司系影片《霹雳火》之版权拥有者，并将该片之三年的中国大陆电影发行权赋予中国电影公司。1995年10月16日，山西省电影公司与中国电影公司在北京签订《进口影片票房分账发行放映合同》。

临汾市中级人民法院经审理认为：原告山西省电影公司依据委托合同依法享有《霹雳火》电影作品的许可使用权和获得报酬权，具有诉讼主体资格。被告临汾市广播电视局未经许可，违反音像制品管理规定，擅自在其下属电视台予以播放，直接侵犯了原告享有的《霹雳火》电影作品的许可使用权和获得报酬权，造成了原告发行收入锐减的客观事实。被告以其播放的《霹雳火》录像带与电影胶片非同一概念而否认侵权的理由不能成立。根据著作权法有关规定，侵权行为的客体必须是正在受到著作权法保护的权利，而不是作品本身的载体，被告以不同载体回避侵权事实的成立没有法律依据。被告以其没有营利为目的即未构成侵权来辩解，理由不能成立。因为《著作权法》第四十五条所列的几类侵权行为，无一是以侵权行为人是否营利来认定的。经查明，嘉禾电影（香港）有限公司投放于中国市场的仅仅是《霹雳火》影片的电影拷贝，未以其他载体形式向中国大陆市场投放，当然也包括录像制品。被告租赁他人录像带在公众场合予以播放，违反音像制品管理规定，其行为显属违法。

据此，该院于1996年4月26日一审判决，被告临汾市广播电视局向原告山西省电影公司赔礼道歉；被告临汾市广播电视局赔偿原告山西省电影公司损失9万元，并支付报酬1万元，共计10万元，于判决生效后一个月内支付。

一审判决后，被告不服，提起上诉。

1996年6月27日，山西省高级人民法院经调解，双方当事人自愿达成如下协议：临汾市广播电视局承认放映《霹雳火》属侵权行为，并表示接受教训，保证以后不发生此类事件；临汾市广播电视局补偿山西省电影公司7万元，赔偿1万元，共计8万元。

（二十六）

2008年下半年，邓建国的广东巨星影业公司一纸诉状将中央电视台告上法院，理由是中央电视台戏曲频道未经许可，擅自盗播其拥有著作权的电视剧《格格要出嫁》。经审理，2009年7月15日，北京市海淀区人民法院一审判决：中央电视台赔偿巨星公司15万元经济损失费。

2008年7月，邓建国发现中央电视台所属频道中央11套（戏曲频道）于当年度7月26～31日未经许可播映了此剧。于是，邓建国将中央电视台告上法院。巨星公司在诉状中认为，

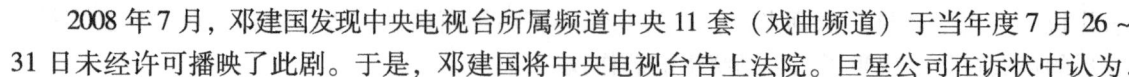

"被告擅自播映的行为属于著作权侵权行为。侵犯了原告对原剧的许可播映权及获得报酬权，给原告造成巨大经济损失。"因此，巨星起诉央视，请求判令被告赔偿原告经济损失150万元。对于150万元的赔偿请求，巨星公司认为这个数据并非空穴来风，据随片广告监测报告显示，中央电视台在播映《格》剧期间，插播了13 640秒约228分钟的广告。

经过审理，昨天北京海淀区人民法院作出一审判决，判决中央电视台赔偿巨星公司经济损失费及诉讼合理支出15万元。不过，巨星公司要求中央电视台道歉的诉讼请求没有得到支持。

（二十七）

原告曹明勋、原告刘建平诉被告中央电视台虚假宣传纠纷案，北京市海淀区人民法院于2008年11月18日宣判，原告败诉。

法院认为：1. 央视《科技之光》介绍尚未产业化的太阳能空调技术时，却始终以实际的产品即格利斯空调为背景，而且未以适当的方式提示说明，容易误导相关公众，确有不当。但作为专门经销太阳能空调的商业经营者，刘建平与曹明勋应对该产品及相关技术做比普通消费者更多的了解，否则，应自行承担相应的商业风险。就本案而言，《科技之光》节目的播出在曹明勋签订合同和开始购买空调之后，因此并不能构成刘建平、曹明勋受到节目误导的理由。换言之，《科技之光》节目与刘建平、曹明勋的损失并无因果关系。因此，对刘建平、曹明勋据此要求中央电视台承担法律责任不予支持。2. 从《科技之光》节目的具体内容来看，节电70%以上并非专门针对格利斯空调，而是泛指太阳能空调可能的节能效果。此内容并无不当。广告经营者和发布者应依据法律、行政法规查验有关证明文件，核实广告内容。对内容不实或者证明文件不全的广告，广告经营者不得提供设计、制作、代理服务，广告发布者不得发布。根据《中华人民共和国认证认可条例》《强制性产品认证管理规定》和《第一批实施强制性产品认证的产品目录》的相关规定，中央电视台应当知道空调须通过3C强制性产品认证才能公开销售，而其未作相应审查，未尽合理审查义务。但是，刘建平、曹明勋作为经营者在签订空调经营合同时，也应当注意审查3C强制性产品认证相关文件，否则，应自行承担不利后果。再者，刘建平、曹明勋签订合同和购买空调的行为发生在广告发布前，其二人的损失与广告发布无因果关系，因此，刘建平与曹明勋以中央电视台未审查3C认证资料为由要求中央电视台赔偿其购买空调的损失，本院不予支持。

综上，该院依照《中华人民共和国广告法》第二十七条、第三十八条第一款之规定，判决驳回原告刘建平、曹明勋的全部诉讼请求。案件受理费七千四百六十七元，由原告刘建平、曹明勋负担三千七百三十四元，已交纳，由被告中央电视台负担三千七百三十三元，于本判决生效之日起七日内交纳。

（二十八）

电视剧《一针见血》播出纠纷案宣判，新疆电视台败诉。

法院审理查明：2005年9月26日，北京玫瑰影视广告有限公司与案外人润达公司签订了电视剧《一针见血》的授权播映合同。合同中约定授权润达公司在甘肃、宁夏、青海、新疆四省区以有线、无线和卫视方式播放24集电视连续剧《一针见血》。地面播出时间定在润达公司收到节目带一年内完成，但是润达公司不作为首轮上星台，在首轮上星台播出两个月后方可上星。首轮上星时间必须提前通知润达公司，播映期限两年，总计费用12万元。2006年4月26日润达公司与新疆电视台订立合同，许可新疆电视台播放该剧，许可费为91 200元。2006年10月19日，玫瑰公司发布通知，要求各电视台在2006年12月31日前将该剧在地面台安排播出完毕,并计划将此剧于 2007 年 1 月 1 日后安排上星播出,具体时间另行通知。新疆电视台却从 2007 年 3 月开始播放涉案电视剧,播放时间不超过 3 天,播放形式为上星播放。

法院认为:玫瑰公司是涉案电视剧的著作权人,有权限制他人以盈利为目的播放此作品。新疆电视台作为非首轮上星台,在收到玫瑰公司 2006 年 10 月 19 日的"具体时间另行通知"的通知后,在未得到权利人明确通知的情况下在卫星电视上播出该剧,行为构成侵权,应依法承担侵权责任;该台辩称否认侵权,与事实不符,于法无据,本院不予采信。玫瑰公司要求新疆电视台公开致歉并赔偿经济损失 300 万元,证据不足,对此本院将依新疆电视台的侵权程度依法确定承担责任的方式,不再全部支持其诉讼请求。

综上,二〇〇八年十一月十七日,北京市海淀区人民法院判决新疆电视台赔偿原告北京玫瑰影视广告有限公司经济损失二十四万元;驳回原告北京玫瑰影视广告有限公司的其他诉讼请求。

(二十九)

近年来,国家广播电影电视总局电影卫星频道节目制作中心,即电影频道 CCTV-6,多次起诉全国其他电视播出机构侵犯了其对多部电影享有的广播电视独家播映权,大多胜诉,每案均获得数万元赔偿。

2008 年 9 月,北京市东城区人民法院受理多起该中心诉湖北省广播电视总台、鼎视数字电视传媒有限公司、广州市中和文化传播有限公司侵犯著作权财产权纠纷案件。

原告国家广播电影电视总局电影卫星频道节目制作中心认为,自己依法享有电影《卡拉是条狗》《独自等待》《太行山上》《梦想照进现实》《爱情的牙齿》《狼袭草原》《足球小将》七部电影作品在我国境内的专有电视播出权。被告湖北省广播电视总台开办了数字付费有线电视《碟市》频道之《尝鲜坊》,在该栏目中未经许可播出了上述七部电影作品。被告鼎视数字电视传媒有限公司是《碟市》频道之《尝鲜坊》的集成销售运营商。国家广播电影电视总局电影卫星频道节目制作中心认为二被告共同实施了侵权行为,故诉至法院要求二被告停止播出和销售行为,并每部电影赔偿损失四万三千元。

2014 年,该中心起诉湖南电视台潇湘电影频道,法院判决后者侵害前者享有的电影《寒战》《龙门飞甲》在我国境内的专有电视播出权。

(三十)

电视剧《金玉满堂》播出纠纷案,二审宣判。

上诉人北京维汉文化传播有限公司、上诉人杭州广播电视集团因播放权侵权纠纷一案,不服浙江省杭州市中级人民法院(2003)杭民三初字第 233 号民事判决,向浙江省高级人民法院提起上诉,现已审理终结。

法院一审判决:一、广电集团立即停止播出电视剧《金玉满堂》。二、广电集团、银视公司于本判决生效之日起十日内共同赔偿维汉公司经济损失人民币 4 万元。三、广电集团于本判决生效之日起十日内赔偿维汉公司经济损失人民币 16 万元。四、广电集团、银视公司于本判决生效之日起十日内共同赔偿维汉公司为本案支出的律师费等费用计人民币 3 万元。五、驳回维汉公司的其他诉讼请求。案件受理费 47 558 元,由广电集团、银视公司负担 37 558 元,维汉公司负担 10 000 元。

宣判后,维汉公司、广电集团均不服,提起上述。

浙江省高级人民法院经审理认为,维汉公司根据约定,从版权人香港公司处取得了 40

集电视剧《金玉满堂》在中国大陆地区的无线及有线电视的独家播映权，其合法权益应受法律保护。杭州电视台一套、二套、四套在未经权利人维汉公司许可的情况下，七次放映《金玉满堂》，已构成侵权，应当承担相应的侵权责任。因上述电视台无独立法人资格，其民事责任应由其法人广电集团承担。杭州电视台二套在"930剧场"播出的《金玉满堂》系由银视公司提供，因此银视公司应与其共同承担侵权责任。原审法院参考维汉公司从香港公司处购买播映权的价格、《金玉满堂》播映权在福建省的售价以及杭州电视台一套、二套、四套播映的次数和集数等因素，确定的赔偿金额并无不当。但原审法院在维汉公司于2003年9月19日起诉已过授权期限的情况下，仍判令广电集团停止播出电视剧《金玉满堂》缺乏权利依据，应予纠正。

2005年7月22日，浙江省高级人民法院终审判决：一、维持浙江省杭州市中级人民法院（2003）杭民三初字第233号民事判决第二、三、四项；二、撤销浙江省杭州市中级人民法院（2003）杭民三初字第233号民事判决第一、五项；三、驳回维汉公司的其他诉讼请求。一审案件受理费的负担按照原审判决执行，二审案件受理费47 558元，由维汉公司负担27 558元，广电集团负担20 000元。

本章综评

播映，是电视播出与电影放映之合称。电视播出机构、电影放映单位（主要是电影院）必须得到影视作品版权方的授权，才能播映，否则，就会侵权。然而，由于影视剧是集体创作的结晶，一般也是多家公司共同投资的结果，想要弄清楚一部影视剧的版权归属往往并不容易，特别是那些境外作品、外国作品和经典老片。面对高额票房或巨大广告之诱惑，播映方甚至央视常常铤而走险，故意忽略确权工作，故而滋讼。本章这11节和包含30则的类案集萃，特别是第一节、第五节、第七节、第十一节和第十二节的（六）（二十）（二十六），折射出影视播映环节诸多问题，如盗播、漏播、错播、重播等，应该引起业界的高度重视。

利益平衡原则是著作权法首要考虑的根本原则之一。沿着这一思路，著作权法的立法目的主要涉及如下两个方面：一方面，著作权法以维护作者的权益为核心，对作者权益的充分保护始终是各国著作权法的主旋律；另一方面，著作权法的制度设计力求信息的广泛传播，以最大限度地实现社会文化、科学事业的进步和繁荣。两者貌似冲突，但并非没有解决之道。背负着保护著作权人的利益与促进信息广泛传播的双重重担的合理使用制度正是这样一种设计——通过开辟多种渠道向公众传播特定作品，借以维系社会公平、协调著作权人与作品使用者的利益平衡。

然而，我国现行的"列举模式"尚且难为司法裁决提供放之四海而皆准的审判规则，仅凭区区12种法定情形，显然难以尽数囊括实践可能出现的纷繁复杂的作品使用行为。如何弥补因"列举模式"的先天性缺陷而导致的司法审判力不从心？笔者以为，综合考量涉案行为的性质和目的、使用涉案作品的数量以及对涉案作品著作权人的现有利益和潜在利益的影响等因素，而非机械地套用12种法定情形，从而判断使用行为究竟属于合理使用还是侵权。相比而言，这种"概括模式"能够保证法官在个案处理中结合实际情况，依据上述考量因素综合认定，以不变应万变，更具稳定性和前瞻性。在第一节，双方的争议聚焦于我国《著作权法》第22条规定的12种合理使用法定情形,受诉法院以"概括模式"作为定案依据,就法理层面而言着实让双方心服口服。

颇具戏剧性的是,素来以"知识产权头号强国"自诩、动辄向其他国家挥舞维权大棒的美国,其国内部分网站却堂而皇之地盗播我国享有著作权的上百部国产影片。看来,习惯了"被起诉"的中国权利人应逐渐从旧有意识的禁锢中解脱出来,团结起来,增强文化自信,为维护自身权利而不懈努力!

(李红梅　杨新磊)

第六章　音像传播之争

第一节　改头换面，难逃"终极审判"

【一审原告，二审被上诉人】山东烟台开发区弗莱门特影视广告有限公司
【一审被告，二审上诉人】浙江音像出版社
【一审被告】北京华润超级市场有限公司

【原告诉称】

山东烟台开发区弗莱门特影视广告有限公司（以下简称弗莱公司）一审起诉称，我公司从澳大利亚 Alliance Atlantis International Television Distribution Limited（以下简称 AAITDL）通过许可协议取得了电影《Nuremberg》（以下简称《N》）在中国地区 VCD 和 DVD 的独家出版权。2004 年，我公司发现在全国多个地区出现了浙江音像出版社（以下简称浙江音像）出版的名为《二战战犯之终极审判》的 VCD 光盘。经比对，该 VCD 与我公司享有专有出版权的《N》系同一部电影。我公司为此向浙江音像发出律师函要求解决其侵权行为，但未获答复。2005 年 2 月 26 日，我公司在北京华润超级市场有限公司（以下简称华润超市）购买了一套浙江音像出版的《二战战犯之终极审判》VCD，华润超市作为销售侵权光盘的零售商也损害了我公司的权利。因此，我公司诉至法院，请求判令：华润超市停止销售《二战战犯之终极审判》VCD；浙江音像停止出版、发行《二战战犯之终极审判》VCD，在一个月内收回所有已复制但未售出的光盘并移交我公司；浙江音像赔偿我公司经济损失 18 万元，支付我公司因调查侵权行为的合理支出 2 万元。

【被告辩称】

浙江音像辩称，第一，弗莱公司混淆了"版权"和"专有出版权"两个概念；第二，弗莱公司在我国境内出版《N》VCD 或 DVD 的权利依据不足；第三，我社并没有出版发行过《二战战犯之终极审判》VCD 或 DVD，弗莱公司主张侵权的该 VCD 与我社无关；第四，弗莱公司从华润超市购买的《二战战犯之终极审判》VCD 系盗用我社名义出版的音像制品。综上，弗莱公司的诉讼主张没有事实和法律依据，请求法院驳回弗莱公司的诉讼请求。

华润超市一审未做答辩。

【一审判决】

北京市朝阳区人民法院经审理认为，依据弗莱公司与 AAITDL 签订的《电视节目授权合同》、国家版权局著作权登记办公室的登记材料以及《N》片上的署名情况，可以确认弗莱公司从《N》片的制片人 AAITDL 处取得了该片在中国大陆地区 VCD 和 DVD 音像制品的专有发行权。浙江音像虽然对弗莱公司的专有发行权提出异议，但并未提出反证，故本院对此不予支持。弗莱公司作为《N》片 VCD、DVD 在中国大陆地区的专有发行权人，其享有发行以及许可他人出版、发行该片 VCD、DVD 音像制品的权利。其他任何人未经许可，不得出版、发行该片 VCD、DVD 音像制品。虽然浙江音像出版的《二战战犯之终极审判》VCD 与《N》名称不同，但制作公司、导演、主演以及影片内容完全一致，且浙江音像向国家版权局著作权登记办公室申请登记《二战战犯之终极审判》一片时所报的影片原名称也是《N》。因此，可以确认浙江音像出版的《二战战犯之终极审判》VCD 与弗莱公司享有专有发行权的《N》片系同一部作品。浙江音像在取得《二战战犯之终极审判》VCD 著作权登记和批准时，已经知晓《N》片的制片公司是 AAITDL，却没有取得该公司的授权，也不能证明授予其权利的台湾新颖科技有限公司（以下简称新颖公司）拥有该片权利人的合法授权。因此，对浙江音像有合法来源的答辩意见，本院不予采纳。浙江音像未经弗莱公司许可出版《二战战犯之终极审判》VCD 的行为侵犯了弗莱公司对《N》片享有的专有发行权，应当承担停止侵权、赔偿损失的民事责任。华润超市作为侵权音像制品的销售者，未举证证明所售侵权产品的来源，亦应承担停止销售的法律责任。弗莱公司提出索赔 18 万元的依据不充分，本院不予采纳。依据查明的事实，本院将依照弗莱公司提出的转让费及其为本案支出的律师费，确定本案的赔偿数额。

综上，北京市朝阳区人民法院依据《中华人民共和国著作权法》第四十七条第（一）项，第四十八条第一款，《中华人民共和国民事诉讼法》第一百三十条之规定，判决：一、浙江音像立即停止出版、发行涉案的名称为《二战战犯之终极审判》的 VCD、DVD 光盘；二、浙江音像于本判决生效之日起十日内赔偿弗莱公司经济损失七万五千元；三、华润超市立即停止销售涉案的名称为《二战战犯之终极审判》的 VCD、DVD 光盘；四、驳回弗莱公司的其他诉讼请求。

【上诉理由】

一审判决后，浙江音像不服，提起上诉，理由是：1. 一审判决认定《N》片的著作权人是 AAITDL，属于事实不清。在影片《N》的片头，标明的署名为"an Alliance Atlantis/productions La Fete production"，其片尾处显示有"productions La Fete. Inc/Tribunal productions. Inc, an Alliance Atlantis company, All Rights reserved"的字样，这就证明了《N》片的著作权人是 an Alliance Atlantis 公司和 productions La Fete 公司，而非 AAITDL；2. 弗莱公司不是与 AAITDL 签订《电视节目授权合同》的相对人，因为该合同的相对人是"弗莱中国（FREMANTLE CHINA）"，二者的名称不一致；3. 弗莱公司是法律禁止从事音像制品出版、发行、进口的单位，因此其根本没有资格作为《电视节目授权合同》的主体受让取得所谓的"独家发行权"，且该合同也没有约定弗莱公司可以转许可，所以弗莱公司没有履行《电视节目授权合同》的法律依据；4. 弗莱公司与广东山力文化发展有限公司（以下简称山力公司）签订的《协议书》不是许可出版发行合同，实际上是著作权转让合同，而弗莱公司不是《N》片的著作权人,又谈何转让呢?该合同明显无效;5. 弗莱公司取得的是专有发行权,并不包括出版权,而一审法院在没有任何事实及法律依据的情况下认定弗莱公司可以通过许可他人出版、发行 VCD 或 DVD 来获取经济利益,这完全违背了我国法律的规定;6. 我社出版《终极审判》音像制品的行为也是经过授权的,没有侵权的故意,也没有给弗莱公司造成损失;7. 弗莱公司在华润超市购买的《二战战犯之终极审判》VCD 是盗用我社版号复制的光盘,与我社无关。一审判决我社承担侵权责任,没有事实及法律依据。故请求二审法院查明事实,予以改判,驳回原告对我社的全部诉讼请求。

弗莱公司和华润超市服从一审判决。

【事实】

本院经审理,查明如下事实:

2002 年 8 月,弗莱公司与 AAITDL 签订了一份《电视节目授权合同》。该合同约定:AAITDL 作为《N》片的制作方和版权所有者,将《N》片的家用录像权(包括 VCD 和 DVD)授予弗莱公司,授权方保证不再授予弗莱公司以外的任何第三方。弗莱公司有权在中华人民共和国区域内发行《N》片的 VCD 和 DVD。授权语言:中文字幕和配音;母带形式:Betacam SP PAL,母带将被租借给领权方 30 天。弗莱公司应在不迟于 2002 年 11 月 1 日的时间内付清版权费 1.2 万美元,授权有效期限为 2002 年 10 月 1 日至 2007 年 9 月 30 日。2002 年 8 月 22 日,弗莱公司向 AAITDL 支付了 1.2 万美元的版权费。2004 年 1 月 19 日,弗莱公司与山力公司签订了一份《协议书》,该协议约定,弗莱公司将其拥有中国大陆合法版权的首次在中国大陆发行的《纽伦堡大审判》(《N》)的版权转让给山力公司,所转让的版权载体为家用录像,含 VCD 和 DVD,版权费 70 550 元折合 8 500 美元。

2005 年 2 月 25 日,山力公司向弗莱公司北京办事处发函,称其委托国际文化交流音像出版社对《N》影片进行版权登记时,发现该片已经被浙江音像在国家版权保护中心抢先登记(国像权字 24 - 2002 - 1677),而且在各地市场发现该社发行的碟片,因此造成山力公司无法履行与弗莱公司的协议,为此要求解除双方协议、赔偿损失。弗莱公司确认该协议未实际履行。弗莱公司接到上述函件后,立即向浙江音像发出律师函,告知其出版发行《军事大对决》(《N》)一片音像制品的行为侵犯了弗莱公司的权利,要求其立即停止侵权并赔偿损失。2005 年 2 月 26 日,弗莱公司在华润超市购买了一部《二战战犯之终极审判》双碟 VCD,售价 11 元。该 VCD 包装上标明了"浙江音像出版社出版, ISRC CN - E13 - 03 - 0025 - 0/V. J9,国权像字 24 - 2002 - 1677 号,文像进字(2003)168 号,广东国视文化传播有限公司总经销(以下简称国视公司)"。该 VCD 碟片上的 SID 码为 ifpiW206,该 SID 码系广东中山力华光碟制造有限公司(以下简称力华公司)所有。弗莱公司认为上述《二战战犯之终极审判》VCD 系浙江音像出版、力华公司复制,侵犯了其所享有的专有出版权及发行权,故诉至法院。弗莱公司为本案诉讼支出了律师费 1 万元。

2002 年 8 月 21 日,浙江音像与新颖公司签订了一份《版权让渡契约书》,约定新颖公司拥有《军事大对决》(《N》)等 10 部西洋故事影片的版权,独家让渡于浙江音像,在中华人民共和国区域内享有影音光碟、VCD、DVD 生产复制、家用及公开播映的权利,版权费每部 3 000 美元。浙江音像将上述合同向国家版权局著作权合同登记办公室申请登记,2002 年 11 月 21 日,国家版权局著作权合同登记办公室出具了著作权合同登记批复,该批复的内容是:作品中文名称《军事大对决》,原文名称《N》,出版形式 VCD、DVD,合同有效期 2007 年 8 月 20 日止，合同登记号国权像字 24－2002－1677 号。2003 年 1 月 31 日，浙江音像向文化部文化市场司音像制品内容审查委员会申请将《军事大对决》改名为《终极审判》。2003 年 2 月 11 日，文化部文化市场司音像制品内容审查委员会给浙江音像出具《进口音像制品批准单》，批准节目名称为《终极审判》（名称原文为《N》），批准文号"文像进字（2003）168 号"，版权提供单位为"新颖公司"，发行载体为 VCD/DVD。2003 年 6 月，浙江音像委托力华公司复制《终极审判》影片，复制委托书记载复制的载体形式为 VCD 和 DVD、数量 5 000 套、ISRC CN－E13－03－0025－0/V.J9、文像进字（2003）168 号、国权像字 24－2002－1677 号。2003 年 3 月 10 日，浙江音像与国视公司签订《销售委托书》，委托该公司销售影片《终极审判》的音像制品。

根据弗莱公司的申请，浙江音像取得的"国权像字 24－2002－1677 号"和"文像进字（2003）168 号"，先后于 2004 年 11 月 29 日和 2005 年 3 月被相关行政管理部门撤销。2005 年 10 月 12 日，国家版权局著作权合同登记办公室给弗莱公司北京办事处发函，称经查，《纽伦堡大审判》（《N》）节目在我处登记过，著作权合同登记号为"国权像字 06－2004－2796"。该节目是由 AAITDL 授权你处后再转授山力公司，并经该公司授权国际文化交流音像出版社，期限自 2002 年 10 月 1 日至 2007 年 9 月 30 日在中国大陆地区出版上述节目 VCD、DVD。

经查，在国际文化交流音像出版社报送国家版权局著作权合同登记办公室登记的《纽伦堡大审判》（《N》）VCD 样盘中，有 Alliance Atlantis 等公司的署名，没有 AAITDL 的署名。原告购买的《二战战犯之终极审判》VCD 与上述样盘内容相同。

在本院审理期间，弗莱公司提交了一份新证据，是由 Alliance Atlantis 公司出具的一份书面证明，其内容是：Alliance Atlantis 公司是一家国际电影电视制作公司，AAITDL 是 Alliance Atlantis 公司的国际发行机构，其总部设在都柏林，并在悉尼等地设有办事处，悉尼办事处负责 Alliance Atlantis 公司在亚洲和澳洲的电视和音像发行。2000 年，Alliance Atlantis 公司制作了影片《N》。通过其在悉尼的办事处，AAITDL 于 2002 年与 FREMANTLE CHINA（正式的中文注册名为弗莱公司，办公地点为北京市朝阳区广顺北大街 33 号）签约，将在中国的音像发行权售给了弗莱公司，弗莱公司已履行了合约，支付给了 Alliance Atlantis 公司版权费。考虑到中国的现实情况，我方已同意弗莱公司可以在授权期限内在中国境内将发行权转让给第三方。上述证明信经过了公证及中华人民共和国驻爱尔兰共和国大使馆的认证。浙江音像认为弗莱公司提交的上述证明信不属于新证据，不予质证。

【证据】

上述事实有弗莱公司提交的《电视节目授权合同》、AAITDL 致文化部的确认函、《纽伦堡大审判》（《N》）送审样片、《国家版权局著作权合同登记批复》、国家版权局关于《纽伦堡大审判》合同登记的函、浙江音像委托力华公司复制《终极审判》VCD/DVD 的复制委托书、国家版权局关于撤销《军事大对决》合同登记的函、《进口音像制品审查通知单》《二战战犯之终极审判》VCD 光盘一套、华润超市的销售商品专用发票、在京沪粤三地购买光盘的销售发票、弗莱公司致浙江音像的律师函、弗莱公司与山力公司签订的《协议书》、山力公司给弗莱公司的函、银行转账客户存单、律师费发票、经过公证认证的 AAITDL 的证明信等；浙江音像提交的法人身份证明及资格文件、浙江音像关于《终极审判》音像制品版权登记批复、文化部《进口音像制品批准单》及浙江音像关于片名变更的请示、浙江音像委托力华公司复制《终极审判》VCD/DVD 的复制委托书、关于《终极审判》的版权认证及《版权让渡契约书》、给国视公司的《终极审判》销售委托书、《浙江音像出版社发货单》客户联、国视公司的函件等，当事人陈述、庭审笔录等证据材料在案佐证。

【二审法院观点】

本院认为，进口、制作、复制、出版、发行音像制品，应当遵守我国著作权法及《音像制品管理条例》等法律、法规的相关规定。

弗莱公司通过与 AAITDL 签订《电视节目授权合同》，取得了电影《N》的家用录像（包括 VCD 和 DVD）在中华人民共和国区域内的独家发行权。浙江音像对弗莱公司所取得的上述权利的依据及内容均提出异议。首先，浙江音像提出 AAITDL 不是影片《N》的著作权人，其无权将该影片 VCD 和 DVD 的发行权授予弗莱公司。对此，本院经核实影片《N》片头及结尾的版权署名情况，确定有 Alliance Atlantis 公司的署名，没有 AAITDL 的署名，但弗莱公司在本院审理期间提交的经过公证、认证的证明信中，已将此问题进行了合理解释，故本院认定 AAITDL 授予弗莱公司影片《N》的家用录像（包括 VCD 和 DVD）发行权是有效的。浙江音像虽对 AAITDL 的授权效力提出异议，但没有提出相反证据，故对其提出的异议，本院不予采信。其次，浙江音像认为弗莱公司与 AAITDL 签订的《电视节目授权合同》中仅授予了弗莱公司对影片《N》VCD 及 DVD 的发行权，不包括出版权及转授权的内容。对此，本院经综合分析《电视节目授权合同》的内容，认为合同中所谓"家用录像（包括 VCD 和 DVD）发行"的授权内容、方式以及交付母带的形式等条款均表明 AAITDL 显然不是以提供《N》片 VCD 和 DVD 成品由弗莱公司在中国发行的方式进行的授权，其授权内容应该不仅限于我国著作权法中定义的发行权范围，而应包括对影片《N》进行翻译、配音、制成 VCD 和 DVD，以及对上述 VCD 和 DVD 进行复制、出版、发行的权利。关于转授权的问题，AAITDL 也通过公证、认证的证明信加以追认了。因此，在浙江音像没有提交相反证据的情况下，本院对浙江音像就此问题提出的异议不予采信。最后，浙江音像提出弗莱公司不是《电视节目授权合同》的受让人一方，但在《电视节目授权合同》上已写明"领权方"是弗莱公司，注册地址为烟台开发区利源大厦，以及联系人、电话号码、传真号码等详细内容。在 AAITDL 的证明信中也对弗莱公司的身份再次予以了确认，故本院对浙江音像所提异议，不予采信。

根据 AAITDL 给予弗莱公司的授权，弗莱公司作为《N》片 VCD、DVD 在中国大陆地区的专有出版、发行权人，其享有出版、发行以及转授权的权利，其他任何人未经许可，不得出版、发行该片 VCD、DVD 音像制品。

浙江音像虽然向国家版权局著作权合同登记办公室申请登记了其与新颖公司所签影片《军事大对决》(《N》) 的《版权让渡契约书》，取得了文化部关于出版该影片音像制品的批复，但根据影片《N》片头及片尾的署名情况，新颖公司显然不是该片的著作权人，而浙江音像并未审查新颖公司是否接受了影片权利人的授权，故对浙江音像提出其出版影片《N》音像制品有合法授权的主张，本院不予采纳。

弗莱公司在华润超市购买的《二战战犯之终极审判》VCD 使用的是浙江音像的版号、登记号、批复号，复制单位也是接受浙江音像委托的力华公司，现浙江音像主张该 VCD 的复制、发行与之无关，必须举出相应证据。在没有证据支持的情况下，浙江音像理应按照著作权法的规定，对其实施的侵犯弗莱公司对《N》片享有的专有出版、发行权的行为，承担停止侵权、赔偿损失的民事责任。

华润超市作为侵权音像制品的销售者，未举证证明所售侵权产品的来源，本应承担停止销售、赔偿损失的法律责任。但鉴于弗莱公司未对华润超市提出赔偿损失的诉讼请求，故本院在判决中对此不予涉及。

一审法院认为弗莱公司提出索赔18万元的依据不充分，依照弗莱公司提出的转让费及其为本案支出的律师费确定的赔偿数额是适当的，本院予以维持。

【终审判决】

综上，浙江音像所提上诉理由，缺乏事实及法律依据，本院不予支持。一审判决认定事实不准确之处，本院已予纠正，但不影响判决结果。二〇〇六年五月二十六日，北京市第一中级人民法院依据《中华人民共和国民事诉讼法》第一百五十三条第一款第（一）项之规定，作出终审判决：驳回上诉，维持原判。一审案件受理费5 510元，由弗莱公司负担1 510元，由浙江音像负担4 000元，于本判决生效之日起七日内交纳。二审案件受理费5 510元，由浙江音像负担。终审判决后，三方均服从。

（杨新磊）

第二节　好莱坞近在咫尺

【原告】美国哥伦比亚电影工业公司
【原告】美国环球城市制片公司
【原告】美国二十世纪福克斯电影公司
【原告】美国派拉蒙电影公司
【原告】美国新线制片公司
【原告】美国迪斯尼公司
【原告】美国华纳兄弟娱乐公司
【被告】上海乐影音像制品有限公司
【被告】北京世纪海宏商贸有限公司

2006年初，美国哥伦比亚电影工业公司、环球城市制片公司、二十世纪福克斯电影公司、派拉蒙电影公司、新线制片公司、迪斯尼公司、华纳兄弟娱乐公司等七家国际顶级电影公司联合向上海市第一中级人民法院提起系列著作权侵权诉讼，诉讼标的总额达到人民币三百万余元。上海市第一中级人民法院对其中三起案件一审公开开庭审理，并当庭宣判被告上海乐影音像制品有限公司停止销售侵权DVD光盘，赔偿原告新线制品公司、迪斯尼公司、华纳兄弟娱乐公司经济损失及合理费用共计人民币25 000元。同年12月，上海迪开音像制品有限公司因销售《世界大战》等21部电影的盗版光盘，被上述六家美国电影公司联合告上法庭，法院一审判令被告向六原告赔偿人民币共计15.8万元，同时罚款5万元。

接着，因认为侵犯自己著作权，美国的哥伦比亚电影工业公司、二十一世纪福克斯电影公司、环球城市制片公司、迪斯尼公司、派拉蒙电影公司分十六案将北京世纪海宏商贸有限公司、北京世纪海宏商贸有限公司玉豪情音像经营部告上法庭。北京市第二中级人民法院对此十六起案一审判决被告停止侵权，赔偿五原告经济损失及合理费用支出共计 16.4 万元。

五原告诉称，自己五家美国公司系《The Incredibles》（《超人总动员》）、《The 40 – Year – Old Virgin》（《40 岁的老处男》）、《Mr. &Mrs. Smith》（《史秘斯夫妇》）、《Wars of World》（《世界大战》）、《Bewitched》（《家有仙妻》）等共 16 部电影著作权人，对上述作品依法享有著作权。被告未经许可，擅自销售了自己享有著作权的上述电影 DVD 影碟，被告的行为侵犯了自己享有的著作权，请求判令二被告立即停止侵权、赔礼道歉、消除影响，并每案赔偿 50 余万元经济损失。

2006 年 12 月 18 日，二中法院公开开庭审理了这 16 起案件。经法院合法传唤，二被告无正当理由未到庭参加诉讼，法院依法当庭对其进行了缺席审理宣判。

二中院经审理为，《The Incredibles》（《超人总动员》）等影片的著作权人所享有的著作权受我国法律保护。北京世纪海宏商贸有限公司玉豪情音像经营部未经原告许可，销售了原告享有著作权的影片的 DVD 光盘，且未提供合法来源。因此，该音像经营部已构成对原告就前述影片所享有的著作权的侵犯，其应承担相应侵权法律责任。原告所提赔偿经济损失及合理诉讼支出的数额过高，法院将综合考虑该音像经营部涉案侵权行为的性质、过错程度、原告因其侵权行为所受损失的合理程度、其因侵权行为获利的合理程度、原告支出诉讼费用的合理必要程度等因素，确定该音像经营部应承担的赔偿原告经济损失及合理诉讼支出的具体数额。因该音像经营部无注册资本，故其不能独立承担民事责任。而该音像经营部隶属于北京世纪海宏商贸有限公司，是该公司的分支机构，故原告关于北京世纪海宏商贸有限公司应与北京世纪海宏商贸有限公司玉豪情音像经营部承担连带赔偿责任的诉讼主张应予支持。

美国影视巨头在中国大陆联合维权，集体行动，上述判例并非第一次。早在 2002 年底，上海市第二中级法院对原告美国二十世纪福克斯电影公司、迪士尼公司及环球城市制片公司诉被告上海合众企业发展有限公司、上海雅图影视文化传播有限公司、上海沪声音像有限公司及个体户曾扣亮等六起著作权纠纷案作出一审判决。

2002 年 2 月 25 日，美国福克斯公司、迪士尼公司和环球城市制片公司的代理人以普通消费者的身份，分别从上海合众企业发展公司下属的广达音像商场、上海雅图影视文化传播有限公司沪声音像公平店购得美国电影《生死豪情》、《红磨坊》、《X 档案 4》、《虫虫特工队》、《侏罗纪公园Ⅲ》等盗版 DVD 影碟，并将上述购买过程分别进行了公证。这些盗版碟片的影视作品均涉及三家原告公司的著作权，为此，这三家美国公司要求法院判令四被告立即停止销售盗版音像制品，在《新民晚报》上公开赔礼道歉，并赔偿原告的经济损失 20 万到 60 万元人民币不等。同时还要求四被告提供盗版音像制品生产厂家的名称。

法院经审理后认为，被告合众公司、雅图公司以及曾扣亮非法销售盗版 DVD 影碟，并未能提供证据证明其合法来源，因此，上述三被告侵犯了三原告享有涉案作品的著作权，应当承担赔偿责任。鉴于三原告未提供因被告的侵权行为所遭受具体经济损失的证据，故对三原告各自的实际损失及被告的违法所得难以确定，法院依据涉案作品的内容、被告的主观过错、侵权手段、规模、情节，以及三原告为制止侵权行为所支付的合理费用等因素，分别确定赔偿金额。遂依法判决合众公司、雅图公司和曾扣亮在《新民晚报》上公开赔礼道歉，并分别赔偿三原告经济损失人民币 2.7 万元至 6.5 万元不等。

最初，美国电影巨头来华维权采用的是单打独斗的方式，显然带有明显的试探性。1996 年，原告 Twentieth Century Fox Film Corporation, USA（美国二十世纪福克斯电影公司）认为被告北京市文化艺术出版社音像大世界侵犯了其电影 Commando（《独闯龙潭》）、Die Hard Ⅰ、Ⅱ（《虎胆龙威1、2》）著作权，向北京市第一中级人民法院提起诉讼。

法院经审理后认为：被告销售了根据原告享有著作权的电影作品《独闯龙潭》、《虎胆龙威2》制作的激光视盘。该激光视盘的复制，系他人未经著作权人许可所为，故被告销售的上述激光视盘属侵权制品。从主观方面看，被告销售侵权激光视盘是有过错的。被告认为其行为不构成侵权的主要理由，是其没有审查经销的激光视盘版权合法性的义务。国家版权局国权〔1993〕28号文件《关于为特定目的使用外国作品特定复制本的通知》规定，国际著作权条约在我国生效前，中国公民或者法人为特定目的拥有和使用的外国作品的特定复制本，在1993年10月15日后均应取得原著作权人的授权才能销售，否则，按侵权处理。音像制品的销售商不仅要遵守行业管理规定，而且要注意销售的音像制品是否可能侵犯他人的知识产权。中国加入有关国际著作权公约、条约后，对于受我国法律保护的外国作品，销售商在经营中更应该加以注意。被告作为音像制品的专业销售商，没有注意销售的激光视盘是否属于侵权商品，没有取得原著作权人的授权就继续销售，主观上有过错。被告以销售的激光视盘属于第三方提供的正式出版物要求免责的理由，不能成立。从客观方面看，由于中美两国签订了《关于保护知识产权谅解备忘录》和中国加入了《伯尔尼公约》，原告的电影《独闯龙潭》、《虎胆龙威2》在美国取得的著作权，也应当受到中国法律的保护。《中华人民共和国著作权法实施条例》第五条（五）项规定："发行，指为满足公众的合理需求，通过出售、出租等方式向公众提供一定数量的作品复制件"。因此，销售也是著作权法规定的发行行为。《中华人民共和国著作权法》第四十五条第（五）项规定："未经著作权人许可，以表演、播放、展览、发行、摄制电影、电视、录像或者改编、翻译、注释、编辑等方式使用作品的"，是侵权行为。被告在北京销售他人出版的侵权激光视盘，其行为侵害了原告的合法权益，应当承担相应的法律责任。当然，销售商在承担责任后，可以根据合同向出版者追偿。

据此，北京市第一中级人民法院于1996年11月26日判决：（1）被告立即停止销售侵犯原告著作权的激光视盘；（2）被告自本判决生效之日起，30日内向原告支付赔偿金20 114.56元人民币；（3）驳回原告其他诉讼请求。本案受理费2 010元，审计费1万元，其他诉讼费用125元，均由被告负担。该法院还依照《中华人民共和国民法通则》第一百三十四条第三款的规定，另行制作民事制裁决定书，决定对被告库存的侵权激光视盘予以收缴。一审宣判后，双方均未上诉。

【学者评述】

长期以来，打击音像盗版行业，抢占音像市场，已经成为了很多国际著名的影视制作公司的一个经营战略。但是，大多数的国外公司认为中国法院审理案件周期过长，赔偿数额过低，因此，他们一般都选择行政查处而非提起诉讼作为打击音像盗版行业的主要手段。在加入WTO之后，我国政府在知识产权保护上作出了积极的努力，司法环境也得到了进一步的改善。国外企业的维权方式也从单打独斗发展为形成行业协会、行业联盟进行维权，有些国家甚至将知识产权战略作为自己的国策。同时，国外企业的维权途径也逐渐从行政查处转变为行政查处与民事诉讼相结合，并把维权的目光从盗版音像制品的复制、加工者转向销售者和流通渠道。这些系列诉讼，正是这种变化在音像市场中的一种反映，预计这些国外企业还将陆续提起此类型的诉讼。

第六章
音像传播之争

涉外版权案件中必然涉及到对境外形成证据的认定，其中有些证据直接决定着版权本身是否合法存在，从而成为定案最关键的证据，因此对这类证据的分析与认定非常重要，法院在审理时一般从两个方面对境外形成的证据进行审查。一方面，证据来源的合法性审查。根据最高人民法院《关于民事诉讼证据的若干规定》（法释（2001）33号）第十一条规定，当事人向人民法院提供的证据系在我国领域外形成的，该证据应当经所在国公证机关予以证明，并经我国驻该国使领馆予以认证，或者履行我国与该所在国订立的有关条约中规定的证明手续；当事人向人民法院提供的证据是在香港、澳门、台湾地区形成的，亦应履行相关的证明手续。

更为重要的是，如何确认国外的版权？外国人就其作品在中国享有版权的标准规定在我国著作权法第2条。《伯尔尼公约》第3条第（1）款明确规定：凡具有本公约成员国国民身份的作者，不论其作品是否已经出版，均必须给以版权保护。目前，在我国受著作权法保护的外国人作品的范围已经远远扩大了，除了与我国不在同一个双边或多边版权条约之中的国家的外国作品要求首先在中国境内出版或在中国参加的国际条约的成员国首次出版才受中国著作权法保护外，几乎没有其他限制性的规定。

但是，国外许多国家都对作品有一个登记程序的要求，有的将登记规定为获得版权保护的必要前提条件，如西班牙1918后年版权法，但大部分国家不是以登记作为获得版权的前提，只是将其视为证实版权实际归属的手段（如日本）或将其作为诉讼中维护该权利的前提（如美国）。由于两个基本的版权公约都没有要求把登记作为获得版权的前提条件，所以，目前实行版权登记制度又参加了《伯尔尼公约》或《世界版权公约》的国家，只能要求其本国国民以登记为取得版权的条件，对公约其他成员国不能做这样的要求。虽然登记与否不影响到该作品是否受中国著作权法的保护，但对源于选择登记制国家的作品，审理中可以要求主张权利者出示作品登记证，便于法院审理中确认其版权。如果没有登记证，就应当提供其享有权利的其他证据，如，有关机关的证明、作品的底稿、作品的原稿、合同及履行合同的相关旁证等。本系列案中，环球公司享有版权的证据就是美国电影协会北京代表处出具的版权证明书，因该协会是我国国家版权局指定的对涉外版权的认证机构，其出具的认证能够证明环球公司享有版权。原告如果不能提供这一证据，则不能证明其受让得到的版权具有合法的权源，原告将承担举证不能的后果。

关于赔偿标准的确定。对侵犯知识产权行为的赔偿，在确定赔偿额时应采取补偿性而非惩罚性原则。虽然加入WTO后中国承诺要加强知识产权的保护，法律制度的建设上也基本上与世界保持同一水平，有些方面甚至超过了世界水平，但以我们相对薄弱的经济基础难以支付保护知识产权的高昂费用，支撑像发达国家那样给予知识产权同样力度的保护。而且，从知识产权法律制度本质上讲，在保护权利人的同时也要注重社会公共利益的平衡。知识产权的形成不仅仅是相关利益集团之间博弈的结果，更是现代社会广泛存在的多样性权利互相博弈的结果。现代知识产权制度，应关注权利人与其他利益主体尤其是社会公共利益的协调，避免知识产权过度扩张可能引发的社会整体及个体的权利失衡和发展失衡。

我国立法中，对侵犯著作权行为确定赔偿额时采用的是补偿性原则，将权利人的实际损失作为确定赔偿的首要依据，其次是侵权人的违法所得，在前两者均不能确定时才由法院酌定。因此，法院在酌定时也应符合补偿性原则的要求，以弥补被侵权人可能受到的损失为出发点，适当考虑权利人权利的范围，评估其权利受到侵害后可能造成的实际损失确定合理的赔偿额。法院应当力求在权利人与共享人之间、权利人利益和社会公共利益之间、发达国家超越 WTO 保护标准和发展中国家现状所需求的保护水平之间保持均衡。

（李红梅　杨新磊）

第三节　电影界的世界大战

【原告】中国人民解放军八一电影制片厂
【原告】北京电影制片厂
【原告】中国儿童电影制片厂
【原告】峨眉电影制片厂
【原告】广西电影制片厂
【原告】西安电影制片厂
【原告】北京电影学院青年电影制片厂
【原告】珠江电影制片公司
【原告】上海电影制片厂
【原告】长春电影制片厂
【被告】北京天都电影版权代理中心
【被告】天津泰达音像发行中心
【被告】中影音像出版社

1998年，国内十大电影制片厂起诉著作权被侵案，于2000年3月下旬二审终审。这十个著作权案的审理引起国内外司法界、新闻界和电影业内人士的广泛关注，中央电视台对案件的庭审过程进行了275分钟的现场直播，海外七家媒体有偿进行了转播。这在我国的审判史和新闻史上都是第一次，电视直播带来的影响远远超过案件审理本身。

十案的原告分别对《林海雪原》《战上海》《归心似箭》《闪闪的红星》《夺虎连环》《骆驼祥子》《早春二月》《青春之歌》等二十七部电影享有电影作品著作权。

1994年10月5日，原广播电影电视部电影局根据《著作权法》有关条款，结合实际情况制定出关于对1949年10月1日至1993年6月30日期间国产影片发行权归属的规定（以下简称608号文）：（一）中影公司在1949年10月1日至1991年5月31日期间收购的国产影片：1. 中影公司与各制片厂没有签订合同或虽有合同但无具体合同期限约定的，其发行权均归还制片厂享有。2. 合同期超过十年的，从合同签订之日起按十年计算，合同期满后发行权应归制片厂，必要时双方可以续订合同。（二）1991年6月1日至1993年6月30日期间中影公司收购的国产影片：1. 中影公司与各制片厂对使用期限协商不一致的，其发行权按五年处理，从合同签订之日起（没有合同的可以从拷贝开始发行之日起算）满五年发行权归还制片厂享有。2. 合同期限在十年之内的，按合同期限执行。3. 合同超过十年的按十年计算，满十年后发行权应归还制片厂，必要时可以续订。（三）关于中影公司以录像带发行权、录像节目发行权、电视台播放权等其他形式使用电影作品，按以下办法处理：1. 中影公司与各制片厂签订的合同中含有其他形式使用电影作品的按合同规定执行，但合同最多不超过十年。2. 对于中影公司已制成电影录像带成品，并已售予销售单位发生超过合同期限以及原合同中不包括以其他形式使用电影作品的情况，仍由中影公司继续履行，并保证销售单位的合法销售权利……中影公司的代理费按发行收入总额的15%提取，发行收入总额的85%归制片厂。本规定自1994年10月16日起施行，在此之前所发布的有关行政规定和规章，凡与本规定相抵触的，均以本规定为准。

1997年3月19日，中影出版社（甲方）与天都代理中心（乙方）签订合作协议。协议约定：1. 双方合作出版1949年10月1日至1993年6月30日期间的国产影片VCD光盘；2. 甲方负责提供出版号、影片的图文资料、制版母带及版权证明书，乙方负责版权确认和可能出现的版权争议；3. 乙方负责制作、压盘、节目生产和销售中的一切费用。

1997年3月27日，泰达发行中心（甲方）与天都代理中心（乙方）签订联营合同。合作出版1949年10月1日至1993年6月30日期间的国产影片VCD光盘，约定：1. 天都代理中心负责提供出版号、每部影片的图文资料、制版母带及版权证明书并负责版权确认、版权争议；泰达发行中心负责筹集主要资金、选择光盘加工厂、制定加工发行方案、组织实施、回笼货款。2. 在双方共获所具备的版权使用文本和许可证落实后，共同预付版权使用费和许可证费、管理费，启动资金为210万元，此笔资金作为对各电影制片厂版费的定金使用，先付50%定金，制作母带、影片文本资料齐备后付其余的50%。3. 甲方必须于1997年4月8日前筹集资金300万元到账，其中150万元用于几家电影制片厂（北影、八一、上影、长影、珠影、西影等）支付定金。此外，双方还对资金总投入量、纯利润的分配、账务管理、违约责任、保密义务等作了约定。1997年3月27日、4月17日、6月25日，泰达发行中心三次汇给天都代理中心125万元。

1997年4月15日，中影出版社出具书面委托书，委托北京天都电影版权代理中心销售中影出版社发行的VCD节目。

1997年5月中影出版社出具委托发行书，授权泰达发行中心发行中影出版社出版的音像制品。

1997年5月12日至7月14日，八一厂、儿影厂、青影厂、上影厂、珠影厂、长影厂、北影厂用统一的格式和文字制作了授权书，授权"中国电影制片者版权保护委员会"对本企业（制片厂、公司）生产的电影作品行使版权保护、版权确认。

1997年6月至7月，中影出版社出具录音录像制品复制委托书数十份，分别委托南海明珠影音公司和淄博永宝镭射公司复制上述二十七部影片VCD光盘。

上述十个案件，北京市第一中级人民法院分别于1998年2月11日、4月9日（长影厂后立案）受理后，泰达发行中心向法院提出申请，请求追加中影出版社为本案当事人，理由：1. 泰达发行中心的总经销行为是依据中影出版社的授权；2. 原告所诉侵权行为是因影片VCD光盘的出版引起，光盘上载明版权归中影出版社所有。合议庭经评议，认为泰达发行中心的申请符合《民事诉讼法》第一百一十九条规定，中影出版社属于必须共同进行诉讼的当事人，并于1998年3月23日评议决定追加中影出版社为共同被告，同年4月23日发出通知书，通知中影出版社参加诉讼，同时告知十案的原告，原告用信函向法院表示同意。合议庭为了庭审时双方当事人的陈述、质证能围绕案件的主要事实，曾于1998年5月6日、12日、21日、27日，7月6日，分五次在双方当事人参与和认同的情况下，对已经交换完毕的52份证据进行一一核对，对于诉讼双方不持异议和持有异议的证据作了划分。

十案原告认为三被告未经许可复制、发行二十七部影片的VCD光盘，侵犯了原告上述电影作品的使用权和获得报酬权。请求判决：1. 三被告停止侵权行为承担共同侵权责任；

2. 三被告应当公开赔礼道歉；3. 三被告赔偿原告损失；4. 十案原告除广西厂、西影厂和峨影厂外，其他七案原告请求确认授权书无效；5. 三被告负担各案诉讼费用。对于赔偿数额因各案原告指控被侵权的影片数量不等而不同。

被告天都代理中心辩称：我中心于1996年5月31日正式成立，是电影制片人协会版权保护委员会的常设执行机构，其成立是原告方的一致要求，同时代表制片人协会版权保护委员会受各制片厂的委托代为行使权利。我中心与中影出版社签订出版VCD协议和与泰达发行中心签订联营协议，是为贯彻落实（94）608号文件精神，维护制片厂的权益所采取的规范性措施，而且我中心有各制片厂的授权书，十个原告的起诉不能成立，请求驳回原告的诉讼请求。

被告泰达发行中心辩称：原告方的指控与事实不符，我方总经销国产VCD光盘是正当经营行为有合法依据。第一，1997年3月27日，天都代理中心与我方签有联营协议，我方无违法和违约行为。第二，同年5月天都代理中心向我方先后出示了23家制片厂给其的授权书，中影出版社也向我方出具录音录像复制委托书和委托发行书。第三，在履行合同经销国产影片VCD光盘期间，我方回送中影出版社原告诉称侵权的25部影片VCD光盘6 700套；回送天都代理中心2 400套（其中包括应由天都代理中心返给中影出版社800套）。第四，我方已汇给天都代理中心125万元支付制片厂的预付金，由于目前的版权纠纷，我方无法正常经销，直接损失已达210万元，同时我方名誉还受到极大损害，请求法院维护我方的合法权益作出公正判决。

被告中影出版社辩称：一、原告方在起诉时并不清楚所诉影片发行权的归属，在证据交换中，原告根据被告提供的新证据变更诉讼请求。二、《鸡毛信》《上甘岭》等六部影片系"百部爱国影片之列"，其版权属公有。三、我社是在天都代理中心出具了部分原告的授权书后才与其签订协议，并依协议合作出版45部影片VCD光盘，其中首批推出的《代号美洲豹》等23部，全部是由中影公司与各制片厂签订买断合同的。四、1985年11月至1991年6月，中影公司分别与北京电影制片厂、上海电影制片厂等原告签订过"影片发行权结算合同"和"影片发行权购销合同"将几十部影片"永久版权"或"永久发行权"一次性卖给中影公司，案件涉及的至少20部。我社愿意本着实事求是的态度与原告方协商。

【一审判决】

北京市第一中级人民法院经审理认为：根据我国著作权法的规定十案原告请求保护的二十七部影片的使用权、获得报酬权目前均未超出法定保护期。任何人使用都必须与著作权人订立许可使用合同或取得书面许可。608号文并不违背现行的法律法规，对本行业内的民事主体具有约束力。三被告未曾就上述影片的使用与各原告签订合同或得到书面许可，三被告的行为侵犯了原告对于上述影片的使用权和获得报酬权。法庭依据事实和法律，当庭对八一厂、儿影厂、峨嵋厂、西影厂、珠影公司、上影厂起诉的六案作出判决。三个月后法庭对另外四案也作了相同的判决。判决内容：一、三被告立即停止侵犯十案原告电影作品著作权的行为；二、三被告自判决生效日起二十日内，在《法制日报》上公开向十案原告赔礼道歉，逾期不履行法院将公开判决主要内容，费用由三被告负担；三、三被告赔偿十案原告损失（每部影片按赔偿四万元计），并赔偿十案原告合理的诉讼支出。三被告对赔偿数额承担连带责任；四、驳回十个原告要求赔偿超出诉讼合理支出数额的请求及八一厂、北影厂、儿影厂、青影厂、珠影公司、上影厂、长影厂要求确认授权书无效的请求。

【终审判决】

三被告不服一审判决向北京市高级法院提起上诉，北京市高级法院经审理认为原审判决认定事实清楚，程序合法，适用法律正确。终审判决：驳回上诉，维持原判。

【学者评述】

1. 如何认识"608号文"的约束力？

我国的电影事业长期在计划经济体制规范下发展，发行和销售是有指令性分工的，各个电影制片厂只负责摄制影片不参与所摄制影片的市场竞争。各制片厂拍摄出的影片全部由中影公司买断发行权，使电影的产与销完全脱离，电影业的发展不仅受到资金的限制而且受计划调控的制约。随着改革开放的深入，计划经济逐步向市场经济转轨，1990年我国著作权法的制定，1991年6月著作权法的施行，法律制度替代了指令性分工。但著作权法不能溯及以往各电影厂与中影公司的关系。1994年原广播电影电视部电影局依据著作权法的规定制定608号文，是为了调整国内各制片厂和中影公司之间关于影片发行权归属的关系。作为管理本行业的规章，只要不违背现行法律法规的规定，对于行业内的相关民事主体即具有约束力。608号文对于著作权法实施前后，中影公司收购的国产影片发行权使用期的规定是明确的，原告请求保护的二十七部影片按608号文规定，分别有三种情况：一是有部分影片如《骆驼祥子》《早春二月》和《青春之歌》都已超出合同约定的十年使用期；二是有的发行权购销合同未约定使用期限，如电影《夺虎连环计》的发行权购销合同签订于1991年6月3日，合同中未约定使用期限，按608号文的规定，此类情况按五年计算，发行权应当归还制片厂；三是部分电影的发行权购买合同中约定的使用方式仅限于电影拷贝的发行，不含有其他使用方式。因此，608号文的效力不是因上述案件的诉讼才引起讨论，而是从该文件实施日起业内人士都认可和遵照执行的规范。三被告不论对608号文是否认还是承认都无法改变案件相关的客观事实。

2. 如何认识案件所涉两个合同的法律效力？

《著作权法》第二十三条规定，使用他人作品应当同著作权人订立合同或者取得许可；《著作权法实施条例》第三十二条规定，同著作权人订立合同或者取得许可使用其作品，应当采取书面形式。上述案件的三被告并没有与原告就诉讼所涉及的二十七部影片的使用权签订许可合同。三被告提供了被告之间签订的两份合同作为抗辩证据，认为合同中约定了各自的权利义务和免责条款，只要自己没有违约行为，其他责任都应由合同的另一方承担。目前在许多出版合同、委托创作合同、委托改编合同中，出版社及委托方都订有免责条款，都要求对方保证作品不侵犯他人的权利。一旦发生诉讼，合同总是唯一的抗辩证据。但在司法实践中，这样的抗辩能够成立的实在太少。根据现行法律规定，合同是当事人之间设立、变更、终止民事权利义务关系的协议。协议只有依法成立才受法律保护。合同设立和变更的民事权利、义务，只能是合同当事人之间自己享有（或依委托人的授权行使）并有权处分的权利，而不能处分合同以外其他民事主体的民事权利。天都代理中心与中影出版社之间的合作出版协议，虽然未在协议中写明原告诉讼请求保护的二十七部影片名称，但实际履行协议时，合作的双方都实施了使用原告影片著作权的行为。天都代理中心与泰达发行中心的联营协议，同样没有注明要制作和销售原告享有著作权的电影VCD光盘，但联营双方都按约定行使了属于原告的权利。由于中影出版社提供录音录像作品复制委托书、销售发行委托书的行为，使原告影片 VCD 光盘最终上市销售。侵权光盘的销售是个不争的事实，三被告不能用证据证明是著作权人曾有明确授权或许可，仅用侵权行为人之间的合同约定进行抗辩是无法对抗原告依法享有的权利和诉讼请求的。三被告的行为属于著作权法第四十五条第一款第（五）项、第四十六条第一款第（二）项所列举的：未经著作权人许可，以发行方式使用作品和未经著作权人许可，以营利为目的，复制发行其作品的侵权行为。由于原告与各被告之间并无合同关系，所以，被告以合同抗辩的理由不能成立。同理，出版合同、委托创作合同等，只要发生侵权事实权利人提起诉讼，出版社与委托人用合同抗辩，都难以对抗权利人的诉讼请求。

3. 如何认识著作权法第二十五条规定及原告的授权书？

《著作权法》第二十五条规定：合同中著作权人未明确许可的权利，未经著作权人许可，另一方当事人不得行使。被告提交的证据中除了上述两个合同外，还有七个电影厂的授权书。广西电影制片厂、西影厂、峨嵋厂均未曾给"中国电影制片者版权保护委员会"（以下简称版权保护委员会）授权书，三被告对此没有其他抗辩的证据。对于另七家制片厂的授权书，则提出自己依七家制片厂授权获得使用权。这七家制片厂对被授权的民事主体的记载是明确的，即版权保护委员会，但具体授予版权保护委员会的权利并未明确是上述二十七部电影作品的使用权。法律规定没有明确许可的权利任何人不得使用。被告天都代理中心与版权保护委员会是存在上下隶属关系，但在法律上他们是各自独立享受民事权利和承担民事义务的民事主体。天都代理中心的经营范围确有"版权代理"，但其代理的具体事项必须依据权利人的明确授权和委托，必须在权利人授予和委托的权利范围内实施代理行为。天都代理中心并不是被授权主体，自己无权代理十家电影厂使用电影著作权，怎能再与两被告合作、联营使用属于原告的电影著作权。退一万步讲，即便是版权保护委员会将七家制片厂的授权范围转授予天都代理中心，天都代理中心的"代理"行为仍是无源之水，无本之木，因为制片厂的授权书中并未授予版权保护委员会对某部电影作品著作权的使用权。

4. 如何转变不适于市场经济的观念？

长期在计划经济体制下生存和发展形成的观念是难以改变的，往往要在付出高昂的代价和经受惨痛的失败后才会有所改变。在计划经济体制下，行政指令是绝对第一位的，而在市场经济体制下，法律规范至高无上。依据法律给自己的空间去发展自己和维护自己的利益，权利才有保障。

从上述案情中，不难注意到有两个不适于市场经济的观念是应当转变的。第一，对于不同民事主体的混淆：中影公司与中影出版社，不论这两个主体其内部是什么关系，但在对外为民事行为时中影公司与中影出版社是各自独立，是互不替代、互不相干的。中影公司依据合同取得的各制片厂的电影作品使用权，中影出版社如没有法定理由，决不能行使。版权保护委员会与天都代理中心，前者申请成立后者，但前者不等于后者，不能包办后者。抱着计划经济观念的人，认为有隶属关系就是一家，只要是一家就不用分彼此，至于合同是谁签订、被授权人是谁都只是个形式。这样使本来简单明了的关系变得复查模糊起来，侵犯他人的权利自己还理直气壮。第二，对于社会公共利益与企业经济利益的混淆。为弘扬爱国主义，举办"百部爱国影片"宣传，是大家都应支持的义举，但这并不意味着，举办者可以无条件的行使他人的权利，权利人必须无条件放弃自己的著作权。在计划经济时代，主张维护个人、集体的权利是要受谴责被人取笑；在市场经济条件下，个人、集体的合法利益是受法律保护的。当你在为"百部爱国影片"不计个人和集体利益时，不能强求他人。泰达发行中心认为自己在实施一个"七百部爱国主义影片"宏伟计划伊始，不仅投入的巨资不得收回而且还受到诉讼的重创，自己的义举不被理解，还要承担连带赔偿责任，它的委屈和愤概从某种角度是源于观念的陈旧。

市场经济有其自有的规律是不以任何人的意志转移的，可以改变的是人的观念。一部著作权法共五十六条，而且已经实施多年，但在文化圈内还经常有侵权纠纷，可见法律条文本身不难理解和掌握，关键是人的观念不适应市场经济发展的规律。

（李红梅　杨新磊）

第四节　女人挣断绳，辘轳自坠井

【原告】大连音像出版社
【被告】北京市海淀区音像艺术服务社

原告大连音像出版社以被告北京市海淀区音像艺术服务社侵害其录音带专有出版发行权为由，向北京市海淀区人民法院提起诉讼。

原告诉称：原告于1990年10月，依法取得电视剧《辘轳·女人和井》（以下简称《井》剧）插曲盒式录音带的出版发行专有权，并于1991年3月正式出版发行。1991年4月，被告未经原告许可，擅自复制了《井》剧录音带600盒，以大连音像出版社名义，发行销售，严重侵害了原告的出版发行专有权，给原告造成一定经济损失。为此，请求被告公开赔礼道歉，并赔偿由此而造成的经济损失。

被告辩称：被告轻信了中国电影出版社业务员姜某自称有《井》剧插曲母带彩色封面和出版社的委托书，认为《井》剧磁带是通过正常渠道买来的。当被告复制了600盒后，得知封面是假的，立即停止录制。被告诚恳接受批评，同意赔偿原告损失，并公开赔礼道歉。

北京市海淀区人民法院对该案经公开审理，查明：

1990年10月，大连音像出版社、大连电视台与《井》剧插曲的词曲作者张藜、徐沛东签订了《井》剧插曲盒式录音带出版发行合同。合同规定：《井》剧插曲盒式录音带母带及海内外的复制、出版、发行权，归大连音像出版社和大连电视台所有；合同有效期为四年。合同签订后，大连电视台委托大连音像出版社组织出版、发行《井》剧的盒式录音带的工作及处理一切有关事宜。大连音像出版社因此取得了《井》剧插曲盒式录音带的出版、发行专有权，并报国家版权局审核登记。1991年2月11日，合同双方在《新闻出版报》上联合发表声明，申明在合同有效期内，任何单位及个人未经许可，不得复制、出版、发行《井》剧插曲的音像制品。1991年3月，大连音像出版社正式出版发行了《井》剧插曲的盒式录音带。与此同时，国家版权局发布了《关于尊重电视剧〈辘轳·女人和井〉插曲著作权的通知》，提醒全国各音像出版单位不要安排出版该剧的录音制品，以保护著作权人的合法权益。

1991年4月，被告北京市海淀区音像艺术服务社从中国电影出版社姜某（已作行政处理）手中购得《井》剧插曲盒式录音带彩封（加A、B贴）2 000套，用从市场上购买的

《井》剧插曲录音带为母带，未经大连音像出版社许可，复制了《井》剧录音带600盘，其中销售了565盘。后经他人举报，被北京市广播电视局查获，并对其销售后追回的100余盘录音带予以没收，尚未加工的1 400套彩封及一台索尼复录机被扣留（录音带、彩封及复录机已由行政机关处理）。

北京市海淀区人民法院认为：北京市海淀区音像艺术服务社从私人处购买《井》剧盒式录音带彩色封面，用在市场购买的《井》剧插曲录音带为母带，擅自复制大连音像出版社正式出版的《井》剧插曲盒式录音带的行为，依照《中华人民共和国民法通则》第一百一十八条的规定，侵害了大连音像出版社对《井》剧插曲录音带的专有出版发行权，应当承担侵权的民事责任。

在审理期间，海淀区音像艺术服务社当庭向大连音像出版社赔礼道歉，并同意在报刊上公开声明道歉和赔偿因此而造成的经济损失。

海淀区人民法院在查清事实，分清是非的基础上，依照《中华人民共和国民事诉讼法》第一百二十八条关于"判决前能调解的，还可以进行调解"的规定，征得双方当事人的同意，进行调解。1991年5月27日，双方自愿达成如下协议：一、北京市海淀区音像艺术服务社立即停止对大连音像出版社《辘轳·女人和井》插曲盒式录音带专有出版权的侵害，并在《新闻出版报》《北京日报》上刊登经本院认可的致歉声明，向大连音像出版社公开赔礼道歉（调解书生效后10日内履行）；二、北京市海淀区音像艺术服务社赔偿大连音像出版社经济损失22 070元。诉讼费930元，由北京市海淀区音像艺术服务社负担。

【学者评述】

什么是女权主义？

女权主义，Feminism，又称女性主义，发轫于欧美发达国家，是一种主张以女性为中心的理论思潮和社会运动。女权主义强调妇女解放、男女平等，旨在结束性别主义（Sexism）、性剥削（Sexual exploitation）、性歧视（Sexual discrimination）和性压迫（Sexual oppression），实现性平等（Sexual equality）。女权主义运动，旨在根除至少改良生育权、堕胎权、教育权、家庭暴力、产假、薪资平等、选举权与被选举权、性骚扰、性别歧视与性暴力等社会痼疾。

女权主义运动是一个跨国界、跨种族、跨阶层的国际性社会运动。每种文化的女权主义运动各有其独特性，比如美国的反对歧视女同性恋与反堕胎、印度的反对一夫多妻、苏丹等非洲国家的反女性割礼、日本的反强奸与反乱伦、某些伊斯兰国家反兄弟共妻等。在中国，女权主义运动主要致力于解决女性参政、女性劳动报酬偏低、女性下岗失业比例偏高、反对遗弃女婴、防止拐卖妇女儿童等问题。

20世纪80年代至今，女权主义已经成为不可忽视的世界性课题。

（杨新磊）

第五节 兄弟填海

【上诉人，原审被告，反诉原告】广东飞仕影音有限公司

【被上诉人，原审原告，反诉被告】北京兄弟时代影视文化传播有限责任公司

上诉人广东飞仕影音有限公司（以下简称飞仕公司）因著作权合同纠纷一案不服北京市朝阳区人民法院（2006）朝民初字第10982号民事判决，向北京市第二中级人民法院提出上诉，现已审理终结。

北京兄弟时代影视文化传播有限责任公司（以下简称兄弟时代公司）原审起诉称，我公司是古装神话电视连续剧《精卫填海》的版权人。2004年12月3日，我公司与飞仕公司签订版权转让合同，同意将该剧所有家庭音像制品的出版、加工复制、发行、销售和出租权利转让给飞仕公司。合同签订后，我公司依约将该剧母带提供给了飞仕公司，但飞仕公司却拒付剩余的40万元版权费用，并拒不提供给我公司免费的30套VCD和30套DVD光盘。因此我公司起诉，要求飞仕公司支付版权费用40万元、延期利息1.488万元及违约金4万元；交付《精卫填海》VCD和DVD光盘各30套。

飞仕公司原审答辩并反诉称，兄弟时代公司依照合同约定应于2005年5月之前向我公司提交母带，但其却迟延交付长达两个月之久，不仅使得我公司对该剧的前期宣传受到了负面的影响，而且代理商也因此减少了对该剧VCD及DVD的订购数量，致使我方遭受了近百万元的损失。兄弟时代公司违约在先，但其却要求我方支付违约金和利息，没有事实和法律依据。故我公司不同意其诉讼请求并反诉要求兄弟时代公司支付我公司违约金916 131元。

兄弟时代公司对飞仕公司提出的反诉答辩称，飞仕公司同意我方延期交付母带，并放弃对我公司追究违约责任，对此有其发来的传真予以证明。我公司并没有违约，故不同意飞仕公司的反诉请求。

【一审判决】

原审法院经审理认定：兄弟时代公司在与飞仕公司签订《版权转让合同》后，又取得了山西电影制片厂和北京名将影视文化传播有限公司（以下简称名将公司）关于33集电视剧《精卫填海》发行权的授权，故兄弟时代公司与飞仕公司签订的《版权转让合同》合法有效，双方应按照合同约定履行自己的义务。一方不履行合同义务或者履行合同义务不符合约定的，应当承担继续履行、采取补救措施或者赔偿损失等违约责任。

根据双方所签《版权转让合同》的约定，兄弟时代公司应于2005年5月前向飞仕公司交付电视剧的母带，现其延期到6月22日才交付，虽然已违反了合同约定的交付时间，但飞仕公司既然接受了母带并已开始发行，则兄弟时代公司仍有权要求飞仕公司支付版权费并提供免费的VCD和DVD光盘，但无权要求飞仕公司承担逾期付款的违约责任。依据双方合同约定，《精卫填海》一剧的最终版权费总额按实际完成片集数结算。《精卫填海》一剧最终为33集，按照每集5万元计算，合同总额应为165万元，现飞仕公司已经先后向兄弟时代公司支付了125万元，则其还应该向兄弟时代公司支付余款版权费40万元。

兄弟时代公司称飞仕公司已经允诺不再追究其迟延交付母带的违约责任，但其仅提供了一份传真件，飞仕公司并不予以认可，故兄弟时代公司的此一主张依据不足，不能予以支持。因此，在兄弟时代公司未按期交付母带，违约在先的情况下，飞仕公司有权以其因此遭受的损失而对抗其足额支付版权费的义务。就飞仕公司所主张的损失，原审法院认为，首先，飞仕公司主张部分区域代理商因延期交货而减少了首批订货量，但飞仕公司提交的两次发货的航空快运单上并没有记载音像制品的品名和数量，只有其工作人员自行手写的"《精卫填海》VCD"字样和数量，这些手写的片名何时填写不能确定，因此，该单据与本案诉争的《精卫填海》缺乏关联性，据此不能证明给代理商的实际发货数量，即不能证明确实因兄弟时代公司的迟延交付母带而导致了电视剧 VCD 光盘发行的减少，从而给飞仕公司造成了实际损失；其次，为发行《精卫填海》光盘而制作海报、喷画等是必然要发生的宣传费用，飞仕公司以兄弟时代公司迟延交付母带为由主张该宣传费用亦为其损失，与理不合。现飞仕公司的证据不足以证明因兄弟时代公司晚交母带给其造成了损失，故对飞仕公司要求兄弟时代公司支付其 916 131 元违约金的反诉请求，事实依据不足，不予支持。

原审法院依据我国《合同法》第一百〇七条、第一百〇九条之规定，于 2006 年 9 月 20 日作出如下判决：1. 飞仕影公司于本判决生效之日起十日内支付兄弟时代公司版权费四十万元；2. 飞仕公司于本判决生效之日起十日内交付兄弟时代公司电视剧《精卫填海》VCD 光盘和 DVD 光盘各三十套；3. 驳回兄弟时代公司的其他诉讼请求；4. 驳回飞仕公司的反诉请求。

兄弟时代公司服从原审判决。

【二审查明事实】

本院经审理查明：2004 年 9 月 16 日，名将公司与兄弟时代公司签订合同，主要约定双方共同拍摄电视连续剧《精卫填海》，双方按投资比例分享该剧版权及收益，兄弟时代公司负责发行工作等。

2004 年 12 月 3 日，兄弟时代公司（甲方）与飞仕公司（乙方）签订《版权转让合同》，约定：甲方作为 30 集古装神话电视连续剧《精卫填海》的权利人，同意乙方有偿独家拥有该剧之 VCD、DVD 等音像制品的出版、加工复制、发行、销售和出租权利，乙方获得的权利为独家专有性使用权；期限为自甲方向乙方提供该剧符合制作要求的全集母带之日起共计 6 年；甲方提供母带时间为 2005 年 5 月之前；该剧版权费为每集 5 万元，最终版权费总额按实际完成片集数结算，与电视台播出集数相同；双方签订协议后，乙方向甲方支付该剧版权费总额的 50% 即 75 万元作为定金，甲方按照合同约定的供带时间向乙方提供该剧符合制作要求的全集母带时，乙方向甲方支付版权费余款；甲方保证按时向乙方提供母带，否则视为甲方违约；乙方应在其正式发行该剧 VCD 等音像制品后，向甲方免费提供 30 套该剧 VCD 光盘和 30 套 DVD 光盘；任何一方违反合同约定或拒绝履行合同所规定的部分或全部义务，均应承担违约赔偿之法律责任，违约方给予守约方该剧版权费总额两倍的赔偿（包括但不限于：守约方的直接损失、间接损失、律师费、调查取证费等）；合同还就双方的其他权利义务、违约责任、争议解决等方面进行了约定。在本案审理中，双方当事人对前述《版权转让合同》的效力和内容均无异议。

2005 年 6 月 21 日、22 日，兄弟时代公司向飞仕公司交付了电视剧《精卫填海》的 33 集母带。飞仕公司分别于合同签订后及收到母带后向兄弟时代公司支付了版权费 75 万元和 50 万元。

兄弟时代公司向本院提交了一份传真件，为飞仕公司 2005 年 6 月 21 日给兄弟时代公司的函件，其中有"贵公司应于 2005 年 5 月之前提供《精卫填海》的全集母带予我公司，因贵公司实际延误到 2005 年 6 月 21 日才将该剧母带陆续提供予我公司，考虑到贵我双方长期合作，关于贵公司延迟交付母带事宜，我公司不再予以追究"字样。飞仕公司否认曾发过该传真。

2005 年 7 月 13 日，山西省广播电视局签发了（晋）剧审字（2005）第 005 号国产电视剧发行许可证，该证载明剧目名称为《精卫填海》，长度为 33 集，制作单位为山西电影制片厂，合作单位为兄弟时代公司和名将公司。同年 7 月、8 月，山西电影制片厂和名将公司分别出具委托书，确认兄弟时代公司拥有该33集电视连续剧《精卫填海》国内、国外版权的发行权。

另查，飞仕公司于2005年4月分别与江西联信大市场新中原音像社等12家单位和个人签订了《飞仕公司独家发行〈精卫填海〉VCD、DVD区域代理销售协议》，约定发行时间为2005年5月5日之前；若飞仕公司未能在合同约定的时间内向各代理商提供VCD及DVD，则各代理商有权与飞仕公司重新协商所定购的VCD及DVD的价位及定购数量，若飞仕公司不同意，对方有权解除合同。

飞仕公司提交了上述12家单位和个人分别于2005年6月给飞仕公司的函件，基本内容为由于飞仕公司推迟交货，要求减少发货数量。对其中为传真件或复印件的6份函件的真实性，兄弟时代公司不予认可。飞仕公司主张上述12家单位和个人减少的发货损失共计为866 400元。

飞仕公司还提交了2005年6月28日和7月12日前后两次分别给上述12家单位和个人发货的航空货运单托运人联计24份，这些货运单记载内容均为打印，货物品名为音像制品、纸，并无《精卫填海》字样，只是在这些托运人联上的空白处，飞仕公司工作人员自行手写了"《精卫填海》VCD"字样及具体套数。

2005年4月，飞仕公司为制作《精卫填海》电视剧海报、喷画等花费61 131元。飞仕公司主张上述两项合计927 531元为其损失，兄弟时代公司应向其支付违约金916 131元。

上述事实，有双方当事人提交的国产电视剧发行许可证、山西电影制片厂和名将公司出具的两份委托书、名将公司和兄弟时代公司签订的《关于联合拍摄〈精卫填海〉协议书》、兄弟时代公司和飞仕公司签订的《版权转让合同》、飞仕公司出具的两张收条、兄弟时代公司与北京市鼎钟律师事务所签订的《民事案件委托代理合同》、12份《飞仕公司独家发行〈精卫填海〉VCD、DVD区域代理销售协议》、6份给飞仕公司的函件、24份航空货运单托运人联及双方当事人的陈述等在案佐证。

【二审法院观点】

本院认为：名将公司与兄弟时代公司作为电视连续剧《精卫填海》的共同拍摄人，在其双方签订的合同中明确约定了兄弟时代公司负责电视连续剧《精卫填海》的发行工作。而兄弟时代公司又与飞仕公司签订了《版权转让合同》，将该剧之VCD、DVD等音像制品的出版、加工复制、发行、销售和出租权利独家授予了飞仕公司。之后，兄弟时代公司又取得了拍摄该剧的另一方——山西电影制片厂关于该剧发行权的授权，飞仕公司对此亦无异议，故可以认定本案所涉兄弟时代公司与飞仕公司签订的《版权转让合同》合法有效，双方应按照该合同约定履行自己的义务。

按照该合同的约定，兄弟时代公司应于2005年5月之前向飞仕公司交付电视连续剧《精卫填海》的母带，交付母带时飞仕公司应向兄弟时代公司支付剩余版权费。实际履行的情况是兄弟时代公司延迟交付母带，违反了合同的约定。但飞仕公司不仅接受了母带，且已制作完成并发行了该电视连续剧的光盘。在此种情况下，飞仕公司应按照合同的约定，向兄弟时代公司支付剩余版权费40万元并提供免费的VCD和DVD光盘各30套。飞仕公司虽在本案诉讼中提出兄弟时代公司迟延交付母带的行为已构成违约，但其在接受母带时并未提出异议（飞仕公司没有提交相关证据），之后，也未与兄弟时代公司就减少支付版权费数额一节提出协商，而是擅自决定不向兄弟时代公司全额支付版权费余款，飞仕公司的此种行为不符合我国合同法规定的交易原则,故兄弟时代公司还有权要求飞仕公司承担因其迟延支付剩余版费而产生的利息。

另外,在兄弟时代公司未按期交付母带,违约在先的情况下,飞仕公司有权以其因此遭受的损失而对抗其足额支付版权费的义务。就飞仕公司所主张的损失,本院同意原审判决做出的飞仕公司提交的现有证据尚不足以证明因兄弟时代公司迟延交母带行为给其造成了损失的结论。因此,原审法院判决驳回飞仕公司要求兄弟时代公司承担违约责任的反诉请求并无不当,应予维持。因兄弟时代公司服从原审判决,未提出上诉,故本院对原审法院针对本诉做出的判决予以维持。飞仕公司针对本诉所起上诉理由不能成立,其上诉请求,本院不予支持。原审判决查明事实基本清楚,适用法律虽有不当之处,但并不影响本案的处理结果,故本院予以维持。

【终审判决】

二〇〇七年五月三十日,北京市第二中级人民法院依照《中华人民共和国民事诉讼法》第一百五十三条第一款第(一)项之规定,判决如下:驳回上诉,维持原判。一审案件受理费9 423元,由北京兄弟时代影视文化传播有限公司负担1 223元(已交纳),由广东飞仕影音有限公司负担8 200元(于本判决生效后7日内交纳);反诉费14 171元由广东飞仕影音有限公司负担(已交纳);二审案件受理费9 423元,由广东飞仕影音有限公司负担(已交纳)。本判决为终审判决。

第六节 蜘蛛的诱惑

【原告】青岛澳柯玛影视有限公司
【被告】广州音像出版社停止出版侵害
【被告】广东蓝精灵文化传播有限公司

《现代诱惑》与《红蜘蛛》本来是风马牛不相及的两部电视连续剧,但有人"刻意"将二者"紧密结合",并生下了一个"小宝宝",取名为《红蜘蛛Ⅲ——现代诱惑》。最终,因这个"怪胎"而引发了连环诉讼纠纷。

2005年8月26日,山东省青岛市中级人民法院对这起著作权侵权纠纷案件作出一审判决:被告广州音像出版社停止出版侵害原告青岛澳柯玛影视有限公司著作权的《红蜘蛛Ⅲ——现代诱惑》VCD音像制品,被告广东蓝精灵文化传播有限公司停止发行侵害原告著作权的《红蜘蛛Ⅲ——现代诱惑》VCD音像制品并赔偿其经济损失人民币50万元。此外,被告广州音像出版社对上述赔偿数额承担连带赔偿责任。据悉,此案在山东省尚属首例,在全国也极为罕见。

在该剧拍摄之前,青岛市中山影视艺术中心与青岛电视台电视剧制作中心签订了一份《电视剧合拍协议书》,约定:该电视剧的预算金额为人民币400万元,其中,青岛电视台投资100万元,青岛市中山影视艺术中心投资300万元。其著作权为双方共有,其中,在青岛地区的无偿首播权属于青岛电视台,而发行权则属于青岛市中山影视艺术中心,该发行权包括：发行、许可他人发行相应的音像制品，并有权许可他人在青岛地区以外播放该作品。此外，本剧制作完成后，半年内返还青岛电视台投资100万元和利润15万元。

2001年11月15日，青岛市中山影视艺术中心委托青岛阳光海岸影视城有限公司全权为其代理《现代诱惑》在全国范围内的VCD、DVD、LD（不包括互联网的播映权）及华北地区电视播映权的发行事宜。此后，青岛市中山影视艺术中心进行了数次更名，并最终更名为青岛澳柯玛影视有限公司。

2002年2月25日，浙江中宙律师事务所向青岛澳柯玛影视有限公司发函，并就摄制的《红蜘蛛Ⅲ》侵犯杭州金像影视制作有限公司电视剧《红蜘蛛》合法权益事宜函告如下：电视剧《红蜘蛛》及其《红蜘蛛Ⅱ》《红蜘蛛Ⅲ》知识产权所涵盖的《红蜘蛛》剧名使用权等归杭州金像影视制作有限公司所有；青岛澳柯玛影视有限公司在电视剧《现代诱惑》前冠以"红蜘蛛Ⅲ"加以发行，违反了有关法律法规。该所要求：立即停止侵害行为，并着手收回冒名《红蜘蛛Ⅲ》出版、发行的所有VCD。此后，杭州金像影视制作有限公司就《红蜘蛛Ⅲ》VCD碟片提起侵权诉讼，认为青岛澳柯玛影视有限公司、广州音像出版社、广东蓝精灵文化传播有限公司、青岛阳光海岸影视城有限公司等单位的行为构成不正当竞争。

明明与青岛电视台联合摄制的20集电视连续剧的剧名为《现代诱惑》，咋就转眼间变成了《红蜘蛛Ⅲ——现代诱惑》？是杭州金像影视制作有限公司搞错了还是有人故意"栽赃陷害"？抑或是有人搞不正当竞争？带着种种猜测和不解，青岛澳柯玛影视有限公司当即找到了全权委托代理人了解此事。同样是"一头雾水"的代理人青岛阳光海岸影视城有限公司称，其于2001年11月17日授权广东蓝精灵文化传播有限公司在中国大陆范围内，独家生产及发行《现代诱惑》的所有音像制品和所有镭射光碟，包括VCD、DVD、LD，不包括互联网上的播映权。双方还特别约定：在行使上述独家代理权利时，必须保证该剧的内容及艺术的完整性。

为了给《现代诱惑》正名，也为了制止侵权行为所带来的负面影响，青岛澳柯玛影视有限公司决定到音像制品市场上寻求答案。2002年3月17日、11月12日、12月5日，他们先后在青岛、北京等地购买了标明为《红蜘蛛Ⅲ——现代诱惑》VCD音像制品，结果发现：该音像制品正面中部以较大的红色字体突出使用了"红蜘蛛Ⅲ"字样，"红蜘蛛Ⅲ"下方为较小的白色字体"现代诱惑"，音像制品VCD碟片亦有同样的文字。该音像制品标明广州音像出版社出版、广东蓝精灵文化传播有限公司发行。

正当青岛澳柯玛影视有限公司为查找到了"侵权源头"而欣喜不已时，一个个对其不利的消息却接踵而至：北京龙之声影视广告艺术公司徐州分部致函称——在浙江、福建、湖北等地发行时，市场上出现了《红蜘蛛Ⅲ——现代诱惑》的音像制品，并有该版权不清的说法，因此电视台拒收此片；北京众美文化发展有限公司向青岛阳光海岸影视城有限公司致函称——该公司在发行过程中，市场上出现了与该剧内容雷同的《红蜘蛛Ⅲ——现代诱惑》的音像制品，并且该剧版权的归属不明晰，有关媒体作出了拒收此片的决定……

"已经与对方签了该剧协议，并收了其定金，而今却要面临解除协议的尴尬境地……"突遭此经济损失的青岛澳柯玛影视有限公司决定拿起法律武器为自己讨一个公道！后一纸诉状将青岛阳光海岸影视城有限公司、广东蓝精灵文化传播有限公司、广州音像出版社告上了法庭。

焦点之一：原告是否有权维护该作品不被侵害？电视连续剧《现代诱惑》系《中华人民共和国著作权法》规定的以类似摄制电影的方法创作的作品，其著作权人的合法权利依法受到保护。作为以类似摄制电影的方法创作的作品，电视剧《现代诱惑》的著作权属于制片人，该作品系青岛澳柯玛影视有限公司与青岛电视台联合拍摄，因此，制片人为上述两家单位。依照双方签订的《电视剧合拍协议书》的约定，其著作权为双方共有，其中在青岛地区的无偿首播权属于青岛电视台，而发行权则属于青岛澳柯玛影视有限公司。其发行权应当包括发行、许可他人发行相应的音像制品，并有权许可他人在青岛地区以外播放该作品。因此，法院认为，由于作品的修改权、保护作品完整权等其他权利均由双方共同享有，故任何一方均有权维护该作品的相应权利不被他人侵害。

焦点之二：第一被告是否承担相应的侵权责任？根据双方签订的《协议书》及《委托书》约定，由青岛阳光海岸影视城有限公司代理《现代诱惑》在全国范围内的 VCD、DVD、LD（不包括互联网的播映权）及华北地区电视播映权的发行事宜，故双方系委托代理关系。因此，法院认为，在代理权限范围内，作为第一被告的青岛阳光海岸影视城有限公司所进行的民事行为的法律后果，应当由青岛澳柯玛影视有限公司来承担。另外，青岛阳光海岸影视城有限公司作为代理人，其在委托广东蓝精灵文化传播有限公司发行该电视剧音像制品时，并没有许可可以变更电视剧的名称，且当事人也没有证据证明其实际参与了音像制品的出版发行工作，故其不应承担相应的侵权责任。

焦点之三：该名称更换是否取得著作权人同意？青岛阳光海岸影视城有限公司授权广东蓝精灵文化传播有限公司在中国大陆范围内独家生产及发行《现代诱惑》的所有音像制品和所有镭射光碟，包括 VCD、DVD、LD，不包括互联网上的播映权。由于广东蓝精灵文化传播有限公司并无音像制品出版资格，故其与广州音像出版社合作出版发行《现代诱惑》VCD。

但法院认为，由广州音像出版社出版、广东蓝精灵文化传播有限公司发行的《现代诱惑》将该电视剧的名称更换为《红蜘蛛Ⅲ——现代诱惑》，同时将"红蜘蛛Ⅲ"字样在封面以及 VCD 碟片上突出使用，这种行为并未取得《现代诱惑》著作权人的同意。众所周知，作品的名称可以体现作品的内容、主题思想等作品信息，是公众将该作品与其他作品进行区分的主要方式之一，未经著作权人的许可，任何人都不得擅自对作品名称进行修改。

焦点之四：歪曲、篡改他人作品是否构成侵权？就本案而言，由广州音像出版社出版、广东蓝精灵文化传播有限公司发行的《现代诱惑》音像制品将该作品的名称修改为《红蜘蛛Ⅲ——现代诱惑》，该行为未征得著作权人的同意，并且该名称与他人所拍摄的《红蜘蛛》电视剧相类似，能够使公众误认为该电视剧的著作权人为《红蜘蛛》的制片人，《红蜘蛛》的制片人对此也已经向青岛澳柯玛影视有限公司提出侵权诉讼。因此，法院认为，擅自修改《现代诱惑》电视剧名称的行为对该作品构成歪曲、篡改，属于《中华人民共和国著作权法》第 46 条规定的"歪曲、篡改他人作品"的行为，构成对青岛澳柯玛影视有限公司、青岛电视台享有的修改权和保护作品完整权的侵害。作为著作权共有人的青岛澳柯玛影视有限公司有权以自己的名义对侵权行为予以制止。

焦点之五：第三被告是否承担相应的侵权责任？庭审中，第二被告广东蓝精灵文化传播有限公司抗辩称，其已经在 2002 年 3 月重新制作了以《现代诱惑》为名称的 VCD 音像制品。但是，其并没有提供该音像制品在市场上销售的证据，也没有提供证据证明其已经收回名称为《红蜘蛛Ⅲ——现代诱惑》的 VCD 音像制品；而青岛澳柯玛影视有限公司提供的购买发票证明直至 2002 年 12 月市场上仍然有名称为《红蜘蛛Ⅲ——现代诱惑》的 VCD 音像制品在销售，因此该侵权行为仍然在持续之中。另外，第三被告广州音像出版社抗辩称，其并没有出版《红蜘蛛Ⅲ——现代诱惑》的 VCD 音像制品。但从青岛澳柯玛影视有限公司提交的证据来看，《红蜘蛛Ⅲ——现代诱惑》的 VCD 音像制品就是该出版社出版的，且广东蓝精灵文化传播有限公司对此也无异议。因此，法院认为，作为出版部门应当对其出版的该音像制品是否侵犯他人著作权进行审查，未能审查其主观上具有过错，故应当与广东蓝精灵文化传播有限公司共同承担侵权责任。

焦点之六：该行为是否给原告造成了经济损失？依照《中华人民共和国著作权法》的规定，歪曲、篡改他人作品的，应根据情况承担停止侵权、消除影响、赔礼道歉、赔偿损失等民事责任。因此，青岛澳柯玛影视有限公司要求广东蓝精灵文化传播有限公司与广州音像出版社停止侵权、赔偿损失的诉讼请求，符合法律规定。那么，该侵权行为是否给原告造成了经济损失？对此，法院认为，虽然青岛澳柯玛影视有限公司在许可广东蓝精灵文化传播有限公司在全国范围内发行《现代诱惑》音像制品时，已经获得了相应的报酬，但是其对于《现代诱惑》还享有许可他人在青岛地区以外播放该作品的权利，作为电视剧作品的《现代诱惑》，通过在电视台进行播放获得报酬是其实现财产权的主要方式。由于上述侵权行为，使青岛澳柯玛影视有限公司的合同目的无法实现，故认定该行为已给其造成了经济损失。

焦点之七：原告主张 200 万元损失是否有依据？关于经济损失数额，青岛澳柯玛影视有限公司要求赔偿的经济损失为人民币 200 余万元，其依据在于两份电视剧播放合同因该侵权行为没有得以完全履行。对此，法院认为，虽然青岛澳柯玛影视有限公司没有获得 200 万元的合同约定款项，但也没有转让有关地区的电视广播权，其仍然可以许可他人行使在浙江、湖北、福建、四川、重庆、辽宁等地区的电视广播权，以实现其著作权中的财产权利。其作为《现代诱惑》的著作权人，也可以及时采取有关措施制止广东蓝精灵文化传播有限公司、广州音像出版社的侵权行为，并消除因此而带来的负面影响。因此，其主张 200 万元损失缺乏法律依据，故法院不予支持。法院审理此案后认为，广东蓝精灵文化传播有限公司和广州音像出版社的该行为确实造成了青岛澳柯玛影视有限公司已签订合同不能完全履行，如果其再行许可他人行使广播权，不但要就《现代诱惑》的著作权归属问题进行澄清，且因合同重新签订履行而产生相关费用。此外，作为反映现实生活的电视剧作品，《现代诱惑》具有较强的时效性，如果不能在创作完成后及时播出，随着时间推移其商业价值也会呈现降低的趋势，而该侵权行为正是造成《现代诱惑》不能及时播映的主要原因。换言之，虽然该实际经济损失难以准确计算，但青岛澳柯玛影视有限公司因该侵权行为必然会产生经济损失。

为此，法院依照《中华人民共和国著作权法》第 48 条之规定，根据青岛澳柯玛影视有限公司为创作作品所投入的成本及作品类型、侵权行为性质、侵权行为所产生的后果，以及为诉讼支出的合理费用等情节，综合确定：广东蓝精灵文化传播有限公司、广州音像出版社连带赔偿其经济损失为人民币 50 万元。

第七节　影门男将

【原告】国家广播电影电视总局电影卫星频道节目制作中心

【被告】香港唐人电影国际有限公司
【第三人】中国电影集团公司
【第三人】中国电影集团公司第二制片分公司

原告国家广播电影电视总局电影卫星频道节目制作中心（以下简称电影频道中心）诉被告唐人电影国际有限公司（以下简称唐人公司）、第三人中国电影集团公司、第三人中国电影集团公司第二制片分公司侵犯著作权纠纷一案，本院于2003年6月12日受理后，依法组成合议庭，于2005年7月14日、2005年9月1日公开开庭进行了审理。原告电影频道中心的委托代理人来斌、梁飞，被告唐人公司的委托代理人樊永强、任松岭，第三人中国电影集团公司的委托代理人兼第三人中国电影集团公司第二制片分公司的负责人金忠强到庭参加了诉讼。本案现已审理终结。

原告诉称：2000年，原告委托中国电影公司影视制片分公司制作《杨门女将》（包括15部电视电影和40集电视连续剧两个版本），并由中国电影公司影视制片分公司出面与被告唐人公司签约，由唐人公司具体承制。

中国电影公司影视制片分公司与被告唐人公司签订的关于《杨门女将》（包括15部电视电影和40集电视连续剧两个版本）的投资制作合约书第11条明确约定："乙方（中国电影公司影视制片分公司）永久拥有该剧集于中国大陆、俄罗斯、东欧、中东及非洲地区之播映版权，包括无线电视、有线电视、卫星电视、录影带、光盘制品（如VCD、DVD、LD等）、电影、电视、网络和将来一切未发明之媒体"。而原告与中国电影公司影视制片分公司签订的合同书就《杨门女将》影片（包括衍生的电视连续剧）的版权进行约定："甲方（原告）拥有该影片之中国大陆、俄罗斯（含独联体）、非洲地区、东欧地区以及中东地区之永久电视电影、电视连续剧及VCD、DVD、LD、网络及未来媒体之一切版权"。

2001年下半年，在原告积极筹划杨门女将电视连续剧的播放和VCD出版发行事宜时，多家有意购买该连续剧的出版发行单位却纷纷中止了与原告的谈判，并称该电视连续剧已在大陆出版发行。经调查，原告发现，市场上确实出现大量经唐人公司、四达公司授权，由贵州东方音像出版社出版，茂名公司、南海明珠公司、力华光碟公司复制，冲击波公司总经销的四十集电视连续剧《杨门女将之女儿当自强》（《杨门女将》）VCD光盘，并在全国各主要城市全面销售。原告于2001年11月2日在大恒公司经公证购买到上述侵权出版物。

原告在CCTV-6播放了15部杨门女将电视电影，获得非常高的收视率。在原告没有对《杨门女将》电视连续剧进行任何形式的发表的情况下，被告的行为严重侵犯了原告的著作权，致使原告投资得不到回报，给原告带来了巨大的经济损失。原告虽委托中国电影集团公司影视制片分公司并亲自与被告多次协商，但均未能达成一致。为此，原告请求法院判令被告：1. 停止出版发行《杨门女将之女儿当自强》VCD，将未销售的《杨门女将之女儿当自强》VCD收回销毁；2. 在《人民日报》上向原告赔礼道歉、消除影响，并共同连带向原告赔偿经济损失人民币320万元。

被告唐人公司辩称：一、原告不享有本案争议的《杨门女将》40集电视连续剧VCD著作权，其主张著作权侵权的前提不存在。《杨门女将》是由我公司与本案第三人共同投资，由我公司拍摄制作完成的影视作品，该作品的著作权划分应当依据我公司与本案第三人之间签署的《电视剧投资制作合约》（以下简称该合约）来确定。根据该合约的规定及法律规定，著作权由我公司享有，第三人享有中国大陆等地区的播映权，原告并不直接享有任何著作权。原告诉称其委托第三人与我公司签约摄制《杨门女将》这一影视作品，即原告实际是委托人，本案第三人是受托人，这一说法缺乏事实和法律依据，不能成立。二、我公司不构成侵权，原告的侵权主张依法应当予以驳回。原告及本案第三人从未披露过原告是实际投资人即实际权利人，故原告无权直接起诉我公司，应当由本案第三人作为原告来起诉。我公司转让VCD大陆版权只是对自己合法权益采取的保护救济措施，本案第三人也通过意向书书面予以认可这一事实，因此，我公司不构成侵权，原告的主张缺乏事实依据。

第三人中国电影集团公司第二制片分公司陈述意见认为：一、我公司是受电影频道中心委托出面与唐人公司签署协议并共同拍摄了电视电影和电视连续剧《杨门女将》，我公司除了与唐人公司签署有协议之外，与电影频道中心亦有相关协议，该协议中约定了电视电影版和电视连续剧版《杨门女将》相关著作权均由电影频道中心享有，我公司对相关著作权没有任何权利。唐人公司自始即知道电影频道中心是该剧的实际出资人和版权享有者。二、唐人公司称我公司尚有部分投资款未付虽然是事实，但其隐瞒了自己违约的前提情况，而且唐人公司从未催促我公司交付最后一笔投资款，反而一直在与我公司商谈是否由电影频道中心再追加一些投资或者可以把电视连续剧版《杨门女将》的著作权全部转让给他们。后来发生未经电影频道中心许可，同时还没有取得发行许可证时，唐人公司擅自将电视连续剧版《杨门女将》授权他人在大陆出版的情况。故唐人公司提出的抗辩理由完全歪曲事实，没有任何事实和法律依据。

第三人中国电影集团公司的陈述意见与中国电影集团公司第二制片分公司的上述意见相同。

中国电影集团公司第二制片分公司及原中国电影集团公司影视制片分公司（现已撤销）均为中国电影集团公司下属的分公司，均不具备独立的法人资格。

二〇〇五年十二月十三日，北京市第一中级人民法院主持各方当事人协商，原告国家广播电影电视总电影卫星频道节目中心（和解协议中称甲方）、被告唐人电影国际有限公司（和解协议中称乙方）、第三人中国电影集团公司（和解协议中称丙方）、第三人中国电影集团公司第二制片分公司（和解协议中称丁方）就本案所涉《杨门女将》电视连续剧著作权侵权纠纷自愿达成和解协议。

【学者评述】

《杨门女将》是传统的历史题材，杨氏一门忠君报国、奋勇杀敌、无私牺牲的精神，在民间有着广泛的认可度，杨家将的故事也家喻户晓，人人称颂。

新媒体时代，利用最新的影视技术，将传统故事搬上荧屏，并受到了大众的热烈欢迎，可见中国影视剧不缺好题材，缺的是慎重的选择和深入的挖掘。《杨门女将》影视剧的成功，时刻提醒我们，中华民族历史上有丰厚的文化资源，只要慎重地选择那些富有教育意义的历史题材，并对这些历史故事进行精良地编辑和制作，一定能创造出精品，《狄仁杰》《包青天》《岳飞》等影视剧的成功，即为明证。

因此，我们大可不必每天"哈韩""哈日"，甚至将美剧、好莱坞作为世界标杆，对国产影视剧一脸鄙夷。我们要对自己的文化有信心，将文化自信真正运用到影视创作和生活实践中来。

（张玉华）

第八节 代 价

【上诉人，原审被告】 北京英驰盛业文化艺术发展有限公司
【被上诉人，原审原告】 广州市满园彩文化传播有限公司
【原审被告】 王朔，著名作家
【原审被告】 张翼

上诉人北京英驰盛业文化艺术发展有限公司（以下简称英驰盛业公司）因与被上诉人广州市满园彩文化传播有限公司（以下简称满园彩公司）、原审被告王朔、张翼著作权合同纠纷一案，不服北京市朝阳区人民法院于2005年7月22日作出的（2005）朝民初字第7914号民事判决，向北京市第二中级人民法院提起上诉，现已审理终结。

被上诉人满园彩公司原审诉称：2003年12月5日，满园彩公司与英驰盛业公司签订《音像版权购销合同书》。该合同约定：由满园彩公司向英驰盛业公司购买电视连续剧《代价》的音像版权，合同价款为80万元，合同签订后5天内满园彩公司应支付75万元首付款，英驰盛业公司应于2004年8月30日前向满园彩公司交付电视连续剧《代价》的母带。北京蓝芷星文化传播有限公司（以下简称蓝芷星文化公司）作为《音像版权购销合同书》的保证人。2003年12月9日，满园彩公司向英驰盛业公司指定的收款人蓝芷星文化公司支付了75万元首付款。此后，英驰盛业公司并没有拍摄电视连续剧《代价》。2004年6月19日，满园彩公司法定代表人朱颖仕与王朔、张翼签订了一份《还款协议》，该协议约定由王朔分期退还75万元，王朔和张翼作为担保人。但是，至今王朔除了还款6万元，其他款项一直未付。为此，满园彩公司起诉至原审法院，请求解除《音像版权购销合同书》；判令英驰盛业公司、王朔和张翼连带返还合同款69万元；判令英驰盛业公司、张翼连带赔偿违约金80万元、律师费7.5万元。

上诉人英驰盛业公司原审辩称：对满园彩公司请求英驰盛业公司返还69万元没有异议，其余诉讼请求不同意。英驰盛业公司并不存在违约行为，电视连续剧《代价》属于涉案题材，没有获得批准拍摄，英驰盛业公司没有主观过错。《还款协议》中没有约定违约金，现满园彩公司要求违约金没有依据。对于满园彩公司关于律师费的诉讼请求，英驰盛业公司亦表示不同意该请求。

原审被告王朔原审辩称：不同意满园彩公司要求其连带返还69万元的请求。《还款协议》中的合同当事人是英驰盛业公司，其只是作为该公司法定代表人签字，并非合同当事人，也不是担保人，不应当承担责任。

原审被告张翼原审辩称：其签订《音像版权购销合同书》时是以蓝芷星文化公司的代表身份签订的，其不应当成为本案的被告。对《音像版权购销合同书》其予以认可，鉴于《还款协议》没有公司盖章，因此该协议无效。朱颖仕和王朔之间没有债权债务关系，其不应承担担保责任。而且即使《还款协议》有效，也只有75万元的款项，没有满园彩公司主张的80万元违约金。

【一审查明事实】

原审法院查明：2003年12月5日，英驰盛业公司（作为甲方）、满园彩公司（作为乙方）和蓝芷星文化公司（作为丙方），签订了《音像版权购销合同书》，该合同约定：甲方将电视连续剧《代价》在中国大陆地区的音像版权有偿转让给乙方；转让期限为两年；乙方支付甲方版权转让费共计80万元；合同签订后，乙方须在5天内支付甲方75万元首付款。开拍之日起7天内再付5万元，否则甲方有权解除合同；除不可抗拒因素，甲乙双方之一如有不履行或违背本合同所列事项，另一方有权终止本合同外，并有权要求违约赔偿，以及实际损害所产生之损害赔偿，赔偿总额不低于本合同总金额的100%。如因发生违约而产生法律诉讼，败诉一方需得同时负责胜诉一方全部诉讼律师费；丙方作为甲乙双方购销过程的担保方，甲方如有不履行或违背本合同所列定事项，丙方有责任做友好协商，若协商未果，甲方未及时或无力作出违约赔偿，丙方应承担由此给乙方造成的一切损失。同年12月9日，满园彩公司向英驰盛业公司指定代收《音像版权购销合同书》款项的蓝芷星文化公司支付了75万元首期款。此后电视连续剧《代价》一直未开拍。英驰盛业公司虽答辩电视连续剧《代价》未开拍的原因是有关行政管理部门未批准，但经法庭询问，英驰盛业公司表示不能举证。

2004年6月19日，王朔（作为甲方）、朱庭仕（作为乙方）和张翼（作为丙方）三方签订了《还款协议》，该协议约定：由满园彩公司向英驰盛业公司购买、蓝芷星文化公司作担保的20集电视连续剧《代价》音像版权，因主客观原因，该剧未能如期拍摄，经三方协商，同意由甲方分期退还满园彩公司已交款项75万元，款项退毕，原有《音像版权购销合同书》自动失效。同时还约定，甲方将以个人名下财产作为还款担保；丙方作为本次还款协议的担保方，甲方如未能于上述期限内退还上述款项，丙方有责任作友好协商，若协商未果，丙方应承担由此给乙方造成的一切损失。《还款协议》签订后，王朔分次给付了满园彩公司6万元，其余款项未按期支付。在庭审中，王朔、英驰盛业公司、满园彩公司均表示此份《还款协议》中的王朔和朱庭仕均是代表各自公司签约。同时满园彩公司还表示，王朔在《还款协议》中还以个人身份承担保证责任。张翼表示签订《还款协议》时，其代表蓝芷星文化公司，但后来蓝芷星文化公司没有认可。

本案诉讼中，满园彩公司、英驰盛业公司均表示同意解除《音像版权购销合同书》。

另查一，北京蓝芷星文化传播公司于2004年12月20日经北京市工商行政管理局朝阳分局核准注销。

另查二，普宁市流沙西街道南平居民委员会和普宁市公安局城西派出所曾于2005年2月16日出具一份书面材料，证明朱颖仕与朱庭仕系同一人。

【一审判决】

原审法院认为：英驰盛业公司、满园彩公司和蓝芷星文化公司签订的《音像版权购销合同书》，系各方当事人的真实意思表示，是合法有效的合同。之后所签《还款协议》，因王朔、英驰盛业公司、满园彩公司均认可王朔和朱颖仕的行为代表各自公司，但同时由于该协议中约定了王朔个人的担保责任，为此，王朔在此协议中以双重身份出现；而张翼非蓝芷星文化公司的工作人员，在此协议签订时未出具蓝芷星文化公司的授权手续，事后也没有得到蓝芷星文化公司的确认，满园彩公司亦不认可张翼代表蓝芷星文化公司的身份，故应确认张翼是以个人身份签署的《还款协议》。《还款协议》系英驰盛业公司、满园彩公司、王朔、张翼四方签订,系合同当事人的真实意思表示,应认真按约履行。对张翼认为《还款协议》无效的答辩意见,法院不予支持。

依据四方签订《还款协议》中的约定,"经三方协商,同意由甲方分期退还满园彩公司已交款项75万元,款项退毕,原有《音像版权购销合同书》自动失效",在英驰盛业公司退还75万元的情况下,《音像版权购销合同书》"失效",即该合同中追究满园彩公司的违约责任失效,满园彩公司可以不追究英驰盛业公司违约责任。故该协议中的此约定系不追究英驰盛业公司违约责任的附条件约定。如果英驰盛业公司未能按约定退还75万元,则《音像版权购销合同书》中的违约条款仍然有效。即在英驰盛业公司不按《还款协议》约定退还75万元时,并不免除其应承担《音像版权购销合同书》中的违约责任。本案中,英驰盛业公司未按《还款协议》约定向满园彩公司退还75万元,满园彩公司有权按照《音像版权购销合同书》向英驰盛业公司主张违约金。对于英驰盛业公司是否依约履行了《音像版权购销合同书》中的义务,按照《音像版权购销合同书》的约定,英驰盛业公司应向满园彩公司交付母带,以供其出版发行,但英驰盛业公司未依约向满园彩公司交付母带,同时也未举证证明其未交付有约定或法定免除交付的理由,故英驰盛业公司应承担相应违约责任。本案满园彩公司提出了80万元的违约金赔偿,英驰盛业公司抗辩约定数额过高,其理由正当,本院予以酌情降低。由于满园彩公司和英驰盛业公司均同意解除《音像版权购销合同书》,故对满园彩公司提出解除《音像版权购销合同书》的诉讼请求予以支持。对于满园彩公司提出支付律师费7.5万元的诉讼请求,《音像版权购销合同书》中有约定,应予以支持。

对于王朔和张翼个人,依据《还款协议》,应承担对英驰盛业公司返还满园彩公司已付款75万元的一般担保责任,但鉴于英驰盛业公司已经返还了6万元,故王朔、张翼应共同对剩余69万元的返还承担一般担保责任。

综上,原审法院依据《中华人民共和国合同法》第九十三条第一款、第一百零七条、第一百一十四条第一款、第二款,《中华人民共和国担保法》第十七条第一款,《最高人民法院关于适用〈中华人民共和国担保法〉若干问题的解释》第十九条第一款,判决:一、确认解除2003年12月5日北京英驰盛业文化艺术发展有限公司与广州市满园彩文化传播有限公司签订的《音像版权购销合同书》;二、北京英驰盛业文化艺术发展有限公司于本判决生效之日起十日内返还广州市满园彩文化传播有限公司版权转让费六十九万元;三、北京英驰盛业文化艺术发展有限公司于本判决生效之日起十日内支付广州市满园彩文化传播有限公司违约金六万七千元;四、北京英驰盛业文化艺术发展有限公司于本判决生效之日起十日内支付广州市满园彩文化传播有限公司律师费七万五千元;五、王朔、张翼在北京英驰盛业文化艺术发展有限公司不能履行上述第二项中的付款义务时,共同承担清偿责任;六、驳回广州市满园彩文化传播有限公司的其他诉讼请求。

上诉人英驰盛业公司不服原审判决,向本院提起上诉,请求撤销原审判决第三、四项,由被上诉人负担二审诉讼费用。其上诉理由为:第一,原审判决第三项定性错误,上诉人并不存在故意违约行为,不应承担违约责任。双方合同无法履行的原因在于国家广播电影电视总局发布了《关于加强涉案剧审查和播出管理的通知》,要求严格控制涉案题材的数量,而本案《代价》属于该类题材,未获批准,故无法开机拍摄,导致合同无法履行。此后,双方达成的《还款协议》亦约定上诉人仅返还已收款项,并不应给付违约金;《还款协议》签订后,原合同应视为已经解除,该协议也未约定违约金问题;原审认定上诉人未依约交付母带是错误的,因为《还款协议》已经对原合同的善后处理达成一致意见,上诉人无须再交付母带。第二,原审判决第四项缺乏事实和法律依据,上诉人不应负担律师费。由于上诉人不存在违约行为,因此不应负担律师费;且被上诉人并未完全胜诉,涉案律师费的收取也不符合相关规定,因此原审判决上诉人全额给付律师费是错误的。综上,请求法院对原审判决存在的上述两个问题予以纠正。

被上诉人满园彩公司同意原审判决并辩称:有关违约金和律师费的问题在双方所签涉案合同中均有明确约定,如果不按期还款,原合同仍为有效,且律师费的支出已举证予以证明,因此违约金和律师费的相关请求应当予以支持。上诉人称由于国家广播电影电视总局的相关文件导致涉案合同无法履行,但其并未提交相关证据予以证明,因此上诉人的上诉请求不能成立。

原审被告王朔辩称:其对原审判决第五项持有异议,其不应承担共同清偿责任,但未就此提出上诉。

原审被告张翼辩称:《还款协议》应为无效,张翼的涉案行为属于职务行为,依该协议判决张翼承担担保责任是不成立的,对原审判决第五项持有异议,但未就此提出上诉。

【二审查明事实】

本院经审理查明:上诉人英驰盛业公司在原审审理期间提交了以《内部明电》形式载明的国家广播电影电视总局发布的《关于加强涉案剧审查和播出管理的通知》,被上诉人满园彩公司对该通知的真实性不予认可。经本院核查,国家广播电影电视总局确曾于2004年4月19日发布该通知,要求对涉案题材的电视剧、电视片、电视电影等节目严格审查,严格控制相关题材数量。据此,上诉人主张因电视连续剧《代价》未获得审批通过,使其客观上无法履行涉案《音像版权购销合同书》,但其无法就该剧未获相关行政部门审批通过予以举证。

被上诉人满园彩公司在原审审理期间支出律师代理费7.5万元。

二审审理期间,双方当事人未提交新证据。本院对原审法院查明的其他事实予以认可。

【二审法院观点】

本院认为:本案二审审理期间,双方当事人争议的焦点问题是上诉人英驰盛业公司就涉案《音像版权购销合同书》的履行是否存在违约行为及是否应承担相应的违约责任问题。

上诉人英驰盛业公司、被上诉人满园彩公司和案外人蓝芷星文化公司签订的《音像版权购销合同书》,系合同当事人真实意思表示,合同合法有效,当事人应依约履行。此后所签《还款协议》,因王朔、英驰盛业公司、满园彩公司均认可王朔和朱颖仕的行为代表各自公司,而该协议还约定了王朔个人的担保责任,为此,王朔在此协议中以双重身份出现;鉴于张翼在此协议签订时未出具蓝芷星文化公司的授权手续,事后也没有得到该公司的确认,满园彩公司亦不认可张翼代表蓝芷星文化公司,故应确认张翼以个人身份签署《还款协议》。因此,原审法院确认《还款协议》系英驰盛业公司、满园彩公司、王朔、张翼四方签订是正确的,该协议系合同当事人真实意思表示,为合法有效的合同。原审被告张翼提出该《还款协议》应为无效的主张,依据不足,本院不予采纳。

上诉人英驰盛业公司主张由于国家广播电影电视总局发布的相关文件,导致涉案电视连续剧《代价》未获得审批通过,无法履行《音像版权购销合同书》。为此,双方补充签订了涉案《还款协议》，对相关善后事宜进行了约定。虽然被上诉人满园彩公司对上述事实不予认可，但根据本案相关事实，上诉人英驰盛业公司和被上诉人满园彩公司补充签订了涉案还款协议，并在合同中记载了"因主客观原因，该剧未能如期拍摄"的内容，因此双方对于不能如期拍摄涉案电视连续剧《代价》的事实是予以认可的。基于该剧无法拍摄的事实，双方达成了涉案还款协议，约定"款项退毕，原有《音像版权购销合同书》自动失效"，同时约定了王朔和张翼个人的担保责任，以保障该还款协议的履行。因此，本院认定上诉人英驰盛业公司和被上诉人满园彩公司实质上已就《音像版权购销合同书》相关事宜的处理达成一致意见，即通过履行涉案还款协议的方式解决双方的纠纷。

虽然上诉人英驰盛业公司未能依约履行涉案还款协议，但涉案还款协议并未明确约定不如期还款的法律后果，且该协议还明确约定了英驰盛业公司不如期还款时，由王朔和张翼个人承担担保责任。上诉人英驰盛业公司未能依约履行，其应当承担继续履行还款义务的法律责任，原审被告王朔和张翼应当承担相应的保证责任。因此，上诉人英驰盛业公司违反还款协议约定的行为并不必然导致《音像版权购销合同书》继续履行，进而导致其就违反《音像版权购销合同书》相应约定的行为承担违约责任。鉴于双方当事人在还款协议中认可涉案电视连续剧《代价》存在无法拍摄的事实，原审法院根据双方所签《音像版权购销合同书》的约定，认定上诉人英驰盛业公司未履行按期交付母带的合同义务的行为构成违约并判令上诉人承担支付违约金及律师费的违约责任不当，本院对此予以纠正。

综上，上诉人英驰盛业公司所提上诉理由成立，原审判决认定事实部分不清、适用法律部分有误，本院应予纠正。

【终审判决】

二〇〇五年十二月七日，北京市第二中级人民法院本院依照《中华人民共和国合同法》第九十三条第一款、第一百零七条，《中华人民共和国担保法》第十七条第一款，《最高人民法院关于适用〈中华人民共和国担保法〉若干问题的解释》第十九条第一款，《中华人民共和国民事诉讼法》第一百五十三条第一款第（三）项之规定，判决如下：

一、维持北京市朝阳区人民法院（2004）朝民初字第7914号民事判决第一项、第二项、第五项，即第一项，确认解除2003年12月5日北京英驰盛业文化艺术发展有限公司与广州市满园彩文化传播有限公司签订的《音像版权购销合同书》；第二项，北京英驰盛业文化艺术发展有限公司于本判决生效之日起十日内返还广州市满园彩文化传播有限公司版权转让费六十九万元；第五项，王朔、张翼在北京英驰盛业文化艺术发展有限公司不能履行上述第二项中的付款义务时，共同承担清偿责任；

二、撤销北京市朝阳区人民法院（2004）朝民初字第7914号民事判决第三项、第四项；

三、驳回广州市满园彩文化传播有限公司的其他诉讼请求。

一审案件受理费17 835元，由广州市满园彩文化传播有限公司负担8 739元（已交纳），由北京英驰盛业文化艺术发展有限公司负担9 096元（于本判决生效后7日内交纳）；二审案件受理费17 835元，由广州市满园彩文化传播有限公司负担（于本判决生效后7日内交纳）。

本判决为终审判决。

【学者评述】

我国的电视剧审查制度，由来已久。

20世纪的1993年、1999年，国家广播电影电视部就曾两次颁布电视剧审查暂行规定。2004年，《电视剧审查管理规定》发布，对电视剧市场进行规范。2006年，又出台《〈电视剧审查管理规定〉补充规定》，对相关条款进行补充和完善。2010年，又出台《电视剧内容管理规定》，突出对"内容"的监管，同时废止前两项规定，这可谓是目前最完备、最权威的电视剧审查法令。

《电视剧内容管理规定》要求电视剧"坚持社会效益第一，社会效益与经济效益结合"，不得"泄露国家秘密，危害国家安全，损害国家荣誉和利益"，特殊题材如"政治、军事、外交、国家安全、统战、民族、宗教、司法、公安"等，必须出具省级以上政府主管部门的书面意见。对于乱象丛生、以年利为主要目的的中国电视剧市场来说，这一规定无疑是及时而有效的。

电视剧作为文化产品，一直是大众娱乐的重要方式，传统媒体时代如此，新媒体时代依然如此，只不过观看的载体由以前的电视机变成了如今的个人电脑、手机等自媒体。观众基础深厚的电视剧，其内容的好坏直接关乎社会风尚的优劣，关乎社会主义精神文明的成败，它有责任向观众传递正确的价值观和人生观，进而提升大众的精神文化层次。这种重要的使命，不能因为过分追求经济利益而弃之不顾。因此，中国电视剧制作人应该本着多出精品的原则，选择真正给人民大众带来精神营养的题材，制作出精良的电视剧产品，而不是粗制滥造，同题反复，互相抄袭，盲目迎合，唯商业利润马首是瞻，那样只会使电视剧市场萎靡不振，而不能实现电视剧题材的创新和电视剧市场的良性发展。

（张玉华）

第九节　"羊肉串"只能这么烤

【原告】陈佩斯，著名笑星
【原告】朱时茂，著名笑星
【被告】湖北扬子江音像出版社
【被告】广东中凯文化发展公司
【被告】上海天鼎公司

在公众面前，陈佩斯、朱时茂这样的笑星总是以笑脸示人；但他们也有自己的烦恼和愤怒，特别是当自身的著作权益受到侵犯之时。

2001年年初，陈佩斯、朱时茂二人就将一家涉嫌侵权的出版社告上了法庭，2002年4月15日，上海市第二中级人民法院经过审理后作出一审判决，这项判决已于日前发生法律效力。

1999年，由湖北扬子江音像出版社提供版号、出具复制和销售委托书，由广东中凯文化发展公司负责实施，两家共同出版发行了6辑"开心一刻"系列VCD光盘，其中有一辑称为《开心果经典精品：陈佩斯小品》。在这枚"开心果"中，这两家单位未经陈佩斯、朱时茂许可，使用了他俩在春节晚会上合作表演的《烤羊肉串》《大变活人》《宇宙体操队选拔赛》三个小品。

不久，经营音像制品的上海天鼎公司向中凯公司购进"陈佩斯小品"，然后在上海地区批发销售。陈佩斯、朱时茂二人闻讯后拍案而起。经过一番调查了解后，他们于2000年岁末之际，将这三家单位告到了上海市第二中级人民法院。他俩以侵害著作权为由，请求法院判令三被告立即停止制作、发行、销售侵权VCD光盘；在媒体上公开赔礼道歉，消除影响；赔偿经济损失人民币100万元；同时要求被告承担本案全部诉讼费。

上海市第二中级人民法院经过审查受理了这起案件，将其立为"2001沪二中知初字第1号"案，意即2001年头号知识产权初审案件，重视程度可见一斑。

湖北扬子江出版社接到法院送达的起诉书副本后立即对本案的管辖提出异议，认为这一案件应由自己单位所在地的武汉市人民法院管辖。管辖异议先后被上海市第二中级人民法院与上海市高级人民法院驳回，理由是侵权结果发生地人民法院有权管辖。

2001年8月14日下午，上海市第二中级人民法院副院长公开开庭审理此案。两位笑星的脸上隐去了笑容，他们激愤但不失条理地陈述着事实的经过，与被告开展唇枪舌剑的辩论，言辞间丝毫没有往日的诙谐幽默，唯有愤慨溢于言表。原、被告双方争执焦点最终集中在原告是否是这套VCD中《烤羊肉串》等三个小品的唯一创作者、三被告出版销售这套VCD是否合法、两原告要求赔偿100万元有无依据等问题上。

上海市第二中级人民法院经过审理，于当年12月19日对本案作出判决：一、被告湖北省扬子江音像出版社、广东中凯文化发展有限公司停止出版、发行《开心果经典精品：陈佩斯小品VCD》；二、被告扬子江音像出版社、中凯文化发展有限公司于判决生效之日起30日内，在《中国电视报》《文汇报》刊登声明，向两原告赔礼道歉，消除影响；三、被告扬子江音像出版社、中凯文化发展有限公司于判决生效之日起10日内赔偿两原告经济损失人民币30万元，并承担连带责任；四、被告上海天鼎音像制品有限公司停止销售《开心果经典精品：陈佩斯小品VCD》。

法院严格取证调查，案件整整审了一年。判决宣告之后，原、被告都没有上诉，日前判决已发生法律效力。

原、被告的主要争执是陈佩斯、朱时茂二人究竟是不是《烤羊肉串》等三个小品的作者？

在扬子江出版社等被告看来，三个小品本是原告在春节晚会上表演的节目，而春节晚会则是包括中央电视台的导演、摄像、服装、化妆、编辑等人员共同创作的作品。根据《中华人民共和国著作权法》规定，电视作品的导演、编剧等作者只享有著作权中的署名权，而著作权的其他权利则应由制片人享有。因此，春节晚会的整体著作权属中央电视台，而两位原告只享有小品作者和表演者的署名权。正是基于这一点，被告认为有权将3个小品许可他人出版发行的是中央电视台而不是陈佩斯、朱时茂二原告，因此他们不具备诉讼主体资格。

但两位原告坚持认为：他们在春节晚会上表演的小品是自己历经艰辛创作的，尽管中央电视台有关人员在录制过程中确实也付出了一定的劳动，小品本身也根据中央电视台编导的意见进行过修改与完善，但中央电视台的这种行为并不构成对小品的改编或创作。所以即使中央电视台对整台春节晚会享有著作权，也不能推定原告对他们创作和表演的小品因此而丧失了著作权。由此推出的结论是，被告擅自出版发行原告的小品 VCD 构成了对原告的侵权。

法院是怎么认识这个问题的？吕国强法官表示："我国《著作权法》将作品形式分为 9 大类，其中一类叫作口述作品。原告对三个小品虽然无法提供剧本之类的文字材料，即没有固定的物质形态（诸如文字之类）作为载体，但原告在法庭上对于小品创作过程从创意构思直至个性完成的整个陈述是自然、客观、可信的，这个过程是两原告同心合力边编边演，边演边完善的创作过程。因此，这三个小品完全符合《著作权法》关于口述作品的要求，原告毫无疑义是小品的作者。"该法官表示，其实被告对原告是三个小品的作者并未表示异议，只是认为中央电视台的编导等也是作者，根据证据规则，法院可将被告的这种"承认"作为证据予以认定。

事实上，陈佩斯、朱时茂二人是否享有小品著作权的问题，《著作权法》同样给出了答案。该法第 15 条第 1 款规定："电影、电视、录像作品的导演、编剧、作词、作曲、摄影等作者享有署名权，著作权的其他权利由制作电影、电视、录像的制片者享有。"单从这一款看来道理似乎在被告一边，然而还应该注意到第 2 款规定："电影、电视、录像作品中的剧本、音乐等可以单独使用的作品的作者仍有权单独行使其著作权。"简而言之，虽然电视作品整体著作权归制片人，但是作为电视作品中可以单独使用的作品，它的作者仍可单独行使著作权。

由此可见，陈佩斯、朱时茂对这三个小品仍享有著作权是毫无疑义的。况且，两位笑星在参加春节晚会时并未与中央电视台签订过任何书面协议，并不因为参加演出而丧失小品的著作权。根据法律规定，两位原告享有许可他人复制、发行录有他们表演的录音录像制品并获得报酬的权利，他们的表演者的权利应该受到保护。扬子江出版社、中凯公司未经两原告许可，亦未支付报酬，却出版、发行了有两原告表演的三个小品的音像制品，显然侵害了两原告的著作权，应当承担相应的民事责任。

两位原告提出 100 万元的赔偿要求，但法院仅判决被告赔偿 30 万元，这样判决的依据何在呢？

"根据《著作权法》第 45 条规定，侵权人侵害他人著作权应当承担赔偿损失等民事责任。"吕国强法官说，"我们在审判实践中，通常是根据侵权人造成权利人的实际损失来确定赔偿数额的；如果权利人的实际损失难以计算，也可以按照侵权人的违法所得确定赔偿数额；当权利人实际损失和侵权人违法所得都不能确定时，法院可以根据权利人的请求，综合侵权人实施侵权行为的手段、规模、情节、主观过错程度、造成的后果等因素酌情确定赔偿数额。"

在陈佩斯、朱时茂案中，两原告认为自己损失和被告获利都无法计算，所以要求适用定额赔偿规定确定被告的赔偿额，也就是他们提出的 100 万元。而被告扬子江出版社、中凯公司则认为，自己在出版发行 VCD 过程中并未获利，因此不同意赔偿。但是两被告也没有能够提供制作、发行"陈佩斯小品"完整的财务账册和凭证。由于原告实际损失难以计算，被告获利情况也无法查清，所以法院根据案件的具体情况酌情确定两被告的赔偿额。

鉴于两位原告是我国著名的喜剧演员，在演艺界具有较高知名度，被侵权的三个小品深受公众喜爱；扬子江出版社和中凯公司是专业出版社和音像制品经营者，他们明知出版、发行音像制品应获得授权却故意侵权，又加上他们在 1999 年到 2000 年在全国发行"陈佩斯小品"，侵权时间长、地域广；中凯公司的法定代表人在法院采取证据保全措施时，故意不提供相关财务账册和凭证等诸多因素，法院酌情确定两被告赔偿两原告包括合理费用在内的经济损失人民币 30 万元整,并互相承担连带责任。同时还判决该两名被告在报刊上刊登致歉声明、消除影响。

值得注意的是,陈佩斯、朱时茂起诉的是三名被告,但法院对第三被告上海天鼎音像制品有限公司仅判令停止销售涉案 VCD,并未要求其承担赔偿、道歉等责任。这样判决的原因何在?根据我国的法律,认定民事侵权所适用的是过错责任原则。销售侵权音像制品是否构成侵权,主要看销售者主观上有无过错,判断有无过错的原则就是审查他销售的音像制品来源是否合法,譬如音像制品是否由具有合法资质的出版社出版,进货渠道是否正当等。天鼎公司销售的"陈佩斯小品",是由具有出版资质的扬子江出版社出版的,是向具有音像制品经营许可证的中凯公司购进的,当时中凯公司还向天鼎公司出示了扬子江出版社的销售委托书。因此法院认定天鼎公司销售的 VCD 来源合法。主观上没有过错,其销售行为就不构成侵权,但由于"陈佩斯小品"已被判定为侵权音像制品,因此天鼎公司应当停止销售。

"笑星"著作权纠纷案落下了帷幕,"笑星"的脸上重又绽开笑容。陈佩斯、朱时茂用法律手段保护了自己的知识产权,而在中国大地,建立良好的知识产权保护环境还任重而道远。

又案,2008 年 6 月 19 日,北京市宣武区人民法院依法对孙智群诉朱时茂、朱时盛及北京东方蜘蛛房地产经纪有限公司(以下简称经纪公司)出资纠纷案作出判决。

孙智群诉称,其和朱时茂、朱时盛以及另外两位股东于 2003 年共同创办经纪公司,后因股权转让、召开股东会议、分红等事宜出现分歧。今年 1 月 11 日,在查询经纪公司的工商登记情况时发现,公司股东只剩朱时茂、朱时盛二人,出资额分别是 35 万元和 15 万元,各占注册资本(50 万元)的 70% 和 30%,孙智群仍然是公司经理,但股份已经没有了。孙智群认为,朱时茂兄弟和经纪公司的行为违反了《公司法》和公司章程,因此诉至法院请求确认原告孙智群、被告朱时茂、朱时盛在经纪公司分别享有 30%、55%、15% 的股份。

宣武法院经审理查明:孙智群、朱时茂、朱时盛及何某、韩某于 2003 年 7 月共同出资设立经纪公司。2004 年底,孙智群、朱时茂分别出资 7.5 万元受让原股东何某、韩某的全部股份,至此,孙智群的股份增至 30%,朱时茂的股份增至 55%。2006 年 7 月 19 日,孙智群在向朱时盛出具《退股声明》中说明,本人自愿退出北京东方蜘蛛房地产经纪有限公司 30% 的股份,股金 15 万元已退还本人。2006 年 9 月,经纪公司申请工商变更股东为朱时茂、朱时盛。依据上述事实,宣武法院认为,孙智群书写的《退股声明》反映了孙智群自愿退出 30% 股份的意思表示和收到退股款的事实。孙智群退出股份后即丧失公司股东资格,故孙智群要求确认其仍占经纪公司 30% 股份及朱时茂、朱时盛各占 55%、15% 股份的诉讼请求于法无据。因此,判决驳回了孙智群的诉讼请求。

孙智群不服一审判决,向北京市第一中级人民法院提起了上诉。2008 年 8 月,北京市第一中级人民法院终审判决维持原判。

【学者评述】

央视春节联欢晚会自 1983 年开办以来,广受大众的欢迎,丰富多样的节目形式,质量上乘的节目内容,让一代又一代观众记忆犹新。在春晚的舞台上,有那么一些人才华横溢,表演风格独特新颖,令人过目难忘,时时回味,陈佩斯和朱时茂就是其中的佼佼者。二人可算是春晚的常青树,自 1984 年合作《吃面条》起,就一直活跃在央视春晚的舞台上,几乎每年都有经典作品推出,如《卖羊肉串》《警察与小偷》《主角与配角》等,成了中国家喻户晓的喜剧明星。按照一般人的理解，在央视舞台上表演的节目，版权应该归中央电视台所有，然而，一起明星与出版社的侵权案，让我们重新认识了这一问题。

陈佩斯和朱时茂之所以能够胜诉，关键在于依据了《著作权法》第 15 条第 1 款、第 2 款的内容，这两条既规定了署名权以外的影视作品著作权归制片者享有，也规定了影视作品中的剧本、音乐等可以单独使用的作者仍有权单独行使其著作权。这一规定清晰地告知作者，当自己的著作权遭受侵权时，完全可以依据法律对侵权者进行起诉。作为被告方的湖北扬子江音像出版社等，因主观地认为在电视上播出的节目，著作权应属中央电视台，故而未告知小品的创作者，以至于触犯了《著作权法》。

其实，作为 2001 年头号知识产权案件，原告又是大名鼎鼎的笑星，司法部门对这一案件是相当重视的。彼时，《中华人民共和国著作权法》刚刚出台 10 年，许多条文还存在漏洞或不适用之处，中国人的版权意识还十分淡薄。在这种法制环境下审判这一案件，无疑具有划时代意义。涉案双方一方为公众人物，一方为文化出版单位，实际还隐含了与此案有关的中央电视台，因为原告和被告的权利，都与中央电视台有着密切的联系。原告的署名权、单独使用著作的权利，是从大众认为绝对拥有版权的央视划分出来的，被告的侵权行为，也是主观地把著作权归属于央视，而忽视了创作者本人。因此，这其实是一场个人与集体、个人与公众权利的抗争，个人维权的成功，说明中国的知识产权法律在逐步完善。

随着经济制度的成熟和社会的发展，《著作权法》在 2001 年、2010 年、2012 年分别进行了三次修订，它将不断推进中国版权法的法律进程，营造更健全的知识产权法制环境，大幅度提高中国知识产权创造、运用、保护和管理能力，为建设创新型国家和全面建设小康社会提供强有力的支撑。

（张玉华）

第十节　七剑回天山

【上诉人，原审原告，反诉被告】北京慈文影视制作有限公司
【被上诉人，原审被告，反诉原告】广东飞仕影音有限公司

上诉人北京慈文影视制作有限公司（以下简称慈文公司）因著作权合同纠纷一案，不服北京市第二中级人民法院（2006）二中民初字第 1865 号民事判决，向北京市高级人民法院提出上诉，现已审理终结。

【一审判决】

北京市第二中级人民法院认定，2004 年 7 月 6 日，慈文公司与飞仕公司就国产电视连续剧"《七剑下天山》上部"的音像制品复制发行权签订《合同书》。后双方签订《补充协议书》。合同签订后，飞仕公司先后向慈文公司交付合同款合计 512 万元，尚欠余款 129.4 万元。2005 年 10 月 4 日，慈文公司为飞仕公司出具版权授权书。2005 年 10 月 5 日，慈文公司通过邮政特快专递向飞仕公司邮寄了涉案电视连续剧母带。2005 年 10 月 8 日，飞仕公司将所收到的全部物品寄还。2006 年 1 月电视连续剧《七剑下天山》在台湾地区电视台播

出。该剧在中央电视台首次播出时间为2006年3月17日。

北京市第二中级人民法院认为，慈文公司与飞仕公司就国产电视连续剧《七剑下天山》签订的《合同书》及《补充协议书》合法有效。飞仕公司以慈文公司寄送的母带不符合合同约定为由而将其退回慈文公司，违反了涉案合同的约定，其主张慈文公司未交付符合合同约定的母带，缺乏依据。飞仕公司还主张涉案电视剧应在慈文公司向其交付母带前在中央电视台首播，因此其在该剧未播出的情况下将不符合要求的母带退回慈文公司，缺乏事实依据。慈文公司于2005年10月向飞仕公司寄送涉案节目母带时，并未出现盗版音像制品。台湾地区首播的事实表明慈文公司违反了关于其保证该剧在中央电视台首播的合同约定，且双方现未能就此协商解决。上述事实已构成双方约定的解除合同条件，合同被解除后亦应恢复原状。据此，飞仕公司提出请求解除涉案合同并要求返还已经支付的版权使用费的反诉主张，理由正当，应予支持。慈文公司提出其已依约履行全部合同义务，并要求飞仕公司继续履行涉案合同的诉讼主张，依据不足。飞仕公司未按照合同约定接收母带的行为违反了合同约定，应就此承担相应的违约责任；慈文公司存在未履行保证涉案电视剧在中央电视台首播的违约行为，应承担违约责任。应当按照变更后的合同价款计算违约金的数额。

北京市第二中级人民法院依照《中华人民共和国合同法》第九十三条、第九十四条第（四）项、第九十七条、第一百〇七条之规定，判决：（一）解除慈文公司与飞仕公司签订的涉案《合同书》及《补充协议书》；（二）慈文公司返还飞仕公司已支付的版权使用费512万元；（三）慈文公司向飞仕公司支付违约金128万元；（四）飞仕公司向慈文公司支付违约金1 282 800元；（五）驳回慈文公司的其他诉讼请求；（六）驳回飞仕公司的其他反诉请求。

慈文公司不服原审判决，向本院提出上诉，请求撤销原审判决，依法改判双方继续履行合同，飞仕公司支付合同余款并支付违约金。其理由是：原审判决认定飞仕公司退回电视剧母带的行为违反了合同约定，却未判决飞仕公司承担任何法律责任；原审判决认定台湾地区的首播行为是慈文公司违约是没有查清事实，混淆了两个合同关系与两个不同的法律关系的界限；双方所签订的合同约定发行地区的范围是中国大陆，首播的约定也应该是中国大陆的电视台；由于飞仕公司违约在先，不能行使解除权，原审判决支持了飞仕公司解除合同的请求，违反了《合同法》的规定。飞仕公司服从原审判决。

【二审查明事实】

经审理查明，2003年8月7日，慈文公司取得国家广播电影电视总局颁发的《电视剧制作许可证》，有效期自2003年8月7日至2005年4月1日；2005年4月1日，慈文公司取得有效期自2005年4月1日至2007年4月1日的《电视剧制作许可证》。

2004年7月6日，慈文公司作为甲方与乙方飞仕公司就国产电视连续剧"《七剑下天山》上部"签订《合同书》。合同书约定，甲方同意转让给乙方本节目在中国大陆（不含香港及澳门特别行政区）地区的家庭音像制品（VCD/DVD/录像带等，及授权期限内新兴的音像载体）的独家出版、加工复制、发行、销售和出租等权利，版权期限为交付母带起5年；合同保底价共计721.4万元，于合同双方签字盖章后三天内支付总款的10%，于该剧开机之日支付总款的20%，于关机之日支付总款的50%，交付母带之日支付总款的余款；甲方自签约之日起十五个月内将全集节目带交付乙方，甲方应保证乙方至少先于其他任何单位和个人3天取得本节目母带；甲方拥有该节目的合法版权并随片提供版权证明，甲方不得将本合约授权范围内的版权以其他名目和形式转让给除乙方之外的第三方；甲方保证该剧在中央电视台第一套节目（CCTV-1）或第八套节目（CCTV-8）首播。若该剧未能在上述两套节目之一首播，则双方对版权费重新议价，协商不成双方可解除合同，甲方需在三日内退还所有乙方已支付的版权费和利息；乙方收到该剧母带的五日内，市场上若出现该剧盗版音像产品，甲方将乙方已支付的该剧版权费全部退还，并按同期银行存款利息支付期间已收该剧版权费利息，同时本合约自动解除；甲方在该剧的电视播出版的片尾加上"本剧音像制品由广东飞仕影音有限公司总经销"字样；若甲方未按照约定时间交付母带，应向乙方支付违约金，违约金按版权费总额每日的3‰乘以滞纳天数计算；除上述特别约定及常规不可抗力外，双方应按照本合同约定履行本合同，如任何一方未按约定履行合同，即构成违约责任。违约方应按本合同价款的20%向守约方支付违约金。

2004年10月13日，慈文公司作为甲方与乙方飞仕公司签订《补充协议书》。约定甲方同意对付款方式进行调整，第一期为合同保底价总款的10%，第二期为合同保底价总款的20%，第三期为合同保底价总款的50%，第四期为按约定时间交付母带之日支付合同保底价总款的余款129.4万元；第五期为80万元，于甲方要求乙方制作该剧D9格式之礼品版碟500套时，由甲方直接支付给乙方。除本补充协议重新约定的内容外，其他内容及条款以双方已签订的该剧"原合同"为准执行。

合同签订后，飞仕公司先后向慈文公司交付合同款72万元、120万元、320万元，合计512万元，尚欠余款129.4万元。慈文公司对此予以认可。

2005年6月15日，中央电视台文艺节目中心作为甲方与乙方东阳市慈文影视制作有限公司（以下简称东阳慈文公司）就《七剑下天山》电视剧签订《电视剧版权预购协议书》。协议约定该剧播出等级标准为中央电视台第八套节目黄金档位，并由甲方报送中央电视台审片机构评审确定，乙方应保证该剧的艺术及技术质量达到此标准；甲方自该协议签订之日起享有该剧中国大陆地区（不含台、港、澳）电视媒体独家首次广播权及永久广播权和信息网络传播权，其他权利归乙方所有。2005年10月21日，双方签订了《电视剧〈七剑下天山〉版权转让补充协议书》，约定甲方购买本剧的中国大陆地区（不含台、港、澳）限期六年的电视媒体广播发行版权，其版权收益归甲方所有；六年后，上述权益归乙方所有。

2005年9月20日，中国文联音像出版社出具《电视连续剧〈七剑下天山〉审看意见》，内容为，电视剧故事设计和人物性格都很精彩，有很强可看性。2005年9月30日，中国文联音像出版社总编辑室告知慈文公司的法定代表人马中骏电视连续剧《七剑下天山》VCD及DVD光盘的版号及条形码。

2005年9月27日，慈文公司向飞仕公司发出《关于电视剧〈七剑下天山〉交片时间的商榷函》，内容为，涉案电视剧已全部制作完成，正在国家广播电影电视总局送审期间。由于国家对审片程序有所修改，多了审片部门，预计的审片时间有所延长。审片意见可能在10月底或11月初出来，请飞仕公司考虑是按照双方协议约定的交片日期2005年10月6日交片，还是等到通过审片后再交片。

2005年9月28日，飞仕公司致函慈文公司，指出，合同约定的最后交片日期为2005年10月6日，应按期交付通过内容审查的母带；如果该剧未通过审片，则该剧尚不具备供带条件；如该剧未能在中央电视台首播，则该剧的版权费应重新议价，因此要求慈文公司明确该剧是否在中央电视台播出及播出时间。

2005年10月4日，慈文公司出具版权授权书。授权书载明慈文公司拥有电视连续剧

《七剑下天山》的音像制品版权，慈文公司将该剧中国大陆地区（不含香港及澳门特别行政区）一切音像版权的独家出版、加工复制、发行、销售和出租等权利授权给飞仕公司全权拥有。授权期限为自慈文公司交付给飞仕公司该节目母带之日起计，为期五年。

2005年10月5日，慈文公司致函飞仕公司，称：为保证飞仕公司正常接收到母带，慈文公司特安排用EMS（邮政快递）寄至飞仕公司，请飞仕公司查收。同日，慈文公司通过邮政特快专递向飞仕公司邮寄了涉案电视连续剧母带。

2005年10月8日，飞仕公司致函慈文公司，称：飞仕公司已收到慈文公司邮寄的四箱涉案电视剧母带及出版社版号和条形码。鉴于该剧尚未通过审片，慈文公司未提供该剧发行许可证，为避免可能出现的风险，将所收到的全部物品寄还。

2005年12月2日，国家广播电影电视总局颁发（广剧）剧审字（2005）第161号《国产电视剧发行许可证》。其中剧目名称为《七剑下天山》，制作单位为慈文公司，合作单位为东阳慈文公司、中央电视台。

2005年12月6日，广东踔厉律师事务所接受飞仕公司的委托向慈文公司发出律师函。该律师函载明：依照双方合同约定，涉案节目带的交付标准应为取得国家广播电影电视总局批准并在中央电视台首播的电视连续剧，且首播的时间应为节目带交付之前；而涉案节目带存在多处隐患：一是至2005年10月6日尚未通过国家广播电影电视总局的审批，至今也未通过审批，即无法确定该剧是否可以作为电视剧发行；二是该剧截至目前为止，不具备在中央电视台首播的条件；三是据悉该剧可能会在台湾地区作为电视剧先于中央电视台首播。因此，慈文公司无法交付飞仕公司合格的母带。由于慈文公司的违约，飞仕公司遭受重大损失。为此，希望慈文公司尽早取得批准文件并在中央电视台首播，尽早将完全符合条件的母带交付飞仕公司，以尽量减小损失。

飞仕公司于2006年1月17日对网址为"http：//www.zy169.cn"网站上可在线下载、在线试播涉案电视剧的情况进行了证据保全；飞仕公司还于2006年1月26日对网址为"http：//www.chinatv.com.tw"的"中视全球资讯网"网站上的相关网页进行了保全。其中"七剑下天山01、04记者会新闻稿"一文中载明："由金奖大导演徐克精心打造的中视开春八点档大戏——电视版《七剑下天山》，即将于下周一（九日）磅礴登场"；2006年1月26日《主频道节目表》中有20：00播出《七剑下天山》第14集的内容；飞仕公司还于2006年3月2日自位于广州市白云区新市南街的"中乐音像"商铺购买彩封为《七剑下天山》的DVD音像制品1盒，单价为20元。

涉案电视连续剧在中央电视台首次播出时间为2006年3月17日。

本院审理期间，慈文公司提交了与华艺传媒（澳门离岸商业服务）有限公司（以下简称华艺公司）于2005年7月27日签订的《代理发行合约书》，节目名称为《七剑下天山（上部）》，代理版权地区为全世界除中国大陆地区，代理期限为2005年1月1日至2006年12月31日，权利范围为家庭影音产品的发行权、电视播映权、互联网及手机下载使用及播放权、公开播放权。慈文公司还提交了一份经公证、认证的《合约书》，即华艺公司与（台湾）中国电视事业股份有限公司（以下简称中视公司）于2005年8月31日签订的《合约书》，授予中视公司5年内于台湾地区独家无线不限次数及有线电视20次公开播送权。

上述事实有双方签订的合同书、补充协议书、电视剧制作许可证、电视剧版权预购协议书、审看意见、支付凭证、邮政特快专递凭证、电视剧发行许可证、律师函、公证材料、双方往来函件、两份合约书及当事人陈述等证据在案证明。

【二审法院观点】

本院认为，根据慈文公司、飞仕公司所签《合同书》中的约定，慈文公司有保证该剧在中央电视台第一套节目或第八套节目首播的合同义务。该合同条款并未限定首播的范围是大陆地区，慈文公司主张应当解释为与音像版权的授权范围一致，没有合同依据。慈文公司虽然提交了与华艺公司签订的《合约书》，但是该证据不能对抗双方当事人之间签订的《合同书》中有关首播的约定。

根据相关证据可以证明，经慈文公司授权，涉案电视剧在台湾地区电视台播出的时间早于中央电视台第一套节目或第八套节目播出的时间，因此，慈文公司违反了双方当事人关于首播的约定。且双方对版权费未重新达成一致意见，故约定解除合同的条件已成就。一审法院判决解除双方当事人所签订的《合同书》是正确的，慈文公司应当退还飞仕公司已向其支付的版权费和相应利息。

原审判决已认定飞仕公司未按合同约定支付余款属于违约行为，判令其承担违约责任，故慈文公司关于一审法院未判决飞仕公司承担任何法律责任的主张不能成立。

综上，慈文公司的上诉理由均不能成立，其上诉请求本院不予支持。原审判决认定事实清楚，适用法律基本正确。

【终审判决】

二〇〇八年二月四日，北京市高级人民法院依照《中华人民共和国民事诉讼法》第一百五十三条第一款第（一）项之规定，判决如下：驳回上诉，维持原判。一审本诉案件受理费二万三千六百九十四元，由北京慈文影视制作有限公司负担八千元（已交纳），由广东飞仕影音有限公司负担一万五千六百九十四元（于本判决生效之日起七日内交纳）；一审反诉案件受理费四万二千零一十元，由北京慈文影视制作有限公司负担（于本判决生效之日起七日内交纳）。二审案件受理费二万三千六百九十四元，由北京慈文影视制作有限公司负担（已交纳）。

本判决为终审判决。

【学者评述】

武侠，是中国独有的一种文化。中国拥有悠久的武术历史与练武传统，武术在历史长河中融入了儒家、道家、佛家等学说，逐渐成为中国文化不可或缺的一种信仰。武侠电影，就是这种文化最好的体现。武侠电影，通过镜头化的语言与戏剧化的情节，深入展示中国武侠文化的精髓与内涵，凭借电影这种世界语言向全世界展现了中国文化的一个断面。武侠电影，是中国商业电影的重要影片类型。中国的武侠电影，犹如美国的西部片，是得到世界公认的唯一的中国电影类型。业界有云，一个没有拍过武侠片的导演，就不是真正的中国电影导演。

追溯历史，武侠电影曾呈现六种形态：（1）20世纪二三十年代的神怪武侠片，如《火烧红莲寺》《荒江女侠》。（2）20世纪60年代的刀剑技击片，如胡金铨的《大醉侠》《侠女》。（3）20世纪70年代的功夫片，如张彻《独臂刀》尤其李小龙主演的《唐山大兄》《精武门》等。（4）20世纪80年代末至今，集合传统功夫和高科技特效的新派武侠，如徐克的《黄飞鸿》系列。（5）2000年以来，商业资本与国际合作催生的武侠片，如张艺谋

《英雄》、李安《卧虎藏龙》等。(6) 漫画式武侠片，如《风云》《中华英雄》。

武侠电影领域，资本云集，人才济济，竞争激烈，佳作频出，影响巨大。

（杨新磊）

第十一节　四大名著，八大上诉

【上诉人，原审被告】 北京电影学院开发部
【被上诉人，原审原告】 中国国际电视总公司

上诉人北京电影学院开发部（以下简称北影开发部）因侵犯著作权纠纷一案，不服北京市海淀区人民法院于2004年9月20日做出的（2004）海民初字第10356号民事判决，向北京市第一中级人民法院提起上诉，现已审理终结。

【一审判决】

北京市海淀区人民法院判决认定：中国国际电视总公司（以下简称中视总公司）作为电视剧《三国演义》音像制品的制作人，其对该音像制品享有复制、发行、出租等权利，依法应受到保护，北影开发部未经中视总公司许可，销售未能说明合法来源的《三国演义》光盘，行为显属侵权，对造成本案纠纷负有全部法律责任，故其应立即停止侵权并承担侵权责任。北影开发部以中视总公司起诉对象错误为由否认侵权，但其未就销售者出具其发票的行为给予合理的解释并提供相关的证据，故对其辩称，不予采信。中视总公司要求北影开发部公开致歉并赔偿经济损失30万元，证据不足，对此将依北影开发部的侵权程度依法确定赔偿数额，不再全部支持该公司的诉讼请求。依据《中华人民共和国著作权法》第四十一条第一款、第四十七条第（四）项、第四十八条第二款、第五十二条之规定，判决：一、北影开发部停止销售涉案《三国演义》光盘；二、自本判决生效之日起10日内，北影开发部赔偿中视总公司经济损失6万元；三、驳回中视总公司的其他诉讼请求。

北影开发部不服原审判决，在法定上诉期内向本院提起上诉称，原审法院审查证据不当导致责任认定不当，适用法律错误。中视总公司公证购买的地点是北京市西城区新街口外大街25号，而北影开发部位于新街口外大街甲25号，且原审法院仅凭未明确商品名称的发票就武断认定北影开发部出售盗版光盘。因公证书存在矛盾和冲突，原审法院无视证据审查的统一性、排他性原则，对该证据不加任何阐释地采用，导致责任认定不当，适用法律错误，请求法院撤销原审判决。

被上诉人中视总公司未作书面答辩，其口头辩称：公证书是公证员依照法定程序作出的，具有法律效力；购买发票上盖有北影开发部的财务专用章，北影开发部未提供证据证明该发票与其无关，理应承担责任。请求法院驳回北影开发部的诉讼请求。

【二审查明事实】

本院经审理查明：

1997年5月1日，中视总公司经中国电视剧制作中心授权，获得电视剧《三国演义》

的独家复制权及国内外出版发行权。

2001年1月1日，中视总公司经中央电视台授权，获得中央电视台拥有著作权的各类节目（包括但不限于电影、电视剧、专题片、动画片等影视作品）的独家复制及国内外出版发行权。

电视剧《三国演义》的音像制品已在国家新闻出版署进行了出版登记，版号为 ISRC CN－A03－98－323－00/V. J9。

中视总公司出版发行的电视剧《三国演义》VCD 外包装封面标有"三国演义"、"八十四集电视剧"、"中国国际电视总公司出版发行"、导演及主演姓名等内容；中缝标有"三国演义"、"八十四集电视剧（上）"等字样；封底标有剧情简介、每集名称、"中国国际电视总公司出版发行"、"ISRC CN－A03－97－332－00/V. J9"等内容。

2003年7月28日，案外人翟东强在北京市西城区新街口外大街25号标有"电影学院音像"的商店购买了《三国演义》1套并取得盖有北影开发部财务专用章的《北京市定额专用发票》，北京市第二公证处对上述购买过程予以公证。该套光盘外包装封面标有"中国古典文学四大名著之一"、"三国演义"、"原著：罗贯中"、"金彩碟"、"八十四集电视连续剧"、"精编珍藏版四十四片装"等字样；中缝标有"三国演义"、"精编珍藏版四十四片装"、"国语发音中文字幕"等字样；封底标有内容简介、"警告：著作权人侵犯本光碟组成影片之全部内容（包括及其声音）供在全家使用，任何未经授权直盗录、翻拷剪辑、改作、出租、销售、互易、出借、开展示、公开播放本录影带节目全部或部分之行为，皆严格制止"、"中国国际电视总公司出版发行"、"ISRC CN－A03－97－338－00/V. J9"等字样。

北影开发部的工商注册地址为北京市海淀区新街口外大街甲25号，有经营音像制品的营业范围。

在诉讼中，北影开发部针对购买光盘的商品为何使用其发票这一问题，称存在三种可能：1. 对发票管理不严；2. 发票被盗用；3. 公证员与翟东强恶意串通或公证员被翟东强蒙蔽。

上述事实，有中视公司出版的《三国演义》光盘、公证购买的光盘、原审判决书、当事人的陈述在案佐证。

【二审法院观点】

本院认为：

中视总公司作为电视剧《三国演义》音像制品的制作人，对该音像制品享有的复制、发行、出租等权利，理应受法律保护。由于公证购买的《三国演义》光盘所取得的购销发票系北影开发部出具的，而北影开发部未能提供相应证据证明该发票系销售商盗用或因公证员受蒙蔽或公证员与翟东强恶意串通，故其出具购销发票的行为，应视为其销售行为。中视总公司未许可他人出版发行《三国演义》音像制品，且中视总公司公证购买的光盘与其出版发行的《三国演义》外包装存在明显差别，故原审法院认定北影开发部销售侵权光盘，证据充分，理由正当。因北影开发部未能提供该光盘的合法来源，理应承担立即停止侵权、赔偿损失的民事责任。原审法院判令北影开发部停止销售侵权光盘，并酌定赔偿数额6万元并无不妥，本院予以维持。北影开发部关于原审法院责任认定不清、适用法律错误的上诉请求，缺乏事实和法律依据，本院不予支持。

综上，原审法院认定事实清楚，适用法律正确，处理结果并无不当，应予维持。

【终审判决】

二〇〇四年十二月七日,北京市第一中级人民法院依据《中华人民共和国民事诉讼法》第一百五十二条第一款、第一百五十三条第一款第(一)项之规定,判决如下:驳回上诉,维持原判。一审案件受理费7 010元,由北京电影学院开发部负担(于本判决生效后7日内交纳);二审案件受理费7 010元,由北京电影学院开发部负担(已交纳)。本判决为终审判决。

又案,该开发部还销售了中国国际电视总公司拥有音像版权的《水浒传》,故又被诉。北京市海淀区人民法院一审判决:一、北影开发部停止销售涉案《水浒传》光盘;二、自本判决生效之日起10日内,北影开发部赔偿中视总公司经济损失3万元;三、驳回中视总公司的其他诉讼请求。该开发部不服,提起上诉。二〇〇四年十二月七日,北京市第一中级人民法院判决驳回上诉,维持原判。一审案件受理费4 510元,由北京电影学院开发部负担(于本判决生效后7日内交纳);二审案件受理费4 510元,由北京电影学院开发部负担(已交纳)。本判决为终审判决。

又案,该开发部还销售了中国国际电视总公司拥有音像版权的《水浒传》,故又被诉。北京市海淀区人民法院一审判决:一、北影开发部停止销售涉案《雍正王朝》光盘;二、自本判决生效之日起10日内,北影开发部赔偿中视总公司经济损失3万元及因本案支出的合理费用800元;三、驳回中视总公司的其他诉讼请求。该开发部不服,提起上诉。二〇〇四年十二月七日,北京市第一中级人民法院判决驳回上诉,维持原判。一审案件受理费3 526元,由北京电影学院开发部负担(于本判决生效后7日内交纳);二审案件受理费3 526元,由北京电影学院开发部负担(已交纳)。本判决为终审判决。

又案,该开发部还销售了中国国际电视总公司拥有音像版权的《神奇宝贝》,故又被诉。北京市海淀区人民法院判决:一、被告北京电影学院开发部停止销售涉案《神奇宝贝》光盘;二、自本判决生效之日起十日内,被告北京电影学院开发部赔偿原告中国国际电视总公司经济损失三万元;三、驳回原告中国国际电视总公司的其他诉讼请求。案件受理费三千五百一十元(原告预交),由被告北京电影学院开发部负担(于本判决生效之日起七日内交纳)。一审判决后,该开发部未上诉。

又案,重庆新图多媒体发展有限公司(以下简称重庆新图公司)、广州市鸿翔影视有限公司(以下简称广州鸿翔公司)、北京科文剑桥图书有限公司擅自销售中国国际电视总公司拥有音像版权的《红楼梦》,而被起诉。北京市第一中级人民法院一审判决:(一)重庆新图公司停止复制、销售电视剧《红楼梦》DVD5和DVD9音像制品的行为;(二)广州鸿翔公司停止复制、销售电视剧《红楼梦》DVD5和DVD9音像制品的行为;(三)重庆新图公司、广州鸿翔公司连带赔偿中国国际电视总公司经济损失十七万五千元以及因诉讼支出的合理费用六千三百元,合计十八万一千三百元;(四)驳回中国国际电视总公司的其他诉讼请求。重庆新图公司、广州鸿翔公司不服一审判决,提起上诉。北京市高级人民法院判决,驳回上诉,维持原判。一审案件受理费一万零七十三元,由中国国际电视总公司负担二千元(已交纳),由重庆新图多媒体发展有限公司、广州市鸿翔影视有限公司负担八千零七十三元(自本判决生效之日起七日内交纳);二审案件受理费一万零七十三元,由重庆新图多媒体发展有限公司负担五千零三十六元五角(已交纳),由广州市鸿翔影视有限公司负担五千零三十六元五角(已交纳)。本判决为终审判决。

又案，重庆新图多媒体发展有限公司（以下简称重庆新图公司）、广州市鸿翔影视有限公司（以下简称广州鸿翔公司）、北京科文剑桥图书有限公司擅自销售中国国际电视总公司拥有音像版权的《三国演义》，而被起诉。北京市第一中级人民法院一审判决：（一）重庆新图公司停止复制、销售电视剧《三国演义》DVD5和DVD9音像制品的行为；（二）广州鸿翔公司停止复制、销售电视剧《三国演义》DVD5和DVD9音像制品的行为；（三）重庆新图公司、广州鸿翔公司连带赔偿中国国际电视总公司经济损失三十五万元以及因诉讼支出的合理费用六千三百元，合计三十五万六千三百元；（四）驳回中国国际电视总公司的其他诉讼请求。重庆新图公司、广州鸿翔公司不服一审判决，提起上诉。二〇〇六年二月二十日，北京市高级人民法院判决驳回上诉，维持原判。一审案件受理费一万零七十三元，由中国国际电视总公司负担二千元（已交纳），由重庆新图多媒体发展有限公司、广州市鸿翔影视有限公司负担八千零七十三元（自本判决生效之日起七日内交纳）；二审案件受理费一万零七十三元，由重庆新图多媒体发展有限公司负担五千零三十六元五角（已交纳），由广州市鸿翔影视有限公司负担五千零三十六元五角（已交纳）。本判决为终审判决。

又案，重庆新图多媒体发展有限公司（以下简称重庆新图公司）、广州市鸿翔影视有限公司（以下简称广州鸿翔公司）、北京科文剑桥图书有限公司擅自销售中国国际电视总公司拥有音像版权的《水浒传》，而被起诉。北京市第一中级人民法院一审判决：（一）重庆新图公司停止复制、销售电视剧《水浒传》DVD5和DVD9音像制品的行为；（二）广州鸿翔公司停止复制、销售电视剧《水浒传》DVD5和DVD9音像制品的行为；（三）重庆新图公司、广州鸿翔公司连带赔偿中国国际电视总公司经济损失二十万元以及因诉讼支出的合理费用六千三百元，合计二十万六千三百元；（四）驳回中国国际电视总公司的其他诉讼请求。重庆新图公司、广州鸿翔公司不服一审判决，提起上诉。二〇〇六年二月二十日，北京市高级人民法院判决驳回上诉，维持原判。一审案件受理费一万零七十三元，由中国国际电视总公司负担二千元（已交纳），由重庆新图多媒体发展有限公司、广州市鸿翔影视有限公司负担八千零七十三元（自本判决生效之日起七日内交纳）；二审案件受理费一万零七十三元，由重庆新图多媒体发展有限公司负担五千零三十六元五角（已交纳），由广州市鸿翔影视有限公司负担五千零三十六元五角（已交纳）。本判决为终审判决。

又案，重庆新图多媒体发展有限公司（以下简称重庆新图公司）、广州市鸿翔影视有限公司（以下简称广州鸿翔公司）、北京科文剑桥图书有限公司擅自销售中国国际电视总公司拥有音像版权的《西游记》，而被起诉。北京市第一中级人民法院一审裁定：（一）重庆新图公司停止复制、销售电视剧《西游记》DVD5和DVD9音像制品的行为；（二）广州鸿翔公司停止复制、销售电视剧《西游记》DVD5和DVD9音像制品的行为；（三）重庆新图公司、广州鸿翔公司连带赔偿中国国际电视总公司经济损失十万元以及因诉讼支出的合理费用三千五百元，合计十万三千五百元；（四）驳回中国国际电视总公司的其他诉讼请求。重庆新图公司、广州鸿翔公司不服一审判决，提起上诉。二〇〇六年二月二十六日，北京市高级人民法院判决驳回上诉，维持原裁定，维持原判。一审案件受理费一万零七十三元，由中国国际电视总公司负担二千元（已交纳），由重庆新图多媒体发展有限公司、广州市鸿翔影视有限公司负担八千零七十三元（自本判决生效之日起七日内交纳）；二审案件受理费五十元，由广州市鸿翔影视有限公司负担（已交纳）。

又案，物美超市有限公司新风店擅自销售中国国际电视总公司拥有音像版权的《水浒传》，而被起诉。二〇〇四年十一月三十日，北京市第一中级人民法院主持，原告中视总公司和被告物美新风店自愿达成如下调解协议：一、本调解书送达之日起三日内，被告北京物美商业集团股份有限公司物美新风分店赔偿原告中国国际电视总公司三万元；二、被告北京物美商业集团股份有限公司物美新风分店保证不再销售与原告中国国际电视总公司有关的非法复制的音像制品；三、案件受理费二千零一十元，由被告北京物美商业集团股份有限公司物美新风分店负担（于本调解书送达之日起七日内交纳）。上述调解协议内容未违反有关法律规定，本院予以确认。

又案，物美超市有限公司新风店擅自销售中国国际电视总公司拥有音像版权的《神奇宝贝》，而被起诉。二〇〇四年十一月三十日，北京市第一中级人民法院主持，原告中视总公司和被告物美新风店自愿达成如下调解协议：一、本调解书送达之日起三日内，被告北京物美商业集团股份有限公司物美新风分店赔偿原告中国国际电视总公司三万元；二、被告北京物美商业集团股份有限公司物美新风分店保证不再销售与原告中国国际电视总公司有关的非法复制的音像制品；三、案件受理费二千零一十元，由被告北京物美商业集团股份有限公司物美新风分店负担（于本调解书送达之日起七日内交纳）。上述调解协议内容未违反有关法律规定，本院予以确认。

【学者评述】

中国第一部著作权方面的法律是《大清著作权律》。

《大清著作权律》，英译为 Copyright Law of Qing Dynasty，是中国清代宣统二年（公元1910年）制定的关于保障著作者权利的专门法律。20世纪初，清政府预备立宪，并委任沈家本、伍廷芳为修订法律大臣，引进资产阶级的法律体系与原则，制订了一系列的专门法律，《大清著作权律》便是其中之一。

《大清著作权律》分为通例、权利期限、呈报义务、权利限制、附则5章，共55条。对于版权的概念、作品的范围、作者的权利、取得版权的程序、版权的期限和版权的限制等问题，均作了相应的规定。该法规定："凡称著作物而专有重制之利益者，曰著作权。称著作物者，文艺、图画、帖本、照片、雕刻、模型等是。"

显然，当时所称的著作权主要指出版权和复制权，而著作物（作品）的范围，则不仅包括书面作品，而且包括雕刻、模型等立体作品，该法确认版权为作者的专有权利，并通过禁止某些行为（"禁例"）予以保障。

（杨新磊）

第十二节　"飞乐"飞诉

【上诉人，原审原告】广东飞乐影视制品有限公司
【被上诉人，原审被告】上海文捷音像制品有限公司

【一审查明事实】

2003年10月20日，环球国际电影公司（Universal Pictures International B. V.，以下简

称环球公司）的董事 Ad Heskes 代表公司出具一份《授权书》，该授权书载明：1. 环球公司对环球影城和梦工厂后附目录影片拥有绝对的在中国地区以录像带和激光视盘（包括 VCD 和 DVD）的形式开发市场及分销的权利；2. 环球公司曾与原告广东飞乐影视制品有限公司签订协议，将在中国地区以数码激光视盘等形式发行后附目录影片的专有发行权授予该公司，原告是环球公司在中国地区的专有发行权人，授权期限从 2003 年 3 月 1 日起至 2004 年 2 月 28 日止；3. 原告还享有在中国地区对授权目录影片所有载体（包括：录像带、数码激光视盘等）的一切盗版行为作出合理且必要的打击活动，并阻止任何未经授权的复制、销售、出租及其他行为的权利。嗣后，环球公司与原告又签订了一份《修订协议书》，将授权的电影 VCD 的合同期限延长六个月，即从 2003 年 3 月 1 日起至 2004 年 8 月 31 日止。

2004 年 9 月 30 日，国家版权局出具《著作权登记证书》，该证书记载：经环球公司授权，原告取得包括《史瑞克》（英文片名：Shrek）、《猫鼠游戏》［英文片名：Catch Me If You Can（2002）］及《木乃伊》［英文片名：The Mummy（1999）］在内共计 18 部电影作品 VCD 在中国大陆地区的专有复制权、发行权，授权期限自 2003 年 3 月 1 日起至 2004 年 8 月 31 日止。

2004 年 6 月 16 日，原告在上海市政旦东路 38 号被告上海文捷音像制品有限公司处，购买了《怪物史莱克》《猫鼠游戏》及《神鬼传奇》VCD 各一盘及其他音像制品，付款人民币 60 元。被告向原告开具了盖有被告印章的发票。广州市公证处接受原告委托对上述购买行为进行了公证，并将上述物品拍照、用封条进行封存后交原告保存。2004 年 6 月 29 日，广州市公证处出具（2004）穗证内经字第 71555 号公证书。

原告支付了工商查询费人民币 40 元、公证费人民币 420 元、聘请律师费人民币 5 000 元。

原告认为，被告以营利为目的销售上述盗版音像制品，侵犯了原告依法享有的专有发行权，故请求法院判令被告：1. 立即停止销售《怪物史莱克》《猫鼠游戏》及《神鬼传奇》盗版 VCD 的侵权行为；2. 在《新民晚报》上向原告公开赔礼道歉；3. 赔偿原告经济损失人民币 6 万元；4. 承担原告因制止侵权行为所支付的合理费用人民币 5 800 元。

原审法院经核对，广州市公证处封存的音像制品包括：《怪物史莱克》VCD、《猫鼠游戏》VCD 及《神鬼传奇》VCD，与公证书所附封面、封底照片相同。上述系争 VCD 盘芯均无激光数码储存片来源识别码（SID 码）。

另查明：被告的经营范围为音像制品等，经营地址为上海市政旦东路 38 号。

【一审判决】

原审法院认为，根据原告提供的经公证、认证的环球公司董事 Ad Heskes 出具的《授权书》、环球公司与原告签订的《修订协议书》、国家版权局出具的《著作权登记证书》和三部电影作品的正版 VCD，认定原告于 2003 年 3 月 1 日至 2004 年 8 月 31 日，对《史瑞克》（英文片名：Shrek）、《猫鼠游戏》［英文片名：Catch Me If You Can（2002）］及《木乃伊》［英文片名：The Mummy（1999）］三部电影作品享有在中国大陆地区发行 VCD 的专有发行权。原告所享有的专有发行权受我国著作权法保护。

本案中，被告销售的系争《怪物史莱克》《猫鼠游戏》及《神鬼传奇》VCD 的内容与正版《史瑞克》（英文片名：Shrek）、《猫鼠游戏》［英文片名：Catch Me If You Can（2002）］及《木乃伊》［英文片名：The Mummy（1999）］电影作品 VCD 的内容完全相同，而系争VCD的盘芯均无激光数码储存片来源识别码（SID码），外包装与正版VCD不同，故认定被告销售的系争《怪物史莱克》《猫鼠游戏》及《神鬼传奇》VCD均为盗版VCD。被告销售盗版VCD，且无法提供合法来源，应承担停止侵害、赔偿损失的民事责任。

至于原告要求被告赔礼道歉的诉讼请求，因原告主张的发行权属著作权中的财产权，故原告的该项诉请，无法律依据，不予支持。关于原告要求被告赔偿经济损失的数额，因原告未提供能证明其实际损失和被告违法所得的证据，故根据原告法定赔偿的请求，综合考虑涉案作品的类型、销售数量、被告的主观过错、侵权行为的性质、后果等因素酌情确定。对于原告主张的律师费、公证费、工商查询费及购买盗版VCD费用的合理部分，酌情予以支持。

据此，依照《中华人民共和国著作权法》第十条第一款第（六）项、第四十七条第（一）项、第四十八条、第五十二条、最高人民法院《关于审理著作权民事纠纷案件适用法律若干问题的解释》第七条、第十九条、第二十五条第一款、第二款、第二十六条之规定，判决：一、被告应停止销售《怪物史莱克》《猫鼠游戏》及《神鬼传奇》盗版VCD的行为；二、被告应于本判决生效之日起十日内赔偿原告经济损失人民币8 000元；三、对原告的其余诉讼请求不予支持。本案案件受理费人民币2 484元，由原告负担人民币1 091元，由被告负担人民币1 393元。

经审理查明，原审判决认定的事实属实。

【二审法院观点】

本院认为，上诉人系2003年3月1日至2004年8月31日，对《史瑞克》（英文片名：Shrek）、《猫鼠游戏》[英文片名：Catch Me If You Can（2002）]及《木乃伊》[英文片名：The Mummy（1999）]三部电影作品享有在中国大陆地区发行VCD的专有发行权的权利人。被上诉人未经上诉人许可，擅自销售了系争盗版VCD《怪物史莱克》《猫鼠游戏》及《神鬼传奇》，侵犯了上诉人的上述专有发行权，原审判决判令被上诉人承担停止侵权并赔偿上诉人相应损失的民事责任，并无不当。

上诉人诉称：原审判决确定的定额赔偿标准明显违背最高人民法院《关于全国部分法院知识产权审判工作座谈会纪要》所做的指导意见，确定的赔偿数额尚不足被上诉人一个月营业额的二分之一，明显过低，对被上诉人的侵权情节考虑不全，并省略了判决理由，未根据客观案情合理判决；原审法院关于被上诉人销售盗版是受社会大环境影响，有一定社会原因，所以从低确定赔偿标准的认为，是极其错误的。

本院认为，根据1998年7月20日法〔1998〕65号文，即《最高人民法院关于全国部分法院知识产权审判工作座谈会纪要》的精神，人民法院对于已查明被告构成侵权并造成原告损害，但原告损失额与被告获利额等均不能确认的案件，可以采用定额赔偿的办法来确定损害赔偿额。定额赔偿的幅度，可掌握在5 000元至30万元，具体数额由人民法院根据被侵害的知识产权的类型、评估价值、侵权持续的时间、权利人因侵权所受到的商誉损害等因素在定额赔偿幅度内确定。2001年修订后的我国著作权法第四十八条第二款规定：权利人的实际损失或侵权人的违法所得不能确定的，由人民法院根据侵权行为的情节，判决给予50万元以下的赔偿。因此，5 000元至30万元只是定额赔偿的参考区间，而每个案件的具体数额，则应由人民法院根据具体案情综合判定。

本案中，由于上诉人的实际损失及被上诉人的违法所得均难以确定，原审判决根据涉案作品的类型、销售数量、被上诉人的主观过错、侵权行为的性质和后果、上诉人为制止侵权行为所支付的合理开支等因素，酌情确定赔偿数额，并未违背《最高人民法院关于全国部分法院知识产权审判工作座谈会纪要》所做的指导意见，也未违背法律的有关规定。

另经查，上诉人对原审法院"确定的赔偿数额尚不足被上诉人一个月营业额的二分之一"一节，并未提供充分证据予以佐证。且被上诉人的经营范围是：音像制品、文化用品、礼品零售，有关证据也并不能证明被上诉人销售的商品仅仅是上述系争盗版 VCD。因此，不能按照被上诉人的营业额计算赔偿数额。原审判决中，也无原审法院认为被上诉人销售盗版是受社会大环境影响，有一定社会原因，所以从低确定赔偿标准的内容。一审庭审笔录的内容以及其他材料中，也未见原审法院有上述内容的表述。原审判决对判决的依据和理由也依法作了阐述。

上诉人诉称，原审判决明显违背上诉人进行侵权调查合理开支的客观需要，未让被上诉人承担其应负的赔偿责任的金额。

经查，上诉人提供的广东经国律师事务所出具给上诉人的定额发票上，无具体开票日期。该发票上的顾客名称虽是上诉人的名称，但不能反映是与本案有关联的。上诉人提供的公证费发票，金额为人民币 420 元。根据公证书的内容反映，该公证内容除了公证购买本案所涉的《怪物史莱克》《猫鼠游戏》及《神鬼传奇》盗版 VCD 外还有其他 3 种光盘。且该公证费发票上的顾客名称是九鼎知识产权顾问有限公司，并非上诉人名称。上诉人提供的工商查询费收据等，也不能反映仅是为本案所开具的。原审法院对于上诉人有关费用支出的合理部分，酌情予以支持，并无不当。因此，上诉人关于原审判决将被上诉人应承担的侵权赔偿金额和上诉人制止侵权行为的合理开支一并定额为 8 000 元是明显错误的这一上诉理由不能成立。

上诉人认为：被上诉人明知违法而故意销售盗版，具有对其行为后果应受惩罚是明知的情节，应从重判决。

本院认为，根据我国著作权法的规定，侵犯著作权的侵权人应当按照权利人的实际损失给予赔偿，实际损失难以计算的，可以按照侵权人的违法所得给予赔偿，赔偿数额还应当包括权利人为制止侵权行为所支付的合理开支。因此，我国对著作权侵权行为适用的是填平原则，而非惩罚性赔偿原则。且经查，本案中尚无证据证明被上诉人具有应受从重处罚情节的事实。故上诉人关于应对被上诉人从重判决的上诉理由，缺乏事实和法律依据。

综上，原审判决并无不当，上诉人的上诉理由不能成立。

【终审判决】

二〇〇五年九月九日上海市高级人民法院依照《中华人民共和国民事诉讼法》第一百五十三条第一款第（一）项、第一百五十八条之规定，判决如下：驳回上诉，维持原判。本案二审案件受理费人民币 2 484 元，由上诉人广东飞乐影视制品有限公司负担。本判决为终审判决。

又案，飞乐又起诉上海亚乐音像经营部。法院一审判决：一、被告停止销售《绿巨人》盗版 VCD 的行为；二、被告应于本判决生效之日起十日内赔偿原告经济损失人民币 4 000 元；三、对原告的其他诉讼请求不予支持。案件受理费人民币 1 041 元，由原告负担 439.50 元、被告负担 601.50 元。飞乐不服，提起上诉。二〇〇五年九月九日，上海市高级人民法院判决：驳回上诉，维持原判。本案二审案件受理费人民币 1 041 元，由上诉人广东飞乐影视制品有限公司负担。本判决为终审判决。

又案，飞乐又起诉上海通茂音像经营部。法院一审判决：一、被告上海通茂音像经营部应停止销售《角斗士》《特务憨J》盗版VCD的行为；二、被告上海通茂音像经营部应于本判决生效之日起十日内赔偿原告广东飞乐影视制品有限公司经济损失人民币6 000元；三、对原告广东飞乐影视制品有限公司的其余诉讼请求不予支持。本案案件受理费人民币1 842元，由原告广东飞乐影视制品有限公司负担人民币800元，由被告上海通茂音像经营部负担人民币1 042元。飞乐不服，提起上诉。二〇〇五年八月三十一日，上海市高级人民法院判决：驳回上诉，维持原判。本案二审案件受理费人民币1 842元，由上诉人广东飞乐影视制品有限公司负担。本判决为终审判决。

又案，飞乐又起诉上海新视音像制品商行。法院一审判决：一、被告上海新视音像制品商行停止销售《E.T.外星人》盗版VCD的行为；二、被告上海新视音像制品商行应于本判决生效之日起十日内赔偿原告广东飞乐影视制品有限公司经济损失人民币4 000元；三、原告广东飞乐影视制品有限公司的其他诉讼请求不予支持。案件受理费人民币1 041元，由原告广东飞乐影视制品有限公司负担人民币440元，被告上海新视音像制品商行负担人民币601元。飞乐不服，提起上诉。二〇〇五年八月二十二日，上海市高级人民法院判决：驳回上诉，维持原判。本案二审案件受理费人民币1 041元，由上诉人广东飞乐影视制品有限公司负担。本判决为终审判决。

又案，飞乐又起诉上海美晨音像制品有限公司。法院一审判决：一、被告上海美晨音像制品有限公司停止销售《小马王》盗版VCD的行为；二、被告上海美晨音像制品有限公司应于本判决生效之日起十日内赔偿原告广东飞乐影视制品有限公司经济损失人民币4 000元；三、原告广东飞乐影视制品有限公司的其他诉讼请求不予支持。案件受理费人民币1 041元，由原告广东飞乐影视制品有限公司负担人民币440元，被告上海美晨音像制品有限公司负担人民币601元。飞乐不服，提起上诉。二〇〇五年八月二十二日，上海市高级人民法院判决：驳回上诉，维持原判。本案二审案件受理费人民币1 041元，由上诉人广东飞乐影视制品有限公司负担。本判决为终审判决。

又案，飞乐又起诉上海精时音像制品有限公司。二〇〇五年七月二十九日，上海市第一中级人民法院判决如下：一、被告上海精时音像制品有限公司停止销售《燕尾服》《侏罗纪公园》《侏罗纪公园Ⅲ》《绿巨人》盗版VCD的行为；二、被告上海精时音像制品有限公司于本判决生效之日起十日内赔偿原告广东飞乐影视制品有限公司经济损失人民币10 000元；三、原告广东飞乐影视制品有限公司的其余诉讼请求不予支持。本案案件受理费人民币1 842元，由原告广东飞乐影视制品有限公司负担人民币720元，被告上海精时音像制品有限公司负担人民币1 122元。一审判决后，双方均未上诉。

又案，飞乐又起诉上海凡人音像制品租赁有限公司。二〇〇五年六月二十一日，上海市第一中级人民法院判决如下：一、被告上海凡人音像制品租赁有限公司立即停止销售《神奇燕尾服》（The Tuxedo）、《神鬼传奇》（The Mummy）VCD的行为；二、被告上海凡人音像制品租赁有限公司于本判决生效之日起10日内赔偿原告广东飞乐影视制品有限公司经济损失和合理费用共计人民币4 000元；三、原告广东飞乐影视制品有限公司的其他诉讼请求不予支持。本案案件受理费人民币1 442元，由原告广东飞乐影视制品有限公司负担人民币640元，被告上海凡人音像制品租赁有限公司负担人民币802元。一审判决后，双方均未上诉。

近年来，飞乐还起诉的音像销售、租赁公司有：上海习勤贸易有限公司、上海志豪音像制品有限公司、上海天馨音像制品有限公司、上海祥达音像制品有限公司、上海凉声音像制品有限公司、上海雷庭音像制品有限公司、上海阳春白雪音像制品有限公司、上海同欣音像制品有限公司、上海联广音响总汇、上海新视音像制品商行、上海常扬音像商店、上海诚欣音像制品有限公司、上海学坊实业有限公司、上海文琴音像有限公司、上海朱朱音像制品有限公司、上海真豪音像制品有限公司、上海艺通音像制品有限公司、上海欣宇音像商行、上海快音音像制品有限公司、上海小鱼儿音像制品有限公司、上海蓝牙音像制品有限公司、上海源盛文化音像制品有限公司、上海文捷音像制品有限公司、上海雪韵音像制品合作公司、上海碟碟不休音像制品有限公司、上海普光音像电器总汇、上海海声音像商店、上海新动音像制品有限公司、上海鑫亮音像制品有限公司、上海影速音像制品有限公司、上海亚乐音像经营部、上海金天音像娱乐有限公司、上海星雨林音像制品有限公司、上海宏图音像制品有限公司、上海祥达音像制品有限公司、上海常扬音像商店、上海文琴音像有限公司等，近50家，涵盖了上海市音像销售与租赁市场的主要企业。一般地，飞乐一个被告一份起诉，也有一个被告2~3份起诉，粗略统计，其共提起诉讼80余次，全部胜诉，全都获得4 000~6 000元，平均5 000元上下的赔偿。

飞乐维权之快，之猛，迄今为止，堪称中国之最。

【学者评述】

广东飞乐影视制品有限公司堪称维权的"小李飞刀"，真正的快刀手。2003年以来，由于与环球国际电影公司签订合同，取得了环球影城和梦工厂后大量影片的复制权与发行权，它对侵权公司进行的起诉前后多达80次，全部胜诉，可谓出手迅速，战果丰硕。

飞乐所维护的版权，皆是环球公司制作的外国影片的版权，如《史瑞克》《木乃伊》《猫鼠游戏》等，涉事双方虽是中国公司，但归根结底与外国公司有所关联。试想，如果授权方是中国公司，能否全部胜诉？当然，法律的公正性适用于任何国度，我们不能妄自猜测因涉事公司是外国公司这一事实对整起案件的影响，我们只希望未来的侵权事件少一些，所有侵权的行为能受到法律的制裁，所有拥有正当版权的著作人能真正获益。

(张玉华)

第十三节 警察新故事

【上诉人，原审被告】 广东中凯文化发展有限公司
【上诉人，原审被告】 广东星美音像有限公司
【被上诉人，原审原告】 香港星空传媒（香港）有限公司
【被上诉人，原审原告】 香港星空传媒有限公司
【原审被告】 中国录音录像出版总社
【原审被告】 天津市文化艺术音像出版社
【原审被告】 北京图书大厦有限责任公司

上诉人广东中凯文化发展有限公司（以下简称广东中凯公司）、上诉人广东星美音像有

限公司（以下简称广东星美公司）因侵犯著作权纠纷一案，不服北京市第一中级人民法院（2005）一中民初字第9337号民事判决，向北京市高级人民法院提起上诉，现已审理终结。

【一审查明事实】

北京市第一中级人民法院认定，涉案三部影片《警察故事（POLICE STORY）》《警察故事续集（POLICE STORY Ⅱ）》及《警察故事之三超级警察（POLICE STORY Ⅲ》的版权持有人均为星空传媒（香港）有限公司和星空传媒有限公司。

2005年3月11日，北京金杜律师事务所受星空传媒（香港）有限公司和星空传媒有限公司的委托，委派该所律师王莉在北京图书大厦购买了被控侵权DVD"警察故事系列（成龙电影HD数码修复版）"六套并对该过程进行了公证。每套DVD中包括三张单独包装的DVD，在内装三张DVD的封底均标有"中凯文化独家发行 广东中录音像有限公司发行"字样。在内装《警察故事（POLICE STORY）》的封底均标有"中国录音录像出版总社出版"字样，在内装《警察故事续集（POLICE STORY Ⅱ）》《警察故事之三超级警察（POLICE STORY Ⅲ）》的封底标有"天津市文化艺术音像出版社出版"字样。

2005年7月28日，广东中录音像有限公司（以下简称广东中录公司）变更企业名称为广东星美公司。

中国录音录像出版总社及天津文艺出版社否认其出版过上述DVD。广东星美公司及广东中凯公司对其发行该DVD的事实予以确认。

2000年12月15日，寰亚电影发行有限公司（以下简称寰亚公司）发给广东中录公司确认函，确认其已授权钜星录像发行公司（以下简称钜星公司）独家发行700部电影的VCD及DVD。同日，钜星公司亦向广东中录公司出具授权书，证实其已授权永成光碟有限公司（以下简称永成公司）独家发行700部电影的VCD及DVD。同日，广东中录公司与永成公司签订授权合同，其中规定："……本合同的VCD及DVD是指本合同签署日市场上已有出售及由MPEG-1压缩技术制成之VCD、DVCD及由MPEG-2压缩技术制成之DVD、SVCD。……除了上述的光碟外，乙方保留其他现有及将来发明或出现之媒体，包括（但不限于）DVD-ROM及CD-ROM。"该合同附件所列影片中包含涉案三部影片。2002年11月23日，广东中凯公司与广东中录公司签订协议书，约定广东中录公司将合同附件所列影片包括涉案三部影片音像制品之独家复制、制作、发行及总经销权独家转让给广东中凯公司。数码修复版警察故事三部曲套装3碟DVD于2004年9月24日在香港地区开始发行。

2005年2月16日，北京图书大厦公司通过正规进货渠道，购进了5套《警察故事D9系列》。

【一审法院观点】

北京市第一中级人民法院认为，根据涉案影片正版光盘的封底署名和香港影业协会出具的版权证明书，星空传媒（香港）有限公司和星空传媒有限公司为电影作品《警察故事》《警察故事续集》及《警察故事之三超级警察》的著作权人，其著作权受到我国著作权法的保护。

因中国录音录像出版总社及天津文艺出版社否认其出版过被控侵权DVD，而广东中凯公司表示被控侵权DVD上的署名行为是其受广东星美公司委托而实施，广东星美公司对此亦予以认可，故确认广东星美公司及广东中凯公司为被控侵权DVD的实际出版者。根据被控侵权 DVD 上标注的发行人名称，认定广东中凯公司及广东星美公司发行了被控侵权 DVD。

寰亚公司出具的证明和钜星公司出具的授权书均未对授权 DVD 所涉及的版本进行明确限定，应视为永成公司对涉案影片的数码修复版及非数码修复版的 DVD 均享有独家发行权。

依永成公司与广东中录公司所签授权合同的第一条第二款规定，"本合同的 VCD 及 DVD 是指本合同签署日市场上已有出售及由 MPEG－1 压缩技术制成之 VCD、DVCD 及由 MPEG－2 压缩技术制成之 DVD、SVCD。……除了上述的光碟外，乙方保留其他现有及将来发明或出现之媒体，包括（但不限于）DVD－ROM 及 CD－I 等。"涉案影片数码修复版上市的时间为 2004 年 9 月 24 日，晚于合同签订日，故数码修复版 DVD 的独家发行权，仍由永成公司享有，广东星美公司并未依此合同取得。

广东星美公司亦无权将该权利授予广东中凯公司，故广东中凯公司无权取得涉案影片数码修复版 DVD 的复制发行权。

综上，广东中凯公司及广东星美公司在未获得权利人许可的情况下，复制发行被控侵权 DVD 的行为已构成对星空传媒（香港）有限公司和星空传媒有限公司著作权中的复制权及发行权的侵犯，应承担相应的民事责任。对于星空传媒（香港）有限公司和星空传媒有限公司关于停止复制、发行涉案 DVD 的诉讼请求，予以支持。因涉案影片数码修复版 DVD 的独家发行权人为永成公司，星空传媒（香港）有限公司和星空传媒有限公司在授权期限内无权发行涉案影片数码修复版 DVD，故广东中凯公司及广东星美公司发行涉案 DVD 的行为不会给其造成经济损失，其要求广东中凯公司及广东星美公司赔偿因被控发行行为而造成的损失的主张，于法无据。对于因广东中凯公司及广东星美公司的复制行为而造成的损失，法院综合考虑涉案影片的性质、畅销度、被控侵权 DVD 的价格及广东中凯公司及广东星美公司的主观过错程度，在法定赔偿额限度内酌定赔偿数额。

广东中凯公司与广东星美公司的行为构成共同侵权，应当承担连带责任。

北京图书大厦公司提供了合法的进货来源，但涉案 DVD 的发行确未经过权利人的授权，故仍应承担停止销售的民事责任。

【一审判决】

综上，北京市第一中级人民法院依据《中华人民共和国民法通则》第一百四十二条第二款、第一百三十条、《中华人民共和国合同法》第一百二十五条、《中华人民共和国著作权法》第十一条第四款、第四十七条第（一）项、第四十八条第二款、最高人民法院《关于审理著作权民事纠纷案件适用法律若干问题的解释》第七条之规定，判决：（一）广东中凯公司、广东星美公司及北京图书大厦公司立即停止侵权行为；（二）广东中凯公司、广东星美公司连带赔偿星空传媒（香港）有限公司、星空传媒有限公司经济损失二十万元人民币；（三）驳回星空传媒（香港）有限公司、星空传媒有限公司的其他诉讼请求。

广东中凯公司、广东星美公司不服原审判决，向本院提起上诉，均请求撤销原审判决，驳回星空传媒（香港）有限公司和星空传媒有限公司的诉讼请求。

广东中凯公司的上诉理由是：1. 涉案影片的"数码修复版"不是新作品，原审判决认定星空传媒（香港）有限公司和星空传媒有限公司享有涉案影片的"数码修复版"复制发行权不符合法律规定；2. 原审判决认定香港永成公司在《授权合同》中保留"数码修复版"复制、发行权不符合合同约定；3. 原审判决不利于调整著作权人与数字化制品经营单位的法律关系，完全脱离了音像出版发行业在版权许可使用上的交易习惯；4. 广东中凯公司的行为不具有违法性，不构成侵犯著作权。

广东星美公司的上诉理由是：1. 因为香港影业协会出具的版权证明书载明，星空传媒（香港）有限公司和星空传媒有限公司已永远授权星空传媒发行制作有限公司永久发行涉案影片，与广东星美公司2003年签订合同的是星空传媒发行制作有限公司，所以星空传媒（香港）有限公司及星空传媒有限公司不是适格原告，与本案没有利害关系，应驳回其起诉；2. 一审法院判定涉案影片"数码修复版"是新作品、新载体格式是完全错误的，判定被上诉人享有涉案影片的"数码修复版"复制发行权属于认定事实不清；3. 根据授权合同，上诉人发行的D9是早就存在的最普通的DVD-Video家用影音光盘，而就DVD-Video——家用影音光盘上诉人已获充分授权，一审判决认定本案属于著作权侵权之诉属于适用法律错误；4. 一审法院认定广东星美公司与广东中凯公司共同实施侵权行为，没有事实依据。

星空传媒（香港）有限公司、星空传媒有限公司、中国录音录像出版总社、天津文艺出版社、北京图书大厦公司服从原审判决。

【二审查明事实】

经审理查明：香港影业协会出具的版权证明书载明：涉案三部影片《警察故事（POLICE STORY）》《警察故事续集（POLICE STORY Ⅱ）》及《警察故事之三超级警察（POLICE STORY Ⅲ）》的"版权持有人：星空传媒（香港）有限公司和星空传媒有限公司 发行公司：星空传媒发行制作有限公司 发行地区：全世界以任何形式的媒体发行 发行期限：永久发行权"。同时，在上述三部影片正版数码修复版套装DVD的套装封底及内装的每张DVD封底均有"Copyright © 1993 STAR TV Filmed Entertainment Limited & STAR TV Filmed Entertainment (HK) Limited"的字样，该标注名称为星空传媒（香港）有限公司和星空传媒有限公司的英文名称。

2005年3月11日，北京金杜律师事务所受星空传媒（香港）有限公司和星空传媒有限公司的委托，委派该所律师王莉在北京图书大厦购买了被控侵权DVD"警察故事系列（成龙电影HD数码修复版DVD-9）"六套并对该过程进行了公证。该DVD每套售价75元人民币，北京图书大厦公司为其开具了发票。每套中包括三张单独包装的DVD，在内装三张DVD的封底均标有"中凯文化独家发行 广东中录音像有限公司发行"字样。在内装《警察故事（POLICE STORY）》的封底均标有"中国录音录像出版总社出版"字样，在内装《警察故事续集（POLICE STORY Ⅱ）》《警察故事之三超级警察（POLICE STORY Ⅲ）》的封底标有"天津市文化艺术音像出版社出版"字样。北京物证技术鉴定所经鉴定确认上述被控侵权DVD是由星空传媒（香港）有限公司和星空传媒有限公司提供的正版数码修复版DVD复制而来。

2005年7月28日，广东中录公司名称变更为广东星美公司。

中国录音录像出版总社及天津文艺出版社没有出版过上述被控侵权DVD。该DVD上的"中国录音录像出版总社出版"及"天津市文化艺术音像出版社出版"字样是广东中凯公司受广东星美公司委托而标注的。广东星美公司及广东中凯公司发行了被控侵权DVD。

2000年12月15日，寰亚公司发给广东中录公司确认函，其中载明，其"已授权钜星录像发行公司在中华人民共和国独家发行附件所列明700部电影的VCD及DVD"。同日，钜星公司作为乙方与作为甲方的永成公司签订授权合同，其中约定："一、乙方拥有本合同影片 VCD 及 DVD 发行权。甲乙双方同意共同合作发展中国大陆 VCD 及 DVD 市场，甲方按以下媒体、用途、指定发行语言、授权地区及授权期限内销售及加工印制下列电影之 VCD 及 DVD。1. 电影：中文电影 700 部，详情见附件一。2. 授权光碟：VCD 电影光碟及 DVD 数码光碟，与及由该等 VCD 及 DVD 演变而来，并由 MPEG 压缩技术而产生之其他光碟。本合同的 VCD 及 DVD 是指本合同签署日市场上已有出售及由 MPEG－1 压缩技术制成之 VCD、DVCD 及由 MPEG－2 压缩技术制成之 DVD、SVCD……除了上述的光碟外，乙方保留其他现有及将来发明或出现之媒体，包括（但不限于）DVD－ROM 及 CD－I 等。3. 授权地区：中华人民共和国（香港特别行政区、台湾及澳门特别行政区除外）。4. 授权范围：（i）乙方授权甲方在授权地区独家印制及独家发行本合约附件二所列明的 450 部电影的授权光碟。甲方不得在授权地区以外任何地方发行或销售该等电影之授权光碟。乙方在授权地区内已授权其他公司印制及发行之其他 250 部影片之 VCD 及 DVD 发行权将于合约期满不再续约并自动转授权给甲方根据本合同条款在授权地区继续作独家印制及独家发行。（ii）……二、乙方将无偿借给甲方电影母带（Digital Betacam 或 Betacam SP 或 CDR 或 DVD 或 DLT）作为印制 VCD 及 DVD 之用……甲方负责支付母带所有使声音带与画面配合之一切费用……"同日，钜星公司向广东中录公司出具授权书，其中载明"本函为证实本公司已授权永成公司在中华人民共和国独家发行本函附件所列明的 700 部电影的 VCD 及 DVD，有效期由本函发出日起计约七年。"在所附影片列表中包含有涉案三部影片。

2000 年 12 月 15 日，广东中录公司与永成公司签订了授权合同，其中约定："一、乙方（永成公司）拥有本合同影片 VCD 及 DVD 发行权。甲乙双方同意共同合作发展中国大陆 VCD 及 DVD 市场，甲方（广东中录公司）按以下媒体、用途、指定发行语言、授权地区及授权期限内销售及加工印制下列电影之 VCD 及 DVD。1. 电影：中文电影 700 部，详情见附件一。2. 授权光碟：VCD 电影光碟及 DVD 数码光碟，与及由该等 VCD 及 DVD 演变而来，并由 MPEG 压缩技术而产生之其他光碟。本合同的 VCD 及 DVD 是指本合同签署日市场上已有出售及由 MPEG－1 压缩技术制成之 VCD、DVCD 及由 MPEG－2 压缩技术制成之 DVD、SVCD……除了上述的光碟外，乙方保留其他现有及将来发明或出现之媒体，包括（但不限于）DVD－ROM 及 CD－I……4. 授权范围：乙方授权甲方在授权地区独家印制及独家发行本合同附件二所列明的 450 部电影的授权光碟。甲方不得在授权地区以外任何地方发行或销售该等电影之授权光碟。乙方在授权地区内已授权其他公司印制及发行之其他 250 部影片之 VCD 及 DVD 发行权将于合约期满不再续约并自动转授权给甲方在授权地区继续作独家印制及独家发行……二、乙方将无偿借给甲方电影母带（Digital Betacam 或 Betacam SP 或 CDR 或 DVD 或 DLT）作为印制 VCD 及 DVD 之用……甲方负责支付母带所有使声音带与画面配合之一切费用……"该合同附件一为合同所涉全部影片列表，其中包含涉案三部影片。2003 年 11 月 28 日，广东中录公司与永成公司签订了针对上述授权合同的补充合同。

2002 年 11 月 23 日，广东中凯公司与广东中录公司签订协议书。其中约定："甲方（广东中录公司）拥有该节目在中国大陆音像制品的独家复制、发行和销售权。现甲方同意每套节目以人民币贰万伍仟元的价款，将该节目音像制品之独家复制、制作、发行及总经销权独家转让给乙方（广东中凯公司）。"该合同附件影片目录中包括涉案三部影片。

2003 年 11 月 28 日，永成公司、广东星美公司以及星空传媒发行制作有限公司签订《转让契据》。主要约定：经过广东星美公司的同意，转让方永成公司同意将广东星美公司与永成公司 2000 年 12 月 15 日签订的授权合同和 2003 年 11 月 28 日签订的补充合同内关于星空影片（包括涉案三部影片）的所有权利、权益和义务转让给受让方星空传媒发行制作有限公司，星空传媒发行制作有限公司同意接受这些权利、权益和义务。

数码修复是将年代已久远的影片拷贝还原成最接近其原先公映的版本的一种数字技术，主要是针对影片拷贝的灰尘、抓痕、褪色、胶片颗粒噪声、原有场景和声音消失等导致影片画面不清楚、声音不清晰的问题对影片载体进行修复。经过数码修复的 DVD 画质及影音均好于未经数码修复过的 DVD。

星空传媒（香港）有限公司和星空传媒有限公司认为，影片数码修复版 DVD 的上市时间在授权合同签署日之后，超出了授权合同所称的"本合同签署日市场上已有出售"的范围；数码修复版 DVD 是 DVD 的一种版本，属于授权合同所称的"其他现有及将来发明或出现之媒体"，故数码修复版 DVD 的复制发行超出了授权合同的授权范围、构成侵权；广东星美公司和广东中凯公司则认为，其复制发行数码修复版 DVD 的行为符合授权合同约定的范围；数码修复技术可以用于修复 VCD、DVD 等各种光盘载体，经过数码修复的影片的光盘载体并不是授权合同所称的"其他现有及将来发明或出现之媒体"。

星空传媒（香港）有限公司和星空传媒有限公司提交了经过公证的 http://www.dvdtimes.co.uk 网站的相关页面拷屏打印件，相关网页显示："数码修复版警察故事三部曲套装碟本月上市 IVL 宣布警察故事三部曲套装 3 碟 DVD 于 2004 年 9 月 24 日在香港地区以 238 港元的价格开始发行。这套被认为是香港电影经典的警察故事及其两部续集已进行了全面的数码修复"；还提供了一份金额为 18 750 加元的加拿大的发票，以证明其对数码修复版的制作投入了巨资，但称其没有统计过涉案三部影片在数码修复版上共投入多少资金，花巨资针对的是数百部影片的修复。广东中凯公司和广东星美公司认为数码修复版 DVD 的宣传只是商业上的炒作，并无实际商业价值；在就原先公映的电影版本已获充分授权的情况下，其有权利获得尽可能符合该影片原先公映版本的质量好的母带；数码修复技术是很普通的技术，不可能投入巨资；18 750 加元的发票来源于中国境外、未经公证认证，不应作为证据使用。

2005 年 2 月 16 日，北京图书大厦公司从广东中凯公司购进了 5 套《警察故事 D9 系列》，单价 46 元。

上述事实有香港影业协会出具的三份版权证明书、涉案三部影片的正版数码修复版套装 DVD、（2005）长证内经字第 82645 号公证书、北京物证技术鉴定所鉴定书、被控侵权 DVD、广东中录公司与永成公司签订的授权合同及补充合同、（2005）长证内经字第 83375 号公证书、中国委托公证人方和签署的证明书、寰亚公司出具的确认函、钜星公司出具的授权书、广东中凯公司与广东中录公司签订的协议书、永成公司和广东星美公司以及星空传媒发行制作有限公司签订的《转让契据》、中凯销售单、制作数码修复版的有关发票及当事人陈述等证据在案佐证。

【二审法院观点】

本院认为：星空传媒（香港）有限公司系在中华人民共和国香港特别行政区注册的法人，其作品受我国法律的保护。星空传媒有限公司为英属维尔京群岛注册的法人，我国与英国均为《伯尔尼保护文学和艺术作品公约》的成员国，星空传媒有限公司的作品亦应受我国法律的保护。

根据著作权法和最高人民法院有关司法解释的规定，除有相反证明以外，在作品或者制品上署名的自然人、法人或者其他组织视为著作权、与著作权有关权益的权利人。星空传媒（香港）有限公司和星空传媒有限公司在本案中主张对涉案影片享有复制发行权，并提交了署名或标注星空传媒（香港）有限公司和星空传媒有限公司为版权人的正版光盘和版权证明书，现广东星美公司就星空传媒（香港）有限公司和星空传媒有限公司的主体资格问题提出异议，其应当提供能够推翻上述事实的相反证据。广东星美公司提供的证据一是香港影业协会出具的版权证明书，其中载明星空传媒（香港）有限公司和星空传媒有限公司已永远授权星空传媒发行制作有限公司永久发行涉案影片；证据二是2003年永成公司与广东星美公司以及星空传媒发行制作有限公司签订的《转让契据》，表明永成公司已经将全部权利转让给星空传媒发行制作有限公司，所以星空传媒（香港）有限公司及星空传媒有限公司已经不是著作权人。但是，其一，版权证明书上关于星空传媒（香港）有限公司和星空传媒有限公司授权星空传媒发行制作有限公司"永久发行"的内容并不构成星空传媒（香港）有限公司和星空传媒有限公司为版权人的相反证据；其二，根据《转让契据》，星空传媒发行制作有限公司继受了广东星美公司与永成公司签订的授权合同中永成公司授予广东星美公司的权利，鉴于上述授权合同中永成公司授予广东星美公司的权利范围为"独家印制及独家发行"，在没有证据证明、包括合同约定的内容本身也无法证明，该权利系排除包括著作权人星空传媒（香港）有限公司和星空传媒有限公司在内的任何人复制发行的专有使用权的情况下，该《转让契据》亦不构成否定星空传媒（香港）有限公司和星空传媒有限公司为版权人的证据。因此，星空传媒（香港）有限公司和星空传媒有限公司有权在本案中就涉案影片主张复制、发行权。广东星美公司关于星空传媒（香港）有限公司和星空传媒有限公司不具备原告主体资格的上诉主张，本院不予支持。

星空传媒（香港）有限公司和星空传媒有限公司上诉提出，广东星美公司和广东中凯公司复制发行数码修复版DVD的行为超出了2000年12月15日广东星美公司与永成公司签订的授权合同约定的范围而构成侵权，对此有必要明确双方争议的数码修复版DVD与该授权合同约定的授权范围之间的关系。

根据广东星美公司与永成公司签订的授权合同，永成公司向广东星美公司许可使用的是以VCD和DVD形式加工印制及销售700部中文电影作品的复制发行权。根据该授权合同第一条第二款的内容可以看出，该合同从正反两个方面界定了广东星美公司有权加工印制的VCD和DVD的形式以及永成公司保留的光盘载体或媒体形式，从而明确了永成公司向广东星美公司许可使用的700部中文电影作品的复制发行权的具体范围。就广东星美公司有权加工印制的VCD和DVD的形式而言，该合同关于"本合同签署日市场上已有出售"的限定条件应当理解为VCD、DVD形式的影片的内容已经在市场上公开或者至少理解为载有相关影片内容的VCD、DVD曾经在市场上出售过；该合同关于"由MPEG－1压缩技术制成之VCD、DVCD及由MPEG－2压缩技术制成之DVD、SVCD"的限定条件，明确了制作VCD和DVD的技术是压缩技术；该合同以"及"字表明上述两个限定条件缺一不可，两个条件分别从光盘所载影片的内容和光盘加工技术两个方面进行限定。星空传媒（香港）有限公司和星空传媒有限公司关于数码修复版DVD系在该合同签署日市场上才出现的、故数码修复版DVD超出了该合同约定的范围的主张，实质上是将授权合同所称的广东星美公司有权加工印制VCD、DVD的前置条件"本合同签署日市场上已有出售"理解为永成公司仅仅许可广东星美公司按照市场上已出售的VCD、DVD光盘进行印制，这种理解与授权合同同时从技术方面进行限定、以压缩技术界定授权范围的内容相矛盾。就永成公司保留的光盘载体或媒体形式而言，授权合同关于"除了上述的光碟外，乙方保留其他现有及将来发明或出现之媒体，包括（但不限于）DVD－ROM及CD－I等。"中的"其他现有及将来发明或出现之媒体"，应当理解为前述VCD、DVD以外的、但与前述VCD、DVD同样属于光盘载体的"媒体"。星空传媒（香港）有限公司和星空传媒有限公司主张数码修复版DVD属于"其他现有及将来发明或出现之媒体"、因而属于永成公司所保留的权利，但是，涉案数码修复技术是对影片拷贝进行数字化处理的技术，数码修复的对象是载有电影作品的母带或母盘，故来源于经过数码修复的电影母带或母盘的涉案"数码修复版DVD"与授权合同中界定授权范围的"其他现有及将来发明或出现之媒体"在作用和性质上完全不同。综合上述正反两个方面，涉及母盘清晰与否的"数码修复版DVD"与授权合同关于"本合同签署日市场上已有出售"以及"其他现有及将来发明或出现之媒体"等界定授权范围的内容没有关系，同时考虑到"数码修复版DVD"系在授权合同签订之后才出现、在后出现的"数码修复版DVD"不能影响在先形成的授权范围，本院认为，广东星美公司在合同约定的期限和范围内、以合同约定的DVD形式复制发行涉案三部电影的行为并未超出授权合同约定的范围，星空传媒（香港）有限公司和星空传媒有限公司主张广东星美公司和广东中凯公司侵犯其著作权不能成立。

但是，星空传媒（香港）有限公司和星空传媒有限公司对涉案三部影片的母带或母盘进行了数码修复，其因修复涉案电影母带或母盘付出了一定的资金和劳动，其应对因修复行为而产生的利益享有合法的民事权益；综合考虑广东星美公司依据授权合同有权复制发行合同界定的VCD和DVD形式的涉案电影作品，经数码修复的母带或母盘与原母带或母盘之间的特定联系，数码修复版DVD上市后对非数码修复版DVD的影响以及广东星美公司所获得的授权仍在有效期内等因素，本院认为，根据公平原则，应当允许广东星美公司使用经过数码修复的电影母带或母盘；但广东星美公司应当给予星空传媒（香港）有限公司和星空传媒有限公司适当的补偿。广东中凯公司依据其与广东星美公司签订的合同亦实际使用了经过数码修复的涉案三部电影的母带或母盘，其应当与广东星美公司共同对星空传媒（香港）有限公司和星空传媒有限公司进行补偿。星空传媒（香港）有限公司和星空传媒有限公司主张其对涉案三部影片的电影母带或母盘的数码修复投入了资金，但未提供有效证据。本院将根据本案的具体情况对广东星美公司应当补偿的数额予以酌定。

综上，原审判决认定事实和适用法律均有错误，本院应予纠正。广东星美公司和广东中凯公司的部分上诉理由成立，其相关上诉请求，本院予以支持。

【终审判决】

二〇〇七年六月二十九日，北京市高级人民法院依照《中华人民共和国民法通则》第四条、第一百四十二条第二款、《中华人民共和国合同法》第一百二十五条第一款、《中华人民共和国著作权法》第十一条第四款、最高人民法院《关于审理著作权民事纠纷案件适用法律若干问题的解释》第七条、《中华人民共和国民事诉讼法》第一百五十三条第一款第（二）项、第（三）项之规定，判决如下：

一、撤销北京市第一中级人民法院（2005）一中民初字第9337号民事判决；

二、广东中凯文化发展有限公司和广东星美音像有限公司于本判决生效之日起十日内，就使用涉案三部影片的数码修复版的行为共同补偿星空传媒（香港）有限公司和星空传媒有限公司三千元人民币；

三、驳回星空传媒（香港）有限公司和星空传媒有限公司的其他诉讼请求。

如不按本判决指定的期间履行给付金钱义务，应当依照《中华人民共和国民事诉讼法》第二百三十二条之规定加倍支付迟延履行期间的债务利息。

一审案件受理费一万零一十元，星空传媒（香港）有限公司和星空传媒有限公司负担八千元（已交纳），广东中凯文化发展有限公司和广东星美音像有限公司负担二千零一十元（于本判决生效之日起七日内交纳）；二审案件受理费一万零一十元，星空传媒（香港）有限公司和星空传媒有限公司负担八千元（于本判决生效之日起七日内交纳），广东中凯文化发展有限公司和广东星美音像有限公司负担二千零一十元（已交纳）。

本判决为终审判决。

【学者评述】

本案是一场"高科技"之争，争论的焦点是运用数码修复技术修复后的影音产品是否属于原著作权人，出版、发行修复后的影视产品是否是侵权行为。经过法庭判决，我们对这一问题有了比较明晰的认识：数码修复的对象是载有电影作品的母带或母盘，在取得授权的前提下，出售数码修复版DVD不构成侵权。数码修复并不改变作品的内容，只是清晰度、画面质感等形式的更新与提升。

可以说，本案是电子技术的日新月异带给我们的新难题和新挑战。影视产品本来就以电子技术为支撑，电子技术的不断发展，也会给影视产业带来直接的影响。网络技术的飞速发展，增加了著作人维权的难度，数码修复技术的普遍使用，又带来新的法律难题。可见，技术真的是一把双刃剑，它一方面大大提升了生产力，为现代人的生活带来便捷；另一方面又会使人陷入技术伦理的困惑，产生新的社会问题。

我们必须以积极的心态，面对新技术带给我们的挑战，从思想层面上认识它、接受它，从法律层面规范它、引导它，这样才能让技术更好地服务于人类。

（张玉华）

第十四节　黄河九道弯

	1998 年	2000 年	2002 年	2003 年	2004 年
郑州市中级人民法院	（1998）郑法民初字第 38 号，民事，判决				
河南省高级人民法院		（2000）豫法民终字第 117 号，民事，判决	（2002）豫法民再字第 5 号，民事，判决		
北京市西城区人民法院				知识产权，移送，裁定	

续表

	1998 年	2000 年	2002 年	2003 年	2004 年
北京市第一中级人民法院					(2003) 一中民初字第 11503 号知识产权，调解

【上诉人】 河南省炎黄文化影视发展有限公司
【被上诉人】 郑州电视台
【被上诉人】 中国广播音像出版社

上诉人河南省炎黄文化影视发展有限公司（以下简称炎黄公司）与被上诉人郑州电视台、中国广播音像出版社（以下简称音像出版社）音像制品侵权纠纷一案，不服郑州市中级人民法院（1998）郑法民初字第38号民事判决，向河南省高级人民法院院提起上诉，现已审理终结。

【一审查明事实】

1993年8月，由原郑州市华中音像公司等单位倡议发起，由华中音像公司出资承办，经河南省文化厅和中华人民共和国文化部批准，在郑州市举办"首届亚细亚杯全国豫剧名丑大赛"，并组建了"组织委员会"，刻制了公章。1994年4月，在河南省原密县（现新密市）进行了大赛决赛。并邀请原密县电视台录制决赛节目。因原密县电视台考虑到技术和质量问题，请郑州电视台帮忙。由郑州电视台的技术人员自带设备对大赛决赛现场节目进行了录制，其录制的母带由其电视台保管，同时录制的二分之一带由华中音像公司保存。华中音像公司于1994年4月19日付给原密县电视台服务费6 000元。该电视台给华中音像公司出具一份收据中注明："含市电视台和县电视台。"1994年4月20日，该大赛组织委员会在其大赛纪要第四项中说明："这次大赛由于种种情况，赞助、协助单位的资金迟迟不能到位，整个大赛的费用资金全部由承办单位郑州华中音像公司提供。该公司在经济上受到了一定损失。这次大赛参加者送审的音像资料、决赛演出的所有节目，摄制成的录像带，拍摄的剧照、照片全部版权和使用权归承办单位华中音像公司独家所有。大赛中所有债权债务及善后工作处理，全部由华中音像公司承担"。

郑州市华中音像公司于1995年与有关部门脱钩注销，该公司的法定代表人杨兴华于1997年4月又申请成立了河南省炎黄文化影视发展有限公司。原华中音像公司未注销前的债权债务，音像制品有关资料的母带及版权、发行权、业务往来全部归属于炎黄公司，并有移交手续，后炎黄公司对大赛决赛节目以《名丑荟萃》的名义在河南省版权局进行了版权登记。由河南省音像出版社出版发行名为《名丑荟萃》戏剧VCD节目3万套。在该节目制作期间，炎黄公司发现大赛决赛节目由中国广播音像出版社出版发行了名为《中国豫剧丑角名家群英会》的VCD节目，其停止了《名丑荟萃》VCD节目的制作，该节目未出版发行。

另查明：中国广播音像出版社出版发行的《中国豫剧丑角名家群英会》VCD节目，系郑州电视台提供其保管的决赛录像节目。1997年9月8日其又出具证明，并在证明中称："1995年3月8日在新密市举办的全国豫剧名丑大赛决赛现场晚会，由我台录制，版权归我台所有"该证明中写的 1995 年，实际是 1994 年的决赛。中国广播音像出版社对该决赛节目版权是否归属郑州电视台，其未有严格核实，并承认其出版发行 2 000 套，每套四盒，每套批发价 80 元，非法所得 80 000 元。

【一审法院观点】

原审认为：炎黄公司承担了原郑州市华中音像公司未注销前的义务，接受了该公司的各项权利，炎黄公司有权主张原华中音像公司未注销前的各项权利。炎黄公司系首届亚细亚杯全国豫剧名丑大赛承办者，又是出资者，大赛组织委员已明确该大赛、决赛节目的录像等版权归炎黄公司独家所有，故炎黄公司对该次大赛，决赛节目的录像等享有版权。郑州电视台对该次大赛、决赛节目录制的母带是录像制品，不属录像作品，对此炎黄公司已支付了劳务费，郑州电视台对其保管该次大赛决赛节目所录像的母带不享有版权。郑州电视台未经炎黄公司许可，其出具证明，提供其保管该决赛节目的录像制品，音像出版社对该决赛节目录像制品的版权是否归属郑州电视台，未有严格核实，其将该决赛节目出版发行了《中国豫剧丑角名家群英会》VCD 节目，侵犯了炎黄公司的合法权益。郑州电视台、音像出版社的行为构成了侵权行为，应立即停止侵权，给炎黄公司造成的损失，应按其非法所得给予赔偿。炎黄公司以其将该决赛节目名为《名丑荟萃》出版发行 3 万套 VCD 节目为由，请求赔偿其 100 万元的损失，因其未出版发行，又未提供其他经济损失的证据，不予支持。故判决：1. 郑州电视台、中国广播音像出版社应立即停止对河南省炎黄文化影视发展有限公司版权的侵害；2. 本判决生效之日起十日内，由郑州电视台、中国广播音像出版社共同赔偿给河南省炎黄文化影视发展有限公司人民币 80 000 元，并互负连带责任；3. 驳回河南省炎黄文化影视发展有限公司要求赔偿其他经济损失的诉讼请求。受理费 15 000 元，由炎黄公司负担 5 000 元，郑州电视台、音像出版社共同负担 10 000 元。

炎黄公司上诉称：1. 原审判决仅把音像出版社的非法所得作为我单位的经济损失的赔偿是错误的。其一，郑州电视台不经版权所有人的同意，将全国豫剧名丑大赛的作品卖给音像出版社的非法所得也应作为对炎黄公司的赔偿。其二，音像出版社出版发行 2000 套，仅是自己承认的，实际发行多少套，原审法院未查证。其三，郑州电视台、音像出版社的非法所得，不能作为赔偿炎黄公司经济损失的依据，赔偿炎黄公司经济损失 8 万元是不合适的。2. 原审对该公司请求郑州电视台、音像出版社赔偿 100 万元的经济损失不予认定，仅赔偿 8 万元，显然是放纵了侵权行为人。其一，且不说炎黄公司的物化劳动投入，仅就人、财、物的实际投入 40 万元之多。其二，由于郑州电视台、音像出版社的侵权、盗版行为，使炎黄公司的豫剧"名丑荟萃"出版、发行成为泡影。其经济损失在 100 万元以上。3. 原审法院对炎黄公司所有的"全国豫剧名丑大赛"中的演员的肖像权也未予保护。根据《著作权法》的规定，对侵犯演员肖像权的行为应予以公开赔礼道歉并赔偿经济损失。请求二审法院撤销错误判决，依法改判。郑州电视台、音像出版社未作书面答辩。

经审理查明事实与原审查明事实基本相同。另查明，根据郑州电视台申请，炎黄公司 1993 年 7 月 1 日至 1994 年 4 月 30 日举行的"亚细亚杯"全国豫剧名丑大赛收入和支出费用原始票据进行鉴定。经河南省司法审计事务所审计、合法开支 199 225.61 元，不能认定票据为 108 417 元。1994 年 4 月在新密市举办大赛期间付给新密电视台劳务费 6 000 元，用于郑州电视台及新密电视台工作人员劳务生活补贴。炎黄公司在《名丑荟萃》版权登记的前提下，交付 VCD 编辑、制作费 60 000 元。另外，郑州电视台在 1997 年 11 月将帮助炎黄公司录制的母带以 1 万元转让给音像出版社。

【二审法院观点】

本院认为，炎黄公司承担原郑州市华中音像公司未注销前的义务，接受该公司的各项权利，炎黄公司又是亚细亚杯全国豫剧名丑大赛的承办者、出资者。组委会又明确决赛节目录像版权归炎黄公司，炎黄公司已经申请该次大赛音像制品的版权登记，故炎黄公司有权利享有大赛音像制品的商业利益。郑州电视台协同新密电视台对该次大赛决赛录制的母带，是录像制品，不属录像作品，炎黄公司已支付了劳务费，郑州电视台并未参与筹划组织该次大赛的活动，未支出任何费用，故郑州电视台对其保管该次决赛所录制母带不享有音像制品的版权，亦无权处分该录像资料。郑州电视台未经炎黄公司许可，将其保管的母带转让给音像出版社，侵犯了炎黄公司的合法权益，音像出版社受让郑州电视台录制的母带，其权属是否归郑州电视台，未查验合法权属凭证，即出版发行《中国豫剧丑角名家群英会》VCD 节目，造成炎黄公司筹划的《名丑荟萃》VCD 音像作品已无上市的必要，郑州电视台和音像出版社共同构成了对炎黄合法权益的侵害。依据我国民法通则和著作权法的规定，郑州电视台和音像出版社应对炎黄公司为此而形成的经济损失承担赔偿责任。郑州电视台收取10 000元将母带版权转让给音像出版社，这种非法所得，应作为对炎黄公司的经济损失赔偿。炎黄公司对此上诉理由，本院予以采纳。炎黄公司关于音像出版社非法所得80 000元不实，但又没有举出非法所得高于80 000元的证据，本院不予采纳，原判认定音像出版社非法所得80 000元并无不当。由于炎黄公司组织豫剧名丑大赛没有得到预期商业利益，故为此大赛支出的合理费用应作为其损失，由郑州电视台和音像出版社予以赔偿。炎黄公司付给新密电视台、郑州电视台的劳务费6 000元，本院予以认定。以审计，大赛期间支出的必要费用199 225.61元，是炎黄公司的合理支出，本院予以认定，对炎黄公司提供的形式不合法的支出凭证计108 417元，不予认定。炎黄公司为制作音像作品已支付的西安的编辑制作费60 000元，亦为该公司的损失、予以赔偿。以上各项损失共计355 225.61元。炎黄公司上诉认为原判认定其损失数额不足的理由部分成立，本院予以支持。原判认定郑州电视台、音像出版社构成侵权，判令立即停止侵权正确，但对炎黄公司所受损失的部分事实没查清，处理不当，应予改判。

【终审判决】

二〇〇〇年三月二十一日，河南省高级人民法院依照《中华人民共和国民事诉讼法》第一百五十三条第一款第（三）项之规定，判决如下：

一、维持郑州市中级人民法院（1998）郑法民初字第 38 号民事判决第一、二条。

二、撤销郑州市中级人民法院（1998）郑法民初字第 38 号民事判决第三条。

三、郑州电视台、音像出版社于本判决生效后 15 日内赔偿河南省炎黄文化影视发展有限公司经济损失355 225.61元。互负连带责任。

一审诉讼费15 000元，河南省炎黄文化影视发展有限公司负担2 000元，郑州电视台、中国广播音像出版社各负担6 500元。二审诉讼费15 000元，郑州电视台负担8 000元，中国广播音像出版社负担6 000元，河南省炎黄文化影视发展有限公司负担1 000元，鉴定费10 000元，郑州电视台负担7 000元。河南省炎黄文化影视发展有限公司负担3 000无。

本判决为终审判决。

2000年11月9日,郑州电视台支付河南省郑州市中级人民法院该案执行款30万元;中国广播音像出版社分别于2001年9月26日和2003年1月3日,支付执行款6万元和3.5万元,合计9.5万元。

郑州电视台于2003年以中国广播音像出版社为被告向北京市西城区人民法院提起诉讼,以原审法院对其与中国广播音像出版社之间的责任划分并未处理为由,请求被告赔偿其损失30万元人民币并承担诉讼费用。中国广播音像出版社答辩并提出反诉,要求郑州电视台赔偿其经济损失9.5万元并承担诉讼费。北京市西城区人民法院于2003年6月17日对该案进行了公开审理。后因该案涉及知识产权侵权问题,该院无管辖权,于2003年6月18日将其移送北京市第一中级人民法院审理。该院于2003年10月29日受理此案,后依法组成合议庭,并于2004年1月14日对该案公开开庭进行了审理。

二〇〇四年二月三日,经一中院主持调解,双方当事人自愿达成如下协议:一、河南省郑州市中级人民法院从双方已执行的赔偿款由双方各自负担;二、被告(反诉原告)中国广播音像出版社补偿原告(反诉被告)郑州电视台人民币5万元,于2004年2月10日前支付;三、本案本诉案件受理费7 010元,反诉案件受理费4 000元分别由本诉原告郑州电视台、反诉原告中国广播音像出版社自行承担(已交纳)。

【学者评述】

豫剧是全国代表性戏曲剧种之一,也是河南的名片和河南人的骄傲。继承和发扬豫剧的优良传统,为当代文化建设做出贡献,是河南文化部门和影视机构义不容辞的责任。本案中的"首届亚细亚杯全国豫剧名丑大赛",是戏曲界、文化界的一次盛会。然而,就是这场文化盛会,却引发了一场长达十年的音像制品侵权纠纷案。

初观案件,似乎错综复杂,千头万绪,然而仔细考索,这一历经十余年、经过三次庭审的诉讼,随着调查和审判的深入,真相愈来愈明。炎黄公司作为此次盛会的承担者,拥有大赛录像的合法版权,这是毋庸置疑的。然而,参与拍摄的郑州电视台却无视这一事实,私自将录像转卖给中国广播音像出版社,给炎黄公司带来了直接的经济损失,这是违反《知识产权法》的相关规定的。因此,炎黄公司出于维护自己经济利益的目的,坚决上诉。最终,法院勒令郑州电视台和中国广播音像出版社共同赔偿炎黄公司的经济损失,案件也尘埃落定。

一场文化界盛事,最终以对簿公堂而收场,几家大型文化合作单位,最终以失和、翻脸而散场,究其原因,是文化产业链上的经济利益驱使所致。市场经济环境下,一切皆有可能成为商品,哪怕是自命清高的文化,也需找到适应它生存和发展的路径。文化产品与普通商品不同,它的生产会涉及更多因素,权利的分配上也更复杂、更多样。科技进步催生的影视、音像成为当今最畅销的一种文化产品。然而,无限制的复制特点和权责的不明确,极易造成文化产品的侵权行为。侵权行为的直接受害者是版权所有者,最大受益者是盗版单位或个人,因其侵权的成本低廉,风险小,故屡禁不止。

在本案中,涉事被告单位未必不知知识产权法的相关规定,但为了追求经济利益,置法律条文于不顾,最终给版权所有者造成了不小的经济损失,可视为明知故犯。而原告炎黄公司坚决以法律维护自己的合法权益,并最终获得赔偿,从一个侧面说明我国知识产权方面的法律法规在不断完善和进步。

案件的结束,不代表着同类案件的结束和终止,类似的侵权事件,可能还在频繁地发生。为了减少文化产品侵权行为的发生，司法部门应该制定更加完备的法律条文，大力保障版权所有者的合法权利，同时，应该增加惩罚力度，以高额的赔偿来限制侵权行为。当然，各类文化单位也应该懂法守法，自强自律，不要为了经济利益而做出有损脸面与荣誉的违法事件。

（张玉华）

第十五节　河北梆子不白唱

【上诉人，原审被告】中国文联音像出版社
【上诉人，原审被告】天津天宝文化发展有限公司
【上诉人，原审被告】天津天宝光碟有限公司
【被上诉人，原审原告】广东唱金影音有限公司
【原审被告】河北省河北梆子剧院
【原审被告】河北音像人音像制品批销有限公司

上诉人中国文联音像出版社（以下简称文联音像出版社）、天津天宝文化发展有限公司（以下简称天宝文化公司）、天津天宝光碟有限公司（以下简称天宝光碟公司）与被上诉人广东唱金影音有限公司（以下简称唱金公司）及原审被告河北省河北梆子剧院（以下简称河北省梆子剧院）、河北音像人音像制品批销有限公司（以下简称音像人公司）因侵犯著作权纠纷一案，不服河北省高级人民法院于2007年12月15日作出的（2007）冀民三初字第1-1号民事判决，向最高人民法院提起上诉。本院于2008年6月15日受理此案后，依法组成合议庭，于2008年7月29日公开开庭审理了本案，现已审理终结。

原审法院依照《中华人民共和国民法通则》第一百三十四条第一款第（一）项、第（七）项、《中华人民共和国著作权法》第四十六条第（十一）项、第四十八条、第五十二条、《最高人民法院关于审理著作权民事纠纷案件适用法律若干问题的解释》第十九条、第二十五条的规定，判决：一、文联音像出版社、天宝光碟公司及天宝文化公司立即停止出版、复制及发行涉案《蝴蝶杯》（上、下部）、《陈三两》《双错遗恨》《清风亭》和《血染双梅》的音像制品，并销毁未出售的上述剧目的音像制品；二、音像人公司立即停止销售上述音像制品，并销毁未出售的上述剧目的音像制品；三、文联音像出版社、天宝光碟公司及天宝文化公司于判决生效之日起10日内连带赔偿唱金公司经济损失30万元；四、驳回唱金公司的其他诉讼请求。

上诉人文联音像出版社及天宝文化公司不服原审判决，在法定期限内共同向本院提起上诉。

上诉人天宝光碟公司不服原审判决，在法定期限内向本院提起上诉。

本院认为，唱金公司一审中对文联音像出版社等出版发行的《蝴蝶杯》《陈三两》《双错遗恨》《清风亭》《血染双梅》《打金砖》《三打陶三春》《春草闯堂》共八个剧目的录像制品主张权利，一审法院认为唱金公司未针对后三者取得完整授权而未支持其对该三个剧目的主张，因唱金公司未提出上诉，故本案的争议焦点即在于唱金公司对《蝴蝶杯》《陈三

两》《双错遗恨》《清风亭》《血染双梅》五部剧目享有何种权利及文联音像出版社、天宝文化公司及天宝光碟公司等是否侵犯其权利并应承担相应的侵权责任。

一、关于唱金公司享有的权利

戏剧类作品演出的筹备、组织、排练等均由剧院或剧团等演出单位主持，演出所需投入亦由演出单位承担，演出体现的是演出单位的意志，故对于整台戏剧的演出，演出单位是著作权法意义上的表演者，有权许可他人从现场直播或录音录像、复制发行录音录像制品等，在没有特别约定的情况下，演员个人不享有上述权利。

河北电视台总编室以其自己名义与河北省梆子剧院签订的合同，虽然在主体资格上存在瑕疵，但因河北电视台对此予以确认，故不影响该合同的效力，河北省梆子剧院有权据此许可唱金公司出版、发行河北电视台录制的录像制品。

唱金公司发行了《蝴蝶杯》《陈三两》《双错遗恨》《清风亭》及《血染双梅》的录像制品。对于上述音像制品，其获得了河北省梆子剧院等作为表演者的演出单位的许可，获得了录像制作者的授权或者其本身为录像制作者，在存在剧本、唱腔著作权人的情况下亦获得了著作权人的许可。其发行的上述录像制品符合我国著作权法第三十九条、第四十条的规定，对于该合法制作的录像制品，唱金公司享有我国著作权法第四十一条规定的各项权利，包括发行权。

唱金公司分别与河北省梆子剧院、石家庄市河北梆子剧团、保定市河北梆子剧团签订协议，取得独家出版发行涉案剧目录像制品的权利。唱金公司与保定市河北梆子剧团签订的合同中更明确规定：剧团不再为其他单位录制和授权该剧目。唱金公司据此享有独家出版、发行录有相关剧目表演的录像制品的权利。他人未经许可亦不得侵犯。

二、文联音像出版社、天宝文化公司是否侵犯唱金公司的权利

文联音像出版社出版、天宝文化公司发行的涉案剧目光盘中，《蝴蝶杯》与唱金公司发行的录像制品系来源于同一次录制过程，由于唱金公司对该录像制品享有独家发行权，文联音像出版社、天宝文化公司出版发行的录像制品虽然进行了不同的编辑和取舍，仍然侵犯了唱金公司的权利。其二者关于唱金公司对《蝴蝶杯》未取得完整授权、其未侵权的上诉主张没有事实和法律依据，本院不予支持。

关于《陈三两》《双错遗恨》《清风亭》和《血染双梅》剧目，唱金公司发行的版本与文联音像出版社、天宝文化公司出版、发行的版本不同，并非来自于同一个录像过程。根据著作权法第四十一条的规定，录像制作者的权利仅限于禁止他人未经许可复制、发行其制作的录像制品，对于非其制作的，其无权禁止。文联音像出版社、天宝文化公司对此提出的上诉理由正确，本院予以支持。原审判决仅以文联音像出版社、天宝文化公司未获得完整授权为由即认定其侵犯唱金公司的录像制品独家发行权，判决理由不当，本院予以纠正。但是，如本院前所认定，唱金公司除对其发行的录像制品享有独家发行权外，对相关剧目还享有独家出版、发行录像制品的权利。文联音像出版社、天宝文化公司未经许可，亦未经相关表演者许可，出版、发行相关剧目的录像制品，侵犯了唱金公司上述权利，同样应承担停止侵权、赔偿损失的民事责任。原审判决虽然理由不当，但其结论正确，本院予以维持。

三、天宝光碟公司是否应对唱金公司承担侵权责任

《音像制品管理条例》第二十三条规定，音像复制单位接受委托复制音像制品的，应当按照国家有关规定，验证音像制品复制委托书及著作权人的授权书。据此，如果音像复制单位未能充分履行上述行政法规规定的验证义务，复制了侵犯他人合法权利的音像制品，应当与侵权音像制品的制作者、出版者等承担共同侵权责任。本案中，天宝光碟公司仅验证了涉案剧目主要演员的授权，显然未满足上述条例规定的注意义务，故一审法院判令其与文联音像出版社、天宝文化公司共同承担侵权责任并无不当。其与文联音像出版社签订的《录音录像制品复制委托书》虽有关于责任承担的约定，但该约定仅对双方当事人有效，不能以此对抗权利受侵犯的第三人。天宝光碟公司关于《音像制品管理条例》中规定的注意义务过高、《复制委托书》不仅仅是当事人之间的合同等上诉理由缺乏法律依据，本院不予支持。

四、原审判决赔偿数额是否合理

文联音像出版社、天宝文化公司、天宝光碟公司提出原审判决其赔偿唱金公司30万元的数额过高。但因唱金公司未能举证证明其实际损失，文联音像出版社等至今亦未举证证明其出版、发行涉案剧目光盘所获利润，在此基础上，考虑到本案涉及5个剧目、双方光盘发行时间、侵权行为的性质等因素，并考虑到唱金公司为此支出的合理费用，原审判决30万元的赔偿数额并无明显不当，对文联音像出版社、天宝文化公司、天宝光碟公司此项上诉理由，本院亦不予支持。

综上，原审判决认定事实正确，判决结果正确，应予维持。2008年10月24日，最高人民法院（审判长：于晓白）依照《中华人民共和国民事诉讼法》第一百五十三条第一款第（一）项之规定，判决如下：驳回上诉，维持原判。本案一审案件受理费9 260元，由广东唱金影音有限公司负担3 087元（已交纳）、中国文联音像出版社、天津天宝文化发展有限公司、天津天宝光碟有限公司共同负担6 173元（于本判决生效之日起七日内交纳）；二审案件受理费5 800元，由中国文联音像出版社、天津天宝文化发展有限公司、天津天宝光碟有限公司共同负担（已交纳）。本判决为终审判决。

【学者评述】

什么是"法系"？

法系，是具有共同法律传统的若干国家和地区的法律，它是一种超越若干国家和地区的法律现象的总称。全世界共有中华法系、大陆法系、英美法系、伊斯兰法系、印度法系5种法系，其中，中华法系和印度法系已经随着历史的演进而解体。

大陆法系，Civil law system，这里的"大陆"指的是欧洲大陆，故又称"欧陆法系"。大陆法系与英美法系是当今世界最重要的两大法系。法国、德国、意大利、日本、韩国等均采用大陆法系。中华人民共和国（除香港特区外）借鉴大陆法系，并在此基础上逐渐形成了具有中国特色的社会主义法律体系。

大陆法系的起源可追溯到古罗马，因此大陆法系又叫成文法法系。大陆法系具有如下特点：（1）在法律的历史渊源上，大陆法系是在罗马法的直接影响下发展起来的，大陆法系不仅继承了罗马法成文法典的传统，而且采纳了罗马法的体系、概念和术语。（2）在法律形式上，大陆法系国家一般不存在判例法，对重要的部门法制定了法典，并辅之以单行法规，构成较为完整的成文法体系。（3）在法官的作用上，大陆法系要求法官遵从法律明文办理案件，没有立法权。大陆法系国家的立法和司法分工明确，强调制定法的权威，制定法的效力优先于其他法律渊源，而且将全部法律划分为公法和私法两类，法律体系完整，概念明确。法官只能严格执行法律规定，不得擅自创造法律、违背立法精神。（4）大陆法系一般采取法院系统的双轨制，重视实体法与程序法的区分。（5）在法律推理形式和方法上，采取演绎法。(6) 法律条文的内容具有一定的抽象性、概括性、精确性和整体性。

中华法系显然是中国古代的产物，新中国成立后摈弃了这一"老古董"，引入并接受了来自西方的大陆法系，这是文明进步的表现。希望今天的文化产业从业者，都能向这种明智的取舍学习，自觉守法，自觉维护并捍卫法律的权威。

（杨新磊）

第十六节　类案集萃

（一）

曾入围瑞典斯德哥尔摩电影节的国产影片《恰同学少年》，以艺术的手法表现了当代青年在生活上、事业上的美好追求，没想到在 DVD 销售市场上却被包装成了"禁封三年"的"情欲电影"。导演赵彦国一怒之下将发行、销售该片的北京春秋院线影视文化传播有限公司等三家公司告上法庭。2005 年 9 月 12 日，北京市第一中级人民法院作出终审判决，确认三家公司侵犯了赵彦国的名誉权，判令三家公司立即停止发售该影碟、登报致歉并赔偿赵彦国精神损失三万元。

北京市第一中级人民法院审理查明，《恰同学少年》系表现当代青年的生活、艺术追求的影片，内容健康。赵彦国系该影片的编剧、导演、主演，该片于 2002 年 3 月拍摄完毕，同年 7 月经国家广播电影电视总局电影事业管理局审查通过，并于当年 11 月入围瑞典斯德哥尔摩电影节。2003 年 6 月，春秋院线公司获得该影片在中国大陆的音像版权（VCD、DVD）。随后，春秋院线公司与贵州音像出版社、广轩文化公司合作制造、发行该影片的 DVD 影碟。该 DVD 影碟外包装封面使用一男一女激情接吻照片，并注有"情感争议片《少女心》改编"、"情欲电影，封禁三年，重现银幕"、"内容介绍少女的梦在这一瞬间支离破碎，等待她的只有堕落的情欲"等文字。包装封底为裸女照片。新闻界及大洋新闻网因此引发评论，内容为：艺术片为何穿上色情外衣，《恰同学少年》何来的"少女心"，赵彦国为何导色情片等。

北京市第一中级人民法院认为，公民享有名誉权，公民的人格尊严受法律保护，禁止用侮辱、诽谤等方式损害公民、法人的名誉。公民的名誉权受到侵害的，有权要求停止侵害，恢复名誉，消除影响，赔礼道歉，并可以要求赔偿损失。春秋院线公司与其他公司制作的该影片的 DVD，其外包装使人们从客观上对该影片产生误解，造成对该影片的编剧、导演、主演的社会评价产生不良影响的后果。因此，赵彦国要求春秋院线公司、贵州音像出版社、广轩文化公司立即停止发售该包装影碟，在媒体上公开赔礼道歉，赔偿精神损失的诉讼请求，符合法律规定，应予支持。

（二）

2005 年 8 月 9 日，北京市朝阳区人民法院审结原告广州俏佳人文化传播有限公司（以下简称广州俏佳人公司）诉被告北京星传影视文化传播有限公司（以下简称北京星传公司）著作权合同纠纷一案，判决解除原告与被告关于《我的野蛮女老师》和《奇特的恋爱》两部影片的交易；被告返还原告《奇特的恋爱》一片的预付款 4.7 万余元及利息；驳回原告广州俏佳人文化传播有限公司的其他诉讼请求。

2003年6月5日，北京星传公司（甲方）与北京俏佳人公司（乙方）签订合同书，约定甲方将其拥有版权的4部韩国电影——《我的野蛮女老师》《鬼马男老师》《奇特的恋爱》《浪漫的总统》在中国大陆地区家用音像产品的独家加工、制作、出版、租赁、生产、复制、发行、出售权授予乙方。合同签订后，广州俏佳人公司于2003年6月12日代替北京俏佳人公司支付了定金人民币19.71万余元，北京星传公司开具了交款人为广州俏佳人公司的收据。

2004年2月10日，北京星传公司（甲方）又与广州俏佳人公司（乙方）签订一份补充协议。后在合同履行过程中，原告认为被告并未依约提供剧本、剧照及宣传资料，且《浪漫的总统》在国内出现盗版，《奇特的恋爱》也未获得文化部批准引进，故诉至法院要求解除双方签订的合同，并要求返还预付款19.71万余元及利息2.4万余元，赔偿《鬼马男老师》一片可得利润损失11.69万元。

法院经审理认为，根据我国合同法的规定，合同的转让必须有合法有效的合同关系存在，让与人与受让人之间须达成协议，并且应当取得原合同当事人另一方的同意并且及时通知另一方。北京俏佳人公司和广州俏佳人公司均认可该合同书中北京俏佳人公司的权利义务转让给广州俏佳人公司，对此广州俏佳人公司和北京俏佳人公司虽然没有证据证明曾通知该合同书的另一方当事人北京星传公司，但通过北京星传公司与广州俏佳人公司签订补充协议的行为，可以认定北京星传公司已经同意了该合同转让行为。北京星传公司虽提出其与广州俏佳人公司签订补充协议是基于广州俏佳人公司的欺诈行为，但其并未就此举证，故法院对此不予支持。综上，法院认为广州俏佳人公司已经通过合同转让的方式取得了北京俏佳人公司的乙方地位，北京星传公司关于广州俏佳人公司不具有本案诉讼主体资格的辩称，于法无据，法院不予支持。

就广州俏佳人公司解除合同的请求，法院认为，《浪漫的总统》一片，虽然广州俏佳人公司提出双方已就终止该片交易达成了一致，但未能就此举证，且北京星传公司对此亦不认可，故应认定双方并未协议终止该片的交易。虽然北京星传公司未依约提交名称变更确认书和文字资料的行为构成违约，但由于双方均知晓名称变更的事实，且该变更确认书仅是双方之间文字确认的手续，故不应影响广州俏佳人公司实现受让权利的目的；同样，文字资料仅是宣传所需的一部分，对广州俏佳人公司制作、出版、发行不会产生根本的阻碍。因此，北京星传公司的违约行为尚未导致合同目的无法实现的后果。鉴于该片已经获得了相关部门的批准，北京星传公司已经依约提交了该片的剧照，且不存在约定或法定的解除条件，故广州俏佳人公司无权要求解除该片的交易。

就《鬼马男老师》一片，虽然广州俏佳人公司提出北京星传公司没有依约提供该片的剧本及宣传资料，且提供的剧照质量不合格，但该片已经获得了相关部门的批准，且双方并未就剧照质量作出明确约定，同时剧照也仅是宣传所需的一部分；剧本尽管是双方约定的内容，但与其制作、出版、发行该片没有根本的利害关系，亦不会影响其受让权利的实现。因此，对广州俏佳人公司以上述理由提出解除该片交易的请求，法院不予支持。

就《奇特的恋爱》一片，由于双方认可该片未通过文化部审批，而根据合同约定，如果北京星传公司提供的节目最终未能通过审查，北京星传公司有义务替换同等级的新节目，如果在6个月内无法提供可替代并可接受的节目，则必须无条件退还审批未通过节目的全部版权费。现北京星传公司不能证明其已经在合同约定的期限内提供了可替代并可接受的节目，广州俏佳人公司已实际无法享有合同中的权利，因此本院对广州俏佳人公司要求解除该片交易，退还该片预付款及利息的主张，予以支持。

另外，由于双方已在补充协议中同意解除《我的野蛮女老师》一片，故对广州俏佳人公司提出该片解除的主张，法院予以支持。

纵观上述四部影片，四者之间没有必然联系，对其中部分影片的解除，并不必然导致其他影片的不能履行。因此，法院对广州俏佳人公司提出的要求全部解除涉案四部影片的请求，不予支持。

（三）

2005 年 4 月 25 日，北京市朝阳区人民法院审结湖南三辰影库卡通节目发展有限责任公司诉陕西文化音像出版社、茂名市（水东）佳和科技发展有限公司、北京燕丰商场有限责任公司侵犯著作权一案，判决三被告立即停止发行、停止复制、停止销售涉案的《淘气猫三千问 动画版 新十万个为什么》，陕西文化音像出版社赔偿湖南三辰影库卡通节目发展有限责任公司经济损失 23 万元。

法院认为，三辰公司作为《蓝猫》的制作者，对该作品享有著作权。该作品属于以类似摄制电影的方法创作的作品，其中的主题歌是可以单独使用的作品。现三辰公司未举证证明其从该主题歌署名的作者处取得了该主题歌的著作权，故其无权就该主题歌主张权利。

陕西文化音像出版社出版的《十万个为什么》中的解说词、动画画面、部分卡通人物的美术形象等内容与在先出版的《蓝猫》中的相关表达存在相同或近似之处，并且对《蓝猫》中的个别动画画面进行了增删改动。这种使用已经超出了著作权法所规定的合理使用的范畴，因此应当征得著作权人的许可。在没有证据证明上述使用已经取得了三辰公司的许可，并为三辰公司署名的情况下，应视为侵犯了三辰公司对《蓝猫》享有的署名权、修改权、发行权等著作权。

根据我国著作权法的规定，出版者应当对其出版有合法授权承担举证责任，并应对其出版行为的授权、稿件来源和署名、所编辑出版物的内容等尽到合理的注意义务。陕西出版社作为《十万个为什么》的出版者，除应审查该出版物的授权、稿件来源外，还应对其署名和节目的内容进行实质审查。陕西文化音像出版社作为专业出版单位，应当有能力审查出《十万个为什么》与在先出版的《蓝猫》之间存在相同或近似内容，而其未就此提出质疑。因此，应当认定陕西文化音像出版社在出版《十万个为什么》时未尽到出版者合理的注意义务，主观上存在过错。

虽然《十万个为什么》曾经取得了合同登记批复和发行许可证，但行政主管部门的批复和许可，仅是一种行政审查。行政批准和许可不能成为出版者实施出版侵权出版物行为的免责事由。

一审宣判后，无人上诉。

（四）

电影《茉莉花开》音像纠纷案宣判。

2003 年 3 月 30 日，广州市英明影视制作有限公司（2004 年 5 月 28 日更名为广州市英明文化传播有限公司）与被告世纪英雄投资公司签订了《电影版权买卖合约书》，约定购买《茉莉花开》电影作品在中国大陆地区的所有家用录影及镭射产品的独家发行权。签约后，原告广州英明公司支付了 624 万元。此后，由于双方均认可该合同不能继续履行的事实，又于 2004 年 6 月 30 日签订了《〈茉莉花开〉和解协议》。在该协议中，双方同意解除《电影版权买卖合约书》，被告世纪英雄投资公司承诺返还对方已经支付的版权费 624 万元，并对履行期限作出具体约定。被告世纪英雄公司截止到2004年12月30日时，尚欠付原告广州英明公司人民币409.54万元。另查，被告世纪英雄投资公司已经将23.5万元作为利息支付给原告广州英明公司。

法院认为，被告世纪英雄投资公司基于《电影版权买卖合约书》取得了属于原告广州英明公司的钱款409.54万元，但由于《电影版权买卖合约书》已经双方协商一致解除，故世纪英雄投资公司基于该合同取得的上述钱款失去了法律上的依据，理应返还。被告世纪英雄投资公司对此亦不持异议。因此，原告广州英明公司请求被告世纪英雄投资公司返还本金409.54万元的诉讼请求，本院予以支持。鉴于当事人双方对履行的期限约定是明确的，被告世纪英雄投资公司应当按照约定的期限全面履行自己的返还义务。

二○○五年十二月十五日，北京市第一中级人民法院判决如下：一、于本判决生效之日起，被告世纪英雄电影投资有限公司立即返还原告广州市英明文化传播有限公司四百零九万五千肆佰元及利息；二、驳回原告广州市英明文化传播有限公司的其他诉讼请求。案件受理费33 807元，由被告世纪英雄电影投资有限公司负担（于本判决书生效后7日内交纳）。

一审判决后，双方均未上诉。

（五）

上海美术电影制片厂因《葫芦兄弟》系列美术动画电影的著作权问题，将中国青少年音像出版社、河南郑百商业有限公司、福建省音像出版社一并告上法庭。然而，出人意料的是，上述两出版社竟也是盗版光盘的受害者。2004年7月21日，北京市第二中级人民法院一审判决：河南郑百商业有限公司停止销售涉案光盘；赔偿原告1 300余元。

上海美术电影制片厂是《葫芦兄弟》系列美术动画电影的制片人，该电影曾由上海电影音像出版社出版发行过VCD版本。2004年3月10日，上海美术电影制片厂在河南省郑州百货大楼一音像制品柜台公证购买了六盒光盘，其中《葫芦兄弟①》《葫芦兄弟②》《葫芦兄弟③》各一盒共六张VCD。该光盘外包装盒上有"中国青少年音像出版社出版发行"字样，盘芯上有"福建音像出版社出版发行"字样。盘芯上印刷的出版单位为"福建音像出版社"。

北京市第二中级人民法院经审理认为，涉案光盘为非法复制的侵权复制品，但该侵权复制品并非由中国青少年音像出版社或福建省音像出版社出版发行。因此上海美术电影制片厂主张由上述两被告对侵权损害赔偿承担连带责任的诉讼请求，证据不足，不予支持。河南郑百公司的柜台销售了侵犯上海美术电影制片厂著作权的涉案光盘，应对销售行为负责。河南郑百公司提供的证据不能证明光盘有合法来源，因此应承担相应法律责任。上海美术电影制片厂没有提供请求河南郑百公司承担侵犯复制权侵权责任的证据，法院不予支持。

一审宣判后，无人上诉。

（六）

2004年7月7日，河南郑百商业有限公司因侵犯《宝莲灯》VCD光盘发行权，被北京市海淀区人民法院判决，停止销售涉案侵权产品，向原告书面道歉并支付赔偿金1 425元。

中国图书进出口上海公司以侵犯《宝莲灯》VCD光盘发行权为由，将中国儿童电影制片厂、河南郑百商业有限公司诉上法庭。

法院审理认为，根据原告提交的该公司与上海美术电影制片厂签订的合同、授权书，可以认定原告向著作权人上海美术电影制片厂《宝莲灯》一片在内地的VCD制作、出版、发行权，该影片VCD、LD、DVD、SVCD、录像带衍生音像制品的专有复制权、发行权。被告销售上述VCD光盘的行为，侵犯了原告的专有复制、发行权，应承担相应的法律责任。因原告放弃对儿影厂的诉讼请求，故法院依法判决被告河南郑百商业有限公司停止销售涉案侵权产品，自本判决生效之日起十五日内在《郑州晚报》上书面道歉并支付赔偿金1 425元。

又案，因认为侵犯自己发行权，上海美术电影制片厂分别将中国青少年音像出版社、吉林省威宝恒客隆仓储百货有限公司、长春远方实业集团有限公司告上法庭。2006年5月16日，北京市第二中级人民法院已受理此案。此前，原告还曾将二被告起诉至北京市海淀区人民法院。

上海美术电影制片厂诉称，2004年4月20日下午，在长春市东大桥和东关街交接处"恒客隆同济店"购买了八盒VCD光盘。其中一个包装盒的版面设计中的显著文字是"宝莲灯"。内有六张光盘，其中两张"宝莲灯1"、"宝莲灯2"，经过播放机播放，这两张光盘是对原告享有著作权的美术动画《宝莲灯》的复制。这两张VCD光盘的来源识别码，都不是我国境内的光盘生产线的来源识别码，而是境外的光盘生产线的来源识别码，说明是境外的光盘生产线生产通过走私渠道非法入境的。原告还在长春市普阳街28号"远方超市"二楼音像制品柜台购买了十盒内有《黑猫警长》的盗版光盘。

上海美术电影制片厂请求判令吉林省威宝恒客隆仓储百货有限公司、长春远方实业集团有限公司停止销售涉案光盘，分别赔偿各项损失1.5万元和1.7万元，并在《长春晚报》上发表声明，向原告道歉。

2006年6月中旬，由于二被告合理赔偿了原告，原告分别撤诉。

（七）

2002年9月25日，北京市第二中级人民法院对广州俏佳人文化传播有限公司诉北京海传光盘有限公司、江西音像出版社侵犯著作权纠纷一案作出一审判决：一、北京海传光盘有限公司立即停止出版、复制、发行电视连续剧《精彩无限——李卫当官》VCD光盘的侵权行为；二、北京海传光盘有限公司立即销毁库存的《精彩无限——李卫当官》VCD光盘；三、北京海传光盘有限公司于本判决生效后三十日内在《法制日报》上发表向广州俏佳人文化传播有限公司致歉的声明；四、北京海传光盘有限公司于本判决生效后十日内赔偿广州俏佳人文化传播有限公司经济损失人民币十万元。

2001年6月29日，周易影视公司与俏佳人公司签订"合约书"，约定周易影视公司保证完全合法拥有32集电视连续剧《李卫当官》的所有著作权及授权范围内的所有权利；周易影视公司将《李卫当官》的音像制品版权独家转让给俏佳人公司专有使用，音像制品版权范围包括音像制品的出版、复制、发行和销售权，期限为五年；在合约授权期间，周易影视公司不得将已授权俏佳人公司的相同权利转授任何人；周易影视公司授权俏佳人公司为其合法授权人向侵权方或非法盗录者采取法律行动维护权益。2001年7月1日，周易影视公司出具"授权书"，将该剧在中国大陆（台湾地区、香港地区、澳门地区除外）的音像制品出版发行权独家转让给俏佳人公司，授权期五年。2002年5月20日，周易影视公司出具"证明"，主要内容是：本公司将32集电视连续剧《李卫当官》在中国大陆地区的音像制品范围内的版权（包括出版、复制、发行、销售）以有偿形式独家转让给俏佳人公司专有使用，如发现盗版侵权的《李卫当官》音像制品，俏佳人公司有权对侵权行为人主张权利。

法院认为，本案争议的核心问题之一是俏佳人公司是否享有在本案中主张权利的主体资格。俏佳人公司出版发行的《李卫当官》音像制品上标明的摄制者是华银文正公司、海南电视台及周易影视公司。依据周易影视公司的证明，华银文正公司自始即不存在，二被告对此虽持异议，但未能提供相反证据；海南广播电视台依据有关规定，在播出电视节目时使用的名称是"海南电视台"电视台出具证明，确认该剧由周易影视公司投资拍摄并由俏佳人公司独家发行的事实。该剧属于以类似摄制电影的方法创作的作品，周易影视公司作为投资拍摄者对该剧享有著作权，并有权依据自身的意愿、在不违反法律禁止性规定的情况下对所享有的著作权进行处分。因此，周易影视公司有权通过约定的方式将该剧音像制品的出版、复制、发行和销售权转让给俏佳人公司；俏佳人公司作为合法的受让者，有权在合同约定的受让权利的范围、区域及期限内行使相应权利，在所受让的权利受到侵害时，亦有权以权利人的身份依法维护其所享有的合法权益。海传光盘公司及江西音像出版社虽然对周易影视公司的著作权人身份及其单独向第三人授权的合法性问题提出质疑，但首先，二被告未能对其质疑提供相应的证据予以支持；其次，二被告均无证据证明被控侵权的该剧VCD光盘有合理的权利来源。因此，本院认定周易影视公司对32集电视连续剧《李卫当官》享有著作权及俏佳人公司依据合同约定取得该剧音像制品的独家出版、复制、发行权的事实，俏佳人公司依法享有诉讼的主体资格。二被告的相应答辩意见缺乏事实依据，本院不予采纳。

依据公安部光盘生产源鉴定中心的鉴定结论可以确认，涉案侵权的《精彩无限——李卫当官》VCD光盘是由海传光盘公司加工复制的。再次，国务院发布的《音像制品管理条例》规定，音像复制单位接受委托时应审查委托单位的《音像制品出版经营许可证》《音像制品发行许可证》及著作权人的授权书，海传光盘公司显然没有证据证明其履行了相应的法定审查义务。由于海传光盘公司对其出版、复制、发行涉案光盘的行为未能提供出合理依据，故其应承担相应的侵权责任。海传光盘公司所述其接受他人委托、已尽到审查责任、不应承担侵权责任的答辩意见缺乏事实依据，本院不予采纳。原告所提江西音像出版社未尽注意义务、主观过错明显，应对侵权行为承担连带责任的主张缺乏法律依据，本院不予支持。

一审判决后，无人上诉。

（八）

2008年4月17日，影片《满城尽带黄金甲》引发的著作权纠纷案，北京市第二中级人民法院做出终审判决，驳回广东飞仕影音公司上诉，维持一审法院作出的解除新画面影业公司和飞仕影音公司签的版权转让合同，飞仕公司向新画面公司支付违约金165万元，驳回飞仕公司其他诉讼请求的判决。

影片《满城尽带黄金甲》是由我国著名导演张艺谋指导、北京新画面影业有限公司为制片人、于2007年2月上映的一部贺岁大片。2007年3月，广东飞仕影音有限公司与北京新画面影业有限公司就电影《满城尽带黄金甲》签订了《版权转让合同》，双方约定新画面影业公司将该转让的VCD、DVD等所有家庭音像制品的独家出版、加工、复制、发行、销售出租等权利有期限转让给飞仕影音公司。新画面公司应在2007年3月15日之前向飞仕影音有限公司拟供制作VCD、DVD音像制品的Betacam母带和高清母带，飞仕影音公司也应同时交付版权转让费550万元。2007年3月12日，飞仕影音公司委托其员工观看了新画面影业公司拟供的母带后，进行了封存。之后，又派人取走了封存的母带，并出具了收条。新画面公司除高清母带未交付外，合同约定的其他标的物均已交付给飞仕影音公司。同年3月17日，飞仕影音公司提出新画面影业公司因为交付迟延，未完全交付母带以及交付的母带存在质量问题，通知新画面公司要求解除转让合同，并赔偿其损失。3月23日、26日将新画面影业公司已交付的母带及其他合同标的物退还新画面公司。

二中院经审理后认为，新画面影业公司在合同签订后三日内向飞仕影音公司拟供了涉案母带，符合约定。飞仕影音公司的委托人在双方看母带后予以封存应视为该公司对合同标的物的验收行为，后该公司又取得了所有的母带及其他合同标的物。另新画面影业公司未交付高清母带，但根据其履行情况，作为权利人在履行交付问题上不存在障碍。而飞仕影音公司在 3 月 17 日前未实施任何履约行为，亦未证明为履行合同作了准备，因此其不具有履行合同的意思表示。在其未付款的前提下，新画面影业公司有理由不交付母带。对于新画面影业公司在 3 月 16 日前交付母带的行为属于自愿履行的行为，不视为延迟履行。飞仕影音公司未交付版权转让费的行为构成违约，应承担违约责任。鉴于其已将所收到的合同标的物返还新画面影业公司，且双方均同意解除合同，故涉案合同应予解除。

一审判决后，无人上诉。

（九）

广东泰盛文化传播有限公司诉称上海点将音像制品有限公司委托有关单位销售的《X特警》VCD 光盘，侵害了该公司发行的电影作品《极限战士》的发行权，要求法院判令对方作出赔偿。

2006 年 11 月 9 日，上海市第二中级人民法院作出一审判决，点将公司支付泰盛公司著作权侵权赔偿协议款 5 万元，支付包括聘请律师费在内的合理费用 5 000 元。

（十）

擅自特许经营电影《寻找周杰伦》音像制品纠纷上诉案终审宣判。

天津市第一中级人民法院认为：华人传媒依约定取得的电影《寻找周杰伦》VCD 独家出版发行权应受法律保护，在无相反证明的情况下，在公开发表的音像制品上标明的制作者即应对该制品享有制作者权。华人传媒通过公证购买行为仅能证明案外人李会林经营的音像店存在销售《寻找周杰伦》VCD 盗版行为，由于金碟音像已与案外人李会林解除了连锁关系，且案外人李会林采取的遮盖字号等行为不足以造成消费者的误认，故金碟音像不应对案外人李会林实施的侵权行为承担法律责任。华人传媒请求本院判令金碟音像承担侵权责任的主张不能支持。依照《中华人民共和国民事诉讼法》第六十四条的规定，判决如下：驳回浙江华人传媒发展有限公司的诉讼请求。

华人传媒不服原审判决提起上诉。天津市高级人民法院二审认为：依照我国行政法规规定，从事特许经营活动的，必须签订特许经营合同并按照合同进行经营。本案中，案外人李会林与金碟音像签订协议系《特许连锁店协议书》，依照该实施许可合同李会林经营的增产道店取得了金碟音像拥有的商标、企业名称及经营技术的使用权，并支付加盟费 2 000 元。天津市文化市场管理处的批文虽载明为直营连锁关系，但从双方在协议中对出资方式、特许经营权的内容、是否享有独立经营权、债权债务归属等方面的约定来看，其更符合我国《商业特许经营管理办法》对特许经营的规定，故认定增产道店的性质是金碟音像的特许加盟连锁店。华人传媒在购买盗版《寻找周杰伦》光盘时，金碟音像虽与案外人李会林解除了连锁经营关系，并在天津市文化市场管理处注销备案，但未在工商管理局进行注销登记，故金碟音像以已解除连锁关系而不应承担侵权责任的抗辩理由不成立。但本案中案外人李会林依照《特许连锁店协议书》，经文化主管部门批准，成立增产道连锁店，并在工商局办理营业执照，且具有独立的财产和经营权，符合《中华人民共和国民事诉讼法》第四十九条中"其他组织"的构成要件，故李会林作为该连锁店负责人应独立对外承担相应的民事责任。

综上，2004 年 4 月 16 日，天津市高级人民法院终审判决：驳回上诉，维持原判。

（十一）

电视剧《平地》音像制品发行权转让纠纷上诉案和解。

原审法院判决：一、解除深圳市东方丽人文化传播有限公司与国际文化交流音像出版社于二〇〇二年七月十五日签订的《二十二集电视连续剧〈平地〉音像版权转让合同》；二、国际文化交流音像出版社于本判决生效之日起十日内返还深圳市东方丽人文化传播有限公司三十九万六千元。

二审法院查明：国际文化出版社持有电视剧制作许可证（甲种）。国家广电总局外事司于2001年5月25日出具《关于中美合拍22集电视剧〈第四平地〉的复函》，同意国际文化出版社与美国贝尔福德集团有限公司合作拍摄电视剧《第四平地》。

2002年7月15日，东方丽人公司和国际文化出版社签订《二十二集电视连续剧〈平地〉音像版权转让合同》。双方约定：东方丽人公司购买国际文化出版社拥有合法版权的二十二集电视连续剧《平地》的音像制品版权（只限于LD、VCD、DVD、SVCD、DVCD、VHS等）；东方丽人公司在收到合同正本之日起三日支付总额15%的版权预付款39.6万元，此预付款为本合同的定金；国际文化出版社在获得国家广电总局签发的电视剧发行许可证正式批文后，向东方丽人公司交付该片的电视剧制作许可证（影印件）、电视剧发行许可证（影印件）及该片完整的符合播出质量标准的数字母带；若该片未能获得国家广电总局签发的该片电视剧发行许可证正式批文，则国际文化出版社必须全额退还版权预付款；母带预期交付时间为国家广电总局正式批文下达之日，如果该片在国家广电总局报批不能通过，国际文化出版社必须退还东方丽人公司所有已付版费预付款及滞纳金；双方当事人均认可，该合同中约定的电视剧《平地》即国家广电总局外事司同意拍摄的电视剧《第四平地》。

合同签订当日，东方丽人公司依约向国际文化出版社支付了39.6万元，电汇凭证上记载的汇款用途是"《平地》版权费"。

2002年12月24日，国家广电总局做出了对《平地》一剧的审看意见，主要内容为：《平地》是一部存在问题的电视作品；国内不宜播出；同意制作方进行一次认真细致的修改，将剧中不恰当处剪去，删改后重审；重审通过后只能允许在非上星频道和非黄金时段播出。

在合同签订后，东方丽人公司多次向国际文化出版社催交《平地》一剧母带，国际文化出版社答复，该剧正在修改过程中。

在本案审理期间，国际文化出版社提出：美国合拍方对于中国电视管理部门提出的修改意见没有异议，该剧目前正处于后期制作状态。

二〇〇六年六月十九日，经北京市第二中级人民法院院主持调解，双方当事人自愿达成如下调解协议：一、解除深圳市东方丽人文化传播有限公司和国际文化交流音像出版社于2002年7月15日签订的《二十二集电视连续剧〈平地〉音像版权转让合同》；二、国际文化交流音像出版社于二〇〇七年十二月十五日前返还深圳市东方丽人文化传播有限公司版权预付费人民币三十九万六千元；三、国际文化交流音像出版社如逾期返还版权预付费，应按照版权预付费总金额的百分之二十向深圳市东方丽人文化传播有限公司支付违约金；四、双方无其他争议。一审案件受理费8 450元，由国际文化交流音像出版社负担（于本调解生效后7日内交纳）；二审案件受理费8 450元，由国际文化交流音像出版社负担（已交纳）。上述协议，符合有关法律规定，本院予以确认。

(十二)

电视剧《警探雷鸣3》音像发行纠纷上诉案终审宣判。

上诉人北京盛世金盾文化传播有限公司（以下简称盛世金盾公司）、公安部金盾影视文化中心（以下简称公安部金盾中心）因著作权合同纠纷一案，不服北京市第一中级人民法院(2005)一中民初字第566号民事判决，向北京市高级人民法院提起上诉，现已审理终结。

北京市第一中级人民法院一审判决：（一）解除广西美晨公司与盛世金盾公司、《警探雷鸣》摄制组签订的版权转让合同；（二）盛世金盾公司、公安部金盾中心返还广西美晨公司人民币五十万元；（三）盛世金盾公司、公安部金盾中心支付广西美晨公司违约金人民币十五万元。

经审理查明，2003年4月1日，公安部金盾中心取得广电总局颁发的《警探雷鸣3》电视剧制作许可证（该许可证编号为甲第128号），该许可证有效期自2003年4月1日至2005年4月1日。

2003年7月3日，公安部金盾中心作为甲方与盛世金盾公司作为乙方签订《协议书》，约定双方合作拍摄20集电视剧《迷案侦查》（警探雷鸣系列）。

2004年1月20日，盛世金盾公司作为甲方与广西美晨公司作为乙方签订《合同书》，约定乙方独家取得甲方所拥有的20集电视连续剧《警探雷鸣3》在中国的一切音像版权；乙方支付甲方《警探雷鸣3》版权费每集人民币25 000元，20集总计人民币50万元。

2003年12月2日，广西美晨公司向盛世金盾公司支付《警探雷鸣3》VCD版权费30万元。

2004年4月19日，广电总局发布《关于加强涉案剧审查和播出管理的通知》，该通知规定：所有电视台的所有频道正在播出和准备播出的涉案题材的电视剧、电影片、电视电影，以及用真实再现手法表现案件的纪实电视专题节目，均安排在每晚23：00以后播放，特殊需要的向总局专项报批；各省级电视剧审查机构对涉案题材的电视剧、电影片、电视电影要加强审查把关，特别是对表现大案要案，或表现刑事案件的电视剧、电影片、电视电影、电视专题节目中展示血腥、暴力、凶杀、恐怖的场景和画面，要删减、弱化、调整；各省级电视播出机构对以真实手法表现案件的纪实电视专题节目要严格控制，对涉案题材的影视作品的播出数量要大幅度削减。

二审法院认为，盛世金盾公司与广西美晨公司签订的《合同书》中虽未涉及《警探雷鸣》摄制组的权利义务，但是，《合同书》是就《警探雷鸣3》电视剧音像版权有关事宜签订的合同，《警探雷鸣》摄制组在《合同书》甲方签字盖章处加盖了印章，且《警探雷鸣》摄制组在广西美晨公司2004年1月20日交付20万元音像版权费的《收据》上盖章的行为，说明《警探雷鸣》摄制组依据《合同书》收取了广西美晨公司应支付的款项，故其上述行为应认定为《警探雷鸣》摄制组已经实际履行了《合同书》。《警探雷鸣》摄制组应是《合同书》的甲方当事人之一。

广电总局于2004年4月19日发布的《关于加强涉案剧审查和播出管理的通知》对涉案电视剧的播出时间、数量、内容等方面作出了一定的限制，但是该通知并未禁止播出涉案电视剧，同时该通知规定对有特殊需要的还可以向广电总局专项报批。《警探雷鸣3》作为涉案电视剧，虽然应当遵守广电总局发布的上述通知的规定，但根据广电总局的上述通知并不能得出《警探雷鸣3》不能拍摄和播出的结论。广电总局发布的《关于加强涉案剧审查和播出管理的通知》，不能认定是属于《合同书》第23条约定的政府官方行为或人为不可抗衡之因素。盛世金盾公司、《警探雷鸣》摄制组应按照其与广西美晨公司签订的《合同书》的约定向广西美晨公司交付《警探雷鸣3》电视剧母带。

广西美晨公司按照《合同书》的约定向盛世金盾公司、《警探雷鸣》摄制组交付了电视剧《警探雷鸣3》音像版权费，已经适当履行了该合同。盛世金盾公司、《警探雷鸣》摄制组应依据《合同书》的约定，按时向广西美晨公司交付《警探雷鸣》电视剧的母带。盛世金盾公司、《警探雷鸣》摄制组在《合同书》约定的期限内未向广西美晨公司交付电视剧《警探雷鸣3》的母带，未履行其主要合同义务，应承担违约责任。由于盛世金盾公司、《警探雷鸣》摄制组未按时履行交付《警探雷鸣》电视剧母带义务，且在合理期限内仍未履行上述义务，因此，广西美晨公司有权要求解除《合同书》。《合同书》解除后，盛世金盾公司、《警探雷鸣》摄制组应退还已经收取的广西美晨公司音像版权费，并按照《合同书》的约定承担违约责任。

根据公安部金盾中心与盛世金盾公司签订的《协议书》约定，双方合作拍摄电视剧《警探雷鸣3》。《警探雷鸣》摄制组是公安部金盾中心与盛世金盾公司依据双方所签《协议书》建立，由于所成立的《警探雷鸣》摄制组不具备法人资格，故该摄制组所应承担的权利义务由合作拍摄电视剧《警探雷鸣3》的公安部金盾中心、盛世金盾公司共同承担。

二〇〇六年五月十八日，北京市高级人民法院终审判决：驳回上诉，维持原判。

（十三）

电视剧《风雨无情》音像制品纠纷案宣判。

2003年12月30日，甘肃省广播电影电视局颁发二十集电视剧《风雨无情》的国产电视剧发行许可证。该许可证载明的制作单位为甘肃电视台电视艺术制作中心，合作单位为北京真视奇立体电视有限公司。

2004年3月8日，原告北京世纪银屏广告有限公司作为甲方与被告北京真视奇立体电视有限公司作为乙方签订《音像制品版权授予合同》。约定原告授予被告二十集电视剧《风雨无情》的激光载体和音像制品的独家出版发行权，被告向原告支付版权费用30万元。合同第五条第四款规定："本合同中甲方未明确授予乙方的权利，乙方不得行使；若乙方超越甲方授权，甲方有权追诉相关的法律责任。"

2004年3月11日，被告向原告支付《风雨无情》版权费30万元。

法院认为：民事诉讼法规定，原告必须是与本案有直接利害关系的公民、法人和其他组织。本案原告在庭审中明确表示被告更改电视剧剧名的行为侵犯了原告享有的"主创人员的名誉权"，但并未提交证据证明原告是电视剧《风雨无情》的主创人员。本院认为，从著作权法上来看，原告指控被告更改电视剧剧名的行为，其实质是侵犯电视剧《风雨无情》的修改权的行为。由于修改权属于作者或原著作权人的精神权利，原告应举证证明其为电视剧《风雨无情》的著作权人。然而本案的证据表明，电视剧《风雨无情》的制作单位为甘肃电视台电视艺术制作中心及北京真视奇立体电视有限公司，对此原告亦不持异议。由于原告提交的证据不足以证明其是本案诉争电视剧的著作权人，不能证明其与本案有直接的利害关系，故对原告的起诉本院依法予以驳回。

二〇〇五年六月二十日，北京市第一中级人民法院裁定如下：驳回原告北京世纪银屏广告有限公司的起诉。案件受理费410元，由原告北京世纪银屏广告有限公司负担（已交纳）。

（十四）

电视剧《追捕》音像版权纠纷上诉案终审判决。

上诉人北京市天智冠亚广告有限责任公司（以下简称天智冠亚公司）因侵犯著作权纠纷一案，不服北京市海淀区人民法院（2004）海民初字第13013号民事判决，向北京市第一中级人民法院提起上诉。本院依法组成合议庭，公开开庭审理了本案，现已审理终结。

原审法院判决：一、二〇〇四年四月三十日被告天智冠亚公司发出的解除合同通知无效。二、本判决生效之日起十日内，被告天智冠亚公司支付原告俏佳人公司违约金一百七十万元。三、驳回原告俏佳人公司其他诉讼请求。

二审法院审理查明：

2003年10月8日，天智冠亚公司（甲方）与俏佳人公司（乙方），就甲方许可乙方独家有偿使用电视连续剧《追捕》的VCD、DVD、VOD、网络点播、电子出版物等所有音像制品包括许可制作、委托出版发行、销售、租赁的专有使用权事项签订《版权许可使用合同》。合同签订后，天智冠亚公司向俏佳人公司交付了载有制作单位为山东潍坊电视台，联合制作单位为紫禁城公司内容的第07191号《电视剧制作许可证》和天智冠亚公司自我保证拥有《无限正义》音像版权的《授权书》。俏佳人公司表示《电视剧制作许可证》作为行政机关的管理需要，不是版权证明，其无法凭此相信天智冠亚公司对涉案剧目享有合法的版权或许可权。天智冠亚公司同时提出自己还交付了与紫禁城公司联合摄制涉案剧目的合同书，俏佳人公司不予认可，并提出其在诉讼前从未见过该合同，天智冠亚公司自认并无其他证据证明俏佳人公司收到过该合同。由于俏佳人公司认为自己收到的文书均无法证明天智冠亚公司确实享有涉案剧目的许可权，故未按时支付定金，此后，天智冠亚公司于2003年10月20日以此为由至函俏佳人公司，要求解除合同，俏佳人公司于2003年10月22日即向天智冠亚公司支付了20万元定金，同时继续要求天智冠亚公司提交山东潍坊电视台与紫禁城公司同天智冠亚公司之间的授权证明，并于2003年10月23日支付了20万元的版权费。此后，天智冠亚公司又向俏佳人公司提交了一份《片名更正》证明，但不是版权权属证明。

2003年12月8日，天智冠亚公司在未告知俏佳人公司的情况下，与广东东和兴影音有限公司签订合同，将许可给俏佳人公司涉案剧目的专有使用权以108万元的成交额许可给广东东和兴影音有限公司，并向广东东和兴影音有限公司出具了紫禁城公司授权其作为涉案剧目音像出版发行方面独家代理商的《授权书》。2004年4月30日，天智冠亚公司以俏佳人公司未按合同第三.3条规定支付版权费为由，至函俏佳人公司要求解除合同，俏佳人公司于5月17日回函继续重申索要版权权属证明的要求。2004年9月4日，俏佳人公司在广东东和兴影音有限公司销售部购得涉案剧目的VCD、DVD光盘各一套。

二〇〇五年六月十三日，北京市第一中级人民法院终审判决：一、维持北京市海淀区人民法院（2004）海民初字第13013号民事判决第二、三项。二、撤销北京市海淀区人民法院（2004）海民初字第13013号民事判决第一项。三、自本判决生效之日起，解除北京市天智冠亚广告有限责任公司与广州俏佳人文化传播有限公司的《版权许可使用合同》。一审案件受理费17 760元，由北京市天智冠亚广告有限责任公司负担（本判决生效之日起7日内交纳）。二审案件受理费17 760元，由北京市天智冠亚广告有限责任公司负担（已交纳）。

(十五)

电视剧《故都子民》音像纠纷案宣判。

2002年10月29日，北京电视艺术中心与被告东方神龙影业有限公司签订合同，约定双方共同投资、拍摄、发行该剧；该剧总投资为800万元，双方各自投资400万元；双方共同享有该剧的著作权及相关产品著作权；被告负责该剧的发行，具体相关内容另行约定；北京电视艺术中心负责发行许可证的报批手续；北京电视艺术中心保证其融资方博鳌文化传媒公司仅享有该剧的署名权。

2003年8月，此剧基本拍摄完成。2003年8月18日，被告将涉案电视剧更名为《乱世浮生》后，与原告签订《音像制品版权授予合同》，约定：被告将其拥有音像版权的涉案25集电视连续剧《乱世浮生》（原名：故都子民）在中国大陆、香港、澳门地区音像制品的独家出版发行权授予原告浙江华人传媒发展有限公司。双方签订上述合同后，被告按约向原告交付了涉案电视剧的母带，原告也按约向被告支付了150万元合同价款。

2003年9月10日，原告向案外人齐鲁音像出版社出具委托书，委托该社以《乱世浮生》的名称出版涉案电视剧音像制品。

2003年9月11日，齐鲁音像出版社向原告出具《授权书》，同意以《乱世浮生》的名称出版涉案电视剧并授权原告在版权授权范围内总经销，授权期与原始版权方授权期限一致，版号为：ISRC CN－E22－030397－0/V.J9，条码为：9787884087877。同日，齐鲁音像出版社向案外人华韵影视光盘有限责任公司出具第0322727号《录音录像制品复制委托书》，委托该公司印制7万套涉案电视剧（以《乱世浮生》的名称）VCD光盘（25集，每集1盘，包括子盘和母盘），原告为此向华韵影视光盘有限责任公司支付了1 775 000元的费用。此外，原告为印制涉案电视剧VCD的彩封及海报（以《乱世浮生》的名称）支出了115 000元。包括前述两项费用在内，原告称其为涉案电视剧VCD的出版及宣传、销售等共计支出了2 662 071元。原告称此部分费用及其支付给被告的150万元合同价款，为其因被告的违约行为遭受的经济损失。被告对原告前述主张的钱款数字不持异议，但认为此为原告达到出版发行涉案电视剧VCD而付出的成本而非原告的损失。

2003年11月，北京电视艺术中心向国家广播电影电视总局申请涉案电视剧的《国产电视剧发行许可证》。在此过程中，总局最终选定《似水浮生》为涉案电视剧的名称，并于11月26日颁发了《国产电视剧发行许可证》。

在前述发行许可证颁发前，齐鲁音像出版社出版的7万套涉案电视剧VCD版（以《乱世浮生》为名称）已完成印制并由原告于2003年年底左右推向市场。

法院认为，涉案电视剧经有关行政部门批准的立项名称是《故都子民》，而将此名称改为《乱世浮生》确系包括被告在内的该剧的拍摄方所为。虽然原告在与被告签订涉案合同时知晓并接受此事，但涉案电视剧最终未能以本案双方合同约定的《乱世浮生》的名称办理发行许可证及播出仍应属于被告的违约行为。

虽然双方在合同中约定被告应保证涉案电视剧应于2004年春节前后在全国各地方电视台黄金时段首轮播出，但双方同时约定具体播出时间以被告与各电视台签订的播出合同为准。因此，原告关于涉案电视剧播出时间及范围上与前述约定条款不一致属于被告的根本违约行为的主张，本院不予支持。但涉案电视剧播出时间及范围上确与双方合同的约定条款不一致，故仍属被告的违约行为。

二〇〇五年六月十五日，北京市第二中级人民法院判决：一、被告东方神龙影业有限公司于本判决生效之日起十日内，赔偿原告浙江华人传媒发展有限公司经济损失二十七万元；二、驳回原告浙江华人传媒发展有限公司其他诉讼请求。案件受理费32 760元，由原告浙江华人传媒发展有限公司负担12 760元（已交纳）；由被告东方神龙影业有限公司负担20 000元（本判决生效后7日内交纳）。

一审宣判后，双方均未上诉。

（十六）

卡通电视剧《山中王》音像纠纷案宣判。

法院认为：原告上海世创影音制作有限公司与被告北京市恩氏文化艺术有限责任公司所签订的 VD－0002 号《合约书》和 H20020814 号《合约书》是双方当事人的真实意思表示，其内容并不违反法律、法规的规定，属于合法有效合同，双方当事人应当按约定履行义务。

按照国家关于出版进口音像制品的有关规定，只能由具有进口权的音像出版单位出版进口音像制品。音像出版单位出版进口音像制品应将出版合同报中国版权保护中心。音像出版单位还应取得进口作品著作权人或者音像制品制作者的授权并签订合同，由进口音像制品权利人授权或转让其他人后再授权音像出版单位出版的，还应当出示原授权或转让合同，并将所有合同及相关材料一并报中国版权保护中心。该中心对申请登记的合同进行审查和认证后报国家版权局审批，经审定由国家版权局发放《国家版权局著作权合同登记批复》。音像制品出版单位应持该《批复》及相关材料到文化部音像制品内容审核机构报审，经审查通过后才能出版进口音像制品。

原告与被告均非音像出版单位，都不具有登记、报审以及出版的资格。根据双方所签《合约书》的文字表述及双方庭审陈述可以看出，有关登记、报审的具体工作由原告完成，被告负有配合原告进行此项工作的义务，即将自己引进的录像制品的著作权证明、版权贸易协议、录像制品的母带等文字、图像资料交给原告，由原告向有关部门提交。

根据本院已经查明的事实，原告在完全履行了 VD－0002 号《合约书》的付款义务后，被告没有充分证据证明其向原告交付了该《合约书》约定的文字、图像等资料。中影音像出版社在中国版权保护中心进行登记的行为是在履行其与被告所签《合作协议》的行为，而非履行被告与原告所签 VD－0002 号《合约书》的行为。在 2002 年 12 月 18 日中影音像出版社取得 4 部录像制品的著作权登记至 2003 年 12 月 18 日原告提出返还价款要求的这一年时间里，原告仍然没有取得著作权登记的相关材料以致无法向文化部报审，至今 VD－0002 号《合约书》中所有录像制品均未出版，合同目的已无法实现。原告请求解除 VD－0002 号《合约书》、返还已支付的二十万元及截至 2004 年 3 月 19 日的利息的诉讼请求理由正当，本院予以支持。被告向中影音像出版社支付的报版费五千元是根据双方签订的合作协议发生的费用，不属于本案审理范围，本院不予处理。

二〇〇四年六月十日，北京市第二中级人民法院判决：一、解除原告上海世创影音制作有限公司与被告北京市恩氏文化艺术有限责任公司于二〇〇二年七月九日签订的《合约书》和二〇〇二年八月十四日签订的《合约书》；二、被告北京市恩氏文化艺术有限责任公司于本判决生效后十日内向原告上海世创影音制作有限公司返还二十万元人民币及利息；三、被告北京市恩氏文化艺术有限责任公司于本判决生效后十日内向原告上海世创影音制作有限公司返还五万元人民币；四、驳回原告上海世创影音制作有限公司的其他诉讼请求。案件受理费 6 598 元，由被告北京市恩氏文化艺术有限责任公司负担（于本判决生效后 7 日内交纳）。

一审判决后，双方均未上诉。

（十七）

电视剧《正月里来是新春》音像纠纷案宣判。

《正》剧系中央台和长江映画中心于 2003 年联合摄制。依据中央台 2001 年 1 月 1 日的授权，国际公司在 5 年内对中央台拥有著作权的各类节目，均独家享有复制及国内外出版发行权。据此，国际公司与长江映画中心于 2003 年 11 月 25 日签订代理发行合同，授权长江映画中心代理发行《正》剧。长江映画中心又依据该代理发行合同,授权今古公司代理发行该剧。

法院认为,《正》剧是由中央台和长江映画中心于2003年联合摄制,故中央台和长江映画中心对该剧享有包括发行权在内的著作权。从2001年1月1日中央台出具授权书之日起,国际公司取得了5年之内,中央台拥有著作权的各类节目之独家复制权及国内外出版发行权。因此,实际上对《正》剧享有发行权的是国际公司和长江映画中心。现在国际公司和长江映画中心均认可今古公司和华人公司签订的合同,也就是认可今古公司授予华人公司《正》剧的独家发行权。而今古公司和华人公司之间的合同内容亦不违反国家有关法律规定,因此该合同合法有效。华人公司以长江映画中心未授予今古公司独家出版发行权为由,对双方合同效力所作抗辩,本院不予支持。

合法有效合同的当事人均应严格依约履行合同义务。华人公司曾向合同约定的账户支付款项,因今古公司提供的账户名称错误导致该款未能到账。在今古公司更正错误的账户名称前,华人公司实际上无法履行其付款义务。现今古公司未能举证证明其已经就合同约定的错误账户名称作出更正,因此对今古公司据此要求华人公司承担违约责任,支付合同约定违约金的请求,本院不予支持。

二○○四年六月十八日,北京市朝阳区人民法院判决:一、浙江华人传媒发展有限公司于本判决生效之日起十日内给付北京今古影视策划有限公司版权费七十二万元;二、浙江华人传媒发展有限公司于本判决生效之日起十日内给付北京今古影视策划有限公司前项款项的利息;三、驳回北京今古影视策划有限公司的其他诉讼请求。案件受理费13 650元,由北京今古影视策划有限公司负担9 000元(已交纳);浙江华人传媒发展有限公司负担4 650(于本判决生效后7日内交纳)。

一审宣判后,双方均未上诉。

(十八)

动画作品《舒克和贝塔》音像纠纷案,二审宣判。

法院认为:根据我国有关法律规定,向人民法院请求保护民事权利的诉讼时效期间为二年,法律另有规定的除外。原告上海美影厂公证购买被告松雷公司销售的涉案光盘的日期,即为原告知道或者应当知道其权利被侵犯的日期。因此,本案的诉讼时效应当自2004年4月28日开始起算。2006年4月27日,原告以特快专递方式向法院邮寄本案起诉状提起本案诉讼,未超过二年的诉讼时效期间,符合我国法律关于诉讼时效的规定。被告松雷公司关于应以法院受理案件的时间,而不能以原告递交起诉状的时间作为原告提起诉讼的时间,原告起诉已经超过诉讼时效的抗辩主张,于法无据,本院不予采纳。

根据我国有关法律规定,如无相反证明,在作品上署名的公民、法人或者其他组织为作者。根据本案查明的事实,原告主张权利的涉案美术电影《舒克和贝塔》彩色动画VCD片片头出现"上海美术电影制片厂"字样,且其外包装及六张光盘的盘封、盘芯上均载明"上海美术电影制片厂出品"字样。根据上述署名情况,本院认定原告为涉案美术电影作品《舒克和贝塔》的著作权人。被告松雷公司虽对此不予认可,但未提交相反证据予以证明,故本院对其相关抗辩主张不予采纳。

原告上海美影厂主张其从未许可过除"上海电影音像出版社"以外的其他音像出版机构复制发行过涉案光盘,被告松雷公司亦未提出相反证据,因此本院认定被告销售的涉案光盘为侵权复制品。根据我国有关法律规定,复制品的发行者不能证明其发行的复制品有合法来源的，应当承担法律责任。被告松雷公司未提供充分证据证明哈尔滨五洲音像经销部经销音像制品的合法资质及该经销部所经销音像制品的合法进货来源，因此，被告关于涉案光盘有合法来源，不构成侵权的抗辩主张，缺乏依据，本院不予采纳。因此，被告松雷公司销售涉案侵权光盘的行为，侵犯了原告对于涉案美术动画作品《舒克和贝塔》所享有的发行权，应当承担相应的法律责任。

二〇〇六年九月十九日，北京市第二中级人民法院判决如下：一、自本判决生效之日起，哈尔滨松雷股份有限公司停止销售盘芯标注有"福建音像出版社出版发行"字样的涉案光盘《舒克和贝塔》；二、自本判决生效之日起十日内，哈尔滨松雷股份有限公司赔偿上海美术电影制片厂经济损失人民币四千元；三、驳回上海美术电影制片厂的其他诉讼请求。案件受理费1 410元，由哈尔滨松雷股份有限公司负担（于本判决生效之日起7日内交纳）。

一审判决后，几方无人上诉。

(十九)

越剧《红楼梦》音像纠纷案宣判。

原告上海越剧院诉称：其是越剧《红楼梦》整台戏戏剧作品的著作权人，已经有生效民事判决书作出了认定。由被告北京电视艺术中心音像出版社出版的《中国越剧经典》双牒装VCD侵害了原告作为越剧《红楼梦》著作权人的署名权、复制权、发行权以及获得报酬权。

被告音像出版社辩称：原告并非越剧《红楼梦》戏剧作品的著作权人，其无权主张本案诉讼请求。原告为证明其为权利主体而向法院提供的由中国唱片上海公司出版发行的越剧《红楼梦》（中国戏曲电影珍藏版），实际是电影作品，原告同样不享有著作权。原告的诉讼请求应当予以驳回。

被告音像公司辩称：原告上海越剧院提供的经过公证的，载有被告音像公司是系争《中国越剧经典》VCD经销商的网页是真实的，但是该网页仅能证明被告音像公司曾经作过相关内容的展示，并不能证明其真正实施了销售系争VCD的行为，事实上其并未通过网络实现销售行为。原告的诉讼请求应当予以驳回。

二〇〇四年六月七日，上海市第二中级人民法院主持调解，原、被告各方自愿达成协议如下：一、被告北京电视艺术中心音像出版社、被告广州冲击波音像实业有限公司应于2004年6月15日前分别向原告上海越剧院支付补偿款各人民币1万元；二、原告上海越剧院放弃由被告北京电视艺术中心音像出版社出版的《中国越剧经典》双牒装VCD（版号为：ISRC CN－C07－95－491－00/V. J6）中与原告上海越剧院有关的一切权利；三、原告上海越剧院承诺其作为前述《中国越剧经典》双牒装VCD（版号为：ISRC CN－C07－95－491－00/V. J6）中与原告上海越剧院有关唱段的著作权人，若有第三人向被告北京电视艺术中心音像出版社或被告广州冲击波音像实业有限公司主张与著作权有关的侵权责任，并获法院生效判决认定，原告上海越剧院应当向被告北京电视艺术中心音像出版社或被告广州冲击波音像实业有限公司返还其收取的前述补偿款。四、本案案件受理费人民币3 650元，由原告上海越剧院负担人民币1 825元，由被告北京电视艺术中心音像出版社负担人民币912.50元，由被告广州冲击波音像实业有限公司负担人民币912.50元（两被告应于2004年6月15日前向原告上海越剧院支付）。五、各方无其他争执。上述协议，符合有关法律规定，本院予以确认。

（二十）

沪剧《为奴隶的母亲》音像纠纷案宣判。

原告施正辉于1952年加入勤艺沪剧团（后改名为上海宝山沪剧团）任沪剧编剧和导演工作，沪剧剧本《为奴隶的母亲》是其于1954年根据柔石的同名小说改编而成，并于1957年由上海文化出版社出版、发行。"题名字"及"补衣裳"是沪剧《为奴隶的母亲》中的选段。2002年年初被告上海电影音像出版社和上海金泰文化音像有限公司共同制作了《沪剧名段卡拉OK VOL.8》VCD，其中上海电影音像出版社负责出版，上海金泰文化音像有限公司负责经销，该VCD收录了包括"题名字"、"补衣裳"在内的十段沪剧选段，且上述作品均没有作者署名。

法院认为，原告是沪剧剧本《为奴隶的母亲》的作者，原告对该作品依法享有著作权。被告上海电影音像出版社及上海金泰文化音像有限公司未经原告同意擅自制作、出版、发行了《沪剧名段卡拉OK VOL.8》VCD，该VCD中包含了原告创作的《为奴隶的母亲》中"题名字"和"补衣裳"两段选段，两被告的行为侵害了原告的著作权，应当承担停止侵权、赔礼道歉、消除影响、赔偿损失的民事责任。

二〇〇二年八月三十日，上海市第二中级人民法院判决：一、被告上海电影音像出版社、上海金泰文化音像有限公司停止制作、出版、发行《沪剧名段卡拉OK VOL.8》VCD；二、被告上海电影音像出版社、上海金泰文化音像有限公司于本判决生效之日起三十日内在《文汇报》上刊登声明，向原告施正辉赔礼道歉，消除影响（内容须经本院审核）；三、被告上海电影音像出版社、上海金泰文化音像有限公司于本判决生效之日起十日内赔偿原告施正辉经济损失人民币1万元，并承担连带责任；四、被告上海新华外语书店停止销售《沪剧名段卡拉OK VOL.8》VCD；五、原告施正辉的其余诉讼请求不予支持。案件受理费人民币2 161元，由原告施正辉负担人民币1 772元，被告上海电影音像出版社、上海金泰文化音像有限公司共同负担人民币389元。

一审判决后，各方均未上诉。

（二十一）

20集电视剧《缱绻仙凡间》音像版权纠纷上诉案终审宣判。

上诉人天津民族文化光盘有限责任公司（以下简称民族文化光盘公司）因侵犯著作权纠纷一案，不服北京市第二中级人民法院（2005）二中民初字第4911号民事判决，向北京市高级人民法院提出上诉，现已审理终结。

北京市第二中级人民法院一审判决：一、民族文化光盘公司立即停止复制、发行涉案侵权的20集电视连续剧《仙侣奇缘》VCD光盘；二、敦煌音像第十二经营部立即停止销售涉案侵权的20集电视连续剧《仙侣奇缘》VCD光盘；三、民族文化光盘公司赔偿九洲中凯公司经济损失四十二万元；四、驳回九洲中凯公司的其他诉讼请求。

二审法院查明：2002年，香港电视广播有限公司制作了20集电视连续剧《缱绻仙凡间》，该剧在香港特别行政区的版权属于电视广播有限公司所有；在香港特别行政区以外地区的版权，于2003年1月1日前属于电视广播（海外）有限公司所有，2003年1月1日起属于电视广播海外制作有限公司所有。

电视广播（海外）有限公司于2002年10月起至2002年12月31日止，独家授权电视广播（国际）有限公司在香港特别行政区以外地区复制、发行20集电视连续剧《缱绻仙凡间》（包括自行授权给第三者复制、发行的权利）。

电视广播海外制作有限公司于2003年1月1日起，独家授权电视广播（国际）有限公司在香港特别行政区以外地区复制、发行20集电视连续剧《缱绻仙凡间》（包括自行授权给第三者复制、发行的权利）。

电视广播（国际）有限公司授权九洲中凯公司在中国大陆地区独家复制、发行、销售以普通话配音的电视连续剧《缱绻仙凡间》VCD光盘，销售期自2002年10月31日起至2005年10月30日止。电视广播（国际）有限公司声明，至今未将上述权利授予除九洲中凯公司以外的其他人，任何人未经授权在中国大陆地区的翻录、复制、发行、销售电视连续剧《缱绻仙凡间》VCD光盘均属违法，九洲中凯公司可依法向违法者追究责任。

2002年，九洲音像出版公司出版发行了20集电视连续剧《缱绻仙凡间》VCD光盘。光盘包装上载明由北京中凯文化发展有限公司、广东中凯文化发展有限公司经销，登记号为国权像字04-20021387号。光盘内容是以普通话配音的。播放光盘时片头显示："电视广播有限公司保留一切版权，©电视广播有限公司2002"等信息。

银声音像出版社委托民族文化光盘公司复制20集电视连续剧《仙侣奇缘》VCD光盘5万张，光盘内容是以普通话配音的。播放光盘时片头显示："电视广播有限公司保留一切版权，©电视广播有限公司2002"等信息。

二审法院认为：九洲中凯公司已提供了电视连续剧《缱绻仙凡间》原始著作权人的注册登记证明、著作权人进行授权的证明书，相关证据符合法律规定的形式要件，应予采信。九洲中凯公司有权请求保护其对电视连续剧《缱绻仙凡间》在中国大陆地区享有的专有权利。

根据《音像制品管理条例》的相关规定，音像复制单位接受委托复制音像制品时，应当验证著作权人的授权书。民族文化光盘公司接受银声音像出版社的委托，复制了与电视连续剧《缱绻仙凡间》内容相同的《仙侣奇缘》VCD光盘，但未尽相应的法定审查义务，侵犯了九洲中凯公司享有的专有权利，应当依法承担停止侵权行为和赔偿经济损失的民事法律责任。

由于九洲中凯公司没能提供证据证明民族文化光盘公司还发行了电视连续剧《仙侣奇缘》VCD光盘，因此，一审法院判令民族文化光盘公司立即停止发行涉案光盘的行为缺乏事实依据，本院予以纠正。民族文化光盘公司仅实施了复制涉案光盘的行为，应当在其过错及行为范围内承担相应的民事责任，九洲中凯公司未能提供证据证明其受到实际损失的具体数额，因此，应以侵权人民族文化光盘公司的违法所得计算侵权损害赔偿数额。一审法院确定的赔偿数额过高，本院将依据民族文化光盘公司提交的与广州永峰音像传播有限公司签订的光盘定制合同中载明的复制数量、单价、总金额、光盘复制企业的平均利润以及民族文化光盘公司的主观过错重新确定赔偿数额。

二〇〇五年十二月二十日，北京市高级人民法院终审判决：一、维持北京市第二中级人民法院（2005）二中民初字第4911号民事判决第二、四项；二、撤销北京市第二中级人民法院（2005）二中民初字第4911号民事判决第一、三项；三、天津民族文化光盘有限责任公司立即停止复制涉案侵权的20集电视连续剧《仙侣奇缘》VCD光盘；四、天津民族文化光盘有限责任公司于收到本判决书后十日内，赔偿北京九洲中凯文化发展有限公司经济损失三万元；五、驳回天津民族文化光盘有限责任公司的其他上诉请求。

（二十二）

高秀敏小品音像著作权纠纷案一审宣判。

原告高秀敏在本案中主张除《寡妇门前》以外的11部小品的著作权。原告为进一步证明自己对上述11部小品享有著作权，补充提交了小品《卖车》《卖拐》《有钱了》的剧本手稿，以及共同创作人宫凯波、张庆东的声明，证明小品《卖车》《卖拐》是何庆魁、高秀敏与宫凯波共同创作的，《有钱了》是何庆魁、高秀敏与张庆东共同创作的，且宫凯波、张庆东在本案诉讼中对上述小品不主张权利。原告主张其在创作小品时，均有高秀敏参与，高秀敏是上述小品的共同著作权人，但没有提交相应证据。

被告辽宁电视台、辽宁广播电视音像出版社、鸿翔公司对原告所主张的著作权提出异议，首先，三被告不承认高秀敏为合作作者。其次，三被告均提出仅承认辽宁电视台提交的录像带中录制的《卖拐》《四喜临门》《退货》《有钱了》《破烂王》5部小品上有关著作权人的署名。本院经审查，辽宁电视台提交的录像带上的5部小品的署名与上述VCD盘上的署名一致。再次，三被告提出原告提交的剧本手稿已经超过举证期限，故不承认原告对小品《有钱了》享有著作权。

涉案12部小品均由辽宁电视台录制，并均已在电视台播出。原告认可辽宁电视台在录制及播出上述节目时已向其支付了报酬。

2002年9月28日，辽宁电视台与辽宁广播电视音像出版社签订合同，约定辽宁电视台授权辽宁广播电视音像出版社将涉案《四喜临门》《卖车》《卖拐》《退货》《龙飞凤舞》《有钱了》《破烂王》等共30部小品制成音像制品出版发行。辽宁电视台负责提供母版，并负责版权，辽宁广播电视音像出版社向辽宁电视台支付八万元版费。涉案其余5部小品辽宁广播电视音像出版社是基于1996年10月22日与辽宁电视台签订的另外一份合同从辽宁电视台处取得的。

辽宁广播电视音像出版社向本院出具了其2002年9月28日给佛山金声电子有限公司的《录音录像制品复制委托书》。

2003年12月18日，北京市第一中级人民法院判决如下：一、辽宁电视台、辽宁广播电视音像出版社、广州市鸿翔音像制作有限公司于本判决生效之日起立即停止出版、发行侵犯何庆魁、高秀敏拥有著作权的《高秀敏小品专辑》（二）、（三）、（四）VCD盘；二、辽宁电视台、辽宁广播电视音像出版社于本判决生效之日起三十日内分别在《法制日报》上公开向何庆魁、高秀敏赔礼道歉（内容须经本院核准），逾期不执行，本院将在该报上公布本判决内容，费用由辽宁电视台和辽宁广播电视音像出版社负担；三、辽宁电视台和辽宁广播电视音像出版社于本判决生效之日起十日内共同赔偿何庆魁、高秀敏损失人民币十一万二千五百元；四、辽宁电视台和辽宁广播电视音像出版社于本判决生效之日起十日内共同赔偿何庆魁、高秀敏为诉讼支出的合理费用及律师费人民币五千一百元；五、北京市新华书店王府井书店于本判决生效之日起十日赔偿何庆魁、高秀敏损失人民币三百元；六、驳回何庆魁、高秀敏其他诉讼请求。案件受理费15 010元，由何庆魁、高秀敏负担5 010元（已交纳）；由辽宁电视台和辽宁广播电视音像出版社共同负担9 950元（于本判决生效之日起七日内交纳），由北京市新华书店王府井书店负担50元（于本判决生效之日起七日内交纳）。

一审判决后，几方均未上诉。

(二十三)

电视剧《食神传》音像制品发行纠纷案一审宣判。

2003年10月26日，原告蓝精灵公司与被告恒久远公司签订《转让协议书》，就被告恒久远公司所拥有的电视连续剧《食神传》在中国大陆地区的VCD、DVD等一切音像制品版权转让给原告蓝精灵公司的相关事宜达成协议，约定被告恒久远公司必须在2004年4月30日前十五天提交全套共30集母带及发行许可证、广告宣传品予原告蓝精灵公司。倘若被告恒久远公司交片日期有任何变动，必须第一时间书面通知原告蓝精灵公司并取得原告蓝精灵公司书面同意。该节目版权费为每集人民币30 000元整，版权费总额为人民币900 000元整。原告蓝精灵公司分别于2003年10月26日、2003年10月29日向中国农业银行卡号为9559980230147868619的账户内存入人民币100 000元与170 000元，共计270 000元，中国农业银行广州市景泰分理处出具存款收据并加盖"现金讫"章。另查明，被告张靖系被告恒久远公司的法定代表人。

2006年1月17日，广东省广州市中级人民法院判决，解除原告广东蓝精灵文化传播有限公司与被告宝鸡市恒久远广告咨询有限公司签订的《转让协议书》，被告宝鸡市恒久远广告咨询有限公司在本判决发生法律效力之日起十日内，退还原告广东蓝精灵文化传播有限公司人民币270 000元并向原告广东蓝精灵文化传播有限公司支付违约金270 000元，被告张靖就本判决第二判项中被告宝鸡市恒久远广告咨询有限公司的责任承担连带清偿责任，驳回原告广东蓝精灵文化传播有限公司的其他诉讼请求。本案案件受理费10 410元由被告宝鸡市恒久远广告咨询有限公司负担。

一审判决后，双方均未上诉。

（二十四）

电视剧《望娘滩》音像出版与发行纠纷几度波折，终审宣判。

1989年5月25日，原告峨嵋电影制片厂下属单位音像制作发行部作为甲方，与乙方都江堰市文物局、文化局、玉垒山公园和被告都江堰市委宣传部等四家单位签订一份联合拍摄电视剧《望娘滩》的协议书。协议书对双方投资比例、盈利分配以及甲方承诺在《望》剧出版发行后，无论亏盈，首先保证归还乙方投资等作出了明确约定。还特别规定：《望》剧著作权归甲、乙双方共有，未经甲、乙双方签字同意，任何一方不得单独转让、出售。甲方签字代表为王乃超。《望》剧拍摄完毕后，经结算，乙方四家单位总共投资人民币九万余元。1989年12月11日，宣传部委托《望》剧制片主任王乃超以宣传部的名义与被告黑龙江出版社就录制、出版发行《望》剧录像带签订一份协议书，王乃超在协议书上加盖了峨影厂下属单位影视公司印章。该协议书对《望》剧录像带录制质量、出版发行权的归属、利润结算分配以及协议生效日期等均作了明确规定。1990年5月，出版社加工《望》剧录像带800盘向全国发行。因市场原因，《望》剧录像带销售状况欠佳，出版社遂于1992年底对库存的《望》剧录像带作销磁处理，随后，未再出版发行该剧录像带。其间，出版社于1990年5月18日将《望》剧剧款人民币一万元汇至峨影厂下属单位乐团账户，随后，峨影厂乐团又将此款全部付给宣传部。宣传部等四家单位除收到上述款项和峨影厂以40盘《望》剧录像带折款人民币3 600元外，迟迟未收到峨影厂归还其余投资款，遂于1992年向都江堰市人民法院起诉，要求峨影厂归还尚欠的投资款83 517.92元。

都江堰市人民法院一审认为：宣传部在未征得《望》剧版权共有人峨影厂同意的情况下，擅自以自己名义与出版社签订《望》剧的出版发行合同，将《望》剧的出版发行权转让给出版社，违反了与峨影厂就联合拍摄《望》剧所签订的协议。尽管两被告签订的出版发行合同有峨影厂影视公司的印章，但缺乏峨影厂的授权委托或者有效认可，因此，不能认定峨影厂同意宣传部单方转让《望》剧的出版发行权。但因为当时版权是共有的，只能确认是宣传部违反与峨影厂之间的联合拍摄协议，而不能认定是两被告宣传部、出版社侵犯原告峨影厂版权。既然两被告之间的出版合同没有法律效力，依法应予解除。鉴于人民法院发生法律效力的民事调解书已经确认宣传部收到《望》剧发行款，以及该剧录像带折款系峨影厂归还宣传部等四家单位的投资款，且双方又对宣传部等单位未收回的其余投资款以及《望》剧版权的最终归属达成协议，并经司法程序终审确认，现峨影厂要求宣传部对已经司法程序终审解决的违约行为承担侵权的民事责任，该主张不能成立。虽然两被告之间的《望》剧出版发行协议的终止日期在版权确认之后，但出版社自1992年年底以后未再出版发行，并对库存的磁带作销磁处理，即未继续履行与宣传部签订的协议，原告也未举出在经司法终审程序确认版权后，被告仍有侵权行为的证据，因此，峨影厂要求宣传部和出版社为此承担侵权民事责任的主张，不予支持。

据此，该院于1996年8月29日一审判决：一、解除被告都江堰市委宣传部与被告黑龙江音像出版社所签订的《望》剧出版发行协议；二、驳回原告峨影厂的诉讼请求。

峨影厂不服，提起上诉。

成都市中级人民法院二审认为：1989年12月11日，都江堰市委宣传部委托《望》剧制片主任与出版社签订的发行协议书，峨影厂虽未直接在该协议上加盖公章，但该厂影视公司在协议上加盖了公章，签订该协议的王乃超即该片制片主任，又是签订拍摄协议时峨影厂方的代表，且峨影厂接收了出版社1万元，又未提出异议，因此峨影厂事实上同意了宣传部与出版社签订的发行协议，故其上诉主张宣传部、出版社侵犯其著作权理由不能成立，不予支持。鉴于峨影厂系《望》剧著作权人，现不同意双方继续履行发行合同，出版社、宣传部亦未再履行发行合同，该协议应予以解除。

成都市中级人民法院1996年12月6日终审判决：驳回上诉，维持原判。

(二十五)

影片《三毛学生意》是20世纪50年代由上海电影制片厂拍摄、文彬彬等主演的一部电影作品。文彬彬于1972年1月死亡。原告吴美丽（80岁）系文彬彬之妻，原告文佳明、文佳颖、文佳凤系文彬彬之子女。

1997年7月，上海电影制片厂所属东方影视发行有限责任公司与广州俏佳人文化传播有限公司签订协议，由上海电影制片厂将其摄制的包括《三毛学生意》在内的50部电影作品在中华人民共和国境内（不包括港、澳、台地区）的VCD小影碟制品的独家出版制作及发行权，授权给广州俏佳人文化传播有限公司，授权期限为4年。上海电影制片厂对此出具了授权书。此后，上述影片VCD小影碟制品即由北京北影录音录像公司予以出版发行，由广州俏佳人文化传播有限公司负责总经销。

上海市黄浦区人民法院经审理认为：本案应明确下列问题：（1）录音录像制作者与制片者的区别。录音录像制作者为作品的传播者，属邻接权主体范畴；制片者为作品的权利人，属著作权的主体范畴。上海电影制片厂为电影作品《三毛学生意》的制片者。（2）录音录像制品与作品的区别。录音录像制品属邻接权客体；电影作品是著作权的客体。《三毛学生意》属电影作品。上海电影制片厂是该片的制片者，享有该电影作品的著作权。其许可他人使用该作品，是对其著作权的行使，符合我国著作权法的规定。依著作权法第三十九条的规定，被许可复制发行的录音录像制作者应向表演者支付报酬，但不能据此推出电影作品制片者许可他人使用电影作品而产生表演者权。该条规定仅限于录音录像制品的范围，不能扩大到电影作品。电影胶片与VCD光盘是作品的不同载体，VCD《三毛学生意》只是电影作品《三毛学生意》不同形式的复制，并不改变电影作品《三毛学生意》的权利性质。VCD《三毛学生意》是电影作品《三毛学生意》著作权人行使权利的结果。

综上所述，由于电影作品制片者承担了制片的市场风险，市场变动而产生的新利益应由制片者享有。电影作品的表演者在取得片酬后，市场风险与其无涉，表演者不应再分享制片者的市场利益。

1998 年 12 月 17 日，该院判决如下：四原告要求三被告给付文彬彬表演报酬 5 万元的诉讼请求不予支持。

（二十六）

广东杰盛唱片有限公司、日本普拉提亚娱乐有限公司、上海书城与北京世纪星碟文化传播有限公司"女子十二乐坊"音像纠纷上诉案宣判。

原审法院查明：2003 年 4 月 1 日，普拉提亚公司与星碟公司就"女子十二乐坊"的表演录音、录像以及对录音录像的制作等事宜签订《专属合同书》一份。双方约定：星碟公司根据普拉提亚公司的专门要求，为制作表演唱片母带和录像母带而组织表演者进行表演；普拉提亚公司……独占性地行使作为唱片母带或录像母带制作人所拥有的权利。在合同有效期内，普拉提亚公司对表演者的表演收录后的唱片母带或录像母带享有独占制作的权利；必须根据双方协商后、按普拉提亚公司决定或认可的计划进行制作，制作费原则上由普拉提亚公司负担。根据本合同，作为唱片母带的唱片制作人的权利以及有关作为录像母带的录像制作人的权利全部归属于普拉提亚公司。普拉提亚公司有权在日本国内独占性地复制、发行并在电台、电视、网络上自由使用唱片母带或录像母带；商品附属品（歌词单、唱片外套等）的制作费由普拉提亚公司负担，其著作权以及与之相关的全部权利全部归属于普拉提亚公司。本合同适用地区为日本国内，关于向海外第三者提供唱片母带或录像母带的使用权由双方事前共同协商决定。

2003 年 5 月 14 日，杰盛公司与第三人星碟公司订立《协议书》，双方约定：星碟公司保证其拥有自己独立投资录制的《"女子十二乐坊"日本制作专辑（暂定名）》录音制品（《五拍》等 15 首曲目）及 MTV（《自由》）全部内容的全部录音制作者权，且上述权利未转让、许可授权、质押或者抵押给任何第三人。星碟公司将"上述录音制品及 MTV 全部内容的录音制作者权利中的复制权、发行权和宣传用的信息网络传播权以及其他可能的权利"在权利保护期内转让给杰盛公司。如果杰盛公司受让上述权利后，因行使权利出现他人主张著作权、录音制作者权或者其他相关权利，星碟公司应负责解决，并承担经济、法律责任。杰盛公司取得上述节目录音母带后应一次性支付权利转让费人民币 10 万元。2003 年 7 月 24 日，普拉提亚公司在日本发行了《女子十二乐坊：BEAUTIFUL ENERGY》的 CD + DVD 音像制品，其中的 CD 和 DVD 光盘正面均标有"2003 PLATIA ENTERTAINMENT Inc."字样，DVD 内容播放完毕后屏幕上出现"2003 PLATIA ENTERTAINMENT INC."字样。杰盛公司发行了《东京爱情故事：女子十二乐坊》（CD + DVD）、《女子十二乐坊 日本销量冠军碟》（CD + DVD）和《自由 女子十二乐坊》（DVD），上述音像制品均由公安部华盛音像出版社出版。

一审法院判决：一、杰盛公司立即停止对普拉提亚公司享有的《自由》音乐电视作品的著作权和《奇迹》录像制品的录像制作者权的侵害；二、杰盛公司于判决生效之日起 30 日内在《人民日报》上刊登声明，就其侵权行为向普拉提亚公司赔礼道歉，声明的内容须经原审法院审核；三、杰盛公司于判决生效之日起 10 日内赔偿普拉提亚公司经济损失人民币 6 万元；四、普拉提亚公司的其他诉讼请求不予支持；五、杰盛公司的反诉请求不予支持。一审案件本诉受理费人民币10 010元,由普拉提亚公司负担人民币4 405元,杰盛公司负担人民币5 605元。反诉部分案件受理费人民币10 510元,由杰盛公司负担。

一审宣判后,杰盛公司不服,提起上诉。二〇〇六年四月二十六日,上海市高级人民法院终审宣判,驳回上诉,维持原判。本案二审案件本诉与反诉受理费共计人民币20 520元,由上诉人广东杰盛唱片有限公司负担。本判决为终审判决。

(二十七)

央视电视剧《红楼梦》插曲录音带发行侵权案宣判。

1983年,作曲家王立平应邀为央视电视剧《红楼梦》配乐作曲。1986年10月,王与中国电影出版社签订联合录制《红楼梦》插曲音带的协议。1987年年初,该社与王发现辽宁北国音像出版社录制、发行了同类音带,遂于1987年9月向法院起诉。

经过四年的审理,法院查明,北国版收录了12首歌曲,其中一首为王谱曲的《枉凝眉》,其余11首均选自香港出版的唱片。由于北国版早于中国电影出版社,故使后者的发行收到严重冲击。1991年10月,法院判决:辽宁北国音像出版社构成侵权,赔偿王立平和中国电影出版社人民币16 895.20元,并向原告致歉。

本章综评

音像和网络,都是影视发行的次要目标。所谓"音像传播",指的是影视剧通过出版并销售各种音像制品,主要有DVD、VCD、VHS等载体,面向家庭或个人用户销售,以继续获取利润。20世纪80年代以前,网络不发达,音像是仅次于影院、电视播映的发行渠道,用户众多,市场巨大,价值不菲。

但是,和拍摄、发行影视剧都需要政府审批一样,出版、发行音像制品也需政府审核并同意。一般而言,能在影院、电视台播出的影视剧也会得到政府音像主管部门的同意去发行,但反之却不然,大量节目只通过音像传播从不在院线、电视频道播映,比如众多戏曲舞台录像片和大量从海外引进的电影、剧集。于是,影视与音像之间必然会发生版权冲突与贸易纠纷。本章这15节和包含27则的类案集萃,特别是第三节、第四节、第十一节、第十二节,勾勒了这些诉讼的起因、形态与审判结果,再现了"飞乐"、"俏佳人""中凯"等代表性音像发行商的浮沉兴衰。第二节呈现的中美博弈,足以管窥我国对外开放几十年来音像版权贸易之坎坷与多舛。

本章提及了诸多声名赫赫的影视机构,仅第三节一节就涉及中国最主要的电影制片厂,争斗之激烈,教训之深刻,至今仍在业内人士的心目中挥之不去。在第二节,受众耳熟能详的美国好莱坞最主要的制片商纷纷亮相,他们的版权意识和维权自觉或许真能给中国影视界上一课,像第十一节里"北京电影学院开发部"这种对音像版权一无所知的主体更应虚心补课,从头学起。

迄今,电影已120多年,电视已80多年,而戏曲的历史则更悠久,甚至可追溯至史前社会。但是,随着新兴艺术的不断涌现,戏曲日益式微,日益萧条,如今大都成了国家非物质文化遗产。所以,面对强势的影视与音像,戏曲必然要拼死一搏,捍卫最后的尊严。读罢本章第十四节、第十五节、类案集萃(二十一),回顾第五章第五节,相信每个血液里流淌着中国传统文化因子的人都不会平静,毕竟,戏曲,是折射华夏民族五千年悠久历史的活化石,是现代窥视古代的一扇重要窗口。同为艺术,都是艺人,影视界理应对戏曲界多几份尊重。

就像影视把戏曲打入冷宫一样,如今,网络也让音像日落西山,日暮途穷。

技术的革新,受众审美期待的嬗变,时代主题的演进,永远是影视艺术要直面的残酷现实。《吕氏春秋·尽数》:"流水不腐,户枢不蠹,动也。"不进则退,唯一不变的就是变化,影视要想永葆青春,就必须不断推陈出新,永远与时俱进。

(杨新磊)

第七章　信息网络传播之争

第一节　"慈文"不慈不文

【原告】 北京慈文影视制作有限公司
【被告】 中广亚广播信息网络有限公司

原告北京慈文影视制作有限公司（以下简称慈文影视）诉被告中广亚广播信息网络有限公司（以下简称中广亚）著作权纠纷一案，北京市海淀区人民法院现已审理终结。

原告慈文影视诉称：原告于2005年10月21日发现被告在其经营的网站上（网址为：www.catv.net）向公众提供电影《七剑》的下载、在线播放服务。被告的行为严重侵犯了原告权益，故请求法院判令被告：1. 立即停止对原告享有著作权的网络传播权的侵害，停止提供涉案电影作品的下载，在线播放服务；2. 在其经营的网站及《中国电视报》上发表声明，向原告公开道歉；3. 赔偿原告20万元及合理费用3万元。

被告中广亚公司辩称：第一，在我方网站上电影《七剑》点击次数明确，仅有17 905次，即便按最高收入每次1元计算，我方所能够获得的收入为17 905元，更何况在扣除网络运营成本、电信运营商合作收益后，我方所能够获得的销售利润实际远低于销售收入；第二，对方采用规模化方式打击侵权行为，成本极低，并且没有任何证据能证明对方的损失，故不同意原告的诉讼请求。

经审理查明：

2004年7月10日，慈文影视（甲方）与（香港）华映电影有限公司（乙方）、（韩国）宝蓝电影有限公司（丙方）签署了《电影七剑合拍协议书》的补充协议书，该补充协议书约定：电影作品《七剑》在中国大陆地区的版权、发行权以及由此产生的各种形式的收益权归甲方拥有，并且如果电影《七剑》作品在中国大陆遭受任何形式的盗版侵权（包括但不限于针对本部电影的音像制品进行非法销售和加工复制行为；未经授权在互联网等大众传播媒介上传播以及擅自在电视台、电影院线等非法放映电影作品，或者通过数字电视、VOD系统点播该电影作品的侵权行为采取诉讼和非诉讼的维权行为）时，甲方有独立的、排他的诉讼与非诉讼的权利。

此后，慈文影视于2005年10月31日获得2005-H-03484号著作权登记证书（电影《七剑》于2005年7月29日在中国首次公映）。

2005年11月2日，慈文影视代理人戎朝于上海市静安区公证处进行了公证，公证书记载事项表明：第一，在中广亚网站（网址为：www.catv.net）进行注册后可以付费下载和在线观看电影《七剑》，付费方式包括"包月"或"每片一元"；第二，截至公证之日《七剑》下载次数为17 905次。

上述事实，有慈文影视提供的公证书、著作权登记证书以及本院的庭审笔录等在案佐证。

本院认为，慈文影视通过订立协议取得《七剑》在中国大陆地区的著作权，据此有权禁止他人以营利为目的在中国大陆地区未经许可使用此作品。中广亚未经慈文影视许可在其网站（网址为：www.catv.net）上提供《七剑》的下载和在线播放服务的行为显属侵权，应立即停止侵权行为并承担相应的侵权责任。中广亚辩称其收益的毛利仅为每片一元不能成立，因为中广亚的收费方式并不限于"每片一元"，还有其他收费方式，如包月收费等，该方法不能反映其所得利益，因此其辩称证据不足，本院不予采信。慈文影视要求中广亚赔偿二十万元及为诉讼支出的费用三万元，亦证据不足，本院将依据中广亚的侵权程度等因素确定赔偿的数额，对慈文影视的诉讼请求不再全额支持。

二〇〇六年十二月二十日，北京市海淀区人民法院依据《中华人民共和国著作权法》第十条第一款第（十二）项、第四十七条第（一）项、第四十八条第二款之规定，判决如下：一、自本判决生效之日起，被告中广亚广播信息网络有限公司立即停止在其网站（网址为：www.catv.net）上提供电影《七剑》的收费下载和在线播放服务；二、自本判决生效之日起十日内，被告中广亚广播信息网络有限公司在其网站首页（网址为：www.catv.net）连续24小时刊登致歉声明，向原告北京慈文影视制作有限公司公开致歉（声明内容须经本院审核，若被告拒绝履行此义务，本院将在《光明日报》上刊登判决书主要内容，费用由被告负担）；三、自本判决生效之日起十日内，被告中广亚广播信息网络有限公司赔偿原告北京慈文影视制作有限公司十七万九千零五十元；四、驳回原告北京慈文影视制作有限公司的其他诉讼请求。案件受理费五千九百六十元（原告预交），由被告中广亚广播信息网络有限公司负担（于本判决生效之日起七日内交纳）。

如不服本判决，可于判决书送达之日起十五日内，向本院递交上诉状，并按对方当事人的人数提交副本，交纳上诉案件受理费（与一审同额），上诉于北京市第一中级人民法院。如在上诉期满后七日内不交纳上诉案件受理费的，按自动撤回上诉处理。

一审宣判后，双方均未上诉。

又案，慈文为维护电影《七剑》信息网络传播权，还起诉北京市畅捷科技有限公司。二〇〇七年四月二十三日，北京市海淀区人民法院判决如下：一、自本判决生效之日起，被告北京市畅捷科技有限公司立即停止在其网站（网址为：www.bailewang.com）上提供电影《七剑》的收费下载和在线播放服务；二、自本判决生效之日起十日内，被告北京市畅捷科技有限公司在其网站首页（网址为：www.bailewang.com）连续24小时刊登致歉声明，向原告北京慈文影视制作有限公司公开致歉（声明内容须经本院审核，若被告拒绝履行此义务，本院将在《光明日报》上刊登判决书主要内容，费用由被告负担）；三、自本判决生效之日起十日内，被告北京市畅捷科技有限公司赔偿原告北京慈文影视制作有限公司八万元；四、驳回原告北京慈文影视制作有限公司的其他诉讼请求。如被告北京市畅捷科技有限公司未按本判决所指定的期间履行给付金钱义务，则应依据《中华人民共和国民事诉讼法》第二百三十二条之规定，加倍支付延迟履行期间的债务利息。案件受理费七千四百六十元（原告预交），由被告北京市畅捷科技有限公司负担（于本判决生效之日起七日内交纳）。一审宣判后，双方均未上诉。

又案，2006年6月28日，中国联通有限公司孝感分公司因构成对《小鱼儿与花无缺》电视连续剧著作权人的侵权，一审被湖北省孝感市中级人民法院判决立即停止侵权，并赔偿北京慈文影视公司经济损失费用合计34万元。

2005年7月3日，原告慈文影视公司发现被告孝感联通公司的网站"影视剧场"上在线播放原告享有著作权的45集电视连续剧《小鱼儿与花无缺》，慈文影视公司申请湖北省应城市公证处办理了证据保全公证。经审查确认，此网站提供在线播放服务的涉案电视剧集与慈文影视公司拥有著作权的电视剧《小鱼儿与花无缺》相同，而慈文影视公司从未许可孝感联通公司通过互联网向公众传播上述作品。另外，根据到庭证人证言以及证人当庭提供的由被告孝感联通公司向公众散发的"中国联通小区宽带互联网宣传单"（该宣传单上载明"最新精彩影片免费任你看WWW.XG165.COM网站"），还有孝感联通公司开具的"宽带月租使用费收据"两张，均能证实被告孝感联通公司实施了播放45集电视剧《小鱼儿与花无缺》的行为。

另查明，原告慈文影视公司为制止侵权行为所支付的合理开支费用共计4万元整。

一审法院审理后认为，根据本案证据材料证实，原告慈文影视公司系45集电视连续剧《小鱼儿与花无缺》在中国国内的著作权人。孝感联通公司将电视剧《小鱼儿与花无缺》上载在自己的服务器开办的网站上，供公众通过互联网在线观看或下载观看，导致权利人的权利行使的预期利益或许可利益受损失。被告孝感联通公司侵犯了原告慈文影视公司的上述权利，应将作品《小鱼儿与花无缺》自网站存储位置删除。著作权人的作品《小鱼儿与花无缺》在国内有一定的知名度，被告孝感联通公司应当酌情赔偿因其侵权行为给权利人造成的经济损失，赔偿原告34万元。

又案，北京慈文公司以其电视剧《神雕侠侣》遭网络侵权为由，将海南特因科技公司告上法庭，2008年2月13日，凭一份公证书赢得官司。

2006年2月，北京慈文公司投资制作的电视剧《神雕侠侣》，取得了国家广电总局认可的相关著作权。2006年5月30日，该公司工作人员上网访问海南特因科技公司的网站海南宽频时发现，通过在该网站首页点击"登录"进入页面后，在"影片名称"栏输入"神雕侠侣"，点击"搜索"便出现该公司拥有版权的电视剧《神雕侠侣》；经点击下载进入页面，再点击在线播放，同时用录像软件对在线播放的内容进行同步录制，即可下载及录制《神雕侠侣》。2007年2月，该公司就此诉至海南省海口市中级人民法院。

为证明侵权，北京慈文公司申请了公证，公证机构就上网访问海南特因科技公司海南宽频网站上电视剧《神雕侠侣》的过程，制作了一份公证书。

海口市中级人民法院一审认为：从北京慈文公司的上网路径看，是通过海南特因公司网站页面的提示，一步步进入到上载其作品的网页，因该路径所显示的网页一直在海南特因科技公司的网站范围内，因此，海南特因科技公司未经其许可，将其享有著作权的《神雕侠侣》电视剧作品存储在自己的网站服务器上，向社会公众提供在线播放服务，侵害了原告的合法权益，应承担侵权的民事责任，遂判令海南特因科技公司向北京慈文公司赔偿经济损失及相关费用共7.1万元。

海南特因科技公司不服一审判决提起上诉，海南省高级人民法院终审后驳回上诉，维持原判。

近年来，慈文为维护其拥有版权的电影《七剑》、电视剧《七剑下天山》等作品的信息网络传播权，频频起诉网络运营商：1.北京慈文影视制作有限公司诉中国电信集团北方电信有限公司侵犯著作权纠纷案，(2008) 一中民初字第4126号，2008年5月15日，撤诉；2. 北京新浪互联信息服务有限公司与北京慈文影视制作有限公司侵犯著作权纠纷上诉案，(2008) 一中民终字第2303号，2008年3月12日，撤诉；3. 北京慈文影视制作有限公司诉中国联通有限公司等侵犯著作财产权纠纷案，(2008) 东民初字第00819号，2008年7月2日，撤诉；4. 中国联通有限公司绥化分公司与北京慈文影视制作有限公司等侵犯著作权纠纷上诉案，(2008) 二中民终字第9691号，驳回上诉，维持原裁定；5. 中国联通有限公司哈尔滨分公司与北京慈文影视制作有限公司等侵犯著作权纠纷上诉案，(2008) 二中民终字第9690号，驳回上诉，维持原裁定；6. 北京慈文影视制作有限公司诉中国电信集团公司等著作财产权纠纷案，移送；7. 北京慈文影视制作有限公司诉中国网通（集团）有限公司唐山分公司等著作权侵权纠纷案，移送；8. 北京慈文影视制作有限公司诉中国网通（集团）有限公司承德市分公司等著作权侵权纠纷案，移送；9. 北京慈文影视制作有限公司诉中国铁通集团有限公司阜新分公司等著作权侵权纠纷案，移送；10. 北京慈文影视制作有限公司诉中国网通（集团）有限公司营口市分公司等著作权侵权纠纷案，移送。

北京慈文起诉的互联网运营商还有：中国网通（集团）有限公司、中国网通（集团）有限公司牡丹江分公司、中国网通（集团）有限公司大庆市分公司、中国网通（集团）有限公司鞍山市分公司、中国网络通信集团公司陕西省分公司、中国铁通集团有限公司铁岭分公司、中国铁通集团有限公司四平分公司、中国铁通集团有限公司佳木斯分公司、中国铁通集团有限公司河北分公司、中国铁通集团有限公司丹东分公司、中国联合通信有限公司、中国网通（集团）有限公司承德市分公司、中国网通（集团）有限公司大庆市分公司、中国网通（集团）有限公司鞍山市分公司、中国电信集团北方电信有限公司、中国电信集团北方电信有限公司承德市分公司、乐视移动传媒科技（北京）有限公司、美数字媒体有限公司、中国电信集团北方电信有限公司、北京高维视讯科技有限公司、中国联通有限公司唐山分公司、北京畅捷科技有限公司、中国移动通信集团公司、北京中录国际文化传播有限公司、北京雷霆万钧网络科技有限责任公司等、江苏如皋教育电视台等，近四十家。但是，胜诉率不到30%，绝大多数被驳回或移送，至少一半都因北京慈文没有弄清楚被告的服务器所在地或公司背景而撤诉。

此外，北京慈文还经常产生影视音像纠纷，如其与广东飞仕影音有限公司、北京放大空间影视文化有限公司、于江盈等之间的纠纷。

【学者评述】

如何正视个人得利/利益最大化？

"个人利得最大化"有不同的称谓，"个人利益最大化"、"个人效用最大化"、"厂商利润最大化"、"个人偏好最大化"等等，都可以作如此解。"个人利得最大化"是西方经济学中一个最重要的假设前提，但是对这一重要的假设，从来没有人加以证明，这是一个重大的理论缺陷。由于这个缺陷，经济学的统一性、真实性、普遍性将遭到质疑，人们有时把"个人利得最大化"奉为至宝，有时又把它弃之如敝屣。通过对商品交换发生前后的分析，不难发现，商品交换出现后人们生产与消费的矛盾表现为人们生产能力的有限与消费无限扩大的矛盾，这一矛盾必然导致"个人利得最大化"。

个人利得最大化，已经成了经济学中的金科玉律，在市场经济条件下，它是整个经济运行的心脏或发动机，它在人类历史上的作用无论如何强调都不会过分。但是，有以下几点是必须谨记的：第一，个人利得最大化不是人类与生俱来的，它是社会分工及商品交换所孕育，并随着商品交换的发展而发展。第二，个人利得最大化既可以发挥"看不见的手"的巨大社会功效，同时又是诸多社会灾难的罪魁祸首。第三，个人利得最大化仅是主宰整个经济运行的一维，不是全部，它必须与其他基本因素结合在一起，才能有效地解释市场经济。

不论是个人还是民营企业，在追求"个人利益最大化"时，应该注重社会性与公益性，把社会效益放在与经济效益同等重要的地位，才是市场经济主体的理想境界。

（杨新磊）

第二节 "sootv"搜出了麻烦

【上诉人，原审被告】北京中视北方影像技术有限责任公司
【被上诉人，原审原告】广州俏佳人文化传播有限公司

上诉人北京中视北方影像技术有限责任公司（以下简称中视北方公司）因侵犯著作权纠纷一案，不服北京市第二中级人民法院（2007）二中民初字第3094号民事判决，向北京市高级人民法院提出上诉，现已审理终结。

北京市第二中级人民法院认定，20集电视连续剧《出水芙蓉》的制作单位为无锡电视台，合作单位为无锡盛唐影视文化传播有限公司（以下简称无锡盛唐公司）。2003年7月17日，无锡电视台给上海盛唐投资有限公司（以下简称上海盛唐公司）出具《版权转让证明》。2004年3月1日，无锡盛唐公司和上海盛唐公司为中国国际传媒集团有限公司出具《授权书》。2004年3月17日，中国国际传媒集团有限公司作为甲方与乙方俏佳人（香港）有限公司签订《版权许可使用合同》。中视北方公司对以上证据的真实性不予认可。2004年3月18日，中国国际传媒集团有限公司出具授权书。中视北方公司对该授权书的印章提出异议，对其真实性不予认可。2004年4月20日，俏佳人（香港）有限公司与广州俏佳人公司签订《版权许可使用合同》，许可广州俏佳人公司在中国大陆地区独家有偿使用该剧制成VCD、DVD、VOD等所有音像制品（包括出版、发行、销售、租赁、信息网络传播权），该权利系专有使用权。2006年9月13日，俏佳人（香港）有限公司就此出具《授权证明》。二十集电视连续剧《出水芙蓉》DVD光盘于2004年3月出版发行。登录网址为"http：//www.sootv.com"的网站在线观看《出水芙蓉》电视连续剧，虽然涉案网站播放的《出水芙蓉》电视连续剧的每集长度与该剧DVD光盘不同，但二者内容相同。网址为"www.sootv.com"的网站ICP单位为中视北方公司。另查，广州俏佳人公司为本案诉讼支出了公证费、律师费。

北京市第二中级人民法院认为，广州俏佳人公司系涉案电视连续剧著作权相关权利的专有使用权人。中视北方公司虽持有异议，但未能就此提交反驳证据。网址为"http：//www.sootv.com"的涉案网站中包括涉案电视连续剧《出水芙蓉》，虽然其集数与涉案DVD光盘不同，但二者内容相同，片长亦无差异。涉案网站提供在线播放、下载该剧的行为构成对涉案电视连续剧信息网络传播权的侵犯，侵犯了广州俏佳人公司作为专有使用权人的相关权益。根据该网站显示的相关内容，其提供服务的方式包括"在线点播"和"下载"两种

形式。涉案网站的ICP单位为中视北方公司，且涉案网站网页下方均标注有该公司名称及ICP备案号，中视北方公司应就涉案网站提供在线播放、下载涉案电视连续剧的行为承担法律责任。虽然涉案网站域名"sootv.com"已移转给案外人，但涉案网站的相关信息表明中视北方公司仍为该网站的经营者，因此，中视北方公司据此主张其不应承担相关法律责任依据不足，不予采纳。广州俏佳人公司所提赔偿请求数额过高，不予全额支持，法院综合考虑中视北方公司侵权的方式、范围、主观过错程度，因涉案侵权行为的获利状况等因素，酌情确定赔偿经济损失的数额。

北京市第二中级人民法院依据《中华人民共和国著作权法》第十条第一款第（十二）项、第二款，第四十七条第（一）项，第四十八条判决：一、中视北方公司停止涉案侵权行为；二、中视北方公司赔偿广州俏佳人公司经济损失10万元；三、驳回广州俏佳人公司的其他诉讼请求。

中视北方公司不服原审判决，向北京市高级人民法院提出上诉，请求撤销原审判决，驳回广州俏佳人公司的全部诉讼请求。其理由是：广州俏佳人公司提交的证据不足以证明其享有涉案作品的专有使用权；涉案网站已转让给案外人北京普润发科技服务有限公司（以下简称普润发公司），中视北方公司不是本案承担侵权责任的民事主体；广州俏佳人公司为本案支出的公证费应为1 500元，原审判决认定事实有误。广州俏佳人公司服从原审判决。

经审理查明，2003年7月17日，国家广播电影电视总局为20集电视连续剧《出水芙蓉》颁发了《国产电视剧发行许可证》。该许可证载明该剧的制作单位为无锡电视台，合作单位为无锡盛唐公司。

2003年7月17日，无锡电视台出具《版权转让证明》。该证明载明无锡电视台自2003年7月17日起将其出品并拥有版权与发行权的20集电视连续剧《出水芙蓉》中国境内外的电视播放权（包括有线电视、无线电视、卫星电视）、音像制品出版发行权（包括VCD、DVD、VHS家庭录像带）、网络传输权、VOD、纸介品发行权等全部权利，转让给上海盛唐公司独家拥有。广州俏佳人公司未能提交该证明原件，中视北方公司对真实性不予认可。

2004年3月1日，无锡盛唐公司和上海盛唐公司出具《授权书》，授权中国国际传媒集团有限公司销售电视连续剧《出水芙蓉》的中国境内外的电视播放权（包括有线电视、无线电视、卫星电视）、音像制品出版发行权（包括VCD、DVD、VHS家庭录像带）、网络传输权、VOD、纸介品发行权等全部权利。广州俏佳人公司未能提交该证明原件，中视北方公司对其真实性不予认可。

2004年3月17日，中国国际传媒集团有限公司作为甲方与乙方俏佳人（香港）有限公司就甲方许可乙方专有使用20集电视连续剧《出水芙蓉》制作成VCD、DVD、VOD等所有音像制品（包括许可制作、委托出版发行、销售、租赁）事宜签订《版权许可使用合同》。该合同约定，甲方系该剧著作权独家代理人，许可乙方在中国大陆地区独家有偿使用该剧制作成VCD、DVD、VOD等所有音像制品（包括出版、发行、销售、租赁、网络播映权），乙方取得的权利系专有使用权。该合同首页及末页乙方原为广州俏佳人公司，后更改为俏佳人（香港）有限公司。中视北方公司认为该合同原件俏佳人（香港）有限公司的印章无法辨认，且合同主体有改动，对其真实性提出异议。

2004年3月18日，中国国际传媒集团有限公司出具授权书。该授权书载明：中国国际传媒集团有限公司（无锡盛唐影视文化传播有限公司）系二十集电视连续剧《出水芙蓉》的著作权独家代理人，现将此剧在中国大陆及香港、澳门地区的VCD、DVD、VOD等所有音像制品的出版发行权及网络播映权一并授权俏佳人（香港）有限公司独家出版发行，该权利系专有使用权。授权期限为五年。该授权书无中国国际传媒集团有限公司的印章，加盖了无锡盛唐公司印章，并标注"由无锡盛唐影视文化传播有限公司代章"。中视北方公司对该授权书的印章提出异议，对其真实性不予认可。

2004年4月20日，俏佳人（香港）有限公司作为甲方与乙方广州俏佳人公司签订《版权许可使用合同》。该合同约定，甲方依法享有电视连续剧《出水芙蓉》音像版权及信息网络传播之独家专有使用权，许可乙方在中国大陆地区独家有偿使用该剧制成VCD、DVD、VOD等所有音像制品（包括出版、发行、销售、租赁、信息网络传播权），该权利系专有使用权。2006年9月13日，俏佳人（香港）有限公司就此出具《授权证明》。

二十集电视连续剧《出水芙蓉》DVD光盘于2004年3月出版发行，该光盘的彩封上载有如下内容：无锡广电集团、无锡电视台、上海盛唐投资有限公司、无锡盛唐影视文化传播有限公司联合摄制；广州俏佳人公司总经销；俏佳人荣誉出品。其中DVD光盘盘面上载明：广州俏佳人公司总经销，半岛音像出版社出版发行。

2006年10月27日，广州市白云区公证处出具（2006）穗白内经证字第635号《公证书》，对登录网址为"http://www.sootv.com"的网站在线观看《出水芙蓉》电视连续剧部分内容的相关情况进行了保全。该网站网页下方均标注有"北京中视北方影像技术有限责任公司 许可证编号：京ICP010591"。在电视剧《出水芙蓉》相关页面上，标注的主创人员为导演宋洋，主要演员为陶虹、佟大为、宋佳等，集数为19集，每集50分钟，价格为每集1元。此外，还包括对该剧的剧情介绍。该网站认证中心栏目相关内容显示其用户包括包月用户和按次计费用户，需经认证后才可播放。在取得播放证书后，"选择播放链接站点"页面显示12个站点，其中"全国中心"、"海南电信"、"贵州电信"、"黑龙江电信"显示有"在线点播"和"下载"两种方式，其余站点显示为"在线点播"。除上述公证书涉及的内容外，广州俏佳人公司还自行打印了网站注册交费的相关网页材料，显示对于腾讯QQ用户的包月费用为10Q币，优惠金额为9元。

上述涉案网站播放的《出水芙蓉》电视连续剧为19集，每集50分钟，该剧DVD光盘表明该剧为20集，每集约43分钟，但二者内容相同，且涉案网站播放的该剧包括"下集预告"等内容。

2006年12月12日，广州俏佳人公司向中视北方公司发出函件，针对中视北方公司在涉案网站传播《出水芙蓉》《爱比恨多一点》等电视连续剧的行为，要求其停止侵权并赔偿损失。2006年12月26日，中视北方公司发出回函，表明该公司已经通过合同将涉案网站转让给其他公司，请广州俏佳人公司提供相关网上传播的证据材料，以便配合。

2005年11月5日，中视北方公司与普润发公司签订《域名转让协议》，将其注册的"www.sootv.com"、"www.sootv.com.cn"国际域名转让给普润发公司。同日，双方还签订了《中国万网国内域名过户协议》，将其注册的"www.sootv.cn"域名转让给普润发公司。中国万网曾刊载域名"sootv.com"于2006年4月18日成功过户的通知。2007年1月19日中国万网域名查询结果显示，域名"sootv.com"的注册人为普润发公司。根据北京市工商行政管理局备案网站查询结果，中视北方公司所有的网站名称涉及的域名不包括涉案域名。此外，有关普润发公司介绍的相关网页载明，该公司的"sootv已经成为网络影视业务的显著品牌，目前拥有用户23万多人，市场占有率居同行前列"。

根据2007年1月19日信息产业部ICP/IP地址信息备案管理系统查询，网址为"www.sootv.com"的网站ICP单位为中视北方公司，备案号为京ICP证010591号，审批时间为 2005 年 9 月 22 日。

另查，广州俏佳人公司为本案诉讼支出公证费 1 500 元。根据广州俏佳人公司与广东威戈律师事务所的委托代理合同，所约定的律师代理费为27 500元。

上述事实有国产电视剧发行许可证、版权转让证明、版权许可使用合同、授权书、《出水芙蓉》DVD 光盘、证明涉案电视连续剧在线播放的公证书、ICP 查询结果、域名转让协议、域名查询结果、往来信函、公证费发票、委托代理合同等材料及当事人陈述在案证明。

北京市高级人民法院认为，广州俏佳人公司就涉案电视连续剧《出水芙蓉》指控中视北方公司的行为侵犯其信息网络传播权的专有使用权，其首先要证明自己享有该作品的信息网络传播权的专有使用权。在本案中，广州俏佳人公司提交的证明权利来源的证据中，《国产电视剧发行许可证》证明该剧著作权人为无锡电视台、无锡盛唐公司，虽然广州俏佳人公司未能提交该剧制作单位无锡电视台转让该剧相关权利给上海盛唐公司，以及该剧合作单位无锡盛唐公司与上海盛唐公司转让相关权利给中国国际传媒集团有限公司的相关转让证明及授权书原件，但是提交了中国国际传媒集团有限公司与俏佳人（香港）有限公司之间的版权许可转让合同的原件，该合同中进行的文字修改均有双方代表人签字确认，中国国际传媒集团有限公司出具的《授权书》由著作权人无锡盛唐公司代章，表明得到了著作权人的认可，其后俏佳人（香港）有限公司与广州俏佳人公司之间的版权许可转让合同及授权证明也提交了原件，以上证据之间可以互相印证，形成了完整的证据链，应予采信。广州俏佳人公司依合同取得了在我国大陆地区独家有偿使用该剧制作成 VCD、DVD、VOD 等所有音像制品（包括出版、发行、销售、租赁、网络播映权）的专有使用权，广州俏佳人公司提交的音像出版物上的署名也进一步证实了该公司所享有的权利，因此，广州俏佳人公司有权基于其对该剧所享有的专有使用权制止他人未经许可通过网络进行传播。

根据（2006）穗白内经证字第 635 号《公证书》记载的事实，广州俏佳人公司所指控侵权的域名为"sootv.com"的网站署名是中视北方公司；根据 ICP 信息备案管理系统的查询结果，该网站的 ICP 单位亦为中视北方公司。虽然该网站域名"sootv.com"已于 2006 年 4 月 18 日移转给案外人普润发公司，但中视北方公司未办理 ICP 备案信息变更手续，故该网站主办者应认定为中视北方公司，该公司应就该网站提供的服务内容承担法律责任。

在主办者为中视北方公司的网站 http：//www.sootv.com 上提供了涉案电视连续剧《出水芙蓉》的"在线点播"和"下载"服务，中视北方公司不能提供其享有该剧的信息网络传播权的证据，因此，中视北方公司在其主办的涉案网站上提供在线播放、下载该剧的行为构成对广州俏佳人公司享有的涉案电视连续剧《出水芙蓉》信息网络传播专有使用权的侵犯，应当承担停止侵权、赔偿经济损失的法律责任。

俏佳人公司认可为本案诉讼支出的公证费为 1 500 元，对此事实原审判决认定有误，应予纠正。但一审法院根据本案的具体情况，综合考虑中视北方公司侵权的方式、范围、主观过错程度，因涉案侵权行为的获利状况等因素，最终酌情确定的赔偿数额并无不妥。

综上，中视北方公司的上诉理由缺乏事实和法律依据，其上诉请求北京市高级人民法院不予支持。原审判决认定事实基本清楚，适用法律正确。

二〇〇七年八月十五日，北京市高级人民法院依照《中华人民共和国民事诉讼法》第一百五十三条第一款第（一）项之规定，判决如下：驳回上诉，维持原判。一审案件受理费七千零一十元，由广州俏佳人文化传播有限公司负担二千零一十元（已交纳），由北京中视北方影像技术有限责任公司负担五千元（于本判决生效之日起七日内交纳）。二审案件受理费二千三百元，由北京中视北方影像技术有限公司负担（已交纳）。本判决为终审判决。

又案，北京中视北方影像技术有限公又因侵犯了电视剧《浮华背后》信息网络传播权而成为被告。

原告北京金天地文化有限公司诉称：本公司与河北电影电视剧制作中心等单位联合摄制了电视剧《浮华背后》，其他联合摄制方仅享有该剧的署名权，本公司享有该剧的署名权及其他著作权利。2006年3月，本公司发现被告北京中视北方影像技术有限责任公司所属网站未经授权传播了电视剧《浮华背后》。被告此行为已构成对本公司著作权的侵犯，故诉至法院，请求判令被告停止侵权、公开赔礼道歉并赔偿本公司经济损失20万元。

二〇〇七年二月十二日，经法院主持调解，双方当事人自愿达成如下调解协议：一、被告一次性补偿原告五万元（于调解书签收之日支付）；二、本案案件受理费五千五百一十元由被告负担（于调解书签收之日支付）；三、双方自此不再就本案诉争事实产生任何形式的争议。

【学者评述】

什么是表见代理？

表见代理，Agency by estoppel，简单地说，是指行为人虽无代理权，但其行为造成了足以使善意第三人相信其有代理权的表象，行为人与善意第三人进行的民事活动的后果由行为人承担。表见代理实质上是无权代理，是广义无权代理的一种。若无权代理行为均由被代理人追认决定其效力的话，会给善意第三人造成损害，因此，在表见的情形之下，规定由被代理人承担表见代理行为的法律后果，更有利于保护善意第三人的利益，维护交易安全，并以此加强代理制度的可信度。

表见代理也为我国法律所确认。《合同法》第49条规定："行为人没有代理权、超越代理权或者代理权终止后以被代理人名义订立合同，相对人有理由相信行为人有代理权的，该代理行为有效。"我国《民法通则》第63条规定："公民、法人可以通过代理人实施民事法律行为。代理人在代理权限内，以被代理人的名义实施民事法律行为，被代理人对代理人的代理行为，承担民事责任。"将于2017年10月1日施行的《民法总则》第171条规定："行为人没有代理权、超越代理权或者代理权终止后，仍然实施代理行为，未经被代理人追认的，对被代理人不发生效力"；第172条规定："行为人没有代理权、超越代理权或者代理权终止后，仍然实施代理行为，相对人有理由相信行为人有代理权的，代理行为有效。"

表见，是一个古汉语词汇，此二字虽很常见，但该词今天已不常用。表见，意为显、显现。宋·陆游《通判夔州谢政府启》："岂有功劳，能自表见？"清·黄宗羲《万公择墓志铭》："公择既不为世用，事功无所表见。"梁启超《论中国学术思想变迁大势》第二章第二节："文学亦学术思想所藉以表见者也。"表见，也指显示出的某种才能、本领等。清·王夫之《姜斋诗话》卷二："鹤滩自时文外，无他表见。"清·袁一相《睢阳袁氏（袁可立）家谱序》："环中（袁枢）兄奋起一时，念祖德以自表见，才品经济，肝胆词赋，种种第一。"郭沫若《惠施的性格与思想》："惠子此外的生活，除他在政界上略有表见之外，我们从古书中得不到甚么详细的面目。""表见代理"一词，是鸦片战争后我国学者译介欧陆法系时采用的一个术语，沿用至今。

（李红梅　杨新磊）

第三节 "大腕"断腕

【上诉人,原审被告】 北京光线时代资讯有限公司
【被上诉人,原审原告】 北京华谊兄弟影业投资有限公司

【一审查明事实】

2001年3月6日,华谊兄弟公司与北京电影制片厂、哥伦比亚电影制作(亚洲)有限公司就拍摄和发行电影《大腕》签订协议,协议约定华谊兄弟公司与北京电影制片厂享有该片30%的版权。同日,北京电影制片厂同意双方共有的30%的版权由华谊兄弟公司单独享有。2005年4月27日,哥伦比亚电影制作(亚洲)有限公司声明华谊兄弟公司拥有《大腕》在中国大陆地区的全部著作权。

2004年11月10日,华谊兄弟公司与宁波成功多媒体通信有限公司(以下简称宁波成功公司)就电影《天下无贼》的互联网独家网络播映权签订许可协议。协议约定地域为中华人民共和国大陆、时间为一年,网络播映日在电影院线首映后的第十五天开始,于2004年12月21日交付符合网络播映标准的公映版。华谊兄弟公司分三期向宁波成功公司支付不可返还之保底金额,计人民币325 000元。

2004年11月15日,华谊兄弟公司登录光线时代公司网站(www.netandtv.com),发现可以在线观看影片《大腕》的全部内容。网站显示上载时间为2004年5月19日,并附该片DVD封面及文字介绍,其内容为"主演:葛优、英达、关之琳,片长120分钟、大小0M、收费18元每月,包月,供应E视"。

华谊兄弟公司对上述过程进行了公证,在本案中主张公证费1 000元,此外,该公司因本案支付代理费3万元,工商查询费20元。

对于影片《大腕》来源,光线时代公司提供2003年11月24日、2005年1月24日其与北京金互动技术开发有限责任公司(以下简称金互动公司)签订的宽带网络音视频增值业务合作协议书(以下简称《协议书》),协议约定金互动公司授权光线时代公司将金互动公司拥有合法版权的全部音视频节目在双方同意的地域、时间、范围内开展宽带网络音视频增值业务。2003年12月1日,金互动公司向光线时代公司出具授权书一份,授权其对附件所列影片进行网络播映。节目列表共有电影一千余部、电视剧37部,其中包括电影《大腕》。光线时代公司未提供会员交费登记或下载记录。

电影《大腕》上映于2001年底2002年初,其主创人员为导演冯小刚、主演葛优、英达、唐纳德-萨瑟兰、关之琳。电影《天下无贼》上映于2004年底2005年初,导演冯小刚,主演葛优、刘德华、刘若英、李冰冰,上述影片在国产影片中均属年度最高知名度和最佳票房影片之一。

【一审判决】

原审法院判决认定,华谊兄弟公司系电影作品《大腕》在中华人民共和国(除香港、

澳门、台湾地区）的著作权人。光线时代公司未经著作权人的许可，将电影作品《大腕》上载至其网站服务器或工作站，供公众通过互联网在线观看或下载观看。分别行使了对该电影作品的网络传播权和复制权，造成权利人尚未行使的网络传播权及网络空间的复制权行使受损，导致权利行使的预期利益或许可利益受损。光线时代公司的行为侵犯了华谊兄弟公司对该作品享有的网络传播权和复制权。

光线时代公司仅凭与案外人金互动公司订立的《协议书》及没有任何著作权授权或声明的节目列表为据证明已尽著作权注意义务的抗辩，不能成立，其主观过错明显，应当立即停止侵权行为，将该作品自网站存储位置删除。并赔偿因侵权行为给华谊兄弟公司造成的损失。权利人应得利益的减少或者侵权行为人非法利益的增加均可视为权利人的损失。本案中，光线时代公司侵权使用作品《大腕》，致使华谊兄弟公司可能获得的许可利益损失，故华谊兄弟公司有权主张许可利益损失的赔偿。虽然华谊兄弟公司并未将作品《大腕》实际许可使用，但类似作品《天下无贼》的相同许可使用方式可以参考。二者在制作模式、主创人员、上映档期、市场收益及年度影响力上均具有相似性，使用方式均含网络传播，使用地域均为中华人民共和国（不含台湾、香港、澳门地区）、使用期限均约为一年，因此《天下无贼》的网络传播许可费可以作为参照。但因该合同订立于电影《天下无贼》上映之前且有双方互相宣传的内容，而侵权行为则发生于《大腕》上映的一年半后，二部电影相距三年，故《大腕》的价格显然应当比照《天下无贼》酌减。

华谊兄弟公司为本案支出的公证费及工商查询费均为诉讼的必要支出，其著作权权利证据具有涉外因素，故其所支付的代理费亦无明显不合理。上述支出均系光线时代公司实施的侵权行为引起，应由其一并赔偿。因光线时代公司与金互动公司合作涉及影片数量众多，且仍未对著作权给予重视的主观过错情节，关于华谊兄弟公司要求光线时代公司赔礼道歉的诉讼请求予以支持。

综上，原审法院依照《中华人民共和国著作权法》第四十七条第（一）项、第四十八条第一款之规定，判决光线时代公司立即停止网络传播及授权他人复制电影《大腕》的行为；光线时代公司在其网站刊登向华谊兄弟公司致歉的声明；光线时代公司赔偿华谊兄弟公司三十三万一千零二十元。

光线时代公司不服原审判决，在法定期限内提起上诉。

光线时代公司上诉称，我公司对影片《大腕》的在线播放是基于与金互动公司订立的《协议书》，此后北京金互动科技有限责任公司（以下简称金互动科技公司）承担了该协议书中金互动公司的权利义务。我公司在原审法院审理中提出追加金互动科技公司为本案第三人的申请，但原审法院未予准许。原审法院在诉讼程序上违反了民事诉讼法的有关规定，导致影响本案判决结果的重要事实没有查清。华谊兄弟公司从未提出要求我公司赔礼道歉的诉讼请求，但原审法院判决我公司承担赔礼道歉的侵权责任，没有事实和法律依据。《大腕》与《天下无贼》两部电影作品不具有可比性，原审法院关于两部作品同为年度最高知名度和最佳票房影片的认定缺乏事实依据，且华谊兄弟公司与宁波成功公司关于《天下无贼》约定的许可使用费数额不符合常理，不应作为判决赔偿数额的参照标准。请求二审法院撤销原审判决，依法改判。

华谊兄弟公司未提交书面答辩意见，其当庭辩称，光线时代公司与金互动公司签订的《协议书》不能对抗第三人，本案诉争的侵权行为系光线时代公司独自实施的，原审法院不予追加金互动科技公司为第三人符合法律的有关规定。我公司在原审法庭辩论终结前口头提出赔礼道歉的诉讼请求，原审法院据此判决光线时代公司赔礼道歉并无不当。原审法院判决赔偿数额有事实和法律依据。请求二审法院维持原审法院判决。

【二审查明事实】

根据双方当事人在原审法院提交的证据及质证意见，本院进一步认定以下事实：

光线时代公司网站中的电影作品《大腕》可以在线观看，也可以进行下载。

华谊兄弟公司在本案中主张信息网络传播权和复制权，原审法院庭审笔录中没有关于该公司提出赔礼道歉诉讼请求的记录。

2004年11月10日，华谊兄弟公司与宁波成功公司就电影《天下无贼》的互联网独家网络播映权签订许可协议（以下简称《天下无贼》许可协议）。协议约定华谊兄弟公司分三期向宁波成功公司支付不可返还之保底金额，共计人民币325 000元。宁波成功公司确保在协议签订之日起，影片的相关宣传内容即出现在九州梦网网站及中国电信20个省以上的互联星空网站上。在本案中，华谊兄弟公司没有提交已支付该款项的证据。

光线时代公司在本院审理期间，撤回了关于原审法院审理中未追加金互动科技公司为本案第三人，违反民事诉讼法的有关规定，导致影响本案判决结果的重要事实没有查清的上诉理由。

上述事实有原审法院庭审笔录、《天下无贼》许可协议、当事人陈述等证据在案佐证。

【二审法院观点】

本院认为，本案争议焦点在于两个方面：一、光线时代公司是否应当承担赔礼道歉的侵权责任；二、光线时代公司承担的赔偿数额是否合理。

一、关于光线时代公司是否应当承担赔礼道歉的侵权责任一节。本院认为，华谊兄弟公司虽然没有提出在原审法院审理中曾提出赔礼道歉诉讼请求的相关证据，但赔礼道歉系对当事人著作人身权受到损害的救济方式之一。根据查明的事实，光线时代公司与金互动公司合作涉及影片数量曾达千余部，未对《大腕》影片在内的影视作品是否经过著作权人授权的情节给予足够重视，其主观过错明显，原审法院判决光线时代公司向华谊兄弟公司赔礼道歉并无不当。

二、关于光线时代公司承担的赔偿数额是否合理一节。

本院认为，虽然《天下无贼》在线播映与其在电影院线首映时间几乎同步进行，而《大腕》首映于2001年底，被控侵权行为发生于2004年底，但两部作品同属贺岁影片，上映时间仅相隔三年。且《天下无贼》许可协议约定的费用不仅包括许可使用费还包括宣传影片的费用。结合对两部作品的制作模式、市场收益以及市场影响力等因素的综合判断，原审法院判决光线时代公司承担侵权损害赔偿数额并无不当。此外，关于华谊兄弟公司因制止侵权行为支付的费用，原审法院对其中的公证费和调查取证费以及律师代理费予以酌情支持亦并无不当。

【终审判决】

综上所述，原审法院认定事实清楚，适用法律正确。二〇〇六年六月二十日，北京市第一中级人民法院依照《中华人民共和国民事诉讼法》第一百五十三条第一款第（一）项之规定，本院判决如下：驳回上诉，维持原判。一审案件受理费10 320元，由北京光线时代资讯有限公司负担（于本判决生效之日起七日内交纳），二审案件受理费10 320元，由北京光线时代资讯有限公司负担（已交纳）。本判决为终审判决。

【学者评述】

什么是涉外民事诉讼？

一般认为，涉外民事诉讼，是指具有涉外因素的民事诉讼。涉外民事诉讼程序，是指人民法院受理、审判及执行具有涉外因素的民事案件所适用的程序。

所谓涉外因素，是指具有以下三种情况之一：第一，诉讼主体涉外，即诉讼一方或者双方当事人是外国人、无国籍人或者外国企业和组织；人民法院在审理国内民商事案件过程中，因追加当事人或者第三人而使得案件具有涉外因素的，属于涉外民商事案件。符合集中管辖规定的，有关人民法院应当按照最高法院《关于涉外民商事案件诉讼管辖若干问题的规定》的规定，将案件移送有管辖权的中级人民法院审理。第二，作为诉讼标的的法律事实涉外，即当事人之间的民事法律关系发生、变更、消灭的事实发生在国外。第三，诉讼标的物涉外，即当事人之间争议的标的物在国外。具备上述三个因素之一的民事诉讼，就属于涉外民事诉讼。

涉外民事诉讼的一般原则：（1）适用我国民事诉讼法原则；（2）优先适用我国缔结或者参加的国际条约原则；（3）司法豁免原则；（4）委托中国律师代理诉讼原则；（5）使用我国通用的语言、文字原则。

（李红梅　杨新磊）

第四节　无权"终结"

【原告】 华夏电影发行有限责任公司
【被告】 北京华网汇通技术服务有限公司
【被告】 湖南在线网络传播有限公司

华夏电影发行有限责任公司（以下简称华夏电影发行公司）诉北京华网汇通技术服务有限公司（以下简称华网汇通技术服务公司）侵犯电影发行权纠纷一案，北京市朝阳区人民法院受理后，华夏电影发行公司以湖南在线网络传播有限公司（以下简称湖南在线网络传播公司）与华网汇通技术服务公司共同侵权为由，申请追加湖南在线网络传播公司为被告，本院依法组成合议庭，公开开庭进行了审理，现已审理终结。

【原告诉称】

华夏电影发行公司诉称，我公司系从事电影发行的公司，依据与中国电影集团公司电影进出口分公司（以下简称中影集团进出口分公司）签订的合同，取得了电影《终结者3》在中国地区的独家发行权。2003年8月，华网汇通技术服务公司未经许可，通过其开办的网站有偿许可他人下载电影《终结者3》。后又查明，华网汇通技术服务公司的合作伙伴湖南在线网络传播公司亦上载了该影片。因华网汇通技术服务公司和湖南在线网络传播公司的行为侵犯了我公司的独家发行权，故起诉要求华网汇通技术服务公司、湖南在线网络传播公司停止上载及在网上播放影片《终结者3》，共同赔偿经济损失286 720元，共同承担案件受理费。

【被告辩称】

华网汇通技术服务公司辩称，华夏电影发行公司未举证证明其合法取得了影片《终结者3》的发行权，且网络传播与商业影院发行不同，因此其不具有提起诉讼的权利。我公司并未对影片《终结者3》实施上载行为，只是对载有该影片的网页进行了链接，且当知晓华夏电影发行公司提起诉讼后即停止了链接行为，因此并未侵权。综上，不同意华夏电影发行公司的诉讼请求。

湖南在线网络传播公司辩称，我公司并未实施侵权行为，与华网汇通技术服务公司亦不存在合作关系，涉案能够下载影片《终结者3》的网站与我公司无关，因此不同意华夏电影发行公司的诉讼请求。

诉讼中，华夏电影发行公司向本院提供如下材料：

（一）证明其享有《终结者3》独家发行权的：1. 哥伦比亚三星国际电影发行公司（以下简称哥伦比亚公司）的版权证明书、版权保护委托书、授权书以及同意中国电影集团公司将发行权授予华夏电影发行公司的函件；2. 中影集团进出口分公司的授权委托书及与其签订的进口分账影片发行合同、国家广播电影电视总局电影事业管理局关于维护电影片发行权请示的回复及广影字〔2003〕第418号文件、电影《终结者3》的电影片公映许可证；3. 诉讼中哥伦比亚公司出具的证明及对其翻译件的公证书。

（二）证明华网汇通技术服务公司侵权的：4.（2003）京国证民字第8680号公证书。

（三）证明其损失的：5. 公证费发票；6. 全国票房平均票价统计表。

诉讼中，国家广播电影电视总局外事司向本院致函（材料7），以确认哥伦比亚公司系美国电影协会会员，且享有影片《终结者3》的版权。

华网汇通技术服务公司对材料2、5、7的形式要件无异议，提出材料1涉及国外公司，未经公证认证，无法确认其真实性；材料3中的证明虽经过公证认证，但公证文书中涉及2名书记员，且只有1名书记员签字；有关翻译件与原文是否一致不属公证范畴，故材料3中翻译件的公证书不具有合法性；材料4没有完整地记载网页的全部内容，不具备合法性；材料6系华夏电影发行公司自行统计，缺乏真实性和合理性。

湖南在线网络传播公司提出上述材料均与其无关。

材料1未经过公证认证，不符合证据的形式要件，本院对此不予认定。材料3符合公证程序，且材料2、3和7形成证据链，能够证明哥伦比亚公司有权将涉案影片的发行权授予中国电影集团公司，且其对中影集团进出口分公司与华夏电影发行公司签订合同转授权的行为予以认可，故本院对上述事实予以采信。虽然材料4未完整反映涉案网页的全部内容，但其现有内容已经能够反映点击中华网站首页的"影院"并进入该影院出现涉案影片的事实，故本院对该事实予以采信。华夏电影发行公司未以其他证据佐证其自行统计的数据，华网汇通技术服务公司对材料6持有异议，故本院对此不予认定。

华网汇通技术服务公司提供如下材料：8. 网页打印件16页，9. 域名查询结果（打印件），以证明可以下载《终结者3》的网页（网址为：http://china.52vcd.com）与其开办的网站（网址为：http://www.china.com）无关。

华夏电影发行公司在证据交换时曾核对材料 8，认可其来源的合法性，并以该材料显示华网汇通技术服务公司与湖南在线网络传播公司系合作关系且构成共同侵权为由，申请追加湖南在线网络传播公司为被告。但庭审中又以上述材料均系华网汇通技术服务公司自行打印为由，对其真实性提出异议。

湖南在线网络传播公司提出网页内容具有可改性，即使网页上出现合作频道等字样，也不能证明其上载了涉案影片。

根据材料 4 的记载，能够下载影片《终结者 3》的网站网址是 http：//china.52vcd.com，因此材料 8 中相同网址的网页打印件与本案有关。鉴于华夏电影发行公司对材料 8 中的网页进行了核实，并以此为依据申请追加湖南在线网络传播公司为被告，后华夏电影发行公司虽就该网页提出异议，但未提供相反证据。因此，本院确认该网页确曾存在。材料 8 中其他材料均不涉及本案争议的网址及影片，故与本案无关。材料 9 为英文复印件，华网汇通技术服务公司未提供其他证据佐证，故本院对此不予认定。

湖南在线网络传播公司提供如下材料：10.（2004）长证内字第 1341 号公证书，以证明网络上的内容极易被修改。

虽然华夏电影发行公司和华网汇通技术服务公司对材料 10 的形式要件均无异议，但材料 10 与涉案影片以及本案涉及的网站均无关联，故本院不予认定。

【法院查明】

通过双方当事人的举证、质证以及本院的认证，查明如下事实：中国电影集团公司系经过国家许可唯一有权引进境外影片的公司，中影集团进出口分公司系中国电影集团公司的下属分支机构，按照广影字［2003］第 418 号文件规定，其具体从事境外影片的进口业务，影片《终结者 3》系其从哥伦比亚公司合法引进的影片。华夏电影发行公司系有权从事境外电影发行业务的公司，其通过 2003 年 8 月 6 日与中影集团进出口分公司签订"进口分账影片发行合同"，以及哥伦比亚公司的证明等，依法取得影片《终结者 3》2 年内的全国 35mm 影院独家发行权。2003 年 8 月 12 日，该影片经国家广播电影电视总局电影事业管理局批准可以在全国公映。当月，该影片上映。

中华网（网址为 http：//www.china.com）为华网汇通技术服务公司开办的网站。2003 年 9 月 29 日，登录该网站首页，点击"影院"栏目，IP 地址栏变更为 http：//china.52vcd.com，网页右下角含有"终结者Ⅲ"字样和图片，按页面提示通过手机用户注册、安装下载工具后，能够下载该影片。上述现象经过了公证机关的公证，该现象持续至同年 11 月 16 日。

2004 年 1 月 5 日，输入网址 http：//china.52vcd.com 所登录的网站首页页尾显示"本站为中华网（china.com）影视合作频道"、"湖南在线网络传播有限公司—华夏娱乐　版权所有"等字样。湖南在线网络传播公司提出该网站并非其开设，华夏电影发行公司未提供证据证明该网站确系湖南在线网络传播公司开设。

【法院观点】

本院认为，根据我国著作权法的相关规定，著作权人可以采用多种方式行使其对作品享有的著作权，也可以将其中的某种方式授权他人行使。但是著作权人未明确授予的权利，他人不得行使，否则将侵犯著作权人的合法权利。华夏电影发行公司对影片《终结者 3》仅享有影院独家发行权，故其仅能就侵犯该权利的行为提出主张。但本案中，华夏电影发行公司所主张的华网汇通技术服务公司和湖南在线网络传播公司未经许可，通过网络擅自上载并传播该影片的行为，并未落入其对该影片所享有的影院独家发行权范畴。因此，华夏电影发行公司以独家发行权被侵犯为由提出的诉讼请求，本院均不予支持。

【判决】

二〇〇四年六月十日，北京市朝阳区人民法院依据《中华人民共和国著作权法》第二十六条之规定，判决如下：驳回华夏电影发行有限责任公司的诉讼请求。案件受理费6 810.80元，由华夏电影发行有限责任公司负担（已交纳）。

如不服本判决，可在判决书送达之日起15日内，向本院递交上诉状，并按对方当事人的人数提出副本，交纳上诉案件受理费6 810.80元，上诉于北京市第二中级人民法院。如上诉期满后7日内未交纳上诉案件受理费，按自动撤回上诉处理。

一审宣判后，几方均未上诉。

【学者评述】

中国影视界与国际尤其美国的交往日益频繁，很有必要了解美国的著作权法。

美国的著作权法，Copyright Law of the United States，就是美国的版权法。美国国会发布的第一部版权法是1790年版权法，这部法律保障作者14年出版"地图、图表和书籍"的专权，此后假如作者还活着的话还可以继续延长14年这个专权。这部法律没有规定其他作品如音乐创作、报纸的版权，它特别注明不禁止拷贝外国作家的作品。当时大多数作品没有申请版权，从1790年到1799年在美国出版了1.3万部作品，只有556部受版权保护。

美国版权法的制定，来自美国宪法第一条第八款的授权"议会有权……为促进科学和实用技艺的进步，对作家和发明家的著作和发明，在一定期限内给予专利权的保障……"

今天，在美国规范版权的法律主要有1790年版权法、1909年版权法、1976年版权法、1998年版权期间延长法案（Sonny Bono Copyright Term Extension Act）、1998年数字千年版权法、2005年家庭娱乐和版权法。美国民众的版权意识已十分成熟，法治保障也很完善。

（杨新磊）

第五节　化敌为友，"迅雷"真迅

【原告】 上海优度宽带科技有限公司
【被告】 深圳市迅雷网络技术有限公司

2006年12月22日，由香港影星梁朝伟、金城武领衔主演的《伤城》正式公映，票房一路飘红。12月28日，优度公司和中影寰亚音像制品有限公司（以下简称中影寰亚）、北京保利博纳电影发行有限公司（以下简称保利博纳）签订了影片《伤城》网络合作协议，协议约定，优度公司以60万元的高额版权费用取得《伤城》影片的网络传播权和收益权，为保证影片档期内的票房不受影响，优度公司将在公映一个月后才有权将《伤城》在自己网站上线。优度公司计划影片在网上的单次下载费用为人民币2元。

然而令优度公司始料不及的是，2007年1月，迅雷网（www.xunlei.com）上已经赫然出现了《伤城》的搜索链接服务。1月4日，《伤城》在迅雷网站的搜索次数高达59 808次，总下载量惊人地达到520 869次。优度公司随即向迅雷公司发出律师函，要求迅雷网停止侵权，迅雷迟迟没有回音，此后迅雷网仍然"链接"着《伤城》的免费下载。6月21日，优度公司将迅雷公司告上法院。

被告迅雷公司的代理律师认为，提供《伤城》的视频文件供他人下载的是被链接的第三方网站，迅雷网只是提供了搜索和链接服务，本身并没有侵犯原告的网络传播权。即使迅雷删除了这些链接，公众仍然可以通过直接登录那些被链接的网站而获得该《伤城》的视频文件。所以，本案的影片传播行为只是发生在用户与第三方网站之间。

另外，被告对"律师函"的真实性也表示了强烈的怀疑，说，"我们只收到过一份对方律师事务所发出的特快专递EMS，但里面没有原告所称的律师函，没有内容。"

"不是说搜索链接就侵权了"，原告律师在法庭上争辩，迅雷的情况与一般搜索不同，它属于"深度链接"，所有的服务都是围绕资源下载，网页上有"热门电影TOP50"，还专门设置了评论栏，显示"是枪版的，来我这下，是DVD版"、"画面太模糊，有高清晰版的吗"、"大家放心下吧，是真的"等评论性文字，而且还有对下载速度的评价，并链接了电影海报图片，对影片内容进行简介。"被告所进行的编辑内容，完全表明了它'主动参与'影片的侵权行为。"

且迅雷所链接的第三人网站清晰地写明"所有电影免费下载，仅供网友学习、交流、测试之用，请于24小时内删除。勿将下载的免费电影用于商业用途，因此造成的任何责任与本站无关。"如此明确侵权的下载资源，迅雷公司竟然视而不见，优度公司表示非常寒心。

迅雷公司并不认同这种说法，"第三方网站提供影片作品下载的行为是否得到权利人的授权是一种非公开信息，我们没有能力也没有法定义务去一一查证。"

上海浦东新区法院一审认为，被告立足于为全球互联网提供最好的多媒体下载服务，其对链接下载影视作品合法性的注意义务应当高于一般搜索引擎。从涉案影片链接设置的内容上看，被告网站特别进行了相关编辑行为，在对第三方网站链接的过程中，被告实施了"嵌入式框架技术"，使第三方网站的内容直接为被告所用。

第三方网站的"本站声明"清楚表明该网站提供涉案影片的侵权性质，而其页面顶端、页面尾部显示"迅雷电影下载网"等字样，由此说明，该网站与被告网站之间存在联系。被告应当了解影视作品网络传播的商业规则，特别是涉案影片当时还在影院公映的档期之中，甚至本案原告作为信息网络传播权的受让人根据合约在当时都不能将影片上传网络。

综合考量上述事实，法院认为被告迅雷公司不仅客观上参与和帮助了第三方网站传播涉案侵权影片，而且对此行为在主观上存有过错。据此，法院作出一审判决，被告迅雷公司应于判决生效之日起七日内赔偿原告优度公司经济损失人民币150 000元。

宣判后，迅雷公司提起了上诉。在二审中，优度公司与迅雷公司出现了新转机，双方经过友好协商达成了网络版权业务合作关系，并最终在法院达成调解协议，上海优度不再追究深圳迅雷的法律责任，案件受理费由深圳迅雷承担。

继一审败给上海优度（上海优度宽带科技有限公司）之后，正在上诉中的P2P下载服务商——深圳迅雷（即深圳市迅雷网络技术有限公司）又面临了一场更大的"考验"。2008年2月，美国电影协会的六大电影制片公司在上海吹响"集结号"，六大公司联手将迅雷告上了浦东新区法院,要求迅雷立即停止侵权《达·芬奇密码》《霹雳娇娃2》《蜘蛛侠3》等32部电影大片,并赔偿各类经济损失共计7 113 552元。记者获悉,迅雷公司对此已经作出回应,法院于2008年3月11日收到迅雷公司提交的管辖异议申请书。

这次状告迅雷侵权的六家美国电影公司分别为华纳兄弟、迪士尼公司、哥伦比亚电影工业公司、派拉蒙影片公司、环球城市制片公司、二十世纪福克斯。仅哥伦比亚电影公司一家就要求迅雷赔偿155万余元。

六大电影公司在诉状中称,被告迅雷是"迅雷在线网站"和"狗狗影视搜索网站"的所有人,同时也是迅雷软件的著作权人,迅雷在其网站宣传自己是中国最大资源引擎门户,覆盖用户近1.45亿,每月的下载数量高达17.3亿次。2007年,电影公司发现迅雷通过其经营的网站向公众提供《达·芬奇密码》《绝密飞行》《霹雳娇娃2》《神气遥控器》等多部大片的介绍、预览、搜索和下载链接服务,同时被告迅雷还通过对影片信息的搜集、整理、分类和编排,按照影片的类型、地区、年份、下载数量等标准制作"影视下载排行榜"、"热门影视"、"票房"等不同的分类链接,便于网络用户下载。电影公司曾经向迅雷发送律师函,要求迅雷在24小时内删除侵权文件,以及屏蔽或断开与侵权文件的所有链接,但迅雷至今仍未做到这点。此后,电影公司还发现有些大片在迅雷的网上栏目中公然"在线观看"。据此,六大电影公司根据《保护文学和艺术作品伯尔尼公约》和《中华人民共和国著作权法》起诉迅雷,提出"强烈抗议"以及巨额赔偿请求。

面对国内国外的"四面楚歌",迅雷向法院提交了目前30余起案件的所有管辖异议申请书,法院于今日已经全部收到。迅雷认为,六大电影公司在公证书中指认涉嫌侵权的IP地址与迅雷没有任何关系,迅雷没有任何服务器在上海浦东,也没有任何网站指向浦东地区的服务器,因而通过该IP地址来确定实施被诉侵权行为的网络服务器所在地,并进而确定管辖是毫无依据的。迅雷认为,涉嫌实施侵权行为的网站服务器位于深圳市南山区,且迅雷公司的住所地也在深圳市,故根据最高法院的相关司法解释,应由深圳市南山区法院管辖。随后,案件被移交至深圳市南山区人民法院。审理过程中,迅雷与原告美国六大电影公司达成了其他合作协议,原告撤诉。

尽管2006年以来,美国电影协会在中国发起了50多起诉讼,均以胜诉或获得赔偿而告终。但是,事实上,迅雷并非内容提供商,仅是提供互联网搜索的中间商,迅雷没有能力也没有义务去分辨内容和用户的行为是否构成侵权,无需为用户侵权行为担责。尤其是,迅雷巧妙化解了与美国电影协会、美国六大电影制片厂之间的矛盾,迅速达成新的战略合作协议,这一招其实还是很高明的。正所谓,冤家宜解不宜结,斗则两败,和气生财。

【学者评述】

一次,林肯总统遇到某议员。该议员批评林肯总统对敌人的态度,"为什么要试图跟他们做朋友呢?"他质问道,"你应该试图去消灭他们。""难道我不是在消灭我的敌人吗?"林肯温和地说,"特别是当我使他们变成朋友的时候。"

这种高深的策略在交际中发挥了不可估量的作用,不能不引起我们的重视。当我们碰到反对自己的对手或者是和自己暗自竞争的对手时,我们切莫动怒,若把时间和精力花在考虑如何"击败"对手或者用某种优势压倒对方上,这样只会使怨气越积越深。我们应该寻找机会接近对方,使对方成为自己的朋友,这比摩拳擦掌、明枪暗箭般地斗下去要好得多,也就是《孙子兵法》上提到的"不战而屈人之兵"。

一个人成功的重要因素,是能把许多不认识的人变成新朋友。人与人之间不会完全相同,这种不同最明显的差异常常会体现在一个人的爱好中,并通过行为、习惯、意见等表现出来。我们在接触不同的人时,要注意并尽力把他们与自己融合在一起。

(杨新磊)

第六节 "霍元甲"频出拳

【原告】香港安乐影片有限公司(EDKO Films Limited. Co)
【被告】江苏如皋市教育电视台(如皋市新闻传媒中心)
【被告】江苏南通天星电视广告有限公司

原告安乐影片有限公司(以下简称安乐公司)与被告如皋教育电视台(以下简称教育电视台)、南通天星电视广告有限公司(以下简称天星公司)侵犯著作权纠纷一案,于2006年10月30日向江苏省南通市中级人民法院提起诉讼,该院于2006年11月8日受理后,于2007年1月9日组织双方当事人进行庭前证据交换,现已审理终结。

【原告诉称】

本公司享有电影《霍元甲》信息网络传播权。2006年6月23日,本公司发现被告未经许可在其经营的网站(http://www.yzonline.cn)上向公众提供上述电影的在线播放服务,侵犯了本公司的权益。请求判令被告:1. 立即停止对原告享有的电影《霍元甲》信息网络传播权的侵害,停止上述电影的在线播放服务;2. 在其经营的网站主页及《中国电视报》上发表声明,向原告公开赔礼道歉;3. 赔偿原告经济损失人民币30万元及原告支付的律师代理费、为制止侵权所支出的调查取证费计人民币3万元,合计人民币33万元;4. 承担本案诉讼费。

【被告辩称】

被告如皋教育电视台辩称,根据原告提供的证据,英雄有限公司仅表达了将电影《霍元甲》信息网络传播权转让给原告的意愿,但没有证据证明该转让已经完成,因此本案原告并不拥有涉案电影信息网络传播权。原告据以认为被告侵权的公证书,因其操作程序不合法,该公证书不能作为证明本台侵权的证据使用,公证过程中所播放涉案电影完全可以通过技术手段达到公证书所记载的效果。"扬子热线"播放的电影全部链接于其他网站,且仅是影片的介绍。因此,被告没有侵犯原告的著作权,请求驳回原告的诉讼请求。

被告天星公司辩称,本公司没有开办、管理"扬子热线"网站,原告也未能提供证据证明本公司实施侵权行为,请求驳回原告对本公司的诉讼请求。

【争议焦点】

根据原、被告双方的诉辩主张,本案的争议焦点为:

1. 原告安乐公司是否享有电影《霍元甲》网络信息传播权;

2. 如果原告安乐公司享有电影《霍元甲》网络信息传播权，被告是否实施了侵犯原告信息网络传播权的行为；

3. 如果被告实施了侵权行为，则其应承担何种民事责任。

原告安乐公司为支持其诉讼请求，提供以下证据：

1. 著作权登记证书、《霍元甲》VCD光盘封面、北京电影制片厂《声明书》、星河投资有限公司（WIDE RIVER INVESTMENTS LIMITED，以下简称星河公司）法定代表人江志强的《声明》、中国电影集团公司第一制片分公司与星河公司《关于〈霍元甲〉影片合作拍摄合同书》及《补充合同》、星河公司《声明书》、星河公司董事会决议、英雄国际有限公司（HERO CHINA INTERNATIONAL LIMITED，以下简称英雄公司）法定代表人江志强的《声明》、英雄公司董事会决议。证明安乐公司享有电影《霍元甲》在中国大陆地区的信息网络传播权。

2. 上海市静安区公证处（2006）沪静证经字第1532号公证书（附光盘）、教育电视台及天星公司的函。证明被告在其经营的网站上提供电影《霍元甲》在线播放服务，侵犯了原告的著作权。

3. 陈锦程律师事务所收费单、上海市律师服务统一发票、江苏省南通市定额发票、上海市公证费统一发票。证明原告为制止侵权支付公证转递律师费港元93 000元、律师代理费人民币2万元，查档费人民币50元、公证费人民币1 000元。

被告教育电视台、天星公司对原告提供的上述证据质证认为：

1. 著作权登记证书不是权利证书，不能证明原告享有电影《霍元甲》的信息网络传播权；

2. 原告没有证据证明《霍元甲》VCD是正版光盘，因此该光盘封面上所载明的事项无法确认真伪；

3. 北京电影制片厂《声明书》没有具体时间，不符合通常的行文规范，真实性无法确认，即使真实，亦不能确定北京电影制片厂是涉案电影的权利人之一；

4. 星河公司法定代表人江志强的《声明》、中国电影集团公司第一制片分公司与星河公司《关于〈霍元甲〉影片合作拍摄合同书》及《补充合同》、星河公司《声明书》、星河公司董事会决议、英雄公司法定代表人江志强的《声明》、英雄公司董事会决议，上述一系列转让协议中，多数未按规定提供中文译本，不符合法律规定，因此不能作为本案的证据使用，上述证据亦不能证明原告安乐公司享有电影《霍元甲》的信息网络传播权；

5. 公证书载明的保全证据的电脑非公证处电脑，操作人员也非公证人员，不排除该电脑事先被进行过技术处理的可能，其内容真实性不能确认；

6. 教育电视台及天星公司的回函明确网络播放的涉案电影系链接自其他网站，因此被告没有实施侵权行为；

7. 关于合理支出部分，陈锦程律师事务所的收费发票无印章，无法确认真实性；律师代理费应当在签订合同并出具授权委托书后才可以收费；无证据证明工商查档费系用于本案的调查；公证费发票载明的地址与公证文书载明的公证地址有差异，无法确定其真实性。

被告教育电视台为支持其抗辩理由，提供了南通市公证处（2007）通证民内字第76号公证书（附光盘），证明涉案电影《霍元甲》链接自"国际在线"网站。

原告安乐公司质证认为：公证书显示公证的时间是2007年1月5日，并现场录像后刻录光盘，光盘所存贮文件的时间显示为2007年1月13日，系在本案审理期间进行的行为，存贮涉案电影数据的有关网络设备完全置于被告控制下，因此该公证内容不真实。另该公证事项的具体电脑操作由公证人员进行，违反了有关公证法律法规的规定，因此该公证的事项不能推翻原告公证的内容。

根据双方当事人的举、质证，本院对上述证据认定如下：

1. 原告提供的著作权登记证书系国家机关出具的法律文书，被告未提供相反证据否定其真实性，故该著作权登记证书的真实性应予确认；被告虽否认北京电影制片厂《声明书》的真实性，但未提供相应证据佐证，该声明书真实性应予确认。

2. 原告提供的星河公司法定代表人江志强的《声明》、中国电影集团公司第一制片分公司与星河公司《关于〈霍元甲〉影片合作拍摄合同书》及《补充合同》、星河公司《声明书》、星河公司董事会决议、英雄公司法定代表人江志强的《声明》、英雄公司董事会决议，经过符合法律规定的公证程序，其真实性应予确认，其中未提供中文译本的相关内容，属相关公司的内部章程，与本案并无关联。

3. 原告主张的支出费用部分中的上海市律师服务统一发票、江苏省南通市定额发票、上海市公证费统一发票的形式要件合法，被告只是笼统表述对其真实性的怀疑，但未提供相关证据佐证，故其真实性本院予以确认；陈锦程律师事务所收费单系中国大陆委托公证人办理内地使用的公证文书时必然产生的费用，在被告未提供证据证明陈锦程律师事务所收费单系伪造的情况下，应当认定其真实性。

4. 原告提供的电影《霍元甲》VCD 光盘，被告不能证明其为盗版光盘，因此封面标注的内容真实性本院予以确认。

5. 上海市静安区公证处（2006）沪静证经字第1532号公证书（附光盘）及南通市公证处（2007）通证民内字第76号公证书（附光盘）均系国家公证机关制作的法律文书，其形式的真实性在上述公证书被依法撤销前应予确认；被告认为静安区公证处的公证系在公证机关以外的计算机上并由非公证机关人员进行操作，故公证行为程序不合法的理由没有法律依据，不能成立。

【法院查明】

根据上述证据认定，本院确认本案事实如下：

2004年12月，中国电影集团公司第一制片分公司与星河公司签订《关于〈霍元甲〉影片合作拍摄合同书》，约定双方联合摄制彩色故事影片《霍元甲》，共同拥有该电影版权；同月，双方针对前述合同签订补充合同，约定电影《霍元甲》的版权除影片修改权、署名权、国内外电影节参展参赛权等不可转让的权利外由星河公司享有。同月，北京电影制片厂作为电影《霍元甲》联合出品人之一，也声明将除该影片修改权、署名权、国内外电影节参展参赛权等不可转让的权利外的其他权利由星河公司享有。此后，双方于2005年12月完成该片的摄制，并于2006年1月25日在中国首次公映。2006年2月16日，星河公司声明，电影《霍元甲》在中国大陆的信息网络传播权和音像制品发行权归英雄公司享有。2006年4月7日，星河公司召开董事会并决议授权江志强发表书面声明，将电影《霍元甲》在中国大陆的网络传播权和音像制品发行权转让给英雄公司享有。同日，英雄公司召开董事会并决议授权江志强发表书面声明，又将电影《霍元甲》在中国大陆的信息网络传播权转让给安乐公司享有。后安乐公司以电影《霍元甲》在中国大陆地区信息网络传播权权利受让人身份，向国家版权局提出著作权登记申请，2006年10月19日，国家版权局向安乐公司颁发著作权登记证书。

"扬子热线"（http：//www.yzonline.cn）系教育电视台开办并管理的公共互联网站，其子栏目"扬子宽频"（http：//vod1.yzonline.cn/webmedia/）向公众提供相关电影、电视剧在线观看服务，涉案电影《霍元甲》系其中之一。用户在观看相关影视剧前，需要点击网站的广告发布页面。

2006年6月23日，上海市静安区公证处根据安乐公司的申请，对"扬子热线"播放电影《霍元甲》的事实进行公证并对播放的电影进行剪辑录像，2006年6月30日静安区公证处出具（2006）沪静证经字第1532号公证书，随附录像光盘。公证打印页面显示电影《霍元甲》加入时间为2006年3月27日，长度为01：39：24，由中国电影集团公司北京电影制片厂、星河公司联合出品，中国电影集团公司第一制片分公司、星河公司联合摄制。

根据上述公证，安乐公司授权上海天闻律师事务所向教育电视台、天星公司发送了律师函。2006年8月31日，教育电视台、天星公司回函称，电影《霍元甲》的数据资源系链接自其他网站，仅为宣传性片断，且"扬子热线"系公益性网站，不构成侵权。

安乐公司为诉讼支付律师代理费人民币2万元、查档费人民币50元、公证费人民币1000元，司法部委托香港律师办理内地使用的公证文书费93 000港元，诉讼中原告安乐公司仅主张人民币30 000元的合理费用。

在本案诉讼过程中，教育电视台于2007年1月5日申请南通市公证处对"扬子宽频－在线影院"相关信息进行公证。公证记载电影《霍元甲》视频数据来源于"mms：//media.chinabroadcast.cn/chi/net_radio/entertainment/e1060113001.wmv"，视频时间长度为8分17秒，被告借此证明教育电视台服务器并未存贮电影《霍元甲》视频数据并提供在线播放。

庭审中，对静安区公证处（2006）沪静证经字第1532号公证书随附的录像光盘进行播放，当用于播放光盘的媒体播放器剪辑位置钮在7：23左右时，播放电影《霍元甲》的媒体播放器的剪辑位置钮在00：12：16左右处被拖至00：69：36左右处；当用于播放光盘的媒体播放器剪辑位置钮在12：07左右时，播放电影《霍元甲》的媒体播放器的剪辑位置钮在01：00：34左右处被拖至01：31：16左右处，光盘总时长为00：20：10，播放电影《霍元甲》的媒体播放器显示电影时长为01：39：24左右。

另在庭审中，原、被告均确认"扬子热线"现已没有电影《霍元甲》在线播放服务。庭审后，原告放弃要求被告在其经营的网站主页及《中国电视报》上发表声明，向原告公开赔礼道歉的诉讼请求。

【法院观点】

根据以上事实，本院认为：

一、安乐公司享有电影《霍元甲》在中国大陆区域内信息网络传播权

根据2004年12月中国电影集团公司第一制片分公司与星河公司签订的《关于〈霍元甲〉影片合作拍摄合同书》，约定双方联合投资摄制影片《霍元甲》，并共同拥有该电影版权；后补充约定电影《霍元甲》的版权除影片修改权、署名权、国内外电影节参展参赛权等不可转让的权利外由星河公司享有，结合公证光盘的片尾标注，星河公司是电影《霍元甲》的著作权人；后星河公司将电影《霍元甲》在中国大陆的网络传播权和音像制品发行权让渡给英雄公司享有，英雄公司再将其中的信息网络传播权转让给安乐公司享有，上述权利的转让过程连续、完整，且此后安乐公司进行了电影《霍元甲》信息网络传播权登记，在没有其他相反证据时，应当认定安乐公司享有电影《霍元甲》的信息网络传播权。

中国电影集团公司北京电影制片厂系电影《霍元甲》联合出品人之一，出品人并非著作权法规定的电影作品著作权权利人，在其不享有电影《霍元甲》著作权的情况下，其对该部电影任何与著作权有关的权利处分都不影响本案中上述权利的转让效力。

二、教育电视台实施了侵犯安乐公司信息网络传播权的行为

原告提供的上海市静安区公证处（2006）沪静证经字第1532号公证书及其所附光盘，记录被告网站播放涉案电影的文件时长虽然仅持续20分10秒，但通过快速播放方式，可以确定涉案电影播放持续时间为1小时39分24秒，进而可以认定"扬子热线"网站完整地播放了涉案电影《霍元甲》。被告教育电视台未经原告许可，在其经营管理的网站上提供涉案电影在线播放服务，侵犯了原告享有的电影《霍元甲》著作权中的信息网络传播权。

被告提供的南通市公证处（2007）通证民内字第76号公证书证实2007年1月5日，被告服务器存贮的数据表明播放的时间长度为8分17秒。该公证书仅能证明2007年1月5日服务器存贮的涉案电影的数据状态，不能证明在此时间之前，特别是原告公证取证之时的事实状态。因此，被告提供的公证内容不能否定原告公证内容，被告辩称其播放的涉案电影仅是其剪辑介绍且链接于其他网站的理由难以采信。

诉讼中被告还辩称"扬子热线"（http：//www.yzonline.cn）系非营利性政府网站且相关影视剧免费观看，因此不构成侵权。本院认为：首先，根据互联网域名使用规则判断，"扬子热线"不是政府网站，即使是政府网站，只有国家机关为执行公务在合理范围内使用已经发表的作品才属于著作权法规定的合理使用的范畴，显然，开办网站并在网站上提供相关电影的在线播放服务行为并非国家机关执行公务；其次，本案中，相关用户在观看"扬子热线"影视剧之前需点击能为被告带来盈利的广告网页；再次，免费提供影视剧在线观看服务并不能构成法定免责的事由，相反，免费提供影视剧在线观看服务给权利人造成的损害更大。因此，被告的这一抗辩理由同样不能成立。

三、被告应承担的民事责任

侵犯他人的信息网络传播权应当承担相应的民事责任，原告放弃要求被告在其经营的网站主页及《中国电视报》上发表声明，公开赔礼道歉的诉请，本院照准，被告教育电视台应立即停止侵权并赔偿损失，鉴于诉讼中被告教育电视台已停止了播放行为，故被告教育电视台在本案中的民事责任仅在于赔偿损失一项。本案原告没有提供证据证明其因被告实施侵权行为给其造成的实际损失及被告获取的利益，因此，本案赔偿数额应当根据作品的类型、被告教育电视台侵权行为的性质、持续时间、播放次数、涉及的范围等酌定。原告为制止被告侵权行为支付的律师代理费、调查取证费，其合理部分应予支持。

原告安乐公司向天星公司主张权利，但未提供证据证实天星公司与其指控的侵权行为存在关联，故安乐公司向天星公司主张侵权责任的请求，本院不予支持。

【判决】

二〇〇六年六月，江苏省南通市中级人民法院依照《中华人民共和国著作权法》第二十二条第一款第（七）项、第四十七条第（一）项、第四十八条，最高人民法院《关于审理著作权民事纠纷案件适用法律若干问题的解释》第七条、第二十五条、第二十六条之规定，判决如下：一、被告如皋市教育电视台于本判决发生法律效力之日起五日内赔偿原告安乐影片有限公司因其侵权行为导致的损失及原告安乐影片有限公司为制止侵权所支付的合理调查取证费、律师代理费共计人民币8万元；二、驳回原告安乐影片有限公司对被告南通天星电视广告有限公司的诉讼请求。案件受理费人民币8 220元，其他诉讼费人民币3 800元，邮寄费人民币500元，合计人民币12 520元，由被告如皋市教育电视台负担（原告预缴的诉讼费用合计人民币12 520元，本院不予退还，由被告如皋市教育电视台在履行本判决时一并结算）。

如不服本判决，原告安乐影片有限公司可在判决书送达之日起三十日内，被告如皋市教育电视台、南通天星电视广告有限公司可在判决书送达之日起十五日内，向本院递交上诉状，并按对方当事人的人数提出副本，同时预交上诉案件受理费人民币8 220元，其他诉讼费人民币3 800元，邮寄费人民币500 元，合计人民币12 520元，上诉于江苏省高级人民法院。

又案，山东省某新闻网站因未取得合法授权提供电影《霍元甲》的在线播放，被电影《霍元甲》信息网络传播权人安乐公司提起侵权诉讼。2007年8月3日，山东省德州市中级人民法院出作一审宣判，判决该新闻网站赔偿安乐公司人民币3 万元。据悉，这是德州市中级人民法院受理的首起涉外网络侵权纠纷案。

电影《霍元甲》于2006年1月在中国大陆地区公映，该片由中国电影集团公司第一制片分公司、北京电影制片厂与星河投资有限公司共同摄制完成，除修改权、署名权等不可转让的权利之外的著作权归属星河投资有限公司。2006年4月7日，安乐公司获得电影《霍元甲》在中国大陆地区的信息网络传播权，同年10月，国家版权局向安乐公司颁发证书，安乐公司以被转让人身份依法享有该电影在中国大陆地区的信息网络传播权。

又案，2007年2月28日，北京市海淀区人民法院对电影《霍元甲》在线播放侵犯著作案宣判，判决两被告中国网络通信集团公司重庆市分公司（以下简称重庆网通）、重庆博广科技有限公司（以下简称重庆博广）立即停止向网络用户提供在线播放，并赔偿在中国大陆地区对《霍元甲》享有信息网络传播权的安乐公司12万元。

原告安乐公司诉称，星河投资有限公司（Wide River Investments Limited）、北京电影制片厂、中国电影集团公司第一制片分公司（以下简称电影集团一公司）是电影《霍元甲》的联合出品者和联合摄制者。根据上述联合出品者和联合摄制者之间关于该电影作品著作权归属的约定以及相关著作权人之声明，原告公司在中国大陆地区对该电影作品享有信息网络传播权。重庆网通、重庆博广未经原告公司许可，即在其经营的阳光在线网站（网址为：www. sun116.com）向网络用户提供有偿在线播放该电影作品的服务，侵犯了原告公司对该电影作品享有的信息网络传播权。故诉至法院，要求重庆网通、重庆博广立即停止侵权，在阳光在线网站主页及《中国电视报》向原告公司公开致歉，并向原告公司赔偿经济损失30万元以及诉讼合理支出3万元。

【学者评述】

什么是国际私法？

国际私法，Private International Law，在世界各国民法和商法互相歧义的情况下，对含有涉外因素的民法和商法关系，解决应当适用哪一国家法律的法律。由于涉外因素又称国际因素，民法和商法在西方传统上称为私法，国际私法因而得名。广义的民法可以包括商法，各国民法和商法互相歧义的情况，法律术语称为民法的抵触或民法的冲突，或称法律的抵触或法律的冲突，因此，长期以来，这一部门法被称为法律抵触法或法律冲突法。

处理国际私法的基本原则是：1. 主权原则；2. 平等互利原则；3. 国际协调与合作原则（有约必守原则）；4. 保护弱方当事人合法权益原则。

由于历史的原因，香港长期施行英美法系，即便在1997年7月1日回归祖国后依然如此。因此，难免与中国大陆存在国际私法冲突。随着 CEPA（Closer Economic Partnership Arrangement）即《关于建立更紧密经贸关系的安排》的签订与施行，中国大陆与中国香港之间的法律冲突会越来越少，法律会越来越一致。

（杨新磊）

第七节 娱乐不宽心

【原告】北京网尚文化传播有限公司
【被告】上海宽娱数码科技有限公司

未经授权提供香港 TVB 电视剧的播放服务，上海8家网吧和其中部分电视剧的片源提供商被起诉到法院。2008年4月15日，上海市第二中级人民法院对这8起著作财产权纠纷案进行集中宣判，判令上海强明公众电脑屋、上海置烨电脑科技有限公司等网吧以及片源提供商上海宽娱数码科技有限公司（以下简称宽娱公司），以单独或共同承担责任的形式向原告北京网尚文化传播有限公司（以下简称网尚公司）赔偿包括合理费用在内的经济损失，共计人民币6.5万元。鉴于近年来涉及网吧侵权案件数量有所上升的现象，上海市第二中级人民法院在作出判决的同时，向上海互联网公共上网服务行业协会发出司法建议书。

北京网尚文化传播有限公司经香港电视广播有限公司（TVB）授权，独家享有《上海滩》《神雕侠侣》《金枝欲孽》《楼住有情人》《寻秦记》《创世纪Ⅱ》《酒店风云》《法政先锋》等电视剧在中国大陆地区的信息网络传播权。2007年7月，网尚公司在上海市闸北、普陀等地的多家网吧发现，这些网吧在未经许可的情况下提供上述电视剧的播放服务。

同年12月，网尚公司以信息网络传播权受到侵犯为由向上海市第二中级人民法院提起诉讼。应诉过程中，多家被告网吧提出相同抗辩理由称，网吧与宽娱公司的签有服务协议，网吧内的服务器实际由宽娱公司控制，涉案电视剧也由该公司提供。

2008年3月，宽娱公司被追加为被告。对此，宽娱公司承认曾与两家网吧签订过《英雄宽频网最终用户使用协议》并提供电视剧《寻秦记》播放的事实，但辩称其他所谓有使用协议的网吧所播放的电视剧是网吧自行从他处下载的，并非公司提供。

上海市第二中级人民法院经审理认为，8起案件中，被告网吧未经网尚公司许可，在其经营的网吧内的局域网上向不特定公众提供涉案电视剧的播放服务，侵犯了原告的信息网络传播权，依法应当承担相应的民事责任。法院在审查原被告提供的证据材料的基础上，认定其中4起案件中的涉案电视剧由被告宽娱公司提供，宽娱公司因此构成共同侵权，与被告网吧承担连带赔偿责任。鉴于案件中原告的实际损失及被告的获利无法确定，法院依据涉案作品的类型、首次发表时间、作品的知名度、被告侵权的主观状态、被告的经营规模和一般获利情况、原告为本案诉讼支出的合理费用等因素酌情确定赔偿数额。

据悉，2007~2008年，上海市第二中级人民法院已受理因网吧播放未经授权的影视作品而构成侵权案件近20起。针对此现象，第二中级人民法院向"网吧"行业协会发出司法建议书，建议网吧尊重影视作品著作权人的知识产权，以获得授权许可作为放映前提条件。与中间服务商签订协议时，应审查对方许可资格，并分清使用过程中各自的权限；协议使用期满后，应及时删除服务器中的影视作品。

本案承办法官杨煜表示，网吧作为经营个体，不可能就每一部影视作品的放映权与版权人签订协议，放映来源很大部分依靠类似本案中宽娱公司这样的中间服务商的提供，要从源头上制止网吧侵权，服务商这一环节有待规范。

网络已成为一个非常重要的信息来源，方便着人们的工作、学习及生活，因此，理想的法律规范应确保满足人们对信息的需求，法律不应成为人们接触信息的障碍。但网络本身并不能产生信息，网上的信息，尤其是哪些享有版权的信息，仍是众多作者创作的结晶。法律只有对作者的创作成果给予适当保护，鼓励作者不断创造出更多的作品，网络这个信息源才能不断扩大，公众利益才能得到最大限度的满足。因此，著作权人的利益和社会公众利益的平衡的问题上，我们应首先考虑保护著作权人的利益。主张在网上可以随便使用他人享有著作权的作品或在网上不存在著作权问题的观点，显然是过分强调了社会公众利益，而无视了著作权人的利益，是过于激进的。

流动性是信息的本质特性之一。网上的信息更是不可控制的。对于已在网络上合法传播的作品，若著作权人仍享有控制信息传播的专有权利，这将极大地影响到社会公众利益。在著作权人的利益和社会公众利益的平衡问题上，笔者有如下主张：

（1）著作权人有权决定是否将其作品在网络上进行传播的专有权利。未将著作权人许可，擅自将其作品上载到网络上进行传播的行为属于侵权行为。这一点从现行的著作权法是不难推出的结论，也几乎是法律界人士的共识。

（2）著作权人自行将其作品上网，或许可他人在网络上传播，社会公众仍可依照著作权法的规定对该作品的进行合理使用，即不用征得著作权人的许可，也不用向其支付报酬，自由地使用该作品。传统的合理使用权在网络环境下仍然是适用的，这在现行的著作权法上也不会存在什么障碍。但如果他人出于商业目的，如ISP或ICP在自己的网站上使用已在网络上传播的作品，就如同本案的被告世纪互联公司那样，依据现行著作权法的规定，其应该征得著作权人的许可。但如果这样做，网上服务商将花费大量的时间及精力来取得著作权人的许可，双方往往会在许可的具体的条件上存在分歧，而导致无法取得著作权人的许可，这样社会公众的接触到这些作品的机会就会减少，其利益就会受到影响。在此情况下，笔者建议应该建立网络环境下的法定许可制度，虽然我国著作权法中规定的法定许可制度受到了不少人的批判。网络服务商享有现行著作权法所规定的报刊电台同等的法律地位，可以自由转载已在网络上传播的作品，无需征得著作权人的许可，但应向著作权人支付报酬。然而，依照现行著作权法的规定，网络服务商并不享有此种法定许可权。这也是本案被告构成侵权的理由。如果说，在以后的著作权法的修订时仍保存法定许可制度以及赋予网络服务商以法定许可权的话，

但在里面仍存在一个问题，即他人如何知道一部作品是否是合法的在网上传播，即由著作权人本人或许可他人将其上传到网上呢？笔者认为这可以从技术及法律两个方面加以解

决：从技术上讲，著作权人在将自己的作品上传到网上时，可以附上一个声明，准许或拒绝他人转载，声明上可以有著作权人的电子签名，以便今后发生纠纷时辨别真伪，或采取一定的技术措施，防止他人复制；从法律上讲，著作权人在将自己的作品搭载到网上时，可以向有关的版权管理机关进行登记备案，为证明自己的著作权人身份或证明该搭载行为是自己所为留下初始证据，许可他人使用的应将许可使用合同向版权管理机关备案，甚至在该作品后附加版权授权声明，或许可使用合同的备案号，以具有公示的效力。

（3）网络上使用作品的付酬标准。对于本案被告向原告承担的赔偿数额，不少人认为偏高。甚至有人担心，若按此标准付酬，网络商们根本无法承受。但合理的付酬标准是什么呢？虽有种种的计算方法，但那种方法是合理的，没有人包括被告自己也不能给出一个令大家觉得是公平的答案。同样应该指出的是，本案被告承担的赔偿数额，是由受诉法院在判定其侵权的情况下决定的，里面包含有惩罚的成分。依据我国的司法实践中的做法，在著作权侵权案件的，侵权人承担的侵权赔偿数额可以是正常稿酬的 2 ~ 5 倍。如果说，网络商们不愿承担较高数额的赔偿金，在现行的法律体系下，其只有征得著作权人的许可来使用作品，即先保证自己不侵权。

网络产业是个新兴的、前景看好的产业。但按一般的观点，网络业现在仍处在不赚钱的阶段。在目前的法律尚不明确的情况下，若让网络商承担的侵权责任过重，势必影响到整个产业的发展。但在有关部门尚未制定相应的网络上使用作品的付酬标准的情况下，司法及执法部门参照现行的作品使用的付酬标准是无可厚非的。网络环境下侵犯著作权纠纷的损害赔偿的计算问题，仍是摆在法律界面前的一个课题，有待于我们进一步探讨。

【学者评述】

娱乐产业为人们制造快乐，让我们从疲惫的生活压力中释放出来，但娱乐产业本身并非儿戏，"娱乐"一词也从来没有站在"严肃"的对立面，面对提供"娱乐"服务的商品，我们仍然应该给予同等的尊重。目前，网络已成为人们获取信息的主要来源，而网络信息的不可控性与网络的便捷性是成正比的，信息网络传播权的保护实施起来难度更大，困难更多。网络时代，影视剧版权的维护事业，任重而道远。影视作品需要推向市场，经历版权的交易过程，影视投资方才能回笼资金并且盈利，中国电影才能摸索出一条良性的生存道路。对作品和创作者的尊重，不仅是口头的赞扬和认同，当每一个影视行业的工作者能够获取与其付出相符的收益，其作品的版权可以获得最基本的法律保护，才有可能创作出更优秀的作品。只有在健康的市场下，才有可能看到文艺"百花齐放，百家争鸣"的繁荣景象。"天下难事必作于易，天下大事必作于细。"（老子《道德经·第六十三章》）法网恢恢，疏而不漏，对普通网吧的起诉与制裁也许在维护电影版权的道路上是微不足道的一小步，但对于整个行业来说却能起到以儆效尤、敲山震虎的警示作用。"不以善小而不为，不以恶小而为之。"（《三国志·蜀书·先主传》）法律只有不放过每一个越轨之人，才能让版权意识深入人心。

（万鹏）

第八节 上网不乐

【上诉人，原审被告】 网乐互联（北京）科技有限公司
【被上诉人，原审原告】 北京网尚文化传播有限公司

上诉人网乐互联（北京）科技有限公司（以下简称网乐公司）因侵犯著作权纠纷一案不服北京市朝阳区人民法院于2007年11月20日作出的（2007）朝民初字第20857号民事判决，向北京市第二中级人民法院提出上诉，现已审理终结。

原审法院经审理查明：根据香港电影制作发行协会有限公司签发的拥有权证明书，20集电视连续剧《佛山赞师父》为香港的电视广播有限公司（英文简称TVB）于2005年拍摄并拥有版权，该版权包括但不限于在中华人民共和国地区之信息网络传播权。

2006年11月23日，电视广播有限公司签发授权书，将该公司拥有合法版权之影片，在中国大陆的信息网络传播权（包括在互联网和局域网环境下传播的权利）以及为上述环境下播映使用之必要的复制权、放映权，于2006年10月15日独家专有授权给网尚公司，授权期限为2006年10月15日至2007年10月14日，在授权期限内，网尚公司全权负责上述影片于中国大陆授权权限内之信息网络传播等事宜，并有权以自己的名义对侵犯上述影片之相关授权的行为进行法律追究，包括但不限于申请证据保全公证、行政投诉、提起民事诉讼等。

2007年1月12日，网尚公司向北京市东城区公证处申请证据保全公证，对看吧宽频（http：//www.kan8kan.com/）网上传播电视剧《佛山赞师父》的事实进行了公证。公证书还包括对其他网站及其他作品的公证。网尚公司支付公证费12 500元。公证时由网尚公司委托代理人张铮操作计算机，访问网址为http：//www.kan8kan.com/的网页，使用"用户名：durun，密码：810617"登录，搜索"佛山赞师父"，点击相应页面，可在线观看《佛山赞师父》全部20集。相应页面虽然写有"每集3.0K币所有用户可观看"字样，但公证书并未显示观看时付费。

网尚公司委托北京市北斗鼎铭律师事务所代理本案诉讼，支付代理费2万元。

网乐公司提供了"看吧影院后台管理系统"的后台访问记录页面打印件，用于证明《佛山赞师父》一剧仅有durun、miny两名用户访问，并解释说miny是网乐公司技术人员进行测试时使用的用户名。网尚公司对该证据的真实性及证明目的均不予认可。

【一审判决】

原审法院认为：根据网尚公司提供的拥有权证明书、授权书及相应的公证书，《佛山赞师父》为电视广播有限公司拍摄并拥有版权的作品，该公司已将其拥有版权的影片，在中国大陆的信息网络传播权及必要的复制权、放映权，独家专有授权给网尚公司。网乐公司未取得权利人的许可，通过信息网络擅自向公众提供《佛山赞师父》，侵犯了网尚公司获得的该剧信息网络传播权的独家专有授权。网乐公司应立即停止其侵权行为，从其网站上删除《佛山赞师父》一剧。

网尚公司要求网乐公司赔偿经济损失及合理费用，符合法律规定，予以支持。依照法律规定，侵权人应当按照权利人的实际损失或侵权人的违法所得给予赔偿。但本案中，网尚公司无证据证明其实际损失，也无法确定网乐公司的侵权所得。具体赔偿数额，由本院根据作品类型、侵权行为性质、后果等因素酌情确定，并相应酌定制止侵权行为合理支出的数额。网乐公司关于该剧仅两名用户观看，未给网尚公司造成损失的意见，依据不足，不予采信。

综上，原审法院依照《中华人民共和国著作权法》第四十七条第（一）项、第四十八条之规定，判决：1. 网乐互联（北京）科技有限公司停止侵权行为，立即从其网站（http：//www.kan8kan.com/）删除《佛山赞师父》一剧；2. 网乐互联（北京）科技有限公司于本判决生效之日起十日内赔偿北京网尚文化传播有限公司经济损失三万元及制止侵权的合理开支五千元；3. 驳回北京网尚文化传播有限公司其他诉讼请求。

【二审法院观点】

本院认为：现有证据表明，涉案电视剧《佛山赞师父》的著作权人为电视广播有限公司。被上诉人网尚公司提供的拥有权证明书、证明书、授权书及相应的公证书说明，电视广播有限公司已将其拥有版权的影片在中国大陆的信息网络传播权及必要的复制权、放映权独家专有授权给网尚公司。因此，上诉人网乐公司关于网尚公司权利依据存在缺陷的主张，本院不予支持。网尚公司就涉案电视剧《佛山赞师父》所享有的在中国大陆的独占性信息网络传播权受我国法律保护。上诉人网乐公司关于网乐公司不具有从事信息网络传播视听节目的资格，无权就本案涉及的信息网络传播权主张权利的上诉主张，本院不予支持。

根据本案查明的事实，上诉人网乐公司未经网尚公司许可，通过网络擅自向公众传播涉案电视剧《佛山赞师父》，侵犯了网尚公司获得的该剧在中国大陆的独占性信息网络传播权，故网乐公司应承担停止侵权、赔偿损失的法律责任。原审法院根据本案具体情况确定的赔偿经济损失及合理诉讼支出数额并无不妥，因此，网乐公司关于其行为没有给网尚公司造成经济损失故不应赔偿的主张，本院不予支持。

鉴于上诉人网乐公司没有充分证据证明网尚公司所做的公证证据保全及其提交的《公证书》存在违法问题，因此，网乐公司关于网尚公司所做的公证证据保全及其提交的《公证书》存在违法问题且不真实的主张，本院不予支持。

综上，上诉人网乐公司的上诉理由不能成立，其上诉请求，本院不予支持。原审判决查明事实清楚，适用法律正确，应予维持。

【终审判决】

二〇〇八年三月二十日，北京市第二中级人民法院依照《中华人民共和国民事诉讼法》第一百五十三条第一款第（一）项之规定，判决如下：驳回上诉，维持原判。一审案件受理费4 630元，由北京网尚文化传播有限公司负担630元（已交纳），由网乐互联（北京）科技有限公司负担4 000元（本判决生效之日起7日内交纳）；二审案件受理费675元，由网乐互联（北京）科技有限公司负担（已交纳）。本判决为终审判决。

又案，网尚文化公司又起诉北京亿兆先锋互联网上网服务有限公司（以下简称亿兆先锋公司）侵犯了其依法享有的电视剧《东方之珠》的信息网络传播权。北京市朝阳区人民法院一审判决：一、自判决生效之日起，亿兆先锋公司停止在其经营的"亿兆先锋网吧"局域网上播放涉案电视连续剧《东方之珠》；二、自判决生效之日起十日内，亿兆先锋公司赔偿网尚文化公司经济损失一万五千元以及为制止侵权行为所支出的合理费用五千元；三、驳回网尚文化公司其他诉讼请求。亿兆先锋公司不服，提起上诉。

二审法院认为：被上诉人网尚文化公司根据其自电视广播有限公司处获得的授权书，依法享有电视连续剧《东方之珠》在中国大陆的信息网络传播权（包括在互联网和局域网环境下传播的权利）及为上述环境下播映使用之必要的复制权、放映权。其上述相关权利应受我国著作权法保护。

上诉人亿兆先锋公司未经权利人网尚文化公司许可，在其经营的"亿兆先锋网吧"的服务器中存储涉案电视剧，并在网吧经营用电脑的桌面上设置"电影子站"快捷方式，使上网者在使用"亿兆先锋网吧"提供的账号登录后点击即可观看涉案电视剧。亿兆先锋公司通过其局域网传播涉案电视剧的行为，侵犯了网尚文化公司对涉案电视剧享有的信息网络传播权，依法应承担停止侵权和赔偿损失的法律责任。原审法院综合考虑涉案电视剧的知名度、播映时间以及相关影片许可使用费用、亿兆先锋公司的主观过错程度、侵权范围等因素酌定的赔偿数额并无不当。上诉人亿兆先锋公司提出原审法院酌定赔偿数额过高的主张，于法无据，本院不予支持。

上诉人亿兆先锋公司还提出其网吧服务器内存储的涉案电视剧系网吧顾客自行从互联网上下载并暂时存储于网吧服务器的主张。但根据其在原审时提供的下载方式，下载后的文件只能存储于客户计算机终端上，并不能存储到网吧服务器上。因此，其提出不应根据网吧服务器上存储有涉案电视剧来认定亿兆先锋公司实施了侵权行为的主张没有事实依据，本院不予支持。

综上，上诉人亿兆先锋公司的上诉理由不能成立，其上诉请求，本院不予支持。原审判决认定事实清楚，适用法律正确，应予维持。

二〇〇八年三月二十日，北京市第二中级人民法院依照《中华人民共和国民事诉讼法》第一百五十三条第一款第（一）项之规定，判决如下：驳回上诉，维持原判。一审案件受理费由北京网尚文化传播有限公司负担250元（已交纳），由北京亿兆先锋互联网上网服务有限公司负担1 000元（于本判决生效后7日内交纳）；二审案件受理费300元，由北京亿兆先锋互联网上网服务有限公司负担（已交纳）。本判决为终审判决。

又案，再审申请人贵阳花溪守望者计算机网络信息服务中心（以下简称守望者网吧）因与被申请人北京网尚文化传播有限公司（以下简称网尚公司）侵害作品信息网络传播权纠纷一案，不服贵州省高级人民法院（2012）黔高民三终字第62号民事判决，向最高人民法院申请再审。最高人民法院于2013年4月2日作出（2013）民申字第15号民事裁定，提审本案。

最高人民法院再审认为，本案涉及两个焦点问题：网尚公司起诉是否超出诉讼时效；守望者网吧是否应对在线播放涉案侵犯他人信息网络传播权作品的行为承担赔偿责任。

1. 关于诉讼时效问题。网尚公司对守望者网吧进行公证取证的时间是2009年10月26日，即其当时已经知道守望者网吧的侵权行为。根据本院《关于审理著作权民事纠纷案件适用法律若干问题的解释》第二十八条规定，侵犯著作权的诉讼时效为二年，自著作权人知道或者应当知道侵权行为之日起计算。网尚公司于2011年12月22日向一审法院提起诉讼，距其上述取证时间已超过两年，故其提起本案诉讼已经超过诉讼时效，其相关诉讼请求不应支持。二审法院关于"守望者网吧至2009年12月29日停止使用在线影院，侵权行为持续至该日，故网尚公司未超过诉讼时效"的认定有误。首先，从公证书及周元仪的交费记录等证据均能证明守望者网吧使用在线影院的期限截止日为2009年12月19日，况且，关于该事实，双方当事人从未有过争议。二审法院应以客观证据所载明的时间为准，而不应以当事人或者代理人的笔误、口误作为确定事实的依据，二审法院此项事实查明错误。其次，前述司法解释中关于"权利人超过二年起诉的，如果侵权行为在起诉时仍在持续，在该著作权保护期内，人民法院应当判决被告停止侵权行为，侵权赔偿数额应当自权利人向人民法院起诉之日起向前推算二年计算"的规定，明确适用于"侵权行为在起诉时仍在持续"的情形，本案中不存在上述情形，二审法院适用关于持续侵权行为的诉讼时效规定亦属错误。

2. 关于守望者网吧是否应就涉案影视作品的在线播放承担侵权责任。本案中守望者网吧是通过向"贵阳影院"、"完美宽频"支付使用费，成为其付费会员，从而在网吧内可以在线播放完美宽频提供的影视作品。守望者网吧并非自行向网吧用户提供相关作品，故如果其能证明涉案影视作品是从有经营资质的影视作品提供者合法取得，且不知道也没有合理理由应当知道涉案影视作品侵犯他人信息网络传播权的，不应承担赔偿损失等民事责任。而该影视作品提供者是否具有合法资质，应以守望者网吧向其付费之时，即2008年、2009年的情况来判断，而不应仅考虑诉讼时的状况。守望者网吧在二审法院提交了其付费的证据、完美宽频系贵阳影院下设网站的证据以及关于"贵州省文化厅批准贵阳影院在贵州省内开展相关服务"的报纸报道，综合上述证据，应当认为守望者网吧有理由相信贵阳影院享有合法资质，并基于此信任购买相应服务，已经尽到了必要的审查义务，其不知道也没有合理的理由应当知道涉案影视作品侵犯了他人信息网络传播权，且到期后也停止使用了相关服务，故守望者网吧不应对涉案影视作品的在线播放承担赔偿责任。

综上，守望者网吧相关申请再审理由成立，二审法院认定事实及适用法律均有不当，应予纠正。二〇一三年十一月二十日，最高人民法院判决：一、撤销贵州省高级人民法院（2012）黔高民三终字第62号民事判决、贵阳市中级人民法院（2012）筑民初字第47号民事判决；二、驳回北京网尚文化传播有限公司的诉讼请求。一审案件受理费662.5元，二审案件受理费712.5元，均由北京网尚文化传播有限公司负担（已交纳）。

【学者评述】

数字图像是目前最流行的多媒体形式之一，在政治、经济、国防、科技、教育、文化等方面均有广泛应用。对于某些特殊领域，如军事、医疗、电影发行，数字图像还有较高的保密要求。

为了实现数字图像保密，实际操作中一般先将二维图像转换成一维数据，再采用传统加密算法进行加密。与普通的文本信息不同，图像和视频具有时间性、空间性、视觉可感知性，还可进行有损压缩，这些特性使得为图像设计更加高效、安全的加密算法成为可能。自20世纪90年代起，研究者利用这些特性提出了多种图像加密算法。

1. 基于像素位置变换的加密技术　该技术加密图像的基本思想是通过改变图像中像素点的位置实现加密。在实现像素位置变动时，经常使用矩阵变换，如Arnold变换、幻方变换等。使用这种变换有一个非常大的缺点，就是在攻击者知道加密算法和密文时，很容易就可得到明文。因为这种建立在有限点集上的迭代是有周期的，经过若干次迭代就可以恢复出明文。

按照现代加密理论，一个加密体制的加密算法是要公开的，唯一保密的是密钥。假若加密时不使用上述矩阵变换，而采用复杂的变换或随机变换矩阵，该类加密同样安全性不高，因为采用已知明文或选择明文的攻击方法得到加密用的变换矩阵并不困难。

2. 基于随机序列的加密技术　该类加密的基本思想是利用伪随机序列生成器产生出像素变换的二进制序列，而后根据该序列改变图像中的像素值，从而实现加密。该方案主要对二值图像进行加密，如基于混合细胞自动机（Hybrid cellular automata）的二进制图像加密方案，首先利用混合细胞自动机产生伪随机序列，而后再把图像转换成一维序列，最后把两个序列进行按位异或后得到的序列转换为图像，从而实现图像加密。该方案与其他类似的方案一样，在应对已知明文和选择明文的攻击方面安全性较差。

3. 基于压缩编码的加密技术　该类加密的基本思想是对图像进行压缩后再进行加密，基于四叉树编码和 SCAN 语言的图像加密和基于压缩编码的图像加密都属于该类加密技术，只不过前者进行的是无损压缩，而后者进行的是有损压缩。采用此类加密技术，可以减少加密后图像传输的数据量，加快传输速度，但需要首先对原图像进行预处理。

数字电影发行前，需要对每个拷贝进行加密，制作密钥并分发给每个影院，因此，必须选择良好而安全性高的加密方案，确保万无一失，否则，极易引发盗版或侵权。

（杨新磊）

第九节　"中凯"终奏凯歌

【原告】 广东中凯文化发展有限公司
【被告】 北京中搜在线软件有限公司

【法院查明】

2005 年 8 月 31 日，中国电影集团公司（以下简称中影集团）（甲方）与中凯公司（乙方）就电影《无极》的音像制品版权转让订立《音像版权转让合约书》（以下简称《版权合约书》），约定：甲方合法持有《无极》电影音像制品之所有版权并依法可以转让；甲方同意以人民币 1 390 万元的价款，将该电影音像制品之相关版权及该电影的信息网络传播权独家转让给乙方，在授权期限内，包括甲方在内的任何第三人未经乙方同意不得行使上述权利；转让年限为自交付母带之日起 5 年；该电影的载体形式为 VCD、DVD 等音像制品；该电影的信息网络传播权指基于互联网（包括但不限于广域网、局域网、无线网络）的视频节目传播和公开播映销售的权利，附带其他权利还包括：适用基于互联网传输的高清电视（IPTV）、MPEG4 播放器终端所对应的节目形式的业务，为配合 VOD 业务的发展而配套的无线网络的使用授权，终端消费方式包括：点播（vedio on demand）、广播（broadcast）和下载（download），适用于除电视机以外的其他数字化终端设备；影片院线首映前 7 天交付母带；在合同及授权期限内，若发现第三人有非法发行本节目等侵权行为的，乙方有权以自己名义通过法律途径予以制止，并获得索赔。

2005 年 11 月 2 日，中影集团和北京二十一世纪盛凯影视文化交流有限公司（以下简称盛凯公司）向中凯公司出具《授权书》（以下简称《授权书》1），授权中凯公司在中国区域内（不包括中国台湾、香港和澳门）独占性行使电影《无极》的相关版权权利，包括：1. 音像制品的所有版权权利；2. 基于互联网（包括但不限于广域网、局域网、有线和无线通信网络）的图像和声音的传播和公开传播销售的权利，附带其他权利还包括：适用基于互联网传输的高清电视（IPTV）、数字播放器终端所对应的节目形式的业务，为配合 VOD 业务的发展而配套的无线通信网络的使用授权，终端消费方式包括点播、广播和下载；上述权利由中凯公司独家享有，授权期限为自交付母带之日起五年。

2005 年 11 月 25 日，中影集团、盛凯公司、上海融建投资发展有限公司（以下简称融建公司）、MOONSTONE ENTERTAINMENT INC.（以下简称 MOONSTONE 公司）作为电影《无极》的投资制作人向中凯公司出具了《授权书》（以下简称《授权书》2），授予中凯公司与《授权书》1 中相同的权利。该授权书下方由中影集团、盛凯公司和融建公司加盖公章，在 MOONSTONE 公司相应位置有一签名。

2006 年 9 月 26 日中影集团、盛凯公司和融建公司出具《情况说明》，称：电影《无极》由中影集团、盛凯公司、融建公司以及 MOONSTONE 公司共同投资拍摄并享有著作权；2005 年 11 月 25 日四公司在中国北京一致决定将《授权书》2 中的权利独家授予中凯公司，并于同日在联合出具的《授权书》2 上签章。

2005 年 9 月 27 日，电影《无极》获得了国家广播电影电视总局电影事业管理局颁发的影映故字[2005]第 148 号《电影片公映许可证》，出品单位和摄制单位均为中影集团、盛凯公司、融建公司和 MOONSTONE 公司。电影《无极》DVD 光盘包装盒上载明：联合出品为中国电影集团公司北京电影制片厂、盛凯公司、融建公司和 MOONSTONE 公司；中凯文化独家发行。

2005 年 11 月 5 日，中凯公司（甲方）与北京捷报互动科技有限公司（以下简称捷报公司）（乙方）就电影《无极》的信息网络传播权独占许可使用事宜订立《影视节目信息网络传播权许可协议》（以下简称《许可协议》），约定：网络传播权仅限于由乙方通过其公司网站及其服务合作网站行使信息网络传播权；甲方许可乙方独占性地行使电影《无极》的信息网络传播权，该权利是指通过公共互联网络方式传播节目，使得公众可以在其个人选定的时间和地点通过计算机设备观看节目的权利（不包括专有网络或局域网）；在许可期间，相关节目的其他版权仍由甲方保留；独家许可使用期限为 3 个月，即自 2006 年 1 月 1 日起至 2006 年 4 月 1 日止；另外乙方享有非独家许可 2 年 9 个月，即自 2006 年 4 月 1 日起至 2008 年 12 月 31 日止，非独家许可期限内，乙方只可通过其公司网站行使信息网络传播权；许可使用费为人民币 150 万元；本合同签署后 5 个工作日内，乙方支付许可使用费的 50%，即人民币 75 万元，2005 年 12 月 25 日前，乙方支付许可使用费的 30%，即人民币 45 万元，2005 年 12 月 30 日前，乙方支付许可使用费的 20%，即人民币 30 万元。后捷报公司于 2006 年 4 月 12 日向中凯公司请求延长独家享有电影《无极》信息网络传播权的授权，但中凯公司未作答复。

2006 年 1 月 6 日，浙江省杭州市拱墅区公证处应浙江天册律师事务所申请，对从中搜网上的"网络猪之家"上浏览相关网页、下载电影《无极》的内容及过程进行保全，制作了（2006）杭拱证经字第 023 号公证书。该公证书显示：在 IE 地址栏输入 www.zhongsou.com/index.htm 进入中搜网页面，点击"客服中心"出现客服中心界面；点击网络猪标识，进入"网络猪之家 – 首页"，再点击该页面下"小猪电影院"下"进入小猪电影院"，出现"网络猪之家 – 电影下载"页面，点击该页面中"无极 DVD 下载"，出现"网络猪视频点播 – 无极 DVD"页面，该页面对"无极 DVD"的介绍为文件大小 373M、所属分类电影——→动作片、上映时间 2005 年 12 月 15 日、下载次数 125 344 次；点击该页面中的"点击下载"，出现对话框"请先安装个性化信息门户软件3.0.2以上版本",提示需先下载并安装网络猪(PIG)软件(以下简称网络猪软件);安装过程中,出现"网络猪(PIG)软件最终用户许可协议";安装完毕后,出现"readme网络猪(PIG)简介"和"网络猪用户登录"页面,点击"readme网络猪(PIG)简介",显示主要内容为网络猪软件是中搜公司开发的一款基于Internet的个人信息门户软件,最新的网络猪软件4.0版本拥有全能搜索、天气预报、商务中心、专题定制、新闻中心……视频点播……功能,"视频"是指网上公开发行的电影、电视等作品,"点播"是让用户找到视频作品的一种方法,视频点播的目的是让用户能够方便地找到想看的视频作品,实现在线观看或下载观看,很多视频作品是需要收费才能观看的,本公司只提供用户找到视频作品的过程服务,对视频作品的内容概不负责;点击"网络猪用户登录"完成新用户注册并登录,下载并安装"网络猪·飞影下载2.0.0"后,点击"网络猪视频点播-无极DVD"下的"点击下载",出现"网络猪·飞影下载"和"文件详细信息"界面;点击"文件详细信息",显示目录名称为无极DVD版,保存到C:\Program Files\PICUI\download,共有包括"www.btwuji.com无极DVD版.rmvb"等五个文件,文件大小共391 173 522(373.1MB),其中"www.btwuji.com无极DVD版.rmvb"的大小为391 172 313;点击"文件详细信息"下"确定"开始下载,"网络猪·飞影下载"界面中的"当前下载"显示视频名称为"无极DVD版",下载速度16.2KB/S,上传速度1.0KB/S,大小373.1MB等;2005年1月9日10:35,下载完毕;点击"网络猪·飞影下载"的"我的共享",显示名称为无极DVD版,上传速度50.3KB/S,大小373.1MB,信息为正在共享;点击"我的电脑",进入地址"C:\Program Files\PICUI\Download\无极DVD版",可见名称为"www.btwuji.com无极DVD版"的文件。浙江天册律师事务所为此次公证支付公证费900元。中搜公司认可中搜网由其所有并经营。

2006年2月28日,捷报公司将中搜公司诉至我院,称其享有自2006年1月1日起至2006年4月1日止在互联网上独家传播电影《无极》的权利,中搜公司未经其许可在中搜网上载《无极》电影,并提供支持个体用户之间免费传输的下载工具(网络猪·飞影下载)供社会公众下载该影片,导致其网站上电影《无极》付费下载量急剧下降,中搜公司的行为侵犯了其独家信息网络传播权,请求法院判令中搜公司停止侵权、公开赔礼道歉、赔偿其经济损失、律师费和公证费共计1 187 370元。

2006年3月22日,中凯公司以电影《无极》信息网络传播权所有人的身份,在杭州市中级人民法院(以下简称杭州中院)以相同权利就上述相同事由向中搜公司提起了诉讼,杭州市中级人民法院受理了该案。

2006年4月13日,杭州市中级人民法院作出(2006)杭民三初字第119-1号裁定,裁定该案移送至我院审理,后中凯公司不服提出上诉;2006年6月19日,浙江省高级人民法院作出(2006)浙民高终字第83号裁定,驳回上诉,维持原裁定。

2006年5月18日,我院就捷报公司诉中搜公司侵犯著作权纠纷案因杭州市中级人民法院审理的中凯公司诉中搜公司侵犯著作权纠纷案件与该案具有关联性,该案须以中凯公司诉中搜公司案件的处理结果作为依据,故裁定中止该案审理。

2006年5月至6月间,捷报公司(乙方)与中凯公司(甲方)在《许可协议》的基础上订立了《补充协议》,特别说明因本院中止审理捷报公司诉中搜公司一案,双方此前对该案的分成协议已告无效;在乙方享有《无极》信息网络独家使用权期间,甲方状告中搜侵权《无极》杭州一案,经双方协商确定,由甲方作为诉讼主体,乙方配合甲方取证和提供所需的材料，胜诉后所得赔偿款，扣掉所需费用，双方五五分成。除此以外，其他侵犯《无极》信息网络传播权的侵权行为，均由甲方负责追究相关侵权责任，包括取证、发律师函、提起诉讼等法律程序，获得赔偿的权利也由甲方享有。

2006年9月5日，本院受理了杭州市中级人民法院移送至本院的中凯公司诉中搜公司侵犯著作权纠纷一案。2006年10月25日，经两案当事人同意，我院决定将捷报公司诉中搜公司和中凯公司诉中搜公司两案合并审理。

2006年11月15日，捷报公司与中搜公司在庭审后自行协商和解解决了纠纷，捷报公司遂向我院提出申请，要求撤回对中搜公司的起诉。其间，考虑到当事人之间纠纷的关联性，我院曾尝试将中凯公司、捷报公司与中搜公司的纠纷一并解决，但协商未果，且捷报公司与中搜公司均以保密为由未向法院提供和解协议的内容。鉴于当事人有撤诉及自行协商的权利，我院遂于2006年11月21日裁定准许捷报公司的撤诉申请。

【法院观点】

本院认为：本案中，双方当事人主要对以下问题存在争议：1. 中凯公司是否获得了电影《无极》原始著作权人的有效授权；2. 中搜公司的行为是否构成侵权；3. 在中凯公司授予捷报公司信息网络传播权的情况下，中凯公司作为权利主体主张信息网络传播权的适格问题；4. 捷报公司侵权的后果及其对中凯公司的责任承担。

一、中凯公司获得了电影《无极》原始著作权人的有效授权

本案中，原、被告及捷报公司均认可中影集团、盛凯公司、融建公司和MOONSTONE公司为电影《无极》的共同原始权利人，电影《无极》的《电影片公映许可证》和DVD光盘包装的相关内容均显示中影集团、盛凯公司、融建公司和MOONSTONE公司为电影《无极》的出品、摄制单位，即著作权法所规定的电影作品的制片者，故在无相反证据的情况下，本院对上述事实予以确认，中影集团、盛凯公司、融建公司和MOONSTONE公司为原始著作权人。

著作权人有权将其作品转让或许可他人使用。权利的转让与许可使用之最大区别在于权利的授予是否有期限。就"转让"言，转让人自转让行为生效之时起将权利永久地让与受让人，转让人丧失权利人地位；就"许可使用"言，许可人于一定期限内允许被许可人使用全部或部分权利，当期限届满，被许可使用之权利则回归许可人，许可使用并不使许可人丧失权利人地位。本案中，《版权合约书》虽名为"转让"，合同中也使用了"转让"一词，但从该合同所设定5年的期限可知，此处的"转让"实质为"许可使用"，该《版权合约书》的性质也应当是许可使用合同。《版权合约书》中，原始权利人之一的中影集团明确许可中凯公司5年专有行使电影《无极》的音像制品相关版权和信息网络传播权，且之后的两份授权书也约定了相同的授权内容，5年后，这些权利将回转至原始权利人处。

中搜公司否认中凯公司合法享有上述权利的理由为：在制片方为中凯公司出具的《授权书》2中，MOONSTONE公司为美国注册的公司，其签名也为外方，故形成于境外，在未经公证认证程序的情况下不能作为证据使用；《授权书》2在捷报公司诉中搜公司案中并未作为证据提交，中搜公司对捷报公司的权属曾提出质疑，所以本案中中凯公司提交《授权书》2是其为了诉讼而要求权利人倒签的；《无极》DVD光盘包装上署名中凯公司为独家发行，故中凯公司为邻接权人而非著作权人。就中搜公司的上述意见，本院认为：对境外形成的证据需要进行公证认证手续，目的在于提高境外证据的真实性，便于我国法院审理案件，

需要公证认证的标准是该证据形成于境外,而判断证据的形成地点与该证据中公司注册地以及公司名称或签名并无关联,且对于《授权书》2 的形成地,境内的三方原始著作权人均出具证明确认其形成于我国境内,本案中并无证据表明境外的 MOONSTONE 公司提出相反意见;捷报公司未将《授权书》2 在其诉中搜公司案中作为证据提交不表明该证据并未客观存在,中搜公司虽然质疑该证据所显示的形成时间是倒签的,但无证据证明该质疑的合理性,且无证据证明其认为真实的时间;中凯公司向法院提交的《授权书》1 和《授权书》2 中授予中凯公司的权利完全一致,且与《版权合约书》中授予中凯公司的主要权利亦相同,而《版权合约书》和《授权书》1 系境内的原始权利人出具,中搜公司并未否认,《授权书》2 的形成时间并不影响其授权内容的合法有效性;中搜公司并非权利人,其未与原始权利人接触从而获取事实真相,而是采取了此种消极的抗辩方式用以回避侵权,故本院根据中凯公司的证据优势确认该证据的效力及中凯公司与原始权利人合同关系的真实性;对捷报公司关于《授权书》2 形成于境外、须经公证认证以及该授权书倒签了时间的辩称不予以采信。

中凯公司从原始权利人处获得的电影《无极》专有的音像制品相关版权和信息网络传播权,包括发行 VCD、DVD 等音像制品,基于互联网的视频节目传播和公开播映销售,基于互联网传输的高清电视(IPTV)、MPEG4 播放器终端所对应的节目形式业务等,这些权利属于发行权和信息网络传播权等著作财产权范畴。中凯公司在《无极》DVD 封面上署名为独家发行人只是其行使被授予权利中的发行权的体现,中搜公司无权因中凯公司的此行为而否认中凯公司所享有的相关著作权。中搜公司仅从《无极》DVD 封面发行者身份推定中凯公司享有邻接权而非著作权,与本案查证的事实不符,本院对其辩称不予采信。本院认定中凯公司依法取得了专有行使电影《无极》的音像制品相关版权及信息网络传播权。

二、中搜公司的行为侵犯了权利人对电影《无极》的信息网络传播权

根据(2006)杭拱证经字第 023 号公证书的记载,用户可以通过登录中搜网,下载并安装中搜公司提供的网络猪软件和"网络猪·飞影下载 2.0.0"软件,点击该网站中"网络猪视频点播 – 无极 DVD"中的"点击下载"后便可下载以电影《无极》为内容的 rmvb 格式文件,且该用户在下载文件的同时,上述软件所具有的功能还会自动将已下载的该文件内容向其他网络猪用户进行上传。中搜公司对公证书真实性不持异议,但否认构成侵权,主要理由为:1. 中搜网提供的是电影《无极》下载的链接,而非该电影本身;2. 该公司开发、使用的网络猪软件仅是下载工具,不涉及侵权,使用网络猪软件进行下载并同时上传是用户的行为,非该软件所自动实现;3. 中凯公司没有证据证明该公司因提供电影《无极》的下载而获利,故该公司没有获利;4. 中凯公司未向该公司履行通知义务,故该公司可以免责。

关于中搜公司是否仅提供了下载链接,因用户获得电影《无极》的相关文件,均需通过点击中搜网的相关页面并使用中搜公司提供的软件方可实现,在全部过程中,相关网页页面和软件界面均与中搜公司紧密联系,并无任何内容显示用户所下载的文件系链接于其他网站或另有他人提供来源;至于用户下载获得的电影《无极》文件"www.btwuji.com 无极 DVD 版.rmvb",其中的"www.btwuji.com"仅是文件名的一部分,仅凭此点无法证明文件来源,中搜公司并未提交证据证明"www.btwuji.com"网站真实存在且文件来源于此网站,其有关提供下载链接的主张缺乏事实依据。可见,虽然中搜网将下载文件的名称设置成链接形式,并不改变其本身即为文件而非链接性质,且从该文件的格式和大小来看,也不可能为链接。对中搜公司称其提供的是电影《无极》的链接而非文件的辩解,本院不予认可。此外,构成侵权行为并不以该行为获利为条件,就中搜公司因中凯公司没有证据证明其通过提供电影《无极》下载而获利,故其不侵权的辩称,本院不予采信。就提供电影《无级》下载来说,中搜公司并非提供搜索、链接服务的网络服务经营者,并不享有未得到权利人通知情况下即对侵权内容免责的权利,中搜公司是否获得通知,并不改变其未经许可提供电影《无极》下载行为的侵权性质,亦不能由此免除其所应承担的侵权责任。相反,作为一家专业网络服务公司,中搜公司应对其提供的内容履行合理的权利审查义务,本案中,其未经电影《无极》的信息网络传播权人同意,即将该电影上传至其网站供公众下载,存在侵权的故意,侵犯了该电影相关著作权人的权利。

关于网络猪软件,如中搜公司所述,作为网络工具,其本身并不存在是否侵犯电影《无极》著作权的问题,但该公司未经许可使用电影《无极》,通过网络猪软件向用户提供下载,系侵权行为,中搜公司应对此承担侵权责任。虽然中搜公司辩称其网络猪软件没有实现下载文件的同时自动上传的功能,但从其认可真实性的公证书内容显示来看,将下载的文件同时上传、与他人共享并不需要用户专门选择即能实现,故中搜公司的该辩称显然与事实不符,网络猪软件的这种特性将造成侵权后果的扩大化。此外,虽然中搜公司在网络猪简介中作出"本公司只提供用户找到视频作品的过程服务,对视频作品的内容概不负责"的声明,但本案中该公司并非仅提供搜索和帮助下载服务,而是向用户提供了电影《无极》的相关文件,该单方声明不能成为其未经许可使用电影《无极》的理由,中搜公司据此要求免除其侵权责任缺乏法律依据。对于中搜公司否认侵权的抗辩理由,本院不予支持。中搜公司未经权利人许可而使用了电影《无极》,侵犯了权利人对该作品所享有的信息网络传播权。

三、在中凯公司授予捷报公司信息网络传播权的情况下,中凯公司作为权利主体主张信息网络传播权的适格问题

中凯公司将电影《无极》的信息网络传播权独家授予捷报公司期间,中搜公司侵犯了电影《无极》的信息网络传播权,在针对此侵权行为提起诉讼的过程中,中凯公司与捷报公司产生了分歧,均认为各自有权向侵权人主张权利。诉讼期间,双方的《补充协议》未得以履行,捷报公司单方与中搜公司协商解决纠纷,而中凯公司仍认为其授予捷报公司的信息网络传播权不包括对侵权行为予以制止等权利,其有权对侵权行为提起诉讼。对中凯公司的诉讼主体适格问题,本院根据以下理由予以确认:

2005年11月5日中凯公司与捷报公司签订了《许可协议》,该协议明确了捷报公司在2006年1月1日至2006年4月1日期间独占性地行使电影《无极》的信息网络传播权,但双方对于在此期间的涉案作品被侵权以及由此产生的后果、损失分担、获赔损失分享等并未作出约定。对此,本院认为,捷报公司取得的是合同权利,合同权利来源于合同约定,在不违反法律的情况下,当事人可以针对制止侵权问题作出约定;在双方未作出约定的情况下,依据著作权法许可使用合同的有关规定以及合同法理,中凯公司享有未约定的权利,有权以自己的名义提起诉讼,制止侵权。

根据合同性质,中凯公司与捷报公司签订的是许可使用协议,并非转让协议,捷报公司取得的专有使用权仅在一定期间内享有。在授权期间内,虽然捷报公司是电影《无极》信息网络传播权的专有使用权人,著作权法实施条例第二十四条赋予专有使用权人排除包括著作权人在内的任何人以同样的方式使用作品,但捷报公司作为二次被授予的专有使用权人能够行使的权利是:独占的权利和制止侵权人妨碍其权利正当行使的权利,不能扩大理解为阻止中凯公司制止侵权。中凯公司作为该权利的许可人,仍有权禁止他人未经许可以信息网络传播方式使用电影《无极》。

为解决双方当事人各自提起的侵权诉讼问题，双方当事人订立了《补充协议》，对中凯公司主张中搜公司侵权以及双方主张其他侵权问题作出了约定。根据约定内容，中凯公司享有诉讼权利。本院认为，当事人之间针对权利受损害时约定积极主张权利的方式以及获赔后的利益分享并不违反国家法律规定，不会必然影响法院对案件的审理，《补充协议》是合法有效的。但根据合同相对性原则，该协议的约束力仅发生于中凯公司和捷报公司之间，而不延及协议之外的包括中搜公司在内的第三人。现捷报公司和中凯公司又未按照《补充协议》履行。杭州市中级人民法院将该案移送我院后，捷报公司与中搜公司单方解决侵权纠纷，中凯公司并未参与协商过程和知晓侵权处理结果。当事人之间的行为表明，《补充协议》并未履行且存在纠纷，中凯公司以单方身份主张权利并无不当。

四、中搜公司侵权的后果及其对中凯公司的责任承担

当侵权发生时，给予权利人的法律救济应与其享有的权利内容和范围，以及侵权结果对其造成的影响相适应。本案中，针对中凯公司诉讼请求分析如下：

关于停止侵权，中凯公司作为电影《无极》的专有信息网络传播权人，对于中搜公司未经许可使用该作品的行为，有权要求予以停止。但庭审中，中凯公司已认可2006年4月中搜公司已停止电影《无极》的下载服务，鉴于该侵权行为事实上已处于停止状态，再行判令中搜公司予以停止已缺乏实际意义和必要。对于中凯公司要求中搜公司删除中搜网中有关电影《无极》下载的相关内容的请求，属于制止侵权行为的合理要求，本院予以支持。

关于在中搜网上声明要求用户将下载的影片予以删除，虽然用户将中搜公司提供的电影《无极》文件经过网络向他人传播，确属案外人之行为，非中搜公司能够控制，且网络猪软件作为下载工具本身并不构成侵权，但显然，中搜公司未经授权提供电影《无极》下载的侵权行为与网络猪软件下载与上传同时进行的功能相结合，扩大了电影《无极》在互联网上传播的范围，实际加剧了对该电影信息网络传播权和音像制品相关版权的侵权后果的发生，故本院认为中凯公司要求中搜公司在其网站上作出声明要求用户将从中搜公司网站下载的电影《无极》文件予以删除存在合理性，本院予以支持。

关于赔偿损失，本院认为，中凯公司作为专有使用权人，将信息网络传播权再次专有许可后，已经通过许可使用费的方式获得了报酬。当发生信息网络传播权范围内的侵权行为时，被侵害人首先或主要是捷报公司，是捷报公司对信息网络传播权的市场的独占地位受到了直接的损害；而中凯公司由于信息网络传播权已交由捷报公司行使，且已获得相应的经济利益，因此，一般不会受到直接的损害，除非其能够提供相反的证据证明其损失的存在。

本案中，中凯公司自2005年8月从原始权利人处获得了电影《无极》5年的音像制品的相关版权和信息网络传播权，捷报公司从中凯公司处取得了自2006年1月起三个月的专有信息网络传播权，在上述三个月期间，赔偿损失问题涉及中凯公司对电影《无极》享有的信息网络传播权和与音像制品相关的著作权两方面问题，但中凯公司没有提供损失存在的相关证据。1. 中凯公司没有证据表明其将信息网络传播权授予捷报公司后另有信息网络传播权的损失存在，相反，其损失数额的计算是参照了授予捷报公司的许可使用费的标准。2. 中凯公司未能提供音像制品相关损失的证据。就与音像制品相关的著作权而言，由于部分公众通过互联网即可获得电影《无极》并满足观看需要，故存在部分用户通过中搜网下载该电影后就不会再购买电影《无极》音像制品的可能，从而对该电影音像制品的发行产生一定影响，由此给中凯公司造成经济损失，存在一定的现实可能性。但由于影院上映的行为和捷报公司经过授权在互联网上传播的行为，本身就与音像制品的发行存在一定的竞争关系，可能分流一部分音像制品的购买者，且中搜公司提供电影《无极》网络下载的行为直接、主要影响的仍应是捷报公司所行使的信息网络传播权，对中凯公司发行电影《无极》音像制品的影响仅为间接和次要的，故中凯公司应举证证明因为侵犯信息网络传播权而给音像制品发行造成损失之间紧密的关联性，在中凯公司不能提交证据证明中搜公司侵权对其电影《无极》音像制品发行方面的损失数额的情况下，本院对于中凯公司的赔偿主张不予支持。

侵权行为虽然发生在上述三个月期间，但该期间之后，中凯公司自行行使或授权他人行使电影《无极》的信息网络传播权和其他权利也因有可能因为之前的侵权行为而受到不利影响，包括中凯公司就电影《无极》在整个市场营销中的安排和获利的预期，但中凯公司亦没有证据足以证明损失的具体存在、数额、范围和程度，本院亦无法计算并支持赔偿数额。

本案诉讼支出中，中凯公司仅主张了公证费，该公证费系由其委托代理人所在的浙江天册律师事务所支出，鉴于该公证费实际已经发生，公证内容已被法院确认，故对中凯公司的该项主张本院予以支持。

【判决】

二〇〇七年四月二十六日，北京市海淀区人民法院依据《中华人民共和国著作权法》第十条第（六）项、第（十二）项、第二十四条、第四十七条第（一）项、第四十八条第一款，《中华人民共和国民事诉讼法》第六十四条第一款，判决如下：一、本判决生效之日起十日内，被告北京中搜在线软件有限公司删除中国搜索（www.zhongsou.com）网站中与下载电影《无极》相关的内容；二、本判决生效之日起十日内，被告北京中搜在线软件有限公司在中国搜索（www.zhongsou.com）网站首页上连续二十四小时发表声明告知用户：因北京中搜在线软件有限公司未经授权在中国搜索（www.zhongsou.com）网站上提供电影《无极》下载服务，侵犯了广东中凯文化发展有限公司对电影《无极》享有的信息网络传播权，请自中国搜索网站下载电影《无极》的用户于获知此声明起二十四小时内删除已下载的电影《无极》（逾期不发表该声明的，本院将把本案判决主文公布于相关媒体，费用由被告北京中搜在线软件有限公司承担）；三、本判决生效之日起十日内，被告北京中搜在线软件有限公司支付原告广东中凯文化发展有限公司诉讼合理支出九百元；四、驳回原告广东中凯文化发展有限公司的其他诉讼请求。

如果未按本判决指定的期间履行给付金钱义务，应当按照《中华人民共和国民事诉讼法》第二百三十二条之规定，加倍支付迟延履行期间的债务利息。

案件受理费一万六千一百一十元，由原告广东中凯文化发展有限公司负担八千零五十五元（已交纳），由被告北京中搜在线软件有限公司负担八千零五十五元（于本判决生效之日起七日内交纳）。

一审宣判后，几方均未上诉。

又案，广东中凯文化发展有限公司为维护电影《无极》音像版权而起诉被告北京亿客隆昊天商贸有限责任公司（以下简称昊天公司）。中凯公司起诉称：2007年5月我公司发现被告的商场一层图书音像专卖厅所销售的《无极》"HDVD-9"碟片属盗版光碟。被告的经营行为侵犯了我公司的发行权，并给我公司造成严重损失。原告经北京市证泰律师事务所发函无果，故诉至法院，请求法院依法判令被告停止销售《无极》"HDVD"盗版碟片；赔偿我公司经济损失9万元及维权费用9 000元并承担本案诉讼费用。法院认为，中凯公司与其代理人之间的委托代理关系于中凯公司提起本案诉讼时已存在，且其在诉讼请求中主张代理费用，故其理应在举证期限内提交代理费发票。中凯公司提交代理费发票的时间和该发票载明的开票日期均晚于举证期限，其应对怠于按期提交代理费发票的行为承担不利后果，故本院对该发票证据不予采信。鉴于昊天公司对中凯公司提交的其他证据的真实性不持异议，本院对其真实性予以确认。二〇〇七年十月十六日，北京市第一中级人民法院判决：一、被告北京亿客隆昊天商贸有限责任公司于本判决生效之日起停止销售涉案侵权光碟；二、被告于本判决生效之日起十日内赔偿原告广东中凯文化发展有限公司经济损失人民币六千元；被告于本判决生效之日起十日内赔偿原告广东中凯文化发展有限公司诉讼合理支出人民币一千零二十四元；驳回原告广东中凯文化发展有限公司的其他诉讼请求。案件受理费二千二百七十五元，由原告广东中凯文化发展有限公司负担一千五百九十三元（已交纳），由被告北京亿客隆昊天商贸有限责任公司负担六百八十二元（于本判决生效之日起七日内交纳）。一审宣判后，双方均未上诉。

又案，为了维护电视剧《宫S》的信息网络传播权，广东中凯文化发展有限公司起诉了被告北京海乐通互联网上网服务有限公司。

韩国MBC公司系电视剧《宫S》的在中国大陆地区的著作权人。2007年5月21日，韩国MBC公司签署《节目权益证明书》，将该剧之中国大陆地区内的独家信息网络传播权授权给原告并授权原告处理地区内之盗版行为，授权期限为2年，自2007年5月21日起至2009年5月21日止。2007年6月22日，北京市海淀区公证处对海乐通公司经营的网吧提供《宫S》剧在线播放服务的事实进行了公证，制作了（2007）海证民字第6148号公证书。该公证书表明，点击该网吧电脑桌面上的"网吧影院"图标，进入"中国网吧院线（海乐通）"页面，后打开"找片"栏输入"宫S"，然后点击"本地搜索"，搜索完毕后点击"我要观看"，进入电视剧《宫S》剧情介绍页面，在电视剧《宫S》剧情介绍页面的"收看地址"栏中点击相应剧集，可以正常播放。海乐通公司的营业面积为210平方米，终端数量为83个。2006年11月17日，网尚公司与海乐通公司签订《数据缓冲服务器架设协议书》，约定网尚公司为海乐通公司提供数据缓冲服务器的架设并提供影视剧的播放内容。

法院认为，韩国MBC公司系电视剧《宫S》的在中国大陆地区的著作权人，对该作品享有著作权，有权将作品许可他人使用。根据著作权人与原告签订的授权书，原告获得了上述作品在授权期限内的独家信息网络传播权，即原告获得了独家的以有线或者无线方式向公众提供作品，使公众可以在其个人选定的时间和地点获得该作品的权利。原告对在授权期限内的任何侵犯其信息网络传播权的行为有权作为原告主张权利。被告海乐通公司未经权利人许可，在其经营的网吧局域网内播放《宫S》剧的行为，究其性质属于未经权利人许可将影视作品通过局域网传播给社会公众，使公众在其个人选定的时间、地点获取该影视作品的行为，应认定为是对权利人信息网络传播权的侵犯，依法应承担赔偿损失的法律责任。海乐通公司在其经营的网吧内为上网用户提供《宫S》剧的播放，并通过《宫S》剧的播放直接获得了经济利益，虽然网吧内影视播放软件是由网尚公司为其安装的，但就目前证据并无法认定网尚公司必然是网吧服务器在线播放影片的唯一提供者，且海乐通公司也未向本院提交有效证据证明《宫S》剧由网尚公司提供及其已尽到审查义务，因此，本院对其抗辩理由不予采信，对于原告要求被告海乐通公司赔偿经济损失的诉讼请求，本院予以支持。至于赔偿数额，考虑到涉案影片《宫S》剧的使用范围限于特定的网吧环境内，消费群体特定、收费方式特定，本院认为原告中凯公司对于侵权赔偿数额部分主张过高，本院将根据涉案作品的知名度、被告的经营规模、侵权主观过错程度、持续时间等相关因素酌情判决侵权赔偿及诉讼合理支出数额。

二〇〇八年五月十七日，北京市西城区人民法院判决被告北京海乐通互联网上网服务有限公司于本判决生效后十日内赔偿原告广东中凯文化发展有限公司经济损失和诉讼合理支出共计八千元；驳回原告广东中凯文化发展有限公司其他诉讼请求。案件受理费三千四百元，由原告广东中凯文化发展有限公司负担二千九百元（已交纳）；由被告北京海乐通互联网上网服务有限公司负担五百元（本判决生效后七日内交纳）。一审宣判后，双方均未上诉。

为了维护电视剧《宫S》的合法权益，广东中凯还起诉了北京卫达凯文上网服务中心。法院判决自本判决生效之日起七日内，被告北京卫达凯文上网服务中心赔偿原告广东中凯文化发展有限公司经济损失及诉讼合理支出共计三千元；驳回原告广东中凯文化发展有限公司的其他诉讼请求。案件受理费一千七百元（原告预交），由原告广东中凯文化发展有限公司负担一千元（已交纳），由被告北京卫达凯文上网服务中心负担七百元（于本判决生效之日起七日内交纳）。一审宣判后，双方均未上诉。

为了维护电视剧《宫S》的合法权益，广东中凯还起诉了北京市飞迪特上网服务中心。法院判决被告北京市飞迪特上网服务中心立即停止在其经营的网吧向上网者提供电视连续剧《宫S》的在线播放服务；自本判决生效之日起七日内，被告北京市飞迪特上网服务中心赔偿原告广东中凯文化发展有限公司经济损失及诉讼合理支出共计一万元；驳回原告广东中凯文化发展有限公司的其他诉讼请求。案件受理费六百二十五元（原告预交），由被告北京市飞迪特上网服务中心负担，于本判决生效之日起七日内交纳。一审宣判后，双方均未上诉。

又案，2008年6月8日，北京市海淀区人民法院审结了原告广东中凯文化发展有限公司诉被告北京太昊龙缘上网服务中心侵犯著作权纠纷一案。法院判令被告在其经营的网吧播放韩国电影《恋爱法则》侵犯了原告的著作权，依法判决被告赔偿原告经济损失1万元。

原告广东中凯诉称，韩国Chungeorahm Film公司（中文名称为"映画社 青于蓝株式会社"）系电影《ART OF SEDUCTION》（中文名称为《恋爱法则》《恋爱的法则》《恋爱高手》或者《狐狸精PK采花贼》）之著作权人，韩国Chungeorahm Film公司曾将电影《ART OF SEDUCTION》在中国大陆地区的信息网络传播权独占性地授予广东山力文化发展有限公司（以下简称广东山力），后广东山力曾将其对电影《ART OF SEDUCTION》所享有的全部著作权转让原告，故原告在中国大陆地区对电影《ART OF SEDUCTION》享有独占性的信息网络传播权。太昊龙缘未经原告许可，即在其经营的网吧中向公众提供电影《ART OF SEDUCTION》的在线播放服务，其此举已侵犯了原告对电影《ART OF SEDUCTION》所享有的信息网络传播权。故诉至法院，要求太昊龙缘赔偿经济损失15万元、律师费1 800元和交通住宿费2 000元。

被告太昊龙缘辩称，广东中凯对被告经营的网吧相关情况进行证据保全公证之时，点击桌面上的"太昊影院一"图标进入"零茶影院"网页，虽然IP地址系被告服务器的地址，但"零茶影院"网页并非被告所制作，被告亦不知晓"零茶影院"网页向公众提供电影《ART OF SEDUCTION》的在线播放服务，被告与"零茶影院"网页并无任何关联，故被告并无任何侵权行为。被告收到本案起诉书之后，已将"零茶影院"网页向公众提供的电影《ART OF SEDUCTION》在线播放服务予以停止。即使被告构成侵权，广东中凯要求被告赔偿经济损失的数额亦过高。被告不同意广东中凯的全部诉讼请求。

法院审理后认为，被告在其经营的网吧向公众提供局域网内的电影《恋爱法则》的在线播放服务，且被告通过在线播放电影《恋爱法则》直接获得经济利益，其此举未经电影《恋爱法则》的中国大陆地区的独家信息网络传播权人原告许可，必将导致原告行使电影《恋爱法则》的信息网络传播权的预期利益或许可利益受损，已侵犯了原告对电影《恋爱法则》所享有的中国大陆地区的独家信息网络传播权，故综合考虑电影《恋爱法则》的知名度、被告的经营规模及侵权持续时间、电影《恋爱法则》的点击次数、网吧用户完整观看电影《恋爱法则》的可能性、被告的主观过错以及其他侵权情节等因素，最后，法院作出上述判决。

宣判后，双方均未上诉。

又案，2008年6月13日，北京市海淀区人民法院审结了原告广东中凯文化发展有限公司诉被告北京捷报互动科技有限公司侵犯著作权纠纷一案，法院认定被告在其经营的网站在线播放电影《长恨歌》侵犯了原告的著作权，依法判决被告赔偿原告经济损失8 000元。

原告广东中凯诉称，文汇新民联合报业集团（以下简称文新集团）、上海电影集团公司（以下简称上影集团）、上海海润影视制作有限公司（以下简称海润影视）和香港成龙英皇影业有限公司（以下简称成龙英皇）系电影《长恨歌》之著作权人，且文新集团、上影集团、海润影视和成龙英皇共同授权上影集团代表电影《长恨歌》的所有著作权人签署相关合约，后上影集团将电影《长恨歌》在中国大陆地区的信息网络传播权独占性地授予原告，故原告在中国大陆地区对电影《长恨歌》享有独占性的信息网络传播权。被告未经原告许可，即在其经营的网址为www.jeboo.com的捷报网向网络用户提供在线播放电影《长恨歌》的服务，其此举已侵犯了原告对电影《长恨歌》所享有的信息网络传播权。故诉至法院，要求被告赔偿经济损失15万元、公证费900元、律师费1 800元和交通住宿费2 000元。

庭审中，被告捷报互动辩称，广东中凯并未提交充分证据以证明其对电影《长恨歌》享有中国大陆地区的独占性的信息网络传播权，且广东中凯并无权以其名义对被告提起诉讼。湖北省武汉市江汉公证处对捷报网相关情况进行证据保全公证的地点系广东中凯武汉办事处，证据保全公证所使用的计算机和网络端口均系广东中凯武汉办事处所有，广东中凯武汉办事处可以对其所有的计算机和网络端口进行更改或控制，故被告认为此次证据保全公证缺乏真实性。湖北省武汉市江汉公证处进行证据保全公证之时所使用的"屏幕录像专家V7"软件系未经注册的盗版软件，该证据保全公证存在使用非法手段登录捷报网的行为，故该证据保全公证系以侵害被告合法权益或违反法律禁止性规定的方法取得的证据而不能作为认定案件事实的依据。

湖北省武汉市江汉公证处进行证据保全公证之时并未对捷报网所载名为"《长恨歌》"的电影进行全片在线播放，且其使用"屏幕录像专家V7"软件所录像的在线播放该名为"《长恨歌》"的电影的过程没有声音，故被告认为广东中凯主张著作权的电影《长恨歌》与捷报网所载的名为"《长恨歌》"的电影并非同一作品。被告与广东中凯所签影视节目信息网络传播权许可协议期满之后，捷报网即未曾向网络用户提供在线播放电影《长恨歌》全片的服务，而仅曾向网络用户提供在线播放电影《长恨歌》片花的服务，且被告已于2007年11月10日将电影《长恨歌》片花自捷报网下线。即使被告构成侵权，广东中凯要求被告赔偿经济损失的数额亦过高。故被告不同意广东中凯的全部诉讼请求。

法院审理后认为，被告在其经营的网站向公众提供在线播放电影《长恨歌》全片之服务,其此举未经电影《长恨歌》的中国大陆地区的独家信息网络传播权人原告许可,必将导致原告行使电影《长恨歌》的信息网络传播权的预期利益或许可利益受损,已侵犯了广东中凯对电影《长恨歌》所享有的中国大陆地区的独家信息网络传播权,故综合考虑电影《长恨歌》的获奖情况和知名度、被告的经营规模及侵权持续时间、原告与被告曾签订涉及电影《长恨歌》的影视节目信息网络传播权许可协议之情况以及该协议所涉的许可使用费标准、证据保全公证所录像的捷报网所载电影《长恨歌》之在线播放过程没有声音之情况、被告的主观过错以及其他侵权情节等因素,最后,法院作出上述判决。

宣判后,双方均未上诉。

又案,电影《功夫无敌》信息网络传播权纠纷案宣判。

电影《功夫无敌》由出品单位(香港)银都机构有限公司(以下简称银都公司)、名威公司共同拍摄完成,享有此片著作权。2006年12月6日,银都公司、名威公司出品的《功夫无敌》取得国家广播电影电视总局电影管理局颁发的电审故字〔2006〕第168号电影片公映许可证。2007年2月2日,银都公司授权名威公司独家代表其在中华人民共和国境内(不包括香港、澳门、台湾地区)授权任何第三者行使该片出版、复制权、发行权、信息网络传播权。2007年3月8日,张启平代表名威公司与原告中凯公司签署《影片版权合同》,将该剧之中国大陆地区内的音像制品发行权、信息网络传播权授权给中凯公司,授权期限为5年,自2007年3月8日起至2012年3月7日止。合同甲方为名威公司,乙方为中凯公司,该版权合同第六条第二款约定"甲方保证不在本协议授权乙方发行该片的地区、期限内授权乙方以外的任何第三方以商业性及非商业性形式发行该片"。

经名威公司向香港电影制作发行协会有限公司申报,2007年7月9日,香港电影制作发行协会有限公司出具发行权证明书(编号为13996),证明书载明:"名威公司于2007年3月8日与中凯公司签订一份《影片版权合同》,名威公司授权中凯公司行使下述规定的权限:电影名称:功夫无敌;……发行权类别:家庭音像制品、所有未来之网络等载体版权权利;发行载体:包括但不限于VCD、DVD及EVD产品;授权性质:印刷、出版、发行及播放权;发行区域:中国大陆(不包含:香港特别行政区及澳门特别行政区及台湾地区);发行有效期:由2007年3月8日至2012年3月7日止。"

2007年11月6日,中国委托公证人及香港律师张家伟先生作为监誓人出具档案编号为(I)18679的证明书,该证明书及附件证实上述事实等内容。中国法律事务服务(香港)有限公司于2007年11月14日在该证明书上加盖深办第63746号中华人民共和国司法部委托香港律师办理人地使用的公证文书转递专用章。

2007年6月22日,北京市海淀区公证处对富桂园公司经营的网吧提供《功夫无敌》在线播放服务的事实进行了公证,制作了(2007)海证民字第6147号公证书。该公证书表明,点击该网吧电脑桌面上的"网吧影视中心"图标,进入"北京西城区富桂园网吧"页面,后在影片搜索"关键字"栏中输入"功夫无敌",然后点击"影片搜索",搜索完毕后点击"功夫无敌",进入电影《功夫无敌》的内容简介页面,在影片《功夫无敌》的内容简介页面中点击"点击播放"中的"全集"图标,可以正常播放。

庭审中,经双方当事人确认,富桂园公司的营业面积为250平方米,终端数量为90个。

2006年12月3日,宽娱公司与富桂园公司签订《英雄宽频网最终用户使用协议》,约定宽娱公司为富桂园公司安装影视服务器软件,富桂园公司向宽娱公司支付使用费。其中第7条还约定:宽娱公司为富桂园公司提供服务涉及的版权问题,由宽娱公司负责;富桂园公司通过其他渠道所获电影引起版权纠纷自行负责，与宽娱公司无关。

本院认为：根据查明事实可以认定，电影《功夫无敌》的著作权归银都公司、名威公司共同享有。因银都公司授权名威公司独家代表其在中华人民共和国境内（不包括香港、澳门、台湾地区）授权任何第三者行使该片出版、复制权、发行权、信息网络传播权，故应认定名威公司与原告签署的《影片版权合同》，为电影作品《功夫无敌》的全体著作权人的真实意思表示，该合同合法有效。根据该合同结合香港电影制作发行协会有限公司出具的编号为13996发行权证明书的相关内容，亦可以认定原告在著作权人授权许可的期限内、地域内享有的，排除第三方的权利中包括信息网络传播权。原告对在著作权人授权期限内、授权地域内的任何侵犯其专有使用权的侵权行为，可以与著作权人作为共同原告起诉，也可以单独起诉。就本案而言，原告独立主张权利，并无不当。

被告富桂园公司未经权利人许可，在其经营的网吧局域网内播放《功夫无敌》的行为，究其性质属于未经权利人许可将影视作品通过局域网传播给社会公众，使公众在其个人选定的时间、地点获取该影视作品的行为，应认定为是对权利人信息网络传播权的侵犯，依法应承担赔偿损失的法律责任。

被告富桂园公司以电影作品由宽娱公司提供，其对涉案影片版权尽到了审查义务为由进行抗辩。本院认为，被告富桂园公司在其经营的网吧内为上网用户提供《功夫无敌》的播放，并通过《功夫无敌》的播放直接获得了经济利益，虽然网吧内影视服务器软件是由宽娱公司为其安装，但其与宽娱公司签订的使用协议中第7条明确表明，二者分别对各自提供的影片版权负责，由此可以推定宽娱公司并不必然是网吧服务器在线播放影片的唯一提供者，且被告富桂园公司也未向本院提交有效证据证明《功夫无敌》剧由宽娱公司提供以及其已尽到审查义务。因此，本院对其抗辩理由不予采信。对于原告要求被告富桂园公司赔偿经济损失的诉讼请求，本院予以支持。至于赔偿数额，考虑到涉案影片《功夫无敌》的使用范围限于特定的网吧环境内，消费群体特定、收费方式特定，本院认为原告中凯公司对于侵权赔偿数额部分主张过高，本院将根据涉案作品的票房收入、上映档期、被告的经营规模、侵权主观过错程度、持续时间等相关因素酌情判决侵权赔偿及诉讼合理支出数额。

2008年6月18日，北京市西城区人民法院判决如下：一、被告北京富桂园互联网上网服务有限公司于本判决生效后十日内赔偿原告广东中凯文化发展有限公司经济损失和诉讼合理支出共计六千元；二、驳回原告广东中凯文化发展有限公司其他诉讼请求。案件受理费三千三百九十六元，由原告广东中凯文化发展有限公司负担三千二百六十五元（已交纳）；由被告北京富桂园互联网上网服务有限公司负担一百三十一元（于本判决生效后七日内交纳）。

一审宣判后，双方均未上诉。

就电影《功夫无敌》，广东中凯还起诉了被告北京海侧互联网上网服务中心。法院判决自本判决生效之日起十日内，被告北京海侧互联网上网服务中心赔偿原告广东中凯公司文化发展有限公司经济损失及本案诉讼支出的合理费用共计八千元；驳回原告广东中凯公司文化发展有限公司的其他诉讼请求。案件受理费3 396元，由原告广东中凯公司文化发展有限公司司负担1 396元（已交纳），由被告北京海侧互联网上网服务中心负担2 000元（于本判决生效之日起7日内交纳）。一审宣判后，双方均未上诉。

就电影《功夫无敌》，广东中凯还起诉了被告北京城市联盟科技有限公司。法院判决自本判决生效之日起七日内，被告北京城市联盟科技有限公司赔偿原告广东中凯文化发展有限公司经济损失及诉讼合理支出共计二万元；驳回原告广东中凯文化发展有限公司的其他诉讼请求。案件受理费一千六百九十八元（原告预交），由原告广东中凯文化发展有限公司负担六百九十八元（已交纳），由被告北京城市联盟科技有限公司负担一千元（于本判决生效之日起七日内交纳）。一审宣判后，双方均未上诉。

就电影《功夫无敌》，广东中凯还起诉了被告北京世纪弧科技有限公司。经法院主持调解，双方当事人互谅互让地自愿达成如下协议：一、本调解书生效之日起七日内，被告北京世纪弧科技有限公司向原告广东中凯文化发展有限公司支付赔偿金五千五百元；二、案件受理费二百八十一元，由原告广东中凯文化发展有限公司负担，已交纳。

又案，为维护电视剧《宫》信息网络传播权，广东中凯起诉了被告北京零度聚阵欢欢上网服务有限公司（以下简称零度聚阵）。2007年5月21日，韩国MBC公司在广东省广州市出具节目权益证明书，涉案主要内容为：韩国MBC公司拥有电视连续剧《宫》之版权，并有充分权利将电视连续剧《宫》之中国大陆地区的独家信息网络传播权（电脑终端）授权广东中凯，并授权广东中凯处理中国大陆地区之盗版行为，授权期限为自授权书签署之日起2年等。湖南金蜂音像出版社出版发行的电视连续剧《宫》DVD封套注明"韩国MBC 2006年度"、"韩国MBC 文化放送 提供版权"等字样，并注明ISRC编码为CN-F08-06-333-00/V.J9、国权像字42-2006-0370号、文像进字（2006）323号等信息。该DVD盘面亦载有"韩国MBC 文化放送 提供版权"、国权像字、文像进字以及ISRC编码等信息。播放该DVD之时，电视连续剧《宫》的片头载有"MBC"字样。广东中凯于2007年6月12日在北京市海淀区公证处公证人员监督之下对零度聚阵所经营的网吧向上网者提供电视连续剧《宫》的在线播放服务之情况进行证据保全。点击该网吧电脑桌面上的"网吧影院"图标，进入名为"中国网吧院线"的地址为124192021007.icafe.vv8.com的网页；在该网页的搜索栏内输入"宫"进行搜索，可以搜索到电视连续剧《宫》，该电视连续剧的"上架时间"为2006年3月2日，"价格"为0元，"本网吧点播数"为156；电视连续剧《宫》的"收看地址"项下列有"宫01"至"宫24"的24个选项，分别选择该24个选项中的"宫01"、"宫13"、"宫24"则可在线播放电视连续剧《宫》的第1集、第13集、第24集，且在线播放网页之网址为"http：//124192021007.icafe.vv8.com-宫-中国网吧院线影片观赏-北京零度上网欢欢网吧"。另，在名为"中国网吧院线"的网页的搜索栏内输入"功夫无敌"进行搜索，搜索结果为"抱歉！本网吧暂时没有此类型影片"。广东中凯于2007年6月15日向北京市海淀区公证处支付公证费1000元。零度聚阵称其经营的网吧电脑桌面所设置的"网吧影院"图标仅系链接，上网者点击该图标即链接至与其存在合作关系的某案外人所经营的"中国网吧院线"网站，电视连续剧《宫》的在线播放服务实则系"中国网吧院线"网站所提供，其并不具备控制"中国网吧院线"网站内容之技术能力，且其服务器并未存储电视连续剧《宫》。零度聚阵另称其每年向经营"中国网吧院线"网站的案外人支付4 000余元的费用，但零度聚阵并未向本院提供该案外人之任何信息。广东中凯认为零度聚阵所经营的网吧向上网者提供在线播放服务的电视连续剧《宫》存储于零度聚阵服务器。法院判决自本判决生效之日起七日内，被告北京零度聚阵欢欢上网服务有限公司赔偿原告广东中凯文化发展有限公司经济损失及诉讼合理支出共计八千元；驳回原告广东中凯文化发展有限公司的其他诉讼请求。案件受理费一千六百九十八元（原告预交），由原告广东中凯文化发展有限公司负担一千元（已交纳），由被告北京零度聚阵欢欢上网服务有限公司负担六百九十八元（于本判决生效之日起七日内交纳）。一审宣判后，双方均未上诉。

【学者评述】

何为"执着"？

据词典解释，执着，英文为 persistent、consistent，原为佛教用语，指对某一事物坚持不懈，不能超脱。后来指固执或拘泥，也指坚持不懈。对于事业、前途、生活目标等人生大事，执着地去追求，当然无可非议。

"执着"的本义，指片面而孤立地理解并固执事物的忘情和妄想。如《大般若经》卷七一："能如实一切法相而不执着故，复名摩诃萨。"又如《菩提心论》："凡夫执着名闻利养资生之具，务以安身。"众生虚妄的"执着"是很多的，主要是"我执"和"法执"。简单地说，"我执"就是固执常一不变的主宰之"我"，从而产生种种"我见"。"法执"就是固执外境实有，从而产生虚妄分别的"法见"。后亦以"执着"谓固执而不知变通。如《水浒传》第二二回："我只怕雷横执着，不会周全人，倘或见了兄长，没个做圆活处。"今天的"执着"指坚定不移，矢志不渝，永不放弃，是一种难能可贵的精神。

本书中有很多执着的公司，本节的"中凯"就是其一，还有"慈文"，还有"飞乐"，还有"网尚"等。本书还有很多执着的个人，如第三章第十一节的张玲、第五章第二节的张晓燕，特别是第九章第六节那位讨要手稿二十五年、从区级法院一直告到最高人民法院的邱传海，真的令人钦佩。为了影视，为了事业，执着者无坚不摧，战无不胜！

（杨新磊）

第十节　"梦通"长歌

【上诉人，原审被告】 网乐互联（北京）科技有限公司
【上诉人，原审被告】 北京千龙网都讯扬上网服务有限公司
【被上诉人，原审原告】 广东梦通文化发展有限公司

广东梦通文化发展有限公司为维护电视剧《贞观长歌》的信息网络传播权的几起诉讼均获胜。

电视连续剧《贞观长歌》的著作权人为峨眉电影制片厂和北京锦绣江山影视文化传播有限公司（以下简称锦绣江山公司）。2006年1月1日，峨眉电影制片厂将该剧的电视节目播映权、销售权及音像制品出版、销售权授予锦绣江山公司，授权范围包括信息网络传播权，授权期限10年。2007年1月17日，锦绣江山公司又将该剧音像制品的复制权、发行权、网络传播权授予梦通公司，并明确梦通公司可以据此授权以自身名义向侵权第三人主张权利。另外，2006年12月15日，锦绣江山公司与梦通公司签订音像制品版权转让合同书，将该剧音像制品之所有版权独家转让给梦通公司。

2007年7月5日，梦通公司委托代理人来到位于北京市朝阳区左安门外饮马井45号一层都讯扬公司，打开都讯扬公司电脑，在桌面上点击"讯扬影院"，搜索"贞观长歌"，进入相应页面，点击播放第1集至第82集，均显示正常播放状态，画面流畅、图像清晰。上述取证过程，梦通公司申请北京市海淀区第二公证处进行了公证，并为此支付公证费900

元。公证书显示,传播该剧的"乐吧影院"页面,由网乐公司版权所有;《贞观长歌》一剧,由"现代BOSS"于2007年3月7日上传。在都讯扬公司电脑上观看的《贞观长歌》一剧,文件来自于都讯扬公司的局域网服务器。文化部门的登记信息显示,都讯扬公司终端数量为300台。

2007年4月28日,网乐公司与都讯扬公司签订一份网乐平台使用协议,约定网乐公司有偿向都讯扬公司提供基于"网乐"平台的使用及服务,并提供平台软件安装及协助该平台的日常维护,期限为2007年5月1日至2008年5月1日,平台使用费总额为1 500元。依照此协议,网乐公司向都讯扬公司提供了"网乐"平台,都讯扬公司网吧服务器上的涉案电视剧,即由该平台提供。

【一审法院观点】

原审法院认为:影视作品的信息网络传播权受法律保护。梦通公司经过权利人的授权,获得了电视剧《贞观长歌》的信息网络传播权,并获得权利人的授权,可以对第三人的侵权行为主张权利。网乐公司未经权利人许可,在其为都讯扬公司提供的"乐吧影院"中传播《贞观长歌》一剧,构成侵权,应依法承担相应的民事责任。都讯扬公司未尽审查义务,在其服务器中存储并直接向顾客提供该剧,与网乐公司构成共同侵权,应承担连带责任。网乐公司提出该电视剧由网友上传,其仅提供存储服务,权利人发现权利被侵犯,应向其提交书面通知。对此,原审法院认为,"乐吧影院"上的《贞观长歌》一剧,是否由网友上传,缺乏充分证据,且网乐公司从该作品的传播中直接获得经济利益,并非单纯的存储服务,网乐公司的该项答辩意见,原审法院不予采信。梦通公司要求移除都讯扬公司网吧服务器中的涉案电视剧、赔偿损失,符合法律规定,原审法院予以支持,但梦通公司要求赔偿的数额过高,具体赔偿数额由原审法院根据侵权行为的情节酌情判处。

【一审判决】

综上,原审法院判决:一、都讯扬公司、网乐公司立即删除都讯扬公司网吧服务器中《贞观长歌》一剧在线观看内容;二、都讯扬公司、网乐公司于本判决生效之日起十日内连带赔偿梦通公司经济损失一万元及合理开支三千元;三、驳回梦通公司的其他诉讼请求。

本院经审理查明:网乐公司主张其涉案提供的网乐平台是采用分布式存储、传输方式的视频分享技术平台,具有用户视频浏览、上传和分享的功能;网乐平台上的内容有一部分来自于网乐公司经严格审查自行购买版权并上传的影视作品,另外一部分来自网友自行上传的影视作品,对此,网乐公司通过后台监控体系进行初步的审查,对含有禁止传播内容和明显不具有版权的作品予以删除,然后根据网吧终端用户的点播或者随机分配的原则,将平台上的影视作品分配并存储到各网吧服务器上。网乐公司在其网站上宣传,影视点播作为继即时通讯、网络游戏之后的网吧第三大应用,已成为网吧吸引顾客、延长上机时间的最有效方式,并宣称其提供的"乐吧影院"产品采用以客户需求为导向的版权采购原则,拥有三万多小时的合法影视内容。网乐公司主张其与都讯扬公司签订的涉案网乐平台使用协议中约定的平台使用费1 500元仅是设备安装和平台维护的费用,其不直接从网乐平台的服务以及影视作品的传播中获利,但是其通过在平台上发布广告、游戏推广等方式可以间接获取利益。

【二审法院观点】

本院认为：被上诉人梦通公司经过权利人的授权，获得的涉案电视剧《贞观长歌》的信息网络传播权，应当受到我国法律的保护。梦通公司依据权利人的授权，有权在本案中对第三人侵犯其对涉案电视剧所享有的权利的行为主张权利。上诉人都讯扬公司和网乐公司均主张被上诉人的相关证据无法证明其对涉案电视剧享有相关权利。鉴于被上诉人在本案中提交了涉案电视剧的发行许可证、著作权登记证书、相关授权合同及证明，用以证明其合法获得了涉案电视剧的信息网络传播权，虽然二上诉人对其中部分证据的真实性不予认可，但是并未提交相关反证予以证明，故本院对其相关主张不予支持。

上诉人网乐公司通过网乐平台，为上诉人都讯扬公司在网吧经营中提供"乐吧影院"服务，未尽到合理审查义务，将网友上传的涉案电视剧在网络上进行传播，侵犯了被上诉人梦通公司涉案信息网络传播权，应当承担相应的民事责任。上诉人都讯扬公司亦未尽到合理审查义务，在其服务器中存储并直接向顾客提供涉案电视剧，与网乐公司构成共同侵权，应当承担连带责任。网乐公司主张其仅系提供网络存储空间，且并未从中直接营利，权利人发现权利被侵犯，应向其提交书面通知，其删除后即可免责。根据本案查明的事实，网乐公司借助网乐平台，向网吧提供了相关影视作品的内容，并间接获取经济利益，因此，网乐公司的涉案行为并非单纯的提供网络存储空间的行为；此外，网乐公司一方面通过有选择地购买部分影视作品的版权并自行上传至平台服务器上，另一方面许可网友开放式地自行上传影视作品，这说明网乐公司充分意识到其平台上的影视作品应当具有版权，因此网乐公司应当负有较高的注意义务，对其平台上的影视作品的版权状态进行审查。网乐公司怠于行使其审查义务，致使涉案电视剧未经权利人许可在互联网上进行传播，具有主观过错，应当承担相应的侵权责任，故本院对网乐公司的相关主张不予支持。上诉人都讯扬公司主张其涉案行为不具有主观过错，并未直接获利，因此不应当承担侵权责任。鉴于上诉人都讯扬公司系提供营利性网吧服务的主体，利用网乐平台提供的"乐吧影视"服务可以帮助其实现经济利益，其应当就其存储在网吧服务器上并向顾客提供的涉案电视剧的版权状态进行审查。上诉人都讯扬公司并未审查涉案网乐平台上提供的相关影视作品的合法性，具有主观过错，应当与上诉人网乐公司承担共同侵权责任，故本院对其上述主张亦不予支持。被上诉人梦通公司要求移除上诉人都讯扬公司网吧服务器中的涉案电视剧并赔偿损失，理由正当，本院予以支持。在具体的赔偿数额方面，鉴于被上诉人梦通公司索赔数额过高，亦未提交相关证据予以证明其合理性，原审法院综合考虑二上诉人涉案侵权行为的情节和被上诉人因诉讼支出的合理费用等因素酌情判处二上诉人赔偿被上诉人经济损失一万元和合理费用三千元并无不妥。上诉人都讯扬公司关于原审判决其承担的赔偿数额不合理的主张缺乏依据，本院不予支持。

【终审判决】

二〇〇八年三月二十日，北京市高级人民法院判决如下：驳回上诉，维持原判。一审案件受理费1 950元，由广东梦通文化发展有限公司负担450元（已交纳），由北京千龙网都讯扬上网服务有限公司、网乐互联（北京）科技有限公司共同负担1 500元（于本判决生效之日起7日内交纳）；二审案件受理费250元，由北京千龙网都讯扬上网服务有限公司、网乐互联（北京）科技有限公司各负担125元（均已交纳）。本判决为终审判决。

又案，广东梦通文化发展有限公司为维护该剧信息网络传播权还曾起诉北京衡准科技有限公司。法院判决：一、被告北京衡准科技有限公司于本判决生效之日起立即停止本案所述侵权行为，停止在其网页上直接显示《贞观长歌》的播放内容；二、被告北京衡准科技有限公司赔偿原告广东梦通文化发展有限公司经济损失和诉讼合理支出共计六万元，于本判决生效之日起十日内付清。如被告北京衡准科技有限公司未按本判决所指定的期间履行给付金钱义务，则应依据《中华人民共和国民事诉讼法》第二百三十二条之规定，加倍支付延迟履行期间的债务利息。案件受理费六千零五十五元（原告已预交），由原告广东梦通文化发展有限公司负担三千元，由被告北京衡准科技有限公司负担三千零五十五元，于本判决生效之日起七日内交纳。

一审判决后，双方均未上诉。

又案，广东梦通文化发展有限公司为维护该剧信息网络传播权还曾起诉北京宏达四方上网服务中心和被告北京网尚文化传播有限公司。法院判决：一、被告北京宏达四方上网服务中心和被告北京网尚文化传播有限公司于本判决生效之日起立即停止本案所述侵权行为；二、两被告共同赔偿原告广东梦通文化发展有限公司经济损失和诉讼合理支出共计一万三千元，于本判决生效之日起十日内付清。如被告北京宏达四方上网服务中心和被告北京网尚文化传播有限公司未按本判决所指定的期间履行给付金钱义务，则应依据《中华人民共和国民事诉讼法》第二百三十二条之规定，加倍支付延迟履行期间的债务利息。案件受理费二千四百二十元（原告已预交），由原告广东梦通文化发展有限公司负担一千元；由被告北京宏达四方上网服务中心和被告北京网尚文化传播有限公司共同负担一千四百二十元，于本判决生效之日起七日内交纳。一审判决后，三方均未上诉。

又案，广东梦通文化发展有限公司为维护该剧信息网络传播权还曾起诉北京千龙网都宽世界上网服务有限公司和被告上海宽娱数码科技有限公司。法院判决：一、被告北京千龙网都宽世界上网服务有限公司和被告上海宽娱数码科技有限公司于本判决生效之日起立即停止本案所述侵权行为；二、两被告共同赔偿原告广东梦通文化发展有限公司经济损失和诉讼合理支出共计一万三千元，于本判决生效之日起十日内付清。如被告北京千龙网都宽世界上网服务有限公司和被告上海宽娱数码科技有限公司未按本判决所指定的期间履行给付金钱义务，则应依据《中华人民共和国民事诉讼法》第二百三十二条之规定，加倍支付延迟履行期间的债务利息。案件受理费二千四百二十元（原告已预交），原告广东梦通文化发展有限公司预交，由被告北京千龙网都宽世界上网服务有限公司和被告上海宽娱数码科技有限公司共同负担，于本判决生效之日起七日内交纳。一审判决后，三方均未上诉。

又案，广东梦通文化发展有限公司为维护该剧信息网络传播权还曾起诉北京昊瀚时空上网服务有限公司。法院判决：一、被告北京昊瀚时空上网服务有限公司于本判决生效之日起立即停止本案所述侵权行为；二、被告北京昊瀚时空上网服务有限公司赔偿原告广东梦通文化发展有限公司经济损失和诉讼合理支出共计一万三千元，于本判决生效之日起十日内付清。

如被告北京昊瀚时空上网服务有限公司未按本判决所指定的期间履行给付金钱义务，则应依据《中华人民共和国民事诉讼法》第二百三十二条之规定，加倍支付延迟履行期间的债务利息。案件受理费二千四百二十元（原告已预交），原告广东梦通文化发展有限公司预交，由被告北京昊瀚时空上网服务有限公司负担，于本判决生效之日起七日内交纳。一审判决后，三方均未上诉。

又案，广东梦通文化发展有限公司为维护该剧信息网络传播权还曾起诉北京卫达凯文上网服务中心和被告北京网尚文化传播有限公司。法院判决：一、被告北京卫达凯文上网服务中心和被告北京网尚文化传播有限公司于本判决生效之日起立即停止本案所述侵权行为；二、两被告赔偿原告经济损失和诉讼合理支出共计一万三千元，于本判决生效之日起十日内付清。

如被告北京卫达凯文上网服务中心和被告北京网尚文化传播有限公司未按本判决所指定的期间履行给付金钱义务，则应依据《中华人民共和国民事诉讼法》第二百三十二条之规定，加倍支付延迟履行期间的债务利息。案件受理费二千四百二十元（原告已预交），由被告北京卫达凯文上网服务中心和被告北京网尚文化传播有限公司共同负担，于本判决生效之日起七日内交纳。一审判决后，三方均未上诉。

又案，广东梦通文化发展有限公司为维护该剧信息网络传播权还曾起诉合一信息技术（北京）有限公司。法院判决：被告合一信息技术（北京）有限公司赔偿原告广东梦通文化发展有限公司经济损失和诉讼合理支出共计八万二千元，于本判决生效之日起十日内付清。如被告合一信息技术（北京）有限公司未按本判决所指定的期间履行给付金钱义务，则应依据《中华人民共和国民事诉讼法》第二百三十二条之规定，加倍支付延迟履行期间的债务利息。案件受理费六千一百三十元（原告已预交），由原告广东梦通文化发展有限公司负担二千元；由被告合一信息技术（北京）有限公司负担四千一百三十元，于本判决生效之日起七日内交纳。一审判决后，双方均未上诉。

又案，广东梦通文化发展有限公司为维护该剧信息网络传播权还曾起诉北京六间房科技有限公司。法院判决：被告北京六间房科技有限公司赔偿原告广东梦通文化发展有限公司经济损失和诉讼合理支出共计四万六千元，于本判决生效之日起十日内付清。如被告北京六间房科技有限公司未按本判决所指定的期间履行给付金钱义务，则应依据《中华人民共和国民事诉讼法》第二百三十二条之规定，加倍支付延迟履行期间的债务利息。案件受理费六千一百四十五元（原告已预交），由原告广东梦通文化发展有限公司负担三千元；由被告北京六间房科技有限公司负担三千一百四十五元，于本判决生效之日起七日内交纳。一审判决后，双方均未上诉。

又案，广东梦通文化发展有限公司为维护该剧信息网络传播权还曾起诉北京百度网讯科技有限公司。法院依据《中华人民共和国民法通则》第一百三十条，《中华人民共和国著作权法》第四十七条第（一）项，最高人民法院《关于审理涉及计算机网络著作权纠纷案件适用法律若干问题的解释》第四条之规定，判决如下：一、被告北京百度网讯科技有限公司立即将网址为 hi.baidu.com 的百度网的百度空间栏目内网址为 hi.baidu.com/bwxc……的空间存在的电视连续剧《贞观长歌》的在线播放链接移除；二、本判决生效之日起十日内，被告北京百度网讯科技有限公司赔偿原告广东梦通文化发展有限公司经济损失及诉讼合理支出共计十一万元；三、驳回原告广东梦通文化发展有限公司其他诉讼请求。如被告北京百度网讯科技有限公司未按本判决所指定的期间履行给付金钱义务，则应依据《中华人民共和国民事诉讼法》第二百三十二条之规定，加倍支付延迟履行期间的债务利息。案件受理费七千九百元（原告已预交），由被告北京百度网讯科技有限公司负担，于本判决生效之日起七日内交纳。一审判决后，双方均未上诉。

【学者评述】

P2P 是什么？

P2P，其实应该是 P to P，可以理解为对等计算或对等网络。国内一些媒体将 P2P 翻译成"点对点"或者"端对端"，学术界则统一称为对等网络（Peer-to-peer networking）或对等计算（Peer-to-peer computing）网络，是一种在对等者（Peer）之间分配任务和工作负载的分布式应用架构，是对等计算模型在应用层形成的一种组网或网络形式。"Peer"在英语里有"对等者、伙伴、对端"的意义。

在 P2P 网络环境中，彼此连接的多台计算机之间都处于对等的地位，各台计算机有相同的功能，无主从之分，一台计算机既可作为服务器被共享资源供网络中其他计算机所使用，又可以作为工作站，整个网络一般来说不依赖专用的集中服务器，也没有专用的工作站。

对等网络是一种网络结构的思想，它与目前网络中占据主导地位的客户端/服务器（Client/Server）结构（也就是 WWW 所采用的结构方式）的一个本质区别是，整个网络结构中不存在中心节点（或中心服务器）。在 P2P 结构中，每一个节点大都同时具有信息消费者、信息提供者和信息通讯等三方面的功能。简单地说，P2P 就是直接将人们联系起来，让人们通过互联网直接交互。P2P 使得网络上的沟通变得容易、更直接共享和交互，真正地消除中间商，因此，深受缺少经济来源与社会地位的青少年或家庭个人用户喜爱。

（杨新磊）

第十一节　央视不白"普众"

【原告】北京央视公众资讯有限公司
【被告】武汉多普达通讯有限公司
【被告】北京协亨电讯技术有限公司

原告北京央视公众资讯有限公司（以下简称央视公众公司）诉被告武汉多普达通讯有限公司（以下简称多普达公司）、北京协亨电讯技术有限公司（以下简称协亨公司）著作权侵权及商标侵权纠纷一案，武汉市中级人民法院现已审理终结。

【法院查明】

经审理，本院对案件事实确认如下：

一、2003年3月7日，中央电视台总编室（甲方）与央视公众公司（乙方）签订《中央电视台电视节目在电信领域中的专有使用权合同》（以下简称专有使用权合同），主要内容为：中央电视台已授权央视公众公司以"央视公众资讯中心"的名义，代表中央电视台开展包括人工座席、自动声讯、移动短信、多媒体短信和热线服务等在内的增值电信业务。甲方将中央电视台所属各频道、各栏目的电视节目在电信领域的排他性专有使用权（包括但不限于固定电话通讯领域、移动通讯领域、互联网及宽带通讯等领域的专有使用权，以下简称电信领域的专有使用权),独家授予乙方享有。乙方对中央电视台节目在电信领域的专有使用权包括但不限于如下权利:将中央电视台节目进行复制、整理、汇编后,以文字、图片、语音等形式通过通信手段进行发布、传播(如WAP、中文短信、彩信、GPRS、CDMA、3G等)。合同有效期为五年,在合同有效期内,甲方不得将中央电视台节目在电信领域的专有使用权再授权给任何第三方。央视公众公司的网站为http://www.mycctv.com.cn,其经营范围包括移动网增值电信业务专项,互联网信息服务,设计、制作网络广告,利用该网站发布网络广告等。以上事实,有原告的证据1、被告多普达公司的证据3在案佐证。

二、多普达dopod 535手机由多普达公司研制生产,具有实时收看中央电视台节目的功能。该款手机的桌面提供了网络电视功能的入口,桌面名称为dopod默认方案,在dopod方案首页选择网络电视功能后,进行相应设置,就可以观看网络电视。2004年6月1日,案外人汪海天使用多普达dopod 535手机(号码为13910026941),在页面上显示"网络电视"、"CCTV-新闻"、"CCTV-4"、"CCTV-9"的链接选项,分别进入,可以看到相关选项下与中央电视台相关节目对应的实时节目动态画面及声音,在画面的左上角均分别显示有"CCTV-新闻"、"CCTV-4"、"CCTV-9"的台标。

同日,案外人汪海天登陆多普达公司网站(http://www.dopod.com),首页显示多普达535手机的介绍图片,图片中手机显示"新闻联播"标志,广告语为"随时随地看电视"。在首页上点击"dopod 535",再点击"多普达535 功能演示",在显示的页面上依次点击"电视、娱乐中心"、"随身网络电视",可看到实时播出的中央电视台"新闻联播"节目。2004年10月19日,案外人刘瑞使用多普达dopod535手机(号码为13811309245),可收看"CCTV-新闻"节目,画面左上角显示"CCVT-新闻"的台标,显示地址为"http://www.dopod.com/tv/tv_list.htm"。登录互联网,键入网址"http://www.dopod.com/tv/tv_list.htm",进入的网页上显示"CCTV-新闻"、"CCTV-4"、"CCTV-9"等链接。点击"CCTV-新闻",可以收看"CCTV-新闻"节目。删除地址栏"http://www.dopod.com/tv/tv_list.htm"中的"/tv/tv_list.htm",可进入多普达公司网站(http://www.dopod.com)。

以上事实,有原告的证据2、3、5、20,被告多普达公司的证据1在案佐证。

三、中央电视台所属央视国际网站(CCTV.com)在其版权声明中称,由中央电视台制作并享有完全版权的一切电视(视听)节目,和中央电视台独家享有信息网络传播权的一切电视(视听)节目,仅得通过央视国际网络在国际互联网上传播。央视国际网络是中央电视台下属的、唯一有权利用网络传播中央电视台视听节目的机构。除央视国际网络外,任何未经中央电视台许可而将中央电视台视听节目置于互联网上的行为,均属于对中央电视台和其他相关权利人版权的侵犯,中央电视台保留依法追究上述侵权责任人法律责任的权利。2004年9月16日,中央电视台出具《情况说明》称,中央电视台对央视公众公司起诉多普达公司和协亨公司的行为没有异议,多普达公司通过手机播放中央电视台的电视节目并未取得其合法授权,而央视公众公司与其签订的在电信领域中的专有使用权合同尚在有效期内,故对央视公众公司基于合同产生的专有使用权不持异议。2004年10月29日,中央电视台再次出具《情况说明》,再次对上述专有使用权合同的真实性予以确认,认为中央电视台总编室有权代表中央电视台签订此合同,并明确表示,央视公众公司有权提起本案诉讼,中央电视台不起诉多普达公司的上述侵权行为。

以上事实,有原告的证据18、22,被告多普达公司的证据4、5在案佐证。

四、2004年4月至6月期间,千龙网、天极网、新浪网、搜狐网、北京青年报网络版、新华网、北京晨报、京华时报、新京报等网站和报纸上均对多普达535手机进行了报道，称该款手机在2004年4月底上市，因能看电视而成为全国首款TV手机，受到市场的广泛关注和消费者的青睐。"多普达535上市的一个多月以来，全国零售终端市场日销量最多曾为近千台"、"预计多普达535手机在五一黄金周的销量能够达到1万部"、"多普达公司与包括中央电视台一、二、四、九频道在内的数个电视频道以及电台展开合作"等。以上事实，有原告的证据7、8、9、10、11、13、14、15在案佐证。

五、2004年6月15日、2004年8月10日，经央视公众公司申请，公证人员分别来到协亨公司公主坟商城、上海浦东第一八佰伴商厦七楼家电商场"多普达dopod"手机专柜，对央视公众公司委托人向营业厅营业员询问有关"多普达dopod 535"手机功能问题的过程进行了公证和录音，并取得相关宣传彩页。录音显示，相关营业员均介绍该款手机可以在线收看新闻联播等电视节目，在上述两次公证取得的宣传彩页上使用的手机图片中，均显示"新闻联播"注册商标。协亨公司员工是根据多普达公司的网络电视使用说明书向顾客介绍多普达535手机。协亨公司销售的多普达535手机，供应商是北京全网达通讯设备有限公司，该公司为多普达535手机在华北地区的代理商。2004年5月28日，原告央视公众公司在北京太阳金环通信技术发展有限公司购买多普达535手机一部，价格为4 980元。

原告央视公众公司为本案支付公证费11 000元，律师费22 500元。中央电视台是上述"新闻联播"注册商标的所有人。

以上事实，有原告的证据4、6、12、16、17、19、21，被告多普达公司的证据2，被告协亨公司的证据1、2、3、4在案佐证。本院开庭笔录亦在案佐证。

【法院观点】

本院认为，根据原告央视公众公司与中央电视台总编室专有使用权合同的约定，中央电视台总编室将中央电视台所属各频道、各栏目的电视节目在电信领域的排他性专有使用权，独家授予央视公众公司享有。在合同有效期内，中央电视台不得将中央电视台节目在电信领域的专有使用权再授权给任何第三方。根据有关排他性使用权的法律原理，本案一般应由中央电视台与央视公众公司共同起诉侵权人，但在本案诉讼过程中，中央电视台向本院出具情况说明，确认其总编室有权与央视公众公司签订该专有使用权合同，并明确表示就本案不起诉被告多普达公司，在此情况下，作为排他性专有使用权人的央视公众公司有权就侵犯排他性专有使用权一事单独起诉，原告作为权利人起诉主体适格。

多普达公司未经央视公众公司许可，以营利为目的，在其生产的多普达dopod 535手机中，并在其网站上为销售此款手机转播中央电视台节目，侵犯了央视公众公司在电信领域对中央电视台节目的专有使用权，多普达公司应承担停止侵权、赔偿损失、赔礼道歉等责任。该公司以善意链接为由辩称否认侵权，证据不足，本院不予采信。

协亨公司作为多普达dopod 535手机的销售商，根据该款手机的说明书等进行介绍和销售，其提供了正规合法的进货渠道，已尽合理的审查义务，仅应承担停止销售的责任，不应承担赔偿损失、赔礼道歉的责任。

央视公众公司所诉二被告擅自使用"新闻联播"商标对多普达dopod 535手机进行宣传构成商标侵权一节，因商标权人为中央电视台，对央视公众公司的此项主张，本院不予支持。

央视公众公司又要求二被告连带赔偿经济损失及调查取证费共计50万元，亦证据不足，本院依据多普达公司侵权的程度，依法确定赔偿数额，不再全额支持央视公众公司的诉讼请求。

【判决】

二〇〇四年十二月二十日，武汉市中级人民法院依据《中华人民共和国著作权法》第十条第一款第（十一）项、第二十四条、第四十七条第（五）项、第四十八条第二款的规定，判决如下：一、自本判决生效之日起，被告武汉多普达通讯有限公司停止在其网站（http：//www.dopod.com）及多普达dopod 535手机中使用中央电视台的CCTV-新闻、CCTV-4、CCTV-9节目；二、自本判决生效之日起三十日内，被告武汉多普达通讯有限公司在《中国广播电视报》上刊登声明，向原告北京央视公众资讯有限公司赔礼道歉（声明内容须经本院审核，如被告武汉多普达通讯有限公司拒绝履行此义务，本院将在该报上刊登判决书有关内容，费用由其负担）；三、自本判决生效之日起十日内，被告武汉多普达通讯有限公司赔偿原告北京央视公众资讯有限公司经济损失三十五万元及为本案支出的合理费用两万一千元；四、自本判决生效之日起，被告北京协亨电讯技术有限公司停止销售可接收中央电视台的CCTV-新闻、CCTV-4、CCTV-9节目的多普达dopod 535手机；五、驳回原告北京央视公众资讯有限公司的其他诉讼请求。案件受理费一万零一十元，由原告北京央视公众资讯有限公司自行负担一千零一十元（已交纳），由被告武汉多普达通讯有限公司负担九千元，于本判决生效后七日内交纳。一审宣判后，几方均未上诉。

【学者评述】

中国中央电视台/央视/CCTV，不是典型的、标准的公共媒体。

在传播学中，公共媒体又称公共播送媒体、公法媒体或公共广播，指的是由政府编列预算或公共基金提供资金而成立的非营利性电子媒体，这类媒体多半以制作和播放公共政策的讨论、文教艺术或知识性节目为主，目的是提升国民知识水平、促进民众参与政治决策。

在欧美发达国家，一般不将新闻媒体受政府管制的政府媒体称为公共媒体。虽然，公共媒体也由政府的资金来支持，但是播出内容与运作的独立性是公共媒体的重要标志。正因为非营利性，所以公共媒体多半不播出商业广告，因此运作经费除了来自政府之外，也接受个人或团体捐助，部分国家可以向用户收取费用。有些地方的公共媒体除了提供电视播送外，也兼提供电台广播的服务。

央视虽接收政府财政，但不是非营利机构，且完全受制于党的意识形态。早有学者指出，必须把CCTV拆分为一个国家级公共媒体和国家级商业电视机构，但至今不见动静。2017年初，央视的几个外语频道整合成"中国国际电视台/CNTG"，但只是名义、名称上的剥离，隶属、体制尤其观念上仍然完全服从于央视。

笔者以为，随着媒体竞争的加剧，随着媒介融合的深入，央视分家是迟早的事，大势所趋。

（杨新磊）

第十二节 "敢死队"不死

【再审申请人,一审被告、二审上诉人】百视通网络电视技术发展有限责任公司
【被申请人,一审原告、二审被上诉人】乐视网信息技术(北京)股份有限公司
【一审被告】康佳集团股份有限公司
【一审被告】国美电器有限公司

再审申请人百视通网络电视技术发展有限责任公司(以下简称百视通公司)因与被申请人乐视网信息技术(北京)股份有限公司(以下简称乐视网公司)及一审被告康佳集团股份有限公司(以下简称康佳公司)、国美电器有限公司(以下简称国美公司)侵害作品信息网络传播权纠纷一案,不服北京市高级人民法院(2013)高民终字第1223号民事判决,向最高人民法院申请再审。本院依法组成合议庭对本案进行了审查,现已审查终结。

百视通公司申请再审称:(一)乐视网公司起诉时所依据的电影《敢死队》的信息网络传播权是从其他企业继受取得,但授权链条严重脱节,其用于证明其权利来源的证据存在重大瑕疵。乐视网公司在起诉时称ESTARSFILMS公司于2010年10月15日出具证明书授权北京创世星国际影视文化有限公司(以下简称创世星公司)为涉案电影《敢死队》在中国的独家经销商。但是,根据此英文授权证明书中的原文"sold distributor"应被翻译为已销售的经销商,而非声称的独家经销商"exclusive distributor"。而且根据授权协议中的相关条款,ESTARSFILMS公司并未授权创世星公司可以对第三人进行再授权,且该授权协议中未有任何条款提及有关IPTV的授权,因此,创世星公司将其独家信息网络传播权授予乐视网公司实属越权行为,应认定无效。根据乐视网公司提供的涉案电影《敢死队》公映许可证打印页上载明的"ALTAVISTAPRODUCTIONS, INC. ALLRIGHTSRESERVED",即可认定该作品的著作权人。而乐视网公司并未提供该著作权人的相关许可文件。根据百视通公司提供的独立影视制作联合会(IFTA)出具给NUIMAGE, INC的证明书中的相关条款,约定"IFTA会员依法授权ESTARSFILMS公司……享有影院播映权,音像制品权,第二轮酒店播放权,第二轮按次付费播映权,第二轮电视付费播映权以及第一轮电视免费播映权,网络和移动设备播放权。但飞机和轮船上的播映权,第一轮酒店播放权,第一轮按次付费播映权,第一轮电视付费播映权以及后期的相关权利都将保留"。但在ESTARSFILMS公司与创世星公司的授权约定证明书中创世星公司"享有影院放映权,电视播放权(包括但不限制于第一轮免费播放,第二轮付费播放,第二轮按此付费播放以及第二轮按需播放),音像制作者权以及网络传播权"。而在本案中,作为焦点的IPTV虽是电视台的新媒体,但仍属于电视,本案中的播出时间属于第一轮和第二轮播放后的时间,属于前面证明书中约定予以保留的权利。故ESTARSFILMS公司对创世星公司在这些方面的授权是无效的。(二)百视通公司向康佳公司提供涉诉影片《敢死队》的行为并未超出与乐视网公司授权播出协议中的授权范围。在百视通公司与乐视网公司签订的《节目授权播出协议》中,第3.3条约定"授权平台为:百视通网络电视技术发展有限责任公司运营的IPTV平台和上海东方龙新媒体有限公司运营的手机平台";第3.4条约定"授权范围为:通过网络对机顶盒、电脑等终端客户提

供视频点播、直播（包括VOD、IPTV）等方式进行传播的权利，不包括数字电视、不包括互联网机顶盒和互联网电视机"。后面的"不包括"与前面部分字体不同，而且字体小于前面的部分。乐视网公司声称设置小字体是为了更醒目，违背了生活常识。而且百视通公司经营IPTV业务，购买作品的目的即为在IPTV平台转播。因此合同中授权范围排除互联网电视机违背了当事人订立合同的目的，授权协议的除外条款"不包括……"与前述授权平台及授权范围自相矛盾，应属衍文（笔误）。合同约定许可内容为点播、直播，因此从法律上来说这个范围涵盖了通过信息网络传播的所有现有技术方式，具体实现技术方式可以包括VOD、IPTV，合同采用的是概括加列举的方式。而对于IPTV，鉴于目前没有法律上的确切定义，百视通公司与乐视网公司在其合作的影视剧《一路启程》的版权协议中进行了约定：IPTV是"以电视机设备为接收终端，通过各类城域网、广域网、局域网等信息网络进行播放的权利。"此范围已包含了互联网电视。此约定即为IPTV进行了定义。因此排除了互联网电视的除外条款与此定义是相互矛盾的。如果一、二审对授权范围和除外条款的分析解释成立，将互联网电视机排除在IPTV业务范围之外，那么百视通公司的IPTV将无法推广和应用，从而导致购买版权的合同目的无法实现。二审判决认定事实错误，故请求撤销二审判决，依法驳回乐视网公司的诉讼请求。

乐视网公司提交意见称：（一）乐视网公司享有涉案电影信息网络传播权并具有合法有效的授权来源。根据国家广播电影电视总局电影管理局2010年8月9日发布的电审进字（2010）第26号电影片公映许可证载明，出品单位是"美国千年电影公司"。在2010年6月30日由美国千年电影公司（MILLENNIUM影业公司）出具的证明中称，该公司是《敢死队》电影的经销商，而NUIMAGE，INC是其在全球范围内的销售代理。ESTARSFILMS公司经依法授权，代表美国千年电影公司和NUIMAGE，INC独家享有在中国大陆的网络播放的许可权。独立影视制作联合会于2010年8月4日出具证明书，称该联合会的会员依法授权ESTARSFILMS公司对《敢死队》享有在中国大陆的网络播放权。随后，ESTARSFILMS公司出具证明书，授权创世星公司享有该影片的网络传播权，2010年5月21日，创世星公司出具授权书，授予乐视网公司对该影片享有独占信息网络传播权，授权期限至2017年9月20日。（二）关于百视通公司的涉案行为是否超越乐视网公司的所授权的范围。百视通公司与乐视网公司签订的《节目授权播出协议》第3.1条、第3.4条及附件二授权书等三处均以明显的文字对使用范围进行了限定，百视通公司辩称除外条款为"衍文"、误署的主张并无相关证据予以佐证，不能成立。百视通公司作为一个以IPTV为主营业务的平台，对于三处在协议中出现的范围限定条款具有合理注意义务，因此该范围应为双方沟通达成合意的结果。虽然双方约定对于授权范围进行限定，但百视通公司仍可通过其他方式使用该影片，其提出目前不能在电脑上使用IPTV的主张并没有证据支持。百视通公司声称限定授权范围后，其购买授权即失去意义，不能成立。百视通公司的再审申请理由不能成立，请求本院驳回其再审申请，维持二审判决。

本院认为，根据一、二审法院查明的事实并结合当事人的再审申请理由及答辩意见，本案主要有以下争议焦点：

一、关于被申请人是否有权行使涉案影片的信息网络传播权的问题

根据一、二审法院查明的事实，国家广播电影电视总局电影管理局2010年8月9日发布的电审进字（2010）第26号电影片公映许可证载明，涉案影片出品单位是"美国千年电影公司"。在2010年6月30日由美国千年电影公司（MILLENNIUM影业公司）出具的证明中称,该公司是《敢死队》电影的经销商,而NUIMAGE,INC是其在全球范围内的销售代理。ESTARSFILMS公司经依法授权,代表美国千年电影公司和NUIMAGE,INC独家享有在中国大陆的网络播放的许可权。独立影视制作联合会于2010年8月4日出具证明书,称该联合会的会员依法授权ESTARSFILMS公司对《敢死队》享有在中国大陆的网络播放权。随后,ESTARSFILMS公司出具证明书,授权创世星公司享有该影片的网络传播权,2010年5月21日,创世星公司出具授权书,授予乐视网公司对该影片享有独占信息网络传播权,授权期限至2017年9月20日。现再审申请人认为ESTARSFILMS公司与创世星公司之间的英文授权证明书中的原文"sold distributor"应被翻译为已销售的经销商,而非其声称的独家经销商"exclusive distributor",创世星公司并不享有该涉案影片的独家信息网络传播权,因此其无权将该影片的独家信息网络传播权授予乐视网公司。本院认为,根据《中华人民共和国合同法》第一百二十五条规定:"当事人对合同条款的理解有争议的,应当按照合同所使用的词句、合同的有关条款、合同的目的、交易习惯以及诚实信用原则,确定该条款的真实意思。"从公证书英文原件的上下文内容可以看出,前文写的是"the sole distributor",后文写的是"the sold distributor";而且此授权合同的目的是为了授予创世星公司享有涉案影片的影片放映权、电视播放权,音像制品权及网络播放权,将创世星公司理解为该影片的"已销售经销商"与合同目的不符亦与英文表达习惯不符。鉴此,本院认为,结合授权证明书的授权目的及对该证明书上下文的理解,原文中"sold"应为笔误。再审申请人此再审申请理由不能成立。

关于再审申请人提出ESTARSFILMS公司并未授权创世星公司可以对第三人进行再授权,因此主张创世星公司将其独家信息网络传播权授予乐视网公司实属超越权限的授权行为。本院认为,根据ESTARSFILMS公司出具的证明书,该证明书并未记载禁止创世星公司将其享有的网络播放权授予乐视网公司,在无证据证明的情况下,不能仅以该证明书未记载创世星公司有权转授权即得出其无权转授权的结论,因此该再审申请理由亦不能成立。再审申请人还提出该授权协议中未提及IPTV的授权,因此认为被申请人并无得到IPTV的独家授权。本院认为,由于实践中播放终端及权利行使方式多种多样,要求合同当事人在合同中逐一列举并不符合市场实际,因此该再审理由亦不能成立。

此外,根据再审申请人与被申请人于2010年12月31日签订的《节目授权播出协议》,该协议第6.2条明确约定被申请人应向再审申请人提供"合法、完整、有效的版权证明材料"后,再审申请人才支付余下合同价款。现再审申请人已支付了合同全部价款并对涉案影片进行了相关使用。因此,其在合同履行过程中已经认可被申请人有权行使涉案影片的信息网络传播权之后,在对使用范围有争议的情况下,又提出被申请人无权行使涉案影片的信息网络传播权,该再审申请理由无事实和法律依据,一、二审法院认定被申请人有权以自己的名义提出相关主张并无不妥,再审申请人此再审申请理由不能成立,本院不予支持。

二、关于再审申请人向康佳公司提供影片是否超出合同范围的问题

本案中,再审申请人与被申请人签订的《节目授权播出协议》第3.1条、第3.4条、附件二授权书第7条等三处均约定"授权范围为:通过网络对机顶盒、电脑等终端客户提供视频点播、直播(包括VOD、IPTV)等方式进行传播的权利,不包括数字电视、不包括互联网机顶盒和互联网电视机"。再审申请人主张"小字体部分:不包括数字电视、不包括互联网机顶盒和互联网电视机"的内容为"衍文",是笔误。本院认为,再审申请人对其主张应当提供相应证据证明该合同条款内容为笔误,现合同及其附件中三处均有相同约定,再审申请人并未提供证明该三处相同内容为笔误的相关证据，且在该合同履行过程中亦未就该合同条款内容提出异议或者相关变更或者撤销请求，因此该"笔误"主张不能成立。

根据合同条款可知，双方在合同中约定"不包括互联网机顶盒和互联网电视机"，该条款将被诉行为明确排除在授权范围之外，因此一、二审法院认定百事通公司通过康佳公司的互联网电视提供涉案影片的被诉行为超出了乐视网公司授予百视通公司的权利范围，侵犯乐视网公司信息网络传播权于约有据，并无不妥。再审申请人称其该限定使其购买授权失去意义，导致合同目的无法实现。本院认为，正如再审申请人在其申请再审书中所陈述，"对于IPTV，鉴于目前没有法律上的确切定义"，"百视通公司与乐视网公司在其合作的影视剧《一路启程》的版权协议中进行了约定：IPTV是以电视机设备为接收终端，通过各类城域网、广域网、局域网等信息网络进行播放的权利。"因此在相关重要概念确定含义或者范围不明的情况下，当事人所签订的合同应当更为谨慎并应约定相关合同权利范围的具体含义，否则应当承担相应的法律后果。在双方当事人约定的合同条款有效的情况下，当事人应当严格按照合同约定的范围行使权利并履行相关的义务，超出合同约定范围的，应当承担相应的法律责任，因此再审申请人此再审理由不能成立。

综上，二〇一四年七月十七日，最高人民法院（审判长：王艳芳）认定百事通网络电视技术发展有限责任公司的再审申请不符合《中华人民共和国民事诉讼法》第二百条第二项和第六项规定的情形，依照《中华人民共和国民事诉讼法》第二百零四条第一款之规定，裁定如下：驳回百事通网络电视技术发展有限责任公司的再审申请。

【学者评述】

北美电影的票房如何分账？

与我国不同，在北美上映的电影的分账规则考虑到了时间因素，实行的是"在按时间段分账与保底约定中求大者"的模式。具体操作过程和流程如下：

【影片上映第一周】用影片的总票房（$\Phi_{总}$），减去院线必要的固定开支（T）后，片方一般按70%计算出自己应得的份额，即$\rho(\Phi_{总}-T)=A$；然后，片方根据与院线签订的合同中的保底额B，B的计算方法是总票房（$\Phi_{总}$）×事先谈妥的保底系数（ρ'），该系数一般从30%到70%不等，不减去院线的固定开支，即$B=\rho'\Phi_{总}$；最后，发行方比较A、B的大小，取大者作为第一周的分账额度。

比如，假定《阿凡达》在北美第一周的总票房为1亿美元，院线必要的固定开支为0.2亿美元，该片片方先算出$A=70\%\times(1-0.2)=0.56$（亿元）；然后，按照事先谈妥的保底系数，假定为60%，该片片方再算出$B=60\%\times1=0.6$亿元；显然，0.6＞0.56，则该片片方第一周应分享的票房分账为0.6亿元。

可见，这两种算法的区别与差异就在于双方约定的ρ、ρ'的大小。对于大片，院线自然会接受较大的ρ'。

【影片上映第二周及以后】从第二周开始，片方的分账比例逐渐减少，院线的比例相应提高，可能变为6：4，5：5，4：6甚至3：7等。

影院都喜欢大制作、大片，因为，观众多，放映周期长，获益多。院线、影院、发行方不是艺术家，目的主要是赚钱。

显然，北美电影的分账规则，更精密，更动态，更合理，合同的设计与执行对数学的运用比较充分。

（杨新磊）

第十三节 类案集萃

（一）

2008年4月17日，北京市第二中级人民法院对北京网尚文化传播有限公司（以下简称网尚文化公司）与北京亿兆先锋互联网上网服务有限公司（以下简称亿兆先锋公司）侵犯著作权纠纷案，作出终审判决。法院认定网吧在其局域网络环境下传播涉案电视剧《东方之珠》的行为属于侵犯信息网络传播权的行为。

一审法院经审理认为，网尚文化公司于2006年11月23日，获得涉案电视剧《东方之珠》在中国大陆独占的网络传播权以及为上述环境下播映使用之必要的复制权、放映权。亿兆先锋公司未经网尚文化公司许可，在其局域网上传播涉案电视剧《东方之珠》的行为侵犯了网尚文化公司相关著作权，判令亿兆先锋公司停止侵权、赔偿损失1.5万元及合理支出5 000元。判决后，亿兆先锋公司不服，提起上诉。

北京市第二中级人民法终审判决，驳回上诉，维持原判。

（二）

已在全国引起巨大反响的电视剧《亮剑》，因相关公司擅自在网上在线播放而在成都引发了信息网络传播侵权纠纷案。2007年10月10日，四川省成都市中级人民法院一审认定被告中国网络通信集团公司四川省分公司（以下简称四川网通）侵犯了原告广东中凯文化发展有限公司（以下简称中凯公司）就该作品享有的信息网络传播权，被判令未经原告公司许可，不得在其网站上向公众传播电视剧《亮剑》，并赔偿中凯公司经济损失10万元。

法院庭审查实，电视剧《亮剑》由沈阳军区电视艺术中心与海润影视制作有限公司于2005年合作拍摄，2006年5月，该艺术中心出具版权证明书，确认《亮剑》的著作权属于海润公司。就在当年，海润公司又出具授权书，将《亮剑》的信息网络传播权独家授予北京新华海润网络科技有限公司（以下简称新华公司），并允许新华公司向第三方再授权。之后，新华公司与原告签订版权许可使用合同，将《亮剑》有线互联网的信息网络传播权许可原告使用，授权性质为独家，同时原告还负责进行打击盗版，执行巡查、监控网络盗版情况的任务等，许可期间为2006年6月4日至2007年8月4日。

法院认为，依照我国著作权法的相关规定，原告在许可期间，在约定的地域范围内就《亮剑》的信息网络传播权享有专有使用权。由于四川网通未经原告许可，在其经营的在线网站上提供《亮剑》的在线播放服务，已侵犯原告就该作品享有的信息网络传播权，其应承担停止侵害和赔偿损失的民事责任。因原告的实际损失难以计算，成都市中级人民法院遂根据该案的具体情况，综合考虑作品类型及知名度、被告侵权行为的方式、影响范围、主观过错及原告合理开支5 500元等因素，依法酌情确定赔偿金额为10万元。

（三）

曾经被某国外影协选为2004年度五大最佳电影之一的《十面埋伏》影片，被上海多来米网络技术有限公司置于栏目首页显著位置并以付费下载方式播放，影片的著作权人北京新画面影业有限公司为此将该网络技术有限公司以及上海某电信公司一并告上了法庭。2005年3月8日，原告和被告自行在庭外达成和解协议：上海多来米网络技术有限公司赔偿北京新画面影业有限公司80 000元，承担案件受理费4 844元，并为此支付律师费5 000元。

上海多来米网络技术有限公司随即起诉了上海新钻信息技术有限公司。原告上海多来米网络技术有限公司诉称，2004年8月19日，原、被告签订频道合作协议一份，约定双方合作在网上建立合作频道，由被告提供电影等内容，并约定若被告提供的内容导致任何用户、其他第三方提出投诉、争议、诉讼时，被告应当负责解决此等投诉、争议、诉讼；若因此等投诉、争议、诉讼而导致原告产生任何损失时，被告应当赔偿原告因此该等损失，包括必要的律师费用。在合作过程中，因被告提供的电影《十面埋伏》未经著作权人北京新画面影业有限公司的许可，而导致其向原告提起诉讼，原告因此赔偿北京新画面影业有限公司80 000元、承担案件受理费4 844元，并为此支付律师费5 000元。根据双方合作协议的约定，此等损失应当由被告承担。

法院认为，原、被告之间签订的频道合作协议系双方真实意思的表示，双方都应当按照协议履行各自的义务。现因被告提供的影片导致第三方向原告提起诉讼，原告因此受到了经济损失，根据协议的约定，被告应当承担该部分经济损失及原告为此支付的律师费用，故原告的诉讼请求，于法有据，本院予以支持。

二〇〇五年十月十七日，上海市松江区人民法院判决：被告上海新钻信息技术有限公司于本判决生效之日起十日内赔偿原告上海多来米网络技术有限公司经济损失89 844元。案件受理费3 205元，由被告负担（于本判决生效之日起七日内交付本院）。

一审判决后，双方均未上诉。

（四）

2007年4月24日，北京某影视公司因其拍摄的电视剧被擅自复制并在互联网上传播，而向北京市西城区人民法院提起诉讼，要求被告宁波某通信公司和某电信公司赔偿20万元经济损失，并在报纸上公开道歉。

原告北京某影视公司称，原告与其他单位联合摄制了电视剧《我的泪珠儿》，其他摄制方仅享有该剧的署名权，原告则享有包括署名权和信息网络传播权在内的全部著作权。

2006年3月，原告发现两被告宁波某通信公司和某电信公司未经授权即在国际互联网上非法传播该剧，并对此进行了证据保全公证。原告认为这种擅自复制电视剧并通过网络传播的行为侵犯了自己对该剧享有的复制权和信息网络传播权，遂请求法院判令两被告停止侵权，赔偿经济损失20万元，并在《人民日报》和《法制日报》上公开赔礼道歉。

现经过法官努力，双方已经达成初步调解意向。西城区人民法院于2007年4月25日14时主持双方达成调解，被告赔偿了原告数万元。

（五）

2008年6月20日上午，北京市海淀区上地一家网络技术公司未经授权在线播放电视剧《奋斗》，被北京市第一中级人民法院终审判决赔偿7万元。

2007年3月，北京市广播电视局颁发发行许可证，载明32集电视剧《奋斗》的制作单位为鑫宝源公司。2007年6月29日，鑫宝源公司出具《独家信息网络传播权授权书》，将《奋斗》在中国大陆地区的"独家信息网络传播权（包括转授权及打击网络盗版的权利）"授予宁波成功公司，授权期限为2007年6月22日至2010年6月21日。

北京市第一中级人民法院终审认为：鑫宝源公司将电视剧《奋斗》的独家信息网络传播权授予宁波成功公司，期限为3年，故宁波成功公司自2007年6月22日至2010年6月21日期间享有该电视剧的独家信息网络传播权。北京时越公司未经宁波成功公司许可，在其所有的悠视网向互联网用户提供该电视剧的在线播放，侵犯了宁波成功公司对该电视剧享有的信息网络传播权，依法应当承担相应的民事责任。

关于北京时越公司主张其行为不属于信息网络传播权范畴，对此，北京市第一中级人民法院认为，互联网用户通过悠视网能够观看该电视剧的内容，即使悠视网的播放方式系定时定集播放，悠视网未经许可的在线播放行为亦侵犯了宁波成功公司享有的信息网络传播权。

又案，2008年1月28日，北京市海淀区人民法院审结了原告宁波成功多媒体通信有限公司（以下简称成功公司）诉被告北京时越网络技术有限公司（以下简称时越公司）侵犯著作权纠纷一案，法院判决认定被告以网络电视方式播放电视剧《奋斗》侵犯了原告受让取得的信息网络传播权，判决被告赔偿原告经济损失15万元。

（六）

2005年7月12日，北京广电伟业文化发展中心（甲方）与华风气象（乙方）签订电视剧合作合同书，双方决定共同投资拍摄电视剧《别活得太累》，双方为该剧联合拍摄单位，完成后版权由双方按投资比例共有。2006年7月21日，国家广播电影电视总局为《别》剧颁发的（广剧）剧审字（2006）第090号国产电视剧发行许可证。

法院认为：电影作品和以类似摄制电影的方法创作的作品的著作权由制片者享有，且在无相反证明情况下在作品上署名的公民、法人或者其他组织为作者。《别》剧系由广电伟业与华风气象共同投资拍摄，《别》剧播放之时亦在片尾将华风气象、广电伟业署名为联合摄制单位，且国家广播电影电视总局为《别》剧颁发的国产电视剧发行许可证载明《别》剧的制作单位和合作单位分别为华风气象和广电伟业，故本院在六间房公司对此未提交任何相反证据的情况下，依据现有证据确认广电伟业和华风气象系《别》剧之制片者。因华风气象已声明《别》剧版权完全归属广电伟业，且六间房公司认可广电伟业对《别》剧享有著作权，本院依据现有证据确认广电伟业系《别》剧之著作权人。

六间房公司作为六间房网之经营者应对该网站承担法律责任。六间房公司在过程中，鼓励网友向六间房网上传视频文件，并使六间房网形成较大经营规模。六间房网向公众提供数量巨大的视频文件在线播放服务，且将影视和原创等设置为并列频道，六间房网之经营意义已非简单的鼓励原创和为视频文件爱好者提供交流平台，而系使用网友上传的电影、电视剧和原创等各类视频文件以丰富充实六间房网内容、吸引网络用户关注和增加浏览量，并进而吸引广告投放并获得经济利益。

在本案中，六间房公司仅将其著作权审查义务定位于任由网友上传电影、电视剧视频文件而后等待相关著作权人发现侵权并事后采取补救措施，必将致使六间房公司实际占有数量巨大的电影、电视剧视频文件资源而无须进行任何主动的著作权审查工作，致使六间房网形成较大经营规模并由此获得经济利益，故本院认为六间房公司之行为系属不负责任地随意占有他人知识成果、以消极方式放任或默许侵害结果发生并据此获得经济利益之行为。

六间房公司作为向网友提供内容主要为视频文件的信息存储空间的网络服务提供者，其已改变网友所提供的涉案《别》剧视频文件，且不属不知道亦无合理理由应当知道网友提供的涉案《别》剧视频文件涉嫌侵权之情形，故六间房公司应与上传涉案《别》剧视频文件之网友共同向广电伟业承担侵犯信息网络传播权之责任。六间房公司之经营模式存在一定的问题和风险，应考虑进行调整。

二〇〇八年六月三十日，北京市海淀区人民法院判决如下：一、本判决生效之日起十日内，被告北京六间房科技有限公司赔偿原告北京广电伟业影视文化中心经济损失三万元；

二、驳回原告北京广电伟业影视文化中心的其他诉讼请求。如被告北京六间房科技有限公司未按本判决所指定的期间履行给付金钱义务，则应依据《中华人民共和国民事诉讼法》第二百二十九条之规定，加倍支付延迟履行期间的债务利息。案件受理费一万零六百元（原告预交），由原告北京广电伟业影视文化中心负担七千零六百元（已交纳），由被告北京六间房科技有限公司负担三千元（于本判决生效之日起七日内交纳）。

一审判决后，双方均未上诉。

（七）

知名网站"土豆网"提供电影《疯狂的石头》在线播放引来侵权官司。2008年5月6日，上海市第一中级人民法院对该案作出了一审判决。土豆网运营商上海全土豆网络科技公司因侵犯上述电影的著作财产权，被判立即删除"土豆网"上的侵权电影，并赔偿享有该电影网络信息传播权的新传在线（北京）公司经济损失及合理费用共计人民币5万元。

电影《疯狂的石头》由四方源创国际影视文化传播（北京）有限公司、中影华纳横店影视有限公司和映艺娱乐有限公司出品。2006年7月11日，中影华纳横店影视有限公司出具《著作权授权书》，将该电影在中国大陆区域内的信息网络传播权授予给新传在线（北京）公司独享。此后，四方公司和映艺公司先后出具书面文件认可了中影华纳拥有该电影在中国大陆地区的一切发行权。

法院审理后认为，从电影拍摄所需倾注的人力和财力、涉案影片的热门程度等方面进行分析，被告作为专业网站理应知晓电影《疯狂的石头》一般不会是著作权人自行或许可他人在互联网上发布供公众无偿观看的。因此，在被告应当意识到网上的某个视频系网络用户擅自发布仍不作删除处理的情况下，可以认定其主观上具有纵容和帮助他人实施侵权的过错。

另从"土豆网"的后台设置分析，被告有权利和能力去掌握和控制侵权活动的发生。然而，从不同用户先后多次在"土豆网"上发布《疯狂的石头》之事实来看，被告怠于行使其应尽的审查和删除义务。至于被告所提出的未收到过权利人通知书故不应承担赔偿责任之抗辩，法院认为，只有在网络服务提供者不知道也没有合理理由应当知道服务对象提供的作品侵权时，才牵涉到权利人提交书面通知以达到警告网络服务提供商并请求其移除相关侵权内容的目的。

据此，法院作出上述一审判决。宣判后，无人上诉。

（八）

2008年4月23日，北京市东城区人民法院公开宣判了原告华谊兄弟传媒有限公司诉被告北京瑞得在线松杰上网服务中心著作权纠纷的案件。

华谊兄弟传媒有限公司于2007年拍摄了电影《集结号》，享有该电影的全部著作权及相关权利。被告未经授权，在其网吧的局域网上非法复制并传播原告享有权利的电影。为维护原告的合法权益，华谊兄弟传媒有限公司特申请公证机关，对被告未经授权，利用被告局域网传播上述电影的侵权事实进行了证据保全公证。

经审理，法院认为原告就被告侵权行为所致实际损失，应该包括被告经营网吧的播映行为致涉案影片减少的票房收入，通过许可方式原告可得收益，以及原告制止侵权行为合理支出三方面内容。截至本案诉讼发生，原告并未就涉案影片授权他人以与被告相同方式使用获得许可，所以该可得收益不存在类比对象。基于原告的实际损失，根据案件的具体情况，原告华谊兄弟的实际损失或被告的违法所得不能确定的，故法院根据被告在得知行为侵权后，及时整改,删除涉案影片,主观恶意及侵权行为的情节较轻,并结合被告网吧的经营规模,同时考虑涉案影片《集结号》的高投入以及播映期等因素,酌定被告赔偿原告经济损失2万元以及为制止侵权行为所支出的合理费用3 333元。

对于北京华谊兄弟影业投资有限公司起诉北京鑫苹果互联网上网服务有限公司一案,东城法院同时进行了宣判。原告诉称,原告拍摄了电影《心中有鬼》,享有该电影的全部著作权及相关权利。2007年12月,原告发现被告未经许可,在其经营的网吧的局域网上非法复制并传播涉案电影,侵犯了原告享有的放映权、复制权,故诉至法院,要求判令被告停止侵犯原告放映权、复制权的行为,赔偿原告经济损失2万元及合理开支3 000元。被告认为赔偿数额过高,不同意赔偿。经审理,法官认为:第一,涉案电影的主要角色均由国内知名演员出演,因此该片具有一定影响力,赔偿数额应当从高考虑。第二,涉案电影于2007年2月首次播映,按照双方认可及一般规律,一部电影的"热映期"即获得收益的最佳时间段为首映后三个月,此后电影的收益通常会随着时间的推移而减少。在首映后的第十个月原告发现被告存在侵权行为,此时涉案电影的"热映期"已经结束。被告行为给原告带来的损失应当低于"热映期"内因侵权给原告造成的损失。现原告要求被告赔偿经济损失2万元且未提交相应的证据,该数额过高,本院综合考虑上述因素酌情确定被告的赔偿额度。原告为本案支出的律师代理费2 000元,属合理开支。

庭审后,几方均未上诉。

(九)

江苏省江阴市一网吧在线播放轻喜剧电影《大话股神》,片方认为属私自播放,不远千里从北京来到江苏起诉。3月31日,江阴市人民法院对这起网络著作权侵权纠纷案件调解结案,网吧被判赔偿2.5万元。

由成奎安、周海媚主演的《大话股神》于2007年8月开始在全国上映。从事影视经纪业务的北京网尚文化传播有限公司诉称,公司于2007年11月8日发现,江阴知星网苑向公众提供影视《大话股神》的在线播放服务。经公司审查确认并经过北京公证处到网吧现场公证,所涉影视与网尚公司拥有著作权的影视作品《大话股神》相同,而网尚公司从未许可网苑通过网吧内联网向公众传播上述作品。

经江阴法院主持调解,本案原、被告自愿达成协议,由知星网苑就侵犯《大话股神》电影作品著作权的行为赔偿网尚公司人民币2.5万元。

(十)

因认为侵犯自己名誉权,北京捷报互动科技有限公司将美国电影协会告上法庭。2008年3月26日,北京市第二中级人民法院已受理此案。

北京捷报互动科技有限公司诉称,公司系提供网络音视频在线点播和下载服务的国内领先的互联网公司。2007年9月28日和10月25日,哥伦比亚电影工业公司、迪士尼公司、派拉蒙电影公司、二十世纪福克斯电影公司、环球城市制片公司等被告成员公司两度起诉原告,称在与原告合作的位于上海的某两个网吧使用的"捷报网吧乐园"系统中发现未经授权的上述公司的电影作品,要求原告承担赔偿责任。此外,被告声称还对其他一些电影作品进行了公证取证但尚未起诉。

北京捷报互动科技有限公司认为,网吧使用的"捷报网吧乐园"系统中未经授权的电影作品并非原告提供,出于对被告成员公司电影作品著作权的尊重,原告与被告成员公司达成解决方案,并于2008年2月28日签署了和解协议,约定就上述已经起诉的案件及已经公证但尚未起诉的案件所涉及的作品，原告一次性向被告支付一定数额的补偿金，并且为网吧中出现未经许可的电影作品表示歉意。协议通篇的行文中对原告是否存在所谓侵权行为根本未作任何定论，恰恰相反，双方在和解协议中明确确认，原告的捷报网吧乐园系统中并没有被告成员公司声称的影片，和解协议也清晰写明所支付的为补偿金而非侵权赔偿金。被告不顾上述签订协议，在其官方网站上公开发布新闻稿件等，严重损害了原告名誉，侵犯原告名誉权。故请求判令被告停止侵权行为并公开赔礼道歉；赔偿损失100万元；承担案件诉讼费用。

2008年6月，原告悄然撤诉。

（十一）

网吧在自己的局域网内建立"影院"，为顾客提供观看电影的服务，是目前很多网吧用来招揽顾客的通行做法。但广东省东莞市中级人民法院近日的一个判决表明，网吧未经许可擅自为顾客提供观看电影服务的行为，侵犯了影片的信息网络传播权，将承担侵权的民事责任。

广东中凯文化发展有限公司通过与相关电影公司签订《音像版权转让合约书》，获得了影片《杀破狼》和《无极》的音像制品所有版权及独家信息网络传播权。2007年8月，中凯公司发现东莞市中堂飞天网吧未经许可，以营利为目的，将影片《杀破狼》《无极》通过网吧局域网的方式提供给其上网顾客观看。

随后，中凯公司申请广州市公证处进行诉前证据保全。中凯公司据此要求飞天网吧停止侵权并赔偿经济损失未果，遂向法院提起诉讼，请求判决被告立即停止侵权行为，删除其网吧电影库中的相关侵权内容，并赔偿经济损失6万元以及相关合理费用6 100元。

法院经审理确认，原告享有电影《杀破狼》和《无极》的信息网络传播权，在授权期限内，被告的行为已构成了对原告依法享有的信息网络传播权专有使用许可权的侵犯，并且给原告造成了相应的经济损失，应依法承担相应的民事责任。2008年1月10日，法院判令被告在判决生效后立即停止侵权行为，删除存储于网吧服务器上的电影《杀破狼》《无极》，并赔偿原告经济损失人民币3.5万元。

（十二）

上海一家网络公司擅自在线提供电影《自娱自乐》进行播放，被影片的权利人告上法庭。2007年3月30日，上海市第二中级人民法院对这起案件作出一审判决，判令被告上海森蓝互联网科技有限公司赔偿原告上海新生代影视合作公司经济损失人民币12万元。

电影《自娱自乐》由上海新生代影视合作公司、上海电影集团公司上海电影制片厂和香港银都机构有限公司联合出品和摄制。2004年6月21日，此片获广电总局颁发的公映许可。同年11月，上海新生代影视合作公司发现，一个网址为vod.gamesoft.com.cn的网站上正在以付费在线播放的方式向公众提供这部影片，于是诉至法院，请求判令网站的所有者和经营者上海森蓝互联网科技有限公司进行赔偿。

（十三）

2007年1月4日，江苏省徐州市中级人民法院一审判决该市首例涉及信息网络传播权纠纷，以原告广东中凯文化发展有限公司（以下简称中凯公司）提供的证据不足为由，一审判决驳回原告的诉讼请求。

电影作品《无极》由中国电影集团公司、北京二十一世纪盛凯影视文化交流有限公司、上海融建投资发展有限公司、美国MOONSTONE ENTERTAINMENT INC. 共同出资拍摄，上述四公司依法共同享有该电影作品的著作权。2005年11月25日，经四著作权人授权，中凯公司获得《无极》作品的信息网络传播权等著作权。

2006年3月，原告发现被告中国网络通信集团公司徐州市分公司未经许可，在其经营的网站上向公众提供其享有信息网络权的电影作品《无极》的在线播放，遂向徐州市第二公证处申请证据保全公证。2006年3月3日，徐州市第二公证处出具了（2006）徐二证民内字第945号公证书。

徐州市中级人民法院经审理认为，从《公证书》记载的文字内容来分析，其确定的客观结果的发生可能由两种以上性质相反的行为所导致，即无法排除存在本机文件、被告并未实施侵权行为的可能性。在没有其他证据相佐证的情形下，被告是否实施了侵权行为以及由此导致的侵权结果的发生均难以仅仅依据《公证书》作出判断，原告提供的证据不足以证实其关于被告在其网站上实施《无极》作品网络传播权侵权的主张。

据此，法院以原告提供的证据不足以证实被告在其网站上实施了电影作品《无极》的网络传播行为，被告不构成对原告中凯公司信息网络传播权的侵犯为由，判决驳回了原告的诉讼请求。

（十四）

因《天地英雄》被一网站擅自链接有偿提供给用户下载，该电影的制作方北京华谊兄弟和西影公司将网站开办者北京畅捷科技有限公司告上法庭。2006年10月30日，北京市海淀地区人民法院审结此案，判决被告赔偿两原告11.1万元。

（十五）

因提供电影《危情雪夜》在线观看及下载，搜狐爱特信公司及影片提供商北京金互动公司被该部电影的著作权人告上了法庭。2006年9月14日，北京市东城区人民法院宣判这起播放许可合同纠纷案，驳回了对搜狐爱特信公司的起诉，判决由影片提供商金互动公司的三个股东共同偿付原告经济损失十八万元及相应违约金。

法院据查明，2004年4月原告北京紫禁城影业有限责任公司申请对www.sohu.com网站中片名为《危情雪夜》电影片下载过程予以证据保全公证。同年7月22日，原告与金互动公司签订协议书，双方约定金互动公司未经原告许可擅自在搜狐网站在线频道使用原告拥有版权的电影并提供给用户下载，金互动公司认识到此行为的不当及过错，同意赔偿原告经济损失20万元，协议签订后，金互动公司仅给付原告2万元，余款18万元一直未付。

法院经审理认为，金互动公司未按承诺向原告履行付款义务，已构成违约，金互动公司理应依协议约定向原告承担相应违约责任。在本案审理过程中，被告谢某、被告杨某及被告北京森鑫文化艺术中心作为金互动公司的股东，在金互动公司存有债权债务的情况下将企业注销，故三被告应对原告承担清偿责任。现原告要求三被告赔偿损失并支付违约金，理由正当，法院予以支持。被告艺术中心以原告与金互动公司约定的赔偿金显失公平，及其已缴足出资，并无抽逃资金的情况为由，不同意原告诉讼请求，缺乏事实与法律依据，法院不予支持。

（十六）

全球首例BT侵权案终审判决，一香港男子入狱3月。

由于利用BT技术在网上发放电影种子，香港男子陈乃明2005年11月7日被香港特区法院以分发侵权物品、损害版权持有人的罪名判处3个月监禁。

BT是BitTorrent下载技术的简称，它采用多点对多点的原理，同一时间下载软件或档案的人数越多，速度越快，而不是像其他软件那样，由于同一时间下载人数多而减慢下载速度。2005年10月，网名为"古惑天皇"的陈乃明因利用BT点对点技术发放多部侵权电影受到香港海关的控告，被香港法院裁定有罪，延至本月宣判。

由于现有法律的局限，在网上发布或下载电影的现象屡见不鲜，电影版权所有者却很难对这种侵权行为加以打击。因此本案一出，立即引起香港传媒、工商和电影业以及众多网友的关注。

众多网民热衷于用BitTorrent（一种P2P下载软件）高速地下载或传播电影文件，然而，以上行为在今后有可能被判构成刑事犯罪！10月24日上午，香港屯门法院，该庭外籍法官麦健涛宣判，香港公民陈乃明违反香港《版权条例》（Copyright Ordinance），侵犯了三部电影的版权，并利用BT软件将这三部电影的非法复制品上传到互联网进行传播，对电影版权所有者造成了侵害，从而构成刑事犯罪。这是全球首次有人因BT下载侵权行为被法院裁定罪名成立。

又案，2006年5月11日，香港地区高等法院日前首次要求香港4家网络供应商，于21天内向3家电影公司提供怀疑透过点对点下载上传方式（BT）从网上非法下载电影人士的个人资料，其中包括49名本地网民的姓名、身份证号码等。

香港海关发言人欢迎业界采取民事途径追究侵权行为。海关表示，会继续致力执法，打击网上盗版活动，并在民事、刑事和教育三方配合下，有效保护知识产权。

（十七）

2008年1月14日，浙江省杭州市中级人民法院对北京新画面影业有限公司诉浙江盈通信息网络有限公司著作权侵权纠纷一案作出一审判决，盈通公司赔偿新画面公司经济损失人民币60 000元、公证费等7 800元，共计人民币67 800元。

（十八）

电影《意乱情迷》信息网络传播权纠纷案宣判。

法院认为，从原告提供的证据来看，上海激动通信有限公司享有在中国大陆《意乱情迷》一片的信息网络传播权。被告北京时越网络技术有限公司时未经权利人许可，通过互联网点击播放的方式使用《意乱情迷》一片，侵犯了原告享有的信息网络传播权，应依法承担停止侵权、赔偿损失等法律责任。

二〇〇八年七月十一日，北京市海淀区人民法院判决如下：一、自本判决生效之日起，未经原告上海激动通信有限公司许可，被告北京时越网络技术有限公司不得再提供《意乱情迷》一片的在线播放；二、自本判决生效之日起十日内，被告北京时越网络技术有限公司赔偿原告上海激动通信有限公司经济损失包括诉讼合理支出共计二万五千元；三、驳回原告上海激动通信有限公司的其他诉讼请求。

（十九）

电视剧《大长今》的音乐作品信息网络传播权纠纷案宣判。

原告经《大长今》词曲原著作权人任世现和《大长今》著作权人韩国富士太平洋音乐版权有限公司授权，获得电视剧《大长今》所配音乐词曲作品在中国大陆地区的独占使用权，权利范围包括信息网络传播权等。2006年1月25日，北京市国信公证处出具公证书，证明被告在中国移动公司经营的网站www.12530.com上提供《大长今》音乐作品的彩铃下载服务。原告认为被告未经其许可在中国大陆地区使用《大长今》的音乐作品侵犯了原告的著作权，故诉请法院判令被告停止侵权并赔偿经济损失301 206元。经询，被告表示愿意与原告协商解决纠纷。

本案在审理过程中，经法院主持调解，双方当事人自愿达成如下协议：一、被告北京因特莱斯网络技术有限公司停止使用原告北京希马凯特科技发展有限公司享有著作权的《大长今》音乐作品；二、被告北京因特莱斯网络技术有限公司赔偿原告北京希马凯特科技发展有限公司经济损失六万元，于调解书生效之日起十二日内付清；原告北京希马凯特科技发展有限公司在调解书生效之日起五日内向被告北京因特莱斯网络技术有限公司开具并交付与上述六万元相对应的发票。

又案，原告北京希马凯特科技发展有限公司还起诉了华友世纪通讯有限公司。本案在审理过程中，经法院主持调解，双方当事人自愿达成如下协议：一、被告华友世纪通讯有限公司停止使用原告北京希马凯特科技发展有限公司享有著作权的《大长今》音乐作品；二、被告华友世纪通讯有限公司赔偿原告北京希马凯特科技发展有限公司经济损失四万元，于调解书生效之日起十二日内付清；原告北京希马凯特科技发展有限公司在调解书生效之日起五日内向被告华友世纪通讯有限公司开具并交付与上述四万元相对应的发票。

又案，原告北京希马凯特科技发展有限公司还起诉了深圳市华动飞天网络技术开发有限公司、北京龙乐文化艺术有限责任公司。法院判决如下：一、深圳市华动飞天网络技术开发有限公司、北京龙乐文化艺术有限责任公司于本判决生效之日起停止涉案侵犯北京希马凯特科技发展有限公司对韩国电视连续剧《大长今》主题曲《O NA RA I》音乐作品所享有的专有使用权的行为；二、深圳市华动飞天网络技术开发有限公司、北京龙乐文化艺术有限责任公司于本判决生效之日起十日内共同赔偿北京希马凯特科技发展有限公司经济损失八万元及因本案诉讼而支出的合理费用一万六千元；三、深圳市华动飞天网络技术开发有限公司于本判决生效之日起十日内赔偿北京希马凯特科技发展有限公司经济损失五千元；四、驳回北京希马凯特科技发展有限公司的其他诉讼请求。如果未按本判决指定的期间履行给付金钱义务，应当依照《中华人民共和国民事诉讼法》第二百三十二条之规定，加倍支付迟延履行期间的债务利息。案件受理费5 690元，由北京希马凯特科技发展有限公司负担1 690元（已交纳），由深圳市华动飞天网络技术开发有限公司、北京龙乐文化艺术有限责任公司共同负担4 000元（于本判决生效之日起7日内交纳）。

（二十）

电影《心中有鬼》信息网络传播权纠纷上诉案终审宣判。

上诉人北京鑫苹果互联网上网服务有限公司（以下简称鑫苹果公司）因与被上诉人北京天龙企业管理有限公司（以下简称天龙公司）侵犯著作权纠纷一案，不服北京市东城区人民法院于2008年4月23日作出的（2008）东民初字第1503号民事判决，向北京市第二中级人民法院提出上诉。

二审法院查明：电影《心中有鬼》的出品、摄制单位为天龙公司及南方电影有限公司（中国台湾），该电影于2007年6月进行了著作权登记，天龙公司享有著作权，南方电影有限公司（中国台湾）只享有署名权。2007年2月8日，该电影在北京首次公映，主要演员为黎明、刘若英、范冰冰。

"鑫苹果网吧"系鑫苹果公司经营的互联网上网场所，建有局域网供顾客使用。2007年12月28日，天龙公司委托代理人冒晓光在北京市东城区公证处工作人员陪同下，在"鑫苹果网吧"进行证据保全，证明涉案电影可在该网吧局域网的电脑上正常播放。鑫苹果公司对此不持异议。

一审法院判决：一、自本判决生效之日起十日内，北京鑫苹果互联网上网服务有限公司赔偿北京天龙企业管理有限公司经济损失七千元以及为制止侵权行为所支出的合理费用二千四百元；二、驳回北京天龙企业管理有限公司其他诉讼请求。

本院认为：被上诉人天龙公司的前身北京华谊兄弟影业投资有限公司，系涉案电影的出品单位和摄制单位，根据著作权登记证书，其对电影《心中有鬼》依法享有著作权，应受我国著作权法保护。北京华谊兄弟影业投资有限公司更名为天龙公司后天龙公司依法享有上述权利。

上诉人鑫苹果公司未经权利人天龙公司许可，在其经营的网吧的服务器中存储涉案电影，并通过其局域网传播涉案电影的行为，侵犯了天龙公司对涉案电影享有的信息网络传播权，依法应承担停止侵权和赔偿损失的法律责任。原审法院认定上诉人的涉案侵权行为侵犯了被上诉人的复制权、放映权不当，本院对此予以纠正。原审法院综合考虑涉案电影主要演员的知名度、影响力以及播映时间是否处于热映期等因素酌定的赔偿数额并无不当。上诉人鑫苹果公司提出原审法院酌定赔偿数额过高的主张，依据不足，本院不予采纳。上诉人鑫苹果公司虽提出曾与案外人宽娱公司签订《英雄宽频网最终用户使用协议》，涉案电影系宽娱公司提供，宽娱公司亦向鑫苹果公司提供了《授权书》。但鑫苹果公司未向法院提供《授权书》的原件，该《授权书》中列明的授权播放的范围也不包括涉案电影。因此，根据现有证据不能认定涉案影片系宽娱公司提供，鑫苹果公司提出涉案影片系案外人提供，不应由其承担侵权责任的主张没有事实依据，本院不予支持。

二〇〇八年六月二十日，北京市第二中级人民法院终审判决：驳回上诉，维持原判。一审案件受理费375元，由北京天龙企业管理有限公司负担75元（已交纳），由北京鑫苹果互联网上网服务有限公司负担300元（于本判决生效后7日内交纳）；二审案件受理费50元，由北京鑫苹果互联网上网服务有限公司负担（已交纳）。

（二十一）

2000年7月10日，原告中国计划生育宣传教育中心（后更名为人口宣教中心）制作并拥有录像片《孕期保健》等作品的录音录像制作者权及网络信息传播权。

2003年12月9日，被告北京飞华通信技术有限公司（乙方）与中国计划生育宣传教育中心（甲方）签订合作协议书，约定双方在互惠互利的基础上就服务资源整合、相互推广等合作事项建立长期友好的战略合作伙伴关系，共同打造"生殖健康"服务品牌。甲方将向乙方提供上述作品的使用授权，产生的收入双方将按各占50%的比例分配。合同上有人口宣教中心的章，但未有授权代表的签字，有飞华通信公司的盖章，并由授权代表李宝明签字。原告认为人口宣教中心没有使用过该章，是假章或为刘利民私自盖章，对合同复印件的真实性不予认可，但未申请法院进行鉴定。

法院认为：双方的合作协议真实存在。关于原告即使合作协议真实存在，协议约定合同自双方授权代表签字并盖章之日起生效，而合同上未有授权代表签字的辩称，本院认为，由于原告当时的负责人刘利民已经实际向飞华健康网交付了涉案光盘，飞华健康网并根据合同上传使用了视频短片，应认为双方已经对该合同实际进行了履行，合同已有效成立。问题是，合作协议书签订的一方合同主体是飞华通信公司，并非阳光飞华公司。我国合同法第88条规定，当事人一方经对方同意，可以将自己在合同中的权利和义务一并转让给第三人。可见，阳光飞华公司如果要承接合作协议中飞华通信公司的相应权利义务，就需要与飞华通信公司办理合同权利义务转移的手续，而这一转移又需要通知人口宣教中心，征得其同意，故不能认为合作协议的主体已经变更为阳光飞华公司,不能认为阳光飞华公司享有了合作协议项下的权利义务。因此,阳光飞华公司在接办飞华健康网之后,在飞华健康网上使用涉案视频短片的行为,侵犯了原告的相应权利,应承担相应侵权责任。

二〇〇八年五月二十日,北京市海淀区人民法院判决被告北京阳光飞华科技发展有限公司向原告中国人口宣传教育中心赔偿经济损失包括合理费用五万四千五百元;驳回原告中国人口宣传教育中心的其他诉讼请求。案件受理费五千三百五十元,由原告中国人口宣传教育中心自行负担二千元(已交纳),由被告北京阳光飞华科技发展有限公司负担三千三百五十元,于本判决生效之日起七日内交纳。

一审判决后,双方均未上诉。

(二十二)

擅自在网络传播电视剧《大宋提刑官》纠纷案一审宣判。

法院认为,根据原告提交的《大宋提刑官》DVD出版物的记载,在无相反证明的情况下,本院确认中国国际电视总公司、中视影视公司、中国人民解放军总政治部话剧团电视部是电视连续剧《大宋提刑官》的著作权人。根据中国国际电视总公司出具的《版权证明》、中国人民解放军总政治部话剧团出具的《证明》,中视影视公司自2006年10月18日起享有电视剧《大宋提刑官》的信息网络传播权。联合网视公司未经中视影视公司许可,以营利为目的在其所有的网站上提供电视剧《大宋提刑官》的在线播放和下载服务,侵犯了中视影视公司的信息网络传播权,应当依法承担赔偿损失的法律责任。中视影视公司为本案支出了调查取证费、公证费、律师费等,对于其中的合理部分,联合网视公司亦应一并赔偿。至于赔偿数额,本院将综合考虑涉案电视剧的市场价值、通常的许可使用费、被告实施侵权行为的性质、情节、影响范围、诉讼支出的合理性等因素酌情予以判定,不再全部支持原告的诉讼请求。联合网视公司同意支付公证费、购买充值卡费用,本院不持异议。

北京市海淀区人民法院2007年11月26日判决被告北京联合网视文化传播有限公司赔偿原告中视影视制作有限公司经济损失及诉讼合理支出共计八万二千元,驳回原告中视影视制作有限公司的其他诉讼请求。案件受理费三千七百五十二元(原告预交),由被告北京联合网视文化传播有限公司负担,于本判决生效之日起七日内交纳。

一审宣判后,双方均未上诉。

(二十三)

人民网擅自传播电视纪录片《撼天记》纠纷上诉案终审宣判。

北京市朝阳区人民法院一审判决,金报电子出版中心于本判决生效之日起十日内赔偿北京龙鼎影视艺术中心经济损失二十万元;驳回北京龙鼎影视艺术中心的其他诉讼请求。北京龙鼎影视艺术中心不服,提起上诉。

二审法院查明:龙鼎中心于2001年初至2003年10月投资制作了以中国航天史为内容的纪录片《撼天记》,共9部20集,总长900分钟。该纪录片共采访了130多名航天专家,披露了中国航天业几十年的发展历程。2003年10月10日,龙鼎中心与中央电视台文化专题部签订《电视片播映协议书》,约定在《探索·发现》栏目中首次播出专题纪录片《撼天记》;2003年12月3日,龙鼎中心与中央电视台社教节目中心签订《购买电视播放权协议书》,约定中央电视台十频道《探索发现》栏目首播《撼天记》,播放权费用40万元。2003年12月26日,龙鼎中心与中央电视台海外中心签订《购买电视节目协议书》,约定龙鼎中心提供《撼天记》工作版和中文台本,节目购买费8万元。

纪录片《撼天记》于2003年10月13日起在中央电视台十频道《探索·发现》栏目首播，片尾署名"制作 李鹰工作室 北京龙鼎影视艺术中心"。2004年5月27日，中央电视台九频道播出了剪辑后的纪录片《撼天记》。中央电视台按照约定向龙鼎中心支付了40万元播映权费及8万元节目制作费。

金报中心是人民网的所有者和网络信息提供者。随着中央电视台对《撼天记》的播出，金报中心将该纪录片第一部至第七部共计十七集的内容上载至人民网上，供网民在线浏览，但不能下载。2003年11月25日，北京市崇文区公证处对人民网在线播放《撼天记》第一部至第七部的情况进行了公证。2004年"五一"放假期间，人民网停止了对该片的播放。

在本案审理过程中，金报中心对龙鼎中心享有纪录片《撼天记》著作权一事不持异议。

二审法院认为：如无相反证据，在作品上署名的公民、法人或者其他组织为作者。龙鼎中心投资拍摄的纪录片《撼天记》的片尾署名方式是"制作李鹰工作室 北京龙鼎影视艺术中心"。依据现有证据可以确认，龙鼎中心与李鹰工作室为同一组织机构的两个不同的名称，且金报中心对此不持异议，因此可以认定龙鼎中心为纪录片《撼天记》的著作权人。

纪录片《撼天记》属于以类似摄制电影方法创作的作品，其著作权人依法享有信息网络传播权，未经权利人许可，任何人不得通过信息网络传播该作品。金报中心未取得龙鼎中心的许可，将《撼天记》上载至人民网上在线播出，侵害了龙鼎中心对该片享有的信息网络传播权，应承担停止侵权行为、赔偿经济损失的法律责任。由于金报中心在网上播出《撼天记》时并未侵害到龙鼎中心享有的著作权中的精神权利，因此不应承担赔礼道歉、消除影响的法律责任。

二〇〇年三月十八日，北京市第二中级人民法院判决如下：一、撤销北京市朝阳区人民法院（2004）朝民初字第18030号民事判决；二、金报电子出版中心于本判决生效之日起十日内赔偿北京龙鼎影视艺术中心经济损失人民币五万六千元；三、驳回北京龙鼎影视艺术中心的其他诉讼请求。一审案件受理费5 510元，由北京龙鼎影视艺术中心负担1 510元（已交纳），由金报电子出版中心负担4 000元（于本判决生效后7日内交纳）；二审案件受理费5 510元，由北京龙鼎影视艺术中心负担1 510元（于本判决生效后7日内交纳），由金报电子出版中心负担4 000元（已交纳）。

本判决为终审判决。

本章综评

《中华人民共和国著作权法》第十条载明，著作权包括下列人身权和财产权，其中包括（十二）信息网络传播权，即以有线或者无线方式向公众提供作品，使公众可以在其个人选定的时间和地点获得作品的权利。信息网络传播，是影视发行的重要目标与渠道，是影视传播的重要方式与途径。

2016年8月3日上午，中国互联网络信息中心（CNNIC）发布了第38次《中国互联网络发展状况统计报告》。截至2016年6月，中国网民规模达7.10亿，其中手机网民规模达6.56亿，占比达92.5%。据统计，中国网民人均周上网时长为26.5小时，网民每天平均上网接近3.8小时。分析发现，我国网络视频注册用户已达2.65亿人，通过网络观看影视节目已成为十分重要的途径,青少年尤其喜爱。

如今,在线观看或下载影视剧已成广大网民司空见惯的家常便饭,殊不知,这些影视作品乃著作权人的智力成果,受《著作权法》的保护。人们往往漠视网上各种文学艺术作品依旧享有著作权的客观事实,而将其视为公共资源恣意妄为,致使著作权人的精神权利和财产权利被扭曲甚或侵蚀。在本章这12节和包含23则的类案集萃里,诸多如雷贯耳的影视剧如《七剑》《神雕侠侣》《出水芙蓉》《亮剑》《大腕》《天下无贼》《无极》《伤城》《霍元甲》《贞观长歌》《疯狂的石头》《十面埋伏》《奋斗》《集结号》《杀破狼》《天地英雄》《大长今》《心中有鬼》《大宋提刑官》甚至好莱坞大片《终结者3》的版权方纷纷起诉网站所在的网络公司,大都能胜诉,获得赔偿。

看来,在以互联、开放为标签的网络环境下,尚需完善著作权法律制度、搭建公平合理的产权交易平台,藉以及时、有效地捕捉那些稍纵即逝的权利。其中,呼声最高的便是影视作品集体管理制度的落实。这一源自法国、良好运行了两百余年的西方经验,于20世纪90年代舶入我国,落地生根,开花结果。2004年12月28日,国务院颁布了《著作权集体管理条例》,我国相继成立了中国音乐著作权协会、中国音像著作权集体管理协会、中国文字著作权协会、中国摄影著作权协会,加上中国广播电视协会广播版权委员会,这些协会与会员签订著作权集体管理合同,集中与使用者订立许可使用合同、收取许可使用费、进行著作权诉讼或仲裁,最大限度地维护著作权人的权利。自2011年起,中国电影著作权协会向北京、上海等7省市的网吧和长途汽车试点收取国产电影的著作权使用费,免去了像第八节中诸多原告耗时耗财耗力的烦恼。然而,该组织能否一改此前"音集协"卡拉OK版权收费的窘境,一路高歌猛进?笔者以为,规范影视作品著作权集体管理,任重而道远。

第一,版权收费标准不合理,难以维系知识产权的权利平衡。目前的试行方案主要适用于网吧和长途汽车,在个人电脑日益普及的当下,网吧的高盈利时代已一去不返,高企的电影版权收费将使网吧经营者不堪重负,最终只能由消费者买单,原本平衡的利益格局或将被打破,空留权利人孤芳自赏曲高和寡,作品使用者情何以堪,又何来繁荣艺术、传播文化?

第二,收费对象不具普适性,无法实现著作权人的真正诉求。进入网吧消费的网民中,绝大部分直奔联网游戏,影视数据库少有问津。对于观影方式而言,网络观影才是主流。由是观之,"影著协"应抓住主要矛盾,斩断利益链条,提高计费技术,最大限度地维护著作权人的利益。

第三,所涉作品缺乏广泛性,加剧国产电影与国外电影的差距。国产电影独自进场的收费方案从公布伊始,遂引起公众哗然。好莱坞模式下,电影票房收入通常仅占总收入的20%,余下都是版权收益及衍生品收益。但是别忘了,心急吃不了热豆腐,在全球化尤其国际贸易一体化的当下,吸引国人眼球的不仅只有国产电影,国外大片更是无孔不入,此时还要强制性地向影民收取版权费,本就稚嫩的国产电影何以领受如此"殊荣"?受众不禁要说:"国产电影,想说爱你不容易!"

打击盗版,保护正版,本无可厚非,可保护并不意味着一定要以"收费"为主要方式。"音著协"刚一成立遂即拉开KTV版权收费的帷幕,不由得让人心生忌惮——难道收费=保护?前事不忘,后事之师,"影著协"在忙着收费的同时,切莫忘了多渠道传播电影作品,提高电影作品的艺术价值。毕竟,这才是当下国产电影发展壮大的第一要务。

(李红梅 杨新磊)

第八章　衍生品之争

第一节　"奥特曼"不服软

【上诉人，原审原告】 日本圆谷制作株式会社
【被上诉人，原审被告】 上海豫园商城国际购物中心有限公司

上诉人圆谷制作株式会社因侵害著作权纠纷一案，不服上海市第一中级人民法院（1999）沪一中知初字第118号民事判决，向上海市高级人民法院提起上诉，现已审理终结。

【一审查明事实】

原审法院审理查明，原告是日本国一家从事提供制作电影技术及承包电影制作等业务的公司。1966年，原告制作的"奥特曼"系列影像作品在日本国初次播出。之后，原告又陆续制作了"奥特曼"（ULTRAMAN）科幻英雄人物的形象，该人物在多部系列剧中形象虽有一些变化，但主要特征相同，即头部为头盔形，眼睛突起呈椭圆形，两眼中间延至头顶部有突起物，无眉，无发。其中在《杰克·奥特曼》等宣传图片中，"奥特曼"的两耳呈长方形。1993年1月，原告制作的影像系列剧《宇宙英雄奥特曼》在上海东方电视台播出，1998年又在上海教育电视台重播。原告及其在上海的业务代理印制的"奥特曼"系列剧的宣传图片上印有"奥特曼"的形象。

1999年7月，原告在被告处购买到"天美时"闹钟1只，该闹钟的外观为人物造型，身体部位装有钟盘。该人物的头部特征为眼睛突起呈椭圆形，两眼中间延至头顶部有突起物，两耳呈长方形，无眉，无发，无嘴。其头部长度占整体造型的一半。将系争闹钟外观造型同"奥特曼"形象比对，二者头部的主要特征基本相似。系争闹钟所附的使用说明上印有"广州连合科技电子钟表厂制造"及厂址、电话。被告提供的系争闹钟的送货单上盖有"广州连合科技电子钟表厂业务专用章"或"广州连合科技电子钟表厂送货章"。系争闹钟的外包装盒上印有该闹钟的外观造型。原告购买的系争闹钟价格为人民币45元。被告提供的有关系争闹钟的送货单共5张：其中品名为"小超人"、单价为45元的累计送货23只。被告提供单价为45元的"天美时闹钟"的结算联共12张，累计销售12只。

【一审判决】

原审法院认为，原告对"奥特曼"形象的独创性设计可以作为一种美术作品，依据伯

尔尼公约享有著作权并受我国著作权法的保护。系争闹钟外观造型复制了原告创作的"奥特曼"形象的主要特征，现无证据证明该复制得到原告或其授权者的许可，故应认定系争闹钟外观造型侵害了原告享有的"奥特曼"形象作品的著作权。由于原告制作的影像系列剧《宇宙英雄奥特曼》于1993年1月在上海播出，以后又重播，辐射面广，剧中科幻人物形象"奥特曼"已为广大公众所熟悉，故被告应当知道原告对"奥特曼"作品享有著作权。但被告在销售侵权闹钟时疏于注意，主观上存在过失。被告销售侵权闹钟的行为客观上对原告享有的"奥特曼"作品著作权造成了侵害，应承担相应的民事责任。但在确定民事责任时，应从本案的实际出发，被告系综合百货的销售商，其侵权的主观状态是过失，故其承担的民事责任应当与其侵权行为的主观方面和客观方面相适应。现原告要求被告赔偿人民币50 000元的请求缺乏有效证据的支持，故由原审法院综合被告的主观状态、侵权情节、损害后果等因素酌情确定。鉴于被告的上述侵权行为尚不足以造成对原告商誉的损害，也不致在较大范围对原告行使著作权产生消极影响，故原告要求被告赔偿商誉损失并公开登报赔礼道歉的诉讼请求不予支持。据此，依照《伯尔尼保护文学艺术作品公约》《中华人民共和国民法通则》《中华人民共和国著作权法》的规定，判决如下：一、被告停止销售侵害原告享有的"奥特曼"作品著作权的"天美时"闹钟；二、被告赔偿原告经济损失人民币1 000元；三、原告的其余诉讼请求不予支持。本案诉讼费人民币2 511.42元，由原告负担1 235.55元，被告负担1 275.87元。

判决后，原审原告圆谷制作株式会社不服，向本院提起上诉。其上诉的主要理由是：（一）被上诉人的侵权行为主观存在故意。被上诉人明知著作权主体的情况下，继续从事该类销售行为而不予以任何审慎的了解，其侵权的主观状态显然是故意而不是过失；（二）上诉人认为一审对损失部分的认定均不正确。上诉人提出50 000元赔偿主张正是基于如果许可他人使用"奥特曼"作品的预期收入而提出的，应当予以支持。办理公证、认证手续是我国《民事诉讼法》对外国起诉人向我国法院提交诉状及其他证明文件的基本要求，因此判决不支持该部分费用没有任何依据；（三）上诉人认为一审判决不支持赔礼道歉的认定没有提供充分的证据和理由。故请求二审法院撤销一审判决，支持上诉人的全部诉讼请求。

被上诉人上海豫园商城国际购物中心有限公司辩称：上诉人认为被上诉人是主观故意，这不是事实。被上诉人作为销售商对系争闹钟外观的设计是否仿造"奥特曼"形象并不了解。而且，上诉人在一审期间就拒绝增加生产商为被告。在没有解决生产商是否侵权的问题上，就不能追究销售商的有关责任。当被上诉人发觉所谓的"奥特曼"涉及有关著作权纠纷时，就立即采取了有力的措施，即立刻要求生产厂方把销售的商品撤回，终止销售，而且如实说明销售、库存情况，且提供给法庭。因此被上诉人在本案中没有任何的故意和过失，不应当承担责任。故要求二审法院驳回上诉人的上诉。

经审理查明，原审法院认定的事实属实。

【二审法院观点】

本院认为，上诉人圆谷制作株式会社依法享有对"奥特曼"（ULTRAMAN）影像作品的著作权，其制作的《宇宙英雄奥特曼》曾在上海市播出，剧中"奥特曼"形象已为公众所知悉。本案系争闹钟外观造型复制了上诉人创作的"奥特曼"形象的主要特征，属侵权商品，被上诉人上海豫园商城国际购物中心有限公司在进货时疏于审查而将该侵权商品予以销售，其虽属于过失，但客观上侵犯了上诉人的著作权。现上诉人认为被上诉人行为主观存在故意，但未提供相应证据予以佐证，故本院难以采信。原审法院考虑被上诉人系销售商，以及其销售侵权商品的数量、利润、持续影响、主观状态和损害后果等因素，酌情判处被上诉人赔偿上诉人人民币1 000元并无不当，所以上诉人要求按照其如果许可他人使用"奥特曼"作品的预期收入赔偿人民币50 000元与事实和法律不符，本院不予支持。我国著作权法现尚未规定赔偿被侵权人为调查处理侵权所支付的合理费用，因此，上诉人提出的被上诉人应赔偿有关公证、认证费用的理由亦不能成立。由于被上诉人主观上存在过失，侵权情节轻微，销售的数量小，尚未造成严重后果，也没有在较大范围对上诉人的作品产生消极影响，故上诉人主张被上诉人应登报赔礼道歉的观点，本院同样不能支持。综上所述，原审法院认定事实清楚，适用法律准确，审判程序合法，依法应予维持。

【终审判决】

二〇〇〇年九月十一日，上海市高级人民法院依照《中华人民共和国民事诉讼法》第一百五十三条第一款第（一）项、第一百五十八条之规定，判决如下：驳回上诉，维持原判。本案二审诉讼费人民币2 511.42元由上诉人圆谷制作株式会社负担。本判决为终审判决。

又案，江苏省常州有线广播电视台、江苏电视节目供片站、上海和平影视企业公司、上海自强影视艺术中心与圆谷制作株式会社、上海圆谷策划有限公司曾因动画片《奥特曼》产生纠纷。

一审法院认定：原告圆谷会社系是日本国儿童科幻电视剧《奥特曼》系列作品（下简称《奥》剧）的著作权人。上海圆谷为中日合作经营企业，于1995年6月在上海登记注册成立。根据原告授权，上海圆谷对原告的《奥》剧系列作品享有在中华人民共和国领域内许可他人使用并进行洽谈、签约和收取许可使用费，进行管理、追究侵权责任的权利。和平中心系企业法人和平公司所属对外从事影视剧制作、发行，广告制作、策划、代理的分支机构，未领有营业执照，该中心负责人由公司法定代表人兼任，财务实行事业单位独立核算，自收自支，自负盈亏，独立承担一切民事责任。1996年6月6日，上海圆谷与和平中心签订一份委托书，由上海圆谷委托和平中心全权代理《奥》剧八个系列共372集在中国大陆地区的联系、发行和播出业务（附有该剧版权证明书）。1998年2月，曾任和平中心副总经理的李自强离开该中心至自强中心担任法定代表人。同年11月5日，和平中心作为授权方，未经上海圆谷同意许可，与自强中心（受权方）签订了一份委托书，由和平中心委托自强中心全权代理《奥》剧八个系列共372集在中国大陆地区的联系、发行和播出（附有该剧版权证明书）。和平中心与自强中心的上述行为嗣后没有得到上海圆谷的追认。1999年2月2日，自强中心与供片站签订了一份协议书，约定自强中心授权供片站在江苏省有线电视系统（含部分县级无线台）播出50集《爱迪·奥特曼》、51集《雷欧·奥特曼》，共计101集，授权期限至2000年2月，每集节目费320元，协议总金额（含复录费、邮寄费）34150元。协议书签订当日，自强中心另向供片站出具了一份授权委托书，授权供片站在江苏省有线电视系统代理发行101集《奥》剧的权利，并确认此授权书是协议书的不可分割部分。供片站根据其与有线台的供片合同，按照有线电视台播出影视剧的行业管理规定，于同年3月1日，代有线台向江苏省广播电视厅申请领取了《爱迪·奥特曼》《雷欧·奥特曼》准播证二张，编号为0018551、0018545，播出范围常州有线台，期限5月5日至8月13日。嗣后，有线台本台节目中连续不间断播放了101集《奥》剧。上海圆谷发现有线台播放《奥》

剧后,于1999年8月10日、8月12日二次授权法律顾问尤宪迅、马建军律师向有线台发出严正声明,指出有线台播放未取得合法播放权的《奥》剧违反了中国法律法规的有关规定,分割了《奥》剧著作权人的合法权益,要求有线台立即停止播放行为,在8月12日前给予答复,否则将采取诉讼手段。有线台未作答复。原告还从1999年起授权尤宪迅、马建军律师在《中国影视节目信息网网刊》刊登郑重声明,称如发现任何单位擅自继续播放《奥》剧,将循法律途径追究有关单位的侵权责任。有线台播放《奥》剧,向供片站支付节目费计10 100元,供片站二次向自强中心支付节目费计30 300元(另加邮寄费400元),自强中心虽提供了和平中心收到其支付节目费21 210元的发票,但未提供支付该款的银行传票证据,故无法确认其是否确已向和平中心支付该笔款项的事实。在本案中,和平中心和自强中心未向上海圆谷支付任何费用。于是,该院判决:(一)被告和平公司和自强中心、供片站停止发行《奥》剧,被告有线台不得再以任何形式播放《奥》剧。(二)被告和平公司、自强中心、供片站与有线台在判决生效后10日内向圆谷会社书面道歉。(三)和平公司、自强中心赔偿圆谷会社经济损失30 300元,被告供片站赔偿原告经济损失10 100元,被告有线台赔偿原告经济损失30 300元。被告和平公司与自强中心对应赔偿的上述款项负连带责任。(四)驳回原告圆谷会社对被告上海圆谷的诉讼请求。案件受理费4 600元,由上海圆谷负担600元,和平公司、自强中心、供片站、有线台各负担1 000元。鉴定费300元,由和平公司负担。

有线台、供片站、和平公司、自强中心不服原审法院判决,提起上诉。

二〇〇一年六月二十一日,江苏省高级人民法院判决如下:一、撤销江苏省常州市中级人民法院(1999)常经初字第311号民事判决。二、驳回圆谷会社的诉讼请求。一、二审案件受理费各4 600元,鉴定费300元,均由圆谷会社负担。本判决为终审判决。

又案,圆谷制作株式会社为"天美时"闹钟还起诉了上海豫园商城天裕百货有限公司。

法院一审判决:一、被告停止销售侵害原告享有的"奥特曼"作品著作权的"天美时"闹钟;二、被告赔偿原告经济损失人民币1 500元;三、原告的其余诉讼请求不予支持。圆谷不服,提起上诉。二〇〇〇年九月十一日,上海市高级人民法院判决驳回上诉,维持原判。本案二审诉讼费人民币2 152.22元由上诉人圆谷制作株式会社负担。本判决为终审判决。

又案,圆谷制作株式会社为仿"奥特曼"闹钟还起诉了上海联家超市有限公司。法院一审判决:一、被告停止销售侵犯原告对"奥特曼"形象享有著作权的发声闹钟;二、被告赔偿原告人民币1 500元;三、原告的其余诉讼请求不予支持。本案诉讼费人民币2 378.56元由原告负担1 129.28元,被告负担1 249.28元。判决后,圆谷制作株式会社不服,提起上诉。二〇〇〇年九月十一日,上海市高级人民法院判决驳回上诉,维持原判。本案二审诉讼费人民币2 378.56元由上诉人圆谷制作株式会社负担。本判决为终审判决。

又案,令孩子们着迷的日本动画明星"奥特曼",近年来在我国引发了一场知识产权系列诉讼。"奥特曼"的主人——原告日本圆谷制作株式会社(以下简称圆谷会社)以侵犯著作权为由先后起诉北京燕莎友谊商城有限公司(以下简称燕莎商城)、北京长安商场(以下简称长安商场)等京、沪、穗三地的四家商业企业和一家制造企业,且均胜诉。

2004年5月,在由中国经济时报主办、中国知识产权司法保护网提供学术支持的"涉外著作权法律适用研讨会"上,最高人民法院、国家版权局以及京沪两地的法学专家和律师提醒中国企业,这系列知识产权诉讼表明,越来越多的国外企业正在利用知识产权的法律武器大举打压中国企业,不认真对待和解决好知识产权问题将会使自己越来越被动。

中国销售与制造商奥特曼产品上所标的（c）Tsuburaya Chaiyo 是一家泰国的电影制作公司，而该公司的总裁 Sompote Saengduenchai（以下简称"泰方"）与圆谷会社之间就"奥特曼"有一场长达数年的著作权纠纷，也是今天中国系列诉讼的导火索。

记者从中国经济时报主办的"涉外著作权法律适用研讨会"上获悉，1996年，"泰方"向圆谷会社出具了一份1976年的"许可授予合同（LICENSE GRANTING AGREEMENT）"，该合同许可"泰方"在日本以外国家奥特曼系列影视片不规定期间的独占发行权、制作权、复制权等。依此，"泰方"向我国台湾、马来西亚、我国香港、新加坡、泰国等国家和地区的圆谷会社许可商及分许可商发出警告信，认为其侵害了自己的著作权。后来，圆谷会社与泰方进行交涉，希望妥善解决此事，并发函给泰方，表示有诚意接受"许可授予合同"所涉及的某些许可授予内容。可泰方在收到圆谷会社的信函后立即停止交涉，并以信函为证据，向泰国法院证明1976年签订过"许可授予合同"，并主张奥特曼系列影视片是"泰方"与圆谷会社共同制作，"许可授予合同"将奥特曼系列影视片甚至将来奥特曼系列影视片的所有权都转让给了泰方，而不仅仅是许可使用。圆谷会社与"泰方"为此在泰国法院提起诉讼，泰国一审法院2000年4月4日作出判决，认为："泰方"不是奥特曼系列影视片的共同制作人，奥特曼系列影视片的制作人是圆谷会社；"许可授予合同"是真实存在的。因为1978年泰国的著作权法没有"转让合同"和"许可合同"的区别，所以尽管泰国1994年的著作权法有这样的区别，但依据1978年的泰国著作权法，法院认定"许可授予合同"是"转让合同"，圆谷会社将奥特曼系列影视片的所有权转让给了"泰方"，但是不包括将来的奥特曼系列影视片。泰国二审法院2000年12月20日作出维持原判的判决。

泰国法院作出判决后，圆谷会社与"泰方"又在日本法院提起诉讼，日本法院2003年2月28日作出一审判决，2003年12月10日作出二审判决，认定："泰方"在日本国内及国外没有奥特曼系列影视片的著作权。"泰方"不得宣称其是奥特曼系列影视片的著作权人，不得向圆谷会社的许可商及分许可商发警告信宣称侵害了"泰方"的著作权。尽管已有日本法院作出的判决，但"泰方"仍以著作权人身份授权泰国 Chaiyo Film 公司，由 Chaiyo Film 公司将奥特曼系列影视片的独家使用权授予广州锐视文化传播有限公司，并向中国版权局出示泰国判决，证明"泰方"是奥特曼系列影视片著作权人，要求在中国版权局登记"授权合同"，并获得了中国版权局的"著作权登记证书"。该"授权合同"明确规定奥特曼产品的版权标记要注明"Tsuburaya Chaiyo"，以表示 Tsuburaya Chaiyo 是奥特曼系列影视片著作权人。

正因为这一历史渊源，从1999年以来，圆谷会社在中国就奥特曼著作权已经进行过六个相关案件的诉讼，已经生效的中国法院判决均认定圆谷会社是奥特曼的著作权人，这也被认为是圆谷会社这次敢于大张旗鼓地提起系列诉讼的根本原因之一。

作为世界知名的动画形象，奥特曼在世界各国都有一定的知名度，因此，奥特曼系列影视片著作权争议在国内外引起了广泛关注。有人士称，中国法院在审理该案件时，如何认定著作权归属、如何认定侵权行为、如何适用国际公约及中国国内法，如何保护外国作品著作权人在中国境内所享有的精神权利和经济权利，将是中国知识产权保护水平的一次展示。更有人士指出，"奥特曼"中国系列诉讼给中国企业敲响了一记知识产权的法律警钟。

"涉外著作权法律适用研讨会"上，"奥特曼"中国系列诉讼所涉及的诸多法律问题在法学界也引起了广泛的关注。中国社科院知识产权中心副主任李明德在接受记者采访时表示，非权利人在（c）后署名是一种欺诈性质的虚假标识，属于不正当竞争行为。上海财经大学法学院教授宋锡祥接受记者采访时指出,即使《世界版权公约》中的版权不包括署名权,也不妨碍圆谷会社依据中国《著作权法》对作者署名权的保护。最高人民法院民三庭庭长、知识产权专家蒋志培博士则认为,该案完全应该跳出所谓(c)去探讨,更不必争论什么精神权利与财产权利,适用中国的著作权法就足以解决问题了。因为中国是保护署名权的,所以本案的焦点首先在于这个作品是不是中国著作权法所保护的作品,其次,原告要求在作品上面署名,是不是合法。如果按中国法律规定原告应该在这个作品上署名,而作品上却没有署原告的名字,那就是侵犯了原告的署名权。如果侵害署名权,《著作权法》就比《反不正当竞争法》更好适用一些,界定也比较清晰。

尽管学界对该案涉及的法律问题还在争论不休,但在广东省玩具协会等最新出版的《中外玩具制造》刊物上,被告所称的"版权授权人"已经将版权所有人之姓名由Tsuburaya Chaiyo改为Tsuburaya Prod。同时,被告所称的"版权授权人"网站上,也已经将版权所有人之姓名由Tsuburaya Chaiyo改为Tsuburaya Prod。

知识产权已经成为当代国际贸易中竞争优势的主要砝码和最有价值的博弈工具,中国企业发展壮大躲不开也离不开知识产权问题,"奥特曼"知识产权系列诉讼也是对其他中国公司一个警示,给更多中国企业敲响了一记知识产权的法律警钟,我们应该有高度的警惕性和沉重的忧患感。

【学者评述】

面对高发的涉外版权纠纷,国内企业不必畏惧。要遵守游戏规则,尽量避免涉外版权纠纷的发生。纠纷一旦发生,要先分析其特点,探究其成因,进而制定相应的应对策略,正确地运用法律武器来保护自己。

涉外版权纠纷主要有以下两类:一类是我国使用人被外国版权人诉为侵权,另一类是我国版权人诉外国使用人侵权。其中,外国版权人诉我国使用人侵权有两种方式,其一是向我国法院或行政管理机关指控我国使用人侵权,或警告我国使用人停止侵权活动,赔偿损失,否则将对使用人提起侵权诉讼;其二是我国使用人被指控侵权的活动发生在国外,或被指控侵权的复制品在国外销售,外国版权人在外国法院对我国使用人提起侵权诉讼。

笔者认为,面对涉外版权纠纷,无论是哪种指控,国内企业都应首先了解以下几点:首先,对于外国原告指控国内企业侵权,国内企业应了解所使用的部分对方是否享有版权,即对方是否真的有权诉自己侵权。在著作权方面,大多数国家都规定只有原著的作者或其授权的独占被许可人有权单独对他人侵权行为起诉。其次,外国原告即使是独占被许可人,但其被授予"独占许可"的合同期是否已经过期。再次,有些作品的版权是由两个以上版权人共有,必须所有共有版权人一起,或共同授权其中一人代表全体,方能起诉。还有,伯尔尼公约与我国著作权法均将版权保护期定为作者有生之年加身后50年,若对方诉国内企业侵犯其超过经济权利保护期的精神权利,则可能要负侵权责任。最后,如果国内企业确实侵权,但能提出证据证明外国原告得知或应当得知有关侵权活动的时间已超过诉讼时效,则对国内企业这一特定侵权活动而言,该原告已无权请求任何民事救济。

其实,一部著作中享有版权的部分往往与不享有版权的部分混合在一起的,如果仅仅使用的是官方发布的统计数据、文件、法令之类,而未涉及该作品的任何非官方文件资料的部分,这就不构成侵权;如果国内企业使用的部分并非作者所创作,而是作者引自别人的,且此人已死亡并超过50年,这也不存在侵权的问题;若引用的是著作权法或伯尔尼公约所允许的合理使用,这同样不存在侵权问题。在无法避免被确认为侵权时,尽可能找出一些是出于不知而侵权的证据,法院在审理时则可能会减轻国内企业的赔偿。

笔者认为,国内企业在涉外版权案件的诉讼中应充分准备有关证据。对于来源于境外的证据,必须在境外公证并经过我国驻外使领馆的认证,或者履行中国与所在国订立的有关条约中规定的证明手续,否则,这些证据不会被法院采信。此外,还应当向具有司法管辖权的法院提起诉讼,但要注意诉讼中有关时限的规定。

(李红梅 杨新磊)

第二节 "神灵"大不起来

【上诉人,原审原告】 张宝松
【被上诉人,原审被告】 北京唐龙文化发展有限责任公司
【被上诉人,原审被告】 北京师范大学音像出版社

上诉人张宝松因侵犯著作权纠纷一案,不服北京市第一中级人民法院(2005)一中民初字第11115号民事判决,向北京市高级人民法院提起上诉,现已审理终结。

【一审查明事实】

北京市第一中级人民法院认定:1998年11月6日,唐龙公司与张宝松签订合作协议,主要约定:张宝松设计的《小博士俱乐部》之形象的设计署名权属张宝松个人所有;唐龙公司享有该形象及命名的永久知识产权;唐龙公司支付张宝松该形象设计费人民币5万元。协议签订后,张宝松依约设计了"神灵大"形象作为《小博士俱乐部》之形象。

1999年5月5日,唐龙公司与张宝松签订关于以"神灵大"形象为基础的总体策划协议,主要约定:双方的合作方式为"合同股份制";合同期间唐龙公司为张宝松支付月工资10 000元,合同期间凡经由张宝松以"神灵大"形象为基础的各种产品设计而产生的经济利益部分,90%归唐龙公司,10%归张宝松;以"神灵大"形象作为标志但内容并不与"神灵大"形象发生关联的影视作品、出版物,俱乐部其他以此为标志的活动项目而产生的经济利益,张宝松不获其利。反之,凡以"神灵大"形象作为标志,内容与"神灵大"形象发生关联的影视作品、出版物,俱乐部以此为内容的活动项目而产生的经济利益,张宝松应获其利。

2005年10月31日,张宝松于北京图书大厦购得《比克曼科学世界》VCD光盘一套,单价298元,该光盘由师大出版社出版、唐龙公司发行。该光盘的外包装盒上使用了"神灵大"形象,但没有为张宝松署名。该光盘中的对话及片尾曲的歌词与张宝松向法院提交的"神灵大"卡通制作文字稿和"神灵大"歌词的内容不完全相同。

2005年10月17日,张宝松为本案诉讼支付律师费1万元。

在一审法院审理过程中,张宝松和唐龙公司均确认《比克曼科学世界》在国内的首播时间是2000年5月。

在一审诉讼过程中,张宝松为证明其创作了"神灵大"文字稿及歌词,提交了证据:

1. "神灵大"卡通制作文字稿打印件；2. "神灵大"歌词打印件。

【一审法院观点】

北京市第一中级人民法院认为：因《比克曼科学世界》VCD光盘已上市，该片插播的"神灵大"俱乐部广告内容已被社会公众知晓，张宝松仅凭其提交的证据1、2不足以证明所涉内容系其创作，且该片广告涉及的对话内容及片尾曲歌词与张宝松提交的证据1、2内容并不完全相同，张宝松亦未能提供相应证据佐证上述广告文字稿及歌词系其创作且已向唐龙公司进行了交付，故张宝松称其享有上述广告文字稿及歌词的著作权，证据不足，法院不予支持。

根据唐龙公司与张宝松所签合作协议的约定，"神灵大"形象的设计署名权属张宝松个人所有，唐龙公司享有该形象及命名的永久知识产权，"神灵大"形象首次将使用在《比克曼博士》科学教育影片中。故唐龙公司依约将"神灵大"形象使用于《比克曼科学世界》VCD光盘中并无不妥，但应当署名"神灵大"的形象设计者为张宝松。由于《比克曼科学世界》VCD光盘未按约署名张宝松为"神灵大"形象设计者，且该光盘系师大出版社出版、唐龙公司发行，故师大出版社及唐龙公司侵犯了张宝松的署名权，应当共同承担相应的民事责任，包括停止侵害、赔礼道歉等责任。

根据张宝松与唐龙公司签订的合作协议约定，唐龙公司于《比克曼科学世界》2000年5月首映后的1个月内向张宝松支付"神灵大"形象设计费5万元，即唐龙公司最迟应在2000年6月30日向张宝松支付该费用，而张宝松未能提供相应证据证明2002年6月30日前其曾向唐龙公司追索上述款项，在本案诉讼中，张宝松因未取得该形象设计费而主张唐龙公司和师大出版社赔偿，已超过诉讼时效。《比克曼科学世界》VCD光盘的勘验结果表明光盘的主要内容为电视剧《比克曼科学世界》，仅在该剧的片头、片中及片尾播放了"神灵大"俱乐部广告，根据张宝松与唐龙公司签订的合作协议，属于以"神灵大"形象作为标志但内容并不与"神灵大"形象发生关联的出版物，对此出版物产生的经济利益，张宝松依约不得获利。本案中，张宝松主张唐龙公司和师大出版社按《比克曼科学世界》VCD光盘收益的10%赔偿其经济损失12万元，缺乏事实和法律依据。

鉴于唐龙公司和师大出版社仅侵犯了张宝松对"神灵大"形象享有的署名权，张宝松未就精神损害抚慰金提出相应的诉讼请求，故法院仅考虑张宝松为制止侵权行为所支付的合理费用，酌定赔偿数额为5 000元。

【一审判决】

北京市第一中级人民法院依据《中华人民共和国著作权法》第十条第一款第（二）项、第四十六条第（十一）项、第四十八条第一款和最高人民法院《关于审理著作权民事纠纷案件适用法律若干问题的解释》第二十六条之规定，判决：（一）唐龙公司、师大出版社立即停止出版、发行侵犯张宝松署名权的《比克曼科学世界》VCD光盘的行为；（二）唐龙公司、师大出版社就其侵犯张宝松署名权的行为在《中国青年报》上刊登致歉声明，向张宝松公开赔礼道歉；（三）唐龙公司、师大出版社共同赔偿张宝松为制止侵权行为所支付的合理开支五千元；（四）驳回张宝松其他的诉讼请求。

张宝松不服一审判决，向本院提起上诉，请求二审法院依法改判，以维护其合法权益。理由是：1. 唐龙公司使用作品而未支付报酬，且侵权行为一直在持续。张宝松依据著作权法而主张侵权赔偿,但一审判决仅依据合同法认定张宝松未提交相关证据、诉讼时效已过显然是错误的。2. 张宝松因侵权损害赔偿提出的诉讼请求是一揽子的要求,一审判决片面认定张宝松放弃要求精神抚慰金的权利明显不当。3. 张宝松对《比克曼博士》VCD 中插播的神灵大形象及其对话、片尾曲的歌词进行了创作,已提交了有关创作的证据,唐龙公司不能提供相反证据证明张宝松不是作者,应承担举证不能的责任。唐龙公司在使用时对张宝松的原稿作了修改,张宝松提交的内容与播出的内容不完全相同,恰恰反映了事物的真实性。张宝松的证据之间的关联性,例如唐龙公司认可的策划书中也反映了作品的部分内容。4. 一审判决未对张宝松因制止侵权行为所支付的合理开支作出合理的裁判,其判决明显有失公平。故一审判决对张宝松的请求不予支持是明显错误的。

唐龙公司、师大出版社服从原审判决。

【二审查明事实】

经审理查明:1998 年 11 月 6 日,唐龙公司与张宝松签订合作协议,约定:张宝松设计的《小博士俱乐部》之形象的设计署名权属张宝松个人所有;唐龙公司认同该设计为《小博士俱乐部》之形象,并享有该形象及命名的永久知识产权;"神灵大"之形象首次将使用在《比克曼博士》科学教育影片中,以及唐龙公司认为适当的一切领域中;唐龙公司支付张宝松该形象设计费人民币 5 万元,该费用在《比克曼博士》剧首映之后的一个月内一次支付;协议有效期五十年。协议签订后,张宝松依约设计了"神灵大"形象作为《小博士俱乐部》之形象。

1999 年 5 月 5 日,唐龙公司与张宝松签订关于以"神灵大"形象为基础的总体策划协议,约定:双方的合作方式为"合同股份制",合同期限为五年;合同期间唐龙公司为张宝松支付月工资10 000元,当神灵大俱乐部作为独立实体正式成立后,届时将重新以新的标准来确定张宝松的工资,并补发所欠工资;合同期间凡经由张宝松以"神灵大"形象为基础的各种产品设计(包括玩具、礼品、纪念品、文化衫等)而产生的经济利益(扣除税收)部分,90% 归唐龙公司,10% 归张宝松;以"神灵大"形象作为标志但内容并不与"神灵大"形象发生关联的影视作品、出版物,俱乐部其他以此为标志的活动项目而产生的经济利益,张宝松不获其利。反之,凡以"神灵大"形象作为标志,内容与"神灵大"形象发生关联的影视作品、出版物,俱乐部以此为内容的活动项目而产生的经济利益,张宝松应获其利。

2005 年 10 月 31 日,张宝松于北京图书大厦购得《比克曼科学世界》VCD 光盘一套,单价 298 元,该光盘由师大出版社出版、唐龙公司发行。该光盘的外包装盒上使用了"神灵大"形象,但没有为张宝松署名。该光盘经一审法院勘验,其内容系《比克曼科学世界》科学教育影片,主要介绍儿童科普知识,在该影片的片头、片中、片尾均插播了"神灵大"博士俱乐部的广告;片头的对话内容是向观众介绍博士"神灵大"、推荐获得国际大奖的最精彩的节目《比克曼世界》;片中的对话内容主要是向观众介绍"神灵大"博士的属相、血型、智商、联系方式以及"神灵大"博士俱乐部的计划;片尾的对话内容主要是向观众介绍《比克曼世界》影碟、图书即将上市,当心盗版,凡购买影碟送俱乐部会员卡,可以免费加入俱乐部,"神灵大"博士俱乐部是第一流的俱乐部等内容,片尾还插播了有关"神灵大"的片尾曲。上述对话及片尾曲的歌词与张宝松提交的"神灵大"卡通制作文字稿和"神灵大"歌词的内容不完全相同。

在一审庭审过程中，张宝松明确其要求唐龙公司及师大出版社赔偿的17万元包括合作协议约定的形象买断设计费5万元和对文字稿、歌词，形象的使用费12万元。

2005年10月17日，张宝松为本案诉讼支付律师费1万元。

在一审法院审理过程中，张宝松和唐龙公司均确认《比克曼科学世界》在国内的首播时间是2000年5月；张宝松指控的侵权行为系唐龙公司及师大出版社共同复制、发行《比克曼科学世界》VCD光盘的行为；唐龙公司承认未按照合作协议及策划协议的约定向张宝松支付任何费用。

在一审法院审理过程中，张宝松为证明其创作了"神灵大"文字稿及歌词，提交了证据1."神灵大"卡通制作文字稿打印件；证据2."神灵大"歌词打印件，该页面上有张宝松向"陆先生"征询意见的铅笔手写文字；为证明其与唐龙公司的法律关系，提交了证据3.以"神灵大"形象做的计划，该计划涉及确定"神灵大"形象的原则、步骤及实施等，该页面上有张宝松向"陆先生"征询意见的手写文字以及陆兴东的回复意见和签字；证据4."神灵大"俱乐部策划方案，该策划方案涉及"神灵大"俱乐部徽、旗的设计及制作、"神灵大"俱乐部证书、"神灵大"俱乐部会员卡、章及贴画等内容，该页面上有张宝松向"陆先生"征询意见的手写文字；为证明唐龙公司对张宝松创作的"神灵大"形象、文字稿及歌词的使用范围，提交了证据5."幽默剧场"联播40家电视台目录；证据6.神灵大科学俱乐部会员卡；证据7.神灵大科学俱乐部申请表及章程；为证明其经济损失，提交了证据8.2000~2005年的4张机票及4张机场建设费收据。针对上述证据，唐龙公司及师大出版社认为证据1、2均不能证明该文字稿及歌词系张宝松创作；证据3、4系张宝松按约应当履行的合作义务；对证据5的真实性和证明内容均有异议；证据6、7系唐龙公司对"神灵大"形象的合法使用；对证据8的真实性没有异议，但认为该证据与本案无关，不能证明系本案诉讼的合理支出。

在二审法院审理过程中，张宝松主张"神灵大"俱乐部策划方案中的相关内容可以佐证"神灵大"文字稿及歌词系其创作，但其并未指出具体哪些内容与其主张权利的文字稿及歌词具有关联性。

上述事实，有唐龙公司与张宝松签订的合作协议、张宝松与唐龙公司签订的关于以"神灵大"形象为基础的总体策划之协议、张宝松创作的"神灵大"形象、《比克曼科学世界》宣传页、《比克曼科学世界》VCD光盘一套、《比克曼科学世界》VCD光盘发票及小票、律师费发票、张宝松提交的证据1~8以及当事人陈述、庭审及询问笔录等在案佐证。

【二审法院观点】

本院认为：根据我国著作权法的规定，作者对自己创作的作品享有署名等著作人身权和复制、发行等著作财产权。著作权人对其享有的著作财产权可以许可他人行使，并有权依照约定或者法律规定获得报酬。

根据本案证据，张宝松创作了"神灵大"形象美术作品，根据唐龙公司与张宝松签订的合作协议的约定，张宝松享有"神灵大"形象美术作品的设计署名权。师大出版社出版、唐龙公司发行的《比克曼科学世界》VCD光盘使用了"神灵大"形象美术作品、但没有为张宝松署名，师大出版社在出版过程中未对不属于《比克曼科学世界》节目内容的"神灵大"形象美术作品著作权问题进行审查、未尽到合理的注意义务，师大出版社和唐龙公司的行为构成了对张宝松署名权的侵犯，应当共同承担停止侵害、公开赔礼道歉等民事责任。

张宝松上诉要求师大出版社和唐龙公司向其赔偿精神损害抚慰金，但其在一审诉讼中未就精神损害抚慰金提出明确的诉讼请求，且公开赔礼道歉的责任方式已足以弥补因侵害其署名权所造成的影响，故对其此项上诉请求，本院不予支持。

关于张宝松追索"神灵大"形象的买断设计费5万元的诉讼时效问题。我国民法通则规定，向人民法院请求保护民事权利的诉讼时效期间为二年，法律另有规定的除外；诉讼时效期间从知道或者应当知道权利被侵害时起计算。根据张宝松与唐龙公司签订的合作协议的约定，唐龙公司应当于《比克曼科学世界》2000年5月首映后的1个月内向张宝松支付"神灵大"形象设计费5万元，但唐龙公司至今未向张宝松支付此项费用。根据上述合作协议的约定，张宝松最迟在2000年6月30日应当知道其权利受到了侵害。但张宝松在本案中未能提供相应证据证明其在2002年6月30日前曾向唐龙公司主张过权利，故其关于唐龙公司和师大出版社赔偿其5万元形象设计费的请求，已超过诉讼时效，原审法院的认定并无不当。张宝松所提其指控的是侵权而非违约、被控侵权行为一直在持续、因而未超过诉讼时效的上诉理由，缺乏法律和事实依据，本院不予支持。

关于《比克曼科学世界》VCD光盘中插播的"神灵大"俱乐部广告涉及的对话内容及片尾曲歌词的著作权问题。张宝松在本案中主张就对话内容及片尾曲歌词享有著作权，但其在一审中提交的关于创作稿的证据1、2均系打印件，在《比克曼科学世界》VCD光盘已经上市的情况下，上述打印件不足以证明所涉内容系张宝松创作。张宝松上诉主张其一审中提供的证据"神灵大"俱乐部策划方案可以佐证其上述主张，但其并未指出该策划方案的哪些具体内容可以佐证。因此，张宝松主张其享有上述广告的对话内容及歌词的著作权、并据此要求唐龙公司和师大出版社赔偿其经济损失，证据不足，本院不予支持。

一审法院根据本案的具体情况对张宝松为制止侵权行为所支付的合理费用酌情予以确定，所确定的赔偿数额并无不当。

综上，原审法院认定事实清楚，适用法律正确。张宝松的上诉理由不能成立，其上诉请求，本院不予支持。

【终审判决】

二〇〇六年四月十九日，北京市高级人民法院依据《中华人民共和国民事诉讼法》第一百五十三条第一款第（一）项之规定，判决如下：驳回上诉，维持原判。一审案件受理费五千五百一十元，由张宝松负担四千三百七十九元（已交纳），由北京唐龙文化发展有限责任公司和北京师范大学音像出版社共同负担一百三十一元（于本判决生效之日起七日内交纳）；二审案件受理费五千五百一十元，由张宝松负担（已交纳）。本判决为终审判决。

【学者评述】

什么是邻接权？

"邻接权"一词译自英文Neighboring right，意思是与著作权邻近的权利。在我国著作权法中，这种权利称为"与著作权有关的权益"。邻接权通常是指表演者、录音制作者（也称唱片制作者）和广播电视组织（也称广播组织）对其表演活动、录音制品和广播电视节目享有的一种类似著作权的权利。在英美法系国家，著作权法很少引入邻接权的概念。例如英国著作权法，将录音制作者和广播电视组织的权利都视为著作权。在美国著作权法中，作者的权利、录音制作者的权利都属于著作权范畴。只有在欧洲大陆法系国家，才严格区分著作权与邻接权的概念。

邻接权的三种权利中与著作权关系最为密切的是表演者的权利。表演者对自己的表演除了拥有财产权利外，还有权保护自己的某些人格利益不受损害。邻接权中的另外两种权利——录音制作者的权利和广播电视组织的权利同表演者的权利不同之处表现在：录音制作者和广播电视组织的权利一般只涉及财产内容，而不涉及人格利益，而且这两种权利除了可通过著作权法得到保护之外，还可以通过不公平竞争法得到保护。只是由于不公平竞争法的规定不像著作权法这样特定，而且一般无法解决保护期的问题，所以欧洲大陆国家普遍都以著作权法保护这两种权利。表演者、录音制作者、广播电视组织三者的权利的相同之处表现在：三者的权利一般都是基于对作品的某种使用产生的；三者所付出的劳动都不属于创作作品的独创性劳动（其结果并不产生作品），而是一种再现、复制和传播他人作品的劳动。录音制作者和广播电视组织的权利的产生通常与表演者的表演密切相关。

（李红梅）

第三节　我为你狂

【原告】上海世纪出版集团人民出版社
【被告】上海海上图书发行部

原告上海世纪出版集团人民出版社（以下简称人民出版社）与被告上海海上图书发行部（以下简称海上发行部）邻接权纠纷一案，上海市第二中级人民法院于2002年6月5日受理后，依法组成合议庭，于2002年9月4日和9月13日两次公开开庭进行了审理，现已审理终结。

【原告诉称】

原告人民出版社诉称：《我为歌狂》一书的三位作者将该部作品的著作权转让给案外人上海卡通文化发展有限公司（以下简称卡通公司），该公司授权原告出版，双方签订了图书出版合同。原告依据其专有出版权于2001年7月第一次出版发行该书，因该书销量巨大，至今已印刷10次，印数已达52万册，属于畅销书籍。2001年年末，原告了解到市场上已出现《我为歌狂》的盗版书，并在多家图书销售商处予以销售。经上海市版权局版权管理处查实，被告即是《我为歌狂》盗版书的主要销售点之一，被告对销售该盗版书的事实予以认可。为维护图书出版发行市场秩序，控制盗版行为的泛滥，根据《中华人民共和国著作权法》的有关规定，要求法院判令被告：1. 立即停止侵权、停止销售《我为歌狂》一书；2. 在《新民晚报》《文汇报》《知识产权报》上公开赔礼道歉、消除影响；3. 赔偿原告人民币10万元。

原告为证明其主张的事实，向本院提供如下证据：1. 上海美术电影制片厂（以下简称美影厂）出具的情况说明，证明美影厂确认案外人卡通公司经其授权将动画影片改编成小说；2. 三位作者解某、曾炜、卢颖出具的证明，证明三位作者追认改编小说的著作权归属于案外人卡通公司；3. 案外人卡通公司和三位作者签订的合同，证明该书著作权经合法授权后由卡通公司享有；4. 原告与案外人卡通公司签订的图书出版合同，证明原告享有该书的专有出版权；上述证据1～4证明原告享有的专有出版权合法有效。5.《我为歌狂》正版书和盗版书各一本；6. 上海版权局抽样取证、登记保存物品目录，证明该盗版书由行政机关在查处销售盗版出版物时从被告处查获；7. 上海市版权局询问笔录，证明被告确认其销售的《我为歌狂》系盗版书，并无法提供其合法来源。

【被告辩称】

被告上海海上图书发行部辩称：其从未销售过《我为歌狂》盗版书，被告经销的书籍均有合法来源。上海市版权局查获的一本《我为歌狂》盗版书系营业员疏于识别，不慎从重复购书的顾客处调换进来的。被告不存在侵权的故意和事实，也没有对原告造成实际的经济损失，故不应承担侵权责任，请求法院驳回原告的诉讼请求。

被告为证明其主张的事实，向本院提供如下证据：1. 被告单位两个职工郑珠芬、石建生的证词，证明盗版书系营业员因疏于识别，不慎从重复购买此书的顾客处调换进来的；2. 购书清单，证明被告购买的《我为歌狂》书籍均有合法来源。

【法院查明】

美影厂授权案外人卡通公司将动画影片《我为歌狂》改编成小说。2001年年初案外人卡通公司委托作者解某、曾炜、卢颖将动画影片《我为歌狂》改编成同名小说，并口头约定该作品的著作权归属案外人卡通公司。嗣后三位作者按约完成了作品的改编工作，同年9月26日案外人卡通公司与三位作者补签了委托创作合同。

2001年6月11日案外人卡通公司与原告人民出版社签订《图书出版合同》，授予原告专有出版权。原告于2001年7月第一次出版该书，2002年1月第9次印刷，印数达到50万册，2002年3月第10次印刷，印数已达52万册。

2002年1月10日上海市版权局在被告海上发行部下属康健分部查获一本《我为歌狂》盗版书，被告在上海市版权局承认该书系盗版书。

经比对《我为歌狂》的正版书与盗版书，两者区别显著：1. 封面和封底存在明显色差，正版书色彩鲜艳，画面清晰，盗版书色彩黯淡，画面模糊；2. 印刷质量也存在明显差异，正版书的文字和图案印刷十分清晰，而盗版书的印刷十分粗糙；3. 纸张质量也有明显差别，正版书的纸张厚实，盗版书的纸张单薄；4. 正版书随书附送一张精美明星卡，盗版书则没有明星卡赠送。

庭审中，证人郑珠芬、证人石建生到庭作证，他们证明2001年10月有一个顾客因与孩子购买了同样一本《我为歌狂》书籍而要求予以调换，经证人石建生同意后，证人郑铢芬将其他书籍调换给顾客。后上海市版权局查获的盗版书即是该顾客要求调换的那本《我为歌狂》书籍。

【法院观点】

本案的争议焦点是：1. 原告享有的专有出版权是否合法有效？2. 被告销售的盗版书是否具有合法来源？3. 原告要求被告赔偿人民币10万元是否具有事实和法律依据？

关于第一个争议焦点，原告认为美影厂全权委托案外人卡通公司将动画影片《我为歌狂》改编成小说，案外人卡通公司委托三位作者改编成同名小说，并口头约定著作权归属案外人卡通公司。案外人卡通公司再授予原告人民出版社专有出版权，出版发行小说《我为歌狂》。后三位作者与案外人卡通公司补签了委托创作合同，因此原告的专有出版权合法有效。被告认为美影厂未将动画影片《我为歌狂》的著作权转让给案外人卡通公司，因此案外人卡通公司并未取得该动画影片的著作权。由于权利来源存在瑕疵，因此改编小说的著作权和原告的专有出版权均有瑕疵。

本院认为：美影厂确认其授权案外人卡通公司将动画影片《我为歌狂》改编成小说的事实，因此案外人卡通公司有权委托三位作者将该动画影片改编成小说。虽然原告出版小说在前，案外人卡通公司与三位作者签订的书面合同在后，但三位作者事后均追认改编小说的著作权归属于案外人卡通公司。案外人卡通公司在取得小说著作权后授予原告专有出版权，因此原告享有合法有效的专有出版权。

关于第二个争议焦点，原告认为被告两个营业员的证言不能证明其没有销售盗版书，因为两个营业员的证言相互矛盾，且两个证人不能肯定顾客所换的书籍就是上海市版权局查获的盗版书。被告提供的购书清单不是合法的销售凭证，因此被告不能证明盗版书籍的合法来源，应该承担相应的法律责任。被告认为购书清单能够证明其销售的书籍都具有合法来源，被告销售的《我为歌狂》都是正版书，上海市版权局查获的盗版书来源于换书的顾客，被告没有故意购买盗版书的事实，因此被告不侵犯原告的专有出版权。

本院认为：两位证人系被告单位营业员，与被告具有利害关系。两位证人当庭作证的内容存在矛盾之处，证人郑珠芬作证调换书籍的顾客没有出具购书凭证，证人石建生却作证该顾客出具了收银条。两位证人的证言系孤证，又无其他证据互相印证，对于两位证人的证言本院难以采信。因此被告不能举证盗版书的合法来源，本院认定被告销售的《我为歌狂》盗版书没有合法来源。被告提供的《我为歌狂》购书清单，原告对其真实性无异议。根据被告购书清单的单价、折扣，可以认定被告曾经从合法渠道购买了58本《我为歌狂》正版书，但上述证据不能证明《我为歌狂》盗版书的合法来源。

关于第三个争议焦点，原告认为在被告的违法所得和原告的实际损失难以确定的情况下，要求法院根据被告侵权行为的情节判令被告法定赔偿原告经济损失人民币10万元。被告认为原告不存在实际损失，被告也不存在侵权的事实，因此原告要求被告赔偿经济损失人民币10万元没有事实和法律的依据。

本院认为：由于原告未提供因被告的侵权行为所遭受的具体经济损失的证据，被告也未提供有关财务帐册及相关凭证，故对于原告的实际损失和被告的违法所得本院难以确定。对于被告的赔偿数额，本院根据被告的主观过错，侵权行为手段、规模、情节等综合因素酌情确定。对于原告诉请中赔偿数额的过高部分，本院不予支持。

综上，图书出版者的专有出版权应受法律保护，图书发行者不能证明其发行的复制品有合法来源，应当承担相应的法律责任。被告作为专业的图书发行单位，其住所地文庙又是上海最大的图书刊物批发市场，应当知道市场上最畅售的图书品种，应当知道《我为歌狂》正版书在2002年1月已达到50万册的销量，更应当能够判断《我为歌狂》正版书和盗版书的区别。现被告不能证明其下属书店销售《我为歌狂》盗版书的合法来源，主观上存在明显过错，应当承担停止侵权、赔礼道歉、赔偿损失的民事责任。

【判决】

二〇〇二年九月二十七日，上海市第二中级人民法院依照《中华人民共和国著作权法》第三十条、第四十六条第（十一）项、第四十七条第（一）项、第四十八条第二款、第五十二条的规定，判决如下：一、被告上海海上图书发行部应停止对原告上海世纪出版集团人民出版社专有出版权的侵害；二、被告上海海上图书发行部应在本判决生效之日起三十日内在《新民晚报》上刊登道歉声明，公开向原告上海世纪出版集团人民出版社赔礼道歉（内容须经本院审核）；三、被告上海海上图书发行部应在本判决生效之日起十日内赔偿原告上海世纪出版集团人民出版社经济损失人民币5万元；四、原告上海世纪出版集团人民出版社的其他诉讼请求不予支持。本案案件受理费人民币3 510元，由原告上海世纪出版集团人民出版社负担人民币870元，被告上海海上图书发行部负担人民币2 640元。本案诉讼保全费人民币1 020元，由原告上海世纪出版集团人民出版社负担人民币255元，被告上海海上图书发行部负担人民币765元。一审判决后，双方均未上诉。

【学者评述】

邻接权与著作权有何联系与区别？

邻接权，这项与著作权有关的权益，具有如下特点：（1）保护对象的特定性。邻接权保护的是作品传播者的权利，即作品传播者在原作品的基础上创造、加工，而对其创造、加工后的劳动成果享有的权利，如表演者的表演者权。（2）权利的专有性。法律确认未经传播者许可，他人不得以营利为目的使用传播者创造、加工后的劳动成果。

由于享有与著作权有关的权益的组织或个人，如出版者、表演者等，他们并不直接创作作品，因此，邻接权是以著作权为基础的。邻接权与著作权的联系主要表现在以下几个方面：

第一，《著作权法》第22条规定的对于著作权合理使用的限制，同样也适用于对邻接权的限制。第二，作品的著作权是要受到保护期限的制约的，邻接权也同样要受到保护期限的制约。第三，邻接权依赖于著作权。因为没有作品就没有传播，也就没有邻接权的产生，因而著作权法要先保护著作权人的合法权益。《著作权法实施条例》第27条规定："出版者、表演者、录音录像制作者、广播电台、电视台行使权利，不得损害被使用作品原件著作权人的权利。"如果没有得到原作品著作权人的授权，传播者擅自传播作品就是侵权行为，将受到法律的制裁邻接权更无从谈起。

但是，邻接权与著作权还是有区别的，主要表现在：（1）邻接权的主体多为法人或其他组织，而著作权的主体则多为自然人。（2）邻接权的客体是传播作品过程中产生的成果，而著作权的客体是作品本身。（3）邻接权中除了表演者权之外一般不涉及人身权，而著作权则包括人身权和财产权两方面的内容。（4）邻接权的权利范围往往是法律规定的有限几种，而著作权的权利范围则非广泛，法律在列举了很多种使用作品的方式后还规定了概括性条款，即"应当由著作权人享有的其他权利"。（5）邻接权的行使也要受到作品著作权人的制约。例如，表演者表演作品，有权许可他人录音录像并获得报酬，但如果被表演作品的著作权人不同意，表演才的这种许可就是无效的。由此可见，传播者享有的邻接权，更多的是一种禁止权，即有权反对他人在未经授权的著作权人的配合。而著作权人享有的著作权，则完全可以自行决定是否行使。

（李红梅）

第四节　游戏软件不能"游戏"

【上诉人，原审被告】 北京寰宇之星软件有限公司
【上诉人，原审被告】 软星科技（上海）有限公司
【被上诉人，原审原告】 王世颖

上诉人北京寰宇之星软件有限公司（以下简称寰宇之星公司）、软星科技（上海）有限公司（以下简称软星公司）因侵犯署名权纠纷一案，不服北京市海淀区人民法院（2004）海民初字第21090号民事判决，向北京市第一中级人民法院提起上诉，现已审理终结。

【一审法院观点】

原审法院判决认定，《仙剑奇侠传三外传－问情篇》（以下简称《问情篇》）游戏软件属于法人作品，软星公司享有著作权。软星公司在该软件光盘和说明书中为相关制作人员署名的行为系出于尊重和保护相关制作人员署名权的目的，应认定为著作权意义上的署名行为，而不仅仅是一种感谢方式，此署名应准确客观地体现每个制作人员的工作性质和劳动成果。王世颖与软星公司对在双方涉及《阿猫阿狗Ⅱ》软件开发事项的《劳动合同（续签）》中所注的王世颖"不得擅自许可他人使用，获得报酬，署名或以其他名称进行计算机软件登记"一语，是否能够证明"王世颖享有署名权"一节存在异议，因该合同属于软星公司的格式合同，因此应做出不利于软星公司的解释，即王世颖依然享有署名权，软星公司应为王世颖如实署名。《大众软件》刊物、张毅君的答复邮件、宁少华和陈文斌的电子邮件及其证言、《外传企划行程表》、王世颖主线剧情进度汇报电子邮件等证据均证明王世颖在《问情篇》游戏软件的开发中担当了主企划和剧情企划的职务，而软星公司主张主企划和剧情企划职务系邵芸担当，却未予举证说明，软星公司的行为侵犯了王世颖的署名权。寰宇之星公司在署名方面虽无过错，但其应协助软星公司在未发行的《问情篇》游戏软件光盘和说明书中为王世颖正确署名。王世颖请求寰宇之星公司赔礼道歉、消除影响，不予支持。

【一审判决】

据此，依据《中华人民共和国著作权法》第十一条第三款、第四十六条第（十一）项、第四十八条第二款；《中华人民共和国合同法》第四十一条之规定，判决如下：一、本判决生效之日起30日内，寰宇之星公司、软星公司在未发行的《问情篇》游戏软件光盘和说明书中为王世颖署名为第一顺位的主策划和剧情策划。二、本判决生效之日起10日内，寰宇之星公司、软星公司在《大众软件》上刊登致歉声明，消除影响。三、驳回王世颖的其他诉讼请求。

判决后，寰宇之星公司、软星公司不服。

寰宇之星公司上诉称，原审判决自相矛盾，在"本院认为"部分认定，王世颖请求寰宇之星公司赔礼道歉、消除影响，不予支持。在判决主文部分却判令寰宇之星公司与软星公司共同承担民事责任。故此，上诉请求，二审法院撤销原判，驳回王世颖全部诉讼请求。

软星公司上诉称,原审法院判决已经认定,《问情篇》游戏软件属于法人作品,软星公司享有著作权,即表明软星公司有权自行决定署名事宜,决定制作人员署名名单,然而却又认定王世颖有署名权,并将产品内的《制作人员表》认定为具有著作权意义上的署名表,对此其无法接受。另外,王世颖有关证明自己为主策划、剧情策划人的证据并不具有证明力,原审认定与事实不符。据此请求二审法院撤销原判,驳回王世颖的诉讼请求。

王世颖同意原判。

【二审查明事实】

经审理查明:

双方当事人对如下事实没有异议,王世颖原为软星公司的职员,参与了《问情篇》游戏软件的开发工作,于2004年4月底离开软星公司。该软件于2004年8月开发完成,为法人作品,由软星公司享有著作权。在该软件光盘和说明书中的《制作人员表》上,主企划和剧情企划署名为邵芸,创意企划署名为王世颖。主企划和剧情企划即指主策划和剧情策划。寰宇之星公司是该软件产品的代理发行商,负责软件产品的广告宣传和市场营销。

上述事实有双方当事人陈述,以及王世颖与软星公司有关涉及《阿猫阿狗Ⅱ》软件开发事项的《劳动合同(续签)》《问情篇》游戏软件光盘及说明书物证等证据在案佐证。

为证明《问情篇》游戏软件的主策划工作和剧情策划工作是由王世颖承担的,王世颖在原审期间提交了《大众软件》2004年第6~10期连载的5篇《问情篇》游戏软件宣传稿、《外传企划行程表》,以及就开发工作中的问题与时任软星公司总监的张毅君(台湾人)之间的电子通信及与同事邵芸之间的电子通信。其中《大众软件》5篇宣传稿上均署名"仙剑三外传主企划王世颖"。《外传企划行程表》显示,"企划行程表"、"提案书"、"企划大纲讨论确定"、"场景人物行为规划"、"游戏世界设定"、"情节关场景设定"、"主线剧情"、"音乐音效设定"、"动画片头片尾设定"等工作由王世颖承担,应于2003年7月30日、8月4日、8月22日、9月12日、10月3日、10月31日、2004年2月2日、2月6日、2月20日完成。张毅君于2003年7月22日10时38分发给王世颖、邵芸、宁少华等28人的电子邮件显示,"主题,答复SS仙外主美(指:美术)的票选结果",张毅君说:"……4.财务管理重印名片,唐亮为主程序,张天骥与姜军基为主美(仙外主程未决定,企划王世颖为指导级,名片以最高职务为准,故两项主企名片不用印制)。"王世颖于2003年11月21日6时4分发给张毅君的电子邮件显示,"主题:答复A仙外主线剧情",王世颖说:"按照总监昨天的意见修改过,第二章已经进行一半"。王世颖于2003年11月12日10时4分发给邵芸的电子邮件下显示,"主题:答复A仙外支线剧情大纲?修改",王世颖说:"……目前支线(指:剧情)修改状况不佳,现在是先从比较没有问题的部分开始作,仅仅四周剧情还有这么多问题,某些支线要修改两次以上,以后比较有问题的部分该怎么办?望检讨。"邵芸于2003年12月2日14时7分发给王世颖的电子邮件显示,"主题:答复A仙外支线剧情大纲",邵芸说:"支线表也已整理好"。张毅君于2004年2月3日19时10分发给王世颖、邵芸的电子邮件,对邵芸说:"你知道不知道你是王世颖在仙外的代理负责人?挂名但不做事吗?……"对王世颖说:"身为主企,又连请五天特休,给了你方便,但你有交代邵芸就每周例会该作的(至少企划部)做出汇报吗?就算忘了但今天怎么也没看见你提醒她呀?"上述邮件中张毅君的书写采用的是繁体字。王世颖表示上述证据可以证明涉讼软件的主企划和剧情企划工作是其本人承担的,邵芸在其指导下从事了支线剧情的写作工作,而不是主线剧情的写作工作,其应为第一顺位的主企划和剧情企划。软星公司表示,上述证据来自电脑记录,未经公证,不具有真实性,在不符合证据要件构成的情况下,不应被法院采信为证据,同时其表示王世颖虽参加了涉讼软件的开发工作,但具体工作并非如王世颖所述。然而,具体工作是何,软星公司未予举证说明。

在原审审理期间,宁少华作为涉讼软件开发的参加人和同事,出庭证明其见过《外传企划行程表》,并证明王世颖是《阿猫阿狗Ⅱ》和《问情篇》两个项目的主企划。

在本院审理中,王世颖表示,类似这种游戏软件可以通过改编等演绎为电视剧,或者是单独的美术作品、音乐作品等,因此该软件就是著作权意义上的作品,且《仙剑奇侠传》早已改编为电视剧播出,其音乐CD也已上市。本人所完成的内容属于职务内容,对此,即便自己无其他权益也有署名权。软星公司反对王世颖的主张,认为该软件是个完整作品,是共同开发的结果,其坚持主张该软件不能独立分成剧情写作、美术设计、音乐设计等单一作品。

上述事实有王世颖向原审法院提交的《大众软件》2004年第6～10期连载的5篇《问情篇》游戏软件宣传稿、《外传企划行程表》、电子邮件、原审庭审笔录,以及双方当事人陈述等证据在案佐证。

【二审法院观点】

本案的争议焦点是,王世颖是否承担了《问情篇》游戏软件的主企划和剧情企划工作;参与开发者的开发行为是否具有著作权意义上的创作属性。本案应予解决的核心事实是《问情篇》游戏软件是否属于由剧情写作、美术设计、音乐设计等作品复合而成的游戏软件。

软星公司上诉称,王世颖提交的用以证明其主企划和剧情企划的证据,因源自电脑记录,未予公证,缺乏真实性。本院认为,原审法院依照当事人所在的行业特性,考虑从事软件开发工作的人交流信息的惯常做法是利用电脑和电子邮件方式,并结合《大众软件》刊登的5篇宣传稿件署名证据和出庭证人证言,认定《外传企划行程表》及电子邮件证据的真实性,进而依据上述证据内容认定王世颖在涉讼软件开发中承担了主企划和剧情企划的工作,该认定符合认证逻辑,所作认定并无不当。依软星公司主张,对过去发生的事物,只有当时公证固定证据,才能解决"真实性"的证明问题,但本院认为,当事人不能完全预知今后将要发生的争议,未予即时公证合乎常理,软星公司不能做到,王世颖同样也无法做到。就本案而言,软星公司对证据"真实性"的主张,违背常理,本院不予支持。作为反驳方,软星公司既然承认王世颖参与了开发工作,又不认可王世颖的主张,则应由其举证说明王世颖负责的具体工作,其未予举证说明,未尽举证义务,即应承担由此带来的不利后果,原审法院对其反驳不予支持,所作判定正确。

依照我国《著作权法》第三条第(八)项之规定,著作权法所称的作品包括以计算机软件形式创作的文学艺术作品。《问情篇》作为叙事性动漫游戏软件,参与开发者的开发行为具有著作权意义上的创作属性,开发者各自分担的开发部分并非简单的劳动分工,而是著作权意义上的分工创作,该软件属于著作权法规范的作品。其中的剧情写作、美术设计、音乐设计等均可独立形成作品,《问情篇》游戏软件正是经过对这些作品的编程转换整合成为软件作品的,在此意义上,本院认定《问情篇》游戏软件属于上述作品的复合作品。各独立作品的开发者根据独立创作完成情况及其与软星公司的约定或劳动合同关系确定作品的著作权归属。软星公司否认该软件的复合作品属性,明显与客观事实不符,本院不予采信。

软星公司上诉称,自己是该软件的著作权人,即享有对该软件的署名决定权。本院认为,该主张的前提是当该软件作为一个整体作品时,依双方当事人所达成的共识,该软件属于法人作品,著作权属于软星公司,但是当分别析出组成该软件的每一独立作品时,每一独立作品的著作权归属并不因其复合为整体情况时是法人作品而当然成为法人作品,如果软星公司主张独立出来的作品也是法人作品,必须承担举证义务,在其未穷尽举证义务的情况下,本院只有结合本案事实,依照我国《著作权法》的相关规定确认该状态下的权利归属。鉴于王世颖与软星公司之间确定的是劳动合同关系,王世颖本人也承认其所从事的开发行为属于完成单位本职工作的行为,因此可以认定其所完成的作品部分属于职务作品,依照我国《著作权法》第十六条第二款第(一)项之规定,王世颖享有署名权,著作权的其他权利由软星公司享有。软星公司未予如实署名,侵犯了王世颖享有的主企划和剧情企划的署名权,理应承担停止侵权、赔礼道歉、消除影响的民事责任,其上诉请求驳回王世颖的诉讼请求,明显有悖法律规定,本院不予支持。

王世颖与软星公司签订的《劳动合同(续签)》涉及的软件开发项目是《阿猫阿狗Ⅱ》,与本案所涉的《问情篇》游戏软件无关,该合同内有关著作权归属约定事项,不能作为判定本案著作权归属的依据,原判引据为判定本案著作权归属的依据不妥。

原审法院认定寰宇之星公司作为软星公司的代理发行商,对软星公司未予王世颖如实署名的行为没有过错,王世颖请求寰宇之星公司与软星公司共同承担停止侵权、赔礼道歉、消除影响的民事责任,没有事实和法律依据,不予支持,该认定正确,但主文所判与认定不符。据此,本院予以纠正。

【终审判决】

二〇〇五年十二月二十日,北京市第一中级人民法院依照《中华人民共和国著作权法》第三条第(八)项、第十六条第二款第(一)项、第四十六条第(十一)项;《中华人民共和国民事诉讼法》第一百五十三条第一款第(二)项之规定,本院判决如下:

一、维持北京市海淀区人民法院(2004)海民初字第 21090 号民事判决第三项。

二、变更北京市海淀区人民法院(2004)海民初字第 21090 号民事判决第一项为,本判决生效之日起 30 日内,软星科技(上海)有限公司在未发行的《仙剑奇侠传三外传-问情篇》软件的光盘和说明书中为王世颖以第一顺位形式署名为主企划和剧情企划。

三、变更北京市海淀区人民法院(2004)海民初字第 21090 号民事判决第二项为,本判决生效之日起 10 日内,软星科技(上海)有限公司在《大众软件》上刊登声明,向王世颖公开致歉、消除影响。声明内容需经北京市海淀区人民法院审核,逾期不履行,由北京市海淀区人民法院公布判决主文,其费用由软星科技(上海)有限公司承担。

一审案件受理费 790 元,由王世颖负担 400 元(已交纳),由软星科技(上海)有限公司负担 390 元(本判决生效之日起 7 日内交纳)。二审案件受理费 790 元,由软星科技(上海)有限公司负担(已交纳)。

本判决为终审判决。

【学者评述】

游戏文化方兴未艾。广义的游戏文化就是指游戏制作者和玩家的活动模式,具体表现在游戏制作者和玩家特有的共通语言、文字、音乐、审美观、世界观以及与游戏相关的一切行为。狭义的游戏文化是指游戏本身所体现的文化信息,也就是说在游戏中体现的九大艺术(绘画、雕塑、建筑、音乐、文学、舞蹈、戏剧、电影、电视)的因素。

游戏文化应该强调一种原原本本的新产品文化。何谓"新产品文化",笔者不妨作如下解释。一般而言,广大用户对于什么是角色扮演、战旗、策略经营、即时战略、恋爱养成、模拟驾驶等等的分类,早已经了如指掌了。但不知道是游戏商家故意忽略了,还是用户对此漠不关心,很少有游戏软件去强调这款产品本身所具备的文化底蕴的。实际上,笔者认为,一款游戏产品如果具有的浓厚的时代或者地域文化,它肯定要比上述简简单单的不带一丝感情色彩的分类方式更深刻、更吸引人,并导致用户产生与该"游戏文化"相关的美妙联想。

游戏文化应该被正视为一种正常的新消费文化。随着数字娱乐时尚的兴起,游戏已经成为老百姓喜闻乐见的生活方式之一。因此,我们不能再简单的否认游戏,或者去歪曲游戏文化。在一部分人眼中,玩游戏就是不务正业,玩游戏等于玩物丧志。事实上,随着人们的文化和生活水平的不断提高,以游戏为中心的一系列数字娱乐消费正在迅速走进千家万户,成为广大老百姓日常生活与学习的需要。通过游戏来休闲并丰富生活就有如看电影、逛公园、商场购物、健身锻炼一样。有数据表明,一部分电脑用户正是通过玩游戏从此走进神奇的电脑殿堂的。甚至我们还必须看到,玩游戏对于提高初级电脑用户的英语水平、思维方式、计算机应用及领悟能力等诸多方面所起到的积极作用。因此,正视游戏这种消费,将彻底转变我们对待游戏产业的态度。同时,如果家长或者教师能够积极地引导孩子或学生去体验游戏、理解游戏,将真正做到寓教于乐的高层次教育的。

此外,游戏文化应该是一种社会文化,是一种社会风气的体现。笔者认为,一类产品的发展,必将体现一个时代的进步,并折射出一定范围的社会文化,或者说社会风气。

因此,游戏文化不能被简单的否认,或者被歪曲。必须强调,人生不是游戏,游戏虚度人生。但是,娱乐参妙理,游戏悟人生。

(杨新磊)

第五节　谁的"930"

【原告】福建银视联播广告有限公司
【被告】九洲音像出版公司
【被告】北京合力昌荣广告有限公司
【被告】北京九洲华汉广告中心

原告福建银视联播广告有限公司(以下简称银视联播公司)与被告九洲音像出版公司(以下简称九洲公司)、被告北京合力昌荣广告有限公司(以下简称合力昌荣公司)、被告北京九洲华汉广告中心(以下简称九洲华汉中心)侵犯注册商标专用权纠纷一案,北京市第二中级人民法院已审理终结。

【原告诉称】

原告银视联播公司起诉称：该公司是从事设计、制作、发布、代理国内广告以及相关电视节目制作和发行的专业公司。2002年10月，经国家工商行政管理总局商标局（以下简称国家工商局商标局）核准，原告在第35类电视广告、广告等服务项目上取得"九三零剧场及图"、"今晚九三零及图"以及"九三零大戏院及图"注册商标。原告自2000年起通过与电视台的合作，在福建地区推出了自己的服务品牌"九三零剧场"并建立了良好的客户群体。2001年2月，原告与第一被告九洲公司及其他两家单位曾协商创办930剧场，后未能按照合作意向完成该项目。被告九洲公司终止与原告的合作后，擅自使用原告的注册商标，并将930剧场作为其无形资产与各地电视台合作，通过由其投资设立的苏州华汉电视节目制作公司（以下简称苏州华汉公司）运作930剧场项目，擅自使用与原告服务商标相近似的930剧场。苏州华汉公司的经营期至2003年12月31日，但被告九洲公司930项目广告一直由第三被告九洲华汉中心承担；同时第二被告合力昌荣公司担任九洲公司930剧场广告代理，擅自在广告业务中使用与原告注册商标相近似的商标。原告认为三被告的涉案行为侵犯了其注册商标专用权，给其造成了经济损失，故诉至法院，请求判令三被告停止侵权、在《中国经营报》上以不小于1/4版的位置向原告公开赔礼道歉、赔偿原告经济损失1 000万元并承担原告支出的律师费和公证费20万元。

【被告辩称】

被告九洲公司和九洲华汉中心共同答辩称：第一，九洲公司在第41类已注册取得"930"商标，核定服务项目为广播和电视节目制作等。郑州电视台在第38类已注册取得"930"商标，并许可九洲公司授权与930剧场相关联的其他合作方使用该商标。被告九洲公司及其他合作方通过与各地方电视台联办930剧场栏目并通过出资购买港台精典电视剧及合拍剧并提供给930剧场的方式取得了930剧场的贴片广告播出时段。因此，九洲公司有权使用该商标进行电视节目制作播出并取得广告播出时段；第二，原告所称其自2000年推出"九三零剧场"品牌并建立了良好的客户群体的陈述，与事实不符。该剧场的创办始于第一被告、原告及其他单位于2001年所签合作意向书，后由于原告迟迟不履行出资义务，退出了合作。而原告的退出并不影响其他合作各方继续履行合作义务，推进930剧场项目。因此，原告无权依据其于2002年取得的注册商标指控被告使用在先的名称和商标；第三，原告的注册商标核定使用的服务项目与九洲公司电视栏目中所提供的服务不属于相同或类似服务，九洲公司所提供的服务为电视播放服务，其中包括电视节目的播出服务和贴片广告的播出服务，其中930剧场栏目的贴片广告播出时段也是电视节目播出服务的一部分，因为电视广告不可能独立存在，必须以电视节目的播出为载体或平台；第四，被告九洲公司所使用的930商标与原告的注册商标不相同也不相近似，相关公众即广告客户不可能对双方所提供的服务产生混淆和误认。因此，原告的起诉缺乏事实和法律依据，请求法院依法裁判。

被告合力昌荣公司答辩称：第一被告九洲公司有合法使用"930"剧场服务商标的权利，并未侵犯原告涉案注册商标专用权；鉴于九洲公司以获得合法使用"930"剧场服务商标的权利，在与合力昌荣公司共同推广该项目过程中，授权合力昌荣公司进行该电视栏目的贴片广告招商工作，合力昌荣公司据此授权进行广告招商工作，并未侵犯原告的注册商标专用权；而且由于有电视栏目存在，广告招商代理工作中涉及使用"930剧场"这一栏目名称是不可避免的,且该名称与原告的注册商标既不相同也不相近似;原告所称其与电视台合作推广"930剧场"且取得成效,但未提供充分证据证明其主张,其有关损害赔偿请求数额计算方式没有法律依据。综上,请求法院驳回原告的诉讼请求。

【法院查明】

本院经审理查明:2002年10月14日,经国家工商局商标局核准,银视联播公司取得"九三零剧场及图"、"今晚九三零及图"以及"九三零大戏院及图"文字和图形组合注册商标,注册证号分别为第1944929号、第1944906号、第1944936号,核定服务项目均为第35类电视广告、电视商业广告、广告、广告策划、广告传播、广告代理等。此外,银视联播公司还曾在第41类广播和电视节目制作、节目制作等服务上取得"今晚九三零及图"注册商标。

2000年8月9日、8月10日,福州电视台与银视联播公司就双方合作经营福州电视台"黄金"930剧场的有关事宜签订合同书及补充协议书,对合作目标、广告合作经营等内容进行了约定;2001年福州广播电视集团与银视联播公司就双方合作联办福州电视台影视频道930剧场事宜签订《930剧场》联办合同书两份,对节目播出形式与要求、广告经营等内容进行了约定;2003年福州电视台亦与银视联播公司签订了《930剧场》联办合同书。

2000年8月,银视联播公司还与漳州电视台、厦门电视台签订《黄金930剧场》联办合同书。2001年,南京电视台、常州电视台、杭州电视台西湖明珠频道与银视联播公司签订《930剧场》联办合同书。2003年杭州电视台西湖明珠频道亦与银视联播公司签订《930剧场》联办合同书。

2001年2月26日,九洲公司、中国文联音像出版社、银视联播公司与广东精锐影视联播广告有限公司签订《关于"930剧场"项目合作的意向书》。该意向书就合作各方创办"930"剧场的相关事宜进行了规定。《九洲(苏州)电视节目广告有限责任公司章程(草案)》包括该公司的出资、股东组成、董事会组成等内容;2001年4月,包括九洲公司、银视联播公司在内合作公司向苏州吴中区工商局提出拟成立苏州九洲电视节目广告有限责任公司的申请;2001年6月14日,九洲公司、银视联播公司等六家公司在苏州九洲电视节目广告有限责任公司章程(草案)上签字盖章,该草案明确了各方的出资额并规定应在本章程订立之日起10日内,缴纳所认缴的出资额;2001年7月30日,袁晓波向各股东方发去传真,表明苏州公司的注册工作即将完成,由于公司名称与"九洲"字号重名,临时使用"华汉"字号;2001年9月10日,袁晓波向筹备组各方发出《930剧场》剧场请款通知要求尽快汇款;后袁晓波曾向银视联播公司的总经理陈新樑发出传真,表明银视联播公司的资金迟迟未到,合作各方认为银视联播公司已实际退出930项目;银视联播公司在回复中对此提出异议,认为苏州公司更名为"华汉"未经合作方认可,该公司作为930剧场项目的创始单位,不存在退出930项目的问题。

2001年11月12日,南京电视台与九洲公司签订《930剧场》联办合同书。该合同就双方合作联办南京电视台影视频道《930剧场》事宜进行了约定,其中第五款对广告经营时段分配、广告编排及播放、广告监测等问题进行了约定。该合同中包含"930剧场"文字,其中第一款包含九洲公司"以电视节目资源及'930剧场'服务商标专有权投入"等内容;合作期限自2002年1月1日至2002年12月31日的天津电视台与九洲公司所签《930剧场》联办合同书中,亦包括上述主要内容;合作期限自2002年1月11日至2003年1月10日的山西电视台总编室与九洲公司《930剧场》联办合同书中，除包括上述内容外，合同第十二款还包括以下内容：鉴于"930剧场"、"今晚930"、"930大戏院"等系列商标所有权已由九洲公司向国家工商局商标局申报并已注册，双方不论以何种方式中止或终止《剧场》合作后，"930剧场"等系列名称专用权归九洲公司所有。未经九洲公司同意，山西电视台总编室不以任何方式在所属媒体资源中继续使用"930剧场"或相似性的专用服务标识。原告主张上述三份合同的复印件来源于国家工商局商标局商标评审委员会对涉及"今晚九三零及图"注册商标撤销申请审查过程中对方提交的材料，被告九洲公司以原告未能提供证据原件为由，对此不予认可（合同时间在商标注册前，不侵权）。2001年12月16日的《北京青年报》、2002年《卫视周刊》对930剧场的开播及该剧场的特点进行了相关报道。

2001年11月16日，郑州电视台在第38类提出"930"商标注册申请，国家工商局商标局于2002年4月2日发出注册申请受理通知书；2001年11月20日，郑州电视台将其提出注册申请的上述"930"商标授权九洲公司使用，并许可九洲公司授权与930剧场相关联的公司使用该商标；2001年12月30日，九洲公司向合力昌荣公司出具授权书，授权该公司在与《930剧场》合作过程中，可使用"930"商标，但不可转让或许可他人使用；2001年12月30日，九洲公司向九洲华汉中心出具授权书，授权该中心在与《930剧场》合作过程中，可使用"930"商标，但不可转让或许可他人使用；2003年4月14日，经国家工商局商标局核准，郑州电视台取得"930"注册商标。该商标核定服务项目为第38类电视播放、无线电广播、电视广播等。2003年4月28日，郑州电视台许可九洲公司使用核准注册的上述"930"商标，并许可九洲公司授权与930剧场相关联的公司使用该商标。

2003年4月7日，经国家工商局商标局核准，九洲公司取得"930"注册商标。该商标核定服务项目为第41类图书出版、广播和电视节目制作、录像带制作及发行等。

2003年尼尔森市场研究有限公司出具证明，证明全国《930剧场》于2002年1月1日起在全国多家电视台陆续开播，该公司负责对930剧场贴片广告的媒体监测，并附有相关电视频道的列表。九洲公司提交该证明材料，主张930剧场覆盖140余家电视台，享有较高知名度。

2004年4月1日，北京市国信公证处出具的（2004）京国证经字第1684号公证书对网址为http：//www.szhh.com.cn的苏州华汉公司网站的相关网页内容进行了公证。在该网站首页上有公司介绍、全国930剧场、苏州华汉剧场、九洲剧目一览等栏目，并有"天天930好戏播不停"标识，页面下方有苏州华汉公司版权所有字样；在公司介绍栏目下，载明苏州华汉公司是于2001年10月由九洲公司等六家公司合资成立的，主要运营项目为全国《930剧场》和《苏州华汉剧场》等内容；在全国930剧场栏目下，其中《全国930剧场介绍》中载明全国《930剧场》是由北京、上海等电视媒体与九洲传播机构、苏州华汉公司等单位合作开发，在全国120家电视台每晚播出的电视剧场节目等内容，页面下方还有"本剧场广告由北京九洲华汉广告中心代理　垂询电话：010-85285596"字样；该页面上还标注有全国930剧场文字及图形标识、全国《930剧场》电视媒体网络分布图和该剧场播出剧目一览。

2004年1月8日，北京市国信公证处对网址为http：//www.charm-adv.com/new/index1.htm的合力昌荣公司的网站相关网页内容进行了公证。该网站"930剧场"栏目下，930剧场简介中介绍厦新930剧场覆盖全国28个省会城市和62个经济发达城市，并介绍930剧场十大特性优势，其中包括"高品位环境：选择930剧场的客户均为各行业领导品牌及知名品牌,广告环境优良;低价位:全国110个频道的规模效应,保证930剧场广告价格仅相当于电视台刊例价的2折,物超所值;低干扰:仅有2分钟广告时间,广告干扰度低"等内容。

被告九洲公司和九洲华汉中心对上述两份公证书的取得方式提出异议,认为自原告银视联播公司的委托代理人的计算机上登录相关网页取得相关证据不当。

另查明,银视联播公司为本案诉讼支出公证费3600元,律师费30万元。银视联播公司为证明其主张的经济损失赔偿数额,向本院提交了《央视市场研究股份有限公司》出具的相关电视台(24)节目广告串播单明细报告,证明九洲公司930剧场的广告秒数,并主张按照30秒刊例价格的3折计算其获利为1300余万元,此外,原告还主张该报告中广告主题栏目下均包括"930剧场"字样,亦属于九洲公司的商标侵权行为;被告九洲公司和九洲华汉中心对此不予认可,主张其中很大部分电视剧并非九洲公司提供,大部分广告不属于该剧场的贴片广告。原告还提出依据其在福建、江苏、浙江三省九三零剧场的贴片广告空置秒数计算其损失为1900余万元,结合上述被告获利的情况,酌定赔偿数额为1000万元。被告对该计算方式持有异议。

【法院观点】

本院认为:本案争议的焦点问题是被告九洲公司与相关电视台签订涉案合同中的内容、苏州华汉公司网站上的相关内容以及该剧场播出过程中是否使用了原告银视联播公司所主张的涉案注册商标,被告合力昌荣公司和九洲华汉中心是否在相关广告宣传中使用了原告主张的注册商标,是否构成对其商标权的侵犯及是否应承担相应的法律责任问题。

第一,关于被告九洲公司与相关电视台签订涉案合同中的内容、苏州华汉公司网站上的相关内容以及该剧场播出广告过程中的广告主题是否使用了原告银视联播公司所主张的涉案注册商标,是否侵犯原告所主张的涉案注册商标专用权及是否应承担相应的法律责任问题。

原告银视联播公司作为"九三零剧场及图"、"今晚九三零及图"以及"九三零大戏院及图"文字及图形组合注册商标专用权人,其所享有的注册商标专用权依法受到我国法律的保护,并以核准注册的商标和核定服务项目为限。原告主张权利的涉案三商标核定服务项目均为第35类电视广告、电视商业广告、广告、广告策划、广告传播、广告代理等,其所享有的注册商标专用权应以上述核定服务项目为限。

根据我国商标法的有关规定,未经注册商标专用权人许可,在同一种服务或者类似服务上使用与其注册商标相同或者近似的商标的,为侵犯注册商标专用权的行为。判断是否构成侵犯注册商标专用权,应当判断被控侵权服务与注册商标核定服务项目是否相同或近似,被控侵权标识与该注册商标是否相同或近似。所谓类似服务,是指在服务的目的、内容、方式、对象等方面相同,或者相关公众一般认为存在特定联系、容易造成混淆的服务。

根据相关法律规定,商标法所称商标的使用,包括将商标用于商品、商品包装或者容器以及商品交易文书上,或者将商标用于广告宣传、展览以及其他商业活动中。根据本案查明的事实,被告九洲公司对"930"商标在第41类广播和电视节目制作等服务项目上享有注册商标专用权,并经"930"注册商标专用权人郑州电视台许可在第38类电视播放等服务项目上有权使用该商标。本案原告银视联播公司所享有的涉案注册商标专用权应限于在广告招商及广告等核定服务项目上的使用行为。根据本案已查明的事实,被告九洲公司在与相关电视台所签《930剧场》联办合同书中虽涉及930剧场的广告经营问题,但上述内容是附着于930剧场电视栏目的，并非将"930剧场"作为广告服务标识使用的行为；被告九洲公司与山西电视台所签涉案合同中还出现了"930剧场"、"今晚930"、"930大戏院"等商标已取得注册的表述，原告据此主张系对其合同样本的抄袭，属于在提供广告服务中使用其注册商标的行为，但本院认为上述表述也并非属于在广告服务中使用相关标识的行为；而且，上述合同的签订时间均在原告取得涉案注册商标授权日期之前，原告无权就此主张其相应权利。

原告还主张根据其提交的央视市场研究股份有限公司出具的节目广告串播单明细报告中列明的广告主题均包括"930剧场"字样，但上述证据亦表明相关广告是930剧场栏目的贴片广告，而不能证明系被告九洲公司以"930剧场"标识提供广告服务。因此，原告主张被告九洲公司的上述使用行为系在广告招揽业务中使用"930剧场"作为服务标识使用，依据不足，本院不予支持。

本案原告银视联播公司还指控被告九洲公司在苏州华汉公司网站相关网页的使用行为侵犯了其注册商标专用权，并提交了相应的公证文书。虽然被告九洲公司和九洲华汉中心主张该证据系自原告委托代理人的计算机上取得，对其取得方式持有异议，但上述取证过程经公证机关监督，且被告并未就此提出反驳证据，本院对其上述主张不予采纳。根据本案现有证据，苏州华汉公司虽系被告九洲公司等六家合作单位组建，但其为独立法人单位，且该网站的版权所有者为苏州华汉公司，而与被告九洲公司无关，因此原告的上述主张，缺乏依据，本院不予支持。

因此，原告主张被告九洲公司的上述行为侵犯了其注册商标专用权，依据不足，本院不予支持。

第二，关于被告合力昌荣公司和九洲华汉中心是否在相关网站的广告宣传中使用了原告主张的"九三零剧场及图"、"今晚九三零及图"以及"九三零大戏院及图"注册商标，是否构成对其注册商标专用权的侵犯及是否应承担相应的法律责任问题。

本案原告银视联播公司指控被告合力昌荣公司在其网站相关网页的使用"930剧场"的行为侵犯了原告的注册商标专用权，并提交了相应的公证文书。虽然被告合力昌荣公司主张该证据系自原告委托代理人的计算机上取得，对其取得方式持有异议，但上述取证过程经公证机关监督，且被告并未就此提出反驳证据，本院对其上述主张不予采纳。根据本案已查明的事实，被告合力昌荣公司作为九洲公司930剧场项目的广告代理商，在其网站上使用了930剧场的名称，并对930剧场的特点进行了介绍，其中涉及了该剧场的广告经营特点，其上述使用行为同样是附着于930剧场栏目的，并非以"930剧场"的标识提供广告招揽或代理服务的行为，不构成对原告注册商标专用权的侵犯，原告的上述主张，缺乏依据，本院不予支持。

原告还主张九洲华汉中心在苏州华汉公司网站上的广告宣传行为侵犯了其涉案注册商标专用权，但根据前述公证材料，该网站仅在全国930剧场介绍栏目下，标注了本剧场广告由九洲华汉中心代理等内容，九洲华汉中心作为930剧场项目广告的代理商，为930剧场招揽广告，而非将"930剧场"作为广告服务标识进行使用，不构成对原告注册商标专用权的侵犯，原告的上述主张，依据不足，本院不予支持。

综上，三被告的涉案行为并不构成对原告涉案注册商标专用权的侵犯，原告主张三被告侵犯了其"九三零剧场及图"、"今晚九三零及图"以及"九三零大戏院及图"注册商标专用权，请求法院判令被告承担停止侵权、赔偿损失的法律责任的主张，缺乏依据，本院不予支持。

【判决】

二〇〇四年十二月二十日,北京市第二中级人民法院依据《中华人民共和国商标法》第五十一条、第五十二条第(一)项,判决如下:驳回福建银视联播广告有限公司的诉讼请求。

案件受理费61 010元,由福建银视联播广告有限公司负担。如不服本判决,可在判决书送达之日起十五日内,向本院递交上诉状,并按对方当事人的人数提出副本,上诉于北京市高级人民法院。一审判决后,几方均未上诉。

【学者评述】

乍一看,电视对每一个人都是开放的,它是一种非常具有民主潜力的媒介工具。但是,这种幻象很快就为一些思维敏锐的人所戳破,法国思想家Pierre Bourdieu(布尔迪厄,1930~2002)在其《论电视》中一直见血地指出,"电视在当代绝不是一种民主的工具,相反,却带着压制民主的强制性质和工具性质"。看似客观、民主的电视图像,其背后其实都隐藏着一些与社会和权力结构相媾和的"微言大义"。电视传布出来的图像画面都被权力逻辑和资本逻辑进行过隐秘的精神编码。幸好现在传播媒介正在走向多元化,电视的这种无形统治总是其他媒介戳破和揭穿。

文化的意义总是不断地对抗和妥协中形成,日趋多元化的传播媒介让文化的对抗和妥协变得更加明显。那些垄断的极错观点总是被愤怒而极端的"行为艺术"打破,那些荒谬却带有权力色彩的话语总是受到来自其他媒介领域的恶搞、嘲讽和羞辱。技术进步带来的压制,却被另一些技术进步所弥补,这是值得乐观的地方。但问题是现在电视仍是绝对主流的媒介,电视无论在权威性、资本组织力、社会动员力都具有绝对的优势。它无可比拟的传播网络、充足的制作经费、专业的文化编码人员、建制化的规模体系,这些都是其他媒介所不能匹敌的。

我们都承认,现代文化基本上都是媒介文化。如何从文化的角度保卫公民的文化权利,是一项长期的工作,幸而技术的进步给我们带来了一线曙光。或许,慢慢地,我们可以通过这个渠道来实现对电视霸权的文化突围。

(杨新磊)

第六节 "CCTV"是我的

【上诉人,原审原告】张德生
【被上诉人,原审被告】中央电视台

上诉人张德生因侵犯著作权纠纷一案,不服北京市海淀区人民法院于2001年11月26日作出的(2001)海知初字第43号民事判决,向北京市第一中级人民法院提起上诉,现已审理终结。

2001年3月20日,张德生起诉至一审法院,诉称:中央电视台长期使用自己创作的台标作品未支付使用费，以及擅自改动台标作品图案和色彩，其行为侵犯自己作品获得报酬权、保护作品完整权和修改权，请求法院判令：一、确认中央电视台台标作品著作权归原告所有；二、中央电视台停止侵权活动，并在《电视研究》上发表声明向原告赔礼道歉；三、中央电视台向原告支付至今使用台标的有偿使用费20万元；四、中央电视台向原告支付自1979年至今将台标作品用于盈利目的的使用费10万元。

【一审查明事实】

一审法院判决认定如下事实：1978年，当时在中央电视台新闻部工作的张德生为中央电视台设计了CCTV台标图案，电视台领导同意将张德生设计的图案作为中央电视台的台标使用，并派张德生前往上海完成该图标的后期制作任务，出差费用由中央电视台负担。中央电视台自1979年1月起正式使用该台标，但未向张德生支付过费用。1998年，中央电视台在其主办的《电视研究》1998年第6期上，对该台标图案及色彩作了部分改动，未提及张德生为台标设计人。1998年10月28日，张德生向台领导写信，提出台标著作权应归其个人，中央电视台对此未作答复。1998年7月2日，张德生委托北京市海淀第三公证处对在中央电视台商品销售服务部销售的部分商品（50余种）上标有台标图案的情况作了公证。关于台标的征集过程：1978年上半年中央电视台领导通过不正规的征集方式，在台内、外征集台标设计方案，张德生自愿参加了征集活动，其设计的台标被台领导选中。

【一审法院观点】

一审法院判决认为：确定一项权利归属应当适用权利产生时的法律，没有相关法律的，可以根据当事人的意思表示并参照民法原则确定。1978年，中央电视台通过征集方式选用了张德生设计的台标图案，此行为使双方在事实上已形成了一种合同关系。由于当时社会法律状况的原因，双方未就台标权属事宜签订书面协议。因此，当事人对权属的意思表示，应当根据合同表现的内容确定。由于台标图案必须要有CCTV英文字母，这一特点决定台标只能由中央电视台使用或用于与中央电视台有关的范围，不能用于其他用途。这种应征专门为某种用途设计的特殊美术作品，设计人不享有控制作品的使用或可以另外许可他人使用的权利，作品整体著作权可以由征集者享有。在当时历史环境下，结合张德生所处的岗位和职责，双方的意思表示不存在代表中央电视台形象的台标权属归张德生所有，中央电视台需经其许可才能使用的情形。中央电视台台标于1979年1月起正式使用，至1998年10月张德生第一次向中央电视台提出台标权属问题，在近二十年时间中，国家陆续颁发了民法通则及著作权法等保护知识产权的法律，但张德生均未主张过台标著作权，而是任中央电视台使用。我国合同法对合同的实际履行做了原则规定，当事人未采用书面形式订立合同，但一方已经履行主要义务，对方接受的，该合同成立。参照这一民事原则表明，张德生在事实上承认了台标权属归中央电视台这一客观现状。因此，结合当时的历史背景及以后合同履行的过程，可以确定，中央电视台与张德生设立合同关系时双方对台标权属归中央电视台是没有争议的，中央电视台对该台标享有著作权。中央电视台作为台标著作权的权利主体可以自主使用台标，包括修改和用于与中央电视台有关的范围。其在行使权利过程中未侵犯他人合法权益。张德生以其享有台标著作权为基础，要求法院确认共享有台标著作权和判令中央电视台停止侵犯其对台标的修改权、保护作品完整权、使用及获得报酬权并承担侵权责任、支付使用费的诉讼请求，因与本案事实相悖，不予支持。

【一审判决】

北京市海淀区人民法院于 2001 年 11 月 26 日做出判决：驳回原告张德生要求确认其享有中央电视台台标著作权；要求被告中央电视台恢复台标原貌、向其赔礼道歉并支付台标使用费的诉讼请求。

张德生不服一审判决，向本院提起上诉。诉称：一审判决内容没有法律根据，其依据均是合议庭主观臆断与错误的学理分析。本案应适用《中华人民共和国著作权法》（以下简称著作权法）。著作权法实施后，著作权才成为一种法定权利。因此，是否拥有著作权，应依著作权法确定。根据著作权法和著作权法实施条例，我国对著作权的取得采取自动保护主义。作品自创作完成之时自动产生著作权，而无需履行任何手续。在作品完成创作之日，著作权除产生之外，从那一时刻起，就应受到著作权法保护。因此，张德生完成台标作品的创作之时，即产生台标著作权，并受著作权法的保护和调整。根据著作权法第五十五条第一款的规定，受著作权法保护应具备两个条件：具有依照著作权法规定的著作权人的权利；在 1991 年 6 月 1 日著作权法施行之日，著作权人的权利尚未超过著作权法规定的保护期。本案完全具备上述两个条件。本案争诉作品从创作之日起，原告就享有该作品的著作权，且从未将其转移给他人。本案诉争作品正处于法定的保护期内。本案在确权的认定上，应适用现行的著作权法。因中央电视台的侵权行为发生在著作权法实施后，所以侵权的认定及对其的判决，也应适用现行的著作权法。因此，当台标作品的著作权产生后，就应依据著作权法确定该著作权的归属。著作权法第十一条规定"创作作品的公民是作者"，"著作权属于作者，法律另有规定的除外"。根据认定的事实，本案不具备法律另有规定的情形，那么该著作权就应该属于张德生，而且张德生无需履行任何手续。一审判决认定的"结合当时的历史背景及以后合同履行的过程，可以确定，中央电视台与张德生设立合同关系时双方对台标权属归中央电视台是没有争议的。"的结论是错误的。征集台标时，双方仅对作品使用权作出意思表示：中央电视台作出谁都可以设计、提交作品，并将由中央电视台使用某一作品的意思表示；据此张德生将自己的作品交于中央电视台，作出同意中央电视台使用的意思表示。因为当时不存在"著作权"的法律概念，张德生根本无法作出、也未作出将台标作品著作权归中央电视台所有的意思表示。一审判决以著作权法实施后，张德生未主张过台标为由，认定张德生在事实上承认了台标权属归中央电视台，明显违法。既然著作权法实施了，就应依该法确定著作权的归属，而著作权法不以"主张著作权"来确定著作权归属，因此这种确定著作权的方法是错误的。对张德生行为的正确认定是：著作权法实施后，张德生以其行动表明，同意中央电视台继续使用张德生的作品。一审判决适用民法及合同法的原理的方法是错误的。著作权法是一项特殊的民事权利，有著作权法作为特别法来专门调整。根据特别法优于普通法的原则，在处理著作权纠纷案件时，首先应适用著作权法，而一审判决适用的原则明显违法。一审判决将作品使用权与著作权混为一谈，认定取得了作品使用权即取得了著作权，存在逻辑错误，有违法律，系错误推论。请求依法撤销一审判决，依法改判，支持张德生全部上诉请求。

中央电视台辩称：（1）关于法律依据问题。一审判决关于张德生与中央电视台之间确定的合同关系已实际履行的认定符合《中华人民共和国合同法》的规定。该法第三十六条明确规定："法律、行政法规规定或者当事人约定采用书面形式订立合同，当事人未采用书面形式但一方已经履行主要义务，对方接受的，该合同成立"。根据著作权法第十六条、第十七条的规定，可以通过合同约定著作权权属。张德生与中央电视台间已存在实际由张德生创作、中央电视台享有著作权的实际履行合同，符合法律。（2）关于一审判决是否有法不依问题。张德生完成台标创作之时即产生了著作权是不争的事实。本案所涉及的由中央电视台享有著作权的台标，尽管由张德生创作产生，却因为其与中央电视台间的职务关系而由实际履行合同确定为中央电视台是完全的台标著作权人。这恰恰是著作权法中区别于一般作品归属的特别规定。一审判决在对事实的认定上存在失误，对张德生接受工作任务、完成本职工作的事实未予认定，但在推论方面基本符合法律精神。中央电视台的专用台标本身就具有不可分割的紧密依附性，除中央电视台以外任何单位或个人不可能使用由CCTV组成的标志。这使台标的著作权中的人身权利和财产权利紧密结合在一起只能归中央电视台所有。从1979年1月中央电视台正式使用张德生创作的台标，至1998年10月张德生提出台标权属问题，根本不存在张德生许可中央电视台使用台标这一事实。事实是台标从创作到完成，其包括作品使用权在内的著作权就由中央电视台所有。张德生的诉讼请求应予驳回。

经审理查明，对于一审判决认定的事实，张德生表示没有异议，中央电视台主张张德生是完成工作任务创作的台标。但由于中央电视台未提起上诉，且对其主张未提供充分证据，故本院对一审判决认定的事实予以确认。另查，张德生系于1998年10月第一次向中央电视台提出台标权属问题。2000年3月，张德生曾就台标权属争议在一审法院对中央电视台提起诉讼，后于2000年11月6日撤诉。2001年3月20日，张德生向一审法院提起本案诉讼。

【二审法院观点】

本院认为：本案双方争议的台标作品创作及使用时，《中华人民共和国民法通则》（以下简称民法通则）及著作权法均未颁布，对著作权及其他民事权利予以保护的法律根据尚不明确，但这并不意味着当时没有与之相关的权益观念，实际上，在当时特定历史时期，许多民事权益的确定及转让行为仍然被认可和保护。因此，双方当事人在当时对台标作品相关权益的约定应具有法律上效力，一审判决认定可以根据当事人的意思表示并参照民法基本原则确定台标作品的权属无不当之处。张德生虽为台标作品的设计者，但由于台标作品在内容及创作目的、使用用途等方面具有特殊性，该作品的设计及认可须以中央电视台的同意为前提，其创作体现着中央电视台的意志，对该作品的使用所产生的责任亦只能由中央电视台来承担。对于此类作品，现行著作权法亦未排除当事人根据约定确定其权益归属。根据本院认定的事实，张德生是应中央电视台领导的征集活动设计台标作品，其设计及向中央电视台提交该作品的目的是为将该作品作为中央电视台的台标，故双方存在着将台标作品作为中央电视台台标使用的约定，且张德生并未对此附任何条件；对于电视台的台标而言，一般情况下，其作品的相关权益只能由电视台所享有；从实际履行情况来看，本案台标作品的相关权益自作品创作完成之日起一直由中央电视台行使，张德生自1998年以前一直未提出异议。因此，可以认定在当时中央电视台与张德生间存在着台标作品的相关权益归中央电视台所有的意思表示。

民法通则及著作权法颁布、实施后，出现了著作权及与之相关的权属概念。台标作品产生后，中央电视台一直将该作品当作其台标使用，台标作品已成为中央电视台的标识，故以台标有关的著作权权益一直是由中央电视台行使的。张德生如主张其为台标作品的著作权人，在民法通则及著作权法实施后应已认识到中央电视台存在侵犯其著作权的可能。因此，张德生如对台标作品的著作权归属存在异议，应在民法通则或著作权法实施后两年内提出。

而张德生未提供证据证明其在该期限内曾对台标作品的著作权问题主张过权利。至张德生1998年10月向中央电视台第一次主张权利时,已超过法律规定的两年的诉讼时效。故张德生主张其为台标作品著作权人的诉讼请求,不应予以支持。

综上所述,上诉人张德生的上诉理由缺乏事实与法律根据,本院不予支持。一审判决认定事实清楚,适用法律并无不当,应予维持。

【终审判决】

二〇〇三年八月二十六日,北京市第一中级人民法院依据《中华人民共和国民事诉讼法》第一百五十三条第一款第(一)项的规定,判决如下:驳回上诉,维持原判。一审案件受理费7 010元,由上诉人张德生负担(已交纳);二审案件受理费7 010元,由上诉张德生负担(已交纳)。本判决为终审判决。

【学者评述】

什么是民法典?

民法典,The Civil Code,是指在采用成文法的国家中,用以规范平等主体之间私法关系的法典。民法典是以条文的方式,以抽象的规则来规范各式法律行为、身份行为。有的民法典会酌采习惯法作为补充规范的方式,此外也多半规定以当事人间私法自治的方式弥补各种法规的不足。

典型的民法典有法国民法典、德国民法典。它们的共同原则有三项:自由和平等原则、所有权原则、契约自治原则。

2016年3月4日上午,十二届全国人大四次会议副秘书长、发言人傅莹在新闻发布会上表示,民法典编纂工作已经启动,从做法上分两步走,第一步是制定民法总则,第二步是全面整合民事法律。2017年3月15日,十二届全国人大五次会议表决通过了《中华人民共和国民法总则》,自2017年10月1日起施行。

被称为"社会生活百科全书"的民法典,是民事权利的宣言书和保障书。如果说宪法重在限制公权力,那么民法典就重在保护私权利,几乎所有的民事活动大到合同签订、公司设立,小到缴纳物业费、离婚,都能在民法典中找到依据。

(李红梅)

第七节 "声讯"生气

【原告】上海寰宇广告有限公司
【原告】上海电信百事应信息有限公司
【被告】上海上视综艺广告有限公司
【被告】上海文广新闻传媒集团

原告上海寰宇广告有限公司(以下简称寰宇公司)诉被告上海上视综艺广告有限公司(以下简称上视公司)、被告上海文广新闻传媒集团(以下简称文广集团)承揽合同纠纷一案，上海市静安区人民法院于2004年4月13日受理后，依法组成合议庭，于2004年6月21日组织原、被告进行证据交换；2004年8月2日，通知上海声讯信息有限公司（以下简称声讯公司）为本案原告参加诉讼。2004年8月25日、11月19日，本院对本案公开开庭进行了审理。原告寰宇公司的委托代理人靳长华、徐忠发，被告上视公司的委托代理人施观德、姜海立以及被告文广集团的委托代理人姜海立到庭参加诉讼，声讯公司经本院传票传唤，未到庭应诉。因声讯公司与上海电信百事应信息有限公司（以下简称百事应公司）吸收合并，声讯公司于2004年12月2日注销，其债权债务由百事应公司承担，本院于2005年4月11日通知百事应公司为原告参加诉讼。2005年6月3日，本院再次对本案公开开庭进行了审理。原告寰宇公司的委托代理人靳长华、徐忠发，被告上视公司的委托代理人施观德、姜海立以及被告文广集团的委托代理人姜海立到庭参加诉讼，百事应公司经本院传票传唤，未到庭应诉。本案现已审理终结。

【原告诉称】

原告寰宇公司诉称：其与两被告、声讯公司订立合同，在文广集团所属11个电视频道合作开通168、160声讯台语音信息互动参与服务热线。声讯公司委托寰宇公司执行合同，独立承担民事权利义务。履约过程中，两被告存在以下违约行为：（1）2002年4月至7月两被告播出的声讯标版次数远远没有达到约定的应播次数，播出标版次数价值1 205 669元；（2）世界杯赛事声讯标版热线黄金档期间，被告未按约定播出声讯参与热线号码及声讯标版；（3）被告擅自在《700剧场》《激情方向盘》等栏目与其他声讯台合作。请求：①解除原告寰宇公司与两被告、声讯公司于2002年3月27日订立的《协议书》及其《补充协议（一）》《补充协议（二）》；②两被告退还原告广告费1 074 331元；③两被告偿付原告违约金200万元；④诉讼费由两被告共同承担。

【法院查明】

根据原、被告的诉讼主张及质证意见，本院确认如下法律事实：

2002年3月27日，寰宇公司、声讯公司与两被告订立《协议书》。该协议约定，从2002年4月1日起至2003年4月30日止，双方共同合作开通168、160声讯台语音互动参与服务热线，两被告在上海各电视频道中的电视声讯合作只与寰宇公司、声讯公司独家合作，不再和任何第三方合作相关的电视声讯业务；两被告负责在相关栏目中播放十秒声讯标版，标版的内容由寰宇公司、声讯公司提供；原告负责按两被告提供的栏目资料制作声讯参与热线语音服务、提供每期声讯热线中的奖品、制作10秒声讯奖品电视标版等；寰宇公司、声讯公司以全年买断形式支付两被告6 132 000元，合同订立后，寰宇公司、声讯公司应支付1 533 000元，剩余金额自2002年5月起于月末按月支付383 250元，2003年4月1日前将余款383 250元付清；如遇不可抗拒因素及政府政策法规相抵触的情况，双方可终止协议，但应书面方式提前一个月及时通知对方；两被告在协议执行期间，因突发性事件而必须停止或顺延录制栏目，及因举办传媒集团指令或批准的专场需顺延录制栏目的，不承担违约责任；违约方应向守约方赔偿合同总金额的30%，即200万元。该《协议书》所附"10秒声讯电视标版合作栏目清单"，载明了共同合作开通168、160声讯台语音互动参与服务热线的11个频道72个栏目的名称、声讯号码、首播和重播时间、10秒声讯电视标版单次播放次数时长。

同日，上视公司与寰宇公司订立《补充协议（一）》，变更协议书相关内容约定，全年买断的费用变更为 800 万元，其中，6 132 000 元支付文广集团；150 万元用于合作营运成本（50 万元用于奖品电视标版制作、栏目分成、协调及购置奖品等费用，100 万元用于声讯语音平台维护、运行、节目制作、设备维护、中断费等）；剩余 368 000 元用于年末组织召开以各频道为单位的座谈会、联谊会的费用支出；原协议书其他内容不变；有效时间为 2002 年 4 月 1 日至 2003 年 4 月 30 日止。

2002 年 3 月 28 日，上视公司与寰宇公司订立《补充协议（二）》，寰宇公司根据上视公司要求以及电信公司标版发布的实际情况适时将"手机短信息 - 9393"制作在声讯标版中；原协议书的其他内容不变。

中国电信集团上海市电信公司、声讯公司、寰宇公司、上视公司订立《补充协议》。约定声讯公司、寰宇公司与中国电信集团上海市电信公司签约 10 秒电视声讯标版的合同总额度为 50 万元，由中国电信集团上海市电信公司直接支付给上视公司，上视公司回复等金额的发票；该款项于 2002 年 4 月 25 日前支付。

2002 年 4 月 2 日、4 月 16 日、5 月 31 日和 6 月 28 日，寰宇公司分别支付上视公司 25 万元、100 万元、15 万元和 38 万元，合计 178 万元。2002 年 4 月 30 日，中国电信集团上海市电信公司支付上视公司 50 万元。

2002 年 4 月 28 日，声讯公司、寰宇公司订立《协议书》约定，双方共同为乙方，与文广集团广告经营中心、上视综艺公司订立《协议书》，声讯公司同意寰宇公司代表双方独立执行该协议所有条款，全部而独立行使权利承担义务，以及负相应法律责任。代表声讯公司订立该协议的是徐江明。

2002 年 4 月，文广集团广告经营中心向声讯公司、寰宇公司出具委托书言明，委托声讯公司、寰宇公司全面代理文广集团所属的 11 个频道电视声讯服务及声讯标版业务，委托期限从 2002 年 4 月 1 日至 2003 年 4 月 30 日。4 月 9 日，文广集团广告经营中心通知文广集团下属 11 个电视频道，从 2002 年 4 月 1 日起，各频道节目的开设声讯服务应统一向集团广告经营中心申请使用上海电信局提供的 168×××、160××× 声讯信息服务热线和电信 10 秒标版，其他声讯服务热线一律停止。该通知注明声讯服务申请与咨询人为文广集团广告经营中心的葛洪。

以上事实，有原告寰宇公司提供的证据材料 1~6、8、9、18、19，两被告提供的证据材料 3、5、6 证明，并经庭审质证，本院予以确认。

【法院观点】

本院认为，本案存在以下争议焦点：

一、原告寰宇公司是否为本案适格诉讼主体

寰宇公司作为本案原告是否适格，此问题可以简单表述成为"寰宇公司是否为正当原告或具有诉讼实施权"。两被告认为寰宇公司并非本案的适格原告，寰宇公司对于诉讼标的（诉讼的请求）不能够实施诉讼和请求判决，应当由声讯公司进行。其理由在于：声讯公司与寰宇公司间系委托关系，声讯公司委托寰宇公司订立并执行合同，因此，合同的权利义务应当由声讯公司承担。

但是，两被告的该主张不能获得本院支持。理由是：原告寰宇公司为 2002 年 3 月 27 日订立的 SH - 02 - 04 - 01 号《协议书》及相关补充协议的缔约当事人。两被告辩称声讯公司委托寰宇公司代为订立合同并无依据。虽然两被告主张声讯公司委托寰宇公司执行合同具有一定的事实基础（在2002年4月28日寰宇公司与声讯公司订立的《协议书》中，声讯公司同意寰宇公司代表双方独立执行SH－02－04－01号《协议书》的所有条款），但这并不能够证明寰宇公司不享有SH－02－04－01号《协议书》项下的所有的合同权利。相反，在2002年4月28日寰宇公司与声讯公司订立的《协议书》以及2003年12月声讯公司的确认意见（寰宇公司提供的证据材料19）、声讯公司致本院的公函中，声讯公司多次表示，由寰宇公司独立承担SH－02－04－01号《协议书》项下的所有合同权利和义务，不参加诉讼活动，不享受实体权利和承担义务。因此，寰宇公司对于本案诉讼标的能够实施诉讼和请求判决，寰宇公司为本案之适格诉讼主体。

必须予以考虑的是，寰宇公司对于本案诉讼标的，享有多大的利益。

2002年4月28日寰宇公司与声讯公司订立《协议书》，约定，声讯公司同意寰宇公司代表双方独立执行SH－02－04－01号《协议书》的所有条款，并全部而独立地行使权利，承担义务，以及负相应的法律责任。因此，声讯公司已经将其在SH－02－04－01号《协议书》项下的所有合同权利和义务一并转移给寰宇公司，由寰宇公司概括地继受合同权利、义务。此法律现象符合合同权利义务概括移转的法律特征。根据《中华人民共和国合同法》（以下简称《合同法》）第88条、第89条、第79条、第81条至第83条、第85条至第87条的规定，合同权利、义务概括移转的，其中，涉及合同权利让与的部分应当准用《合同法》关于债权让的规定，涉及合同义务移转的，准用《合同法》有关债务承担的规定。此原则在本案中的适用，将在以下认定部分述及。

二、2002年3月27日《关于文广传媒集团与声讯信息公司开展电视标版及声讯服务的补充协议（一）》的效力问题

在该补充协议中，上视公司与寰宇公司约定将全年买断的费用由6 132 000元变更为800万元，并对增收费用的组成进行了约定。

寰宇公司认为，该补充协议的订立有其特殊的背景，在缔约过程中，上视公司蔡福康书面通知寰宇公司（寰宇公司提供的证据材料9），所以寰宇公司如不订立补充协议（一），则SH－02－04－01号协议书根本无法履行，寰宇公司在迫不得已的情况下订立了该补充协议。因此，两被告是在利用其强势地位向寰宇公司索取业务费用之外的额外费用，是索取不正当利益的行为。根据《中华人民共和国反不正当竞争法》及国家工商行政管理局颁布的《关于禁止商业贿赂行为的暂行规定》中有关"任何单位和个人在销售或者购买商品时不得收受和索取贿赂"的规定，补充协议应确认无效。该补充协议中增收费用的名目在SH－02－04－01号协议书中均表现为寰宇公司应履行的合同义务，既然所有的工作均由原告完成，两被告无任何理由要求寰宇公司支付相关费用。权利义务显然不对等。

声讯公司认为，其虽然是SH－02－04－01号协议书缔约当事人之一，但该协议由寰宇公司负责执行。补充协议（一）订立的时候，声讯公司并不知情。在协议执行过程中，声讯公司才听说此事，因为并不涉及公司利益，所以声讯公司过去没有表示过态度，现在同样也无法表态。

文广集团认为，虽然其没有参与订立补充协议（一），但对上视公司的缔约行为，其是认可的。

本院认为，对于电视标版及声讯服务业务所应支付的费用，属声讯公司、寰宇公司所应履行的合同义务，声讯公司、寰宇公司为债务人，两被告为债权人。补充协议（一）是对

SH-02-04-01号协议书中声讯公司、寰宇公司应付电视标版及声讯服务费用条款的变更,根据《合同法》第77条的规定,只有在当事人协商一致的情况下,才可以变更合同。但是,声讯公司并非补充协议(一)的缔约当事人,该协议加重了声讯公司的合同义务,因此,补充协议(一)欠缺有效要件,为效力待定的合同。只有经过声讯公司的追认,该协议才能产生当事人预期的法律效力。2002年4月28日寰宇公司与声讯公司订立《协议书》,将SH-02-04-01号协议书中声讯公司的合同权利义务全部转让给寰宇公司,而且,声讯公司已明知寰宇公司订立补充协议(一)的行为,因此应当认为,声讯公司已通过订立2002年4月28日的协议书,完全赋予寰宇公司订立、变更SH-02-04-01号协议书的权利,补正了补充协议(一)欠缺的有效要件。寰宇公司现以订立补充协议(一)时未通知声讯公司为由主张补充协议(一)无效,本院不予支持。

关于寰宇公司主张补充协议(一)无效的另一理由,即两被告是在利用其强势地位向寰宇公司索取业务费用之外的额外费用,是索取不正当利益的行为等。首先,寰宇公司主张两被告利用强势地位胁迫寰宇公司,并且索取贿赂,从而违反《中华人民共和国反不正当竞争法》《关于禁止商业贿赂行为的暂行规定》的规定,应当提供证据予以证明。但是,寰宇公司仅以其提供的证据材料9予以证明,依据并不充分。其次,根据《合同法》的有关规定,一方以欺诈、胁迫的手段订立合同的,只有在损害国家利益的情形下,合同才归于无效。至于本案中两被告的行为是否损害国家利益,原告并未提供任何证据证明。再次,《合同法》规定,违反法律、行政法规的强制性规定的情形下,合同才归于无效,但是,寰宇公司援引的《关于禁止商业贿赂行为的暂行规定》仅为部门规章,不能据此认为补充协议为无效协议。最后,补充协议(一)中增收费用的名目在SH-02-04-01号协议书中均表现为寰宇公司应履行的合同义务,费用本就应由寰宇公司承担,两被告再要求寰宇公司支付这些名目下的相关费用,显失公平。在订立合同时显失公平的合同,受损害方可以请求人民法院或者仲裁机构变更或者撤销。但是,寰宇公司在行使撤销权法定的除斥期间1年以内,直至起诉之日,寰宇公司并未实施该权利。

三、关于声讯标版的投播方式,是否如两被告所主张,尚须另订立《广告投播合同》。

两被告主张,声讯标版的投播,尚需原、被告间另订立《广告投播合同》,为此,两被告提供了5份《广告投播合同》予以证明(两被告提供的证据材料3)。寰宇公司则主张,《广告投播合同》仅是对播出次数的确认,并非另订立广告合同。

本院认为,原、被告在《协议书》中并未约定原告播出168、160声讯标版尚需另和两被告订立《广告投播合同》;同时,该5份投播合同表明的广告仅仅是2002年5~7月各频道电视剧节目中应播出的168声讯标版广告,并不能因此说明各频道下72个节目下播放168声讯标版广告均须订立《广告投播合同》。因此,两被告此节辩称没有事实依据。

应当予以说明的是,《广告投播合同》虽然在形式上以书面方式表述为合同,但是,从内容上看,《广告投播合同》缺乏合同所应固有的价款、违约责任等具体条款。《广告投播合同》订立人王引华仅为声讯公司的普通员工,就其职权而言,其也无权代表原告在SH-02-04-01号协议书外另订立相关合同。因此,《广告投播合同》实为原、被告为履行SH-02-04-01号协议书而对168声讯标版投播事宜的确认。既不能说明在上海电视台所有频道的各个节目下投播168、160声讯标版必须首先订立《广告投播合同》,也不能说明《广告投播合同》是在SH-02-04-01号协议书外另订立的补充合同。

四、被告上视综艺公司、文广集团的履约情况。

（一）2002年4～7月，被告播出的声讯标版次数。

寰宇公司主张两被告未按照合同的约定，按约播出声讯标版，对此，寰宇公司应当提供证据予以证明。现对于声讯标版这类形式的广告，并不具有相关的监播记录。因此，客观上无法像其他广告一样，通过相关的广告监播记录确定广告实际投播次数。原告现仅仅提供其自己制作的监播记录，原则上不具有证明声讯标版播出次数的效力。但是，被告现仅仅提供了5份《广告投播合同》，认为声讯标版的播出必须另订立《广告投播合同》。易言之，没有订立《广告投播合同》的声讯标版，被告认为就没有播出。所以，既然根据原告自己制作的监播记录，原告自认的声讯标版播出次数已远大于被告主张的声讯标版的播出次数，该认定对被告并无不利。当可以原告自认的播出情况认定两被告对声讯标版的播出情况。

（二）世界杯赛事期间，两被告是否播出声讯参与热线号码及声讯标版，以及相应的行为所导致的法律后果。

被告主张，世界杯赛期间，中央电视台明令禁止各地方电视台播放自己的广告，所以被告未播出声讯标版，不应承担任何责任。

本院认为，国家广电总局要求"各地电视台要立即停止违规转播2002年世界杯足球赛和任意插播广告的做法"、"各地电视台在转播中央一台、二台、三台2002年世界杯赛时，不得插播自己的广告。"对此，上海市委要求严格执行（见被告提供的证据材料5）。此类事件，两被告作为文广集团下专业的广告机构，应当对中央电视台为国内唯一一家依国际足协授权转播2002年世界杯足球赛直播赛事的电视机构，以及地方电视台在转播中央电视台世界杯赛时其能否插播自己的广告完全知晓，并对相应的后果作出合理的预判。因此，中央电视台为规范地方电视台世界杯赛事的转播行为所发出的禁令，并不属意外事件。并且，由于两被告的主观原因，致使在订立合同时未能预见此事件，两被告亦不得主张因情势变更而免责。故两被告欲将中央电视台的禁令作为免责事由没有法律依据。其次，相关规定仅仅说明转播世界杯比赛时，不得插播自己的广告，但并不因此可以说明在体育节目中，两被告可以一概停止播放声讯标版业务。

（三）两被告是否存在擅自在《700剧场》《激情方向盘》《喜从天降》《小神龙俱乐部》等栏目和其他声讯台（95168台）合作的违约行为。

当事人对自己提出的主张，应当提供相应的证据予以证明。虽然SH-02-04-01协议书中明确约定两被告不得和第三方合作相关的电视声讯业务，但是原告若主张两被告违反此约定，首先得承担主张责任。但因原告并未提供任何证据予以证明，因此，原告此节主张，本院不予采信。

五、两被告援引先履行抗辩权的抗辩主张是否成立。

两被告认为，根据补充协议（一）的约定，原、被告已将合同总金额由SH-02-04-01号协议书所约定的6 132 000元变更为800万元，并且，补充协议明确约定原协议书的其他内容不变。因此，根据SH-02-04-01号协议书的约定，原告应在合同签订后，支付相当于3个月的合同金额费用199.99万元，剩余金额从2005年5月起于月末向两被告支付，每月666 666.66万元。但是，2002年4月2日、4月16日、5月31日和6月28日，寰宇公司分别支付上视公司25万元、100万元、15万元和38万元，合计178万元。因此，原告违约在先，未足额支付首付款及此后按月应支付的款项。

（一）2002年4月2日寰宇公司支付的25万元是否为履行SH-02-04-01号协议书项下的款项。

两被告认为，该25万元是履行前协议支付的款项（见被告提供的证据材料1、2）。原告则认为，该25万元是为履行本案系争SH-02-04-01号协议书所支付的款项。

本院认为，首先，寰宇公司并非两被告提供的证据材料1中上海电视台广告部、声讯公司、上海天下在网信息技术有限公司的合同（SH-00-03-063）缔约当事人，因此，寰宇公司并非该合同的债务人，其付款行为并不能当然地认为是替代声讯公司履行合同债务；其次，该25万元的支付时间是在2002年4月2日，本案系争SH-02-04-01号协议书已经订立并开始履行，被告并无证据证明该25万元和SH-00-03-063合同的关联性。因此，寰宇公司于2002年4月2日支付的25万元是为履行本案系争SH-02-04-01号协议书所应支付的款项，两被告此节抗辩本院不予采信。

（二）关于2002年4月30日，中国电信集团上海市电信公司支付上视公司50万元，是否为履行本案系争SH-02-04-01号协议书所应支付的款项。

本院认为，中国电信集团上海市电信公司、声讯公司、寰宇公司、上视公司已经订立了补充协议，该补充协议明确系根据声讯公司、寰宇公司和上视公司2002年电视声讯标版合同，由中国电信集团上海市电信公司直接支付被告50万元。该补充协议已经清楚地表明，该50万元是为履行SH-02-04-01号协议书所应支付的款项。被告上视公司辩称该50万元是为履行其他合同的主张本院不予采信。

（三）如前所述，补充协议（一）是对SH-02-04-01号协议书所约定的合同总金额的有效变更，原告理应按补充协议（一）所约定的合同总金额支付款项。但是，补充协议（一）并未对增加的合同金额的付款期限作出明确约定，即使根据补充协议（一）有关"原协议书的其他内容不变"的约定，也并不必然得出变更后的首付款和按月应付款也应当按照比例予以调整的结论。应当认为，原、被告对变更后的合同金额的支付期限并未作出明确的约定。根据《合同法》第62条第1款第4项有关："履行期限不明确的，债务人可以随时履行，债权人也可以随时要求履行，但应当给对方必要的准备时间"的规定，被告在按约为原告投播声讯标版广告的同时，可以要求原告支付相应的款项。但是，并不能认为原告必须履约在先。因此，被告援引先履行抗辩权主张可以免除其发布声讯标版广告的义务，本院不予支持。

综上所述，虽然声讯公司与寰宇公司订立协议书，声讯公司将本案系争SH-02-04-01号协议书项下的合同权利和合同义务概括移转给寰宇公司，但是，有关合同债务的转移因并未通知被告，因而并不对被告产生效力。因此，被告依旧可向声讯公司、寰宇公司主张要求两公司支付合同债务。也因为声讯公司将合同权利义务概括移转给寰宇公司，因此，对于补充协议（一）的订立，声讯公司在合同履行过程中并未持有任何异议。虽然补充协议（一）在增加部分费用的支付上未尽公平合理，但此是出于寰宇公司的真实意思表示，且寰宇公司在法定期限内并未行使撤销权，因此，本院认定补充协议（一）合法有效。原告应当按照SH-02-04-01号协议书及补充协议（一）的约定支付相关款项，原告以补充协议（一）无效为由拒绝支付，具有过错，已构成违约。同时，由于补充协议（一）并未就增加部分金额的付款期限作出约定，本院根据《合同法》的有关规定，认为两被告要求付款的权利可以和其投播声讯标版的义务同时履行。但两被告援引先履行抗辩权为免除其投播声讯标版义务的抗辩本院不予支持，更何况在合同的整个履行过程中被告也并没有提出此种抗辩。因此,两被告未按约投播声讯标版广告具有过错,亦构成违约。

由于合同履行期限已经届满,合同的目的已不能实现;同时合同也并未履行完毕,因此,原告要求解除 SH-02-04-01 号协议书及补充协议应予支持。合同解除后,尚未履行的,终止履行,已经履行的,鉴于本案的实际履行情况已不能恢复原状,因此,原告可要求被告赔偿损失。由于被告在本案中并未提出反诉,因此,对于被告的损失,本院不作处理。原告的损害结果,本院结合 SH-02-04-01 号协议书对损害赔偿计算方法的约定以及原告实际损害后果作出综合判定。

根据寰宇公司自行统计的声讯标版的播出结果,2002 年 4~7 月,两被告共播出声讯标版广告 2 160 次,应播次数为 3 639 次。根据全年 800 万元和实际播出次数计算,2002 年 4~7 月,寰宇公司只应支付两被告 1 582 852.43 元(实际播出次数/应播次数×800 万元/3)。现寰宇公司实际支付 228 万元。因此,寰宇公司实际损失为 697 147.57 元。同时考虑到 SH-02-04-01 号协议书约定,"违约方向守约方赔偿合同总金额的 30%,即 200 万元",虽然补充协议(一)对合同总金额予以变更,但是关于损害赔偿计算方式是否相应作出变更约定并不明确,应认为没有变更。由于原、被告均有过错,根据过失相抵的原则,可认为两被告根据合同约定应赔偿原告 697 147.57 元。另原告要求被告支付违约金 200 万元,因协议书中并未约定违约金条款,原告此项请求不予支持。现因百事应公司和声讯公司合并,声讯公司已注销,其债权债务由百事应公司承担,因此,百事应公司为本案适格诉讼主体。其经本院传票传唤,未到庭应诉,依法应按撤诉处理。声讯公司已将合同权利义务概括移转给寰宇公司,百事应公司在诉讼中又表示放弃诉讼利益,因此声讯公司获得赔偿之债权转移至寰宇公司当对两被告发生效力。

【判决】

二〇〇五年六月二十四日,上海市静安区人民法院依照《中华人民共和国民事诉讼法》第一百二十九条、《中华人民共和国合同法》第九十七条、第一百零七条、第一百二十条的规定,判决如下:

一、解除原告上海寰宇广告有限公司、上海声讯信息有限公司和被告上海上视综艺广告有限公司、上海文广新闻传媒集团于 2002 年 3 月 27 日订立的编号为 SH-02-04-01 号《协议书》,及上海上视综艺广告有限公司、上海寰宇广告有限公司于 2002 年 3 月 27 日订立的《关于合作开展电视标版及声讯服务的补充协议(一)》《关于文广传媒集团与声讯信息公司合作开展电视标版及声讯服务的补充协议(二)》;

二、被告上海上视综艺广告有限公司、上海文广新闻传媒集团应于本判决生效之日起十日内赔偿原告上海寰宇广告有限公司损失 697 147.57 元;

三、原告上海寰宇广告有限公司其余诉讼请求不予支持。

本案案件受理费 25 431.70 元,由原告上海寰宇广告有限公司承担 13 450.00 元,被告上海上视综艺广告有限公司、上海文广新闻传媒集团承担 11 981.70 元。

如不服本判决,可在本判决书送到之日起十五日内,向本院递交上诉状,并按对方当事人的人数提供副本,上诉于上海市第二中级人民法院。

一审判决后,几方均未上诉。

【学者评述】

何谓"契约精神"?

契约,英文为 Indenture/Contract/Agreement,源于拉丁文"Contractu",最初是指双方协议订立的有关买卖、抵押、租赁的文书,本质是一种自由贸易、公平交易的凭据。契约精神,是指商品经济社会派生的契约关系与内在的原则,是一种自由、平等、守信的精神。

契约精神本体上存在四个重要内容:契约自由精神、契约平等精神、契约信守精神、契约救济精神。契约自由精神是契约精神的核心内容。西方人权理念中就一直存在经济自由中的契约自由精神。

契约精神是西方文明社会的主流精神,在民主法治的形成过程中有着极为重要的作用。一方面,在市民社会,私主体的契约精神促进了商品交易的发展,为法治创造了经济基础,同时也为市民社会提供了良好的秩序。另一方面,将私人契约精神上升至公法领域,在国家公权力控制、实现人权方面也具有重要意义。

契约精神,无论是私法还是公法上,对我国社会主义法治国家的构建和社会主义市场经济的良性运转都有着积极的借鉴作用。

(杨新磊)

第八节 "电影沙龙"铩羽

【被上诉人,原审原告】 上海电影文艺沙龙有限公司
【上诉人,原审被告】 上海金萌苏浙汇餐饮有限公司

原告上海电影文艺沙龙有限公司诉被告上海金萌苏浙汇餐饮有限公司承包合同纠纷一案,历经二审,上海市高级人民法院现已审理终结。

【原告诉称】

原告诉称,2001 年 2 月 6 日原、被告双方签署《合作意向书》,约定被告拟承包经营原告,后原、被告双方签署《承包合同书》。2001 年 4 月 30 日,原、被告双方签署《关于财产清点备忘录》。2003 年 12 月 9 日,原、被告双方签署《协议书》,解决承包关系在无法进行登记的情况的变通做法,且 2001 年至今,双方实际存在事实上的承包关系。原告认为,承包系列文件的生效条件无法成就,双方也无法再达成有法律效力的文件。同时认为,被告严重丧失承包关系的信誉,且被告在实际经营过程中经营无方,多次书面告知原告无力经营,在实际经营期间造成原告巨额亏损,故诉请判令:(一)、解除原、被告间的事实承包关系;(二)被告归还原告经营场所;(三)被告赔偿其在实际承包经营期间造成原告的损失(约 700 万元人民币,以实际审计结果为准);(四)被告归还原告经营场所内所有物品;(五)被告承担本案诉讼费。

【被告辩称】

被告答辩称，被告履行了原、被告间所签署的文件约定的义务，原告认为协议无效的说法无法律依据。承包合同书未进行登记的责任在于原告，故被告认为合同有效，原告应按合同规定履约。

原告为证明其诉请举证如下：一、2001年2月原被告间签署的《合作意向书》《承包意向书》证明原、被告间关于承包事项达成协议，其中约定合同经政府批准登记生效。二、原告至被告的挂号信、律师函及被告致原告的信，以证明双方间的争议。三、2001年度至2003年度原告锦亭酒家《审计报告》，以证明被告实际进场后的经营及亏损情况。四、2001年度至2003年度被告自原告处领用的发票签收文件。五、2003年12月9日，原被告间的协议书一份，以证明双方间的变通做法。六、（2000）徐经初字第1801号民事调解书及其附件，以证明承包经营场所的固定资产情况。

被告对原告提供的证据的真实性未提出异议，但认为律师函不能作为违约的依据。被告未在规定的举证期限内提供证据。

原告的证据符合民事诉讼证据要件，本院予以采用。

【一审查明事实】

2001年2月6日，原告与被告签订《合作意向书》。嗣后，双方以此为原则签订了《承包合同书》，约定原告委托被告承包经营"电影文艺沙龙"（具体名称以工商局批准为准），除二楼酒吧归原告使用并由原告承担由此产生的相关费用外，原告将自己的经营场地和设施等承包给被告使用。承包约定开始时间为2000年12月27日，合同正式生效是以政府批准时间为准。本合同一经生效，原被告双方将办理各类交接手续。被告正式开始进入承包期。承包经营期为十年，第一期为五年，第二期为五年，在此期间原告如需向政府申请经营期延长，被告应予合作，并提供其在承包经营期间内新增资产财务凭证，并共同努力创造一切条件实现这一合作期。如原告没能如期申请第二期承包期，原告对被告造成的损失作出相应的赔偿。承包经营期内，由被告使用的原原告的资产及设备经确认后交被告在"电影文艺沙龙"内使用不移作他用。如需处置这些财产须经原告同意，承包期满后，被告应归还原告的财产，非正常性的损坏由被告负责赔偿。被告在承包经营期间，对工商及法律仍全称"上海电影文艺沙龙有限公司"，对外商业宣传可称为被告经营管理的"电影文艺沙龙"。年总承包费为276万元人民币，每月23万元承包费被告应在下月25日前予以支付，如由于被告责任致使承包费延期支付，应承担每日按应总金额的千分之一计算滞纳金。承包经营月营业额超过180万元，超过部分按承包费5%递增。如被告拖欠承包费累计达三个月，原告有权终止双方的承包合同，由此造成的一切损失，由被告承担。被告每年提供原告8万元的就餐签单费。被告在承包期间的水电、煤气等费用均自行承担，被告应见票即付。承包经营期内，由原告负责支付"上海电影文艺沙龙有限公司"的房屋租赁费及土地使用费。如国家房租有较大幅度调整，原告有权提出相应调整承包费。原告同意被告按其承包费额度承担2000年10月、11月、12月"小亭餐饮管理（上海）有限公司"承包期内欠下的承包费。该承包费将在2001年4月底一次性支付。

《承包合同书》签订后，原、被告双方未到有关部门办理相关的批准手续，被告即以其自己的名义对外营业。

2001年4月30日,原被告双方对财产进行了清点。

2001年11月28日,原被告签订了《承包合同补充协议书》,就财务及税务方面的内容进行了约定。

2003年12月9日,原被告双方又签订《协议书》一份,原告同意在2003年12月25日前,办理上海电影文艺沙龙有限公司锦亭酒家的银行账户年检手续,手续办理结束后,所有原件和图章等暂由原告保存(包括但不限于:上海电影文艺沙龙有限公司锦亭酒家营业执照、工商IC卡、组织机构代码及IC卡、税务登记证),被告取得相关复印件。上海电影文艺沙龙有限公司锦亭酒家开户印鉴两枚,双方各持一枚。原告承诺即时提供被告经营使用需要。

原告多次向被告就有关合同期内的税务、承包费的按时支付等情况发函,原告认为被告违法经营并严重侵犯原告的合法权益,遂涉讼。

另查明,原告系由上海影视公司与香港中国旅游投资有限公司共同创办的中外合作企业。原告的房屋是向上海国泰电影院租赁而来的。

被告原名为上海金萌餐饮有限公司,于2003年5月26日经上海市工商行政管理局核准变更为现名。

【一审法院观点】

本院认为,确定原、被告间签订的《承包合同书》的效力是解决本案纠纷的关键,为妥善处理案件的纠纷,故本院将对此先予判决。原、被告间对系争合同的签订均不持异议,但根据对外经济贸易部和国家工商行政管理局于1990年9月13日颁布的《关于承包经营中外合资经营企业的规定》,承包经营合同须向办理原审批机关批准,而系争《承包合同书》中双方约定合同正式生效是以政府批准为准,《承包合同书》从签约至今已将近五年,原告尚未至相关部门就承包合同办理批准手续,显然该《承包合同书》至今尚未生效。尽管如此,原告与被告已经按照《承包合同书》约定的相关条款在履行。所谓"承包经营"是指合作企业与承包者通过订立承包经营合同,将合作企业的全部和部分经营管理权在一定期限内交给承包者,由承包者对合营企业进行经营管理。而系争合同约定原告将自己的经营场地和设施等"承包"给被告使用,且被告以其自身的名义对外营业,完全符合租赁合同的性质,即当事人双方约定一方将特定物交于他方使用收益,他方支付租金并于租赁关系终止时返还原物,实际上原告将经营场地及相关设施是租赁给被告,换而言之,原告系将其向上海国泰电影院租赁而来的房屋进行转租并将相关的设施一并租赁给被告。

【一审判决】

二〇〇四年十二月一日,上海市第一中级人民法院依据《中华人民共和国民事诉讼法》第一百三十九条、《中华人民共和国合同法》第五十二条之规定,先予判决如下:原告上海电影文艺沙龙有限公司与被告上海金萌苏浙汇餐饮有限公司间签订的《承包合同书》无效。如不服本判决,可在判决书送达之日起十五日内向本院递交上诉状,并按对方当事人的人数提出副本,上诉于上海市高级人民法院。

一审宣判后,上海金萌苏浙汇餐饮有限公司不服,提起上诉。

【终审】

二〇〇五年五月十七日，上海市高级人民法院主持调解，双方当事人自愿达成如下调解协议：一、被上诉人上海电影文艺沙龙有限公司愿意继续委托上诉人上海金萌苏浙汇餐饮有限公司承包经营上海电影文艺沙龙锦亭酒店，承包经营期限至2010年6月30日止。二、上诉人上海金萌苏浙汇餐饮有限公司愿意向被上诉人上海电影文艺沙龙有限公司每月支付承包经营费人民币28万元。该费用从2005年6月起至承包经营期限结束之日止。承包经营期内，上诉人上海金萌苏浙汇餐饮有限公司并愿意向被上诉人上海电影文艺沙龙有限公司每年支付人民币4万元的用餐额度。三、原承包合同中约定的月营业额超过人民币180万元，超过部分按承包费5%递增的约定双方不再履行。四、原承包合同有关条款的修改由双方另行协商。承包合同的登记由被上诉人上海电影文艺沙龙有限公司负责。五、被上诉人上海电影文艺沙龙有限公司同意撤回原审诉讼请求，本案一审案件受理费人民币45 010元，由被上诉人上海电影文艺沙龙有限公司负担。六、双方当事人无其他争议。

【学者评述】

承包，是建筑、水利、交通等工程领域的一种通行做法。其实，如果能借鉴、引入工程界的某些成功做法，影视界的乱象就会得到很大的抑制甚至根治。首当其冲的是，影视制作与影视发行应推行监理制度。

监理，既是动词，也是名词，相应的英文为Supervise、Supervision。外行望文生义，把"监理"解释为"监督管理"，是很不科学的。工程监理，是一种独立的第三方行为，目的是为了确保工程项目的质量安全、技术过关、进度合理。工程监理，也是一种国际惯例，世界各国都在沿用。

工程监理具有如下特征：（1）独立性。监理方与建设单位（即投资方，即业主）、承建商（即施工方，一般包括总承包方和分包方）之间是一种平等合作关系，彼此都是独立的法人主体，按照独立自主、各司其职的原则开展监理活动。（2）服务性。监理不同于承建商的直接生产活动，也不同于建设单位的直接投资活动，它不向建设单位承包工程，不参与承包单位的利益分成，它获得的是技术服务性报酬。工程监理的服务客体是建设单位的工程项目，服务对象是建设单位。这种服务性的活动是严格按照委托监理合同和其他有关工程建设合同来实施的。（3）法定性。《建筑法》第四章、《招投标法》《建设工程质量管理条例》《建设工程安全生产管理条例》《生产安全事故报告和调查处理条例》《建筑企业资质管理规定》《建筑工程施工质量验收统一标准》等法律法规明确规定，国家推行建筑工程监理制度，建筑企业有义务执行。监理是受国家法律约束和保护的。（4）科学性。监理工作的专业性、技术性很强，丝毫不逊于建筑施工。监理就是为工程管理与工程技术提供智力的服务。（5）公平性。工程监理机构以事实为依据，以法律和有关合同为准绳，在维护业主合法权益时，也不会损害承包商的合法权益，这体现了工程监理的公平性。

我国影视界之所以乱，根源在于从业者主要是文学艺术工作者，他们的科学素养欠缺，法治意识普遍淡漠，对数学、管理学尤其陌生，整体素质不高。

（杨新磊）

第九节　MTV vs KTV

【上诉人，原审被告】 上海尚格餐饮娱乐有限公司
【被上诉人，原审原告】 新力唱片（香港）有限公司

新力唱片（香港）有限公司［Sony Music Entertainment（H K）Limited Co.］为维护自己的MTV的版权，起诉上海尚格餐饮娱乐有限公司。

【一审法院观点】

一审法院认为，音乐电视（MTV）是否属于以类似摄制电影的方法创作的作品，应当以其内容及其表达形式是否具备独创性作为判断标准。依照《中华人民共和国著作权法实施条例》第四条第（十一）项之规定，"电影作品和以类似摄制电影的方法创作的作品，是指摄制在一定介质上，由一系列有伴音或者无伴音的画面组成，并且借助适当装置放映或者以其他方式传播的作品。"本案所涉的3首MTV都是以特定音乐作品为题材，通过导演、摄影、录音、美术设计、剪辑合成等一系列创作活动，将能够反映音乐主题和旋律的画面制作在一定介质上，并借助适当装置可以连续播放的音乐电视作品。上述3首MTV的独创性不但体现在其制作过程中运用了多种技术和艺术创作手段，而且这种艺术形式也是对音乐作品的内涵和风格进行富有创意的诠释和演绎，实现了音画合一的视听艺术效果。因此，本案系争的3首MTV的制作融合了电影作品创作的主要元素，凝聚了导演、演员等制作人员互相协作的创造性劳动，应当属于我国著作权法所规定的以类似摄制电影的方法创作的作品。而录像制品，是指电影作品和以类似摄制电影方法创作的作品之外的任何有伴音或者无伴音的连续相关形象的原始录制品，是将有关的声音或画面等通过一定设备进行机械录制而形成的，不具备构成作品的独创性要件。

原告提供的《黎明音乐电影集》VCD的封套背页上标注有原告的英文版权标记，在播放本案系争的3首MTV过程中，电视屏幕上又多次出现"SONY MUSIC"的字样。《黎明音乐电影集》VCD封套背页上已经特别标注了著作权人为原告的版权标记，而封套背页底部出现的"百仕活娱乐事业有限公司"的署名与作品的著作权并无关联。此外，被告对于原告主张著作权的3首MTV作品又未提供相反证据，以证明由其他权利人享有著作权，故依照《中华人民共和国著作权法》第十一条第四款"如无相反证明，在作品上署名的公民、法人或者其他组织为作者"之规定，认定原告对本案系争的3首MTV作品享有著作权。

依照《中华人民共和国著作权法》第十条第一款第（十）项之规定，以类似摄制电影方法创作的作品的著作权人享有作品的放映权。因此，本案原告作为著作权人对《全日爱》《酸》《尽情的爱》3首MTV作品依法享有放映权。被告未经原告许可，以营利为目的，在营业场所将原告享有著作权的3首MTV作品以卡拉OK的形式向公众放映，侵犯了原告依法享有的作品放映权以及相应的财产权利。

【一审判决】

一审法院判决：一、被告应停止放映原告享有著作权的《全日爱》《酸》《尽情的爱》3首音乐电视（MTV）作品；二、被告于本判决生效之日起十日内赔偿原告经济损失人民币3 000元及其为本案诉讼支出的合理费用人民币15 000元，以上两项合计人民币18 000元；三、原告的其余诉讼请求不予支持。本案案件受理费人民币7 760元，由原告负担人民币3 680元，被告负担人民币4 080元。

【终审判决】

一审宣判后，被告不服，提起上诉。二○○六年十一月十五日，上海市第一中级人民法院判决驳回上诉，维持原判。本案二审案件受理费人民币7 760元，由上诉人上海尚格餐饮娱乐有限公司负担。本判决为终审判决。

又案，新力唱片还起诉了上海好乐迪音乐娱乐有限公司、上海统领文化娱乐有限公司。法院判决：一、被告应停止放映原告享有著作权的《酸》《That's Life》《非我莫属》3首音乐电视（MTV）作品；二、被告于本判决生效之日起10日内赔偿原告经济损失人民币3 000元及其为本案诉讼支出的合理费用人民币15 000元，以上两项合计人民币18 000元；三、原告的其他诉讼请求不予支持。本案案件受理费人民币7 760元，由原告负担人民币3 680元，被告负担人民币4 080元。一审宣判后，被告不服，提起上诉。二○○六年十一月十五日，上海市第一中级人民法院判决驳回上诉，维持原判。本案二审案件受理费人民币7 760元，由上诉人上海好乐迪娱乐有限公司负担。本判决为终审判决。

又案，香港正东唱片有限公司（Go East Entertainment Company Limited Co.）起诉上海麒麟大厦文化娱乐有限公司。法院经审理查明：原告正东唱片有限公司（以下简称正东公司）于1999年制作了《陈慧琳 对你太在乎》MTV专辑，共计17首MTV，其中包括陈慧琳演唱的《光年》《回情》《情人说》三首MTV（以下简称系争MTV），该MTV专辑的封底标注"1999 GO East Entertainment Co., Ltd."。《情人说》和《回情》两首MTV属于以类似摄制电影的方法创作的作品，被告麒麟公司未经原告正东公司的许可，放映该两首MTV作品的行为，侵犯了原告对该两首MTV作品享有的放映权，应承担停止侵害、赔偿损失的民事责任。因《光年》MTV不属于以类似摄制电影的方法创作的作品，故原告对该MTV不享有放映权，原告要求被告就放映该MTV承担侵权民事责任的诉请，不予支持。据此，判决：一、被告麒麟公司应停止对原告正东公司享有著作权的《情人说》和《回情》两首MTV作品放映权的侵害；二、被告麒麟公司应于本判决生效之日起十日内赔偿原告正东公司经济损失人民币2 000元和为本案诉讼支出的合理费用人民币15 000元，以上两项共计人民币17 000元；三、对原告正东公司的其他诉讼请求不予支持。本案案件受理费人民币7 760元，由原告正东公司负担人民币3 691元，被告麒麟公司负担人民币4 069元。一审宣判后，被告不服，提起上诉。二○○六年十一月十五日，上海市第一中级人民法院判决驳回上诉，维持原判。本案二审案件受理费人民币7 760元，由上诉人上海麒麟大厦文化娱乐有限公司负担。本判决为终审判决。

又案，香港环球唱片有限公司［University Music Limited Co.］起诉上海综艺音乐餐饮有限公司。发源查明：原告制作了《张柏芝至爱唇色新曲+精选》原装 Music Video 卡拉 OK DVD 和 Bonus CD 各1张，在 Music Video 卡拉 OK DVD 中收录了本案原告请求保护的《留给最爱的说话》《不一样的我》《棉胎》等在内的17首曲目。在上述光盘的封套背页上注明："P + C 2002 Universal Music Ltd."。法院认为，依照《中华人民共和国著作权法》第四十七条第（一）项之规定，未经著作权人许可，向公众放映其作品的，应当根据情况，承担停止侵害、消除影响、赔礼道歉、赔偿损失等民事责任。本案被告未经原告许可，放映原告享有著作权的两首音乐电视（MTV）作品，侵犯了原告对其作品所享有的放映权以及相应的财产权利，因此，被告依法应当承担停止侵害、赔偿损失的民事责任。考虑到本案中被告侵犯的是原告的著作财产权，而非著作权中的人身权利，故本案不适用赔礼道歉的民事责任方式。关于本案的赔偿数额，根据涉案证据及案情，被告因放映上述音乐电视（MTV）作品所获得的利润难以计算，原告虽然提供了国际唱片业协会（香港会）有限公司出具的证明，即MTV作品在香港地区商业性优先使用的收费标准作为其经济损失的参照依据，要求被告赔偿经济损失人民币30万元，但本院认为，由于原告提供的该项收费标准适用于香港特别行政区，且属于商业性优先使用的情况，故不能作为认定被告应当承担的赔偿数额的依据。本院根据本案所涉音乐电视（MTV）作品的类型、制作成本、被告侵权行为的情节和持续时间、被告营业场所的经营规模等因素，酌情确定被告应当承担的赔偿数额。对于原告为制止侵权行为而支付的公证费、律师费等合理开支亦予以酌情支持。

综上所述，判决如下：一、被告上海综艺音乐餐饮有限公司应停止放映原告环球唱片有限公司享有著作权的《留给最爱的说话》《棉胎》两首音乐电视（MTV）作品；二、被告上海综艺音乐餐饮有限公司于本判决生效之日起10日内赔偿原告环球唱片有限公司经济损失人民币2 000元及其为本案诉讼支出的合理费用人民币15 000元，以上两项合计人民币17 000元；三、原告环球唱片有限公司的其他诉讼请求不予支持。本案案件受理费人民币7 760元，由原告负担人民币3 692元，被告上海综艺音乐餐饮有限公司负担人民币4 068元。

又案，香港华纳唱片有限公司（Warner Music HK Limited CO.）起诉上海绿光娱乐有限公司。法院查明：原告华纳公司于1997年制作了《郭富城呼风唤爱》卡拉OK精选MTV专辑，二碟共计24首MTV，其中包括郭富城演唱的《信鸽》《只要我的爱》《当我知道你们相爱》三首MTV，该MTV专辑的封底标注"1997 Warner Music HongKong Limited."，系争MTV的画面均多次出现原告的公司标志。2003年12月2日，原告华纳公司委托张洁来到被告绿光公司经营的"帕多瓦"KTV包房，由张洁以普通消费者的身份点播了包括郭富城演唱的《信鸽》《只要我的爱》《当我知道你们相爱》在内共7首歌曲，并对播放歌曲的过程进行了拍摄，现场录制了录像带一盒。2003年12月10日，张洁到上海市淮海东路99号清华数码广场3060室"宏柏数码"将上述录像带刻录成三张CD光盘，取得盖有"上海清华家电批发市场管理有限公司发票专用章"的《上海市商业零售统一发票》一张。上海市静安区公证处对上述点歌、拍摄、制作录像带和刻录光盘的行为进行了公证。2004年2月12日，上海市静安区公证处出具了（2003）沪静证经字第18679号公证书。2004年5月24日，IFPI亚洲区办事处亚洲区总监饶锐强出具一份《声明书》，证明该《声明书》后附文件为原告华纳公司制作的《郭富城呼风唤爱》MTV专辑封面及封底的彩色复印件，该MTV专辑由原告向IFPI亚洲区办事处提供，并作版权登记之用。上述MTV专辑封面及封底的复印件与原告提供的系争MTV光盘实物封面及封底相同。于是，判决如下：一、被告上海绿光娱乐有限公司应停止对原告华纳唱片有限公司享有著作权的《信鸽》《只要我的爱》《当我知道你们相爱》三首MTV作品放映权的侵害；二、被告上海绿光娱乐有限公司应于本判决生效之日起十日内赔偿原告华纳唱片有限公司经济损失人民币3 000元和为本案诉讼支出的合理费用人民币15 000元，以上两项共计人民币18 000元；三、对原告华纳唱片有限公司的其他诉讼请求不予支持。本案案件受理费人民币7 760元，由原告华纳唱片有限公司负担人民币3 680元，被告上海绿光娱乐有限公司负担人民币4 080元。

【学者评述】

人们为什么喜欢去KTV唱歌？笔者研究发现，KTV的练歌房其实是一个音乐治疗诊室。

艺术治疗，Art therapy，又称艺术心理治疗，是一种心理治疗的介入方法，横跨艺术学和心理学两大领域。在艺术治疗的关系中，病人透过艺术题材使心像得以视觉化或听觉化外化，通过创作或欣赏释放压力，缓解焦虑，减少抑郁，获得身心愉悦，得到生理快感。艺术治疗对精神病人、一般病人甚至健康人群的作用都很明显。根据艺术的分类，艺术治疗分为绘画治疗、音乐治疗、舞蹈治疗、园林治疗、电影治疗等。

艺术治疗的基础理论来自Roger Wolcott Sperry（斯佩里，1913~1994）的"左右脑分工说"：左脑主要负责理解、记忆、时间、语言、判断、排列、分类、逻辑、分析、书写、推理、抑制等，思维方式具有连续性、延续性和分析性。右脑主要负责空间形象记忆、直觉、情感、身体协调、视知觉、美术、音乐节奏、想象、灵感、顿悟等，思维方式具有无序性、跳跃性、直觉性等。平衡、协调左右半脑功能的一个有效方式就是欣赏艺术甚或进行艺术创作。

日本学者春山茂雄博士发现，当人的脑电波是α波时，脑内分泌一种被称为"脑内吗啡"的荷尔蒙，α波能通过感觉器官对人的情绪给予巨大的平静和安定感。美国切斯特大学的神经生理学教授戴维·菲尔顿在大脑与免疫系统的研究中发现，当脑内分泌出"β-endorphin（β-内啡肽）"时，人的免疫力会随之提高，进而维持身心健康。要使大脑常常分泌"脑内吗啡"和"β-内啡肽"，人们应更多地做使自己愉快的事情，可以诉诸艺术、运动、游戏、静坐、做爱等方式。人们在艺术面前根本无法掩饰个人情感的流露，艺术创作、欣赏艺术作品容易使人们的身心都处于放松状态，从而导致个体的神经系统得到调节，所有生理器官的供血畅通，右脑开始分泌上述两种激素，人的心情开始变得愉悦，并引发整个身心系统的良性循环和更新。因此，艺术活动能使人们产生和保持良好的情绪，而艺术治疗是进行身心调节的有效手段。

(杨新磊)

第十节　奥斯卡猜想

【原告】上海卓尚信息有限公司
【被告】艺龙网信息技术（北京）有限公司

原告上海卓尚信息有限公司诉被告艺龙网信息技术（北京）有限公司不正当竞争纠纷一案，上海市第二中级人民法院受理后，现已审理终结。

【原告诉称】

原告诉称：原告设立的"影院热线"网站，是在互联网上专业从事影片推广、网上订票等活动的知名网站。继去年成功举办"99奥斯卡"系列活动之后，原告今年初又开始策划"奥斯卡2000"系列活动。今年2月11日，被告总裁、副总裁等到原告处与原告协商合作事宜。协商过程中，被告了解了原告举办上述活动的基本设想，并表示有兴趣参与。后应被告要求，原告将此次活动的具体方案传真给被告。被告在了解了原告此次活动的内容、计划等信息后，虽多次口头应允合作，但迟迟不签订双方拟定的合作协议。原告遂于2月23日通知被告，终止合作谈判，被告不得采用原告的活动方式和活动内容。同年3月，原告发现被告在其"e龙"网上举办了与原告完全相同的活动，并实施了以下不正当竞争行为：1. 被告抄袭原告网页上的竞猜活动介绍和竞猜规则，冒用原告的网站名称和竞猜活动名称，误导网民浏览其网页并参加其活动；2. 被告模仿原告的奖项设置，并以高出原告10多倍的特等奖（"美国双人浪漫游"，价值人民币30 000元）吸引网民。被告的上述行为分别属于擅自使用他人知名商品名称和有奖销售的最高奖额超过人民币5 000元的不正当竞争行为。同时，被告的行为还直接影响到原告网站的访问量和参加该活动的客流量，损害了原告的商誉。因此，请求法院判令被告：1. 停止侵权；2. 在其网站首页及全国性媒体上刊登致歉声明；3. 赔偿原告直接经济损失人民币198 000元。

【被告辩称】

被告辩称：奥斯卡有奖竞猜活动是属于整个社会的公共资源，任何媒体和网站均可以举办类似或相同的活动，原告无权垄断举行这一活动。被告的活动是独立策划的，与原告的创意无关。被告竞猜活动的名称为"e龙奥斯卡之夜"，而原告的活动名称为"奥斯卡2000"，被告并没有冒用原告的竞猜活动名称。虽然在被告200余个竞猜活动页面中，由于其工作人员失误，有一个页面出现了"影院热线"的名称，且页面文字也与原告相近似，而该页面在竞猜页面中既非关键内容也非首页。被告的上述失误并非原告所称的恶意竞争。被告作为国内最大的综合网站之一，具有丰富经验和人力资源，无需借助某一地方性网站来扩大影响，也无需利用"影院热线"这一名称宣传自己的网站，这种做法有悖于商业逻辑。目前大部分网民采取在浏览器的地址栏键入网址，或IP地址，或点击其他网站提供链接的方法进入特定网站，因此，所有参加被告奥斯卡竞猜活动的网民均为主动访问被告这一特定网站的网民，而非原告网站的访问者。因此，原告关于被告冒用"影院热线"名称误导网民的说法无事实根据。被告举办的有奖竞猜活动是一种公众参与性的娱乐活动，被告与竞猜者之间不存在买卖关系，更谈不上有奖销售。被告在举办有奖竞猜活动中，没有任何贬损、诋毁原告商誉的行为，也未造成社会公众对原告社会评价的降低，原告竞猜活动人数的下降是多种因素造成的，与被告无关。综上，被告行为不构成不正当竞争，请求依法驳回原告的诉讼请求。

【法院查明】

经审理查明：原告于1998年9月设立"影院热线"网站，网址为http：//www.hotcinema.com。该网站主要在上海地区从事影片推广、网上订票等娱乐和商业活动。1999年，原告举办了以美国奥斯卡电影奖的最终结果作为竞猜对象的"99奥斯卡"系列活动。据原告统计，共有1 299人参加了该活动。被告成立于1999年8月,其经营的"e龙"网站是一家综合性的城市网站,网址为http://www.elong.com。

今年2月11日,被告总裁张黎刚等人到原告处洽谈双方合作事宜。其间,双方就合作举办2000年奥斯卡有奖竞猜活动进行了磋商,并初步达成合作意向。2月14日,原告将其制作的"影院热线'第72届奥斯卡'电影竞猜活动方案"(以下简称"活动方案")传真给被告。"活动方案"的主要内容是:活动的主办单位是原告,合作单位是被告和广州热讯信息有限公司;活动主题是围绕第72届奥斯卡五大奖项举行网上竞猜活动;活动时间为2000年2月16日至2000年3月31日,在上海的"影院热线"、北京的"e龙"网和广州的"中文热讯"同时举行;竞猜范围是第72届奥斯卡最佳影片、最佳导演、最佳男女主角、最佳外语片;网上页面由原告制作和发布;根据竞猜者猜中奖项的多寡设特等、一等、二等、三等、鼓励奖五个奖项,奖品由原告提供等。此外,"活动方案"还对三地如何进行宣传、如何抽奖等作了规定。原告要求被告收到传真后及时回复。

2月16日,原告又将"'奥斯卡2000'系列网络活动备案"(以下简称备案)传真给被告。"备案"的第一条、第二条、第七条对该次活动的主办和合作单位、活动时间、竞猜奖品的提供者作出与上述"活动方案"相同的规定。与"活动方案"不同的是,"备案"还约定:原告拥有"奥斯卡2000"系列网络活动页面及所有相关图文资料的版权,授权合作方根据需要建立链接或设立其本地镜像页面,但要注明"奥斯卡2000系列活动专题网站,影院热线(www.hotcinema.com)授权建立";系列活动结束后,原告将对参加活动的客户来源进行统计,其中来自于被告的客户资源归原告和被告共有。"备案"最后还规定:合作双方在本次活动基础上,可商讨长期开展此类活动及其他进一步合作事宜。原告总经理黄俭在该"备案"上签字。同一天,原告又将另一封内容相同,且盖有原告合同专用章的"备案"传真给被告。

2月17日,原告根据上述策划方案,在其"影院热线"上推出了"奥斯卡2000"有奖竞猜活动。2月23日,原告在迟迟未收到答复的情况下通知被告,"如贵方在2000年2月23日前仍未给予我方一个明确的答复或者未按活动备案行事,我方将立即撤销合作,同时不得允许贵方采用我方的活动方式以及所有有关活动内容"。被告对该通知又未作答复。

同年3月上旬,被告在其"e龙"网上独自举办了奥斯卡有奖竞猜活动。对比原被告举办的两个竞猜活动,两个活动的主题、形式是相同的,都是以美国奥斯卡电影奖的最终结果作为竞猜对象的有奖竞猜活动。所不同的是,原告规定参加竞猜活动的网民既可以是其注册用户,也可以是非注册用户,但后者也应当填写其身份资料,而被告要求竞猜者必须先注册为其用户。

在被告众多的活动页面中,其中有一个页面,被告未经原告同意,使用了与原告几乎相同的竞猜活动介绍和竞猜规则。被告在该页面的中上部打上"奥斯卡2000—网上竞猜",接下来是一段竞猜活动介绍:"大家好!欢迎大家光临影院热线参加奥斯卡2000—网上竞猜活动。从现在起到3月26日午夜24时(北京时间),请评选出你心目中认为能获得本届奥斯卡金像奖的最佳影片、最佳导演、最佳男女主角以及最佳外语片。在这里,体验一下做奥斯卡评委的滋味,如果你的眼光和奥斯卡的评委们意见一致,那么,说不定有一份意外的惊喜会降临到你的身边。祝大家好运。"该段文字与原告的页面文字相比,除了增加了"大家好!"和在"奥斯卡2000"上少了个双引号外,其余文字全部相同。该段文字下面,原被告规定了竞猜规则,而且,竞猜规则中的活动时间、活动参加者、竞猜范围、奖项设置都相同。所不同的是，原告四个等次的获奖人数分别是 1、3、5、10，奖品也分别是价值 2 800 元的"熊猫数字双频手机"、价值 500 元的"DE BEERS 水晶钻石模型"、价值 120 元的"时尚像架——奥斯卡得奖影片之特制像架"、价值 60 元的"voila paris No. 2 香浴露"。而被告的获奖人数分别是 1、1、2、5，奖品分别是价值 30 000 元的"好莱坞拉斯维加斯 5 日双人浪漫游"、价值 1 500 元的 MP3 播放器、价值 500 元的 SONY 随身听、价值 300 元的 SONY 高级耳机。此外，原告还增设了"一个都猜不中奖"，奖品为价值 160 元的《四十大导与卢米埃》纪念丛书。而被告却增设 500 名活动参与纪念奖，奖品为超酷 e 龙 T 恤衫。被告在有奖竞猜活动过程中，还在其网页上设置了通向原告网站的"相关链接"。

另查明：被告有奖竞猜活动负责人孙阳曾在《戏剧电影报》任职，并在该报的《环球综艺》上策划举办过 1999 年奥斯卡有奖竞猜活动。今年的竞猜活动结束后，据原被告统计，分别有 1 588 人和 4 072 人参加了原被告各自举办的有奖竞猜活动。另据原被告统计，1998 年包括原告在内，只有两家网站举办有奖竞猜活动，而 1999 年，包括原被告在内，还有"ChinaRen"、"搜索客"、"广电在线"等 8 家以上的网站举办了该活动。

上述事实由原告提供的原告传真给被告的"影院热线'第 72 届奥斯卡'电影竞猜活动方案"，"'奥斯卡 2000'系列网络活动备案"，"通知函"，经过公证的原被告竞猜活动页面，以及被告提供的"ChinaRen"、"搜索客"、"广电在线"网站同期举办相同竞猜活动的部分页面，戏剧电影报社的证词，被告为原告网站提供链接及鸣谢的页面为证。原被告对上述证据的真实性均不持异议。

【法院观点】

原被告对本案的主要事实基本无争议，但对被告的行为是否构成侵权及如何赔偿存在不同看法。归纳起来，本案的主要争议焦点是：1. 被告未经原告同意，在其举办的与原告相同的奥斯卡竞猜活动的网页上，使用了与原告基本相同的竞猜活动介绍和竞猜规则，并出现了原告创设的活动名称"奥斯卡 2000"和网站名称"影院热线"，该行为是否构成对原告的不正当竞争；2. 被告设置价值为人民币 30 000 元的特等奖是否构成对原告的不正当竞争；3. 被告的上述行为是否损害了原告的商誉；4. 原告要求被告赔偿人民币 198 000 元是否有合理的依据。

关于第一个争议焦点，原告认为：原告拥有的"影院热线"是在影视娱乐和同行业中享有较高声誉的网站，其客户数量在同类网站中名列前茅，因此，"影院热线"是一种知名商品。被告未经原告同意，在其竞猜活动的关键页面上使用了原告的网站名称和竞猜活动名称，并抄袭了竞猜活动介绍和竞猜规则，使得网民误以为原被告是同一网站，从而吸引网民参加被告举办的竞猜活动，该行为构成对原告的不正当竞争。

被告认为：奥斯卡竞猜活动是属于整个社会的公共资源，任何网站均可举办相同的活动，原告无垄断举办这一活动的权利。被告终止与原告的合作意向后，即开始筹划活动方案，并在 2000 年 2 月 25 日完成了包括网站内容、活动推广、投票积分方式、奖品发放四部分的活动方案。因此，被告没有抄袭原告的活动方案。奥斯卡竞猜活动的内容都是根据美国奥斯卡电影奖的奖项设置为基础，奖项也通常根据投票者的猜中率设置从高到低的特等奖、一、二、三等奖，不可能标新立异不设一二三等奖，而直接设五六七等奖。因此，被告是按照常识和逻辑设置竞猜范围和奖项的。虽然由于其工作人员的失误，被告使用了与原告页面相同的文字，并出现了原告的"影院热线"网站名称，但该失误不足以误导网民参加被告的活动。因为，网民一般采用在浏览器的地址栏键入网址，或 IP 地址，或点击通过其他网站提供的链接的方法进入某一特定的网站。因此，所有参加被告活动的网民均是主动访问被告的网民，而不是原告的访问者。所以，原告称被告冒用"影院热线"以达到吸引网民的说法在实践中是做不到的。而且，被告的竞猜活动名称是"e 龙奥斯卡之夜"，而非"奥斯卡 2000"。竞猜活动中，被告还始终在其网页上为原告设立链接，以方便网民进入原告网站。被告不仅没有误导网民，而且出于友善宣传了原告的网站。

本院认为：奥斯卡有奖竞猜活动无疑是整个社会的公共资源，任何网站都可以举办相同或类似的活动而无需他人的同意。但是，举办相同或类似活动的网站应当遵守公平、诚实、信用的原则，遵守公认的商业道德，不能损害其他网站经营者的合法权益。本案中，被告举办与原告相同的奥斯卡有奖竞猜活动，这本身无可厚非。但是，被告在主动与原告接洽共同举办奥斯卡有奖竞猜活动，后又放弃合作的情况下，擅自抄袭使用了原告竞猜活动网页中近 300 字的竞猜活动介绍和竞猜规则，这是一种未经权利人许可，擅自使用他人智力劳动成果，违反诚实信用原则，不遵守公认的商业道德的行为。被告辩称这是由于其工作人员失误造成的，缺乏证据证实，本院不予采信。换言之，即便如此，仍应就其过失的过错，承担相应的民事责任。

对比原被告竞猜活动网页，虽然被告竞猜活动介绍中出现了原告的中文网站名称"影院热线"，但由于原被告均各自在中国互联网信息中心注册了具有显著区别的域名，而且，网民在上网浏览信息或参加竞猜活动时，主要通过在地址栏键入网址，或 IP 地址，或通过其他网站提供的链接的方法进入某一特定的网站，这说明网民进入任何网站都是有明确目标的。因此，即使被告的网页使用了原告的中文网站名称，进入被告网站的网民也绝不会认为其所访问的网站是原告的。所以，原告关于被告使用其知名商品名称"影院热线"，易使网民误认为原被告是同一网站的诉称本院难以支持。

但是，网站的不混同，并不意味被告的行为也不会引起其他的混同。从当初原被告合作举办奥斯卡有奖竞猜活动的目的看，双方都有通过合作举办扩大影响，以取得在同行业中竞争优势的意图。而且，从协议草案看，如果双方当初达成合作协议，被告才有权根据合作协议使用原告竞猜活动的相关页面，并建立链接。而被告在拒绝签订原告拟定的合作协议的情况下，却擅自抄袭了原告竞猜活动网页中的文字，使用了原告的网站名称和竞猜活动名称，这种行为可以推定被告有借与原告合作之名，以扩大其竞猜活动的影响力，吸引更多到其网站的网民参加该活动的意图。而且，该行为也可能使进入被告网站的网民误以为被告是与原告联合举办有奖竞猜活动，或者认为被告网站与原告网站存在某种关系。这种误解对于熟悉原告网站的网民更容易产生，使得这一部分网民因喜爱原告网站而积极参加被告举办的有奖竞猜活动。因此，被告关于其行为并不会给网民造成任何混淆，其行为不构成不正当竞争的辩解本院不予支持。

关于第二个争议焦点，原告认为：虽然网站不同于一般的商业企业，但其举办各种活动的目的，均在于吸引网民，增加网站知名度，然后再通过为其他客户提供广告、网上销售等方式获取利润。因此，网站举办的有奖竞猜活动本质上是一种推销营利行为。它完全等同于电视、报纸等媒体，通过举办有奖竞猜活动的方式吸引观众和读者，然后再代理发布广告的行为，而该行为是被工商行政管理部门所禁止的。我国《反不正当竞争法》第十三条规定的目的在于禁止经营者以过高的奖品价值吸引购买者，排挤其他竞争者的正当机会。被告的重奖行为也必然吸引网民为追求重奖而参加活动，使网站不是在提高其网站内容的水平和服务质量上下功夫,而是进行奖额的恶性竞争,最终必将损害网民的利益,破坏竞争秩序。因此,被告设置30 000元特等奖的行为,违反了我国《反不正当竞争法》关于有奖竞猜活动最高奖额不得超过5 000元的规定,构成不正当竞争。被告认为:原被告网站及其他网站举办奥斯卡有奖竞猜活动,并未向网民出售任何商品,网民参加活动也不需要向网站支付任何费用。因此,奥斯卡有奖竞猜活动是一种公众参与性的娱乐活动,网站与竞猜者之间完全不存在买卖关系。该活动不属于销售,更谈不上有奖销售,不受我国《反不正当竞争法》第十三条规定的约束。本院认为:销售一般是指卖方向买方提供特定的商品或服务,买方则向卖方支付货币或其他对价以取得相应的商品或服务。国家工商局《关于禁止有奖销售活动中不正当竞争行为的若干规定》第二条第一款对有奖销售作如下定义:本规定所称的有奖销售,是指经营者销售商品或者提供服务,附带性地向购买者提供物品、金钱或者其他经济上利益的行为。根据上述规定,可以得出有奖销售具有下列特征:(1)有奖销售存在于销售商品或者提供服务的经营者和购买商品或者接受服务的消费者之间,一方给付商品或服务,另一方给付相应的对价;(2)有奖销售中存在双重法律关系,即经营者向消费者提供商品或者服务的购销关系和经营者向消费者提供赠品的赠与关系;(3)经营者有奖销售的目的不是奉献,而是为了招揽顾客,以此获取更大的利润。

被告辩称竞猜活动不是销售活动,网站不是销售者的主要理由是,网民不需支付任何费用即可上网。从现象上看,网民确实无需支付任何费用即可到被告网上浏览信息或参加竞猜活动。那么,网站经营者是否是在从事有益于网民和社会的公益活动呢?回答是否定的。在商品经济社会,商品经营者在经营过程中不会无缘无故无偿向消费者提供商品和服务,其一切经营行为均是为了追求利润。网站经营者也是如此。但是,网站经营有其客观规律,一般来说,网站设立的前期是大量投入资金,以提供无偿服务吸引网民访问该网站,扩大网站的影响力。等到网站逐渐壮大,网站即开始向网民收取费用。目前,网站在我国刚刚兴起,许多网站经营尚处于投入阶段,因此,网站一般向网民免费开放。虽然网站不向网民收取费用,但其维持网站正常运作必须依靠资金,而网站的资金来源一方面靠经营者的投资,另一方面则靠广告收入、电子商务的收费和他人的风险投资。网站吸引广告投放者或风险投资者的重要因素是网站注册网民的多少和网站的点击率。因此,网站的主要经营目的就是扩大其在网民中的影响,吸引更多的网民浏览其网站,并注册为其用户,这样,就能提高网站的市场价值,提升网站广告的价位。从这种意义上讲,网站的点击率和网民的注册数是网站价值的重要体现。

本案中,根据被告的竞猜规则,凡是参加被告有奖竞猜活动的网民必须是被告的注册用户,不是的应当注册为用户,也就是网民必须将自己的身份资料毫无保留地提供给被告,否则,被告的竞猜活动大门是不会向网民开启的。因此,从表面上看,网民参加被告举办的奥斯卡有奖竞猜活动无需支付任何费用,而实际上网民却必须将包括其姓名、身份证号等在内的身份资料无偿提供给网站,并同意注册为其用户,以此换取参加网站提供的有奖竞猜活动。网民与网站的关系虽然表面上不同于以货币换取商品或服务的消费者与销售者之间的关系,但其实质还是等价交换的关系,也就是网民必须拿被网站视为无形财产的身份资料去换取网站提供的服务。所以,被告举办的有奖竞猜活动实质是一种有奖销售活动。

国家工商局《关于禁止有奖销售活动中不正当竞争行为的若干规定》将有奖销售分为奖励所有购买者的附赠式有奖销售和奖励部分购买者的抽奖式有奖销售。同时又规定,"凡以抽奖、摇号等带有偶然性的方法决定购买者是否中奖的,均属于抽奖方式"。本案中,竞猜活动参加者是否能中奖，完全取决于奥斯卡电影奖的结果如何，以及竞猜者个人的判断能力等多方面的主客观因素，是否中奖不能由竞猜者完全控制。因此，这种有奖竞猜的结果带有偶然性，属于抽奖式的有奖竞猜。我国《反不正当竞争法》规定，抽奖式有奖销售的最高奖额超过人民币5 000元的，构成不正当竞争。因此，被告举办的奥斯卡有奖竞猜活动，违反了我国《反不正当竞争法》的规定，构成不正当竞争。

关于第三个争议焦点，原告认为：由于被告的上述侵权行为，造成原告网站访问和参加竞猜活动的客流量下降，并使原告的商誉受到了损害。被告认为：被告在竞猜活动中没有任何贬损、诋毁原告商誉的行为，也未进行针对原告的恶意竞争行为，更未造成公众对原告社会评价的降低。原告参赛人数的降低是由市场竞争、市场推广等多种因素导致的后果，与被告行为无任何因果关系。本院认为：商誉是商业信誉和商品声誉的统称，一般是指经营者的信用、产品质量、服务态度等在公众心目中的总体评价。商誉被损害的后果是经营者或者其产品质量的社会评价受到减损。本案中，尽管被告实施了本院认定的不正当竞争行为，并可能造成原告网上客流量的减少，但是，被告的上述行为并没有造成原告网站声誉的下降，没有使到被告网站访问的网民产生任何对原告不利的想法。因此，原告网站访问量的下降与原告商誉受到损害没有因果关系，原告的诉请本院难以支持。

关于第四个争议焦点，原告认为：互联网是一个新生事物，目前对于网络公司之间不正当竞争的损害赔偿尚无统一标准。原告主张的198 000元损失由两部分组成，其中40 000元是原告商誉受到损害的损失，剩余158 000元是被告的不正当竞争行为造成原告网上客流量减少的损失。原告1999年举办奥斯卡有奖竞猜活动时，支出成本约为人民币150 000元，共获得1 299名注册用户。而今年举办该活动共投入人力物力约360 000元，参加人数为1 588人，仅比去年增加不足300人，而原告计划中应上升3 000人至5 000人。按照国际上通行的一个网络用户价值200美元的网络公司市场价值计算方法，原告因被告的不正当竞争行为造成注册用户减少的经济损失远不止原告要求的赔偿数额。

被告认为：被告没有侵害原告的商誉，故原告谈不上有商誉损失。注册用户人数与网站的价值没有直接联系，网络公司的价值是由包括网站商业模式、预期营利能力、管理团队素质等因素综合决定的，绝非简单地以注册用户数乘以200美元进行评估，原告的说法没有依据。而且，原告竞猜人数减少也并非被告行为所致。1999年原告举办有奖竞猜活动时，在中国注册的网站数仅为5 300个，而今年已达到15 153个，一年间网站的增长率达到300％。同时，今年举办奥斯卡有奖竞猜活动的网站也比去年增加许多，网站之间竞争加剧是原告活动未达到预期目的的原因之一。此外，网络活动的成功与否，与经营者的推广策略和宣传力度关系紧密，原告竞猜人数减少也是其市场推广不利的结果。

本院认为：在阐述第三个争议焦点观点时，本院已确认被告的行为不构成对原告的商誉侵害，所以，原告要求被告赔偿40 000元商誉损失的请求本院不予支持。本院认定的由被告实施的不正当竞争行为，必然会损害作为同业竞争者原告的利益，使得参加原告有奖竞猜活动的人数减少。但是，原告以估算得出的减少人数作为计算赔偿的依据，缺乏合理性。而且，去年举办奥斯卡有奖竞猜活动的网站只有两家，而今年却至少有8家网站在举办相同的活动，市场的激烈竞争也是原告活动参加人数未达到预期目的的原因之一。同时，原告以每个注册用户价值200美元来计算损失，也缺乏事实依据，本院不予采信。因此，原告要求被告赔偿人民币198 000元的诉请本院难以全部支持。

综上，本院认为：原被告都是在工商部门登记注册的公司法人，设立公司的目的都是想通过经营获取利润。原被告设立网站也正是基于此目的，欲通过商业网站的有效运作，以扩大网站的知名度，提升网站的市场价值，从而获取最大利润。因此，原被告都是通过网络媒体向网民提供服务以获取利润的营利性法人，属于经营者，受我国《反不正当竞争法》的调整。

原被告作为同业竞争者，在经营活动中，应当遵守诚实信用的原则，遵守公认的商业道德，不应采用任何不正当竞争手段，损害同业竞争者利益。被告在终止与原告的合作意向后，采用抄袭原告竞猜活动介绍和竞猜规则，并抬高竞猜奖额的不正当竞争手段，与原告争夺网民。被告的行为一方面会使其竞猜活动参加人数得到增加，另一方面将导致网站经营者不是在提高网站服务质量上下功夫，而是进行奖额的恶性竞争。这既损害了网民的利益，又危害了竞争秩序。因此，被告应对上述不正当竞争行为承担停止侵权、赔礼道歉、赔偿损失的民事责任。被告赔礼道歉的方式、范围应与其侵权行为的形式和范围相一致。鉴于被告是在网上实施了侵权行为，因此，被告也应在其网站刊登声明，向原告赔礼道歉。原告要求被告同时在全国性媒体上赔礼道歉的诉请本院不予支持。原告要求被告赔偿商誉损失，因公众对原告的评价并没有因被告的行为而下降，故该请求本院亦不支持。由于原告因被告行为受到的损失，以及被告因该行为获得的利润难以计算，故本院将根据被告侵权行为的性质、持续时间的长短，以及侵权行为给原告造成损害的大小酌情确定被告的赔偿数额。

【判决】

二〇〇〇年十二月二十五日，上海市第二中级人民法院依照《中华人民共和国反不正当竞争法》第二条、第十三条第（三）项、第二十条，《中华人民共和国民法通则》第一百三十四条第一款第（一）项、第（七）项、第（十）项之规定，判决如下：一、被告艺龙网信息技术（北京）有限公司停止使用原告上海卓尚信息有限公司的网站名称、竞猜活动名称及网页文字，并停止将30 000元作为特等奖的奖额；二、被告艺龙网信息技术（北京）有限公司在其网站首页刊登声明，向原告上海卓尚信息有限公司赔礼道歉（内容须经本院审核）；三、被告艺龙网信息技术（北京）有限公司赔偿原告上海卓尚信息有限公司人民币50 000元（于本判决生效之日起十日内履行完毕）。本案诉讼费人民币5 470元，由原告负担人民币2 044元，被告负担人民币3 426元。

一审判决后，双方均未上诉。

【学者评述】

Oscars/奥斯卡奖为什么不是A类电影节？

电影节诞生于1932年8月6日，是为了推动电影发行、促使电影走向国际的一项交流活动。电影节主要是为了奖励有创造性的优秀影片，并为发展电影贸易搭建平台。电影节通常设立各种奖项，对有成就者给予奖励。

随着电影艺术的成熟，电影节的影响力越来越大，也越来越多。为了区别这些良莠不齐、多杂散滥的电影节，避免浪费业内外人士的时间与资源，国际电影制片人协会（FIAPF）对世界各地举办的电影节进行了分类，划分了档次和等级，将其分为A、B、C、D四类，即竞赛型非专门类电影节、竞赛型专门类电影节、非竞赛型电影节、纪录片和短片电影节。当然，国际A类电影节自然是最受大家认可的。其中，戛纳国际电影节、柏林国际电影节、威尼斯国际电影节是最具影响力的世界三大电影节。

国际电影制片人协会是国际性电影制片行业的组织机构,由电影业相对发达的23个国家组成,现有国际团体会员26家,是国际电影行业最具权威的组织之一。中国于1992年加入该国际组织。截至2016年底,该组织认可的电影节已多达50个。

奥斯卡奖不是电影节,只是一个奖项,不过,它比任何电影节的影响都大,权威性极高。

奥斯卡奖全称"奥斯卡金像奖(Oscars)",由美国电影艺术与科学学院评选,是著名的世界性电影奖项,也是历史最悠久的电影奖项。美国电影艺术与科学学院,The Academy of Motion Picture Arts and Sciences(AMPAS)是美国一个致力于促进电影艺术发展的非营利性组织,由近6000名电影界资深人士组成,其中大部分来自美国。

截至2016年底,华人只有来自中国台湾的李安凭借《卧虎藏龙》获得过奥斯卡最佳外语片,中国大陆导演尚无人斩获此奖,这已成为中国电影界的一大心病,也是学术界长期探究的热点课题之一。

(杨新磊)

第十一节 中美"功夫熊猫"互踹

【再审申请人,一审原告、二审上诉人】陕西茂志娱乐有限公司
【被申请人,一审被告、二审被上诉人】美国梦工场动画影片公司
【被申请人,一审被告、二审被上诉人】美国派拉蒙影业公司
【被申请人,一审被告、二审被上诉人】中国电影集团公司
【被申请人,一审被告、二审被上诉人】北京华影天映影院管理有限公司

再审申请人陕西茂志娱乐有限公司(以下简称茂志公司)因与被申请人美国梦工场动画影片公司(以下简称梦工场公司)、美国派拉蒙影业公司(以下简称派拉蒙公司)、中国电影集团公司(以下简称中影公司)、北京华影天映影院管理有限公司(以下简称华影天映公司)侵害商标权纠纷一案,不服中华人民共和国北京市高级人民法院(2013)高民终字第3027号民事判决,向中华人民共和国北京市最高人民法院申请再审,该院依法组成合议庭对本案进行了审查,现已审查终结。

茂志公司申请再审称:(一)茂志公司拥有在第41类电影制作等服务上的"功夫熊猫"注册商标专用权,一直从事电影制作工作并打算拍摄名为《功夫熊猫》的动画片,其为"功夫熊猫"商标权利人并享有在先权利。(二)梦工场公司的拍摄行为构成侵权。1."功夫熊猫"第41类有关电影制作在中国的商标专用权属于茂志公司,被申请人在没有取得相应许可的前提下,擅自大量使用该商标,侵害了茂志公司的注册商标专用权。2.梦工场公司、派拉蒙公司、中影公司、华影天映公司使用"功夫熊猫"作为电影名称构成商标性使用。(三)被申请人使用"功夫熊猫"标识的行为构成"反向混淆",给茂志公司行使商标专用权造成了巨大的损害结果。一、二审判决适用法律和认定事实错误,请求本院依法撤销一、二审判决,判令被申请人停止侵害其商标专用权行为并承担相关诉讼费用。

梦工场公司答辩称:梦工场公司在电影《功夫熊猫2》中用于表明其电影制作服务来源

的是"dreamworks"商标,其使用"功夫熊猫"系以说明其制作的电影的内容和特点,属于描述性使用,不属于表明服务来源的商标性使用,未构成对茂志公司商标权的侵犯。一、二审法院关于被申请人的涉案行为并非商标性使用行为的事实认定清楚正确,茂志公司的再审理由不能成立。

中影公司答辩称:(一)茂志公司于2010年6月28日获准注册的6353409号"功夫熊猫及图"商标,已经被中华人民共和国商标评审委员会(以下简称商标评审委员会)撤销其在"电影制作"服务上的注册,茂志公司亦无其他的在先权利,茂志公司已丧失请求权基础。(二)《功夫熊猫2》使用"功夫熊猫"作为涉诉电影名称属于正当的、非商标性使用,不构成对茂志公司商标权的侵害。请求本院驳回茂志公司的再审申请。

派拉蒙公司对梦工厂公司在本案中针对茂志公司提出的答辩意见予以认可,不再另行提交书面答辩意见。请求本院驳回茂志公司的再审请求。

本院认为,根据一、二审法院查明的事实,结合当事人的再审申请理由和答辩意见,本案的争议焦点问题是:被申请人在其电影及相关宣传材料中使用"功夫熊猫"之行为是否属于商标法意义上的商标使用行为。

《中华人民共和国商标法》(2001年修正)第五十二条第(一)项规定:未经商标注册人的许可,在同一种商品或者类似商品上使用与其注册商标相同或者近似的商标的,属于侵犯注册商标专用权的行为。由于商标是一种使用在商业上的标识,其基本特性是区别商品或者服务来源,因此构成侵犯注册商标专用权的基本行为是在商业标识意义上使用相同或者近似商标的行为,也就是说被诉侵权标识的使用必须是商标意义上的使用。鉴此,在本案中确定被申请人使用"功夫熊猫"的行为是否构成侵犯注册商标专用权,应当视其是否属于商标意义上的使用行为而定,即应当看被申请人使用"功夫熊猫"标识是否具有区分商品来源之作用。

本案中,根据一、二审法院查明的事实,梦工场公司制作的《功夫熊猫》电影在茂志公司第6353409号注册商标获准注册前的2008年就已经在中华人民共和国地区公映,并自2005年起就在新闻报道、海报等宣传材料中以"功夫熊猫"作为电影名称对上述电影进行了持续宣传。被申请人梦工厂公司制作完成相关电影后,将其"dreamworks"标识显著地使用于其电影、电影海报及其他宣传材料中,用以表明其电影制作服务来源是"dreamworks"。由于《功夫熊猫2》使用"功夫熊猫"字样是对前述《功夫熊猫》电影的延续,且该"功夫熊猫"表示的是该电影的名称,用以概括说明电影内容的表达主题,属于描述性使用,而并非用以区分电影的来源,因此一、二审法院认定被申请人涉案行为并非商标意义上的使用并无不当,茂志公司再审申请理由不能成立,本院不予支持。

综上,茂志公司的再审申请不符合《中华人民共和国民事诉讼法》第二百条第二项和第六项规定的情形。二〇一四年十一月二十七日,中华人民共和国最高人民法院(审判长:王艳芳)依照《中华人民共和国民事诉讼法》第二百零四条第一款之规定,裁定如下:驳回陕西茂志娱乐有限公司公司的再审申请。

【学者评述】

一家无名小公司,看见某电影、电视剧热播大卖也想分杯羹,遂抢注某个商标,然后再转让给影视出品方,若被拒则起诉其侵权——这种套路在影视界十分常见,但大多不会如愿,不会胜诉。

商标，是区别一个经营者的品牌或服务不同于他人的标识。世界知识产权组织（World Intellectual Property Organization，WIPO）：商标是将某商品或服务从其他众多商品或服务中区别开来的显著标志。商标一般由文字、图形、字母、数字、三维标志、声音、颜色组成。

商标，是知识产权的一种，是一种无形资产，也是影视副产品之一。要想成为驰名商标，必须靠企业的实力，推出优质产品和一流服务，诚信经营。投机取巧，试图钻法律的空子，最终只能落一个螳臂当车自不量力的悲惨结局。

（杨新磊）

第十二节　类案集萃

（一）

电视剧《天下粮仓》片名题字纠纷案终审宣判。

2001年9月，《天下粮仓》剧组约请书法家都本基为该剧题写片名，后都本基将创作完成的"天下粮仓"四字的书法作品交给剧组。该作品各字间散落很多墨迹，代表血泪和粮食。嗣后，该剧组付给都本基稿酬1 000元和装裱费500元。后剧组将该作品中的墨迹去掉后作为电视剧片头，保留了原作上都本基的署名。2002年1月7日，该剧播出。

2002年1月，作家出版社出版《天下粮仓》一书。出书前，作家出版社从《天下粮仓》剧组取得了该剧片名题字，删掉都本基署名，用于该书封面和封底。作家出版社使用该作品未经都本基许可。2002年11月8日，作家出版社曾向都本基汇款1 940元，但被都本基退回。另查明，都本基曾许可他人将"天下粮仓"四字用于商标，并收取了许可费。都本基未举证证明作家出版社曾许可台湾尖端出版社使用"天下粮仓"四字。

原审法院认为：都本基享有涉案"天下粮仓"四字书法作品的著作权，作家出版社未经都本基许可在其出版的图书封面和封底使用涉案作品，侵犯了都本基对该作品享有的复制权和发行权。但都本基是接受《天下粮仓》剧组委托创作涉案作品，都本基向剧组交付作品的行为是行使发表权的行为。涉案图书出版于都本基交付作品之后，因此作家出版社并未侵犯都本基对该作品所享有的发表权。但该书在使用涉案作品时未表明都本基的作者身份，故侵犯了其署名权。

虽然作家出版社并未对所取得的片头题字作任何改动，只是沿用了片头题字的"天下粮仓"四字，但其使用的书法作品与原作之间确实存在差异，作家出版社侵犯了都本基对该作品享有的修改权。由于原作"天下粮仓"四字间散落的墨迹具有代表"血泪"和"粮食"的独特含义，而作家出版社所使用的"天下粮仓"四字删除了这些墨迹，使得原作所要表达的思想不能得到完整的体现，破坏了原作的完整性，故作家出版社还侵犯了都本基对其作品享有的保护作品完整权。

由于作家出版社侵犯了都本基对涉案作品享有的署名权、修改权、保护作品完整权、复制权、发行权、获得报酬权，故应当承担停止侵权、赔礼道歉、赔偿损失的民事责任。由于涉案图书系全国发行，因此作家出版社应当在一家全国发行的报纸上向都本基公开赔礼道歉。就赔偿数额，原审法院根据都本基许可他人使用涉案作品的不同价格、作家出版社的侵权情节和主观过错程度、都本基为诉讼支出的合理费用等因素酌情判处。

原审法院判决：一、作家出版社立即停止出版发行《天下粮仓》一书；二、作家出版社于本判决生效之日起一个月内在北京一家全国发行的非专业报纸上向都本基公开赔礼道歉；三、作家出版社于本判决生效之日起十日内赔偿都本基经济损失六万五千元；四、驳回都本基的其他诉讼请求。

在本案审理过程中，上诉人作家出版社向本院提交了浙江省电视剧制作中心、浙江省电视剧制作中心电视剧《天下粮仓》摄制组（以下简称电视剧组）于2003年11月13日出具的《关于电视剧〈天下粮仓〉片名书写的情况》说明，证明电视剧组对都本基创作的涉案作品进行了修改，去除墨迹的涉案作品的著作权应为都本基和该剧组共有，作家出版社的涉案使用行为未侵犯被上诉人所享有的著作权；都本基许可他人将涉案作品用于酒类产品商标，对电视剧组和投资方的权利有可能造成侵害。

二审法院认为：上诉人作家出版社的涉案使用行为侵犯了都本基所享有的署名权、修改权、复制权、发行权和获得报酬权，被上诉人请求法院判令上诉人作家出版社承担停止侵权、公开赔礼道歉及赔偿经济损失和因本案诉讼而支出的合理费用的法律责任的主张，理由正当，本院予以支持。被上诉人都本基还提出了作家出版社的行为侵犯了其所享有的发表权、保护作品完整权的诉讼主张，鉴于其上述主张依据不足，本院不予支持。上诉人作家出版社所提上诉理由部分成立，其相应的上诉请求本院予以支持。原审法院认定事实部分不清，适用法律部分有误，本院予以纠正。

二〇〇三年十二月十六日北京市第二中级人民法院终审判决：一、维持北京市朝阳区人民法院（2003）朝民初字第19137号民事判决第二项；二、撤销北京市朝阳区人民法院（2003）朝民初字第19137号民事判决第一、三、四项；三、作家出版社于本决生效之日起，停止在其出版发行的《天下粮仓》一书中使用涉案"天下粮仓"书法作品；四、作家出版社于本判决生效之日起十五日内赔偿都本基经济损失八千元，赔偿都本基因本案诉讼支出的合理费用二百元；五、驳回都本基的其他诉讼请求。

（二）

无证非法销售点播卡，两公司炮制闹剧一场。

2004年3月21日，原告杭州龙行天下网络技术服务有限公司与被告上海森蓝电脑网络有限公司订立一份授权协议书，被告授权原告在全国范围内的森吧平台实体会员卡总经销和浙江省销售其网吧VOD点播系统；被告向原告提供卡号及密码30万张（套）；其中前10万张单价8元，计价款800 000元；原告应于2004年3月30日前支付500 000元，同年4月30日支付300 000元；另20万张单价为10元；原告应向被告支付VOD点播系统授权费35 000元。嗣后，被告于同年3月底至4月初期间向原告提供卡号及密码10万套，计价款800 000元。该10万套卡号及密码由原告委托案外人（广州市天河迪加诺磁电有限公司）制成森吧宽频娱乐会员包月卡（实体卡），制卡费单价0.19元。原告则于2004年3月20日，向被告支付VOD点播系统费35 000元，并于同年4月26日前共支付被告价款300 000元，余款500 000元至今未付。前述娱乐会员包月卡原告以每张30元向消费者出售。

法院认为，被告未取得《信息网络传播视听节目许可证》，不可从事信息网络传播视听节目业务。现被告违反了有关规定，使诉争合同目的无法实现，原告要求向被告退还未使用的卡号及密码的诉请可予支持。由于被告违反了有关规定，被告应返还原告已支付的VOD点播系统费35 000元及偿付原告未使用的卡号及密码计31 365（套）的制卡费5 959.35元。反诉原告要求反诉被告支付利息的诉请，本院不予支持，原告要求被告支付公证费的诉请，缺乏法律依据，本院亦不予支持。

二〇〇五年十月二十五日，上海市静安区人民法院判决：一、原告杭州龙行天下网络技术服务有限公司向被告上海森蓝电脑网络有限公司返还卡号及密码31 365（套）。二、被告上海森蓝电脑网络有限公司返还原告杭州龙行天下网络技术服务有限公司VOD点播系统费35 000元及偿付原告制卡损失费5 959.35元。三、反诉被告杭州龙行天下网络技术服务有限公司支付反诉原告上海森蓝电脑网络有限公司价款249 080元。四、原、被告其余诉请不予支持。本诉案件受理费8 635元，由原告杭州龙行天下网络技术服务有限公司承担1 746.80元，由被告上海森蓝电脑网络有限公司承担6 888.20元；反诉案件受理费10 724.40元，由反诉原告上海森蓝电脑网络有限公司承担4 478.20元，由反诉被告杭州龙行天下网络技术服务有限公司承担6 246.20元。上述款项原、被告在本判决生效之日起十日内履行完毕。

一审宣判后，双方均未上诉。

（三）

潘长江MV使用书法作品《光腚娃娃》纠纷案一审宣判。

2006年9月20日，北京市朝阳区人民法院就画家苏铜状告著名笑星潘长江和其弟潘洪泽、九洲音像出版公司、桂子文化发展公司、飞乐影视制品公司侵犯其书法作品《光腚娃娃》著作权一案，做出了一审民事判决，认定潘长江不构成侵权，潘洪泽和九洲音像构成侵权并承担一定的民事责任。

法院认为，对于潘洪泽使用书法作品《光腚娃娃》取得了许可，苏铜不持异议，但对于具体制作什么，双方没有形成文字记录。由于潘洪泽没有举证证明当时双方明确约定用于制作音乐电视MV光盘，故侵犯了苏铜该书法作品享有的发表、复制权和发行权。对于侵权责任的主体，审理法院认为，潘长江只是对专辑《男人40一枝花》的艺术效果把关，而苏铜没有举证证明潘长江也参与了对书法作品《光腚娃娃》的使用，故对苏铜对潘长江的诉讼请求不予支持。此外，音乐制作方北京桂子文化发展有限公司也没有参与对书法作品《光腚娃娃》的使用，发行方广东飞乐影视制品有限公司对专辑内容是否有合法授权也不具有审查义务，因此两方也不构成侵权。据此，北京市朝阳区人民法院作出一审判决出品方潘洪泽和九洲音像出版公司赔偿原告苏铜8 000元，并对苏铜公开赔礼道歉。

一审宣判后，双方都没有上诉。

（四）

擅用美术片《阿凡提的故事》中"阿凡提"形象侵权案一审宣判。

上海美术电影制片厂于1979年拍摄了美术片《阿凡提的故事》第一集，该片署名原告曲建方为美术设计。此后，该厂拍摄的该片第二集署名原告为导演、美术设计。

1980年10月，上海人民美术出版社公开出版了《中国美术电影造型选集》一书，该书中收录有阿凡提形象的美术作品，该美术作品署名的作者是原告。

1996年7月12日，原告将阿凡提美术形象向上海市版权局进行了登记，该局于同日出具了《作品登记证书》，写明作品名称：阿凡提，作品类别：美术作品，著作权人：曲建方，作品完成日期：1996年1月1日，作品登记日期：1996年7月12日，作品登记号：作登字：09-1996-F-009。该《作品登记证书》备案的阿凡提美术形象既包括前述美术片《阿凡提的故事》中木偶形式的阿凡提形象，又包括原告手绘的阿凡提形象。

法院认为：根据现有证据，可以认定原告创作了阿凡提美术形象。虽然上海美术电影制片厂出品了美术片《阿凡提的故事》，但上海美术电影制片厂只对该美术片享有整体著作权,而原告作为该片的美术设计,对其创作的阿凡提美术形象享有独立的著作权,原告可就此作品单独主张著作权。此外,原告已将其创作的阿凡提美术形象进行了著作权登记,公开出版物上也已明确署名原告为阿凡提美术形象的作者,更无他人就阿凡提美术形象主张权利,故二被告关于原告不享有阿凡提美术形象著作权的主张,缺乏事实及法律依据,本院不予支持。原告作为阿凡提美术形象的作者所享有的著作权受我国法律保护。

被告阿提公司未经原告许可,也未向原告支付报酬,在其注册、经营的网站的网页上登载的商业广告中使用了阿凡提美术形象,虽然进行了细微的修改,但仍与原告享有著作权的阿凡提美术作品相同,已构成对原告作品的使用权、信息网络传播权、获酬权的侵犯,被告阿提公司应就此承担相应的民事责任。

虽然二被告均称阿提公司网站网页中使用阿凡提美术形象的行为仅系阿提公司所为,与被告阿凡提公司无关,但阿提公司的网站的网页上,均是介绍阿凡提公司经营信息的内容,该网页的真正使用人是阿凡提公司,二被告没有就此做出合理解释。因此,二被告应承担共同侵权的民事责任。

北京市第二中级人民法院2007年6月8日判决如下:一、被告北京阿凡提投资管理有限公司、北京阿提餐饮发展有限公司于本判决生效之日起,立即停止在被告北京阿提餐饮发展有限公司所有的网站(网址为:http://www.afanti.com.cn/)的网页中使用原告曲建方享有著作权的阿凡提美术作品的涉案侵权行为;二、被告北京阿凡提投资管理有限公司、北京阿提餐饮发展有限公司于本判决生效之日起三十日内,共同在被告北京阿提餐饮发展有限公司所有的网站(网址为:http://www.afanti.com.cn/)的首页上持续七十二小时刊登向原告曲建方赔礼道歉的声明(声明内容须经本院核准,逾期不执行,本院将在一家全国发行的报纸上公布本判决主要内容,相关费用由被告北京阿凡提投资管理有限公司、北京阿提餐饮发展有限公司共同负担);三、被告北京阿凡提投资管理有限公司、北京阿提餐饮发展有限公司于本判决生效之日起十日内,共同赔偿原告曲建方经济损失四万元及合理诉讼支出一万元;四、驳回原告曲建方的其他诉讼请求。案件受理费5 773元,由原告曲建方负担1 773元(已交纳),由被告北京阿凡提投资管理有限公司、北京阿提餐饮发展有限公司共同负担4 000元(于本判决生效之日起七日内交纳)。

一审判决后,几方均未上诉。

(五)

擅用张艺谋黑白肖像摄影作品案一审宣判。

1988年春,原告张甡妍以电影导演张艺谋为人物对象,拍摄了张艺谋肖像黑白照片。2001年12月29日,被告北京大地印刷厂与被告经济日报出版社签订《图书、期刊印制委托书》,约定由北京大地印刷厂印刷《直面张艺谋》一书20 000册,定价22元。2004年9月28日,王府井书店从经济日报出版社批销购进《直面张艺谋》一书50册,进货单价22元。2005年6月2日,原告在王府井书店购得《直面张艺谋》一书。该书版权页署有经济日报出版社出版发行、北京大地印刷厂印刷、著者李尔葳以及2002年1月第一版、2002年2月第二次印刷和定价22元等字样。该书封面以及扉页和偶页眉22处所使用的张艺谋肖像摄影黑白照片(即前述涉案照片)与原告照片相同。该书图片页末署有:"张艺谋提供封面照片"字样。原告为购买被控侵权图书,支付110元,并支付律师代理费5 000元。

法院认为:原告张甡妍享有照片的著作权,有权对擅自使用该照片的行为依法主张权利。被告李尔葳和经济日报出版社均承认原告的照片与《直面张艺谋》一书所使用的照片相同，肖像照片的作品使用权，产生于肖像人物与摄影者之间对权利的特别约定，在被告不能证明相关肖像权人因约定已经取得了照片使用权的情况下，作为照片摄影者的原告依法享有其所创作的照片的著作权，有权对他人擅自使用其作品的行为主张权利。被告李尔葳作为涉案图书的著者，提供被控侵权照片用于涉案图书的出版，其行为属于未经照片权利人的许可，使用他人作品的侵权行为；被告经济日报出版社明知所出版的图书所使用的照片未经著作权人的许可，仍实施出版、发行侵权图书的行为，两被告的行为均构成对原告作品权利的侵犯。两被告对原告未发表的作品擅自公开使用，侵犯了原告的作品发表权；使用中未给原告署名，亦侵犯原告的作品署名权；擅自使用原告的作品未支付报酬，侵犯了原告的作品复制、发行权以及该部分权利项下的获得报酬权。

二〇〇五年十二月二十日，北京市海淀区人民法院判决被告李尔葳自本判决生效之日起，立即停止使用原告张甦妍拍摄的张艺谋肖像黑白照片的侵权行为；被告经济日报出版社自本判决生效之日起，立即停止复制、发行使用原告张甦妍拍摄的张艺谋肖像黑白照片的图书的侵权行为；被告李尔葳、被告经济日报出版社自本判决生效之日起十日内，共同在《北京晚报》上刊登致歉声明，就其侵权行为向原告张甦妍赔礼道歉、消除影响（声明内容须经本院审核，逾期不履行本院将刊登本判决书的主文部分，所需费用由被告李尔葳、被告经济日报出版社共同负担）；被告李尔葳、被告经济日报出版社在本判决生效之日起十日内，连带赔偿原告张甦妍经济损失（含合理费用）六千一百一十元；被告北京大地印刷厂自本判决生效之日起，停止印刷使用原告张甦妍拍摄的张艺谋肖像黑白照片的图书；被告北京市新华书店王府井书店自本判决生效之日起，立即停止销售使用原告张甦妍拍摄的张艺谋肖像黑白照片的图书；驳回原告张甦妍的其他诉讼请求。案件受理费1 394元，由被告李尔葳、被告经济日报出版社共同负担1 000元（于本判决生效之日起7日内交纳）；由原告张甦妍负担394元（已交纳）。

一审宣判后，几方均未上诉。

（六）

电视节目预告表不是时事新闻，受著作权法保护，擅自刊登是否侵权却要一案一议，不能类比。

原告广西广播电视报于1979年12月经有关部门批准创刊，发行于广西境内。之后，原告与中国电视报社签订协议：中国电视报社向原告提供中央电视台节目预告表，由原告在其报纸上刊登或转载，每期付给中国电视报社稿酬80元。原告根据广西广播电视厅桂发字（1987）35号文件精神，与广西电视台口头协商将其一周的电视节目预告表由原告刊登，每期付给广西电视台稿酬100元。被告广西煤矿工人报社未经原告同意，从1987年起，每周星期一在其报纸上转载原告报纸中刊登的中央电视台、广西电视台一周电视节目预告表。1988年2月1日和1989年5月8日，原告在其报纸上发表声明：未经本报准许，任何报刊不得转载、刊登本报一周电视节目预告，违者依法追究其法律责任。1989年9月22日，广西区版权局以桂权字（1989）9号文《关于广播电视节目预告转载问题的通知》下发后，被告仍继续转载原告的一周电视节目预告表。1990年2月4日，原告向广西区版权局提出申诉，要求被告停止侵权、赔礼道歉、赔偿损失。广西区版权局审查认为，被告擅自转载原告一周电视节目预告表，违反有关规定，属侵权行为，于同年7月24日作出裁定：被告立即停止转载原告的一周电视节目预告表；登报向原告赔礼道歉；补偿给原告经济损失6 360元。被告拒不执行，继续转载原告的一周电视节目预告表。同年8月27日，原告在其报纸上和广西电视台公布了广西区版权局的裁定内容。1991年8月15日,原告向法院提起诉讼。

广西合山市人民法院一审认为,电视节目预告属预告性新闻范围,应视为时事新闻。依照《中华人民共和国著作权法》第五条第二项的规定,对于时事新闻,无论新闻单位或者个人都不享有著作权,任何人都可以自由使用。原告诉被告侵权无法律依据,不予支持。同时,原告在自己报纸上和广西电视台公布自治区版权局尚未发生法律效力的裁定,致使被告名誉受到损害,被告反诉要求赔礼道歉的理由成立,应予支持,但要求原告赔偿经济损失2万元缺乏根据,不予支持。据此,该院于1991年12月25日判决:一、驳回原告广西广播电视报社的诉讼请求;二、原告在《广西广播电视报》上公开向被告赔礼道歉,驳回被告反诉原告赔偿经济损失2万元的诉讼请求。

一审宣判后,原告广西广播电视报社不服,向广西柳州地区中级人民法院提出上诉。

柳州地区中级人民法院二审认为:时事新闻,是指报社、通讯社、广播电台、电视台等新闻机构对最近期间国内外政治事件或社会事件的报道。一周电视节目预告表是电视台为了让观众预先知道在一周内的节目以便供其届时选择收看的预报。因而,电视节目预告表不属著作权法第五条第二项所指的时事新闻。国家新闻出版署1988年3月30日《关于广播电视节目预告转载问题的通知》规定:"各地报纸和以报纸形式出现的期刊可以转载广播电视报所刊当天和第二天的广播电视节目预告。但不得一次转载或摘登一周(或一周以上的)广播电视节目预告。如需要转载整周的广播电视节目预告,应与有关广播电视报社协商。"被上诉人不经上诉人许可,擅自转载一周电视节目预告表,违反了该通知的规定。上诉人通过与电视台订立协议有偿取得在广西境内以报纸形式向公众传播一周电视节目预告表的使用权,受法律保护。被上诉人的行为已构成对上诉人民事权益的故意侵犯。依照《中华人民共和国民法通则》第一百〇六条第二款规定,自应承担民事责任。

据此,该院1994年11月25日终审判决:一、维持合山市人民法院(1991)合法民判字第46号民事判决的第二项中关于驳回被告反诉原告赔偿经济损失2万元的诉讼请求的部分。二、撤销该判决的第一项和第二项中关于原告在《广西广播电视报》公开向被告赔礼道歉部分。三、被上诉人广西煤矿工人报社立即停止在其报纸上刊登《广西广播电视报》的一周电视节目预告表的侵权行为。四、被上诉人广西煤矿工人报社赔偿给上诉人广西广播电视报社经济损失6万元,限于本判决生效后十天内付清。五、被上诉人广西煤矿工人报社在该报向上诉人广西广播电视报社公开赔礼道歉,赔礼道歉内容须经法院审核。本案一审案件受理费、反诉费共1 220元及二审案件受理费2 010元,共计3 230元,由被上诉人广西煤矿工人报社负担。

又案,因认为南昌广播电视周报未经过许可,擅自刊登江西电视台节目表,江西广播电视报社遂起诉该报社侵权。但是,江西省广播电视局法制处于2007年1月11日下发《关于规范刊登广播电视节目表有关问题的通知》(赣广局办字〔2007〕3号)第二条明确:"目前,广播电视节目表是否受著作权法保护,尚无定论。"

法院认为:本案案由为著作权侵权纠纷。虽然江西电视报社提交的证据及其代理人庭后补充的庭审笔录中,表露出对民事权利的主张,但未阐明该权利具体为何种权利。本案中,通过原告的举证等诉讼活动,原告所称的"民事权利"实际即为著作权,只不过"节目预告表"是否有著作权,在法律上存在争议。原告故而对此予以回避。其次,原告指称其的权利被侵犯,盖源于十多年前兄弟法院(广西柳州地区中级人民法院)的有关判决,而实际上该判决是针对非广播电视报刊登长期电视节目预告表（行业内部规定，允许刊登两天以内的节目预告）而作出的，与本案双方当事人均为广播电视报存在不同。而作为广播电视报，刊登本地区有关电视节目的预告表，并无行业上的限制性规定。

二〇〇七年十月十日，江西省南昌市中级人民法院判决驳回原告江西广播电视报社对南昌广播电视周报社的诉讼请求。案件受理费2 110元由原告江西广播电视报社承担。

一审判决后，双方均未上诉。

（七）

冯小刚"不见不散餐厅"两起诉讼宣判。

电影《不见不散》上映后，冯小刚、王珍妮与蔬菜贩运商傅先生三人投资成立了一家名为"北京不见不散茶餐厅"的公司，但效益不佳，且产生经济纠纷。北京工商行政管理机关于2004年10月吊销了该公司营业执照。2005年5月25日、6月7日、6月14日的《国际商报》，刊登了不见不散公司的清算公告。

法院经审理认为：工商行政管理机关已于2004年10月做出吊销不见不散公司营业执照，责令股东清算并办理注销登记的处罚决定。对不见不散公司进行清算的法定条件、约定条件均已成就，股东王珍妮、冯小刚应当按照法律规定履行清算职责。虽然不见不散公司已于2005年5月发布清算公告，但公告的内容并不详尽，没有记述具体的申报地点、申报方法等。不见不散公司发布清算公告前后并未按照法律规定通知该债权人。由此应认为不见不散公司股东并未严格履行清算职责。

2006年9月19日，北京市朝阳法院一审判决：王珍妮与冯小刚自本判决生效之日起对北京不见不散茶餐厅有限公司进行清算，六个月内执行完毕。

一审宣判后，几方均未上诉。

又案，2005年4月18日上午，孟女士因劳动争议起诉霆邦餐饮公司及冯小刚一案宣判，北京市东城区人民法院判决北京霆邦餐饮有限公司支付拖欠孟女士的工资及相应的经济补偿金共计9 000余元，冯小刚与原告不存在劳动关系，与本案无关。

法院查明，霆邦公司、不见不散餐厅都是独立的法人单位，不见不散餐厅已于2004年12月15日被吊销营业执照。2001年3月即到霆邦公司任采购员的孟女士与公司未签订劳动合同。直到2003年10月前，双方对工资问题没有争议。此后霆邦公司拖欠原告几个月的工资，没有向其解释不发工资的原因，也没有发出解除劳动关系的通知。2004年11月8日，原告申请劳动争议仲裁，后又向法院提起诉讼。

法院认定，原告与霆邦公司之间具有事实上的劳动关系。霆邦公司不仅要支付原告所拖欠的工资，还要支付所欠工资25%的经济补偿金。至于案件所涉及的其他当事人，则被法院判定与原告不存在劳动关系，王珍妮和冯小刚只是"不见不散"餐厅的股东，不是劳动法规定的用人单位，所以原告也不能向他们主张权利。

一审宣判后，几方均未上诉。

（八）

电影《马可·波罗》主演镜像被用作广告代言人纠纷上诉案终审宣判。

1994年4月8日，被告付国宝以"北京麦地广告传播公司内蒙古办事处"名义，与被告内蒙古伊利实业股份有限公司订立了制作广告合同。被告付国宝根据伊利公司提供的产品样品，选择了电影《马可·波罗》中由原告卓玛之父思和森扮演的部落酋长贝克托在草原上欢庆胜利饮酒的剧照，并冠以伊利奶茶粉字样的广告词，制作了该广告。该广告制作完成后，曾在内蒙古电视台黄金时间播出。原告卓玛得知此事后表示不满，在与被告伊利公司协商未果的情况下，向呼和浩特市回民区人民法院提起诉讼。

该法院经审理查明：原告之父思和森是我国著名表演艺术家，1989年12月病逝，生前曾在《内蒙古人民的胜利》《草原上的人们》《冰山上的来客》《成吉思汗》《马可·波罗》等影片中塑造了众多的人物形象，深得人民群众喜爱。由于思和森持有特定的形象，因此，伊利公司广告中所采用的电影《马可·波罗》中贝克托的剧照与思和森本人生活照差异不大。

法院认为：原告之父思和森在影片《马可·波罗》中所扮演的贝克托的形象是特定历史人物的艺术形象，尽管该艺术形象与其本人的生活形象差别不大，也不能认为是思和森个人形象在客观上的再现。因此，被告伊利公司为其产品"伊利牌奶茶粉"做广告所使用的《马可·波罗》电影中思和森所扮演的部落酋长贝克托的镜头，不构成侵犯演员思和森的肖像权。原告的主张不能成立。依照《中华人民共和国民法通则》第一百条，《中华人民共和国民事诉讼法》第六十四条的规定，该院于1996年10月25日判决驳回原告卓玛的诉讼请求。

一审判决后，原告卓玛不服，提出上诉。

呼和浩特市中级人民法院经审理认为：演员在电影、电视中所饰演的角色不再是其本人形象，而是经过艺术加工的剧目角色形象。伊利公司奶茶粉广告采用思和森在电影《马可·波罗》中扮演的部落酋长贝克托剧照，不构成对思和森肖像权的侵犯。一审法院认定事实清楚，适用法律正确。依照《中华人民共和国民事诉讼法》第一百五十三条第一款第（一）项之规定，该院于1997年12月17日判决如下：驳回上诉，维持原判。

肖像权是公民对自己的肖像依法享有的不受非法侵犯的权利。演员在影视作品中所表现的表演形象已不再是自己本身的形象，而是经过艺术加工的角色形象。演员不能以自己在影视作品中所扮演的角色形象主张为自己的肖像。本案原告提出的问题，实质上是表演者权的延伸保护的问题，而不应当是表演者本人平时的肖像延伸保护的问题。由于原告并未主张前一种权利，法院即只能依原告所主张的权利进行审理，不能超出其诉讼请求范围。当然，对以表演者扮演的角色形象制作宣传自己产品的广告，是否属表演者权财产权的范畴，现行法律未作规定，未经许可而为此行为是否侵犯表演者权，缺乏法律依据判断。但由于这种角色形象确有使用价值，因此，在商业性营利使用上，取现行著作权法对表演者权财产权的保护方法、许可和获取报酬的方法，应是从法理上说得通的。

（九）

"北京电视城一期详规图"著作权纠纷上诉案终审宣判。

北京市第二中级人民法院判一审判决：1.《北京电视城一期详规》的著作权由北京现代电视艺术发展公司与刘光亚、陈一峰、王子岩共同享有。2.驳回电视城筹委会、北京现代电视艺术发展公司的其他诉讼请求。

原审判决后，王钢牛、林高宸不服，向本院提起上诉。

本院经审理查明：1993年，北京广播电视局向北京市计划委员会递交了关于建设"北京电视城"项目建议书，北京市计划委员会报经北京市政府批准，于1993年10月下发了同意建设的通知。根据北京市政府第18次常务委员会会议关于建设"北京电视城"的决定，为搞好规划、建设、开发、利用等工作，北京广播电视局于1993年9月14日成立了电视城筹委会，王钢牛被任命为委员。为具体实施北京市政府指示精神，1993年10月北京市广播电视局成立了北京现代电视艺术发展公司，对"北京电视城"的景区作综合规划、设计、开发，分期进行建设，王钢牛任该公司副总经理，具体负责公司工程部的工作。被告林高宸于1993年12月被电视城筹委会聘用，参加该公司工程部的工作。

1994年9月5日，王钢牛代表北京现代电视艺术发展公司与刘光亚、陈一峰、王钢牛、王子岩、周志红签订了"规划设计委托协议"，约定该公司委托刘等人完成以下工作：1.电视城的总体设计规划调整方案（意向）。2.《北京电视城一期工程控制详规》（以下简称《详规》）（按规范完成六图一书）。刘等人负责按时向公司交付协议约定的设计文件，并保证设计文件的质量符合国家和北京市的有关规定、规范要求，符合公司的建设要求。该协议未对上述作品的著作权做出约定。在履行协议过程中，王子岩、周志红退出。王钢牛、林高宸具体参与了《详规》的设计工作，并将设计图按时交付公司。

法院认为，由于该合同未就《详规》的著作权归属予以明确，故《详规》的著作权本应归受托人刘光亚、陈一峰、王钢牛享有。但是，王钢牛身为电视城筹委会委员、北京现代电视艺术发展公司副总经理，林高宸为电视城筹委会聘用人员，且负责"北京电视城"项目的完成，其二人在该公司与刘等人签订的委托设计协议履行中参与设计的行为应属职务行为，使该公司与刘、陈、王之间的委托设计关系演变为合作设计关系。故《详规》的著作权应由该公司和刘、陈、王共同享有，王钢牛、林高宸仅享有署名权，电视城筹委会、王钢牛、林高宸对《详规》主张著作权缺乏事实和法律依据。原审法院判决对此所作认定正确。王钢牛、林高宸所提北京电视城基础性作品是其二人个人行为一节，因与本案不属同一法律关系，本案不涉及，应另案起诉，原审法院对此未作审理并无不当。

1998年，北京市高级人民法院判决驳回上诉，维持原判。

本章综评

影视衍生品，指的是影视制作过程中使用的道具、服装、场景、软件等物品。为了挖掘这些衍生品的品牌价值，物尽其用，使其产生更大的经济效益，影视界常借助影视剧的热播大量销售衍生品。然而，商家销售影视衍生品，必须得到影视剧版权方的授权，否则，也会侵权，本章这11节和包含9则的类案集萃一次次印证了这种尴尬。

除了传统形式外，近年来影视衍生品的种类日益繁多，第十二节类案集萃搜集到的片名题字、电影点播卡、电视节目预告表、冯小刚的"不见不散"餐厅、电视城规划图等，都可视为新兴影视衍生品。在电影工业发达的美国好莱坞，电影衍生品收入占影片总收入的比重高达47.72%，且持续发力，后劲十足。反观国内，国产电影把宝独押在票房收入上，唯票房马首是瞻，过于依赖和迷信票房，衍生品充其量只是配合电影宣发的摆设而已。在现有观念和体制下，企盼国产电影的衍生品营销赶超电影发行，动辄收益成百上千万元，无异于痴人说梦。

第一，衍生品消费意识淡薄，消费环境差强人意。与西方四百年的成熟版权史相比，我国改革开放之后方才逐渐建立起来的版权制度尚显稚嫩。反映在电影衍生品上，整个电影产业链难以实现平滑顺畅的衔接，尤其是在投资这一上游环节，很少有投资人能从一开始就规划衍生品之未来图景。究其原因，这与高企的电影衍生品制作成本、运营成本及授权成本不无关系，其定价自然水涨船高。加之盗版无处不在，正版电影衍生品的购买者寥若晨星，薄利多销的盈利模式显然难展拳脚难以长久，加盟、连锁、直销等高规格营销模式却因门槛过高难以普适。如此往复，长此以往，必将陷入恶性循环。

第二，衍生品市场定位偏低，文化认同尚付阙如。国产电影衍生品大多定位于中低端的玩具、文具、服装等消费领域，鲜少涉猎高档消费甚至奢侈品市场，这样一来，这些衍生品沦为大路货或"马路天使"也就不足为奇了。显然，需要培养国民的影视衍生品消费习惯，制定专门的影视衍生品消费战略，使影视衍生品涵盖高中低等不同消费层次，面向不同购买能力的消费者分层营销，这样，在增加产品附加值的同时必然也会增强受众对影视企业品牌的认同感。最成功的例证就美国迪士尼公司，它对自己出品的上百部动画片进行了统一规划，展开了滚雪球式的深入开发，直至在全球各地建造迪士尼主题公园，最终使其"迪士尼/Walt Disney® "这一品牌走遍全球，妇孺皆知，无人不晓，带来了巨大的经济利益。

第三，急功近利，目光短浅，长线经营意识匮乏。如何实现从一次性销售向衍生品收入持续增长的转型，为国产电影提供更为广阔的成长空间？笔者以为，最根本的解决之道莫过于提高电影作品的艺术水准，深入挖掘影片内在的核心精神，这样制销与影片相关的衍生品才会有源头活水，根基牢固。据国家新闻出版广电总局统计，2016年全国电影总票房虽高达457.12亿元，但至少40%的票房来自引进片。2015年，我国仅故事片就生产了686部。2016年，我国生产了各类电影944部。但是，近年来，叫座又叫好的国产影片屈指可数，国产电影数量庞大质量偏低已成不争的事实。倘若电影作品质量堪忧，任凭消费环境多么成熟，营销网络多么发达，电影衍生品产业终难成气候。

（杨新磊　李红梅）

第九章 其他诉争

第一节 尚未戴上的"面罩"

【原告】北京世熙传媒文化有限责任公司
【被告】北京搜狐互联网信息服务有限公司

2006年1月4日，广受媒体关注的北京世熙传媒文化有限责任公司诉北京搜狐互联网信息服务有限公司侵犯著作权纠纷一案在北京市海淀区人民法院依法审结，原告的诉讼请求被全部驳回。

2004年7月，世熙公司与国家计划生育委员会下属的中国人口宣传教育中心磋商共同制作了一个与"性"有关的名为《面罩》的电视节目。《面罩》刚一露面就得到媒体的广泛关注，包括被告搜狐在内的报纸、网站上的新闻报道铺天盖地，使得《面罩》在尚未完全准备好的情况下就被动地推向了整个社会。2004年12月10日，国家广播电影电视总局下文将《面罩》暂缓播出。

2005年4月起，搜狐公司在其所有的搜狐网站上推出了一档标题为《面罩》的大型故事性情感类谈话节目。同年6月，世熙公司诉至法院，要求搜狐公司停止在搜狐网站上播放视频的《面罩》节目并赔偿经济损失五万元。

法院经审理认为，根据著作权法的原理，著作权法不保护作品中的思想、观念，只保护思想、观念的独创性表达。从世熙公司主张的节目模式包括内容来看，实际上是世熙公司对《面罩》节目的构思、创意，世熙公司只有通过语言文字、符号、线条、色彩、声音、造型等客观形式将这种构思、创意表达出来，才能被人们所感知，才能以有形形式进行复制。同时，当这种表达是独创的且符合法律规定时，才构成著作权法保护的作品。故世熙公司关于《面罩》节目构思、创意本身并不属于我国著作权法规定的作品保护范围。由于《面罩》节目模式并不属于著作权法意义上的作品，故对世熙公司要求认定搜狐公司制作的《面罩》节目侵犯其著作权的主张，法院不予支持。综上，法院依据《中华人民共和国著作权法》第三条、《中华人民共和国著作权法实施条例》第二条之规定，判决驳回北京世熙传媒文化有限责任公司全部诉讼请求。

【学者评述】

面具，Mask，是人们用以伪装真实面目的根据，是人们内心世界的一个象征。面具，是一种纵观古今横行全球的重要文化现象，它以丰富的文化内涵和特殊的外在形式，为多个学科所重视。

面具,是造型艺术的一个特殊领域,它最早出现于十分遥远的古代。面具文化也通常被称为"傩文化"。面具的出现是社会进步的一种标志,它表明人们已从形象思维开始向抽象思维迈进,开始具有符号化特征。我国是面具产生最早、流行时间最长的国家之一。面具,在我国民众心理上、民俗上、文化上和艺术上始终发挥着重要作用。

面具,在戏剧艺术中,一般指演员的面部塑形化妆,又称假面、脸子,是重要的化妆手段,但不一定要用脱离面部的硬壳。戏曲尤其京剧的脸谱,就是典型的直接画在脸上的面具。

在现实生活中,我们每个人都具有多重身份,有时难免撒谎或遮掩,这种身份错位或社会地位的错位,被社会心理学家称之为"面具依赖"。更有甚者,长期生活在虚构、假想的身份之中,拒不承认或接受自己的真实身份,精神分析学者称之为"面具癖",需要接受专业的临床治疗。

(杨新磊)

第二节　不拿白不拿,拿了也白拿

【上诉人,原审被告】 上海心源文化艺术有限公司
【被上诉人,原审原告】 中央新闻纪录电影制片厂上海影视制作中心

上诉人上海心源文化艺术有限公司因不当得利纠纷一案,不服上海市徐汇区人民法院(2000)徐经初字第602号民事判决,向上海市第一中级人民法院提起上诉,现已审理终结。

原审认定,心源公司与上影中心之间无任何经济往来,上影中心于1998年3月10日开具号码为AV017179、金额为人民币50 000元的支票一张。该支票由案外人未经背书交给心源公司,心源公司于1998年3月16日将支票解入银行,予以入账,心源公司进账单反映款项来源为货款。

【一审判决】

原审认为,由于心源公司与上影中心之间没有经济往来,心源公司取得票据未向上影中心支付对价,故上影中心要求心源公司返还票据款、支付相应利息,并无不当,应予支持。心源公司称上影中心开具支票是用于支付其业务员袁加锡的业务报酬,为此提供了案外人杨晓明(袁加锡之妻)的证词,上影中心对此予以否认,因心源公司未能提供其他证据予以佐证,不予采信。在审理中,虽心源公司提供了一系列材料证明杨晓明与心源公司之间存在真实的合法的债权债务关系,但心源公司并无证据证明案外人系合法取得票据,对该票据享有合法的权利,故心源公司以此作为抗辩理由不能成立。心源公司称上影中心起诉时已过诉讼时效,因上影中心提供了其于诉讼时效期间向法院邮寄诉讼挂号函件收据,并经法院核实无误,故心源公司之说不予采信。据此,于2000年6月16日作出判决,心源公司于判决生效后十日内给付上影中心票据款人民币50 000元,利息人民币4 725元;如逾期,则按中国

人民银行同期贷款最高利率加一倍计付迟延履行期间的债务利息；案件受理费人民币2 209元，由心源公司负担。

判决后，心源公司不服，向本院提起上诉，请求撤销原判，依法驳回上影中心的诉讼请求。心源公司诉称，1. 上影中心起诉已超过了诉讼时效；2. 50 000元支票系袁加锡之妻杨晓明归还借款而交付给心源公司的，故心源公司应属善意取得。

上影中心辩称，1. 上影中心在诉讼时效期间内向法院邮寄了诉状，故不存在已过诉讼时效的问题；2. 袁加锡的业务报酬与本案没有关系，袁加锡因业务需要取得未填写收款人的支票后，擅自将该支票交给心源公司以归还借款，由于上影中心与心源公司无业务往来，所以心源公司取得票据款是不当得利。

双方当事人二审期间均未提供新的证据。

【二审查明事实】

经审理查明，心源公司与上影中心无任何经济往来。1998年3月10日，上影中心将号码为AV017179、金额为50 000元的支票一张交与其业务员袁加锡，但该支票未记载收款人名称。嗣后，袁加锡之妻杨晓明为偿还个人借款，在涉讼支票的收款人一栏处填入心源公司名称后，将支票交与心源公司作为还款。心源公司于1998年3月16日将支票解入银行。之后，上影中心以心源公司不当得利为由向法院提起诉讼。

本院认为，上影中心起诉认为其与心源公司无经济往来，心源公司虽已获得票据款人民币50 000元，但该款项的取得无法律依据，应作为不当得利予以返还。故本案的案由应为不当得利纠纷，而非票据纠纷，原审判决所定案由不当，应予纠正。根据我国民法通则中的诚实信用原则，心源公司取得本案所涉支票时，其与杨晓明之间存在真实的债权债务关系。上影中心签发未记载收款人名称的支票，应属一种以单纯交付转让票据权利的方式，上影中心无证据证明心源公司取得票据是出于恶意或重大过失，心源公司作为支票款的善意取得人，有权依法享有票据上的权利，其在法律上无义务证明杨晓明或袁加锡取得票据是否合法，只需证明其取得票据为合法、善意即可。因此，作为善意取得人的心源公司取得50 000元款项不属民法上不当得利。故原审判决不当，心源公司上诉称其取得票据款合法的上诉理由，本院应予支持。

另，对于心源公司认为上影中心起诉已过诉讼时效的上诉理由，本院认为，诉讼时效应从心源公司实际获得50 000元时起算，该50 000元系于1998年3月17日进入心源公司账户内的，而原审法院收到起诉状的日期为2000年3月13日，故上影中心的起诉未过诉讼时效，心源公司该上诉理由，本院不予支持。

【终审判决】

2000年11月，上海市第一中级人民法院根据《中华人民共和国民法通则》第四条、《中华人民共和国民事诉讼法》第一百五十三条第一款第（二）项之规定，判决如下：一、撤销上海市徐汇区人民法院（2000）徐经初字第602号民事判决；二、中央新闻纪录电影制片厂上海影视制作中心的诉讼请求不予支持。一、二审案件受理费各人民币2 209元，均由中央新闻纪录电影制片厂上海影视制作中心负担。本判决为终审判决。

【学者评述】

人们常用"马虎"来形容某人办事草率或粗心大意,殊不知在这个俗语的背后,原来有一个血泪斑斑的故事。

宋代,京城有个画家,作画往往粗枝大叶,随心所欲,令人搞不清他画的究竟是什么。一次,他刚画好一个虎头,碰上有人来请他画马,他就随手在虎头后画上马的身子。来人问他画的是马还是虎,他答:"马马虎虎!"来人不要,他便将画挂在厅堂。大儿子见了问他画的是什么,他说是虎,小儿子问他却说是马。

不久,大儿子外出打猎时,把人家的马当老虎射死了,画家不得不给马主人赔钱。他的小儿子外出碰上老虎,却以为是马想去骑,结果被老虎活活咬死了。画家悲痛万分,把画烧了,还写了一首诗自责:"马虎图,马虎图,似马又似虎,长子依图射死马,次子依图喂了虎。草堂焚毁马虎图,奉劝诸君莫学吾。"

欧洲有一首民谣:"丢失了一个钉子,坏了一只蹄铁;坏了一只蹄铁,折了一匹战马;折了一匹战马,伤了一位国王;伤了一位国王,输了一场战斗;输了一场战斗,亡了一个帝国。"足见,马虎的危害有多大。

《圣经》有句名言:"The devil's in the detail."英文有谚:"Success depends on details."细节决定成败,马虎万万要不得。

(杨新磊)

第三节 一只烂"苹果"

2008年3月12日,作为电影《苹果》制片方北京劳雷影视文化有限责任公司的法定代表人方励,委托律师向北京市一中院递交了行政起诉状,状告国家广电总局,要求撤销对影片《苹果》的处罚,并恢复放映。直到28日,方励还未收到法院是否立案的书面通知。

其实《苹果》制片方状告广电总局不是不可,但要看其理由是否充分,看广电总局作法是否错了。从目前看,《苹果》制片方的理由不充分,广电总局做法并无不妥和过错。

今年1月3日,广电总局官方网站登出《关于处理影片〈苹果〉违规问题的情况通报》。原因是《苹果》违规制作色情内容片段,并擅自将未经审查通过含有色情内容的影片在互联网上传播及制作音像制品;将未经审查通过的电影版本,送柏林电影节参赛;在影片发行放映中进行不健康、不正当的广告宣传。这就是说《苹果》制片方自己错了。

《苹果》制片方认为这份通报没有经过正规的程序,也没有给其送达任何法律文书,方励称《苹果》被禁也是从网上看到的。《通报》对《苹果》所做的处理,按说也是很严厉的,不但吊销了该片《电影片公映许可证》,没收未审通过的影片拷贝及相关素材,停止该片发行、放映和网络传播,还取消了北京劳雷影视文化有限责任公司两年内摄制电影的资格。

广电总局对《苹果》的处罚出于大局的考虑,合情合理,符合民心,也是为《苹果》的发展,别让其走上不归路,也别让《苹果》的播出断送了电影产业的路。绝不是影视不能有色情艳戏,关键是如何把握,如何处理。是否推动剧情的发展,或是戏份的需要。如是，也不能通篇全是色情戏，而应是点缀而已。我国目前还没有实行影视分级，如此色情祸国殃民，更是颠覆传统文化的炸弹。况且也未经广电总局的批准，擅自将一些色情内容网上传播，这是不允许的，更不理智。

开年广电总局向色情等不健康文化戏《苹果》开刀，又向积极健康向上的《福娃》等大戏开闸放水。"禁演令""推荐令"是广电总局吹响影视业的集结号。《苹果》制片方要从自身建设上下功夫，寻找原因，看其是否按广电总局的要求作了，是否违规，是否考虑观众的感觉，不要一味地追求噱头和猎奇色情香艳，如是只能娱乐至死，不可能再生。如能更好地贯彻执行广电总局的通报精神，改变思路，其将会逢凶化吉，重新走上影视业的开阔大道。

又案，2008年1月28日下午，河北某律师事务所的两个律师将一纸诉状递交到北京市中级人民法院，状告广电总局，要求撤销《色，戒》的《电影片公映许可证》，并在全国范围内停止发行、放映《色，戒》。两名律师称，"他们是都是抗日志士的后裔，而电影《色，戒》恶搞抗日史实，亵渎抗日先烈，宣扬汉奸形象，损害了国家荣誉，践踏了民族尊严，危害了社会公德，颠倒了真、善、美与假、恶、丑的价值取向，混淆了正义与非正义的基本性质，使他们在观看后不仅未能获得任何精神享受，反因这个影片而遭受到巨大的精神痛苦，民族自豪感、民族自尊感遭受严重挫伤……"

上述二案，法院最终均不受理。

【学者评述】

影视传播的受众规模决定了影视传播无小事。影视传播的对象是大众，名副其实的芸芸众生，不分年龄不分性别不分收入不分学历。中国目前尚无影视分级制度，所以国家必须在播出作品的内容上进行严格把关。格调低俗、粗制滥造的作品会对大众产生不良的影响。虽然观众都有自己的辨别能力，但是，如果把去其糟粕取其精华的希望都寄托在观众自律上，往往事与愿违，适得其反。

基于人性的阴暗面尤其商人的逐利本色，某些影视作品为迎合受众变得格调低俗起来，这时，广电总局的审查显得尤为关键。身正不怕影子斜，真正好的影视作品又怎么会怕审查呢？真正聪明的传播者，总会主动承担起传者的责任与使命，为观众带来积极向上的影视佳作。

据悉，这位方励，就是恳求全国院线经理为吴天明遗作《百鸟朝凤》增加排片而在直播平台下跪、磕头的那位方励。不过，他的主业不是影视，而是一家集地球物理仪器开发与销售为一体的公司的创始人兼总裁，早年获得过美国的MBA学位。难怪，如果是很接地气的中国人，如果是熟悉中国影视观众和影视审查制度的业内资深人士，断不会起诉广电总局的。

（马玉洁　杨新磊）

第四节　国家赔偿，国家不赔

原告张毅敏要求被告芝山区广播电视局行政赔偿一案，于一九九九年五月起诉，现已审理终结。

原告诉称，被告在无任何法律依据的情况下，强行到我家拆除天线，并致伤夫妻二人，请求法院为我们伸张正义。被告辩称，原告夫妇不听我方再三劝告，一九九九年三月六日我局工作人员到原告住处下发处罚决定书，我们执法是符合法律程序的。原告夫妇暴力抗法造成我局工作人员受伤，请求法院责令原告赔偿我工作人员受伤害的一切费用，并责令原告夫妇执行我局的处罚决定书。

经审理查明，一九九八年十二月原告在市场上购得"鱼排骨电视天线"，自行在家安装收看芝山区微波站发射的电视节目。一九九九年被告经检查发现原告该行为后，在一九九九年三月六日前，曾两次派人到原告家做工作，要求原告到该局办理接收微波电视的有关手续。均遭到原告拒绝。一九九九年三月六日上午被告组织多名稽查队员再次来到原告住处，要求交纳入户费，原告则要求被告出示收费证据，双方发生争执，经他人调解事态稍有平息。正当被告负责人在向原告张毅敏解答有关问题时，被告一名工作人员冲向原告住宅三楼的天线安放处，原告妻子紧随而来进行阻止，双方发生冲突，原告张毅敏听到妻子的呼叫声后立即返回家中与被告工作人员发生殴打。经法医鉴定张毅敏为：颈部等多处软组织挫伤。属轻微伤。预主需医疗费（含鉴定费）叁佰伍拾元，伤后休息肆天。原告及代理人多次找被告要求赔偿医药费用，被告未作任何书面决定。一九九九年五月原告向本院提起诉讼，要求被告赔偿财产损失费、精神损失费、医疗费、误工费、护理费、差旅费、营养费等共计一万五千元。

上述事实有当事人陈述、鉴定结论、庭审笔录等证据予以证实。

本院认为，行政机关及其工作人员违法行使职权，造成他人损害的，应依法承担赔偿责任。被告工作人员在执行公务活动中违法行使职权，没有严格依照法定程度，履行必需的法律手续。被告在答辩状中提起三月六日到原告处下发处罚决定书，并且要求本院责令原告履行处罚决定；在庭审中却说三月六日到原告处是调查，对证据进行登记保存。同一天的事实，被告用两种情况向法院陈述，均不能向本院提供证据证实，且前后矛盾。综上所述，被告在执法中违法，且给原告身体造成了伤害，原告经法医鉴定为轻微伤，被告应当承担赔偿责任。原告提出财产损失费、精神损失费、误工费、护理费、营养费、医疗费、差旅费等赔偿问题，由于原告没有保留被损坏财产，对所损坏财产有关机关无法进行估价，原自愿表示放弃对财产损坏的赔偿请求，本院准许。本院又认为，赔偿义务机关对依法确认的侵犯公民人身权（如非法拘留、非法拘禁行为）造成了名誉权、荣誉权损害的，在侵权行为影响的范围内，为受害人消除影响，恢复名誉，赔礼道歉。本案因原告不能完全举出精神损害的证据，故对其提出的精神赔偿一万元的请求本院不予支持。医药费赔偿，原告经法医鉴定医疗费三百五十元，而原告只提供了一百一十余元的零陵卫校门诊医药发票（不含法医鉴定费），原告提出因自己是医生所以只买了些自己在家进行治疗，纵观全案应按照实事求是的原则给予赔偿，原告身体确实受到了法医鉴定书上所鉴定的伤害，虽然自己治疗，也应按法医鉴定指定的医疗费用予以赔偿、误工费、营养费、护理费赔偿问题，法医鉴定只需休息四天，未作护理、营养费鉴定，而原告对未举出误工四天损失的证据，本院对该三项请求不予支持。原告提出的差旅费，经查该项费用系原告及其代理人为到祁阳县等地调查取证所开销，属间接损失，不予赔偿。被告提出要求原告赔偿其工作人员的医药费及其他损失，因该问题不属行政法律关系调整的范围，所以不予采纳。

一九九九年八月十七日，湖南省永州市芝山区人民法院根据《中华人民共和国国家赔偿法》第三条第（一）项、第（三）项之规定，判决如下：一、由被告芝山区广播电视局赔偿原告张毅敏医疗费二百五十元。此款在本判决生效后十日内一次性付清。二、驳回原告张毅敏提出的误工费、精神损失费、差旅费、营养费、护理费等费用赔偿的请求。案件受理费300元，由被告承担。

一审宣判后，被告永州市芝山区广播电视局不服，提起上诉。

二审法院认为，依据《中华人民共和国行政诉讼法》第六十七条之规定，被上诉人王星认为芝山区广播电视局的行政行为造成了自己的人身损害，应首先向芝山区广播电视局提出行政赔偿请求，如果对处理不服，可以向人民法院提起诉讼。本案中，王星没有向芝山区广播电视局提出过书面赔偿申请，不符合起诉条件，因此，不能直接向人民法院提起行政赔偿诉讼。一审法院直接受理并作出判决，违反了法定程序，应当予以撤销。

一九九九年十二月六日，湖南省永州市中级人民法院依照《中华人民共和国行政诉讼法》第六十一条第（三）项之规定，裁定如下：一、撤销永州市芝山区人民法院（1999）芝行初字第8号行政判决；二、驳回被上诉人王星的起诉。一、二审案件受理费共计六百元，由诉人芝山区广播电视局承担三百元，被上诉人王星承担三百元。

本裁定为终审裁定。

又案，录像放映个体户冯家林诉四川省泸州市合江县文化体育广播电视局行政诉讼案，一审被驳回。

原告冯家林要求确认被告合江县文体广视局审查录像带内容违法并赔偿经济损失10 575元向本院提起诉讼。本院受理后，依法组成合议庭，公开开庭审理了本案。原、被告及其委托代理人均到庭参加了诉讼。本案现已审理终结。

原告诉称：被告未严格履行法定职责，经其审查准许放映的录像带，被公安机关确认为淫秽物品，致已受到处罚，造成经济损失10 575元，要求被告赔偿。被告则以"原告放映淫秽录像带被合江县公安局当场抓获，该放映的录像带未经本局审查，不同意赔偿"答辩。

法院查明：一九九七年五月十六日十时许，原告冯家林在其经营录像放映厅放映录像带《干探出征》被公安干警发现有淫秽内容，当即将放映的电视机和放像机各一台扣押，并收缴了《干探出征》《赤裸羊羔》等五盒录像带。经泸州市公安局鉴定，其中《干探出征》《赤裸羊羔》等三盒系淫秽物品。对此，合江县公安局于同年五月二十九日以原告一九九七年五月十六日上午在自己办的录像馆内播放淫秽录像当场抓获为由，对其作出罚款五百元和没收电视机、放像机各一台的处罚决定。一九九八年六月，原告请求被告赔偿，被告未作出是否赔偿的决定，故原告诉至本院。审理中，提取了仅存于公安机关收缴的《干探出征》《赤裸羊羔》两盒录像带，经当庭质证，《赤裸羊羔》是经合江县文体广视局审查准许放映带，并贴有合江县文体广播局准映证，但《干探出征》未经被告审核。

本院认为，原告在经营的放相厅内对外播放《干探出征》，被公安机关当场抓获，公安机关以此对原告给予行政处罚，但该带并未经被告审查准许放映，故原告受到处罚与被告审带无因果关系，其处罚结果只能由自己承受。

一九九八年十一月三日，四川省合江县人民法院依照《中华人民共和国行政诉讼法》第五十四条之规定，判决如下：驳回原告冯家林的诉讼请求。案件受理费五十元，由原告冯家林负担。

一审宣判后，双方均未上诉。

又案，龚国锋、龚秉政、龚署雪诉唐河县广播电视局、唐河县电业局、唐河县城郊乡徐庄村委等电力事故赔偿纠纷案一审宣判。

原告龚国锋等与被告唐河县广播电视局、被告唐河县电业局、被告唐河县城郊乡徐庄村委、被告张冬田、被告张保祥为电力事故赔偿纠纷一案，本院受理后，依法组成合议庭，公开开庭进行了审理，原、被告及其委托代理人均到庭参加了诉讼，本案现已审理终结。

1997年7月，被告张保祥个人出资，被告唐河县城郊乡徐庄村委提供房舍和场地合伙筹建唐河县城郊乡有线电视站，张保祥任站长。1997年7月20日，在该电视站专业人员配备和安装不符合要求的情况下唐河县广播电视局即予以验收并允许投入使用和报市广播电视局审批。2000年3月15日，被告唐河县城郊乡徐庄村委段庄副组长牛付长在组织搭建塑料大棚时，因闭路电视线下垂，要求张冬田上原告家房顶拉紧，被告即邀请罗红梅一起去紧拉闭路线，在拉闭路线时与在其上架设的35KV高压线接触将罗红梅击伤身亡，张冬田受伤。事故发生后，张冬田和徐庄村委分别给付原告龚国锋现金5 000元和2 000元作为赔偿，其他被告均认为事故与己无关不愿承担责任，为此原告诉至本院请求保护其合法权益。

本院认为，被告张保祥和被告城郊乡徐庄村委作为徐庄有线电视站的合伙筹建人即是该站的产权所有人，理应对其所有的闭路线进行管理和维护，在闭路电视线脱落时应予及时整修，因其未尽到管理和维护义务导致事故发生应负赔偿责任。被告唐河县广播电视局在徐庄有线电视站不具备专业维修和管理人员的情况下即验收合格并允许运行，作为主管部门未进到监管职责，对事故发生也应承担相应责任。被告张冬田和死者罗红梅在紧拉闭路电视线不按规定先找电工，在未采取任何安全措施的情况下擅自移动闭路电视线对事故发生应负主要责任。被告唐河县徐庄村委段庄组作为受益方对原告造成的经济损失应予适当补偿。被告唐河县电业局在事故发生过程中没有过错，原告要求承担赔偿责任没有法律根据。本院不予支持。被告唐河县广播电视局、城郊乡徐庄村委、段庄组张冬田、张保祥辩称其不应承担赔偿责任的理由不能成立。原告请求赔偿数额过高，没有法律根据其过高部分不予支持。案经调解无效。

二〇〇〇年十二月三十日，河南省唐河县人民法院根据《中华人民共和民法通则》第106条、第119条、第131条之规定，判决如下：1. 被告张冬田应赔偿原告精神抚慰金30 000元，罗红梅丧葬费3 000元，被抚养人龚秉政生活费1 500元，龚署雪生活费2 100元，龚秉嘉生活费3 000元，罗德春生活费2 000元，杨书敏生活费2 000元，以上共计43 600元的25%即10 900元，扣除已付的5 000元，还应赔偿5 900元，被告张保祥和被告唐河县城郊乡徐庄村委各负担上，述费用的15%即6 540元，扣除城郊乡徐庄村委已支付的2 000元，徐庄村委还应赔偿4 540元，被告唐河县广播电视局应赔偿上述费用的10%即4 360元，被告唐河县城郊乡徐庄村委段庄组应补偿原告上述经济损失的10%即4 360元。上述赔偿或补偿义务应于判决生效后五日内执行完毕。2. 驳回原告要求被告唐河县电业局承担赔偿责任的诉讼请求。诉讼费4 510元，原告负担2 500元，被告张冬田负担300元，张保祥负担200元，徐庄村委负担200元，广电局负担100元，段庄组负担100元。

一审宣判后，各方均未上诉。

又案，福建省地方电力福州经营部的所属机构——福建省地方电力开发公司及其主管部门——福建省水利水电厅农村电气化局，为解决电力系统分布在山区峡谷中小水电站广大职工长期收看电视难的问题，曾先后于1993年3月24日和1993年6月12日，分别向福建省广播电视厅申请批准核发《卫星地面接收设施接收外国卫星传送的电视节目许可证》（以下简称《许可证》）。广播电视厅于1993年6月24日以闽下函（1993）25号文《关于同意中小水电站系统单位设置卫星地面接收设施的批复》，答复"原则同意你局与福州中赛卫星通讯设备有限公司联合为省内基层中小水电站单位设置卫星地面接收设施，接收亚洲一号卫星传送的中央电视台第四套节目和云南、贵州两省电视节目"。"请将设置卫星地面接收设施的基层单位名单报来，现办理审批手续"。其后，原告的所属机构及其主管部门未办报批手续，没有取得《许可证》。而原告于8月设置了卫星地面接收设施。1993年9月21日，福建省广播电视厅、公安厅、国家安全厅及下属福州市和鼓楼区的三个部门的执法人员对原告进行了查处：认定原告擅自设置卫星地面接收设施接收亚洲一号卫星传送的香港电视节目的行为违法，扣留了原告的卫星接收机5台、21英寸彩色电视机1台。9月22日，三被告认为原告为推销卫星接收器材，未经有关部门批准，擅自设置卫星地面接收设施接收香港电视节目，以招揽生意。根据经国务院批准，广播电影电视部、公安部、国家安全部发布的关于《卫星地面接收设施接收外国卫星传送电视节目管理办法》（以下简称《管理办法》）第十二条和省广播电视厅、公安厅、国家安全厅闽广音〔1991〕164号、〔1993〕002号文件的有关规定，以闽广音〔1993〕283号《处理规定》，对原告作出了"处以15 000元罚款"的行政处罚决定。福建省地方电力福州经营部不服，于1994年1月10日向福州市中级人民法院提起诉讼。

福州市中级人民法院审理认为，原告福建省地方电力福州经营部的上级机构及主管部门虽然曾向被告福建省广播电视厅去函申请办理卫星地面接收站收视许可证，但其并未按被告批复中的要求办理报批手续，原告尚未取得《许可证》。原告在未取得《许可证》的情况下，擅自设置卫星地面接收设施接收亚洲一号卫星传送的电视节目，其行为违反了经国务院批准，广播电影电视部、公安部、国家安全部发布的《管理办法》第六条、第七条和国家三部的广发录字〔1991〕467号《关于加强亚洲一号卫星接收设施管理工作的通知》的有关规定。在原告的该行为发生时，国务院的《管理规定》尚未发布施行，被告的行政处罚决定于1993年9月22日即已作出。国务院《管理规定》并未对国家三部发布的《管理办法》作明令废止，《管理办法》仍然有效。因此，被告的行政处罚决定适用法律正确，其对原告所做的实体处理并无不当。但是，被告的行政处罚决定于1993年9月11日即已作出，至10月15日才送达原告，其行为违反了《福建省行政执法程序规定》第三十五条的规定，应予以指正。

根据《中华人民共和国行政诉讼法》第五十四条第（一）项的规定，该院于1994年10月7日作出判决：维持被告福建省广播电视厅、公安厅、国家安全厅闽广音〔1993〕283号行政处罚决定。

一审法院宣判后，各方均未上诉。

【学者评述】

没有规矩不成方圆，社会的正常运转需要一定的规矩。规矩都是人定的，规矩也会因多年不变而出现漏洞，而不合时宜。现实是鲜活多变的，用死规矩套活现实，没有矛盾才怪。沟通这"死"与"活"之间的是人的变通之法。

作为管理方，不能因为自己占了理就把犯错者一棍子打死，必须用规矩框住才算完，大有得理不饶人之势。管理不是压制，管理重在协调，是为了让社会更有秩序，更和谐，让人们心服口服地自觉遵守规矩。如果削足适履，教条死板，这不是要把公众变成机器人吗？何况，这规矩定的是否合理，还需另当别论。

作为被管理者，要自觉服从规矩，毕竟规矩是现实长期检验后的需要，有其存在的合理性。每个人都有自己的不得已，但这不能成为不守规矩的理由。妄自尊大、藐视规矩者，多行不义必自毙，贪小便宜吃大亏，小心偷鸡不成蚀把米啊！

（马玉洁）

第五节　电视台不可自办

1999年8月上旬，熊加林及雨花区高桥乡五一村六组的九名村民，向长沙市广播电视局（以下简称广电局）递交《关于成立〈长沙市雨花区高桥乡五一村民小组普法宣传站〉的报告》，申请成立有线广播普法宣传站。因其不具备设台建站的资格，故未获批准，在未获批准的情况下，熊加林等人自筹资金购买了15W高音喇叭两只、扩大器一台、话筒两只，电线若干米，在熊加林家中驾设有线广播台进行广播。同年10月23日，雨花区公安分局干警向村民胡某、卢某调查了解情况，并做了调查笔录，同月28日，长沙市广电局接到长沙市雨花区政府转来雨花区高桥乡人民政府《关于迅速取缔五一村非法宣传工具的紧急请示》，请求迅速依法取缔五一村非法宣传工具。当月29日，长沙市广电局立案受理，并派员到五一村宣传国务院《广播电视管理条例》，同年11月5日，长沙市广电局向熊加林等人下达了《关于取缔长沙市雨花区高桥乡五一村熊加林等人擅自设立有线广播站的通知》，要求熊加林等人三日内自行取缔，拆除所有设备送广电局，否则将依法采取相应的强制措施，未果。长沙市广电局干部经多次上门劝说无效的情况下，于同年11月26日，作出《行政案件处理意见书》，告知熊加林等人将依照《广播电视管理条例》对其进行处罚，并依照《中华人民共和国行政处罚法》的有关规定，对喇叭、喊话器、放大器等广播器材进行先行登记保存，市广电局执法人员在进行证据先行登记保存时，遭熊加林等人的阻挠，后在长沙市雨花区公安干警的配合下，对广播设备予以拆除，进行登记保存。2000年1月10日，长沙市广电局向熊加林下达了广发行决字（1999）第1号行政处罚决定书，认定熊加林在长沙市雨花区高桥乡五一村，既无设台建站资格，又未获得广播电视行政管理部门批准的情况下，擅自在该村设立有线广播台站，根据《广播电视管理条例》的规定，决定：1.取缔该广播宣传站。2.立即停止其违法行为。3.没收：（1）HX-118型大功率豪华喊话器一台；（2）15W高音喇叭两只；（3）MENGSHIAV-K55扩大器壹台；（4）YANG话筒两只；（5）后三轮摩托车（车牌号18056）一台。熊加林对此不服，向长沙市人民政府申请复议，长沙市人民政府于2000年5月12日作出长政复字（2000）第7号行政复议决定书，维持了长沙市广电局的行政处罚决定，熊加林仍不服于2000年6月12日向天心区人民法院提起行政诉讼。

原告诉称，长沙市广播局所做的处罚决定没有履行调查、告知、听证程序；所没收的财产中，后三轮摩托车与原告无关；《广播电视管理条例》第四十七条中没有规定有线广播宣传站属广播局管辖，被告据此作出的行政处罚决定书认定事实不清，适用法律错误，程序违法。请求人民法院予以撤销。

被告辩称，原告熊加林等人未经广播电视行政管理部门的批准，擅自设立有线广播站的行为违反了国务院《广播电视管理条例》（以下简称《条例》）第十一条第一款、第十五条第一款的规定，被告依据该《条例》第五条规定的职权依法进行管理并根据该《条例》第

第九章 其他诉争

四十七条的规定，对熊加林等人的违法行为进行处罚是正确的，请求人民法院予以维持。

长沙市天心区人民法院经审理认为，原告熊加林等人未经广播电视行政管理部门批准，擅自设立有线广播站的行为，违反了国务院《广播电视管理条例》的规定，被告作为长沙市广播电视行政管理部门，具备行政执法主体资格，在依职权对原告等人说服、教育无效的情况下，报经市广播局的领导批准，依照《中华人民共和国行政处罚法》第三十七条的规定，对原告等人的非法物品采取证据保存的措施符合法律规定。但由于被告未能提供证据证明后三轮摩托车系熊加林进行非法活动的违法工具，对熊加林的处罚决定中没收该项财产不当，依法应予纠正。

综上所述，依照《中华人民共和国行政诉讼法》第五十四条第（二）项第1目之规定，该院于2000年8月22日作出判决如下：

一、维持长沙市广播电视局广发行决字（1999）第1号行政处罚决定第一条、第二条、第三条第①②③④项；

二、撤销长沙市广播电视局广发行决（1999）第1号行政处罚决定第三条第⑤项。

本案受理费一百元，原告承担八十元，被告承担二十元。

一审宣判后，熊加林不服向长沙市中级人民法院提起上诉称：村民组设立有线广播普法宣传站，主要是因为村民组与村委会就土地征用补偿费用发生纠纷，为了让村民了解国家土地管理法，村民们自筹资金购置广播设备器材，进行广播宣传。在设立广播宣传站时，村民小组书面报了有关部门，而有关部门迟迟不予答复。因此，原审判决故意违背事实，虚构事实，捏造事实，且证据不足，适用法律错误，违反法律程序，请求二审法院撤销一审判决书，依法作出公正裁决。

被上诉人长沙市广电局辩称，一审认定的事实清楚，证据充分扎实，适用法律正确，请求二审法院依法维持一审判决。

长沙市中级人民法院经审理认为：上诉人熊加林等未经广播电视行政管理部门批准，擅自设立有线广播的行为，违反了国务院《广播电视管理条例》第十条第一款、第十五条第一款的规定，被上诉人市广电局依照《中华人民共和国行政处罚法》的规定采取证据先予登记保存，并作出广发行决字（1999）第1号行政处罚决定书是正确的，但市广电局不能提出证据证明后三轮摩托车系熊加林进行非法活动的工具，故对熊加林的处罚决定中没收该项财产不当，依法应予撤销。原审法院认定事实清楚，适用法律正确，处理恰当。

根据《中华人民共和国行政诉讼法》第六十一条（一）项之规定，该院于2000年12月29日作出判决如下：驳回上诉，维持原判。本案二审案件受理费一百元，由上诉人熊加林负担。此判决为终审判决。

又讯，2007年6月15日，陕西省西安市雁塔区电子城街道办双桥头村为丰富村民娱乐生活，建立村干部与村民沟通平台，筹资4万余元办起了"双桥电视台"。没想到才过了两个多月，电视台就被广电主管部门以不具备办台资质为由叫停。

又讯，近年来，安徽沿淮部分地区又出现了农民"自办"电视台热，台里还封了"台长"、"总编"等职务。据村民反映，他们经常无法正常收看电视节目，屏幕上经常出现凶杀、暴力、色情等内容。记者从安徽省广播电影电视局了解到，2005年以来，安徽省共查处这样的非法电视台七十多座。

又讯，2001年2月，新华社内参报道了"东兰影视台"事件，引起时任中宣部部长丁关根的震怒，责成国家广播电视总局严肃查处此案。国家广电总局下派要员，召集山东、河南两省及有关市、县主管部门的官员坐镇东明，现场协调指挥查处行动。曾经亲自督办此案的开封市广播电视局副局长胡继明说，国家总局出面协调后，山东方面受到责任追究。但从此以后，山东方面一直认为是河南告了黑状，双方广电官方关系从此交恶，客观上导致后来鲁豫交界地下电视台的猖獗蔓延。曾风光一时的"河山电视台"——"河"是河南，"山"是山东，意即河南、山东两地联合办的电视台，信号很强，是山东郓城县、梁山县和河南台前县的六七位"老板"建的，投资30多万元人民币。但"河山电视台"并没有开播多久，即被取缔。

【学者评述】

　　国有国法，家有家规。既然有管理条例，当然必须遵守，如果每个人都各行其是，不遵守规则，那我们的生活早就乱成一锅粥了。想开办广播站进行普法宣传是好的，但好心办坏事就得不偿失了。没有办广播站的资质和条件，没有相关部门的批准，为什么非要违反规定呢？普法广播站自己都搞不明白规定和法律，又怎么去普法呢？

　　至于开办电视台则更是离谱。不过六七位"老板"就能建起信号很强的河山电视台，财大气粗可见一斑，只可惜这么多钱用错了地方。想来生意做得多了应该有经验，投资一行得先了解一行，开办电视台的要求都不明了，电视台又怎么会开的长久呢？如果用这些钱做慈善，相信会有好回报的。河山电视台被取缔是必然的，河南和山东广电官方相互交恶也得停停了。人的精力有限，既已出错，再相互推诿和埋怨也是无用，不如把推诿和埋怨的时间用在广电管理上，少出错，不出错。工作做好了，管理部门受了表扬，岂不皆大欢喜？

（马玉洁）

第六节　讨要手稿廿五载

【申诉人，一审原告、二审上诉人】邱传海
【被申诉人，一审被告、二审被上诉人】湖北电视剧制作中心
【被申诉人，一审被告、二审被上诉人】湖北省广播电影电视局

　　邱传海因与湖北电视剧制作中心（以下简称电视中心）、湖北省广播电影电视局（以下简称广电局）返还作品赔偿纠纷一案，不服湖北省高级人民法院（2009）鄂民监二字第10号民事判决，向检察机关申诉。最高人民检察院以高检民抗（2012）24号民事抗诉书向最高人民法院提出抗诉。本院于2012年6月14日作出（2012）民抗字第50号民事裁定，提审本案，并依法组成合议庭，公开开庭审理了本案。本案现已审理终结。

　　1995年10月26日，邱传海以电视中心和广电局为被告起诉至武汉市武昌区人民法院，要求电视中心和广电局返还其评职称时报送的手稿，如不能返还，则赔偿损失50万元整。武汉市武昌区人民法院于1996年11月4日作出（1996）武区民初字第51号民事判决：电视中心赔偿邱传海经济损失1万元整，驳回邱传海对广电局的起诉。邱传海、电视中心均不服，提起上诉，武汉市中级人民法院于1997年4月21日作出（1997）武民终字第067号民事判决：撤销一审判决，驳回邱传海的诉讼请求。邱传海不服，向湖北省人民检察院提出申

第九章 其他诉争

诉,湖北省人民检察院向湖北省高级人民法院提出抗诉。湖北省高级人民法院裁定将本案交由武汉市中级人民法院再审。武汉市中级人民法院再审后于1999年10月28日作出(1999)武民再字第34号裁定:撤销原审判决,发回武汉市武昌区人民法院重审。在武汉市武昌区人民法院重审本案时,邱传海变更其诉讼请求为:请求电视中心、广电局赔偿其直接物权价值即手稿价值损失43.5万元,稿酬损失25.2万元,精神损失13万元,返还已找到的作品原稿及承担诉讼费。

武汉市武昌区人民法院重审查明,邱传海原系电视中心导演,于1987年、1992年和1993年三次参加导演职务任职资格评审时,向电视中心报送了参评所需的作品手稿等材料,由电视中心上报评审机构,双方未办理作品手稿材料的书面交接手续。评审结束后,邱传海未收到电视中心退还的报送材料,多次向电视中心和广电局查询所报的作品手稿材料下落未果。电视中心于1993年9月26日出具证明,载明无法找到邱传海1987年首次参评的作品手稿有《周总理的一天》《鞭炮声中》《归》《过去的故事》《龙老妪外传》2集、《县委大院的孩子们》《一件凶杀案的解剖》3集、《看车姑娘》的文学剧本和电视剧分镜头剧本、导演阐述、报刊评论文章,15篇论文、评论文章和《表演和导演讲座》20万字的著作手稿。1993年12月5日,电视中心向省高级职称评审委员会上报的《拟请复议邱传海二级导演任职资格的报告》中,载明上报的作品有《她的爱》《妻子》《甲鱼奇遇记》《双面女人》6集、《被淘汰的女人们》的电视剧文学剧本和分镜头剧本、《周总理在病中》电视剧文学剧本和《谈导演对剧本的分析》《从舞台上的铁镜公主到银屏上的萧太后》等论文作品。

1998年,湖北省检察机关在办理邱传海申诉案件的过程中,在电视中心仓库找到邱传海参评职称时报送的部分作品手稿,并已发还给邱传海,这部分作品手稿有电视剧文学剧本55集、分镜头剧本23集,论著一部(20万字)和其他作品57篇共计150余万字。除检察机关找回发还邱传海的作品手稿外,邱传海称仍有电视剧文学剧本20集、分镜头剧本8集、论著一部及文章的作品手稿材料达70余万字未能找回。

另查明,邱传海于1984年完成约20万字的《表演和导演讲座》讲稿,河南人民出版社已列入正式出版计划,后因书稿丢失而取消出版计划。邱传海于1987年受湖北省人民检察院委托,写作3集电视剧《发人深省的案件》电视剧文学剧本,因丢失该剧手稿而取消拍摄决定。邱传海参加职称评审时报送的作品手稿包括邱传海任导演时被电视中心或有关电视台录用而获得报酬的作品如《周总理的一天》等,出版社拟发表或有关单位待摄制本可获得报酬的作品如《表演和导演讲座》书稿、《发人深省的案件》的电视剧文学剧本,已在有关报刊上发表并已获取报酬的论文、剧评等,以及未发表的手稿材料。电视中心未提供三次职称评审中有关上报材料不予退还及已经明确告知申报人的证据。

武汉市武昌区人民法院重审认为,邱传海参加职称评审时报送电视中心、由其创作的作品著作权归邱传海所有。电视中心将邱传海的作品13年后才返还给邱传海,已侵犯了邱传海作品的使用权和获得报酬权,也给邱传海造成了一定的精神损害,理应赔偿邱传海的经济损失和给予相应的精神抚慰费。邱传海的部分诉讼请求予以支持。检察机关的抗诉理由成立,予以采信。广电局未侵犯邱传海的著作权,不应承担民事责任。该院于2000年11月23日作出(1999)武区民再字第13号民事判决:电视中心返还邱传海电视剧《周总理的一天》分镜头剧本等作品;赔偿邱传海经济损失1万元;精神抚慰费2 000元;驳回邱传海的其他诉讼请求。

邱传海不服上述判决,上诉至武汉市中级人民法院。

武汉市中级人民法院二审确认一审查明事实。

武汉市中级人民法院二审认为，邱传海因参加职称评审所报送的由其创作的作品的著作权归邱传海所有。电视中心丢失邱传海作品手稿，侵犯了邱传海对其作品的使用权和获得报酬的权利。电视中心将邱传海的作品手稿丢失13年，且尚有部分未能找回，给邱传海造成了一定的精神损害，电视中心应承担返还作品手稿、赔偿经济损失和给予相应的精神损害赔偿的民事责任。对上报评审作品的材料，电视中心并未规定必须报送作品手稿，邱传海自愿报送其作品手稿，对丢失手稿的后果亦有一定的责任。广电局与邱传海没有直接的法律关系，不应在本案中承担民事责任。该院于2002年3月26日作出（2001）武民再终字第14号民事判决：电视中心返还邱传海所创作的作品，赔偿邱传海经济损失2.8万元，给付邱传海精神抚慰费2 000元。

邱传海不服上述二审判决，向湖北省高级人民法院申请再审。湖北省高级人民法院驳回邱传海的再审申请。邱传海仍不服，向最高人民法院提出申诉。2009年3月18日，最高人民法院作出裁定，指令湖北省高级人民法院再审。

湖北省高级人民法院再审确认二审查明事实。

湖北省高级人民法院再审认为，邱传海按评审要求向电视中心上报作品及手稿材料，本身并无过错。根据当时社会的具体情况，对大量作品及手稿材料抄写或复印后再予上报并不现实，原审判决认定邱传海对手稿丢失负有一定责任没有事实依据。涉案作品及手稿材料因遗失时间较长，绝大部分已丧失价值，不能再予发表，亦不能再获取报酬，电视中心应赔偿由此造成的邱传海的财产损失。根据河南人民出版社等有关单位提供的拟出版、拟投拍计划的证明、电视剧文学剧本及分镜头剧本的付酬标准、出版稿酬标准及邱传海作品的获酬水平等情况，结合邱传海在上报作品和手稿遗失后，多次向电视中心及有关单位反映情况，并投入了一定人力和物力的事实，酌定电视中心赔偿邱传海经济损失10万元。邱传海再审请求赔偿经济损失580万元没有事实和法律依据，不予支持，且该请求超出了其原审诉讼请求范围，对其超出的部分，不予审理。根据《中华人民共和国著作权法》第四十六条的规定，电视中心遗失上报作品及手稿材料的行为并不属于侵犯著作权的具体情形，邱传海关于电视中心侵犯其著作权的主张不能成立，其关于赔偿精神损失的诉讼请求于法无据，不予支持。广电局并未接受邱传海的上报作品和手稿，与邱传海之间不存在直接的法律关系，不应承担民事责任。经审判委员会讨论决定，该院于2009年12月15日作出（2009）鄂民监二字第10号民事判决（以下简称10号判决）：电视中心赔偿邱传海经济损失10万元，驳回邱传海的其他诉讼请求。

邱传海不服，向检察机关申诉，最高人民检察院向本院提出抗诉。

最高人民检察院抗诉认为，10号判决适用法律确有错误，判决赔偿邱传海经济损失10万元缺乏依据，有失公平。

（一）电视中心遗失邱传海上报作品及手稿材料的行为，已构成对邱传海著作权的侵犯。邱传海上报给电视中心的作品都已经完成创作，作品的著作权已经依法产生。当作品手稿只有一份孤稿时，作品手稿就是著作权的载体，二者具有不可分离性。当作品手稿灭失时，附着在手稿上的著作权权能如发表权、获取报酬权等都无法行使。本案电视中心遗失的邱传海的手稿中，有相当一部分是未发表的作品，而且仅此一份孤稿。对于这一部分遗失作品来说，作为著作权唯一载体的作品手稿遗失，不仅使邱传海丧失了著作权载体——作品手稿的所有权，而且同时丧失了附着于作品之上的发表权、获酬权等著作权权能。虽然电视中心遗失邱传海手稿不构成《著作权法》所规定的侵犯著作权的具体情形,但是侵犯了邱传海作品的使用权和获得报酬权等著作权权能,构成了侵权,并且电视中心对此有过错,应当承担侵权责任。10号判决认为邱传海关于电视中心侵犯其著作权的主张不成立,适用法律确有错误。电视中心遗失邱传海手稿的行为,对邱传海造成了精神损害,应该予以精神损害赔偿。作品的唯一载体手稿的遗失,意味着作者的智力劳动成果已不能复原,构成对作者人格利益的侵害。电视中心将倾注邱传海毕生心血创作的大量作品手稿丢失,对邱传海造成了严重的精神损害。作品的手稿,对作者来说,除了是作品和著作权的承载体,还是具有人格象征意义的特定纪念物品。10号判决认定邱传海关于赔偿精神损失的诉讼请求于法无据,适用法律亦有错误。

(二)对邱传海经济损失的赔偿额,应依据邱传海的损失来确定。赔偿的标准,应根据作品种类,参照当时支付稿酬的行业通行标准,在确定单部作品损失赔偿额的基础上,再累计全部遗失作品的损失赔偿额。被丢失的数十部作品,上百万字,其损失应远远大于10万元。而且,在计算邱传海的损失时,不仅要参考作品创作时的稿酬标准,更要考虑到这些年来作品稿酬标准的增长情况,再乘以适当的上涨基数,才比较合理。此外,邱传海作品手稿被丢失后,一直向电视中心及有关单位反映情况。1995年向人民法院起诉至今,始终在通过诉讼、申诉等方式要求返还作品赔偿损失,为此所投入的财力、物力就高达数万元。这部分开支,应当视为"权利人为制止侵权行为所支付的合理开支",法院在判决赔偿数额时也应予以考虑。10号判决赔偿的数额偏低,不足以弥补作品遗失给邱传海造成的损失,判决结果有失公正。

邱传海同意最高人民检察院的上述抗诉意见。另外,邱传海认为由于职称评审导致其分房、工资和子女就业等相关损失,明确要求赔偿损失共计1 600余万元。

电视中心答辩称,抗诉机关的抗诉理由不成立。1. 电视中心没有侵犯邱传海的著作权,邱传海关于赔偿其著作权损失的诉讼请求不能支持。2. 邱传海申报职称材料已经全部返还,电视中心无须承担遗失手稿的物权赔偿责任和精神损害赔偿责任。3. 本案审理范围不应超过邱传海原审的诉讼请求。综上,请求驳回邱传海的申诉。

广电局答辩称,1. 广电局与邱传海没有事实和法律上的利害关系。2. 邱传海没有按照要求上交材料,应当责任自负。3. 本案是再审案件,不能脱离原审的诉讼请求。综上,请求撤销原判,驳回邱传海的起诉。

本院再审确认原审认定的事实。

本院认为,本案系邱传海以电视中心、广电局丢失其为参加导演职务任职资格评审而上报的作品及手稿材料,主张返还作品手稿原物及赔偿损失的物权纠纷。《中华人民共和国物权法》第三十四条规定,"无权占有不动产或者动产的,权利人可以请求返还原物"。第三十七条规定,"侵害物权,造成权利人损害的,权利人可以请求损害赔偿,也可以请求承担其他民事责任"。因此,侵权人如果返还不了原物,根据法律规定,应当作价赔偿。

本案中,邱传海为参加导演职务任职资格评审而上报的作品及手稿材料找回时,绝大部分已丧失价值,不能再予发表,亦不能再获取报酬。故电视中心理应赔偿因长期占有邱传海作品及手稿材料给其造成的财产损失。赔偿的标准是作品及手稿材料在当时的对应价值。邱传海上报的作品及手稿材料当时的对应价值如何计算便成为本案的关键所在。

原审在没有明确的赔偿标准,无法计算邱传海的实际损失以及不存在侵权人非法所得的情况下,根据有关单位提供的拟出版、拟投拍计划的证明、电视剧文学剧本及分镜头剧本当时的付酬标准、出版稿酬标准及邱传海作品的获酬水平等情况，结合邱传海在上报作品和手稿遗失后，多次向电视中心及有关单位反映情况，并投入了一定人力和物力的事实，酌定电视中心赔偿邱传海经济损失10万元，并无不妥。邱传海认为在计算损失时，不仅要参考作品创作时的稿酬标准，更要考虑到这些年来作品稿酬标准的增长情况，再乘以适当的上涨基数，因该主张缺乏法律依据，本院不予支持。邱传海再审要求电视中心和广电局赔偿经济损失1 600余万元，超出了其原审诉讼请求范围，根据《最高人民法院关于适用〈中华人民共和国民事诉讼法〉审判监督程序若干问题的解释》第三十三条"当事人超出原审范围增加、变更诉讼请求的，不属于再审审理范围"之规定，对邱传海超出原审诉讼请求的部分，本院不予审理。电视中心长期占有邱传海上报作品及手稿材料不予返还的行为是对邱传海作品及手稿材料所有权的侵犯，根据《中华人民共和国著作权法》的相关规定，并不属于侵犯著作权的具体情形，故原审判决认定邱传海关于电视中心侵犯其著作权的主张不能成立，邱传海关于赔偿精神损失的诉讼请求于法无据，并无不当。广电局并未接受邱传海的上报作品及手稿材料，与邱传海之间不存在直接的法律关系，不应承担民事责任。

综上，原审认定事实清楚，适用法律正确，应予维持。二〇一三年八月二十二日，经最高人民法院审判委员会讨论决定（审判长：何抒），依照《中华人民共和国民事诉讼法》第二百零七条第一款、第一百七十条第一款第（一）项之规定，判决如下：维持湖北省高级人民法院〔2009〕鄂民监二字第10号民事判决。一、二审案件受理费1 230元，湖北电视剧制作中心负担984元，邱传海负担246元。本判决为终审判决。

【学者评述】

毅力，也叫意志力，是人们为达到预定的目标而自觉克服困难、努力实现的一种意志品质。毅力，是人的一种"心理忍耐力"，是一个人完成学习、工作、事业的"持久力"。毅力与人的期望、目标结合起来后，会发挥巨大的作用。毅力是一个人敢不敢自信、会不会专注、是不是果断、能不能自制和可不可忍受挫折的综合表现。

毅力是实现理想的桥梁，是驶往成才的渡船，是攀上成功的阶梯。

培养顽强的毅力，可以从以下几个方面进行：（1）树立明确的目标。培养毅力的第一步，也是最重要的一步，就是知道自己想要什么。强烈的动机会驱使人克服困难。（2）自信。相信自己有能力实施一项计划，会激励自己坚持不懈地为之奋斗。（3）可行的计划。制定可行的、清晰的计划，一步步去执行，会激励人的毅力。（4）认清自我。如果认不清自我的优劣短长，就会毁掉一个人的毅力。（5）习惯。良好的习惯，可以帮助毅力去实现目标。

(杨新磊)

第七节　捍卫名誉

（一）

《无极》是中国电影集团公司的一部高投入、大制作影片，刚刚在北京上映。因香港《明报周刊》刊登文章称《无极》无缘康城影展是因为评委不喜欢影片内容，中影集团遂以侵犯名誉权为由将香港《明报周刊》告上法庭。2005年12月16日，北京市第一中级人民法院审结了原告中国电影集团公司、北京二十一世纪盛凯影视文化交流有限公司诉被告明报杂志有限公司名誉权纠纷一案，判决明报杂志有限公司在《北京青年报》上向原告公开赔礼道歉。

（二）

原告李颉系长春电影制片厂退休演员。曾在《神秘的旅伴》《国庆十点钟》《满意不满意》《甲午风云》《车轮滚滚》《大脚夫人》《萧太后》等数十部影视作品中担任过重要角色。并在电视连续剧《红楼梦》中扮演贾赦。1999年12月被聘为东方冰峰影视公司艺术顾问、兼培训艺术教授。2003年12月8日，被告新京报社在《新京报》娱乐新闻·专题C45版刊载的《红楼部分演员谱》中报道，"李颉：饰贾赦，以后出演过《三国演义》等，现已出世。"。2003年12月9日，被告在《新京报》娱乐新闻·综合版右侧追踪报道栏目《红楼人物今何在（续）》中进行了如下报道："贾赦"的扮演者李颉曾在《红楼梦》剧组兼任表演指导老师，这位来自长春电影制片厂的老艺术家如今身子骨还很硬朗，多年来成了"银幕上的专职老坏蛋。"。2004年2月，原告通过电话向被告将其报道为"现已去世"提出了质疑和不满。4月25日，被告给原告发了《致歉信》，承认由于报社工作失误，给原告造成了一些不必要的麻烦。并向原告表示歉意。因赔偿问题双方未能达成一致。为此，原告持诉称理由诉至本院，主张其诉讼请求。被告仅承认工作失误，但否认对原告构成侵权，不同意原告诉讼请求。

法院认为，公民享有名誉权，公民的人格尊严受法律保护，禁止用侮辱、诽谤等方式损害公民的名誉。对名誉侵权的认定，既可以是内容上的失实，也可以是作品的语言带有侮辱性。而新闻报道活动产生的名誉侵权行为更具有特殊性。新闻报道的客观、真实，是新闻机构的职责所在。新闻报道严重失实，致使他人名誉受到损害的，即构成对他人名誉权的侵犯。因本案涉讼文章系被告本单位记者的职务行为，其中涉及原告现状的部分内容虽来源于其他网络媒体，但被告作为新闻单位对其真实性负有完全的审查核实的义务。

被告由于未尽上述完全审查核实之义务，导致含有失实文章的报纸在一定区域和范围内被发行传阅，主观上显然有过失，已构成对原告名誉权的侵犯。故被告所述无过错之抗辩理由，不能成立，本院不予采信。鉴于我国多年的风俗习惯，"去世"这一词汇为大多数自然人，特别是老年人所共同忌讳。被告过失地将尚健在的原告报道为"现已去世"，不可避免地给原告在精神上造成了一定程度上的不利影响。被告虽在此后又在其他版面刊发了有关原告现状的报道，并向原告本人进行了书面致歉。但上述行为，显然不足以消除被告曾经对原告"现已去世"的报道给原告在精神上所造成的不利影响。对原告的诉讼请求，本院认为，应以被告公开赔礼道歉，以消除对原告造成的不利影响为宜。关于原告要求被告赔偿精神损失费人民币10 000元的请求，理由正当，本院予以支持。

法院判决如下：一、被告新京报社自本判决生效后五日内，在《新京报》原版面及位置向原告李颉刊发致歉声明，内容须经本院审查认定；二、被告新京报社自本判决生效后日五内，一次性赔偿原告李颉精神损失费一万元元整。案件受理费八十元，由被告新京报社负担，自本判决生效后七日内交纳。一审判决后，双方均未上诉。

（三）

导演了《骆驼祥子》《边城》等经典传世之作的我国著名导演凌子风名誉侵权案，2002年9月2日在北京东城区人民法院开庭审理。

凌子风是在国内外享有盛誉的著名电影艺术家，新中国电影事业和北京电影制片厂的第一代导演。在40余年的艺术创作活动中，他导演了《中华儿女》《春桃》《骆驼祥子》《边城》《李四光》等数十部故事片。1999年3月，凌子风在北京逝世。

据了解，2001年6月，人民出版社下属刊物《人物》杂志148期和作家出版社下属刊物《作家文摘》459期分别刊登了长春电影制片厂编剧曹积三撰写的纪实性文章《大帅凌子风》。凌子风的子女凌飞、凌丽认为，曹积三在未经核实的情况下，文章中涉及凌子风的晚年再婚生活及电影创作方面内容多处严重失实，将凌子风的再婚时间提前两年，并夸大再婚生活对凌子风电影艺术创作的影响，在社会上造成了不良影响，侵犯了凌子风和其发妻石联星及其子女的名誉权。原告请求法庭判令被告发表公开声明赔礼道歉，消除影响，赔偿原告精神损失费人民币60万元。

在庭审中，原告列举大量证据陈述自己的观点；被告曹积三未出庭，只向法庭提交了答辩词。双方在法庭上围绕原告的举证真实性、被告是否具有侵权行为进行了激烈辩论。

2002年9月21日，法院认为，该文虽有部分事实在时间上有所出入，但这些内容并不是曹积三凭空捏造出来的，所以，应认定曹积三并没有贬损凌子风、石联星人格名誉的故意。原告的诉讼请求缺乏事实和法律依据。同样，刊登这篇文章的人民出版社、作家出版社刊没有构成侵权。所以，东城法院依法作出驳回凌丽、凌飞诉讼请求的判决。

（四）

"我们对这个判决结果非常满意，法院还了我们一个清白，我们也能给帮助过我们的人们一个交代了。"当原告郭英说这话时，她已是泪流满面。2004年10月22日上午，北京市第一中级人民法院一审判决电视剧、小说《在一起》部分内容侵害了秦长庆、郭英夫妇的姓名权、名誉权，小说作者龚应恬和出版方、电视剧《在一起》的拍摄方等5被告赔偿共计10万元。

1999年2月，郭英夫妇年仅10岁的儿子被诊断为血癌，夫妇俩为治疗孩子的病花光了所有的积蓄。郭英夫妇为治疗儿子血癌的事情也频频见诸报端，许多充满爱心的无名英雄纷纷伸出援助之手，慷慨解囊。2000年1月，为了救治病危的孩子，在医生的建议下郭英再度妊娠，生下一个女儿，将其身上的脐血输入进儿子秦鹏飞的身体里。郭英和丈夫秦长庆，用脐血移植的办法帮助孩子攻克血癌，但这段催人泪下的故事在小说和电视剧中被演绎成夫妇二人在困难面前发生婚外恋。

2002年，郭英夫妇发现市面上出现一本名为《在一起》的小说，以同名小说改编的二十二集电视连续剧《在一起》在各电视台纷纷转播，网络上也出现了《在一起》小说的网络版。讲述的是一个白血病患儿的父母在重压之下重寻旧情的故事。其中的诸多情节与其家庭情况和遭遇雷同，甚至患儿母亲的名字竟然完全一致，患儿救治的过程与实际情况也完全一致。然而，小说和电视剧讲述了夫妇在儿子患血癌后，在多方救助无力的情况下，丈夫投入了旧日情人的怀抱，妻子和一个警察发生了婚外情。郭英夫妇认为这与现实中为了救治儿子风雨同舟、患难与共，并得到社会的热心帮助的事实严重不符。

郭英夫妇认为，由于自己一家的不幸遭遇和社会各界的普遍关注使得一家人的姓名已为社会公众所知悉，而中国盲文出版社发行的作家龚应恬的小说《在一起》，广东影盛影视文化有限公司等三家影视公司联合出品的连续剧《在一起》未经同意，使用了其姓名，侵犯了其姓名权。且该书描写了主人公夫妇在困难面前各自寻找婚外恋情，这是对其人格尊严的严重侮辱，且侵犯了其名誉权。遂向北京市第一中级人民法院起诉出版社及三家影视公司侵犯其名誉权、姓名权，并要求赔偿精神损失费250万元人民币。

（五）

2005年3月15日，英雄杨子荣的"养子"起诉《林海雪原》电视剧制作方总政话剧团一案在海淀法院作出判决，法院认为杨克武无法以"养子"身份起诉，因其出生在杨子荣牺牲后3天。

杨克武称，连续剧《林海雪原》丑化了其养父杨子荣的形象。为此，他以"养子"的身份起诉至法院并索赔精神损失50万元。

总政话剧团对杨克武的身份表示怀疑，认为两个人根本构不成收养关系。

法院认为，杨子荣于1947年2月23日牺牲，杨克武出生于当年2月26日，杨克武主张的收养关系发生在《中华人民共和国收养法》颁布实施之前，所以该主张是否成立的判断标准应为收养者与被收养者的父母或监护人是否一致同意及是否形成了事实上的抚养与被抚养关系。而杨子荣于1947年2月23日牺牲，杨克武出生于1947年2月26日，杨子荣在牺牲后，客观上这已无法就收养杨克武进行意思表示，也不可能与杨克武之间形成事实上的抚养与被抚养关系。因此，杨克武以杨子荣养子的身份向总政话剧团提起的名誉侵权之诉无法成立，驳回其起诉。

（六）

中国红十字总会诉被告西安光中影视有限公司、海南光中影视有限公司、黑龙江文化音像出版社名誉权纠纷一案，2006年6月28日在北京市东城区人民法院的主持调解下，原告表示谅解，双方握手言和。

原告中国红十字总会诉称，红十字总会是经过国务院批准成立的统一的红十字国际组织。在我国，红十字的名称和标志是由原告方独享的。红十字标志只能在中国红十字会系统、武装力量医疗机构以及法律法规允许的情况下使用，任何人在其他任何情况下使用红十字名称及红十字标志都是违法和被禁止的。

2004年，第一被告与第二被告以纪实的手法共同制作了一部披露当今医疗行业中种种劣行的二十集电视连续剧《红十字背后》。该电视剧制作完成后由第三被告负责出版、发行。三被告制作、发行、播出该剧均冠以红十字的名称，且在该剧的片头、片尾等多处使用了红十字标志及变性的红十字标志。三被告的上述行为没有取得原告方的批准和同意，使公众对红十字会产生误解，把医院的种种欺骗患者丧失医德的行为与红十字会联系起来。被告的行为侵害原告的名誉权，并造成了很坏的国际影响。故原告起诉要求三被告向红十字会赔礼道歉，赔偿原告由此产生的经济损失。

被告西安光中影视有限公司、海南光中影业有限公司辩称，原告所述的被告拍摄电视剧《红十字背后》属实，但被告制作的电视剧是通过国家广电总局的立项和审批的，没有法律规定的禁止性的内容，且该剧也已经更名为《背后》。被告公司在制作、发行该电视剧的过程中没有主观过错。但希望与原告协商解决纠纷。

被告黑龙江音像出版社辩称，被告单位出版的音像制品并未违反有关法律规定，同意与原告协商解决纠纷。

本案在审理过程中，经人民法院主持调解，双方当事人自愿达成了协议，由三被告在南京市、深圳市、大连市电视台及相关媒体刊登向原告中国红十字会总会的致歉声明，并向原告中国红十字会总会支付赔偿费一元。

（七）

杨三姐告状是一个家喻户晓的历史故事，以此创作的电视剧《杨三姐告状》刚刚结束全国热播。87年前，杨三姐替姐申冤；2007年4月18日，她的孙子薛先生向法院提起诉讼，为杨三姐的名誉讨说法。薛先生认为电视剧中杨三姐沦落妓院、贿赂官员等虚构情节损害了杨三姐的名誉，要求出品单位北广传媒影视有限公司停止放映、出版发行电视剧《杨三姐告状》，赔礼道歉、消除影响，并赔偿其精神损害抚慰金100万元。

2007年3月17日，由北京北广传媒影视有限公司等单位出品的电视剧《杨三姐告状》在全国范围内热播。作为杨三姐后人的薛先生在看完电视剧后气愤难平，认为该片侵犯了祖母的名誉。

薛先生说，今年播出的这版电视剧"大大超出了虚构的限度，与历史事实大相径庭"。薛先生历数了电视剧的虚构情节：将本是靠务工、扛活为生的贫苦农民杨三姐父亲改成清朝的山东藩台，亲家也成为同僚，正义与邪恶的抗争成了豪门恩怨；将史实的时间由民国七年改成清朝，事发地由滦县改成玉丰县，杀害杨二姐的高占英更名为"高成栋"，令公众对杨三姐的生平产生误解和疑问；最不能让薛先生容忍的是，电视剧虚构杨家母女被官卖到妓院翠月楼，杨三姐向高成栋索要三万两银票行贿知县的情节。薛先生认为，这样歪曲历史是对杨三姐的侮辱和诽谤，使杨三姐的社会评价降低，也给作为后人的薛先生的精神、工作和生活造成严重后果。

记者上午致电北广传媒，工作人员表示，目前还未接到法院通知。但他们会积极处理此事。不过电视剧肯定要存在艺术加工的成分，但核心是弘扬真善美。制片人张光北、导演黄力加也曾表示，把这个故事拍成电视剧是一次艺术再创造的过程，为了让故事更丰满，戏剧冲突更尖锐，所以加入了一些人物和情节，但"核"还是忠于史实。

2008年2月18日上午，双方经过私下沟通后起草了一个谅解协议并签字确认，双方均作出一些让步。在被告对协议内容履行完毕后，原告向西城法院提出撤诉申请。薛先生的代理律师透露，被告给予了薛先生一定数额的经济补偿，但具体数额出于为当事人保密的原因不能讲出来。对于许多观众关心的电视剧《杨三姐告状》今后能否继续播出的问题，薛先生的代理律师表示："应该还可以继续播出，因为在双方的谅解协议里面没有涉及禁止该剧播出的内容。"

（八）

在电视连续剧《西安事变》中，将军冯钦哉有炸毁煤矿、行贿钱大钧、随手枪杀少将江天正等情节。冯钦哉的后代认为严重侵犯名誉权，提起诉讼。2008年9月18日，法院一审判处停播《西安事变》中有关冯钦哉行贿的情节。

36集电视连续剧《西安事变》由西影厂和中央电视台文艺中心影视部合拍，2007年12月在央视电视剧频道播出。在西安的冯钦哉的孙子冯寄宁看到后，认为《西安事变》恶意编造冯钦哉炸毁煤矿、行贿钱大钧、随手枪杀少将江天正等情节，对冯钦哉名誉权造成严重侵犯，要求被告停止侵害、恢复名誉、消除影响、赔礼道歉。

在法庭，冯寄宁的代理律师出示了11份地方志和相关人员的回忆录、书信等物。西影厂出示了3份证据。

法院认为，《西安事变》中三段有关冯钦哉的描写均没有证据能够证明是历史史实，其中关于冯钦哉行贿钱大钧一节，贬损了冯钦哉的人格，侵犯了冯钦哉的名誉权。法院最后判定，西影厂停播《西安事变》中有关冯钦哉"行贿的情节"，并要求西影厂就"行贿的情节"在全国性报刊为冯钦哉恢复名誉、消除影响，并向冯寄宁赔礼道歉。

（九）

陈先生是一个建筑公司的项目经理，业务非常繁忙。2004年下半年开始，他隔三岔五就会接到不明身份的陌生人打来的电话，或者是莫名其妙的短信，严重影响了建筑公司的生意。陈先生多方打听才知道原来是电视台播出的《中国刑警——九月风暴》电视剧中曝光了他的手机号码。不堪其扰的陈先生一怒之下将该部电视剧的制作方告上法庭。2007年1月11日，北京市第一中级人民法院获悉，该案已经终审宣判。

润视荣光公司系电视连续剧《中国刑警——九月风暴》的制片人，该剧曾于2004年至2006年期间在电视台播放，并以VCD光盘出版发行。在VCD光盘中该剧第22集出现了手机号码139×××2158，该号码系陈先生所有。

《中国刑警——九月风暴》播出后，陈先生曾经收到了来自全国各地观众的各类电话和短信。据陈先生称，《中国刑警——九月风暴》2004年下半年播出发行后，其接收到全国各地数以万计的骚扰电话和短信，仅现保存在其手机上的骚扰短信就将达近3 000条，大量的骚扰电话和短信导致其无法正常对外通讯，严重损害了其生活安宁和工作。

润视荣光公司对此进行了辩解，并称其公司的制作人员用自己的生日组合成电话号码在电视剧中出现，并没有侵权的故意，只是一个巧合的事件，不属于侵权行为。

一中院认为，润视荣光公司在制作《中国刑警——九月风暴》时在主观方面不存在侵权故意，但其应当考虑到其编造的电话号码是否有可能与真实的号码重合的问题，并进行试验。而且这种试验即拨打一下自己所"创造"的号码，并不为难，而对于实际机主的利益却相当大。润视荣光公司未能做到此点，主观上存在严重过失，应当对自己的过失承担相应责任。正是由于电视剧的传播，使得陈先生的手机号码成为部分人群关注的事物。虽然他们对文学的虚构性存在误解，从广泛的社会大众角度考虑，部分人群对此产生误解实属正常。因此，可以认定润视荣光公司的制作行为与陈先生的损害后果之间存在因果关系。润视荣光公司对于侵害陈先生所造成的损害应予赔偿。据此，法院判令云南润视荣光影业制作有限公司赔偿陈先生精神抚慰金人民币二千元整。

（十）

霍元甲之孙，今年81岁的天津老人霍寿金以影片《霍元甲》侵犯了其祖父名誉权为由，状告中国电影集团公司、北京电影制片厂和李连杰等十名被告。2006年12月26日上午，北京市第一中级人民法院对此案作出一审判决，认定电影《霍元甲》不构成侵权。

在庭审中，双方对影片《霍元甲》相关的审批、拍摄、发行、放映行政手续及影片内容，均不持有异议。此案争议焦点在于该片表现手法是否构成对霍元甲生前名誉的侵犯，及原告的身份是否为霍元甲的直系亲属。

（十一）

2006年7月17日，北京市海淀区人民法院就原告中国电影集团公司、湖北省文化厅诉被告文汇新民联合报业集团、吴柯蓝名誉权纠纷案件作出一审判决，判决新民联合报业集团、吴柯蓝不构成侵犯中国电影集团、湖北省文化厅的名誉权侵权，驳回原告的全部诉讼请求。

原告诉称，2005年6月，被告文汇新民联合报业集团发行的《新民晚报》相继刊登了《"剧组造孽，我是帮凶"——柯蓝昨向自己主演的〈惊情神农架〉开炮》《金丝猴被逼得无路可退——柯蓝诉〈惊情神农架〉破坏生态引起很大反响》《神农架目击：废墟和垃圾充斥自然保护区》《声援王志文和柯蓝》和《谁也没有特权》等文章。上述文章单方面引用影片《惊情神农架》主演吴柯蓝的言词,在未经核实的情况下,指责该影片剧组"破坏神农架自然保护区"、"偷猎金丝猴"、"恶劣行为令人发指",称该影片剧组"留下了破坏自然的罪证,是假文化、真野蛮,热爱艺术的人们,不相信他们能制作出让广大观众享受真善美的优秀文艺作品。"

原告认为,《新民晚报》的报道及吴柯蓝言论严重侵害了原告的名誉,在全国范围内影响了影片《惊情神农架》的上映,给原告造成了巨大的经济损失,遂诉至法院,要求被告郑重道歉、恢复原告名誉、并赔偿损失200万元。

吴柯蓝辩称,自己在上海电影节的新闻发布会上未发表侵犯电影《惊情神农架》及剧组的言论,只是在与朋友私聊的时候提到搭建小木屋的事情。不同意原告的诉讼请求。

文汇新民报业集团辩称,《新民晚报》刊登的文章旨在提醒人们保护自然环境,不是针对哪一个具体的剧组,并且《惊情神农架》剧组确实存在破坏自然环境的行为,亦不同意原告的诉讼请求。

本案开庭审理后合议庭查明,根据《中华人民共和国自然保护区条例》的规定,"进入国家级自然保护区核心区,必须经过经国务院有关自然保护区行政主管部门批准",原告在拍摄《惊情神农架》的过程中在未获得国务院有关主管部门批准的情况下确实进入神农架大龙潭地区(该地区属自然保护区核心区),且确有搭建小木屋的情况,必然对拍摄地点的周边环境产生影响。

吴柯蓝出席上海电影节新闻发布会的场所内发表了剧组搭建小木屋等言论,对《惊情神农架》剧组的行为作出了评价,但该评价属于民事主体依自己的价值观、理解、经历对事物作出的评价,法律并不禁止人们对事物作出正面或负面的评价。

《新民晚报》的报道旨在呼吁保护环境,引用吴柯蓝在新闻发布会上的发言评价,在此基础上进行评论,报道内容基本属实。

据此,合议庭作出判决新民联合报业集团、吴柯蓝不构成侵犯中国电影集团、湖北省文化厅的名誉权侵权,驳回原告的全部诉讼请求。

(十二)

1997年2月25日,北京全景图片贸易有限公司与褚勇签订《委托创作合同》,约定褚勇按照北京全景图片贸易有限公司的指示进行摄影作品创作,所创作的摄影作品的著作权、署名权归属于北京全景图片贸易有限公司。1997年12月1日《中国图片库(名胜古迹29-56)》出版发行,该图片库中收录了涉案作品"嘉峪关"。2004年2月1日,全景视拓公司与北京全景图片贸易有限公司签订《著作权转让协议》,约定北京全景图片贸易有限公司自愿将《中国图片库》的摄影作品的著作权转让给全景视拓公司。2005年9月5日,版权局颁发2005-G-03065号《著作权登记证书》,对全景视拓公司对依法享有《中国图片库(名胜古迹29-56)》的著作权进行登记。

2005年4月20日,《扬子晚报》在C17版《电视周刊》刊登了电视剧《太祖秘史》的电脑合成宣传图片,该合成图片中使用了"嘉峪关"图片。原告主张,该图片系原告享有著作权的《中国图片库》中编号为0415的"嘉峪关"的摄影作品。经比对,原告主张权利的摄影作品和涉案电脑合成图片中使用的"嘉峪关"图片在拍摄的角度、光线以及图片的细部方面完全一致,可以认定涉案电脑合成图片中使用的"嘉峪关"图片是截取了原告涉案摄影作品的一部分制作完成的。

在涉案电脑合成图片的页面上无任何有关中北公司的名称以及信息。在庭审过程中,被告中北公司陈述,该电脑合成图片是《扬子晚报》为刊登电视节目预告而制作的,并非电视剧《太祖秘史》的宣传广告。中北公司在电视剧《太祖秘史》的宣传期间曾将主要人物的剧照提供给部分新闻媒体,但从未制作过《扬子晚报》上刊登的图片。

法院判决:一、被告扬子晚报社于本判决生效之日起立即停止涉案侵犯原告北京全景视拓图片有限公司"嘉峪关"摄影作品著作权的行为;二、被告扬子晚报社于本判决生效之日起十日内赔偿原告北京全景视拓图片有限公司经济损失人民币八百元;三、驳回原告北京全景视拓图片有限公司的其他诉讼请求。案件受理费人民币320元,由被告扬子晚报社负担(于本判决生效之日起7日内交纳)。

(十三)

原告周雁鸣诉称,2001年6月,原告在参加上海国际电影节时,在被告的4号门营业大厅内发现悬挂有自己于1996年法国戛纳电影节期间拍摄的演员巩俐的肖像照片,而被告使用原告的摄影作品并未事先征得原告同意。原告认为,被告的行为侵犯了原告的著作权,并给原告造成精神损害,故请求本院判令被告停止侵权,在北京、上海的主要媒体上刊登声明赔礼道歉,赔偿原告经济损失人民币45 000元,精神损失人民币5 000元以及原告自费去法国戛纳摄制作品的支出人民币60 000元。

被告辩称:1. 当原告与被告交涉后,被告就将系争照片撤下,故原告停止侵权的诉讼请求不能成立;2. 被告已向原告赔礼道歉,且被告使用系争照片的范围、时间均有限,故原告要求被告在北京、上海的主要媒体上公开赔礼道歉显属不当;3. 被告使用系争照片既非直接用于营利,也非用于营利性广告,且未给原告带来不良影响,也未造成原告的损失;4. 原告要求被告承担原告赴法国戛纳摄制作品的支出没有依据。

经审理,双方当事人对如下事实不持异议:原告创作的演员巩俐肖像的摄影作品最初发表于1999年第2期的《大众电影》杂志封面。2001年6月上海国际电影节期间,被告未经原告许可,在其营业场所内悬挂经剪切、放大后的上述作品。原告与被告交涉未果,遂涉讼。

本案在审理过程中,经本院主持调解,双方当事人自愿达成如下协议:一、被告上海影城承认侵犯了原告周雁鸣创作的演员巩俐肖像摄影作品的著作权;二、被告上海影城赔偿原告周雁鸣经济损失人民币22 000元,于本调解书生效之日起7日内支付完毕;三、原告周雁鸣放弃其余诉讼请求;四、其他无争执。本案诉讼费人民币2 710元,由原告周雁鸣负担。

上述协议,符合有关法律规定,本院予以确认。本调解书经双方当事人签收后,即具有法律效力。

(十四)

《华商报》与上海国际电影节名誉侵权案宣判。

上海国际电影节是一个经国务院批准、国际制片人协会认可的非专门类竞赛性国际电影节,是我国目前唯一一个国际电影节。2001年6月9日至17日,第五届上海国际电影节在上海举办,由国家广播电影电视总局和上海市人民政府主办、原告具体承办。在第五届上海国际电影节举办期间,《华商报》于6月11日发表了特派上海记者虞纪撰写的《明星欠缺,组织混乱,上海电影节上演"空城计"》一文,其中写道:"本届电影节虽然每天都有明星参加,但国内和港台的大牌明星一个都没有……给人感觉像上演了一场'空城计';组织混乱……结果如潮水般的人流难免互相碰撞,甚至发生和保安之间的推拉都在所难免……一位演员告诉记者,在这样鱼龙混杂的地方,让一些大牌明星想来也不可能了。"

同月11日，《华商报》发表了无人署名的《上海电影节只是上海人的电影节，谢飞猛批上海电影节》一文，其中写道："在昨天上午进行的中国电影新片展开幕式上……给人一种上海电影节是上海人的电影节之嫌……"

同月12日，《华商报》发表了特派上海记者虞纪《电影节传出"黑箱"操作，奚美娟已被内定为最佳女演员？》一文。

同月14日，《华商报》发表了特派上海记者虞纪《最佳女主角锁定事件再爆内情，奚美娟是替罪羊？》一文，其中写道："……奚美娟不过是充当了一回'替罪羊'而已。这位知情人士告诉记者，与有的国际A级电影节自愿申请参赛不同，上海电影节的参赛影片均是由选片委员会挑选产生的，这就意味着选片完全有可能选择自己认为合适的影片参加最终角逐，而撤除掉真正有实力的竞争影片……"

二〇〇二年八月十三日，上海市第二中级人民法院判决如下：一、被告《华商报》社停止对原告上海国际电影节办公室名誉权的侵害；二、被告于本判决生效之日起30日内，在《大众电影》《解放日报》《华商报》、"东方网"（www.eastday.com.cn）、"华商报电子网站"（www.huash.com）上刊登两次《致歉声明》，向原告赔礼道歉、消除影响，内容须经本院审定；三、被告于本判决生效之日起10日内，赔偿原告损失人民币120 000元。本案诉讼费人民币15 010元，由被告《华商报》社负担10 000元，原告上海国际电影节办公室负担5 010元。一审判决后，双方均未上诉。

（十五）

北京电影学院青年电影制片厂与香港银都机构有限公司合作拍摄了故事影片《秋菊打官司》。1992年2月，该片摄制组在陕西省宝鸡市以偷拍的方法拍摄体现当地风土人情的场景时，将正在街头贩卖棉花糖的贾桂花摄入镜头，并在制成的影片中使用。此画面共占胶片104格，放映时间为4秒。对此，贾桂花事先不知。影片《秋菊打官司》于1992年8月通过广电部电影事业管理局审批，在国内外公开发行放映。发行影片未征得贾桂花本人同意。在公映的《秋菊打官司》一片中，贾桂花的形象占银幕画面二分之一多，为正面半身像，其亲朋好友及同事均能确认此段画面人物形象是贾桂花本人。影片放映后，贾桂花曾多次致函《秋菊打官司》影片的拍摄单位之一青年电影制片厂及该片导演张艺谋，质询为何未征得本人同意，擅自拍摄并在《秋菊打官司》中使用其肖像，均未获答复。

1993年底，贾桂花起诉北京青年电影制片厂侵害肖像权。

北京市海淀区人民法院一审认为：根据《中华人民共和国民法通则》第100条的规定，非经本人同意，他人不得以营利为目的使用公民肖像。从现行法律规定来看，即使不以营利为目的，一般情况下使用他人肖像亦应征求被使用者的意见。但是应该强调的是，在一定的条件下，即在合理范围内，法律原则上又有直接使用的通例。此外，是否构成侵权还要看被使用的肖像与营利目的之间是否存在直接的因果关系。故事影片创作的纪实手法具有与其他艺术表现方式所不同的特点，采取偷拍暗摄以实现客观纪实效果的需要，也是常用的手法；只要内容健康，符合社会公共准则，不侵害他人合法权益，就不为法律所禁止。因此被使用的肖像只要不具有独立的经济和艺术价值，该肖像人物就不应享有禁止他人使用或索要肖像报酬的权利。否则，电影的纪实创作活动将根本无法进行。原告贾桂花在公共场所从事个体经营，身处社会公共环境之中，身份明确，形象公开。北京电影学院青年电影制片厂出于影片创作的需要，拍摄街头实景时将其摄入镜头，主观上并无过错。影片虽有4秒定格，但摄制者主观上没有恶意，客观上也没有渲染贾桂花任何不完善之处，该人物镜头的拍摄及使用应被列入合理的直接允许的范围。贾桂花在影片中的镜头非广告性质，也没有独立完整的商业价值，因而不是不可替代。某些人对贾桂花形象的议论，按照社会一般评价标准衡量，不足以给原告造成法律意义上的精神损害。法院因此认为，被告未经贾桂花本人同意，拍摄并使用其肖像，具有社会实践的合理性，且不违背现行法律关于保护公民该项权利的禁止性规定，故不构成对原告贾桂花的肖像权的侵害，不应为此承担民事责任。北京市海淀区人民法院于 1994 年 12 月 8 日判决驳回原告贾桂花的全部诉讼请求。

一审判决后，原告不服，上诉至北京市第一中级人民法院。在北京市第一中级人民法院审理期间，上诉人贾桂花于 1995 年 7 月 25 日撤回上诉。

（十六）

1999 年，为向建国 50 周年献礼，北京电影制片厂（以下简称北影厂）、北京电影制片厂录音录像公司（以下简称录音录像公司）将冯志所著长篇纪实小说《敌后武工队》改编、录制成 20 集电视连续剧，并通过全国 150 多个电视台在全国强势播出。且该剧宣传画及片头赫然写着：小说《敌后武工队》是一部家喻户晓的抗日战争题材的经典著作。一部反映燕赵儿女深入敌后，浴血奋战的真实故事。冀中平原的热血男儿为中华民族的和平，除汉奸杀鬼子，出生入死，用鲜血谱写了一首可歌可泣的历史壮歌。这本应是一件弘扬民族精神，扩大爱国主义教育的典型题材，但孰料北影厂及录音录像公司于改编、录制过程中，并未遵照原著的真实性及完整性，将小说中并未牺牲且现实生活中依然健在的老英雄贾正喜改编为被炸牺牲。该剧通过保定电视台在老英雄生活的保定地区播出后，引起人们强烈反响，人们议论纷纷，均传言真的贾正已经死了，而现实的贾正是"冒名顶替"。老人为此备受打击，不得已赴北京、东北等地寻找老战友来证实自己的真实。最后，老人得到部分尚健在的原武工队队员杨寿增、马金池及小说作者冯志遗孀苑沙出具的证明。他们均证实老人就是小说中贾正的生活原型，且战斗中敌后武工队并无一人伤亡，北影厂改编后的该剧反映贾正被炸死纯属子虚乌有。老人持此证明赴北影厂等单位多次交涉均未果，且保定电视台更是在老人已经对此郑重提出异议的情况下，仍视此基本事实于不顾而二次播出该剧，更加剧了对老人的打击。

老人无奈于 2001 年 5 月 16 日以北影厂、录音录像公司及保定电视台侵犯自己名誉权为由，将三被告推上保定市中院的被告席。请求判令三被告停止侵权，消除影响，赔礼道歉，并赔偿经济和精神损害赔偿 100 万元。该案经过三年有余的审理，做出一审判决：北影厂将《敌后武工队》改编制作成二十集电视连戏剧，在场面上给人印象是贾正在与日寇战斗中牺牲，其结果与事实不符，有失实之处，在原告所在地影响很大，给原告本人造成精神上很大的痛苦，北影厂、录音录像公司是以盈利为目的，客观上造成了原告的名誉下降和精神上的损害，被告的行为与原告的损害结果有必然的因果关系，因此北影厂、录音录像公司对原告的损害应承担民事赔偿责任。保定电视台不是播映单位，不应承担责任。故判决北影厂、录音录像公司连带赔偿原告 20 万元；北影厂、录音录像公司向原告赔礼道歉；驳回原告其他诉讼请求。

一审判决后，原告不服，提起上诉。

2005 年 3 月 28 日，河北省高级人民法院终于作出了二审判决：撤销一审判决，北影厂补偿贾正喜 5 万元，驳回贾正喜其他诉讼请求。

（十七）

著名英籍演员张铁林被一个别名为"周璇"的女子诽谤存在性交易，该名誉权纠纷案一审宣判。

法院认为：根据民法通则的规定，公民享有的名誉权受法律保护，禁止用侮辱、诽谤等方式损害公民的名誉；涉外民事关系中侵权行为的损害赔偿，适用侵权行为地法律，故本案外国人张铁林名誉侵权诉讼，适用《中华人民共和国民法通则》。

张铁林指认周美凝（别名"周璇"）在2003年6月29日、7月4日《成都商报》涉案文章中的说法侵害其名誉权，周美凝辩称其从未说过"以性做交易"、"'皇上'提出怪要求"的话。根据当日及事后其他新闻媒体的相关报道，周美凝在举行其小说《绝爱》的签售活动时所谈到的她去北京邀请一个影视大腕来蓉担当签售的嘉宾一事与涉案文章所用的标题、行文的词语意思相当，内容相近。现周美凝并无证据证明其在涉案文章中的说法是真实的，而此说法直接影响到张铁林的社会评价，在此情形下，周美凝的行为构成对张铁林名誉权的侵害，理应承担侵权的民事责任，其辩解本院不予采信。成都商报社对周美凝举行小说《绝爱》签售活动时"性交易事件"的报道，来源于周美凝的叙述，反映的内容基本真实，在没有对方姓名的情况下也无核实的义务；对周美凝主动约见记者，公开当众明确指出其邀请来蓉担当签售嘉宾的影视大腕——"皇阿玛"就是张铁林的报道，反映的内容亦基本真实，没有夸张、歪曲事实，故均不构成对张铁林名誉权的侵害。

二〇〇三年十二月十八日，北京市第二中级人民法院判决如下：一、周美凝就侵害张铁林的名誉权于本判决生效后十五日内在《成都商报》发表致歉声明（内容由本院审定），费用自行负担；二、周美凝于本判决生效后十五日内赔偿张铁林精神损害抚慰金人民币一万元；三、驳回张铁林其他诉讼请求。案件受理费一万五千零一十元，由张铁林负担一万四千八百六十元（已交纳），由周美凝负担一百五十元（于本判决生效后七日内交纳）。

一审判决后，几方均未上诉。

（十八）

湖南经济电视台栏目《寻情记》，将32岁的税务局女干部张琛描述为"一个事业如日中天的女干部沦为他人情妇"，她的生活被彻底扰乱。2008年3月9日，长沙市中级人民法院判决张琛胜诉，湖南经济电视台公开道歉并支付赔偿金。

期间，同事告诉张琛，电视台记者和委托人刘萍跑到她供职的雨花区地税局机关大厅要求采访税务局长。办公室主任李晓波当场拒绝采访："婚姻法规定，结婚、离婚都属于个人隐私，根本不需要单位出具意见。"湖南经视记者扛着摄像机离开雨花区税务局时，对接待人员甩下一句话："你们这样的态度，我要在电视里面给你们曝光！"此后，张琛的所谓"第三者"事件，整个雨花区乃至长沙市税务局机关人尽皆知。税务局方面派了三位干部来到湖南广电集团，先是帮张琛澄清，再是抗议电视台的做法，最后跟都市频道达成书面协议。

张琛并不是第一个将《寻情记》告上法庭的人。早在两年前，一个彭姓当事人就曾经在开福区人民法院起诉《寻情记》，但是败诉。另外，湖南湘潭的罗建武和株洲的唐志刚也对南方周末记者表示，《寻情记》拿自己讲故事，完全失实。

（十九）

因刊载《车祸后不接电话也不赔偿 央视主持人文清贱什么》一文，重庆商报社被原中央电视台主持人文清以侵犯名誉权为由告上法庭。2007年5月18日，北京市第一中级人民法院以重庆商报社故意放弃作为新闻媒体的审查职责，不仅不依据实事求是的原则报道新闻，相反却创造"新闻"，严重损害文清名誉权为由，终审判决驳回上诉，维持原判，即重庆商报社在《重庆商报》上公开向文清赔礼道歉，并赔偿文清精神抚慰金10万元，赔偿文清交通费损失6 640元，支付公证费4 080元。

2006年12月7日，北京市海淀区法院一审判决原告文清胜诉。宣判后，被告重庆商报不服，提起上诉。

一中院经审理认为，重庆商报社发行的《重庆商报》作为公开向不特定的社会大众传播信息的报刊媒体，其所报道的内容应当真实、客观。重庆商报社以网络上发表的文章为依据作出报道，对此，本院认为其具有对所报道内容真实、客观的审核义务。根据重庆商报社自我的道歉以及当事人的庭审陈述，重庆商报社存在侵权行为。

同时，一中院认为，重庆商报社的错误在于以下几点：一是根据一个2003年即出现在网上的帖子，不加以核实就作为依据撰文报道；二是在再创作中，故意改变事发的时间，从而成为所谓的"新闻"；三是对帖子内容进行模糊性改编：在原帖子中是汽车的剐蹭事件，而在报道之中就成了开车撞人，从而改变了整个事件的性质。

法院认为，重庆商报社为求得新闻效应、名人效应，在未核实真相的情况下即擅自报道，并对事实加以编纂的行为，显然不能够用不慎重来解释，而只能被认为存在故意。网上论坛对于帖子的内容采取的是事后审查的方式，而报纸报道采取的是事先审查的方式，所以报纸的可信度要大大高于网上论坛。而重庆商报社不仅是故意放弃自己的审查职责，甚至采取了与此相反的态度：不仅不依据实事求是的原则报道新闻，相反却是创造"新闻"。其错误程度显然是严重的。正是由于重庆商报社的报道，导致全国许多大型报纸、网站予以转载。这与在此之前网上论坛的传播相比较，其影响显然是不可同日而语。对于受害人的损害程度也是当然不证自明的。鉴于重庆商报社报道缺乏事实依据，报道内容严重失实，足以给文清造成负面的社会评价，严重损害其名誉，一中院依法作出上述判决。

据法院介绍，与重庆商报社一起成为被告还有上海东方网股份有限公司、青岛有线电视台。一审后，文清向法院申请撤诉此二被告，法院裁定准予。

（二十）

CCTV青歌赛被指狸猫换太子案一审宣判。

2007年7月11日，北京市海淀区人民法院对原告李文红（艺名：阿姊妹）诉甲丁、卞留念侵犯名誉权一案做出判决，认定被告不构成侵权，驳回了原告李文红全部诉讼请求。

2006年4月，李文红代表全国工商联参加CCTV第十二届青年歌手电视大奖赛，其所使用的艺名为阿姊妹。李文红于4月26日参加通俗组复赛。4月29日，大赛组委会公布复赛成绩，李文红以98.71分排名第一，定于5月13日进行团体决赛。5月6日，第十二届CCTV青年歌手电视大奖赛组委会作出《决定》，决定由刘岗取代阿姊妹参加团体决定，即放弃青年歌手大奖赛复赛第一名资格的文件。此决定下方写有"同意此决定阿姊妹5月6日"的字样。根据公证处工作记录显示，刘岗于4月25日第39个出场参加复赛，李文红于4月26日第178个出场参加复赛。根据打分单显示，评委卞留念的打分单上第39个为阿姊妹99.5分，第178个为刘岗91.2分，其他评委打分单上的序号姓名等与卞留念打分单一致，但均将第39个阿姊妹用手写体改为刘岗，第178个刘岗用手写体改为阿姊妹。根据打分单显示，第39个出场选手的成绩在97.6～99.6分，第178个出场选手的成绩在88～93分。

法院认为，卞留念、吴甲丁向媒体发布的言论并不构成侵犯李文红名誉权，故判决驳回。

一审宣判后，双方均未上诉。

（二十一）

2005年9月29日，浙江省奉化市人民法院对一起因媒体报道选举情况引发的名誉权纠纷案做出一审判决，判令被告奉化广播电视中心播出向被报道的选民道歉的更正启事。

5月22日晚，原告邬某所在的奉化市西坞街道庙后周村进行村委会选举，原告作为选举的工作人员在场。检票人对全部选票计数时，发现总票数比发出的选票多了6张，原告邬某一边指责，一边拿起一叠选票欲扔。其他人也先后介入，扔选票、撕选票，致使整个选举工作被迫中断。当晚，公安机关对此事进行调查，并于次日对原告进行行政拘留。羁押期满后，奉化市公安局认识到自己对原告的行政处罚存在适用法律上的错误，遂向原告及其家属赔礼道歉，并进行了经济补偿。

5月23日，被告奉化广播电视中心派记者去实地采访后制作节目，于次日晚在奉化电视台"奉化新闻"中进行播放，25日中午12时予以重播。奉化有线电视台亦在5月24日晚9时予以播放。播放的画面有采访当地村民、办案民警及原告的户籍证明（上有原告照片）等镜头，中心内容是原告等人"因对选举中出现的一些问题有意见，但不是通过正当途径解决，而是采取捣乱会场、扔掉选票的过激、违法行为，致使选举被中断，造成严重后果，原告因此被治安拘留，是自食其果"。原告邬某认为，被告的失实报道行为已严重侵害了原告的肖像权、名誉权。

奉化法院审理后认为：被告对此事进行采访并制成节目进行播放，主观上并不存在故意诋毁原告的名誉权，播放的内容也基本属实，并不构成侵权。鉴于奉化市公安局实际上已经撤销了对原告的行政处罚，被告当然也应该对以前的报道予以更正。法院遂做出上述判令。

一审判决后，双方均未上诉。

（二十二）

湖南卫视一期《寻根的渡船》节目曾经感动无数观众——私生女要通过媒体寻找失散的父母。而"母亲"却不堪隐私被公开，将湖南卫视告上了法庭。2005年12月5日，北京市第一中级人民院对该案作出一审判决，湖南电视台构成侵权。

2004年10月，湖南电视台播放了节目《寻根的渡船》，节目讲述了一段故事。来自遵义的毛妹与亲生父母失散，她发誓要找到生母。不久，毛妹的生父杨书（化名）找到了她并且告诉她，毛妹的生母张黎1968年到遵义市插队时与自己相爱，而当时杨书已经结婚。后来，张黎未婚先孕被发现，生下毛妹三天后即被带走。毛妹被立即送人，而杨书则被控告为"强奸罪"并被判刑。

节目播放后，"张黎"的原型人物张女士感到自己隐藏了30余年的隐痛被公之于众，因此将湖南电视台告上法庭。张女士说："1969年，我从上海迁户到贵州下乡插队，1971年，我被强奸并怀孕，罪犯被判刑，孩子未足月即被引产，不知死活。"张女士还说，去年9月，电视台的工作人员找到她的单位以及亲属并进行偷拍。张女士发现自己遭到强奸的刑事案件已经被编造成"爱情"故事。为此，张女士起诉索赔250余万元。湖南电视台声称，节目所反映的内容基本属实，没有诽谤他人。节目没有公布真实姓名不构成侵权。法院认为，湖南电视台的行为应属于"未经他人同意，擅自公布他人隐私"。法院判决，电视台赔礼道歉，赔偿张女士10万元。

一审判决后，双方均未上诉。

（二十三）

电视台污蔑刑事犯罪嫌疑人被判侵权。

2000年7月12日，原告刘景全因涉嫌敲诈勒索犯罪被河南省遂平县公安局刑事拘留，7月21日、22日，河南省遂平电视台在其晚间新闻中播放了该新闻，称刘景全被是危害一方的"南霸天"。2003年3月，刘景全先后向遂平县广播电视局、遂平电视台要求向其赔礼道歉，恢复名誉，未果，遂于2002年3月22日向遂平县人民法院提起诉讼。法院受理该案后，根据原告刘景全证据保全的申请，于2002年3月25日依法裁定被告遂平县广播电视局将2000年7月21日、22日遂平晚间新闻录像带提交本院暂予扣押，遂平县广播电视局未提交。

法院认为，公民依法享有名誉权，公民的人格尊严受法律保护，禁止用任何方法对公民进行侮辱、诽谤和诬告陷害。最高人民法院1998年9月15日公布施行的《关于审理名誉权案件若干问题的解释》第六条规定"新闻单位根据国家机关依职权制作的公开的文书和实施的公开的职权行为所做的报道，其报道客观准确的，不应当认定为侵害他人名誉权；其报道失实的，或者前述文书和职权行为已公开纠正而拒绝更正报道，致使他人名誉受到侵害，应当认定为侵害他人名誉权。"本案中，遂平电视台在该报道中使用了"南霸天"一词，众所周知，"南霸天"是指电影《红色娘子军》中那个欺压百姓、鱼肉乡里、与反革命势力沆瀣一气的土匪、恶霸，该报道中使用该词显然对刘景全具有贬低之意。可见，此行为已构成对刘景全名誉的侵害。

二〇〇三年九月四日，河南省遂平县人民法院判决，被告遂平电视台于本判决生效后五日内在该台晚间新闻节目后播报对原告刘景全的致歉词（连续两晚，致歉词内容须经本院审查同意）；被告遂平电视台赔偿原告刘景全精神抚慰费3 000元，限判决生效后五日内付清；驳回原告刘景全对遂平县广播电视局、遂平县公安局的诉讼请求及其他诉讼请求。案件受理费800元，原告刘景全负担400元，被告遂平电视台负担400元。

一审判决后，双方均未上诉。

（二十四）

电影音乐风光故事片《幸福花园》侵犯原型姓名权纠纷上诉案终审宣判。

原告夏山泉、Margaret Eve Carter（玛佳）诉云南民族电影制片厂、丽江县电影发行放映公司姓名权、名誉权纠纷一案，现已审理终结。

两原告系夫妻，原告夏山泉居住于中甸县虎跳峡镇核桃园村，身带残疾，玛佳来自于澳大利亚。1998年6月，被告民族电影制片厂自媒体上得知两原告的跨国恋情而亲临中甸夏山泉所开设的山泉客栈对两原告进行采访。1999年，为配合世博会的召开及迎接国庆50周年，民族电影制片厂拍摄完成一部音乐风光故事片《幸福花园》，该片讲述了年轻美丽的澳大利亚姑娘凯瑞只身来到丽江，在与淳朴善良的峡谷客栈主人纳西族小伙子木大川的交往中逐渐相爱，凯瑞冲破家庭阻力毅然来到木大川身边，两人共创幸福花园的动人故事。同时，该片以两人的爱情发展为主线，贯穿全剧地再现了世博会、丽江、中甸等地的优美风光与风土人情。该片引用了两原告真实生活的部分情节。1999年，该片被批准列为国庆50周年的献礼片之一。2000年5月，该片被国家广播电影电视总局授予99年度中国电影华表奖评委会奖。

法院认为：（一）关于是否侵犯两原告姓名权问题。被告丽江电影公司下属的丽江电影院在影片《幸福花园》首映期间，未经原告夏山泉同意或授权，擅自在其制作的广告中使用了夏山泉的姓名,以夏山泉的名义为该片做广告宣传,侵犯了原告夏山泉对其姓名享有的专有使用权。且丽江电影院明知其未征得夏山泉同意而使用,目的在于吸引观众,增强宣传效果,以获取更多的经济利益,其主观上存有过错。而丽江电影院无法人资格,应当由其上级管理部门丽江电影公司承担相应民事责任。可见,这并不属于我国法律所规定的侵犯姓名权的范畴,被告并未使用原告玛佳的姓名,故对其不构成姓名侵权。(二)本案争议影片《幸福花园》是一部风光音乐故事片,它以男女主人公的爱情发展为主线,贯穿全剧地再现了中国云南世博会、丽江、中甸等地优美的自然风光与古朴的民俗风情,颂扬了自然之美与人心灵之美的和谐统一。该片里并无对夏山泉进行嘲讽、对玛佳进行讽刺的情节或内涵,不存在对两原告进行侮辱、诽谤的事实,故不构成对两原告名誉权的侵犯。两原告认为侵犯其名誉权的主张不成立,本院不予支持。

二〇〇〇年八月十日,昆明市中级人民法院判决被告丽江县电影发行放映公司停止侵害原告夏山泉的姓名权;被告丽江县电影发行放映公司于本判决生效之日起十五日内在《丽江日报》上发表向原告赔礼道歉文章一次(赔礼道歉的文章内容由本院审定);被告丽江县电影发行放映公司于本判决生效之日起十日内赔偿原告夏山泉精神损失费人民币一万元;原告夏山泉的其他诉讼请求不予支持;驳回原告 Margaret Eve Carter(玛佳)的诉讼请求。诉讼费410元由被告丽江县电影发行放映公司负担。

一审宣判后,夏山泉、玛佳向云南省高级人民法院提出上诉。2000年12月,云南省高级人民法院对此案作出终审判决:被告丽江县电影发行放映公司于本判决生效之日起十日内赔偿原告夏山泉精神损失费人民币二万元;原告夏山泉的其他诉讼请求不予支持;驳回原告 Margaret Eve Carter(玛佳)的诉讼请求。二审诉讼费由被告丽江县电影发行放映公司负担。

(二十五)

1995年12月,华诚文化传播公司与刘家成签订了关于聘用刘家成为电视连续剧《隋唐演义》"武术指导"(以下简称武指)工作的协议。1996年2月26日,制片人华诚公司与张华勋、张扬签订了关于拍摄电视连续剧《隋唐演义》(前20集)的聘用导演合同书(此前张华勋、张扬实际已参与了该剧的拍摄,但未签协议,此合同系补签)。合同约定:聘请张华勋为该剧的总导演,张扬为导演。导演是电视连续剧《隋唐演义》(前20集)艺术生产的领导,要对全剧的艺术质量把关负责,并有权检查、指导服装、化妆、道具、摄像、美术、照明、武指各部门的工作。该剧在拍摄过程中,张华勋、张扬与制片人因工作发生矛盾,未参与该剧的后期制作。刘家成除按合同约定完成了该剧的武打设计外,并参与了该剧的部分分镜头的设计、指挥等工作。鉴于刘家成在剧组的表现及剧组的生产需要,1996年4月,华诚公司与刘家成签订补充协议。协议约定由刘家成负责该前20集武打分镜头设计、现场指挥、后期制作,并在此后的40集拍摄中为武打导演。刘家成依合同约定参加了后期剪辑工作。1996年7月,华诚公司在其张贴的电视连续剧《隋唐演义》的广告招贴画中将张华勋署名为总导演(前20集),张扬署名导演(前20集),刘家成署名为武打导演。

原告张华勋、张扬诉称,不满被告张贴的《隋唐演义》电视剧广告海报上印有"武打导演刘家成"的字样。这种署名方式违反了双方合同的约定,使本属其创作的整个作品中的武打部分消失,使从事武打设计的人成为该部分的作者,是对原告著作权的侵犯。原告要求:华诚公司停止侵犯,取消《隋唐演义》广告中"武打导演刘家成"的字样,消除影响,赔礼道歉并承担诉讼费。

北京市海淀区人民法院一审判决被告停止上述张贴宣传，向二原告赔礼道歉。

一审判决后，被告不服。提起上诉。

北京市第一中级人民法院终审判决：驳回上诉，维持原判。

（二十六）

2006年10月18日，北京市第二中级人民法院对饶某诉赵某某人身损害赔偿上诉案，做出维持原审"驳回饶某的起诉"的终审裁定。

2004年4月，饶某到北京市丰台区人民法院起诉称，她于1996年在中央电视台当保健医生时认识了赵某某。自1997年9月，她长期遭受赵某某的性虐待并由此引发疾病的折磨，致使其精神极为痛苦，工作丢失、生活无保障，故要求法院判令赵某某赔偿医疗费、精神损失费共计一万元。

赵某某在提交答辩状期间对丰台法院行使管辖权提出异议。丰台法院裁定：驳回赵某某对管辖权提出的异议。赵某某不服该裁定，遂提起上诉。北京二中院以丰台法院受理该案并做出管辖异议裁定，程序不当为由裁定：撤销原裁定，发回原审法院重审。

丰台法院重审后认为，饶某曾于2003年10月以同一事实诉至北京市海淀区人民法院，该院做出不予受理的裁定。饶某不服，遂提起上诉，北京市第一中级人民法院已做出维持原审裁定的终审裁定。饶某对终审裁定不服应通过申诉途径解决。据此，2004年10月丰台法院裁定：驳回饶某的起诉。裁定后，饶某不服，提起上诉。赵某某同意原审裁定。

北京二中院经审查认为，饶某以人身损害赔偿为由对赵某某提起的民事诉讼，已经北京市海淀区人民法院、北京市第一中级人民法院做出处理，故原审法院裁定驳回饶某的起诉，并无不当。饶某的上诉主张不能成立，法院不予支持。北京市第二中级人民法院终审裁定，驳回上诉，维持原裁定；一、二审案件受理费各50元，均由饶某负担。

又案，2004年8月17日，北京市海淀区人民法院裁定对四川成都市退休职工杨某起诉中央电视台主持人赵某某侵犯其名誉权一案不予受理。

杨某诉称，2004年8月2日，《三联生活周刊》杂志第31期对赵某某进行专访，文中出现如下对话：《三联生活周刊》记者问："她（指先后在我市两级法院起诉赵某某的原告饶某）设这个局，是一个人还是有一个团队？"赵某某答："她有一个团伙。"杨某认为，这是赵某某对出现在饶某身边的人的评价，是"降低这些人社会人格的言论"，"不分黑白，一根竹竿打伤一船人"。起诉人认为，赵某某的言论是对关注声援饶某官司的杨某"人格及名誉的损害"。故向法院提起诉讼，要求赵某某登报赔礼道歉，消除影响，并赔偿损失1分钱。

法院认为，赵某某在《三联生活周刊》专访的言论与杨某并不构成直接的、法律上的利害关系，故依法对杨某的起诉裁定不予受理。

（二十七）

2010年4月14日，北京市第二中级人民法院对金巧巧诉宋祖德、刘信达侵犯名誉权纠纷案做出终审判决，判决确定刘信达、宋祖德侵害名誉权事实成立，驳回宋祖德、刘信达上诉，维持一审法院作出的刘信达、宋祖德立即停止侵害行为、删除涉案文章、公开赔礼道歉。同时分别赔偿金巧巧精神损害抚慰金十万元；共同赔偿金巧巧公证费一千二百二十元的判决。

刘信达自认其在电子日志博客上创作了两篇文章，均提到"内地女星"、演员金巧巧，并承诺凡刊登或转载其创作的文章，引起的法律责任由刘信达承担，并同意宋祖德进行转载。金巧巧认为上述两篇文章的内容虚构事实,用语低级粗俗,故意侮辱人格,严重损害了其名誉权。

北京市第二中级人民法院经审理认为,刘信达自认其撰写的两篇涉案文章,均提到金巧巧是"内地女星"、演员,文中还使用了某些公众人物的姓名,读者不会认为该两文是文学作品,部分网民的评论中也看出一般公众已认为两文中的"金巧巧"直接指向本案当事人金巧巧。因此,刘信达撰写的两篇涉案文章使用金巧巧真实姓名,虚构和捏造事实,且用语低俗粗鲁,侮辱贬损金巧巧人格,并公开同意他人任意刊载或转载,在网络上广泛传播,导致金巧巧的社会评价降低,对金巧巧构成诽谤和侮辱,侵害了金巧巧的名誉权。宋祖德、刘信达在网络和现实社会中均具有一定的知名度,在应当能够预见到涉案两篇文章的内容会造成金巧巧的社会评价降低的损害后果的情况下,仍然在个人博客中发表或转载,肆意在网络上传播,造成巨大的访问量和转载量,违反社会公德,存在明显的主观恶意,二人应对金巧巧承担停止侵害、赔礼道歉、恢复名誉、消除影响、赔偿损失等民事责任。一审法院所作判决认定事实清楚,适用法律正确,应予维持。据此,作出上述判决。

(二十八)

真潘金莲起诉冯小刚等侵权。

电影《我不是潘金莲》上映后,引发大众关注,同时也引发了全国潘氏宗亲及59岁的广东省增城农妇潘金莲的不满。真潘金莲以该电影"直接侵犯了原告的名誉权,使原告在精神上遭受到严重伤害,该电影的出品、预告、宣传及上映,使对原告的侵权行为大范围扩散,给原告及其家人、家族名誉上造成重大损害,社会评价严重受损,不但原告精神上极其压抑、苦闷,其家人及潘氏家族,整体社会评价急剧降低,随处可以听到对原告及潘氏家族的冷嘲热讽"为由,将冯小刚、刘震云等九人告上法庭。

北京市朝阳区人民法院经审理认为,原告只是起了个与名著中人物形象潘金莲相同的名字而已,从法律上讲,同被告的小说与同名电影中提到的潘金莲没有关系,根本没有资格当原告。2017年4月19日,该院宣判,驳回原告的全部诉求。

【学者评述】

自古至今,人们都很重视名声。"无瑕的名誉是世间最纯粹的珍珠。""年寿虽短,名誉无穷。""鸟惜羽毛虎惜皮,为人处世惜名誉。""不朽之名誉,独存于德。"这些中外名言谚语反复印证着名声、名誉的重要性。

2017年3月15日第十二届全国人民代表大会第五次会议通过、将于2017年10月1日生效的《中华人民共和国民法总则》第五章第一百一十条规定:"自然人享有生命权、身体权、健康权、姓名权、肖像权、名誉权、荣誉权、隐私权、婚姻自主权等权利。法人、非法人组织享有名称权、名誉权、荣誉权等权利。"所谓名誉,就是指公民、法人的名望声誉,也就是公民、法人的品德、才干、信誉等在社会中所获得的社会评价。名誉权是指公民或法人对自己的名誉依法所享有的不可侵犯的权利。

关于影视的名誉侵权,一是某些公众借起诉影视名人而炒作自己以图出名,一是影视名人起诉被他人利用导致自己的名誉权受损,不论如何,大家无不重视名声,珍惜名誉。从传播学分析,名声主要是通过人际传播和口头传播而形成的一种品牌号召力,特别是"舆论领袖"的再传播更能成就一个人的名誉。好名声可与某些特权直接对应,而坏名声则会引致道德谴责乃至法律追责。因此,我们每个人都严于律己,正大光明,遵纪守法,这样才会

764

落个好名声。

（杨新磊）

第八节　类案集萃

（一）

华诚文化传播公司副总经理谢晓冬利用职务便利，侵占和挪用公司财产用于个人挥霍和个人经营活动，在逃匿七年之久终被抓获归案。2005年11月11日，北京市第一中级人民法院以职务侵占罪和挪用资金罪两罪并罚，判处被告人谢晓冬有期徒刑六年。

57岁的谢晓冬曾在吉林电视台工作过一段时间，1994年9月被辞退。他到华诚文化传播公司担任副总经理职务后，于1994年12月间，利用为该公司购买吉林电视台《长白山珍奇》一片的便利条件，将该公司资金人民币5.5万元占为己有。谢晓冬向华诚公司谎称《长白山珍奇》一片的版权属于吉林电视台，要求华诚公司将购片款汇入自己的私人账户中，又在收款后给华诚公司开具了该摄制组收到该款的虚假发票平账。这笔赃款大部分用于抵偿谢晓东个人信用卡透支并被全部挥霍。

1995年1月至1996年1月底，谢晓冬以华诚文化传播公司副总经理的职务身份，负责管理电视剧《隋唐演义》摄制组。1995年9月13日，谢晓冬以为摄制组购买木材为由，将该摄制组资金人民币26万元汇入"吉林电视台摄制组"的账户，后此笔资金被用于偿还他自己开办的西卡影视公司的银行贷款。同年12月底，因华诚公司向谢晓冬催还木材款，谢晓冬又以为摄制组购买服装为名，私自与江苏省镇江影视剧服装厂签订服装合同，并将华诚公司资金人民币28万元转入该服装厂，并让服装厂将其中人民币27万元汇入谢晓冬的私人信用卡账户，用其中26万元填补其前期以购买木材款为由使用的款项。

1996年9月，华诚文化传播公司在审计时发现了谢晓冬的经济问题，遂于1997年4月向公安机关报案，公安机关于同年8月正式立案侦查。但谢晓冬一直逃匿在外，直至2004年8月26日才在北京被公安机关抓获归案。

北京市第一中级人民法院认为，被告人谢晓冬以非法占有为目的，利用职务便利，将所在公司的钱款据为己有，数额较大，其行为已构成职务侵占罪，应予惩处；谢晓冬利用职务便利，挪用本单位资金归个人进行经营活动，数额巨大且不退还，其行为已构成挪用资金罪，应与其所犯职务侵占罪一并处罚。据此，北京市第一中级人民法院终审判处被告人谢晓冬有期徒刑六年，并责令被告人谢晓冬退赔赃款人民币33.5万元，发还华诚文化传播公司。

（二）

2003年9月14日，以创作《一九九七，我的爱》和《相约九八》名动一时的原中国亚洲电视艺术中心主任靳树增因金融凭证诈骗3 000万元，被北京市第一中级人民法院判处无期徒刑。

在文化圈赫赫有名的靳树增原任中国亚洲电视艺术中心主任、北京亚洲电视城有限公司董事长、北京瑞达国际电影文化城有限公司董事长。法院审理查明，2000年2月靳树增与中国亚洲电视艺术中心临时工作人员关胜学、广东发展银行北京分行航天桥支行行长朱安定，预谋利用伪造存款单位信汇凭证的方法进行诈骗，由靳树增以支付高于银行规定的利息为诱饵,诱骗新世纪国际租赁有限公司在广东发展银行北京分行航天桥支行存入人民币5 000万元。关胜学在新世纪国际租赁公司存款过程中,由朱安定协助将公司的财务专用章和法人名章偷盖在空白的信汇凭证上,并在信汇凭证上填写转款给北京瑞达国际电影文化城的内容,三人骗取新世纪国际租赁公司存款人民币3 000万元,划至北京瑞达国际电影文化城账内,该款大部分被亚视中心及下属单位使用。关胜学获赃款人民币200万元,朱安定以借款的名义获取赃款人民币50万元。案发后所骗人民币3 000万元除追缴发还赃款人民币1 017万余元之外,其余未能退还。

法院以金融凭证诈骗罪,分别判处靳树增、关胜学无期徒刑,剥夺政治权利终身,并处没收个人全部财产;判处朱安定有期徒刑15年,剥夺政治权利3年,并处没收个人全部财产。

(三)

打着已经被中央电视台取消的《田园大舞台》栏目总制片人的旗号,腰里揣着公章,手里拿着批文,口若悬河——演艺圈巨骗章日升从北京骗到珠海,从澳门骗到云南,最后又被自己骗过的"朋友"骗捕归案。2003年6月28日,北京市高级人民法院终审判处章日升无期徒刑。

中央电视台农业影视中心对《田园大舞台》进行竞标招聘时,章日升前去应聘。中标后,章日升以北京红天广告公司法人的身份与中国农业电影电视中心签订了《电视栏目制作播出协议》,双方约定合作期限为1年,开播时间为1999年1月2日。

合同签订后,为了款项来往方便,章日升立即托人违规在银行开设了一个账户,还偷刻了一枚"中央电视台田园大舞台摄制组"的公章,拉起了一个摄制班子,但大部分拉来的钱都被章日升赌光了。

2001年3月,章日升来到澳门凯悦酒店赌钱。这一次,跟他同桌赌博的是广东珠海一家企业的老板张思齐和助手欧阳涛,以及广西一家著名企业的财务总监。张思齐他们非常慷慨地给了章日升10万元港币的筹码,可是章日升的手气实在太差,没多久,10万元港币的筹码又输掉了。十多天后,章日升又到了珠海,然后和欧阳涛、张思齐再次去了澳门凯悦酒店。这次章日升的手气更糟糕,一下子就把从张思齐那儿借的50万元港币全部输光。三人回到珠海并不甘心,再次结伴去了澳门。这次的结果更惨,章日升把张思齐借给他的97.5万元港币输得一分不剩。章日升再也没有勇气赌下去了,三人铩羽而归。在珠海,章日升给张思齐写下了147.5万元港币的借据。半个月后,债主追上门来了。

2001年7月中旬,章日升到云南,一下子想到了1999年他曾经拉过一个香烟差价赞助的事,顿时计上心来,何不先以拉到赞助为名,再骗张思齐一笔钱到澳门赌一把呢,要是赢了钱不就把赌债还上了吗?

想到这里,章日升立即从云南飞回了北京。他找来一份中央电视台的公函信笺,跑到街上的一家打字社里,伪造了一份中央电视台的文件。同时,章日升还虚张声势地伪造了一份《关于处理赞助物资的决定》。

章日升准备好有关资料之后,立即给张思齐打了个电话,"我现在有一批香烟,是云南省政府赞助给我们摄制组的,我现在没有足够的资金缴税,如果你能够借一些钱帮我们缴税,拿到香烟就可以马上还你的钱了。"

10月5日,章日升赶到了珠海,把伪造的批文交给了张思齐。为了尽快拿到还款,张思齐一下子又拿出60万元现金给了他。这一次,张思齐也留了个心眼儿,让欧阳涛陪同章日升一起到云南办理增值税发票的事情。10月8日,章日升和欧阳涛到了云南昆明。但章日升一到云南,就拿着刚刚骗来的60万元又到澳门赌博去了。这一次,章日升第一天就赢了170多万元。第二天章日升又去了赌场,把刚刚赢来的170万元和从张思齐手里骗来的60万元全部赌光了。输完了,章日升也彻底没有了希望。为了应付欧阳涛,章日升直奔昆明火车站,在上次伪造假批文的那伙人手里,花250元买了一张假的增值税发票的复印件。

10月22日,章日升把复印件给了欧阳涛,并告诉欧阳涛事情已经办妥,只要资金一到位,马上还钱。欧阳涛只好拿着那张假增值税发票的复印件,立即传真给珠海的张思齐。

张思齐拿到复印件,一看就知道是假的。张思齐立即命令欧阳涛盯住章日升,暂时不要惊动他。10月29日,章日升和欧阳涛到了北京。到北京后,欧阳涛拿着章日升提供的"章明"的身份证的复印件到当地派出所,可派出所的人一看就说是假的。后来欧阳涛找到中央电视台,因为此人还涉嫌几起利用中央电视台的名义诈骗,中央电视台保卫部门的人也正满世界找这个"章明"呢。

此时走投无路的章日升再次想到了诈骗,他向欧阳涛提出还差30万元手续费,能不能让张思齐再借给30万元,最后一起结账。没想到张思齐满口答应,并让章日升跟欧阳涛一起带公章到珠海取钱。总是骗人的章日升终于被骗到了珠海,把自己骗进了法网。

章日升一到珠海,就被珠海警方拘捕。2003年6月28日,北京市高级人民法院以金融凭证诈骗罪和合同诈骗罪数罪并罚,终审判处章日升无期徒刑,剥夺政治权利终身,并处没收个人全部财产。

(四)

被告人李效时,男,53岁,原系国家科学技术委员会副主任。北京市中级人民法院于1994年3月4日判决被告人李效时犯受贿罪,判处有期徒刑十五年,剥夺政治权利三年,没收个人部分财产;犯贪污罪,判处有期徒刑七年,剥夺政治权利一年;决定执行有期徒刑二十年,剥夺政治权利四年,没收个人部分财产;查获的被告人李效时的赃款人民币2万元、港币5 000元、美金1 000元,予以没收;同力牌KF-25G分体式空调器一台,发还同力制冷设备公司。

一审宣判后,被告人李效时提出上诉,其理由之一是2万元的专版宣传费全部用于电视剧《湖上没有枪声》的拍摄费用,一审判决认定被告人"私自截留,据为己有"与事实不符。

北京市高级人民法院二审认为:上诉人李效时身为国家工作人员,利用职务的便利,受贿索贿,侵吞公款,其行为分别构成受贿罪、贪污罪。李效时上诉否认将长江三峡链子崖、黄蜡石地质灾害防治现场指挥部付给《科技日报》2万元专版宣传费予以截留的事实,经查,有《科技日报》社财务处的证明和孙樵生、习达桢、彭启修的证言在案证实;李效时上诉称将该款支付了电视剧拍摄费用,此系李效时的个人行为,并非从事公务。上述李效时的上诉理由,均不能成立,不予采纳。一审根据李效时犯罪的事实、性质、情节及对社会的危害程度,对其所作出的判决,定罪和适用法律正确,量刑适当,审判程序合法,应予维持。

据此,北京市高级人民法院依照《中华人民共和国刑事诉讼法》第一百三十六条第(一)项的规定,于1994年4月11日裁定:驳回上诉人李效时的上诉,维持原审判决。

(五)

"精心策划、阵容豪华的40集古装武侠片《凤舞九天》将演绎英雄豪杰的侠胆柔情、大义凛然的壮烈情怀及悬念叠生的江湖故事。本公司特聘曾执导过《包青天》《镜花缘传奇》等剧的香港知名导演邓某、香港著名武术指导徐某前来执导……还有部分角色没有适合人选，故在开机前向全国征选……"这是刊登在某些文娱报刊上的招聘演员的广告，同时招聘演员的还有电视剧《风流名侠快活剑》。

这样的广告连续刊登了近10个月。在此期间，有几百人，其中多数是少男少女，在成名的诱惑下，来到刊登此广告的玉帅影视文化传播公司应聘。

北京市丰台区人民法院经审理查明，该公司负责人朱红海、李明先后在西城区某饭店和丰台区某宾馆，以根本不存在的《凤舞九天》和《风流名侠快活剑》剧组的名义发布招聘演员的广告，并以招聘的演员需培训和试镜为名，通过签订合同等方式，骗取40余人的人民币20多万元。

2003年2月12日，法院依法作出判决：朱红海、李明犯合同诈骗罪，分别被判处有期徒刑10年和8年，并处罚金人民币2万元和1万元。

（六）

只有初中文化、22岁的甘肃省无业人员吕满红竟自诩为某电视剧的制片人四处行骗。2003年9月19日，北京第二中级人民法院对此案作出终审裁定，依法驳回其上诉，维持北京市怀柔区人民法院的一审判决：以诈骗罪，判处其有期徒刑1年，罚金1 000元，退赔被骗单位7 500余元。

吕满红于2003年2月25日至3月1日间，假借上海天幕影视公司双龙会剧组制片人的名义，到北京市某美术社骗走价值1 200余元的名片、胸卡及协议书等物。先后在北京市怀柔两家宾馆骗吃骗住，花销1 800余元。期间又骗租事主龚某金杯牌面包车，并骗走龚某一部价值700余元的手机。另外，吕满红还于3月4日以同样的名义，通过某影视公司招聘群众演员，将事主魏某、陶某等15人骗至怀柔一宾馆内，以交押金和培训期间不能与外界联系为名，骗走上述人员现金2 950元及8部手机，总价值8 000余元。

（七）

2003年12月8日，江苏省伊莎士影视文化传播有限公司法定代表人周扣其利用拍摄18集电视连续剧《爱在柳堡》为名进行诈骗，一审被判处有期徒刑13年。"央视开拍《爱在柳堡》"的谎言也真相大白。在此事件中，连曾演出《柳堡的故事》的知名演员陶某某也被骗了一把。

1998年2月，周扣其通过与他人虚假出资，注册成立了江苏省伊莎士影视文化传播有限公司。1999年，周扣其委托江苏宝应县委宣传部的柯兴强、王建、沈杨三人创作《爱在柳堡》剧本。但在剧本完成后，周扣其一直没有支付三作者稿酬。三作者遂向周扣其宣布收回《爱在柳堡》剧本著作权、版权和委托拍摄权。2000年上半年，周扣其又伪造了"中央电视台影视部"印章一枚，并伪造了中央电视台与江苏省伊莎士影视文化传播有限公司"电视剧合拍协议书"、"授权委托书"等文件。拿着这些假材料，周扣其骗得扬州金阳光房地产公司和宝应县委的信任，并于2001年签订了"联合摄制电视剧"协议书，这两家单位共出资100万元。在这期间，周扣其居然蒙来了一些知名演员，包括在《柳堡的故事》中饰演二妹子的著名演员陶某某等，演员宋某将在《爱在柳堡》中饰演女主角。拿到钱后，周扣其就与出资单位中断了联系。

2001年3月，周扣其以其所拍的电视剧将在中央电视台播出需花钱打点为名，以高息为诱饵，骗取了他人5万元用于个人还债并一直不还，还与事主中断了联系。

2002年7月，周扣其来到北京，周扣其再次称《爱在柳堡》将在中央电视台播出，与北京盛唐公司签订了"联合摄制协议书"。周扣其以剧组拍片需要钱为名，从北京盛唐公司获取14万元用于个人还债。嗣后，北京盛唐公司给剧本原作者柯江打电话，才知周扣其并无著作权，已骗了很多人，该公司将周扣其扭送到公安机关。

经侦查机关调查，江苏省伊莎士影视文化传播有限公司在经营期间基本没有业务，对外欠款很多，周扣其在没有剧本拍摄权、无中央电视台委托的情况下，四处打着子虚乌有的18集电视连续剧《爱在柳堡》骗吃骗喝。法院一审认为，周扣其的行为构成合同诈骗罪与诈骗罪，数罪并罚判处其有期徒刑13年。

（八）

2004年10月20日上午10时，北京市第一中级人民法院对被检察机关指控受贿60万元安排购买、播出电视剧的央视原文艺中心副主任冯骥作出一审判决，判处其有期徒刑11年。冯骥的三个姐姐和央视有关人员前来旁听此案，法庭内的24个旁听席座无虚席。

冯骥，曾历任中央电视台影视部副主任、主任，文艺中心副主任，长期负责中央电视台的电视剧制作、收购和播出工作。2003年8月初，最高人民检察院反贪局将有关举报冯骥的线索转给北京反贪机关，当月15日，冯骥被北京市检察院批捕。他是继赵安后，中央电视台内挖出的又一涉嫌经济犯罪的部门负责人。

检察机关指控，冯骥收受黑龙江省电视艺术家协会副秘书长赵某贿赂10万元，令中央电视台购买了赵某拍摄的电视剧；收受海南电视台海韵影视节目制作工作室负责人王栋50万元，为其节目安排黄金时段播出。

据了解，1998年，赵某与人合拍电视剧《滴血年华》，但却发行不利。此时，该剧导演之妻毛某通过冯骥战友认识了冯骥，并进行公关。1998年11月，按中间人安排，赵某在冯骥家门口以审片为名将样带和一部录像机交给冯骥。次日，他以冯骥的名字开设了一个10万元的存单，委托中间人转交给冯骥。中间人随后通知，"中央电视台会收购该电视剧，价格为每集8万元。"1999年1月，中央电视台果然按照每集8万元的价格，与赵某签署了购买协议。

2001年年底，冯骥调任影视部副主任后，因帮助安排电视剧《大哥》在黄金时段播出等特殊照顾，该剧合作人王栋将50万元汇入冯妻信用卡。据知情人介绍，因未亲手接过存折和50万元现金，冯骥在案件查办过程中拒不承认受贿。检方根据银行取款单笔迹鉴定、信用卡汇款明细等证实：赵某的10万元被冯骥亲手取出，其中6.1万元交纳了单位购房款，另外3.9万元转入了冯妻个人存折；王栋通过信用卡行贿50万元。此外，办案人员还在冯骥家搜出王栋汇入钱的信用卡。

（九）

2004年10月19日，向原中央电视台文艺中心影视部副主任冯骥行贿50万元的被告人王栋已被北京市第一中级人民法院一审判处有期徒刑三年。

据了解，2001年5月至2002年7月间，冯骥利用职务便利，建议央视文艺中心与海韵影视节目制作工作室分别合作拍摄、收购电视连续剧《父亲》《大哥》，并为电视连续剧《大哥》在央视一套节目黄金时段播出提供帮助。在此期间，冯骥收受了海韵影视节目制作工作室王栋分两次贿赂的50万元。

王栋是冯骥受贿案中的行贿人之一。据知情人介绍，因未亲手接过存折和50万元现金，冯骥在案件查办过程中拒不承认受贿。检方根据银行取款单笔迹鉴定、信用卡汇款明细等证实：王栋通过信用卡行贿 50 万元。此外，办案人员还在冯骥家搜出王栋汇入钱的信用卡。

另外，冯骥还被指控在央视影视部收购电视剧《滴血年华》版权中，接受投资商黑龙江路神（企业）集团总裁贾德君贿赂款 10 万元。

（十）

谎称与人合作拍摄电视剧，以招聘演艺人员名义骗取钱财，2005 年 5 月 30 日，北京市第一中级人民法院对以合同诈骗罪和诈骗罪判处被告人陈联华有期徒刑二年，并处罚金人民币 1.5 万元。

33 岁的陈联华是黑龙江省虎林市人，初中文化，北京演艺信化文化交流有限公司法定代表人。2001 年 11 月，在公司股东不知情的情况下，陈联华成了北京演艺信化文化交流有限公司的法人。其间，陈联华以公司招聘演艺人员的名义设下了骗局，先后与单某等四人签订了艺员协议书，收取单某等人演员管理费、面试费、试镜费、声像资料存档费、报名费及学费等共计 1.3 万余元，但交了钱的单某等人并没有如其所愿地参加演出。

2002 年 4 月至 6 月间，陈联华谎称其与某广播电视台电视剧制作部门合作拍摄电视剧《齐鲁打拐第一案》《黄河陈尸》《大梦足球》，以北京演艺信化文化交流有限公司名义开始招收演员，先后骗取郑某等人交纳的培训费、建档费等费用共计人民币 7 000 余元，并非法占有。2004 年 1 月 6 日陈联华因他人举报被抓获。

在法院审理过程中，陈联华反复为自己辩解，声称其不构成合同诈骗罪、诈骗罪。而经法庭举证、质证的证人证言、书证、鉴定结论等证据都已经证实，陈联华提供虚假材料，私自变更北京演艺信化文化交流有限公司的法定代表人，并假借公司招聘演艺人才的名义，虚构事实，与被害人签订协议或承诺一年可以让所招聘的人员演三部戏，收取所谓建档费、培训费、艺员管理费，后将款项据为己有的行为符合诈骗罪和合同诈骗罪的构成要件。

法院审理认为，被告人陈联华无视国法，以非法占有为目的，在签订、履行合同过程中，骗取他人财物，数额较大；以非法占有为目的，诈骗他人财物，数额较大，其行为已分别构成合同诈骗罪、诈骗罪，依法应予并罚。据此作出了上述一审判决。

（十一）

2006 年 3 月 8 日，因被认定贪污、受贿、挪用公款上亿元，中国运载火箭技术研究院（航天一院）第八任院长厉建中被一审判处无期徒刑，该单位财务结算中心主任张玲英被判处有期徒刑 20 年。

给厉建中行贿的北京银事达咨询有限公司总经理沈俊林也难逃法网，2006 年 4 月 20 日，因在厉建中案中行贿和挪用公款，沈俊林被一审判处有期徒刑 20 年。

沈俊林是《将爱情进行到底》《恋爱中的宝贝》等多部有影响的电视剧的投资人。2000 年沈俊林开始投资影视业，他担任董事长的公司出资数千万拍摄了《将爱情进行到底》等几部较有影响的电视剧。由于沈俊林投资拍摄了多部影视作品，从他被捕至宣判娱乐圈传闻四起，备受震动。

（十二）

49 岁的黑龙江无业人员杨靖，化名"杨思亮"，冒用影视基地名义，诈骗 800 余万元后，在法庭上竟称是为得到投资拍摄电视剧而帮他人忙，签合同打收条。

公诉机关指控，2004 年 1 月、2 月间，杨靖化名杨思亮，假冒山东章丘白云湖影视基地名义，与广东省顺德市乐从镇晖豪金属材料有限公司签署《购货合同》，谎称向该公司有偿处理影视报废道具所用钢管架、钢板等废旧物资，先后 5 次骗取货款共计 805 万元、运输费

8 000元。其间,杨靖实际交付钢板110吨,价值44万余元,给晖豪金属材料有限公司造成实际损失761万余元。

公诉机关认为,杨靖假冒他人名义签订合同,骗取对方当事人巨额财产,犯罪事实清楚,证据确实、充分,应以合同诈骗罪追究其刑事责任。

2006年10月10日,北京市第二中级人民法院一审判决杨靖有期徒刑10年,剥夺政治权利2年。

(十三)

让存款单位出具存期一年的承诺书,并要求在承诺书上加盖单位财务印章和法定代表人的个人名章,名为保证,实为得到这两个章,便于他们伪造。然后,通过电脑技术伪造支票购买凭证购买支票,再用伪造的支票划走存款单位的钱——这就是所谓的"飞单"。

投资数家企业,出资拍摄电视剧,主办张信哲、王菲个人演唱会,购买和投资建设多栋大厦和房地产工程,到澳门赌博,贿赂银行人员……数以亿计的资金去向清楚,来路却扑朔迷离。京城"飞单名骗"陆锋、成敬制造的这起亿元诈骗案,经过北京市两级法院6年的艰苦审理,终于在2006年12月20日审结。在北京法院的审判史上,6年审结一个案子是罕见的。

这起涉及票据诈骗、金融凭证诈骗、伪造金融票证、诈骗、挪用公款、受贿、徇私舞弊等一系列罪名的大案,以被告人成敬被判处死刑缓期2年执行、被告人陆锋被判处无期徒刑、其他被告人分别被判处不同刑期的有期徒刑而终结。这起大案涉案人员12人,涉及10家银行分理处,涉案金额高达2.25亿元。

陆锋,北京人,出生于20世纪60年代中期,曾投资拍摄电视剧《铁鹰行动》《张思德》,举办张信哲、王菲个人演唱会。

(十四)

三名男子借电视剧《江山风雨情》的名义,伪造400枚全国各家电视台的假公章,通过网络骗取景德镇一家公司42万元随片广告费。2008年10月28日,三名男子被法院一审判决5~7年不等有期徒刑,并处罚金。

楚某是广东一家广告公司的业务员,2007年初他通过网上查询,找到景德镇一家公司主管销售及品牌广告的业务负责人徐某的电话,一场精心设计的骗局就此拉开。他多次打电话给徐某推销自家公司的随片广告,并将随片广告电视剧《江山风雨情》的有关资料和业务办理方式传真给了徐某。徐某把资料交给广告部长处理,广告部长又将此事交给下属广告室主任章某经办。之后,章某与楚某具体商量了业务办理细节以及广告费用,双方最终以42万元的价格谈拢,楚某还主动提出拿8%作为好处费给章某。

为了博取信任,楚某和其广告公司同事郑某、陆某购买了一套《江山风云情》的光碟,谎称其广告公司有《江山风雨情》的播放版权。3人还找人制作了400枚全国各家电视台的假公章,伪造了354份广告播出证明单和20份监播报告,邮寄给章某。2007年7月6日,双方通过传真方式签订随片广告协议书。今年3月11日,42万元广告费到手,楚某3人瓜分。

(十五)

谎称能通过关系找到中央领导为电视剧题写剧名,收取九万元所谓的润笔费,最终因犯诈骗罪受到法律处罚。2008年5月12日,第一中级人民法院对刘学亮、袁凤红诈骗一案作出终审判决,刘学亮因犯诈骗罪,终审判处有期徒刑五年,并处罚金;刘学亮之妻,另一被告人袁凤红也因犯同样罪名被判处有期徒刑四年，并处罚金。

被告人刘学亮，系北京京都黄港书画艺术研究院执行董事兼经理；被告人袁凤红，系北京京都黄港书画艺术研究院监事。北京一家影视公司与河南省某市委组织部合作投资拍摄了电视剧《乡土情深》，为了提高电视剧的知名度，制作方准备请中央领导为片名题字，蔡女士找到他的朋友刘学亮，刘学亮满口答应下来。去年7月，刘学亮的妻子袁凤红带着剧组人员，在西单灵境胡同路口从一名他们事先安排好的冒充领导司机的人手里拿到了题写好的字幅，并要了九万元的润笔费。事后，电视剧制作方发现九万元润笔费换来的竟然是一幅假字，后经相关部门证实，刘学亮所称的这位领导根本就没写过这幅字。

法院审理认为，被告人刘学亮、袁凤红以非法占有为目的，采取虚构事实、编造谎言的手段，骗取他人钱款，二被告人的行为均已构成诈骗罪，且犯罪数额巨大。一审判决后，刘学亮、袁凤红以量刑过重为提出上诉，请求从轻处罚。对此，一中院审理认为原判根据刘学亮、袁凤红犯罪的事实、犯罪的性质和情节，依法在量刑幅度内对其二人分别裁量的刑罚并无不当。刘学亮、袁凤红的上诉理由缺乏事实和法律依据，不予采纳。据此，终审判决维持原判。

（十六）

打着文化部旗号，自称与中国电信、中国网通等是战略合作伙伴，伪装成中外著作权人向各地网站出售虚假影视节目授权，2009年5月10日，涉嫌侵犯著作权罪的嫌疑人杨某一审被判处有期徒刑8年，并处罚金200万元。此案是全国第一例著作权虚假授权的刑事案件。

北京市版权局有关负责人介绍，杨某系北京金互动科技有限公司负责人，该公司对外宣称是"文化部下属单位，同时负责美国电影协会和香港影业协会会员产品中国区网络版权维护工作"。自2000年成立以来，该公司先后向国内多家网站提供影片，供这些网站在线播映及网络传播。从该公司提供的影片目录分析，大致包括中国内地、中国香港、中国台湾、美国、法国、英国、日本、泰国、韩国等国家和地区的影片，数量多达5 000部（种）以上。其中以中国内地、香港及美国、韩国影片为主。

经调查，由版权、公安等部门组成的联合专案组初步确认，以杨某为首的违法嫌疑人，伪造并向他人销售电影作品著作权许可的事实成立，涉案金额达两千余万元人民币，涉嫌侵犯十几个国家和地区的数百家电影著作权人的数千种电影作品的著作权。

近年来，随着网络技术的兴起，各地网络运营商迫切需要大量影视节目资源供公众浏览使用和下载，但单个网络服务运营商又没有能力从正规渠道获取大量优秀影视节目的著作权授权，加上我国版权中介代理市场发展不完善、相关监管法规不健全等原因，因此滋生了一批伪造中外著作权人授权、专门向各地网络服务运营商提供虚假影视节目授权的侵权违法行为人。

（十七）

2009年6月17日，北京市高级人民法院对轰动全国的"亿霖木业案"作出终审判决，驳回上诉，维持原判：对赵鹏运等24名被告人分别判处有期徒刑15年至1年；张建军等4人依法减轻或免于处罚。

2008年6月28日，亿霖木业案件已由警方侦查终结，移交市检察院二分院，等待审查起诉。亿霖的形象代言人葛优的300万元代言费已被警方追回。

据记者了解，曾以"合作造林，首选亿霖"的广告词为亿霖木业造林代言的演员葛优，日前已退还了全部代言费。此前有媒体报道称其代言费为 300 万元。昨日下午，记者拨打葛优的手机，结果电话被转到了秘书台。随后，记者致电葛优的经纪人张先生，他向记者证实，葛优的代言费已全部退还，至于数额多少，他表示不便透露。据亿霖木业案的一名受害人刘老先生透露，因为有人举报葛优非法代言亿霖木业，在有关机关调查后，葛优遂不得不退还亿霖木业的全部代言费。

（十八）

作为万里大造林案件的重要涉案人员何庆魁，能否按照公安机关的要求退出数百万元涉案资金，已经成为人们关注的焦点。在强大的法律震慑下，2008 年 4 月 28 日下午，何庆魁携其子何树成等来到内蒙古公安厅万里大造林专案组，配合警方调查取证，并表示将退还涉案资金。

2008 年 4 月 1 日，内蒙古警方公布了万里大造林公司副董事长、小品剧作者何庆魁占有涉案资金拒不退出情况。至此，笼罩在小品剧作者何庆魁头上的神秘面纱被撩起，长期萦绕在公众心头的谜团被迅速解开。

然而，面对舆论的一片斥责声，何庆魁仍然扮演着"强硬"角色，他一方面声称自己只拿走少量的费用，从万里大造林公司收取的资金主要用于拍摄电视剧《圣水湖畔》；另一方面又极力撇清与万里大造林公司的利益关系，表明自己没有参与非法经营活动。4 月 12 日，何庆魁突然来了个 180 度大变脸，承认自己在有些方面处理不当，几番试探后，4 月 28 日下午，何庆魁终于迈出了退还涉案资金的第一步。

经警方核查，何庆魁、高秀敏与陈相贵于 2003 年就签订了"合作开发百万公顷大造林工程"的《合同书》。《合同书》明确约定何庆魁、高秀敏参与万里大造林公司的生产经营活动，拥有 20% 的林地销售利润，何、高二人开始从万里大造林公司提取利润分成。2005 年 7 月 1 日后，何庆魁、高秀敏分别与陈相贵签订了形象代言协议，又以形象代言劳务费的名义从万里大造林公司提取款项。截至案发，万里大造林公司共向何庆魁与高秀敏支付 916 万元。

警方表示，现有证据说明，何庆魁参与了万里大造林公司部分宣传经营活动，何庆魁与万里大造林公司并不是简单的形象代言关系，而是相互利用的关系。陈相贵正是借着何庆魁等人的名人效应，把万里大造林公司的非法经营活动搞得这么大，诓骗了全国 3 万多购林群众。目前，警方已认定何庆魁一人应退的涉案资金数额为 488 万元。

据万里大造林专案组负责人介绍，何庆魁主动与警方接触后，表示要积极配合公安机关调查工作，尽快清退涉案资金。警方对此表示欢迎，但同时强调仅有退款保证是不够的，何庆魁必须在规定的期限内退款。内蒙古自治区公安厅经侦总队总队长范新义 2008 年 5 月 2 日告诉记者，何庆魁承诺两月内退还万里大造林案件涉案款 488 万元。

（十九）

2004 年 4 月 6 日下午，北京市朝阳区人民法院对北京晓庆文化艺术有限责任公司偷税案作出一审判决：以偷税罪判处该公司罚金人民币 710 万元，以偷税罪判处被告人靖军有期徒刑三年。靖军当庭表示要上诉。

经法院审理查明，北京晓庆文化艺术有限责任公司作为纳税义务人，于 1996 年至 2001 年期间，违反税收征管规定，偷逃各种税款共计人民币 6 679 069.6 元。被告人靖军于 1996 年 9 月至 2001 年在被告单位任总经理的职务，主管财务工作，对任职期间单位实施的偷税行为负有直接责任。作为代扣代缴义务人，北京晓庆文化艺术有限责任公司在 1997 年、

1998年、2000年拍摄电视连续剧《逃之恋》《皇嫂田桂花》过程中,将已代扣的演职人员个人所得税共计人民币418 574.43元隐瞒,不予代为缴纳。

法院认为,被告单位作为纳税义务人、代扣代缴义务人,无视国家税收征管法规,采取伪造记账凭证,在账簿上多列支出或不列、少列收入,进行虚假的纳税申报的手段,不缴或少缴应纳税款,且各年度的偷税数额占当年度应纳税额的比例均在百分之三十以上,被告单位的行为已构成偷税罪。被告人靖军作为单位直接负责的主管人员,参与实施被告单位大部分偷税行为亦构成偷税罪。鉴于被告单位已在法院判决前将偷税款全部补缴之情节,故对被告单位予以从轻处罚,对被告人靖军可酌情予以从轻处罚。

2002年4月5日,北京市公安局以北京晓庆文化艺术有限责任公司1996年以来采取不列或少列收入、多列支出、虚假申报等手段偷逃巨额税款,已涉嫌偷税犯罪为由进行立案侦查。刘晓庆妹夫靖军、公司会计方利、刘晓庆的妹妹刘晓红和刘晓庆也先后被依法逮捕。2002年6月20日,刘晓庆因所办公司涉嫌偷税,在她的玫瑰园别墅中被公安机依法刑事拘留;7月24日被依法逮捕。2003年8月16日,刘晓庆因有悔过表现和筹款补缴税款的愿望,被取保候审。刘晓庆被取保候审后立即高调复出,接拍多部剧集,以还清税款。到2004年1月,晓庆文化艺术发展有限公司已补缴税款和滞纳金1 646万元,税款已经全部缴清,目前还有300多万元的滞纳金仍在追缴当中。

2003年9月,晓庆公司律师团接到检察院公诉书。起诉书认定刘晓庆公司偷税52宗,金额840万元,其中偷逃所得税700多万元。被公诉的只有北京晓庆文化艺术有限责任公司和公司总经理靖军,而刘晓庆、刘晓红姐妹以及其他曾经因为本案被逮捕的人都不在被起诉之列。2003年12月12日,刘晓庆税案在北京朝阳法院首次开庭审理,已被取保候审的刘晓庆并未出庭,原总经理靖军出庭受审。

（二十）

电视剧《小镇来的俏妞》诈骗案终审宣判。

王猛峰,小学文化程度,2000年因扰乱社会秩序被处以劳动教养二年。

2004年底至2005年初,被告人王猛峰谎称可帮助吉林长春一片天影视艺术有限公司销售电视剧版权,以收取送审费为名骗取该公司人民币15万元,后又先后两次以收好处费、请客等名义骗取人民币4.3万元。2006年9月20日,被告人王猛峰被抓获归案。

被害单位吉林长春一片天影视艺术有限公司总经理卢宝林陈述证实,王猛峰自称认识中央电视台的人,能帮助销售其公司制作的电视剧。卢宝林应王猛峰的要求给了王15万元办事费用。2005年3月4日,王猛峰打电话称中央电视台已经同意购买,要4.5万元的好处费。卢宝林往王猛峰提供的账号里汇入4万元。同年3月6日,卢又应王猛峰的要求汇入3 000元用来请客吃饭。后王猛峰也未帮助卖掉电视剧,其也联系不到王猛峰了。

北京市宣武区人民法院一审判决:一、被告人王猛峰犯诈骗罪,判处有期徒刑十年零六个月,并处罚金人民币一万元。二、继续追缴未缴之赃款人民币十九万三千元发还被害单位吉林长春一片天影视艺术有限公司。王猛峰不服,提起上诉。北京市第一中级人民法院2007年5月11日终审裁定驳回上诉,维持原判。

（二十一）

破坏广播电视设备,系刑事犯罪,且量刑较重。

2002年10月22日,吉林省高级人民法院对周润君等15人破坏吉林省长春、松原两市广播电视设施、利用邪教组织破坏法律实施案进行了终审公开宣判,依法裁定驳回周润君等

14人的上诉，全案维持原判。

长春市中级人民法院于2002年9月20日对被告人周润君等人破坏广播电视设施，利用邪教组织破坏法律实施案进行了一审公开宣判；依法分别判处15名被告人4年至20年不等的有期徒刑。宣判后，周润君等14人提出上诉。

吉林省高级人民法院认为，《中华人民共和国刑法》规定利用邪教破坏法律实施为犯罪，"法轮功"组织已被国家认定为邪教组织并予取缔，周润君等14名上诉人和被告人孙长军仍利用"法轮功"邪教组织积极策划并实施破坏广播电视设施，插播宣扬"法轮功"邪教内容的光碟，破坏了国家法律的实施，危害了社会安全，其行为已构成利用邪教破坏法律实施罪、破坏广播电视设施罪。原审判决根据上诉人李晓杰的犯罪事实、情节、社会危害程度及悔罪表现已经予以减轻处罚，其量刑过重的上诉理由不予采纳。原审判决定罪准确，量刑适当，审判程序合法，依照《中华人民共和国刑事诉讼法》第一百八十九条第（一）项之规定作出裁定：驳回上诉，维持原判。

又案，2002年12月28日，八名"法轮功"成员在安徽合肥市被二审判决破坏电视广播设施罪，分别被判5~13年徒刑。

又案，李祥春，英文名CHUCK LEE，博士，1965年2月出生于中国江苏省盐城市南洋镇，1987年大学毕业后在无锡市工作，1991年9月自费赴美读硕士学位，后读博。2002年加入美国国籍。1997年在美国开始修炼"法轮功"。2002年10月从美国旧金山至上海入境，准备在扬州市通过有线电视线路进行非法插播活动，被当地公安机关联防队员发现，被发现后逃跑。2003年1月22日李从广州再次入境时被抓获并刑事拘留。同年3月21日，扬州市中级人民法院以破坏广播电视设施罪判处李祥春有期徒刑3年，附加驱逐出境，5月12日被收押于南京监狱，直至2006年1月21日三年刑满释放，被驱逐出境。

又案，2005年3月27日，四川省绵阳市三台县人民法院对宋天全涉嫌破坏广播电视设施罪一案进行了开庭审理，判决被告人宋天全犯破坏广播电视设施罪，判处有期徒刑三年。宋天全系三台县新德镇柳塘村2组农民。2004年1月21日晚（除夕）8时许，未安装有线电视的宋天全为了收看到春节联欢晚会节目，带上钢丝钳和钢针到其平房上将针插入正在使用的有线电视电缆线，窃取信号，致使电缆中的内、外导体短路，造成本镇3个村及场镇线路上的放大器9只、分配器1只损坏，价值3770元，3个村近600户人家当晚无法收看春节联欢晚会节目，场镇电视信号中断近1小时。次日中午更换损毁器材后，才全部恢复有线电视的正常收看。

（二十二）

电视剧《扫黄先锋》的版权属在香港注册的电视广播有限公司所有。1998年底，电视广播有限公司授予瑞得公司在中国大陆发行其电视节目《扫黄先锋》的独家播映权。1999年9月，舒亚眉利用职务便利，从瑞得公司骗取播出带1套，交给海天公司经理陈宝华。后两人以海天公司的名义，分别与山东齐鲁电视台、西安电视台、云南电视台签订《扫黄先锋》电视剧的播映权合同，将骗取和复制的播出带分别出售给上述3家电视台，非法获利79万余元。

北京海淀区人民法院判决如下：被告人舒亚眉犯侵犯著作权罪，判处有期徒刑5年，罚金10万元；被告人陈宝华犯侵犯著作权罪，判处有期徒刑4年，罚金10万元；两人共同退赔瑞得公司79万余元。

（二十三）

以中央电视台《精彩中国》栏目组总策划和导演的身份，以帮助他人组织的文艺晚会能够在中央电视台播出为名，骗财13万余元。2009年7月31日，北京市海淀区人民法院以诈骗罪判处了被告人赵亮有期徒刑10年6个月。

38岁的被告人赵亮系中视时尚国际影视文化有限公司的总策划。2007年8月间，被告人赵亮谎称自己有能力帮助被害人席女士2人公司组织的"精彩中国·青春飞扬"青少年电视才艺展示文艺晚会在中央电视台播出，并以中国国际电视总公司中视演艺中心的名义给被害人席女士2人发一个伪造的回复函，并向被害人席女士2人发出电视晚会录制播出报价单，承诺播出平台为CCTV各频道，播出时间为2007年9月20日前。期间，被告人赵亮先后收取被害人席女士2人给付的人民币13.5万元，并确曾为晚会组织录制人员、表演指导人员并租赁设备，为此支付各种费用总计为人民币5.9万余元。由于节目并没有如期在中央电视台播出，被害人席女士2人遂向公安机关报警，赵亮在公安机关向被害人承诺节目在2007年年底播出，但又未兑现诺言。

2008年2月27日，被害人席女士到公安机关报案，同年3月25日，被告人赵亮被抓获，涉案款项至今未退赔。

法院审理后认为，被告人赵亮以非法占有为目的，谎称有能力帮助被害人的节目在中央电视台播出，骗取对方当事人钱款，数额巨大，情节特别严重，其行为已构成诈骗罪。虽然被告人赵亮为录制节目支付了59 200元现金，但这些行为事实上强化了被害人对其的信任，促使被害人继续向其支付钱款。被告人赵亮曾因诈骗受过刑事处罚，且其在本案中诈骗被害人钱款达到十万元以上，至今不能退赔，应认定其所犯诈骗罪属于"情节特别严重"。最后，法院以诈骗罪判处被告人赵亮有期徒刑10年6个月，剥夺政治权利2年，罚金人民币2万元；并责令退赔被害人人民币13.5万元。

（二十四）

假冒凤凰卫视领导，冒牌主任行骗获刑。

被告人邱一康假冒"香港凤凰卫视北京节目制作中心主任"骗取他人钱财，且以虚假身份并冒用他人的名义在签订、履行合同中骗取他人钱款。2010年11月24日，北京市石景山区人民法院以诈骗罪、合同诈骗罪判处被告人邱一康有期徒刑5年。

据了解，2008年11月至12月间，被告人邱一康以非法占有为目的，虚构凤凰卫视北京节目制作中心主任身份，以能将被害人郭振超安排到该中心工作为名，骗取被害人郭某人民币4万元。2009年3月间，被告人邱一康伪造该中心和香港凤凰卫视有限公司2枚公章及其他证件，虚构该中心主任身份，与被害人孙某签订合作开发"凤凰卫视中部栏目制作中心"的协议，在履行协议过程中，骗取被害人孙某人民币5万元。

2008年4月、5月间，被告人邱一康以非法占有为目的，虚构该主任身份，用程志军的名字和被害人曹某签订土地合作开发协议。在履行合同过程中，其要求曹某投入合作开发启动资金人民币10万元。后曹某将该项目介绍给豆某，豆表示同意参与共同出资。同年4至5月间，曹某让豆某将人民币5万元直接汇入程志军的农行账户。后被告人邱一康被公安人员查获，其亲属代其退赔人民币14万余元。

法院审理后认为，被告人邱一康以非法占有为目的，虚构自己的身份，以能为他人找工作为由，骗取他人钱财，数额较大；且以虚假身份并冒用他人的名义在签订、履行合同中骗取他人钱款，数额巨大，其行为已分别构成诈骗罪、合同诈骗罪，依法应予合并惩处。鉴于被告人邱一康自愿认罪且其亲属代其退赔全部赃款，故酌予考虑从轻处罚。

（二十五）

2009年7月9日上午，北京市第一中级人民法院公开宣判了孙伏生诈骗案，法院终审以诈骗罪判处孙伏生有期徒刑十二年，并判令孙伏生退赔人民币二十万五千六百元。

40岁的孙伏生，曾用名凯晨，大学文化，无业。曾因诈骗及流氓行为，于1996年9月3日被劳动教养两年。曾因犯诈骗罪，于1999年8月17日被判处有期徒刑六个月。经法院审理查明，2005年4月至2007年11月间，孙伏生冒充天津市电视台工作人员、电视《血战丛林》剧组成员等身份，以帮助他人找工作、办理北京户口、上学为名，先后在北京市海淀区等地，骗取被害人叶某、冯某、唐某等人人民币共计215 600元。

（二十六）

影视圈搞"潜规则"，其实就是犯罪。

2006年，由韩国人出资15万元投资成立的北京源源影视工作室，主要由王倩、胡卫东和孙巧参与经营，后搬到了北京市海淀区，王倩因故离开，一直由胡卫东负责经营。

检察机关指控，2007年9月以来，胡卫东伙同他人在工作室内招募多名女孩，以要进入影视圈就要遵循"潜规则"为由进行洗脑，一旦女孩同意接受"潜规则"，胡卫东即要求女孩与其发生性关系并由他人负责录像。胡卫东组织工作室的女孩以"拉投资"为名，对外进行卖淫活动，所得财物工作室与个人五五分成。2007年10月间，胡卫东、孟庆波以帮助投身演艺界为由，引诱包包和阿紫（均为17岁）在宾馆内发生性关系，其间胡卫东、孟庆波曾先后与包包和阿紫发生性关系，并由胡卫东全程录像。

记者从检察机关了解到，本案曾退回公安机关补充侦查2次，依法延长审查期限3次。40岁的胡卫东系河南省平顶山人。孙巧是一名"80后"。35岁的孟庆波身份最复杂，系北京模特艺术发展促进会副会长，2003年因故意伤害罪被判有期徒刑三年，缓刑五年。

2009年5月，北京市海淀区人民法院以胡卫东犯组织卖淫、协助组织卖淫和引诱未成年人聚众淫乱罪，一审判处有期徒刑10年，罚金5万元。

（二十七）

电视台购销腐败频发，多部热播剧受牵涉。

2017年5月4日，山东广播电视台党委委员、副总编辑王英涉嫌严重违纪被查，成为广电系统最新落马的官员。

中共十八大以来，广电系统有数十人落马，其中有相当一部分人涉电视剧购销腐败。据不完全统计，近年来涉电视剧购销腐败的广电官员有11人，包括安徽台原台长张苏洲、辽宁台原台长史联文、江苏台节目采购部原主任张彦等。

《爱情公寓》《乡村爱情》《春光灿烂猪八戒》等热播电视剧，都出现在广电官员贪腐案件之中。48岁的江苏省广播电视总台卫视频道节目采购部原副主任江红，先后担任江苏省广播电视总台电视节目采购部节目主管、电视节目采购部地面频道采编二室高级采购主管、卫视频道节目采购部副主任兼采购科科长、卫视频道总编室副主任兼采购部主任等职。在采购口任职的十年，江红几乎每年都在收受贿赂，十年间共计受贿29笔，最小的一笔受贿额是5万元，最多的一笔受贿额65.8万元，共计受贿846.969万元。牵涉江红案的公司多达30家，多家知名公司涉及其中，包括华谊兄弟传媒有限公司、长城影视有限公司、新文化公司等。

另悉，"新文化"原制片人、副总经理张慧玲涉嫌单位行贿罪一案，已于2016年年底被有关部门提起公诉。起诉书指控,张慧玲在担任新文化制片人、副总经理期间,曾向江红行贿,为该单位在销售电视剧的过程中谋取不正当利益。新文化除涉嫌向江红行贿外,还涉嫌行贿江苏台节目采购部原主任张彦、南京台原副台长陆群、南京台影视剧部原主任于勇。据了解,江苏台节目采购部原主任石卫平也曾因受贿被查。江红、张彦、陆群、于勇、石卫平,共同的特点是,均为电视台采购部的"红人"。江红案卷入的行贿人数量之多、牵涉的热门电视剧之广,刷新了广电官员贪腐纪录。

辽宁电视台节目购销中心原主任李宏负责购买拥有该台播映权的电视剧剧目筛选和初审工作,审查通过后,方可提交辽台电视剧审查小组审看。短短数年间,李宏收受12家影视制作公司共计231.75万元贿赂。

2014年7月21日,史联文因犯受贿罪、挪用公款罪被判处无期徒刑。中央纪委监察部网站曾刊登一篇题为《深谙影视业"潜规则"的电视台长》的文章,对史联文利用手中的购剧权牟利详细描述。此文披露,辽宁台节目购销中心推荐一部电视剧,虽然审片组大多数人审看后提出不同意见,但在史联文的"授意"下,中心仍然以每集60万元购买;还有一次,在没有听取审查小组意见情况下,节目购销中心花费4 128万元购置了5部电视剧。其中一部古装剧还因为收视不达标等原因,在电视台仅播出3集就停播了;此外,辽宁台还以首轮黄金档每集35万元购买一部电视剧,而该剧同时期出售给其他卫视的价格仅为每集2万元。

广电圈声名赫赫的安徽广播电视台,也爆出腐败窝案。

苏州福纳文化科技股份有限公司法定代表人范小天分别于2011年和2012年,两次共给时任安徽台总编室主任肖融输送48万元。2011年底,范小天又去安徽台原副台长赵红梅办公室拜访,临走时,他把装有25万元现金的纸袋子递给赵,赵红梅推辞不要,来回推了好几次,范把装有25万元现金的袋子丢在赵红梅办公室就跑走了。随后,苏州福纳公司向安徽台销售《春光灿烂猪八戒》《欢乐元帅》《唐朝浪漫英雄》等电视剧的过程中,以及支付电视剧购剧款中,赵、肖二人均提供了帮助。

上海克顿伙伴管理顾问有限公司原总裁吴涛的做法更进一步,他分别向安徽台原台长张苏洲及原副台长赵红梅、原总编室主任肖融三人共计行贿342万元人民币、4 000美元。其中,十次送钱给张苏洲,一次送钱给赵红梅,六次送钱给肖融。上海克顿一度是安徽台最大的电视剧供货方。吴涛称,从2004年开始,上海克顿公司与安徽台建立顾问业务,合作期间,每年安徽台从其公司购买两三部电视剧。

据新华网报道,安徽台2011年至2013年共采购电视剧327部,总价24亿元。为将如此巨量的电视剧在合同期内播完,该台卫视频道每天播出电视剧10集以上。即便如此,到2014年8月,还有21部总价值2.1亿元的电视剧来不及播,造成"烂库"。

曾经担任电视台总编室主任长达11年的肖融,正是因为既在审片方面具备话语权,又在回款方面有一定权力,成为众多影视制作公司重点行贿的对象。十多年里,肖融共收受19家公司贿赂,几乎都是因为希望得到其在电视剧购买及付款方面的帮助。给肖融输送最多的是"华策影视"发行二部原总监余海晴。余海晴主要负责公司电视剧的发行,在工作中认识了肖融。2011年10月左右,余海晴在合肥办事,约肖融到其住的合肥市万达威斯汀酒店房间,二人先聊了电视剧方面的话题,临走时其把事先装有40万元现金的一个行李包送给肖融,肖推辞一番后收下。2012年4月至5月后,余海晴在合肥市出差,为了感谢肖融这些年对该公司的关照,临走时把事先装好80万元现金的一个行李箱送给他。2013年,北京华录百纳公司总经理助理到安徽台催要《锁梦楼》《战雷》两部电视剧的欠款，肖融收受其5万元现金和一根金条。很快，安徽台支付了该公司900多万元欠款。

2014~2016年，中国生产的电视剧总部数平均为390部，集数平均为1.6万集，但每年能够在省级以上电视频道播出的电视剧只有8 000集左右，能上星播出的只有5 000集左右。自2000年以来，中国电视剧严重供大于求，该产业长期存在制作端高度市场化与播出端体制保守化之二元对立。欧美国家电视剧产业采用的是公开透明的项目招投标方式，而我国却长期处于一种封闭、私密、小圈子运作的状态。建立更加公开、透明和规范的电视节目版权交易新体系，是国家、政府和业界的共同期待。

【学者评述】

此节集萃的这些发生在影视界或与之密切相关的案件，都是刑事案件，足以令人幡然醒悟，引以为戒。从犯罪心理学追溯这些案犯的动因，除了少数人素质低下根本不具备从事影视工作的能力与资质外，其余主要是贪婪所致，想快速发财致富，又不想付出诚实劳动。

贪婪，英文为avaricious、greedy、rapacious，意为求多，不知足，或者是多欲而不知满足。《战国策·齐策四》："左右皆恶之，以为贪而不知足。"《楚辞·离骚》："众皆竞进以贪婪兮，凭不厌乎求索。"王逸注："爱财曰贪，爱食曰婪。"元·高文秀《遇上皇》第四折："官高后不心甘，禄重也自贪婪。"叶圣陶《倪焕之》六："类乎好奇的一种欲望促迫着他，使他定睛直望，甚至带点贪婪的样子。"

西方经济学指出，贪婪指一种攫取远超过自身需求的金钱、物质财富或肉体满足的欲望。贪婪的个体往往被视为对社会有害的，因为他们的动机常忽视其他人的福利。然而，贪婪渐渐为西方文化所接受，因为获取财富的欲望被认为是资本主义的重要组成部分，而这正是导致欧美国家贫富悬殊的深层根源之一。

贪婪，被列为基督教的七宗罪之一，撒旦之一的玛门（Mammon）便是代表贪婪。贪婪——希望占有比所需更多为之贪婪，或是以但丁的观点，贪婪是"过度热衷于寻求金钱上或权力上的优越"。佛教徒相信，贪婪是基于将物质财富与快乐错误地联系在一起所致，这种错误是由于被某一事物积极方面夸大的印象所迷惑引起的。

影视虽是大众文化，但也是文化产业的一支，需要走正道，需要文化人认真创作。一味图钱，昧心贪财，投机钻营，抗蒙拐骗，不但最终拍不出优秀的影视剧，反而会把自己送进牢狱。

错、错、错，莫、莫、莫！

（杨新磊）

本章综评

本章收录的这些案例，既不发生在投资、制作阶段，也不发生在发行、播映阶段，但却又与影视密切相关，且具有一定的普遍性，引人深思。

第三节是两个起诉广电总局而不被法院受理的案例。毕竟，我国与欧美国家的法系、法理与立法精神根本不同，美国有多起个人起诉"美利坚合众国"而胜诉判例，但我国的行政诉讼的原告胜诉率向来不高，几乎没有省部级政府以上被法院判决败诉，这也表明我国的司法改革还需啃硬骨头，下大力气。

第四节并非个案孤立，很多影视机构不服国家新闻出版广电总局的内容审查，拟提起行政诉讼，但务必事先看看自己的作品到底怎么样，搞清中外影视审查与监管机制之不同。毕竟，影视是精神食粮，要有思想，有文化。此外，还得搞明白我国的国情，尤其是意识形态问题，否则，定会干第五节那些自办电视台之类的傻事。

第七节包含的28则案例，都是为了捍卫自己名誉而提起诉讼的，原告有的是明星、名导，有的是历史名人的后裔，有的是影视剧某个角色的原型，有的是普通民众，有的是特殊社会组织（如红十字会），他们都是因某部影视作品以某种方式损害了自己的名誉而怒不可遏，忍无可忍，遂诉诸法律途径的。

第八节也包含28则案例，是一些影视界典型的刑事案件，案犯有的是诈骗罪，有的是贪污罪、受贿罪、行贿罪、渎职罪，有的是则是并不多见的破坏广播电视设施。尤其，（十八）给投资者、（二十七）给年轻人、（八）（九）（十）（二十八）给影视从业者的警醒最为深刻，"潜规则"其实就是违反甚至犯罪行为，希望影视界内外幡然悔悟，引以为戒。

不过，第六节这种情况的确罕见，邱传海的艺术造诣怎样姑且不论，他的执着与坚毅着实令人钦佩。像他这样的人，本书各章各节都有，正是这种永不服输、永不低头的战斗性，成就了一部又一部精彩的影视佳作，推动着影视艺术和文化产业薪火相传，强化了中国文化的自豪与自信，延续着中华民族的自强不息。

其他诉争，并非骈拇枝指、附赘悬疣，亦非樗栎庸才、已陈刍狗，而是沧海遗珠，卓然不群，锥处囊中，抱璞泣血。

（杨新磊）

参考文献

[1]《论影视作品的法律关系》,曲三强,《知识产权》2010年第2期。

[2]《电视节目模式法律保护之比较研究》,黄世席,《政治与法律》2011年第1期,国家广电总局2008年度部级科研项目"影视版权保护专题研究:基于国际法与比较法的视角"之最终成果。

[3]《影视作品著作权担保融资的法律问题研究》,王立武,《山东社会科学》2010年第8期,2008年度国家广电总局部级社科研究项目"影视版权保护专题研究:基于国际法与比较法的视角"之阶段性成果。

[4]《广播影视法律案例编析》,涂昌波,中国广播电视出版社,2010年8月1日。

[5]《境外影视作品版权二元保护论》,王利民,法律出版社,2012年12月1日。

[6] 林晓霞:(1)《影视市场以案说法:影视市场法律要义及案例解析》,中国科学技术出版社,2011年1月1日;(2)《影视纠纷诉讼之公正解决:民事诉讼程序正义研究》,北京电影学院影视系列丛书,中国电影出版社,2009年1月。

[7]《影视植入广告的法律规制与消费者相关权益保护研究》,褚家威硕士论文,杨立新指导,中国人民大学2012年7月授予。

[8]《影视创作与法律保护研讨会综述》,张卫平等,《中国电影年鉴》编辑委员会,1995年。

[9]《影视企业借贷融资的法律风险与防范》,周小玲硕士论文,林晓霞指导,北京电影学院2010年7月授予。

[10]《浅议影视精品创作的法律创新服务》,张连生,《当代电视》2012年第7期。

[11]《广播影视知识产权保护法律问题研究》,刘卓,《商情》2011年第8期。

[12]《影视盗版的法律分析》,杨斌、王立恒、狮艾力,《管理观察》2009年第13期。

[13]《影视作品版权证券化法律问题研究》,陈轩硕士论文,唐超华指导,湖南大学2008年7月授予。

[14]《略论影视创作生产的行业惯例与法律规范》,赵玉忠,《北京电影学院学报》2003年第6期。

[15]《我国影视拍摄保护环境法律问题研究》,许冠男硕士生论文,包玉华指导,东北林业大学2009年7月授予。

[16]《侵犯影视邻接权的行为认定及法律责任》,杨茵硕士论文,林晓霞指导,北京电影学院2007年7月授予。

[17]《影视作品中商品化权的法律保护》,潘珍珍,《法制与社会》2013年第15期。

[18]《试论我国影视作品著作权保护法律适用的问题》,孙双秀、王金贵,《西北民族

大学学报（哲学社会科学版）》2012年第2期。

[19]《网站传播影视作品的版权法律问题分析》，宋晓锋，《信息网络安全》2009年第12期。

[20]《浅析影视剧照中肖像权的法律保护》，徐坤，《科技信息》2012年第1期。

[21]《论演员在影视作品中肖像权的法律保护》，甄庆贵硕士生论文，黄勇指导，对外经济贸易大学2003年3月授予。

[22]《影视作品侵权及其法律责任》，李剑刚硕士论文，中国社会科学院2004年7月授予。

[23]《跨国影视版权案件的管辖权和法律适用问题研究》，刘学芹硕士生论文，黄世席指导，山东大学2010年7月授予。

[24]《论影视业主体之主要人格权的民事法律保护》，郭璐硕士论文，林晓霞指导，北京电影学院2007年7月授予。

[25]《影视产业法律风险理论及实务研究》，姚丽等，东北林业大学出版社，2013年10月1日。

[26]《影视、演艺企业设立与运营法务操作指引》，贺小虎，法律出版社，2007年10月1日。

[27]《影视作品链接者责任研究》，姜元正，《科技与法律》2011年第1期。

[28]《浅析影视作品中表演者形象的商业利用》，王堃，《法制与社会》2007年第7期。

[29]《影视企业及明星商品化权缺失及构建探析》，李蓓，《长沙理工大学学报（社会科学版）》2010年第3期。

[30]《影视作品制片者的认定》，刘文杰，《贵州师范大学学报（社会科学版）》2012年第4期，国家广播电影电视总局社科项目"广播影视传媒法学研究"（GD09065）的阶段性成果。

[31]《外文影视字幕翻译组侵权问题研究》，薛文广，《网络法律评论》2011年第1期。

[32]《网络独播剧发行放映环节法律问题探讨》，曹泳超，《中国电子商务》2011年第11期。

[33]《影视字幕组著作权性质分析及合理使用制度的适用》，龚琳，《三明学院学报》2011年第4期。

[34]《影视剧拍摄过程中演职人员发生伤亡事故的法律救济浅析》，郭鑫，《政府法制》2011年第32期。

[35]《网络环境下影视作品著作权保护问题研究》，马君君硕士论文，杨建斌、刘光宇指导，黑龙江大学2013年7月授予。

[36]《植入广告的法律规制》（上），白雪，《中国律师》2012年第11期。

[37]《中德广播影视法治论坛（2012年）收获丰硕》，才华，《中国广播电视学刊》2012年第7期。

[38]《浅析影视剧名称的知识产权法保护》，杨丽华，《新疆新闻出版》2010年第6期。

[39]《最高人民法院知识产权案件年度报告》（2008~2013），中国国家图书馆政府出

版物阅览室。

[40]《著作权法案例教程》，费安玲，中国政法大学出版社，1999年8月第1版。

[41]《著作权案例百析》，马晓刚、高华苓，中国人民大学出版社，1993年4月第1版。

[42]《全球信息化经济中的著作权法/Copyright in a Global Information Economy》，[美]莉迪亚·帕拉斯·洛伦 & 莫林·A. 奥罗克 & 朱莉·E. 科恩 & 鲁恩·甘那·奥克蒂基，中信出版社，20013年8月第1版。

[43]《影视纠纷诉讼》，许望平、徐家力等，海洋出版社，2006年8月1日第1版。

[44]《影视重大诉讼之实证研究》，李红梅、杨新磊，陕西人民教育出版社，2011年8月1日第1版。

[45] The Independent Filmmaker's Law and Business Guide: Financing, Shooting, and Distributing Independent and Digital Films, Jon M. Garon, Chicago Review Press, October 1, 2002, ISBN-10: 1556524722, ISBN-13: 978-1556524721.

[46] Film and the Law: The Cinema of Justice, 2nd Edition, Steve Greenfield, Guy Osborn, Peter Robson, Hart Publishing, October 5, 2010, ISBN-10: 1841137251, ISBN-13: 978-1841137254.

[47] Law and Film, Journal of Law and Society Special Issues, Stefan Machura, Peter Robson, Wiley-Blackwell; 1st edition, June 8, 2001, ISBN-10: 0631228160, ISBN-13: 978-0631228165.

[48] Contracts for the Film & Television Industry, 3rd Edition, Mark Litwak, ISBN-10: 1935247077, ISBN-13: 978-1935247074.

[49] Hollywood Dealmaking: Negotiating Talent Agreements for Film, TV and New Media, 2nd Edition, Dina Appleton, Daniel Yankelevits, Allworth Press; January 12, 2010, ISBN-10: 1581156715, ISBN-13: 978-1581156713.

后 记

本书所有案例皆来自法院的审判实际，没有丝毫杜撰与臆测。

按照TRIPs惯例和我国的著作权法，人民法院的审判文书不受著作权保护，是一种社会公益性资源。因此，编者和读者均可放心，我们不会侵什么人之权，不会引发什么著作权纠纷。但是，编著者仍然要诚挚地感谢以下单位：（1）最高人民法院；（2）北京市高级人民法院、北京市第一中级人民法院、北京市第二中级人民法院、北京市海淀区人民法院、北京市朝阳区人民法院，以及北京市其他区县人民法院；（3）上海市高级人民法院、上海市第一中级人民法院、上海市第二中级人民法院，以及上海市各区县人民法院；（4）其他省市的人民法院；（5）中国法院网；（6）中国裁判文书网。这些法院特别是法官们的智慧，是本书的源泉，是本书编写的基石。他们维护着法律的尊严，捍卫着社会的公平，匡扶着影视的规则，守护着传媒的正义。

聪明的读者，如果您能提供本书未曾发现的重大影视裁判书，请及时与编著者联系，若被采用，必付稿酬。编著者计划以此著为契机，围绕"影视与法"这一课题，举办学术论坛，欢迎志同道合者投身加入，共襄大业。

感谢中共中央党校苏士铎、赵素芬两位前辈，多年来，他们一直为我指明正确的政治方向。

感谢中国传媒大学，感谢李兴国、曾庆瑞、张凤铸、胡智锋、龙耘、刘晔原、周月亮、云贵彬、郝俊兰、高廷智、吴辉、范周、宋家玲、李晓华等教授，以及任金洲、高福安、张海、刘继南、廖祥忠、胡正荣等校领导。

感谢北京联合大学应用文理学院、平谷学院，感谢首都师范大学科德学院及李宝山董事长。

感谢西安建筑科技大学，感谢徐德龙院士、刘加平院士。特别是法学专家李红梅副教授，她不但为本书贡献了多则专深的法学评论，2011年还扶持并促成了该书35万字精缩版的出版。

感谢河北传媒学院，特别是杨博、马丽颖、郭玉秀、陈静芳、徐宁、梁笑然等数位拟集资出版此书的昔日同事。

感谢河南平顶山学院，感谢王文鹏书记、苏晓红校长、人事处程永华处长、科研处周丰群处长，特别是新闻传播学院的秦方奇院长、陈建裕副院长、吕静副院长。最终促成此著作出版的正是你们——你们的慧眼与扶擢必将得到学界与业界的认可与尊敬。感谢该学院万鹏、李林博、张玉华、马玉洁、赵轩等教师分担多则"学者评述"的写作任务。

感谢知识产权出版社，特别是彭小华编辑。

限于学识与水平，拙著难免疏漏，期待广大读者多提意见，请惠赐电邮至 1178950730@qq.com 或 yangxinlei@yahoo.com，不胜感激！

二〇一七年三月三十日于北京通州